企业破产法注释

ENTERPRISE BANKRUPTCY LAW

陈夏红 编著

图书在版编目(CIP)数据

企业破产法注释／陈夏红编著．—北京：北京大学出版社，2021.8
ISBN 978-7-301-32327-4

Ⅰ．①企… Ⅱ．①陈… Ⅲ．①破产法—法律解释—中国 Ⅳ．①D922.291.925

中国版本图书馆CIP数据核字(2021)第145700号

书 名	企业破产法注释
	QIYE POCHANFA ZHUSHI
著作责任者	陈夏红 编著
责任编辑	刘文科 沈秋彤
标准书号	ISBN 978-7-301-32327-4
出版发行	北京大学出版社
地 址	北京市海淀区成府路205号 100871
网 址	http://www.pup.cn http://www.yandayuanzhao.com
电子信箱	yandayuanzhao@163.com
新浪微博	@北京大学出版社 @北大出版社燕大元照法律图书
电 话	邮购部 010-62752015 发行部 010-62750672 编辑部 010-62117788
印刷者	北京中科印刷有限公司
经销者	新华书店
	720mm×1020mm 16开本 38.25印张 1261千字
	2021年8月第1版 2021年8月第1次印刷
定 价	188.00元

未经许可，不得以任何方式复制或抄袭本书之部分或全部内容。
版权所有，侵权必究
举报电话：010-62752024 电子信箱：fd@pup.pku.edu.cn
图书如有印装质量问题，请与出版部联系，电话：010-62756370

编著者简介

陈夏红　甘肃岷县人,法学博士。现为中国政法大学破产法与企业重组研究中心研究员,《中国政法大学学报》副编审。全国人大财经委企业破产法修改起草组成员。国际破产协会(INSOL)、欧洲破产协会(INSOL Europe)、美国破产学会(ABI)会员。

近年主要从事破产法研究。曾在《政法论坛》《中国政法大学学报》《甘肃政法大学学报》等学术期刊发表论文若干。著有《破产法札记》,编有《破产法信札》(与许胜锋合编)。知识星球"破产法百家谈"主持人。在澎湃新闻财经频道"澎湃商学院"栏目,开有专栏"破产法的温度"。

说 明 书

本书是一部工具书。因此，这份《说明书》可以让您更为高效地了解并使用本书。

我国1986年《企业破产法（试行）》，实现了中华人民共和国历史上破产法的破冰。1986年《企业破产法（试行）》诞生于改革开放进程中，突破性意义不可磨灭，时代的印记乃至局限也在所难免。在深化改革开放的历史进程中，我国破产行业内外的理念和实务都有跨越式进化，1986年《企业破产法（试行）》的经验、教训乃至短板，也成为2006年《企业破产法》不可或缺的智慧渊源。2006年《企业破产法》凝结着当时社会各界对破产法的所有知识储备和智慧，也是当时我国学界、实务界对破产法事业最大共识的结晶和缩影。本书作者组织编译的《中国破产法的现代化：从〈大清破产律〉到〈企业破产法〉(1906—2006)》中，国外破产界对2006年《企业破产法》的现代化程度，亦褒扬有加。

2006年《企业破产法》的实施状况，早期并不尽如人意。尤其是在2015年之前，这部破产法几乎成为沉睡的"美人"，并未按照大家在通过之前所预期的，成为市场退出机制的枢纽。若非供给侧结构性改革的"唤醒"，这个"睡美人"可能还会酣然长眠。正因为如此，破产法学界内外对于这部法律的情绪，也从当初的豪情万丈、满怀期待中降温，而开始结合该法实施状况，冷静思索、寻求突破。在近年举国上下大力推动供给侧结构性改革的背景下，破产法受到高度重视，在僵尸企业出清和困境企业拯救中发挥了核心作用。随着破产案件数量的飙升，破产领域的司法改革亦如火如荼，破产法修订工作也提上国家立法机构的议事日程。

在任何一个社会体系中，立法落后于现实都是不争的事实。只不过，在中国社会飞速转型的背景下，日新月异的时代需求与数十年未变的立法之间，始终存在鸿沟。2006年《企业破产法》确实也存在这样那样的问题。这些问题，有些可能存在于立法过程中，有些可能存在于其实施过程中。但无论如何，今天尽管可以倡言改革、呼吁修订，但最基本的前提，仍旧是回到2006年《企业破产法》的文本。这就是笔者在四年多前为什么接受北京大学出版社委托，在2006年《企业破产法》通过十年后，才开始做这部法律注释的背景。这一点，跟坊间在这部法律通过之初纷纷推出立法解释的文本大有不同。

在法学领域，法律注释是一种极为特殊但分量极重的文体。这种文体根植于大陆法系的罗马法传统，尤其是在德系学者中广受推崇。在欧陆国家，从事法律注释都是硕学大儒们的志业与"特权"。这些年，法律评注在我国也开始成为各界的智识努力之一。对笔者来说，虽名为注释，但更多的是对2006年《企业破产法》的重新学习。

学术从来都是一项继往开来的志业。本书期望能够在既有研究和立法、司法及执业经验的基础上，在如下几个方面，有所贡献。本书以《企业破产法》条文排序，每一条下面，都有相关立法沿革、制度构造、配套制度、司法实践以及学术研究的综述。详述如下：

一、立法沿革

阅读、比较不同时代的破产法草案，是一次非常有趣的破产法知识之旅。你会发现一些法条消失，也会发现一些法条出现。这些草案，为我们想象立法的场景，提供最原始的素材。

需要特别说明的是，笔者在搜集不同时期破产法草案的过程中，得到李曙光教授、王卫国教授的大力支持。本书中，除2000年6月草案、2004年6月草案和2004年8月草案已有公开出版或发表外，其他几份草案，都来自两位师长的馈赠。这些草案为我们按图索骥，提供必要的指引。

在细读每个文本相关草案变迁时，有两点需要特别注意：第一，2006年《企业破产法》正文中的条款，并不是每一条都能在以往的草案中找到相似或者近似的原型。第二，2006年《企业破产法》颁布之前的许多文本中，绝大部分都在立法的进程中被逐步删除。但笔者仍旧认为其有参考价值，故本着大体相近的原则，予以辑录。对于部分草案中技术性问题及明显错误，已按通行方式更正。

以下将展示本书辑录的不同时期破产法草案的名称。读者可根据不同草案的名称、框架、条文数量等信息,对不同时期草案的特征,有大体了解。

(1)《破产法》(1995年草案)

这份草案共有10章、193条。

(2)《企业破产与重整法》(2000年6月草案)

该草案原名称为"企业破产与重整法"。全文见朱少平、葛毅编著:《中华人民共和国破产法:立法进程资料汇编(2000年)》,中信出版社2004年版,第191—224页。共有9章、175条。

(3)《企业破产与重整法》(2000年12月草案)

共有9章、172条。

(4)《企业破产与重整法》(2001年1月草案)

这份草案共有13章、170条。

(5)《企业破产法》(2004年3月草案)

这份草案由王卫国教授提供电子版,未经刊布。根据文档修订痕迹,我们可以将这份草案修订前的版本命名为"《企业破产法》(2004年3月草案A版)",将修订后的版本,重新编目后,命名为"《企业破产法》(2004年3月草案B版)"。基于保存史料的目的,本书将两份草案都予以收集。①

另外,还需要留意的是,《企业破产法》(2004年3月草案A版)明显不同于《企业破产与重整法》(2001年1月草案);而修订后《企业破产法》(2004年3月草案B版),其文本也不同于《企业破产法》(2004年6月草案)。

由此观之,从《企业破产与重整法》(2001年1月草案)到《企业破产法》(2004年6月草案)之间,应该还会有不止一份草案。至于这中间有怎样的过渡和故事、究竟有几份草案,尚待合适的机缘去发现。

A.《企业破产法》(2004年3月草案A版)

共有10章、162条。

B.《企业破产法》(2004年3月草案B版)

共10章、161条。

(6)《企业破产法》(2004年6月草案)

该草案形成于2004年6月21日。共有11章、164条。

(7)《企业破产法》(2004年10月草案)

该草案又被称为"二次审议稿",形成于2004年10月。共有11章、150条。

二、条文释义

2006年8月27日,第十届全国人民代表大会常务委员会第二十三次会议通过《企业破产法》。在《企业破产法》颁布之初,坊间出版不同版本对这部法律的注解。这里面,既有起草者编写的注解,诸如企业破产法起草组编写的《〈中华人民共和国企业破产法〉释义》;②也有来自立法机构的工作人员编写的评注,比如由全国人大常委会参加破产法起草的工作人员编写的《〈中华人民共和国企业破产法〉释义及实用指南》、由吴高盛领衔主编的《〈中华人民共和国企业破产法〉条文释义与适用》,以及由时任全国人大常委会法制工作委员会副主任安建领衔主编的《中华人民共和国企业破产法释义》。③既有来自最高人民法院的注解,诸如时任最高人民法院副院长李国光及其团队编著的《新企业破产法条文释

---

① 需要特别说明的是,王卫国教授提供的原始电子文档采用修订模式,由于存在部分删节,如果直接采用修订后的文本,就会发现部分条文存在编码但内容空白、部分条文编码重复的现象。为消除这种障碍,笔者对《企业破产法》(2004年3月草案B版)做了重新编码。因为重新编码的关系,《企业破产法》(2004年3月草案B版)与王卫国教授提供的原始电子文档,在具体条文对应上,有较大的差异。

② 参见《中华人民共和国企业破产法》起草组编:《〈中华人民共和国企业破产法〉释义》,人民出版社2006年版。

③ 参见本书编写组编:《〈中华人民共和国企业破产法〉释义及实用指南》,中国民主法制出版社2006年版;吴高盛主编:《〈中华人民共和国企业破产法〉条文释义与适用》,人民法院出版社2006年版;安建主编:《中华人民共和国企业破产法释义》,法律出版社2006年版。

义》①；也有来自律师界的解读，比如韩传华律师的《企业破产法解析》。②既有学者和司法系统联合完成的评析，比如李曙光、宋晓明和曹士兵等联合编辑的《〈中华人民共和国企业破产法〉制度设计与操作指引》③，也有学者的评析，比如王卫国教授的《破产法精义》。④这种解释与评析的一时繁盛，与其他诸部法律颁布时的盛景并无二致。应该说，尽管《企业破产法》颁布后学者对这部法律的研究和关注并未停止，但中国破产界对《企业破产法》的理解，大体停留在上述作品的水平和高度。这也是 2007 年前后的高度。

《企业破产法》实施十年后，吉林大学法学院齐明教授在 2017 年出版《中国破产法原理与适用》，成为对这部法律再评析的成果之一。⑤许胜锋律师也在 2020 年 6 月推出了其编订的《企业破产法注释书》。⑥

追寻立法者、起草者拟具法律条文的初衷，是这本注释想重点努力的方向之一。本书的完成，既参酌上述评注成果，也结合本书作者的观察与思考，对其条文做了逐字逐句的解释。

三、关联法规及司法政策

自改革开放以来，我国一直处于从计划经济到市场经济的转型过程中。最近十余年来，随着技术的进步、观念的变化，这一转型明显提速，当年看起来十分先进的《企业破产法》，已略显不合时宜，而与《企业破产法》相关的其他法律法规，十多年来也迅速更新。

最高人民法院 2002 年颁布的《关于审理企业破产案件若干问题的规定》，是基于 1986 年《企业破产法（试行）》、1991 年《民事诉讼法》破产审判需要而发布。时至今日最高人民法院仍未明确对其废除，最高人民法院裁决本身对该规定是否有效也无定论；结合实务来看，部分条文仍具有参考意义。但基于时效性考虑，除非万不得已，本书中尽量不再引用。

另外，基于节省篇幅、避免冗赘起见，本书对关联法规及司法政策的引用，有意未收录《企业破产法》。对于其他法律法规及司法政策中的引用，一般本着相关原则，附录在《企业破产法》相关条文后面。其他法律法规或者司法政策中，如果同一条规定与《企业破产法》若干个条文都相关，本着最为相关原则，在本书中尽量只附录一次。

这本注释写作，历时近四年。这四年，恰恰是我国 2006 年《企业破产法》在实施后最波澜壮阔的四年。在这本注释写作的过程中，中国的立法事业依然在如火如荼地进行，比如 2017 年《民法总则》的颁布，比如 2018 年《宪法》的修改、《公司法》的修订等。在这个过程中，最高人民法院也先后颁布《企业破产法》司法解释（三）、"九民纪要"、《公司法》司法解释（五）等。2020 年初新型冠状病毒肺炎席卷全球，最高人民法院在 2020 年 5 月针对防疫期间破产审判领域的特殊性，及时出台相关指导意见。2020 年 5 月 28 日，十三届全国人大三次会议审议通过《中华人民共和国民法典》，迎来我国立法史上又一个里程碑。最高人民法院亦随即结合《民法典》对相关司法解释作了全面清理。由此种种，这注定是一部应该与时俱进的注释。

鉴于上述，基于读者方便使用的考虑，这本书中涉及的所有法律、法规、司法解释、司法政策文本，都更新到 2021 年 6 月 1 日前。对于《企业破产法》与《民法典》密切相关的部分，为便于读者朋友执业中使用，除裁判要旨部分原有裁判文书的引用外，也都结合《民法典》及其司法解释做了订正，同时删除已被《民法典》废除的民事法律。

---

① 参见李国光主编：《新企业破产法条文释义》，人民法院出版社 2006 年版。
② 参见韩传华：《企业破产法解析》，人民法院出版社 2007 年版。
③ 参见李曙光、宋晓明主编：《〈中华人民共和国企业破产法〉制度设计与操作指引》（第 1—4 卷），2006 年版。
④ 参见王卫国：《破产法精义》，法律出版社 2007 年版。2020 年 4 月，该书出版第 2 版。作者以 2019 年 11 月发布的"九民纪要"为限，结合破产司法政策的变迁，对其做了全面修订。本书参引该书部分，均以新版为准。
⑤ 参见齐明：《中国破产法原理与适用》，法律出版社 2017 年版。
⑥ 许胜锋编著：《企业破产法注释书》，中国民主法制出版社 2020 年版。

四、裁判要旨

瞿同祖在《中国法律与中国社会》导言中,曾说过这样一段话:"社会现实与法律条文之间,往往存在着一定的差距。如果只注重条文,而不注意实施情况,只能说是条文的、形式的、表面的研究,而不是活动的、功能的研究。我们应该知道法律在社会上的实施情况,是否有效,推行的程度如何,对人民的生活有什么影响等等。"对于瞿同祖先生的这段论述,笔者常常心有戚戚。

也正是因为如此,结合2006年《企业破产法》的具体条文,合理选择与具体条文相关的司法案例,是笔者试图展示真实的破产法世界的努力和尝试之一。笔者深信,真实的司法案例能够更为有效地勾起破产行业从业者研习的兴趣。

在这部分,笔者选择《企业破产法》实施十多年来与具体条文相关的判例,在简要叙述事实的基础上,着重提炼其裁判要旨。在个别判例涉及多个条款时,只在与其最直接相关的条文部分评述该案例;为避免篇幅过于冗赘,任何案例仅依据前述相关性原则,在本书中只收录一次。如果同一案件涉及系列案件,只选择终局性判决书。

为了确保本书的篇幅不至于过于冗赘,在对司法判例的选择和编辑过程中,在事实概要部分,笔者参考裁判文书,做了大幅度的删节和压缩,尽量以法院认定的事实为依据。而在裁判要旨中,笔者则依据法院已查明的事实,提炼出与具体条文相关的问题。而在判决部分,笔者则相对完整地展示法官们的推理过程和结论。无论是对事实的陈述还是对司法判决的展示,大体都以判决书文本为主,本着语言简明、通顺准确、规范统一的目的,做了简单的编辑加工。在这里,笔者向所有这些裁判文书的作者们致敬和致谢!

本书中引用的所有判例,都来自最高人民法院运营和维护的"中国裁判文书网"。但需要指出的是,这一数据库的建设起步较晚,查阅也不甚流畅,势必会影响选择判例的范围。这也有可能导致大量不在这一数据库中的判例,尽管可能更为典型、更值得入选,但在本书中却挂一漏万的现象。这种遗憾,未来势必还需要通过另外一本或多本破产审判典型案例汇编之类的图书来弥补。

本书裁判要旨部分,原则上仅甄选中级人民法院以上司法机构所作出的终局性裁定。在判例甄选中,在同等条件下,法院级别是笔者甄选判例的核心因素之一,由此基本形成最高人民法院、高级人民法院、中级人民法院判例一统天下的局面。希望此举不要被理解为对初审判例的不重视、对初审法官的不尊重;或许恰恰是因为初审判决公平合理,并因此而获得当事各方的共同认可,而未形成上诉案件。这里与其说是重视审级,毋宁说是对判决终局性的强调。

这些案例的存在,成为洞察《企业破产法》实施状况的捷径。它们从不同的角度,展示《企业破产法》条文在司法实践中的命运。甚至也可以说,这些案例的存在,也让我们了解更为真实的破产法世界。

但需要明确的是,《企业破产法》136个条文,并非每个条文都能够在司法实践中得到援引或解释;尤其是很多程序性的条款,司法适用极其有限;即便有适用,也都是法官援引相关条文作出裁定,既缺乏解读,也缺乏阐释。在未来,笔者会密切跟踪破产审判领域的新判例,及时充实到本书中来。

五、学理综述

学理综述部分,主要是结合《企业破产法》相关条文,展示十余年来破产法学领域相关的研究。

对于重要研究成果的综述中,笔者尤其坚持严格的学术导向。基于此标准,对于2006年《企业破产法》颁布之前的文献,原则上不引用。对于2006年《企业破产法》颁布之后的文献,以专著和论文为主。鉴于学术论文的整体水平良莠不齐,在综述时并未贪多求全,而是尽量评介一些优质文献。原则上,评介文献来源于学界公认的知名期刊或者主流出版社,个别情况下兼顾少量实务期刊。为节省时间、保证质量,基本上不在为数不少的4页以内的所谓"论文"上浪费时间。对于硕士、博士学位论文,除非已正式发表或出版,原则上不予辑录。对于报纸上刊发的文章,仅收录个别重要文献。

另外,还需要说明的一点是,破产法学界对《企业破产法》的研究,绝大部分都追踪热点,采取法社会学的立场去观察其立法预期与司法实践中的背离,或者从破产法体系化的角度做整体观察。这些热点相关论文,比如关联企业合并破产、简易程序、预重整、个人破产等等,均是《企业破产法》上不存在但在司法实践中活跃的创新。只有少部分针对《企业破产法》某一条文展开法教义学的评析。对于前一类论文,将之归入任何一条都难免顾此失彼;我们尽量削足适履,将其纳入最为相关的条文下面。这么做,只是为了能够让读者更为便捷地找到相关文献;不尽周延之处,还请读者海涵。

还需要说明的是,对部分学术专著的评述,遵循如下原则处理:如果相关论著的主题,比较宏观、全面,则将学理综述附在《企业破产法》有关章节后面;如果相关论著的主题仅仅涉及某一条文,则与论文一起,按照论著在前、论文在后的顺序,在相关条文下的"学理综述"中予以点评。

上述便是基本说明,希望能够有助于读者更便捷地使用本书。特别感谢北京大学出版社的厚爱。本书初稿完成后,中国政法大学研究生林可非同学协助完成删节和初校工作。本书定稿后,北京师范大学贺丹副教授通读全书并做了精心校对。谨致谢忱。诚挚期待读者的意见和建议。

陈夏红

2021 年 6 月 1 日

目 录

第一章 总 则 …………………… 001
  第一条 …………………………… 001
  第二条 …………………………… 008
  第三条 …………………………… 019
  第四条 …………………………… 025
  第五条 …………………………… 030
  第六条 …………………………… 044

第二章 申请和受理 ……………… 049
  第一节 申 请 …………………… 049
    第七条 ………………………… 049
    第八条 ………………………… 062
    第九条 ………………………… 068
  第二节 受 理 …………………… 070
    第十条 ………………………… 070
    第十一条 ……………………… 077
    第十二条 ……………………… 080
    第十三条 ……………………… 086
    第十四条 ……………………… 088
    第十五条 ……………………… 096
    第十六条 ……………………… 103
    第十七条 ……………………… 105
    第十八条 ……………………… 110
    第十九条 ……………………… 123
    第二十条 ……………………… 130
    第二十一条 …………………… 137

第三章 管理人 …………………… 142
  第二十二条 ……………………… 142
  第二十三条 ……………………… 151
  第二十四条 ……………………… 154
  第二十五条 ……………………… 165
  第二十六条 ……………………… 176
  第二十七条 ……………………… 180
  第二十八条 ……………………… 182
  第二十九条 ……………………… 188

第四章 债务人财产 ……………… 191
  第三十条 ………………………… 191
  第三十一条 ……………………… 198
  第三十二条 ……………………… 206
  第三十三条 ……………………… 213
  第三十四条 ……………………… 215
  第三十五条 ……………………… 219
  第三十六条 ……………………… 226
  第三十七条 ……………………… 231
  第三十八条 ……………………… 235
  第三十九条 ……………………… 240
  第四十条 ………………………… 244

第五章 破产费用和共益债务 …… 253
  第四十一条 ……………………… 253
  第四十二条 ……………………… 262
  第四十三条 ……………………… 271

第六章 债权申报 ………………… 276
  第四十四条 ……………………… 276
  第四十五条 ……………………… 277
  第四十六条 ……………………… 279
  第四十七条 ……………………… 283
  第四十八条 ……………………… 284
  第四十九条 ……………………… 289
  第五十条 ………………………… 290
  第五十一条 ……………………… 292
  第五十二条 ……………………… 300
  第五十三条 ……………………… 304
  第五十四条 ……………………… 307
  第五十五条 ……………………… 308
  第五十六条 ……………………… 308
  第五十七条 ……………………… 312
  第五十八条 ……………………… 314

第七章 债权人会议 ……………… 322
  第一节 一般规定 ……………… 322
    第五十九条 …………………… 322
    第六十条 ……………………… 327
    第六十一条 …………………… 328
    第六十二条 …………………… 333
    第六十三条 …………………… 334
    第六十四条 …………………… 336
    第六十五条 …………………… 341
    第六十六条 …………………… 343
  第二节 债权人委员会 ………… 344
    第六十七条 …………………… 344
    第六十八条 …………………… 346
    第六十九条 …………………… 349

第八章 重整 ······ 355
第一节 重整申请和重整期间 ····· 355
第七十条 ······ 355
第七十一条 ······ 359
第七十二条 ······ 362
第七十三条 ······ 363
第七十四条 ······ 368
第七十五条 ······ 369
第七十六条 ······ 376
第七十七条 ······ 379
第七十八条 ······ 384
第二节 重整计划的制订和批准 ····· 387
第七十九条 ······ 387
第八十条 ······ 390
第八十一条 ······ 392
第八十二条 ······ 399
第八十三条 ······ 402
第八十四条 ······ 404
第八十五条 ······ 406
第八十六条 ······ 409
第八十七条 ······ 411
第八十八条 ······ 421
第三节 重整计划的执行 ····· 423
第八十九条 ······ 423
第九十条 ······ 426
第九十一条 ······ 428
第九十二条 ······ 430
第九十三条 ······ 435
第九十四条 ······ 439

第九章 和 解 ······ 443
第九十五条 ······ 443
第九十六条 ······ 446
第九十七条 ······ 448
第九十八条 ······ 450
第九十九条 ······ 451
第一百条 ······ 453
第一百零一条 ······ 455
第一百零二条 ······ 457
第一百零三条 ······ 457
第一百零四条 ······ 459
第一百零五条 ······ 463
第一百零六条 ······ 464

第十章 破产清算 ······ 465
第一节 破产宣告 ····· 465
第一百零七条 ······ 465
第一百零八条 ······ 469
第一百零九条 ······ 471
第一百一十条 ······ 476
第二节 变价和分配 ····· 480
第一百一十一条 ······ 480
第一百一十二条 ······ 482
第一百一十三条 ······ 490
第一百一十四条 ······ 497
第一百一十五条 ······ 498
第一百一十六条 ······ 501
第一百一十七条 ······ 504
第一百一十八条 ······ 506
第一百一十九条 ······ 508
第三节 破产程序的终结 ····· 509
第一百二十条 ······ 509
第一百二十一条 ······ 511
第一百二十二条 ······ 513
第一百二十三条 ······ 515
第一百二十四条 ······ 519

第十一章 法律责任 ······ 523
第一百二十五条 ······ 523
第一百二十六条 ······ 528
第一百二十七条 ······ 530
第一百二十八条 ······ 533
第一百二十九条 ······ 537
第一百三十条 ······ 538
第一百三十一条 ······ 544

第十二章 附 则 ······ 554
第一百三十二条 ······ 554
第一百三十三条 ······ 554
第一百三十四条 ······ 566
第一百三十五条 ······ 572
第一百三十六条 ······ 580

主要参考文献 ······ 585

第一章 总 则

第一条 为规范企业破产程序，公平清理债权债务，保护债权人和债务人的合法权益，维护社会主义市场经济秩序，制定本法。

【立法沿革】

《企业破产法(试行)》(1986)

第一条 为了适应社会主义有计划的商品经济发展和经济体制改革的需要，促进全民所有制企业自主经营，加强经济责任制和民主管理，改善经营状况，提高经济效益，保护债权人、债务人的合法权益，特制定本法。

第二条 本法适用于全民所有制企业。

《破产法》(1995年草案)

第一条 为了公正、公开地审理破产案件，保护债权人和债务人的合法权益，促进企业自主经营、自负盈亏，建立企业优胜劣汰机制，维护经济秩序，以适应社会主义市场经济发展的需要，制定本法。

第二条 人民法院审理破产案件，适用本法规定的和解程序、重整程序或者破产清算程序。

《企业破产与重整法》(2000年6月草案)

第一条 为了公正、公开地审理破产案件，维护债权人和债务人的合法权益，促进企业自主经营、自负盈亏，建立企业优胜劣汰机制，维护经济秩序，适应社会主义市场经济发展的需要，制定本法。

《企业破产与重整法》(2000年12月草案)

第一条 为了公正审理企业破产案件，保护债权人和债务人的合法权益，维护经济秩序，促进社会主义市场经济的发展，制定本法。

《企业破产与重整法》(2001年1月草案)

第一条 为了公正审理企业破产案件，保护债权人和债务人的合法权益，维护经济秩序，促进社会主义市场经济的发展，制定本法。

《企业破产法》(2004年3月草案A版)

第一条 为公正审理破产案件，公平清理债权债务关系，保护债权人和债务人的合法权益，维护社会主义市场经济秩序，制定本法。

第二条 人民法院审理破产案件，适用本法规定的重整、和解和清算程序。

《企业破产法》(2004年3月草案B版)

第一条 为公正审理破产案件，公平清理债权债务，保护债权人和债务人的合法权益，维护社会主义市场经济秩序，制定本法。

《企业破产法》(2004年6月草案)

第一条 为规范企业破产行为，公正审理破产案件，公平清理债权债务，为保护债权人和债务人的合法权益，维护社会主义市场经济秩序，制定本法。

《企业破产法》(2004年10月草案)

第一条 为规范企业破产程序，公平清理债权债务，保护债权人和债务人的合法权益，维护社会主义市场经济秩序，制定本法。

【条文释义】

本条主要规定的是《企业破产法》的立法宗旨。

从立法史视角看，本条在不同时期草案中，经历较大的变化。在这个变化的过程中，类似于"公正公平地审理企业破产案件""促进企业自主经营、自负盈亏，建立企业优胜劣汰机制"等内容，逐步被删除。最终的文本规定，《企业破产法》有四大宗旨，即规范企业破产程序、公平清理债权债务、保护债权人和债务人的合法权益、维护社会主义市场经济秩序。

2004年6月21日，时任全国人大财经委员会副主任委员贾志杰在第十届全国人民代表大会常务委员会第十次会议上，代表全国人大财经委就《企业破产法》(草案)作说明时，论及制定《企业破产法》的必要性，指出1986年《企业破产法》(试行)和1991年《民事诉讼法》固然对规范企业破产行为、审理企业破产案件发挥重要作用，但鉴于经济改革的迫切需求，我国需要制定一部适用于所有企业的破产法。贾志杰表示："随着社会主义市场经济体制的逐步确立和国有企业改革的深化，我国企业破产出现了一些新情况。一方面，随着公司法、合伙企业法、个人独资企业法的颁布实施，使现行企业破产法已不适应目前企业组织破产的实际情况；另一方面，现行企业破产法对破产程序的规定比较原则,难于操作并缺少重整等企业挽救程序,以及切实保护债务人财产,维护职工合法权益,保证程序正常进行的其他相关制度。此外,人民法院在审理破产案件中积累了许多实践经验,有的需要上升为法律。这些客观情况都要求我们尽快出台一部统一适用于所有企业的破产法。"

结合这个说明看《企业破产法》第1条,尤其对照1986年《企业破产法(试行)》第1条,立法者的用心跃然纸上。在2006年8月27日第十届全国人民代表大会常务委员会第二十三次会议通过《企业破产法》之后,李曙光即撰文《新破产法:一部市场经济的基本法》,指出《企业破产法》的颁布,"是中国第一部市场经济的破产法,一部现代意义的破产法。新破产法对于我国建立法治的市场经济具有支撑性的作用","新破产法是中国市场经济标志性的一部法律,它表明中国市场经济已经进入了一个新的阶段,上了一个新台阶":首先,《企业破产法》的出台填补市场经济缺乏退出法的空白;其次,破产法的本质是规制信用经济,是规范商业信用的基础性法;再次,《企业破产法》为破产程序相关的债务人、债权人、出资人、地方政府乃至社会公众,提供了一种稳定的预期。①

本条文的措辞本身,清楚地阐释《企业破产法》的四大目的:

第一,"规范企业破产程序"。规范企业破产程序,是《企业破产法》的第一要务。这与当时的立法背景密切相关。我国1986年《企业破产法(试行)》及1991年《民事诉讼法》分别规定涉及国有企业和非国有企业的破产程序;而除此之外,还有其他的法律,也零星地涉及破产事务。这种因所有制结构不同而制定专门破产法的做法,既导致破产法体系的混乱,也不利于提高市场参与方对市场行为的可预期性。职是之故,我国新破产法的起草工作,从1994年即启动;但由于各种因素,这一进程到2006年8月27日第十届全国人民代表大会常务委员会第二十三次会议通过《企业破产法》方告结束。

第二,"公平清理债权债务"。破产法的本质是债务清理法。破产法需要在债务人陷入财务困境时,终局性地通过集体清偿程序,使得所有债权人都基于其债权顺位,而获得清偿。这是破产法的第一要务,也是破产法的"初心"所在。公平、高效清理债权债务,是任何一个国家或地区破产法基本的目标。

第三,"保护债权人和债务人的合法权益"。保护债权人的合法权益,是破产法的基本目标。但随着破产法的进化,单纯保障债权人的目标,似乎已不能实现破产法价值的最大化。尤其是在重整语境下,债务人的拯救所带来的潜在利益,似乎远远高于以债权人利益为核心的破产清算。正是因为如此,在近半个世纪以来,困境企业拯救机制的构建,成为各国破产法的主流目标,也成为破产法制度进化的大势所趋。我国2006年《企业破产法》的制度建构,显然因应这种世界大势。除继承并调整1986年《企业破产法(试行)》中的和解与整顿制度,2006年《企业破产法》也开创性引入重整制度。从这个意义上,破产企业债权人利益保护具有先验的正当性,但债务人的合法权益保障亦不可偏废。

第四,"维护社会主义市场经济秩序"。按照李曙光教授的观点,市场经济运行相关的法律,包括三部分:一部分是市场准入法,公司法、证券法、商业银行法、合伙企业法可以归入此类;一部分是市场交易法,具体诸如合同法、票据法、反不正当竞争法、反垄断法等可归入此类;还有一部分,则是市场退出法,以破产法为代表。② 由此,足见破产法对市场经济的重要性。

理解《企业破产法》第1条,也需要留意这里对破产主体的限制,即"规范企业破产程序"中的"企业"二字。而且,正是因为有"企业"二字,后期的草案中,甚至直接删除有关《企业破产法》适用范围的规定。从立法史的角度来看,《企业破产法》的主体,是一个不断限缩的过程。这种立法策略,在很大程度上避免了各种争议,推动2006年《企业破产法》顺利出台。

制定一部能够适用于所有市场主体的破产法,其好处显而易见。从人类破产法文明的发展来看,破产法的主体范围一直处于不断扩张的趋势,从商人、合伙、自然人、公司、农场主、市政机构甚至到主权国家等等,都逐渐被纳入破产法调整的范围中。

但事实上,制定一部能够适用于所有市场主体的破产法,其阻力亦显而易见。在我国新破产法起草的初期,非企业法人、消费者等都先后进入不同时期的草案,但最后通过的法律文本中,只有"企业法人"最终成为《企业破产法》的唯一适用

---

① 参见李曙光:《新破产法:一部市场经济的基本法》,载《法制日报》2006年8月31日,第3版。
② 参见李曙光:《新破产法:一部市场经济的基本法》,载《法制日报》2006年8月31日,第3版。

的主体。这是《企业破产法》第1条的"企业",结合第2条中提及的"企业法人",事实上又做了进一步限缩。

笔者看来,《企业破产法》第1条的缺憾之一,是缺失"根据宪法"。这四个字尽管言简意赅,但却能够在破产法和宪法之间建立紧密联系,甚至能够让宪法成为破产法的上位法依据。

在我国目前民商事法律中,部分法律第1条有"根据宪法""根据宪法和法律"等字样,呈现出一定程度的偶然性。尤其是民事法律中,无论是已被2020年《民法典》废除的1986年的《民法通则》、2008年《物权法》、2017年《民法总则》,还是2020年《民法典》本身,都有类似表述。而其他法律中,比如2017年《民事诉讼法》、2018年《劳动法》、2019年《土地管理法》等,都有标识宪法渊源的字样。但是,另外一些法律,比如已被2020年《民法典》废除的1999年《合同法》、2001年《婚姻法》,以及2012年《劳动合同法》、2013年《消费者权益保护法》、2015年《保险法》、2018年《公司法》等,第1条中均无宪法渊源标识。通过上述例证观之,"根据宪法"是否加入,见仁见智。不容忽视的是,前述部分民事法律起草和颁布过程中,有关民法部门法和宪法的关系问题,成为跨越民法学界和宪法学界的共同问题,也饱受学者们关注和讨论。

笔者认为,应该在破产法中加入"根据宪法"字样。这样的话,可以为破产法找到宪法性依据,也在适用、解释过程中找到上位法根源;对于防止不同部门、不同层级破产政策对破产法的肢解,也具有重要意义。尤其是在各地"试点"个人破产法的意极其强烈的背景下,这个问题尤其重要。为此,笔者曾于2019年10月11日澎湃专栏"破产法的温度"中,专门撰文表达过对地方"试点"的忧思:是否允许地方"试点"个人破产制度,本质上是破产法属于中央法还是地方法的问题。在美国破产法变革的历史中就曾出现由于13个殖民地间债务清理制度存在差异,而导致债务人"养成"逃废债的习惯。破产法的中央化、联邦化,是稳定有序清理债权债务关系的前提。如果放任破产法地方化,那么一定会有差异的产生;只要有差异产生,就一定会有"破产移民"的崛起。① 确实,中国的改革一直是一种试点式改革。但是,在个人破产法构建进程中,我们可能只有一个选项,那就是在尽可能考虑差异性的前提下,颁布并实施全国性的个人破产法。

【关联法律法规及司法政策】

《民法典》(2020)

第一百一十八条　民事主体依法享有债权。

债权是因合同、侵权行为、无因管理、不当得利以及法律的其他规定,权利人请求特定义务人为或者不为一定行为的权利。

第一百一十九条　依法成立的合同,对当事人具有法律约束力。

第一百二十条　民事权益受到侵害的,被侵权人有权请求侵权人承担侵权责任。

第一百二十一条　没有法定的或者约定的义务,为避免他人利益受损失而进行管理的人,有权请求受益人偿还由此支出的必要费用。

第一百二十二条　因他人没有法律根据,取得不当利益,受损失的人有权请求其返还不当利益。

第三百零七条　因共有的不动产或者动产产生的债权债务,在对外关系上,共有人享有连带债权、承担连带债务,但是法律另有规定或者第三人知道共有人不具有连带债权债务关系的除外;在共有人内部关系上,除共有人另有约定外,按份共有人按照份额享有债权、承担债务,共同共有人共同享有债权、承担债务。偿还债务超过自己应当承担份额的按份共有人,有权向其他共有人追偿。

最高人民法院《关于审理上市公司破产重整案件工作座谈会纪要》(2012)

一、关于上市公司破产重整案件的审理原则

会议认为,上市公司破产重整案件事关资本市场的健康发展,事关广大投资者的利益保护,事关职工权益保障和社会稳定。因此,人民法院应当高度重视此类案件,并在审理中注意坚持以下原则:

(一)依法公正审理原则。上市公司破产重整案件参与主体众多,涉及利益关系复杂,人民法院审理上市公司破产重整案件,既要有利于化解上市公司的债务和经营危机,提高上市公司质量,保护债权人和投资者的合法权益,维护证券市场和社会的稳定,又要防止没有再生希望的上市公司利用破产重整程序逃废债务,滥用司法资源和社会资源;既要保护债权人利益,又要兼顾职工利益、出资人利益和社会利益,妥善处理好各方利益的冲突。上市公司重整计划草案未获批准或重整计划执行不

---

① 参见陈夏红:《从温州个人破产"试点"看改革困境及其应对》,澎湃新闻财经频道"澎湃商学院"栏目2019年10月11日发表。

能的,人民法院应当及时宣告债务人破产清算。

(二)挽救危困企业原则。充分发挥上市公司破产重整制度的作用,为尚有挽救希望的危困企业提供获得新生的机会,有利于上市公司、债权人、出资人、关联企业等各方主体实现共赢,有利于社会资源的有效利用。对于具有重整可能的企业,努力推动重整成功,可以促进就业、优化资源配置,促进产业结构的调整和升级换代,减少上市公司破产清算对社会带来的不利影响。

(三)维护社会稳定原则。上市公司进入破产重整程序后,因涉及债权人、上市公司、出资人、企业职工等相关当事人的利益,各方矛盾比较集中和突出,如果处理不当,极易引发群体性、突发性事件,影响社会稳定。人民法院审理上市公司破产重整案件,要充分发挥地方政府的风险预警、部门联动、资金保障等协调机制的作用,积极配合政府做好上市公司重整中的维稳工作,并根据上市公司的特点,加强与证券监管机构的沟通协调。

最高人民法院《全国法院破产审判工作会议纪要》(2018)

当前和今后一个时期,破产审判工作总的要求是:

一要发挥破产审判功能,助推建设现代化经济体系。人民法院要通过破产工作实现资源重新配置,用好企业破产中权益、经营管理、资产、技术等重大调整的有利契机,对不同企业分类处置,把科技、资本、劳动力和人力资源等生产要素调动好、配置好、协同好,促进实体经济和产业体系优质高效。

二要着力服务构建新的经济体制,完善市场主体救治和退出机制。要充分运用重整、和解法律手段实现市场主体的有效救治,帮助企业提质增效;运用清算手段促使丧失经营价值的企业和产能及时退出市场,实现优胜劣汰,从而完善社会主义市场主体的救治和退出机制。

三要健全破产审判工作机制,最大限度释放破产审判的价值。要进一步完善破产重整企业识别、政府与法院协调、案件信息沟通、合法有序的利益衡平四项破产审判工作机制,推动破产审判工作良性运行,彰显破产审判工作的制度价值和社会责任。

四要完善执行与破产工作的有序衔接,推动解决"执行难"。要将破产审判作为与立案、审判、执行既相互衔接、又相对独立的一个重要环节,充分发挥破产审判对化解执行积案的促进功能,消除执行转破产的障碍,从司法工作机制上探索解决"执行难"的有效途径。

最高人民法院《关于推进破产案件依法高效审理的意见》(2020)

为推进破产案件依法高效审理,进一步提高破产审判效率,降低破产程序成本,保障债权人和债务人等主体合法权益,充分发挥破产审判工作在完善市场主体拯救和退出机制等方面的积极作用,更好地服务和保障国家经济高质量发展,助推营造国际一流营商环境,结合人民法院工作实际,制定本意见。

【裁判要旨】
案例1
郑志锋、湖州镭宝投资有限公司普通破产债权确认纠纷再审审查与审判监督案

审理法院:最高人民法院
案号:(2019)最高法民申265号
事实:本案再审申请人郑志锋,因与被申请人湖州镭宝投资有限公司(以下简称镭宝公司)、湖州天外绿色包装印刷有限公司(以下简称天外公司)普通破产债权确认纠纷一案,不服浙江省高级人民法院(2017)浙民终808号民事判决,向最高人民法院申请再审。郑志锋申请再审称,原判决适用法律确有错误。郑志锋的利息债权依破产法之规定,理应计算至镭宝公司的破产受理时间暨2016年11月21日。

裁判要旨:在关联企业实质合并破产中,破产止息规则从最先受理企业破产申请之日起计算,符合《企业破产法》第1条规定的立法目的。

判决理由:最高人民法院经审查认为,根据案件基本事实及法律规定,郑志锋的申请再审事由不能成立,理由如下:镭宝公司、天外公司等七家关联公司资金使用和收益难以按各个企业区分,人财物高度混同,无法准确界定各企业资产、债权债务的对应性,构成法人人格高度混同,符合关联企业实质合并的要件。七家企业均不能清偿到期债务,本案进行合并破产清算,统一各个合并企业的普通债权清偿率,有利于保障债权人等各方当事人之间的实质公平,也有利于厘清各公司债权债务,提高破产清算效率。原判决有关"孳息债权计算统一截止于先破产企业镭宝机械破产裁定受理日"的做法符合《中华人民共和国企业破产法》第一条"公平清理债权债务,保护债权人和债务人的合法权益,维护社会主义市场经济秩序"的立法目的,也不违反该法第四十六条"附利息的债权自破产申请受理时起停止计息"的规定,并且充分保障了全体债权人能公平有序受偿的立法目的。而且原判决已经释明,本案所涉债务,主债务人为唐云松、胡国琴,镭宝公司、天外公司仅为担保人,对担保人停止计息,并不影响郑志锋向主债务人唐云松、胡国琴继续主张清偿剩余孳息债权的权利。综上,最高人民法院于2019年3月19日作出裁定,驳回郑志锋的再审申请。

案例2
蔡国辉对惠州市惠阳区鸿裕实业发展有限公司合并破产清算复议案

审理法院:广东省高级人民法院

案号:(2018)粤破终37号

事实:复议申请人蔡国辉因惠州市惠阳区鸿裕实业发展有限公司(以下简称鸿裕公司)、惠州市惠阳区鸿凌土石方工程开发有限公司(以下简称鸿凌土石方公司)、惠州市惠阳区鸿凌房地产开发有限公司(以下简称鸿凌房地产公司)合并破产清算一案,不服广东省惠州市中级人民法院作出的(2017)粤13破17号、(2018)粤13破2号、(2018)粤13破14号合并破产清算民事裁定,向广东省高级人民法院申请复议。

惠州市中级人民法院查明:鸿裕公司、鸿凌土石方公司及鸿凌房地产公司属于关联公司,均分别于2017年11月7日、2018年2月9日、2018年3月16日被惠州市中级人民法院裁定进入破产清算程序。三家公司的法定代表人及实际控制人均为吴某,三家公司的办公地点均在惠州市××区,三家公司的经营决策、公司管理均由相同人员作出和统一实施,经营业务和财务账簿及会计凭证存在交叉难以区分的问题,经营资产均混同使用,费用共同支出。三家公司对外借款或向银行贷款时,互相提供担保,相互使用。三家公司的债权债务关系互相交织,难分彼此。大部分申报债权的债权人均同意三家公司合并破产清算。

惠州市中级人民法院于2018年7月23日裁定鸿裕公司、鸿凌土石方公司、鸿凌房地产公司合并破产清算。

蔡国辉提出复议请求。

裁判要旨:合并破产清算仅是人民法院审理关联企业破产清算案件的一种审理方式,仍然依照《企业破产法》相关规定审理。而《企业破产法》仅针对单个破产企业破产清算作出规定,并未规定不同企业合并破产清算,由此导致难以适用《企业破产法》具体条文来对应合并破产法律关系。根据部门法分则没有具体规定的,可以适用总则规定的原理,适用《企业破产法》第1条、第2条规定作出合并破产清算裁判,虽然有一定瑕疵,亦因立法原因造成,不属于适用法律错误。

判决理由:广东省高级人民法院认为,本案为利害关系人对人民法院合并破产清算裁定不服提起的复议的案件。对不同破产企业进行实质合并破产审理,涉及法人独立人格的否定、法人财产和债权债务混同的认定、全体债权人统一清偿等实体和程序问题,必须严格控制,依法进行。既要通过实质合并审理方式处理法人人格高度混同的关联关系,确保全体债权人公平清偿;也要避免不当采用实质合并审理方式,损害相关利益主体的合法权益。

根据蔡国辉申请复议的事实和理由,该案的争议焦点之一,是一审法律适用是否错误。广东省高级人民法院认为,人民法院作出裁判引用的法律条文,一般是与案件事实、法律关系、处理结果相对应的具体法律条文。惠州市中级人民法院适用《企业破产法》第1条、第2条规定作出原审裁定,但第1条规定为:"为规范企业破产程序,公平清理债权债务,保护债权人和债务人的合法权益,维护社会主义市场经济秩序,制定本法";第2条规定为:"企业法人不能清偿到期债务,并且资产不足以清偿全部债务或者明显缺乏清偿能力的,依照本法规定清理债务……"该两条分别规定破产法立法目的和适用破产法的条件。从严格意义上说,并不属于与合并清算相对应的法律条文。但是,因合并破产清算仅是人民法院审理关联企业破产清算案件的一种审理方式,仍然依照破产法相关规定审理,而《企业破产法》有关破产清算的规定,是针对单个破产企业如何进行破产清算作出的,并无不同企业合并破产清算的规定,由此导致本案难以适用《企业破产法》具体条文来对应合并破产法律关系。根据部门法分则没有具体规定的,可以适用总则规定的原理,惠州市中级人民法院适用《企业破产法》第1条、第2条规定作出裁判,虽然有一定瑕疵,亦因立法原因造成,不属于适用法律错误。

综上,广东省高级人民法院于2018年12月17日作出终审裁定,驳回复议申请人蔡国辉的复议申请,维持惠州市中级人民法院(2017)粤13破17号、(2018)粤13破2号、(2018)粤13破14号裁定。

【学理综述】

陆晓燕:《"市场化破产"的法治内蕴》,法律出版社2020年版。

陆晓燕2020年在法律出版社出版《"市场化破产"的法治内蕴》一书。该书尝试在法理学和破产法之间展开交叉研究。长期以来,法理学界基本不关注民商法尤其是破产法等规则性强、技术性强的领域,而破产法学研究则多认为法理学研究已经陷入法律方法的迷宫,崇尚空谈。在这种背景下,《"市场化破产"的法治内蕴》尝试从法理学的视角来剖析市场化破产的概念,确实让人耳目一新,在法理学和破产法学研究两个领域,都具有开创性。在这本书中,作者在梳理我国破产法律制度的发展历程和实践之后,特别站在国家权力和社会权利体系下,尝试对理想化的破产法权力/权利格局做出重构。在此基础上,作者分别从立法、司法、行政、中介机构和市场主体角度,分别对破产法实施中以及用户需求问题,结合司法实务做了比较深入的解读。从这个意义上说,这本书在理论层面具有领先水平,能够跳出破产法常见的规则之争、理念之争,而从更为宏观、广博的视角做出独到阐释,具有一定的论证深度。

许德风在《法学》2009 年第 8 期上,发表《破产法基本原则再认识》一文。在该文中,作者以内容是否具备根本性这一标准,阐释了破产法中特别需要注意的几大原则:第一,尊重非破产规范原则,即恪守破产法的边界,把构建责任或者权利的问题留给非破产法解决。第二,破产债权平等原则,即:(一)排除单个债权人谋求个别强制执行的权利,强调同类债权同比例受偿;(二)平等本意在于"相同的相同对待,不同的不同对待",并不意味着所有破产债权都应受到平等对待;(三)破产债权平等原则不得通过合同加以排除。第三,债权人自治原则,对其给予适当的限制。第四,集体清偿原则,避免多人重复博弈的消极结果;在此基础上,对债权人自治做出限制,强调法院在强制批准重整计划、限制债务人偏颇性清偿方面的做法。作者认为,破产法既涉及实体法也涉及程序法,需要在公平与效率之间获得平衡,强调其集体属性,最大化债务人企业的总体价值。①

李曙光在《中国政法大学学报》2017 年第 3 期上,发表《论我国市场退出法律制度的市场化改革——写于〈企业破产法〉实施十周年之际》一文。在该文中,作者提出,市场经济机制包括市场准入、市场交易和市场退出三部分;而市场退出机制,既包括法庭框架内的退出机制,也包括法庭框架外的退出机制,但后者关注寥寥无几;由此,作者有意在法庭外市场退出机制的理论荒地上搭建研究架构,为市场退出机制改革提供政策建议,即在推进市场化改革的过程中,应该在完善社会信用机制的基础上,通过年报制度,促使企业对市场负责,由行政机关监督转换为社会共治,并在简政放权的政策环境下改革注销制度,通过推行简易注销程序降低企业退出市场的成本,提高企业的离场动力。②

赵万一在《浙江工商大学学报》2018 年第 6 期上,发表《我国市场要素型破产法的立法目标及其制度构造》一文。在该文中,作者认为我国《企业破产法》立法市场化色彩不明显,而工具化色彩突出。作者提出,破产法改革应以市场经济为导向,以商事法律理念为指导,以市场要素型破产法为改革目标,按照市场经济的内在要求,构建以市场为导向,以淘汰和拯救相结合,以破产重整为核心的现代破产制度。而对于市场要素型破产法,作者认为具体内容可以包括:设计不同的破产法律制度;完善破产前置程序,引入简易重整制度;推进破产审判的专业化建设,从组织上、技术上、程序上保证破产审判的实际效果;设立专门的破产事务管理机构,充分发挥政府对破产审判的支持作用等。③

李曙光在《北京大学学报(哲学社会科学版)》2019 年第 1 期上,发表《破产法的宪法性及市场经济价值》一文。在该文中,作者从四个角度,论证了如下观点:破产法本身为市场经济提供了一整套兜底性的交易规则,透明、公开、可预期,具有基础性与母法性,一定程度上即具有"宪法性"。现代市场经济有五大特征:私产神圣和企业自由、价高者得、公平竞争、优胜劣汰且互通互联。只有建立和实施破产法,替代法则和市场出清理论才会发挥作用。在传统破产法视野下,破产清算程序可以发挥相关作用;而在重整程序中,转机理论则成为其基础性的理论体系。④

陈夏红在《中国政法大学学报》2019 年第 5 期,发表《美国宪法"破产条款"入宪考》一文。该文提出,美国 1787 年宪法中"破产条款"的入宪,是破产法史上不多见的里程碑,也是宪法层面规范破产法问题的范本。长期以来,我国学界对美国宪法"破产条款"的来龙去脉乏人问津。本文根据对文献和相关史料的爬梳,提出美国"破产条款"的入宪,更多是北美早期殖民地(邦)的破产法立法与实践的需要,也是保障美国建国初期债权人阶层经济利益的必然。在美国宪法"破产条

---

① 参见许德风:《破产法基本原则再认识》,载《法学》2009 年第 8 期,第 49—59 页。
② 参见李曙光:《论我国市场退出法律制度的市场化改革——写于〈企业破产法〉实施十周年之际》,载《中国政法大学学报》2017 年第 3 期,第 6—22 页。
③ 参见赵万一:《我国市场要素型破产法的立法目标及其制度构造》,载《浙江工商大学学报》2018 年第 6 期,第 29—42 页。
④ 参见李曙光:《破产法的宪法性及市场经济价值》,载《北京大学学报(哲学社会科学版)》2019 年第 1 期,第 149—157 页。

款"孕育过程中,英国破产法渊源、北美早期殖民地(邦)破产立法与实践成为重要背景。但"破产条款"在联邦制宪会议上的入宪本身,具有一定的偶然性。由此,作者认为,考据"破产条款"的来龙去脉,对我国处理破产法与宪法的交叉关系,也有一定的参考意义。①

丁燕在《浙江工商大学学报》2020年第1期上,发表《世行"办理破产"指标分析与我国破产法的改革》一文。该文结合世界银行营商环境评估中"办理破产"的指标体系,从价值论、方法论、比较视角以及实践论等多维度,对其展开评判,对标可比经济体,审视反思我国破产法律制度运行中存在的问题,聚焦《最高人民法院关于适用〈中华人民共和国企业破产法〉若干问题的规定(三)》相关改革措施之优劣,提出继续完善破产法实施的对策建议。②

韩长印在《法学杂志》2020年第7期上,发表《世界银行"办理破产"指标与我国的应对思路——以"破产框架力度指数"为视角》一文。在该文中,作者首先分析了我国"办理破产"指标在2019年和2020年世行营商环境评估中的得分情况,进而详细地介绍了世行营商环境评估"办理破产"指标的方法论体系,进而结合"办理破产"指标详细评价了我国在其中的得分、失分情况,并结合重整程序指数、债权人参与指数等的失分情形,从法理角度展开探索:就参与重整计划表决的债权人而言,尽管我国《企业破产法》司法解释(三)有所规定,但依然失分0.5分,可能是因为问题描述和受访对象对新规定不熟悉所导致;就债权人参与破产程序指数而言,囿于我国破产程序更看重公平价值,加上立法者在赋予债权人批准或否决管理人指定以及债权人是否有权批准债务人财产出售上的犹豫,导致均有丢分。作者由此建议,我国应该按照轻重缓急,针对丢分情况作出改进:针对债权人对管理人的指定,可以考虑债权人推荐制与法院指定相结合的方法;针对债权人对重大财产出售的批准,应该加强沟通,向世行说明清楚我国现行制度的立法本意;针对其他指标,我国可以通过调整司法解释的措辞,尽力使得司法解释更加能够符合世行营商环境评估的指标体系,以便在后续评估中获得高分。③

李曙光在《中国法律评论》2020年第6期上,发表《宪法中的"破产观"与破产法的"宪法性"》一文。在该文中,作者重新梳理了宪法和破产法的关系;从宪法的角度看,一些重要国家的宪法中含有破产法内容,有很强的破产法观;而从破产法角度看,破产法实际上是"宪法性"法律。作者重新梳理宪法、民法地位之争,指出问题的关键在于宪法的起源,即英国《大宪章》,按照该文件,对贵族拥有产权的界定保护与债务清理是《大宪章》的重要内容,宪法不仅仅是界定王权的"公法",其界定产权的经济观与破产观也是英格兰早期宪法的题中应有之义。作者还特别指出,破产法的宪法性,除了其宪法文本的价值之外,还有以下几层含义:第一,破产法是统一市场的法律;第二,破产法是经济改革的基本法;第三,破产法是全球市场交易的宪法;第四,破产法的立法与实施是国家事权。基于此,破产法的宪法性表现在市场交易与资源配置的整个过程之中,没有破产对"剩余产权"归属界定的"威慑"机制,没有破产游戏规则对债权人、债务人市场交易的约束与预期规则,就不会产生有效率的市场经济。由此,作者再次重申其观点:破产法是市场经济的"宪法"。④

张钦昱在《法商研究》2020年第6期上,发表《我国破产法的系统性反思与重构——以世界银行〈营商环境报告〉之"办理破产"指标为视角》一文。在该文中,作者指出,世界银行营商环境评估指标早年以回收率为核心指标,只强调债权人尤其是担保债权人在破产程序中的利益诉求;而在2015年后引入破产框架力度指标,更加关注破产程序中的利益相关方的权益,期望实现各方主体利益在破产程序中均衡发展。针对世行指标的变迁,作者指出我国近年来尽管司法领域政策频出,但因为破产法改革逻辑的反复、债务人财产利用低效以及债权人监督程序失灵等因素,我国"办理破产"的得分和排名都有很大提升空间。作者建议我们应该革新破产法的理念,坚持破产法理论的市场化导向,确保债权人对破产程序参与和监督的常态化,强调债务人财产整体运营与价值最大化的理念。在此基础上,作者认为我国在进一步完善破产法律制度的过程中,应当直面世行营商环境评估中涉及我国的问题,通过内化和本土

---

① 陈夏红:《美国宪法"破产条款"入宪考》,载《中国政法大学学报》2019年第5期,第116—139页。
② 参见丁燕:《世行"办理破产"指标分析与我国破产法的改革》,载《浙江工商大学学报》2020年第1期,第78—88页。
③ 韩长印:《世界银行"办理破产"指标与我国的应对思路———以"破产框架力度指数"为视角》,载《法学杂志》2020年第7期,第1-13页。
④ 李曙光:《宪法中的"破产观"与破产法的"宪法性"》,载《中国法律评论》2020年第6期,第1—8页。

化,尤其是结合营商环境评估指标针对性修订《企业破产法》,设法提升债务人财产运营价值,加大管理人选任的自由度,加强债务人财产信息披露的透明度,最终实现"办理破产"指标的优化和营商环境的改良。①

王欣新在《山西大学学报(哲学社会科学版)》2021年第1期上,发表《〈民法典〉与破产法的衔接与协调》一文。在该文中作者指出,《民法典》编纂中并未考虑破产法、公司法等商事法律,破产法、公司法等在《民法典》实施后将作为特别法继续优先适用,但部分相关内容在《民法典》编纂中有所调整,导致《民法典》中一般性规定在破产程序中难以适用。在文章主体部分,作者特别分析了《民法典》对担保物权、合同等内容的规定与既有《企业破产法》制度和原则的冲突,重点包括《民法典》第420、423条涉及的最高额抵押债权确定的时点;第396、411条涉及的浮动抵押财产范围的确认时点;第681、686、690、698、699、701条涉及的保证合同和保证责任问题;第934、935、936条涉及的委托合同及破产程序中的选择履行问题;第642、643条规定的所有权保留合同等。②

高丝敏在《法学研究》2021年第2期上,发表《破产法的指标化进路及其检讨——以世界银行"办理破产"指标为例》一文。在该文中,作者认为,商法理论研究偏好比较法,但比较法研究往往因为缺少量化指标而陷入"黑箱难题",从这个意义上世行指标有其正面价值。但是因为世行指标自身的缺陷,尤其是因为对大陆法系的偏见、指标化衡量工具的弊端以及对商法最佳实践规则认知的误区,在对规则的改进引导方面有一定误差。在此基础上,作者特别着重分析了世界银行营商环境评估"办理破产"的方法论,指出其回收率指标体系存在评估程序以偏概全、评估债权选择不当、评估方法无法反映回收率以及对营运价值认识存在误区等问题。而在破产框架强度系数指标体系上,世行评估过分依赖以美国破产法为原型的《关于有效破产和债权人/债务人制度的原则》,也存在简单、偏差和缺乏逻辑等问题。作者结合该问卷,针对我国司法规则以及未来立法改革产生影响的三个方面,即失分而通过司法解释

补救的制度(包括重整融资、权益受调整债权人或股东投票规则、债权人信息获取等)、得分但不完美的制度(包括待履行合同制度、债权人最佳利益标准)以及失分但问题不合理制度等三个方面,详细做了剖析。在这些分析基础上,作者认为我国破产法要想真正达到促进市场经济的目标,应该围绕重整控制权的优化配置、债务人财产的优化配置来改善资源的优化配置,围绕破产前、破产后的规则调整来改善预期收益保护。③

王欣新在《法治研究》2021年第3期上,发表《营商环境破产评价指标的内容解读与立法完善》一文。作者在该文中对"办理破产"评价指标中涉及的法律法规和其他指标中涉及的破产法问题,做了全面梳理,特别强调了对我国破产法规则的准确理解,并对立法和实施中存在的问题提出完善建议。该文中涉及的问题有破产申请权问题、破产融资的优先权问题、重整程序中表决权问题、债权人在破产程序中的权利问题以及其他破产法律问题诸如办理破产案件的时间、破产成本、营运价值保留等。④

第二条 企业法人不能清偿到期债务,并且资产不足以清偿全部债务或者明显缺乏清偿能力的,依照本法规定清理债务。

企业法人有前款规定情形,或者有明显丧失清偿能力可能的,可以依照本法规定进行重整。

【立法沿革】

《企业破产法(试行)》(1986)

第二条 本法适用于全民所有制企业。

第三条 企业因经营管理不善造成严重亏损,不能清偿到期债务的,依照本法规定宣告破产。

企业由债权人申请破产,有下列情形之一的,不予宣告破产:

(一)公用企业和与国计民生有重大关系的企业,政府有关部门给予资助或者采取其他措施帮助清偿债务的;

(二)取得担保,自破产申请之日起六个月内清偿债务的。

企业由债权人申请破产,上级主管部门申请

---

① 张钦昱:《我国破产法的系统性反思与重构——以世界银行〈营商环境报告〉之"办理破产"指标为视角》,载《法商研究》2020年第6期,第103—114页。

② 王欣新:《〈民法典〉与破产法的衔接与协调》,载《山西大学学报(哲学社会科学版)》2021年第1期,第105—114页。

③ 高丝敏:《破产法的指标化进路及其检讨——以世界银行"办理破产"指标为例》,载《法学研究》2021年第2期,第193-208页。

④ 王欣新:《营商环境破产评价指标的内容解读与立法完善》,载《法治研究》2021年第3期,第128—139页。

整顿并且经企业与债权人会议达成和解协议的,中止破产程序。

《民事诉讼法》(1991)

第一百九十九条　企业法人因严重亏损,无力清偿到期债务,债权人可以向人民法院申请宣告债务人破产还债,债务人也可以向人民法院申请宣告破产还债。

第二百零六条　全民所有制企业的破产还债程序适用中华人民共和国企业破产法的规定。

不是法人的企业、个体工商户、农村承包经营户、个人合伙,不适用本章规定。

《破产法》(1995年草案)

第三条　本法适用于下列民事主体:

(一)企业法人;

(二)合伙企业及其合伙人;

(三)独资企业及其出资人;

(四)依法设立的其他经济组织。

已解散而尚未清算完毕的企业法人,在本法规定的范围内视为继续存续。

第四条　债务人不能清偿到期债务的,依照本法规定的程序清理债务。

债务人停止支付到期债务的,推定为不能清偿。

企业法人因经营或者财务发生困难将导致不能清偿到期债务的,可以适用本法规定的重整程序。

第一百三十条　合伙企业的财产不足以清偿到期债务的,人民法院应当在宣告合伙企业破产的同时,宣告全体合伙人破产。但是,合伙人已经提供财产,足以清偿合伙企业的全部债务的,人民法院在宣告合伙企业破产时,不宣告全体合伙人破产。

前款规定,准用于独资企业破产的情形。

第一百四十五条　合伙人依照本法规定被宣告破产的,各合伙人应当分别清算。

合伙人的债权人和合伙企业债权人,在各合伙人的破产清算程序中,地位平等。

合伙企业的债权人可以就合伙企业的破产财产不足清偿其破产债权的部分,依照本法第一百四十二条的规定,在各合伙人的破产清算程序中行使权力。但是,其行使权利所得分配总额,不得超过其应受清偿的债权额。

《企业破产与重整法》(2000年6月草案)

第二条　本法适用于下列民事主体:

(一)企业法人;

(二)合伙企业及其合伙人;

(三)个人独资企业及其出资人;

(四)依法设立的其他营利性组织。

已解散而尚未清算完毕的企业法人,在本法规定的程序范围内视为存续。

第三条　债务人不能清偿到期债务的,依照本法规定的程序清理债务。

债务人停止支付到期债务的,推定为不能清偿。

《企业破产与重整法》(2000年12月草案)

第二条　本法适用于下列民事主体:

(一)企业法人;

(二)合伙企业;

(三)个人独资企业;

(四)依法设立的其他营利性经济组织。

前款规定的民事主体,已解散而未清算或者尚未清算完毕的,在本法规定的程序范围内视为存续。

第三条　债务人不能清偿到期债务的,依照本法规定的破产清算程序或者和程序清理债务。债务人停止支付到期债务的,推定为不能清偿。

企业法人具有前款规定的情形但有挽救希望的,或者因为经营或财务发生困难将导致不能清偿到期债务的,可以适用本法规定的重整程序。

《企业破产与重整法》(2001年1月草案)

第二条　本法适用于下列民事主体:

(一)企业法人;

(二)合伙企业;

(三)个人独资企业;

(四)依法设立的其他营利性经济组织。

因合伙企业、个人独资而导致其合伙人或出资人连带破产的清算,适用本法规定。

本条第一款规定的民事主体已解散而未清算或者尚未清算完毕的,在本法规定的程序范围内视为存续。

第三条　债务人不能清偿到期债务的,依照本法规定的破产清算程序或者和解程序清理债务。

债务人停止支付到期债务的,推定为不能清偿。但有相反证据证明的除外。

企业法人具有前两款规定的情形但有挽救希望的,或者有不能清偿到期债务可能的,可以依据本法规定的程序进行重整。

《企业破产法》(2004年3月草案A版)

第三条　本法适用于下列民事主体:

(一)企业法人;

(二)合伙企业及其合伙人;

(三)个人独资企业及其出资人;

（四）其他依法设立的营利性组织。

企业法人因股东未履行出资协议、被监管机关吊销营业执照等原因已解散但未清算或者未清算完毕的，在本法规定的程序范围内视为存续。

第四条 债务人不能清偿到期债务或因资不抵债而需要清算的，依照本法规定的程序清理债务。

债务人停止支付到期债务的，推定为不能清偿。

债务人出现经营困难需要进行重整的，依据本法规定的程序进行重整。

《企业破产法》(2004年3月草案B版)

第二条 本法适用于下列民事主体：

（一）企业法人；

（二）合伙企业及其合伙人；

（三）个人独资企业及其出资人；

（四）其他依法设立的营利性组织。

前款规定的企业和其他营利性组织已解散但未清算或者未清算完毕的，在本法规定的程序范围内视为存续。

第三条 债务人不能清偿到期债务，依照本法规定的程序清理债务。

债务人停止支付到期债务呈连续状态，推定为不能清偿。

债务人不能清偿或者有可能不能清偿到期债务，需要进行重整的，可以依据本法规定的程序进行重整。

《企业破产法》(2004年6月草案)

第二条 本法适用于下列民事主体：

（一）企业法人；

（二）合伙企业及其合伙人；

（三）个人独资企业及其出资人；

（四）其他依法设立的营利性组织。

前款规定的民事主体已解散但未清算或者未清算完毕的，在本法规定的范围内视为存续。

第三条 债务人不能清偿到期债务，资产不足以清偿全部债务的，依照本法规定的程序清理债务。

前款所称不能清偿到期债务是指债务的履行期限已经届满，债务人未履行债务并且明显缺乏清偿债务的能力。

债务人停止支付到期债务并呈连续状态，推定为不能清偿。

债务人不能清偿或者有可能不能清偿到期债务，需要进行重整的，可以依据本法规定的程序进行重整。

《企业破产法》(2004年10月草案)

第二条 企业法人不能清偿到期债务，并且资产不足以清偿全部债务或者明显缺乏清偿能力的，依照本法规定清理债务。

企业法人有前款规定情形的，或者有可能丧失清偿能力的，可以依照本法规定进行重整。

【条文释义】

本条规定的是破产程序的主体和破产原因。

就破产程序的主体而言，本条规定界定为"企业法人"。按我国《民法典》相关规定以及《企业破产法》实施的实际情况，这里的"企业法人"，应该对应《民法典》中的"营利法人"。对于包括非营利法人在内的其他主体破产事宜，按照《企业破产法》第135条的规定，如果属于破产清算，则参照《企业破产法》的规定。

破产原因是破产程序启动的实质要件，既是判断债务人是否确定破产的决定性因素，也是确定破产程序启动的重要时间节点，直接影响到破产清算、破产预防等程序的启动，当然也会影响到债务人对破产财产的占有、使用、处分和收益等物权。破产原因在任何一个国家的破产法中，都是其核心组成部分。[1] 再加上破产程序固有的不可逆性，破产程序一旦启动，对债权人、债务人乃至公共利益都有深刻影响，故在任何一个国家的破产法立法中，有关破产原因的制度设计都十分重要。

本条共分2款。分款评注如下：

第1款："企业法人不能清偿到期债务，并且资产不足以清偿全部债务或者明显缺乏清偿能力的，依照本法规定清理债务。"

就破产案件适用范围而言，本条明确规定适格的破产主体是"企业法人"。在我国，"企业法人"并不是一个严格的法律概念。对于"企业法人"的具体细分，往往基于所有制或出资人风险承担方式细分，并不统一。

通过上述立法沿革的对比，可以很容易看出，2006年6月之前草案的适用范围极其广泛，包括企业法人、合伙企业及其合伙人、个人独资企业及其出资人及依法设立的其他营利性组织等四大类主体。而到2004年6月破产法草案一审时，该法的适用主体都是"债务人"；而到2004年10月破产法草案二审时，才被替换成为"企业法人"。由此可以看出，将破产程序适用主体定为"企业法人"而非"债务人"，并不是立法机关深思熟虑的

---

[1] 参见韩长印主编：《破产法学》，中国政法大学出版社2016年版，第38—39页。

结果。一种可能的解释，是说如果使不具有法人资格的合伙企业、个人独资企业破产，必然涉及企业合伙人、出资人的个人破产问题，这在当时信用体系欠缺、个人破产立法尚不成熟的背景下，是一种无奈之举。①

据韩传华律师介绍，破产法草案二审时，草案中涉及的破产主体有各种各样的称谓，比如企业、企业法人、债务人、破产企业、债务人企业、破产人等；最终立法机构在《企业破产法》第2条选择"企业法人"作为破产主体，并未采取既有草案中"债务人"这一更为规范的表述方式，而在某种程度上也与《民法通则》(1986)、《企业法人登记管理条例》(1988)以及《公司登记管理条例》(1994)等相关条文取得了一致。②

在客观上，这个主语方面微小的变化，再加上《企业破产法》133条对部分国有企业法人的特殊规定、第134条对商业银行、证券公司、保险公司等金融机构法人的特殊规定，事实上缩小了《企业破产法》的适用范围。至于第135条对企业法人以外组织的清算，在"属于破产清算"前提下，参照适用《企业破产法》，并未实质性地扩大《企业破产法》的适用范围。

立法机关将破产案件适用主体由"债务人"替换成"企业法人"的举动，在司法实践中并未获得严格遵从。比如2011年最高人民法院发布的《关于适用〈中华人民共和国企业破产法〉若干问题的规定(一)》，依旧采纳"债务人"。

《企业破产法》第2条规定，激活破产法适用、破产程序启动的要素是"企业法人不能清偿到期债务，并且资产不足以清偿全部债务或者明显缺乏清偿能力"。这一法律文本包含着三个关键词："不能清偿到期债务""资产不足以清偿全部债务"和"明显缺乏清偿能力"，需要分别阐释：

"不能清偿到期债务"，亦即通常所说的"现金流测试法"。按照联合国国际贸易法委员会的《破产法立法指南》，这一标准要求债务人具有全面停止偿付到期债务的行为要件，且在事实上缺乏足够的现金流，来偿付营业过程中到期的现有债务，可以以债务人停止支付租金、税款、薪金、员工福利、贸易应付款及其他主要业务费用为衡量依据；这一标准将赋予债权人一定程度的主动权，及早在债务人陷入财务困境时启动破产程序，避免因债务人在财务困境期间继续经营给债权人造成的更大损失，也避免债权人之间的恶性竞争。③

王欣新教授指出，不能清偿到期债务，意味着债务人已经穷尽财产、信用或者能力等各种显示经济生活中可以用来偿还债务的方式。④ 韩传华律师亦提出，认定"不能清偿到期债务"，需要符合两个条件：第一，债务人对债权人的"到期债务"没有清偿；第二，债权人对债务人的"到期债务"提出过清偿请求，或者债务人对"到期债务"的偿付呈连续停止状态。⑤ 而对司法实务中"不能清偿到期债务"的认定问题，最高人民法院在2011年发布的《关于适用〈中华人民共和国企业破产法〉若干问题的规定(一)》第2条中做了细化，即在债权债务关系依法成立、债务履行期限已经届满、债务人未完全清偿债务三个条件同时具备的情况下，法院才可以认定债务人现金流断裂，"不能清偿到期债务"。

现金流标准绝非完美无缺。在波诡云谲的市场中，债务人极有可能面临现金流断裂、清偿能力出现问题，但企业本身并无大问题的情形。在这种情况下，如果将"不能清偿到期债务"单独作为启动破产程序的标准，极有可能会导致债权人对破产程序的滥用，甚至因为破产程序的不可逆性及公众的破产观念，给债务人带来难以弥补的伤害。在这种情况下，联合国国际贸易法委员会的《破产法立法指南》亦特别强调，法院应该对"不能清偿到期债务"做实质性审查，进而确定启动破产程序的必要性，防止债权人对破产程序的滥用。⑥

"资产不足以清偿全部债务"，亦即"资产负债表测试法"。这一测试方式的优点，在于能够相对准确、客观地反映债务人的资产状况，为破产程序启动最大限度的客观依据。最高人民法院在

---

① 参见石静霞：《联合国国际贸易法委员会〈破产法立法指南〉评介及其对我国破产立法的借鉴》，载《法学家》2005年第2期，第23页。
② 参见韩传华：《企业破产法解析》，人民法院出版社2007年版，第4—6页、第426页。
③ 参见联合国国际贸易法委员会编著：《破产法立法指南》，2006年版，第43页。
④ 按照王欣新教授的解释，支付货币或者财产是最为常规的债务偿还方式，而除了这种方式之外，债务人还可以通过信用方式偿债，即俗话中所说的借新账还旧账，或通过与债权人的协议来延期还款；在信用方式之外，债务人还可以通过提供劳务、技能等方式，折抵成一定数额的货币来偿还债务。见王欣新：《破产法》(第4版)，中国人民大学出版社2019年版，第41页。
⑤ 参见韩传华：《企业破产法解析》，人民法院出版社2007年版，第7—9页。
⑥ 参见联合国国际贸易法委员会编著：《破产法立法指南》，2006年版，第43页。

2011年发布的《关于适用〈中华人民共和国企业破产法〉若干问题的规定(一)》第3条中,对司法实践中"资产不足以清偿全部债务"的认定问题,做了专门解释,指出法院可以将资产负债表、审计报告、资产评估报告等显示债务人资不抵债的事实,作为认定债务人"资产不足以清偿全部债务"的依据。按照韩传华律师的观点,由于资产负债表由债务人自己编制,条目偏于简略,故只能作为认定债务人"资产不足以清偿全部债务"的初步证据,而第三方中介机构对债务人所做的专项审计或会计报告,相对更为准确,证明效力更强,可以作为法院认定债务人"资产不足以清偿全部债务"的根本依据。①

需要特别强调的是,资产负债表测试法同样有缺陷。相关缺陷主要体现在如下三个方面:第一,债务人的确切财务状况,正常情况下只能由债务人准确掌握,除了职工等特定类型的债权人之外,绝大部分债权人不可能实施监测并掌握债务人的财产状况。这也就是说,资产负债表测试法对于债权人来说,并无实质性意义。既然债权人无法实时监测债务人的财务状况,就不可能依据资产负债表测试法来提出破产申请。相对而言,资产负债表测试法更适合于债务人自身提出的破产申请,毕竟债务人对自身的财务状况掌控最清楚。第二,如前文所述,资产负债表所呈现的债务人的财务状况,只是相对准确、客观。就其实际运用来说,既涉及采取会计学方式评估债务人资产价值的准确性问题,这种估值方式能否准确展示债务人的公平市场价值、准确可靠地真实反映债务人的支付能力,亦有一定的疑问。第三,编制需要财会专业人员事先审查账册、记录和财务数据,这需要大量的时间;债务人规模越大,需要的财会专业程度越高、人员越多,耗时也越长。因此,资产负债表测试法在实际运用过程中,必然会面临取证延误与困难,其可靠性往往大打折扣,单纯将资产负债表测试法作为破产程序启动的标志,势必会偏离破产法实现破产资产价值最大化的目标。②

"明显缺乏清偿能力"则是《企业破产法》在现金流测试法、资产负债表测试法之外,补充的另外一个衡量债务人是否达到破产临界标志的指标。王欣新教授认为,"明显缺乏清偿能力"是《企业破产法》所创造的概念,不见于其他国家的破产法立法和理论。③

据王欣新介绍,这一表述的出现,是特殊的立法过程扭曲所致:在一审稿中,起草组设计的思路是以"不能清偿到期债务"为普遍适用的一般破产原因,以资不抵债为适用于破产清算程序的辅助性的特殊破产原因,而以停止支付作为推定债务人不能清偿到期债务的推定破产原因,由此完全解决举证问题。审议过程中,立法机构有代表提出以不能清偿到期债务作为一般破产原因,会引发破产程序的滥用问题,要求对此条件予以限制,在这种情况下"政策性破产"中既要求不能清偿到期债务、又要求资不抵债的双标准制度便被引入立法草案。此举加强了对破产申请的限制,但又陷入另外一种悖论,即债权人很难举证证明债务人资不抵债,而法院在审查破产申请中亦很难迅捷证明债务人确实符合破产条件。多方权衡后,最终的法律文本未取消既要求"不能清偿到期债务"、又要求资不抵债的双标准,但补充了"不能清偿到期债务"及"明显缺乏清偿能力"标准。④

还有一种批评意见援引2002年最高人民法院《关于审理企业破产案件若干问题的规定》第31条指出,按照司法部门的意见,"不能清偿到期债务"包括两个要件:第一,债务的履行期限已届满;第二,债务人明显缺乏清偿能力,从这个意义上说,"明显缺乏清偿能力"本身就是"不能清偿到期债务"的表现之一,在破产原因中规定企业法人"不能清偿到期债务"且"明显缺乏清偿能力",从语法角度属于同义重复,"不能清偿到期债务"的内涵自然包括了"明显缺乏清偿能力"。⑤

"明显缺乏清偿能力"缺乏严苛的内涵和外延,具有一定的主观性。如此规定的目的,更多是赋予法院在审查破产申请时,一定程度的自由裁量权。韩传华律师提出,如果债权人提出破产申请,债务人未提时提出异议、未提交审计或会计报告、未提交可行性清偿计划等情形下,以及债务人提出破产申请时通过资产负债表、审计报告、会计

---

① 韩传华律师进一步提出,无论第三方审计报告、资产评估报告是受债权人、债务人还是法院委托,在司法实务中,除非有确切证据证明相关审计报告有瑕疵或错误,法院只应直接引用相关报告的结论,而无须依据报告中提供的数据来自行推导甚至得出与审计结论不一致的结论;至于审计报告与结论是否可靠,可以适用《民事诉讼法》有关鉴定的规定。见韩传华:《企业破产法解析》,人民法院出版社2007年版,第9页。
② 参见联合国国际贸易法委员会编著:《破产法立法指南》,2006年版,第43—44页。
③ 参见王欣新:《破产法》(第4版),中国人民大学出版社2019年版,第47—49页。
④ 参见王欣新:《破产原因理论与实务研究》,载《天津法学》2010年第1期,第20页。
⑤ 张海燕:《析新〈企业破产法〉中的破产原因》,载《政法论丛》2007年第2期,第67页。

报告证明资产不足以清偿全部债务或者不具备清偿能力时，法院可以认定债务人"明显缺乏清偿能力"。①

最高人民法院在2011年发布的《关于适用〈中华人民共和国企业破产法〉若干问题的规定（一）》第4条中，对司法实践中"明显缺乏清偿能力"的认定问题，列举了如下几点审查要素："（一）因资金严重不足或者财产不能变现等原因，无法清偿债务；（二）法定代表人下落不明且无其他人员负责管理财产，无法清偿债务；（三）经人民法院强制执行，无法清偿债务；（四）长期亏损且经营扭亏困难，无法清偿债务；（五）导致债务人丧失清偿能力的其他情形。"

通过上述分析，无论是现金流测试法、资产负债表测试法还是更为主观的"明显缺乏清偿能力"标准，优点与局限并存。对于立法者来说，需要尽可能发挥每个测试法的优点，而尽可能限制每个测试法的缺点，在优点与缺点之间寻求某种平衡。

职是之故，立法机构在制度设计中，颇费心思地设计出综合性标准，即通过前述三个标准，让主条件（"不能清偿到期债务"）与从条件（"资产不足以清偿全部债务"和"明显缺乏清偿能力"）两两组合，来小心翼翼地设定破产程序启动的标准。这其中主条件不可或缺，而从条件则二选一即可。如此设计的初衷，则是既确保破产程序不能轻易启动，给债务人带来难以逆转、修复的损失，又确保债权人能够及时提出破产申请，避免更大程度的损失。

这一点已为《企业破产法》第2条所确认。从本法律条文中"并且""或者"两个连词的使用，可以看出，我国《企业破产法》对破产程序启动的原因分为两种：第一，企业法人不能清偿到期债务且资产不足以清偿全部债务，这条标准即是"现金流标准+资产负债表"标准的组合。第二，企业法人不能清偿到期债务且明显缺乏清偿能力，这条标准即"现金流标准+缺乏明显清偿能力"的组合。② 显而易见，从对企业财务状况是否易于获知来说，"现金流标准+资产负债表"标准更适合于债务人自身依据财务状况提出破产申请，而"现金流标准+缺乏明显清偿能力"更适合债权人依据债务人偿还债务的状况来提出破产申请。

破产法起草小组亦指出，2006年《企业破产法》规定不能清偿到期债务及资不抵债为破产原因的做法，在世界范围内也属少见，意味着债务人申请破产清算和破产和解的门槛要远高于1986年《企业破产法（试行）》，体现出立法对破产本身"少有的谨慎"，③立法时确实"存在想适当限制债务人破产数量的立法意图"。④《企业破产法》实施十年来，学界实务界每每纠结于破产案件数量不升反降，回过头来看，与当时的立法思路有莫大的干系。

综合来看，《企业破产法》关于破产原因规则的制度设计，留下不少待解难题。一方面，通过复合规则，提高破产申请的难度，确实可以大幅度降低破产申请的数量，防止破产程序遭到滥用。但另一方面，这一规则本身也有着如下漏洞：第一，按照破产法的基本理论，"不能清偿到期债务"与"资不抵债"的准确关系应该是如下：首先，不能清偿到期债务是债务人破产的一般原因，而资不抵债则可以视为通过不能清偿这一事实而推出的形式或事实认定；而既然是推定，则就有被推翻的可能，现实生活中极有可能存在不能清偿到期债务，但信用、实力等因素加起来依旧可能资大于债的情况。其次，不能清偿到期债务是债务人破产的一般原因，而资不抵债则是特殊情形下债务人破产的原因，这种一般与特殊的逻辑关系，导致一般与特殊不应该并存，不能清偿到期债务与资不抵债也不应并存。第二，不能清偿到期债务与资不抵债并存式破产，在司法实践中很难同时存在：对于债权人而言，理应在破产程序中居于主导、主动的地位，但债权人可以很容易证明债务人不能清偿到期债务，但在外部不大容易证明债务人资不抵债；对于债务人或法院而言，证明资不抵债除了证明力稍低的资产负债表外，还需要会计报告、审计报告等证明力更高的证据支撑，而这些文件的形成都需要时间成本。第三，明显缺乏清偿能力是认定债务人不能清偿到期债务的内在因素，如果将不能清偿到期债务、明显缺乏清偿能力并列作为破产原因，违反了整体与部分的逻辑关系。第四，《企业破产法》第2条对何时适用"不能清偿到期债务"与"资不抵债"标准、何时适用"不能

---

① 韩传华：《企业破产法解析》，人民法院出版社2007年版，第10页。
② 由于语言表述问题，也有人对《企业破产法》第2条规定的破产原因，断为企业法人"不能清偿到期债务，并且资产不足以清偿全部债务"或企业法人"明显缺乏清偿能力"，即可依照《企业破产法》清理债务。王欣新教授对这种理解持否定态度。详见王欣新：《破产法》（第4版），中国人民大学出版社2019年版，第48—49页。
③ 《中华人民共和国企业破产法》起草组编：《〈中华人民共和国企业破产法〉释义》，人民出版社2006年版，第50页。
④ 《中华人民共和国企业破产法》起草组编：《〈中华人民共和国企业破产法〉释义》，人民出版社2006年版，第52页。

清偿到期债务"与"明显缺乏清偿能力"标准缺乏进一步规则,究竟是当事人可以随意选择,还是各自有其适用条件,导致法院在审查破产申请时规则混乱。① 就此种种缺陷,张海燕曾提出"二元化破产原因"的思路,即:第一,以"不能清偿到期债务"为各类企业法人普遍适用的一般破产原因,将债务人的停止支付本身视为不能清偿到期债务,同时适度限制债权人提出破产时债权额,尤其对小额债权人提出破产申请的条件作出较为严苛的规定;第二,将资不抵债视为清算中企业法人适用的特殊破产原因,而不是将其作为企业法人普遍适用的破产原因。②

2011年,最高人民法院发布《关于适用〈中华人民共和国企业破产法〉若干问题的规定(一)》,第1条再次确认上述制度设计,即债务人"不能清偿到期债务",并且具有"资产不足以清偿全部债务"或"明显缺乏清偿能力",才能被法院认定其具备破产原因。在该司法解释中,最高人民法院亦细化了"不能清偿到期债务""资产不足以清偿全部债务"和"明显缺乏清偿能力"等的审查规则。

第2款:"企业法人有前款规定情形,或者有明显丧失清偿能力可能的,可以依照本法规定进行重整。"

本款规定的是重整原因。其中的"前款规定情形",即"企业法人不能清偿到期债务,并且资产不足以清偿全部债务或者明显缺乏清偿能力的"。

本款是对破产重整程序启动原因的特别强调,即是说在债务人陷入财务困境,具备不能清偿到期债务且资产不足以清偿全部债务,或者不能清偿到期债务且明显缺乏清偿能力时,债权人、债务人既可以直接向法院提出破产申请,也可以直接申请启动重整程序。

按照破产法起草小组的观点,本款规定意味着债务人无论是"不能清偿到期债务"及"资不抵债",或者"有明显缺乏清偿能力",都可以提出破产重整的申请。这也就意味着,债务人向法院申请破产重整的门槛,要远远低于提出破产清算及和解的要求,体现出立法者视重整为债务人克服危机、避免债权人损失扩大的自救机会。③

重整程序是我国《企业破产法》参照美国《破产法》第11章而构建的公司拯救机制。较之破产清算程序,破产重整程序在保障就业、拯救企业等各个方面的正面价值,已经为理论和实务所证明,破产重整程序在过去三四十年来风靡全球,被为数不少的市场经济国家所移植和借鉴,而美国及其他国家甚至在破产重整程序的基础上又衍生出预重整等制度,更是在破产制度进化的进程中一马当先。职是之故,我国《企业破产法》第2条单独设置一款来强调破产重整程序的启动,正是体现《企业破产法》现代化特色的力作。

对于实务中如何认定债务人"有明显丧失清偿能力可能的",韩传华律师曾提出过如下几类情形:第一,债务人的现有清偿能力建立在借新账、还旧账的基础上,而非债务人的正常经营,即债务人是通过信用方式而偿还债务,财务上债务人已陷入困境,但其信用并未彻底破产;第二,债务人的正常经营因为政策变动、法律变化等因素受到严重影响,债务人缺乏显而易见且行之有效的应对措施;第三,债务人因对外担保,其主要财产被法院查封,虽可继续使用,但难以避免最终被拍卖清偿的命运;第四,债务人经管无方且成本增加,盲目对外投资,或者高价买进、低价卖出,不符合商业经营的常理,严重影响经营效益。④ 在具有这类情形的前提下,债权人可以相对容易地提出破产重整申请。

【关联法律法规及司法政策】

《民法典》(2020)

第五十七条 法人是具有民事权利能力和民事行为能力,依法独立享有民事权利和承担民事义务的组织。

第五十八条 法人应当依法成立。

法人应当有自己的名称、组织机构、住所、财产或者经费。法人成立的具体条件和程序,依照法律、行政法规的规定。

设立法人,法律、行政法规规定须经有关机关批准的,依照其规定。

第五十九条 法人的民事权利能力和民事行为能力,从法人成立时产生,到法人终止时消灭。

第六十条 法人以其全部财产独立承担民事责任。

第六十七条 法人合并的,其权利和义务由合并后的法人享有和承担。

---

① 参见张海燕:《析新〈企业破产法〉中的破产原因》,载《政法论丛》2007年第2期,第68—69页。
② 参见张海燕:《析新〈企业破产法〉中的破产原因》,载《政法论丛》2007年第2期,第69—70页。
③ 参见《中华人民共和国企业破产法》起草组编:《〈中华人民共和国企业破产法〉释义》,人民出版社2006年版,第50—51页。
④ 参见韩传华:《企业破产法解析》,人民法院出版社2007年版,第11页。

法人分立的,其权利和义务由分立后的法人享有连带债权,承担连带债务,但是债权人和债务人另有约定的除外。

第七十六条 以取得利润并分配给股东等出资人为目的成立的法人,为营利法人。

营利法人包括有限责任公司、股份有限公司和其他企业法人等。

第七十七条 营利法人经依法登记成立。

第七十八条 依法设立的营利法人,由登记机关发给营利法人营业执照。营业执照签发日期为营利法人的成立日期。

第七十九条 设立营利法人应当依法制定法人章程。

第八十条 营利法人应当设权力机构。

权力机构行使修改法人章程,选举或者更换执行机构、监督机构成员,以及法人章程规定的其他职权。

第八十一条 营利法人应当设执行机构。

执行机构行使召集权力机构会议,决定法人的经营计划和投资方案,决定法人内部管理机构的设置,以及法人章程规定的其他职权。

执行机构为董事会或者执行董事的,董事长、执行董事或者经理按照法人章程的规定担任法定代表人;未设董事会或者执行董事的,法人章程规定的主要负责人为其执行机构和法定代表人。

第八十二条 营利法人设监事会或者监事等监督机构的,监督机构依法行使检查法人财务,监督执行机构成员、高级管理人员执行法人职务的行为,以及法人章程规定的其他职权。

第八十三条 营利法人的出资人不得滥用出资人权利损害法人或者其他出资人的利益;滥用出资人权利造成法人或者其他出资人损失的,应当依法承担民事责任。

营利法人的出资人不得滥用法人独立地位和出资人有限责任损害法人债权人的利益;滥用法人独立地位和出资人有限责任,逃避债务,严重损害法人债权人的利益的,应当对法人债务承担连带责任。

第八十四条 营利法人的控股出资人、实际控制人、董事、监事、高级管理人员不得利用其关联关系损害法人的利益;利用关联关系造成法人损失的,应当承担赔偿责任。

第八十五条 营利法人的权力机构、执行机构作出决议的会议召集程序、表决方式违反法律、行政法规、法人章程,或者决议内容违反法人章程的,营利法人的出资人可以请求人民法院撤销该决议。但是,营利法人依据该决议与善意相对人形成的民事法律关系不受影响。

第八十六条 营利法人从事经营活动,应当遵守商业道德,维护交易安全,接受政府和社会的监督,承担社会责任。

第一百八十九条 当事人约定同一债务分期履行的,诉讼时效期间自最后一期履行期限届满之日起计算。

《公司法》(2018)

第三条 公司是企业法人,有独立的法人财产,享有法人财产权。公司以其全部财产对公司的债务承担责任。

有限责任公司的股东以其认缴的出资额为限对公司承担责任;股份有限公司的股东以其认购的股份为限对公司承担责任。

第二十条 公司股东应当遵守法律、行政法规和公司章程,依法行使股东权利,不得滥用股东权利损害公司或者其他股东的利益;不得滥用公司法人独立地位和股东有限责任损害公司债权人的利益。

公司股东滥用股东权利给公司或者其他股东造成损失的,应当依法承担赔偿责任。

公司股东滥用公司法人独立地位和股东有限责任,逃避债务,严重损害公司债权人利益的,应当对公司债务承担连带责任。

《最高人民法院关于适用〈中华人民共和国企业破产法〉若干问题的规定(一)》(2011)①

第一条 债务人不能清偿到期债务并且具有下列情形之一的,人民法院应当认定其具备破产原因:

(一)资产不足以清偿全部债务;

(二)明显缺乏清偿能力。

相关当事人以对债务人的债务负有连带清偿责任的人未丧失清偿能力为由,主张债务人不具备破产原因的,人民法院应不予支持。

第二条 下列情形同时存在的,人民法院应

---

① 齐明认为,这一司法解释出台的背景,是《企业破产法》实施后破产案件不升反降,大量企业不通过破产程序退出市场,因此其初衷在于降低破产案件的审查标准,尤其是第 2 条将"不能清偿到期债务"等同于"未完全清偿债务",使更多企业有可能进入破产程序。齐明亦指出,该司法解释局限性亦很明显,把"不能清偿"与"停止支付"混同,或者意将"不能清偿"解释为"停止支付",既缺少合理性,又缺乏合法性,而且破产门槛的实际降低,并未使实践中破产案件大幅度飙升,实在有点得不偿失。此外,齐明指出,本司法解释列举式规定,客观上会过度限制法官在破产案件立案审查方面的自由裁量权,也不利于预防破产欺诈行为。见齐明:《我国破产原因制度的反思与完善》,载《当代法学》2015 年第 6 期,第 117—118 页。

当认定债务人不能清偿到期债务:

(一)债权债务关系依法成立;
(二)债务履行期限已经届满;
(三)债务人未完全清偿债务。①

第三条 债务人的资产负债表,或者审计报告、资产评估报告等显示其全部资产不足以偿付全部负债的,人民法院应当认定债务人资产不足以清偿全部债务,但有相反证据足以证明债务人资产能够偿付全部负债的除外。

第四条 债务人账面资产虽大于负债,但存在下列情形之一的,人民法院应当认定其明显缺乏清偿能力:

(一)因资金严重不足或者财产不能变现等原因,无法清偿债务;
(二)法定代表人下落不明且无其他人员负责管理财产,无法清偿债务;
(三)经人民法院强制执行,无法清偿债务;
(四)长期亏损且经营扭亏困难,无法清偿债务;
(五)导致债务人丧失清偿能力的其他情形。

最高人民法院《关于依法妥善审理涉新冠肺炎疫情民事案件若干问题的指导意见(二)》(2020)

18.人民法院在审查企业是否符合破产受理条件时,要注意审查企业陷入困境是否因疫情或者疫情防控措施所致而进行区别对待。对于疫情爆发前经营状况良好,因疫情或者疫情防控措施影响而导致经营、资金周转困难无法清偿到期债务的企业,要结合企业持续经营能力、所在行业的发展前景等因素全面判定企业清偿能力,防止简单依据特定时期的企业资金流和资产负债情况,裁定原本具备生存能力的企业进入破产程序。对于疫情爆发前已经陷入困境,因疫情或者疫情防控措施导致生产经营进一步恶化,确已具备破产原因的企业,应当依法及时受理破产申请,实现市场优胜劣汰和资源重新配置。

【裁判要旨】
案例 1
海南德通集团有限公司与海南机场股份有限公司申请破产清算案

审理法院:海南省高级人民法院
案号:(2014)琼民二终字第 6 号
事实:海南机场股份公司(以下简称机场股份公司)拖欠中国工商银行洋浦分行(以下简称洋浦工行)担保债务,经海南省洋浦经济开发区人民法院(以下简称洋浦区法院)民事判决确认,机场股份公司应向洋浦工行偿付海南机场国际招商投资总公司拖欠的贷款本息 6251040 元。机场股份公司未履行该生效判决,经洋浦区法院强制执行,机场股份公司仍有 1680440 元债务未履行。

2000 年 9 月 19 日,洋浦工行与中国华融资产管理公司海口办事处(以下简称华融海口办)签订《债权转让协议》,将上述担保债权转让给华融海口办,洋浦区法院 2001 年 7 月 5 日裁定变更该案的申请执行人为华融海口办。2007 年 11 月 6 日,华融海口办与三亚德通投资发展有限公司签订债权转让协议,将上述担保债权转让给三亚德通投资发展有限公司。2008 年 10 月 28 日,三亚德通投资发展有限公司的名称经核准,变更为海南德通集团有限公司(以下简称德通公司),德通公司受让该笔债权后,尚未向执行法院申请变更执行主体。

2012 年 7 月 3 日,德通公司以因机场股份公司无法向其清偿到期债务为由,向海口中院申请对机场股份公司进行破产清算。机场股份公司于 2013 年 4 月 3 日向海口中院提出异议。2013 年 11 月 21 日,海口中院作出民事裁定:德通公司主张对机场股份公司享有的债权,涉及金融资产管理公司转让的不良债权,德通公司应依法申请变更申请执行主体;然而德通公司至今仍未向执行法院申请变更为申请执行人,其债权人的身份尚不能确认。故应认定德通公司申请机场股份公司破产清算的主体不适格,依据《企业破产法》第 12 条第 1 款之规定,裁定对申请人德通公司的申请不予受理。

德通公司不服该裁定,向海南省高级人民法院提起上诉。

裁判要旨:涉及金融不良债权的转让时,继任债权人在提交破产申请前,应通过法定的诉讼主体变更程序,获得诉讼主体资格,进而才可能以债

---

① 对此认定"债务人不能清偿到期债务"的标准,李永军等持批评意见,认为此举未能把民法上的"不履行到期债务"与破产法上的"不能清偿到期债务"明确区分,尤其忽略了合同法上解除合同时当事人催告的前置程序,如果简单因为债权债务关系成立、履行义务到期、债务人未履行义务就认定"不能清偿到期债务"进而触发破产程序,势必将使债法与破产法混同,忽略了债法与破产法的基本区别。见李永军等:《破产法》(第 2 版),中国政法大学出版社 2017 年版,第 20 页。

王欣新教授在其他文献中亦表达过类似观点,即债务人不能清偿的到期债务,应该具备已到偿还期限、债权人提出过清偿要求、债务本身无合理争议或已经生效法律文书确认等要件。见王欣新:《破产原因理论与实务研究》,载《天津法学》2010 年第 1 期,第 21 页。

权人身份提交破产申请;如果不予变更,债权人身份成疑,则无法针对债务人提起破产申请。

裁判理由:海南省高级人民法院查明如下事实:德通公司受让该案涉及的债权后,于2009年11月4日向洋浦区法院请求恢复执行,变更申请执行人为德通公司;但在洋浦区法院准备安排听证时,德通公司又于2010年3月8日申请中止听证,该执行案件仍处于中止执行状态。其后,海口市中级人民法院于2014年3月12日裁定,鉴于机场股份公司对德通公司的债权人资格不予认可,德通公司应继续向执行法院主张变更其为申请执行人,主张执行权利。因此,在德通公司被依法变更为申请执行人、执行法院尚未穷尽执行措施、终结案件执行前,德通公司直接申请机场股份公司破产理由不成立,其上诉应予驳回。

案例2
钟超平、钟其锋等与茂名市茂南星润物资有限公司、茂名市茂南星润物资公司申请破产清算二审案

审理法院:广东省高级人民法院
案号:(2014)粤高法民二破终字第8-2号
事实:本案起源于交通事故损害。钟超平、钟其锋、晏以业、韦志清与茂名市茂南星润物资有限公司(以下简称星润有限公司)交通事故损害赔偿案已审结,三份生效裁判文书明确了双方的债权债务。应钟超平、钟其锋等申请,高州市人民法院对生效裁判文书进行强制执行。但经执行法院查明,星润有限公司没有财产可供执行。钟超平、钟其锋等以星润有限公司的上述情形构成《企业破产法》第2条规定的破产情形为由,向人民法院提出对星润有限公司的破产清算申请。

原审茂名市中级人民法院认为,星润有限公司尚有查封的财产未处理,被申请人不能清偿的债务尚不能确定,故申请人的申请缺乏事实和法律依据。据此,广东省茂名市中级人民法院,裁定驳回钟超平、钟其锋等请求宣告星润有限公司与星润公司破产还债的申请。钟超平、钟其锋等向广东省高级人民法院提起上诉。

裁判要旨:对于破产原因的判断,应采取严格标准,确认债务人是否具备不能清偿到期债务且资产小于负债或明显缺乏清偿能力。如果债务人有财产尚在查封中,债务人的资产、负债状况不明,债务人是否具备破产原因不明,这种情况下很难确定债务人是否具备破产原因,破产申请很难被受理。

裁判理由:2014年7月15日,广东省高级人民法院作出裁定:鉴于茂名市中级人民法院(2008)茂中法民三终字第67号民事判决书的执行程序尚未终结,债务人尚有被查封的财产未予处理,现有证据尚不足以证实上述判决确认的钟超平、钟其锋等的债权不能得到清偿。钟超平、钟其锋等申请星润有限公司破产清算尚不符合《企业破产法》第2条关于债权人申请债务人破产清算的规定,故裁定驳回上诉,维持原裁定。

案例3
李志勇、赵宏云申请盱眙贝斯特房地产有限公司破产清算案

法院:江苏省淮安市中级人民法院
案号:(2014)淮中法商清预终字第0001号
事实:李志勇、赵宏云与盱眙贝斯特房地产有限公司(以下简称贝斯特公司)因民间借贷,存在债权债务纠纷。2013年6月5日江苏省盱眙县人民法院受理后,经调解就168万元欠款达成偿还协议。

2013年10月12日,李志勇、赵宏云向江苏省盱眙县人民法院申请执行该案。2014年2月20日执行案件承办人出具说明一份,载明:"关于赵宏云、李志勇申请执行贝斯特公司、孟庆猛民间借贷纠纷一案,应执行标的1907419.32元,被执行人至今未履行义务,法院也未查找到上述被执行人有可供执行财产。"李志勇、赵宏云遂向江苏省盱眙县人民法院申请对贝斯特公司进行破产清算。

江苏省盱眙县人民法院认为,依照《企业破产法》和相关司法解释的规定,人民法院依法受理企业破产案件债务人应具备破产原因,破产原因为债务人不能清偿到期债务,并且资产不足以清偿全部债务或者明显缺乏清偿能力。该案中,李志勇、赵宏云提供执行案件承办人的情况说明和贝斯特公司财产被保全的江苏省淮安市中级人民法院两份民事裁定书;贝斯特公司对李志勇、赵宏云的申请提出异议;并提供资产负债表和商品房预售许可证,法定代表人也明确表示目前该公司的商品房还在建设和准备开发中,同意以房抵债,或者公司银行存款解除冻结后,以给付现金的方式来偿还申请人的债务。因此,应当认定贝斯特公司的异议成立,贝斯特公司不具备破产原因。江苏省盱眙县人民法院作出一审裁定:对申请人李志勇、赵宏云的申请不予受理。

李志勇、赵宏云不服该裁定,向江苏省淮安市中级人民法院提起上诉。

裁判要旨:在企业破产中,债权人提出的破产申请与债务人异议都需要严格围绕破产原因举证。如果债权人提交的证据不足以证明债务人具备破产原因,而债务人提出的异议又能够反证其不具备破产原因,那么该破产申请肯定不会被受理。

裁判理由:江苏省淮安市中级人民法院在二审审理过程中,依职权到盱眙县住房和城乡建设局调查:贝斯特公司所开发的东方都市和华府名苑两项目中在该局登记备案有预售许可证的商品房,已经全部签售,无可售房屋;江苏省淮安市中级人民法院又到贝斯特公司开发的华府名苑项目的工地上调查,该工地正在建设施工,施工人员介绍施工的是华府名苑项目的车库和3号楼。

根据上述情况,江苏省淮安市中级人民法院认为:企业法人不能清偿到期债务,并且资产不足以清偿全部债务或者明显缺乏清偿能力的,法院应当认定其具备破产原因。本案申请人李志勇、赵宏云作为贝斯特公司的债权人申请债务人进行破产清算,所举证据不足以证明贝斯特公司资产不足以清偿全部债务,同时根据贝斯特公司所开发的项目仍在建设中的事实,表明目前贝斯特公司是正常生产经营,其所开发的项目在客观上是存在预期收入,也与贝斯特公司的情况说明和以房抵债的承诺相符,因此上诉人所举证据亦不足以证明贝斯特公司明显缺乏清偿能力,故原审法院认定被上诉人贝斯特公司不具备破产原因,并无不当,本院予以支持。

综上,江苏省淮安市中级人民法院在2014年6月10日作出裁定:李志勇、赵宏云的上诉理由不能成立,其上诉请求,不予支持。原审裁定正确,应予维持。故驳回上诉,维持原裁定。

【学理综述】

韩长印在《华东政法大学学报》2006年第6期上,发表《破产界限之于破产程序的法律意义》一文。在该文中,韩长印等针对《企业破产法》第2条提出疑问:当事人适用的破产原因规则和法院判断是否受理破产申请、作出宣告破产裁定的规则是否完全一致?韩长印认为,这个问题的回答本身,涉及破产原因的三个内涵:第一,当事人提出破产申请的原因要件;第二,人民法院受理破产申请的原因要件;第三,人民法院作出破产宣告的原因要件。但问题在于,《企业破产法》第2条,并未对这三个本来不应该等同的要件,做出清晰的区分。韩长印等提出,破产原因在上述三个要件的基础上,还有一个破产申请前的破产原因形成期,其介于企业正常运营与企业运营状况恶化之间。上述四点,共同构成破产原因的四个层次,各层次之间不仅有先后之别,亦有不同的法律意义:第一层次,即濒临破产与事实破产的破产原因,亦即所谓破产边缘;第二层次,当事人提出破产申请事由的破产原因;第三层次,人民法院受理破产申请的破产原因,这一层次审查的重心在于审查申请人的申请是否基于正当目的;第四层次,人民法院裁定宣告破产的破产原因,亦即严格遵照《企业破产法》第2条而形成的严苛标准。在上述四层区分论的基础上,韩长印进一步指出,《企业破产法》第2条只是法院最终衡量债务人应否进入破产清算程序的标准;如果为了启动破产预防程序或债权人提出破产申请时严格遵从这一标准,只会使得当事人申请破产时困难重重。而对应的办法则是:第一,在债权人提出破产申请时,仅适用《企业破产法》第7条"不能清偿到期债务"的简单标准;第二,在债务人提出申请时,仅适用《企业破产法》第2条"明显丧失清偿能力"标准;第三,解散后的法人,仅适用《企业破产法》第7条"资不抵债"标准。[①]

李永军在《政法论坛》2007年第1期上,发表《破产法的程序结构与利益平衡机制》一文。在该文中,作者将我国《企业破产法》的结构,概括成"一个大门、三个小门""三室一厅"房子。由此,作者区分了《企业破产法》的共用部分和独有部分。共用部分涉及:申请、公告与通知、管理人及其职责、破产债权、债权申报、债务人财产、破产费用与共益债务、取回权、抵销权与撤销权及法律责任等。而独有部分则涉及破产清算、和解和重整的原因、适用范围、程序的启动与转换等。在此基础上,作者进一步论及破产法上各种利害关系人的利益平衡问题:第一,债权人与债务人之间的利益矛盾与平衡性安排;第二,债权人与出资人之间的利益矛盾与平衡性安排;第三,债权人与债权人之间的利益平衡机制;第四,有担保债权人与无担保债权人之间的利益平衡机制;第五,申报债权人与未申报债权人利益矛盾与平衡机制;第六,共益债权人与一般债权人之间的矛盾与平衡;第七,管理人与债权人之间的利益平衡与矛盾;第八,职工利益与其他债权人之间的利益矛盾与平衡。在这篇文章的最后部分,作者论述了债权人自治与法院强制的平衡问题,重点论及债权人自治的表现形式以及法院

---

① 参见韩长印:《破产界限之于破产程序的法律意义》,载《华东政法大学学报》2006年第6期,第113—117页。

对债权人会议的监督。①

张海燕在《政法论丛》2007年第2期上，发表《析新〈企业破产法〉中的破产原因》一文。该文首先重述2006年《企业破产法》之前不同法律文本中有关破产原因的制度设计，归纳出如下三点不足：第一，传统做法按照生产资料所有制形式划分破产主体，适用不同破产法，有违市场经济的本质；第二，破产原因中包括"经营管理不善""造成严重亏损"等导致破产的原因，把破产原因与导致破产的原因混为一谈；第三，破产原因在不同法律中呈多元化结构并存，造成司法机构审理破产案件的障碍。其次，该文阐释了2006年《企业破产法》第2条关于破产原因涉及的基本制度架构，同时参照2002年最高人民法院《关于审理企业破产案件若干问题的规定》，对相关规则做了细化。在第三部分，作者在肯定2006年《企业破产法》破产原因规则的先进性同时，也指出其不足：第一，不能清偿和资不抵债并列，既有违破产法学基础理论，又在实务层面缺乏可操作性；第二，不能清偿和明显缺乏清偿能力并存，有违立法技术的要求；第三，选择性的破产原因标准容易造成司法实务中的混乱。在此基础上提出二元化破产原因思路：第一，将不能清偿到期债务作为企业破产的一般原因，而将停止支付推定为不能清偿到期债务，规定破产申请时的债权数额限制；第二，将资不抵债规定为清算中企业法人适用的个别原因。②

王欣新在《天津法学》2010年第1期上，发表《破产原因理论与实务研究》一文。该文对破产原因涉及的方方面面，做了详细介绍；该文重点是第四部分。就不能清偿而言，作者提出不能清偿应该具备如下五个要件：第一，债务人丧失财产、信用或能力等各种清偿债务的方法而不能清偿债务；第二，债务人不能清偿的对象是已经到偿还期限、债权人已提出清偿要求、债权债务不存在争议或已经为生效的法律文书确认；第三，债务不限于以货币为标的，但必须可以折合或者转化成货币；第四，债务人在较长期限内持续性不能清偿。而就资不抵债而言，作者特别指出我国之所以未将资不抵债作为单一的破产原因，主要是因为改革开放过程中以"拨改贷"政策而建立的企业，其在设立的同时即已处于资不抵债的状态，最终不得不推出债转股政策对应。就停止支付而言，作者提出如下构成要件：第一，停止支付侧重于债务人的主观表示，而不能清偿侧重于债务人财产的客观状况；第二，停止支付包括明示、暗示及转移、逃逸等各类行为；第三，停止支付的债务必须到期、无合理争议或经生效法律文书确定；第四，停止支付具有一定持续性，而非瞬间性行为。对于明显缺乏清偿能力，作者指出该概念为我国《企业破产法》新创，同时例举了七点可以视为"明显缺乏清偿能力"的标准。③这部分内容，后来亦被部分吸收到作者的破产法教科书中。④

齐明在《当代法学》2015年第6期上，发表《我国破产原因制度的反思与完善》一文。文章共分四大部分：第一部分分析了破产原因二元属性的问题与门槛，也分析了其制度立法困境。第二部分阐释了破产原因制度在破产法中的应然功能定位。第三部分结合《企业破产法》第2条、第32条、第12条第2款及《关于适用〈中华人民共和国企业破产法〉若干问题的规定（一）》第1—4条，对我国破产原因规则做了评述，认为相关规则在满足破产法体系完整性要求的同时，弱化了反破产欺诈的体系性功能。第四部分对我国破产原因制度的完善提出建议：第一，破产原因制度应忠实于对债务人"丧失清偿能力"客观状况的法律描述；第二，应对破产嫌疑期、破产审查期、破产程序期间破产原因制度的贯穿性有充分认识，尤其肯定其纵深作用，同时与破产撤销权、破产审查制度及破产程序中资格审查等制度横向联动，最终通过合力确保破产程序功能的充分发挥；第三，鉴于破产原因对于破产案件审查的重要性，应给法院的立案审查留下充分自由裁量空间，同时确保破产案件审查规范及时；第四，应建立严格的破产程序准入机制，杜绝对破产程序的滥用和破产欺诈。⑤

第三条　破产案件由债务人住所地人民法院管辖。

【立法沿革】

《企业破产法（试行）》（1986）

第五条　破产案件由债务人所在地人民法院管辖。

---

① 参见李永军：《破产法的程序结构与利益平衡机制》，载《政法论坛》2007年第1期，第17—30页。
② 参见张海燕：《析新〈企业破产法〉中的破产原因》，载《政法论丛》2007年第2期，第65—70页。
③ 参见王欣新：《破产原因理论与实务研究》，载《天津法学》2010年第1期，第20—25页。
④ 参见王欣新：《破产法》（第4版），中国人民大学出版社2019年版，第41—47页。
⑤ 参见齐明：《我国破产原因制度的反思与完善》，载《当代法学》2015年第6期，第111—120页。

《民事诉讼法》(1991)

第二百零五条 企业法人破产还债,由该企业法人住所地的人民法院管辖。

《破产法》(1995年草案)

第五条 破产案件由债务人住所地人民法院管辖。

破产案件由中级人民法院管辖。债务人的财产数额较小的破产案件,由基层人民法院管辖;债务人的财产数额巨大的破产案件,由高级人民法院管辖。

第六条 人民法院依本法规定的程序作出的裁定,自裁定之日起生效。

对人民法院依本法规定的程序作出的裁定,不准上诉。但是,本法另有规定的,不在此限。

人民法院依本法规定的程序作出的裁定,应当公告。但是,本法另有规定的,不在此限。

第七条 本法规定的公告,人民法院应当刊登于最高人民法院指定公告的报刊上,并张贴于案件受理地人民法院的布告栏。

公告自最后登载日的次日起生效。

《企业破产与重整法》(2000年6月草案)

第四条 破产案件由债务人住所地人民法院管辖。

第五条 人民法院依本法规定的程序作出的裁定,自裁定之日起生效。

对人民法院依本法规定的程序作出的裁定,不得上诉。但是,本法另有规定的,不在此限。

人民法院依本法规定的程序作出的裁定,应当公告。但是,本法另有规定的,不在此限。

第六条 本法规定的公告,人民法院应当刊登于最高人民法院指定登载公告的报刊上,并张贴于案件受理地人民法院的布告栏。

公告自最后登载日的次日起生效。

《企业破产与重整法》(2000年12月草案)

第四条 破产案件由债务人住所地人民法院管辖。

第五条 人民法院依本法作出的裁定,自裁定之日起生效。

对人民法院依本法作出的裁定,不得上诉。但是,本法另有规定的,不在此限。

人民法院依本法作出的裁定,应当公告。但是,本法另有规定的,不在此限。

第六条 本法规定的公告,应当刊登于最高人民法院指定登载公告的报刊或其它媒体上,并张贴于案件受理人民法院的布告栏。

公告自最后登载日的次日起生效。

第七条 人民法院审理破产案件,应当接受人民检察院的监督。

人民法院在审理破产案件中作出的书面裁定,应当及时抄送同级人民检察院。

对于人民法院在审理破产案件中作出的生效裁定,人民检察院可以依照民事诉讼法规定的审判监督程序提出抗诉。

《企业破产与重整法》(2001年1月草案)

第四条 破产案件由债务人住所地人民法院管辖。

第五条 人民法院对破产案件的有关决定应当依法作出裁定。

对人民法院作出的裁定,不得上诉。但是,本法另有规定的,不在此限。

人民法院依本法作出的裁定,应当公告。但是,本法另有规定的,不在此限。

第六条 本法规定的公告,应当刊登于最高人民法院指定登载公告的报刊或其它媒体上,张贴于案件受理人民法院的布告栏。

公告自最后登载日的次日起生效。

第七条 人民法院审理破产案件,人民检察院有权进行监督。

《企业破产法》(2004年3月草案A版)

第五条 破产案件由债务人住所地人民法院管辖。

第六条 人民法院依本法规定的程序作出的裁定,自裁定之日起生效。

对人民法院依本法规定作出的裁定,不得上诉。但是,本法另有规定的,不在此限。

人民法院依本法规定作出的裁定,应当公告。但是,本法另有规定的,不在此限。

第七条 本法规定的公告,应当刊登于最高人民法院指定登载公告的媒体上,并张贴于案件受理人民法院的布告栏。

公告自最后登载日的次日起生效。

《企业破产法》(2004年3月草案B版)

第四条 破产案件由债务人住所地人民法院管辖。

第五条 人民法院审理破产案件,适用本法规定的重整、和解和清算程序。

第六条 人民法院依本法规定的程序作出的裁定,自裁定之日起生效。

对人民法院依本法规定作出的裁定,不得上诉。本法另有规定的,不在此限。

人民法院依本法作出的裁定,应当公告。本法另有规定的,不在此限。

本法规定的公告,应当刊登于最高人民法院指定登载公告的媒体上,并张贴于案件受理人民法院的布告栏。

《企业破产法》(2004年6月草案)

第四条 破产案件由债务人住所地人民法院管辖。

第五条 人民法院审理破产案件，适用本法规定的重整、和解和清算程序。

第六条 人民法院依本法规定的程序作出的裁定，自裁定作出之日起生效。

对人民法院依本法规定作出的裁定，不得上诉。本法另有规定的除外。

人民法院依本法作出的裁定，应当公告。本法另有规定的除外。

本法规定的公告，应当刊登于最高人民法院指定登载公告的媒体上，并张贴于受理案件的人民法院的布告栏。

《企业破产法》(2004年10月草案)

第三条 破产案件由债务人住所地人民法院管辖。

第四条 人民法院审理破产案件，适用本法规定的重整、和解和清算程序。

第五条 人民法院依本法规定作出的裁定，自裁定作出之日起生效。

对人民法院依本法规定作出的裁定，不得上诉。本法另有规定的除外。

【条文释义】

本条规定的是破产案件的地域管辖。

破产案件的申请应向有管辖权的法院提出，这似乎是人尽皆知的事实。那么，为什么破产案件必须要由法院来审理呢？这实际上涉及的是破产案件的"主管"问题。按照韩长印的观点，破产案件之所以应该由法院主管，取决于如下因素：第一，破产案件涉及债权债务关系，司法机构应有最终裁定权；第二，破产程序中需要财产保全等各种强制性措施，只有法院具有裁决与执行权；第三，破产程序的顺利进行需要抑制其他诉讼，只有法院有此权威在不同程序和诉讼中权衡；第四，破产程序中争议数不胜数，唯有法院有权威作出裁判；第五，破产清算能够导致企业法人主体的消灭，如此严重的后果，更需要慎之又慎，最终裁判权应由法院实施；第六，破产责任、免责和破产复权等破产程序相关的配套程序，需要司法审查和裁判。① 有鉴于上述诸点，由司法机构主管破产程序已成为毋庸争议的常识。

那么，围绕司法机构对破产案件的管辖权，国际范围内形成了两类规则，一类是地域管辖规则，一类是级别管辖规则。《企业破产法》第3条，规范的是企业破产案件的地域管辖问题。按照该条的规定，债务人住所地人民法院有权管辖涉及相关债务人的破产案件。

为什么住所地会成为法院确定破产案件管辖权的唯一依据呢？按照李曙光的介绍，各国立法中关于破产案件地域管辖的标准，分别有住所地、营业地、主要财产所在地以及主要利益中心等标准。② 我国《企业破产法》以债务人的住所地为确定法院管辖权的唯一标准，主要就是基于如下考虑："住所地作为企业法人的注册地，最容易识别企业法人的国籍等因素，有利于确定法律的适用；住所地企业的管理机关拥有企业的信息，可以为破产案件的审理提供信息支持与其他方面的支持；住所地通常是企业的主要营业地，能够降低破产债务人与债权人参加破产程序的成本，提高破产程序的效率；住所地法院的管辖有利于破产有关事务的外部协调。"③

法人的"住所地"，是一个法律拟制概念，其根源则是自然人的住所地。就《企业破产法》第3条的文字表述看，其沿袭《民事诉讼法》中有关管辖权的基本规则，尤其是其中的地域管辖，但未触及级别管辖问题，也未触及移送管辖和指定管辖问题。

通过对比，这条有关破产案件管辖权的规定，历部草案中除将《企业破产法（试行）》(1986)中的"债务人所在地"替换成法律上表述更为严密的"债务人住所地"之外，可以说毫无变化。由此也可以得出结论，立法过程中有关这一条的争议极小。

但立法过程中另一争议却显而易见，即除上述地域管辖规则之外，要不要确定级别管辖的规则。相对于丰富多样的市场需求，《企业破产法》第3条的管辖规则略显简陋。对于这一条文的理解，可以适当参考最高人民法院2002年发布的《关于审理企业破产案件若干问题的规定》。在该规定中，第一项内容便是管辖规则，该规则分三条。其中第1条明确破产案件的基本管辖权问题，"企业破产案件由债务人住所地人民法院管辖。债务人住所地指债务人的主要办事机构所在地。债务人无办事机构的，由其注册地人民法院

---

① 参见韩长印主编：《破产法学》（第2版），中国政法大学出版社2016年版，第53页。
② 参见李曙光：《破产案件的地域管辖》，载《法制日报》2007年4月22日，第11版。
③ 韩长印主编：《破产法学》（第2版），中国政法大学出版社2016年版，第55页。

管辖"①。

在司法实践中,《企业破产法》第3条不足以完全满足司法实践的需求。韩传华曾建议,考虑到破产案件的复杂性及法院审理破产案件的效率,有必要对"债务人住所地"做如下扩大解释:"债务人的住所地是指债务人的主要办事机构所在地。债务人的主要经营机构所在地、主要营业地或者主要财产所在地,为债务人的主要办事机构所在地。债务人无主要办事机构所在地,或者主要办事机构所在地、主要财产所在地不明确的,债务人的注册地为住所地。"②

除地域管辖外,与管辖相关的还有级别管辖、指定管辖等问题,但这些问题在《企业破产法》中均无进一步规定。在这种情形下,最高人民法院2002年发布的《关于审理企业破产案件若干问题的规定》中不明显与2006年《企业破产法》冲突的内容,可以作为参照。该规定第2条规范破产案件的级别管辖:"基层人民法院一般管辖县、县级市或者区的工商行政管理机关核准登记企业的破产案件;中级人民法院一般管辖地区、地级市(含本级)以上的工商行政管理机关核准登记企业的破产案件;纳入国家计划调整的企业破产案件,由中级人民法院管辖。"③

韩传华建议,在境外注册但在中国境内有分支机构的外国企业破产案件,我国法院亦应有充分的管辖权;因此,解释有关地域管辖规则时,应该将外国企业在中国境内的营业地扩张解释为其住所地,而涉及级别管辖问题时,上述规定第3款可以加上"以及债务人是外国企业的破产案件"字样,即"纳入国家计划调整的企业破产案件,以及债务人是外国企业的破产案件,由中级人民法院管辖"。④

最高人民法院2002年《关于审理企业破产案件若干问题的规定》第3条,强调移送管辖问题:"上级人民法院审理下级人民法院管辖的企业破产案件,或者将本院管辖的企业破产案件移交下级人民法院审理,以及下级人民法院需要将自己管辖的企业破产案件交由上级人民法院审理的,依照民事诉讼法第三十九条的规定办理;省、自治区、直辖市范围内因特殊情况需对个别企业破产案件的地域管辖作调整的,须经共同上级人民法院批准。"

按照韩长印等的观点,共同上级法院批准调整地域管辖问题的做法,意味着破产案件的管辖权转移突破了一般民事诉讼管辖权移转的规则,在级别管辖之外也将地域管辖纳入可以调整的范围,这在实践中有广泛运用。⑤

关于这一规则,在实践中可能存在如下争议:如果法院受理破产案件、发布破产公告后发现本院无管辖权,是否应该将案件移送到有管辖权的法院?韩长印等教授主张,按照管辖权恒定原则,破产案件受理后,已受理该破产案件的法院应将之进行下去;案件移送应仅限于已受理但未作出破产宣告的案件,如果已作出破产宣告,表明法院已查明相应事实,不宜再行移送;破产宣告前确有必要移送的,原审法院所进行的程序性工作应视为无效,但全体破产案件当事人无异议时有管辖权的法院可以认定其效力。⑥ 王欣新教授主张,固然破产案件的受理已公之于众,后续破产程序如债权申报、债权人会议召集等工作已展开,但还是应该继续移送到有管辖权的法院,而不是将错就错,形成错误的利益导向,同时通过管辖权的可转移性,充分保障破产案件当事人的管辖异议权;对于无管辖权的法院已进行的程序性工作,在全

---

① 韩传华认为,"债务人无办事机构的,由其注册地人民法院管辖"这一解释实际上已突破住所地或住所地人民法院的认定,而是重新确立了1986年《企业破产法(试行)》规定之外新的标准,解释为"债务人无办事机构或办事机构不明确的,债务人的注册地视为住所地。"参见韩传华:《企业破产法解析》,人民法院出版社2007年版,第14页。

② 参见韩传华:《企业破产法解析》,人民法院出版社2007年版,第13—14页。

③ 对于这一级别管辖标准,周荆和孙兆晖认为,该标准实际上是以公司的工商登记管辖为依据,来确定破产案件的级别管辖问题,实在不妥,因为破产案件的级别管辖主要考虑的是案件标的额、影响力和审理难度,而企业登记机关级别主要考虑的则是企业所有制、出资主体、公司组织形式、经营范围和行业等因素,两者差别较大。同时,依据我国《公司登记管理条例》,外商投资公司和省级工商登记管理局登记的公司,均由地级以上工商行政管理局登记;按照本级别管辖标准,这类企业破产案件,无论标的额、影响力和审理难度,显然都应由中级人民法院管辖,但事实上上述企业中注册资金少、破产财产少、社会影响小的破产案件,由基层人民法院管辖更为合适。职是之故,周荆和孙兆晖认为,对于破产案件的级别管辖,应该以债务人企业的资产总额作为确定级别管辖的主要标准,具体可以参照企业所在辖区中级法院管辖一审普通民事案件的最低标额;此外,在相关司法解释出台前,审判实践中应充分灵活运用民事诉讼中管辖权移转相关规定。参见周荆、孙兆晖:《破产案件的管辖应依资产总额来确定》,载《检察日报》2009年1月19日,第6版。

④ 韩传华:《企业破产法解析》,人民法院出版社2007年版,第16页。

⑤ 参见韩长印主编:《破产法学》(第2版),中国政法大学出版社2016年版,第57页。

⑥ 参见韩长印主编:《破产法学》(第2版),中国政法大学出版社2016年版,第58页。

体破产案件当事人无异议的前提下,有管辖权的法院可以认定其继续有效,而无管辖权的法院所作出的破产宣告等实质性裁定,鉴于其管辖权瑕疵,有管辖权的法院应将之视为无效,而予以重新审查。①

除此之外,最高人民法院在2011年发布的《最高人民法院关于适用〈中华人民共和国企业破产法〉若干问题的规定(一)》第9条,确定如下规则:"申请人向人民法院提出破产申请,人民法院未接收其申请,或者未按本规定第七条执行的,申请人可以向上一级人民法院提出破产申请。上一级人民法院接到破产申请后,应当责令下级法院依法审查并及时作出是否受理的裁定;下级法院仍不作出是否受理裁定的,上一级人民法院可以径行作出裁定。上一级人民法院裁定受理破产申请的,可以同时指令下级人民法院审理该案件。"这一解释实际上赋予当事人在债务人住所地之外人民法院提起破产申请的可能性。

对于执行转破产案件的管辖问题,学界实务界有各种争议,比如有观点认为应该由执行庭裁定破产,甚至由执行庭直接审理破产案件。孙静波法官表示,执行转破产的管辖权问题,应该坚持债务人住所地法院受理这一原则,因为:第一,破产案件疑难复杂,需要查明的事实较多,由债务人住所地法院查明势必更为便捷;第二,破产案件需要协调多方当事人,承办法院需要积极主动地履行职能,由债务人住所地法院管辖更为方便;第三,债务人住所地标准更为明确,同时也可以有效防止不同执行法院之间对管辖权的争执或推诿。②

【关联法律法规及司法政策】

《民法典》(2020)

第六十三条　法人以其主要办事机构所在地为住所。依法需要办理法人登记的,应当将主要办事机构所在地登记为住所。

最高人民法院《关于适用〈中华人民共和国企业破产法〉若干问题的规定(一)》(2011)

第九条　申请人向人民法院提出破产申请,人民法院未接收其申请,或者未按本规定第七条执行的,申请人可以向上一级人民法院提出破产申请。

上一级人民法院接到破产申请后,应当责令下级法院依法审查并及时作出是否受理的裁定;下级法院仍不作出是否受理裁定的,上一级人民法院可以径行作出裁定。

上一级人民法院裁定受理破产申请的,可以同时指令下级人民法院审理该案件。

《民事诉讼法》(2017)

第十七条　基层人民法院管辖第一审民事案件,但本法另有规定的除外。

第十八条　中级人民法院管辖下列第一审民事案件:

(一)重大涉外案件;

(二)在本辖区有重大影响的案件;

(三)最高人民法院确定由中级人民法院管辖的案件。

第十九条　高级人民法院管辖在本辖区有重大影响的第一审民事案件。

第二十条　最高人民法院管辖下列第一审民事案件:

(一)在全国有重大影响的案件;

(二)认为应当由本院审理的案件。

第二十一条　对公民提起的民事诉讼,由被告住所地人民法院管辖;被告住所地与经常居住地不一致的,由经常居住地人民法院管辖。

对法人或者其他组织提起的民事诉讼,由被告住所地人民法院管辖。

同一诉讼的几个被告住所地、经常居住地在两个以上人民法院辖区的,各该人民法院都有管辖权。

《公司法》(2018)

第七条　依法设立的公司,由公司登记机关发给公司营业执照。公司营业执照签发日期为公司成立日期。

公司营业执照应当载明公司的名称、住所、注册资本、经营范围、法定代表人姓名等事项。

公司营业执照记载的事项发生变更的,公司应当依法办理变更登记,由公司登记机关换发营业执照。

第十条　公司以其主要办事机构所在地为住所。

最高人民法院《关于审理上市公司破产重整案件工作座谈会纪要》(2012)

二、关于上市公司破产重整案件的管辖

会议认为,上市公司破产重整案件应当由上市公司住所地的人民法院,即上市公司主要办事机构所在地法院管辖;上市公司主要办事机构所在地不明确、存在争议的,由上市公司注册登记地

---

① 参见王欣新:《破产法》(第4版),中国人民大学出版社2019年版,第62—63页。
② 参见孙静波:《执行与破产程序相衔接立案实务研究》,载《人民司法·应用》2013年第7期,第6—7页。

人民法院管辖。由于上市公司破产重整案件涉及法律关系复杂，影响面广，对专业知识和综合能力要求较高，人力物力投入较多，上市公司破产重整案件一般应由中级人民法院管辖。

最高人民法院《全国法院破产审判工作会议纪要》（2018）

1. 推进破产审判机构专业化建设。省会城市、副省级城市所在地中级人民法院要根据最高人民法院《关于在中级人民法院设立清算与破产审判庭的工作方案》（法〔2016〕209号），抓紧设立清算与破产审判庭。其他各级法院可根据本地工作实际需求决定设立清算与破产审判庭或专门的合议庭，培养熟悉清算与破产审判的专业法官，以适应破产审判工作的需求。

2. 合理配置审判任务。要根据破产案件数量、案件难易程度、审判力量等情况，合理分配各级法院的审判任务。对于债权债务关系复杂、审理难度大的破产案件，高级人民法院可以探索实行中级人民法院集中管辖为原则、基层人民法院管辖为例外的管辖制度；对于债权债务关系简单、审理难度不大的破产案件，可以主要由基层人民法院管辖，通过快速审理程序高效审结。

35. 实质合并审理的管辖原则与冲突解决。采用实质合并方式审理关联企业破产案件的，应由关联企业中的核心控制企业住所地人民法院管辖。核心控制企业不明确的，由关联企业主要财产所在地人民法院管辖。多个法院之间对管辖权发生争议的，应当报请共同的上级人民法院指定管辖。

38. 关联企业破产案件的协调审理与管辖原则。多个关联企业成员均存在破产原因但不符合实质合并条件的，人民法院可根据相关主体的申请对多个破产程序进行协调审理，并可根据程序协调的需要，综合考虑破产案件审理的效率、破产申请的先后顺序、成员负债规模大小、核心控制企业住所地等因素，由共同的上级法院确定一家法院集中管辖。

最高人民法院《关于推进破产案件依法高效审理的意见》（2020）

4. 根据《全国法院破产审判工作会议纪要》第38条的规定，需要由一家人民法院集中管辖多个关联企业非实质合并破产案件，相关人民法院之间就管辖发生争议的，应当协商解决。协商不成的，由双方逐级报请上级人民法院协调处理，必要时报请共同的上级人民法院。请求上级人民法院协调处理的，应当提交已经进行协商的有关说明及材料。经过协商、协调，发生争议的人民法院达成一致意见的，应当形成书面纪要，双方遵照执行。其中有关事项依法需报请共同的上级人民法院作出裁定或者批准的，按照有关规定办理。

【裁判要旨】
案例
安徽宿州金狮矿业有限责任公司、徽商银行股份有限公司淮北烈山支行金融借款合同纠纷二审案

审理法院：最高人民法院

案号：（2018）最高法民辖终312号

事实：上诉人安徽宿州金狮矿业有限责任公司（以下简称金狮矿业公司）因与被上诉人徽商银行股份有限公司淮北烈山支行、原审被告浙江三狮集团有限公司、原审被告浙江金钉子投资有限公司、原审被告安徽金屯集团物业发展有限责任公司（以下简称金屯物业公司）金融借款合同纠纷一案，不服安徽省高级人民法院作出的（2018）皖民初31号民事裁定，向最高人民法院提起上诉。

上诉人金狮矿业公司上诉请求：撤销一审裁定，并依法将本案移送至安徽省宿州市中级人民法院管辖。

事实与理由：与本案有关的所有经济活动都发生在宿州市，金狮矿业公司的主要经营地也在宿州市，本案关系到上诉人的命运，是上诉人能否继续经营的关键。被上诉人要求上诉人提前清偿贷款的诉请，致使本案有可能进入破产程序。根据《企业破产法》第3条和《最高人民法院关于执行案件移送破产审查若干问题的指导意见》第1条第3款的规定，考虑到上诉人的住所地在宿州市，一旦进入破产程序，原审法院最终还是移送安徽省宿州市中级人民法院管辖。

裁判要旨：在金融借款合同纠纷中，债务人以提前清偿贷款可能导致债务人进入破产程序等理由，主张案件管辖权移送到债务人经营地或相关经济活动的发生地，在更高一级法院有合理管辖依据和理由的情形下，缺乏法律和事实依据，不能成为管辖权异议的法定理由。

裁判理由：最高人民法院经审查认为，本案系金融借款合同纠纷，徽行淮北烈山支行与金狮矿业公司签订的《人民币借款合同》第10条明确约定，双方在履行本合同过程中所发生的争议，双方协商不成的，在乙方徽行淮北烈山支行所在地法院通过诉讼方式解决。该约定符合《民事诉讼法》第34条有关"合同或者其他财产权益纠纷的当事人可以书面协议选择被告住所地、合同履行地、合同签订地、原告住所地、标的物所在地等与争议有实际联系的地点的人民法院管辖,但不得违反本法对级别管辖和专属管辖的规定"的规定。徽行淮北烈山支行住所地在安徽省淮北市,其起诉的诉讼标的额在3亿元以上,且三狮集团公司和金钉子投资公司住所地均不在安徽省行政辖区。根据《最高人民法院关于调整高级人民法院和中级人民法院管辖第一审民商事案件标准的通知》(法发〔2015〕7号)第2条第2款规定,安徽省高级人民法院管辖诉讼标的额在1亿元以上且当事人一方住所地不在本辖区的第一审民商事案件,故安徽省高级人民法院对本案享有管辖权。金狮矿业公司以提前清偿贷款可能导致本案进入破产程序等理由,主张本案移送安徽省宿州市中级人民法院管辖的上诉请求,无事实和法律依据,本院不予支持。

综上,2018年8月31日,最高人民法院裁定:一审裁定适用法律正确,应予维持。上诉人金狮矿业公司的上诉理由不能成立,应予驳回。裁定如下:驳回上诉,维持原裁定。

【学理综述】

陈夏红在《甘肃社会科学》2017年第1期上,发表《我国清算与破产审判庭的设置与运转》一文。在该文中,作者认为:就破产审判庭的设置而言,最合适的模式是采纳独立专门审判庭与独立综合审判庭相结合的模式。清算与破产庭的管辖问题取决于很多因素,很难"一刀切",既与相关司法辖区内的破产案件数量有关,更与经济发展水平、法官数量等外部因素息息相关。最高人民法院在相关制度设计中,可以适当赋予地方法院更多的自主权,或者明确由各设置清算与破产庭的中级人民法院,来决定是否进一步授权基层人民法院管辖企业破产案件。另外,作者特别提及,破产案件的审判监督机制事关全局,尤其涉及破产司法腐败的预防,在有更好方案前,深圳中院破产庭的审限监督机制,可以成为解决问题的思路之一。①

杨晓楠在《中国法律评论》2020年第6期上,发表《美国宪法破产条款下法院管辖权的诠释:一种联邦主义的视角》一文。在该文中,作者回顾了美国宪法"破产条款"的来龙去脉,重点围绕该条款背后的司法管辖权入手,讨论了州主权豁免原则在破产法上究竟受到何种层面的影响,进而在此基础上结合美国最高法院对"破产条款"的解释,总结其在界定联邦主义原则中所起到的作用。作者指出,美国破产程序的多样性、破产方式的复杂性,决定了联邦破产法院管辖权和救济方式的多样性,也成为多年来破产法院法官地位确定难题,甚至引发破产案件管辖权有关的宪法争议。作者提出,"破产条款"是州主权豁免原则的例外,在对"破产条款"解释时,必须考虑联邦宪法所依据的基础性原则,并结合其他宪法条款来开展体系性的解释。②

第四条 破产案件审理程序,本法没有规定的,适用民事诉讼法的有关规定。

【立法沿革】

《企业破产法(试行)》(1986)

第六条 破产案件的诉讼程序,本法没有规定的,适用民事诉讼程序的法律规定。

《破产法》(1995年草案)

第九条 本法对审理破产案件没有规定的,准用民事诉讼法的规定。

《企业破产与重整法》(2000年6月草案)

第八条 本法对审理破产案件没有规定的,准用民事诉讼法的规定。

《企业破产与重整法》(2000年12月草案)

第八条 审理破产案件中的程序事项,本法没有规定的,准用民事诉讼法的规定。

《企业破产与重整法》(2001年1月草案)

第九条 审理破产案件中的程序事项,本法没有规定的,准用民事诉讼法的规定。

《企业破产法》(2004年3月草案A版)

第九条 审理破产案件中的程序事项,本法没有规定的,准用民事诉讼法的有关规定。

《企业破产法》(2004年3月草案B版)

第七条 审理破产案件中的程序事项,本法没有规定的,准用民事诉讼法的有关规定。

《企业破产法》(2004年6月草案)

第七条 审理破产案件中的程序事项,本法没有规定的,除再审程序外,准用民事诉讼法的有关规定。

《企业破产法》(2004年10月草案)

第六条 破产案件的审理程序,本法没有规定的,除再审程序外,准用民事诉讼法的有关

---

① 参见陈夏红:《我国清算与破产审判庭的设置与运转》,载《甘肃社会科学》2017年第1期,第164—171页。

② 杨晓楠:《美国宪法破产条款下法院管辖权的诠释:一种联邦主义的视角》,载《中国法律评论》2020年第6期,第14—24页。

规定。

【条文释义】

本条规定的是《民事诉讼法》在破产案件中的适用问题。

从立法史的角度对比不同时期的草案，最终通过的《企业破产法》文本，在破产法与民事诉讼法的对接方面，大大简化。最初的草案文本在如下事宜方面，规定更为明确、详细：第一，法院依照破产法作出的裁定，除非破产法另有规定，否则不得上诉；第二，法院依照破产法作出的裁定，需要公告；第三，破产案件审理程序准用民事诉讼法的规定，排除再审程序。

破产案件是民商事案件。在破产案件审理中，《企业破产法》作为特别法，当然应该优先适用。但实际上，《企业破产法》既不可能穷尽所有破产案件中的民商事审判规则，而且也不可能在《企业破产法》的边界之外另行创立一套规则。在这种情况下，由《民事诉讼法》来弥补《企业破产法》边界之外的空当，既有助于法律体系的统一严整，反过来也能够促进破产审判的高效进行。

这里的"破产案件的审理程序"，应该包括破产案件的申请与受理、债权申报程序、重整程序、和解程序和破产清算程序。①

按照语义分析，本条的完整含义可做如下理解：破产案件审理程序问题，如果《企业破产法》有规定，就遵照《企业破产法》；如果《企业破产法》没有规定，就遵照《民事诉讼法》。这条规范的背后，实际上是特别法优于一般法原则的适用。就《企业破产法》和《民事诉讼法》而言，前者属于特别法，后者属于一般法。

那么，民事诉讼法纷繁复杂的制度中，有多少制度可能为破产审判程序所适用呢？按照蒋黔贵的观点，民事诉讼法中上诉、回避、证据、诉讼代理人、妨害民事诉讼的强制措施等，都应适用于破产案件。② 王卫国亦指出，这里的"民事诉讼法的有关规定"，可以包括民事诉讼法的基本原则、级别管辖、回避、当事人委托代理人、证据、期间、送达、妨害民事诉讼的强制措施、诉讼费用等。③ 蒋黔贵特别指出，民事诉讼法中有关裁定效力的规定，"完全适用于破产案件"；其中对案件不予受理、管辖权异议及驳回起诉三类裁定可以提出上诉，而其他不准上诉或者超过上诉期而未上诉的裁

定，则为生效的裁定；由此，按照《企业破产法》的规定，"对法院裁定不受理破产申请的，或者法院受理破产申请后，经审查发现债务人不符合破产界限驳回申请的裁定，申请人可以向上一级人民法院提起上诉"。而其裁定是否可以上诉，则完全取决于民事诉讼法。④

韩传华认为，《企业破产法》第4条的规定，意味着《民事诉讼法》中有关审判监督的规则，都可以在破产审判中适用；但考虑到破产案件的复杂性，适用审判监督程序也应该极其慎重：第一，对于法院依据《企业破产法》作出的判决和裁定适用审判监督，而对于法院依据《企业破产法》作出的决定不适用审判监督程序；第二，破产债务人财产分配完毕后，任何情况下都应排除审判监督程序的适用；第三，破产程序终结后，不再适用审判监督程序。⑤

最高人民法院已经在2015年的《最高人民法院关于适用〈中华人民共和国民事诉讼法〉的解释》第380条明确规定，"适用特别程序、督促程序、公示催告程序、破产程序等非讼程序审理的案件，当事人不得申请再审"。

【关联法律法规及司法政策】

最高人民法院《关于适用〈中华人民共和国民事诉讼法〉的解释》（2015）

第三百八十条 适用特别程序、督促程序、公示催告程序、破产程序等非讼程序审理的案件，当事人不得申请再审。

最高人民法院《关于执行案件移送破产审查若干问题的指导意见》（2017）

推进执行案件移送破产审查工作，有利于健全市场主体救治和退出机制，有利于完善司法工作机制，有利于化解执行积案，是人民法院贯彻中央供给侧结构性改革部署的重要举措，是当前和今后一段时期人民法院服务经济社会发展大局的重要任务。为促进和规范执行案件移送破产审查工作，保障执行程序与破产程序的有序衔接，根据《中华人民共和国企业破产法》《中华人民共和国民事诉讼法》《最高人民法院关于适用〈中华人民共和国民事诉讼法〉的解释》等规定，现对执行案件移送破产审查的若干问题提出以下意见。

---

① 参见本书编写组编：《〈中华人民共和国企业破产法〉释义及实用指南》，中国民主法制出版社2006年版，第43页。
② 参见蒋黔贵主编：《中华人民共和国企业破产法释义》，中国市场出版社2006年版，第60页。
③ 参见王卫国：《破产法精义》（第2版），法律出版社2020年版，第19页。
④ 参见蒋黔贵主编：《中华人民共和国企业破产法释义》，中国市场出版社2006年版，第60页。
⑤ 参见韩传华：《企业破产法解析》，人民法院出版社2007年版，第18—19页。

一、执行案件移送破产审查的工作原则、条件与管辖

1. 执行案件移送破产审查工作，涉及执行程序与破产程序之间的转换衔接，不同法院之间、同一法院内部执行部门、立案部门、破产审判部门之间，应坚持依法有序、协调配合、高效便捷的工作原则，防止推诿扯皮，影响司法效率，损害当事人合法权益。

2. 执行案件移送破产审查，应同时符合下列条件：

(1) 被执行人为企业法人；

(2) 被执行人或者有关被执行人的任何一个执行案件的申请执行人书面同意将执行案件移送破产审查；

(3) 被执行人不能清偿到期债务，并且资产不足以清偿全部债务或者明显缺乏清偿能力。

3. 执行案件移送破产审查，由被执行人住所地人民法院管辖。在级别管辖上，为适应破产审判专业化建设的要求，合理分配审判任务，实行以中级人民法院管辖为原则、基层人民法院管辖为例外的管辖制度。中级人民法院经高级人民法院批准，也可以将案件交由具备审理条件的基层人民法院审理。

二、执行法院的征询、决定程序

4. 执行法院在执行程序中应加强对执行案件移送破产审查有关事宜的告知和征询工作。执行法院采取财产调查措施后，发现作为被执行人的企业法人符合破产法第二条规定的，应当及时询问申请执行人、被执行人是否同意将案件移送破产审查。申请执行人、被执行人均不同意移送且无人申请破产的，执行法院应当按照《最高人民法院关于适用〈中华人民共和国民事诉讼法〉的解释》第五百一十六条的规定处理，企业法人的其他已经取得执行依据的债权人申请参与分配的，人民法院不予支持。

5. 执行部门应严格遵守执行案件移送破产审查的内部决定程序。承办人认为执行案件符合移送破产审查条件的，应提出审查意见，经合议庭评议同意后，由执行法院院长签署移送决定。

6. 为减少异地法院之间移送的随意性，基层人民法院拟将执行案件移送异地中级人民法院进行破产审查的，在作出移送决定前，应先报请其所在地中级人民法院执行部门审核同意。

7. 执行法院作出移送决定后，应当于五日内送达申请执行人和被执行人。申请执行人或被执行人对决定有异议的，可以在受移送法院破产审查期间提出，由受移送法院一并处理。

8. 执行法院作出移送决定后，应当书面通知所有已知执行法院，执行法院均应中止对被执行人的执行程序。但是，对被执行人的季节性商品、鲜活、易腐烂变质以及其他不宜长期保存的物品，执行法院应当及时变价处置，处置的价款不作分配。受移送法院裁定受理破产案件的，执行法院应当在收到裁定书之日起七日内，将该价款移交受理破产案件的法院。

案件符合终结本次执行程序条件的，执行法院可以同时裁定终结本次执行程序。

9. 确保对被执行人财产的查封、扣押、冻结措施的连续性，执行法院决定移送后、受移送法院裁定受理破产案件之前，对被执行人的查封、扣押、冻结措施不解除。查封、扣押、冻结期限在破产审查期间届满的，申请执行人可以向执行法院申请延长期限，由执行法院负责办理。

三、移送材料及受移送法院的接收义务

10. 执行法院作出移送决定后，应当向受移送法院移送下列材料：

(1) 执行案件移送破产审查决定书；

(2) 申请执行人或被执行人同意移送的书面材料；

(3) 执行法院采取财产调查措施查明的被执行人的财产状况，已查封、扣押、冻结财产清单及相关材料；

(4) 执行法院已分配财产清单及相关材料；

(5) 被执行人债务清单；

(6) 其他应当移送的材料。

11. 移送的材料不完备或内容错误，影响受移送法院认定破产原因是否具备的，受移送法院可以要求执行法院补齐、补正，执行法院应于十日内补齐、补正。该期间不计入受移送法院破产审查的期间。

受移送法院需要查阅执行程序中的其他案件材料，或者依法委托执行法院办理财产处置等事项的，执行法院应予协助配合。

12. 执行法院移送破产审查的材料，由受移送法院立案部门负责接收。受移送法院不得以材料不完备等为由拒绝接收。立案部门经审核认为移送材料完备的，应以"破申"作为案件类型代字编制案号登记立案，并及时将案件移送破产审判部门进行破产审查。破产审判部门在审查过程中发现本院对案件不具有管辖权的，应当按照《中华人民共和国民事诉讼法》第三十六条的规定处理。

四、受移送法院破产审查与受理

13. 受移送法院的破产审判部门应自收到移送的材料之日起三十日内作出是否受理的裁定。受移送法院作出裁定后，应当在五日内送达申请执行人、被执行人，并送交执行法院。

14.申请执行人申请或同意移送破产审查的,裁定书中以该申请执行人为申请人,被执行人为被申请人;被申请人申请或同意移送破产审查的,裁定书中以该被执行人为申请人;申请执行人、被执行人均同意移送破产审查的,双方均为申请人。

15.受移送法院裁定受理破产案件的,在此前的执行程序中产生的评估费、公告费、保管费等执行费用,可以参照破产费用的规定,从债务人财产中随时清偿。

16.执行法院收到受移送法院受理裁定后,应当于七日内将已经扣划到账的银行存款、实际扣押的动产、有价证券等被执行人财产移交给受理破产案件的法院或管理人。

17.执行法院收到受移送法院受理裁定时,已通过拍卖程序处置且成交裁定已送达买受人的拍卖财产,通过以物抵债偿还债务且抵债裁定已送达债权人的抵债财产,已完成转账、汇款、现金交付的执行款,因财产所有权已经发生变动,不属于被执行人的财产,不再移交。

五、受移送法院不予受理或驳回申请的处理

18.受移送法院做出不予受理或驳回申请裁定的,应当在裁定生效后七日内将接收的材料、被执行人的财产退回执行法院,执行法院应当恢复对被执行人的执行。

19.受移送法院作出不予受理或驳回申请的裁定后,人民法院不得重复启动执行案件移送破产审查程序。申请执行人或被执行人以有新证据足以证明被执行人已经具备了破产原因为由,再次要求将执行案件移送破产审查的,人民法院不予支持。但是,申请执行人或被执行人可以直接向具有管辖权的法院提出破产申请。

20.受移送法院裁定宣告被执行人破产或裁定终止和解程序、重整程序的,应当自裁定作出之日起五日内送交执行法院,执行法院应当裁定终结对被执行人的执行。

六、执行案件移送破产审查的监督

21.受移送法院拒绝接收移送的材料,或者收到移送的材料后不按规定的期限作出是否受理裁定的,执行法院可函请受移送法院的上一级法院进行监督。上一级法院收到函件后应当指令受移送法院在十日内接收材料或作出是否受理的裁定。

受移送法院收到上级法院的通知后,十日内仍不接收材料或不作出是否受理裁定的,上一级法院可以径行对移送破产审查的案件行使管辖权。上一级法院裁定受理破产案件的,可以指令受移送法院审理。

最高人民法院《全国法院破产审判工作会议纪要》(2018)

执行程序与破产程序的有效衔接是全面推进破产审判工作的有力抓手,也是破解"执行难"的重要举措。全国各级法院要深刻认识执行转破产工作的重要意义,大力推动符合破产条件的执行案件,包括执行不能案件进入破产程序,充分发挥破产程序的制度价值。

40.执行法院的审查告知、释明义务和移送职责。执行部门要高度重视执行与破产的衔接工作,推动符合条件的执行案件向破产程序移转。执行法院发现作为被执行人的企业法人符合企业破产法第二条规定的,应当及时询问当事人是否同意将案件移送破产审查并释明法律后果。执行法院作出移送决定后,应当书面通知所有已知执行法院,执行法院均应中止对被执行人的执行程序。

41.执行转破产案件的移送和接收。执行法院与受移送法院应加强移送环节的协调配合,提升工作实效。执行法院移送案件时,应当确保材料完备,内容、形式符合规定。受移送法院应当认真审核并及时反馈意见,不得无故不予接收或暂缓立案。

42.破产案件受理后查封措施的解除或查封财产的移送。执行法院收到破产受理裁定后,应当解除对债务人财产的查封、扣押、冻结措施;或者根据破产受理法院的要求,出具函件将查封、扣押、冻结财产的处置权交破产受理法院。破产受理法院可以持执行法院的移送处置函件进行续行查封、扣押、冻结,解除查封、扣押、冻结,或者予以处置。

执行法院收到破产受理裁定拒不解除查封、扣押、冻结措施的,破产受理法院可以请求执行院的上级法院依法予以纠正。

43.破产审判部门与执行部门的信息共享。破产受理法院可以利用执行查控系统查控债务人财产,提高破产审判工作效率,执行部门应予以配合。

各地法院要树立线上线下法律程序同步化的观念,逐步实现符合移送条件的执行案件网上移送,提升移送工作的透明度,提高案件移送、通知、送达、沟通协调等相关工作的效率。

44.强化执行转破产工作的考核与管理。各级法院要结合工作实际建立执行转破产工作考核机制,科学设置考核指标,推动执行转破产工作开展。对应当征询当事人意见不征询、应当提交移送审查不提交、受移送法院违反相关规定拒不接收执行转破产材料或者拒绝立案的,除应当纳入绩效考核和业绩考评体系外，还应当公开通报和严肃追究相关人员的责任。

最高人民法院《关于推进破产案件依法高效审理的意见》(2020)

13. 对于债权债务关系明确、债务人财产状况清楚、案情简单的破产清算、和解案件，人民法院可以适用快速审理方式。

破产案件具有下列情形之一的，不适用快速审理方式：

（1）债务人存在未结诉讼、仲裁等情形，债权债务关系复杂的；

（2）管理、变价、分配债务人财产可能期限较长或者存在较大困难等情形，债务人财产状况复杂的；

（3）债务人系上市公司、金融机构，或者存在关联企业合并破产、跨境破产等情形的；

（4）其他不宜适用快速审理方式的。

14. 人民法院在受理破产申请的同时决定适用快速审理方式的，应当在指定管理人决定书中予以告知，并与企业破产法第十四条规定的事项一并予以公告。

15. 对于适用快速审理方式的破产案件，受理破产申请的人民法院应当在裁定受理之日起六个月内审结。

16. 管理人应当根据企业破产法第六十三条的规定，提前十五日通知已知债权人参加债权人会议，并将需审议、表决事项的具体内容提前三日告知已知债权人。但全体已知债权人同意缩短上述时间的除外。

17. 在第一次债权人会议上，管理人可以将债务人财产变价方案、分配方案以及破产程序终结后可能追加分配的方案一并提交债权人会议表决。

债务人财产实际变价后，管理人可以根据债权人会议决议通过的分配规则计算具体分配数额，向债权人告知后进行分配，无需再行表决。

18. 适用快速审理方式的破产案件，下列事项按照如下期限办理：

（1）人民法院应当自裁定受理破产申请之日起十五日内自行或者由管理人协助通知已知债权人；

（2）管理人一般应当自接受指定之日起三十日内完成对债务人财产状况的调查，并向人民法院提交财产状况报告；

（3）破产人有财产可供分配的，管理人一般应当在破产财产最后分配完结后十日内向人民法院提交破产财产分配报告，并提请裁定终结破产程序；

（4）案件符合终结破产程序条件的，人民法院应当自收到管理人相关申请之日起十日内作出裁定。

19. 破产案件在审理过程中发生不宜适用快速审理方式的情形，或者案件无法在本意见第15条规定的期限内审结的，应当转换为普通方式审理，原已进行的破产程序继续有效。破产案件受理法院应当将转换审理方式决定书送达管理人，并予以公告。管理人应当将上述事项通知已知债权人、债务人。

最高人民法院《关于依法妥善办理涉新冠肺炎疫情执行案件若干问题的指导意见》(2020)

九、充分发挥破产和解、重整制度的保护功能。对执行债权人人数众多，特别是多个执行债权人正在申请分配案款的案件，被执行企业因疫情影响导致生产经营困难不能清偿所有执行债务的，人民法院要积极引导各方当事人进行协商，依法为被执行企业缓解债务压力、恢复生产经营创造条件；多个案件由不同法院管辖的，上级法院要加强统筹协调，通过提级执行、指定执行等方式协调案件进行集中办理，力争促成各方当事人达成解决债务的"一揽子"协议。当事人未能达成协议且案件符合移送破产审查条件，通过破产和解或重整能够帮助被执行企业恢复经营的，人民法院要进一步加强审执协调配合，畅通执行移送破产工作渠道，充分发挥破产和解和破产重整制度的保护功能，帮助企业及时走出困境。人民法院在执行过程中，要严格防止被执行企业通过破产程序逃避债务，依法保障执行债权人合法权益。

最高人民法院《关于依法妥善审理涉新冠肺炎疫情民事案件若干问题的指导意见（二）》(2020)

19. 要进一步推进执行与破产程序的衔接。在执行程序中发现被执行人因疫情影响具备破产原因但具有挽救价值的，应当通过释明等方式引导债权人或者被执行人将案件转入破产审查，合理运用企业破产法规定的执行中止、保全解除、停息止付等制度，有效保全企业营运价值，为企业再生赢得空间。同时积极引导企业适用破产重整、和解程序，全面解决企业债务危机，公平有序清偿全体债权人，实现对困境企业的保护和拯救。

执行法院作出移送决定前已经启动的司法拍卖程序，在移送决定作出后可以继续进行。拍卖成交的，拍卖标的不再纳入破产程序中债务人财产范围，但是拍卖所得价款应当按照破产程序依法进行分配。执行程序中已经作出资产评估报告或者审计报告,且评估结论在有效期内或者审计结论满足破产案件需要的,可以在破产程序中继续使用。

【学理综述】

韩长印、郑金玉在《法学研究》2007年第2期上,发表《民事诉讼程序之于破产案件适用》一文。两位作者认为,破产程序中存在的纠纷,是法院行使审判权和参与破产程序的基础,也是理解《企业破产法》适用民事诉讼法审理破产案件的前提。对于破产案件的民事纠纷,作者们认为,实体权利纠纷应该适用普通民事诉讼模式,而程序性纠纷及其他与破产相关的争议,则应采取职权主义模式审理。①

韩长印、何欢在《法学》2013年第11期上,发表《隐性破产规则的正当性分析——以公司法相关司法解释为分析对象》一文。在该文中,两位作者先援引"公司法司法解释(三)"第13条第2款的规定,据此,两位学者提出"隐性破产规则"的概念,即《企业破产法》相关的外延规范,尤其是那些调整或涉及实施破产或破产临界期的规则。两位作者认为,"隐性破产规则"与《企业破产法》及其相关司法解释的规定有冲突的可能,有必要从破产法的视角做出检视和评判的必要。在文章中,两位作者先分析"隐性破产规则"的法理基础,比如包括公司法人格否认制度、比如债权人代位权制度等。在文章第三部分,两位作者详细论述"隐性破产规则"的消极效应:《企业破产法》的本质追求是扬弃"先到先得"的个别追偿行为,而代之以"平等受偿"的理念,追求概括性;但是上述规则,却是对个别追偿行为的鼓励与纵容,两者之间存在根本矛盾与冲突。除此之外,债权人代位权制度也很难为上述"公司法司法解释(三)"提供必要的法理基础。由此,两位作者得出结论,无论是在制度层面还是在个案适用中,对隐性破产规则从破产法层面予以检讨都有必要。在此基础上,两位作者进一步提出,"隐性破产规则"可以分为:第一,"特别隐性破产规则",即特别针对破产临界期或者事实破产而制定的规则;第二,"一般隐性破产规则",即不专门针对破产临界期或者事实破产的特别规定,但同样涉及债务人财产处置的规则。而对于"特别隐性破产规则"的检视标准,两位作者提出"破产中立"标准,即"特别隐性破产规则"不能与破产法及其原则和精神产生矛盾;对于"一般隐性破产规则"的检视标准,作者们提出破产法是否有充分的理由,对非破产法上的普适权利或者义务予以变更。在上述分析和论述的基础上,两位作者提出,破产法与非破产法之间的关系、非破产权利在破产程序中的地位等,都是破产法的基本问题;"隐性破产规则"的恰当辩明,对于实现破产法与非破产法规则的协调具有重要意义。②

第五条 依照本法开始的破产程序,对债务人在中华人民共和国领域外的财产发生效力。

对外国法院作出的发生法律效力的破产案件的判决、裁定,涉及债务人在中华人民共和国领域内的财产,申请或者请求人民法院承认和执行的,人民法院依照中华人民共和国缔结或者参加的国际条约,或者按照互惠原则进行审查,认为不违反中华人民共和国法律的基本原则,不损害国家主权、安全和社会公共利益,不损害中华人民共和国领域内债权人的合法权益的,裁定承认和执行。

【立法沿革】

《破产法》(1995年草案)

第八条 在中华人民共和国境外开始的破产、和解和重整程序,对于债务人在中华人民共和国境内的财产不发生效力。

《企业破产与重整法》(2000年6月草案)

第七条 在中华人民共和国境外开始的破产、和解和重整程序,对于债务人在中华人民共和国境内的财产不发生效力。

《企业破产与重整法》(2000年12月草案)

第八条 人民法院依照本法开始的破产清算、重整与和解程序,其效力应当及于债务人的除豁免财产外的所有财产,无论该财产位于何处。

在中华人民共和国境外(含港、澳、台地区)开始的破产清算、和解、重整及类似程序,原则上不应当及于债务人位于中华人民共和国境内的财产。但由债务人住所地的外国法院开始的上述程序,在符合下列条件时,人民法院可以裁定承认该程序及于债务人位于中国境内的财产:

(一)中国债权人参与该外国程序将得到公平待遇;

(二)该外国破产法中的实体性规定与中国破产法不存在重大差异;

(三)在破产判决的相互承认与执行方面,该

---

① 参见韩长印、郑金玉:《民事诉讼程序之于破产案件适用》,载《法学研究》2007年第2期,第99—111页。
② 参见韩长印、何欢:《隐性破产规则的正当性分析——以公司法相关司法解释为分析对象》,载《法学》2013年第11期,第24—35页。

外国与中国存在条约或互惠关系；

（四）承认该外国程序不违反中国的社会公共利益；

（五）人民法院认为应当考虑的其他因素。

当发生涉及到中华人民共和国的跨境破产清算、和解、重整及类似程序时，人民法院应当寻求与有关国家或地区的法院进行合作，以实现对中国债权人的最大利益。

《企业破产与重整法》（2001年1月草案）

第八条 人民法院依照本法开始的破产清算、和解与重整程序，对债务人在中华人民共和国境内、外的财产有效。

在中华人民共和国境外开始的破产清算、和解、重整程序，对债务人位于中华人民共和国境内的财产有效。当事人申请在中国执行本程序，应经人民法院裁定许可。

有下列情形之一的，人民法院裁定不予许可：

（一）该国与中国不存在相关的条约或者互惠关系；

（二）该国程序违反中国的社会公共利益；

（三）该国破产法及相关法律中的实体性规定与中国破产法存在重大差异，并可能损害中国债权人利益；

（四）人民法院认为应当考虑的其他因素。

《企业破产法》（2004年3月草案A版）

第八条 依照本法开始的破产程序，对债务人在中华人民共和国境外的财产有效。

在中华人民共和国境外开始的破产程序，对债务人在中华人民共和国境内的财产有效。但有下列情形之一的，人民法院应当裁定无效：

（一）该国与中华人民共和国不存在相关的条约或者互惠关系；

（二）境外开始的破产程序违反中华人民共和国的社会公共利益；

（三）境外开始的破产程序适用境内将损害境内债权人的合法利益；

（四）人民法院认为应当考虑的其他因素。

《企业破产法》（2004年3月草案B版）

第八条 依照本法开始的破产程序，对债务人在中华人民共和国境外的财产有效。

在中华人民共和国境外开始的破产程序，对债务人在中华人民共和国境内的财产有效。但有下列情形之一的，人民法院应当裁定无效：

（一）该国与中华人民共和国不存在相关的条约或者互惠关系；

（二）境外开始的破产程序违反中华人民共和国的社会公共利益；

（三）境外开始的破产程序适用境内将损害境内债权人的合法利益；

《企业破产法》（2004年6月草案）

第八条 依照本法开始的破产程序，效力及于债务人在中华人民共和国外的财产。

在中华人民共和国境外开始的破产程序，经人民法院裁定，对债务人在中华人民共和国境内的财产发生效力。但有下列情形之一的，人民法院应当裁定不发生效力：

（一）该国家或者地区与中华人民共和国不存在相关条约或者互惠关系；

（二）境外开始的破产程序违反中华人民共和国的社会公共利益；

（三）境外开始的破产程序将损害境内债权人的合法权益。

《企业破产法》（2004年10月草案）

第七条 依照本法开始的破产程序，效力及于债务人在中华人民共和国境外的财产。

在中华人民共和国境外开始的破产程序，经人民法院裁定，对债务人在中华人民共和国境内的财产发生效力。但有下列情形之一的，人民法院应当裁定不发生效力：

（一）该国家或者地区与中华人民共和国不存在相关条约或者互惠关系；

（二）境外开始的破产程序违反中华人民共和国的社会公共利益；

（三）境外开始的破产程序将损害境内债权人的合法权益。

【条文释义】

本条规范的是跨境破产问题。

在国际法层面，1997年联合国国际贸易法委员会通过《跨境破产示范法》。2019年，位于阿联酋的迪拜国际金融中心（Dubai International Financial Centre）成为采纳该示范法的最新区域。截止到2021年6月1日，全世界共有49个国家（53个法域）采纳该示范法。[①]

我国《企业破产法》最终未采纳《跨境破产示范法》，只是通过《企业破产法》第5条，对于跨境破产做出原则性规定。从立法史的角度看，我国跨境破产案件处理规则，从一开始就比较简陋粗

[①] Status of UNCITRAL Model Law on Cross-Border Insolvency (1997), see at: https://uncitral.un.org/en/texts/insolvency/modellaw/cross-border_insolvency/status，2021年6月1日访问。

放。在过去十多年中,跨境破产案件有限,这一规则并未得到根本性挑战;但在未来,势必要求我们在跨境破产领域有更精良的制度设计。

本条共分2款。分款评注如下:

第1款:"依照本法开始的破产程序,对债务人在中华人民共和国领域外的财产发生效力。"

本款规范的是输出型跨境破产。对于此类案件,《企业破产法》第5条规定,"依照本法开始的破产程序,对债务人在中华人民共和国领域外的财产发生效力。"只要债务人被中国法院宣告破产,那么中国破产裁定的效力及于财产所在国,债务人在境外的财产被视为是破产财产的一部分。这也就是说,我国法院作出的破产裁定,涉及债务人在中华人民共和国领域外的财产,原则上自动有效。但从实际操作来看,我国需要按照国际惯例,寻求域外财产所在国法院对中国法院破产裁定的承认和协助执行。

在本条规定中,"依照本法开始的破产程序,对债务人在中华人民共和国领域外的财产发生效力"需要准确理解。该规定大体符合国际范围内各国破产法立法的惯例,"长臂管辖"是国际范围内破产立法的普遍原则,也为实践层面争取破产司法领域的互利互惠打好基础。① 按照李永军等的解释,本条立法的本意建立在国家主权论基础上,司法权是国家主权的重要组成部分。即对于任何独立主权国家,外国法院作出的判决与裁定不能当然在其他国家发生效力;但这个常识面临的悖论却是,如果我国立法中将《企业破产法》的效力限制在中国境内,那么即便在实践中外国法院愿意承认和执行中国法院作出的破产裁定,囿于中国法律的限制,依旧不能在境外发生效力,而如果事先赋予中国破产裁定在境外的效力,那么则比较务实地化解这一悖论。即中国立法者确认法律意义上中国法院所作破产裁定在境外有效,而至于实践中其是否确实有效,则取决于境外法院是否承认和执行,这样的话就将问题留给双边跨境破产协助机制解决。②

韩传华指出,中国法院作出破产裁定的效力之所以能及于债务人在境外的财产,主要是基于两个前提:第一,债务人是在中国境内注册的企业法人,其拥有的全部或者部分财产在境外,那么这部分在域外的财产也受中国法院所作破产裁定的约束,应纳入中国破产程序中的破产财产;第二,债务人虽然在境外注册,但债务人在中国境内有住所地,正是基于此中国法院拥有了破产案件的管辖权,那么中国法院所作破产裁定的效力,同样及于该债务人在域外的所有财产。③ 这种效力在应然层面,不受中国是否与相关国家签署双边或多边条约或互惠原则审查的影响,也不受债务人财产所在国法院是否承认和执行中国法院破产裁定的影响;④但从实然层面,中国破产裁定能否在域外得到承认和执行,取决于很多因素,是否有双边或多边条约的存在,或者双方是否能够给予对方惠利,对最终的结果影响甚大,缔结双边或者多边条约也成为世界各国解决跨境破产难题最主流的方式。

第2款:"对外国法院作出的发生法律效力的破产案件的判决、裁定,涉及债务人在中华人民共和国领域内的财产,申请或者请求人民法院承认和执行的,人民法院依照中华人民共和国缔结或者参加的国际条约,或者按照互惠原则进行审查,认为不违反中华人民共和国法律的基本原则,不损害国家主权、安全和社会公共利益,不损害中华人民共和国领域内债权人的合法权益的,裁定承认和执行。"

本款规范的是输入型跨境破产。即域外法院作出的破产裁定,涉及债务人在中华人民共和国境内的财产,需要按照国际惯例,寻求中国法院对相关裁定的承认和协助执行。

讨论这个问题,首先需要明确:按照《企业破产法》第4条,凡是《企业破产法》未规定的程序性问题,都适用民事诉讼法相关规定;也就是说,对外国法院破产裁定的承认和执行问题,在严格尊重《企业破产法》第5条所规定原则的同时,更需要遵照《民事诉讼法》对外国民商事裁判承认和执行的一般条件与程序。⑤

按照《企业破产法》第5条第2款的文本,尽管该条文并未用句号或者分号明显分割,但就其含义来看,很明显该款有2层含义:

第1层:"对外国法院作出的发生法律效力的破产案件的判决、裁定,涉及债务人在中华人民共和国领域内的财产,申请或者请求人民法院承认

---

① 韩传华:《企业破产法解析》,人民法院出版社2007年版,第22—23页。
② 李永军等:《破产法》(第2版),中国政法大学出版社2017年版,第26页。
③ 韩传华:《企业破产法解析》,人民法院出版社2007年版,第20页。
④ 韩传华:《企业破产法解析》,人民法院出版社2007年版,第20页。
⑤ 参见王欣新、王健彬:《我国承认外国破产程序域外效力制度的解析及完善》,载《法学杂志》2008年第6期,第10页。

和执行的,人民法院依照中华人民共和国缔结或者参加的国际条约,或者按照互惠原则进行审查。"

这一层强调的是审查原则及其适用情形。

王卫国认为,原则上我国法院可以承认和执行域外法院的判决和执行,但这种承认和执行是附有条件的,而且这些条件必须同时具备:第一,相关判决和执行,必须是域外法院已经发生效力的判决或裁定,或者说是终局性判决或裁定;第二,该判决或裁定涉及债务人在中华人民共和国境内的财产,需要由中国法院协助执行;第三,有关承认和执行该判决或裁定的请求,应由中国法院按照相应国家是否与中国签有多边或双边条约来审查,如果没有条约,按照是否符合互惠原则来审查。① 这也就是《企业破产法》第5条第2款规定的内容所在,中国法院需要"依照中华人民共和国缔结或者参加的国际条约"进行审查;如果无相关双边或多边条约,那么中国法院则需要"按照互惠原则"审查。

截至2021年6月,我国尚未与外国缔结任何涉及破产的双边或多边国际条约,这一条文目前只有理论层面的意义。将来如真与域外国家或地区签署多边或双边条约,那么我国法院就应该按照条约的约定,审查外国破产管理人提出的承认外国破产程序的申请。

这里的"互惠原则",还可以从推定互惠的角度,做更为积极主动的理解。按照石静霞、黄圆圆的解释,所谓推定互惠,"即如果申请国法院不存在拒绝承认中国破产程序的先例,就可以推定该国与中国存在互惠关系"。按照推定互惠理论,互惠原则势必得到比传统思路更为灵活的解释。即便两国间不存在条约基础及互惠先例,我国法院依旧可以适用推定互惠,进而在符合其他审查要素的前提下,先行承认和执行外国法院作出的破产判决或裁定,从而在传统"互惠原则"的故步自封中解放出来。②

基于推定互惠理论,先予施惠的操作方案就顺理成章。2015年7月7日,最高人民法院发布《关于人民法院为"一带一路"建设提供司法服务和保障的若干意见》(法发〔2015〕9号),其中对于"互惠原则"的新安排,可以为将来跨境破产司法实务中准确理解"互惠原则"奠定基础。

从实务层面,并不见得我国司法机构需要审查的承认和执行国外破产审判和裁定,都以对方国家已经对我国司法判决的承认和执行有过优惠;现实中极有可能的情况之一,就是对方国家与我国从未在司法协助领域有过合作。这种情况下,最高人民法院提出"由我国法院先行给予对方国家当事人司法协助,积极促成形成互惠关系"的做法,对于解决实务中的认识困难大有裨益。

第2层:"认为不违反中华人民共和国法律的基本原则,不损害国家主权、安全和社会公共利益,不损害中华人民共和国领域内债权人的合法权益的,裁定承认和执行。"

这涉及审查的关键指标,共有三点:第一,境外法院的破产裁定"不违反中华人民共和国法律的基本原则";第二,境外法院的破产裁定"不损害国家主权、安全和社会公共利益";第三,境外法院的破产裁定"不损害中华人民共和国领域内债权人的合法权益的"。显而易见,上述三点审查指标,有国家主权至上、公共利益次之及债权人利益最次的清晰序列,足以说明在应对输入型跨境破产案时,需要考虑的因素更多。按照王卫国教授的说法,这三项审查指标,属于"三项保留条件"。③ 只有同时满足这三条要求,我国法院才可以裁定承认和执行境外法院的裁定,否则的话,我国的法院可以拒绝承认和执行相关域外法院破产判决和裁定。

这里的"不违反中华人民共和国法律的基本原则,不损害国家主权、安全和社会公共利益"即是公共秩序保留原则。按照张海征的解读,公共利益保留原则作为承认与执行外国生效判决的安全阀,在承认域外破产裁判方面的关键问题在于,"一旦中国法院援引公共秩序保留拒绝承认外国生效破产裁判,外国破产代表往往难以在中国申请其他可以达到目的的司法救济。同样,我国法院此种做法可能导致外国法院以缺少互惠实践为由,拒绝承认中国法院的生效破产裁判"。④ 另外,公共秩序保留条款的具体适用中,"应当从承认外国破产裁决的结果出发,只有在承认的结果直接有悖于我国法律的基本原则,损害国家主权、安全和社会公共利益时,才可以公共秩序保留拒

---

① 参见王卫国:《破产法精义》(第2版),法律出版社2020年版,第21—22页。
② 参见石静霞、黄圆圆:《跨界破产中的承认与救济制度——基于"韩进破产案"的观察与分析》,载《中国人民大学学报》2017年第2期,第42页。
③ 王卫国:《破产法精义》(第2版),法律出版社2020年版,第22页。
④ 张海征:《论VIE架构对中国跨境破产制度提出的特殊问题》,载《首都师范大学学报(社会科学版)》2016年第3期,第65页。

绝承认,不能仅仅因外国法与本国法存在不同,就借公共政策排除其适用"。①

那么,这里的"不损害中华人民共和国领域内债权人的合法权益"究竟该如何理解?韩传华提出三点检验标准:第一,外国法院在程序上对于外国债权人和中国债权人的权利和义务,是否存在厚此薄彼的情形?第二,外国法院是否意识到中国债权人在语言、交通和信息传递等方面的实际困难,并采取相应措施,防止相关破产裁定对中国债权人的权利造成实质性损害?第三,如果按照外国法院的破产裁定,中国债权人权利确实受到损害,那么这种损害究竟是因为两国法律在实体性权利方面的差异造成,还是因为外国法院的厚此薄彼或者放任语言、交通、信息传递等障碍造成?按照韩传华的观点,如果外国法院在程序上对本国债权人和中国债权人一视同仁、能够妥善考虑语言、交通和信息传递等困难并给予适当照顾,同时中国债权人的权利受损是基于两国破产法实体性权利的差别,则认为外国法院的破产裁定未损害中国债权人的合法权益。②

对于"债权人的合法权益"所产生的依据,王欣新认为,有必要分为两种情况:如果债务人住所地在中国境内,根据我国《企业破产法》而产生管辖权,那么此时"债权人的合法权益"应该是指按照包括《企业破产法》在内的中国法而享有的合法权益;如果债务人的住所地在域外,鉴于按照《企业破产法》中国法院无法对其行使管辖权,那么"债权人的合法权益"只能按照域外法所判断。③ 在后一种情形下,潜在的损害"中华人民共和国领域内债权人的合法权益"的情形,主要则是指外国法院无法在该国的破产程序中给予中国债权人和其本国债权人同样的对待;按照中国破产法与外国破产法,债权人清偿顺位的差异不应该被视为损害我国债权人的合法权益。④

至于具体承认和执行的手段,王卫国认为相关域外法院可以向中国法院寻求司法协助,具体措施包括但不限于包含该破产程序在中国境内财产的保全、债务追索、债权申报、债权人表决和破产分配等事项;对于这些与破产相关的事项,中国法院可以做出必要的辅助性安排。⑤

笔者亦曾多次撰文论及跨境破产相关问题。在笔者看来,跨境破产问题可以分为如下四个层面:

第一个层面:包括中国大陆、香港特别行政区、澳门特别行政区和台湾地区在内的跨境破产问题。《中华人民共和国企业破产法》的效力不自动及于香港特别行政区、澳门特别行政区和台湾地区,如果中国大陆地区法院作出的破产裁定涉及债务人在上述三地的财产,需要进一步寻求协助承认和执行;反过来,上述三地法院作出的破产裁定,同样也不自动及于中国大陆地区,如果涉及上述三地债务人在中国大陆地区的财产,同样需要寻求中国大陆地区法院的承认和执行。就实体合作层面来说,中国大陆地区和香港特别行政区、澳门特别行政区和台湾地区之间的司法协助,主要是通过双边安排来实施。由于破产事务比较特殊,往往被排除在普通民商事裁判的承认和执行安排之外。但目前,亦无有关内地与港澳台地区达成关于跨境破产相互承认和执行双边安排的进展,这将受制于政治、经济等诸多因素,注定将是一个漫长的过程。2016年9月7日,笔者曾在《法制日报》撰文呼吁我国尽快筹设内地与香港的跨境破产机制;尽管当时无论是《深港通实施方案》的落实,还是内地与香港特区司法机构的交流、大湾区建设等,都让我们看到内地与香港跨境破产问题解决的希望。⑥

2021年5月14日,最高人民法院与香港特别行政区政府结合司法实践,就内地与香港特别行政区法院相互认可和协助破产程序工作进行会谈协商,达成如下5点共识:一、最高人民法院指定若干试点地区有关中级人民法院与香港特别行政区法院依法开展相互认可和协助破产程序工作。二、香港特别行政区破产程序的清盘人或者临时清盘人可以向内地试点地区的有关中级人民法院申请认可依据香港特别行政区法律进行的公司强制清盘、公司债权人自动清盘以及由清盘人或者临时清盘人提出并经香港特别行政区法院批准的公司债务重组程序,申请认可其清盘人或者临时清盘人身份,以及申请提供履职协助。三、内地破产程序的管理人可以向香港特别行政区高等法院申请认可依据《中华人民共和国企业破产法》进行的破产清算、重整以及和解程序,申请认可其管

---

① 王欣新:《破产法》(第4版),中国人民大学出版社2019年版,第33页。
② 参见韩传华:《企业破产法解析》,人民法院出版社2007年版,第21页。
③ 参见王欣新:《破产法》(第4版),中国人民大学出版社2019年版,第33页。
④ 参见王欣新:《破产法》(第4版),中国人民大学出版社2019年版,第33页。
⑤ 参见王卫国:《破产法精义》(第2版),法律出版社2020年版,第22页。
⑥ 参见陈夏红:《内地与香港的跨境破产机制筹设何时走起?》,载《法制日报》2016年9月7日,第12版。

理人身份,以及申请提供履职协助。四、申请认可和协助的程序、方式等,应当依据被请求方的规定。五、最高人民法院和香港特别行政区政府分别就两地开展相互认可和协助破产程序工作发布指导意见和实用指南。双方就相互认可和协助破产程序的司法实践保持沟通,协商解决有关问题,持续完善有关机制,逐步扩大试点范围。基于此共识,最高人民法院也于 2021 年 5 月 14 日发布《最高人民法院关于开展认可和协助香港特别行政区破产程序试点工作的意见》。由此,我国内地与香港特别行政区在跨境破产领域的合作掀开新的篇章。

第二个层面:中国与外国跨境破产机制的建构,这一问题的解决,需要双边谈判来完成。在 2016 年 8 月韩国韩进破产案件发生后,我国究竟是承认韩国破产程序、引导我国债权人参与韩国破产程序,还是拒绝承认韩国破产程序,在中国国内针对韩进集团的分支机构启动破产程序,着实周折。尤其是在新加坡、意大利等国纷纷宣布承认韩进集团破产程序的前提下,中国如何选择更让人踌躇。①

第三个层面:中国对世界范围内跨境破产规则制定的参与和引领。笔者曾在外交学院召开的一次以外交与法律为主题的学术研讨会上,指出中国在构建一带一路经济体过程中,可以将"一带一路经济体跨境破产公约"作为突破口。②

第四个层面:域外跨境破产领域的动态。这两年英国脱欧,应该说对《欧盟跨境破产规章》的命运,提出严峻的挑战。笔者在英国脱欧公投通过之际,即撰文专门讨论这一问题。③ 如今三年多过去,英国脱欧尚有疑问,我们也需要进一步关注英国脱欧对双边跨境破产承认和协助执行的影响。

【关联法律法规及司法政策】

《香港特别行政区基本法》(1990)

第二条 全国人民代表大会授权香港特别行政区依照本法的规定实行高度自治,享有行政管理权、立法权、独立的司法权和终审权。

第八条 香港原有法律,即普通法、衡平法、条例、附属立法和习惯法,除同本法相抵触或经香港特别行政区的立法机关作出修改者外,予以保留。

《澳门特别行政区基本法》(1993)

第二条 中华人民共和国全国人民代表大会授权澳门特别行政区依照本法的规定实行高度自治,享有行政管理权、立法权、独立的司法权和终审权。

第八条 澳门原有的法律、法令、行政法规和其他规范性文件,除同本法相抵触或经澳门特别行政区的立法机关或其他有关机关依照法定程序作出修改者外,予以保留。

《涉外民事关系法律适用法》(2010)

第二条 涉外民事关系适用的法律,依照本法确定。其他法律对涉外民事关系法律适用另有特别规定的,依照其规定。

本法和其他法律对涉外民事关系法律适用没有规定的,适用与该涉外民事关系有最密切联系的法律。

《民事诉讼法》(2017)

第二百八十二条 人民法院对申请或者请求承认和执行的外国法院作出的发生法律效力的判决、裁定,依照中华人民共和国缔结或者参加的国际条约,或者按照互惠原则进行审查后,认为不违反中华人民共和国法律的基本原则或者国家主权、安全、社会公共利益的,裁定承认其效力,需要执行的,发出执行令,依照本法的有关规定执行。违反中华人民共和国法律的基本原则或者国家主权、安全、社会公共利益的,不予承认和执行。

最高人民法院《关于人民法院为"一带一路"建设提供司法服务和保障的若干意见》(2016)

6.加强与"一带一路"沿线各国的国际司法协助,切实保障中外当事人合法权益。要积极探讨加强区域司法协助,配合有关部门适时推出新型司法协助协定范本,推动缔结双边或者多边司法协助协定,促进沿线各国司法判决的相互承认与执行。要在沿线一些国家尚未与我国缔结司法协助协定的情况下,根据国际司法合作交流意向、对方国家承诺将给予我国司法互惠等情况,可以考虑由我国法院先行给予对方国家当事人司法协助,积极促成形成互惠关系,积极倡导并逐步扩大国际司法协助范围。要严格依照我国与沿线国家缔结或者共同参加的国际条约,积极办理司法文书送达、调查取证、承认与执行外国法院判决等司法协助请求,为中外当事人合法权益提供高效、快

---

① 参见陈夏红:《韩进清算,中国何为》,载《法制日报》2017 年 2 月 22 日,第 11 版。
② 参见陈夏红:《构建"一带一路"经济体跨境破产公约》,载《法制日报》2017 年 5 月 10 日,第 12 版。
③ 参见陈夏红:《英国"脱欧"关跨境破产什么事儿?》,载《法制日报》2016 年 6 月 29 日,第 12 版。

最高人民法院《全国法院破产审判工作会议纪要》（2018）

49.对跨境破产与互惠原则。人民法院在处理跨境破产案件时，要妥善解决跨境破产中的法律冲突与矛盾，合理确定跨境破产案件中的管辖权。在坚持同类债权平等保护的原则下，协调好外国债权人利益与我国债权人利益的平衡，合理保护我国境内职工债权、税收债权等优先权的清偿利益。积极参与、推动跨境破产国际条约的协商与签订，探索互惠原则适用的新方式，加强我国法院和管理人在跨境破产领域的合作，推进国际投资健康有序发展。

50.跨境破产案件中的权利保护与利益平衡。依照企业破产法第五条的规定，开展跨境破产协作。人民法院认可外国法院作出的破产案件的判决、裁定后，债务人在中华人民共和国境内的财产在全额清偿境内的担保物权人、职工债权和社会保险费用、所欠税款等优先权后，剩余财产可以按照该外国法院的规定进行分配。

最高人民法院《关于开展认可和协助香港特别行政区破产程序试点工作的意见》（2021）

为贯彻落实《中华人民共和国香港特别行政区基本法》第九十五条的规定，进一步完善内地与香港特别行政区司法协助制度体系，促进经济融合发展，优化法治化营商环境，最高人民法院与香港特别行政区政府结合司法实践，就内地与香港特别行政区法院相互认可和协助破产程序工作进行会谈协商，签署《最高人民法院与香港特别行政区政府关于内地与香港特别行政区法院相互认可和协助破产程序的会谈纪要》。按照纪要精神，最高人民法院依据《中华人民共和国民事诉讼法》《中华人民共和国企业破产法》等相关法律，制定本意见。

一、最高人民法院指定上海市、福建省厦门市、广东省深圳市人民法院开展认可和协助香港破产程序的试点工作。

二、本意见所称"香港破产程序"，是指依据香港特别行政区《公司（清盘及杂项条文）条例》《公司条例》进行的集体清偿程序，包括公司强制清盘、公司债权人自动清盘以及由清盘人或者临时清盘人提出并经香港特别行政区高等法院依据香港特别行政区《公司条例》第673条批准的公司债务重组程序。

三、本意见所称"香港管理人"，包括香港破产程序中的清盘人和临时清盘人。

四、本意见适用于香港特别行政区系债务人主要利益中心所在地的香港破产程序。

本意见所称"主要利益中心"，一般是指债务人的注册地。同时，人民法院应当综合考虑债务人主要办事机构所在地、主要营业地、主要财产所在地等因素认定。

在香港管理人申请认可和协助时，债务人主要利益中心应当已经在香港特别行政区连续存在6个月以上。

五、债务人在内地的主要财产位于试点地区、在试点地区存在营业地或者在试点地区设有代表机构的，香港管理人可以依据本意见申请认可和协助香港破产程序。

依据本意见审理的跨境破产协助案件，由试点地区的中级人民法院管辖。

向两个以上有管辖权的人民法院提出申请的，由最先立案的人民法院管辖。

六、申请认可和协助香港破产程序的，香港管理人应当提交下列材料：

（一）申请书；

（二）香港特别行政区高等法院请求认可和协助的函；

（三）启动香港破产程序以及委任香港管理人的有关文件；

（四）债务人主要利益中心位于香港特别行政区的证明材料，证明材料在内地以外形成的，还应当依据内地法律规定办理证明手续；

（五）申请予以认可和协助的裁判文书副本；

（六）香港管理人身份证件的复印件，身份证件在内地以外形成的，还应当依据内地法律规定办理证明手续；

（七）债务人在内地的主要财产位于试点地区、在试点地区存在营业地或者在试点地区设有代表机构的相关证据。

向人民法院提交的文件没有中文文本的，应当提交中文译本。

七、申请书应当载明下列事项：

（一）债务人的名称、注册地以及香港管理人所知悉的债务人主要负责人的姓名、职务、住所、身份证件信息、通讯方式等；

（二）香港管理人的姓名、住所、身份证件信息、通讯方式等；

（三）香港破产程序的进展情况和计划；

（四）申请认可和协助的事项和理由；

（五）债务人在内地的已知财产、营业地、代表机构和债权人情况；

（六）债务人在内地涉及的诉讼、仲裁以及有关债务人财产的保全措施、执行程序等情况；

（七）其他国家或者地区针对债务人进行破

产程序的相关情况;

（八）其他应当载明的事项。

八、人民法院应当自收到认可和协助申请之日起五日内通知已知债权人等利害关系人，并予以公告。利害关系人有异议的，应当自收到通知或者发布公告之日起七日内向人民法院书面提出。

人民法院认为有必要的，可以进行听证。

九、在人民法院收到认可和协助申请之后、作出裁定之前，香港管理人申请保全的，人民法院依据内地相关法律规定处理。

十、人民法院裁定认可香港破产程序的，应当依申请同时裁定认可香港管理人身份，并于五日内公告。

十一、人民法院认可香港破产程序后，债务人对个别债权人的清偿无效。

十二、人民法院认可香港破产程序后，已经开始而尚未终结的有关债务人的民事诉讼或者仲裁应当中止；在香港管理人接管债务人的财产后，该诉讼或者仲裁继续进行。

十三、人民法院认可香港破产程序后，有关债务人财产的保全措施应当解除，执行程序应当中止。

十四、人民法院认可香港破产程序后，可以依申请裁定允许香港管理人在内地履行下列职责：

（一）接管债务人的财产、印章和账簿、文书等资料；

（二）调查债务人财产状况，制作财产状况报告；

（三）决定债务人的内部管理事务；

（四）决定债务人的日常开支和其他必要开支；

（五）在第一次债权人会议召开之前，决定继续或者停止债务人的营业；

（六）管理和处分债务人的财产；

（七）代表债务人参加诉讼、仲裁或者其他法律程序；

（八）接受内地债权人的债权申报并进行审核；

（九）人民法院认为可以允许香港管理人履行的其他职责。

香港管理人履行前款规定的职责时，如涉及放弃财产权益、设定财产担保、借款、将财产转移出内地以及实施其他对债权人利益有重大影响的财产处分行为，需经人民法院另行批准。

香港管理人履行职责，不得超出《中华人民共和国企业破产法》规定的范围，也不得超出香港特别行政区法律规定的范围。

十五、人民法院认可香港破产程序后，可以依香港管理人或者债权人的申请指定内地管理人。

指定内地管理人后，本意见第十四条规定的职责由内地管理人行使，债务人在内地的事务和财产适用《中华人民共和国企业破产法》处理。

两地管理人应当加强沟通与合作。

十六、人民法院认可香港破产程序后，可以依申请裁定对破产财产变价、破产财产分配、债务重组安排、终止破产程序等事项提供协助。

人民法院应当自收到上述申请之日起五日内予以公告。利害关系人有异议的，应当自发布公告之日起七日内向人民法院书面提出。

人民法院认为有必要的，可以进行听证。

十七、发现影响认可和协助香港破产程序情形的，人民法院可以变更、终止认可和协助。

发生前款情形的，管理人应当及时报告人民法院并提交相关材料。

十八、利害关系人提供证据证明有下列情形之一的，人民法院审查核实后，应当裁定不予认可或者协助香港破产程序：

（一）债务人主要利益中心不在香港特别行政区或者在香港特别行政区连续存在未满6个月的；

（二）不符合《中华人民共和国企业破产法》第二条规定的；

（三）对内地债权人不公平对待的；

（四）存在欺诈的；

（五）人民法院认为应当不予认可或者协助的其他情形。

人民法院认为认可或者协助香港破产程序违反内地法律的基本原则或者违背公序良俗的，应当不予认可或者协助。

十九、香港特别行政区和内地就同一债务人或者具有关联关系的债务人分别进行破产程序的，两地管理人应当加强沟通与合作。

二十、人民法院认可和协助香港破产程序的，债务人在内地的破产财产清偿其在内地依据内地法律规定应当优先清偿的债务后，剩余财产在相同类别债权人受到平等对待的前提下，按照香港破产程序分配和清偿。

二十一、人民法院作出裁定后，管理人或者利害关系人可以自裁定送达之日起十日内向上一级人民法院申请复议。复议期间不停止执行。

二十二、申请认可和协助香港破产程序的，应当依据内地有关诉讼收费的法律和规定交纳费用。

二十三、试点法院在审理跨境破产协助案件过程中，应当及时向最高人民法院报告、请示重大

二十四、试点法院应当与香港特别行政区法院积极沟通和开展合作。

最高人民法院
2021 年 5 月 11 日

【裁判要旨】

案例 1

新兴产业株式会社破产财产管理人宫下正彦与北京龙头房地产开发有限公司房屋买卖合同纠纷案

法院：最高人民法院

案号：(2016)最高法民终 312 号

事实：上诉人北京龙头房地产开发有限公司因与被上诉人新兴产业株式会社破产财产管理人宫下正彦房地产买卖合同纠纷一案，不服北京市高级人民法院(2011)高民初字第 3104 号民事判决，向最高人民法院提起上诉。最高人民法院经审理作出(2013)民四终字第 48 号民事裁定，发回重审。北京市高级人民法院重审后作出(2015)高民初字第 26 号民事判决，龙头房地产公司不服上述判决，向最高人民法院提起上诉。

新兴产业株式会社系在日本注册的企业法人，2005 年 11 月 11 日被日本东京地方法院决定破产，并指定宫下正彦作为新兴产业株式会社的破产财产管理人。宫下正彦依据日本法律享有管理破产企业资产，清收破产企业债权的权利，有权代表破产企业提起诉讼。

原审法院经审理查明，龙头房地产公司系北京阳光房地产综合开发公司、北京四达塑料电器厂、日本北海株式会社于 1993 年 11 月 26 日在北京共同成立的中外合作经营企业。龙头房地产公司和新兴产业株式会社对《龙头公寓买卖合同》下房屋买卖问题产生纠纷合诉至北京市高级人民法院。

一审法院依据《合同法》第 8 条及第 60 条第 1 款，对于宫下正彦所提确认《龙头公寓买卖合同》合法有效，要求继续履行的诉讼请求，予以支持。龙头房地产公司不服上述一审判决，向最高人民法院提起上诉。

裁判要旨：境外法院任命的管理人，在缺乏双边协议或国际条约的前提下，依旧可以代表破产企业，在中国境内代表债务人企业诉讼。

裁判理由：最高人民法院审核双方在二审期间提交的证据并质证之后指出，鉴于不能认定新兴产业株式会社与龙头房地产公司之间存在房屋买卖合同关系，双方当事人其他的相关诉辩主张均已没有实际意义。

由此，最高人民法院于 2016 年 12 月 23 日作出判决：一审判决认定事实不清，适用法律不当，依法应予改判。上诉人龙头房地产公司的上诉请求有事实和法律依据，依法应予支持。依照《民事诉讼法》第 170 条第 2 项及《最高人民法院关于民事诉讼证据的若干规定》第 2 条之规定，判决撤销北京市高级人民法院(2015)高民初字第 26 号民事判决，驳回新兴产业株式会社破产财产管理人宫下正彦的诉讼请求。

案例 2

最高人民法院关于北泰汽车工业控股有限公司申请认可香港特别行政区法院命令案的请示的复函

审理法院：最高人民法院

案号：[2011]民四他字第 19 号

事实：2009 年 2 月 6 日，香港特别行政区法院于作出对北泰汽车工业控股有限公司委任临时清盘人命令，并授予临时清盘人特定的权限。7 月 13 日，香港高等法院根据上述"委任临时清盘人的法院命令"以及北泰控股公司通过临时清盘人提出的申请，于 2009 年 7 月 13 日作出法院命令，授权和批准临时清盘人代表北泰控股公司或其子公司参与中国内地地区的相关法律程序，以保护北泰控股公司在中国内地地区所有的合法权益，实现资产保护及公司重组或清盘的目的。

北泰控股公司在中国内地地区投资设立了三家全资子公司，依据上述香港高等法院的命令，临时清盘人应履行其职责，取得对子公司的控制权和管理权，以便调查、收集、接管并保护北泰控股公司对中国内地地区全资子公司的全部权益。北泰汽车工业控股有限公司随后向北京市第一中级人民法院申请认可。

北京市第一中级人民法院审查后，拟有限制地认可香港特别行政区法院命令，并就相关问题请示北京市高级人民法院。北京市高级人民法院拟同意北京市第一中级人民法院的意见，但因法律法规中缺乏明确适用依据，故向最高人民法院请示。

裁判要旨：内地法院认可香港特别行政区高等法院作出的清盘命令，没有法律依据，内地法院适用《民事诉讼法》《企业破产法》规定承认香港特别行政区法院作出的清盘令及其任命的临时清盘人，缺乏法律依据。

裁判理由：最高人民法院审查后，认为本案系当事人申请认可香港特别行政区高等法院作出的清盘命令案件。首先，最高法根据《最高人民法院关于内地与香港特别行政区法院相互认可和执行当事人协议管辖的民商事案件判决的安排》第 1 条,指出涉案清盘命令不属于该安排规定的可以相互认可和执行的判决范围,故本案不能适用该安排的规定。其次,最高人民法院援引《民事诉讼法》第 265 条和《企业破产法》第 5 条,认为相关规定是对外国法院所作判决的承认和执行的规定,亦不能适用于本案。由此,最高人民法院裁定,目前内地法院认可香港特别行政区高等法院作出的清盘命令没有法律依据,北京市最高人民法院关于适用《民事诉讼法》《企业破产法》规定对涉案清盘命令予以认可的理由不能成立。

案例 3

武汉中院承认德国 Montabaur 地方法院破产裁定案

审理法院:湖北省武汉市中级人民法院

案号:(2012)鄂武汉中民商外初字第 00016 号

事实:德意志联邦共和国公民 Sascha Rudolf Seehaus 于 2012 年 7 月 30 日向武汉市中级人民法院提出申请,要求承认德国 Montabaur 地方法院于 2009 年 12 月 1 日作出的卷宗编号为"14 IN 335/09"裁定。该裁定结果是:聘请 Sascha Seehaus 担任 SP Management GmbH 管理有限公司的破产管理人;债务人在破产程序执行期间禁止对其目前和将来的财产进行处分而必须移交给破产管理人;授予破产管理人实施的权限;债权人对于尚未偿还的债务可向破产管理人书面申报(截至 2010 年 1 月 10 日),债权人必须毫不迟疑地向破产管理人申报有关动产预防风险权或者债务权益;凡对债务人有债务关系的人员不得再向债务人支付款项,而是支付给破产管理人。

裁判要旨:对于外国法院作出的破产裁定,如果该国与我国尚无跨境破产承认和执行的双边条约或多边条约,在不违反中华人民共和国法律的基本原则、国家主权、安全及社会公共利益的前提下,如果相关外国法院曾有承认和执行中国法院其他裁定的先例,按照互惠原则,中国法院可以审查外国破产裁定的效力并予以承认。

裁判理由:武汉市中级人民法院审查认为,上述"14 IN 335/09"裁定已于 2009 年 12 月 1 日在德国发生法律效力,该裁定未违反中华人民共和国法律的基本原则、国家主权、安全及社会公共利益。鉴于德国柏林高等法院已于 2006 年 5 月 18 日作出判决承认中国江苏省无锡高新技术产业开发区人民法院(2004)新民二初字第 154 号民事裁定,故按照互惠原则,审查德国 Montabaur 地方法院作出的卷宗编号为"14 IN 335/09"裁定的法律效力。最终,武汉市中级人民法院按照《民事诉讼法》第 154 条、第 282 条规定,对德国 Montabaur 地方法院作出的卷宗编号为"14 IN 335/09"裁定的法律效力予以承认。

【学理综述】

(一)著作

王晓琼:《跨境破产中的法律冲突问题研究》,北京大学出版社 2008 年版。

本书系作者在华东政法大学博士学位论文基础上修订而成。作者出身于国际私法专业,因此这本书更多从国际私法的角度来论述跨境破产问题。全书共分 6 章,分别论及跨境破产中法律冲突问题之法理基础分析、跨境破产案件管辖权问题研究、跨境破产的法律适用问题研究、跨境破产判决承认与协助问题研究、跨境破产的法律协调问题研究和我国有关跨境破产立法与实践之思考。

解正山:《跨国破产立法及适用研究——美国及欧洲的视角》,法律出版社 2011 年版。

本书站在如何解决跨国破产中法律冲突与矛盾,尤其是如何在保护本国利益与促进国际合作之间取得平衡,促进各国在跨国破产领域开展良好的国际合作,进而推动国际投资健康有序发展的角度,展开跨国破产立法问题探究。全书共分 5 章,分别论及跨国破产立法基本理论及其实践意义、美欧破产法改革对跨国破产问题的回应、美欧法院对跨国破产法核心规则的适用、跨国公司集团破产司法实践探析以及中国跨国破产立法的完善问题探讨等。

李爱君:《商业银行跨境破产法律问题研究》,中国政法大学出版社 2012 年版。

本书既涉及跨境破产,也涉及金融机构破产,是一个高度交叉的主题。作者分别从商业银行跨境破产基础理论、各国商业银行跨境破产的理论与实践、我国商业银行跨境破产的理论与现状、商业银行跨境破产的原则、商业银行跨境破产管辖权理论分析、商业银行跨境破产的法律适用、商业银行跨境破产的债权人保护、商业银行跨境破产的承认与执行等角度,对这一高度专业、复杂的问题展开剖析。

黄圆圆:《跨界破产承认与救济制度研究》,北京对外经济贸易大学出版社 2020 年版。

本书是作者在对外经济贸易大学博士学位论文修订后出版的作品。在该书中,作者从基本制度与理论剖析、"主要利益中心"规则、跨境破产承认的审查要素、跨境破产救济的模式与合作要求、联合国国际贸易法委员会跨境破产示范法对承认与救济规则的补充、企业集团跨境破产承认与救济的特殊问题等，全面研判国际破产法领域跨境破产承认与救济规则，资料新颖翔实，也针对我国跨境破产法律制度的改进提出建设性的意见和建议，对于我国相关领域的研究和制度改进具有重要意义。

（二）论文

张玲在《政法论坛》2007年第4期上，发表《跨境破产法统一化方式的多元化》一文。在该文中，作者从形式角度梳理全球范围内跨境破产法的进化史：早期各国普遍采用双边条约的方式解决跨境破产问题，而随着全球跨境破产实践的需要，跨境破产多边条约成为新的方向并取得一定成果。而到晚近时期，跨境破产示范法成为更灵活的方式，国际律师协会和联合国国际贸易法委员会都作出卓有成效的努力；但这种方式难以避免的结果是缺乏统一性，也缺乏强制性。到更晚近时期，通过超国家法方式解决跨境破产难题，成为更吸引人的方式，欧盟跨境破产规章的颁布也成为唯一一个成功的案例；但这种方式取决于主权国家的主权让渡，与欧盟一体化进程又息息相关，其成功模式更难复制。张玲在比较研究后指出，在跨境破产法律统一化过程中，多元化、民主化、科学化势必成为未来的方向，合力比单一模式更为可取。①

何其生在《法学研究》2007年第6期上，发表《新实用主义与晚近破产冲突法的发展》一文。在该文中，作者从国际范围内跨境破产尝试的核心概念中提炼出"新实用主义"潮流。按照作者的解释，所谓跨境破产领域的新实用主义潮流，即指各国在不放弃普及主义理想的同时，以务实的态度关注各国利益的保护，并通过主破产程序、辅破产程序的复合平行结构，在维护国家利益的同时，侧重主要破产程序的主导性和普遍性。作者亦提出，新实用主义相较于理论上最佳的普及主义能够更为务实地实现目标，在保护当地利益和便利国际合作之间达成某种平衡。作者指出，在新实用主义视野下，"主要利益中心"成为破产管辖权确定的主流观念；法律适用规则也以法院地法为主，而在支付和结算系统合同、劳动合同、担保权益和撤销权等方面，适用法院地法例外规则；也正是在这两大支柱下，外国破产程序的承认和执行中更为强调主破产程序和辅破产程序的协调

和配合。作者建议，我国《企业破产法》第5条略显单薄，在管辖权、法律适用和境外破产程序执行和承认方面，还需要参照国际范围内的成形立法，在细节方面有所充实。②

王欣新、王健彬在《法学杂志》2008年第6期上，发表《我国承认外国破产程序域外效力制度的解析及完善》一文。该文对于《企业破产法》第5条第2款的完善，提出如下建议：第一，以债务人住所地为标准，确定承认债务人住所地外国破产程序的优先、非债务人住所地外国破产程序劣后的顺序。第二，就对外国破产程序的承认方式而言，应按照我国《企业破产法》规定，在我国启动承认程序，同时确定外国破产程序的溯及力问题。第三，依据国际条约，审查外国法院是否有合适的管辖权、裁决是否有终局性和执行力、破产程序是否公正、我国有无冲突性裁定或诉讼以及公共秩序保留问题；按照国际私法学界适用推定无互惠的观念，审查构成推翻这一观念的核心证据，建议所有采纳联合国国际贸易法委员会《跨境破产法示范法》和本国破产法中承认与执行外国破产裁定程序与中国类似的情形下，都可以通过互惠审查。第四，对于公共政策保留条款，应当从承认外国破产裁决的角度考虑，以是否损害国家主权、安全和社会公共利益作为审查条件。第五，对于审查我国债权人权益是否受损害，以外国破产程序能否公平对待我国债权人为主要标准。在上述方案的基础上，王欣新、王健彬还提出，应该在我国设置主破产程序与辅破产程序协调机制，弥补我国跨境破产制度的短板。③

杜焕芳在《当代法学》2009年第1期上，发表《论跨界案件共同管理及其实践》一文，介绍民事诉讼领域"跨界案件共同管理"理论，并简要介绍该理论在跨境破产、临时措施协调及集体事故处理方面的应用及局限。④

张玲在《武大国际法评论》2009年第1期上，发表《美国跨界破产立法三十年及其对中国的启示》一文。该文对美国跨境破产法领域在1978年以来30年间的发展史做了回顾，概括出三个特点：第一，官方层面，从1978年破产法第304条，到2005年破产法第15章的采纳，跨境破产法制度建设取得长足发展；第二，民间层面，美国法学会扮演重要角色；第三，由当事人达成而得到官方立法和民间立法尝试确认的"跨境破产协议"，对

---

① 参见张玲：《跨境破产法统一化方式的多元化》，载《政法论坛》2007年第4期，第142—151页。
② 参见何其生：《新实用主义与晚近破产冲突法的发展》，载《法学研究》2007年第6期，第140—151页。
③ 参见王欣新、王健彬：《我国承认外国破产程序域外效力制度的解析及完善》，载《法学杂志》2008年第6期，第10—13页。
④ 参见杜焕芳：《论跨界案件共同管理及其实践》，载《当代法学》2009年第1期，第147—152页。

于推动跨境破产个案的高效进行,亦助益良多。张玲据此提出,我国应该在《企业破产法》第5条的基础上,重新调整跨境破产法立法的价值定位,制定一整套完整、细致且务实的跨界破产程序规则,重视民间学术机构或行业协会拟定法律草案的努力,同时加强对跨界破产问题的学术研究,及时追踪国际动态,也重视对本土特征与司法实践的研究,进而推动中国跨境破产法在未来的乐观前景。①

张玲在《政法论坛》2009年第2期上,发表《欧盟跨界破产管辖权制度的创新与发展——"主要利益中心"标准在欧盟适用的判例研究》一文。该文介绍了欧盟跨境破产规章中"主要利益中心"的基本原理,同时通过Eurofood案对"主要利益中心"原理的具体适用做了分析,通过Daisytek案对英国法院推翻"主要利益中心"假设的探索,进而通过Emtec案对集团公司破产中"主要利益中心"理论的适用做了完善。②

邓瑾在《法律适用》2010年第8期上,发表《论欧盟破产法中"主要利益中心地"的确定及其对我国的启示》一文。该文介绍欧盟"主要利益中心"的概念及欧洲食品公司案、英吉利海峡隧道公司案等案例,指出欧洲法院主要通过开展商业活动所在地或主要管理中心所在地来确定债务人的"主要利益中心",建议我国积极参与跨境破产国际立法,立法中承认债务人"主要利益中心"观念,并将之作为跨国破产管辖权的基础。③

邓瑾在《政治与法律》2013年第5期上,发表《跨国企业集团破产的立法模式研究》一文。该文详细介绍跨境破产立法领域不同的理论,同时结合国际范围内包括联合国国际贸易法委员会《跨境破产法示范法》、具有法律约束力的《欧盟跨境破产规章(第2000/1346号)》以及《北美自由贸易区跨国破产合作原则》等等,建议我国在跨国企业集团破产立法中,告别属地主义,逐步向普遍主义发展,以更加平等、包容的态度对待跨境破产问题,适时引进"主要利益中心"观念,并将之作为跨境破产案件管辖权的主要依据,同时引入营业所在地观念,并以之作为辅破产程序启动的依据,逐步建立主破产程序、辅破产程序协调的跨境破产案件处理机制。④

邓瑾在《暨南学报(哲学社会科学版)》2013年第12期上,发表《论跨国破产法律适用的发展趋势》一文。在该文中,作者提出跨国破产法领域的三个新趋势:第一,通过乐奥与豪斯顿诉斯托宁顿案,展示跨国企业集团破产案中,区分破产法和非破产法的适用,两者泾渭分明;第二,就法律适用立法而言,"法院地法"与例外情形相结合已成为新趋势,但长期以来学界对"法院地法"误解颇多;第三,意思自治因素在集团公司的跨境破产中扮演越来越重要的角色,以麦斯威尔案为例,跨境破产案件的协议式管辖成为新思路。由此,作者简略考察我国《涉外民事关系法律适用法》之后,提出我国应结合国际范围内跨国破产法律适用的新趋势,正确区分破产法与非破产法的适用,参考欧盟模式制定"法院地法"与例外规则相结合的适用规范,同时大力研究破产协议在我国适用的可能性和可行性。⑤

宋姜美在《学术探索》2015年第7期上,发表《所有权保留在跨国破产中的效力——以2000年〈欧盟理事会破产程序规则〉为视角》一文,以欧盟跨境破产规章为依据,讨论跨境破产情形下所有权保留制度的效力问题。作者指出,所有权保留在跨境破产中会产生如下几个问题:第一,当债务人破产,其破产财产是否包括在境外约定所有权保留的财产? 第二,若债务人在多国同时破产,如何处理约定所有权保留财产可能成为多个破产程序破产财产的情形? 第三,在买方破产情形下,是否承认依据外国法而成立的所有权保留的效力? 第四,在跨境破产中,如果所有权保留交易各方尚未履行完毕义务,比如买方交付货物、尚未付清对价就破产,或交付货物后卖方进入破产程序,是应继续履行还是适用破产程序特殊规定? 对于这些问题,作者参照《欧盟跨境破产规章(第2000/1346号)》部分规定,从时间上、空间上分别阐述了相关原理。作者认为,跨境破产中是否承认所有权保留条款,就需要分破产清算和破产重整场合分别讨论:在破产清算中,所有权保留条款应适用物之所在地法,应参考别除权的观念,赋予所有权保留条款相应效力,而不应该以破产法债权公平受偿的原理来否认所有权保留的存在,最终降低交易成本;在破产重整中,应限制所有权保

---

① 参见张玲:《美国跨界破产立法三十年及其对中国的启示》,载《武大国际法评论》2009年第1期,第37—54页。
② 参见张玲:《欧盟跨界破产管辖权制度的创新与发展——"主要利益中心"标准在欧盟适用的判例研究》,载《政法论坛》2009年第2期,第114—119页。
③ 参见邓瑾:《论欧盟破产法中"主要利益中心地"的确定及其对我国的启示》,载《法律适用》2010年第8期,第58—62页。
④ 参见邓瑾:《跨国企业集团破产的立法模式研究》,载《政治与法律》2013年第5期,第99—112页。
⑤ 参见邓瑾:《论跨国破产法律适用的发展趋势》,载《暨南学报(哲学社会科学版)》2013年第12期,第74—83页。

留条款的适用,而更注重对债务人的拯救措施。基于上述分析,作者认为,对于跨国破产中卖方取回权的行使问题,需要分买受人破产和出卖人破产两类情形:在买受人破产情形下,如果破产宣告前,应将所有权保留作为取回权对待;而在破产宣告后,应当把所有权保留视为担保物权,按照别除权处理。而在出卖人破产情形下,卖方破产不应对买方的期待权构成威胁,应承认买方优先选择权,如果买方不选择继续履行,则破产管理人可以行使取回权,或者解除保留买卖合同后取回标的物;如果买方选择继续履行,破产管理人的取回权则应受到限制。作者援引《欧盟跨境破产规章(第2000/1346号)》相关规则后认为,欧盟立法者是承认跨境破产中所有权保留条款效力的,同时进一步明确包括所有权保留条款在内的担保物权的效力,均由物之所在地法确定,而不受破产程序启动国法律的影响。①

张海征在《首都师范大学学报(社会科学版)》2016年第3期上,发表《论VIE架构对中国跨境破产制度提出的特殊问题》一文。该文结合"可变利益实体"(Variable Interest Entity)的法律架构,从跨境破产案件管辖权角度和域外跨境破产案件的承认和执行问题做了深入讨论。张海征指出,就中国法院所作破产裁定在域外得到承认和执行问题,目前国际范围内主流的标准是"主要利益中心"标准,只要确定满足客观性标准(债务人在境内对其利益的经常性管理)、第三方可确定性标准(债务人在境内经营的规模和重要性)以及具备一定的总部功能,即可确定债务人的"主要利益中心"。那么中国很可能被认定为"主要利益中心"所在地,其对VIE架构下境内公司的破产裁定也极有可能在英美等国获得承认;正因为如此,中国应该引入"主要利益中心"制度,同时合理选择其确定时间,确保中国对跨境破产案件的管辖权不受挑战,中国法院所作破产裁定在域外得到承认和执行的可能性。而就VIE架构下域外破产裁判在中国的承认和执行问题,张海征围绕互惠原则、公共秩序保留原则和保护域内债权人合法权益分别做了论述。②

陈夏红在《中国政法大学学报》2016年第4期上,发表《欧盟新跨境破产体系的守成与创新》一文。该文鉴于当时国内破产法学界对于《欧盟跨境破产规章(第2015/848号)》的关注和评介极为有限的现状,对《欧盟跨境破产规章(第2015/848号)》和《欧盟跨境破产规章(第1346/2000号)》做了对比研究,对欧盟跨境破产的基本机制及其改革中的制度创新,尤其是该规章范围的扩大、跨境破产中破产执业者之间、法院之间以及破产执业者与法院之间的协调、集团公司的破产、各成员国破产登记系统的建立及欧盟范围内的互联等,做了详尽的评述。③

2016年9月,韩国韩进海运破产案的发生,为中国破产法学界进一步关注跨境破产法的立法和实务操作问题,提供了一定的契机。媒体发表张文广的《韩进破产案挑战跨境破产制度》以及《如何应对韩进海运破产保护的冲击》、陈夏红的《韩进清算,中国何为?》等文章,实时跟踪韩进破产案的每一步进展,从法律层面解析韩进破产案对中国的影响,同时也为中国如何应对韩进破产案提供一定的意见和建议。④

王纬国在《中国海商法研究》2016年第4期上,发表《当前形势下跨界海事破产的若干突出问题研究》一文。王纬国提出,跨界海事破产是跨境破产的子概念,而其实质即跨境破产程序中包含有海事因素,而海事因素可以理解为破产财产中具有船舶物权关系及与船舶有关的债权关系;具体按照主体则可以分为船东方面和船厂方面。作者还提出,跨界海事破产实质问题在于海事问题与破产之间的冲突,即国际层面海事程序如涉及船舶扣押、拍卖的对物诉讼和一般破产程序之间的位阶冲突。因此,作者建议,我国应通过立法转化方式,尽快纳入联合国国际贸易法委员会《跨境破产示范法》;跨境海事破产中相关海运巨头、国内货主和中资银行,应该在事态失控之前,及时扣押船舶,同时在我国大陆和香港特区、新加坡等提起破产程序,利用时间差对抗美国的重整程序;在实际经营中,应多通过保险来转嫁风险。⑤

---

① 参见宋姜美:《所有权保留在跨国破产中的效力——以2000年〈欧盟理事会破产程序规则〉为视角》,载《学术探索》2015年第7期,第63—69页。
② 参见张海征:《论VIE架构对中国跨境破产制度提出的特殊问题》,载《首都师范大学学报(社会科学版)》2016年第3期,第58—66页。
③ 参见陈夏红:《欧盟新跨境破产体系的守成与创新》,载《中国政法大学学报》2016年第4期,第51—71页。
④ 参见张文广:《如何应对韩进海运破产保护的冲击》,载《中国海事》2016年第10期,第34—35页;张文广:《韩进破产案挑战跨境破产制度》,载《经济参考报》2017年3月7日,第8版;陈夏红:《韩进清算,中国何为》,载《法制日报》2017年2月22日,第11版。
⑤ 参见王纬国:《当前形势下跨界海事破产的若干突出问题研究》,载《中国海商法研究》2016年第4期,第108—117页。

石静霞和黄圆圆在《中国人民大学学报》2017年第2期上,发表《跨界破产中的承认与救济制度——基于"韩进破产案"的观察与分析》一文。作者们指出,尽管韩进破产案事实上在跨境破产层面并未与中国有实质性关系,但依旧为我们审视跨境破产理论,完善《企业破产法》第5条提供了极好的契机。作者们根据新加坡高等法院承认韩国韩进破产案的裁定,综述了国外破产实务界承认境外破产程序的几个重要考量因素,比如:第一,债务人与程序启动国法院的联系程度;第二,外国破产程序是否公正对待债权人以及是否有正当程序适当考虑外国债权人的便捷参与;第三,是否存在强有力的反对承认的理由,包括海事管辖、破产程序差异及对本国债权人的实质性影响。此外该文也介绍了韩国韩进海运破产程序在外国的承认和协助状况,指出主要涉及的问题有三方面:第一,救济范围的认定,涉及溯及力问题和对债务人财产的覆盖面问题;第二,救济措施中担保债权的待遇问题;第三,船舶优先权问题。在此基础上,该文对我国《企业破产法》第5条的完善,提出了如下建议:第一,中国未来立法和司法实践中,应在考虑保护中国债权人利益的同时,具有务实且开放的国际视野,树立必要的司法合作意识;第二,在操作方案上,中国应参考国际经验,在承认外国破产程序与给予相应救济方面,引入承认与救济两步走方案。①

李珠、胡正良在《中国海商法研究》2019年第2期上,发表《中国应否采纳〈跨境破产示范法〉之研究——韩进海运破产引发的思考》。该文采取博弈论的分析方法,分析中国究竟要不要采纳联合国国际贸易法委员会跨境破产示范法。作者的结论是否定性的,但也承认对示范法借鉴的必要性。②

金春在《政法论坛》2019年第3期上,发表《外国破产程序的承认与协助:解释与立法》一文。在该文中,作者提出,外国破产程序的承认和协助是跨境破产最敏感、最困难的问题,理应成为我国解释和立法的重点。具体需要注意:第一,关于承认与协助外国破产程序的要件,互惠原则缺乏理论依据,实践中也可能损害中国债权人的利益,未来立法应参考《联合国国际贸易法委员会示范法》,考虑放弃互惠原则;第二,就承认的效果而言,立法政策需要在自动停止模式和分离模式之间做出选择,这两种模式均在有限普及主义与国际合作的基本目标范围内;第三,在多破产程序协调和平行方面,一个债务人一个国内程序原则更符合包括我国在内大陆法系国家的立法模式与实际;第四,对于外国重整计划的承认与执行问题,与外国破产程序的承认与协助问题密不可分,司法解释和立法应该考虑二者的衔接与平衡。整体而言,我国跨境破产法律体系的重构,需要在示范法基础上,有所扬弃和创新。③

石静霞在《环球法律评论》2020年第3期上,发表《香港法院对内地破产程序的承认与协助——以华信破产案裁决为视角》一文。在该文中,作者针对2019年12月香港特别行政区高等法院承认与协助上海华信破产程序裁决一案,指出根据该案的实际情况,香港特别行政区高等法院是否承认和协助内地破产程序的法律条件,主要涉及两方面:一方面是内地的破产程序符合集体性特征,另一方面是内地的破产程序由债务人成立地法院开启,但并不要求以互惠为前提。另外作者还指出,该案中,香港特别行政区法院首次正式承认内地法院任命的破产管理人,对其管理债务人位于香港的财产提供适当的协助措施,同时中止香港本地债权人对债务人财产的个别执行。作者认为,该案例在2001年香港高等法院承认广信破产程序及于债务人位于香港财产的首例判决后,再次迎来内地和香港特别行政区跨境破产领域合作的新机会,由此,内地法院宜以华信破产案为契机,改变对跨境破产案件的消极与回避态度,尽快实现破产案件双向合作的历史性突破,从而逐步扩大我国破产司法实践的国际影响力。④

石静霞在《中国应用法学》2020年第5期上,发表《中美跨境破产合作实例分析:纽约南区破产法院承认与协助"洛娃重整案"》一文。在该文中,作者针对2019年美国纽约南区破产法院承认我国北京市朝阳区人民法院审理的洛娃科技实业集团有限公司重整案,分析如何通过开始美国《破产法》第15章程序协助我国开始的企业重整。

---

① 参见石静霞、黄圆圆:《跨界破产中的承认与救济制度——基于"韩进破产案"的观察与分析》,载《中国人民大学学报》2017年第2期,第34—45页。
② 参见李珠、胡正良:《中国应否采纳〈跨境破产示范法〉之研究——韩进海运破产引发的思考》,载《中国海商法研究》2019年第2期,第68—80页。
③ 参见金春:《外国破产程序的承认与协助:解释与立法》,载《政法论坛》2019年第3期,第143—151页。
④ 石静霞:《香港法院对内地破产程序的承认与协助——以华信破产案裁决为视角》,载《环球法律评论》2020年第3期,第162—176页。

在详细介绍相关案件和法律基础的同时，作者特别讨论了该案在美国破产法第 15 章下出现的几个关键问题，诸如债权人异议、债务人适格性及披露、债权人权益保护、程序中止的地域效力等核心问题。作者建议，我国应该在积极吸收《联合国国际贸易法委员会跨境破产示范法》规定并借鉴美国等司法辖区有关跨境破产案件审理的成熟经验基础上，需要适时跟进，加快完善跨境破产的相关立法及司法合作机制，早日实现跨境破产案件的双向国际合作，为后疫情时期我国的对外经济活动提供更加完善的法治环境。①

张玲在《暨南学报（哲学社会科学版）》2020 年第 6 期上，发表《我国与"一带一路"沿线国家跨境破产司法合作的现实困境与解决路径》一文。作者在该文中指出，随着"一带一路"倡议提出，"一带一路"沿线国家资本跨境流动增强，潜在的跨境破产案件受制于各国相对传统的破产法律体系，各国破产法差别较大，不同国家当事人之间利益的冲突严重，缺乏有效的司法合作将导破产财产恶意转移与价值减损、债权人难以获得公平分配、破产重整面临困境等多重问题。由此，作者结合我国与"一带一路"沿线国家跨境破产司法合作的现实困境，倡议建议"一带一路"跨境破产双边与多边司法合作机制，要点有：(1)借鉴主从破产程序模式与中心法院管辖制度；(2)建立平行破产程序的协调与合作机制；(3)构建法院间信息交流与共享制度。与此同时，作者也建议改进我国相关制度：(1)明确界定承认与协助的对象；(2)理性适用互惠原则；(3)合理保护本国债权人的利益；(4)明晰公共政策例外条款适用的边界；(5)补充跨境破产协助措施的规定。②

张玲在《政法论坛》2021 年第 1 期上，发表《亚太经济一体化背景下跨境破产的区域合作》一文。在该文中，作者针对《区域全面经济伙伴关系协定》的签署在进一步推动亚太地区投资与贸易自由化问题上的正面意义，同时指出随着该协定前述跨境破产案件将会增多。由此，作者建议在充分考虑亚太区域各国跨境破产立法极其不平衡的基础上，通过区域性多边合作机制来破解亚太地区的跨境破产难题。作者认为在构建亚太区域跨境破产合作机制的过程中，应该兼顾各国法律制度和特点，以承认和协助主要破产程序为中心的司法协助制度，明确主破产程序的效力和管辖权标准，统一承认和协助的审查规则与程序规则，保障区域内跨境破产合作机制的确定性及可预见性。除此之外，还应该推动亚太区域内主破产程序和辅破产程序的协调，建立法院与法院之间的合作机制，促进跨境破产案件在区域内的高效审理。③

第六条　人民法院审理破产案件，应当依法保障企业职工的合法权益，依法追究破产企业经营管理人员的法律责任。

【立法沿革】

《企业破产法（试行）》(1986)

第四条　国家通过各种途径妥善安排破产企业职工重新就业，并保障他们重新就业前的基本生活需要，具体办法由国务院另行规定。

《企业破产法》(2004 年 3 月草案 A 版)

第十条　人民法院审理破产案件应当依法保障企业职工的合法权益。

《企业破产法》(2004 年 3 月草案 B 版)

第九条　人民法院审理破产案件应当依法保障企业职工的合法权益。

《企业破产法》(2004 年 6 月草案)

第九条　人民法院审理破产案件应当依法保障企业职工的合法权益；依法追究破产企业经营管理人员的法律责任。

《企业破产法》(2004 年 10 月草案)

第八条　人民法院审理破产案件应当依法保障企业职工的合法权益；依法追究破产企业经营管理人员的法律责任。

【条文释义】

本条宣示法院在审理企业破产案件时，应坚持的两个原则，即"依法保障企业职工的合法权益"和"依法追究破产企业经营管理人员的法律责任"。

从立法史的视角看，本条是《企业破产法》起草后期在总则中特别加进去的一条。在《企业破产法》总则部分，特别强调职工权益保障问题，纵然有与 1986 年《企业破产法（试行）》接续的意味，但实际上是比较突兀的。如果硬要论证其合

---

① 石静霞：《中美跨境破产合作实例分析：纽约南区破产法院承认与协助"洛娃重整案"》，载《中国应用法学》2020 年第 5 期，第 94—113 页。

② 参见张玲：《我国与"一带一路"沿线国家跨境破产司法合作的现实困境与解决路径》，载《暨南学报（哲学社会科学版）》2020 年第 6 期，第 61—72 页。

③ 张玲：《亚太经济一体化背景下跨境破产的区域合作》，载《政法论坛》2021 年第 1 期，第 141—151 页。

理性，只能说这是传统社会主义观念下职工权益保障问题在破产法立法中强势地位的延续。对此问题，笔者曾撰文《从核心到边缘：中国破产法进化中的职工问题（1986—2016）》予以详述，此处不赘。①

对于这里的"依法保障企业职工的合法权益"，意味着两点：第一，如果《企业破产法》和《民事诉讼法》约定不明，但破产案件进行中涉及职工利益与其他债权人、债务人利益的冲突时，法院应该坚持职工利益优先保护原则，对不明确的规定，作出有利于职工利益的解释和适用；第二，法院在破产程序的每一环节，都应充分考虑相关程序是否有利于保护职工的合法权益。②

张钦昱认为，加强对破产企业职工的权益保障，其理论依据应是实质公平的理念。职工在企业破产程序中属于弱势群体，破产程序规则更注重形式公平，而不利于破产企业职工维护其合法权益；在我国长期经济发展中，企业破产清算打碎了职工的"铁饭碗"，也弱化其再次迎接社会挑战的能力，不具备承受破产风险的经济实力，因此需要运用法律的技艺，尽可能在破产程序中妥善照顾职工权益，最大限度减轻破产程序对职工权益的伤害，实现社会资源的合理再分配。正因为如此，在企业破产中优先保障职工权益，便成为破产法律制度的重要价值取向，也是政府和社会保障民生、维持稳定的重要手段。③

对于"依法追究破产企业经营管理人员的法律责任"，其重点在于追究涉嫌违法犯罪行为的特定破产企业经营管理人员的责任。④ 但是，这里并未排除对民事责任的追究。而根据《企业破产法》第125条、第126条、第127条、第128条、第129条的列举，这里的"破产企业经营管理人员"应该包括如下几类：（1）董事、监事或者高级管理人员；（2）债务人的有关人员；（3）债务人的直接责任人员；（4）债务人的法定代表人和其他直接责任人员。

无论是"依法保障企业职工的合法权益"还是"依法追究破产企业经营管理人员的法律责任"，在本条中都属于宣示条款，而具体规定则体现在《企业破产法》具体条文中。

纵览《企业破产法》，"职工"一词的出现次数高达22次，在一定程度上体现出本法对职工权益的特别重视。涉及"依法保障企业职工的合法权益"的具体条款，体现在如下具体条文中：（1）根据《企业破产法》第8条、第11条、第127条，债务人提交职工安置预案及职工工资支付、社保费用缴纳状况，不如实提交将承担相应责任；（2）根据《企业破产法》第48条，职工债权可以免于申报，这也是《企业破产法》中唯一豁免申报义务的债权；（3）根据《企业破产法》第59条，职工代表享有债权人会议的参与权、发表意见权；（4）根据《企业破产法》第67条，职工代表或工会代表有权参与债权人委员会；（5）根据《企业破产法》第82条，职工债权在重整计划审查中，单独成组并享有完整的表决权；（6）根据《企业破产法》第113条，职工债权在破产清算中优先；（7）根据《企业破产法》第132条，该法颁布之前职工债权受到特殊保护。

对于"破产企业经营管理人员的法律责任"，《企业破产法》规定五类责任：第一，企业法定代表人和其他经营管理人员按照《企业破产法》第15条承担的法定义务，其具体责任对应《企业破产法》第126、127、129条；第二，债务人的欺诈行为，其具体责任对应《企业破产法》第128条；第三，企业董事、监事或高级管理人员违反忠实义务、勤勉义务而导致企业破产的责任的，其具体责任对应《企业破产法》第125条；第四，按照《企业破产法》第36条，债务人的董事、监事或高级管理人员利用职权从企业获取的非正常收入和侵占的财产，破产管理人有权利追回；第五，企业高管和其他相关人员违反《企业破产法》而构成犯罪的，需要承担刑事责任，其具体责任形式由《企业破产法》第131条确认。⑤

对此，《企业破产法》在第11章做专门细化：（1）根据《企业破产法》第125条，企业经营管理人员（董事、监事或者高级管理人员）对企业经营负有忠实义务、勤勉义务，如有违反应承担民事责任；（2）根据《企业破产法》第126条，"债务人的有关人员"应承担及时列席债权人会议并如实陈述、回答相关问题的义务，否则可能会被拘传、罚款；（3）根据《企业破产法》第127条，债务人负有向法院提交相关材料的义务，如有违反，其直接责

---

① 参见陈夏红：《从核心到边缘：中国破产法进化中的职工问题（1986-2016）》，载《甘肃政法学院学报》2016年第4期，第92—117页。
② 参见韩传华：《企业破产法解析》，人民法院出版社2007年版，第23—24页。
③ 参见张钦昱：《论非经营性资产在企业破产时的处理》，载《东北师大学报（哲学社会科学版）》2014年第2期，第42页。
④ 参见韩传华：《企业破产法解析》，人民法院出版社2007年版，第24页。
⑤ 参见王卫国：《破产法精义》（第2版），法律出版社2020年版，第24—26页。

任人员可能会被处以罚款;(4)根据《企业破产法》第 128 条,债务人的法定代表人和其他直接责任人员如从事《企业破产法》第 31、32、33 条的行为,由此损害债权人利益,需要承担赔偿责任;(5)根据《企业破产法》第 129 条,债务人的有关人员如擅自离开住所地,人民法院可以予以训诫、拘留并处罚款;(6)企业经营管理人员如违反上述义务,构成犯罪,需要承担刑事责任。

从字面看,"依法保障企业职工的合法权益"和"依法追究破产企业经营管理人员的法律责任"是并列关系。当然,如果作其他理解,似乎也能说得通。比如韩传华就认为,本条还可以作如下理解:追究破产企业经营管理人员的责任,是为更好地保护包括职工权益在内债权人的利益。① 联系上文中提及的《企业破产法》第 8 条、第 11 条及第 127 条,债务人如果拒不向人民法院提交或者提交不真实的职工工资的支付情况和社会保险费用的缴纳情况,人民法院可以对直接责任人员依法处以罚款,这确实可以视为追究经管人员责任,进而保障职工权益的例证。

【关联法律法规及司法政策】

《劳动合同法》(2012)

第四十一条　有下列情形之一,需要裁减人员二十人以上或者裁减不足二十人但占企业职工总数百分之十以上的,用人单位提前三十日向工会或者全体职工说明情况,听取工会或者职工的意见后,裁减人员方案经向劳动行政部门报告,可以裁减人员:

(一)依照企业破产法规定进行重整的;

(二)生产经营发生严重困难的;

(三)企业转产、重大技术革新或者经营方式调整,经变更劳动合同后,仍需裁减人员的;

(四)其他因劳动合同订立时所依据的客观经济情况发生重大变化,致使劳动合同无法履行的。

裁减人员时,应当优先留用下列人员:

(一)与本单位订立较长期限的固定期限劳动合同的;

(二)与本单位订立无固定期限劳动合同的;

(三)家庭无其他就业人员,有需要扶养的老人或者未成年人的。

用人单位依照本条第一款规定裁减人员,在六个月内重新招用人员的,应当通知被裁减的人员,并在同等条件下优先招用被裁减的人员。②

【裁判要旨】

案例 1

袁世素与简阳中汽挂车有限公司职工破产债权确认纠纷案

审理法院:四川省简阳市人民法院

案号:(2016)川 2081 民初 362 号

事实:原告袁世素经其丈夫谭某介绍,于 2010 年 6 月进入被告中汽挂车公司上班,口头约定月工资 1200 元,主要负责煮饭。2013 年 5 月口头约定,将工资变为每月 1600 元。被告中汽挂车公司支付工资至 2013 年 9 月底,自 2013 年 10 月至 2014 年 1 月未支付原告工资,2015 年 12 月被告出具欠原告工资 6400 元欠条一张。

被告中汽挂车公司原法定代表人雷杨丽要求原告袁世素、黄某、王某三人留守厂内,原告自 2014 年 2 月至 2014 年 6 月一直留守厂内。因出具欠条时遗漏原告 2014 年 2 月至 2014 年 6 月工资,故 2015 年 12 月 28 日原告丈夫谭某代为书写"要求"一张,证明欠原告 2014 年 2 月至 2014 年 6 月工资 8000 元,并有雷杨丽在上面签字确认,及相关知情人在上面签字。被告共欠原告工资 14400 元。上述欠条为 2015 年 3—6 月形成,但欠条上载明的时间是 2014 年 6 月 10 日。

2015 年 7 月 31 日,四川省简阳市人民法院立案受理中汽挂车公司破产清算一案。

四川省简阳市人民法院受理中汽挂车公司破产清算一案后,通知其法定代表人雷杨丽按法律规定,提交公司财产状况说明、债务清册、债权清册、有关财务会计报告以及职工工资的支付和社会保险费用的缴纳情况。雷杨丽无正当理由未予提交,四川省简阳市人民法院对雷杨丽作出罚款 5 万元的处罚决定。

2015 年 12 月 10 日破产管理人与雷杨丽办理移交财务档案资料,从移交的档案资料中无欠付职工工资的相关材料;在移交笔录中雷杨丽对有关职工安置的陈述为"问:中汽的职工安置是否已经全部安置? 答:均已安置完毕,约 10 余人,2013

---

① 参见韩传华:《企业破产法解析》,人民法院出版社 2007 年版,第 24 页。

② 韦忠语认为,该条款规定的初衷,可能是确保企业重整成功;但由于第 3 款对破产企业职工权益保障机制的缺失,使得该条款成为重整主持机构肆意侵犯职工就业权益的保护伞。按照该条文,企业重整失败,雇佣关系必然自动解除;而企业重整成功,解聘职工就有点不近情理。韦忠语认为,如果第 1 款必须保留,那么第 3 款应该将优先招用时间从 6 个月延长到 3 年甚至更久,甚至还应增加诸如重整企业若确实不需要原来的职工,则应当额外予以经济补偿等标准。参见韦忠语:《论破产重整中职工劳动权益的保护》,载《中国劳动》2017 年第 5 期,第 24 页。

年约2个月工资"。除中汽挂车公司法定代表人雷杨丽移交给破产管理人的财务资料中2007年和2008年会计明细账中有欠付职工工资的总金额和欠部分职工工资的金额外,雷杨丽移交给破产管理人的账册及人事档案等资料中没有反映欠原告袁世素工资的证据。

原告于2015年12月28日向被告简阳中汽挂车公司的破产管理人申报债权6400元,破产管理人因无法核实原告等人申报的工资欠付事实及具体数额,对包括原告袁世素等17人的职工破产债权申请作出不予确认的公示。

原告袁世素不服,起诉至法院,请求依法确认原告在被告中汽挂车公司的职工破产债权14400元。

裁判要旨:在破产程序中,职工债权人持债务人企业在破产前欠条来主张职工债权,尽管属于孤证,但除非债务人企业另有相反证据,否则依旧可以据此主张职工债权。

裁判理由:四川省简阳市人民法院认为:劳动者的合法权益应受法律保护,本案原告袁世素系中汽挂车公司破产前的职工,这一点自无疑义。但本案争议的焦点是:被告是否欠原告袁世素职工工资14400元。在审理中,原告主张欠条和"要求",能够证明中汽挂车公司欠其工资14400元的事实,而被告以孤证及真实性存疑等理由抗辩。

四川省简阳市人民法院认为:

首先,该欠条和"要求"系孤证,欠条虽然加盖了被告中汽挂车公司的印章,但无具体经办人、无工资的计算标准和方式,关于欠条的形成及工资核实,雷杨丽的陈述与马某、卢某、易某和罗某的陈述相互矛盾,且原告提供的"要求"是进入破产程序后形成的,被告中汽挂车公司是否欠原告14400元工资的事实,无法通过单独的欠条和"要求"来查实,需要结合其他证据以及原、被告陈述等来确定是否可以作为认定案件事实的依据。

其次,工资是劳动者赖以生存的生活来源。原告袁世素作为被告中汽挂车公司的一般职工,原告于2015年12月收到欠条后,因遗漏其2014年2月至2014年6月期间的工资积极找被告中汽挂车公司法定代表人雷杨丽核实,并形成"要求",原告袁世素的陈述,符合日常生活规律,原告也一直在积极主张自己的权利。被告中汽挂车公司已进入破产程序,雷杨丽作为法定代表人可以对破产程序前的欠薪事实予以作证证实。原告在庭审中对欠工资标准、工资时间和金额等的陈述是一致的,没有矛盾之处。

综上,结合原告的陈述及原告提供的欠条和要求,能够相互印证被告中汽挂车公司欠原告工资14400元的事实。2016年6月13日,四川省简阳市人民法院根据《企业破产法》第6条、第21条、第48条和第58条及其他相关法律的规定,判决确认原告袁世素对被告简阳中汽挂车有限公司享有职工破产债权14400元。

案例2
曾燕、程永强等与中国人民解放军第三五〇八工厂清算组合同、无因管理、不当得利纠纷案
审理法院:最高人民法院
案号:(2016)最高法民申3445号
事实:再审申请人曾燕、程永强、徐言俊等71人,因与被申请人中国人民解放军第三五〇八工厂清算组职工债权确认纠纷一案,不服四川省高级人民法院(2016)川民终69号民事裁定,向最高人民法院申请再审。

裁判要旨:政策性破产期间资产清算和职工安置、补偿等均依据国务院有关政策,由地方政府主导进行。因此,政策性破产涉及的债务人企业与职工的劳务纠纷,不属于平等民事主体之间发生的民事争议,不属于人民法院的受案范围,也不能援引2006年《企业破产法》相关规则起诉。

裁判理由:最高人民法院认为,原中国人民解放军第三五〇八工厂系被全国企业兼并破产和职工再就业领导小组列为兼并破产企业,其破产清算属于政策性破产,资产清算和职工安置、补偿等均依据国务院有关政策,由当地人民政府主导进行。破产清算过程中,职工与破产企业、清算组之间的纠纷,不属于平等民事主体之间发生的民事争议,不属于人民法院的受案范围。原审裁定处理结果并无不当。

综上,最高人民法院于2016年12月24日作出裁定,驳回曾燕、程永强、徐言俊等71人的再审申请。

【学理综述】
王欣新、杨涛在《法治研究》2013年第1期上,发表《破产企业职工债权保障制度研究——改革社会成本的包容与分担》一文。该文从如下几个角度对破产企业职工债权保障做了详尽介绍:第一,就性质而言,破产企业的职工债权具有公法属性,同时由于职工在企业破产时的弱势地位等因素,使得破产企业职工权益十分敏感,往往需要通过立法予以特别保护。第二,从国际范围内来看,许多立法和国际机构都认可劳工债权的优先性;而从国内法层面,也广泛存在着对职工权益的特别保护。第三,美国、英国、日本、法国和德国在其破产法或劳动法中,对于企业破产时的职工债权保护问题的具体规定在一定程度上成为我国2006年《企业破产法》大力保护职工债权的背景。

第四,英国、法国、德国等国还通过破产行政机构或保险制度、保障基金、解雇保护等方式,进一步加强破产企业职工权益的保护。作者们提出如下建议:第一,我国应该完善社会保障与劳动立法,加强执行力度,减少破产企业工资和社会保险费拖欠情况;第二,我国应参照国际经验,建立破产企业职工欠薪保障制度。①

张钦昱在《东北师大学报(哲学社会科学版)》2014年第2期上,发表《论非经营性资产在企业破产时的处理》一文,从职工权益角度详尽地探讨了破产企业非经营性资产的内涵和本质。作者提出,囿于我国传统经济发展体制,破产企业非经营资产可以分为两类:一类是面向社会提供服务的资产,还有一类是只面向本单位职工提供的资产。而在破产程序中,企业面向本单位职工提供的资产,其本质是一种历史劳动债权,其形成于计划经济时期,是以职工的全力奉献、低工资为前提而形成的资产积累,属于职工所获劳动报酬的一部分,故在破产程序中应予以妥善处置:第一,对于承担职工生活服务职能的非经营性资产,应作为历史劳动债权,在企业破产时和企业破产后,通过拍卖等方式,将转让所得作为对价支付给职工,以实现对职工的保障承诺;第二,对于承担社会公益职能的非经营性资产,应考虑到其扩散效应和对社会的影响,由地方政府接管并通过投资使之继续服务社会。②

陈夏红在《甘肃政法学院学报》2016年第4期上,发表《从核心到边缘:中国破产法进化中的职工问题(1986-2016)》一文。作者指出,职工问题在中国破产法的进化中,发挥着至关重要的作用。在1986年《企业破产法》立法过程中,甚至一度影响着该法的起草进程。随着国有企业改革的深入,原有破产法已完全无法应对实践需求尤其是破产国企的职工保护。因此,"政策性破产"应运而生。"政策性破产"违背了破产法的基本原则,但却相对处理好职工问题,极大地减少国有企业改革阻力,也降低失业对职工权益带来的损害。随着社会保险制度的发展,在2006年《企业破产法》的起草过程中,职工问题依然是核心问题之一,但其对起草进程的作用已大大降低。整体来看,职工问题在中国破产法进化的过程中,是一个从核心到边缘的过程。③

陈夏红在《中国劳动关系学院学报》2016年第4期上,发表《香港破产机制中的雇员权利及其保障》一文。该文聚焦于香港特别行政区对于破产企业雇员权益的保障机制:第一,香港《破产条例》和《公司(清盘及杂项条文)条例》中对雇员权益的保障;第二,香港破产欠薪保障基金的设立的时代背景及其过程;第三,香港《破产欠薪保障条例》的基本框架;第四,香港破产欠薪保障基金的运行。作者指出,较之于通过泛泛的优先权来保障职工权益,破产欠薪保障机制无疑更为合理,理当成为我国设计破产欠薪保障基金时可以借鉴的样本之一。④

陈夏红在《学术交流》2016年第11期上,发表《破产企业雇员权利保护:欧盟经验及启示》一文。该文综述欧洲劳动法观念的转型及其对破产企业雇员权利保护机制的影响,进而从如下三方面分析了欧盟保护破产企业职工权益的具体制度:第一,以《第2008/94/EC号指令》为依据,构建破产欠薪保障机制;第二,以《欧盟跨境破产规章(第1346/2000号)》和《欧盟跨境破产规章(第2015/848号)》的相关条款为依据,介绍了欧盟境内企业跨境破产中职工权益保障框架和跨境破产时的企业欠薪保障机制;第三,通过《第2001/23/EC号指令》和《第98/59/EC号指令》,分别介绍了欧盟企业因为破产而转让时雇员权益保障机制和因为破产而集体裁员时雇员权利保护机制。作者指出,欧盟的上述经验,对于我国有如下几方面的意义:首先,通过破产欠薪保障机构来保障雇员权利,比传统的优先权模式更为高效。其次,指令模式能够既确保中央层面的统一,亦能够保障地方层面的灵活性。最后,破产中的雇员权利保护问题,归根结底属于社会问题,通过劳动法机制、社会保障机制去规制,较之破产制度规制更有效率。我国《企业破产法》未来的改革中,在确保相应破产欠薪保障机制设立的前提下,可能还需要适度地远离职工、亲近债权人。作者提出,破产欠薪机制的建设没有捷径可以走,这势必将是一个长期的过程,同时也与地方经济发展水平、法治化程度紧密相关。⑤

---

① 参见王欣新、杨涛:《破产企业职工债权保障制度研究——改革社会成本的包容与分担》,载《法治研究》2013年第1期,第23—29页。
② 参见张钦昱:《论非经营性资产在企业破产时的处理》,载《东北师大学报(哲学社会科学版)》2014年第2期,第41—45页。
③ 陈夏红:《从核心到边缘:中国破产法进化中的职工问题(1986-2016)》,载《甘肃政法学院学报》2016年第4期,第92—117页。
④ 陈夏红:《香港破产机制中的雇员权利及其保障》,载《中国劳动关系学院学报》2016年第4期,第22—29页。
⑤ 参见陈夏红:《破产企业雇员权利保护:欧盟经验及启示》,载《学术交流》2016年第11期,第105—111页。

韦忠语在《中国劳动》2017年第5期上，发表《论破产重整中职工劳动权益的保护》一文。该文直面现实中可能存在的一个问题，即破产重整制度在发挥其正面价值的同时，却通过各种各样的方式，使重整企业职工权益受到极大的损害。按照作者分析，有如下原因：第一，破产重整程序控制人的自利化本能，促使其将破产重整的成本外部化；第二，追求保壳式重整成功的政绩思想，使得重整司法的价值观被大大扭曲，对职工权益保障趋于淡化；第三，重整程序中信息不对称，职工无法有效参与；第四，在破产法重整程序的设计中，对职工权益保障不够，几乎完全排除了职工参与。作者建议，应该通过如下方式来为企业重整过程中权利受损的职工提供救济：第一，建立由职工代表参与的破产重整监督机制；第二，建立破产重整程序的信息披露机制；第三，建立破产企业重整时职工就业优先权保障机制；第四，废除或者修改《劳动合同法》第41条，防止将破产重整作为企业终止劳动合同的手段。①

阎天在《中国法律评论》2020年第6期上，发表《破产法上劳动者形象的变迁及其宪法根源》一文。在该文中，作者从宪法角度切入破产法对职工权利保护机制的制度设计，认为我国1986年《企业破产法（试行）》中建立了劳动者的主人翁形象，赋予其积极、奉献和有权的特质，在破产程序设计中加以激发、补偿和尊重；而在2006年《企业破产法》制度设计中，劳动者被塑造成受害者的形象，赋予其消极、谋生和无权的特质，对其作为弱者加以保护。而这两种形象的分野，则是源于我国《宪法》上劳动者形象的二元张力，亦即《宪法》第42条对职工主人翁地位的特别安排；反过来说，正是宪法上对于劳动者形象认识的二元化，才导致新旧破产法对职工有不同安排。作者建议，为了更好地实施宪法，破产法一方面要不忘宪法初心，避免对劳动者的去人格化安排，尤其是不能将劳动者作为生产要素对待；另一方面，破产法应探索与宪法合题，在对职工债权的安排和保护上寻找中间道路。②

第二章　申请和受理

第一节　申　请

第七条　债务人有本法第二条规定的情形，可以向人民法院提出重整、和解或者破产清算申请。

债务人不能清偿到期债务，债权人可以向人民法院提出对债务人进行重整或者破产清算的申请。

企业法人已解散但未清算或者未清算完毕，资产不足以清偿债务的，依法负有清算责任的人应当向人民法院申请破产清算。

【立法沿革】

《企业破产法（试行）》(1986)

第七条　债务人不能清偿到期债务，债权人可以申请宣告债务人破产。

债权人提出破产申请时，应当提供关于债权数额、有无财产担保以及债务人不能清偿到期债务的有关证据。

第八条　债务人经其上级主管部门同意后，可以申请宣告破产。

债务人提出破产申请时，应当说明企业亏损的情况，提交有关的会计报表、债务清册和债权清册。

《破产法》(1995年草案)

第十条　债务人有本法第四条规定情形时，债务人和债权人均可申请人民法院受理破产案件。

债务人为合伙的，提出申请时应当提交全体合伙人一致同意的书面文件。

《企业破产与重整法》(2000年6月草案)

第九条　债务人有本法第3条规定的情形的，债务人和债权人均可申请人民法院受理破产案件。

债务人为合伙的，提出申请时应当提交全体合伙人一致同意的书面文件。

---

① 韦忠语：《论破产重整中职工劳动权益的保护》，载《中国劳动》2017年第5期，第19—24页。
② 阎天：《破产法上劳动者形象的变迁及其宪法根源》，载《中国法律评论》2020年第6期，第2—13页。

第七条

《企业破产与重整法》(2000年12月草案)

第九条 债务人有本法第三条规定的情形时,债务人和债权人均可向人民法院提出破产申请。

有本法第二条第二款规定的情形,其财产不足以清偿债务的,清算责任人应当向人民法院提出破产申请。

《企业破产与重整法》(2001年1月草案)

第十条 债务人有本法第三条第一款规定的情形时,债务人或者债权人可以向人民法院提出破产申请。

有本法第二条第二款规定的情形,其财产不足以清偿债务的,负有清算责任的人应当向人民法院提出破产申请。

债务人有本法第三条第三款规定的情形时,债务人、债权人或者本法规定的利害关系人可以向人民法院提出重整申请。

《企业破产法》(2004年3月草案A版)

第十一条 债务人有本法第四条规定的情形的,债务人或者债权人可以向人民法院提出重整、和解或者清算申请(以下统称破产申请)。

有本法第三条第二款规定的情形,债务人财产不足以清偿债务的,依法负有清算责任的人应当向人民法院提出破产申请。

《企业破产法》(2004年3月草案B版)

第十条 债务人有本法第三条规定的情形的,债务人或者债权人可以向人民法院提出重整、和解或者清算申请(以下统称破产申请)。

有本法第二条第二款规定的情形,债务人财产不足以清偿债务的,依法负有清算责任的人应当向人民法院提出破产申请。

《企业破产法》(2004年6月草案)

第十条 债务人有本法第三条规定的情形,债务人可以向人民法院提出重整、和解或者破产清算申请。

债务人不能清偿到期债务,债权人可以申请债务人破产。

有本法第二条第二款规定的情形,债务人财产不足以清偿债务的,依法负有清算责任的人应当向人民法院申请破产清算。

《企业破产法》(2004年10月草案)

第九条 债务人有本法第二条规定的情形,可以向人民法院提出重整、和解或者破产清算申请。

债务人不能清偿到期债务,债权人可以向人民法院提出对债务人进行重整或破产清算的申请。

企业法人已解散或者依法被撤销但未清算或者未清算完毕,财产不足以清偿债务的,依法负有清算责任的人应当向人民法院申请破产清算。

【条文释义】

本条规范破产程序的申请启动事宜。

从立法史的视角看,这条规则有按照主体逐步细化的过程,条款数量也从原来的2款增加为3款。在早期的草案中,起草者主要考虑和关注的是债务人和清算责任人的破产申请权利和义务,以及对不同程序的选择权;而在晚近的草案,债权人的申请权及备选程序,成为起草者重点关注的对象。

本条包含如下要素:第一,强调破产程序非经申请不能启动;第二,分不同主体,分别规定债务人、债权人和清算责任人申请不同破产程序的具体要求。

上述第一个要素比较简单。就世界范围内的破产启动实践而言,大体可以分为申请主义和职权主义。申请主义意即破产程序非经当事人申请不得启动,当事人申请是破产程序启动的必要条件;而职权主义是指只要债务人具备法定的破产原因,无论当事人是否提出破产申请,法院都可以依照本身的职权来启动破产程序。[①] 这两种方式的实际效果各有千秋,利弊分明:申请主义贵在发挥当事人意思自治,体现公权克制的特征,但特定情形下容易导致债权人权利救济延迟;而职权主义体现了国家权力积极能动的一面,但会直接对市场经济最看重的意思自治造成威胁。[②]

根据《企业破产法》第7条,我国现行法律恪守破产申请主义。但也正是因为这种申请主义与职权主义之间的纠结,导致我国在制定"执行转破产"政策时,依旧困惑于是否克减当事人申请的主观能动性,赋予执行法院直接启动破产程序的权力。当然,在这一点上,尽管有学者力主职权主义,但最高人民法院在相关司法政策中,依旧未突破《企业破产法》破产申请主义底线。在2017年1月20日最高人民法院发布的《关于执行案件移送破产审查若干问题的指导意见》中,最高人民法

---

① 参见王欣新:《破产法》(第4版),中国人民大学出版社2019年版,第50页;李永军等:《破产法》(第2版),中国政法大学出版社2017年版,第7页。

② 参见李永军等:《破产法》(第2版),中国政法大学出版社2017年版,第7页。

院依旧将当事人同意执行转破产,视为移送破产程序的必要条件:

执行法院在执行程序中应加强对执行案件移送破产审查有关事宜的告知和征询工作。执行法院采取财产调查措施后,发现作为被执行人的企业法人符合破产法第二条规定的,应当及时询问申请执行人、被执行人是否同意将案件移送破产审查。申请执行人、被执行人均不同意移送且无人申请破产的,执行法院应当按照《最高人民法院关于适用〈中华人民共和国民事诉讼法〉的解释》第五百一十六条的规定处理,企业法人的其他已经取得执行依据的债权人申请参与分配的,人民法院不予支持。①

而就上述第二个要素而言,《企业破产法》第7条规定了三类主体、三种程序,不同主体可以提出的破产程序,有较大差别。根据《企业破产法》第7条规定,不同主体可以提出的破产程序,如下图所示:

主体	破产清算	和解	重整
债务人	√	√	√
债权人	√	×	√
清算责任人	√	×	×

尽管破产清算、破产和解和破产重整三种程序在满足特定条件的前提下,可以相互转化,但对于任何类型的申请主体来说,每次申请只能申请一种程序,而不能从三个程序中选择两个或三个同时提出申请。

本条共分3款。分款评注如下:

第1款:"债务人有本法第二条规定的情形,可以向人民法院提出重整、和解或者破产清算申请。"

本款规范的是债务人按照《企业破产法》第2条规定的破产原因,提出破产申请的权利和义务,以及可供选择的所有《企业破产法》规定的破产程序:破产清算、和解和重整。

跟1986年《企业破产法(试行)》相比,2006年《企业破产法》赋予债务人提起破产申请的义务,是一种历史的进步。在计划经济时代,按照1986年《企业破产法(试行)》的制度构造,债务人企业经营恶化、资不抵债时,既无动力、也无压力提起破产申请。② 考察1986年《企业破产法(试行)》的立法过程,破产对于当时的国有企业来说,更具有威胁、惩罚或者特权的意味,未经主管机关审批不能提起破产申请。

按照蒋黔贵的解释,《企业破产法》之所以赋予债务人提请破产申请的权利,是基于世界范围对债务人越来越宽容的趋势,"赋予债务人申请破产的权利,使其得以主动通过破产程序解决债务纠纷,摆脱债务困境;实行破产和解、重整制度,不仅降低破产清算成本,使债权得到充分清偿,也尽可能地使债务人避免破产清算,以使其恢复和继续从事生产经营,保持社会稳定和经济秩序发展"。③ 韩长印等指出,赋予债务人破产申请权的制度价值在于,既能够确保债务人积极利用自然人破产免责或企业法人破产预防等类似的破产制度红利,债务人行使破产申请权可以鼓励债务人积极利用破产程序,将剩余财产公平在债权人之间做出分配,也能够促使破产制度有效实施。④ 王卫国亦指出,鉴于债务人相对于债权人的信息优势,对自身的经营和财务状况最为了解,对是否具备破产原因有更准确的判断,理论上对自身通过破产程序而清算或拯救亦有最理想的选择,债务人自身更具有与职工等谈判协商的能力。因此,在具备破产原因前提下,允许债务人主动通过破产程序清理债务,能够有效避免债权人先到先得,通过"勤勉竞赛"来获得不公平清偿;另外,如此安排亦有利于破产企业的资产获得必要的法律保护,进而通过和解或者重整程序获得拯救。⑤

韩传华认为,债务人只要按照《企业破产法》第2条规定,认为自己同时满足不能清偿到期债务,并且资产不足以清偿全部债务或明显缺乏清偿能力,可以向法院提出破产申请;至于债务人的这种认定,是否构成某种误解,或者是否有意通过破产程序达到其他非法目的,并不会影响债务人的申请提出权,只会影响法院在后续作出是否受理的申请。⑥

重整制度是我国2006年《企业破产法》最大的创新之一。1986年《企业破产法(试行)》只有

---

① 最高人民法院:《关于执行案件移送破产审查若干问题的指导意见》,法发〔2017〕2号,2017年1月20日发布,第4条。
② 参见《中华人民共和国企业破产法》起草组编:《〈中华人民共和国企业破产法〉释义》,人民出版社2006年版,第47页。
③ 蒋黔贵主编:《中华人民共和国企业破产法释义》,中国市场出版社2006年版,第64页。
④ 参见韩长印主编:《破产法学》(第2版),中国政法大学出版社2016年版,第46—47页。
⑤ 参见王卫国:《破产法精义》(第2版),法律出版社2020年版,第29页。
⑥ 参见韩传华:《企业破产法解析》,人民法院出版社2007年版,第26页。

破产清算和破产和解制度。而《企业破产法》第7条第1款，为债务人提供重整、和解或者破产清算，则是破产重整制度在《企业破产法》中首次正式亮相。立法机构在法律文本中，将重整放在和解或破产清算之前，足以体现出立法者对破产重整制度的极大重视。

需要留意的是，在本款的文本中，《企业破产法》规定的三种破产程序中，中间连接词是"或"。这即意味着，债务人在提出破产申请时，只能在破产清算、和解或重整三种程序中三选一，而非三合一。

那么，为什么债务人可以在破产清算、破产和解和破产重整三种程序中三选一呢？这很大程度上取决于债务人对自身营业前景的预判。如果不能清偿到期债务，且资不抵债或明显缺乏清偿能力，受市场、政策等各方面内部外部因素影响，继续营业毫无可能，那么及时申请破产清算，在债权人之间按比例分配破产财产，则是一种理性的决策。如果不能清偿到期债务，但在看得见的未来尚有转圜空间，那么破产和解将为债务人和债权人提供制度救济。如果债务人对自身营业有极大信心，通过合理的重整方案，能够拯救公司，为债权人实现债权提供更高比例，破产重整程序将成为债务人最佳的选择。

至于债务人在提交破产申请时需要提交的破产申请书及相关证据材料，具体情形《企业破产法》第8条已有详细列举，此处不赘。

对于债务人行使破产申请权问题，我国《企业破产法》第7条第1款未作明确限制，具体标准需要援引《企业破产法》第2条有关破产原因的规定。不过需要注意的是，金融机构作为债务人行使破产申请权时，根据《企业破产法》第134条，鉴于金融机构对于经济体系的重要性及其潜在的系统性风险，需要特殊处理。

另外，根据《企业破产法》第70条第2款，"债权人申请对债务人进行破产清算的，在人民法院受理破产申请后、宣告债务人破产前，债务人或者出资额占债务人注册资本十分之一以上的出资人，可以向人民法院申请重整"。这也意味着"出资额占债务人注册资本十分之一以上的出资人"在《企业破产法》第7条之外，也有破产申请权。

第2款："债务人不能清偿到期债务，债权人可以向人民法院提出对债务人进行重整或者破产清算的申请。"

本款规范债权人提出破产申请的情形。

按照本条的文本，债权人向人民法院提出对债务人重整或者破产清算申请的前提条件，是"债务人不能清偿到期债务"。即在债权人提出破产申请的场合，《企业破产法》第2条规定的不能清偿到期债务且资产不足以清偿全部债务，或不能清偿到期债务且明显缺乏清偿能力的两个要件，大幅度降低，债权人不需要证明债务人资产不足以清偿全部债务或明显缺乏清偿能力。王卫国指出，如此安排的理由在于，"债权人通常无法掌握债务人的财务状况，要求债权人证明债务人资不抵债或明显缺乏清偿能力是不合理的"。[①]

显而易见，这也是一种最符合常理的制度安排：相对于债务人来说，债权人处于外部，既不能对债务人的日常运营了如指掌，更不可能随时掌握债务人资产负债表或营业状况的变化。如果强行赋予债权人证明债务人资产不足以清偿全部债务或明显缺乏清偿能力的举证义务，将使得债权人提出破产申请的可能性大大降低。这显然不利于维护债权人的合理利益。

赋予债权人破产申请权，其本源还在于破产法的"初心"。韩长印等指出，从学理基础而言，赋予债权人破产申请权，既是债权请求权内容的当然延伸，也表明现代社会在通过司法途径清理债务时对债权的尊重；尤其从如下三个方面，破产程序为债权人维护合法权益，提供较之其他制度更为有效的方式：第一，债权人从债务人总财产中获得同等的清偿机会；第二，债务人的欺诈性清偿或偏颇性清偿，可以通过撤销权撤销，从而最大限度使被损害的破产财产回归其本该具有的数量和规模；第三，债权人在破产程序中花费的经济成本，理论上远小于一般民事诉讼及执行判决书所付出的经济成本。[②] 全国人大常委会法工委部分工作人员撰写的《企业破产法》释义中，也强调债权人的破产申请权系基于合同约定或者法律规定，当债务人怠于履行其债务义务时，除非具备法定或约定的免责情形，否则债权人都可以请求法院强制其履行，而破产申请则是债权人维护其权利的途径之一。[③]

按照蒋黔贵的解释，破产制度是人类商业文明保护债权人的最后一道防线，其最基本的价值在于在债务人不具有清偿能力的前提下，尽最大可能保障债权人的债权受到公平清偿；正因为如此，赋予债权人足够的权利，使其可以按照意思自

[①] 王卫国：《破产法精义》（第2版），法律出版社2020年版，第31页。
[②] 参见韩长印主编：《破产法学》（第2版），中国政法大学出版社2016年版，第43页。
[③] 参见本书编写组编：《〈中华人民共和国企业破产法〉释义及实用指南》，中国民主法制出版社2006年版，第49页。

治的原则,积极主动地观测债务人的偿付能力,必要时及时提出破产申请,启动破产程序,使其可能受到的损失降到最小层次。①

王卫国也指出,保护债权人利益是破产法的目标之一;在债务人无力偿债且多个债权人同时存在的情况下,尽管个别追索是实现个体债权人的利器,但在特定情况下,比如其他债权人先行扣押债务人财产、债务人已优先清偿部分债务、债务人资产变现难、担保债权遭受债务人抵制等等,唯有集体清偿程序,才能够更为公平、更有效率地保护债权人的合法权益。正因为如此,赋予债权人提出破产申请的权利,不仅是债权人保护其合法权益的优先选项,也有利于遏制和追查债务人恶意隐匿资产或转让财产等直接损害债权人利益的行为。②

当然,债权人的破产申请权,还可以从另一个角度予以阐释。王卫国指出,《企业破产法》第7条第2款规定债权人提出重整申请,之所以必须以债务人不能清偿到期债务为依据,而不是以债务人明显丧失清偿能力为依据,主要取决于如下两个理由:第一,只有债务人可以自主决定是否在不具备破产原因的情况下,提前进入破产程序;第二,只有债务人能够相对准确地预测未来清偿能力,且不说债权人一般无从知晓,即便通过各种原因知晓,也需要保守债务人的商业秘密。③

而本条之所以允许债权人提交破产申请时,在破产清算和破产重整程序之间自由选择,这么规定的目的,首先是尊重市场经济意思自治的本质,是否提出破产申请、什么时候提出破产申请、提出破产清算还是重整……如此等等的问题,都应该是债权人自由决定的事宜。立法者当然相信,债权人作为经济学意义上的理性人,一定能够结合债权人、债务人的实际情况和市场经济环境,在不同程序之间作出最理性、最有效率的选择。

那么,为什么债权人不能向法院提出债务人破产和解的申请呢?这可能是跟破产和解制度的本质有关。破产和解制度的本质是一种清偿展限,在市场经济中积极实现到期债权,是债权债务关系有序进行的根本。在债务人不能清偿到期债务的情况下,由债务人提出清偿展限的申请,可以视为破产法文明发展到一定程度赋予债务人的自救权;在这种情况下,由债权人主动对到期债务提出展期清偿,显然不合常理。

对债权人不能提出破产和解申请的原因,王卫国给出另一种解释:和解制度是一种简便程序,该程序的启动以和解协议的提出为肇端。而和解协议作为合同的一种,其理论基础是合同法上的要约与承诺,债务人作为要约方,而债权人集体则是承诺方,债权人和债务人之间的关系是契约关系。在这种情况下,只有债务人有资格向债权人全体发出要约,债权人集体只可以做出承诺,而不能反过来提出要约;即便在极特定情况下,债权人认为有必要和解,也只能在双方私下达成和解意向的情况下,在破产程序启动前或启动后,由债务人正式提出和解申请和和解协议草案。④

事实上,对于债权人和解申请问题,破产法起草小组亦曾表示,债权人只是没有破产和解程序的申请权,并不意味着其被禁止提出和解,更不意味着债权人丧失向破产管理人和债务人提出破产和解的机会。⑤

在理论层面,所有债权人应该都可以享有破产申请权,这也是《企业破产法》第7条第2款表达出来的一种态度。但我国《企业破产法》第7条第2款仅泛泛规定了债权人的破产申请权,而未进一步考虑不同类型债权所对应的债权人类型可能会有较大差异这一事实。

事实上,如下各类特殊债权对应债权人的破产申请权,确实需要分门别类、仔细考量:

第一,有财产担保债权与有法定优先权债权人的破产申请权。这个问题学理层面争议较大。在破产程序中,担保债权也能够绝对优先清偿,担保债权人配置破产申请权似乎无太大意义。但即便如此,韩长印等提出,鉴于破产程序中的担保债权具有如下属性:其一,担保财产优先受偿并未限制其选择向其他责任财产主张债权;其二,如果担保物由第三人提供,债权人可以不主张担保物权而直接向债务人的责任财产主张权利;其三,破产程序重在兼顾全体债权人权益,担保债权亦须在破产程序内按照法院的指令优先受偿;第四,破产事务中债权人申请破产需要声明债权属性及有无担保,实质上未限制担保债权破产申请权;第五,如果限制担保债权对应债权人提起破产申请,只能倒逼担保债权人行使担保物权,并不明显有利

---

① 参见蒋黔贵主编:《中华人民共和国企业破产法释义》,中国市场出版社2006年版,第64—65页。
② 王卫国:《破产法精义》(第2版),法律出版社2020年版,第31页。
③ 王卫国:《破产法精义》(第2版),法律出版社2020年版,第31页。
④ 王卫国:《破产法精义》(第2版),法律出版社2020年版,第31页。
⑤ 《中华人民共和国企业破产法》起草组编:《〈中华人民共和国企业破产法〉释义》,人民出版社2006年版,第51页。

于其他债权人。① 王欣新亦认为,在破产实践中可能会存在担保债权人放弃优先受偿权或担保物价款不足以清偿其所担保债权,担保债权人需要以普通债权人身份,继续参与破产程序,在这种情况下,限制担保债权人提出破产申请显然无助于其权利维护;另外,实践中可能会存在担保债权人出于各种目的,诸如拯救债务人,诸如限制竞争对手等,而提出破产申请。② 显而易见,我国《企业破产法》第7条第2款,未明确限制担保债权对应债权人提起破产申请的权利。

第二,无财产担保债权对应债权人的破产申请权。通过破产程序,使债务人的全部财产在无担保债权人之间平均分配,这是破产制度的应有之义,赋予无担保债权人破产申请权正是实现破产法这一功能的要津;但据王欣新解释,不同国家对无担保债权人行使破产申请权,有各类限制:有的从债权额的角度,有的从债权人数量的角度,还有的要求无担保债权人在提出破产申请前缴纳一定数额的保证金……这些限制最终的目的,都是限制小额债权人提出破产申请的机会,提高小额债权人提出破产申请的成本,进而维护债务人利益,也节约社会与司法资源。③

第三,附条件债权与附期限债权对应债权人的破产申请权。附条件债权与附期限债权在破产程序中可以参与分配,但其在条件未成就、期限未届止能否提出破产申请,有一定争议,毕竟如果允许附条件债权与附期限债权提起破产程序,就势必改变这些债权的特性,而且这类债权在民事诉讼中亦不能执行。但支持附条件债权与附期限债权提起破产程序,也不是毫无道理,理由至少包括:其一,破产程序重在保障所有债权人利益,附条件债权与附期限债权亦没理由排除;其二,宣告破产权力归法院行使,而提起破产申请本身并不直接威胁债务人的生死存亡;其三,附条件债权与附期限债权也是债权,既然是债权就需要合理保护,破产申请即是保障途径之一;其四,破产程序的目的在于兼顾所有债权人利益,条件是否具备、期限是否届满,并无实质性影响;其五,附条件、附期限债权对应债权人提请破产申请,并未豁免其提供债务人不能清偿到期债务证据的义务。因此,破产法理论和我国《企业破产法》第7条第2条款并未明确限制。④

关于这个问题,王欣新和韩长印等的观点大相径庭,甚至对《企业破产法》的理解也差异很大。对于未到期债权对应债权人提出破产申请的问题,王欣新认为应该从破产原因的角度来寻求答案:如果破产原因具有不能清偿到期债务的要件,则对于未到期债权而言,债务人不能清偿到期债务的法律事实并不具备,自然无从提出破产申请;如果仅仅以资不抵债作为破产原因,那么不管债权是否到期,对应债权人都可以在资不抵债条件具备时,随时提出破产申请。有鉴于此,王欣新认为鉴于在我国《企业破产法》第2条有关破产原因的规定中,包含不能清偿到期债务要素,故未到期债权的债权人不应该享有破产申请权。⑤

第四,自然债权以及丧失执行申请权的债权对应债权人的破产申请权。韩长印等认为,按照民法学理论,自然债权尽管属于债权,但没有执行力也没有请求力,只有在债务人清偿时有保持力,债务人无权以超过诉讼时效为由要求返还;对于这类债权对应债权人的破产申请权,学界说法不一;韩长印等提出,债权人之间本质上是此消彼长的竞争关系,债务人对于个别自然债权对应债权人的申请应及时提出抗辩,而怠于行使抗辩时,其他债权人仍可对自然债权的行使提出异议,故归根结底仍将使得自然债权对应债权人无从提出破产申请。⑥

第五,公法债权对应债权人的破产申请权。公法债权主要涉及债务人欠缴行政、司法机关的罚款、罚金及税收、社会保险、土地使用权出让金等。对于公权力机构是否可以充分享有破产申请权,各方面争议甚大。2016年8月,浙江省温州市国税局对辖区内两家企业提出破产申请并被法院受理。⑦ 此消息一出,各方面反响甚大。笔者对此持反对意见:其一,税收之债与民商之债源流不同,本质有异,维护债权手段应有所差别;其二,从道义角度,纳税企业在财务健康时缴纳税收,在陷入财务困境时政府应救助而不是将其送往破产清算的终结之路;第三,从税收机构专有权力来说,

---

① 参见韩长印主编:《破产法学》(第2版),中国政法大学出版社2016年版,第44—45页。
② 参见王欣新:《破产法》(第4版),中国人民大学出版社2019年版,第53页。
③ 参见王欣新:《破产法》(第4版),中国人民大学出版社2019年版,第52—53页。
④ 参见韩长印主编:《破产法学》(第2版),中国政法大学出版社2016年版,第43—44页。
⑤ 参见王欣新:《破产法》(第4版),中国人民大学出版社2019年版,第52—53页。
⑥ 参见韩长印主编:《破产法学》(第2版),中国政法大学出版社2016年版,第45页。
⑦ 参见蔡景像、周浩、董晓岩:《温州国税主动向法院提起企业破产清算》,载《中国税务报》2016年8月24日,第A02版。

其对企业监控手段远胜于普通债权人,赋予公权力机构破产申请权,将使得普通债权人处于相对不利的地位。① 韩长印等认为,公法上的债权鉴于公权力机关在债权实现过程中拥有查封、扣押等迥异于普通民事债权的救济手段,基于防止公权力滥用的目的,似乎没必要赋予破产申请权;但对于具体公法债权,需要具体分析:比如,国有土地出让金债权,其债权本身基于民商事合同方式形成,应允许国有土地管理部门以土地受让人不能清偿到期债务为由,提出破产申请,而对于税收债权,鉴于税收种类繁多,不宜"一刀切",可以考虑税收债权的数额、欠缴持续时间、税收债权种类等因素后具体决定。② 王欣新亦强调,税务机关应该享有破产申请权,但是其行使破产申请权应该格外慎重;另外,税务机关和保险机构只享有破产清算申请权,而不享有重整程序的申请权。③

第六,劳动债权对应债权人的破产申请权。韩长印等指出,劳动债权是否具有破产申请权,在立法和司法中均有争议;反对者认为劳动债权系小额债权,其性质也不同于普通民事债权,在享有优先属性的前提下不应该再赋予其破产申请权;而支持者则认为,劳动债权仍系民事债权,无论是民事诉讼还是破产申请,都是民事债权的救济之道。因而,在特定情形诸如债务人歇业、债务人被撤销或劳动债权集体协商并达成一致申请破产,应赋予劳动债权破产申请权。④ 王欣新在原则上亦支持赋予劳动债权破产申请权,但需要留意的是,鉴于个体职工债权数额极小,任意申请企业破产可能会造成司法资源的浪费,故对职工申请企业破产权利应在债权额方面做出限制,以防止破产申请权的滥用;另外,职工行使破产申请权,往往会导致其他职工的就业权受限,甚至在职工内部引发矛盾,故而,职工行使破产申请权应通过职工代表大会决议或者绝大部分职工支持等程序性要求。⑤

需要特别强调的是,根据《企业破产法》第7条第2款,该条文并未对提出破产清算和重整申请的债权人数量作出明确要求。⑥ 这也就是说,

债权人既可以单独提出申请,也可以联合提出申请,这将取决于部分债权人能否先期磋商、沟通并达成相应的共识。

另外,还需要留意债权人提出破产申请时应该具备的条件和限制。按照李永军等人的观点,债权人提出破产申请应该建立在如下基础之上:其一,债权人享有以财产给付为核心内容的请求权;其二,债权人的请求权在法律上可被执行;其三,该请求权已到期。⑦ 当然,如前文所述,学界对于附期限债权对应的债权人是否可以在债权届期前提出破产申请,实际上是有争议的,这一点需要特别留意。⑧ 但无论如何,基于前述认识,李永军等认为如下几类债权对应的债权人,不享有破产申请权:其一,无给付内容的债权;其二,超过诉讼时效的债权;其三,丧失申请执行权的债权;其四,未到期债权。⑨

那么,债权人在提出破产申请时,是否应该有数量的要求?或者换句话说,如果只有一个债权人,那么这个唯一债权人还能否提出破产申请?《企业破产法》第7条第2款条文本身,只是表明"债权人"可以提出破产清算或重整的申请,而未明确作出数量或数额的限制。法学界约定俗成的观念,更多还是认为如果债权人仅为一人,只应通过民事诉讼中个别民事执行程序来实现债权,但极少有立法例明文禁止唯一债权人不能提起破产申请。孙兆晖认为,基于如下情形,我国出现唯一债权人提起破产申请将日益成为现实问题:其一,我国已大幅降低公司注册资本额,中小公司将越来越多;其二,在现有商业环境中,债务人优先偿还关联企业或小额债权,而出现一个债权人的情况比较常见;其三,收购小额债权的市场机制,可能会导致唯一债权人的出现;其四,法院审查期间难以发现所有的债权人,禁止唯一债权人提出破产申请会导致错裁。⑩ 孙兆晖进而指出,我国《企业破产法》第2条、第7条均未禁止唯一债权人提出破产申请,而审判实践亦未明文禁止,在这种情况下,需要进一步为如下问题制订规则:其一,防

---

① 参见陈夏红:《企业破产时,政府不该与民争利》,载《法制日报》2016年11月16日,第11版。
② 参见韩长印主编:《破产法学》(第2版),中国政法大学出版社2016年版,第45页。
③ 参见王欣新:《破产法》(第4版),中国人民大学出版社2019年版,第54—55页。
④ 参见韩长印主编:《破产法学》(第2版),中国政法大学出版社2016年版,第46页。
⑤ 参见王欣新:《破产法》(第4版),中国人民大学出版社2019年版,第56页。
⑥ 参见王卫国:《破产法精义》(第2版),法律出版社2020年版,第31页。
⑦ 参见李永军等:《破产法》(第2版),中国政法大学出版社2017年版,第26页。
⑧ 参见韩长印主编:《破产法学》(第2版),中国政法大学出版社2016年版,第43—44页。
⑨ 参见李永军等:《破产法》(第2版),中国政法大学出版社2017年版,第26页。
⑩ 参见孙兆晖:《美国土泵公司破产案——惟一债权人能否提起破产申请?》,载《中国审判》2008年第6期,第87页。

止唯一债权人滥用破产申请;其二,扩张债权人申请破产类型,允许唯一债权人提请破产清算、和解重整;其三,在唯一债权人情形下,应突破《企业破产法》第 16 条限制,认定个别清偿行为效力待定而不是自始无效;其四,唯一债权人情况下,法院可以自由裁量,加快破产程序的进程。①

而对于外国债权人的破产申请权,王欣新指出,我国《企业破产法》未作明确规定,原则上应赋予外国债权人提出破产申请的权利,但应考虑对等要素,考察中国债权人在外国破产法中是否受到歧视性对待。②

当然,在明确上述原则的前提下,不应忽视债权人提出破产申请情形下,应该负有的形式义务。或者说,在债权人提出破产申请的过程中,尽管债权人的举证责任大大减轻,但这并不意味着债权人仅仅凭着口头的表态,即可以成功地向法院提出对债务人进行重整或破产清算的申请。在债权人提出破产申请的场合,债权人需要承担如下义务:第一,需要向法院提交破产申请书;第二,破产申请书需要债权人盖章并由其法定代表人或代理人签字,不需要债权人的权力机构股东会董事会确认;第三,破产申请书需要载明债权人的基本情况,以及在营业执照中记载范围内债务人的简单情况;第四,债权人需要通过证据,合理证明债务人不能清偿到期债务,相关证据应该随破产申请书一道交给法院。③

2016 年 8 月底,浙江省温州市国税局曾以债权人的身份,在温州市鹿城区和永嘉县人民法院分别对涉及欠税的企业,提起破产清算申请,相关受理法院在审查相关资料后,对破产案件予以立案。此案经《中国税务报》作为正面典型报道后,是者是之,非者非之,在破产界内外都引起巨大争议;笔者曾撰文《企业破产时,政府不该与民争利》,对此提出保留意见。④

第 3 款:"企业法人已解散但未清算或者未清算完毕,资产不足以清偿债务的,依法负有清算责任的人应当向人民法院申请破产清算。"

这里的企业法人已解散或者依法被撤销但未清算或者未清算完毕且资不抵债,是清算责任人向法院提交对债务人进行破产清算的前提条件。从前述立法沿革可以看出来,在不同时期的破产法草案中,这一条件的具体表述改动颇大;韩传华律师的建议对此发挥了一定作用。⑤ 最终的文本,与当时《公司法》基本制度能够对应。2018 年新修订的《公司法》第 187 条沿袭这一规定,即"清算组在清理公司财产、编制资产负债表和财产清单后,发现公司财产不足清偿债务的,应当依法向人民法院申请宣告破产"。该条第 2 款还规定,"公司经人民法院裁定宣告破产后,清算组应当将清算事务移交给人民法院"。

本条规定中,企业法人已解散或者依法被撤销但未清算或者未清算完毕的限定性条件,表达了企业法人解散和撤销等特殊状态,有必要借助公司终止理论来加深理解。据王军的解释,公司终止是指公司按法定程序结束经营并消灭法人资格的过程,而公司终止则有两种方式:解散和破产,而解散又可以分为自愿解散和强制解散。⑥ 我国 2018 年修订《公司法》第 180 条列举公司解散的原因有如下五类:"(一)公司章程规定的营业期限届满或者公司章程规定的其他解散事由出现;(二)股东会或者股东大会决议解散;(三)因公司合并或者分立需要解散;(四)依法被吊销营业执照、责令关闭或者被撤销;(五)人民法院依照本法第一百八十二条的规定予以解散。"而 2018 年修订的《公司法》第 182 条规定,"公司经营管理发生严重困难,继续存续会使股东利益受到重大损失,通过其他途径不能解决的,持有公司全部股东表决权百分之十以上的股东,可以请求人民法院解散公司"。显然,上述五类公司解散的原因中,第一、二、三项属于自愿解散,而第四、五项属于强制解散。根据 2018 年修订《公司法》第 183 条,公司在具备法定解散事由的情况下,必须在解散事由出现之日起 15 日内,成立清算组,开始清算。那么根据 2018 年修订的《公司法》第 187 条,清算组在清算过程中,如果发现公司财产不足以清偿债务,则应当依法向人民法院申请宣告破产;另根据 2018 年修订的《公司法》第 190 条,公司宣告破产之后,其破产清算将按照《企业破产法》有关企业破产的法律进行。这也就是说,通过《企业破产法》第 7 条第 3 款和《公司法》第 187 条、第 190 条,公司清算与破产清算之间建立了合理的联系,为公司清算制度与破产清算制度

---

① 参见孙兆晖:《美国土泵公司破产案——惟一债权人能否提起破产申请?》,载《中国审判》2008 年第 6 期,第 87 页。
② 参见王欣新:《破产法》(第 4 版),中国人民大学出版社 2019 年版,第 53 页。
③ 参见韩传华:《企业破产法解析》,人民法院出版社 2007 年版,第 29—30 页。
④ 参见陈夏红:《企业破产时,政府不该与民争利》,载《法制日报》2016 年 11 月 16 日,第 11 版。
⑤ 参见韩传华:《企业破产法解析》,人民法院出版社 2007 年版,第 30 页。
⑥ 参见王军:《中国公司法》,高等教育出版社 2015 年版,第 482 页。

的衔接提供了法律依据。

那么，这里是"依法负有清算责任的人"究竟该如何界定？据破产法起草小组的界定，根据市场经济中的不同主体，对应的清算责任人亦当略有区别。①

那么，为什么清算责任人只能向法院申请对债务人破产清算呢？一方面，公司清算的目的就在于解散公司、终结公司，而非拯救公司或者使公司存续。另一方面，清算责任人只能向法院申请对债务人予以破产清算，是因为理论上清算责任人在清理公司财产、编制资产负债表和财产清单后，对公司的财务状况应有最真实的把握；在这种情况下，如果发现公司财产不足以清偿债务，那么向法院提交公司破产清算申请就顺理成章了。

按照韩传华的解读，在清算责任人提交公司破产清算的情况下，清算责任人依旧负有《企业破产法》第7条所规定的义务，即第一，提交破产申请书，载明如下信息：(1)申请人的基本情况，尤其是企业法人已经解散、清算组的组成和清算组的组成情况；(2)申请破产清算的目的；(3)载明申请破产事实和理由，即通过证据证明公司财产不足清偿债务"。第二，清算组在提交破产申请书的同时，还需要按照《企业破产法》第8条规定，参照债务人提交破产申请的资料要求，提交"财产状况说明、债务清册、债权清册、有关财务会计报告、职工安置预案以及职工工资的支付和社会保险费用的缴纳情况"。②

按理说，申请破产清算是债权人、债务人的民事权利，但在《企业破产法》第7条第3款中，却赋予公司清算责任人法定义务，即在达到特定条件的情况下，清算责任人必须要向法院申请对公司破产清算。对于这种法定义务，王卫国认为可以作如下理解：第一，清算责任人无权选择不清算，也不得拖延时间迟迟不提出破产申请；第二，在提出破产申请时，破产清算是其唯一选项；第三，人民法院在接到清算责任人的破产申请后，应受理并同时宣告债务人破产。③ 2018年《公司法》第189条再次强化了清算责任人及时提出破产申请的义务，"清算组成员应当忠于职守，依法履行清算义务……清算组成员因故意或者重大过失给公司或者债权人造成损失的，应当承担赔偿责任"。按照蒋黔贵的解释，赋予清算责任人申请破产清算的法定义务，有助于保障债权人受到公平清偿，更有助于维护社会经济秩序；因此，只要企业法人已被解散，那么不管是否开始清算，只要企业法人的财产不足以清偿全部债务的，清算责任人都有义务向法院提出破产清算申请。④

对于清算责任人提起破产清算申请，有如下三点尤其需要注意：第一，清算责任人是以自己的名义向法院提出破产申请，而非以债务人的名义，亦无须债务人法人机关的授权；第二，清算责任人提起破产申请的条件极为单一、严苛，必须在债务人解散或被撤销但未清算或未清算完毕时，还必须具备清算过程中发现债务人的"财产不足以清偿债务的"这一限定性条件，故其只能在清算责任范围内提起破产申请，而这种申请唯一的目的便是防止债务人财务困境加剧，进而危及债权人利益；第三，清算责任人的破产申请义务属性，决定"应当"提出破产申请，而不是"可以"提出破产申请，这是清算责任人与债权人、债务人提出破产申请的差别之处。⑤

但实践中，由于清算责任人相关规则模糊，导致出现大量公司解散或被工商部门吊销执照后却不清算的现象。在2016年，我国有974663户企业通过注销程序退出市场，其中有411387家企业被通过行政吊销手段强令退出市场，但全国法院系统受理的破产案件数量只有5655件，而且这还是供给侧结构性改革大背景下，最高人民法院大力推动破产审判工作后的结果；照此推算，只有0.05%的企业最终通过破产程序退出市场，但依据常理判断，不大可能有99.95%的企业在退出市场时是处于资产大于负债的状况，这里面一定存在为数不少的已解散但未清算或者已清算但未按照清算报告提出破产申请的企业。⑥

另外还需要注意的一点是，2008年《最高人民法院关于适用〈中华人民共和国公司法〉若干问题的规定(二)》第17条，对《企业破产法》第7

---

① 参见《中华人民共和国企业破产法》起草组编：《〈中华人民共和国企业破产法〉释义》，人民出版社2006年版，第53—54页。
② 韩传华：《企业破产法解析》，人民法院出版社2007年版，第31页。
③ 参见王卫国：《破产法精义》(第2版)，法律出版社2020年版，第32页。
④ 参见蒋黔贵主编：《中华人民共和国企业破产法释义》，中国市场出版社2006年版，第65页。
⑤ 参见《中华人民共和国企业破产法》起草组编：《〈中华人民共和国企业破产法〉释义》，人民出版社2006年版，第52—53页。
⑥ 参见李曙光：《论我国市场退出法律制度的市场化改革——写于〈企业破产法〉实施十周年之际》，载《中国政法大学学报》2017年第3期，第9页。

条第 3 款和对《公司法》第 187 条的扩充解释：

第十七条 人民法院指定的清算组在清理公司财产、编制资产负债表和财产清单时，发现公司财产不足清偿债务的，可以与债权人协商制作有关债务清偿方案。

债务清偿方案经全体债权人确认且不损害其他利害关系人利益的，人民法院可依清算组的申请裁定予以认可。清算组依据该清偿方案清偿债务后，应当向人民法院申请裁定终结清算程序。

债权人对债务清偿方案不予确认或者人民法院不予认可的，清算组应当依法向人民法院申请宣告破产。

这也就是说，清算组在发现公司财产不足以清偿债务时，除向法院提交破产申请，还可以与债权人协商制作有关债务清偿方案。如果这一清偿方案得到全体债权人的确认且不损害其他利害关系人利益，法院可以裁定许可该清算方案，清算组按照清算方案偿债后，法院裁定终结清算程序；只有债权人全体对债务清偿方案不予确认或者法院不予许可时，清算组才应向法院提出破产申请。这一司法解释，尽管可以用尊重意思自治之类的原则去解释，但其极大地突破《企业破产法》第 7 条第 3 款这一事实，也是显而易见的。2018 年《公司法》亦未将此司法解释吸纳为《公司法》条文，立法机关之审慎可见一斑。

那么，清算责任人如果疏于履行其提出破产清算的义务，那么究竟应不应该或如何承担其责任？对此问题，2006 年《企业破产法》第 11 章法律责任部分，并未涉及；也就是说只能参考《公司法》等法律中对清算责任人的责任追究机制来确定。比如 2018 年《公司法》第 189 条规定，"清算组成员应当忠于职守，依法履行清算义务。清算组成员不得利用职权收受贿赂或者其他非法收入，不得侵占公司财产。清算组成员因故意或者重大过失给公司或者债权人造成损失的，应当承担赔偿责任"。对于清算责任人的赔偿责任，破产法起草小组认为其性质为侵权责任，其责任构成应该满足如下四个要件：其一，清算责任人未尽清算义务；其二，债务人财产被放任流失、贬值甚至私分；其三，债权人受到实际损失；其四，债权人的损失与清算责任人未尽清算义务之间存在因果关系。①

另外，王欣新建议，应在赋予债权人、公司股东等清算责任人个别提出破产申请的权利的同时，也为愿意依法清算企业的清算责任人提供免责的制度出口。②

【关联法律法规及司法政策】

《公司法》(2018)

第一百八十条 公司因下列原因解散：

（一）公司章程规定的营业期限届满或者公司章程规定的其他解散事由出现；

（二）股东会或者股东大会决议解散；

（三）因公司合并或者分立需要解散；

（四）依法被吊销营业执照、责令关闭或者被撤销；

（五）人民法院依照本法第一百八十二条的规定予以解散。

第一百八十二条 公司经营管理发生严重困难，继续存续会使股东利益受到重大损失，通过其他途径不能解决的，持有公司全部股东表决权百分之十以上的股东，可以请求人民法院解散公司。

第一百八十三条 公司因本法第一百八十条第（一）项、第（二）项、第（四）项、第（五）项规定而解散的，应当在解散事由出现之日起十五日内成立清算组，开始清算。有限责任公司的清算组由股东组成，股份有限公司的清算组由董事或者股东大会确定的人员组成。逾期不成立清算组进行清算的，债权人可以申请人民法院指定有关人员组成清算组进行清算。人民法院应当受理该申请，并及时组织清算组进行清算。

第一百八十四条 清算组在清算期间行使下列职权：

（一）清理公司财产，分别编制资产负债表和财产清单；

（二）通知、公告债权人；

（三）处理与清算有关的公司未了结的业务；

（四）清缴所欠税款以及清算过程中产生的税款；

（五）清理债权、债务；

（六）处理公司清偿债务后的剩余财产；

（七）代表公司参与民事诉讼活动。

第一百八十五条 清算组应当自成立之日起十日内通知债权人，并于六十日内在报纸上公告。债权人应当自接到通知书之日起三十日内，未接到通知书的自公告之日起四十五日内，向清算组申报其债权。

债权人申报债权，应当说明债权的有关事项，并提供证明材料。清算组应当对债权进行登记。

---

① 参见《中华人民共和国企业破产法》起草组编：《〈中华人民共和国企业破产法〉释义》，人民出版社 2006 年版，第 55 页。
② 参见王欣新：《破产原因理论与实务研究》，载《天津法学》2010 年第 1 期，第 26—27 页。

在申报债权期间,清算组不得对债权人进行清偿。

第一百八十六条　清算组在清理公司财产、编制资产负债表和财产清单后,应当制定清算方案,并报股东会、股东大会或者人民法院确认。

公司财产在分别支付清算费用、职工的工资、社会保险费用和法定补偿金,缴纳所欠税款,清偿公司债务后的剩余财产,有限责任公司按照股东的出资比例分配,股份有限公司按照股东持有的股份比例分配。

清算期间,公司存续,但不得开展与清算无关的经营活动。公司财产在未依照前款规定清偿前,不得分配给股东。

第一百八十七条　清算组在清理公司财产、编制资产负债表和财产清单后,发现公司财产不足清偿债务的,应当依法向人民法院申请宣告破产。

公司经人民法院裁定宣告破产后,清算组应当将清算事务移交给人民法院。

第一百八十九条　清算组成员应当忠于职守,依法履行清算义务。

清算组成员不得利用职权收受贿赂或者其他非法收入,不得侵占公司财产。

清算组成员因故意或者重大过失给公司或者债权人造成损失的,应当承担赔偿责任。

第一百九十条　公司被依法宣告破产的,依照有关企业破产的法律实施破产清算。

《合伙企业法》(2007)

第八十五条　合伙企业有下列情形之一的,应当解散:

(一)合伙期限届满,合伙人决定不再经营;
(二)合伙协议约定的解散事由出现;
(三)全体合伙人决定解散;
(四)合伙人已不具备法定人数满三十天;
(五)合伙协议约定的合伙目的已经实现或者无法实现;
(六)依法被吊销营业执照、责令关闭或者被撤销;
(七)法律、行政法规规定的其他原因。

第八十六条　合伙企业解散,应当由清算人进行清算。

清算人由全体合伙人担任;经全体合伙人过半数同意,可以自合伙企业解散事由出现后十五日内指定一个或者数个合伙人,或者委托第三人,担任清算人。

自合伙企业解散事由出现之日起十五日内未确定清算人的,合伙人或者其他利害关系人可以申请人民法院指定清算人。

第八十七条　清算人在清算期间执行下列事务:

(一)清理合伙企业财产,分别编制资产负债表和财产清单;
(二)处理与清算有关的合伙企业未了结事务;
(三)清缴所欠税款;
(四)清理债权、债务;
(五)处理合伙企业清偿债务后的剩余财产;
(六)代表合伙企业参加诉讼或者仲裁活动。

第八十八条　清算人自被确定之日起十日内将合伙企业解散事项通知债权人,并于六十日内在报纸上公告。债权人应当自接到通知书之日起三十日内,未接到通知书的自公告之日起四十五日内,向清算人申报债权。

债权人申报债权,应当说明债权的有关事项,并提供证明材料。清算人应当对债权进行登记。

清算期间,合伙企业存续,但不得开展与清算无关的经营活动。

第八十九条　合伙企业财产在支付清算费用和职工工资、社会保险费用、法定补偿金以及缴纳所欠税款、清偿债务后的剩余财产,依照本法第三十三条第一款的规定进行分配。

《最高人民法院关于适用〈中华人民共和国公司法〉若干问题的规定(二)》(2020)

第十七条　人民法院指定的清算组在清理公司财产、编制资产负债表和财产清单时,发现公司财产不足清偿债务的,可以与债权人协商制作有关债务清偿方案。

债务清偿方案经全体债权人确认且不损害其他利害关系人利益的,人民法院可依清算组的申请裁定予以认可。清算组依据该清算方案清偿债务后,应当向人民法院申请裁定终结清算程序。

债权人对债务清偿方案不予确认或者人民法院不予认可的,清算组应当依法向人民法院申请宣告破产。

最高人民法院《关于审理公司强制清算案件工作座谈会纪要》(2009)

32、公司强制清算中,清算组在清理公司财产、编制资产负债表和财产清单时,发现公司财产不足清偿债务的,除依据公司法司法解释二第十七条的规定,通过与债权人协商制作有关债务清偿方案并清偿债务的外,应依据公司法第一百八十八条和企业破产法第七条第三款的规定向人民法院申请宣告破产。

33、公司强制清算中,有关权利人依据企业破产法第二条和第七条的规定向人民法院另行提起破产申请的,人民法院应当依法进行审查。权利人的破产申请符合企业破产法规定的,人民法院应当依法裁定予以受理。人民法院裁定受理破产申请后,应当裁定终结强制清算程序。

34、公司强制清算转入破产清算后,原强制清算中的清算组由《人民法院中介机构管理人名册》和《人民法院个人管理人名册》中的中介机构或者个人组成或者参加的,除该中介机构或者个人存在与本案有利害关系等不宜担任管理人或者管理人成员的情形外,人民法院可根据企业破产法及其司法解释的规定,指定该中介机构或者个人作为破产案件的管理人,或者吸收该中介机构作为新成立的清算组管理人的成员。上述中介机构或者个人在公司强制清算和破产清算中取得的报酬总额,不应超过按照企业破产计付的管理人或者管理人成员的报酬。

35、上述中介机构或者个人不宜担任破产清算中的管理人或者管理人的成员的,人民法院应当根据企业破产法和有关司法解释的规定,及时指定管理人。原强制清算中的清算组应当及时将清算事务及有关材料等移交给管理人。公司强制清算中已经完成的清算事项,如无违反企业破产法或者有关司法解释的情形的,在破产清算程序中应承认其效力。

【裁判要旨】
案例
黄伟、福建省新盛融资担保有限公司追索劳动报酬纠纷破产案

法院:福建省福州市中级人民法院
案号:(2016)闽01民破4号
事实:申请人黄伟以福建省新盛融资担保有限公司拖欠其43200元工资及逾期利息,且新盛担保公司仅有被宁德市中级人民法院冻结4352387.18元存款,已无其他财产可供执行为由,向福州市中级人民法院申请对新盛担保公司进行破产清算。

裁判要旨:职工债权人人数较多、享有债权数额较小且结构较为分散,若允许个别职工债权人随意提起破产申请,容易产生滥用破产申请的道德风险。对于职工债权人提出破产申请应代表的最低债权数额、破产申请提出方式(如通过工会提起)等加以规制,不应允许单个小额债权人以个人名义提起破产清算申请。对于职工债权人申请破产清算,应参照《企业破产法》第59条第5款、第67条规定之精神,由代表全体职工债权人利益的职工代表或工会代表提起申请,更符合

《企业破产法》关于职工债权保障的立法本意。

裁判理由:福州市中级人民法院认为,申请人黄伟以职工债权人身份申请新盛担保公司破产清算,该申请是否符合法定条件,分析如下:

首先,从企业破产的功能出发,企业的破产清算或重整,旨在保障债务关系在债务人丧失清偿能力时得到有序、公平实现,并有助于完善优胜劣汰的市场竞争机制,优化社会资源配置,调整产业和产品结构。企业一旦进入破产程序,管理人将接管企业,破产企业的营业受到限制,职工劳动关系解除,债务人在特定期间内的个别清偿行为或不当减损债务人财产的行为将被撤销,涉及债务人的强制执行程序将中止等。故对于企业破产程序的启动,事关企业的存亡,应当慎重并要求符合法定条件,同时亦应防止相关当事人滥用破产程序启动权的倾向,避免不具备破产条件的企业被他人滥用破产申请权而影响企业正常之营业,损害社会经济秩序。现行企业破产法虽未禁止职工债权人申请企业破产清算,但由于职工债权人人数较多、享有债权数额较小且结构较为分散,若允许个别职工债权人随意提起破产申请,则容易产生滥用破产申请的道德风险。

其次,从保障职工权益角度出发,《企业破产法》第6条明确规定:"人民法院审理破产案件,应当依法保障企业职工的合法权益。"因企业职工合法权益不仅包括职工债权,还包括通过劳动获得报酬的劳动就业权,而企业一旦进入破产清算程序,职工将面临失业,进而影响到全体职工的生存利益,为此《企业破产法》第8条规定债务人申请破产时应当提交职工安置预案,以确保职工劳动权益获得保障。故从保障职工劳动就业权这一合法权益出发,应当对于职工债权人启动破产清算程序予以必要之限制,不能为了实现个别职工债权而轻易启动破产清算程序从而牺牲全体职工的劳动权益。

再者,从破产原因角度来看,债权人或债务人申请债务人企业破产清算,应当符合《企业破产法》第2条规定,即具备破产原因。而职工债权不能清偿状态与普通债权不能清偿,无论在规模还是在影响方面,都存在较为明显之差异。故不论是域外还是我国的司法实践情况,为确保企业破产法有效实施,避免相关当事人滥用破产申请权进而导致尚不具备破产原因的企业进入破产程序,从而浪费司法资源,均应当从源头上对于职工债权人提出破产申请应代表的最低债权数额、破产申请提出方式(如通过工会提起)等加以规制,不应允许单个小额债权人以个人名义提起破产清算申请。

最后,从职工参与破产程序角度来看,《企业破产法》第8条、第11条规定由债务人提交职工安置预案以及职工工资的支付和社会保险费用的缴纳情况;第48条第2款规定职工债权不必申报,由管理人调查后列出清单并予以公示;第59条第5款、第67条规定债权人会议和债权人委员会应当有职工或工会代表,由其代表职工行使权利。故职工债权作为一个整体,系通过债务人、管理人、职工和工会代表依法履职的方式得到实现,个别职工债权人并不直接参与到破产程序中。在个别职工债权人依法不能直接参与破产程序的情况下,同理亦不应允许个别职工债权人直接申请破产清算。故对于职工债权人申请破产清算,应参照《企业破产法》第59条第5款、第67条规定之精神,由代表全体职工债权人利益的职工代表或工会代表提起申请,更符合企业破产法关于职工债权保障的立法本意。

综上,福州市中级人民法院于2016年7月23日裁定:申请人黄伟系以其单个职工债权人身份申请新盛担保公司破产清算,不符合上述条件,本院依法不予受理。

【学理综述】

许淑红在《广西社会科学》2008年第1期上,发表《新〈破产法〉中破产申请的冲突分析》一文。该文指出,债权人、债务人、清算责任人、出资额占债务人注册资本1/10以上的出资人及国务院金融监督管理机构,在法院受理前及受理后作出破产宣告前,都可以提出不同类型的破产申请,启动不同的破产程序,这在理论层面就会产生破产申请的冲突。按照许淑红的分析,《企业破产法》下破产程序的冲突分两种:一种是交叉申请引发的冲突,包括破产受理前同时申请引发的冲突和破产受理前与破产受理后、宣告前前后交叉申请引发的冲突;另一种冲突则是指变更申请引发的冲突,即不同申请人在破产申请被受理后,将已申请程序转换成其他程序。而对于解决之道,作者认为问题本质是当事人意思自治与法院自由裁量权的较量,提出在破产申请冲突时,《企业破产法》未明确规定,法院需要慎重自由裁量;另外,对于破产和解与破产重整申请,债务人、出资人均有权提出,《企业破产法》对和解中提出重整和重整中提出和解,均保持沉默,和解与重整制度价值小同大异,尚需法院斟酌。①

卞爱生、陈红在《政治与法律》2010年第9期上,发表《司法实践中债权人申请破产的难题及对策》一文。该文站在司法实践的角度,讨论《企业破产法》第7条第2款未能涉及的几个问题:第一,有财产担保的债权人是否具有申请资格,作者们对此持肯定态度。第二,附条件、附期限债权对应的债权人,是否具有破产申请权,作者们认为可通过破产申请原因来判断,对此持否定性态度。第三,自然之债的债权人是否有破产申请权,作者们认为超过诉讼时效的债权人可以成为适格的破产申请人。第四,债权人未申请主债务人破产,却申请保证人亦即次债务人破产,应如何处理?作者们认为:首先,法院应该审查债务人的清偿能力,如果债务人具有清偿能力,保证人就无须成为次债务人;而对于连带保证人,债权人可以直接申请破产;其次,如果主债务人符合破产条件,那么具体要看保证人的担保方式是否为金钱债权,如果是金钱债权或者可以转化成金钱债权,那么债权人可以同时针对保证人提出破产申请。第五,对于境外债权人申请子公司破产,而其他股东不同意,如何确认境外债权人的破产申请权?作者们认为应该坚持国民待遇原则,同时采取对等原则或报复措施对外国债权人的破产申请权予以限制。而从对债权人破产申请权限制的角度,作者们提出:第一,需要限定债权人数量,严格坚持多数债权人标准;第二,提出破产申请的债权人,其债权额应有最低限制;第三,法院对债权数额占债务人不能清偿到期债务的比例应该有所控制,通常情况下应该以超过1/3为限制。②

汪世虎、陈英骅在《河北法学》2014年第5期上,发表《论英国破产法对我国债权人申请破产之启示——兼论我国〈破产法〉第7条第2款之完善》一文。该文详细介绍英国1986年《破产法》关于破产原因、破产申请的制度构造,建议我国的破产申请制度应在如下方面有所改进:第一,债权人申请应该设置最低金额要求。第二,对于债权人提出破产申请是否必须为复数,作者们认为参照世界立法例,不应该予以限制。第三,关于提出破产申请的债权额,是否需要占债务人不能清偿到期债务总额一定比例以上,作者们认为应发挥破产法作为财产强制执行程序的本质,而不应该为破产申请的债权额设置法定比例限制。第四,债权人的破产申请是否需要前置程序的形式要求,作者们建议可以参照英国立法模式,引入破产申请前置程序,让债权人在针对债务人提出破产

---

① 参见许淑红:《新〈破产法〉中破产申请的冲突分析》,载《广西社会科学》2008年第1期,第103—106页。
② 参见卞爱生、陈红:《司法实践中债权人申请破产的难题及对策》,载《政治与法律》2010年第9期,第33—40页。

申请前，须先给债务人某种法定文书，该文书应包含债权数额、法定宽限期及逾期后将提出破产申请的声明，由此让债务人提前了解潜在的破产申请，节约司法资源。①

第八条 向人民法院提出破产申请，应当提交破产申请书和有关证据。

破产申请书应当载明下列事项：
（一）申请人、被申请人的基本情况；
（二）申请目的；
（三）申请的事实和理由；
（四）人民法院认为应当载明的其他事项。

债务人提出申请的，还应当向人民法院提交财产状况说明、债务清册、债权清册、有关财务会计报告、职工安置预案以及职工工资的支付和社会保险费用的缴纳情况。

【立法沿革】

《企业破产法（试行）》（1986）

第七条 债务人不能清偿到期债务，债权人可以申请宣告债务人破产。

债权人提出破产申请时，应当提供关于债权数额、有无财产担保以及债务人不能清偿到期债务的有关证据。

第八条 债务人经其上级主管部门同意后，可以申请宣告破产。

债务人提出破产申请时，应当说明企业亏损的情况，提交有关的会计报表、债务清册和债权清册。

第十条 债权人提出破产申请的，债务人应当在收到人民法院通知后十五日内，向人民法院提交本法第八条第二款所列有关材料。

债务人为其他单位担任保证人的，应当在收到人民法院通知后五日内转告有关当事人。

《破产法》（1995年草案）

第十一条 申请人应当向人民法院提交破产案件申请书和有关证据。

破产案件申请书应当载明如下事项：
（一）申请人和被申请人的基本情况；
（二）申请目的；
（三）债权数额、有无财产担保以及债权的发生根据和期限；
（四）申请的理由和根据；
（五）人民法院认为应当记载的其他事项。

债务人提出申请的，应当向人民法院提交财产状况说明书、债务清册、债权清册和有关的财务报告。

《企业破产与重整法》（2000年6月草案）

第十条 申请人应向人民法院提交破产案件申请书和有关证据。

破产案件申请书应当载明如下事项：
（一）申请人和被申请人的基本情况；
（二）债权数额、有无财产担保以及债权的发生根据和期限；
（三）申请的理由和根据；
（四）人民法院认为应当记载的其他事项。

债务人提出申请的，应当向人民法院提交财产状况说明书、债务清册、债权清册和有关的财务报告。

《企业破产与重整法》（2000年12月草案）

第十条 申请人应当向人民法院提交破产申请书和有关证据。

债权人提交的破产申请书应当载明如下事项：
（一）申请人和被申请人的基本情况；
（二）债权数额、有无财产担保以及债权的发生根据和期限；
（三）申请的目的、理由和根据；
（四）人民法院认为应当记载的其他事项。

债务人提交的破产申请书应当载明如下事项：
（一）申请人的基本情况；
（二）债务数额、发生根据和期限；
（三）申请的目的、理由和根据；
（四）人民法院认为应当记载的其他事项。

债务人提出申请的，还应当向人民法院提交财产状况说明书、债务清册、债权清册和有关的财务报告。

《企业破产与重整法》（2001年1月草案）

第十一条 申请人向人民法院申请破产、清算、和解和重整的，应当提交申请书和有关材料。

申请书应当载明案件双方当事人的姓名、住址、申请的目的、理由和根据，以及人民法院认为应当记载的其他事项。

《企业破产法》（2004年3月草案A版）

第十二条 申请人向人民法院提出破产申请的，应当向人民法院提交破产案件申请书和有关证据。

破产案件申请书应当载明如下事项：
（一）申请人、被申请人的基本情况；

---

① 参见汪世虎、陈英骅：《论英国破产法对我国债权人申请破产之启示——兼论我国〈破产法〉第7条第2款之完善》，载《河北法学》2014年第5期，第45—51页。

（二）申请目的；
（三）债权数额、有无财产担保以及债权的发生根据和期限；
（四）申请的理由和根据；
（五）人民法院认为应当记载的其他事项。

债务人提出申请的，应当向人民法院提交财产状况说明书、债务清册、债权清册和有关的财务报告。

债权人提出申请的，应当提交相关证据。

《企业破产法》（2004年3月草案B版）

第十一条　申请人向人民法院提出破产申请的，应当向人民法院提交破产案件申请书和有关证据。

破产案件申请书应当载明如下事项：
（一）申请人、被申请人的基本情况；
（二）申请目的；
（三）申请的事实和理由；
（四）债权性质、数额、有无财产担保；
（五）人民法院认为应当记载的其他事项。

债务人提出申请的，应当向人民法院提交财产状况说明书、债务清册、债权清册和有关的财务报告。

《企业破产法》（2004年6月草案）

第十一条　债务人或者债权人向人民法院提出破产申请的，应当向人民法院提交破产案件申请书和有关证据。

破产案件申请书应当载明下列事项：
（一）申请人、被申请人的基本情况；
（二）申请目的；
（三）申请的事实和理由；
（四）债权性质、数额、有无财产担保；
（五）人民法院认为应当记载的其他事项。

债务人提出申请的，应当向人民法院提交财产状况说明书、债务清册、债权清册和有关的财务报告。

《企业破产法》（2004年10月草案）

第十条　向人民法院提出破产申请的，应当提交破产申请书和有关证据。

破产申请书应当载明下列事项：
（一）申请人、被申请人的基本情况；
（二）申请目的；
（三）申请的事实和理由；
（四）人民法院认为应当记载的其他事项。

债务人提出申请的，应当向人民法院提交财产状况说明、债务清册、债权清册、有关财务报告、企业职工情况和安置预案以及职工工资和社会保险费用支付情况。

【条文释义】

本条规范的是破产申请主体，在提出破产申请时，需要提交的具体材料和证据。

从立法史的视角看，本条是不同时期破产法草案的必备条款。除"债权性质、数额、有无财产担保"这一要求在随后被删掉之外，其他要件应该说大同小异，差别甚微。而之所以删掉"债权性质、数额、有无财产担保"，应该是由于后来增加债权人作为破产申请主体，而考虑到债权人提出破产申请时，作为债务人企业的外部人，不大可能掌握或者占有这些有关债务人企业负债详细情况的材料。而这一要求被删掉之后，客观上也大大降低了所有主体提出破产申请的门槛。

本条规定的是破产申请的形式要件，也是破产申请的法定文件。从流程上而言，完整的破产申请应具备如下环节：第一，《企业破产法》第7条规定的破产申请权人提出破产申请；第二，破产申请权人根据《企业破产法》第3条，向有管辖权的法院提出破产申请；第三，破产申请系以书面方式提出；第四，除债务人提出破产申请外，破产申请人应按规定缴纳破产申请费用。[①]

本条共分3款。分款评注如下：

第1款："向人民法院提出破产申请的，应当提交破产申请书和有关证据。"

这意味着，无论是债权人、债务人、清算责任人抑或金融监管机构，无论哪一类主体提出破产申请，都需要提交破产申请书和有关证据。

"破产申请书"的具体内容规定在《企业破产法》第8条第2款，而"有关证据"则是指能够支撑"破产申请书"所载明内容的材料。按照全国人大常委会有关工作人员的解释，从司法机构的角度而言，"破产申请书"和"相关证据"，将是法院审查并决定是否受理破产申请的主要依据。[②] 王卫国亦提出，"破产申请书"和"相关证据"是提出破产申请时必须提交的法定文件，任何主体提出破产申请，都应该严格遵从该要求；尤其是对"破产申请书"本身，赋予破产申请的书面性，此举即可抑制破产申请的随意性，亦方便司法机构展开进一步审查。[③]

第2款："破产申请书应当载明下列事项：

[①] 参见韩长印主编：《破产法学》（第2版），中国政法大学出版社2016年版，第48页。
[②] 参见本书编写组编：《〈中华人民共和国企业破产法〉释义及实用指南》，中国民主法制出版社2006年版，第51页。
[③] 参见王卫国：《破产法精义》（第2版），法律出版社2020年版，第37—38页。

第八条

"(一)申请人、被申请人的基本情况;(二)申请目的;(三)申请的事实和理由;(四)人民法院认为应当载明的其他事项。"

本款列举前述"破产申请书"应载明的内容。共分为如下诸项:申请人、被申请人的基本情况;申请目的;申请的事实和理由;人民法院认为应当记载的其他事项。

对于《企业破产法》第8条第2款第1项"申请人、被申请人的基本情况",按照韩传华的解读,其中债务人的基本状况,包括但不限于如下要素:成立时间、股份构成、法定代表人、股东会、董事会、职工或雇员人数、基本业务、营业地点或办公地点、工商年检、税务登记等等;而相关证据,包括但不限于:公司章程、企业法人营业执照、法定代表人的身份证明、股东及董事的营业执照或身份证明、职工或雇员名单、工商变更资料、载有工商年检情况的营业执照副本、税务登记证等。① 而全国人大常委会有关工作人员撰写的《企业破产法》释义亦指出,"申请人、被申请人的基本情况"应包括的信息,包括申请人和被申请人的姓名或名称、住址或地址、法定代表人的姓名、职务;如果债务人提出破产,还应包括董事长、董事会成员、总经理、经理以及厂长等企业主要负责人名单。② 王卫国特别提醒,这里的"被申请人"只能是债务人。③

对于《企业破产法》第8条第2款第2项"申请目的",意即破产申请应载明申请所拟申请的破产程序,从破产清算、和解和重整之中三选一。韩传华指出,破产和解和破产重整的目的本身,都在于避免破产清算,较好理解;但破产清算申请,究竟债务人的目的是请法院受理其破产清算申请,还是请法院直接作出破产宣告,稍费思量,韩传华本人更倾向于认为两者兼而有之,而非单纯请法院受理其破产申请。④

需要留意的是,根据《企业破产法》第7条,如果是债权人申请破产,那么只能是破产清算或重整;如果是债务人申请破产,那么在清算和重整之外,还可以有和解程序;而清算责任人提出申请,则只能是破产清算。

另外,破产法起草组编写的释义也特别提醒,申请人在表述"申请目的"时,应该阐述选择相关程序的理由;尽管这不会成为法院裁定受理与否的必要条件,但合理阐述理由,可以使法院审查乃至在受理时有所侧重:比如申请破产和解程序,应说明债务人的债务困境及和解的价值;如果申请破产重整程序,则应说明破产重整和挽救的可能性、可行性。⑤

对于《企业破产法》第8条第2款第3项"申请的事实和理由",需要围绕《企业破产法》第2条所要求的"不能清偿到期债务",且"资产不足以清偿全部债务或者明显缺乏清偿能力"等。

针对上述事实,相关证据亦应围绕上述要求而展开。韩传华指出,债务人证明"不能清偿到期债务",需要从两个方面展开:一方面,通过证据,说明债务人在破产申请之际未清偿到期债务的数量;另一方面,通过证据,说明债务人现有现金确实无法清偿到期债务。而债务人证明"资产不足以清偿全部债务",则需要通过资产负债表或财务会计报告,来说明债务人的净资产小于到期债务总额。至于"明显缺乏清偿能力",尽管资产负债表或财务会计报告上显示债务人净资产数量可能会稍大于到期债务总额,但债务人如果能够通过近期利润表和资产清单,合理证明其经营前景暗淡、净资产趋于下降或净资产变现艰难等,亦可以视为债务人具备"明显缺乏清偿能力"的事实。⑥

如果是债权人提出破产申请,那么只需要证明债务人存在"不能清偿到期债务"的事实,需要相关证据能够证明债权清偿期限届满、债权人已经提出过清偿要求、债务人明显缺乏清偿能力或停止支付呈连续状态等。⑦

对于《企业破产法》第8条第2款第4项"人民法院认为应当载明的其他事项",该条属于授权条款,其规定本身具有一定的模糊性。全国人大常委会法工委工作人员完成的《企业破产法》释义中,则提示该条主要是指证据材料的目录、类别、份数、申请人的签名及申请日期等;如果债务人提出破产申请,根据最高人民法院司法解释,还应包括企业担保情况、企业已发生诉讼等。⑧ 破产法起草组特别强调,该授权条款并未单独授权

---

① 韩传华:《企业破产法解析》,人民法院出版社2007年版,第27页。
② 本书编写组:《〈中华人民共和国企业破产法〉释义及实用指南》,中国民主法制出版社2006年版,第51页。
③ 王卫国:《破产法精义》(第2版),法律出版社2020年版,第38页。
④ 韩传华:《企业破产法解析》,人民法院出版社2007年版,第27页。
⑤ 《中华人民共和国企业破产法》起草组编:《〈中华人民共和国企业破产法〉释义》,人民出版社2006年版,第57页。
⑥ 韩传华:《企业破产法解析》,人民法院出版社2007年版,第27—28页。
⑦ 参见本书编写组:《〈中华人民共和国企业破产法〉释义及实用指南》,中国民主法制出版社2006年版,第51—52页。
⑧ 参见本书编写组:《〈中华人民共和国企业破产法〉释义及实用指南》,中国民主法制出版社2006年版,第51—52页。

最高人民法院决定相关事项，而是说各法院在不违反《企业破产法》明文规定的前提下，均可以裁判权为限，来决定具体个案中应当记载的事项。①

韩传华亦认为，这里的"其他事项"鉴于《企业破产法》未载明，而是留给受理破产申请的法院在符合《企业破产法》的前提下自由裁量，在这种情况下，不同层级的法院，可能会有不同要求；另外，法院可以在权限内，针对破产清算、和解和重整三种程序的申请提出"其他事项"的要求；韩传华还认为，在特定情形下，比如法院要求债务人应提交债权清册中记载的债务人确认该债权的书面凭证，鉴于其已超出债务人提交相关材料的合理范围，债务人可以拒绝提交；但是，如果法院要求债务人在破产申请中载明"占有和管理"债务人财产、印章和账簿、文书等资料的有关人员名单，载明熟悉债务人相关情况并可以回答法院、管理人、债权人会议问题人员的名单，要求债务人提供已经发生但未决的诉讼、仲裁具体情况报告，债务人均应予以满足。②

对于"人民法院认为应当载明的其他事项"，由于其本身的开放性，只能通过各种特定情形来理解。比如王卫国举例说，如果债务人具有多处营业地，法院可能会要求债务人在说明多处营业地的同时，载明主要办事机构所在地，同时提交相关证明；而债权人如果委托代理人提出破产申请，则需要代理人提交其姓名及代理证书。③

韩长印等认为，破产实践中债务人提交破产申请时，法院可能会要求提交其投资人同意破产的有效决议；债权人提交破产申请时，法院可能会审查申请破产债权在债务人不能清偿的到期债务中的比例等。④

另外，韩传华认为，破产申请书本身应附有债务人章程载明的确认破产申请的决议。韩传华认为，尽管《企业破产法》未明确要求破产申请书必须包含债务人章程规定的股东会或董事会作出的确认破产申请的有效决议，但考虑到企业法人制度本身的要求，申请破产对企业法人的生死存亡有重要影响，理应由企业法人的最高权力机构做出有效决议；如果没有有效决议，债务人提交的盖有公章、有法定代表人签字的破产申请书，除非企业法人章程明确授权，否则不应该视为是债务人提交的破产申请书；这一点要求，适用于破产清算、破产和解和破产重整。⑤

第 3 款："债务人提出申请的，还应当向人民法院提交财产状况说明、债务清册、债权清册、有关财务会计报告、职工安置预案以及职工工资的支付和社会保险费用的缴纳情况。"

从其文本本身来看，这是立法者加诸债务人身上额外的义务。这些要求，既是法院审查之需，更是司法实践经验的总结。⑥

根据全国人大常委会工作人员及破产法起草小组对该条的解释，第 8 条第 3 款规定的"财产状况说明、债务清册、债权清册、有关财务会计报告、职工安置预案以及职工工资的支付和社会保险费用的缴纳情况"，各项需要分别说明如下内容：

（1）"财产状况说明"需要阐述企业破产申请时的资产状况详细，具体包括企业资产详细情况、有形资产情况（名称、处所及价值）、无形资产情况（包括专利、商标等知识产权）、对外投资（中外合资、中外合作、联营企业及独资企业）及企业在金融机构开设账户的详情。

（2）"债务清册"需要债务人的单位名称或个人姓名、住所、开户行、债务数额及发生时间、有无担保、有无催讨及有无争议等。

（3）"债权清册"应详细列举债权人的单位名称或个人姓名、住所、开户银行、债权数额及发生时间、有无担保、有无催讨及有无争议等；涉及担保时尤其应该说明清楚担保的债权数额、担保的性质（抵押、保证、一般保证还是连带保证）以及保证期间等。

（4）"有关财务会计报告"则需要提供反映债务人财务状况的材料，如果有审计报告最为理想；如果没有审计报告，则需要通过诸如资产负债表、利润表、现金流量表、利润分配表及相应年度报告等来证明。

（5）"职工安置预案"需要详细阐述职工数量、性质（在岗还是退休）以及安置方案，尤其是国有企业破产时在岗职工安置计划和离退休职工安置方案；"职工安置预案"必须要有可操作性。

---

① 参见《中华人民共和国企业破产法》起草组编：《〈中华人民共和国企业破产法〉释义》，人民出版社 2006 年版，第 57 页。
② 参见韩传华：《企业破产法解析》，人民法院出版社 2007 年版，第 28—29 页。
③ 参见王卫国：《破产法精义》（第 2 版），法律出版社 2020 年版，第 38 页。
④ 参见韩长印主编：《破产法学》（第 2 版），中国政法大学出版社 2016 年版，第 48 页。
⑤ 参见韩传华：《企业破产法解析》，人民法院出版社 2007 年版，第 26—27 页。
⑥ 参见《中华人民共和国企业破产法》起草组编：《〈中华人民共和国企业破产法〉释义》，人民出版社 2006 年版，第 58 页。

对于《企业破产法》第 8 条第 3 款提及的"职工安置预案",王欣新指出,该内容在全国人大财经委破产法起草小组的草案中并不存在,而是在草案提交全国人大常委会讨论过程中加入的,明显受 1986 年《企业破产法(试行)》及政策性破产中地方政府将破产企业安置问题推给法院这一历史性陈迹所影响。① 王卫国特别强调,这里的"职工安置预案"不需要以职工代表大会通过为前提。②

王欣新对在破产申请中加入"职工安置预案"的规定,持反对意见:第一,企业在濒临破产之际,根本无力安置职工,此时安置失业职工的责任应该从债务人转移到政府;第二,《企业破产法》赋予债务人提交职工安置预案的强制性义务,但债权人却无此负担,直接导致职工保护程度在不同主体提交破产申请中的差异;第三,法律未明确"职工安置预案"不合法或有瑕疵时法院的处置规则;第四,法律未明确债务人不提交"职工安置预案"时法院的应对规则。③

那么,如果债权人提出破产申请涉及的债务人企业亦有大量的职工,而债权人又需要提交"职工安置预案",那么法院究竟该如何处置呢?破产法起草小组结合以往实践,亦意识到这个问题,我国配套法律法规的不完善和社会保障体系的不完善,确实影响到法院在受理债权人提出的涉及大量职工安置任务破产申请时的积极性,"难免犹豫不决,甚至拒绝接受"④。

(6)"职工工资的支付情况"则需要说明职工的档案工资、月工资收入、拖欠工资总额、其他按拖欠工资处理的情况;"社会保险费用的缴纳情况"则需要说明企业是否拖欠养老保险金及医疗保险金。法院需要借助这两个指标,来衡量职工安置预案能否落实、能否执行,而且其支付和缴纳情况亦直接影响担保债权人的利益,对债权人的破产清偿率亦有关键影响;而当事人亦需要借此确定是否接受和解或重整。⑤

对于上述有关破产申请中应提交的破产申请书和证据,《企业破产法》第 8 条第 3 款规定的要求,可能会与第 2 款中破产申请书和相关证据情况部分重合;但无论如何,只要破产申请主体提交上述所有材料,就应该视为破产申请主体完成其申请义务。⑥

债务人提交的上述材料,"真实"是其必要条件。那么,债务人如果拒不提交或者提交不真实的材料,怎么办呢?《企业破产法》第 127 条赋予了债务人严苛的责任:"债务人违反本法规定,拒不向人民法院提交或者提交不真实的财产状况说明、债务清册、债权清册、有关财务会计报告以及职工工资的支付情况和社会保险费用的缴纳情况的,人民法院可以对直接责任人员依法处以罚款。"另外,《企业破产法》第 131 条也设置了破产犯罪条款,债务人在破产申请中如果有涉嫌破产犯罪的行为,则将激活该条款和《刑法》的适用。

需要特别强调的是,《企业破产法》第 8 条第 1 款提及的"有关证据",具体内容已约略如上述,而证据的具体类型及认定规则,需要参阅《民事诉讼法》及其司法解释、2019 年最高人民法院最新修订的《关于民事诉讼证据的若干规定》等。

【关联法律法规及司法政策】

《刑法》(2020)

第一百六十二条之二 公司、企业通过隐匿财产、承担虚构的债务或者以其他方法转移、处分财产,实施虚假破产,严重损害债权人或者其他人利益的,对其直接负责的主管人员和其他直接责任人员,处五年以下有期徒刑或者拘役,并处或者单处二万元以上二十万元以下罚金。

《民事诉讼法》(2017)

第六十四条 当事人对自己提出的主张,有责任提供证据。

当事人及其诉讼代理人因客观原因不能自行收集的证据,或者人民法院认为审理案件需要的证据,人民法院应当调查收集。

人民法院应当按照法定程序,全面地、客观地审查核实证据。

第六十五条 当事人对自己提出的主张应当及时提供证据。

人民法院根据当事人的主张和案件审理情况,确定当事人应当提供的证据及其期限。当事

---

① 参见王欣新:《破产法》(第 4 版),中国人民大学出版社 2019 年版,第 55—56 页。
② 参见王卫国:《破产法精义》(第 2 版),法律出版社 2020 年版,第 39 页。
③ 参见王欣新:《破产法》(第 4 版),中国人民大学出版社 2019 年版,第 55—56 页。
④ 《中华人民共和国企业破产法》起草组编:《〈中华人民共和国企业破产法〉释义》,人民出版社 2006 年版,第 57—58 页。
⑤ 参见本书编写组:《〈中华人民共和国企业破产法〉释义及实用指南》,中国民主法制出版社 2006 年版,第 52—53 页;《中华人民共和国企业破产法》起草组编:《〈中华人民共和国企业破产法〉释义》,人民出版社 2006 年版,第 58 页。
⑥ 参见韩传华:《企业破产法解析》,人民法院出版社 2007 年版,第 29 页。

人在该期限内提供证据确有困难的,可以向人民法院申请延长期限,人民法院根据当事人的申请适当延长。当事人逾期提供证据的,人民法院应当责令其说明理由;拒不说明理由或者理由不成立的,人民法院根据不同情形可以不予采纳该证据,或者采纳该证据但予以训诫、罚款。

【裁判要旨】

案例 1

广东泰卓光电科技股份有限公司申请破产清算案

审理法院:广东省东莞市第三人民法院

案号:(2016)粤 1973 民破 6 号

事实:申请人广东泰卓光电科技股份有限公司系一家民营有限责任公司,2010 年 6 月在东莞市工商局登记注册成立。申请人因经营不善,累计欠下银行贷款 7360 万元,民间借款 8000 万元。供应商货款、工人工资均无法按时支付,造成工人罢工,供应商围堵、公司账户被冻结,供电部门拉闸断电,公司大部分财务已被法院查封保全,实际上已无法开展正常生产,目前已经严重资不抵债,故依据《企业破产法》第 7 条,向广东省东莞市第三人民法院申请宣告申请人破产还债。

申请人向广东省东莞市第三人民法院提交的证据如下:尚未发放的工资明细表、2015 年离职人员的工资表、股东大会决议、核准变更登记通知书、股东大会会议录、章程修正案、2010 年验资报告、专利清单、固定资产明细表、银行账户明细表、审计报告(2011 年度、2012 年度、2014 年度)、资产负债表(2010 年、2013 年、2014 年、2015 年)、亏损情况说明、欠税明细表、财务状况说明、债权明细表、债务明细表、仲裁调解书及调解结果明细表、欠缴社保情况说明书。

广东省东莞市第三人民法院审查查明,申请人向法院补充提交的债务明细表、债权明细表,载明了债权人、债务人及欠款金额,但没有相应的凭证予以证明;已提交 2011 年、2012 年、2014 年的审计报告,但没有提交 2010 年、2013 年、2015 年的审计报告;欠缴社保情况仅有其手写加盖印章的情况说明,但没有相应的凭证予以证明;仲裁调解书及调解结果明细表,但没有详细的职工安置预案。

裁判要旨:申请材料不完整,不能证明债务人企业具备破产原因,也未能按照《企业破产法》第 8 条提交职工安置预案、社保缴纳情况等材料,法院可以拒绝受理其破产申请。

裁判理由:广东省东莞市第三人民法院认为,根据《企业破产法》第 2 条,债权人申请债务人破产的,必须举证证明债务人不能清偿到期债务,并且资产不足以清偿全部债务。但本案中申请人未向法院提交完整的从成立至今的审计报告,债权债务清单没有相应的证据予以证明,即申请人提供的现有证据,不足以证明其资产不足以清偿全部债务。另外,欠缴社保情况,仅有其手写加盖印章的情况说明,没有相应的凭证予以证明,也未没有提交详细的职工安置预案,即如申请人进入破产程序后如何处理相关事宜尚不清晰。综上,广东省东莞市第三人民法院依据《企业破产法》第 2 条、第 6 条,于 2016 年 5 月 27 日裁定对申请人的破产清算申请不予受理。

案例 2

天水雄风轮毂制造有限公司申请破产清算案

法院:甘肃省高级人民法院

案号:(2017)甘民终 58 号

事实:甘肃省天水雄风轮毂制造有限公司因无法清偿到期债务,且资产不足以清偿全部债务,向天水市中级人民法院申请破产清算。天水市中级人民法院审查后,认为天水雄风轮毂制造有限公司"所提供的破产材料不能完整反映公司状况,且该公司现无资产、无人员、无场地",认定其申请不符合法律规定,而裁定不予受理。天水雄风轮毂制造有限公司提出上诉。

裁判要旨:债务人在向法院申请破产清算时,仅提供资产及债权债务说明,不能提供相关的会计财务凭证等证据材料相印证,不能有效完整反映公司经营状况,破产清算申请形式要件不完备,对其破产申请应不予受理。

裁判理由:甘肃省高级人民法院审查后指出,根据《企业破产法》第 8 条,债务人在向法院申请破产清算时,仅提供资产及债权债务说明,不能提供相关的会计财务凭证等证据材料相印证,不能有效完整反映公司经营状况,破产清算申请形式要件不完备,对其破产申请应不予受理。故甘肃省高级人民法院于 2017 年 2 月 15 日作出裁定,驳回天水雄风轮毂制造有限公司上诉,维持原裁定。

案例 3

何钟彬、顾永红等申请十堰市林江房地产开发有限公司破产清算案

法院:湖北省高级人民法院

案号:(2016)鄂民终 328 号

事实:何钟彬、顾永红等 10 人系林江公司债权人,鉴于林江房地产开发有限公司资不抵债,于 2015 年 5 月 3 日向湖北省十堰市中级人民法院提出破产申请。

湖北省十堰市中级人民法院审查后,认为林江公司因多头债务经司法程序后大部分进入执行程序,何钟彬等10位债权人也均在其列,依程序尚在推进中,在未穷尽执行措施时,申请债务人林江公司破产清算显然不符合法定破产受理条件。且因林江公司法定代表人谢俊钦涉嫌刑事犯罪被浙江玉环警方刑事立案侦查,尚未结案,林江公司实际处于歇业状态,混乱无序。目前无账册,无人员,无场地,自身存在破产程序无法解决的重大社会问题,难以进行破产清算程序。同时鉴于债权人的债权大都已经过司法确认,针对债务人的现行资产,通过参与分配可达到同样的效果,再启动破产清算程序,浪费审判资源。故湖北省十堰市中级人民法院依照《企业破产法》第8条第2款第4项及第12条第1款,裁定对何钟彬、顾永红等的申请,不予受理。

何钟彬、顾永红等10人不服该裁定,向湖北省高级人民法院提起上诉。上诉理由之一,认为原审法院不予受理上诉人等破产申请所适用的法律条文,《企业破产法》第8条第2款第4项,即"人民法院认为应当载明的其他事项",但是,一方面,原审法院并未说明破产申请书遗漏了哪些应当载明而未载明的事项;另一方面,裁定书说明的理由却是林江公司不符合破产条件。

裁判要旨:在未明确说明的情况下,《企业破产法》第8条第2款第4项,亦即"人民法院认为应当载明的其他事项",不能成为法院裁定不予受理破产申请的因素。

裁判理由:湖北省高级人民法院审查后认为,何钟彬、顾永红提供的债权到期未受清偿的证据,林江公司没有举证证明其资产能够清偿到期债务或其不具备明显缺乏清偿能力的情形。故依照《企业破产法》第2条、第7条的规定,林江公司符合破产清算的条件。湖北省十堰市中级人民法院依照《企业破产法》第8条第2款第4项,裁定对何钟彬、顾永红等的申请,不予受理,属于适用法律错误,故于2016年4月19日作出判决,撤销原裁定,并指令湖北省十堰市中级人民法院受理何钟彬、顾永红等10人对十堰市林江房地产开发有限公司的破产清算申请。

第九条 人民法院受理破产申请前,申请人可以请求撤回申请。

【立法沿革】

《破产法》(1995年草案)

第十二条 债权人或者债务人提出申请后,在人民法院受理破产案件前,申请人可以请求撤回申请。是否准许,由人民法院裁定。

《企业破产与重整法》(2000年6月草案)

第十一条 债权人或者债务人提出破产申请后,在人民法院受理前,申请人可以请求撤回申请。撤回申请是否准许,由人民法院裁定。

《企业破产与重整法》(2000年12月草案)

第十一条 申请人提出破产申请后,在人民法院受理前,可以请求撤回申请。撤回申请是否准许,由人民法院决定。

《企业破产与重整法》(2001年1月草案)

第十二条 申请人提出破产申请后,在人民法院受理前,可以请求撤回申请。

《企业破产法》(2004年3月草案A版)

第十三条 申请人提出破产申请后,在人民法院受理前,可以请求撤回申请。

《企业破产法》(2004年3月草案B版)

第十二条 申请人提出破产申请后,在人民法院受理前,可以请求撤回申请。

《企业破产法》(2004年6月草案)

第十二条 债务人或者债权人提出破产申请后,在人民法院受理前,可以请求撤回申请。

《企业破产法》(2004年10月草案)

第十一条 人民法院受理破产申请前,申请人可以请求撤回申请。

【条文释义】

本条规定破产申请人撤回申请的权利。

从立法史的视角看,《企业破产法》不同时期的草案,对于申请人的申请撤回权,经历了一个从严苛到宽松、从烦琐到简洁的过程。在早期的草案中,申请人撤回破产申请,时间要求是破产申请提出后、法院受理破产前,而对于是否允许撤回,草案赋予法院酌定的权力。但在最终的定稿中,上述时间要求得以简化,而撤回权行使也成为申请人一种实实在在的权利,淡化了法院审查的权限——尽管事实上,法院仍然有权对破产申请主体撤回申请的请求,审查并作出决定。

就法理上而言,本条规定基于我国《企业破产法》所采取的破产受理开始主义立场。按照这种立场,破产申请并不绝对意味着破产程序开始,破产申请本身并不必然启动破产程序:如果法院受理,破产程序自然启动;如果法院裁定不予受理,那破产申请自然归于无效。①

而从本质上来说，除破产清算责任人提出破产申请具有义务属性外，破产申请本身是一种权利。既然作为一种权利，行使该权利的权利主体，自然就可自由处分。据韩长印等解释，赋予破产申请人破产申请的撤回权，系破产法中一项比照民事诉讼中的撤诉制度而产生的制度，其根源在于视债权债务关系为私权，尊重私权维护与保障中的当事人意思自治；尽管也有部分国家考虑到破产申请对破产程序中各个利益相关方的影响，而严格限制破产申请的撤回，但我国《企业破产法》还是规定破产申请撤回机制。② 韩长印等的这种解释，基本上与《企业破产法》起草小组设置破产申请撤回权的思路契合；而之所以在破产程序中参照民事诉讼机制设置撤回权，根源还是在于将破产程序与普通民事案件不加区分的传统观念，其带来的消极影响亦十分明显。③

对应破产申请撤回权的处理，学理上有法院许可主义、任意撤回主义、有限制的任意撤回主义及区别主义等理论，《企业破产法》采取的是"受理前的法院许可主义"。④

基于此，考虑到申请人行使该项权利可能具有的"外部性"，当事人破产申请撤回权的行使当然就需要一定的限制：

限制方式之一，就是《企业破产法》第9条明确规定，只有在"人民法院受理破产申请前"，当事人才可以撤回破产申请；一旦法院作出破产受理裁定，一系列诉讼程序诸如公告、通知当事人已开始，财产保全等措施已采取，也会影响司法裁定的严肃性、权威性，如果再允许当事人随意撤回破产申请，势必影响其他债权人的权利，故不允许再予以撤回。⑤ 显而易见，这是程序层面对破产申请撤回权行使的限制。

限制方式之二，就是当事人撤回破产申请，必须要"请求"法院。这也就意味着，当事人不得通过个体意思表示，就撤回破产申请；人民法院对当事人的"请求"需要审查，可以允许也可以拒绝，"请求"本身就如同前述"申请"一样，是一个开放的过程，并不必然具有某种确定性的结果。如果法院裁定驳回当事人的请求，同时裁定受理破产申请，那么当事人的"申请"自然归于无效。这亦可视为《企业破产法》在程序层面对破产申请撤回权的限制。

限制方式之三，就是通过赋予清算责任人的破产申请义务，使其具有必须履行、不得撤回的性质；如果清算责任人怠于履行破产申请义务，还需要承担对应的民事、刑事责任。⑥

综上所述，《企业破产法》第9条规定"人民法院受理破产申请前，申请人可以请求撤回申请"，这里准许申请人撤回与否，则属于法院的自由裁量权；这与民事诉讼撤诉并无二致，鉴于此时破产申请已进入司法权控制范围，那么法院会对当事人处分自己的权利作出审查，尤其需要考虑其处分权利的正当性、考虑其撤回行为是否基于滥用恶意、考虑其撤回破产申请是否会损及其他债权人、债务人的合法权益，只有在上述问题都通过审查时，法院才可以裁定方式决定准许申请人撤回其破产申请。⑦

不过，在司法实践中法院不准许申请人撤回破产申请的情况极少见；司法机构宁可通过对恶意申请人实施法律制裁，也不会不允许破产申请人撤回申请。⑧

那么，破产申请撤回后，申请人能否向法院再次提出破产申请？王欣新援引《民事诉讼法》中有关法院准许撤诉案件允许再次起诉的制度机理，认为在《企业破产法》第9条的适用中，也应类比适用该原则，但应从防止滥用破产申请权与撤回权的角度，对再次提出申请的时间加上强制性的限制。⑨

---

① 参见本书编写组编：《〈中华人民共和国企业破产法〉释义及实用指南》，中国民主法制出版社2006年版，第53页。
② 参见韩长印主编：《破产法学》（第2版），中国政法大学出版社2016年版，第48页。
③ 参见《中华人民共和国企业破产法》起草组编：《〈中华人民共和国企业破产法〉释义》，人民出版社2006年版，第59—62页。
④ 王卫国：《破产法精义》（第2版），法律出版社2020年版，第39页。
⑤ 参见本书编写组编：《〈中华人民共和国企业破产法〉释义及实用指南》，中国民主法制出版社2006年版，第53—54页；《中华人民共和国企业破产法》起草组编：《〈中华人民共和国企业破产法〉释义》，人民出版社2006年版，第59—60页。
⑥ 参见《中华人民共和国企业破产法》起草组编：《〈中华人民共和国企业破产法〉释义》，人民出版社2006年版，第59页。
⑦ 参见王卫国：《破产法精义》（第2版），法律出版社2020年版，第40页。
⑧ 参见《中华人民共和国企业破产法》起草组编：《〈中华人民共和国企业破产法〉释义》，人民出版社2006年版，第59页。
⑨ 参见王欣新：《破产法》（第4版），中国人民大学出版社2019年版，第57—58页。

【关联法律法规及司法政策】

《民事诉讼法》(2017)

第一百四十五条 宣判前,原告申请撤诉的,是否准许,由人民法院裁定。

人民法院裁定不准许撤诉的,原告经传票传唤,无正当理由拒不到庭的,可以缺席判决。

【裁判要旨】

案例

杜风喜申请撤回南京药大生物制药有限公司破产清算申请案

审理法院:江苏省南京市中级人民法院

案号:(2012)宁商破字第7号

事实:杜风喜以南京药大生物制药有限公司无力清偿到期债务为由,向南京市中级人民法院申请对该公司进行破产清算。南京市中级人民法院立案受理后,依法组成合议庭进行了听证。在该案审查过程中,杜风喜于2014年7月25日向南京市中级人民法院申请撤回对南京药大生物制药有限公司进行破产清算的申请。

裁判要旨:申请人请求撤回破产申请,法院在审查时,需要注意其意思表示真实、符合法律规定,且不损害他人、集体和国家的利益。只有具备上述三点要件,才能够准许申请人撤回破产申请。

裁判理由:2014年7月25日,南京市中级人民法院作出裁定:鉴于申请人杜风喜申请撤回对南京药大生物制药有限公司进行破产清算的申请,是其真实意思表示,符合法律规定,且不损害他人、集体和国家的利益,应予准许。据此,依照《企业破产法》第9条,裁定准许杜风喜撤回对南京药大生物制药有限公司进行破产清算的申请。

【学理综述】

杨悦、徐扬在《中国律师》2011年第12期上,发表《破产申请撤回问题研究》一文。这篇短文对破产申请撤回问题阐述如下:第一,《企业破产法》规定债务人、债权人、清算责任人和金融监管机构均可提出破产申请,但清算责任人的破产申请系基于义务,不能赋予撤回权。第二,申请人提出破产申请撤回之后,法院如何决定取决于立法哲学,根源于破产程序启动的职权主义和申请主义之争,也和破产程序开始的受理开始主义和宣告开始主义之争有关;我国《企业破产法》秉持破产程序申请主义、破产受理开始主义,故应赋予申请人自由处分其申请撤回权,但其时间节点应严格限制在申请阶段。[1]

第二节 受理

第十条 债权人提出破产申请的,人民法院应当自收到申请之日起五日内通知债务人。债务人对申请有异议的,应当自收到人民法院的通知之日起七日内向人民法院提出。人民法院应当自异议期满之日起十日内裁定是否受理。

除前款规定的情形外,人民法院应当自收到破产申请之日起十五日内裁定是否受理。

有特殊情况需要延长前两款规定的裁定受理期限的,经上一级人民法院批准,可以延长十五日。

【立法沿革】

《企业破产法(试行)》(1986)

第九条 人民法院受理破产案件后,应当在十日内通知债务人并且发布公告。人民法院在收到债务人提交的债务清册后十日内,应当通知已知的债权人。公告和通知中应当规定第一次债权人会议召开的日期。

债权人应当在收到通知后一个月内,未收到通知的债权人应自公告之日起三个月内,向人民法院申报债权,说明债权的数额和有无财产担保,并且提交有关证明材料。逾期未申报债权的,视为自动放弃债权。

人民法院对有财产担保债权和无财产担保债权的申报,应当分别登记。

《破产法》(1995年草案)

第十三条 人民法院收到破产案件申请后,应当在十五日内决定是否受理破产案件。人民法院决定受理破产案件的,应当作出裁定。

《企业破产与重整法》(2000年6月草案)

第十二条 人民法院收到破产申请后,应当在十五日内决定是否受理破产案件。人民法院决定受理破产案件的,应当作出裁定。

《企业破产与重整法》(2000年12月草案)

第十二条 人民法院收到破产案件申请后,应当在三十日内决定是否受理破产案件。人民法院决定受理破产案件的,应当作出裁定。

人民法院受理破产案件后,应当自裁定之日

---

[1] 参见杨悦、徐扬:《破产申请撤回问题研究》,载《中国律师》2011年第12期,第16—18页。

起五日内通知债务人。

债权人提出申请的，债务人应当在收到人民法院的通知后十五日内，向人民法院提交财产状况说明书、债务清册、债权清册和有关的财务报告。

《企业破产与重整法》（2001年1月草案）

第十三条　人民法院收到破产申请后，应当在十五日内决定是否受理。人民法院决定受理的，应当作出裁定。

人民法院受理破产申请后，应当自裁定之日起五日内通知债务人。

债权人提出申请的，债务人应当在收到人民法院的通知后十五日内，向人民法院提交财产状况说明书、债务清册、债权清册和有关的财务报告。

《企业破产法》（2004年3月草案A版）

第十四条　人民法院收到破产申请后，应当在十五日内决定是否受理。人民法院决定受理的，应当作出裁定。

人民法院受理破产申请后，应当自裁定之日起五日内通知债务人。

债权人提出申请的，债务人应当在收到人民法院的通知后十五日内，向人民法院提交财产状况说明书、债务清册、债权清册和有关的财务报告。

《企业破产法》（2004年3月草案B版）

第十三条　人民法院收到破产申请后，应当在十五日内决定是否受理。人民法院决定受理的，应当作出裁定。

人民法院受理破产申请后，应当自裁定之日起五日内通知债务人。

债权人提出申请的，债务人应当在收到人民法院的通知后十五日内，向人民法院提交财产状况说明书、债务清册、债权清册和有关的财务报告。

《企业破产法》（2004年6月草案）

第十三条　人民法院收到破产申请后，应当在十五日内决定是否受理。人民法院决定受理破产申请的，应当作出裁定。

人民法院受理破产申请后，应当自裁定作出之日起五日内通知债务人。

债权人提出申请的，债务人应当在收到人民法院的通知后十五日内，向人民法院提交财产状况说明书、债务清册、债权清册和有关的财务报告。

《企业破产法》（2004年10月草案）

第十二条　人民法院应当自收到破产申请之日起十五日内裁定是否受理。有特殊情况需要延长的，经上一级人民法院批准，可以延长十五日。

债权人提出申请的，人民法院应当在收到申请之日起五日内通知债务人。债务人对申请有异议的，应当自收到人民法院的通知之日起七日内向人民法院提出。

【条文释义】

本条规范的是申请人提出破产申请后人民法院裁定受理与否时的审查期限。

从立法史的角度，草案中的相关期限，除将原来法定的30日，变成法定的15日及特别批准的15日外，其他部分内容，并未发生明显变化。韩传华指出，2004年10月份草案第12条第1款规定的15日加15日的期间规定，无法满足第2款规定的5日加7日期间的需要，尤其是遇有节假日或公告通知等，更会导致其矛盾，故立法过程中，他曾建议将第2款改为5日加7日加10日的期间；该建议得到立法机关的采纳，第10条定稿的期间规定，消除了前述争议和障碍。[①]

对于破产程序的开始，我国《企业破产法》采取破产受理主义，而非破产申请主义，这即意味着，申请人申请破产本身，并不能必然启动破产程序。破产申请是破产受理的先决条件，但破产申请并不必然导致破产受理。

韩长印等指出，我国《企业破产法》实施以来破产案件数量有限，远低于绝大部分市场经济发达国家的破产案件数量，说明企业按照破产程序退出市场的通道并未发挥实际作用，而究其原因，则是因为：第一，其他退出机制及债权债务处理机制，替代了破产机制；第二，破产案件受理机制受到挤压。有鉴于此，解决问题的不二法门，便是保证破产申请得到合理审查与受理。[②]

鉴于破产受理尤其是破产公告对债务人商业声誉的严重影响，需要法院在启动破产程序方面，慎之又慎。法院在收到破产申请后，需要从形式和实质两方面审查相关申请。[③] 只有同时通过形式审查和实质审查的破产申请，才会被法院确认并受理，破产程序因此而正式启动。

---

① 参见韩传华：《企业破产法解析》，人民法院出版社2007年版，第32—33页、第432页。
② 参见韩长印主编：《破产法学》（第2版），中国政法大学出版社2016年版，第60页。
③ 参见李国光主编：《新企业破产法条文释义》，人民法院出版社2006年版，第105、106页。

第十条

那么，法院在审查破产申请并裁定是否受理时，究竟审查哪些问题呢？学界、实务界相对普遍的共识是，无论是债权人申请还是债务人申请，法院在收到破产申请之后，需要从实质和形式两方面审查破产申请，然后才决定是否受理破产申请。从实质层面，需要审查：第一，债务人有无破产能力；第二，债务人是否具备破产原因。而从形式层面，需要审查：第一，申请人是否具有破产申请权；第二，破产申请书及其他材料究竟是否齐备；第三，接受破产申请的法院是否具有管辖权。①

本条共分3款。分款评注如下：

第1款："债权人提出破产申请的，人民法院应当自收到申请之日起五日内通知债务人。债务人对申请有异议的，应当自收到人民法院的通知之日起七日内向人民法院提出。人民法院应当自异议期满之日起十日内裁定是否受理。"

本款规定的是债权人提出破产申请时，法院对该破产申请的受理审查期限。据此，从债权人提出破产申请到人民法院最终裁定是否受理的期限，最长情况下可以是：

5天（法院通知债务人期间）+7天（债务人异议期间）+10天（法院最终裁定期限）= 22天（从债权人提出破产申请到人民法院最终裁定的期限）

结合《企业破产法》第10条第3款，如果确有必要且经过上级法院批准，上述期限可以延长15天：

5天（法院通知债务人期间）+7天（债务人异议期间）+10天（法院最终裁定期限）+15天（特殊情况且经上级法院批准的延长期限）= 37天（特殊情况下从债权人提出破产申请到人民法院最终裁定的期限）

对于上述期限，蒋黔贵等指出，无论是法院向债务人发出通知，还是债务人提出异议，抑或是法院在异议期满一定期限内裁定是否受理破产申请，相关期间的计算，均适用《民事诉讼法》中有关送达和期间的基本规定。②

本款共分3层含义：

第1层："债权人提出破产申请的，人民法院应当自收到申请之日起五日内通知债务人。"

对于债权人提起的破产申请，人民法院在收到申请材料后，第一项任务便是确定债权人的身份。如果债权人是自然人，那么只要是本人行为或其授权行为，均合法有效；如果是法人，则需要法定代表人或负责人签字并加盖企业法人或者其他组织的公章，才能视为合法有效。③

蒋黔贵等指出，本层旨在强调债权人提出破产申请的情况下，法院应该在法定期限即"收到申请之日起五日内"通知债务人。④

韩传华指出，这里的"通知"，有两方面内容：第一，法院需要向债务人提供债权人提交的所有破产申请材料复制件；第二，法院应告知债务人其异议权和异议期限。⑤

第2层："债务人对申请有异议的，应当自收到人民法院的通知之日起七日内向人民法院提出。"

这一层保障的是债务人对破产申请的异议权。按照破产法起草小组的阐释，在世界范围内来看，债务人异议程序并非破产制度的程序；但是在我国，债务人破产既面临着社会稳定的成本，也面临着社会公平成本的支付，而我国2006年《企业破产法》通过时的社会保障制度，完全不足以解决社会稳定成本和社会公平成本的支付问题，故债务人破产在中国既是法律问题，亦是社会问题，债务人异议程序的设置，可以说是《企业破产法》为缓解上述两个成本问题而做出的尝试。⑥

王卫指出，对于债务人来说，破产生死攸关，债务人理当有权及时知道自己被申请破产，亦理当有合理的时间就自身是否具备破产原因、是否适用破产程序等事由提出意见；而站在债权人的角度说，债权人也不可能百发百中，在债务人不具备破产原因的情况下，亦有可能因为信息不对称而提出破产申请，甚至也可能基于商业竞争等不正当目的而滥用破产申请权。⑦ 赋予债务人对

---

① 参见蒋黔贵主编：《中华人民共和国企业破产法释义》，中国市场出版社2006年版，第70—71页；李国光主编：《新企业破产法条文释义》，人民法院出版社2006年版，第106—108页；王卫国：《破产法精义》（第2版），法律出版社2020年版，第44—45页；韩长印主编：《破产法学》（第2版），中国政法大学出版社2016年版，第60—61页；李永军等：《破产法》（第2版），中国政法大学出版社2017年版，第28页。

② 参见蒋黔贵主编：《中华人民共和国企业破产法释义》，中国市场出版社2006年版，第70页。

③ 参见韩传华：《企业破产法解析》，人民法院出版社2007年版，第33页。

④ 参见蒋黔贵主编：《中华人民共和国企业破产法释义》，中国市场出版社2006年版，第69页。

⑤ 参见韩传华：《企业破产法解析》，人民法院出版社2007年版，第40页。

⑥ 参见《中华人民共和国企业破产法》起草组编：《〈中华人民共和国企业破产法〉释义》，人民出版社2006年版，第63页。

⑦ 参见王卫国：《破产法精义》（第2版），法律出版社2020年版，第43—44页。

破产申请的异议权,主要是考虑到破产程序本身的不可逆性,以及破产程序对债务人日常运营及公共形象的重要影响。法院应尽可能在充分听取各方意见之后,才决定是否裁定受理破产申请。本质上,赋予债务人对破产申请的异议权,是追求破产程序的公平属性本身使然。

来自立法机构的人员编写的《企业破产法》注解均指出,赋予债务人异议权,主要是因为债权人会基于债务人不能清偿到期债务而提出破产申请,但债权人对于债务人究竟是否具备破产原因,很难及时、准确、全面了解,更多时候还需要法院依照职权启动审查程序,同时需要债权人、债务人双方的证据来核实债权人的破产申请。实践中确实也存在着大量债权人滥用破产申请权,以破产申请为武器,攻击、诋毁债务人商业信誉并达到不正当目的的做法。赋予债务人异议权,让债务人通过证据反驳债权人的破产申请,证明自身不具备破产原因,进而将证据提交法院,让法院作出是否受理破产申请的裁定。①

从上述文本亦可看出,《企业破产法》一方面确保债务人对破产申请有表达异议的权利,同时以"向人民法院提出"的方式保障其表达通道;但从该文本亦可以看出,《企业破产法》对债务人对破产申请的异议权,有严格的期限限制,即债务人需"自收到人民法院的通知之日起七日内"提出,超过这个期限,即视为放弃异议权;即便债务人再提出异议,法院可以不予考虑而直接作出受理与否的裁定。正如蒋黔贵等所指出的,"异议期满债务人未提出异议的,视为债务人无异议。"②

那么,债务人如果对破产申请有异议,应该从哪几个方面提出呢? 韩传华概括为两点:第一,债务人可以审查债权人的破产申请书中所述事实与理由。如果事实与理由部分的陈述与实际情况有差异,尤其诸如债权不真实或者债权未到期,债务人可以将其作为异议的依据之一;在这种情况下,法院需要依据债务人的异议,进一步审查债权的确定性与到期与否的问题,如果审查结论认为异议成立,则法院应依据 2002 年最高人民法院《关于审理企业破产案件若干问题的规定》第 9 条处理,"债权人申请债务人破产,债务人对债权人的债权提出异议,人民法院认为异议成立的,应当告知债权人先行提起民事诉讼。破产申请不予受理"。第二,债务人可以从《企业破产法》第 2 条规定的破产原因的角度,通过举证来证明自己尽管不能清偿到期债务,但尚未达到"资产不足以清偿全部债务或者明显缺乏清偿能力"这一条件。③

韩长印等认为,债务人的异议可以从是否具有破产能力、债权债务关系是否成立、债务履行是否存在可变事由、债权人权利是否存在瑕疵、债务人的清偿能力等方面展开;如果债务人在法定期间内提出证据,从上述诸多方面证明自身不具备破产原因,法院可以裁定不予受理,否则就应裁定受理破产申请。而债务人如果以申请人未预先缴纳诉讼费、对债务人的债务负有连带责任的人未丧失清偿能力、债务人的财务账册不全或者债务人的法定代表人或其他对清算事务有影响的人下落不明等为理由,对债权人提出的破产申请提出异议,法院可以不予支持。④ 另外,韩长印等还指出,《企业破产法》未明确对提出破产申请的债权人人数、债权额、申请债权人在债权总额中所占比例、债权的确定性、是否为债权人利益相关者等要素做出规定,如果债务人以此提出异议,法院可以结合案件全部情况予以综合审查、自由裁量。⑤

韩传华指出,在债权人提出破产申请但债务人有异议的情况下,《企业破产法》对法院是否可以组织债权人、债务人就债务人是否具备破产原因进行听证,未给予明确规定;在这种情形下,法院可以通过自由裁量来确定听证的必要性,但这个听证程序不能突破《企业破产法》对于法院作出裁定的期限的限制,亦即《企业破产法》第 10 条第 1 款第 3 层规定的"自异议期满之日起十日内裁定。"⑥ 韩长印等对此亦持肯定性态度,认为债权人申请破产,对债务人和其他债权人都有较大影响,债权人与债务人在听证程序中的相互质证,有助于法院准确掌握债务人的财务状况和支付能力,亦有助于法院准确判断债权人提出破产申请是否合理,至于相关规则,还需要立法或者司法解

---

① 参见本书编写组编:《〈中华人民共和国企业破产法〉释义及实用指南》,中国民主法制出版社 2006 年版,第 55 页;安建主编:《中华人民共和国企业破产法释义》,法律出版社 2006 年版,第 24 页。
② 蒋黔贵主编:《中华人民共和国企业破产法释义》,中国市场出版社 2006 年版,第 69 页。
③ 参见韩传华:《企业破产法解析》,人民法院出版社 2007 年版,第 47 页。
④ 参见韩长印主编:《破产法学》(第 2 版),中国政法大学出版社 2016 年版,第 61—62 页。
⑤ 参见韩长印主编:《破产法学》(第 2 版),中国政法大学出版社 2016 年版,第 62 页。
⑥ 韩传华:《企业破产法解析》,人民法院出版社 2007 年版,第 36 页。

释给予进一步明确。①

上述债务人异议权的行使,最终只能有两个结果:如果债务人的异议成立,法院应裁定不予受理破产申请;如果债务人的异议不成立,法院则应不考虑债务人异议因素,而根据《企业破产法》规定的其他要求,审查是否受理破产申请。

第3层:"人民法院应当自异议期满之日起十日内裁定是否受理。"

王卫国认为,这里的法院审查期限,不受债务人是否提出异议的实质性制约。亦即是说,无论债务人是否提出异议,法院都只能在异议期满之日起,才能启动审查程序,并在10日内就是否受理债权人的破产申请作出裁定。②

蒋黔贵等指出,本层依旧是从保护债务人异议权的角度,对法院审查破产申请的期限,所作出的进一步规定:第一,在收到债务人的异议之前,法院不得在债务人异议期内审查破产申请并作出受理裁定;第二,法院必须要在"异议期满之日起十日内"决定是否受理破产申请,不得超过这个期限而无所作为。③

对于债务人提出异议的后果,王卫国认为需要分门别类对待:如果债务人认为自身不具备破产原因,法院认为异议成立,应当驳回债权人的破产申请;如果债务人对提出破产申请的债权人的债权提出异议,法院认为异议成立,应当裁定不予受理,同时告知债权人先行提出确认债权的民事诉讼。④

第2款:"除前款规定的情形外,人民法院应当自收到破产申请之日起十五日内裁定是否受理。"

本款规定了排除债权人申请破产的情形。按照《企业破产法》规定的破产申请主体,该款主要是指债务人和清算责任人提出破产申请的情形。正因为如此,尽管本款条文未明确,实际其规范的主要对象,就是债务人或者清算责任人提起破产申请情形下法院的审查期限。由于债务人或清算责任人都与企业有或松或紧的所有关系,在这种情形下,债务人或者清算责任人主动提出破产申请,故不再有异议期之说。人民法院可以在收到破产申请之日起15日内,直接裁定是否受理。

根据《企业破产法》第10条第2款,通常情况下非债权人从提出破产申请到法院裁定是否受理的期限是15日,即:

15日(非债权人提出破产申请到法院审查受理期限)

韩长印等指出,破产申请受理对债务人、债权人等都有实质性影响,尤其债务人,破产申请受理后即丧失受领给付及个别清偿债务等民事行为能力,也丧失提起民事诉讼的能力,而且破产程序一旦启动即无法逆转,这要求法院在裁定受理破产申请时必须慎之又慎;而破产实践亦已证明,15日的审查期限对于破产案件的审理法院来说,十分紧张,甚至有许多案件在《企业破产法》规定的最长审查期限,即37天内,也很难审查完毕并作出受理与否的裁定。⑤ 这既为《企业破产法》第10条第3款规定的15日的延长期埋下伏笔,亦为未来破产申请受理机制改革留下想象的空间。

结合《企业破产法》第10条第3款,如果确有必要且经过上级法院批准,上述期限可以延长15天,即:

15日(非债权人提出破产申请期限)+15日(特殊情况且经上级法院批准的延长期限)=30日(特殊情况下非债权人提出破产申请时的审查期限)

在这种情形下,法院在收到申请人提交的破产申请书后,首要任务是审查该申请人的申请行为是否合法有效。而从债务人申请的角度来说,则需要从其章程来判断其是否具备申请破产的资格;从清算责任人的角度来说,清算责任人除了通过债务人的章程证明申请行为合法性之外,还需要通过证据证明自己是依照法律和债务人章程,而专门成立的清算责任人。⑥

另外,《企业破产法》第70条规定,出资额占债务人注册资本1/10以上的出资人,可以在法院受理破产申请后、宣告破产前,向法院提出重整申请。此即意味着,债务人的出资人既不能申请和解,也不能直接申请启动重整程序;如果提出,法

---

① 韩长印认为,可以明确规定对重大、敏感的企业申请破产时,或者经审查认为当事人提出破产申请可能存在利用破产程序逃债嫌疑,或者债权人的破产申请与债务人的异议合并审查后需要质证的,都可以启动立案听证程序;另外,立案听证期间,应该不计入案件受理审查的期限。见韩长印主编:《破产法学》(第2版),中国政法大学出版社2016年版,第62页。
② 参见王卫国:《破产法精义》(第2版),法律出版社2020年版,第44页。
③ 参见蒋黔贵主编:《中华人民共和国企业破产法释义》,中国市场出版社2006年版,第69—70页。
④ 参见王卫国:《破产法精义》(第2版),法律出版社2020年版,第44页。
⑤ 韩长印主编:《破产法学》(第2版),中国政法大学出版社2016年版,第62—63页。
⑥ 参见韩传华:《企业破产法解析》,人民法院出版社2007年版,第33页。

院应以主体不适格为由,不予受理。①

第3款:"有特殊情况需要延长前两款规定的裁定受理期限的,经上一级人民法院批准,可以延长十五日。"

据破产法起草小组介绍,之所以将破产申请的延长时限定为15日,是充分考虑到破产申请审查较之普通民事诉讼更为复杂,而且在时间期限延长方面,法院在普通民事诉讼中有较大裁量权,但在破产程序中法院需要严格遵从每一个时间窗口,不仅自身无权延长破产申请审查期限,即便延长也需要请求上级法院批准。因此,15日的延长时限及上级法院的批准等制度设计,既能够督促法院及时对破产申请做出受理,也能够为"特殊情况"下法院谨慎地完成其审查义务提供充裕的时间。②

现有的文献中,鲜有详细论及本款规定的"特殊情况"。按照全国人大常委会法工委工作人员、蒋黔贵、安建、王卫国等的列举,能够被纳入"特殊情况"且导致"需要延长前两款规定的裁定受理期限的"情形,可能包括诸如:第一,债权债务关系复杂且短时间难以查明;第二,资产状况复杂,评估困难;第三,债权人人数众多。③在存在前述情形的前提下,法院难以在短时间内审查破产申请,必要的期限延长可以保证受理与否的裁定更为准确,进而保障当事人的合法权益。④

而按照破产法起草小组的列举,我国法院在审查破产申请时面临的"特殊情况",至少包括:第一,特殊债务人的破产,比如金融机构、上市公司,对于这类特殊债务人的破产,因为其涉及不特定但数量众多的利害关系人,所以法院必须向上级报告;第二,政策性破产或者大型国有企业破产,涉及大量职工需要安置,安置方案需要特定级别机构审批,债权分配顺序对债权人也有不同影响;第三,其他情形,比如对社会稳定有重大影响的破产案件、债务人主要财产下落不明或被转移的破产案件或者地方保护主义严重影响破产申请受理的案件等。⑤

李国光等指出,法院对于破产申请是否受理的裁定,会有如下三种结果:第一,法院从形式和实质两方面审查破产申请之后,认为相关申请符合相关规定,故裁定受理破产申请,破产程序由此启动。第二,法院从形式和实质两方面审查破产申请之后,认为破产申请大体符合要求,但需要进一步补充证据和材料,可以责令申请人限期更正或者补充材料;在收到补充材料次日,在规定期限内决定是否受理破产申请;当事人在期限内拒绝更正或补充材料,视为撤回破产申请,相关审查不再进行。第三,法院从形式和实质两方面审查破产申请之后,认为相关申请不符合法律规定,同时亦无更正或补充的空间,或者经更正、补充材料后,仍然达不到破产受理的要求,应直接裁定不予受理破产申请。⑥

而按照破产法起草小组的观点,2002年最高人民法院《关于审理企业破产案件若干问题的规定》第8条、第9条的规定,较之2006年《企业破产法》第10条的规定更为贴近司法实践的需要,既解决了债务人提出异议后的程序问题,亦明确了法院审查破产申请时的审查对象、实质标准及审查结果;但鉴于司法解释的特殊性,在2006年《企业破产法》实施之后,司法实践中的问题依然需要参照上述司法解释规定的思路、结合法律规定的精神实际处理,而不能以2006年《企业破产法》未规定为由而拒绝处理。⑦

综上所述,按照我国2006《企业破产法》第10条规定,在债权人提出破产申请的情况下,从申请到裁定作出的期限最长可以是37天;而在债务人或清算责任人提出破产申请的情况下,从申请到裁定作出的期限最长可以是30天。⑧

---

① 参见韩长印主编:《破产法学》(第2版),中国政法大学出版社2016年版,第60页。
② 参见《中华人民共和国企业破产法》起草组编:《〈中华人民共和国企业破产法〉释义》,人民出版社2006年版,第64—65页。
③ 参见本书编写组编:《〈中华人民共和国企业破产法〉释义及实用指南》,中国民主法制出版社2006年版,第56页;蒋黔贵主编:《中华人民共和国企业破产法释义》,中国市场出版社2006年版,第69—70页;安建主编:《中华人民共和国企业破产法释义》,法律出版社2006年版,第25页;王卫国:《破产法精义》(第2版),法律出版社2020年版,第44页。
④ 参见王卫国:《破产法精义》(第2版),法律出版社2020年版,第44页。
⑤ 参见《中华人民共和国企业破产法》起草组编:《〈中华人民共和国企业破产法〉释义》,人民出版社2006年版,第65页。
⑥ 参见李国光主编:《新企业破产法条文释义》,人民法院出版社2006年版,第109页。
⑦ 参见《中华人民共和国企业破产法》起草组编:《〈中华人民共和国企业破产法〉释义》,人民出版社2006年版,第63页。
⑧ 参见王卫国:《破产法精义》(第2版),法律出版社2020年版,第44页。

第十条

【关联法律法规及司法政策】

最高人民法院《关于适用〈中华人民共和国企业破产法〉若干问题的规定（一）》（2011）

第五条 企业法人已解散但未清算或者未在合理期限内清算完毕，债权人申请债务人破产清算的，除债务人在法定异议期限内举证证明其未出现破产原因外，人民法院应当受理。

第六条 债权人申请债务人破产的，应当提交债务人不能清偿到期债务的有关证据。债务人对债权人的申请未在法定期限内向人民法院提出异议，或者异议不成立的，人民法院应当依法裁定受理破产申请。

受理破产申请后，人民法院应当责令债务人依法提交其财产状况说明、债务清册、债权清册、财务会计报告等有关材料，债务人拒不提交的，人民法院可以对债务人的直接责任人员采取罚款等强制措施。

第七条 人民法院收到破产申请时，应当向申请人出具收到申请及所附证据的书面凭证。

人民法院收到破产申请后应当及时对申请人的主体资格、债务人的主体资格和破产原因，以及有关材料和证据等进行审查，并依据企业破产法第十条的规定作出是否受理的裁定。

人民法院认为申请人应当补充、补正相关材料的，应当自收到破产申请之日起五日内告知申请人。当事人补充、补正相关材料的期间不计入企业破产法第十条规定的期限。

第八条 破产案件的诉讼费用，应根据企业破产法第四十三条的规定，从债务人财产中拨付。相关当事人以申请人未预先交纳诉讼费用为由，对破产申请提出异议的，人民法院不予支持。

第九条 申请人向人民法院提出破产申请，人民法院未接收其申请，或者未按本规定第七条执行的，申请人可以向上一级人民法院提出破产申请。

上一级人民法院接到破产申请后，应当责令下级法院依法审查并及时作出是否受理的裁定；下级法院仍不作出是否受理裁定的，上一级人民法院可以径行作出裁定。

上一级人民法院裁定受理破产申请的，可以同时指令下级人民法院审理该案件。

最高人民法院《关于审理上市公司破产重整案件工作座谈会纪要》（2012）

三、关于上市公司破产重整的申请

会议认为，上市公司不能清偿到期债务，并且资产不足以清偿全部债务或者明显缺乏清偿能力，或者有明显丧失清偿能力可能的，上市公司或者上市公司的债权人、出资额占上市公司注册资本十分之一以上的出资人可以向人民法院申请对上市公司进行破产重整。

申请人申请上市公司破产重整的，除提交《企业破产法》第八条规定的材料外，还应当提交关于上市公司具有重整可行性的报告、上市公司住所地省级人民政府向证券监督管理部门的通报情况材料以及证券监督管理部门的意见、上市公司住所地人民政府出具的维稳预案等。上市公司自行申请破产重整的，还应当提交切实可行的职工安置方案。

四、关于对上市公司破产重整申请的审查

会议认为，债权人提出重整申请，上市公司在法律规定的时间内提出异议，或者债权人、上市公司、出资人分别向人民法院提出破产清算申请和重整申请的，人民法院应当组织召开听证会。

人民法院召开听证会的，应当于听证会召开前通知申请人、被申请人，并送达相关申请材料。公司债权人、出资人、实际控制人等利害关系人申请参加听证的，人民法院应当予以准许。人民法院应当就申请人是否具备申请资格、上市公司是否已经发生重整事由、上市公司是否具有重整可行性等内容进行听证。

鉴于上市公司破产重整案件较为敏感，不仅涉及企业职工和二级市场众多投资者的利益安排，还涉及与地方政府和证券监管机构的沟通协调。因此，目前人民法院在裁定受理上市公司破产重整申请前，应当将相关材料逐级报送最高人民法院审查。

【学理综述】

王欣新在《法律适用》2015年第10期上，发表《立案登记制与破产案件受理机制改革》一文。在该文中，作者认为，立案登记制改革的实质，在于将原来立案时对法律关系和纠纷的实体审查，改变为对起诉文件的形式审查，而讨论破产案件是否适用立案登记制，其核心问题是明确哪些问题需要进行形式审查，哪些问题需要进行实质审查。作者提出，对于债务人提出的破产申请，原则上只要债务人提交的申请材料符合《企业破产法》第8条列举的条件，就应该受理该破产申请；在这一形式审查中，即便相关材料有瑕疵，但只要其不影响对破产原因的实质性判断，亦不影响对破产申请的受理。作者最终对破产案件是否适用立案登记制，并未采取"一刀切"的回答，而是强调因申请人而异、因申请类型而异、因债务人的主体性质而异。从破产申请人的角度，作者认为债务人申请破产清算及和解时，可以适用立案登记制，而债权人申请破产清算且债务人无异议时亦可适用立案登记制,如有异议则转为实质审查,不适用立案登记制。从破产申请类型而言,作者认为破产清算与和解原则上可适用立案登记制,而重整申请则不适用。从债务人主体性质而言,金融机构、上市公司等均不适用立案登记制。①

第十一条 人民法院受理破产申请的,应当自裁定作出之日起五日内送达申请人。

债权人提出申请的,人民法院应当自裁定作出之日起五日内送达债务人。债务人应当自裁定送达之日起十五日内,向人民法院提交财产状况说明、债务清册、债权清册、有关财务会计报告以及职工工资的支付和社会保险费用的缴纳情况。

【立法沿革】

《企业破产法(试行)》(1986)

第九条 人民法院受理破产案件后,应当在十日内通知债务人并且发布公告。人民法院在收到债务人提交的债务清册后十日内,应当通知已知的债权人。公告和通知中应当规定第一次债权人会议召开的日期。

债权人应当在收到通知后一个月内,未收到通知的债权人应当自公告之日起三个月内,向人民法院申报债权,说明债权的数额和有无财产担保,并且提交有关证明材料。逾期未申报债权的,视为自动放弃债权。

人民法院对有财产担保债权和无财产担保债权的申报,应当分别登记。

第十条 债权人提出破产申请的,债务人应当在收到人民法院通知后十五日内,向人民法院提交本法第八条第二款所列有关材料。

债务人为其他单位担任保证人的,应当在收到人民法院通知后五日内转告有关当事人。

《破产法》(1995年草案)

第十四条 人民法院受理破产案件后,应当自裁定之日起五日内通知债务人。

债权人申请的,债务人应当在收到人民法院的通知后15日内,向人民法院提交财产状况说明书、债务清册、债权清册和有关的财务报告。

《企业破产与重整法》(2000年6月草案)

第十三条 人民法院受理破产案件后,应当自裁定之日起五日内通知债务人。

债权人提出申请的,债务人应当在收到人民法院的通知后十五日内,向人民法院提交财产状况说明书、债务清册、债权清册和有关财务报告。

《企业破产法》(2004年3月草案A版)

第十四条 人民法院收到破产申请后,应当在十五日内决定是否受理。人民法院决定受理的,应当作出裁定。

人民法院受理破产申请后,应当自裁定之日起五日内通知债务人。

债权人提出申请的,债务人应当在收到人民法院的通知后十五日内,向人民法院提交财产状况说明书、债务清册、债权清册和有关的财务报告。

《企业破产法》(2004年3月草案B版)

第十三条 人民法院收到破产申请后,应当在十五日内决定是否受理。人民法院决定受理的,应当作出裁定。

人民法院受理破产申请后,应当自裁定之日起五日内通知债务人。

债权人提出申请的,债务人应当在收到人民法院的通知后十五日内,向人民法院提交财产状况说明书、债务清册、债权清册和有关的财务报告。

《企业破产法》(2004年6月草案)

第十三条 人民法院收到破产申请后,应当在十五日内决定是否受理。人民法院决定受理破产申请的,应当作出裁定。

人民法院受理破产申请后,应当自裁定作出之日起五日内通知债务人。

债权人提出申请的,债务人应当在收到人民法院的通知后十五日内,向人民法院提交财产状况说明书、债务清册、债权清册和有关的财务报告。

《企业破产法》(2004年10月草案)

第十三条 人民法院受理破产申请的,应当自裁定作出之日起五日内送达申请人。

债权人提出申请的,人民法院应当自裁定作出之日起五日内送达债务人。债务人应当自裁定送达之日起十五日内,向人民法院提交财产状况说明、债务清册、债权清册和有关的财务会计报告。

【条文释义】

本条规定的是法院裁定受理破产申请后受理裁定送达债务人的期限,以及债务人应提交的材料清单。

从立法史的视角看,本条在不同时期的草案中,较大的变化之一是删除法院在15日内就破产申请做出决定的期限。这里面可能的原因,应该

---

① 参见王欣新:《立案登记制与破产案件受理机制改革》,载《法律适用》2015年第10期,第36—44页。

第十一条

是减少与《企业破产法》第 10 条重复。另外，跟其他草案相比，明显的变化是在最终的定稿关于债务人提交材料清单中，加入"职工工资的支付和社会保险费用的缴纳情况"。

如果对比 1986 年《企业破产法》，2006 年《企业破产法》的规定就破产受理程序本身而言并无明显进步，2006 年《企业破产法》维持破产受理裁定不可上诉的传统；但是从"通知"到"裁定"，由此确定破产程序正式启动的时间，也为破产保护功能的发挥设定明确的时间点，而且还为"裁定"设定"送达"程序，可以说是历史性的进步。①

本条之所以规定法院在受理破产申请之后，要将受理破产申请裁定送达申请人，是因为破产申请人是破产程序的发起者，理当及时地知道法院对破产申请的审查结果。②

本条共分 2 款。分款评注如下：

第 1 款："人民法院受理破产申请的，应当自裁定作出之日起五日内送达申请人。"

根据本款规定，如果债务人或者清算责任人提出破产申请且被法院裁定受理，法院应该自破产受理裁定作出之日起 5 日之内，将该裁定送达债务人。在这种情况下，从破产申请被裁定受理到送达申请人是 5 日。

按照安建的观点，之所以要规定如果法院裁定受理破产申请，要将裁定送达申请人，是基于尊重并保护申请人知情权的考虑，"破产申请人是破产程序的发起者，他应当有权知道法院对破产申请审查的结果。"③

第 2 款："债权人提出申请的，人民法院应当自裁定作出之日起五日内送达债务人。债务人应当自裁定送达之日起十五日内，向人民法院提交财产状况说明、债务清册、债权清册、有关财务会计报告以及职工工资的支付和社会保险费用的缴纳情况。"

根据本款规定，如果债权人提出破产申请，法院应该在破产申请被裁定受理之日起 5 日内，将该裁定送达债务人，而债务人应在破产受理裁定送达之日起 15 日内，向法院提交相关材料。

据李国光等的解释，《企业破产法》第 11 条第 2 款要求债务人在收到破产裁定之后，向法院提交相关材料，其原理类似于一般民事诉讼中被告的答辩，只是普通民事诉讼中被告人可以放弃答辩权，而在破产程序中，债务人"应当"做出说明，是一种权利和义务的结合体，而不是可以单方面宣布放弃的答辩权。④

本款共分 2 层含义：

第 1 层："债权人提出申请的，人民法院应当自裁定作出之日起五日内送达债务人。"

按照蒋黔贵的阐释，法院之所以需要及时将破产申请受理裁定送达债务人，主要目的还是便利债务人及时为破产做好准备，包括准备并向法庭提交相关文件，以便法院能够顺利、及时、有效地审理破产案件，在企业破产程序中保护各个利益相关方的权益。⑤

第 2 层："债务人应当自裁定送达之日起十五日内，向人民法院提交财产状况说明、债务清册、债权清册、有关财务会计报告以及职工工资的支付和社会保险费用的缴纳情况。"

按照上述法律文本，债务人在破产裁定送达之日起 15 日内向法院提交的材料包括：(1) 财产状况说明；(2) 债务清册；(3) 债权清册；(4) 有关财务会计报告；(5) 职工工资的支付和社会保险费用的缴纳情况。安建等认为，破产程序对债务人利害关系重大，在债权人提出破产申请之后，法院应该将受理破产申请的裁定送达债务人，以便债务人及时准备相关资料并在 15 日的法定期限内应诉。⑥

王卫国指出，无论破产申请由谁提出，将受理破产申请的裁定及时送达债务人，都有助于债务人积极履行《企业破产法》第 15 条规定的义务。这种情形在债权人提出破产申请的情形下更为重要和关键，因此本条特别强调债务人在破产裁定送达之日起 15 日内提交材料的义务；如果违反上述义务，债务人将被人民法院根据《企业破产法》第 127 条追究责任。⑦

由此可见，债务人如果不积极履行《企业破产法》第 11 条第 2 款规定的义务，债务人的直接责任人员，将可能遭受到罚款等处罚。在特别严重的情形下，还有可能根据《企业破产法》第 131 条

---

① 参见《中华人民共和国企业破产法》起草组编：《〈中华人民共和国企业破产法〉释义》，人民出版社 2006 年版，第 66—67 页。
② 参见本书编写组编：《〈中华人民共和国企业破产法〉释义及实用指南》，中国民主法制出版社 2006 年版，第 57 页。
③ 安建主编：《中华人民共和国企业破产法释义》，法律出版社 2006 年版，第 25 页。
④ 参见李国光主编：《新企业破产法条文释义》，人民法院出版社 2006 年版，第 110 页。
⑤ 参见蒋黔贵主编：《中华人民共和国企业破产法释义》，中国市场出版社 2006 年版，第 72 页。
⑥ 参见安建主编：《中华人民共和国企业破产法释义》，法律出版社 2006 年版，第 26 页。
⑦ 参见王卫国：《破产法精义》（第 2 版），法律出版社 2020 年版，第 49 页。

被追究刑事责任。

另外，从技术层面来说，对于上述"送达"，还有如下细节需要明确：

按照韩传华的观点，上述两款规定中的"送达"，均适用《民事诉讼法》相关规范。① 那么按照全国人大常委会法工委工作人员的解读，法院可以通过直接送达、留置送达、委托送达、邮寄送达、转交送达及公告送达等方式，将破产申请受理裁定及时地"送达"给破产申请人。②

就送达对象而言，按照王卫国的观点，在债务人申请或清算责任人申请时，送达对象是申请人；在债权人申请时，送达对象是申请人和债务人。③

蒋黔贵等指出，债务人在送达回执上签收的日期为签收裁定的日期；如果债务人拒绝签收，送达人可以邀请有关证人到场，说明情况并记录在案，然后签名或签章后，将裁定留在债务人住所，由此视为送达。④

韩传华进一步指出，由于该"送达"是"自裁定作出之日起五日内"，而《企业破产法》第10条又对收到破产申请后作出裁定的期限有严苛规定，故受理裁定上注明的日期和实际作出裁定的日期应该基本一致，否则极有可能顾此失彼。⑤

按照蒋黔贵等的观点，本条规定澄清了《企业破产法》的一个基本原则：法院无论是否裁定受理破产申请，都应该按照《企业破产法》以及《民事诉讼法》的规定，依法向相关当事人送达裁定；尤其是当申请人是债权人时，法院应当向债权人和债务人同时送达破产申请受理裁定，以便使得法院在破产审判中充分保障各方当事人的利益。⑥

另外，本条同时规定裁定期限和送达期限的做法，有助于抑制过去司法实践中存在的实际裁定日期超出审理期限、但裁定书上载明的日期又会被提前在审理期限之内的情形。⑦ 从法院的角度，为了确保《企业破产法》第11条有关裁定期限和送达期限的规定能实际执行，法院则会尽量推迟其收到申请之日，凡是补充材料、修改材料等时间，都算在收到申请之日之前，只有真正补充材料、修改材料并提交后的日期，才会被确定为法院收到申请之日。⑧

【关联法律法规及司法政策】

《民事诉讼法》(2017)

第八十四条　送达诉讼文书必须有送达回证，由受送达人在送达回证上记明收到日期，签名或者盖章。

受送达人在送达回证上的签收日期为送达日期。

第八十五条　送达诉讼文书，应当直接送交受送达人。受送达人是公民的，本人不在交他的同住成年家属签收；受送达人是法人或者其他组织的，应当由法人的法定代表人、其他组织的主要负责人或者该法人、组织负责收件的人签收；受送达人有诉讼代理人的，可以送交其代理人签收；受送达人已向人民法院指定代收人的，送交代收人签收。

受送达人的同住成年家属，法人或者其他组织的负责收件的人，诉讼代理人或者代收人在送达回证上签收的日期为送达日期。

第八十六条　受送达人或者他的同住成年家属拒绝接收诉讼文书的，送达人可以邀请有关基层组织或者所在单位的代表到场，说明情况，在送达回证上记明拒收事由和日期，由送达人、见证人签名或者盖章，把诉讼文书留在受送达人的住所；也可以把诉讼文书留在受送达人的住所，并采用拍照、录像等方式记录送达过程，即视为送达。

第八十七条　经受送达人同意，人民法院可以采用传真、电子邮件等能够确认其收悉的方式送达诉讼文书，但判决书、裁定书、调解书除外。

采用前款方式送达的，以传真、电子邮件等到达受送达人特定系统的日期为送达日期。

第八十八条　直接送达诉讼文书有困难的，可以委托其他人民法院代为送达，或者邮寄送达。邮寄送达的，以回执上注明的收件日期为送达日期。

第八十九条　受送达人是军人的，通过其所在部队团以上单位的政治机关转交。

第九十条　受送达人被监禁的，通过其所在监所转交。

---

① 参见韩传华：《企业破产法解析》，人民法院出版社2007年版，第42页。
② 参见本书编写组编：《〈中华人民共和国企业破产法〉释义及实用指南》，中国民主法制出版社2006年版，第57页。
③ 参见王卫国：《破产法精义》(第2版)，法律出版社2020年版，第49页。
④ 参见蒋黔贵主编：《中华人民共和国企业破产法释义》，中国市场出版社2006年版，第72—73页。
⑤ 参见韩传华：《企业破产法解析》，人民法院出版社2007年版，第42—43页。
⑥ 参见蒋黔贵主编：《中华人民共和国企业破产法释义》，中国市场出版社2006年版，第69—71页。
⑦ 参见韩传华：《企业破产法解析》，人民法院出版社2007年版，第42—43页。
⑧ 参见韩传华：《企业破产法解析》，人民法院出版社2007年版，第43页。

受送达人被采取强制性教育措施的,通过其所在强制性教育机构转交。

第九十一条　代为转交的机关、单位收到诉讼文书后,必须立即交受送达人签收,以在送达回证上的签收日期,为送达日期。

第九十二条　受送达人下落不明,或者用本节规定的其他方式无法送达的,公告送达。自发出公告之日起,经过六十日,即视为送达。

公告送达,应当在案卷中记明原因和经过。

最高人民法院《关于债权人对人员下落不明或者财产状况不清的债务人申请破产清算案件如何处理的批复》(2008)

贵州省高级人民法院:

你院《关于企业法人被吊销营业执照后,依法负有清算责任的人未向法院申请破产,债权人是否可以申请被吊销营业执照的企业破产的请示》((2007)黔高民二破请终字1号)收悉。经研究,批复如下:

债权人对人员下落不明或者财产状况不清的债务人申请破产清算,符合企业破产法规定的,人民法院应依法予以受理。债务人能否依据企业破产法第十一条第二款的规定向人民法院提交财产状况说明、债权债务清册等相关材料,并不影响对债权人申请的受理。

人民法院受理上述破产案件后,应当依据企业破产法的有关规定指定管理人追收债务人财产;经依法清算,债务人确无财产可供分配的,应当宣告债务人破产并终结破产程序;破产程序终结后二年内发现有依法应当追回的财产或者有应当供分配的其他财产的,债权人可以请求人民法院追加分配。

债务人的有关人员不履行法定义务,人民法院可依据有关法律规定追究其相应法律责任;其行为导致无法清算或者造成损失,有关权利人起诉请求其承担相应民事责任的,人民法院应依法予以支持。

此复。

【学理综述】

李永军在《法学杂志》2011年第2期上,发表《我国〈企业破产法〉上破产程序开始的效力及其反思》一文。作者指出,我国《企业破产法》对破产程序的开始,采破产受理开始主义立场。作者考察破产原因相关法律规范后,认为法院只有对破产申请做实质审查,才能防止破产机制被滥用。另外,作者认为,如果法院审查后发现债务人不具备破产原因,那么民事执行程序应该恢复;因破产程序而被解除民事保全措施的债权人应该获得优先权;而担保债权应该扣除期限利益;因破产程序而产生的损失,包括破产费用或因破产程序开始而受到商誉损失,则应根据债权人、债务人是否具有恶意,而区分特定情况分配责任。另外,对于破产程序开始的效力,作者认为对债务人会产生如下效力:未经法院允许不得擅自离开住所地;拘传;监禁;说明义务;公法上或私法上资格限制。而对于债务人财产,也会产生如下影响:管理处分权归管理人;债务人的债务人或财产持有人向管理人交付财产或偿还债务;破产程序开始前特定期限内有债权人利益的行为可以撤销;对共有产权产生分割需求;对未履行或者未履行完毕的双务契约亦产生影响。对于破产债权人,则产生所有债权均视为到期及不得寻求个别清偿等效果。对于正在进行中的民事诉讼程序,则应中止并由管理人代表债务人出庭应诉。对于案件管辖,则产生集中效果。作者特别指出,破产程序的开始而产生的效力,对破产清算基本上都是适用的,但对于和解程序和重整程序,原则上适用,但具体尚需要讨论,比如管理人接管财产、担保物权行使、取回权行使及高管限制条款等。[①]

第十二条　**人民法院裁定不受理破产申请的,应当裁定作出之日起五日内送达申请人并说明理由。申请人对裁定不服的,可以自裁定送达之日起十日内向上一级人民法院提起上诉。**

人民法院受理破产申请后至破产宣告前,经审查发现债务人不符合本法第二条规定情形的,可以裁定驳回申请。申请人对裁定不服的,可以自裁定送达之日起十日内向上一级人民法院提起上诉。

【立法沿革】

《破产法》(1995年草案)

第十五条　人民法院决定不受理案件的,应当作出裁定,并说明理由。

前款规定的裁定,人民法院应当自裁定之日起五日内通知申请人,但无须公告。

不服人民法院不受理案件裁定的,申请人可以在裁定送达之日起十日内向上一级人民法院提出上诉。

第十六条　人民法院受理破产案件后,应当组成合议庭进行审理。但是,本法另有规定的,不在此限。

---

① 参见李永军:《我国〈企业破产法〉上破产程序开始的效力及其反思》,载《法学杂志》2011年第2期,第42—47页。

第十八条　债务人不服人民法院受理破产案件裁定的,可以向上一级人民法院申请复议一次。复议期间不停止裁定的执行。

《企业破产与重整法》(2000年6月草案)

第十四条　人民法院决定不受理破产案件的,应当作出裁定,并说明理由。

前款规定的裁定,人民法院应当自裁定作出之日起五日内通知申请人,但无须公告。

不服人民法院不受理破产案件裁定的,申请人可以在裁定送达之日起十日内向上一级人民法院提出上诉。

第十五条　人民法院受理破产案件后,应当组成合议庭审理。本法另有规定的,不在此限。

《企业破产与重整法》(2000年12月草案)

第十三条　人民法院决定不受理破产案件的,应当作出裁定,并说明理由。

前款规定的裁定,人民法院应当自裁定作出之日起五日内通知申请人,但无须公告。

不服人民法院不受理破产案件裁定的,申请人可以在裁定送达之日起十五日内向上一级人民法院提出上诉。

第十五条　人民法院受理破产案件后,应当组成合议庭审理。本法另有规定的,不在此限。

《企业破产与重整法》(2001年1月草案)

第十四条　人民法院决定不受理破产申请的,应当作出裁定,并说明理由。

前款规定的裁定,人民法院应当自裁定作出之日起五日内通知申请人,但无须公告。

不服人民法院不受理破产案件裁定的,申请人可以在裁定送达之日起十五日内向上一级人民法院提出上诉。

第十六条　人民法院受理破产申请后,应当组成合议庭审理。本法另有规定的,不在此限。

《企业破产法》(2004年3月草案A版)

第十五条　人民法院决定不受理破产申请的,应当作出裁定,并说明理由。

前款规定的裁定,人民法院应当自裁定作出之日起五日内通知申请人,但无须公告。

不服人民法院不受理破产案件裁定的,申请人可以在裁定送达之日起十五日内向上一级人民法院提出上诉。

《企业破产法》(2004年3月草案B版)

第十四条　人民法院决定不受理破产申请的,应当作出裁定,并说明理由。

前款规定的裁定,人民法院应当自裁定作出之日起五日内通知申请人,但无须公告。

不服人民法院不受理破产案件裁定的,申请人可以在裁定送达之日起十五日内向上一级人民法院提出上诉。

《企业破产法》(2004年6月草案)

第十四条　人民法院决定不受理破产申请的,应当作出裁定,并说明理由。

前款规定的裁定,人民法院应当自裁定作出之日起五日内通知申请人,但无须公告。

对人民法院不予受理破产案件的裁定不服的,申请人可以在裁定送达之日起十五日内向上一级人民法院提出上诉。

《企业破产法》(2004年10月草案)

第十四条　人民法院裁定不受理破产申请的,应当自裁定作出之日起五日内送达申请人并说明理由。申请人对裁定不服的,可以自裁定送达之日起十日内向上一级人民法院提起上诉。

人民法院受理破产申请后,经审查发现债务人不符合本法第二条规定情形的,应当裁定驳回申请。对人民法院驳回破产申请的裁定不服的,申请人可以在裁定送达之日起十日内向上一级人民法院提起上诉。

【条文释义】

本条规范的是法院不受理破产申请或者裁定驳回破产申请时相关裁定的期限及救济途径。

从立法史看,1986年《企业破产法(试行)》并未规定破产申请被裁定不予受理之后的上诉事宜;2006年《企业破产法》新增本条,系参照《民事诉讼法》相关制度设计,而赋予破产申请人的权利救济程序。[①]

法院裁定不予受理破产申请,和法院裁定驳回破产申请的相关事宜。具体体现在如下两个方面:一方面,法院裁定不受理破产申请时,要求:(1)应在5日期限内把不受理破产申请的裁定及时送达申请人;(2)法院除按期送达不受理破产申请裁定外,应向申请人"说明理由";(3)申请人如接受该裁定,自无异议;如不接受该裁定,可以在法定期限亦即不予受理破产申请的裁定送达之日起10日内向上一级法院提出上诉。另一方面,法院受理破产申请后,发现债务人不具备破产原因且需裁定驳回破产申请时,要求:(1)法院已根据《企业破产法》第2条审查债务人是否具备破产原因;(2)审查结论为消极结论,债务人不具备破

---

① 参见李国光主编:《新企业破产法条文释义》,人民法院出版社2006年版,第111页。

产原因;(3)法院根据前述审查结论,裁定驳回申请人的破产申请;(4)申请人有权在驳回破产申请裁定送达之日起 10 日内向上一级法院提出上诉。

本条共分 2 款。分款评注如下:

第 1 款:"人民法院裁定不受理破产申请的,应当自裁定作出之日起五日内送达申请人并说明理由。申请人对裁定不服的,可以自裁定送达之日起十日内向上一级人民法院提起上诉。"

这一款又分为 2 层含义:

第 1 层:"人民法院裁定不受理破产申请的,应当自裁定作出之日起五日内送达申请人并说明理由。"

全国人大常委会法工委工作人员、安建、王卫国等均指出,法院对破产申请的不受理,有助于防止债权人滥用破产申请,通过破产申请损害债务人的商业信誉,也有助于防止债务人"假破产、真逃债",借助破产的名义逃废债务,进而伤害债权人的合法权益。①

这里的"人民法院裁定不受理破产申请",从观念史的角度有一定的阐释空间。据李国光等的介绍,对于破产申请不符合受理条件的情况,《企业破产法》和当时的《民事诉讼法》并未作出明确规定,而实践中则往往用"裁定驳回破产申请"的方式处理。在李国光等看来,"裁定驳回破产申请"显然不尽合理,因为在民事诉讼中,如果法院在立案审查阶段,认为原告的起诉不符合起诉条件,法院可以裁定不予受理,而不是裁定驳回起诉;只有在立案后具体审理过程中,发现不符合起诉条件,才会驳回起诉。这样的制度架构既符合实践需要,尤其是考虑到短时间内法院不可能了解所有案件相关情况,也能够让法院在实际审理中对原告的起诉实施进一步审查,通过"驳回起诉"的方式对受理起诉做出补救。在破产程序中,赋予人民法院"裁定不受理"破产申请的权限,既有助于提高立案审查的效率,又不妨碍法院在破产受理后进一步审查中发现申请人的破产申请不符合法定受理条件后,裁定驳回破产申请。②

按照韩传华的观点,这里的"送达",亦由《民事诉讼法》相关规范调整。③ 由于该"送达"是"自裁定作出之日起五日内",而《企业破产法》第 10 条又对收到破产申请后作出裁定的期限有严苛规定,故受理裁定上注明的日期和实际作出裁定的日期应该基本一致,否则极有可能顾此失彼。④

对于这里的"说明理由",韩传华认为,为了保证申请人潜在异议的针对性,相关理由应该在裁定中载明,形成书面文件,而不能在送达过程中以口头或者通过其他非书面方式表达。⑤ 王卫国进一步指出,这里的"说明理由",一般为裁定书中的理由陈述,但亦可辅以债务人异议书、财务报告等其他文件。⑥

对于裁定不予受理破产申请的"理由",破产法起草小组指出,一般情况下不予受理破产申请的理由包括:债务人无破产能力、债务人已被清算注销、债务人未丧失清偿能力、债务人财产下落不明、恶意讨债式破产申请、债权人债权证明文件不足、申请材料不合格且不能补正等等。⑦

第 2 层:"申请人对裁定不服的,可以自裁定送达之日起十日内向上一级人民法院提起上诉。"

上述条文,对于申请人对裁定的异议权已有相应的程序保障,申请人只要对裁定不服,即可向上一级人民法院提起上诉,上诉的具体程序应参照《民事诉讼法》的规定。这是出于充分保障当事人权利的制度安排。⑧ 对于申请人对裁定的异议权行使,本条亦规定相应的期限限制,亦即"自裁定送达之日起十日内"提起上诉,否则视为申请人同意该裁定或放弃上诉。

按照李国光等的阐释,这里的"不受理""裁定",即"人民法院对申请人的申请经审查,认为不符合立案受理条件,而决定不予立案的法律文件,也是申请人不服一审裁决,而依法向上级人民法院提出上诉的法律依据凭证";李国光等由此进

---

① 参见本书编写组编:《〈中华人民共和国企业破产法〉释义及实用指南》,中国民主法制出版社 2006 年版,第 58 页;安建主编:《中华人民共和国企业破产法释义》,法律出版社 2006 年版,第 26 页;王卫国:《破产法精义》(第 2 版),法律出版社 2020 年版,第 50 页。

② 参见李国光主编:《新企业破产法条文释义》,人民法院出版社 2006 年版,第 112—113 页。

③ 参见韩传华:《企业破产法解析》,人民法院出版社 2007 年版,第 42 页。

④ 参见韩传华:《企业破产法解析》,人民法院出版社 2007 年版,第 42—43 页。

⑤ 参见韩传华:《企业破产法解析》,人民法院出版社 2007 年版,第 48 页。

⑥ 参见王卫国:《破产法精义》(第 2 版),法律出版社 2020 年版,第 50 页。

⑦ 参见《中华人民共和国企业破产法》起草组编:《〈中华人民共和国企业破产法〉释义》,人民出版社 2006 年版,第 69 页。

⑧ 参见蒋黔贵主编:《中华人民共和国企业破产法释义》,中国市场出版社 2006 年版,第 73 页;安建主编:《中华人民共和国企业破产法释义》,法律出版社 2006 年版,第 26—27 页。

一步指出,法院如果"裁定"不受理申请人的破产申请,鉴于破产程序自身的严格性、破产申请本身的书面性,必须要采取书面形式;对于缺乏书面裁定的上诉,二审法院只能做出退卷处理。①

但该条文有两点未进一步明确:其一,如果申请人对法院不受理裁定不服而上诉,法院是否有义务将债权人的上诉状送达债务人,并由债务人做出答辩?韩传华认为,如果债权人提出破产申请而法院未予受理,应适用《民事诉讼法》有关第二审程序的规定,保障债务人在法定期限内的答辩权;其二,申请人的上诉申请,在二审法院作出裁定之前,是否可以撤回?韩传华认为,按照《民事诉讼法》相关原理,申请人有权撤回上诉,但法院对于批准与否有决定权。②

蒋黔贵等指出,准确理解本层规定,应从法院和申请人的角度分别去理解:第一,从法院的角度,如果法院决定不受理破产申请,必须用"裁定",同时应将该裁定在5日内送达当事人,且说明作出不受理破产申请裁定的理由;第二,从申请人的角度,应明确当事人如果不服法院所作出的不受理破产申请裁定,可以在裁定送达之日起10日内向上级人民法院提出上诉。③

另外,《企业破产法》未进一步规定对不予受理破产申请裁定上诉受理后的当事人上诉的审查期限。按照破产法起草小组的说法,鉴于《企业破产法》未做进一步规定,这里应当适用《民事诉讼法》关于对裁定上诉审理期限的规定,即一个月。④

第2款:"人民法院受理破产申请后至破产宣告前,经审查发现债务人不符合本法第二条规定情形的,可以裁定驳回申请。申请人对裁定不服的,可以自裁定送达之日起十日内向上一级人民法院提起上诉。"

全国人大常委会法工委工作人员指出,《企业破产法》之所以规定裁定驳回破产申请制度,是因为尽管法院在审查破产申请过程中已尽基本的审查义务,但由于破产案件本身的复杂性和审查期限的制约,依旧存在不当裁定受理破产申请的可能;在裁定受理破产申请之后进一步审查过程中,如果发现债务人不具备破产原因,亦即未达到不能清偿到期债务,且资产不足以清偿全部债务或明显缺乏清偿能力,则法院依然可以在破产宣告作出前,裁定驳回破产申请。⑤

蒋黔贵等认为,驳回破产申请制度设立的初衷,是防止债务人滥用破产申请机制来达到逃避债务的目的,进而伤害债权人的利益;亦防止债权人滥用破产申请启动针对债务人的破产程序,进而损害债务人利益。就其本质而言,驳回破产申请机制的根本在于赋予法院特定权力,使其在经审查确认债务人不具备破产原因时,能够及时终止破产程序。⑥

这一款亦分为2层含义:

第1层:"人民法院受理破产申请后至破产宣告前,经审查发现债务人不符合本法第二条规定情形的,可以裁定驳回申请。"

按照破产法起草小组的说法,裁定驳回破产申请制度类似于普通民事诉讼中的"驳回起诉",较有中国特色,最早见诸1991年最高人民法院破产法司法解释,随后又被2002年破产法司法解释和2006年《企业破产法》吸收。⑦

韩长印等指出,驳回破产申请的原因主要包括两类,要么是破产程序开始的条件不具备,要么是破产程序的开始存在障碍要件,具体事由可以包括:第一,申请人或者被申请人不符合破产程序启动的条件;第二,破产原因欠缺;第三,法院发现申请人存在恶意申请破产行为等。⑧

按照法律文本,本层意味着,法院在受理破产申请、作出破产宣告前,只要发现债务人不符合《企业破产法》第2条规定的情形,均可裁定驳回申请。这也意味着,法院受理破产申请后、作出破产宣告前,核心考察因素是确认债务人是否具备破产原因;只要发现债务人不具备破产原因,即"不能清偿到期债务"且"资产不足以清偿全部债务",或者"不能清偿到期债务"且"有明显丧失清偿能力可能的",均可以裁定的方式,驳回申请。

按照李国光等的解释,尽管法律要求在破产

---

① 参见李国光主编:《新企业破产法条文释义》,人民法院出版社2006年版,第113页。
② 参见韩传华:《企业破产法解析》,人民法院出版社2007年版,第48页。
③ 参见蒋黔贵主编:《中华人民共和国企业破产法释义》,中国市场出版社2006年版,第73—74页。
④ 参见《中华人民共和国企业破产法》起草组编:《〈中华人民共和国企业破产法〉释义》,人民出版社2006年版,第69—70页。
⑤ 参见本书编写组:《〈中华人民共和国企业破产法〉释义及实用指南》,中国民主法制出版社2006年版,第58—59页。
⑥ 参见蒋黔贵主编:《中华人民共和国企业破产法释义》,中国市场出版社2006年版,第74页。
⑦ 参见《中华人民共和国企业破产法》起草组编:《〈中华人民共和国企业破产法〉释义》,人民出版社2006年版,第70页。
⑧ 参见韩长印主编:《破产法学》(第2版),中国政法大学出版社2016年版,第63页。

第十二条

申请审查阶段,法院就应该严格把关,准确掌握并适用破产申请的受理条件,但鉴于客观情况的复杂性及立案审查期间的有限性,不能保证法院在立案审查期间就能够查明所有事实,在破产申请裁定不予受理的基础上,进一步赋予法院驳回破产申请的权力,才能使破产申请与受理程序周密完整。① 蒋黔贵等的观点与此类似,即便法院已经裁定受理破产申请,但只要法院在破产程序后,发现债务人不具备《企业破产法》第2条规定的破产原因,依旧可以裁定驳回申请。②

破产法起草小组、李国光等均指出,法院在受理破产申请后,在如下三种情况下,均可裁定驳回破产申请:第一,破产申请本身不符合法定的破产案件受理条件;第二,申请人恶意破产,具有隐匿、转移财产等行为,有借破产逃债的意图,或者债权人借破产申请诋毁债务人的商誉等;第三,法院经核查发现债务人的巨额财产下落不明,且无法作出合理解释。③

对于法院"可以裁定驳回申请"的规定,韩传华持保留态度。韩传华认为,法院在受理破产申请到作出破产宣告前,可能面临不同情况。相应情形根据《企业破产法》可以归结为9种。④ 本书作者结合韩传华归类的具体情形,展示如下:

编号	申请人	时间节点	申请程序	法院
1	债务人	直接	破产清算	受理但没有破产宣告
2	债务人	直接	重整	受理但没有破产宣告
3	债务人	直接	和解	受理但没有破产宣告
4	债权人	直接	破产清算	受理但没有破产宣告
5	债权人	直接	重整	受理但没有破产宣告
6	清算责任人	直接	破产清算	受理但没有破产宣告
7	债权人	先	破产清算	受理但没有破产宣告
7	债务人	后	重整	受理但没有破产宣告
8	债权人	先	破产清算	受理但没有破产宣告
8	出资额占注册资本1/10的出资人	后	重整	受理但没有破产宣告
9	债务人	受理破产申请后、宣告破产前	和解	受理但没有破产宣告

韩传华认为,由于宣告破产之前,破产程序可能已经进行到一定阶段,而破产程序本身涉及的法律关系又十分复杂,特别是在重整计划执行期间、和解协议执行期间,法院对于破产申请的轻易驳回,将会略显草率,事实上可能并不利债权债务关系的公平清理,有违《企业破产法》的初衷。⑤

另外,韩传华指出,根据这一层法律规定,《企业破产法》未明确在破产清算、重整和和解程序交替发生、申请人前后不一时,法院"可以裁定驳回申请"具体针对的程序,亦未明确这种情形下的上诉申请人。韩传华指出,破产清算、重整和解程序交替发生、申请人前后不一并申请不同程序的情形,主要出现在如下两种情况下:第一,"在法院受理债权人提出的破产清算申请后、破产宣告前,债务人申请重整,法院受理重整申请但没有宣告破产。在此情形下,破产清算的申请人是债权

---

① 参见李国光主编:《新企业破产法条文释义》,人民法院出版社2006年版,第114页。
② 参见蒋黔贵主编:《中华人民共和国企业破产法释义》,中国市场出版社2006年版,第74页。
③ 参见《中华人民共和国企业破产法》起草组编:《〈中华人民共和国企业破产法〉释义》,人民出版社2006年版,第70—71页;李国光主编:《新企业破产法条文释义》,人民法院出版社2006年版,第114—115页。
④ 参见韩传华:《企业破产法解析》,人民法院出版社2007年版,第49页。
⑤ 参见韩传华:《企业破产法解析》,人民法院出版社2007年版,第49页。

人,重整申请的申请人是债务人。破产清算申请在前,重整申请在后"。第二,"在法院受理债权人提出的破产清算申请后、破产宣告前,债务人申请和解,法院受理和解申请但没有宣告破产。在此情形下,破产清算的申请人是债权人,和解申请的申请人是债务人。破产清算申请在前,和解申请在后"。在上述任何一种情形下,法院在"裁定驳回申请"时,应该明确究竟是驳回在先申请还是在后申请,唯其如此,才能确定具体的上诉申请人。①

韩传华还指出,本规定未明确回应如下问题:如果法院在受理破产申请、作出破产宣告之前,决定裁定驳回申请,那么谁最应成为已发生的破产费用和共益债务的承担者?是债务人直接承担,还是申请人承担?如果债务人承担,债务人是否可以不当申请为由,针对提起破产申请的行为,起诉债权人或出资人……韩传华对这些问题未直接回答,只是根据法律条文中"可以"而非"应当"的措辞,提醒法院慎重裁定驳回起诉。韩传华甚至指出,从维护市场经济秩序的角度以及执法的实际效果来权衡,如果法院认为债务人有能力偿还到期债务或者资产大于负债,完全可以根据《企业破产法》第108条裁定终结破产程序,而非简单裁定驳回申请。②

韩长印等特别指出,鉴于《企业破产法》已规定破产案件受理费用在破产财产中列支,故无论是债务人申请破产还是债权人申请破产,都不能要求债权人或债务人在破产申请时垫付受理费用,更不能以未交诉讼费用为由驳回破产申请。③

第2层:"申请人对裁定不服的,可以自裁定送达之日起十日内向上一级人民法院提起上诉。"

全国人大常委会法工委工作人员指出,驳回破产申请裁定直接涉及申请人的权利,为防止裁定不当,应允许申请人按照法律规定的上诉期限,向上一级人民法院提出上诉,寻求权利救济程序。④

根据《企业破产法》第12条第2款的规定,申请人如果对驳回破产申请的裁定有异议,应该在法定期限内,亦即"自裁定送达之日起十日内",向特定的审判机关,亦即受理破产申请法院的"向上一级人民法院"提出上诉。蒋黔贵等特别强调了这一法定期间。⑤ 显而易见,鉴于上诉权是一种权利,如果申请人在"自裁定送达之日起十日内"未能及时提起上诉,只能视为其弃权。

按照王卫国的观点,这里有关申请人对裁定不服的上诉权,是《企业破产法》仅有的有关上诉权的规定;《企业破产法》之所以对当事人的上诉权做严格限制,根本上还是为了防止当事人滥用上诉权,进而造成无谓的程序拖延和时间、经济成本增加。⑥ 李国光等亦认为,鉴于驳回破产申请裁定本身,事关申请人能否达到其提出破产申请的目的,故应赋予申请人上诉权,通过上诉程序留下救济的空间和可能。⑦

那么,当事人在提出上诉之后,又会有哪些司法监督的法律后果呢?《企业破产法》未有进一步规定。参引2002年最高人民法院《关于审理企业破产案件若干问题的规定》第104条,"最高人民法院发现各级人民法院,或者上级人民法院发现下级人民法院在破产程序中作出的裁定确有错误的,应当通知其纠正;不予纠正的,可以裁定指令下级人民法院重新作出裁定"。上级人民法院原则上可以采取"通知其纠正",或者"指令下级人民法院重新作出裁定"。

在执行转破产过程中,如果法院裁定驳回当事人的申请,执行程序是否应该完全恢复?齐树洁和陈洪杰认为不应该完全恢复,因为债务人的上诉权事实上使法院终结破产程序裁定的效力处于未定状态,如果此时完全恢复执行程序,可能使得个别执行申请人优先受偿;这种情况下,如果当事人上诉获得上级法院的支持,个别债权人优先受偿的事实就会与上级法院裁定启动破产程序的意图冲突。在这种情况下,执行程序的分阶段恢复更为可取:终结破产程序的同时,先恢复为保障执行而实施的查封、扣押措施,但暂时不转移给申请执行人;如果当事人未上诉或上诉被驳回,则可以将被执行财产转移给申请执行人;如果上诉得到上级法院支持,应解除查封、扣押等措施,重启

---

① 参见韩传华:《企业破产法解析》,人民法院出版社2007年版,第50页。
② 参见韩传华:《企业破产法解析》,人民法院出版社2007年版,第50—51页。
③ 参见韩长印主编:《破产法学》(第2版),中国政法大学出版社2016年版,第63页。
④ 参见本书编写组编:《〈中华人民共和国企业破产法〉释义及实用指南》,中国民主法制出版社2006年版,第59页。
⑤ 蒋黔贵主编:《中华人民共和国企业破产法释义》,中国市场出版社2006年版,第74页。
⑥ 王卫国:《破产法精义》(第2版),法律出版社2020年版,第52页。
⑦ 李国光主编:《新企业破产法条文释义》,人民法院出版社2006年版,第115页。

破产程序。[①]

第十三条 人民法院裁定受理破产申请的，应当同时指定管理人。

【立法沿革】

《企业破产法(试行)》(1986)

第二十四条 人民法院应当自宣告企业破产之日起十五日内成立清算组，接管破产企业。清算组负责破产财产的保管、清理、估价、处理和分配。清算组可以依法进行必要的民事活动。

清算组成员由人民法院从企业上级主管部门、政府财政部门等有关部门和专业人员中指定。清算组可以聘任必要的工作人员。

清算组对人民法院负责并且报告工作。

《破产法》(1995年草案)

第一百三十一条 人民法院宣告债务人破产后，应当由裁定之日起7日内指定破产清算人。在破产清算人就任前，由管理人代行破产清算人的职权。

破产清算人可以由同一案件的管理人担任。

破产清算人不得超过五人。

破产清算人为数人时，称作清算组。清算组成员共同执行职务。清算组组长由人民法院指定。

人民法院指定破产清算人后，应当及时公告破产清算人的姓名和处理事务的地址。

第一百三十二条 破产清算人的资格，准用本法第三十一条的规定。

第一百三十三条 人民法院指定破产清算人后，应当在三日内通知管理人。管理人自收到人民法院通知时起，向破产清算人办理破产事务的移交。

在人民法院指定破产清算人前，破产人的债务人或者财产持有人向管理人清偿债务或者交付财产的，视为向破产清算人清偿债务或者交付财产。

在人民法院指定破产清算人前，管理人依法进行的有关破产财产的行为，视为破产清算人的行为。

第一百三十四条 破产清算人负责破产财产的管理、清算、估价、变卖和分配，并以自己的名义从事破产清算业务范围内的一切民事活动。

破产清算人执行职务，准用本法第三十二条的规定。

破产清算人执行职务，应当向人民法院报告工作，并接受债权人会议的监督。

第一百三十五条 破产清算人的报酬、执行职务所需费用及责任，准用本法第三十四条规定。

第一百三十六条 破产清算人的责任，准用本法第三十五条的规定。

《企业破产与重整法》(2000年6月草案)

第二十八条 人民法院受理破产案件时，应当指定管理人。管理人接管债务人财产的日常管理和经营事务，对人民法院负责并报告工作。

管理人执行职务，应当接受债权人会议的监督。管理人应当列席债权人会议，向债权人会议报告职务执行情况，并回答询问。

《企业破产与重整法》(2000年12月草案)

第十四条 人民法院受理破产案件时，应当指定管理人。

《企业破产与重整法》(2001年1月草案)

第十五条 人民法院受理破产申请时，应当指定管理人。

《企业破产法》(2004年3月草案A版)

第十六条 人民法院决定受理破产申请的，应当同时指定管理人。

《企业破产法》(2004年3月草案B版)

第十五条 人民法院决定受理破产申请的，应当同时指定管理人。本法另有规定的除外。

《企业破产法》(2004年6月草案)

第十五条 人民法院决定受理破产申请的，应当同时指定管理人。

《企业破产法》(2004年10月草案)

第十五条 人民法院决定受理破产申请的，应当同时指定管理人。

【条文释义】

本条规定的是法院裁定受理破产申请后指定管理人的问题。

从立法史的视角看，在1986年《企业破产法(试行)》中，本条出现在第5章"破产清算和破产宣告"中；在2000年6月草案中，本条出现在第2章"申请和受理"下第3节"管理人"部分；但从2004年之后的两份草案中，本条依旧出现在第2章"申请和受理"部分，但此时第2章仅有"申请"与"受理"两节，"管理人"独立成第3章。

[①] 参见齐树洁、陈洪杰：《破产程序与执行程序的冲突及其协调》，载《厦门大学学报(哲学社会科学版)》2007年第3期，第108—109页。

在2006年《企业破产法》中，管理人制度在我国破产法发展史上首次正式亮相。寥寥数字的背后，体现的是包括立法界在内的社会各界破产观念的进步与转型。

全国人大常委会法工委工作人员撰写的《企业破产法》注解文本均指出，由专业的第三方机构执行破产事务、主导破产程序的进行，处理包括诸如接收财产、管理财产、经营事务、处分财产、分配财产等问题，是世界范围内破产制度发展的最大共性之一。王卫国指出，在破产清算预期下，债务人与管理层难以避免的道德风险、债权人及其他利害关系人之间的利益冲突等因素，导致破产实践中确有必要聘用专业、中立的服务机构，来执行破产程序，尤其是管理破产财产及其相关事务。① 即便是在1986年《企业破产法（试行）》中，也有政府背景浓厚的"清算组"，来接管陷入财务困境的企业。而随着中国社会经济转型，在2006年《企业破产法》起草过程中，建立专业、独立的管理人制度，在参与起草各方中取得极为广泛的共识；各地的实践经验，也为相关制度的设计奠定基础。②

破产法起草小组亦指出，本条规范并非对破产管理人制度的规定，而是对管理人产生方式和时间的规定，管理人制度在2006年《企业破产法》中另设专章规定。③

在本条立法审议过程中，对究竟是否赋予法院"指定"管理人的权力，各方存在极大争议，反对的声音尤其强烈。据李国光介绍，反对的理由主要有如下几类：其一，由法院而非债权人会议"指定"管理人，不能准确反映和代表债权人的利益；其二，破产企业所在地法院可能会有地方保护倾向，因而不能保障外地债权人的利益；其三，由法院"指定"管理人，将使法院直接介入商业交易，有违公权力中立的法治精神；其四，法院"指定"管理人，有违破产法的私法本质，会侵犯债权人意思自治，稍有不慎便会使得公权力行使出现偏差。④ 王卫国亦指出，在《企业破产法》起草过程中，对于管理人的性质，各种学说观点均有，除了主导性的"法定机构说"外，亦不乏意见主张由债权人来聘用管理人，但起草者们相对一致的观点认为，"尽管维护债权人利益是破产程序的主要目的之一，但管理人应该保持独立和中立，并且可以为保护破产财产和维护全体债权人以及债务人、职工等其他利害关系人的利益而与个别债权人进行诉讼"，故最终《企业破产法》采纳法定机关说，由法院来行使对管理人的指定权。⑤

据破产法起草小组的介绍，全球范围内管理人选任方式并不一致，英美法系国家倾向于由债权人来选任管理人，而大陆法系国家更倾向于法院指定，两种做法各有所长，很难简单臧否月旦；而我国2006年《企业破产法》最终规定由法院指定管理人，同时规定债权人会议对不能胜任的管理人有权请求法院解任并另行指定，兼顾了1986年《企业破产法（试行）》实施以来由法院指定清算组的立法和司法传统以及债权人自治的本质要求。⑥

要理解《企业破产法》第13条，关键是准确理解"同时"。

全国人大常委会大法工委工作人员指出，鉴于法院裁定受理破产申请后，破产程序立即启动，债务人即丧失对其财产的管理、处分权限；为防止债务人财产管理出现真空，防止财产无谓流失，就需要法院在裁定受理破产申请的同时，立即任命管理人来接管破产企业。⑦

据李国光等解释，根据1986年《企业破产法（试行）》第24条，清算组往往在破产申请受理15日后才能成立，这就导致企业管理的"真空"状态，原企业管理团队被终止行使职权，而法院亦无力充当"临时管理人"，最终往往导致等清算组成立后，企业财产已因种种原因大量流失，直接导致破产清算的清偿率极低；2006年《企业破产法》第13条规定法院在受理破产申请的"同时"指定破

---

① 参见王卫国：《破产法精义》（第2版），法律出版社2020年版，第53页。
② 参见本书编写组编：《〈中华人民共和国企业破产法〉释义及实用指南》，中国民主法制出版社2006年版，第59—60页；蒋黔贵主编：《中华人民共和国企业破产法释义》，中国市场出版社2006年版，第75页；安建主编：《中华人民共和国企业破产法释义》，法律出版社2006年版，第27页。
③ 参见《中华人民共和国企业破产法》起草组编：《〈中华人民共和国企业破产法〉释义》，人民出版社2006年版，第72页。
④ 参见李国光主编：《新企业破产法条文释义》，人民法院出版社2006年版，第117—118页。
⑤ 参见王卫国：《破产法精义》（第2版），法律出版社2020年版，第54页。
⑥ 参见《中华人民共和国企业破产法》起草组编：《〈中华人民共和国企业破产法〉释义》，人民出版社2006年版，第72页。
⑦ 参见本书编写组编：《〈中华人民共和国企业破产法〉释义及实用指南》，中国民主法制出版社2006年版，第60页。

产管理人,用意即在于消除企业管理的真空状态。① 蒋黔贵等亦强调,准确理解"同时",需要明确如下两点:第一,在法院裁定受理破产申请之日,就应指定管理人,这中间不应该有时间差;第二,法院只要裁定受理破产申请,无论是破产清算、和解还是重整,都应该同时任命管理人。② 破产法起草小组亦指出,这里的"同时",可以理解为"在法院作出受理裁定的时候,即指定管理人"。③ 在王卫国看来,要求法院在裁定受理破产申请的"同时"指定管理人,对及时保全债务人的财产具有十分重要的意义,较之 1986 年《企业破产法(试行)》下清算组迟迟难以组建而造成资产流失的弊端,其进步显而易见。④

另据王欣新介绍,在《企业破产法》起草过程中,曾拟议按照英国等国破产制度的架构,设置临时管理人,解决法院受理破产申请之后、宣告破产之前的债务人财产监管问题;但在最终定稿中,因为《企业破产法》对管理人的定位及选任方式采取由法院直接指定的方式,债权人会议在其中作用有限,临时管理人的方案也最终弃之不用。⑤

有关管理人指定的具体办法,在《企业破产法》实施前夕,最高人民法院已于 2007 年 4 月 12 日发布的《关于审理企业破产案件指定管理人的规定》中予以明确。

【关联法律法规及司法政策】

最高人民法院《关于推进破产案件依法高效审理的意见》(2020)

5. 人民法院根据案件具体情况,可以在破产申请受理审查阶段同步开展指定管理人的准备工作。管理人对于提高破产案件效率、降低破产程序成本作出实际贡献的,人民法院应当作为确定或者调整管理人报酬方案的考量因素。

第十四条　人民法院应当自裁定受理破产申请之日起二十五日内通知已知债权人,并予以公告。

通知和公告应当载明下列事项:

(一)申请人、被申请人的名称或者姓名;

(二)人民法院受理破产申请的时间;

(三)申报债权的期限、地点和注意事项;

(四)管理人的名称或者姓名及其处理事务的地址;

(五)债务人的债务人或者财产持有人应当向管理人清偿债务或者交付财产的要求;

(六)第一次债权人会议召开的时间和地点;

(七)人民法院认为应当通知和公告的其他事项。

【立法沿革】

《企业破产法(试行)》(1986)

第十四条　第一次债权人会议由人民法院召集,应当在债权申报期限届满后十五日内召开。以后的债权人会议在人民法院或者会议主席认为必要时召开,也可以在清算组或者占无财产担保债权总额的四分之一以上的债权人要求时召开。

《民事诉讼法》(1991)

第二百条　人民法院裁定宣告进入破产还债程序后,应当在十日内通知债务人和已知的债权人,并发出公告。

债权人应当在收到通知后三十日内,未收到通知的债权人应当自公告之日起三个月内,向人民法院申报债权。逾期未申报债权的,视为放弃债权。

债权人可以组成债权人会议,讨论通过破产财产的处理和分配方案或者和解协议。

《破产法》(1995 年草案)

第十七条　人民法院受理破产案件后,应当自裁定之日起三十日内通知有明确地址的债权人,并发布公告。

通知和公告应当载明以下事项:

(一)人民法院受理破产案件裁定的主文,以及受理破产案件的时间;

(二)债权申报期限以及申报的注意事项;

(三)管理人的姓名及其处理事务的地址;

(四)债务人的债务人应当向管理人清偿债务,债务人的财产持有人应当向管理人交付财产;

(五)第一次债权人会议召开的日期和地点;

(六)人民法院认为应当公告的其他事项。

《企业破产与重整法》(2000 年 6 月草案)

第十六条　人民法院受理破产案件后,应当自裁定之日起三十日内通知有明确地址的债权人,并发布公告。

---

① 参见李国光主编:《新企业破产法条文释义》,人民法院出版社 2006 年版,第 116 页。
② 参见蒋黔贵主编:《中华人民共和国企业破产法释义》,中国市场出版社 2006 年版,第 75—76 页。
③ 《中华人民共和国企业破产法》起草组编:《〈中华人民共和国企业破产法〉释义》,人民出版社 2006 年版,第 72 页。
④ 参见王卫国:《破产法精义》(第 2 版),法律出版社 2020 年版,第 54 页。
⑤ 参见王欣新:《破产法》(第 3 版),中国人民大学出版社 2011 年版,第 55—56 页。

通知和公告应当载明以下事项：

（一）人民法院受理破产案件裁定的主文，以及受理破产案件的时间；

（二）债权申报期限以及申报的注意事项；

（三）管理人的姓名及其处理事务的地址；

（四）债务人的债务人应当向管理人清偿债务，债务人的财产持有人应当向管理人交付财产；

（五）第一次债权人会议召开的日期和地点；

（六）人民法院认为应当公告的其他事项。

《企业破产与重整法》（2000年12月草案）

第十六条　人民法院受理破产案件后，应当自裁定之日起三十日内通知有明确地址的债权人，并发布公告。

通知和公告应当载明以下事项：

（一）人民法院受理破产案件裁定的主文，以及受理破产案件的时间；

（二）债权申报期限以及申报的注意事项；

（三）管理人的姓名及其处理事务的地址；

（四）债务人的债务人应当向管理人清偿债务，债务人的财产持有人应当向管理人交付财产；

（五）第一次债权人会议召开的日期和地点；

（六）人民法院认为应当公告的其他事项。

《企业破产与重整法》（2001年1月草案）

第十七条　人民法院受理破产申请后，应当自裁定之日起十五日内通知有明确地址的债权人，并发布公告。

通知和公告应当载明以下事项：

（一）人民法院受理破产案件裁定的主文，以及受理破产案件的时间；

（二）债权申报期限以及申报的注意事项；

（三）管理人的姓名及其处理事务的地址；

（四）债务人的债务人应当向管理人清偿债务，债务人的财产持有人应当向管理人交付财产；

（五）第一次债权人会议召开的日期和地点；

（六）人民法院认为应当公告的其他事项。

《企业破产法》（2004年6月草案）

第十七条　人民法院受理破产申请后，应当自裁定作出之日起十五日内通知已知债权人，并发布公告。

通知和公告应当载明下列事项：

（一）人民法院受理破产案件裁定的主文，以及受理破产案件的时间；

（二）债权申报期限以及申报的注意事项；

（三）管理人的名称、姓名及其处理事务的地址；

（四）债务人的债务人应当向管理人清偿债务，债务人的财产持有人应当向管理人交付财产；

（五）第一次债权人会议召开的日期和地点；

（六）人民法院认为应当公告的其他事项。

《企业破产法》（2004年3月草案A版）

第十八条　人民法院受理破产申请后，应当自裁定之日起十五日内通知有明确地址的债权人，并发布公告。

通知和公告应当载明以下事项：

（一）人民法院受理破产案件裁定的主文，以及受理破产案件的时间；

（二）债权申报期限以及申报的注意事项；

（三）管理人的姓名及其处理事务的地址；

（四）债务人的债务人应当向管理人清偿债务，债务人的财产持有人应当向管理人交付财产；

（五）第一次债权人会议召开的日期和地点；

（六）人民法院认为应当公告的其他事项。

《企业破产法》（2004年3月草案B版）

第十七条　人民法院受理破产申请后，应当自裁定之日起十五日内通知已知债权人，并发布公告。

通知和公告应当载明以下事项：

（一）人民法院受理破产案件裁定的主文，以及受理破产案件的时间；

（二）债权申报期限以及申报的注意事项；

（三）管理人的姓名及其处理事务的地址；

（四）债务人的债务人应当向管理人清偿债务，债务人的财产持有人应当向管理人交付财产；

（五）第一次债权人会议召开的日期和地点；

（六）人民法院认为应当公告的其他事项。

《企业破产法》（2004年10月草案）

第十六条　人民法院受理破产申请后，应当自裁定作出之日起二十五日内通知已知债权人，并发布公告。

通知和公告应当载明下列事项：

（一）申请人、债务人的名称或者姓名；

（二）人民法院受理破产申请的时间；

（三）申报债权的期限、地点和申报的注意事项；

（四）管理人的名称或者姓名及其处理事务的地址；

（五）债务人的债务人或财产持有人应向管理人清偿债务或者交付财产的要求；

（六）第一次债权人会议召开的日期和地点；

（七）人民法院认为应当公告的其他事项。

【条文释义】

本条规定的是法院受理破产申请之后，通知已知债权人和公告告知不特定当事人的相关事宜

第十四条

和具体内容。

从立法史的视角看,本条构造及内容,变化均不甚大。变化主要体现在两个方面:一方面,通知的期限从15日扩展到25日;另一方面,公告的具体内容方面,最终的定稿中只是删掉了"人民法院受理破产案件裁定的主文"的规定。

保护债权人利益,是破产制度最原始也是最本质的价值追求。可以说,破产制度设计的每一个环节,归根结底都是为了保护债权人的利益。从破产程序的运行来说,法院在接受破产申请、裁定受理破产申请并指定破产管理人之后,下一步需要做的工作,便是尽可能使所有债权人都能参与到破产程序中来。而使债权人参与到破产程序的第一步,便是使他们及时获得法院裁定受理破产申请的信息。

在法院裁定破产申请受理之际,有一些债权人是已知的,甚至破产申请本身就由债权人提起;债务人提交破产申请时,亦会提交债权人清册及有关债务状况的说明,这类债权人,即已知债权人,通过"通知"方式即可使其获得相关信息。

而在法院裁定破产申请受理之际,还有一部分债权人是未知的,法院无从获得其信息,而他们也无从获得债务人进入破产程序的信息,这类债权人,即未知债权人,只能通过"公告"的方式,使其获得相关信息,并积极参与到破产程序中来。

本条共有2款。分款评注如下:

第1款:"人民法院应当自裁定受理破产申请之日起二十五日内通知已知债权人,并予以公告。"

对于这里的"通知"和"公告",其目的和具体方式需要进一步明确。按照安建的解释,这里的"通知"和"公告"各有其特定的意义:"通知"是以书面形式告知已知债权人已开始的破产程序的有关事实及注意事项;而"公告"则是面向不特定人公开告知已受理破产申请相关事宜,以便未知的债权人、已知但无法通知的债权人及其他利害相关者能够及时申报债权、参与破产程序,维护其合法权益。① 李国光进一步强调,"公告"和"通知"的功能泾渭分明,不能相互取代,法院如果仅发布"公告"而未"通知""已知债权人",同样需要承担责任。②

按照李国光等的观点,这里的"通知",应该以书面形式进行,而"通知"的具体内容,则应严格遵循《企业破产法》第14条第2款列举的内容。③

另外,据破产法起草小组的观点,这里的"通知"义务,并无法律明确规定需要"送达",故这里的"通知",只能按照民法原理,理解为一般意义上的形式通知,而不需要实质到达,亦即法院只需要按照债权清册所登记的债权人名单,以合理的方式履行通知义务,即符合法律的要求,而不需要法院必须将"通知"送达到债权人;再退一步说,按照《企业破产法》,送达通知并无实质性意义,而"公告"会产生实质性意义。④

王卫国特别指出,"通知"的目的在于使债权人获得破产程序开始的事实和信息,同时获得有关注意事项,以便及早准备并申报债权,故鉴于债务人和作为申请人的债权人已通过破产申请受理裁定获得破产程序启动的信息,故无须再行"通知"。⑤

关于这里"裁定受理破产申请之日起二十五日内"的期限,据破产法起草小组解读,是因为《企业破产法》已规定受理裁定要在5日内送达债务人,债务人要在15日内提交相关债权清册,这两项时限共达20日,而额外规定5日,即是保证法院在收到债务人提交的债权清册后,依旧能够保证有5天时间来整理资料并确定"已知债权人"的范围。⑥

对于"已知债权人",韩传华认为,这主要指法院受理破产申请时,已根据申请材料等获得的债权人信息而确定的债权人;"已知债权人"的信息主要来源于如下几方面:第一,债务人根据《企业破产法》第8条向法院提交债务清册中所载明的债权人信息;第二,债权人申请破产时,债务人在行使异议权过程中披露的其他债权人信息;第三,债务人在法院裁定受理破产申请后,依据《企业破产法》第11条而向法院提交的债务清册中载

---

① 参见安建主编:《中华人民共和国企业破产法释义》,法律出版社2006年版,第28—29页。
② 参见李国光主编:《新企业破产法条文释义》,人民法院出版社2006年版,第119页。
③ 参见李国光主编:《新企业破产法条文释义》,人民法院出版社2006年版,第119—120页。
④ 参见《中华人民共和国企业破产法》起草组编:《〈中华人民共和国企业破产法〉释义》,人民出版社2006年版,第76页。
⑤ 参见王卫国:《破产法精义》(第2版),法律出版社2020年版,第55页。
⑥ 参见《中华人民共和国企业破产法》起草组编:《〈中华人民共和国企业破产法〉释义》,人民出版社2006年版,第74页。

明的债权人信息。① 也就是说,这里的"已知"应有最低范围基本信息的限定,即"已知债权人"应包括债权人最低限度的信息,包括但不限于债权人的名称、通讯地址和债权金额等;如果债权人基本信息诸如通讯方式、通讯地址等不完整,导致法院无法及时通知该债权人,则不认为其是"已知债权人",而如果债权人的详细债权额不确定,但仍可准确通知到该债权人,则应将其视为"已知债权人"②。

那么,法院通过其他司法程序获悉的"已知债权人",是否亦在通知义务覆盖的范围之内? 韩传华对此持否定性观点。韩传华认为,法院非因受理破产申请而获知的债权人,不属于《企业破产法》第14条第1款规定的"已知债权人",不负有通知义务,可以不通知。③

对于其他利害关系人的范畴,王卫国列举了如下几类:债务人的债务人、债务人的财产持有人、出资人、职工、待履行合同的对方当事人、对该企业占有财产享有取回权的取回权人及其他对该企业享有权利或义务的人。④

这里的"公告",其主要对象是未知债权人和其他利害关系人。据破产法起草小组解释,"公告"方式主要是针对潜在债权人,弥补法院不能一一通知所有债权人的不足,同时也是对实践中不可避免的诸如债务人提供的债权清册不能完全反映所有债权人状况,或者法院在"通知""已知债权人"过程中遗漏通知等情形的一种补救措施;在这些情形下,"公告"可以有效弥补"通知"的不足,使其能够保护债权人的合法权益,并通过"公告"时间,确定债权申报的起点。⑤

韩传华指出,对于"公告"的具体方式,《企业破产法》并未直接规定,只能参考《民事诉讼法》和《企业破产法》的相关司法解释。⑥ 按照2014年最高人民法院发布的《关于适用〈中华人民共和国民事诉讼法〉的解释》第138条规定,"公告送达可以在法院的公告栏和受送达人住所地张贴公告,也可以在报纸、信息网络等媒体上刊登公告,发出公告日期以最后张贴或者刊登的日期为准。对公告送达方式有特殊要求的,应当按要求的方式进行。公告期满,即视为送达。人民法院在受送达人住所地张贴公告的,应当采取拍照、录像等方式记录张贴过程"。根据这一解释,《企业破产法》第14条所规定的"公告",亦可以通过在法院公告栏张贴的方式来完成。⑦

对于"公告"的地点,李国光、安建等认为,"公告"除应在受理破产案件的法院公告栏张贴外,还应根据债权人、债务人和利害关系人的分布区域、财产所在地等区域,在全国性或地方性的报刊、电视、广播上公告。⑧

故就"公告"的效果而言,安建、王卫国等一致认为,法院"公告"一旦作出,就视为法院已通知到未知的债权人和无法通知的债权人,至于这些债权人究竟是否及时看到"公告",则在所不问。⑨

破产法起草小组认为,法院可以根据债务人的具体情况来确定公告的平台,尤其是要考虑到债务人经常经营地、主要业务范围、规模等因素,而无须必须在《人民法院报》等特定报纸;就债务人规模而言,如果债务人规模较小,在当地报纸"公告"即可,如果规模较大尤其是涉及境外债权人,则法院不仅需要在国家级报纸上公告,可能还需要在《人民日报海外版》等媒体上发布。就"公告"形式而言,可以在法院内张贴公告,也可以在互联网门户网站上刊登电子公告,但无论如何,都必须有纸质报纸上的"公告"为凭证,亦即是说,任何时候报纸"公告"都是必选项,除此之外可以选择法院内张贴和发布电子公告的方式。⑩

按照破产法起草小组的说法,除了上述"通

---

① 参见韩传华:《企业破产法解析》,人民法院出版社2007年版,第40—41页。
② 韩传华:《企业破产法解析》,人民法院出版社2007年版,第41页。
③ 参见韩传华:《企业破产法解析》,人民法院出版社2007年版,第41—42页。
④ 参见王卫国:《破产法精义》(第2版),法律出版社2020年版,第56页。
⑤ 参见《中华人民共和国企业破产法》起草组编:《〈中华人民共和国企业破产法〉释义》,人民出版社2006年版,第74—75页。
⑥ 参见韩传华:《企业破产法解析》,人民法院出版社2007年版,第43页。
⑦ 参见韩传华:《企业破产法解析》,人民法院出版社2007年版,第43页。
⑧ 参见李国光主编:《新企业破产法条文释义》,人民法院出版社2006年版,第119页;安建主编:《中华人民共和国企业破产法释义》,法律出版社2006年版,第29页。
⑨ 参见安建主编:《中华人民共和国企业破产法释义》,法律出版社2006年版,第29页;王卫国:《破产法精义》(第2版),法律出版社2020年版,第55页。
⑩ 参见《中华人民共和国企业破产法》起草组编:《〈中华人民共和国企业破产法〉释义》,人民出版社2006年版,第75—76页。

知"和"公告"外，法院在向破产债务人、债权人送达破产受理裁定之外，亦应该向债务人的开户银行送达该裁定；开户行在收到该裁定后，即不得再接受债务人的委托对外转账和结算，而只能根据管理人的指令为或者不为一定的行为。①

韩传华指出，法院在"公告"时尤其需要注意如下若干问题：第一，法院需要在破产申请受理之日起25日内，在法院内公告栏公告《企业破产法》第14条第2款要求的公告事项——《企业破产法》第14条第2款规定，"通知和公告应当载明下列事项：（一）申请人、被申请人的名称或者姓名；（二）人民法院受理破产申请的时间；（三）申报债权的期限、地点和注意事项；（四）管理人的名称或者姓名及其处理事务的地址；（五）债务人的债务人或者财产持有人应当向管理人清偿债务或者交付财产的要求；（六）第一次债权人会议召开的时间和地点；（七）人民法院认为应当通知和公告的其他事项"。第二，法院需要在破产申请受理之日起25日内，完成在报纸上发布公告的任务，具体任务包括但不限于办理刊登手续、提交公告的内容、缴纳刊登费用并确保相关内容在破产申请裁定受理之日起25日内发布出来。第三，对于法院发布公告的媒体级别，不应简单限定为国家的、地方的有影响的报纸，而应从债务人经营规模的角度选择"与债务人经营规模相适应的有影响的报纸上刊登公告"，既可以在地方性报纸发布公告，亦可在国际性报纸发布公告。②

需要特别强调的是，破产法起草小组与韩传华作出上述论断是在2006年。而随着网络技术在司法实践中的深度运用，按照前述2014年最高人民法院发布的《关于适用〈中华人民共和国民事诉讼法〉的解释》第138条，"公告送达可以在法院的公告栏和受送达人住所地张贴公告，也可以在报纸、信息网络等媒体上刊登公告，发出公告日期以最后张贴或者刊登的日期为准"。这即意味着，通过网络媒体刊登破产申请裁定受理公告，可以成为《企业破产法》实施过程中的一个新选项。

2016年8月1日，最高人民法院开通"全国企业破产重整案件信息网"。为推广该网站的应用，最高人民法院先后于2016年7月26日发布《关于企业破产案件信息公开的规定（试行）》（法发〔2016〕19号）、于2016年11月11日发布《关于进一步做好全国企业破产重整案件信息网推广应用工作的办法》（法〔2016〕385号）。

其中《关于企业破产案件信息公开的规定（试行）》第1条规定："最高人民法院设立全国企业破产重整案件信息网（以下简称破产重整案件信息网），破产案件（包括破产重整、破产清算、破产和解案件）审判流程信息以及公告、法律文书、债务人信息等与破产程序有关的信息统一在破产重整案件信息网公布。"第3条规定："人民法院依法公开破产案件的以下信息：（一）审判流程节点信息；（二）破产程序中人民法院发布的各类公告；（三）人民法院制作的破产程序法律文书；（四）人民法院认为应当公开的其他信息。"第7条更是明确规定："人民法院、破产管理人可以在破产重整案件信息网发布破产程序有关公告。人民法院、破产管理人在其他媒体发布公告的，同时要在破产重整案件信息网发布公告。人民法院、破产管理人在破产重整案件信息网发布的公告具有法律效力。"

查该网站，其中的一个栏目便是"破产公告"，具体又分为"破产公告""招募公告""拍卖公告""债权人会议公告"以及"其他公告"。这也意味着，通过上述司法文件，"全国破产重整信息网"已成为《企业破产法》第14条第1款规定的"公告"途径之一。

另外，这里的"二十五日内"也是本款规定的关键信息之一。从立法史的角度看，这一期限曾数次更易，最长为30日，最短为15日，2006年《企业破产法》最终采纳25日这一相对折中的期限。这意味着，法院只对裁定受理破产申请之日起25日以内的"已知债权人"有通知义务，而对于25日以外新获知的债权人，比如通过债务人异议权新获得的债权人信息，即便其联系、通讯方式均齐备，法院也不承担相应通知义务。③ 这也就是说，法院将受理破产申请裁定通知已知债权人和向未知债权人公告的最长期限，就是从裁定作出之日起算，合计25日。④

第2款："通知和公告应当载明下列事项：（一）申请人、被申请人的名称或者姓名；（二）人民法院受理破产申请的时间；（三）申报债权的期

---

① 参见《中华人民共和国企业破产法》起草组编：《〈中华人民共和国企业破产法〉释义》，人民出版社2006年版，第80页。
② 参见韩传华：《企业破产法解析》，人民法院出版社2007年版，第44页。
③ 参见韩传华：《企业破产法解析》，人民法院出版社2007年版，第41页。
④ 参见蒋黔贵主编：《中华人民共和国企业破产法释义》，中国市场出版社2006年版，第77页。

限、地点和注意事项;(四)管理人的名称或者姓名及其处理事务的地址;(五)债务人的债务人或者财产持有人应当向管理人清偿债务或者交付财产的要求;(六)第一次债权人会议召开的时间和地点;(七)人民法院认为应当通知和公告的其他事项。"

蒋黔贵等认为,无论是"通知"还是"公告",其目的都是为了让已知债权人和其他利害关系人了解破产申请受理情况,使债权人及时方便地申报债权、出席债权人会议,故无论是"通知"还是"公告",都应对一些必要事项做出说明。①《企业破产法》第14条第2款便是对相关必要事项的列举。

从立法史的角度看,不同时期的草案中列举的法院应通知和公告的载明事项稍有变化。除了同一条款措辞的微调外,原先的几份草案中共同有一项,是"人民法院受理破产案件裁定的主文",但该内容在2004年10月份的草案中被删除;另外,亦增加一项"申请人、债务人的名称或者姓名"。就措辞和具体内容来看,上述"通告和公告"的载明事项,显然是吸收2002年最高人民法院发布的《关于审理企业破产案件若干问题的规定》第15条的部分内容。

以下逐项评注《企业破产法》第14条第2款规定通知和公告应该载明的事项:

(一)申请人、被申请人的名称或者姓名

有关申请人、被申请人的名称或者姓名,具体可以参照《企业破产法》第7条中规定的破产申请人,及《企业破产法》第8条载明的破产申请书载明事项进行确定。

按照韩传华的观点,这里的申请人和被申请人的确定,需要留意如下问题:第一,如果是债权人提出破产申请,不管申请人是自然人还是法人,那么对应的被申请人只能是债务人或债务人的清算责任人;第二,如果两个以上债权人提出破产申请,那么这两个以上的债权人是共同申请人,其名称和姓名均应分别在通知和公告中载明;第三,如果债务人或者清算责任人提出申请,被申请人事实上不存在,故相关通知和公告中,只需要载明申请人的名称即可;第四,囿于《企业破产法》只适用于企业法人,故在通知或公告中载明的只能是债务人的名称,而不能是姓名。②

但王卫国的观点与此稍有差异。王卫国认为,如果债权人是申请人,那么提出申请的债权人为申请人,而债务人为被申请人;两个以上债权人共同提出破产申请的,应该分别列明;如果债务人提出破产申请,则申请人和被申请人都是该债务人。③

据蒋黔贵解读,如果是债权人提出破产申请,则申请人是债权人,对应申请人栏则为提交申请的债权人信息,债务人栏写被申请破产的企业法人的名称;如果是债务人提出破产申请,则申请人是债务人,申请人栏应写被申请破产的企业法人的名称,而对应债务人栏亦应写该企业法人的名称。④

(二)人民法院受理破产申请的时间

人民法院受理破产申请的时间,亦即破产申请受理裁定作出之日,在破产程序中具有重要意义,既影响实体权利,也影响程序性权利。⑤

韩传华指出,基于如下因素,法院受理破产申请的时间在整个破产程序中都具有至关重要的作用:其一,裁定受理破产申请时间,决定了通知和公告的时间,两者应保持一致。其二,鉴于《企业破产法》未明确规定受理破产申请的时间,裁定受理破产申请的时间,也就被假定为破产申请受理时间;唯有如此解释,才能与2002年最高人民法院《关于审理企业破产案件若干问题的规定》第10条第2款保持一致。⑥

(三)申报债权的期限、地点和注意事项

及时申报债权,是债权人在破产程序中维护自身权益的先决条件。由此,法院破产申请受理裁定的通知和公告,必须明确申报债权的期限、地点和注意事项,以便当事人在法定期限内,在准确的地点申报债权,确保破产程序的有效进行,进而在破产程序之内寻求债权保护的机会,使自己的债权得到最大限度的清偿。⑦

另外,根据《企业破产法》第45条,对于申报债权的期限,已有明确规定:"人民法院受理破产申请后,应当确定债权人申报债权的期限。债权申报期限自人民法院发布受理破产申请公告之日

---

① 参见蒋黔贵主编:《中华人民共和国企业破产法释义》,中国市场出版社2006年版,第77页。
② 参见韩传华:《企业破产法解析》,人民法院出版社2007年版,第44页。
③ 参见王卫国:《破产法精义》(第2版),法律出版社2020年版,第57页。
④ 参见蒋黔贵主编:《中华人民共和国企业破产法释义》,中国市场出版社2006年版,第77页。
⑤ 参见蒋黔贵主编:《中华人民共和国企业破产法释义》,中国市场出版社2006年版,第77页;王卫国:《破产法精义》(第2版),法律出版社2020年版,第57页。
⑥ 参见韩传华:《企业破产法解析》,人民法院出版社2007年版,第45页。
⑦ 参见蒋黔贵主编:《中华人民共和国企业破产法释义》,中国市场出版社2006年版,第77—78页。

起计算,最短不得少于三十日,最长不得超过三个月。"这也即是说,法院就破产裁定受理事宜发布公告之后,债权申报期间即可起算,债权申报期间可以在30日到3个月之间,具体由法院根据债务人、已知债权人的情况综合裁量。

按照安建等的解读,这里的"债权申报期限",是指允许债权人向人民法院申报其债权的固定期间,这种期限限制对于破产程序及时地、顺畅地进行不可或缺,而逾期未申报债权的行为,站在法院和管理人的角度则视为对权利的放弃,债权人需要承担不利的后果。①

《企业破产法》对债权申报的"地点"未作明确规定。韩传华认为,破产管理人管理债务人财产、处理破产事务的地点,即可视为债权申报地点。②而王卫国则提出,申报债权的地点应位于受理破产案件的法院所在地,具体地点既可以在法院内,也可以在法院外。③

《企业破产法》对债权申报的"注意事项"未作明确规定,留待受理破产申请的法院自由裁量。韩传华认为,这里的"注意事项"涉及的内容,主要有申报人的身份证明或委托文件要求、债权文件要求、申报方式以及逾期未申报的法律后果等。④而王卫国则举例指出,"注意事项"除了申报时应提交的证据材料外,还可以注明申报人的差旅费自理等信息。⑤

(四)管理人的名称或者姓名及其处理事务的地址

管理人是破产程序的主导者,让债权人及时、准确地找到管理人,是债权人及其他利益相关者参与破产程序的先决条件,也是破产程序平稳进行的重要因素,因此法院在通知和公告中,要将管理人的相关信息,清楚明确地告诉特定或不特定的受众。⑥

这里的"管理人的名称或者姓名"分别适用于不同情形:如果管理人是个人,那么需要公告其姓名;如果是机构,则需要公告其名称。按照韩传华的观点,如果管理人是中介机构,除应公告其名称之外,还应载明该中介机构指定的具体负责人姓名;如果管理人是清算组,则应指明清算组的组成部门、机构名称和清算组负责人的姓名。⑦ 按照蒋黔贵等的观点,如果管理人是社会中介机构,应载明其名称和地址;如果管理人是个人,应载明其姓名和地址;如果管理人由清算组担任,则应载明清算组成员的姓名及地址。⑧

这里的管理人"处理事务的地址",《企业破产法》未明确规定。韩传华认为"应是有利于其处理事务的地址"⑨。

除上述管理人的名称和地址外,王卫国指出,相关通知和公告在具备条件的情况下,还应该公布便于债权人及其他利害关系人与管理人联系的其他信息,包括但不限于电话、传真、电子邮箱等。⑩

(五)债务人的债务人或者财产持有人应当向管理人清偿债务或者交付财产的要求

根据本条规定,法院在通知和公告上应该载明如下两点事实:第一,债务人的债务人,应当向管理人清偿债务;第二,债务人的财产持有人,应当向管理人交付财产。

这一条实际上是对《企业破产法》第17条的呼应。按照全国人大常委会法工委工作人员及安建等人的解读,由于法院在作出破产申请受理裁定之后,已指定管理人,债务人已丧失对其财产的管理与处分权,亦不再享有受偿债权或者收回财产的权利,这些权利都将由管理人代为行使,在这种情况下,"债务人的债务人"或"债务人的财产持有人"都有义务向管理人做出清偿债务或者交付财产的行为。⑪

韩传华强调,上述公告事项的详细程度,有必要控制在一定程度之内;如果法院知道债务人的债务人或者债务人财产的具体持有人,也不应当

---

① 参见安建主编:《中华人民共和国企业破产法释义》,法律出版社2006年版,第29页。
② 参见韩传华:《企业破产法解析》,人民法院出版社2007年版,第46页。
③ 参见王卫国:《破产法精义》(第2版),法律出版社2020年版,第57页。
④ 参见韩传华:《企业破产法解析》,人民法院出版社2007年版,第46页。
⑤ 参见王卫国:《破产法精义》(第2版),法律出版社2020年版,第57页。
⑥ 参见蒋黔贵主编:《中华人民共和国企业破产法释义》,中国市场出版社2006年版,第78页。
⑦ 参见韩传华:《企业破产法解析》,人民法院出版社2007年版,第46页。
⑧ 参见蒋黔贵主编:《中华人民共和国企业破产法释义》,中国市场出版社2006年版,第78页。
⑨ 参见韩传华:《企业破产法解析》,人民法院出版社2007年版,第46页。
⑩ 参见王卫国:《破产法精义》(第2版),法律出版社2020年版,第57页。
⑪ 参见本书编写组编:《〈中华人民共和国企业破产〉释义及实用指南》,中国民主法制出版社2006年版,第62页;安建主编:《中华人民共和国企业破产法释义》,法律出版社2006年版,第29页。

公布债务人的债务人或财产持有人的具体信息。①

（六）第一次债权人会议召开的时间和地点

对于"第一次债权人会议召开的时间"，《企业破产法》第62条第1款载明："第一次债权人会议由人民法院召集，自债权申报期限届满之日起十五日内召开。"

对于第一次债权人会议召开的"地点"，《企业破产法》未明确规定。韩传华认为，债权人会议召开的地点，应该与管理人处理事务的地点相同或相近。②

王卫国指出，债权人会议是破产法的法定程序，故在通知和公告中应注明确第一次债权人会议召开的时间和地点，同时尤其应注意第一次债权人会议召开的时间，应该与债权申报的时间相衔接。③

（七）人民法院认为应当通知和公告的其他事项

这里的"其他事项"，《企业破产法》未明确规定。全国人大常委会法工委工作人员曾举过一个例子，比如债务人不得清偿债务，可以视为"其他事项"之一。④ 蒋黔贵、王卫国等均指出，之所以有此规定，主要是考虑到破产案件的复杂性及每个个案的具体情况，尤其是那些法律不可能一一载明的非普遍事项，因此需要赋予法院一定的自由裁量权。⑤ 我们似可以将其理解成与破产裁定受理相关事项的兜底条款。

【关联法律法规及司法政策】

《民法典》（2020）

第一百一十条　自然人享有生命权、身体权、健康权、姓名权、肖像权、名誉权、荣誉权、隐私权、婚姻自主权等权利。

法人、非法人组织享有名称权、名誉权和荣誉权。

最高人民法院《关于适用〈中华人民共和国民事诉讼法〉的解释》（2015）

第一百三十八条　公告送达可以在法院的公告栏和受送达人住所地张贴公告，也可以在报纸、信息网络等媒体上刊登公告，发出公告日期以最后张贴或者刊登的日期为准。对公告送达方式有特殊要求的，应当按要求的方式进行。公告期满，即视为送达。

人民法院在受送达人住所地张贴公告的，应当采取拍照、录像等方式记录张贴过程。

最高人民法院《关于企业破产案件信息公开的规定（试行）》（2016）

第一条　最高人民法院设立全国企业破产重整案件信息网（以下简称破产重整案件信息网），破产案件（包括破产重整、破产清算、破产和解案件）审判流程信息以及公告、法律文书、债务人信息等与破产程序有关的信息统一在破产重整案件信息网公布。

人民法院以及人民法院指定的破产管理人应当使用破产重整案件信息网及时披露破产程序有关信息。

第三条　人民法院依法公开破产案件的以下信息：

（一）审判流程节点信息；

（二）破产程序中人民法院发布的各类公告；

（三）人民法院制作的破产程序法律文书；

（四）人民法院认为应当公开的其他信息。

第七条　人民法院、破产管理人可以在破产重整案件信息网发布破产程序有关公告。

人民法院、破产管理人在其他媒体发布公告的，同时要在破产重整案件信息网发布公告。人民法院、破产管理人在破产重整案件信息网发布的公告具有法律效力。

最高人民法院《关于推进破产案件依法高效审理的意见》（2020）

1. 对于企业破产法及相关司法解释规定需要公告的事项，人民法院、管理人应当在全国企业破产重整案件信息网发布，同时还可以通过在破产案件受理法院公告栏张贴、法院官网发布、报纸刊登或者在债务人住所地张贴等方式进行公告。

对于需要通知或者告知的事项，人民法院、管理人可以采用电话、短信、传真、电子邮件、即时通信、通讯群组等能够确认其收悉的简便方式通知或者告知债权人、债务人及其他利害关系人。

2. 债权人提出破产申请，人民法院经采用本意见第1条第2款规定的简便方式和邮寄等方式

---

① 参见韩传华：《企业破产法解析》，人民法院出版社2007年版，第46页。
② 参见韩传华：《企业破产法解析》，人民法院出版社2007年版，第46页。
③ 参见王卫国：《破产法精义》（第2版），法律出版社2020年版，第58页。
④ 参见本书编写组：《〈中华人民共和国企业破产法〉释义及实用指南》，中国民主法制出版社2006年版，第62页。
⑤ 参见蒋黔贵主编：《中华人民共和国企业破产法释义》，中国市场出版社2006年版，第79页；王卫国：《破产法精义》（第2版），法律出版社2020年版，第58页。

无法通知债务人的,应当到其住所地进行通知。仍无法通知的,人民法院应当按照本意见第1条第1款规定的公告方式进行通知。自公告发布之日起七日内债务人未向人民法院提出异议的,视为债务人经通知对破产申请无异议。

10.第一次债权人会议可以采用现场方式或者网络在线视频方式召开。人民法院应当根据企业破产法第十四条的规定,在通知和公告中注明第一次债权人会议的召开方式。经第一次债权人会议决议通过,以后的债权人会议还可以采用非在线视频通讯群组等其他非现场方式召开。债权人会议以非现场方式召开的,管理人应当核实参会人员身份,记录并保存会议过程。

最高人民法院《关于依法妥善审理涉新冠肺炎疫情民事案件若干问题的指导意见(二)》(2020)

23.疫情防控期间,要根据《最高人民法院关于推进破产案件依法高效审理的意见》的要求,进一步推进信息化手段在破产公告通知、债权申报、债权人会议召开、债务人财产查询和处置、引进投资人等方面的深度应用,在加大信息公开和信息披露力度、依法保障债权人的知情权和参与权的基础上,助力疫情防控工作,进一步降低破产程序成本,提升破产程序效率。

第十五条 自人民法院受理破产申请的裁定送达债务人之日起至破产程序终结之日,债务人的有关人员承担下列义务:

(一)妥善保管其占有和管理的财产、印章和账簿、文书等资料;

(二)根据人民法院、管理人的要求进行工作,并如实回答询问;

(三)列席债权人会议并如实回答债权人的询问;

(四)未经人民法院许可,不得离开住所地;

(五)不得新任其他企业的董事、监事、高级管理人员。

前款所称有关人员,是指企业的法定代表人;经人民法院决定,可以包括企业的财务管理人员和其他经营管理人员。

【立法沿革】

《企业破产法(试行)》(1986)

第二十七条 破产企业的法定代表人在向清算组办理移交手续前,负责保管本企业的财产、账册、文书、资料和印章等。

破产企业的法定代表人在破产程序终结以前,根据人民法院或者清算组的要求进行工作,不得擅离职守。

《破产法》(1995年草案)

第二十二条 自人民法院受理破产案件之日起,债务人承担下列义务:

(一)妥善保管其占用和管理的所有财产、账册、文书、资料、印章和其他物品;

(二)根据人民法院、管理人、重整执行人或者破产清算人的要求进行工作,并如实回答询问;

(三)列席债权人会议并如实回答债权人或者监督人的询问;

(四)未经人民法院许可,不得擅自离开住所地。

前款的规定,适用于企业法人的代表人、合伙企业的合伙人及其负责人;必要时,经人民法院决定,可以适用于企业的财务管理人员和主要业务人员。

《企业破产与重整法》(2000年6月草案)

第二十条 自人民法院受理破产案件之日起,债务人承担下列义务:

(一)妥善保管其占用和管理的所有财产、账册、文书、资料、印章和其他物品;

(二)根据人民法院、管理人、重整执行人或者破产清算人的要求进行工作,并如实回答询问;

(三)列席债权人会议并如实回答债权人或者监督人的询问;

(四)未经人民法院许可,不得擅自离开住所地。

前款规定,适用于企业法人的代表人、合伙企业的合伙人及负责人、个人独资企业的出资人及负责人和其他经济组织的负责人;必要时,经人民法院决定,可以适用于企业的财务管理人员和主要业务人员。

《企业破产与重整法》(2000年12月草案)

第二十条 自人民法院受理破产案件之日起,债务人及其有关人员承担下列义务:

(一)妥善保管其占用和管理的所有财产、账册、文书、资料、印章和其他物品;

(二)根据人民法院、管理人、重整执行人或者破产清算人的要求进行工作,并如实回答询问;

(三)列席债权人会议并如实回答债权人的询问;

(四)未经人民法院许可,不得擅自离开住所地。

前款所称有关人员,包括企业法人的代表人、合伙企业的合伙人及负责人、个人独资企业的出资人及负责人或者其他经济组织的负责人;必要时,经人民法院决定,可以包括企业的财务管理人员和主要业务人员。

《企业破产与重整法》(2001年1月草案)

第二十一条 自人民法院受理破产案件之日起,债务人及其有关人员承担下列义务:

(一)妥善保管其占用和管理的所有财产、账册、文书、资料、印章和其他物品;

(二)根据人民法院、管理人、重整执行人的要求进行工作,并如实回答询问;

(三)列席债权人会议并如实回答债权人的询问;

(四)未经人民法院许可,不得擅自离开住所地。

前款所称有关人员,包括企业法人的代表人、合伙企业的合伙人及负责人、个人独资企业的出资人及负责人或者其他营利性经济组织的负责人;必要时,经人民法院决定,可以包括企业的财务管理人员和主要业务人员。

《企业破产法》(2004年3月草案A版)

第二十一条 自人民法院受理破产案件之日起,债务人及其有关人员承担下列义务:

(一)妥善保管其占用和管理的所有财产、账册、文书、资料、印章和其他物品;

(二)根据人民法院、管理人、重整执行人的要求进行工作,并如实回答询问;

(三)列席债权人会议并如实回答债权人的询问;

(四)未经人民法院许可,不得擅自离开住所地。

前款所称有关人员,包括企业法人的法定代表人、合伙企业的合伙人及负责人、个人独资企业的出资人及负责人或者其他营利性组织的负责人;必要时,经人民法院决定,可以包括企业的财务管理人员和主要业务人员。

《企业破产法》(2004年3月草案B版)

第二十条 自人民法院受理破产案件之日起,债务人及其有关人员承担下列义务:

(一)妥善保管其占用和管理的所有财产、账册、文书、资料、印章和其他物品;

(二)根据人民法院、管理人、重整执行人的要求进行工作,并如实回答询问;

(三)列席债权人会议并如实回答债权人的询问;

(四)未经人民法院许可,不得擅自离开住所地。

前款所称有关人员,包括企业法人的法定代表人、合伙企业的合伙人及负责人、个人独资企业的出资人及负责人或者其他营利性组织的负责人;经人民法院决定,可以包括企业的财务管理人员和主要业务人员。

《企业破产法》(2004年6月草案)

第十八条 自人民法院受理破产案件之日起,债务人的有关人员承担下列义务:

(一)妥善保管其占用和管理的所有财产、账册、文书、资料、印章和其他物品;

(二)根据人民法院、管理人要求进行工作,并如实回答询问;

(三)列席债权人会议并如实回答债权人的询问;

(四)未经人民法院许可,不得离开住所地;

(五)不得担任其他企业的董事、经理等职务。

前款所称有关人员,包括企业法人的法定代表人、合伙企业的合伙人及负责人、个人独资企业的出资人及负责人或者其他营利性组织的负责人;经人民法院决定,可以包括企业的财务管理人员和主要业务人员。

《企业破产法》(2004年10月草案)

第十七条 自人民法院受理破产申请的裁定送达债务人之日起,债务人的有关人员承担下列义务:

(一)妥善保管其占用和管理的所有财产、账册、文书、资料、印章和其他物品;

(二)根据人民法院、管理人要求进行工作,并如实回答询问;

(三)列席债权人会议并如实回答债权人的询问;

(四)未经人民法院许可,不得离开住所地;

(五)不得新任其他企业的董事、经理等职务。

前款所称有关人员,是指企业法人的法定代表人;经人民法院决定,可以包括企业的财务管理人员和主要业务人员。

【条文释义】

本条规定的是人民法院受理破产申请后,债务人的有关人员应该承担的法律义务。

从立法史的角度看,可能是因为1986年《企业破产法(试行)》规定的债务人义务过于简略,从2000年开始的三部草案以及2006年《企业破产法》定稿中,对人民法院受理破产申请之后债务人的义务,均采取列举式的方式规定,而且列举的内容,基本上大同小异。除了第(五)项"不得新任其他企业的董事、经理等职务"的规定系后面出现外,其他4项义务争议不大。

按照破产法起草小组的介绍,要求债务人在

第十五条

破产之后与法院、管理人通力合作,是各国破产法的共通性规定之一;由于我国《企业破产法》不适用于自然人,故对债务人的合作与协助要求,最终只能加诸债务人的法定代表人和其他主要管理人员,尤其诸如高级管理人员、主要业务人员及董事会成员等。①

蒋黔贵等认为,鉴于债务人及其工作人员尤其是法定代表人和财务管理人员的配合,对于管理人迅速接管破产财产、确保企业破产程序顺畅运行十分重要,本条规定实际上是对债务人的有关人员配合义务的法定化。②

按照破产法起草小组的解释,债务人在企业破产期间的义务分为两类:一类是一般性义务,重点是与法院、管理人合作,协助管理人履行职责;对于该义务,为了使得债务人经营活动能得到审慎评估,同时发现重整可能性,要求债务人向法院、管理人等披露与业务和财务相关的信息,具体包括资产和负债资料、收入和支出、客户名单、盈利和亏损及预测、现金流量、市场营销信息、亏损原因和原因分析、历史交易、可撤销交易、尚未履行完毕的合同、正在进行的诉讼和仲裁、债权人名单等。另一类是附随义务,即掌握债务人详细信息且必须配合破产程序顺利进行的相关人员,尤其是企业高级管理人员,不得随意离开惯常居住地。③

本条共分2款。分款评注如下:

第1款:"自人民法院受理破产申请的裁定送达债务人之日起至破产程序终结之日,债务人的有关人员承担下列义务:(一)妥善保管其占有和管理的财产、印章和账簿、文书等资料;(二)根据人民法院、管理人的要求进行工作,并如实回答询问;(三)列席债权人会议并如实回答债权人的询问;(四)未经人民法院许可,不得离开住所地;(五)不得新任其他企业的董事、监事、高级管理人员。"

《企业破产法》第15条第1款载明:"自人民法院受理破产申请的裁定送达债务人之日起至破产程序终结之日,债务人的有关人员承担下列义务:……"这即是说,这一义务承载的时间期限始于"自人民法院受理破产申请的裁定送达债务人之日",而终于"破产程序终结之日"。按照全国人大常委会法工委工作人员的解释,之所以规定这一义务的起点为法院受理破产裁定之后,是因为债务人受破产程序约束,有关人员的身份地位亦因为破产程序的开始而受到限制和影响,其义务亦应从法院受理破产申请裁定送达债务人之日起开始承担。④

承担这一义务的主体则是"债务人的有关人员",而债务人的具体义务,则通过"下列义务"的方式予以列举。

"自人民法院受理破产申请的裁定送达债务人之日"具体由《企业破产法》第11条界定。《企业破产法》第11条第2款规定,"债权人提出申请的,人民法院应当自裁定作出之日起五日内送达债务人"。法院"送达"破产申请受理裁定的法律效果之一,即是标志着"债务人的有关人员"承担第15条所规定义务的起点。

"债务人的有关人员"是个十分模糊的概念,其具体范围则需要在《企业破产法》第15条第2款中寻找。稍后再分析《企业破产法》第15条第2款。

第1款采取了列举式的方式,详细列举了债务人五大义务。按照王卫国的说法,该义务在国际惯例层面更多被概括为"合作与协助义务""信息提供义务"及"附属义务"等三大类。⑤

根据《企业破产法》第15条第1款,"债务人的有关人员"需要"承担"的"下列义务"具体包括如下:

(一)妥善保管其占有和管理的财产、印章和账簿、文书等资料

本项为破产债务人"合作与协助义务"之一。⑥ 蒋黔贵等认为,债务人的财产、印章和账簿、文书等资料,"反映着债务人的资产负债状况,不管破产案件最终是以和解、重整还是以破产清算结案,妥善保管和管理这些财产、印章和账簿、文书等资料,有利于管理人顺利接管破产企业,保障破产程序依法有序进行。"⑦

---

① 参见《中华人民共和国企业破产法》起草组编:《〈中华人民共和国企业破产法〉释义》,人民出版社2006年版,第77页。
② 参见蒋黔贵主编:《中华人民共和国企业破产法释义》,中国市场出版社2006年版,第80页。
③ 参见《中华人民共和国企业破产法》起草组编:《〈中华人民共和国企业破产法〉释义》,人民出版社2006年版,第77—78页。
④ 参见本书编写组编:《〈中华人民共和国企业破产法〉释义及实用指南》,中国民主法制出版社2006年版,第63页。
⑤ 参见王卫国:《破产法精义》(第2版),法律出版社2020年版,第58页。
⑥ 参见王卫国:《破产法精义》(第2版),法律出版社2020年版,第58—60页。
⑦ 蒋黔贵主编:《中华人民共和国企业破产法释义》,中国市场出版社2006年版,第80页。

这项可以视为"债务人的有关人员"的保管义务。这既是因为债务人的"财产、印章和账簿、文书等资料"本身先前就已在"债务人的有关人员"的保管和控制之下,也是因为法院在受理破产申请后,"债务人的有关人员"并未立刻丧失对企业的行政指挥权;而且其事实上在申请破产之后的企业运营中,尚能够发挥一定的影响力,故《企业破产法》第 15 条第 1 款第 1 项赋予"债务人的有关人员"相应的保管义务,有利于保障"财产、印章和账簿、文书等资料"的完整性,也有利于确认"债务人的有关人员"在企业破产中的责任。①

本项义务与《企业破产法》第 17 条第 1 款第 1 项规定的债务人对管理人清偿或移交义务密切相关,具有财产保全性质。②

这一"妥善保管"义务的范围,各方多以列举禁止性项目来描述:第一,不得藏匿、转移、私分财产;第二,不得隐瞒、虚构财务;第三,不得销毁印章和账簿、文书等资料。③ 安建等进一步指出,债务人的有关人员在履行这一保管义务时,从积极的角度应该妥善保管,使相关资料和财产完好无损,而从消极的角度,应不做如下禁止性行为:不得非法处理企业的账簿、文书、资料和印章,不得隐匿、私分、无偿转让、非正常压价出售企业的财产。④ 如果债务人不"妥善保管其占有和管理的财产、印章和账簿、文书等资料",比如拒不向管理人移交财产、印章和账簿、文书等材料,或者伪造、销毁有关财产证据,按照《企业破产法》第 17 条第 2 款,将需要承担责任。

按照李国光等的观点,这一保管义务在"债务人的有关人员"向管理人办理移交手续之后消灭;而办理移交手续之前,如果发生灭失、损毁事故,"债务人的有关人员"需要承担相应的责任。⑤

(二)根据人民法院、管理人的要求进行工作,并如实回答询问

本项既是破产债务人的"合作与协助义务",又属于"信息提供义务"。⑥ 这是"债务人的有关人员"应该承担的接受询问义务之一,询问主体是人民法院和管理人。

本项规定的初衷与上一项类似,还是基于债务人的有关人员对其内部事务的高度熟悉;合理利用这一信息优势,将使得刚刚因为破产申请而介入企业内部事务的法院和管理人的接管工作事半功倍。《企业破产法》通过赋予债务人的有关人员这一义务,使得其配合、支持法院和管理人工作的义务得以法定化。⑦

按照王卫国的解释,这里的"工作",既包括企业的生产经营和管理事务,亦包括破产程序中的具体工作,比如:第一,受管理人指派,外出调查或追讨债务;第二,按照法院或管理人要求,查阅资料、制作文书等。鉴于"债务人的有关人员"对企业信息了如指掌,且具有在企业工作的经验和能力,本项义务的规定,赋予"债务人的有关人员"忠实服务的义务,对于法院审理破产案件和管理人接管债务人的财产,甚至对债务人继续经营乃至企业拯救,都具有十分重要的意义,债务人的有关人员违反此项义务亦需要承担相应的责任。⑧

(三)列席债权人会议并如实回答债权人的询问

本项亦属于破产债务人的"信息提供义务",亦是"债务人的有关人员"应该承担的接受询问义务之二。询问主体是债权人会议。本项义务与上一项类似,但特别强调了询问主体是债权人会议。

本项规定的初衷,亦是基于债务人的有关人员对破产企业内部事务的高度熟悉,可以确保债权人准确而全面地掌握与破产企业相关的事项,进而帮助管理人尽最大可能收集破产财产,提高债权人的清偿额度。蒋黔贵、安建等指出,债务人的有关人员在回答债权人的询问中,不得拒绝列席、不得拒绝回答询问、不得做虚假陈述,如果拒

---

① 参见李国光主编:《新企业破产法条文释义》,人民法院出版社 2006 年版,第 121 页。
② 参见王卫国:《破产法精义》(第 2 版),法律出版社 2020 年版,第 60 页。
③ 参见蒋黔贵主编:《中华人民共和国企业破产法释义》,中国市场出版社 2006 年版,第 80 页;王卫国:《破产法精义》(第 2 版),法律出版社 2020 年版,第 60 页。
④ 参见安建主编:《中华人民共和国企业破产法释义》,法律出版社 2006 年版,第 30 页。
⑤ 参见李国光主编:《新企业破产法条文释义》,人民法院出版社 2006 年版,第 121—122 页;安建主编:《中华人民共和国企业破产法释义》,法律出版社 2006 年版,第 30 页。
⑥ 王卫国:《破产法精义》(第 2 版),法律出版社 2020 年版,第 60—61 页。
⑦ 参见蒋黔贵主编:《中华人民共和国企业破产法释义》,中国市场出版社 2006 年版,第 80—81 页;安建主编:《中华人民共和国企业破产法释义》,法律出版社 2006 年版,第 31 页。
⑧ 参见王卫国:《破产法精义》(第 2 版),法律出版社 2020 年版,第 60 页。

绝履行法定义务,将被追究责任。①

王卫国指出,本项所规定的"债务人的有关人员"对债权人的信息披露义务,可以分为两个层次:第一,列席债权人会议,此为如实回答债权人询问的前提;如果拒不出席债权人会议,法院可以按照《企业破产法》第 126 条予以拘传并处罚。第二,在债权人会议上如实回答相关提问,如果做虚假陈述,法院亦可按照《企业破产法》第 126 条予以拘传并处罚。②

(四)未经人民法院许可,不得离开住所地

本项是对"债务人的有关人员"人身自由的限制,属于《企业破产法》所规定的"债务人的有关人员"的"附属义务"之一。

按照破产法起草小组的观点,不得离开惯常居住地,是《企业破产法》加诸破产企业高级管理人员的附随义务;这一义务的范围由法院根据个案确定,如果破产程序期间法人主要营业地搬迁,这一附随义务继续有效,离开住所地且需要法院批准。③

按照李国光等的观点,《企业破产法》之所以要限制"债务人的有关人员"轻易离开住所地,是因为"债务人的有关人员"对企业破产前的生产经营状况更为熟悉,法院、管理人和债权人会议需要了解的很多问题,也只有他们能够更为准确地回答;甚至很多时候需要他们的配合,才能完成财产保全措施。因此,《企业破产法》规定"债务人的有关人员"通常情况下"不得离开住所地";如果确实需要外出,则需要取得法院的事先许可。④

蒋黔贵等认为,《企业破产法》规定"债务人的有关人员"未经法院许可不得离开住所地,有两个方面考虑:第一,破产程序进行中,如果需要"债务人的有关人员"配合并说明有关情况,需要其能够随叫随到;第二,需要防止"债务人的有关人员"在企业破产过程中逃避法定责任。⑤

按照王卫国的观点,"债务人的有关人员"有可能涉嫌《企业破产法》第 125 条、第 128 条规定的违法行为,需要随时接受调查,故未经法院许可,不得随意离开住所地。⑥

那么,如果"债务人的有关人员"未经法院许可而擅自离开住所地,会发生什么样的法律后果?按照《企业破产法》第 129 条,"债务人的有关人员"如果未经法院许可,而擅自离开住所地,法院有权对其作出训诫、拘留并处以罚款等处罚。

(五)不得新任其他企业的董事、监事、高级管理人员

本项是对"债务人的有关人员"商业活动的限制,属于《企业破产法》所规定的"附属义务"之二。

据破产法起草小组的解读,禁止债务人的法定代表人等相关经营管理人员在破产程序启动后担任其他企业的董事、监事和高管,主要是因为债务人的法定代表人"对债务人进入破产状态负有不可推卸的责任",这种禁止有惩罚的意味。⑦ 而据蒋黔贵介绍,禁止"债务人的有关人员""新任"其他企业的董事、监事、高级管理人员的主要目的,在于使相关人员能够在企业破产程序进行期间,专注于企业破产相关的配合事务。⑧ 安建的解读与此类似,认为破产企业正处于破产程序之中,破产问题尚未解决,债务人的有关人员特别是法定代表人,自不应新兼他职。⑨

与 2004 年 10 月草案相比,新增加了"监事",同时将"经理"替换成"高级管理人员"。据韩传华介绍,这一修订是他本着保持《企业破产法》与《公司法》一致的观念而提出的建议,最终得到立法机关采纳。⑩ 李国光等认为,本条规定是对《公司法》相关规定的补充。⑪

另据破产法起草小组的解读,这种禁止本身,既不影响债务人的法定代表人继续担任原来兼任的其他企业的董事、监事或高级管理人员,也不限制债务人的高管人员在企业破产程序启动后辞

---

① 参见蒋黔贵主编:《中华人民共和国企业破产法释义》,中国市场出版社 2006 年版,第 81 页。
② 参见王卫国:《破产法精义》(第 2 版),法律出版社 2020 年版,第 61 页。
③ 参见《中华人民共和国企业破产法》起草组编:《〈中华人民共和国企业破产法〉释义》,人民出版社 2006 年版,第 78 页。
④ 参见李国光主编:《新企业破产法条文释义》,人民法院出版社 2006 年版,第 122 页。
⑤ 参见蒋黔贵主编:《中华人民共和国企业破产法释义》,中国市场出版社 2006 年版,第 81 页。
⑥ 参见王卫国:《破产法精义》(第 2 版),法律出版社 2020 年版,第 61 页。
⑦ 参见《中华人民共和国企业破产法》起草组编:《〈中华人民共和国企业破产法〉释义》,人民出版社 2006 年版,第 78 页。
⑧ 参见蒋黔贵主编:《中华人民共和国企业破产法释义》,中国市场出版社 2006 年版,第 81 页。
⑨ 参见安建主编:《中华人民共和国企业破产法释义》,法律出版社 2006 年版,第 31 页。
⑩ 参见韩传华:《企业破产法解析》,人民法院出版社 2007 年版,第 52 页、第 434—435 页。
⑪ 参见李国光主编:《新企业破产法条文释义》,人民法院出版社 2006 年版,第 122—123 页。

职；只是如果法院决定限制个别高管人员新任其他企业董事、监事或高级管理人员，就实质性地削弱该高管辞职的意义，同时也实质性地减少其再就业的机会。①

事实上，《企业破产法》不仅再次强调该项义务，同时还有明确的时间期限。按照《企业破产法》第 125 条的规定，从"破产程序终结之日起三年内"，"债务人的有关人员"都需要履行此项禁止性义务。② 对于上述期限的限制，我们需要特别留意的是这里所用"新任"一词。这也就意味着，如果"债务人的有关人员"在企业破产申请受理裁定送达之日前，已担任"其他企业的董事、监事、高级管理人员"，则不在此限制。③

上述规定，有如下几个问题需要进一步留意：

第一，《企业破产法》第 15 条第 1 款列举的内容，并未穷尽《企业破产法》其他条款赋予债务人的义务。比如《企业破产法》第 11 条第 2 款规定，"债务人应当自裁定送达之日起十五日内，向人民法院提交财产状况说明、债务清册、债权清册、有关财务会计报告以及职工工资的支付和社会保险费用的缴纳情况"。这一义务，显然并未因为《企业破产法》第 15 条第 1 款未将其列入而被豁免。④ 再比如，《企业破产法》第 16 条规定，"人民法院受理破产申请后，债务人对个别债权人的债务清偿无效"。事实上也是加诸债务人的一项禁止性义务。

第二，鉴于《企业破产法》第 13 条已规定，"人民法院裁定受理破产申请的，应当同时指定管理人"。那么，《企业破产法》第 15 条第 1 款所列举的义务，究竟应该由"债务人的有关人员"来履行，还是应该由破产管理人来履行？这个问题法律并未进一步明确。韩传华认为，该义务应当由法院按照《企业破产法》第 15 条的规定，直接由"债务人的有关人员"履行。⑤

第三，《企业破产法》第 15 条第 1 款并未明确规定"债务人的有关人员"违反相应义务的法律责任。按照破产法起草小组的提示，在"债务人的有关人员"违反本条所规定义务时，"债务人的有关人员"需要按照《企业破产法》第 126 条、第 127 条以及《刑法》第 162 条的规定，来追究相关责任。⑥

第 2 款："前款所称有关人员，是指企业的法定代表人；经人民法院决定，可以包括企业的财务管理人员和其他经营管理人员。"

本款规定的是"有关人员"的范围。从法律文本可以看出，这一范围常规情况下以债务人的法定代表人为主，在特殊情况下，如经法院决定，该范围可以扩大到企业的财务管理人员和其他经营管理人员。

按照韩传华的说法，在《企业破产法》所有的 136 个条文中，只有《企业破产法》第 15 条第 2 款，采用定义的方式来界定"有关人员"，亦即"前款所称有关人员，是指企业的法定代表人"；这也就是说，破产债务人的法定代表人，其作为《企业破产法》第 15 条所指"债务人的有关人员"的属性是法定的。⑦

2020 年《民法典》第 61 条对"法定代表人"做了定义。全国人大常委会法工委工作人员对《企业破产法》第 15 条所作解读指出，按照"有关规定"，一般情况下法人的正职负责人是法定代表人；如果正职负责人缺位，则主持工作的副职负责人亦可以担任法定代表人；设有董事会的法人中，董事长一般情况下担任法定代表人；如果没有董事长，董事会亦可授权其他负责人担任法定代表人。⑧ 按照我国 2018 年《公司法》第 13 条规定，"公司法定代表人依照公司章程的规定，由董事长、执行董事或者经理担任，并依法登记。公司法定代表人变更，应当办理变更登记"。而按照 2018 年《公司法》第 25 条，法定代表人亦系公司章程应载明的事项之一。这也就是说，企业"法定

---

① 参见《中华人民共和国企业破产法》起草组编：《〈中华人民共和国企业破产法〉释义》，人民出版社 2006 年版，第 78 页。
② 参见蒋黔贵认为，除了法律明确规定债务人的有关人员在一定期限内"不得担任其他企业的董事、监事、高级管理人员"外，在破产程序终结后，"债务人的有关人员""新任""其他企业的董事、监事、高级管理人员"，并不属于对本项禁止性规定的违反。这显然是未留意到《企业破产法》第 125 条的时间限制。参见蒋黔贵主编：《中华人民共和国企业破产法释义》，中国市场出版社 2006 年版，第 81—82 页。
③ 参见蒋黔贵主编：《中华人民共和国企业破产法释义》，中国市场出版社 2006 年版，第 81—82 页。
④ 参见韩传华：《企业破产法解析》，人民法院出版社 2007 年版，第 52 页。
⑤ 参见韩传华：《企业破产法解析》，人民法院出版社 2007 年版，第 52 页。
⑥ 参见《中华人民共和国企业破产法》起草组编：《〈中华人民共和国企业破产法〉释义》，人民出版社 2006 年版，第 78—79 页。
⑦ 参见韩传华：《企业破产法解析》，人民法院出版社 2007 年版，第 53 页。
⑧ 参见本书编写组编：《〈中华人民共和国企业破产法〉释义及实用指南》，中国民主法制出版社 2006 年版，第 65 页。

代表人"的人选、产生、确认和变更,都有严苛的程序性或实体性规定;在破产法语境下,由债务人的"法定代表人"承担相应义务,亦为《企业破产法》赋予"法定代表人"的强制性义务。

除上述"法定代表人"作为破产债务人的"有关人员"系法定之外,法院亦可通过"决定"的方式,将破产企业的"财务管理人员和其他经营管理人员"视为《企业破产法》第15条所指"有关人员"。至于"企业的财务管理人员和其他经营管理人员"的具体范围,韩传华认为应该既包括债务人的董事、监事、高级管理人员,又包括破产债务人内部负有经营管理职责的一般工作人员。①

那么,上述债务人有关人员范围之外的第三人,是否有义务接受管理人的调查呢?《企业破产法》对此并未明确规定。郁琳认为,如果严格依据字面解释,即除非获得法院许可,债务人的其他有关人员及第三人,都可以对管理人的调查或询问予以拒绝;但如此一来,显然不利于管理人调查职责的行使,尤其是债务人有关人员下落不明、管理人无从获得任何财务材料时,任由第三人拒绝管理人的调查,将会使得管理人对债务人财产状况的调查陷入僵局。郁琳由此指出,无论是法院亲自调查,还是管理人请示法院并经许可后调查,实质上都是由法院承担本该由管理人承担的调查职责,故这里不应该严格按照字面解释。②

按照《企业破产法》第15条第2款,法院可以通过"决定"的方式,来扩大"债务人的有关人员"的范围。全国人大常委会法工委工作人员指出,这里法院可以决定的其他人员,以企业的财务管理人员和其他经营管理人员为主,后者可以包括经理、监事等管理人员。③ 按照韩传华的观点,法院的这一"决定"应当是书面的,且应随着破产申请受理裁定,一并向债务人送达;而在完成送达之后,如果法院认为有必要,还可以继续通过"决定"的方式,来将更多的人纳入"债务人的有关人员"的范畴,扩充《企业破产法》第15条所规定的"债务人的有关人员"义务承受主体的范围。④

但显而易见,按照《企业破产法》第15条第2款,"有关人员"除其范围将可能十分广泛外,实践中还可以能面临的问题之一,则是不同"有关人员"按照《企业破产法》第15条承担的义务是否完全一致,还是说可以因人而异、因事而异?韩传华指出,如果无限制地扩大"有关人员"的范围,无限制地扩大任何"有关人员"承担的义务范围,甚至要求低级别"有关人员"承担《企业破产法》第15条第1款列举的所有义务,则在实践中可能难免导致侵犯"有关人员"的权益。韩传华建议,鉴于《企业破产法》未予明确规定,尤其是《企业破产法》第11章法律责任部分亦缺乏明确规定,人民法院在"决定"具体破产案件中的"有关人员"时,应该进一步明确地"决定"其需要承担的义务范围,尽可能降低《企业破产法》第15条第1款对低级别"有关人员"的无谓限制和侵犯。⑤

韩传华同时还特别提出,法院根据《企业破产法》第15条第2款扩大"有关人员"的范围时,还应该严格限定这一权限的行使,只能将《企业破产法》第15条第1款规定的义务,赋予那些"有必要要使其妥善保管其占有和管理的财产、印章和账簿、文书等资料的人员,有必要根据人民法院、管理人的要求进行工作并如实回答询问的人员,以及有必要列席债权人会议并如实回答债权人询问的人员";在必要的范围之外,债务人如果因为继续经营而需要特定人员提供相应服务,则应由劳动合同来规范,而不是一味地由法院将其"决定"为"有关人员",进而赋予其提供相应服务的强制义务。⑥

【关联法律法规及司法政策】

《民法典》(2020)

第六十一条 依照法律或者法人章程的规定,代表法人从事民事活动的负责人,为法人的法定代表人。

法定代表人以法人名义从事的民事活动,其法律后果由法人承受。

法人章程或者法人权力机构对法定代表人代表权的限制,不得对抗善意相对人。

第六十二条 法定代表人因执行职务造成他人损害的,由法人承担民事责任。

法人承担民事责任后,依照法律或者法人章

---

① 参见韩传华:《企业破产法解析》,人民法院出版社2007年版,第53页。
② 参见郁琳:《破产程序中管理人职责履行的强化与监督完善——以管理人的法律地位和制度架构为视角》,载《法律适用》2017年第15期,第40页。
③ 参见本书编写组编:《〈中华人民共和国企业破产法〉释义及实用指南》,中国民主法制出版社2006年版,第65页。
④ 参见韩传华:《企业破产法解析》,人民法院出版社2007年版,第53页。
⑤ 参见韩传华:《企业破产法解析》,人民法院出版社2007年版,第53—54页。
⑥ 参见韩传华:《企业破产法解析》,人民法院出版社2007年版,第54页。

程的规定,可以向有过错的法定代表人追偿。

《公司法》(2018)

第十三条 公司法定代表人依照公司章程的规定,由董事长、执行董事或者经理担任,并依法登记。公司法定代表人变更,应当办理变更登记。

第一百四十六条 有下列情形之一的,不得担任公司的董事、监事、高级管理人员:

(一)无民事行为能力或者限制民事行为能力;

(二)因贪污、贿赂、侵占财产、挪用财产或者破坏社会主义市场经济秩序,被判处刑罚,执行期满未逾五年,或者因犯罪被剥夺政治权利,执行期满未逾五年;

(三)担任破产清算的公司、企业的董事或者厂长、经理,对该公司、企业的破产负有个人责任的,自该公司、企业破产清算完结之日起未逾三年;

(四)担任因违法被吊销营业执照、责令关闭的公司、企业的法定代表人,并负有个人责任的,自该公司、企业被吊销营业执照之日起未逾三年;

(五)个人所负数额较大的债务到期未清偿。

公司违反前款规定选举、委派董事、监事或者聘任高级管理人员的,该选举、委派或者聘任无效。

《刑法》(2020)

第一百六十二条 公司、企业进行清算时,隐匿财产,对资产负债表或者财产清单作虚伪记载或者在未清偿债务前分配公司、企业财产,严重损害债权人或者其他人利益的,对其直接负责的主管人员和其他直接责任人员,处五年以下有期徒刑或者拘役,并处或者单处二万元以上二十万元以下罚金。

第一百六十二条之一 隐匿或者故意销毁依法应当保存的会计凭证、会计账簿、财务会计报告,情节严重的,处五年以下有期徒刑或者拘役,并处或者单处二万元以上二十万元以下罚金。

单位犯前款罪的,对单位判处罚金,并对其直接负责的主管人员和其他直接责任人员,依照前款的规定处罚。

第一百六十二条之二 公司、企业通过隐匿财产、承担虚构的债务或者以其他方法转移、处分财产,实施虚假破产,严重损害债权人或者其他人利益的,对其直接负责的主管人员和其他直接责任人员,处五年以下有期徒刑或者拘役,并处或者单处二万元以上二十万元以下罚金。

第十六条 人民法院受理破产申请后,债务人对个别债权人的债务清偿无效。

【立法沿革】

《企业破产法(试行)》(1986)

第十二条 人民法院受理破产案件后,债务人对部分债权人的清偿无效,但是债务人正常生产经营所必需的除外。

《破产法》(1995年草案)

第二十三条 人民法院受理破产案件后,债务人不得对个别债权人清偿债务。

个别债权人在人民法院受理破产案件后,接受债务人清偿的,不得对抗其他债权人。

《企业破产与重整法》(2000年6月草案)

第二十一条 人民法院受理破产案件后,债务人不得对其个别债权人清偿债务。

《企业破产与重整法》(2000年12月草案)

第二十一条 人民法院受理破产案件后,债务人对个别债权人实施的债务清偿无效。

《企业破产与重整法》(2001年1月草案)

第二十二条 人民法院受理破产案件后,债务人对个别债权人实施的债务清偿无效。

《企业破产法》(2004年3月草案A版)

第二十二条 人民法院受理破产案件后,债务人对个别债权人实施的债务清偿无效。

《企业破产法》(2004年3月草案B版)

第二十一条 人民法院受理破产案件后,债务人对个别债权人实施的债务清偿无效。

《企业破产法》(2004年6月草案)

第十九条 人民法院受理破产案件后,债务人对个别债权人实施的债务清偿无效。

《企业破产法》(2004年10月草案)

第十八条 人民法院受理破产案件后,债务人对个别债权人实施的债务清偿无效。

【条文释义】

本条是对破产申请受理后对债权人个别清偿的禁止规定。

从立法史的角度看,在早期的草案中,起草者对债务人在破产程序启动后的个别清偿,采取的是禁止方式;在晚近尤其是定稿中,均以无效的方式呈现。

集体清偿是破产法有别于民事诉讼执行程序的本质特征之一,也是破产法的基础性原则;正因

第十六条

为如此，为贯彻集体清偿原则，有必要禁止个别清偿。① 按照破产法起草小组的说法，破产冻结制度是破产制度的核心机制之一，无论是本条规定的清偿冻结，还是《企业破产法》其他条件规定的执行冻结、诉讼冻结，都是破产冻结制度的支柱，而本条即规定的是清偿冻结制度。②

全国人大常委会法工委工作人员指出，如果允许债务人在破产程序启动后继续向个别债权人清偿，既会导致债务人财产的流失，也会使得个别债权人与其他债权人受偿机会不均等，与破产法所追求的同等债权同等清偿的原则相背离；限制个别清偿，亦可以有效防止债务人在破产程序启动后，以清偿的名义转移财产。③

就原理而言，法院在受理破产后禁止债务人偏颇清偿，既是因为破产管理人被任命之后，债务人已丧失对其财产的处分权，也是因为偏颇清偿有损于《企业破产法》"公平清理债权债务"的原则。④ 而且在2006年《企业破产法》颁布之前的司法实践中，确实出现大量的个别清偿、虚构债务转移财产等各种严重损害全体债权人利益的行为，如果放纵这种恶意行为，势必将使得通过集体破产程序一揽子解决全体债权人公平受偿的目的落空。⑤ 而且破产程序开始后，所有债权都需要在破产程序内获得有序清偿，如果此时再允许债务人就个别债权展开清偿，既会加剧债权人之间的不平等，亦会实质性地影响未受偿债权人的利益，故破产法严格禁止破产申请被受理后债务人对个别债权人的偏颇清偿。⑥

李国光等指出，法院受理破产申请后，债务人财产减损的途径主要有三种：第一，债务人及其职工隐匿、私分或无偿转让财产，或者债权人或他人哄抢、盗窃债务人财产，此类行为已为《企业破产法》第31、33条所禁止；第二，法院对债务人财产行使强制执行权，此条已为《企业破产法》第19条所限制；第三，债务人向个别债权人偏颇性清偿，这类行为即为本条，亦即《企业破产法》第16条所禁止。⑦

本条规范与《企业破产法》第13条、第15条遥相呼应。《企业破产法》第13条规定，"人民法院裁定受理破产申请的，应当同时指定管理人"。管理人一经指定，便有权利要求债务人移交财产、印章、账簿等相应材料，全面接管破产企业，而根据《企业破产法》第15条，债务人亦负有对应义务。由此，破产债务人丧失对企业财产的支配权，其清偿权限亦被自动冻结。⑧

本条规范亦与《企业破产法》第32条遥相呼应："人民法院受理破产申请前六个月内，债务人有本法第二条第一款规定的情形，仍对个别债权人进行清偿的，管理人有权请求人民法院予以撤销。但是，个别清偿使债务人财产受益的除外。"而按照《企业破产法》第34条的规定，"因本法第三十一条、第三十二条或者第三十三条规定的行为而取得的债务人的财产，管理人有权追回"。这也就是说，如果债务人在破产申请受理前6个月内有偏颇性清偿行为，且该行为未能使债务人财产产生收益，管理人可以请求法院予以撤销，进而追回相应财产。按照这些规定，如果连"人民法院受理破产申请前六个月内"的偏颇性清偿都可以追回或撤销，那么法院受理破产申请后的偏颇性清偿一概无效，就毋庸赘言了。

那么，违反《企业破产法》第16条的法律后果是什么？按照李国光等的解释，如果债务人在法院受理破产宣告后依旧对个别债权人清偿，鉴于其明显导致破产财产减少，损及其他债权人的整体利益，明显与《企业破产法》第1条"规范企业破产程序，公平清理债权债务，保护债权人和债务人的合法权益，维护社会主义市场经济秩序"的立法宗旨背道而驰，法院可以宣告该清偿行为无效。⑨

王卫国指出，《企业破产法》第16条和第32条共同的本质都是禁止导致债务人责任财产减少、损害其他债权人利益的行为，但相比之下，第16条仅产生无效和恢复原状的后果，而第32条则不仅产生归于无效并恢复原状的后果，债务人

---

① 参见王卫国：《破产法精义》，法律出版社2007年版，第44—45页。
② 参见《中华人民共和国企业破产法》起草组编：《〈中华人民共和国企业破产法〉释义》，人民出版社2006年版，第79页。
③ 参见本书编写组：《〈中华人民共和国企业破产法〉释义及实用指南》，中国民主法制出版社2006年版，第66页。
④ 参见韩传华：《企业破产法解析》，人民法院出版社2007年版，第54页。
⑤ 参见蒋黔贵主编：《中华人民共和国企业破产法释义》，中国市场出版社2006年版，第82页。
⑥ 参见安建主编：《中华人民共和国企业破产法释义》，法律出版社2006年版，第31—32页。
⑦ 参见李国光主编：《新企业破产法条文释义》，人民法院出版社2006年版，第124页。
⑧ 参见《中华人民共和国企业破产法》起草组编：《〈中华人民共和国企业破产法〉释义》，人民出版社2006年版，第80页。
⑨ 参见李国光主编：《新企业破产法条文释义》，人民法院出版社2006年版，第124—125页。

的相关人员还将会被追究责任。①

这里的"无效"是理解本条的关键。王卫国认为,这里的"无效"应该属于绝对无效,任何人皆可主张其无效,这与《企业破产法》第32条规定的可撤销个别清偿迥然有别。②但蒋黔贵等特别强调,"债务人对个别债权人的债务清偿无效",是指清偿行为本身不具有法律效力,属于自始无效,可以通过撤销权予以追回,而且这一行为应包括任何清偿行为,债务的原因及是否到期均在所不问。③相比较而言,笔者更倾向于前者的观点,将这里的"无效"理解为绝对无效,可能更为准确。

按照破产法起草小组的解读,这里的"无效"重点是从债务人的角度强调个别清偿的效力。实际上,从债权人的角度看,无论该债权人对债务人进入破产程序这一事实是否知悉,其接受债务人的个别清偿行为,都属于当然、自始无效,如果债权人不知情而受偿,理应向管理人承担返还责任。④

按照王卫国的解释,本条规定的"债务人对个别债权人的债务清偿"中,这里的个别清偿,应该具备如下要件:第一,债务人实施清偿行为;第二,债务人是对实际存在的债务实施清偿;第三,债务人在破产申请受理后实施清偿。正因为如此,如下行为均不构成《企业破产法》第16条禁止的"个别清偿":第一,债务人的担保人或其他连带债务人实施的清偿;第二,债务人对虚假债务实施的清偿;第三,债务人在破产申请受理前实施的清偿。⑤

这一条规定从规范层面隐含的问题在于:按照《企业破产法》第15条,"债务人的有关人员"承担义务的日期,是"自人民法院受理破产申请的裁定送达债务人之日起";而按照《企业破产法》第16条,"人民法院受理破产申请后",债务人即需要承担不能偏颇清偿的禁止性义务。那么实际上可能出现的问题便是:在法院作出破产申请受理裁定之日起,到受理破产申请裁定送达债务人之日这段时间,债务人在不知道债权人已提交破产申请的前提下对个别债权人所做的清偿,是否必然无效?韩传华对此态度十分鲜明,他举电费问题为例,认为这一期间的偏颇性清偿,均应视为无效,不应该有任何例外情形。⑥事实上,1986年《企业破产法(试行)》第12条的规定,即"人民法院受理破产案件后,债务人对部分债权人的清偿无效,但是债务人正常生产经营所必需的除外"⑦。两相比较,1986年《企业破产法(试行)》第12条加上"债务人正常生产经营所必需的"这一例外情形外,反而显得更为周延,更能够避免上述问题的发生。

【关联法律法规及司法政策】

《民事诉讼法》(2017)

第一百一十一条 诉讼参与人或者其他人有下列行为之一的,人民法院可以根据情节轻重予以罚款、拘留;构成犯罪的,依法追究刑事责任:

(一)伪造、毁灭重要证据,妨碍人民法院审理案件的;

(二)以暴力、威胁、贿买方法阻止证人作证或者指使、贿买、胁迫他人作伪证的;

(三)隐藏、转移、变卖、毁损已被查封、扣押的财产,或者已被清点并责令其保管的财产,转移已被冻结的财产的;

(四)对司法工作人员、诉讼参加人、证人、翻译人员、鉴定人、勘验人、协助执行的人,进行侮辱、诽谤、诬陷、殴打或者打击报复的;

(五)以暴力、威胁或者其他方法阻碍司法工作人员执行职务的;

(六)拒不履行人民法院已经发生法律效力的判决、裁定的。

人民法院对有前款规定的行为之一的单位,可以对其主要负责人或者直接责任人员予以罚款、拘留;构成犯罪的,依法追究刑事责任。

第十七条 人民法院受理破产申请后,债务人的债务人或者财产持有人应当向管理人清偿债务或者交付财产。

债务人的债务人或者财产持有人故意违反前

---

① 参见王卫国:《破产法精义》(第2版),法律出版社2020年版,第63页。
② 参见王卫国:《破产法精义》(第2版),法律出版社2020年版,第63页。
③ 参见蒋黔贵主编:《中华人民共和国企业破产法释义》,中国市场出版社2006年版,第82—83页。
④ 参见《中华人民共和国企业破产法》起草组编:《〈中华人民共和国企业破产法〉释义》,人民出版社2006年版,第80页。
⑤ 参见王卫国:《破产法精义》(第2版),法律出版社2020年版,第63页。
⑥ 参见韩传华:《企业破产法解析》,人民法院出版社2007年版,第56页。
⑦ 对于"但是债务人正常生产经营所必需的除外"这一例外规则在2006年《企业破产法》中被删除的原因,李国光等认为主要是因为管理人已经全面接管债务人企业并决定一应事务,即便是"债务人正常生产经营所必需",亦需要由管理人综合权衡后决定。见李国光主编:《新企业破产法条文释义》,人民法院出版社2006年版,第125—127页。

第十七条

款规定向债务人清偿债务或者交付财产,使债权人受到损失的,不免除其清偿债务或者交付财产的义务。

【立法沿革】

《企业破产法(试行)》(1986)

第二十五条　任何单位和个人不得非法处理破产企业的财产、帐册、文书、资料和印章等。

破产企业的债务人和财产持有人,只能向清算组清偿债务或者交付财产。

《破产法》(1995年草案)

第二十四条　人民法院受理破产案件后,债务人的债务人或者财产持有人应当向管理人或者重整执行人、破产清算人清偿债务或者交付财产。

《企业破产与重整法》(2000年6月草案)

第二十二条　人民法院裁定受理破产案件后,债务人的债务人或者财产持有人应当向管理人或者重整执行人、破产清算人清偿债务或者交付财产。

《企业破产与重整法》(2000年12月草案)

第二十二条　人民法院受理破产案件后,债务人的债务人或者财产持有人应当向管理人清偿债务或者交付财产。

《企业破产与重整法》(2001年1月草案)

第二十三条　人民法院受理破产案件后,债务人的债务人或者财产持有人应当向管理人清偿债务或者交付财产。

债务人的债务人或者财产持有人违反前款规定向债务人清偿债务或者交付财产的,不免除继续清偿或交付义务。

《企业破产法》(2004年3月草案A版)

第二十五条　人民法院受理破产案件后,债务人的债务人或者财产持有人应当向管理人清偿债务或者交付财产。

债务人的债务人或者财产持有人违反前款规定向债务人清偿债务或者交付财产的,不免除继续清偿或交付义务。

《企业破产法》(2004年3月草案B版)

第二十三条　人民法院受理破产案件后,债务人的债务人或者财产持有人应当向管理人清偿债务或者交付财产。

债务人的债务人或者财产持有人违反前款规定向债务人清偿债务或者交付财产的,不免除继续清偿或交付义务。

《企业破产法》(2004年6月草案)

第二十九条　人民法院受理破产案件后,债务人的债务人或者财产持有人应当向管理人清偿债务或者交付财产。

债务人的债务人或者财产持有人违反前款规定向债务人清偿债务或者交付财产的,不免除继续清偿或交付义务。

《企业破产法》(2004年10月草案)

第二十九条　人民法院受理破产案件后,债务人的债务人或者财产持有人应当向管理人清偿债务或者交付财产。

债务人的债务人或者财产持有人违反前款规定向债务人清偿债务或者交付财产,使债权人受到损失的,不免除其继续清偿或者交付义务。

【条文释义】

本条规范的是法院受理破产案件后,债务人的债务人清偿债务或债务人的财产持有人交付财产的规则。

从立法史的视角看,本条文不算2006年《企业破产法》新增加的内容,但其在草案中的位置,却几经调整。在2000年草案中,该条文原型存在于第2章"申请与受理"部分,但是在2004年两个版本的草案中,该条文均出现在第4章"债务人财产"部分。就笔者个人看法而言,该条文出现在"债务人财产"部分似乎更为合理。这一变动的原因待考察。

破产法起草小组指出,在破产程序开始后,债务人财产十分脆弱,稍有不慎便会遭遇到来自债务人,或者来自债务人的债务人和债务人的财产持有人的伤害。无论是债务人也好,还是债务人的债务人或债务人的财产持有人也好,他们都实质性地控制着债务人的财产,这种控制很容易就通过债务人的恶意处分行为,或者债务人的债务人或财产持有人滥用其占有,对债务人财产构成伤害。《企业破产法》第17条的目的便是防止来自债务人的债务人或者财产持有人的伤害。[①]

蒋黔贵认为,《企业破产法》要求债务人的债务人或财产持有人在法院裁定受理破产申请之后,只向管理人清偿债务或者交付财产,而不能向债务人清偿债务或者交付财产,其原因在于,法院受理破产申请后,第一要务便是清点包括对外债权在内的财产,其对外享有的债权必须追偿,而归其所有但不占有的财产亦必须收回,唯其如此,才

---

① 参见《中华人民共和国企业破产法》起草组编:《〈中华人民共和国企业破产法〉释义》,人民出版社2006年版,第81页。

能全面清点并最大化企业破产财产,进而提高债权人的清偿率,真正做到公平清理债权债务。①安建等亦认为,在法院受理破产申请、指定管理人之后,管理人成为债务人财产唯一合法的实际控制者,享有依法管理并处分债务人财产之权利,而债务人则不能再对其财产的管理和处分,正因为如此,这必然要求债务人的债务人或财产持有人向管理人清偿债务和交付财产,唯其如此,才能更好地实现对债务人财产的管理并防止债务人隐匿和转移财产,保护全体债权人的整体利益。②

而就本质而言,鉴于在企业破产的情况下,债务人的财产处于保全状态,故所有应当对债务人履行的给付,无论是基于债权关系还是基于物权关系,这种给付都被视为债务人财产的一部分,都属于债务人财产所得,都属于债务人财产保全的范畴;正因为如此,为保障给债务人的各种给付,无论是债务人的债务人所欠债务,还是债务人的财产持有人所持有财产,都应当加入受保全的财产,故债务人的债务人或财产持有人,只能向管理人清偿债务或交付财产。③

李国光等指出,准确理解《企业破产法》第17条,需要注意以下几个问题:第一,"债务人的债务人"与债务人之间的债务关系必须合法有效;第二,前述债务关系是否已届清偿期在所不问,如未届清偿期可以加速其到期,需要提前清偿或交付;第三,"债务人的财产持有人"只是持有人,财产所有权应属于债务人所有而非"债务人的财产持有人"所有;第四,"债务人的债务人"和"债务人的财产持有人"存在再次清偿债务或者交付财产义务的前提,是其存在主观上的故意而在债务人破产后,依旧向债务人清偿债务或交付财产,进而给债权人造成损失。④

本条分2款。分款评注如下:

第1款:"人民法院受理破产申请后,债务人的债务人或者财产持有人应当向管理人清偿债务或者交付财产。"

这一条款中包含两个概念:"债务人的债务人"和"债务人的财产持有人"。破产法起草小组认为,"债务人的债务人"是指对破产企业负有债务的企业法人、非法人团体或自然人,包括因合同、侵权行为、不当得利、无因管理等原因对破产企业负有债务的人;"债务人的财产持有人"则是指基于仓储、保管、加工承揽、委托交易、代销、借用、寄存、租赁等法律关系占有、使用债务人财产的人。⑤ 李国光等认为,"债务人的债务人"是指"破产申请受理前对破产企业负有债务的任何人",债务产生的原因在所不问;而"债务人的财产持有人"则是指"破产申请受理前实际占有债务人所有的财产或债务人经营管理的财产,但对该项已占有的财产不享有处置权(例如抵押权)的任何人"。⑥ 全国人大常委会法工委工作人员、安建等均认为,"债务人的债务人"是指对债务人负担债务的人,相关债务可以是破产申请受理前成立,亦可在破产申请受理后成立;而"债务人的财产持有人"则是指一切持有债务人财产的人,其持有既可能是依据法律规定或双方约定,也可以是非法持有。⑦ 韩传华亦将其分别定义为:"债务人的债务人"是指"对申请破产或被申请破产的债务人负有债务的人",而"债务人的财产持有人"则是指"占有申请破产或被申请破产的债务人财产的人"。⑧

王卫国认为,"债务人的债务人"在实践中常常是与财务报表上"应收账款"相对应的给付义务人,比如欠付的货款、工程款,再比如因侵权行为而对债务人负有赔偿义务等;而"债务人的财产持有人"则是指基于一定原因而占有债务人的财产,但依法负有返还义务的人,比如企业财产的运输人、保管人、承揽人、借用人、动产承租人以及其他因为侵权行为、无因管理或不当得利而占有企业财产的人。⑨

破产法起草小组指出,破产程序启动后,管理人对债务人财产的处分权会产生三种结果:第一,在破产申请被受理后,债务人对债务人财产的处分无效;第二,债务人的债务人或财产持有人应当

---

① 参见蒋黔贵主编:《中华人民共和国企业破产法释义》,中国市场出版社2006年版,第82—83页。
② 参见安建主编:《中华人民共和国企业破产法释义》,法律出版社2006年版,第32页。
③ 参见王卫国:《破产法精义》(第2版),法律出版社2020年版,第65页。
④ 参见李国光主编:《新企业破产法条文释义》,人民法院出版社2006年版,第129页。
⑤ 参见《中华人民共和国企业破产法》起草组编:《〈中华人民共和国企业破产法〉释义》,人民出版社2006年版,第82页。
⑥ 李国光主编:《新企业破产法条文释义》,人民法院出版社2006年版,第127页、第128页。
⑦ 参见本书编写组编:《〈中华人民共和国企业破产法〉释义及实用指南》,中国民主法制出版社2006年版,第68页;安建主编:《中华人民共和国企业破产法释义》,法律出版社2006年版,第32—33页。
⑧ 韩传华:《企业破产法解析》,人民法院出版社2007年版,第56页。
⑨ 参见王卫国:《破产法精义》(第2版),法律出版社2020年版,第65—66页。

第十七条

向管理人清偿债务或交付财产;第三,关于债务人财产争议的诉讼,以管理人为诉讼主体。① 显然,《企业破产法》第 17 条所规定的,正是管理人对债务人财产享有处分权所产生的系列结果之二,而其目的则在于防止实际占有财产的债务人的债务人或财产持有人,滥用其占有权,而做出某种危及债务人财产的行为。

按照李国光等的看法,本款如此规定的主要原因在于,人民法院受理破产申请后,债务人自身权利能力受限,不再具有受偿能力,有关债务人财产处理的所有事务,亦均应交由破产管理人来打理;正因为如此,要求"债务人的债务人"和"债务人的财产持有人"向管理人清偿债务或者交付财产,便成为应有之义。②

而破产法起草小组指出,《企业破产法》之所以要求"债务人的债务人"和"债务人的财产持有人"向管理人清偿债务或交付财产,主要有如下两点考虑:第一,破产程序的启动意味着管理人开始享有债务人财产的处分权,但"债务人的债务人"和"债务人的财产持有人"极有可能因为权利主体不明、信息不对称等因素,而继续向债务人清偿债务或交付财产;第二,破产程序启动后,债务人有可能和"债务人的债务人"和"债务人的财产持有人"勾结,通过转移财产来逃避债务,损害债权人利益。③

王卫国指出,鉴于前述企业破产程序开始后债务人财产的保全性质,债务人的债务人或财产持有人向管理人清偿债务或交付财物,是一种强制性规定;这也就是说,债务人的债务人或财产持有人只有这么做,才能准确履行其义务,才能为法律所承认。④

那么在破产实务中,《企业破产法》第 17 条第 1 款该如何实施呢? 李国光等认为,在法院受理破产申请后,管理人即可按照《企业破产法》第 17 条第 1 款规定,通知"债务人的债务人"和"债务人的财产持有人"向管理人清偿债务或交付财产;接到通知后,"债务人的债务人"和"债务人的财产持有人"则应按照债务数额和通知的时间、种类、数量等,完成清偿或者交付义务;"债务人的债务人"和"债务人的财产持有人"如果拒绝清偿债务或者交付财产,管理人可以向法院提起诉讼,请求法院采取强制手段迫使"债务人的债务人"和"债务人的财产持有人"履行其交付义务。⑤

这里的"人民法院受理破产申请后",为确定债务人的债务人或财产持有人合理及时履行其义务划定了明确的时间界限。一般情况下,相关日期从法院受理破产申请裁定"公告"之日的次日起算。⑥

第 2 款:"债务人的债务人或者财产持有人故意违反前款规定向债务人清偿债务或者交付财产,使债权人受到损失的,不免除其清偿债务或者交付财产的义务。"

本款规定的是给付义务人错误给付的法律后果。按照破产法起草小组的解读,本款旨在解决破产申请被受理后,债务人的债务人或财产持有人仍然向债务人清偿债务或交付财产行为的法律效力。⑦

按照全国人大常委会法工委工作人员及破产法起草小组的观点,认定"债务人的债务人"或"债务人的财产持有人"能否免除继续清偿或者交付的义务,主要看如下两个标准:第一,行为人是否故意违反法律规定,向债务人清偿债务或交付财产;第二,行为人的清偿或交付行为使债权人受到实际损失。只要具备这两个条件,"债务人的债务人"或"债务人的财产持有人"的清偿或交付义务就不能免除。⑧

这里的"前款规定",显而易见是指《企业破产法》第 17 条第 1 款"人民法院受理破产申请后,债务人的债务人或者财产持有人应当向管理人清偿债务或者交付财产"。

《企业破产法》第 13 条规定,"人民法院裁定受理破产申请的,应当同时指定管理人"。而《企业破产法》第 14 条有关人民法院裁定受理破产申请之后发布的通告和公告事项的规定中,亦应包括要求"债务人的债务人或者财产持有人应当向

---

① 参见《中华人民共和国企业破产法》起草组编:《〈中华人民共和国企业破产法〉释义》,人民出版社 2006 年版,第 82 页。
② 参见李国光主编:《新企业破产法条文释义》,人民法院出版社 2006 年版,第 128 页。
③ 参见《中华人民共和国企业破产法》起草组编:《〈中华人民共和国企业破产法〉释义》,人民出版社 2006 年版,第 82—83 页。
④ 参见王卫国:《破产法精义》(第 2 版),法律出版社 2020 年版,第 65 页。
⑤ 参见李国光主编:《新企业破产法条文释义》,人民法院出版社 2006 年版,第 128 页。
⑥ 参见王卫国:《破产法精义》(第 2 版),法律出版社 2020 年版,第 66 页。
⑦ 参见《中华人民共和国企业破产法》起草组编:《〈中华人民共和国企业破产法〉释义》,人民出版社 2006 年版,第 83 页。
⑧ 参见本书编写组编:《〈中华人民共和国企业破产法〉释义及实用指南》,中国民主法制出版社 2006 年版,第 68—69 页;《中华人民共和国企业破产法》起草组编:《〈中华人民共和国企业破产法〉释义》,人民出版社 2006 年版,第 83—84 页。

管理人清偿债务或者交付财产"。根据上述规定，"债务人的债务人"或"债务人的财产持有人"，"应当"如《企业破产法》第17条第1款所规定，"向管理人清偿债务或者交付财产"。这理当是贯彻执行《企业破产法》第13条、第14条的应有之义，也是我国《企业破产法》构建管理人制度的应有之义。正因为如此，《企业破产法》第17条第2款才发出如下警示：如果"债务人的债务人"或"债务人的财产持有人"通过"故意违反"《企业破产法》第17条第1款的方式，拒绝"向管理人清偿债务或者交付财产"，那么如果其造成"使债权人受到损失的"后果，则"不免除""债务人的债务人"或"债务人的财产持有人"按照《企业破产法》第17条第1款承担的"清偿债务或者交付财产的义务"。

那么，这里的"故意"该如何理解？按照破产法起草小组的观点，鉴于各国立法例都将"不知法院受理破产的事实"作为排除债务人的债务人或财产持有人责任的关键点，如下事实均可认定行为人存在"故意"：第一，债务人的债务人或财产持有人在破产受理公告发布后，仍然向债务人清偿债务或交付财产；第二，债务人的债务人或财产持有人在收到管理人关于向管理人清偿债务或交付财产的通知之后，仍然向债务人清偿债务或者交付财产。①

鉴于上述分析，只要"债务人的债务人"或"债务人的财产持有人"在明知债务人破产或明知管理人已接管债务人的情形下，仍然向债务人清偿债务或者交付财产，即构成《企业破产法》第17条第2款规定的"故意违反前款规定"行为。②

王卫国认为，理解《企业破产法》第17条第2款，需要注意三点内容：第一，要对相关行为有清楚界定，"违反前款规定""故意"等均有明确含义；第二，要准确认定行为后果，即"使债权人财产受到损失"，鉴于个别清偿的直接结果是使债务人财产变少，那么这里的损失可以是集体清偿利益的损失，亦可以是部分或个别债权人的损失；第三，需要准确确认行为的法律效果，即"不免除其清偿债务或者交付财产的义务"，在确认这种效果的同时，管理人可以依据不当得利法理请求受领人返还并消灭给付义务人的请求权。③

安建等认为，《企业破产法》第17条第2款实际上是对"债务人的债务人"或"债务人的财产持有人"不履行其向管理人清偿债务或者交付财产义务的法律后果，即其应承担"不免除其清偿债务或者交付财产的义务"的后果；这一法律后果需要具备如下两个条件：第一，"债务人的债务人"或"债务人的财产持有人"具有主观故意，故非故意而只是因为不知道法院受理破产申请信息而所做清偿或者交付，则可以免除责任；第二，"债务人的债务人"或"债务人的财产持有人"的清偿或交付确实使债权人受到损失，如果没有使债权人受到损失，亦无须再承担清偿责任或交付义务。④

但《企业破产法》第17条第2款对于"债务人的债务人"或"债务人的财产持有人"承担"不免除其清偿债务或者交付财产的义务"的情形，亦有对行为后果的明确限定，亦即需要具备"使债权人受到损失的"这一客观结果。换句话说，如果"债务人的债务人"或"债务人的财产持有人"在明知债务人破产或明知管理人已接管债务人的情形下，仍然向债务人清偿债务或者交付财产，但如果未使债权人受到损失，则其不应该承担"不免除其清偿债务或者交付财产的义务"这一后果；如果"债务人的债务人"或"债务人的财产持有人"在明知债务人破产或明知管理人已接管债务人的情形下，仍然向债务人清偿债务或者交付财产，且使债权人受到损失，则其应该承担"不免除其清偿债务或者交付财产的义务"的后果。

李国光等亦指出，理解《企业破产法》第17条第2款，需要明确如下原则，即向管理人清偿债务或者交付财产，应以"债务人的债务人"或"债务人的财产持有人"清楚了解破产申请已被受理这一事实为限；如果"债务人的债务人"或"债务人的财产持有人"因为不知道债务人破产申请已被受理这一事实，而继续向债务人的原法定代表人或其指定的代理人清偿债务或交付财产，该清偿、交付行为应视为有效，只有在破产申请受理已公告，即"债务人的债务人"或"债务人的财产持有人"被视为清楚知道债务人破产事宜，如果此时"债务人的债务人"或"债务人的财产持有人"仍拒绝向管理人清偿债务或交付财物，其行为才被视为故意违反《企业破产法》第17条，根据《企业破产法》第17条第2款，只有其行为给债权人造

---

① 参见《中华人民共和国企业破产法》起草组编：《〈中华人民共和国企业破产法〉释义》，人民出版社2006年版，第83页。
② 参见韩传华：《企业破产法解析》，人民法院出版社2007年版，第56页。
③ 参见王卫国：《破产法精义》（第2版），法律出版社2020年版，第66页。
④ 参见安建主编：《中华人民共和国企业破产法释义》，法律出版社2006年版，第33页。

成损失,才产生不免除其向管理人继续清偿债务或者交付财产的义务的后果。①

王卫国特别强调,按照《企业破产法》第17条第2款,债务人的债务人或财产持有人向管理人之外的人履行其给付义务,该行为并不会导致给付义务的消灭,管理人依旧可以请求给付义务人履行其义务;而给付义务人向管理人履行义务后,可以向受领人追偿,但相关风险由给付义务人自己承担。②

实际上,这条规定也是与管理人权利条款对接的。《企业破产法》第25条规定管理人的"职责",其中包括"接管债务人的财产、印章和账簿、文书等资料""调查债务人财产状况,制作财产状况报告"以及"管理和处分债务人的财产"等。显而易见,要求"债务人的债务人"或者"债务人的财产持有人"承担向管理人而非债务人清偿债务、交付财产的义务,正是促进管理人职责全面实现的制度保障,也有助于加强和维护管理人在破产程序中的权威。③

在实践中,本条规定的实施也有一定的例外。比如在破产重整程序下债务人自行经营管理中,鉴于此时债务人已在破产管理人的监督下展开自营工作,"债务人的债务人"或"债务人的财产持有人"即可按照《企业破产法》第73条第2款规定,直接向债务人清偿债务或者交付财产,而无须顾及《企业破产法》第17条的规定;再比如在破产和解程序中,如果债权人会议通过和解协议、法院裁定认可终止和解程序时,鉴于管理人此时已终止行使其职权,"债务人的债务人"或"债务人的财产持有人"亦可根据《企业破产法》第98条规定,直接向债务人清偿债务或者交付财产,而无须顾及《企业破产法》第17条的规定。④

准确理解和实施《企业破产法》第17条,亦涉及《企业破产法》处理合同条款。按照韩传华的观点,如果管理人认为,"债务人的债务人"或"债务人的财产持有人"仍应按照约定期间偿还或者交付财产,那么应视为管理人决定继续履行与"债务人的债务人"或"债务人的财产持有人"的合同,此时《企业破产法》第18条亦自动适用。⑤

另外,还有必要指出,在法院受理破产申请之后,如果"债务人的债务人"与债务人之间的债权尚未到期,根据2002年最高人民法院《关于审理企业破产案件若干问题的规定》,应将之视为到期债权,在减去未到期利息之后,纳入破产财产。⑥

破产法起草小组亦指出,这里"不免除其清偿债务或者交付财产的义务"并非毫无限制,而是以相关清偿行为或交付行为给债权人造成的实际损失,为最终承担责任的衡量指标。⑦

按照2020年《民法典》第42—44条规定,如果债务人的债务人或者债务人的财产持有人系自然人且处于宣告失踪状态,则由管理人清偿债务、交付财产的职责由其财产代管人行使。

【关联法律法规及司法政策】

《民法典》(2020)

第四十二条 失踪人的财产由其配偶、成年子女、父母或者其他愿意担任财产代管人的人代管。

代管有争议,没有前款规定的人,或者前款规定的人无代管能力的,由人民法院指定的人代管。

第四十三条 财产代管人应当妥善管理失踪人的财产,维护其财产权益。

失踪人所欠税款、债务和应付的其他费用,由财产代管人从失踪人的财产中支付。

财产代管人因故意或者重大过失造成失踪人财产损失的,应当承担赔偿责任。

第四十四条 财产代管人不履行代管职责、侵害失踪人财产权益或者丧失代管能力的,失踪人的利害关系人可以向人民法院申请变更财产代管人。

财产代管人有正当理由的,可以向人民法院申请变更财产代管人。

人民法院变更财产代管人的,变更后的财产代管人有权请求原财产代管人及时移交有关财产并报告财产代管情况。

第十八条 人民法院受理破产申请后,管理人对破产申请受理前成立而债务人和对方当事人均未履行完毕的合同有权决定解除或者继续履行,并通知对方当事人。管理人自破产申请受理之日起二个月内未通知对方当事人,或者自收到

---

① 参见李国光主编:《新企业破产法条文释义》,人民法院出版社2006年版,第128—129页。
② 参见王卫国:《破产法精义》(第2版),法律出版社2020年版,第66页。
③ 参见蒋黔贵主编:《中华人民共和国企业破产法释义》,中国市场出版社2006年版,第82—83页。
④ 参见韩传华:《企业破产法解析》,人民法院出版社2007年版,第57页。
⑤ 参见韩传华:《企业破产法解析》,人民法院出版社2007年版,第57页。
⑥ 参见韩传华:《企业破产法解析》,人民法院出版社2007年版,第57页。
⑦ 参见《中华人民共和国企业破产法》起草组编:《〈中华人民共和国企业破产法〉释义》,人民出版社2006年版,第84页。

对方当事人催告之日起三十日内未答复的,视为解除合同。

管理人决定继续履行合同的,对方当事人应当履行;但是,对方当事人有权要求管理人提供担保。管理人不提供担保的,视为解除合同。

【立法沿革】

《企业破产法(试行)》(1986)

第二十六条　对破产企业未履行的合同,清算组可以决定解除或者继续履行。

清算组决定解除合同,另一方当事人因合同解除受到损害的,其损害赔偿额作为破产债权。

《企业破产与重整法》(2000年6月草案)

第一百三十二条　对破产人未履行的双边合同,破产清算人有权决定解除或者继续履行。

未履行的合同的对方当事人,可以给破产清算人确定一定期限,催告其在此期限内作出解除或者继续履行合同的决定。破产清算人逾期不答复的,视为解除合同。

破产清算人决定继续履行合同,而对方当事人要求其在约定期间或者合理期间提供相应担保,破产清算人在约定期间或者合理期间不提供担保的,视为解除合同。

破产清算人解除合同,对方当事人已给付定金的,以定金额为限的返还请求权作为破产债权。

依前四款规定解除合同时,对方当事人请求损害赔偿的权利作为破产债权。

第一百三十三条　委托合同因破产宣告而终止。但是,受委托人未接到破产宣告通知、且不知有破产宣告的事实,继续处理委托事务,由此发生的债权作为破产债权。

《企业破产与重整法》(2000年12月草案)

第九十条　在重整期间,管理人有权决定解除或者继续履行在重整程序开始前成立而尚未履行的双务合同,并书面通知对方当事人。管理人在重整程序开始后三个月内未通知对方的,或者在收到对方催告后一个月内未答复的,视为解除合同。因解除合同所产生的损害赔偿请求,为可申报的债权。

对于重整程序开始前成立并已开始履行的双务合同,管理人决定继续履行的,对方当事人不得以债务人在重整程序开始前的债务不履行为理由拒绝履行合同或者提前终止合同。

第一百二十七条　对破产人未履行的双务合同,管理人有权决定解除或者继续履行。

未履行的合同的对方当事人,可以给管理人确定一定期限,催告其在此期限内作出解除或者继续履行合同的决定。管理人逾期不答复的,视为解除合同。

管理人决定继续履行合同,而对方当事人要求其在约定期间或者合理期间提供相应担保,管理人在约定期间或者合理期间不提供担保的,视为解除合同。

管理人解除合同,对方当事人已给付定金的,以定金额为限的返还请求权作为破产债权。

依前四款规定解除合同时,对方当事人请求损害赔偿的权利作为破产债权。

《企业破产与重整法》(2001年1月草案)

第七十八条　对破产人未履行的双务合同,管理人有权决定解除或者继续履行。

未履行合同的对方当事人,可以给管理人确定一定期限,催告其在此期限内作出解除或者继续履行合同的决定。管理人逾期不答复的,视为解除合同。

管理人决定继续履行合同,而对方当事人要求其在约定期间或者合理期间提供相应担保,管理人在约定期间或者合理期间不提供担保的,视为解除合同。

管理人解除合同,对方当事人已给付定金的,以定金额为限的返还请求权作为破产债权。

依前四款规定解除合同时,对方当事人请求损害赔偿的权利作为破产债权。

第七十九条　委托合同因破产宣告而终止。但是,受委托人未接到破产宣告通知、且不知有破产宣告的事实,继续处理委托事务的,由此发生的债权作为破产债权。

《企业破产法》(2004年3月草案A版)

第七十五条　在重整保护期,管理人有权决定解除或者继续履行在重整程序开始前成立而尚未履行的双务合同,并书面通知对方当事人。管理人在重整程序开始后三个月内未通知对方的,或者在收到对方催告后一个月内未答复的,视为解除合同。因解除合同所产生的损害赔偿请求,为可申报的债权。

对于重整程序开始前成立并已开始履行的双务合同,管理人决定继续履行的,对方当事人应当履行,但有权要求债务人提供相应的担保。

《企业破产法》(2004年3月草案B版)

第七十六条　在重整期间,债务人有权决定解除或者继续履行在重整程序开始前成立而尚未履行的双务合同,并书面通知对方当事人。债务人在重整程序开始后三个月内未通知对方的,或者在收到对方催告后一个月内未答复的,视为解除合同。因解除合同所产生的损害赔偿请求,为

第十八条

可申报的债权。

对于重整程序开始前成立并已开始履行的双务合同,债务人决定继续履行的,对方当事人应当履行,但有权要求提供担保。

《企业破产法》(2004年6月草案)

第一百二十九条 对破产人未履行的双务合同,管理人有权决定解除或者继续履行。

未履行合同的对方当事人,可以给管理人确定一定期限,催告其在此期限内作出解除或者继续履行合同的决定。管理人逾期不答复的,视为解除合同。

管理人决定继续履行合同,而对方当事人要求其在约定期间或者合理期间提供相应担保,管理人在约定期间或者合理期间不提供担保的,视为解除合同。

管理人解除合同,对方当事人已给付定金的,以定金额为限的返还请求权作为破产债权。

依前四款规定解除合同时,对方当事人请求损害赔偿的权利作为破产债权。

第一百三十条 委托合同因破产宣告后终止。但是,受托人未接到破产宣告通知、且不知有破产宣告的事实,继续处理委托事务的,由此产生的债权作为破产债权。

《企业破产法》(2004年10月草案)

第一百二十条 对破产人未履行的双务合同,管理人有权决定解除或者继续履行。

未履行合同的对方当事人,可以给管理人确定一定期限,催告其在此期限内作出解除或者继续履行合同的决定。管理人逾期不答复的,视为解除合同。

管理人决定继续履行合同,而对方当事人要求其在约定期间或者合理期间提供相应担保,管理人在约定期间或者合理期间不提供担保的,视为解除合同。

管理人解除合同,对方当事人已给付定金的,以定金额为限的返还请求权作为破产债权。

依前四款规定解除合同时,对方当事人请求损害赔偿的权利作为破产债权。

第一百二十一条 委托合同因破产宣告而终止。但是,受托人未接到破产宣告通知、且不知有破产宣告的事实,继续处理委托事务的,由此产生的债权作为破产债权。

【条文释义】

本条规范的是破产申请受理后管理人对双方均未履行完毕合同的选择履行权及具体规则。

从立法史的视角看,本条最大的变化之一在于其位置。在以往的多份草案中,待履行合同的处理问题均作为破产程序中的特殊问题予以处理,因此多出现在破产清算章节。但在最终定稿时,考虑到待履行合同可能存在于所有类型的破产程序中,因此将其提前到破产申请和受理章节。

另外,上述调整中亦删去有关合同解除后对方当事人的求偿权的内容。如果待履行合同问题放在"破产清算"章,那么对方当事人可以选择在管理人解除合同后,在破产程序中就实际损失申报债权,进而获得补偿;但待履行合同问题挪到"申请与受理"章后,本条既需要考虑破产清算程序,亦需要考虑和解和重整程序。显然,在后两种程序中,待履行合同解除后对方当事人求偿的问题并不一定发生,故法律最终文本中也删去这个部分。①

另外,从历次草案的文本看,不管是2000年版草案,还是2004年两个版本的草案,均采取了两条模式,即将"双务合同"与"委托合同"并列规定。而关于"双务合同"的规定,均通过5个条款(4+1),来详细规定其处置规则。以2004年10月份草案为例,相关规定共分为如下5个条款,分别从一般原则、合同当事人、管理人担保义务、定金及破产债权申报等方面,详细制定相应的规则:(1)对破产人未履行的双务合同,管理人有权决定解除或者继续履行。(2)未履行合同的对方当事人,可以给管理人确定一定期限,催告其在此期限内作出解除或者继续履行合同的决定。管理人逾期不答复的,视为解除合同。(3)管理人决定继续履行合同,而对方当事人要求其在约定期间或者合理期间提供相应担保,管理人在约定期间或者合理期间不提供担保的,视为解除合同。(4)管理人解除合同,对方当事人已给付定金的,以定金额为限的返还请求权作为破产债权。(5)依前四款规定解除合同时,对方当事人请求损害赔偿的权利作为破产债权。但是,这些与原来草案中有关待履行合同问题相关的其他问题,诸如债权申报问题、诸如双务合同问题,在2006《企业破产法》中都被嵌入"债权申报"部分,分别见于《企业破产法》第53、54条。

从学理角度而言,债务人破产后,双方均未履行完毕的双务合同,既难以避免,亦难以悉数终止。这是一个两难的处境:债务人破产后,权利能

---

① 参见《中华人民共和国企业破产法》起草组编:《〈中华人民共和国企业破产法〉释义》,人民出版社2006年版,第86页。

力受限,履行合同能力亦成疑问;但如果悉数终止所有未履行合同,既不利于保障合同相对方的合法权益,亦不利于保障全体债权人乃至债务人的利益。①

全国人大常委会法工委工作人员指出,对于破产申请受理前成立且双方均未履行完毕的合同,管理人有必要做出明智处理,以便实现债务人财产最大化这一目标:如果相关合同对债务人有利,或者对债务人继续经营必不可少,甚至能够提高债务人财产的价值,比如原材料和能源供应合同、产品销售合同、办公场地租赁合同等,则应该选择"继续履行";如果相关合同对债务人不利,加重了债务人的义务,比如供货合同、投资合同等,则应选择终止,从而让合同相对人在破产程序中申报债权。②

王卫国认为,对于破产程序开始前成立但尚未履行或尚未履行完毕的合同,是否继续履行,实际上属于不同政策目标之间的平衡,既关系到债务人的继续营业,也关系到债务人的资产价值:一方面,部分合同的继续履行,对债务人的营业继续或者资产保值至关重要,比如原材料供应合同、设备房产维修合同以及办公场地租赁合同,如果放任这类合同终止,势必给债务人带来更大的损失;另一方面,部分合同如果继续履行,会加剧债务人的财务困境,比如供货合同、投资合同等,如果放任这类合同继续履行,同样会加剧债务人的财务困境。③

李永军则指出,法律赋予管理人解除合同的特别权利,是为了最大限度地扩充破产财产的范围,最大限度地保护一般债权人的整体利益,限制个别债权人获得破产程序外的利益,最终实现破产法概括清偿的目的。④

《企业破产法》最终文本,对于待履行合同采取的策略是,将公共政策目标和破产目标置于优先地位。⑤ 就《企业破产法》第18条而言,该文本显然大大简化了前述3部草案的制度设计,对"双务合同""委托合同"做了混合处理,使得管理人主导权加大、对方当事人的权利有所减弱。

本条共分2款。分款评注如下:

第1款规定:"人民法院受理破产申请后,管理人对破产申请受理前成立而债务人和对方当事人均未履行完毕的合同有权决定解除或者继续履行,并通知对方当事人。管理人自破产申请受理之日起二个月内未通知对方当事人,或者自收到对方当事人催告之日起三十日内未答复的,视为解除合同。"

本款分为2层含义:

第1层:"人民法院受理破产申请后,管理人对破产申请受理前成立而债务人和对方当事人均未履行完毕的合同有权决定解除或者继续履行,并通知对方当事人。"

赋予管理人必要的权利,来处理债务人破产时双方均未履行完毕的合同,是各国破产法的共通性制度之一。管理人只要按照商业判断规则来审查待履行合同,尤其是要分析债务人财产的成本与效益、评估拒绝履行合同所导致的债权增加对其他普通债权的稀释、考量承担合同后又违约所导致的潜在风险,法院则假定相关决策均是理性人的合理决策,符合商业判断规则,故不加干涉。⑥

破产法起草小组指出,在普通双务合同中,如果一方当事人未履行合同,则守约方可以根据违约方违约的情况,直接提出解除合同;如果违约方未按期答复,则守约方可以直接单方面解除合同。但在破产法语境下,双务合同的处理规则则有所例外,因为双务合同履行与否,直接关系债务人财产的多少,亦直接牵涉其他债权人的利益,采取"一刀切"的方式,无论是继续履行或解除合同,均难以实现债权人利益的最大化。《企业破产法》把这种抉择权,赋予管理人,由管理人来决定究竟是继续履行合同还是解除合同。⑦

这于该条款,还有如下需要注意的地方:

第一,管理人只有两个选项,即要么"解除",要么"继续履行"。而且,按照韩传华的提示,在这里管理人只有权独自决定"解除",而决定"继续履行"的话,则需要就"继续履行"行为根据《企业破产法》第26条、第69条,向债权人委员会或

---

① 参见李国光主编:《新企业破产法条文释义》,人民法院出版社2006年版,第130页。
② 参见本书编写组编:《〈中华人民共和国企业破产法〉释义及实用指南》,中国民主法制出版社2006年版,第69—70页。
③ 参见王卫国:《破产法精义》(第2版),法律出版社2020年版,第68页。
④ 参见李永军:《论破产管理人合同解除权的限制》,载《中国政法大学学报》2012年第6期,第74页。
⑤ 参见王卫国:《破产法精义》(第2版),法律出版社2020年版,第69页。
⑥ 参见徐家力:《企业破产中的知识产权许可合同处理方法研究》,载《中州学刊》2017年第5期,第50页。
⑦ 参见《中华人民共和国企业破产法》起草组编:《〈中华人民共和国企业破产法〉释义》,人民出版社2006年版,第85页。

者人民法院汇报；但这里的"报告"只限于"继续履行"本身，而不是合同履行过程中的所有具体行为都需要随时报告。①

有鉴于此，王卫国特别指出，除待履行合同的"解除"或"继续履行"外，下列其他事项均不属于管理人选择的范畴，故未经相对人同意亦不发生管理人行使选择权的效力，即意味着管理人未行使选择权：其一，附条件或附期限合同的继续履行或解除；其二，延长选择权的行使时间或指定选择权的行使条件；其三，在决定继续履行时增加或修改合同条款；其四，在决定继续履行时剥夺相对人依照《企业破产法》第18条第2款享有的担保请求权及解除权；其五，在解除合同时免除债务人的违约责任。②

第二，管理人行使决定权的合同，是"破产申请受理前成立"且"债务人和对方当事人均未履行完毕"的合同。

上述规定，实际上设定了管理人需要处置合同的时间条件。上述两个条件，严苛地排除破产申请受理后签订的合同，也排除双方当事人均未开始履行、均已开始履行但均未履行完毕、一方已开始履行但未履行完毕同时另一方尚未开始履行这三种情形下的合同。③

蒋黔贵等认为，债务人破产时，如果债务人和对方当事人均已履行完毕合同，那么权利义务关系终止，也就不存在合同解除与履行问题；如果其中一方已履行完毕，那么另一方也应有全面履行的义务，因此亦不存在合同履行或解除的问题。④

全国人大常委会法工委工作人员、安建及王卫国等均认为，对于债务人或者对方当事人一方已经履行完毕的合同，不需要特别规则：如果债务人未履行完毕，对方当事人可以直接以其损失在破产程序中申报债权；如果对方当事人未履行完毕，管理人在接管债务人财产后，可以要求对方当事人继续履行。⑤

韩传华进一步解读认为，如果债务人履行完毕而对方当事人未履行完毕，此处不适用《企业破产法》第18条，而适用《企业破产法》第17条，对方当事人变成"债务人的债务人"，管理人可以要求其向管理人清偿合同约定的债务、交付合同约定的财产；而如果债务人未履行完毕而对方当事人已履行完毕，那么在法院受理破产申请情形下，不再涉及合同履行与否问题，管理人此时只能选择不履行，对方当事人只能通过在破产程序中申报债权的方式来维护其合法权益。⑥

第三，管理人"决定"的出发点和落脚点，应该是"实现债务人财产价值的最大化"。这也就是说，衡量管理人"决定"合理与否、适当与否、及时与否，都取决于该"决定"是否可以实现债务人财产价值的最大化，进而增加债权人的整体分配利益；这势必要求管理人在合同法领域有精湛的造诣，尤其对于合同条款中所约定的专业问题及其商业价值有准确、合理的判断，能够在专业知识的基础上，基于债务人财产价值最大化的考虑，做出最合理的"决定"。⑦

第四，管理人在"决定"时，既应考虑最大限度地维护破产财产的最大化，但也应合理地注意到合同相对方的合法权益。⑧ 王欣新亦认为，管理人如果决定继续履行合同，为保障对方当事人的正当权益，首先应当补救债务人可能已存在的违约状况，将继续履行合同而发生的债务列入共益债务，通过债务人财产优先支付。⑨

第五，管理人如果决定"继续履行"相关合同，《企业破产法》未明确是部分履行还是全部履行。韩传华认为，应该是全部合同，而非合同中的部分内容，否则的话，部分履行可能会对合同相同方造成损失，有违公平原则；如果管理人认为部分履行更有利于维护各方利益，应该"解除"原有合同，而本着公平原则，与合同相对方签署新的合同。⑩ 徐家力亦指出，破产管理人承担合同，必须是全有或全无的形式，对全部合同概括承受，而不

---

① 参见韩传华：《企业破产法解析》，人民法院出版社2007年版，第58—59页。
② 参见王卫国：《破产法精义》（第2版），法律出版社2020年版，第69页。
③ 参见本书编写组编：《〈中华人民共和国企业破产法〉释义及实用指南》，中国民主法制出版社2006年版，第71页。
④ 参见蒋黔贵主编：《中华人民共和国企业破产法释义》，中国市场出版社2006年版，第85页。
⑤ 参见本书编写组编：《〈中华人民共和国企业破产法〉释义及实用指南》，中国民主法制出版社2006年版，第69—70页；安建主编：《中华人民共和国企业破产法释义》，法律出版社2006年版，第33—34页；王卫国：《破产法精义》（第2版），法律出版社2020年版，第69页。
⑥ 参见韩传华：《企业破产法解析》，人民法院出版社2007年版，第58页。
⑦ 参见韩传华：《企业破产法解析》，人民法院出版社2007年版，第59—60页。
⑧ 参见本书编写组编：《〈中华人民共和国企业破产法〉释义及实用指南》，中国民主法制出版社2006年版，第72页。
⑨ 参见王欣新：《破产法》（第4版），中国人民大学出版社2019年版，第70—72页。
⑩ 参见韩传华：《企业破产法解析》，人民法院出版社2007年版，第62—63页。

能仅享有部分合同权利或承担部分合同义务。①全国人大常委会法工委工作人员特别指出,在本条实际实施过程中,不管管理人最终选择继续履行合同还是解除合同,都要求管理人针对整体合同做出选择,而不能有选择地延续或采用合同中的部分条款,而单方面废除其余部分条款。②

第六,管理人行使选择权,属于法定权利,目的在于实现公共政策和破产目标,并优先保护多数债权人的利益,故当事人在任何情况下,都不得以约定的条款对选择权的行使加以排除或者限制。③

第七,管理人如果决定终止合同,从法律效果上有如下两个问题需要特别重视:第一,管理人拒绝继续履行合同,并不影响债权人依据合同享有的其他权利,比如仲裁条款的执行权、抗辩权、依据合同享有的债权,等等;第二,管理人拒绝履行合同,并不意味着合同绝对终止,次级租赁人、次级被许可人等第三方主张权利和义务,并不因为合同被拒绝继续履行而受到影响。④

按照全国人大常委会法工委工作人员的观点,如果管理人决定继续履行合同,合同相对人必须要承担其相应的合同义务;如果管理人决定解除合同,合同相对人只能就其所受不履行合同的损失,在破产程序中申报债权。⑤

李国光等认为,根据《企业破产法》第18条第1款,管理人对于待履行合同可以视具体情形,采取不同的处理策略:其一,如果债务人已全部履行而对方当事人尚未履行,管理人应决定继续履行合同,同时根据《企业破产法》第17条,由管理人代替债务人受偿;其二,债务人尚未履行而对方当事人已全部履行或部分履行,则管理人应解除合同,避免偏颇清偿,对方当事人可以根据《企业破产法》第53条规定,以未履行合同产生损失申报债权;其三,债务人和对方当事人均未履行时,管理人可以决定是否履行合同,而这一决定的依据则是看其是否有利于破产财产清偿,如果有利则继续履行,如果不利则解除合同,并将最终决定通知对方当事人。⑥

但不管管理人做出什么样的决定,因为待履行合同的履行与否均涉及债权人利益,根据《企业破产法》第69条的规定,管理人应及时就"履行债务人和对方当事人均未履行完毕的合同"事宜向债权人委员会做出"报告"。⑦

第2层:"管理人自破产申请受理之日起二个月内未通知对方当事人,或者自收到对方当事人催告之日起三十日内未答复的,视为解除合同。"

此层规定管理人行使选择权的期限:在破产申请受理之日起2个月内,管理人可以搜集信息并决定选择权的行使;在此期间内,相对人有催告权;而相对人行使催告之后,管理人必须在30日内给予肯定性的书面答复,否则视为解除合同。⑧

另外,管理人在享有决定权的同时,也需要承担相应的义务,即需要尽快做出决定并通知对方当事人。⑨ 这一规定的用意即在于,督促管理人及时采取行动,也为对方当事人提供合理预期,使破产程序平稳正常进行,确保债权债务得到迅速清理,避免管理人无谓的延宕与拖沓,为合同相对人提供稳定预期,亦充分保障合同当事双方的合法权益。⑩ 具体包含下列两种情形,在这两种情形下,都推定管理人默认"解除合同",可谓殊途同归:

情形一:如果"管理人自破产申请受理之日起二个月内未通知对方当事人",合同被推定解除。

在安建等看来,如此规定是因为,如果管理人怠于行使选择权,会使对方当事人的权利一直处于不确定状态,不利于交易的安全与稳定。⑪ "自破产申请受理之日起二个月内"这一时间期限,在

---

① 参见徐家力:《企业破产中的知识产权许可合同处理方法研究》,载《中州学刊》2017年第5期,第50页。
② 参见本书编写组编:《〈中华人民共和国企业破产法〉释义及实用指南》,中国民主法制出版社2006年版,第71页。
③ 参见王卫国:《破产法精义》(第2版),法律出版社2020年版,第70页。
④ 参见徐家力:《企业破产中的知识产权许可合同处理方法研究》,载《中州学刊》2017年第5期,第50页。
⑤ 参见本书编写组编:《〈中华人民共和国企业破产法〉释义及实用指南》,中国民主法制出版社2006年版,第71页。
⑥ 参见李国光主编:《新企业破产法条文释义》,人民法院出版社2006年版,第131—132页。
⑦ 参见李国光主编:《新企业破产法条文释义》,人民法院出版社2006年版,第132页。
⑧ 参见王卫国:《破产法精义》(第2版),法律出版社2020年版,第71页。
⑨ 参见《中华人民共和国企业破产法》起草组编:《〈中华人民共和国企业破产法〉释义》,人民出版社2006年版,第85页。
⑩ 参见本书编写组编:《〈中华人民共和国企业破产法〉释义及实用指南》,中国民主法制出版社2006年版,第71页;蒋黔贵主编:《中华人民共和国企业破产法释义》,中国市场出版社2006年版,第85页;安建主编:《中华人民共和国企业破产法释义》,法律出版社2006年版,第34页。
⑪ 参见安建主编:《中华人民共和国企业破产法释义》,法律出版社2006年版,第34页。

蒋黔贵看来，完全可以充分保障管理人有充分的时间了解合同内容并作出判断，最终做出"解除"或者"继续履行"的决定。①

这一情形究竟如何理解？比如究竟是管理人在破产申请受理之日起2个月内发出通知，还是说对方当事人在破产申请受理之日起2个月内收到通知。《企业破产法》未明确规定。在韩传华看来，该期限应理解为对方当事人在2个月内收到通知。②

情形二：如果管理人"自收到对方当事人催告之日起三十日内未答复的"，合同亦被推定解除。

在破产程序中，双方均未履行完毕合同的相对方自然处于被动地位，如果法律规定止步于此，会使合同相对人的权利处于不稳定状态，既不利于交易安全，亦显然有违公平性；故《企业破产法》在赋予管理人选择权的前提下，同时赋予对方当事人催告权，以便对方当事人及时维护自己的权利，根据催告权，对方当事人可以就合同是否履行，设定一定的期限，催告管理人在前述期限内就合同是否继续履行，做出明确答复；如果管理人答复继续履行，则合同继续执行，双方继续按照合同约定履行义务；如果管理人答复解除，或者管理人逾期不予答复，均发生合同解除的法律效果。③

蒋黔贵等认为，无论是管理人在破产申请受理之日起2个月内未发出履行或解除合同的通知，还是管理人在收到对方当事人催告之日起30日内未答复，都只能视为管理人没有诚意继续履行合同，或者绝对不能履行合同；在这种情况下，不及时解除合同，而任对方当事人一味等待，不仅对对方当事人不公平，而且对破产程序的继续履行也有极大的阻碍，在这种情况下，只有从法律上将待履行合同解除，才能最大限度地使得债权债务得到及时、公平的清理。④

本层中"人民法院受理破产申请后"，为相关行为限定了时间范围，即以受理破产申请的裁定公告之日的次日起计算。⑤

这里的"答复"，韩传华认为必须明确；如果给予答复但含糊其词，亦应视为"未答复"，合同仍应被推定解除。⑥ 王卫国认为，这里的答复，应该采取书面形式。⑦

据李国光等解释，解除合同是单方法律行为，无须对方当事人作出意思表示，同时根据《企业破产法》第18条第1款，对方当事人对于法院受理破产申请后涉及债务人的待履行合同，并无选择权；正因为如此，为防止管理人未尽其注意义务处理待履行合同并通知合同相对人，避免给对方造成更大损失，本条法律设定了"二个月"的通知期限及"收到对方当事人催告之日起三十日内"的催告期限，如果突破这两个期限，为保障合同相对方利益，均推定合同自动解除。⑧

第2款："管理人决定继续履行合同的，对方当事人应当履行；但是，对方当事人有权要求管理人提供担保。管理人不提供担保的，视为解除合同。"

王卫国指出，合同相对于请求担保的行为，实质上属于不安抗辩权；因为债务人破产的事实状态，已经构成合同法上不安抗辩的事实理由，故享有不安抗辩权的一方，在管理人恢复履行但又不能履行担保保障的情况下，享有合同解除权。这种情况下，破产法基于减少法律关系不确定的考虑，未设定合同当事人的解除权，而是将待履行合同视为直接解除。⑨

据安建解释，如果管理人决定继续履行合同，鉴于债务人已经进入破产程序，而在破产程序进行过程中，无法给对方当事人提供稳定的预期，故破产法有必要采取包括担保在内的各类措施，来为对方当事人提供一定程度的保护措施。⑩ 王卫国亦指出，如果管理人决定继续履行合同，合同相对人无权反对，但有权要求就合同的期待利益，要求管理人提供担保；如果管理人不能提供担保，亦视为解除合同。⑪

---

① 参见蒋黔贵主编：《中华人民共和国企业破产法释义》，中国市场出版社2006年版，第85—86页。
② 参见韩传华：《企业破产法解析》，人民法院出版社2007年版，第60页。
③ 参见本书编写组编：《〈中华人民共和国企业破产法〉释义及实用指南》，中国民主法制出版社2006年版，第71页；《中华人民共和国企业破产法》起草组编：《〈中华人民共和国企业破产法〉释义》，人民出版社2006年版，第85页。
④ 参见蒋黔贵主编：《中华人民共和国企业破产法释义》，中国市场出版社2006年版，第86页。
⑤ 参见王卫国：《破产法精义》（第2版），法律出版社2020年版，第72页。
⑥ 参见韩传华：《企业破产法解析》，人民法院出版社2007年版，第60页。
⑦ 参见王卫国：《破产法精义》（第2版），法律出版社2020年版，第70页。
⑧ 参见李国光主编：《新企业破产法条文释义》，人民法院出版社2006年版，第131—132页。
⑨ 参见王卫国：《破产法精义》（第2版），法律出版社2020年版，第71—72页。
⑩ 参见安建主编：《中华人民共和国企业破产法释义》，法律出版社2006年版，第35页。
⑪ 参见王卫国：《破产法精义》（第2版），法律出版社2020年版，第71页。

本款亦分为3层含义：

第1层："管理人决定继续履行合同的,对方当事人应当履行。"

根据破产法起草小组的解读,鉴于在破产法语境下,管理人全权决定处理双方均未履行完毕合同,合同相对方有权采取必要措施来维护自己的权益,但如果管理人做出继续履行的选择,则对方当事人必须按照本层规定"应当履行",亦即必须接受管理人的决定。①

按照蒋黔贵等的看法,如果管理人代位债务人继续履行合同,事实上合同当事人双方并未变化,管理人尤其是对方当事人,均需要全面、忠实地履行合同义务。②

结合《企业破产法》第18条第1款理解,如果管理人决定继续履行破产申请受理前成立而债务人和对方当事人均未履行完毕的合同,且已尽其通知义务,那么按照《企业破产法》第18条第2款的规定,对方当事人只能继续履行,否则就应该承担违约责任。

第2层："但是,对方当事人有权要求管理人提供担保。"

破产法起草小组指出,对于企业破产时双方均未履行完毕合同的对方当事人来说,如果管理人决定履行合同,对方当事人必须接受,这是其义务;但从其权利的角度,对方当事人可以对破产程序对合同继续履行尤其是己方利益造成的影响做出评估,如果其利益无法保证,法律只能由两种安排,要么赋予对方当事人合同解除权,要么为对方当事人利益提供担保。考虑到对方当事人解除合同对破产程序尤其是债务人财产的重大影响,《企业破产法》摒弃了第一种选项,即未赋予对方当事人合同解除权,但赋予对方当事人担保请求权。③

全国人大常委会法工委工作人员亦指出,在破产程序中延续合同,势必会给对方当事人带来极大的不确定性,比如支付不能,而这种不确定性是企业在未破产状态下所不具备的,因此,如果管理人对破产裁定受理前的双务合同选择继续履行,对方当事人在履行的同时可以要求管理人提供担保。④

蒋黔贵等亦指出,对方当事人在债务人进入破产程序之后,如果管理人决定继续履行合同,对方当事人有继续履行的义务,但也很有可能会因破产程序而遭受更大的风险与损失,故为了保障自己的权益,在履行合同的同时有权利要求管理人提供担保。⑤

本款规定,并未就"提供担保"做出更明晰的操作规范。韩传华指出,这一规定的存在,使得管理人与对方当事人极易在担保问题上发生冲突,因此也需要在如下两点上准确把握:第一,如果管理人决定"继续履行合同"且对方当事人要求管理人提供担保,这里的"担保"应该以对方当事人承担的风险为限度;第二,如果管理人决定"继续履行合同"且对方当事人要求管理人提供担保,而管理人也愿意提供"担保",那么鉴于《企业破产法》未对"担保"的方式做出规定,更未规定"担保"必须以对方接受为条件,但相关"担保"仍应该以对方当事人愿意接受的方式和程度为准。⑥但王卫国认为,管理人在待履行合同中对合同相对人提供的担保,以足以保障相对人的债权为条件,但这无需获得对方当事人的认可;合同相对人如果对管理人提供的担保有异议,可以向受理破产审判的法院提出确认之诉。⑦

第3层："管理人不提供担保的,视为解除合同。"

按照破产法起草小组的解读,对于破产程序中双方均未履行完毕的合同,如果管理人做出继续履行的决定,对方当事人按照法律的规定接受这一决定,但基于自身利益考量而请求管理人为待履行合同设定担保,此时管理人亦有两个选择:要么为对方当事人设定担保,以便继续履行合同;要么拒绝为对方当事人设定担保,则发生"视为解除合同"的法律效果。⑧

蒋黔贵等认为,如果不提供担保而要求对方

---

① 参见《中华人民共和国企业破产法》起草组编:《〈中华人民共和国企业破产法〉释义》,人民出版社2006年版,第85页。
② 参见蒋黔贵主编:《中华人民共和国企业破产法释义》,中国市场出版社2006年版,第86页。
③ 参见《中华人民共和国企业破产法》起草组编:《〈中华人民共和国企业破产法〉释义》,人民出版社2006年版,第85—86页。
④ 参见本书编写组编:《〈中华人民共和国企业破产法〉释义及实用指南》,中国民主法制出版社2006年版,第72页。
⑤ 参见蒋黔贵主编:《中华人民共和国企业破产法释义》,中国市场出版社2006年版,第86页。
⑥ 参见韩传华:《企业破产法解析》,人民法院出版社2007年版,第60—62页。
⑦ 参见王卫国:《破产法精义》(第2版),法律出版社2020年版,第72页。
⑧ 参见《中华人民共和国企业破产法》起草组编:《〈中华人民共和国企业破产法〉释义》,人民出版社2006年版,第86页。

当事人继续履行合同,因为破产程序的启动,显然置对方于不公平的境地;故如果管理人拒绝为待履行合同提供担保,那么法律则假定管理人无诚意履行合同,进而将该合同视为解除。①

按照我国2020年《民法典》第563条规定,破产程序中管理人对待履行合同的选择履行权的行使,可以理解为法定解除合同情形中"法律规定的其他情形"。在我国,合同具体分买卖、供用电气水热力、赠与、借款、租赁、融资租赁、承揽、建设工程、运输、技术、保管、仓储、委托、行纪、居间等类型,这些合同特性不一,在破产程序中都有可能遇到。最高人民法院2013年发布的《关于适用〈中华人民共和国企业破产法〉若干问题的规定(二)》已经对有名合同涉及破产程序时的处理做了原则性规定。跟复杂的合同类型相比,我国《企业破产法》第18条的规定显得比较宏观,在实务中处理时需要特别注意。

对于所有权保留买卖合同和请求权预告登记合同,李永军认为,管理人在行使合同解除权时,应该考虑给予一定的限制。在所有权保留买卖合同中,如果出卖人破产,管理人应无合同解除或履行的选择权;如果买受人破产,管理人只有在对方催告时,才能行使是否履行合同的选择权。而在请求权预告登记合同中,鉴于登记所产生的物权效力,管理人亦不应该随意解除相关合同。②

【关联法律法规及司法政策】

《民法典》(2020)

第一百一十九条 依法成立的合同,对当事人具有法律约束力。

第五百六十三条 有下列情形之一的,当事人可以解除合同:

(一)因不可抗力致使不能实现合同目的;

(二)在履行期限届满前,当事人一方明确表示或者以自己的行为表明不履行主要债务;

(三)当事人一方迟延履行主要债务,经催告后在合理期限内仍未履行;

(四)当事人一方迟延履行债务或者有其他违约行为致使不能实现合同目的;

(五)法律规定的其他情形。

以持续履行的债务为内容的不定期合同,当事人可以随时解除合同,但是应当在合理期限之前通知对方。

最高人民法院《关于适用〈中华人民共和国企业破产法〉若干问题的规定(二)》(2020)

第三十四条 买卖合同双方当事人在合同中约定标的物所有权保留,在标的物所有权未依法转移给买受人前,一方当事人破产的,该买卖合同属于双方均未履行完毕的合同,管理人有权依据企业破产法第十八条的规定决定解除或者继续履行合同。

第三十五条 出卖人破产,其管理人决定继续履行所有权保留买卖合同的,买受人应当按照原买卖合同的约定支付价款或者履行其他义务。

买受人未依约支付价款或者履行完毕其他义务,或者将标的物出卖、出质或者作出其他不当处分,给出卖人造成损害,出卖人管理人依法主张取回标的物的,人民法院应予支持。但是,买受人已经支付标的物总价款百分之七十五以上或者第三人善意取得标的物所有权或者其他物权的除外。

因本条第二款规定未能取回标的物,出卖人管理人依法主张买受人继续支付价款、履行完毕其他义务,以及承担相应赔偿责任的,人民法院应予支持。

第三十六条 出卖人破产,其管理人决定解除所有权保留买卖合同,并依据企业破产法第十七条的规定要求买受人向其交付买卖标的物的,人民法院应予支持。

买受人以其不存在未依约支付价款或者履行完毕其他义务,或者将标的物出卖、出质或者作出其他不当处分情形抗辩的,人民法院不予支持。

买受人依法履行合同义务并依据本条第一款将买卖标的物交付出卖人管理人后,买受人已支付价款损失形成的债权作为共益债务清偿。但是,买受人违反合同约定,出卖人管理人主张上述债权作为普通破产债权清偿的,人民法院应予支持。

第三十七条 买受人破产,其管理人决定继续履行所有权保留买卖合同的,原买卖合同中约定的买受人支付价款或者履行其他义务的期限在破产申请受理时视为到期,买受人管理人应当及时向出卖人支付价款或者履行其他义务。

买受人管理人无正当理由未及时支付价款或者履行完毕其他义务,或者将标的物出卖、出质或者作出其他不当处分,给出卖人造成损害,出卖人依据民法典第六百四十一条等规定主张取回标的物的,人民法院应予支持。但是,买受人已支付标的物总价款百分之七十五以上或第三人善意取得标的物所有权或者其他物权的除外。

---

① 参见蒋黔贵主编:《中华人民共和国企业破产法释义》,中国市场出版社2006年版,第86页。
② 参见李永军:《论破产管理人合同解除权的限制》,载《中国政法大学学报》2012年第6期,第74—76页。

因本条第二款规定未能取回标的物,出卖人依法主张买受人继续支付价款、履行完毕其他义务,以及承担相应赔偿责任的,人民法院应予支持。对因买受人未支付价款或者未履行完毕其他义务,以及买受人管理人将标的物出卖、出质或者作出其他不当处分导致出卖人损害产生的债务,出卖人主张作为共益债务清偿的,人民法院应予支持。

【裁判要旨】
案例 1
嘉粤集团有限公司与吴那钦返还原物纠纷案
法院:广东省湛江市中级人民法院
案号:(2015)湛中法民三初字第 20 号
事实:2012 年 2 月 22 日,嘉粤集团有限公司与吴那钦签订《房屋买卖协议书》,约定嘉粤集团有限公司将位于湛江市霞山区友谊路 12 号之一金港华庭商住楼 3 幢 1 层 02 号商铺(面积 117.8 平方米),以单价每平方米 13800 元,总价款 1625640 元的价格出卖给吴那钦,嘉粤集团有限公司在本协议签订日将上述商铺交付吴那钦使用。

2012 年 12 月 12 日,嘉粤集团有限公司被湛江市中级人民法院以(2012)湛中法民破字第 3 号裁定进入破产重整程序。在重整期间嘉粤集团有限公司、吴那钦多次向管理人主张商铺物权及租赁权。2013 年 3 月 19 日,吴那钦与周闯闯签订《房屋租赁合同》,约定将金港华庭商住楼 3 幢 1 层 02 号商铺租赁给周闯闯。

重整期间管理人认为本案的商铺买卖合同,不符合解除或撤销条件,所以没有直接向吴那钦发出解除函或书面确认已视为自动解除该合同,也没有在报纸公告解除或撤销该合同。

2015 年 1 月 5 日,管理人向吴那钦发出嘉粤重整管通字(2014)第 73 号《通知书》,通知由于其并没有将购买 2012 年 1 月 15 日签订的 2 份《房屋租赁合同》以及 2012 年 2 月 22 日签订的 4 份《房屋买卖协议书》中的所有款项支付到嘉粤集团有限公司账户,嘉粤集团有限公司没有向其办理上述商铺的产权过户手续,现根据《企业破产法》第 18 条之规定,由于管理人自破产申请受理之日起 2 个月内没有通知其继续履行上述协议,因此,嘉粤集团有限公司与其签订的上述合同与协议已经实际解除。同时要求吴那钦立即停止非法占用,并向嘉粤集团有限公司依法返还上述商铺。

2015 年 1 月 8 日,吴那钦向管理人复函,对《通知书》请求不予认可,并主张由于嘉粤集团有限公司及其关联 34 家公司重整程序已被裁定终止,管理人已不具有行使合同解除权或确认合同已解除的主体资格。

嘉粤集团有限公司向广东省湛江市中级人民法院起诉请求:(1)判令被告吴那钦立即停止侵害,并向原告嘉粤集团有限公司返还非法占有的商铺;(2)被告吴那钦负担本案全部诉讼费用。

裁判要旨:债务人企业与买房人签署房屋买卖协议、交付但未办理过户手续,债务人企业进入破产重整程序后,合同尚未履行完毕,管理人如果未就过户问题做出明确答复,应视为双方签订的房屋买卖合同已解除,买房人应返还原物,并就其解约损失申报债权。

裁判理由:广东省湛江市中级人民法院认为:本案是返还原物纠纷。本案争议的焦点问题是:(1)嘉粤集团有限公司破产管理人是否有权解除原告嘉粤集团有限公司与被告吴那钦签订的《房屋买卖协议书》;(2)被告吴那钦是否应向原告嘉粤集团有限公司返还房产。

关于嘉粤集团有限公司破产管理人是否有权解除原告嘉粤集团有限公司与被告吴那钦签订的《房屋买卖协议书》的问题。2012 年 2 月 22 日,原告嘉粤集团有限公司与被告吴那钦签订 4 份《房屋买卖协议书》,约定原告嘉粤集团有限公司将其位于湛江市霞山区友谊路 12 号之一金港华庭商住楼 3 幢 02 号商铺、4 幢 01 号商铺、4 幢 02 号商铺和位于湛江开发区观海路 181 号汇景湾商住楼第一至四层房产出售给被告吴那钦,合同签订后原告嘉粤集团有限公司进入破产重整程序,买卖房屋并未办理过户手续,合同尚未履行完毕。2013 年 1 月 11 日,吴那钦向管理人发函要求办理涉案房产的过户手续,管理人未作答复,应视为双方签订的房屋买卖合同已解除。2015 年 1 月 5 日,嘉粤集团有限公司破产管理人向吴那钦发出嘉粤重整管通字(2014)第 73 号《通知书》,告知被告吴那钦解除双方的房屋买卖时再次重申解除权,根据《企业破产法》第 18 条规定,嘉粤集团有限公司破产管理人对双方未履行完毕的合同,有权予以解除,并已于 2013 年 2 月 12 日起解除。

关于被告吴那钦是否应向原告嘉粤集团有限公司返还房产的问题。由于涉案《房屋买卖协议书》已解除,被告吴那钦继续占有涉案房产没有法律依据,应返还给原告嘉粤集团有限公司。至于被告吴那钦与原告嘉粤集团有限公司的款项问题,被告吴那钦在本案没有主张该款项,对此不作处理,被告吴那钦可通过其他法律途径解决。

综上,2017 年 7 月 28 日广东省湛江市中级人民法院作出判决:限被告吴那钦于本判决发生法律效力之日起3个月内,返还位于湛江市霞山区友谊路12号之一金港华庭商住楼3幢02号商铺给原告嘉粤集团有限公司。

案例2
郑健飞与嘉粤集团有限公司破产债权确认纠纷案
法院:最高人民法院
案号:(2015)民申字第2358号
事实:再审申请人郑健飞因与被申请人嘉粤集团有限公司(以下简称嘉粤公司)、第三人朱兴明、朱小华、黄治武破产债权确认纠纷一案,不服广东省高级人民法院(2015)粤高法民二终字第1号民事判决,向最高人民法院申请再审。

2012年9月20日,嘉粤公司与郑健飞签订《车位认购合同》,约定郑健飞向嘉粤公司购买"骊雅居"项目的小车位372个……考虑到本合同为预约合同,双方同意另行签订车位买卖合同,并以之作为办理车位交易过户的依据……该预约合同订立后,郑健飞陆续依约缴付2800万元。

2012年11月21日,嘉粤公司向湛江市中级人民法院提出破产重整申请。该院于2012年12月12日作出裁定,宣告嘉粤公司进入重整程序。2013年1月6日,郑健飞向嘉粤公司管理人提交《关于要求继续履行嘉粤集团有限公司开发的"骊雅居"项目车位认购合同的请求》,嘉粤公司管理人口头答复不同意继续履行。郑健飞在2013年6月17日将合同权利向嘉粤公司管理人申报债权。

2013年10月9日,嘉粤公司管理人制作《关于嘉粤集团有限公司等34家公司破产债权复核和新增申请债权审核情况的报告》,确认郑健飞的债权为29652000元,确认该债权为普通债权。郑健飞对嘉粤公司管理人确认其债权为普通债权不服,向湛江中院提起本案诉讼,请求确认其债权为嘉粤公司的共益债务。

广东省高级人民法院二审判决维持湛江市中级人民法院一审判决,即驳回郑健飞关于确认其因《车位认购合同》而对嘉粤公司享有的债权为嘉粤公司共益债务的诉讼请求。

裁判要旨:管理人拒绝继续双方均未履行完毕的合同后,视为解除合同;合同相对方可就合同解除产生的损害赔偿请求权,申报债权。但这里只能申报普通债权,而非共益债权。

裁判理由:最高人民法院认为:根据《企业破产法》第31条及《企业破产法》解释(二)第11条的规定,人民法院受理破产申请前1年内,涉及债务人财产的以明显不合理的价格进行交易的行为,管理人有权请求人民法院予以撤销。人民法院根据管理人的请求予以撤销的,对于债务人因撤销该交易而应返还受让人所支付价款的债务,可以作为共益债务清偿。而是否认定相关交易属于以不合理的低价所为并申请人民法院予以撤销,管理人有权以维护破产财产价值最大化为原则,根据具体情况决定。本案中郑健飞因《车位认购合同》而产生的对嘉粤公司的债权,虽郑健飞主张嘉粤公司管理人应对其予以撤销,但嘉粤公司管理人并没有主张及依法申请撤销。

《车位认购合同》中本身有专门条款,声明该合同的性质为预约,同时对如何签订正式买卖合同的方式做具体约定,且合同中也约定回购条款,即在届时双方未签订买卖合同的情况下,无须另行签订回购合同即视为嘉粤公司已经回购车位,从而产生向郑健飞返还车位价款的义务。由此认定该合同为预约性质,并非没有依据。即使可以将该合同认定为本约,且如郑健飞所述,其作为买方已经履行完毕,虽然破产法未直接规定类似这种情况下合同是否解除问题,但管理人为了破产财产价值最大化,有权拒绝履行债务,是破产法规定的基本精神。参照《最高人民法院关于贯彻执行〈中华人民共和国民法通则〉若干问题的意见(试行)》第66条的规定,"不作为的默示只有在法律有规定或者当事人双方有约定的情况下,才可以视为意思表示"。《企业破产法》及相关法律法规和司法解释,并未规定管理人拒绝履行合同的行为可以视为撤销合同。故郑健飞关于嘉粤公司管理人拒绝继续履行合同的行为应当视为撤销涉案合同的主张,缺乏法律依据。因为无从确认嘉粤公司的该项债务属于因撤销交易而形成的共益债务,郑健飞只能以因嘉粤公司管理人拒绝履行合同所产生的相应权利申报债权。

综上,最高人民法院认为:本案判决适用法律正确,郑健飞申请再审的理由不成立。2015年11月30日,最高人民法院裁定驳回郑健飞的再审申请。

【学理综述】

董涛在《政治与法律》2008年第10期上,发表《破产程序中知识产权许可协议"法律待遇"问题研究——美国的经验及对中国的启示》一文。在该文中,作者首先介绍了美国在破产程序中对知识产权许可协议的特殊考量:第一,该知识产权许可合同,通过countryman test,认定为"待执行合同";第二,根据"核心资产"原则,判断知识产权许可合同是否可以被纳入破产财产。接下来,作者分别分析了各类知识产权许可合同在美国破产中的不同法律规范。就专利许可协议和版权许可合同而言，如果被许可人破产，那么许可人可以通过其同意权，来捍卫其合法权益，未经许可人同意，管理人不能转让许可协议的权利义务给任何第三方；如果许可人破产且管理人拒绝继续履行合同，被许可人可以将之视为合同的终止，以普通债权人的身份寻求救济；但被许可人有权选择保留该许可协议下的所有权利，同时继续按照许可协议履行义务，但无法获得专利后续改进的权限。就商标权许可合同而言，如果被许可人破产，许可人不能自行终止该许可协议，必须证明存在"缺乏足够保障"的情形，才能要求终止许可协议，这种情形下独占性的商标许可使用可以作为被许可人的财产而自由转让，而非独占性的普通许可协议则会被视为待执行合同；而在许可人破产时，如果管理人选择拒绝继续履行许可协议，被许可人就无权继续使用该商标，只能向管理人提起赔偿之诉，而不能在破产程序中保留继续使用的权利，这种情形下独占性许可协议亦不能完全被视为被许可人的财产而自由转让。最后，作者盘点我国《企业破产法》规定的通过自动冻结原则来确定破产财产的制度，建议我国借鉴美国在破产程序中处理待履行合同问题的经验，改进我国的制度。①

王华在《中国石油大学学报（社会科学版）》2012年第6期上，发表《论破产程序中商标使用许可合同的处理——以管理人为主要视角》一文。在该文中，作者聚焦于商标许可使用合同当事一方破产时的法律问题，提出利益平衡是处理破产程序中商标许可使用合同的基本原则，同时结合《企业破产法》第18条，分别分析被许可人破产及许可人破产，管理人选择继续履行合同或解除合同时对双方权益的影响。作者进一步论述了需要从债权人会议、期限及为对方当事人提供担保等方面所做的限制，同时提出破产重整时要对商标使用合同作特殊考量与特殊处理。②

李永军在《中国政法大学学报》2012年第6期上，发表《论破产管理人合同解除权的限制》一文。作者提出，包括我国在内，很多国家的破产法对管理人处分待履行的合同的权利并未有明确限制，而在实践层面这种限制又十分有必要。对于

破产程序开始时双方均未履行完毕的合同，作者提出四个问题：第一，管理人对解除或者继续履行合同的选择权。第二，管理人如果选择解除合同，双方权利应如何处理。在这种情况下，作者认为在管理人解除合同的情况下，对方合同当事人要求恢复原状的权利，应该视为共益债权；而合同中约定违约责任或违约金条款亦不应被视为破产债权。第三，如果管理人选择解除合同，对方权利如何处理。第四，非破产合同方的催告权。在此基础上，作者分别讨论了对所有权保留买卖合同管理人解除权的限制、对请求权预告登记后管理人解除权的限制，同时通过实际案例，特别强调了"衡平法始终是私法的灵魂"这一原则。③

张钦昱在《政法论坛》2013年第5期上，发表《论融资租赁中的破产》一文。在该文中，作者专门讨论出租人或承租人破产时相关融资租赁协议的处理及租赁物是否归入债务人财产的问题。作者认为解决融资租赁问题这个难局的关键，是重新思考融资租赁的本质。作者借助比较法的资源，从形式主义、实质主义两个角度讨论了融资租赁的法律性质；在此基础上，也进一步讨论形式主义学说对破产语境下融资租赁问题处理的缺陷。作者提出，在处理我国《企业破产法》融资租赁破产问题时，有如下两种策略需要探讨：第一，应该禁止管理人根据《企业破产法》第18条解除融资租赁协议；第二，管理人能否解除融资租赁协议，应该取决于承租人与出租人的协商。检讨我国既有制度，作者认为在判断融资租赁法律关系时，应该更采用实质主义学说，对出租人、承租人破产时的特定合同问题处理，做出专门规定，只有在没有规定时，才适用《企业破产法》规则；在此基础上，也需要对融资租赁担保物登记等制度，做出体系性革新，甚至需要专门破产法院的配合，才能完成融资租赁破产相关问题处理的高难度要求。④

任一民在《法律适用》2016年第5期上，发表《期房交易合同在破产法上的效力研究》一文。在该文中，作者从房地产企业破产实务出发，分别讨论消费者期房交易合同的法律效力和期房交易预告登记的法律效力。就消费者期房交易合同的法律效力而言，作者认为在房地产企业破产过程中，应该限制管理人对期房交易合同的解除权；另

---

① 参见董涛：《破产程序中知识产权许可协议"法律待遇"问题研究——美国的经验及对中国的启示》，载《政治与法律》2008年第10期，第154—161页。
② 参见王华：《论破产程序中商标使用许可合同的处理——以管理人为主要视角》，载《中国石油大学学报（社会科学版）》2012年第6期，第64—68页。
③ 参见李永军：《论破产管理人合同解除权的限制》，载《中国政法大学学报》2012年第6期，第69—77页。
④ 参见张钦昱：《论融资租赁中的破产》，载《政法论坛》2013年第5期，第59—68页。

外,作者认为如果购房合同继续履行,续建费用、续建融资等都应被列为共益债务,而购房消费者无须承担续建费用;如果购房合同继续履行而迟延交付,违约金应停止计算;作者还提出,应借鉴效率违约机制,允许管理人解除合同或者调整未来需要交付的房屋;在合同履行不能时,购房者对房地产公司的物权期待权转化为损害赔偿请求权;如果购房消费者主动选择解除购房合同,其返还购房款的债权应视为普通债权。而对于房地产企业破产时的期房交易预告登记合同,作者提出,管理人对期房交易预告登记合同的解除权应限制行使;如果合同继续履行与在先成立的抵押权和工程款优先受偿权竞合,受让人仍应受在先成立的担保物权限制;预告登记权人在取得房屋时,应承担房屋上负有的工程款优先受偿权;对于预告登记权利人应承担的续建费用和在先成立的抵押权和工程款优先受偿权,应该按照继续履行合同预告登记权利人所认购的房屋建筑面积占总体建筑面积的比例来确定;在合同履行不能时,合同只能被解除;以房抵债情形下,应将之视为诺成性合同,该期房交易合同仍应受管理人行使解除权、继续履行应承担续建融资清偿责任等问题的审查,预告登记此时不发生作用;以签订期房交易合同方式担保并办理预告登记的合同,不能在破产程序中取得优先受偿的保护。①

徐家力在《中州学刊》2017年第5期上,发表《企业破产中的知识产权许可合同处理方法研究》一文。在该文中,作者从三个方面展开论述:首先,企业破产中的知识产权合同,都无法简单地应用《企业破产法》第18条规定的企业破产中待履行合同的处理规范。其次,作者用较大篇幅介绍美国法上的规则。如果许可人破产且管理人选择拒绝履行合同,被许可人可以:第一,接受管理人拒绝履行合同的决定;第二,在授权期内继续使用破产程序开始前就存在的知识产权,同时承担相应义务。按照美国破产法,这种情况下被许可人的权利有许多限制:被许可人要按照原许可合同约定的期限行使权利并继续支付知识产权许可费;在放弃权利方面,被许可人要放弃抵销权和对债务人共益债务的诉求权;排除了知识产权许可合同中常见的"未来改进"条款的适用。而在被许可人破产时,美国适用《破产法》第365(c)条,规定未经许可人同意,否认债务人有转让许可合同之权利,而且无论双方之前是否达成禁止或限制权利义务转让的条款,都不允许债务人承担许可合同。最后,作者对我国现行相关法律的缺漏做了盘点,指出在现行法律框架下,如果许可人破产,破产管理人可能会终止合同,从而使得被许可人前期投资血本无归;如果被许可人破产,管理人亦可能将知识产权许可合同转让给包括许可人的竞争者在内的第三方,而置许可人于不利境地。在作者看来,恰当的对策应该是及时修订相关法律,规定在许可人破产时,对于知识产权许可合同,被许可人有权选择是否继续履行合同,同时限制被许可人对许可合同的适用期限、范围,同时在重整计划中规定许可人的"未来改进"义务;在被许可人破产时,禁止许可合同的再度转移。②

胡利玲、柴都韵在《河南财经政法大学学报》2020年第4期上,发表《破产程序中金融衍生交易特殊保护的正当性及其具体规则》一文。金融衍生产品合同既是今天商业世界的常态,同时也是有引发系统性风险的潜质,关于破产程序中涉及的待履行合同挑选履行规则如何与金融衍生产品领域的特殊规则互相协调,一直是理论界和实务界比较关心的问题,安全港规则逐渐成为国际趋势。在该研究中,两位作者认为,无论是基于金融衍生交易的特殊法律属性,还是防范系统性风险的需要,我国都应该在破产法中对金融衍生交易合同做出特殊安排,其规则包括允许债权人按照合同中终止净额结算的有关约定,提前终止合同、进行净额结算以及实现担保安排,破产法要为金融衍生交易的提前终止、净额结算以及担保安排实现的有效性提供保证等。③

张玉海在《西部法学评论》2020年第6期上,发表《破产法上待履行合同基础理论的省思与重构》一文。作者指出,我国《企业破产法》第18条有关待履行合同规则的规定,以美国学者康特里曼提出的"实质违约测试"作为理论基础,也只有通过"实质违约"测试的合同,才能由管理人来挑选履行。作者认为,这一理论基础在实践中表现出判断标准模糊的特征,也难于适用于出租等特殊类型的合同,在美国的司法实践中容易出现明显不公平的结果,特定情形下法院并不将之奉为圭臬。作为改进建议,作者认为我国应该在安德鲁教授提出的替代性的"待履行"理论与韦斯特

---

① 参见任一民:《期房交易合同在破产法上的效力研究》,载《法律适用》2016年第5期,第93—100页。
② 参见徐家力:《企业破产中的知识产权许可合同处理方法研究》,载《中州学刊》2017年第5期,第48—56页。
③ 胡利玲、柴都韵:《破产程序中金融衍生交易特殊保护的正当性及其具体规则》,载《河南财经政法大学学报》2020年第4期,第54—65页。

布鲁克教授提出的"功能主义"理论中,结合既有的制度和理论,以"功能主义"理论替代"实质违约测试"理论,如果债务人在待履行合同中的权利能够直接加入债务人财产,而且在该合同中需要承担的义务也应由债务人财产承担;管理人对于合同的选择履行,不取决于其是否属于待履行合同。①

第十九条 人民法院受理破产申请后,有关债务人财产的保全措施应当解除,执行程序应当中止。

【立法沿革】

《企业破产法(试行)》(1986)

第十一条 人民法院受理破产案件后,对债务人财产的其他民事执行程序必须中止。

《破产法》(1995年草案)

第十九条 人民法院受理破产案件后,一切有关债务人财产的其他民事执行程序,应当中止。但是本法另有规定的,不在此限。

人民法院受理破产案件后,一切有关债务人财产的其他保全措施,应当中止。

第二十条 在人民法院受理破产案件后,破产宣告前,对债务人的财产或者权利享有的抵押权、质权或者留置权,暂停行使。

《企业破产与重整法》(2000年6月草案)

第十七条 人民法院受理破产案件后,一切有关债务人财产的其他民事执行程序,应当中止。本法另有规定的,不在此限。

人民法院受理破产案件后,一切有关债务人财产的其他保全措施,应当中止。

第十八条 在人民法院受理破产案件后,破产宣告前,对债务人的财产或者权利享有的抵押权、质权或者留置权,暂停行使。

《企业破产与重整法》(2000年12月草案)

第十七条 人民法院受理破产案件后,一切有关债务人财产的其他执行程序,应当中止。本法另有规定的,不在此限。

人民法院受理破产案件后,一切有关债务人财产的其他保全措施,应当中止。

第十八条 债务人为企业法人的,人民法院受理破产案件后,破产宣告前,对债务人的财产或者权利设定的抵押权,暂停行使。

《企业破产与重整法》(2001年1月草案)

第十八条 人民法院受理破产案件后,一切有关债务人财产的保全措施和其他执行程序,应当中止。本法另有规定的,不在此限。

第十九条 债务人为企业法人的,人民法院受理破产案件后,破产宣告前,对债务人的财产或者权利设定的抵押权暂停行使。

《企业破产法》(2004年3月草案A版)

第十九条 人民法院受理破产案件后,一切有关债务人财产的保全措施和其他执行程序,应当中止。但是,本法另有规定的,不在此限。

《企业破产法》(2004年3月草案B版)

第十八条 人民法院受理破产案件后,一切有关债务人财产的保全措施和其他执行程序,应当中止。但是,本法另有规定的,不在此限。

《企业破产法》(2004年6月草案)

第三十条 人民法院受理破产案件后,一切有关债务人财产的保全措施和其他执行程序,应当中止。本法另有规定的除外。

《企业破产法》(2004年10月草案)

第三十条 人民法院受理破产案件后,有关债务人财产的保全措施和执行程序应当中止。本法另有规定的应当除外。

【条文释义】

本条规定的是破产程序开始后,债务人财产的保全措施解除和执行程序中止问题。

从立法史的角度看,本条规范在2000年草案中,出现在第2章"申请和受理"下第2节"受理"中;而在2004年6月、10月草案中均出现在第4章"债务人财产"下第1节"一般规定"中。另外,从立法史的角度还可以看出来,2000年以来的三份草案中都有例外规则的存在,但这一例外规则在最终的《企业破产法》第19条中被删除掉了。

据全国人大常委会法工委工作人员的解读,之所以在《企业破产法》中加入应当解除保全措施的规定,是因为在法院裁定受理破产申请之后,如果允许有关债务人财产的保全措施持续下去,将意味着已被采取扣押、查封等保全措施的财产,将无法并入破产财产,继而无法被纳入重整计划、和解协议的范围,也不可能在破产清算中分配给债权人;执行程序的中止原因与此类似,如果允许有关债务人财产的执行措施继续,那么除申请执行人外,其他债权人的权益将毫无保障。②

---

① 张玉海:《破产法上待履行合同基础理论的省思与重构》,载《西部法学评论》2020年第6期,第108—121页。
② 参见本书编写组:《〈中华人民共和国企业破产法〉释义及实用指南》,中国民主法制出版社2006年版,第73页。

第十九条

而据破产法起草小组解释,在《企业破产法》中规定自动中止制度,有如下两个方面的考虑:第一,法院受理破产申请后,债务人财产因破产受理而形成,成为需要《企业破产法》保护的对象,在漫长的破产程序中,管理人既需要确认债权,也需要防止个别债权人索偿而给其他债权人利益带来伤害,而财产保全或执行正是个别债权人实现债权的基本方式;第二,破产程序的本质是集体清偿程序,这一本质要求破产程序开始后,所有个体的、单独的债务清偿请求,包括财产保全和执行程序在内,都需要立即停止,否则将侵害其他债权人的利益,进而危及《企业破产法》公平、公正清理债权债务的基本原则。①

立法机构对本条的解读,多从民事诉讼与破产程序的目标差异展开。大家均确认,针对债务人财产的执行措施和保全措施,是民事诉讼中基于特定目的,由法院临时发布的强制措施,有其具体而特定的制度目标,尤其追求个体债务的优先清偿,是民事诉讼制度中重要的内容。② 而破产制度的价值追求在于集体清偿,亦及通过集体程序,实现全体债权人债权的公平受偿,也正是因为如此,破产程序代表的是全体债权人的利益,而不是个体债权人的利益,在价值追求上,整体利益大于个体利益,因此,在破产程序开始后,包括针对债务人破产财产的保全措施和执行措施在内,所有旨在追求个体债务清偿的司法程序,都需要解除或终止,统一纳入破产程序实现清偿才是正途。③

应该说,"自动终止"或"自动冻结"制度,是全球各国破产法最大的公约数之一。④ 显然,破产程序中对债务人破产财产保全措施的解除和执行措施的中止,是反执行措施和保全措施的制度初衷而来。据蒋黔贵等的解释,在理论层面,在法院受理破产申请后,债务人即成为破产人,其名下财产亦成为破产财产,而按照破产法的基本原理,其破产财产应该在所有债权人之间分配,而无论是执行措施也好,保全措施也罢,只可能会使部分债权人受益,因此,为了使所有债权人都能得到平等对待,在法院受理破产程序之后,有必要解除保全措施、中止执行措施。⑤

本条规范单款成条,分别涉及法院受理破产本身,对有关债务人财产的"保全措施"和"执行程序":"人民法院受理破产申请后,有关债务人财产的保全措施应当解除,执行程序应当中止。"

韩传华指出,这里的"保全措施"和"执行程序",既包括《民事诉讼法》规定的保全措施和先予执行程序,亦包括其他法律比如《税收征管法》《行政处罚法》《刑事诉讼法》等法律规定的保全措施和强制执行程序。⑥ 事实的确如此。较之 1986 年《企业破产法(试行)》第 11 条的规定,本条规定在如下两个方面有所扩展:第一,除债务人财产执行措施的中止外,新加了保全措施的解除;第二,除债务人财产的民事执行措施外,亦扩展到其他执行程序,比如行政执行程序。⑦

我国民事诉讼中的保全制度,主要体现在 2017 年《民事诉讼法》第 9 章第 100—105 条中。按照 2017 年《民事诉讼法》第 100—105 条的规定:第一,保全措施的启动可以由当事人申请,也可以由法院依职权启动;如果当事人申请,申请人应该提供必要担保。第二,人民法院在收到当事人申请后 48 小时内作出采取保全措施与否的裁定,如果裁定采取保全措施,立即执行;申请人在 30 日内应依法提起诉讼或者仲裁。第三,保全措施仅限于请求的范围。第四,保全措施包括查封、扣押、冻结或者法律规定的其他方法。第五,对于财产纠纷案件,如果被申请人提供担保,法院应该裁定解除保全措施。第六,如果保全措施申请有误而给被申请人造成损失,申请人应当承担赔偿责任。

如上文所述,所谓保全措施,共分四类:查封、

---

① 参见《中华人民共和国企业破产法》起草组编:《〈中华人民共和国企业破产法〉释义》,人民出版社 2006 年版,第 87—88 页。

② 参见本书编写组编:《〈中华人民共和国企业破产法〉释义及实用指南》,中国民主法制出版社 2006 年版,第 73 页;蒋黔贵主编:《中华人民共和国企业破产法释义》,中国市场出版社 2006 年版,第 86—89 页;安建主编:《中华人民共和国企业破产法释义》,法律出版社 2006 年版,第 35—36 页;《中华人民共和国企业破产法》起草组编:《〈中华人民共和国企业破产法〉释义》,人民出版社 2006 年版,第 87 页。

③ 参见王卫国:《破产法精义》,法律出版社 2007 年版,第 55 页。

④ 参见本书编写组编:《〈中华人民共和国企业破产法〉释义及实用指南》,中国民主法制出版社 2006 年版,第 73—76 页;《中华人民共和国企业破产法》起草组编:《〈中华人民共和国企业破产法〉释义》,人民出版社 2006 年版,第 87 页。

⑤ 参见蒋黔贵主编:《中华人民共和国企业破产法释义》,中国市场出版社 2006 年版,第 89 页。

⑥ 参见韩传华:《企业破产法解析》,人民法院出版社 2007 年版,第 63—67 页。

⑦ 参见《中华人民共和国企业破产法》起草组编:《〈中华人民共和国企业破产法〉释义》,人民出版社 2006 年版,第 87 页。

扣押、冻结或者法律规定的其他方式。按照李国光等人的看法，这四类措施的具体含义分别如下：查封主要涉及不动产，是指法院对需要保全的财物清点后加贴封条，就地或者易地封存，从而禁止当事人、负责保管的单位和个人以及其他法院再使用该财产；而扣押主要涉及动产，是指法院将需要保全的财物就地或者易地扣留，在特定期限内禁止被申请人使用或者处分；冻结则涉及金融机构，是由法院通知银行、信用社等机构，禁止被申请人提取或处分其金融财产；法律规定的其他方法则属于兜底条款，比如扣留、提取被申请人劳动收入，变卖季节性商品、鲜活、易腐烂变质以及不宜长期保存的物品并将价款封存等。① 在破产法语境下，上述措施主要是针对债务人的财产，可以四选一适用，也可以四选多甚至全部适用，具体则因案而异，法院对此有充分的自由裁量权。

我国税收征管中的"保全措施"和强制执行程序，主要规定在2001年《税收征管法》第38—43条。按照《税收征管法》的规定，税务机关可以采取必要的保全措施，来确保税收及时、足额的缴纳；必要情况下，税务机关亦可采取适当的强制执行措施。具体内容请参阅"关联法规及司法政策"部分所辑录的《税收征管法》相关条文。

按照破产法起草小组的解释，本条规范下涉及的保全措施和执行程序，大体分为如下几类：第一，针对债务人财产的其他司法执行程序，最常见的即是针对债务人财产的案件已审结但未执行完毕，而与破产案件无直接关系的其他民事案件的执行程序，比如针对破产企业工作人员自有财产的执行案件，则不在中止的范围之内。第二，针对债务人财产的诉讼保全措施，具体包括诉前财产保全和诉讼财产保全。第三，针对债务人财产的其他保全措施，具体包括：(1)针对债务人财产创设、完善或者执行担保权的行为；(2)对破产申请受理之前存在债务追加担保的行为；(3)行使抵销权的行为。②

对于保全措施的解除，王欣新指出，实践中的问题，既存在于地方保护主义因素影响下司法系统跨地区的协调，更存在于司法机构财产保全措施与行政机构如公安、海关、工商管理、税务管理等部门财产保全措施之间的对抗，既需要克服地方保护主义，也需要克服部门利益，最好的方案是国务院与最高人民法院共同发布执行文件，协调不同机构财产保全措施的协调问题。③

全国人大常委会法工委工作人员和李国光等人均强调，这里的"执行程序"，在破产法语境下，主要是指人民法院为了保障债权人的利益，而依靠国家强制力量，强制当事人发生已生效的法律文书的行为，重点是指破产案件以外，但与破产财产有关的民事案件执行程序；其他与破产财产无关的民事案件执行则与此毫无关联。④

王卫国指出，如下几种常见的执行程序，在法院受理破产申请后应该无条件中止，而由请求执行的债权人凭生效法律文书，向管理人在破产程序中申报债权：第一，未执行或者执行完毕的已生效民事判决；第二，未执行或者未执行完毕的已生效民事裁定，例如先予执行裁定；第三，未执行或者未执行完毕的已生效刑事判决、裁定中涉及财产的部分；第四，已向人民法院提出执行申请但尚未执行或者未执行完毕的仲裁裁决；第五，已向人民法院提出执行申请但尚未执行或者未执行完毕的公证机关依法赋予强制执行效力的债权文书。⑤

就其本质来说，破产程序是一种概括执行程序，而普通执行程序则是一种非概括执行程序，两者之间既有联系、又有区别。两者之间的共同点在于都具有国家强制力背景，都不能从实质上解决双方权利义务的实体问题，普通民事诉讼执行手段、保全措施等等也对破产程序的高效进行大有裨益，破产法中的程序性规范对民事诉讼多有借鉴；但两者的差别亦很明显，在债务人的清偿能力、债权人的权益保障、执行标的的内容和范围方面大相径庭。⑥

对于有关债务人财产执行程序的中止，王欣新提出理解该条款时该注意如下三点：第一，对于已经提起执行申请但尚未执行完毕的执行程序，应该直接适用中止，而诉讼已结束但未申请或移送执行的，不得再提起新的执行程序，债权人只能凭借生效文书向法院申报债权；第二，中止执行程

---

① 参见李国光主编：《新企业破产法条文释义》，人民法院出版社2006年版，第139—141页。
② 参见《中华人民共和国企业破产法》起草组编：《〈中华人民共和国企业破产法〉释义》，人民出版社2006年版，第88—89页。
③ 参见王欣新：《破产法》（第4版），中国人民大学出版社2019年版，第69页。
④ 参见本书编写组编：《〈中华人民共和国企业破产法〉释义及实用指南》，中国民主法制出版社2006年版，第77页；李国光主编：《新企业破产法条文释义》，人民法院出版社2006年版，第141、143页。
⑤ 参见王卫国：《破产法精义》（第2版），法律出版社2020年版，第76—77页。
⑥ 参见李国光主编：《新企业破产法条文释义》，人民法院出版社2006年版，第141—142页。

序的范围仅限于以财产为标的的执行程序,非财产执行程序应继续进行;第三,别除权人就担保物权提起的执行程序,不受中止效力的约束。①

有必要特别留意的是,对于执行程序,《企业破产法》第19条的措辞用了"中止"而非"终止"。《企业破产法》第19条所规定的"人民法院受理破产申请后,有关债务人财产的……执行程序应当中止",其主要目的在于保障全体债权人的平等受偿权,而不是让个别债权人通过民事执行程序受到偏颇清偿;而且这只是一种暂时性状态,在破产程序中,如果满足特定情形,执行程序可能重新继续,也可能彻底终止。② 这也就是说,在满足特定条件的前提下,执行程序或保全措施事实上可以恢复。

破产法起草小组认为,在如下几种情况下,执行程序或保全措施可以恢复:第一,债务人被宣告破产,进入破产程序;第二,通过和解程序,债务人可以按照和解协议清偿债务;第三,在重整程序中,为债务人财产新设置担保行为,或者按照重整计划专门恢复某些执行程序或者保全措施。③

《企业破产法》第19条涉及的"执行程序",最终需要与民事诉讼中的执行中止制度对接。执行中止在学理上常被称为"执行阻却",即在法定事由下暂停执行程序。我国民事诉讼中的执行中止制度,按照2017年《民事诉讼法》,主要体现在第256条。《民事诉讼法》第256条规定,如果人民法院认为存在应当中止执行的其他情形,法院应当裁定中止执行;中止的情形消失后,则应恢复执行。同时按照《民事诉讼法》第258条,中止执行的裁定在送达当事人后立即生效。

齐树洁和陈洪杰提出,这条规定体现了破产程序优先于执行程序的基本原则。因此,按照本条规定,破产程序一旦启动,不仅执行程序应中止,相应民事保全措施也应解除;除此之外,齐树洁、陈洪杰还提出理解本条规定应注意的地方:第一,本条所涉及的"执行程序",仅以针对债务人财产的措施为限,其他如强制被执行人赔礼道歉、停止侵害、恢复名誉等,不受限制;第二,法院受理破产案件后,未启动的执行不得再启动,未结束的执行程序应立即中止,相应执行财产视为破产财产,而执行程序已终结的,相应财产归债权人,不得视为破产财产;第三,破产受理法院应向执行法院及时送达受理通知,避免因信息不对称而继续执行;第四,这里对债务人财产的执行只是中止,而非终结,如破产程序中法院发现债务人不应破产而终结破产程序的,执行程序应重新恢复。④

按照李国光等的看法,这里的"执行程序",是指涉及债务人财产且尚未执行完毕的"执行程序";如果破产申请受理前,有关"执行程序"已按照《民事诉讼法》的标准执行完毕,则无所谓中止与否,亦与《企业破产法》第19条无涉。⑤

需要明确的是,本条中"人民法院受理破产申请后"已为债务人财产保全措施的解除和执行措施的中止界定了时间限定,原则上以破产申请受理裁定"公告"之日的次日为起算点;但破产申请受理裁定如果在"公告"之前,已经通过"通知"而到达正在实施保全措施或执行程序的法院,则以裁定"通知"送达的次日为起算点;如果作出破产裁定的法院和正在实施保全措施或执行程序的法院是同一家法院,则这个起算点再度前移至破产申请受理裁定作出的次日。⑥

从司法政策方面,最高人民法院在破产程序与执行中止制度的对接上,做了更细致的探索和规定。最高人民法院在2015年发布的《关于适用〈中华人民共和国民事诉讼法〉的解释》第513—516条中,规定了"执行转破产程序"。该司法解释发布后,各地在执行转破产方面做了大量工作,这也成为2015年之后破产法实施研究的热点话题之一。相关内容详见本条评注"学理综述"部分。

【关联法律法规及司法政策】

《民事诉讼法》(2017)

第一百条 人民法院对于可能因当事人一方的行为或者其他原因,使判决难以执行或者造成当事人其他损害的案件,根据对方当事人的申请,可以裁定对其财产进行保全、责令其作出一定行

---

① 参见王欣新:《破产法》(第4版),中国人民大学出版社2019年版,第68—69页。
② 参见本书编写组编:《〈中华人民共和国企业破产法〉释义及实用指南》,中国民主法制出版社2006年版,第77—78页;李国光主编:《新企业破产法条文释义》,人民法院出版社2006年版,第143—144页。
③ 参见《中华人民共和国企业破产法》起草组编:《〈中华人民共和国企业破产法〉释义》,人民出版社2006年版,第89页。
④ 参见齐树洁、陈洪杰:《破产程序与执行程序的冲突及其协调》,载《厦门大学学报(哲学社会科学版)》2007年第3期,第108页。
⑤ 参见李国光主编:《新企业破产法条文释义》,人民法院出版社2006年版,第144—145页。
⑥ 参见王卫国:《破产法精义》(第2版),法律出版社2020年版,第77—78页。

为或者禁止其作出一定行为;当事人没有提出申请的,人民法院在必要时也可以裁定采取保全措施。

人民法院采取保全措施,可以责令申请人提供担保,申请人不提供担保的,裁定驳回申请。

人民法院接受申请后,对情况紧急的,必须在四十八小时内作出裁定;裁定采取保全措施的,应当立即开始执行。

第一百零一条 利害关系人因情况紧急,不立即申请保全将会使其合法权益受到难以弥补的损害的,可以在提起诉讼或者申请仲裁前向被保全财产所在地、被申请人住所地或者对案件有管辖权的人民法院申请采取保全措施。申请人应当提供担保,不提供担保的,裁定驳回申请。

人民法院接受申请后,必须在四十八小时内作出裁定;裁定采取保全措施的,应当立即开始执行。

申请人在人民法院采取保全措施后三十日内不依法提起诉讼或者申请仲裁的,人民法院应当解除保全。

第一百零二条 保全限于请求的范围,或者与本案有关的财物。

第一百零三条 财产保全采取查封、扣押、冻结或者法律规定的其他方法。人民法院保全财产后,应当立即通知被保全财产的人。

财产已被查封、冻结的,不得重复查封、冻结。

第一百零四条 财产纠纷案件,被申请人提供担保的,人民法院应当裁定解除保全。

第一百零五条 申请有错误的,申请人应当赔偿被申请人因保全所遭受的损失。

第一百零八条 当事人对保全或者先予执行的裁定不服的,可以申请复议一次。复议期间不停止裁定的执行。

第二百五十六条 有下列情形之一的,人民法院应当裁定中止执行:

(一)申请人表示可以延期执行的;

(二)案外人对执行标的提出确有理由的异议的;

(三)作为一方当事人的公民死亡,需要等待继承人继承权利或者承担义务的;

(四)作为一方当事人的法人或者其他组织终止,尚未确定权利义务承受人的;

(五)人民法院认为应当中止执行的其他情形。

中止的情形消失后,恢复执行。

《税收征收管理法》(2015)

第三十八条 税务机关有根据认为从事生产、经营的纳税人有逃避纳税义务行为的,可以在规定的纳税期之前,责令限期缴纳应纳税款;在限期内发现纳税人有明显的转移、隐匿其应纳税的商品、货物以及其他财产或者应纳税的收入的迹象的,税务机关可以责成纳税人提供纳税担保。如果纳税人不能提供纳税担保,经县以上税务局(分局)局长批准,税务机关可以采取下列税收保全措施:

(一)书面通知纳税人开户银行或者其他金融机构冻结纳税人的金额相当于应纳税款的存款;

(二)扣押、查封纳税人的价值相当于应纳税款的商品、货物或者其他财产。

纳税人在前款规定的限期内缴纳税款的,税务机关必须立即解除税收保全措施;限期期满仍未缴纳税款的,经县以上税务局(分局)局长批准,税务机关可以书面通知纳税人开户银行或者其他金融机构从其冻结的存款中扣缴税款,或者依法拍卖或者变卖所扣押、查封的商品、货物或者其他财产,以拍卖或者变卖所得抵缴税款。

个人及其所扶养家属维持生活必需的住房和用品,不在税收保全措施的范围之内。

第三十九条 纳税人在限期内已缴纳税款,税务机关未立即解除税收保全措施,使纳税人的合法利益遭受损失的,税务机关应当承担赔偿责任。

第四十条 从事生产、经营的纳税人、扣缴义务人未按照规定的期限缴纳或者解缴税款,纳税担保人未按照规定的期限缴纳所担保的税款,由税务机关责令限期缴纳,逾期仍未缴纳的,经县以上税务局(分局)局长批准,税务机关可以采取下列强制执行措施:

(一)书面通知其开户银行或者其他金融机构从其存款中扣缴税款;

(二)扣押、查封、依法拍卖或者变卖其价值相当于应纳税款的商品、货物或者其他财产,以拍卖或者变卖所得抵缴税款。

税务机关采取强制执行措施时,对前款所列纳税人、扣缴义务人、纳税担保人未缴纳的滞纳金同时强制执行。

个人及其所扶养家属维持生活必需的住房和用品,不在强制执行措施的范围之内。

第四十一条 本法第三十七条、第三十八条、第四十条规定的采取税收保全措施、强制执行措施的权力,不得由法定的税务机关以外的单位和个人行使。

第四十二条 税务机关采取税收保全措施和强制执行措施必须依照法定权限和法定程序,不得查封、扣押纳税人个人及其所扶养家属维持生活必需的住房和用品。

第四十三条 税务机关滥用职权违法采取税收保全措施、强制执行措施，或者采取税收保全措施、强制执行措施不当，使纳税人、扣缴义务人或者纳税担保人的合法权益遭受损失的，应当依法承担赔偿责任。

最高人民法院《关于适用〈中华人民共和国企业破产法〉若干问题的规定（二）》（2020）

第五条 破产申请受理后，有关债务人财产的执行程序未按照企业破产法第十九条的规定中止的，采取执行措施的相关单位应当依法予以纠正。依法执行回转的财产，人民法院应当认定为债务人财产。

第六条 破产申请受理后，对于可能因有关利益相关人的行为或者其他原因，影响破产程序依法进行的，受理破产申请的人民法院可以根据管理人的申请或者依职权，对债务人的全部或者部分财产采取保全措施。

第七条 对债务人财产已采取保全措施的相关单位，在知悉人民法院已裁定受理有关债务人的破产申请后，应当依照企业破产法第十九条的规定及时解除对债务人财产的保全措施。

第八条 人民法院受理破产申请后至破产宣告前裁定驳回破产申请，或者依据企业破产法第一百零八条的规定裁定终结破产程序的，应当及时通知原已采取保全措施并已依法解除保全措施的单位按照原保全顺序恢复相关保全措施。

在已依法解除保全的单位恢复保全措施或者表示不再恢复之前，受理破产申请的人民法院不得解除对债务人财产的保全措施。

最高人民法院《关于适用〈中华人民共和国民事诉讼法〉的解释》（2015）

第五百一十三条 在执行中，作为被执行人的企业法人符合企业破产法第二条第一款规定情形的，执行法院经申请执行人之一或者被执行人同意，应当裁定中止对该被执行人的执行，将执行案件相关材料移送被执行人住所地人民法院。

第五百一十四条 被执行人住所地人民法院应当自收到执行案件相关材料之日起三十日内，将是否受理破产案件的裁定告知执行法院。不予受理的，应当将相关案件材料退回执行法院。

第五百一十五条 被执行人住所地人民法院裁定受理破产案件的，执行法院应当解除对被执行人财产的保全措施。被执行人住所地人民法院裁定宣告被执行人破产的，执行法院应当裁定终结对该被执行人的执行。

被执行人住所地人民法院不受理破产案件的，执行法院应当恢复执行。

第五百一十六条 当事人不同意移送破产或者被执行人住所地人民法院不受理破产案件的，执行法院就执行变价所得财产，在扣除执行费用及清偿优先受偿的债权后，对于普通债权，按照财产保全和执行中查封、扣押、冻结财产的先后顺序清偿。

【裁判要旨】

案例 1

章筠、中江国际信托股份有限公司与南昌宝葫芦农庄有限公司、江西靖安中部梦幻城实业有限公司等借款合同纠纷、申请承认与执行法院判决、仲裁裁决案件执行案

法院：最高人民法院

案号：（2016）最高法执复 22 号

事实：申请复议人章筠因其与中江国际信托股份有限公司（以下简称中江公司）申请执行南昌宝葫芦农庄有限公司（以下简称宝葫芦公司）、江西靖安中部梦幻城实业有限公司、南昌宝森贸易有限公司、陈宗伟、宋徽玉、王俊华等借款合同纠纷一案，不服江西省高级人民法院（2015）赣执异字第 5 号执行裁定，向最高人民法院申请复议。

中江公司与宝葫芦公司、江西靖安中部梦幻城实业有限公司借款合同纠纷一案，江西省高级人民法院于 2014 年 6 月 3 日作出民事调解书。中江公司申请执行，执行标的额为本金 2.05 亿元及利息和相关费用，江西省高级人民法院于 2014 年 6 月 26 日立案执行。2015 年 11 月 11 日江西省高级人民法院裁定受理了宝葫芦公司的破产重整申请。同年 12 月 10 日，该院裁定中止该院（2014）赣民一初字第 3 号民事调解书、南昌市中级人民法院（2013）洪民二初字第 57 号民事调解书的执行。

章筠向江西省高级人民法院提出执行异议。该院于 2015 年 12 月 31 日裁定驳回章筠的异议。章筠不服该异议裁定，向最高人民法院申请复议。

裁判要旨：人民法院已受理以被执行人为债务人的破产申请的，人民法院应当裁定中止执行。根据法律、司法解释的规定，在人民法院已裁定受理债务人破产申请的情况下，对债务人的执行措施应当一律中止，且不存在任何例外情形。

裁判理由：最高人民法院于 2016 年 6 月 29 日作出裁定：本案的焦点问题是，人民法院已裁定受理被执行人破产申请的，是否应当中止执行。本案中，江西省高级人民法院已裁定受理被执行人宝葫芦公司的重整申请。根据《企业破产法》

第 19 条、最高人民法院《关于人民法院执行工作若干问题的规定(试行)》第 102 条第 1 项规定,人民法院已受理以被执行人为债务人的破产申请的,人民法院应当裁定中止执行。根据上述法律、司法解释的规定,在人民法院已裁定受理宝葫芦公司破产申请的情况下,对宝葫芦公司的执行应当一律中止,且不存在任何例外情形。章筠在人民法院已裁定受理宝葫芦公司破产申请的情况下,仍申请对该公司的财产继续执行,缺乏法律依据,不予支持。此外,申请复议人章筠提出的其他复议理由,也缺乏事实和法律依据,同样不予支持。

案例 2
丽水市天时科技有限公司、郑秀贵等金融借款合同纠纷执行案
审理法院:浙江省丽水市中级人民法院
案号:(2016)浙 11 执复 17 号
事实:本案涉及两位复议申请人:中国银行股份有限公司丽水莲都支行(以下简称中国银行莲都支行)、丽水立科机械制造有限公司(以下或简称丽水立科公司),四位被执行人:浙江星球棋牌有限公司(以下或简称浙江星球公司)、丽水市天时科技有限公司(以下简称丽水天时公司)、郑秀贵和杜淑贞。

本案中,在执行(2014)丽莲执民字第 2908 号申请执行人中国银行丽水莲都支行与被执行人浙江星球公司、丽水市天时公司、郑秀贵、杜淑贞金融借款合同纠纷一案中,莲都区人民法院于 2016 年 5 月 27 日发布公告,将于 2016 年 6 月 12 日 10 时至 2016 年 6 月 13 日 10 时止在浙江省丽水市莲都区人民法院淘宝网司法拍卖网络平台上,拍卖被执行人浙江星球公司所有的坐落于丽水市莲都区天宁工业区开发路 88 号内的厂房、土地及机器设备。2016 年 6 月 13 日,丽水立科公司以 1220 万元竞得该标的。

2016 年 6 月 7 日,浙江星球公司及其三名债权人向莲都区人民法院提交《破产重整申请书》。

莲都区人民法院审理后认为,在本案执行中,作为被执行人的企业法人符合《企业破产法》第 2 条第 1 款规定,执行法院经申请执行人之一或者被执行人同意,应当裁定中止对该被执行人的执行,将执行案件相关材料移送被执行人住所地人民法院。由此,莲都区人民法院裁定撤销莲都区人民法院于 2016 年 6 月 13 日在该院淘宝网司法拍卖网络平台上进行的丽水市莲都区天宁工业区开发路 88 号内的厂房、土地及机器设备拍卖行为。

复议申请人中国银行丽水莲都支行、丽水立科公司向浙江省丽水市中级人民法院提出复议申请。

裁判要旨:只有在人民法院裁定受理破产申请后,执行程序应当中止。拍卖行为发生破产重整受理裁定前时,不存在应当中止执行的法定理由,故拍卖行为应认定合法有效。

裁判理由:浙江省丽水市中级人民法院审理后指出,根据《企业破产法》第 7 条规定,债务人和债权人向人民法院申请破产重整或者清算的,应适用《企业破产法》相关规定;而最高人民法院《关于适用〈中华人民共和国民事诉讼法〉的解释》第 513 条的规定,适用于人民法院在执行过程中,发现被执行人符合《企业破产法》第 2 条第 1 款规定时,依职权转破产程序的情形。本案中,被执行人浙江星球棋牌有限公司和三个案外普通债权人向人民法院提交破产重整申请,符合《企业破产法》的相关规定,应适用《企业破产法》。

根据《企业破产法》第 19 条,在人民法院裁定受理破产申请后,执行程序应当中止。而本案中拍卖行为发生在 2016 年 6 月 13 日,当时莲都区人民法院尚未作出破产重整受理裁定,不存在应当中止执行的法定理由,故莲都区人民法院 2016 年 6 月 13 日的拍卖行为,应认定合法有效。

综上所述,浙江省丽水市中级人民法院认定,原执行法院以本案中 2016 年 6 月 13 日的拍卖程序违反最高人民法院《关于适用〈中华人民共和国民事诉讼法〉的解释》第 513 条的规定为由,裁定撤销拍卖,属于适用法律错误,应该予以纠正。故裁定撤销莲都区人民法院(2016)浙 1102 执异 20 号异议裁定,同时驳回原异议申请人浙江星球棋牌有限公司的异议申请。

【学理综述】
齐树洁、陈洪杰在《厦门大学学报(哲学社会科学版)》2007 年第 3 期上,发表《破产程序与执行程序的冲突及其协调》一文。该文从破产程序与执行程序显性冲突和隐性冲突的角度,对两者的关系作了探讨。从显性冲突的角度,除《企业破产法》第 19 条及第 12 条第 2 款的准确理解外,作者们还提出如下具体问题:代位执行程序、有财产担保的债权民事执行程序、取回权的民事执行程序、不作为请求权的执行程序以及票据付款人的追索权与破产程序的冲突。而从隐性冲突的角度,作者们就被执行人为公民、非法人组织的情况和法人组织的情况分别做了论述:就被执行人作为公民、非法人组织的情况,从可操作性角度参与分配制度可以解决一定的问题,而从理论角度则呼吁立法赋予个人和非法人组织破产能力；就被执行人作为企业法人的情况，则可以通过执行转破产程序来解决问题，而实践中更需要建构的是执行转破产的衔接程序。①

张艳丽在《政法论坛》2008年第1期上，发表《破产保全制度的合理设置》一文。在该文中，作者在重述破产保全制度的功能基础上，重点介绍了联合国贸易委员会《破产法立法指南草案》中的相关规定、日本的破产保全制度和美国的破产保全制度，进而认为我国《企业破产法》在破产保全开始的时间、破产保全的范围、临时管理人或保全管理人的制度设计等方面，均有一定的瑕疵，应该通过司法解释予以进一步规定。作者指出，在保全开始的时间方面，应该自破产申请提出之际就开始，而不是在破产申请被受理后再开始；就保全范围而言，应对人的保全与物的保全做出进一步明确规定，甚至可以借鉴日本保全管理人及保全管理命令等制度，同时应强调违反破产保全法律的后果和立法体例。作者提议，在将来破产法修订中，应该在破产申请与受理一章中，集中地以专节方式，规定破产保全制度。②

付翠英在《比较法研究》2008年第3期上，发表《破产保全制度比较：以美国破产自动停止为中心》一文。在该文中，作者认为，破产保全制度的使命在于，"既能够保证各个债权人的平等性，又能阻断个别债权人的抢先执行，使所有债权人在破产程序开始时都处于同等地位。"由此，亦推演出破产保全与民事诉讼保全制度的差异。在文章的主体部分，作者站在比较法的角度，详细介绍了美国破产法中的自动停止制度和日本的破产倒产保全体系。而在结论部分，作者重述了财产保全制度在我国不同时期破产法中的发展历程，并对我国和美国、日本的破产保全制度做了详细比较。作者得出结论认为，美国自动停止制度高效灵活，而日本倒产保全体系结构严谨，比较之下我国破产保全制度既缺乏严密的体系，也缺乏清晰的思路，距离破产法立法目标甚远，应从如下方面结合中国国情予以改革：第一，在保全生效方面，不能采用美国式自动生效方式；第二，在保全范围方面，应将保全范围从民事保全扩充到税收保全、行政罚款等保全，同时应规定例外情形；第三，应暂时中止程序法上的强制执行程序和担保权、抵销权的行使；第四，在保全救济方面，应赋予法官更多自由裁量权，债务人如违反破产保全规定而给债权人造成损失，应承担相应民事乃至刑事责任。③

唐应茂在《北京大学学报（哲学社会科学版）》2008年第6期上，发表《为什么执行程序处理破产问题？》一文。在该文中，作者提出，在过去十多年中，法院中近一半的执行案件中债务人无财产可供执行，事实上属于破产状态；但当事人不会选择破产程序，而是选择执行程序来维护权利，这说明如下事实：执行程序在一定程度上行使着破产程序的功能；而从解释论的层面，唐应茂也对这一现象产生的原因予以追问。唐应茂通过诸多事实，证明破产制度之所以不受欢迎，是国有企业改革的直接后果，是中国转型期中的必然现象，因为：第一，国家控制国有企业的破产，直接抑制了国有企业对破产的需求，诉讼和执行成为替代破产的解决机制；第二，国家主导国有企业破产，承担了许多破产法意义上的组织、协调、决策与裁判工作，为国有企业破产提供了事实上的制度性补贴；第三，法院在事实上提高了非国有企业破产案件当事人进入破产程序的门槛，进一步抑制了当事人对破产的需求。除此之外，作者也解释了为什么当事人对执行乐此不疲：执行程序门槛低、效率高，制度成本由国家承担，等等。④

第二十条　人民法院受理破产申请后，已经开始而尚未终结的有关债务人的民事诉讼或者仲裁应当中止；在管理人接管债务人的财产后，该诉讼或者仲裁继续进行。

【立法沿革】

《企业破产法（试行）》（1986）

第十一条　人民法院受理破产案件后，对债务人财产的其他民事执行程序必须中止。

《破产法》（1995年草案）

第二十一条　人民法院受理破产案件后，已经开始而尚未终结的有关债务人的财产和财产权利的民事诉讼，应当中止；管理人接管债务人的财产后，诉讼继续进行。

《企业破产与重整法》（2000年6月草案）

第十九条　人民法院受理破产案件后，已经

---

① 参见齐树洁、陈洪杰：《破产程序与执行程序的冲突及其协调》，载《厦门大学学报（哲学社会科学版）》2007年第3期，第107—113页。
② 参见张艳丽：《破产保全制度的合理设置》，载《政法论坛》2008年第1期，第42—49页。
③ 参见付翠英：《破产保全制度比较：以美国破产自动停止为中心》，载《比较法研究》2008年第3期，第25—41页。
④ 参见唐应茂：《为什么执行程序处理破产问题？》，载《北京大学学报（哲学社会科学版）》2008年第6期，第12—20页。

开始而尚未终结的有关债务人的财产和财产权利的诉讼,应当中止;管理人接管债务人的财产后,诉讼继续进行。

《企业破产与重整法》(2000年12月草案)

第十九条 人民法院受理破产案件后,已经开始而尚未终结的有关债务人的财产和财产权利的民事诉讼,应当中止;管理人接管债务人的财产后,诉讼继续进行。

《企业破产与重整法》(2001年1月草案)

第二十条 人民法院受理破产案件后,已经开始而尚未终结的有关债务人的财产和财产权利的民事诉讼,应当中止;在管理人接管债务人的财产后,诉讼继续进行。

《企业破产法》(2004年3月草案A版)

第二十条 人民法院受理破产案件后,已经开始而尚未终结的有关债务人的财产和财产权利的民事诉讼及其他个别清偿程序,应当中止;在管理人接管债务人的财产后,诉讼继续进行。

《企业破产法》(2004年3月草案B版)

第十九条 人民法院受理破产案件后,已经开始而尚未终结的有关债务人的财产和财产权利的民事诉讼及其他个别清偿程序,应当中止;在管理人接管债务人的财产后,诉讼继续进行。

《企业破产法》(2004年6月草案)

第三十一条 人民法院受理破产案件后,已经开始而尚未终结的有关债务人的财产和财产权利的民事诉讼,应当中止;在管理人接管债务人的财产后,诉讼继续进行。

《企业破产法》(2004年10月草案)

第三十一条 人民法院受理破产案件后,已经开始而尚未终结的有关债务人财产的民事诉讼或者仲裁应当中止;在管理人接管债务人的财产后,诉讼或者仲裁继续进行。

【条文释义】

本条规范的是破产申请受理后,涉及债务人的民事诉讼及仲裁程序的处理规则。按照本条规定,涉及债务人的诉讼和仲裁在破产申请受理后中止,并在管理人接管债务人财产后恢复进行。

从立法史的角度看,本条规范在2000年草案中,出现在第2章"申请和受理"下第2节"受理"中;而在2004年6月、10月草案中均出现在第4章"债务人财产"下第1节"一般规定"中。这种框架位置的变化,或许可以成为我们理解立法者思路的一个角度。

按照全国人大常委会法工委工作人员和破产法起草小组的解读,这条规范的用意在于使管理人接管相关诉讼或者仲裁。因为在破产程序开始后,债务人的所有权利和义务都由管理人代位行使,参与已经开始但尚未审结的民事诉讼和仲裁的相关权利和义务,也应该由管理人来代表债务人行使。管理人之所以能代表债务人,按照民事诉讼法相关理论,是基于诉讼权利义务的承担。[1]

按照李永军等的看法,该规定目的主要在于防止债务人不负责任地处分诉讼中的程序性权利或者实体性权利,进而损害到债务人的权益。[2]

据李国光等归纳,破产程序与普通民事诉讼程序貌合神离,有着如下诸点不同:第一,程序启动条件不同,前者更为严苛,后者较为宽松;第二,基本原则不同,前者因更注重全体债权人利益保护而禁止个别清偿,鼓励公平竞争,后者则鼓励先来先得、个别清偿;第三,管辖规则不同,前者更容易突破民事诉讼法的一般规则,后者则严格受《民事诉讼法》制约;第四,程序效力不同,前者的效力大于后者,在两者冲突时居于主导地位。[3] 这种差异的存在,为我们理解《企业破产法》第20条奠定基础。

李国光等还指出,根据前述《企业破产法》第19条,破产程序具有优先于民事执行程序和保全程序的效力,但这并不意味着破产程序就具有优先于民事诉讼的效力;《企业破产法》第20条没有再区分债务人是原告还是被告,而是统一规定如下原则:鉴于破产程序开始后,破产管理人取代债务人成为诉讼主体,所以相关民事诉讼和仲裁只是暂时中止,而非完全、彻底终止,待破产管理人接管债务人财产后即可重新启动。[4]

就《企业破产法》第20条文本本身来看,本条只有1款,但可以分为两层,每个意群都既涉及"民事诉讼",又涉及"仲裁",两者之间用"或"连接;而相关民事诉讼或仲裁,又要求必须是"人民法院受理破产申请后,已经开始而尚未终结"且设

---

[1] 参见本书编写组:《〈中华人民共和国企业破产法〉释义及实用指南》,中国民主法制出版社2006年版,第78页;《中华人民共和国企业破产法》起草组编:《〈中华人民共和国企业破产法〉释义》,人民出版社2006年版,第90页。
[2] 参见李永军等:《破产法》(第2版),中国政法大学出版社2017年版,第31页。
[3] 参见李国光主编:《新企业破产法条文释义》,人民法院出版社2006年版,第145—150页。
[4] 参见李国光主编:《新企业破产法条文释义》,人民法院出版社2006年版,第151页。

定了"有关债务人"的限定语。这也就是说,本条中涉及仲裁中止的所有情形,均与民事诉讼一致。

本条只有1款,但可分为2层含义:

第1层:"人民法院受理破产申请后,已经开始而尚未终结的有关债务人的民事诉讼或者仲裁应当中止。"

为什么法院受理破产申请后,已开始且未终结的有关债务人民事诉讼或者仲裁应当中止,待管理人接管债务人财产后再继续进行?据蒋黔贵、安建、韩传华等解释,正常情况下法院在受理破产申请的同时指定管理人,管理人亦可将债务人的管理团队取而代之,并代表债务人来处理涉及诉讼和仲裁的事宜;但是实际上,从法院指定管理人,到管理人实际全面接管债务人,客观上仍然需要一定的时间,如果在这个过程中,管理人空有管理债务人财产之名,但却又未实际上占有,贸然代表债务人参与诉讼或仲裁,在不完全了解情况的前提下,很可能导致决策失误或者对权利的不适当处分。因此,《企业破产法》设计了法院受理破产申请后涉及债务人的诉讼和仲裁暂时中止制度,既具有公平、合理的特质,也能够与《民事诉讼法》中止诉讼制度的精神契合,有助于消除这种难以避免的误判。①

那么,在实践操作层面,这一制度安排该如何落实呢?韩传华认为,在法院受理破产申请之后,管理人既有义务通知负责审理已经开始而尚未终结的有关债务人的民事诉讼案件的法院,亦有权请求法院中止相关审理;但是,管理人通知、请求与否,并不影响法院中止民事诉讼;如果法院因未获悉受理破产申请的事实而继续审理涉及债务人的民事诉讼案件,法院应承担违反法定程序之责。②

还有必要深入理解的是这里的"民事诉讼"的范畴。按照我们通常的理解,即只要债务人与对方当事人之间发生民事权利义务的争议,均可通过民事诉讼寻求正义;那么在破产法语境下,管理人接管的有关债务人财产的民事诉讼,显然大大地缩小了通常我们所说"民事诉讼"的范围。

破产法起草小组就提出一个问题:管理人是否接管与债务人企业有关但不涉及债务人财产的民事诉讼和仲裁?破产法起草小组给出了肯定性的答复:对于此类诉讼,比如债务人为证人的民事诉讼或仲裁,管理人依旧有权利接管,但接管的原因不再是债务人财产管理之需,而是破产程序开始后债务人对外代表权由管理人全权行使的自然结束;这种界定便将债务人企业职工等的诉讼或仲裁排除在接管之外。③

李国光等认为,管理人代替债务人的诉讼主体地位后,被中止的诉讼应重新启动,或者在破产程序中予以处理;但是如果破产程序终结后,上述诉讼仍未了结且债务人依旧存在,则需要由债务人重新取代管理人的诉讼主体地位,继续相关诉讼程序。④

韩传华亦指出,这一"中止"在实践中"实质影响不大",其初衷更多在于保障纠纷当事人的诉讼权利,故除了根据《企业破产法》第20条而采取的必要中止外,法院需要依法继续对相关纠纷作出裁判;即便债权人申报债权发生纠纷,亦必须由债权人提起诉讼,而不能由受理破产申请的法院直接裁判。⑤

与上述问题直接相关的是管理人是否有权接管债务人的刑事诉讼或行政诉讼?《企业破产法》第20条只规范对民事诉讼和仲裁的接管,但并未明确禁止接管债务人的刑事诉讼和行政诉讼。破产法起草小组认为,管理人应该接管债务人的刑事诉讼和行政诉讼,因为:第一,管理人在企业破产后全面接管企业,对外代表破产企业,因此在刑事诉讼或行政诉讼中,管理人依旧应该对外代表破产企业;第二,刑事诉讼和行政诉讼都有可能涉及针对债务人的罚金、罚款及吊销执照等刑事或行政责任,对债务人财产有实质性影响。⑥

但全国人大常委会法工委工作人员的观点与此相反。全国人大常委会法工委工作人员在发布的《企业破产法》解读中指出,本条规定仅限于民

---

① 参见蒋黔贵主编:《中华人民共和国企业破产法释义》,中国市场出版社2006年版,第89—90页;安建主编:《中华人民共和国企业破产法释义》,法律出版社2006年版,第37页;韩传华:《企业破产法解析》,人民法院出版社2007年版,第67—68页。
② 参见韩传华:《企业破产法解析》,人民法院出版社2007年版,第68页。
③ 参见《中华人民共和国企业破产法》起草组编:《〈中华人民共和国企业破产法〉释义》,人民出版社2006年版,第91页。
④ 参见李国光主编:《新企业破产法条文释义》,人民法院出版社2006年版,第151页。
⑤ 参见韩传华:《企业破产法解析》,人民法院出版社2007年版,第68—69页。
⑥ 参见《中华人民共和国企业破产法》起草组编:《〈中华人民共和国企业破产法〉释义》,人民出版社2006年版,第91页。

事诉讼与仲裁，有关债务人财产的行政诉讼和刑事诉讼的效力，不受破产程序的影响。①

第 2 层："在管理人接管债务人的财产后，该诉讼或者仲裁继续进行。"

据蒋黔贵等解释，在管理人实际控制债务人的财产后，中止已开始而尚未终结的民事诉讼程序或仲裁程序，已不具有现实必要性，原来管理人在名义上占有但实际上未控制债务人财产的事实不复存在，故有必要在管理人接管债务人财产后，使该诉讼或仲裁继续进行。②

全国人大常委会法工委工作人员发布的《企业破产法》解读，特别强调了这里的"中止"和"继续进行"，亦即是说，法院裁定受理破产申请本身，只意味着民事诉讼和仲裁的暂时"中止"，而不是彻底终结；在管理人接管债务人财产后，相关民事诉讼和仲裁继续进行。③

王欣新强调，准确理解《企业破产法》第 20 条，重点在抓住其实质含义，亦即"指在管理人能够接管债务人的诉讼或仲裁事务，具备继续进行条件时，诉讼或者仲裁方可继续进行，不能简单地理解为管理人接管了债务人的财产……如果按此简单理解，将使立法为管理人接管并继续债务人的诉讼或仲裁事务留出的准备时间被完全剥夺"。王欣新亦建议，普通破产案件应该在管理人被指定之日起 2 个月内完成接管；确实因为客观原因未能在 2 个月内完成接管的，这一期限经法院批准，可以延长到 4 个月；如果超过 4 个月仍未完成接管工作，则视为接管完毕，相关民事诉讼或仲裁应继续进行。④

本条规定亦与《企业破产法》第 25 条有关管理人的职权遥相呼应。《企业破产法》第 25 条规定，"代表债务人参加诉讼、仲裁或者其他法律程序"是管理人的法定职责之一。按照全国人大常委会法工委工作人员的解读，在管理人接管债务人的财产后，鉴于企业法人的意志机关已丧失对债务人的控制权，由管理人代表债务人参与民事诉讼和仲裁，既名正言顺，又有利于破产程序稳定进行。⑤

按照我国 2017 年的《民事诉讼法》第 150 条，存在"作为一方当事人的法人或者其他组织终止，尚未确定权利义务承受人"时，需要中止诉讼，而"中止诉讼的原因消除后，恢复诉讼"。按照这个规定，也就是管理人接管破产财产与否这一导致诉讼或仲裁中止与否的原因消失后，法院即可通知或准许当事人双方继续诉讼，即可使得诉讼程序重启，而不需要撤销原来中止诉讼的裁定。⑥按照韩传华的解释，上述规定意味着，管理人在接管债务人财产后，有义务通知审理已经开始而尚未终结的有关债务人的民事诉讼案件的法院，恢复相关民事诉讼；法院如不知道管理人已接管债务人财产，亦未恢复民事诉讼，法院不承担违反法定程序之责。⑦

按照全国人大常委会法工委工作人员的解读，准确理解本条规定还需要注意如下两个问题：第一，鉴于《企业破产法》第 16 条已禁止破产程序开始后债务人对个别债务人所做的债务清偿，那么破产程序启动后，也自然禁止管理人根据个别民事诉讼或仲裁的结果，来个别清偿债务；这即意味着，民事诉讼或者仲裁中对弈的另一方，如果在诉讼或仲裁中胜诉，也只能凭借判决书或者裁定书，来据此向管理人申报债权，而不能请求人民法院执行判决或裁定，这一点亦与《企业破产法》第 19 条所规定的执行程序中止规则呼应。第二，按照《企业破产法》第 119 条的规定，管理人应当在破产财产的分配过程中，按照诉讼或者仲裁产生的债权额，将破产财产先予提存。⑧

另外，特别需要指出的是，根据草案文本进行对比，"仲裁"是在 2014 年 10 月草案中才进入立法者的视野，并在 2006 年 8 月的审议中，被立法机构纳入《企业破产法》最终文本。韩传华指出，这里的"仲裁"，应该既包括债务人是当事人的有关合同纠纷和其他财产权益纠纷的商事仲裁，亦包括有关劳动纠纷的劳动仲裁，但《仲裁法》本身并未规定仲裁中止的情形；韩传华认为，在这种情形下，法院受理破产申请后有关债务人已开始但

---

① 参见本书编写组编：《〈中华人民共和国企业破产法〉释义及实用指南》，中国民主法制出版社 2006 年版，第 79 页。
② 参见蒋黔贵主编：《中华人民共和国企业破产法释义》，中国市场出版社 2006 年版，第 91 页。
③ 参见本书编写组编：《〈中华人民共和国企业破产法〉释义及实用指南》，中国民主法制出版社 2006 年版，第 79 页。
④ 参见王欣新：《破产法》（第 4 版），中国人民大学出版社 2019 年版，第 66—67 页。
⑤ 参见本书编写组编：《〈中华人民共和国企业破产法〉释义及实用指南》，中国民主法制出版社 2006 年版，第 79 页。
⑥ 参见蒋黔贵主编：《中华人民共和国企业破产法释义》，中国市场出版社 2006 年版，第 90—91 页。
⑦ 参见韩传华：《企业破产法解析》，人民法院出版社 2007 年版，第 68 页。
⑧ 原文误为《企业破产法》第 121 条。经查《企业破产法》文本，这里对应的应该是《企业破产法》第 119 条，径改之。上述讹误及需要注意的这两个问题，参见本书编写组编：《〈中华人民共和国企业破产法〉释义及实用指南》，中国民主法制出版社 2006 年版，第 79—80 页。

未终结的仲裁案件的中止,应分为两种情况:第一,当仲裁庭所依据的仲裁规则有中止情形时,该仲裁案件可以直接中止;第二,当仲裁庭所依据的仲裁规则无中止情形时,该仲裁案件不能直接中止,而应采取不同阶段延期审理:(1)当债务人是被申请人,且仲裁答辩期、举证期及指定仲裁员的期限内,如果仲裁庭已作出决定但尚未到期,前述期限中断,在管理人接管债务人财产后重新起算;(2)如仲裁庭尚未就仲裁答辩期、举证期及指定仲裁员的期限作出决定,仲裁庭应自动中止,直至管理人接管债务人财产后重新决定;(3)当债务人是申请人,且仲裁庭已就仲裁答辩期、举证期及指定仲裁员的期限作出决定但尚未到期,前述期限应予以中断,在管理人接管债务人财产后重新起算;(4)如仲裁庭尚未就前述期限作出决定,仲裁庭应停止作出决定,待在管理人接管债务人财产后重新起算。①

破产法起草小组指出,管理人代表债务人参加"仲裁",必须要到仲裁协议中约定的仲裁机构继续进行仲裁。②

韩传华还认为,如果法院受理破产申请时,涉及债务人的仲裁案件已进入审理阶段,不管债务人是申请人还是被申请人,仲裁庭已通知开庭时间但开庭时间未到,相关开庭计划应取消;如果仲裁庭尚未决定开庭时间,则应避免作出开庭通知;只有管理人接管债务人财产后,仲裁庭才能重新作出开庭计划;如果法院受理破产申请时,仲裁庭已审理完毕但未作出仲裁裁决,尽管仲裁裁决与管理人接管债务人财产无关,仲裁庭仍应待管理人接管债务人财产后,再作出仲裁裁定并由管理人协助执行。③

【关联法律法规及司法政策】

《民事诉讼法》(2017)

第一百五十条 有下列情形之一的,中止诉讼:

(一)一方当事人死亡,需要等待继承人表明是否参加诉讼的;

(二)一方当事人丧失诉讼行为能力,尚未确定法定代理人的;

(三)作为一方当事人的法人或者其他组织终止,尚未确定权利义务承受人的;

(四)一方当事人因不可抗拒的事由,不能参加诉讼的;

(五)本案必须以另一案的审理结果为依据,而另一案尚未审结的;

(六)其他应当中止诉讼的情形。

中止诉讼的原因消除后,恢复诉讼。

最高人民法院《关于推进破产案件依法高效审理的意见》(2020)

6.管理人应当及时全面调查债务人涉及的诉讼和执行案件情况。破产案件受理法院可以根据管理人的申请或者依职权,及时向管理人提供通过该院案件管理系统查询到的有关债务人诉讼和执行案件的基本信息。债务人存在未结诉讼或者未执行完毕案件的,管理人应当及时将债务人进入破产程序的情况报告相关人民法院。

【裁判要旨】

案例1

中诚信托有限责任公司、陈孝清申请执行人执行异议之诉案

法院:最高人民法院

案号:(2017)最高法民终796号④

事实:上诉人中诚信托有限责任公司因与被上诉人陈孝清、重庆典雅房地产开发集团有限公司、张谊生、张鑫申请执行人执行异议之诉一案,不服重庆市高级人民法院作出的(2017)渝民初73号民事裁定,向最高人民法院提起上诉。

本案中,中诚信托公司依据北京市方圆公证处于2015年11月2日作出的(2015)京方圆执字第0195号《执行证书》,向重庆市高级人民法院申请对典雅地产公司及保证人张谊生、张鑫强制执行。重庆市高级人民法院于2015年11月27日

---

① 参见韩传华:《企业破产法解析》,人民法院出版社2007年版,第69—70页。
② 参见《中华人民共和国企业破产法》起草组编:《〈中华人民共和国企业破产法〉释义》,人民出版社2006年版,第91页。
③ 参见韩传华:《企业破产法解析》,人民法院出版社2007年版,第70—71页。
④ 查阅中国裁判文书网可知,与本案案由及分析相近、当事人均为中诚信和重庆典雅房地产开发集团有限公司重整案的判例,还包括:(2017)最高法民终745号、(2017)最高法民终746号、(2017)最高法民终749号、(2017)最高法民终751号、(2017)最高法民终755号、(2017)最高法民终756号、(2017)最高法民终759号、(2017)最高法民终761号、(2017)最高法民终763号、(2017)最高法民终773号、(2017)最高法民终774号、(2017)最高法民终780号、(2017)最高法民终781号、(2017)最高法民终782号、(2017)最高法民终783号、(2017)最高法民终789号、(2017)最高法民终790号、(2017)最高法民终792号、(2017)最高法民终793号、(2017)最高法民终795号、(2017)最高法民终797号、(2017)最高法民终798号、(2017)最高法民终809号、(2017)最高法民终830号等。

作出(2015)渝高法公执字第00006号执行裁定,查封典雅地产公司名下若干住宅、车库等财产,中诚信托公司为上述财产抵押权人。执行程序中,案外人陈孝清向重庆高院提出执行异议,主张被执行财产中××号车位系其与典雅地产公司置换所得,并已实际占有、使用该车位,请求解除对该车位的查封。2016年12月27日,重庆高院作出(2016)渝执异54号执行裁定,裁定中止对重庆市巴南区云锦路×号××号车位的执行。中诚信托公司不服该执行裁定,向重庆市高级人民法院提起本案诉讼。

一审审理过程中,重庆市第五中级人民法院于2017年6月1日裁定典雅地产公司进入破产重整程序。

一审法院认为,因本案被执行人典雅地产公司已进入破产重整程序,故中诚信托公司的起诉应予驳回。理由:(1)裁定驳回中诚信托公司的起诉符合《企业破产法》相关规定,不影响其程序性权利。(2)中诚信托公司对典雅地产公司享有的债权在破产重整程序中有清偿的可能,本案裁定驳回中诚信托公司的起诉对其实体权利实现并无影响。

裁判要旨:执行异议之诉本质是一个独立的审判程序,虽因执行程序而产生,但并非执行程序。提起执行异议之诉期间,被执行人进入破产重整程序。在法院受理被执行人破产重整申请、确定管理人后,管理人可以代表被执行人继续参与诉讼,故执行异议之诉应当继续审理。破产重整程序启动,执行程序应当终结尚无法律规定,而裁定驳回因执行程序产生的执行异议之诉更无法律依据,即便在诉讼中其实体请求未必得到支持,其之前已经行使的诉权也并不因此能够加以否定。

裁判理由:最高人民法院认为,本案二审审理的焦点为:中诚信托公司提起的申请执行人执行异议之诉是否因被执行人经人民法院裁定受理其破产重整申请而失去诉的权利,一审法院裁定驳回中诚信托公司的起诉是否正确。

2017年11月7日,最高人民法院作出裁定,其中指出,本案系中诚信托公司提起的申请执行人执行异议之诉。执行异议之诉作为一种特殊的审判程序,目的是请求人民法院排除或者继续对特定执行标的进行执行。人民法院对其起诉是否受理,应审查是否符合民诉法规定的起诉条件和民诉法司法解释规定的申请执行人提起执行异议之诉的起诉条件。经查,中诚信托公司对典雅地产公司名下的房屋和车库申请强制执行,但执行程序因案外人陈孝清提出执行异议而中止。中诚信托公司作为申请执行人向重庆市高级人民法院提起执行异议之诉,以实现其抵押权和债权,其起诉符合《民事诉讼法》第119条及《民诉法司法解释》第306条的规定,依法应予受理。简言之,中诚信托公司对于案涉权益具备诉的利益,且提起的是一个独立的民事诉讼,对其程序性的诉讼权利应予保护。

执行异议之诉本质是一个独立的审判程序,虽因执行程序而产生,但并非执行程序。中诚信托公司在执行程序中提起的执行异议之诉,目的是寻求对其担保物权优先受偿权进行保护的救济,本案提起执行异议之诉期间,被执行人典雅地产公司进入破产重整程序,按照《企业破产法》第20条之规定,"人民法院受理破产申请后,已经开始而尚未终结的有关债务人的民事诉讼或者仲裁应当中止;在管理人接管债务人的财产后,该诉讼或者仲裁继续进行"。本案一审期间,被执行人的管理人尚未确定,本应裁定中止审理。一审裁定作出后,受理被执行人破产重整申请的人民法院已确定其管理人,可以代表被执行人继续参与诉讼,故本案应当继续审理。破产重整程序是对债务人财产进行清理或对破产企业重新整合的法定程序,无论企业最终是重整或清算,均不能替代对债权人债权优先性的实体确定。破产重整程序启动,执行程序应当终结尚无法律规定,而裁定驳回因执行程序产生的执行异议之诉则更无法律依据,即便在诉讼中其实体请求未必得到支持,其之前已经行使的诉权也并不因此能加以否定。

本案中,案外人提起的执行异议是否足以阻却执行,以及是否可以对抗中诚信托公司的实体权利,均系本案执行异议之诉进入实体审理的审理范围,且通过执行异议之诉的审理确认各方当事人的实体权益,是破产重整程序中确认债务人破产财产范围的前提和依据之一。一审法院以中诚信托公司可依据企业破产法申报债权以及其债权在破产重整程序中有清偿可能性,将执行异议之诉并入破产程序对当事人权益更有保障,裁定驳回其起诉对其实体权利的实现并无影响的论述,亦系需要在实体审理中认定的问题,并非审查中诚信托公司是否具有诉权所要考虑的问题。一审法院以中诚信托公司提起的执行异议之诉无程序性基础为由裁定驳回其起诉,适用法律错误,应予纠正。

综上所述,中诚信托公司的上诉请求于法有据,予以支持。因此,最高人民法院裁定撤销重庆市高级人民法院(2017)渝民初73号民事裁定,指令重庆市高级人民法院审理。

案例 2
中国银行股份有限公司四平分行与吉林省日升包装有限责任公司、吉林日升纸业有限责任公司等借款合同纠纷案

法院：吉林省四平市中级人民法院
案号：(2015)四民二初字第21号
事实：中国银行股份有限公司四平分行（以下简称中行四平分行）因与被告吉林省日升包装有限责任公司（以下简称日升包装公司）、吉林日升纸业有限责任公司（以下简称日升纸业公司）等借款合同纠纷案，于2015年6月16日向吉林省四平市中级人民法院提起诉讼。

中国银行股份有限公司四平分行起诉称：2014年6月30日至同年9月17日期间，中行四平分行与日升包装公司签订5笔《流动资金借款合同》，约定中行四平分行向日升包装公司提供贷款7485万元。日升纸业公司等为上述借款提供连带责任保证担保；吉林省日升再生资源回收利用有限责任公司提供最高额抵押担保。

2014年12月1日，借款人逾期未偿还贷款利息，经多次催要无果，截至2015年5月20日，贷款已逾期150日，拖欠利息2921139.87元。中行四平分行向吉林省四平市中级人民法院提起诉讼。

日升包装公司辩称：日升包装公司已经依法向公主岭市人民法院申请破产重整，该院已裁定受理重整申请，日升包装公司进入破产重整程序。依据《企业破产法》第20条的规定，本案应当中止审理。

裁判要旨：债务人进入重整程序后，不同于破产清算程序下债务人的财产只能由管理人接管的情形，在管理人未接管债务人的财产前债务人的财产应由债务人自行管理。可见，在债务人重整程序中，无论管理人是否接管债务人财产，均不存在影响涉债务人的民事诉讼继续进行之情事，自不应当中止涉债务人的民事诉讼。

裁判理由：
吉林省四平市中级人民法院于2016年2月16日作出一审判决：根据事实，本案涉及的争议之一，即本案是否因人民法院受理债务人日升包装公司申请重整案件而中止诉讼问题。

日升包装公司以该公司申请重整并经公主岭市人民法院裁定重整为由，以《企业破产法》第20条为依据，主张本案应中止诉讼。中行四平分行认为公主岭市人民法院不应当受理日升包装公司提出的重整申请，主张本案诉讼应当继续进行。

对本案应否中止诉讼，应当依据《企业破产法》第20条的立法本意，并比较破产和重整之差异进行考量，进而分析并判断本案应否中止诉讼。根据《企业破产法》的相关规定，人民法院裁定受理对债务人破产清算申请后，即应由管理人接管债务人的财产和相关事务。该法第13条规定："人民法院裁定受理破产申请的，应当同时指定管理人。"按照该条要求，管理人经人民法院指定后应当立即开始履行相关管理职责，如接管破产财产、参加涉及债务人的相关诉讼，但从被指定到具体履行职责需要一定的时间，在该时间段内管理人尚不能充分行使职权，不能有效地保护债务人的合法权益，此时为债务人的民事权益考虑对涉及债务人的民事诉讼案件中止审理确属必要。在管理人接管债务人的财产后，影响管理人行使职权的情形已经消失，涉及债务人的民事诉讼自当继续进行。因此，该法第二十条规定的中止期限，仅局限于人民法院裁定受理对债务人破产清算申请后至管理人接管债务人财产前的期间。

另外，《企业破产法》第73条规定："在重整期间，经债务人申请，人民法院批准，债务人可以在管理人的监督下自行管理财产和营业事务。有前款规定情形的，依照本法规定已接管债务人财产和营业事务的管理人应当向债务人移交财产和营业事务，本法规定的管理人的职权由债务人行使。"依据该条重整债务人的财产和营业事务，可以依法由债务人自己管理和经营，亦可以由管理人进行管理、经营，不同于破产清算程序下债务人的财产只能由管理人接管的情形，在管理人未接管债务人的财产前债务人的财产应由债务人自行管理。可见，在债务人重整程序中，无论管理人是否接管债务人财产，均不存在影响涉债务人的民事诉讼继续进行之情事，自不应当中止涉债务人的民事诉讼。从《中华人民共和国企业破产法》的立法体例来看，在该法总则之外设置三章分别对破产清算、重整、和解程序进行规定，而第二十条的内容是被放在破产清算程序之中，中止的事由仅限于受理破产申请，不包括受理重整、和解申请，并且在该法总则和重整、和解章节及其他章节中均没有关于人民法院受理债务人重整案件后涉债务人民事诉讼应当中止或应依照第二十条中止的规定。

综上，在《企业破产法》中涉债务人民事诉讼应当中止的事由仅存在于破产清算程序，仅因人民法院受理债务人重整不能成为阻却民事诉讼继续进行之情事。日升包装公司主张本案应中止诉讼，缺乏法律依据，不予采纳。中行四平分行主张本案诉讼应当继续进行，应予支持。

第二十一条 人民法院受理破产申请后,有关债务人的民事诉讼,只能向受理破产申请的人民法院提起。

【立法沿革】

《企业破产法》(2004年3月草案A版)

第二十六条 债务人、债权人或者其他利害关系人对债务人财产或债务的归属发生争议的,可以向人民法院提起诉讼。

《企业破产法》(2004年3月草案B版)

第二十四条 债务人、债权人或者其他利害关系人对债务人财产或债务发生争议的,可以向人民法院提起诉讼。

《企业破产法》(2004年6月草案)

第三十二条 债务人、债权人或者其他利害关系人对债务人财产或债务发生争议的,可以向受理破产案件的人民法院提起诉讼。

《企业破产法》(2004年10月草案)

第三十二条 人民法院受理破产案件后,因债务人财产发生争议的,只能向受理破产案件的人民法院提起诉讼。

【条文释义】

本条规范的是破产申请受理后有关债务人民事诉讼案件的管辖权问题。

从立法史的角度看,本条规范在2000年草案中未出现,而在2004年6月、10月草案中,均出现在第4章"债务人财产"下第1节"一般规定"中。而其制度雏形,更早出现于1991年、2002年最高人民法院有关1986年《企业破产法(试行)》的两部司法解释中,2006年《企业破产法》起草过程中,立法者直接吸收这一司法实践成果。①

从原理上而言,破产程序开始后,管理人接管破产财产,而其他债权人亦可在申报债权前,对债务人的财产提出请求。鉴于债务清偿请求已被破产程序所冻结,债权人不得提出诉讼,但涉及物权的被占有财产返还之诉、涉及债权的确认之诉,依旧可以向法院提出;另外,破产程序中因为待履行合同、破产费用或共益债务、重整中的继续营业等

问题,亦可以发生诉讼。在企业未破产的情况下,按照《民事诉讼法》,这些诉讼的管辖法院千变万化,合同履行地、标的物所在地、票据支付地、侵权行为发生地、不动产所在地、港口所在地等法院,都可能合法地拥有管辖权。② 但在破产程序优于普通民事诉讼的原则下,为兼顾不同程序及时高效进行,法律规定,在法院受理破产申请后,所有与债务人相关的民事诉讼集中到破产案件受理法院管辖,当然有利于最大限度地节约破产成本、提高破产程序的透明度和效率。③

这条规定事实上也是对《企业破产法》第3条、第4条的进一步延伸。《企业破产法》第3条规定,"破产案件由债务人住所地人民法院管辖"。《企业破产法》第4条规定,"破产案件审理程序,本法没有规定的,适用民事诉讼法的有关规定"。通过本条规定,可以使有关债务人的民事诉讼,都由受理破产申请的人民法院统一管辖。

在安建等看来,《企业破产法》之所以对涉及破产企业债务人的民事诉讼统一管辖,是因为破产程序作为概括式的债权债务清理方式,具有严苛的时间要求,如果放任不同法院分散管辖破产企业债务人相关民事诉讼,必然意味着不同审判程序与破产程序难以协调,进而影响破产程序的顺利进行;正因为如此,将涉及破产企业债务人的民事诉讼统一集中由受理破产案件的法院统一管辖,可以尽最大可能来提高不同程序之间的协调程度和效率。④

据破产法起草组介绍,传统司法政策排斥破产申请后新提出的民事诉讼,只允许当事人在破产程序中申报债权,而罔顾破产程序启动后,依旧有大量衍生民事诉讼这一事实。⑤ 按照李国光等人的观点,在2006年《企业破产法》起草过程中,立法机关最终还是改弦更张,一改传统司法政策严格排斥破产申请后提出的民事诉讼的惯例。这种改革的原因在于,就民事诉讼本质来说,其以执行财产为目的,但本身并不具有执行财产的效力,故诉讼程序本身并不必然与破产程序冲突;而且在事实上,破产程序中亦有部分给付之诉需要通过民事诉讼程序才能确定。从原理上来说,破产程序无法绝对排斥针对债务人的民事诉讼,在破

---

① 参见蒋黔贵主编:《中华人民共和国企业破产法释义》,中国市场出版社2006年版,第91—92页。
② 参见本书编写组:《〈中华人民共和国企业破产法〉释义及实用指南》,中国民主法制出版社2006年版,第80页。
③ 参见本书编写组:《〈中华人民共和国企业破产法〉释义及实用指南》,中国民主法制出版社2006年版,第80—81页;王卫国:《破产法精义》(第2版),法律出版社2020年版,第81页。
④ 参见安建主编:《中华人民共和国企业破产法释义》,法律出版社2006年版,第37页。
⑤ 参见《中华人民共和国企业破产法》起草组编:《〈中华人民共和国企业破产法〉释义》,人民出版社2006年版,第94页。

产案件受理之后，债权人依旧有权针对债务人提起诉讼或继续先前的诉讼。只不过需要特别留意的是，这类案件需要由破产管理人来应诉，且基于统一管辖、集中管辖的便利，由受理破产申请的法院行使管辖权。① 破产法起草小组认为，由法院按照民事诉讼程序处理破产程序中有关债务人财产的争议，而由债权人会议作出破产财产的分配方案，更有利于确保债权人的利益不受损害。②

据韩传华的解释，按照该条规定，在法院受理破产程序之后，所有和债务人有关的新民事诉讼案件，无论债务人是原告、被告抑或是第三人，亦无论案件是普通民事诉讼还是海事诉讼，均由受理破产申请的法院管辖。③

破产程序启动后，所涉及的民事诉讼大致有如下几类：第一，有关债权权利和数额的争议，比如债权的真实性、债权额的大小等；第二，有关所有权的争议，既包括对物的所有权，也包括对知识产权的所有权、对共有财产分割份额的争议等，争议的主要内容是财产归属和财产交付与否；第三，以担保权益为主的优先受偿权与普通债权的争议，尤其是涉及抵押权、质权、留置权及法律规定的其他优先权，比如船舶优先权和承包人优先权的争议。④ 根据《企业破产法》第 21 条的规定，上述争议均由审理破产案件的法院集中管辖。

按照全国人大常委会法工委工作人员的解读，准确理解《企业破产法》第 21 条，需要注意如下两个问题：第一，本条只规定了有关债务人民事诉讼的特殊管辖规则，而有关债务人的行政诉讼或者刑事诉讼，则依旧按照《行政诉讼法》或《刑事诉讼法》所确定的管辖规则来确定适格的管辖法院；第二，本条规定的初衷是规范民事诉讼的提起，这也就是说，如果与债务人有关的民事诉讼已为破产案件管辖法院之外的其他法院受理，那么只存在中止相应审理程序、由管理人代表债务人参加诉讼等问题，而不存在原有民事诉讼的管辖权转移问题。⑤

【关联法律法规及司法政策】

《民事诉讼法》(2017)

第二章　管辖

第一节　级别管辖

第十七条　基层人民法院管辖第一审民事案件，但本法另有规定的除外。

第十八条　中级人民法院管辖下列第一审民事案件：

(一)重大涉外案件；

(二)在本辖区有重大影响的案件；

(三)最高人民法院确定由中级人民法院管辖的案件。

第十九条　高级人民法院管辖在本辖区有重大影响的第一审民事案件。

第二十条　最高人民法院管辖下列第一审民事案件：

(一)在全国有重大影响的案件；

(二)认为应当由本院审理的案件。

第二节　地域管辖

第二十一条　对公民提起的民事诉讼，由被告住所地人民法院管辖；被告住所地与经常居住地不一致的，由经常居住地人民法院管辖。

对法人或者其他组织提起的民事诉讼，由被告住所地人民法院管辖。

同一诉讼的几个被告住所地、经常居住地在两个以上人民法院辖区的，各该人民法院都有管辖权。

第二十二条　下列民事诉讼，由原告住所地人民法院管辖；原告住所地与经常居住地不一致的，由原告经常居住地人民法院管辖：

(一)对不在中华人民共和国领域内居住的人提起的有关身份关系的诉讼；

(二)对下落不明或者宣告失踪的人提起的有关身份关系的诉讼；

---

① 参见李国光主编：《新企业破产法条文释义》，人民法院出版社 2006 年版，第 152 页。

② 参见《中华人民共和国企业破产法》起草组编：《〈中华人民共和国企业破产法〉释义》，人民出版社 2006 年版，第 94 页。

③ 尽管如此解释，但韩传华的观点本身认为，当有关债务人的民事诉讼系海事案件时，如果受理破产申请的法院认为相关海事诉讼难度不大，可以按照《企业破产法》第 21 条，直接行使民事诉讼管辖权；如果相关法律关系复杂，韩传华认为受理破产案件的法院可以请求最高人民法院指定更为合适的海事法院审理。参见韩传华：《企业破产法解析》，人民法院出版社 2007 年版，第 71 页。

④ 参见《中华人民共和国企业破产法》起草组编：《〈中华人民共和国企业破产法〉释义》，人民出版社 2006 年版，第 95—96 页。

⑤ 参见本书编写组编：《〈中华人民共和国企业破产法〉释义及实用指南》，中国民主法制出版社 2006 年版，第 81 页。

(三)对采取强制性教育措施的人提起的诉讼;
(四)对被监禁的人提起的诉讼。

第二十三条 因合同纠纷提起的诉讼,由被告住所地或者合同履行地人民法院管辖。

第二十四条 因保险合同纠纷提起的诉讼,由被告住所地或者保险标的物所在地人民法院管辖。

第二十五条 因票据纠纷提起的诉讼,由票据支付地或者被告住所地人民法院管辖。

第二十六条 因公司设立、确认股东资格、分配利润、解散等纠纷提起的诉讼,由公司住所地人民法院管辖。

第二十七条 因铁路、公路、水上、航空运输和联合运输合同纠纷提起的诉讼,由运输始发地、目的地或者被告住所地人民法院管辖。

第二十八条 因侵权行为提起的诉讼,由侵权行为地或者被告住所地人民法院管辖。

第二十九条 因铁路、公路、水上和航空事故请求损害赔偿提起的诉讼,由事故发生地或者车辆、船舶最先到达地、航空器最先降落地或者被告住所地人民法院管辖。

第三十条 因船舶碰撞或者其他海事损害事故请求损害赔偿提起的诉讼,由碰撞发生地、碰撞船舶最先到达地、加害船舶被扣留地或者被告住所地人民法院管辖。

第三十一条 因海难救助费用提起的诉讼,由救助地或者被救助船舶最先到达地人民法院管辖。

第三十二条 因共同海损提起的诉讼,由船舶最先到达地、共同海损理算地或者航运终止地的人民法院管辖。

第三十三条 下列案件,由本条规定的人民法院专属管辖:
(一)因不动产纠纷提起的诉讼,由不动产所在地人民法院管辖;
(二)因港口作业中发生纠纷提起的诉讼,由港口所在地人民法院管辖;
(三)因继承遗产纠纷提起的诉讼,由被继承人死亡时住所地或者主要遗产所在地人民法院管辖。

第三十四条 合同或者其他财产权益纠纷的当事人可以书面协议选择被告住所地、合同履行地、合同签订地、原告住所地、标的物所在地等与争议有实际联系的地点的人民法院管辖,但不得违反本法对级别管辖和专属管辖的规定。

第三十五条 两个以上人民法院都有管辖权的诉讼,原告可以向其中一个人民法院起诉;原告向两个以上有管辖权的人民法院起诉的,由最先立案的人民法院管辖。

第三节 移送管辖和指定管辖

第三十六条 人民法院发现受理的案件不属于本院管辖的,应当移送有管辖权的人民法院,受移送的人民法院应当受理。受移送的人民法院认为受移送的案件依照规定不属于本院管辖的,应当报请上级人民法院指定管辖,不得再自行移送。

第三十七条 有管辖权的人民法院由于特殊原因,不能行使管辖权的,由上级人民法院指定管辖。

人民法院之间因管辖权发生争议,由争议双方协商解决;协商解决不了的,报请它们的共同上级人民法院指定管辖。

第三十八条 上级人民法院有权审理下级人民法院管辖的第一审民事案件;确有必要将本院管辖的第一审民事案件交下级人民法院审理的,应当报请其上级人民法院批准。

下级人民法院对它所管辖的第一审民事案件,认为需要由上级人民法院审理的,可以报请上级人民法院审理。

《仲裁法》(2017)

第五条 当事人达成仲裁协议,一方向人民法院起诉的,人民法院不予受理,但仲裁协议无效的除外。

第二十六条 当事人达成仲裁协议,一方向人民法院起诉未声明有仲裁协议,人民法院受理后,另一方在首次开庭前提交仲裁协议的,人民法院应当驳回起诉,但仲裁协议无效的除外;另一方在首次开庭前未对人民法院受理该案提出异议的,视为放弃仲裁协议,人民法院应当继续审理。

【裁判要旨】
案例1
中国民生银行股份有限公司西安分行与陕西金紫阳农业科技集团有限公司破产管理人管辖权异议案

审理法院:中华人民共和国最高人民法院
案号:(2015)民二终字第170号
事实:本案系上诉人陕西金紫阳农业科技集团有限公司破产管理人(以下简称金紫阳破产管理人)因与被上诉人中国民生银行股份有限公司西安分行(以下简称民生银行西安分行)借款担保纠纷管辖权异议一案,不服陕西省高级人民法院(2014)陕民二初字第00021-2号民事裁定,向最高人民法院提出管辖权异议上诉。

民生银行西安分行与陕西金紫阳农业科技集团有限公司(以下简称金紫阳农技公司)自2013年5月10日开始,形成了多笔授信、质押借贷关系。2014年8月8日,该行向金紫阳农技公司发放流动资金贷款1.29亿元,约定分期还款。但第一笔贷款到期后,金紫阳农技公司未履行偿还义务。2014年10月,金紫阳农技公司发生重大经营困难,该行宣布金紫阳农技公司在该行尚未到期的1.24亿元贷款全部提前到期,金紫阳农技公司向该行交付尚未到期的银行承兑汇票项下的2600万元保证金,偿还到期的92721031.31元债务及相应利息。2014年10月27日,该行向陕西省高级人民法院提起诉讼。

一审法院受理该案后,金紫阳破产管理人提出管辖权异议,认为金紫阳农技公司于2014年11月3日被陕西省大荔县人民法院裁定进入破产程序,按照《企业破产法》的相关规定,该案应移送破产案件受理法院,即陕西省大荔县人民法院管辖。

陕西省高级人民法院裁定驳回金紫阳破产管理人对该案提出的管辖权异议。金紫阳农技公司不服一审裁定,向最高人民法院提起上诉。

裁判要旨:在破产申请受理之前,已经启动的民事诉讼,继续由原审法院行使管辖权。其管辖权不受破产程序启动影响,也不违反《企业破产法》第21条关于管辖权的规定。

裁判理由:最高人民法院查: 民生银行西安分行诉金紫阳农技公司借款担保合同纠纷一案,陕西省高级人民法院批准立案的时间是2014年10月29日,该院于2014年10月30日向民生银行西安分行发出预收案件受理费通知单,通知单载明:"案件已经该院受理,逾期缴费则按自动撤诉处理。"尽管陕西省高级人民法院在"案件批办单"中载明的时间是2014年11月12日,对民生银行西安分行发出受理案件通知书的时间是2014年11月25日,但仍应当以陕西省高级人民法院批准立案的时间作为受理案件时间,即2014年10月29日为受理案件时间。而大荔县人民法院以(2014)大民破字第00002号民事裁定书受理金紫阳农技公司破产案件的时间是2014年11月3日。陕西省高级人民法院受理本案时间在大荔县人民法院受理金紫阳农技公司破产案件之前。因此,陕西省高级人民法院受理本案不违反《企业破产法》第21条。一审裁定适用法律正确,应予维持。

案例2
重庆市中体投资有限公司与重庆迈瑞城市建设投资有限责任公司管辖权异议案
审理法院:最高人民法院
案号:(2015)民二终字第47号

事实:重庆迈瑞城市建设投资有限责任公司(以下简称迈瑞公司)与重庆市中体投资有限公司(以下简称中体公司)因合同纠纷管辖权异议一案,不服重庆市高级人民法院(2014)渝高法民管异初字第12号民事裁定,向最高人民法院提出上诉。

2014年9月28日,中体公司以迈瑞公司未履行双方签订的《重庆市沙坪坝体育中心项目合作协议书》中的约定义务、构成根本违约为由,诉至重庆市高级人民法院,请求判令解除双方签订的合作协议,并判令迈瑞公司赔偿中体公司可得利益损失近2亿元。迈瑞公司在一审提交答辩状期间对管辖权提出异议,认为中体公司起诉前,重庆市沙坪坝区人民法院已裁定受理迈瑞公司申请重庆市沙坪坝体育中心投资开发有限公司(以下简称沙体公司)破产清算案件。中体公司作为沙体公司的控股股东,与沙体公司破产案件有重大的经济利益和密切的法律关系,其在本案中申请的部分可得利益已向沙区法院申报债权。故依据《企业破产法》第21条,请求将本案移送沙区法院审理。

一审法院裁定驳回迈瑞公司对本案管辖权提出的异议。迈瑞公司不服上述民事裁定,向最高人民法院院提出上诉。

裁判要旨:《企业破产法》第21条所涉及的债务人,是指破产企业,而非破产企业的控股股东。涉及债务人股东的诉讼纠纷,不属于破产案件管辖权异议审查范围,法院可以不予采纳。

裁判理由:最高人民法院于2015年8月17日裁定:关于本案是否《企业破产法》第21条规定的问题,根据案涉协议书及中体公司诉请,沙体公司并非该协议当事人及本案诉讼针对的债务人。一审法院认为上述规定中的债务人,指被申请破产的企业,本案债务人并非作为被申请破产企业的沙体公司,而为迈瑞公司,故不符合由受理破产企业申请的法院审理的条件。迈瑞公司关于沙体公司应为实际债务人的理由属实体审理问题,其关于本案应适用《企业破产法》第21条规定由沙区法院管辖的主张,缺乏事实和法律依据。综上,一审裁定适用法律正确,应予维持。上诉人迈瑞公司的上诉理由不能成立。由此,裁定驳回上诉,维持原裁定。

【学理综述】

钱桂芳在《人民司法·应用》2011年第3期上,发表《破产企业所涉知识产权纠纷的管辖冲突》一文。在该文中,作者提出,鉴于《企业破产法》第21条与《民事诉讼法》和系列司法解释对知识产权纠纷案件的管辖规定存在矛盾,涉及破产企业知识产权纠纷的诉讼,究竟是向具有专门审理资质的中级人民法院提起,还是向受理破产案件的基层法院提起,便成为问题。该文发表于2011年,实际上在2014年我国部分城市设立知识产权法院之后,这一管辖权冲突更为明显。该文认为,知识产权管辖规定是最高人民法院根据《民事诉讼法》的授权而发布,属于授权立法,其效力层级应参照《民事诉讼法》确定,故《企业破产法》虽然属于特别法,但从司法机关审判能力、司法公信力的维护及对知识产权的保护等方面,破产企业知识产权纠纷应交由具有相应审判资质的知识产权庭管辖。该文特别列举四点理由:第一,知识产权管辖规定的效力层级高于破产法;第二,《企业破产法》第21条无法适应现实的管辖设置;第三,公正管辖的价值位阶高于便利管辖;第四,知识产权法益保护重于破产效率的追求。该文亦提出,对于破产企业知识产权纠纷级别管辖优先选择,设定一定的配套设置,诸如设置快审机制以保障审判效率;设置沟通机制以协调知识产权纠纷解决与破产程序;设置辅助机制以促使知识产权纠纷配合破产审判。该文还建议,出台司法解释调和立法矛盾,明确"三审合一"不适用于破产企业,同时还赋予当事人管辖选择权、落实管辖权异议制度。①

屈志一、杨文升在《河北法学》2014年第7期上,发表《论破产与国际商事仲裁的冲突及应对——以外国商事仲裁裁决的承认与执行为视角》一文,先论述破产裁定与商事仲裁的关系,尤其分别介绍英、德、法、丹麦、挪威等国处理仲裁程序和破产程序的司法实践,进而结合我国《企业破产法》,分别讨论了破产程序对国内仲裁及外国商事仲裁裁决的承认和影响,建议我国:第一,对国外已启动的破产程序与我国仲裁程序的冲突,应在仲裁中依据对等原则予以承认;第二,对于我国破产程序与外国商事仲裁之间的冲突,如果该外国商事仲裁案件于破产开始前已受理,则仲裁机构应予以审理而非中止,并应由破产管理人代表债务人参加仲裁并承担相应责任。②

刘经涛在《中国海商法研究》2017年第2期上,发表《刍议跨国破产程序与国际商事仲裁程序的冲突》一文,亦讨论跨境破产案件与国际商事仲裁的冲突问题。作者分别介绍了美、英、德、法诸国的相关立法与判例,进而结合 Syska v. Vivendi 案件,指出破产法与仲裁法在本质目标上大相径庭,前者需要集中管辖,公平对待债权人,注重集中于效率,而后者则尊重当事人意志,更看重分散化解冲突,在这种情况下,我国《企业破产法》第21条应该做如下修改:人民法院受理破产申请后,相关债务人的民事诉讼只能向受理破产申请的人民法院提起;而债务人相关合同中的仲裁条款,只要在受理破产申请之日尚未提起仲裁,都应归于无效,当事人只能通过向受理破产申请的人民法院提起诉讼来寻求救济。③

刘冰在《法学杂志》2018年第3期上,发表《论仲裁程序与破产程序之冲突与协调》一文。该文中,作者指出,仲裁程序与破产程序的冲突,体现在如下几方面:第一,成立在先的仲裁协议与破产程序的排除适用;第二,成立在后的仲裁协议与破产程序的中止。作者认为,仲裁程序与破产程序的冲突根源,在于仲裁程序侧重于个人本位,而破产程序侧重于社会本位。而在两者协调时,应坚持社会利益优先,这表现为:破产程序的集中管辖制度对仲裁协议的影响、破产程序启动和进行中对仲裁程序的限制,及破产程序对仲裁裁决执行的回应。我国有关规范的改革,也应一方面明确破产法院集中管辖权对仲裁程序的影响,另一方面增加关于破产管理人订立仲裁协议的限权规定。④

金春在《当代法学》2018年第5期上,发表《破产法视角下的仲裁:实体与程序》一文。商事合同中常见的仲裁条款,在破产程序中往往面临两种选择:要么通过破产法框架下破产债权确认之诉解决,要么按照破产申请受理前的仲裁协议,由仲裁程序予以解决。但我国《企业破产法》和《仲裁法》对此并未明确。作者认为,对于破产程序中仲裁协议,既有的全有、全无思维均不足取,应该对仲裁协议的对象做客观分析:如果仲裁协议的仲裁事项,属于债务人在破产申请受理前的可处分事项,则对于仲裁协议,可以视为待履行合同,允许管理人选择履行;既有的仲裁中止及恢复规则,也应尊重破产申请受理前债务人行为和程序的约束,特定情形下管理人可以解除仲裁协议。

---

① 参见钱桂芳:《破产企业所涉知识产权纠纷的管辖冲突》,载《人民司法·应用》2011年第3期,第96—102页。
② 参见屈志一、杨文升:《论破产与国际商事仲裁的冲突及应对——以外国商事仲裁裁决的承认与执行为视角》,载《河北法学》2014年第7期,第177—184页。
③ 参见刘经涛:《刍议跨国破产程序与国际商事仲裁程序的冲突》,载《中国海商法研究》2017年第2期,第94—99页。
④ 参见刘冰:《论仲裁程序与破产程序之冲突与协调》,载《法学杂志》2018年第3期,第132—141页。

第二十二条

另外,作者还建议,对于仲裁裁决确认的债权,管理人可以不予确认,但此时程序上管理人仍然需要尊重仲裁裁决,管理人应该向法院申请作出不予执行仲裁裁决的裁定。①

第三章 管理人

第二十二条 管理人由人民法院指定。

债权人会议认为管理人不能依法、公正执行职务或者有其他不能胜任职务情形的,可以申请人民法院予以更换。

指定管理人和确定管理人报酬的办法,由最高人民法院规定。

【立法沿革】

《企业破产法(试行)》(1986)

第二十四条 人民法院应当自宣告企业破产之日起十五日内成立清算组,接管破产企业。清算组负责破产财产的保管、清理、估价、处理和分配。清算组可以依法进行必要的民事活动。

清算组成员由人民法院从企业上级主管部门、政府财政部门等有关部门和专业人员中指定。清算组可以聘任必要的工作人员。

清算组对人民法院负责并且报告工作。

《民事诉讼法》(1991)

第二百零一条 人民法院可以组织有关机关和有关人员成立清算组织。清算组织负责破产财产的保管、清理、估价、处理和分配。清算组织可以依法进行必要的民事活动。

清算组织对人民法院负责并报告工作。

《破产法》(1995年草案)

第三十条 人民法院受理破产案件时,应当指定管理人。管理人接管债务人财产的日常管理和经营事务,对人民法院负责并报告工作。

管理人为一人。但是,债务人的营业所或者财产处于异地的,人民法院可以指定数名管理人各自独立执行职务。管理人执行职务,应当接受债权人会议的监督。管理人应当列席债权人会议,向债权人会议报告职务执行情况,并回答询问。

《企业破产与重整法》(2000年6月草案)

第二十八条 人民法院受理破产案件时,应当指定管理人。管理人接管债务人财产的日常管理和经营事务,对人民法院负责并报告工作。

管理人执行职务,应当接受债权人会议的监督。管理人应当列席债权人会议,向债权人会议报告职务执行情况,并回答询问。

《企业破产法》(2004年3月草案A版)

第二十七条 管理人对人民法院负责并报告工作。

管理人执行职务,应当接受债权人会议的监督。管理人应当列席债权人会议,向债权人会议报告职务执行情况,并回答询问。

《企业破产法》(2004年3月草案B版)

第二十五条 管理人由债权人会议选任。

在债权人会议选任之前,管理人由人民法院指定。

《企业破产法》(2004年6月草案)

第二十条 本法所称管理人是指依照本法规定,在重整、和解和破产清算程序中负责债务人财产管理和其他事项的组织、机构和个人。

人民法院依照本法第十五条指定的管理人,可以由债权人会议确认或者另行选任。

管理人执行职务应当对人民法院负责,并接受债权人会议和债权人委员会的监督。

管理人应当列席债权人会议,向债权人会议报告职务执行情况,并回答询问。

第五十六条 债权人会议行使下列职权:

(一)调查债权;

(二)确认、选任、撤换管理人,决定管理人的费用和报酬;

(三)管理人的监督;

(四)选任和撤换债权人委员会成员;

(五)决定继续或者停止债务人的营业;

(六)通过和解协议;

(七)通过重整计划;

(八)通过债务人财产的管理方案;

(九)通过破产财产的变价方案;

---

① 参见金春:《破产法视角下的仲裁:实体与程序》,载《当代法学》2018年第5期,第124—135页。

（十）通过破产财产的分配方案；

（十一）人民法院认为应当由债权人会议决定的其他事项。

债权人会议行使上列职权，应当作出书面决议。

《企业破产法》（2004年10月草案）

第十九条　管理人由人民法院指定。

债权人会议认为管理人不能依法、公正履行职务或者有其他不能胜任职务情形的，可以申请人民法院予以解任，另行指定。

指定管理人和确定管理人报酬的办法，由最高人民法院规定。

【条文释义】

本条是对管理人指定及解任的规定。

从立法史的视角看，《企业破产法》对管理人的指定，经历实质性的变化。在早期的草案中，管理人由债权人会议指定、选任，债权人会议在此过程中发挥实质性的角色；但是在后期尤其是定稿中，法院取代债权人会议，成为指定管理人、评价管理人的实体，在这个过程中债权人会议只扮演辅助性角色。这种规定，是否符合破产法的本质、能否实现破产事业的市场化另当别论，但与《企业破产法》法院中心主义立场是一脉相承的。

《企业破产法》第13条规定，"人民法院裁定受理破产申请的，应当同时指定管理人"。本条是对《企业破产法》第13条的强调和细化。本条规定不仅重申法院对管理人的指定权，亦对债权人会议申请更换管理人的情形以及最高人民法院规定指定管理人和确定管理人报酬具体办法的权限，做了明文规定。

本条共分3款。分款评注如下：

第1款："管理人由人民法院指定。"

本款确定法院对管理人的指定权。据安建等介绍，国际范围内对管理人的指定，既有由债权人会议选任，也有由法院指定，还有由债权人会议选任和法定权力机关共同指定；而我国《企业破产法》之所以采取法院指定，则是因为考虑到破产程序由法院主导，且其本质上属于司法程序，由法院指定亦可保障管理人对法院负责并依法公正履行职责。① 另外，立法者也担心债权人之间由于利益冲突，形成决策僵局，很难在债权人会议上就管理人指定达成一致，进而对债务人财产的及时接管和处理，影响破产程序的效率与效益。②

但本款并未详细规定法院指定管理人的办法，而是在第3款中规定，"指定管理人和确定管理人报酬的办法，由最高人民法院规定"。

按照《企业破产法》起草小组的观点，法院指定管理人应注意如下三个问题：第一，管理人指定应该符合案件审理的需要；第二，管理人应该具备相应的资格；第三，法院应建立管理人库。③ 蒋黔贵等认为，"管理人由人民法院指定"意味着：第一，指定管理人的法院必须是受理破产申请的法院；第二，法院指定管理人时，必须以上述《关于审理企业破产案件指定管理人的规定》为依据。④

2007年4月4日，最高人民法院审判委员会第1422次会议通过《关于审理企业破产案件指定管理人的规定》，2007年6月1日与《企业破产法》同时实施。该文件目前是破产管理人指定领域级别最高的司法文件。迄今为止，北京、上海、广东、江苏、浙江等地省市高级人民法院及部分中级人民法院，先后出台一系列涉及破产案件机构管理人名册编制、管理人分级管理、管理人工作规范、管理人考核、管理人报酬确定和支取管理办法等事宜的具体文件。2019年10月，法律出版社出版了深圳破产法庭编的《破产审判手册》（第2版），对这些文件有较为全面的汇总。

第2款："债权人会议认为管理人不能依法、公正执行职务或者有其他不能胜任职务情形的，可以申请人民法院予以更换。"

本款规定的是管理人的更换问题，与《企业破产法》第61条规定债权人会议系列职权中的第2项互相呼应："申请人民法院更换管理人，审查管理人的费用和报酬。"

《企业破产法》第22条第1款规定，"管理人由人民法院指定"。该款规定仅规定了管理人的指定权归法院行使，但未进一步在此处明确管理人的解任权亦应由法院行使，而将解任管理人的事宜交由本款规范。立法者坚信，赋予债权人会议向法院申请更换管理人的权利，体现出《企业破产法》对债权人权利的尊重，如此才符合破产程序保护债权人利益的初衷，应允许债权人在管理人

---

① 参见安建主编：《中华人民共和国企业破产法释义》，法律出版社2006年版，第38页。
② 参见本书编写组编：《〈中华人民共和国企业破产法〉释义及实用指南》，中国民主法制出版社2006年版，第82页。
③ 参见《中华人民共和国企业破产法》起草组编：《〈中华人民共和国企业破产法〉释义》，人民出版社2006年版，第100—101页。
④ 参见蒋黔贵主编：《中华人民共和国企业破产法释义》，中国市场出版社2006年版，第96页。

第二十二条

选任方面发挥作用。① 《企业破产法》起草小组认为，这样的制度设计，既保留债权人会议对管理人必要的异议权、制约权，也避免破产程序中的消极因素，有利于破产程序公正、公平地运转。② 王卫国指出，鉴于《企业破产法》已采用法院受理破产申请同时即指定管理人的做法，而法院受理破产时不可能召开债权人会议，那么如何在破产程序进行中发挥债权人在甄选和指定管理人中的作用，就极为重要，赋予债权人会议必要的更换请求权，则是实现债权人对管理人集体监督的必由之路。③

安建等指出，债权人会议可以依据本款规定，行使对管理人的更换申请权，但这种申请权不能随意行使，而是有严苛的条件，即债权人会议认为管理人"不能依法、公正执行职务"或"有其他不能胜任职务情形"：对于债权人会议认为管理人"不能依法、公正执行职务"，是指管理人未能按照《企业破产法》规定履行法定职责，或者怠于履行法定职责，最终形成不能公正执行职务的结果；而对于债权人会议认为管理人"有其他不能胜任职务情形"，则是概括性规定，这种范围可能包括诸如管理人执行职务未能达到选任时约定、管理人不具备基本专业素养、管理人有违法行为等。④

韩传华认为，本款规定只是从实体层面保障了债权人会议向法院申请更换管理人的权利，但未进一步规定相关的程序事宜。在他看来，相关程序可以分为两部分：第一，债权人会议应该先就更换管理人事宜做出决议，然后以有效的债权人会议决议的形式，向法院提出书面申请。第二，法院在收到债权人会议更换管理人的决议后，应该从对其申请理由和依据两方面展开审查，审查时如果必要可以要求管理人口头或者书面做出答复或解释。法院审查后，如果法院认为管理人有债权人提出的不能依法、公正执行职务或者有其他不能胜任职务情形的，应当及时做出更换管理人的决定；在债权人会议提出申请、法院审查期间，法院可以发布决定，暂停管理人履行其职责，而债权人会议的决议中，亦可将暂时停止管理人履行职责作为其申请之一。⑤

蒋黔贵等指出，准确理解本款规定，需要注意如下三个要点：第一，请求法院更换管理人的主体是债权人会议，而不是债务人、一个或几个债权人，而债权人会议提出更换管理人申请，必须有一定的程序和决议；第二，债权人会议请求更换管理人的权利，以如下三条件存在为前提：管理人不能依法执行职务、管理人不能公正执行职务、管理人具有其他不能胜任职务情形；第三，更换管理人与否，法院享有最终的决定权，债权人会议只能行使请求权，而债务人或个别债权人对管理人的更换，则无任何实质性影响。⑥

《企业破产法》第 27 条从正面规定管理人履行其职责的基本原则，即"勤勉尽责"和"忠实执行职务"。这两点也成为包括债权人、债务人及法院等破产程序参与方在内衡量管理人称职与否的基本标准。而当管理人达不到这一标准时，就需要让在任的管理人让贤，让更为合适的管理人主持破产程序的顺利进行。这就涉及本款所规定的对管理人的更换。

按照本款字面含义，更换管理人必须是债权人会议"认为管理人不能依法、公正执行职务或者有其他不能胜任职务情形的"时，向法院申请，才能由法院予以更换。这显然将债权人会议"认为管理人不能依法、公正执行职务或者有其他不能胜任职务情形的"作为一种前置条件。那么这就涉及另一个问题：如果债权人会议没有"认为管理人不能依法、公正执行职务或者有其他不能胜任职务情形"，但法院"认为管理人不能依法、公正执行职务或者有其他不能胜任职务情形"时，可不可以不经过债权人会议申请而由法院行使职权直接更换？韩传华对此持肯定态度，他认为按照《企业破产法》第 22 条第 2 款，该法已赋予最高人民法院规定管理人指定办法的准立法权，最高人民法院因此可以在规定管理人指定办法时，赋予法院在债权人会议未申请时，基于监督管理人、维护债权人和债务人合法利益的考量，而在"认为管理人不能依法、公正执行职务或者有其他不能胜任

---

① 参见本书编写组：《〈中华人民共和国企业破产法〉释义及实用指南》，中国民主法制出版社 2006 年版，第 82 页；安建主编：《中华人民共和国企业破产法释义》，法律出版社 2006 年版，第 38 页。
② 参见《中华人民共和国企业破产法》起草组编：《〈中华人民共和国企业破产法〉释义》，人民出版社 2006 年版，第 102 页。
③ 参见王卫国：《破产法精义》（第 2 版），法律出版社 2020 年版，第 87 页。
④ 参见本书编写组：《〈中华人民共和国企业破产法〉释义及实用指南》，中国民主法制出版社 2006 年版，第 82—83 页；安建主编：《中华人民共和国企业破产法释义》，法律出版社 2006 年版，第 38—39 页。
⑤ 参见韩传华：《企业破产法解析》，人民法院出版社 2007 年版，第 83 页。
⑥ 参见蒋黔贵主编：《中华人民共和国企业破产法释义》，中国市场出版社 2006 年版，第 96 页。

职务情形"时,对管理人予以更换的权力。① 对此笔者倒不完全同意,在破产程序中法院的角色还是应该相对中立、被动,而不应该过于积极地介入破产程序的顺畅运行;而且话再说回来,最高人民法院通过规定管理人指定办法,毕竟性质上还是授权性的司法文件,而非立法本身,其所制定的规定本身,也不应该突破《企业破产法》的规定。

另外,围绕管理人的更换问题,还应该留意的是,鉴于《企业破产法》规定个人和清算组、社会中介机构等集体均可担任管理人,那么本款所规定管理人"不能依法、公正执行职务或者有其他不能胜任职务情形",在管理人为个人时,管理人本人的行为即属于该范畴;而管理人为清算组或社会中介机构时,那么清算组或社会中介机构具体工作人员的行为,只有在发生"不能依法、公正执行职务或者有其他不能胜任职务情形"具体结果时,才会触发更换管理人的要件,否则相关个人不适当的行为,在未造成具体结果之前,并不能构成管理人被更换的情形。②

按照《企业破产法》第29条规定,"管理人没有正当理由不得辞去职务。管理人辞去职务应当经人民法院许可"。这当然是一条原则性规定,如果管理人执意辞职,理论层面法院最终还是得许可。这也就是说,管理人辞职本身,尽管为法律所不提倡,但亦构成《企业破产法》下更换管理人的一种原因。此时,法院应积极作为,视"不能依法、公正执行职务或者有其他不能胜任职务情形"具备,进而启动程序,更换管理人。③

最高人民法院在2007年发布的《关于审理企业破产案件指定管理人的规定》第三部分,尤其是第31条到第34条,专门规范管理人的更换事宜。尤其是第32条指出,"人民法院认为申请理由不成立的,应当自收到管理人书面说明之日起十日内作出驳回申请的决定。人民法院认为申请更换管理人的理由成立的,应当自收到管理人书面说明之日起十日内作出更换管理人的决定"。详见"关联法规及司法政策"部分。

另外,最高人民法院2019年3月发布的《关于适用〈中华人民共和国企业破产法〉若干问题的规定(三)》第13条特别规定,债权人会议可以把《企业破产法》第61条第1款第2、3、5项的职权委托给债权人委员会行使;而其中第2项即"申请人民法院更换管理人,审查管理人的费用和报酬"。据此,经债权人会议授权,债权人委员会也可以经过决议程序后向法院申请更换管理人。

第3款:"指定管理人和确定管理人报酬的办法,由最高人民法院规定。"

按照《企业破产法》起草小组的介绍,管理人制度的运转取决于四个因素:必要的管理人库、合理的管理人选任办法、管理人任职资格申请核准制度以及管理人工作的考核与监管;在《企业破产法》起草过程中,有关各方曾计划将考核、监督授权国务院或者相应行政机构,但考虑到管理人由法院指定,同时接受法院的业务指导,将考核与监督管理委诸其他行政机构,并不利于工作的协调与开展,故最终只授权最高人民法院规定"指定管理人和确定管理人报酬的办法"。④ 全国人大常委会法工委认为,由最高人民法院来统一制定指定管理人和确定管理人报酬的办法,是保证法院对管理人的指定及管理人报酬公平、公正确定的重要约束机制。⑤

管理人作为中介机构为破产程序提供专业服务,有权获得与其服务相应的报酬。管理人报酬的高低,直接影响着能否吸引最优秀的人才投身破产管理人队伍。王卫国认为,鉴于管理人报酬由破产财产直接支付,这意味着管理人报酬与债权人清偿分配成反比,前者越高,后者越低;而债权人的利益又与债务人财产价值是否最大化成正比,前者期待越高,越需要优质管理人提供优质服务,故破产管理人的报酬,应该与其资格、任务相适应,同时在风险与激励机制之间取得平衡。⑥

破产法起草小组指出,《企业破产法》第13条只是规定管理人的产生方式和时间,而更关键的管理人的选任范围、产生方式、选任原则等,都需要最高人民法院本着专业化、职业化的要求,通过资格认证、合理规范报酬及执业权利义务、协调法院指定管理人与债权人自治等的关系,出台详细

---

① 参见韩传华:《企业破产法解析》,人民法院出版社2007年版,第83—84页。
② 参见韩传华:《企业破产法解析》,人民法院出版社2007年版,第84页。
③ 参见韩传华:《企业破产法解析》,人民法院出版社2007年版,第84页。
④ 《中华人民共和国企业破产法》起草组编:《〈中华人民共和国企业破产法〉释义》,人民出版社2006年版,第102—103页。
⑤ 参见本书编写组编:《〈中华人民共和国企业破产法〉释义及实用指南》,中国民主法制出版社2006年版,第83页。
⑥ 参见王卫国:《破产法精义》(第2版),法律出版社2020年版,第88—89页。

第二十二条

规定。①

鉴于《企业破产法》第24条第1款只是泛泛规定管理人的构成主体,即清算组加中介机构。考虑到破产清算事务所在设立条件、行政审批、执业资格、行政监管等各方面的法定要求,均远远低于律师事务所和会计师事务所。对此,韩传华曾建议,最高人民法院在依据本款规定"指定管理人……办法"时,应该考虑到合理性和可行性,管理人除了符合《企业破产法》第24条第1款列举的范围外,最高人民法院可以考虑设立中介机构的管理人资格准入制度,具体既可以参照司法部、证监会有关从事证券法律业务的律师事务所和律师的做法,由最高人民法院统一规定确认;亦可以由各地高级人民法院分别审核和确认,最后报最高人民法院统一对外公布。②

在2007年最高人民法院发布《关于审理企业破产案件指定管理人的规定》之后,我国各级法院编制管理人名册、从名册中选任管理人的遴选机制由此逐渐成形。但这一制度在实践中存在各种各样的问题。江苏省高级人民法院夏正芳、李荐等在调研后建议,必要时可以考虑取消管理人名册制度,因为《企业破产法》中对管理人的资格并未有进一步要求,相关中介机构在成立时已经过主管部门的严苛审核,故在管理人遴选和指定过程中,通过管理人名册制度予以二度审核,设置两次准入门槛,实属画蛇添足,为了确保法律体系的统一,可以考虑取消管理人名册,使得所有有志于提供破产服务且依法设立的中介机构,均具备为破产案件提供服务的资格。③

【关联法律法规及司法政策】

最高人民法院《关于审理企业破产案件指定管理人的规定》(2007)

第十五条 受理企业破产案件的人民法院指定管理人,一般应从本地管理人名册中指定。

对于商业银行、证券公司、保险公司等金融机构以及在全国范围内有重大影响、法律关系复杂、债务人财产分散的企业破产案件,人民法院可以从所在地区高级人民法院编制的管理人名册列明的其他地区管理人或者异地人民法院编制的管理人名册中指定管理人。④

第十六条 受理企业破产案件的人民法院,一般应指定管理人名册中的社会中介机构担任管理人。

第十七条 对于事实清楚、债权债务关系简单、债务人财产相对集中的企业破产案件,人民法院可以指定管理人名册中的个人为管理人。

第十八条 企业破产案件有下列情形之一的,人民法院可以指定清算组为管理人:

(一)破产申请受理前,根据有关规定已经成立清算组,人民法院认为符合本规定第十九条的规定;

(二)审理企业破产法第一百三十三条规定的案件;

(三)有关法律规定企业破产时成立清算组;

(四)人民法院认为可以指定清算组为管理人的其他情形。

第十九条 清算组为管理人的,人民法院可以从政府有关部门、编入管理人名册的社会中介机构、金融资产管理公司中指定清算组成员,人民银行及金融监督管理机构可以按照有关法律和行政法规的规定派人参加清算组。

第二十条 人民法院一般应当按照管理人名册所列名单采取轮候、抽签、摇号等随机方式公开指定管理人。

第二十一条 对于商业银行、证券公司、保险公司等金融机构或者在全国范围有重大影响、法律关系复杂、债务人财产分散的企业破产案件,人民法院可以采取公告的方式,邀请编入各地人民法院管理人名册中的社会中介机构参与竞争,从参与竞争的社会中介机构中指定管理人。参与竞争的社会中介机构不得少于三家。

采取竞争方式指定管理人的,人民法院应当

---

① 参见《中华人民共和国企业破产法》起草组编:《〈中华人民共和国企业破产法〉释义》,人民出版社2006年版,第72—73页。

② 参见韩传华:《企业破产法解析》,人民法院出版社2007年版,第74页。

③ 参见夏正芳、李荐、张俊勇:《管理人选任机制实证研究——以江苏法院管理人选任机制改革实践为蓝本》,载《法律适用》2017年第15期,第49—50页。

④ 对于从本地管理人名册中指定管理人,同时为外地管理人参与金融机构或者重大疑难破产案件留有余地的做法,江苏省高级人民法院夏正芳、李荐等表示质疑。夏正芳等认为,在现行法律框架下,律师事务所、会计师事务所都可以受托提供全国性的法律服务,但破产案件中提供破产管理人服务却被明令禁止,有一定不合理之处,应顺应市场经济规律,取消管理人的地域限制,打破地域限制,在更广范围内选任管理人,为管理人选任提供充分的市场化竞争,使得最合适的管理人能够脱颖而出。参见夏正芳、李荐、张俊勇:《管理人选任机制实证研究——以江苏法院管理人选任机制改革实践为蓝本》,载《法律适用》2017年第15期,第50页。

组成专门的评审委员会。

评审委员会应当结合案件的特点,综合考量社会中介机构的专业水准、经验、机构规模、初步报价等因素,从参与竞争的社会中介机构中择优指定管理人。被指定为管理人的社会中介机构应经评审委员会成员二分之一以上通过。

采取竞争方式指定管理人的,人民法院应当确定一至两名备选社会中介机构,作为需要更换管理人时的接替人选。

第二十二条 对于经过行政清理、清算的商业银行、证券公司、保险公司等金融机构的破产案件,人民法院除可以按照本规定第十八条第一项的规定指定管理人外,也可以在金融监督管理机构推荐的已编入管理人名册的社会中介机构中指定管理人。

第二十三条 社会中介机构、清算组成员有下列情形之一,可能影响其忠实履行管理人职责的,人民法院可以认定为企业破产法第二十四条第三款第三项规定的利害关系:

(一)与债务人、债权人有未了结的债权债务关系;

(二)在人民法院受理破产申请前三年内,曾为债务人提供相对固定的中介服务;

(三)现在是或者在人民法院受理破产申请前三年内曾经是债务人、债权人的控股股东或者实际控制人;

(四)现在担任或者在人民法院受理破产申请前三年内曾经担任债务人、债权人的财务顾问、法律顾问;

(五)人民法院认为可能影响其忠实履行管理人职责的其他情形。

第二十四条 清算组成员的派出人员、社会中介机构的派出人员、个人管理人有下列情形之一,可能影响其忠实履行管理人职责的,可以认定为企业破产法第二十四条第三款第三项规定的利害关系:

(一)具有本规定第二十三条规定情形;

(二)现在担任或者在人民法院受理破产申请前三年内曾经担任债务人、债权人的董事、监事、高级管理人员;

(三)与债权人或者债务人的控股股东、董事、监事、高级管理人员存在夫妻、直系血亲、三代以内旁系血亲或者近姻亲关系;

(四)人民法院认为可能影响其公正履行管理人职责的其他情形。

第二十五条 在进入指定管理人程序后,社会中介机构或者个人发现与本案有利害关系的,应主动申请回避并向人民法院书面说明情况。人民法院认为社会中介机构或者个人与本案有利害关系的,不应指定该社会中介机构或者个人为本案管理人。

第二十六条 社会中介机构或者个人有重大债务纠纷或者因涉嫌违法行为正被相关部门调查的,人民法院不应指定该社会中介机构或者个人为本案管理人。

第二十七条 人民法院指定管理人应当制作决定书,并向被指定为管理人的社会中介机构或者个人、破产申请人、债务人、债务人的企业登记机关送达。决定书应与受理破产申请的民事裁定书一并公告。

第二十八条 管理人无正当理由,不得拒绝人民法院的指定。

管理人一经指定,不得以任何形式将管理人应当履行的职责全部或者部分转给其他社会中介机构或者个人。

第二十九条 管理人凭指定管理人决定书按照国家有关规定刻制管理人印章,并交人民法院封样备案后启用。

管理人印章只能用于所涉破产事务。管理人根据企业破产法第一百二十二条规定终止执行职务后,应当将管理人印章交公安机关销毁,并将销毁的证明送交人民法院。

第三十条 受理企业破产案件的人民法院应当将指定管理人过程中形成的材料存入企业破产案件卷宗,债权人会议或者债权人委员会有权查阅。

第三十一条 债权人会议根据企业破产法第二十二条第二款的规定申请更换管理人的,应由债权人会议作出决议并向人民法院提出书面申请。

人民法院在收到债权人会议的申请后,应当通知管理人在两日内作出书面说明。

第三十二条 人民法院认为申请理由不成立的,应当自收到管理人书面说明之日起十日内作出驳回申请的决定。

人民法院认为申请更换管理人的理由成立的,应当自收到管理人书面说明之日起十日内作出更换管理人的决定。

第三十三条 社会中介机构管理人有下列情形之一的,人民法院可以根据债权人会议的申请或者依职权迳行决定更换管理人:

(一)执业许可证或者营业执照被吊销或者注销;

(二)出现解散、破产事由或者丧失承担执业责任风险的能力;

(三)与本案有利害关系;

（四）履行职务时，因故意或者重大过失导致债权人利益受到损害；

（五）有本规定第二十六条规定的情形。

清算组成员参照适用前款规定。

第三十四条　个人管理人有下列情形之一的，人民法院可以根据债权人会议的申请或者依职权迳行决定更换管理人：

（一）执业资格被取消、吊销；

（二）与本案有利害关系；

（三）履行职务时，因故意或者重大过失导致债权人利益受到损害；

（四）失踪、死亡或者丧失民事行为能力；

（五）因健康原因无法履行职务；

（六）执业责任保险失效；

（七）有本规定第二十六条规定的情形。

清算组成员的派出人员、社会中介机构的派出人员参照适用前款规定。

最高人民法院《关于审理企业破产案件确定管理人报酬的规定》(2007)

为公正、高效审理企业破产案件，规范人民法院确定管理人报酬工作，根据《中华人民共和国企业破产法》的规定，制定本规定。

第一条　管理人履行企业破产法第二十五条规定的职责，有权获得相应报酬。

管理人报酬由审理企业破产案件的人民法院依据本规定确定。

第二条　人民法院应根据债务人最终清偿的财产价值总额，在以下比例限制范围内分段确定管理人报酬：

（一）不超过一百万元（含本数，下同）的，在12%以下确定；

（二）超过一百万元至五百万元的部分，在10%以下确定；

（三）超过五百万元至一千万元的部分，在8%以下确定；

（四）超过一千万元至五千万元的部分，在6%以下确定；

（五）超过五千万元至一亿元的部分，在3%以下确定；

（六）超过一亿元至五亿元的部分，在1%以下确定；

（七）超过五亿元的部分，在0.5%以下确定。

担保权人优先受偿的担保物价值，不计入前款规定的财产价值总额。

高级人民法院认为有必要的，可以参照上述比例在30%的浮动范围内制定符合当地实际情况的管理人报酬比例限制范围，并通过当地有影响的媒体公告，同时报最高人民法院备案。

第三条　人民法院可以根据破产案件的实际情况，确定管理人分期或者最后一次性收取报酬。

第四条　人民法院受理企业破产申请后，应当对债务人可供清偿的财产价值和管理人的工作量作出预测，初步确定管理人报酬方案。管理人报酬方案应当包括管理人报酬比例和收取时间。

第五条　人民法院采取公开竞争方式指定管理人的，可以根据社会中介机构提出的报价确定管理人报酬方案，但报酬比例不得超出本规定第二条规定的限制范围。

上述报酬方案一般不予调整，但债权人会议异议成立的除外。

第六条　人民法院应当自确定管理人报酬方案之日起三日内，书面通知管理人。

管理人应当在第一次债权人会议上报告管理人报酬方案内容。

第七条　管理人、债权人会议对管理人报酬方案有意见的，可以进行协商。双方就调整管理人报酬方案内容协商一致的，管理人应向人民法院书面提出具体的请求和理由，并附相应的债权人会议决议。

人民法院经审查认为上述请求和理由不违反法律和行政法规强制性规定，且不损害他人合法权益的，应当按照双方协商的结果调整管理人报酬方案。

第八条　人民法院确定管理人报酬方案后，可以根据破产案件和管理人履行职责的实际情况进行调整。

人民法院应当自调整管理人报酬方案之日起三日内，书面通知管理人。管理人应当自收到上述通知之日起三日内，向债权人委员会或者债权人会议主席报告管理人报酬方案调整内容。

第九条　人民法院确定或者调整管理人报酬方案时，应当考虑以下因素：

（一）破产案件的复杂性；

（二）管理人的勤勉程度；

（三）管理人为重整、和解工作做出的实际贡献；

（四）管理人承担的风险和责任；

（五）债务人住所地居民可支配收入及物价水平；

（六）其他影响管理人报酬的情况。

第十条　最终确定的管理人报酬及收取情况，应列入破产财产分配方案。在和解、重整程序中，管理人报酬方案内容应列入和解协议草案或重整计划草案。

第十一条　管理人收取报酬，应当向人民法

院提出书面申请。申请书应当包括以下内容：

（一）可供支付报酬的债务人财产情况；

（二）申请收取报酬的时间和数额；

（三）管理人履行职责的情况。

人民法院应当自收到上述申请书之日起十日内，确定支付管理人的报酬数额。

第十二条　管理人报酬从债务人财产中优先支付。

债务人财产不足以支付管理人报酬和管理人执行职务费用的，管理人应当提请人民法院终结破产程序。但债权人、管理人、债务人的出资人或者其他利害关系人愿意垫付上述报酬和费用的，破产程序可以继续进行。

上述垫付款项作为破产费用从债务人财产中向垫付人随时清偿。

第十三条　管理人对担保物的维护、变现、交付等管理工作付出合理劳动的，有权向担保权人收取适当的报酬。管理人与担保权人就上述报酬数额不能协商一致的，人民法院应当参照本规定第二条规定的方法确定，但报酬比例不得超出该条规定限制范围的10%。

第十四条　律师事务所、会计师事务所通过聘请本专业的其他社会中介机构或者人员协助履行管理人职责的，所需费用从其报酬中支付。

破产清算事务所通过聘请其他社会中介机构或者人员协助履行管理人职责的，所需费用从其报酬中支付。

第十五条　清算组中有关政府部门派出的工作人员参与工作的不收取报酬。其他机构或人员的报酬根据其履行职责的情况确定。

第十六条　管理人发生更换的，人民法院应当分别确定更换前后的管理人报酬。其报酬比例总和不得超出本规定第二条规定的限制范围。

第十七条　债权人会议对管理人报酬有异议的，应当向人民法院书面提出具体的请求和理由。异议书应当附有相应的债权人会议决议。

第十八条　人民法院应当自收到债权人会议异议书之日起三日内通知管理人。管理人应当自收到通知之日起三日内作出书面说明。

人民法院认为有必要的，可以举行听证会，听取当事人意见。

人民法院应当自收到债权人会议异议书之日起十日内，就是否调整管理人报酬问题书面通知管理人、债权人委员会或者债权人会议主席。

最高人民法院《关于适用〈中华人民共和国企业破产法〉若干问题的规定（二）》（2013）

第二十三条　破产申请受理后，债权人就债务人财产向人民法院提起本规定第二十一条第一款所列诉讼的，人民法院不予受理。

债权人通过债权人会议或者债权人委员会，要求管理人依法向次债务人、债务人的出资人等追收债务人财产，管理人无正当理由拒绝追收，债权人会议依据企业破产法第二十二条的规定，申请人民法院更换管理人的，人民法院应予支持。

管理人不予追收，个别债权人代表全体债权人提起相关诉讼，主张次债务人或者债务人的出资人等向债务人清偿或者返还债务人财产，或者依法申请合并破产的，人民法院应予受理。

最高人民法院《全国法院破产审判工作会议纪要》（2018）

5. 探索管理人跨区域执业。除从本地名册选择管理人外，各地法院还可以探索从外省、市管理人名册中选任管理人，确保重大破产案件能够遴选出最佳管理人。两家以上具备资质的中介机构请求联合担任同一破产案件管理人的，人民法院经审查符合自愿协商、优势互补、权责一致要求且确有必要的，可以准许。

6. 实行管理人分级管理。高级人民法院或者自行编制管理人名册的中级人民法院可以综合考虑管理人的专业水准、工作经验、执业操守、工作绩效、勤勉程度等因素，合理确定管理人等级，对管理人实行分级管理、定期考评。对债务人财产数量不多、债权债务关系简单的破产案件，可以在相应等级的管理人中采取轮候、抽签、摇号等随机方式指定管理人。

7. 建立竞争选定管理人工作机制。破产案件中可以引入竞争机制选任管理人，提升破产管理质量。上市公司破产案件、在本地有重大影响的破产案件或者债权债务关系复杂，涉及债权人、职工以及利害关系人人数较多的破产案件，在指定管理人时，一般应当通过竞争方式依法选定。

【裁判要旨】
案例
常培智与山西金星工具厂更换管理人纠纷上诉案

法院：山西省高级人民法院
案号：（2016）晋民终76号
事实：上诉人常培智不服太原市中级人民法院（2015）并民初字第496号民事裁定，向山西省高级人民法院提出上诉。其诸多上诉请求之一，是要求山西省高级人民法院更换管理人。

裁判要旨：申请更换管理人的主体是"债权人会议"，而非个体债权人。个体债权人请求法院更换管理人，其诉讼请求不属于法院受理民事案件的范围。

裁判理由：2016年5月16日，山西省高级人民法院作出裁定。其中针对上诉人提出的请求更换管理人申请指出，《企业破产法》第22条第2款规定："债权人会议认为管理人不能依法、公正执行职务或者有其他不能胜任职务情形的，可以申请人民法院予以更换。"依据该规定，申请更换管理人的主体是"债权人会议"，上诉人主体不适格。山西省高级人民法院还指出，在山西金星工具厂破产案件中，太原市中级人民法院已经于2009年10月9日成立了破产清算组，指定清算组担任山西金星工具厂破产案件的管理人。清算组由太原市工商局、劳动局、财政局、房地局等太原市政府指派的相关工作人员共同组成，该清算组的构成不违反国家相关法律规定。管理人于2010年2月2日组织召开了第一次债权人会议，并通过了管理人所作的破产清算报告、破产财产变现方案和破产财产分配方案。太原市中级人民法院于2009年10月9日受理山西金星工具厂破产申请，并于2011年3月10日宣告了企业破产。清算工作结束后，应当依法终结破产程序。综上，常培智的诉讼请求均不属于法院受理民事案件的范围，一审法院裁定驳回常培智的起诉并无不当。

【学理综述】

（一）著作

汪世虎主编：《破产管理人选任机制创新研究》，华中科技大学出版社2019年版。

本书系汪世虎教授主持国家社科基金项目"破产管理人选任机制创新研究"的结项成果。在该书中，作者们分别讨论了破产管理人选任制度的基础理论、破产管理人选任制度实体论（涉及管理人资格、选任主体和选任范围）、破产管理人选任制度程序论（涉及选任方法、选任原则、选任时间、解任与卸任）、破产管理人监管论（涉及选任与监管、管理、监督）。该书主要依据国内既有中文文献，对管理人选任机制创新问题做了全面论述，也提出一些改进建议。

（二）论文

夏正芳、李荐和张俊勇在《法律适用》2017年第15期上，发表《管理人选任机制实证研究——以江苏法院管理人选任机制改革实践为蓝本》一文。在该文中，作者们结合在2016年完成的对江苏省部分破产审判法官的问卷调查，指出破产管理人制度实施中存在的如下问题：第一，管理人名册制度本身的弊端，包括申请审核制存在滥设行政许可嫌疑且标准模糊；管理人选任的地域限制影响流动、限制竞争；明确的退出机制和优胜劣汰机制缺乏；遴选审核过程缺乏公开性，存在严重的廉政隐患。第二，管理人选任方式机械化，轮候、摇号、抽签等选任方式各有弊端。第三，管理人选任在通知、摇号和评审过程中都存在缺乏通明度的问题。在上述分析基础上，作者们提出如下改革思路：第一，取消管理人名册制度，使得符合《企业破产法》第24条规定的中介机构和个人均可参与竞标；第二，取消管理人的地域限制，推动破产服务市场的全国化；第三，在江苏法院系统积极试点，具体措施包括：（1）改革主体资格限制和地域限制；（2）法院按照难易程度对案件进行初步分类；（3）成立评审委员会；（4）优化选任方式；（5）完善监督体系；（6）调整公告方式。除此之外，作者们还探讨了江苏省的法院在管理人选任方面存在的困难与问题。在此基础上，作者们提出针对性的建议，需要使主体资格再扩容，同时将管理与考核理念融入选任机制，确认在册管理人利益未受限，拓宽公告受众面，鼓励联合申报但禁止"一稿多投"，合理折算评审过程中的法官工作量，适当建立在线选任机制，统一公告与破产审查的期限，加强非在册管理人的能力培训，适当变通外地管理人工作方法，采取考核加分、打包摇号、承诺申报及设立破产保障基金等方式解决无人申报问题。①

许胜锋在《法律适用》2017年第15期上，发表《管理人制度适用的现实困局及立法建议》一文。文章第一部分聚焦于重整策划过程中中介机构发挥的重要作用。作者认为，重整策划中中介机构担任管理人能够发挥积极作用，比如快速推进资产调查和债务清理、有效减少沟通及博弈成本、有效保障重整程序的专业性等；但在司法实践中，参与重整策划的中介机构则因为《企业破产法》第24条所规定的利害关系而无法担任管理人。在第二部分，作者聚焦于管理人报酬制度，提出应该重构管理人对有担保财产的收费制度，同时应该继续以市场化为导向，深化管理人报酬制度的市场化运用，在鼓励管理人竞争的同时，既允许法院适度调整管理人报酬，也在适当时候引入按时计酬制度；另外，可以推动实现管理人报酬的分期支付或预付制度。②

---

① 参见夏正芳、李荐、张俊勇：《管理人选任机制实证研究——以江苏法院管理人选任机制改革实践为蓝本》，载《法律适用》2017年第15期，第47—54页。

② 参见许胜锋：《管理人制度适用的现实困局及立法建议》，载《法律适用》2017年第15期，第55—60页。

第二十三条 管理人依照本法规定执行职务,向人民法院报告工作,并接受债权人会议和债权人委员会的监督。

管理人应当列席债权人会议,向债权人会议报告职务执行情况,并回答询问。

【立法沿革】

《破产法》(1995年草案)

第三十条 人民法院受理破产案件时,应当指定管理人。管理人接管债务人财产的日常管理和经营事务,对人民法院负责并报告工作。

管理人为一人。但是,债务人的营业所或者财产处于异地的,人民法院可以指定数名管理人各自独立执行职务。管理人执行职务,应当接受债权人会议的监督。管理人应当列席债权人会议,向债权人会议报告职务执行情况,并回答询问。

《企业破产与重整法》(2000年6月草案)

第二十八条 人民法院受理破产案件时,应当指定管理人。管理人接管债务人财产的日常管理和经营事务,对人民法院负责并报告工作。

管理人执行职务,应当接受债权人会议的监督。管理人应当列席债权人会议,向债权人会议报告职务执行情况,并回答询问。

《企业破产与重整法》(2000年12月草案)

第二十九条 管理人自被指定之日起,接管债务人财产的日常管理和经营事务,对人民法院负责并报告工作。

管理人执行职务,应当接受债权人会议的监督。管理人应当列席债权人会议,向债权人会议报告职务执行情况,并回答询问。

《企业破产与重整法》(2001年1月草案)

第三十条 管理人自被指定之日起接管债务人财产的日常管理和经营事务,对人民法院负责并报告工作。

管理人执行职务,应当接受债权人会议的监督。管理人应当列席债权人会议,向债权人会议报告职务执行情况,并回答询问。

《企业破产法》(2004年3月草案B版)

第二十八条 管理人依照本法规定执行职务。

管理人执行职务应当接受债权人会议的监督。管理人应当列席债权人会议,向债权人会议报告职务执行情况,并回答询问。

《企业破产法》(2004年10月草案)

第二十条 管理人对人民法院负责,并接受债权人会议和债权人委员会的监督。

管理人应当列席债权人会议,向债权人会议报告职务执行情况,并回答询问。

【条文释义】

本条规范的管理人与法院、债权人会议以及债权人委员会的关系,明确了管理人执行职务时应遵守的义务。主要强调两点:第一,管理人执行职务,需要向法院报告,同时受债权人会议和债权人委员会监督;第二,管理人应列席债权人会议,向债权人会议报告职务执行情况,同时回答债权人会议的询问。

从立法史的角度看,本条文内容亦经过多轮拆分与重新组合。最早期的草案,特别强调管理人的个人属性,但后期的草案,尤其是《企业破产法》定稿,特别强调管理人的机构属性。另外,就管理人与债权人会议的关系上,鉴于《企业破产法》已将管理人的选任权赋予法院,此时再奢谈债权人会议对管理人的监督意义有限,由此,《企业破产法》后期的草案及定稿,仅只在第1款里提及债权人会议对管理人的监督权。

本条共有2款。分款评注如下:

第1款:"管理人依照本法规定执行职务,向人民法院报告工作,并接受债权人会议和债权人委员会的监督。"

首先,本款强调管理人职责法定原则,即"管理人依照本法规定执行职务"。按照《企业破产法》对管理人法定机构的定位,管理人独立于债务人、债权人,一定意义上也独立于法院。

管理人的主要职责,由《企业破产法》第25条所规定。另外,《企业破产法》其他条文中,亦有对管理人职责的规定,比如《企业破产法》第69条、第111条、第115条等。

蒋黔贵等认为,这里的"管理人依照本法规定执行职务",意味着管理人执行职务必须在《企业破产法》规定的范围内,亦即管理人所享有的权利、所承担的义务、必须遵守的程序等,都必须符合《企业破产法》的规定。[1] 王卫国表达了类似的意思:按照管理人职责法定原则,任何人都不能超越《企业破产法》的规定,而增设、限制或者剥夺管理人的职责;管理人也不能超越《企业破产法》的具体规定,而扩张职责或者怠于行使职责。[2]

---

[1] 参见蒋黔贵主编:《中华人民共和国企业破产法释义》,中国市场出版社2006年版,第97页。

[2] 参见王卫国:《破产法精义》(第2版),法律出版社2020年版,第89页。

第二十三条

立法者亦指出，首先，本款除强调管理人应该按照《企业破产法》规定履行职责外，另一个隐而不显的意义在于，强调管理人履行职责时要遵守《企业破产法》规定的道德义务，即勤勉尽责、忠实履行职责。[1]

其次，本款强调管理人与法院之间的关系，即"管理人……向人民法院报告工作"。按照《企业破产法》起草小组的解读，设计管理人与法院之间关系相关制度时，重点考虑如下因素：第一，法院作为国家审判机关，负责破产案件的审理，尤其是处理破产申请的受理、指定管理人、确定财产归属、裁决债务纠纷、裁定重整计划和和解协议、宣告债务人破产等，以国家强制力和公正性为后盾，具有先天的合法性；第二，破产案件时间成本高，涉及大量与市场经济相关的操作，法院站在第一线有违司法机关的中立性，需要独立的管理人去管理和处分债务人的财产。因而，在破产程序中设计出法院主导、管理人协助的双主体结构，则显得顺理成章。[2]

而立法者亦强调，既然破产程序是司法程序，管理人又由法院指定，那么管理人向法院报告工作、接受法院监督，就顺理成章。[3]

蒋黔贵等的解读与此类似。蒋黔贵等指出，之所以规定管理人向法院报告工作，既是因为管理人由法院指定，更是因为法院受理破产程序后，法院即成为这一特别程序的主导者、控制者，管理人向法院报告工作便是承认这种法院主导、控制角色的应有之义；另外，管理人制度构建的初衷，亦是设置专业机构协助法院，确保破产程序有序进行，弥补法院在破产财产管理、清算等方面人力、物力的不足。[4]

按照上述法律文本，"管理人依照本法规定执行职责"正是管理人独立性的体现，而管理人"向人民法院报告工作"则是对管理人与法院关系的准确表述。当然，王卫国也特别强调，管理人作为破产程序中的法定机构，"不是人民法院审理破产案件的辅助机构"，其向法院的报告义务或者接受法院监督的义务，既是因为管理人因法院指定而参与破产程序，更是因为法院自身对于破产程序的顺畅进行、破产财产的合理有序处置需要密切关注，管理人之所以有报告义务，也是因为其职责本身与破产程序的进行、破产财产的处置有密切关系。[5]

但需要特别强调的是，《企业破产法》第23条第1款只是泛泛规定管理人向法院报告工作的义务，但这一义务的具体范围则付之阙如。王卫国认为，从一般原则上而言，管理人所做的与破产管理有关的所有事项，都应该在报告的范围之内；而从实践层面，管理人应该按照《企业破产法》第27条规定勤勉尽责且忠实地执行职务，在这个原则基础上，及时且如实地在事后向法院书面报告其工作，法院也可以对管理人的报告义务提出具体要求。[6]

上述法律文本，亦未进一步明晰"管理人应向法院报告工作"的性质及具体方式。郁琳认为，尽管法院在管理人的任免和报酬方面，拥有决定权，但管理人归根结底还是独立的社会中介机构，依法独立地执行职务，而不属于法院的工作人员，因此，管理人对法院的"报告"，应单纯体现为一种程序义务。[7]

再次，本款也强调管理人与债权人会议和债权人委员会的关系，即"管理人……接受债权人会议和债权人委员会的监督"。按照《企业破产法》第1条，"保护债权人和债务人的合法权益"是破产制度的核心价值追求，管理人参与破产程序，提供相关服务，归根结底也应以此价值为旨归。债权人会议和债权人委员会作为债权人利益的代表者，监督管理人的服务，亦顺理成章。

而退一步说，纵然《企业破产法》已规定管理人的忠实义务，也赋予法院监督管理人的职责，但从利害相关的角度，债权人才最为关心管理人是否依法履行职责，或者说管理人究竟是否依法执行职责，对债权人的利益影响最大。职是之故，赋予管理人接受债权人会议和债权人委员会监督的

---

[1] 参见本书编写组编：《〈中华人民共和国企业破产法〉释义及实用指南》，中国民主法制出版社2006年版，第84页。
[2] 参见《中华人民共和国企业破产法》起草组编：《〈中华人民共和国企业破产法〉释义》，人民出版社2006年版，第103—104页。
[3] 参见本书编写组编：《〈中华人民共和国企业破产法〉释义及实用指南》，中国民主法制出版社2006年版，第84页；安建主编：《中华人民共和国企业破产法释义》，法律出版社2006年版，第39—40页。
[4] 参见蒋黔贵主编：《中华人民共和国企业破产法释义》，中国市场出版社2006年版，第97—98页。
[5] 参见王卫国：《破产法精义》（第2版），法律出版社2020年版，第90页。
[6] 参见王卫国：《破产法精义》（第2版），法律出版社2020年版，第90页。
[7] 参见郁琳：《破产程序中管理人职责履行的强化与监督完善——以管理人的法律地位和制度架构为视角》，载《法律适用》2017年第15期，第42页。

义务，就显得十分自然。①

《企业破产法》第 61 条列举债权人会议的职权，其中第 3 项即"监督管理人"；《企业破产法》第 69 条列举管理人的部分可以行使但应报告债权人委员会的职权。这亦构成债权人委员会对管理人的监督。

蒋黔贵等指出，本条之所以规定管理人应接受债权人会议和债权人委员会的监督，而非单个和多个债权人的监督，这既是因为债权人数量繁多、因案而异，也是因为管理人本身事务繁杂，不可能一边履行《企业破产法》规定的职责，一边再接受单个或多个债权人的监督。②

第 2 款："管理人应当列席债权人会议，向债权人会议报告职务执行情况，并回答询问。"

本款承《企业破产法》第 23 条第 1 款，再次强调管理人与债权人会议的关系，尤其强调管理人列席债权人会议、报告执行职务情况及回答询问的义务。按照王卫国的提炼，即列席义务和报告义务，其中报告义务附带回答询问的义务。③ 在破产程序中，债权人会议的决议需要管理人来落实，管理人通过列席债权人会议来获悉债权人的想法就显得十分必要；另外，就管理人与债权人的关系而言，管理人是服务提供方，债权人会议议决的许多事项也在事实上构成对管理人职务的审查与限制，故管理人应该向债权人会议报告职务执行情况。

按照《企业破产法》起草小组的解读，管理人执行职务时，尤其是《企业破产法》第 25 条、第 69 条列举的职务时，无一不与债权人的利益密切相关。④ 正因为如此，要求管理人"列席债权人会议，向债权人会议报告职务执行情况，并回答询问"，便成为债权人会议了解破产程序动态、及时维护自己的合法权益的必要程序规范。

王卫国认为，《企业破产法》将上述列席义务、报告义务加诸管理人，其意义首先在于保证债权人行使监督权、促使管理人接受监督的义务，其次在于保障债权人集体能够通过管理人的报告、询问获得必要信息，进而对维护债权人的合法权益做出最合理的决议。这些义务既能够保证债权人行使监督权，促使管理人履行其监督义务，也能够保证债权人会议充分掌握相关信息并做出合理决议。⑤

蒋黔贵等亦指出，管理人列席债权人会议、接受债权人会议的监督，意味着如下两项含义：第一，管理人负有向债权人会议报告职务执行情况的义务；第二，如果债权人会议上有债权人询问管理人的职务执行情况，管理人有回答的义务。⑥

当然，也有说法认为，"列席债权人会议"既是管理人的义务，也是管理人的权利。《企业破产法》起草小组解释说，债权人会议是债权人议决重大事务的机构，管理人并不是债权人，原则上不能参加债权人会议。但是在破产程序中，管理人具体负责债务人财产的管理与处分，管理人有义务列席债权人会议；而且，管理人执行职务，无一不关乎债权人的利益，故管理人需要向"债权人会议报告职务执行情况"，必要时应"回答询问"⑦。

按照郁琳的观点，管理人"列席债权人会议"并回答债权人的询问，既是管理人的义务，也是管理人接受债权人会议监督的前提和基础。但应该特别强调的是，债权人对于管理人接受询问时回答的内容，负有高度保密义务，"对于管理人在回答询问中所披露的涉及债务人或其他第三方商业秘密等信息，任何债权人都应当负有保密义务，不得在破产程序之外使用该信息，也不得利用该信息对债务人施加不当影响，从而确保此类信息仅用于破产程序所要达到的目标范围内"。⑧

《企业破产法》并未过多着墨于管理人拒绝"列席债权人会议"或者拒不接受询问、虚假陈述等时债权人会议如何实施监督权问题。郁琳认为，如果管理人无正当理由拒绝出席债权人会议，

---

① 参见本书编写组编：《〈中华人民共和国企业破产法〉释义及实用指南》，中国民主法制出版社 2006 年版，第 85 页；蒋黔贵主编：《中华人民共和国企业破产法释义》，中国市场出版社 2006 年版，第 98 页；安建主编：《中华人民共和国企业破产法释义》，法律出版社 2006 年版，第 40 页。
② 参见蒋黔贵主编：《中华人民共和国企业破产法释义》，中国市场出版社 2006 年版，第 98 页。
③ 参见王卫国：《破产法精义》（第 2 版），法律出版社 2020 年版，第 90 页。
④ 参见《中华人民共和国企业破产法》起草组编：《〈中华人民共和国企业破产法〉释义》，人民出版社 2006 年版，第 104—105 页。
⑤ 参见王卫国：《破产法精义》（第 2 版），法律出版社 2020 年版，第 90 页。
⑥ 参见蒋黔贵主编：《中华人民共和国企业破产法释义》，中国市场出版社 2006 年版，第 99 页。
⑦ 《中华人民共和国企业破产法》起草组编：《〈中华人民共和国企业破产法〉释义》，人民出版社 2006 年版，第 105—106 页。
⑧ 参见郁琳：《破产程序中管理人职责履行的强化与监督完善——以管理人的法律地位和制度架构为视角》，载《法律适用》2017 年第 15 期，第 44 页。

应视为管理人拒绝接受监督,应由债权人会议作出决定,申请法院强制传唤管理人出席债权人会议;如果管理人仍旧拒绝,法院还可以采取拘传和罚款措施;如果管理人拒绝报告工作、拒绝回答询问,债权人会议亦可决定申请法院对管理人采取强制措施,要求其履行其报告或回答的义务,甚至直接向法院申请更换管理人。①

另外,对于债权人会议与管理人职权可能的冲突,郁琳认为,管理人并不需要百分之百地执行债权人会议的决议,管理人并非被动地按照债权人会议的决议实行管理,而需要根据其专业知识,对债务人的财产管理和经营事务做出独立判断;而赋予债权人会议对此的审查权,体现的是债权人会议对管理人行为的监督权,而不表示债权人会议可以随意干涉或决定管理人的行为;债权人会议可以在听取管理人报告的基础上,对管理人的行为展开合法性评议。②

【学理综述】

张军在《武汉大学学报(哲学社会科学版)》2012年第4期上,发表《论破产管理人的法律地位》一文。在该文中,作者盘点国内外有关管理人法律地位的集中主要学说,比如包括代理说、职务说、财团代表说、信托制度说等,认为我国应该大力引进英美法中的信托制度,通过信托制度来完美地界定管理人的法律地位,在此基础上凸显其中立性、独立性和专业性。③

第二十四条 管理人可以由有关部门、机构的人员组成的清算组或者依法设立的律师事务所、会计师事务所、破产清算事务所等社会中介机构担任。

人民法院根据债务人的实际情况,可以在征询有关社会中介机构的意见后,指定该机构具备相关专业知识并取得执业资格的人员担任管理人。

有下列情形之一的,不得担任管理人:

(一)因故意犯罪受过刑事处罚;

(二)曾被吊销相关专业执业证书;

(三)与本案有利害关系;

(四)人民法院认为不宜担任管理人的其他情形。

个人担任管理人的,应当参加执业责任保险。

【立法沿革】

《企业破产法(试行)》(1986)

第二十四条 人民法院应当自宣告企业破产之日起十五日内成立清算组,接管破产企业。清算组负责破产财产的保管、清理、估价、处理和分配。清算组可以依法进行必要的民事活动。

清算组成员由人民法院从企业上级主管部门、政府财政部门等有关部门和专业人员中指定。清算组可以聘任必要的工作人员。

清算组对人民法院负责并且报告工作。

《破产法》(1995年草案)

第三十一条 管理人应当由具有必要专业知识的人员担任。有下列情形之一的人员,不得担任管理人:

(一)受刑事处罚,自刑罚执行完毕之日起不满五年的;

(二)公证人因违法被取消公证人资格不满五年的;

(三)注册会计师因违反职业规定被吊销会计师执照不满五年的;

(四)律师因违反职业规定被吊销律师执照不满五年的;

(五)与本案有利害关系的;

(六)人民法院认为不宜担任管理人的其他人员。

《企业破产与重整法》(2000年6月草案)

第二十九条 管理人应当由具有必要专业知识的人员担任。

最高人民法院依据本法规定,制定管理人的任职资格及其核准办法。

《企业破产与重整法》(2000年12月草案)

第二十八条 管理人由具有必要专业知识的人员担任。有下列情形之一的人员,不得担任管理人:

(一)受刑事处罚,自处罚执行完毕之日起不满五年的;

(二)公证人因违法被取消公证人资格不满五年的;

(三)注册会计师因违反职业规定被吊销会计师执照不满五年的;

(四)律师因违反职业规定被吊销律师执照不满五年的;

---

① 参见郁琳:《破产程序中管理人职责履行的强化与监督完善——以管理人的法律地位和制度架构为视角》,载《法律适用》2017年第15期,第44页。

② 参见郁琳:《破产程序中管理人职责履行的强化与监督完善——以管理人的法律地位和制度架构为视角》,载《法律适用》2017年第15期,第44—45页。

③ 参见张军:《论破产管理人的法律地位》,载《武汉大学学报(哲学社会科学版)》2012年第4期,第77—81页。

(五)与本案有利害关系的;
(六)人民法院认为不宜担任管理人的其他人员。

管理人的任职资格及其考核办法由国务院规定。

《企业破产与重整法》(2001年1月草案)

第二十九条 管理人由具有必要专业知识的人员担任。有下列情形之一的人员,不得担任管理人:

(一)受刑事处罚,自处罚执行完毕之日起不满五年的;
(二)公证人因违法被取消公证人资格不满五年的;
(三)注册会计师因违反职业规定被吊销会计师执照不满五年的;
(四)律师因违反职业规定被吊销律师执照不满五年的;
(五)与本案有利害关系的;
(六)人民法院认为不宜担任管理人的其他人员。

管理人的任职资格及其考核办法由国务院另行规定。

《企业破产法》(2004年3月草案B版)

第二十六条 管理人由下列人员担任:

(一)取得注册会计师、律师等执业资格并执业五年以上;
(二)担任企业董事、经理五年以上。

担任管理人应当参加执业责任保险。

第二十七条 有下列情形之一的,不得担任管理人:

(一)受过刑事处罚;
(二)注册会计师、律师等曾被吊销执业证书;
(三)与本案有利害关系;
(四)人民法院认为不宜担任管理人的。

《企业破产法》(2004年6月草案)

第二十一条 管理人由下列组织、机构或者个人担任:

(一)依法设立或者由人民法院指定设立的清算组;
(二)依法设立的律师事务所、会计师事务所、破产清算事务所等社会中分机构;
(三)具备相关专业知识并取得专门执业资格的人员。

组织、机构担任管理人的,应当聘请具有相关专业知识和专门执业资格的人员协助工作。

个人担任管理人的,应当参加职业责任保险。

第二十二条 有下列情形之一的,不得担任管理人:

(一)受过刑事处罚或者有其他不良记录的;
(二)注册会计师、律师等曾被吊销执业证书的;
(三)与本案有利害关系的
(四)人民法院认为不宜担任管理人的。

《企业破产法》(2004年10月草案)

第二十一条 管理人可以由有关部门、机构的人员组成的清算组或者依法设立的律师事务所、会计师事务所、破产清算事务所等社会中介机构担任。

人民法院根据破产企业的实际情况,可以在征询有关社会中介机构的意见后,指定该机构具备相关专业知识并取得专门执业资格的人员担任管理人。

个人担任管理人的,应当参加执业责任保险。

第二十二条 有下列情形之一的,不得担任管理人:

(一)受过刑事处罚的;
(二)曾被吊销执业证书的;
(三)与本案有利害关系的;
(四)人民法院认为不宜担任管理人的。

【条文释义】

本条详细规定管理人的构成和相应的任职资格。具体包括管理人的机构人选、个人人选、不得担任管理人的情形及个人担任管理人时的保险义务。

从立法史的视角看,《企业破产法》有关管理人任职资格的规定,在如下几个方面变化较大:第一,在积极资格方面,立法早期的草案多强调"具有必要专业知识",但在后期尤其是定稿中删除这一点;第二,如上文所言,早期草案特别强调管理人的个人性,而后来的草案和定稿则特别强调机构性;第三,就管理人任职主体而言,可能基于保持2006年《企业破产法》与1986年《企业破产法(试行)》的衔接,在后期的草案尤其是定稿中,加上了清算组这一主体。关于管理人的消极资格,变化不大。

按照本条的规定,《企业破产法》允许清算组、机构和机构内具备资格的个人,均可担任管理人。据李国光等介绍,立法过程中,既有主张认为管理人应采纳国际经验由个人担任,也有主张认为个人不具备相应信用能力,应由机构担任;最终的法律文本采用折中的做法,规定机构和个人均

第二十四条

可担任管理人。① 按照王卫国的说法,相对于个人管理人而言,机构管理人往往被认为有个人管理人难以企及的优点:在规模较大的债务人破产程序中,债权债务关系复杂,企业职工安置困难,个人管理人往往难以应付纷繁复杂的具体事务。② 由此,我国《企业破产法》对管理人制度的设计,采取清算组、社会中介机构并行,机构内具备资格个人为辅的机制。

依照本条,管理人构成可以如下表所示:

管理人	清算组	有关部门、机构的人员	个人
	社会中介机构	律师事务所	
		会计师事务所	
		破产清算事务所	

本条共分4款。分款评注如下:

第1款:"管理人可以由有关部门、机构的人员组成的清算组或者依法设立的律师事务所、会计师事务所、破产清算事务所等社会中介机构担任。"

本款确立《企业破产法》由机构担任管理人的基本原则。按照立法者的观点,管理人在破产程序中需要处理大量事务,非个人所能轻易胜任,故原则上由机构担任管理人。③ 也正是因为如此,《企业破产法》确立了机构为主、个人为辅的管理人机制。

按照本款的表述,2006年《企业破产法》设计了清算组与社会中介机构并列的管理人制度。这里的清算组制度与1986年《企业破产法(试行)》下设置的清算组,有相似之处。

清算组出任管理人的情形,与公司清算制度有很大关系。公司清算制度是确保市场主体及时退出市场、保障债权人利益的重要制度,这是世界各国公司法制的共通性制度之一。④ 我国2018年修订的《公司法》也规定了公司清算制度。按照《公司法》的规定,公司在需要解散时,需要组成清算组,盘点公司资产,清理债权债务。而在公司清算过程中,如果清算责任人发现公司已资不抵债,则需要按照《企业破产法》第7条第3款规定,向法院申请启动企业破产程序。而只有在提交破产申请同时向法院申请被指定为管理人,而法院裁定受理破产申请同时如果指定清算组为管理人,此时清算组才是《企业破产法》意义上的清算组,才能按照《企业破产法》赋予的权限,履行管理人的责任。

按照安建的解读,清算组既不属于债权人的代表,也不属于债务人的代表,而是以清理债权债务为目标,独立执行清算事务;实践中国有企业破产时涉及国有资产处置及职工安置等问题时,多由清算组担任管理人。⑤

王卫国特别强调,《企业破产法》第24条所提及的"清算组",仅指在破产程序开始前即按照相关法律成立的清算组,具体包括:第一,《企业破产法》2007年6月1日施行时,债务人已按照1986年《企业破产法(试行)》宣告破产且成立清算组;第二,根据《公司法》相关规定成立清算组,清算过程中发现资不抵债而进入破产程序;第三,国有企业按照《企业破产法》第133条规定进入破产程序而成立清算组;第四,按照其他法律规定,企业在进入破产程序时指定清算组。⑥

当然,按照《企业破产法》的制度架构,清算组可以成为破产企业的管理人,但并不必然或者当然成为破产企业的管理人。《企业破产法》起草小组即指出,法院需要根据破产案件的具体情况,尤其是企业财产、债权债务、经营管理等情形,来确定究竟是指定清算组担任管理人,还是指定社会中介机构或个人担任管理人;法院做出决策的依据,则是考量破产案件的复杂程度、债权债务关系的清楚程度、职工安置状况以及清算组自身的业务水平等因素。⑦

2006年《企业破产法》创设管理人制度后,继续为清算组担任管理人,尤其是将之与律师事务所、会计师事务所、破产清算事务所等社会中介机构担任管理人的情形并列,一定意义上体现前后相继的立法思路,同时也为2006年《企业破产法》实施后可能遗留的"政策性破产"留下制度出口,

---

① 参见李国光主编:《新企业破产法条文释义》,人民法院出版社2006年版,第166页。
② 参见王卫国:《破产法精义》(第2版),法律出版社2020年版,第92页。
③ 参见本书编写组编:《〈中华人民共和国企业破产法〉释义及实用指南》,中国民主法制出版社2006年版,第86页。
④ 参见王军:《中国公司法》,高等教育出版社2015年版,第482—493页;刘俊海:《现代公司法》(第3版)(下册),法律出版社2015年版,第1126—1130页、第1140—1154页。
⑤ 参见安建主编:《中华人民共和国企业破产法释义》,法律出版社2006年版,第41页。
⑥ 参见王卫国:《破产法精义》(第2版),法律出版社2020年版,第87页。
⑦ 参见《中华人民共和国企业破产法》起草组编:《〈中华人民共和国企业破产法〉释义》,人民出版社2006年版,第108页。

有利于减少立法过程中的阻力。《企业破产法》起草小组即指出,保留清算组制度并允许清算组出任管理人,一方面有利于部分国有企业破产时破产程序的顺畅运行,另一方面也有利于《企业破产法》与《公司法》《民事诉讼法》等相关法律对接。①

但社会中介机构担任管理人,则是 2006 年《企业破产法》的创新。李国光等认为,之所以应该有专业人员担任管理人,取决于破产程序自身的专业性、破产程序的重要性、管理人的独立性、专业人员有助于提高破产审判效率等因素。②

按照《企业破产法》第 130 条的规定,管理人是责任主体,需要承担法定责任;但在清算组担任管理人的场合,管理人的责任应当由清算组的成员承担。③

对于社会中介机构担任管理人的情形,需要申述如下:

本款核心词之一,是"社会中介机构"。这里的"社会中介机构",包括"依法设立的律师事务所、会计师事务所、破产清算事务所等"。

规定社会中介机构可以担任管理人,是《企业破产法》的创新之一。按照《企业破产法》起草小组的说法,一方面,传统清算组政府色彩过重,在有效推动企业破产的同时,其弊端明显,效率低下、人浮于事,法院对于清算组成员缺乏话语权,名为法院指定,实际上是各政府机构自行推荐,清算组本身的业务水平也有很大的或然性,这些因素不可避免地影响破产案件的效率与公平;另一方面,多年来我国在 1986 年《企业破产法(试行)》及 1990 年代"政策性破产"政策实施中,确实崛起一大批包括破产清算事务所、律师事务所、会计师事务所在内的社会中介机构,为引入社会中介机构或个人担任破产管理人的制度,奠定必要的基础。④由此,《企业破产法》允许并鼓励社会中介机构尤其是个人担任管理人,是对这一实践的确认。

李国光等亦指出,由中介机构担任管理人的优点在于:第一,破产中介机构具有独立性,既独立于债权人、债务人,也独立于政府,有利于破产程序的公正进行;第二,破产中介机构人员受过专业训练,有利于提高破产程序的效率和效益;第三,破产中介机构可以独立承担民事责任,可以扭转以往无法对清算组追责的窘境;第四,破产中介机构之间互相竞争,有利于提高服务质量。⑤

这里的"依法设立",对于律师事务所来说,应该是指我国《律师法》。我国《律师法》于 1996 年颁布,其后曾于 2007 年、2012 年、2017 年等数度修订。按照 2017 年最新修订的《律师法》,我国律师事务所共有合伙律师事务所、个人律师事务所以及国家出资设立的律师事务所三类。结合《企业破产法》第 24 条的精神,这也就意味着合伙律师事务所、个人律师事务所以及国家出资设立的律师事务所均可担任管理人。⑥

对于会计师事务所来说,这里的"依法设立",应该是指我国《注册会计师法》。我国《注册会计师法》于 1993 年版,2014 年做出修订。按照 2014 年最新修订的《注册会计师法》,我国会计师事务所可以分为合伙制会计师事务所和有限责任制会计师事务所。这也就是说,按照《企业破产法》第 24 条,无论是合伙制会计师事务所还是有限责任制会计师事务所,均具备担任管理人的法定资格。

对于破产清算事务所来说,这里的"依法设立",目前我国尚无统一法律法规,专门规范破产清算事务所。这也就是说,破产清算事务所的注册登记事宜,只要符合《公司法》或其他法律规定的基本条件,即可完成注册登记并获得营业资格,负责登记的工商行政部门亦只对其进行简单的形式审查,而其工作人员在法律层面也无须具备必要的执业资格。

鉴于本款规定,"依法设立的律师事务所、会计师事务所、破产清算事务所等社会中介机构",

---

① 参见《中华人民共和国企业破产法》起草组编:《〈中华人民共和国企业破产法〉释义》,人民出版社 2006 年版,第 107 页。
② 参见李国光主编:《新企业破产法条文释义》,人民法院出版社 2006 年版,第 166—167 页。
③ 参见韩传华:《企业破产法解析》,人民法院出版社 2007 年版,第 81 页。
④ 参见《中华人民共和国企业破产法》起草组编:《〈中华人民共和国企业破产法〉释义》,人民出版社 2006 年版,第 108—109 页。
⑤ 参见李国光主编:《新企业破产法条文释义》,人民法院出版社 2006 年版,第 167—168 页。
⑥ 韩传华在撰写《企业破产法解析》时,当时生效的尚是 1996 年《律师法》。而按照 1996 年《律师法》,当时的律师事务所类型只有合作律师事务所、合伙律师事务所和国家出资设立的律师事务所;个人律师事务所并非 1996 年《律师法》所规定的律所类型,只是地方试点层面有个别批准设立的尝试。由此,韩传华认为,合作律师事务所、合伙律师事务所和国家出资设立的律师事务所可以担任管理人,而个人律师事务所因不属于 1996 年《律师法》规定的律所类型,故不具有担任管理人的法定资格。参见韩传华:《企业破产法解析》,人民法院出版社 2007 年版,第 72—73 页。

第二十四条

这里不仅对"社会中介机构"做了列举,并且用"等"来化约省略,在理解本款时容易造成一定的歧义与争议。

对于这里的"等社会中介机构",有不同的理解:一种理解认为,担任社会中介机构的主体,不应该限定于前文列举的律师事务所、会计师事务所和破产清算事务所,还应该包括比如资产评估事务所、审计事务所等社会中介机构;另一种理解认为,应严苛限定为律师事务所、会计师事务所和破产清算事务所。① 比如蒋黔贵等就认为,除了律师事务所、会计师事务所和破产清算事务所外,其他依法设立的社会中介机构比如资产评估机构、税务师事务所等,均亦可担任管理人。② 但韩传华提出两个问题:第一,这里既然用"等社会中介机构"的表述,是否意味着除了律师事务所、会计师事务所、破产清算事务所之外的其他社会中介机构,比如审计师事务所、税务师事务所、评估师事务所等,也可以担任管理人?第二,如果破产清算事务所可以根据《企业破产法》第 24 条担任管理人,那么破产清算事务所的成立究竟该依据什么法律、具备什么条件?对于第一个问题,韩传华指出,表面上看"似乎属于社会中介机构的都可以被指定担任管理人",但满足"社会中介机构"范围的机构车载斗量,甚至可以包括房屋交易中介、职业介绍中介等,将"等社会中介机构"的范围做扩大化解释,显然有违立法者本意,只能严格解释为其前面列举的三类:律师事务所、会计师事务所和破产清算事务所,其他社会中介机构均不具备担任管理人的法定资格。对于第二个问题,韩传华认为鉴于法律对破产清算事务所的注册登记无明文规定,那么只要在工商行政管理部门办理登记手续并获得营业执照,即可开展业务并担任管理人。③ 有鉴于此,韩传华甚至直言不讳地表示,相对于破产清算事务所,律师事务所、会计师事务所的设立条件、执业内容、人员要求和行政监管,均严于破产清算事务所,故更适合担任管理人。④

管理人是否需要专门资格,亦是管理人制度中的核心问题之一。《企业破产法》起草小组曾指出,有必要研究是否建立专门的管理人从业资格制度,使得管理人能够在律师、会计师、评估师等职业的基础上,具备专门的准入资格,形成管理人独有的制度特定。⑤ 对此,韩传华亦持肯定性态度:第一,凡是符合《企业破产法》第 24 条规定的条件,且符合最高人民法院要求的其他条件,无论是律师事务所、会计师事务所,还是破产清算事务所,均需要向最高人民法院申请机构管理人资格;第二,最高人民法院要求的其他条件,可以从中介机构的业务规模、自有资产、从业人员等方面来具体规范,经评估机构评估的自有资产,尤其应该作为加强中介机构责任感和提高其抗风险能力的法定要件;第三,最高人民法院审核确认取得机构管理人资格的中介机构名单之后,应该向社会公布并通知到各级法院,而各级法院指定管理人时,只能从取得机构管理人资格的中介机构名单中指定。⑥

第 2 款:"人民法院根据债务人的实际情况,可以在征询有关社会中介机构的意见后,指定该机构具备相关专业知识并取得执业资格的人员担任管理人。"

各界普遍认为,个人担任管理人的情况,适用于破产财产数额较小、债权债务关系简单的破产案件:此类破产案件没必要任命清算组或者律师事务所、会计师事务所、破产清算事务所等社会中介机构担任管理人,而只需要指派具有一定专业背景的个人担任管理人即可。⑦

准确理解本款的核心,是掌握"该机构具备相关专业知识并取得执业资格的人员"的范畴。蒋黔贵等认为,自然人担任管理人的前提条件,就是必须在律师事务所、会计师事务所和破产清算事务所等社会中介机构执业,具备专业知识且取得专门的资格。⑧

---

① 参见夏正芳、李荐、张俊勇:《管理人选任机制实证研究——以江苏法院管理人选任机制改革实践为蓝本》,载《法律适用》2017 年第 15 期,第 53 页。
② 参见蒋黔贵主编:《中华人民共和国企业破产法释义》,中国市场出版社 2006 年版,第 100 页。
③ 参见韩传华:《企业破产法解析》,人民法院出版社 2007 年版,第 73—74 页。
④ 参见韩传华:《企业破产法解析》,人民法院出版社 2007 年版,第 74 页。
⑤ 参见《中华人民共和国企业破产法》起草组编:《〈中华人民共和国企业破产法〉释义》,人民出版社 2006 年版,第 110—111 页。
⑥ 参见韩传华:《企业破产法解析》,人民法院出版社 2007 年版,第 74—75 页。
⑦ 参见本书编写组编:《〈中华人民共和国企业破产法〉释义及实用指南》,中国民主法制出版社 2006 年版,第 87 页;《中华人民共和国企业破产法》起草组编:《〈中华人民共和国企业破产法〉释义》,人民出版社 2006 年版,第 109—110 页;安建主编:《中华人民共和国企业破产法释义》,法律出版社 2006 年版,第 41 页。
⑧ 参见蒋黔贵主编:《中华人民共和国企业破产法释义》,中国市场出版社 2006 年版,第 100 页。

但这种理解,在实践中破产清算事务所容易遭受挑战,毕竟供职于破产清算事务所的执业人员,不具备执业资格这一要求。对于律师事务所而言,该所执业律师即属于"具备相关专业知识并取得执业资格的人员";对于会计师事务所而言,该所执业会计师亦可属于该范畴;而对于破产清算事务所,尽管其可能聘用执业律师、会计师,但其执业本身必须依靠律师事务所和会计师事务所,其在破产清算事务所的工作,不能被视为执业,因此,在破产清算事务所不存在"具备相关专业知识并取得执业资格的人员"①。

对于破产清算师是否需要具备专门资格,韩传华认为,破产清算事务所中的从业人员,在立法明确规定破产清算师制度之前,都不具有个人管理人的资格;在立法条件成熟之前,最高人民法院可以参照机构管理人的条件,设定个人管理人准入、申请与审核确认制度,同时将最终确认的个人管理人名单向社会公布并通知到各级法院,以供各级法院挑选。②

由此,《企业破产法》起草小组指出,要在破产实务中执行本款规定,至少需要满足如下五个要求:第一,这些人员必须是律师事务所、会计师事务所或破产清算事务所的从业人员,曾长期从事管理人业务,具有担任管理人的经验;第二,这些人员本身均应具备执业资格,具备执行破产管理人职务的基本条件;第三,破产企业规模不大,债权债务关系简单,职工数量少且已得到妥善安置;第四,法院在指派个人为管理人时,应先征求其所在社会中介机构的意见;第五,个人担任管理人时,应按照《企业破产法》第24条第4款参加执业责任保险。③

法院在指定清算组为管理人时,韩传华认为,该清算组应该由有关部门、机构工作人员组成,且在法院受理破产之前已经成立,且有关部门、机构或者清算组已向法院提出被指定为管理人的申请,且清算组的成员不具有《企业破产法》第24条第3款规定不得担任管理人的情形。④

法院在指定中介机构为管理人时,韩传华认为,在相关中介机构符合最高人民法院指定管理人具体办法的同时,法院应该与该中介机构取得联系并询问如下问题,只有获得书面肯定答复后,才能做出指定的决定:第一,相关中介机构是否同意被指定为相关案件的管理人;第二,相关中介机构拟指派哪位在职人员负责履行管理人职责;第三,相关中介机构及个人是否具有《企业破产法》第24条第3款规定不得担任管理人的情形。⑤

法院在指定个人为管理人时,韩传华认为,除了确保该个人在所在社会中介机构获得执业资格外,应该同时与相关个人和其所在社会中介机构取得联系,询问如下四个问题,只有在获得书面且肯定性答复后,才能指定相关个人为管理人:第一,相关个人是否有《企业破产法》第24条第3款规定的不得担任管理人的情形;第二,相关个人是否参加了《企业破产法》第24条第4款规定的执业责任保险;第三,相关个人及其所在机构是否愿意担任管理人;第四,相关机构是否愿意为相关个人担任管理人承担无条件连带担保责任,以便承担执业责任保险无法覆盖的诸如个人故意行为等所导致的责任。⑥

第3款:"有下列情形之一的,不得担任管理人:(一)因故意犯罪受过刑事处罚;(二)曾被吊销相关专业执业证书;(三)与本案有利害关系;(四)人民法院认为不宜担任管理人的其他情形。"

本款规定管理人的消极资格,亦即不得担任管理人的四种情形:因故意犯罪受过刑事处罚、曾被吊销相关专业执业证书、与本案有利害关系以及人民法院认为不宜担任管理人的其他情形。但法律规定并未明确限定"不得担任管理人"的主体范围。韩传华认为,这一"不得担任管理人"的主体范围,既包括中介机构,也包括个人。⑦

(一)因故意犯罪受过刑事处罚

这里的"因故意犯罪受过刑事处罚",其受过刑事处罚的主观恶性发挥着重要作用。安建等指出,管理人身负重任,理应具备良好的道德操守,从品德方面应该无犯罪记录;但过失犯罪尤其是诸如过失的交通肇事等犯罪行为,不应影响管理

---

① 安建主编:《中华人民共和国企业破产法释义》,法律出版社2006年版,第41页;韩传华:《企业破产法解析》,人民法院出版社2007年版,第76—77页。
② 参见韩传华:《企业破产法解析》,人民法院出版社2007年版,第76—77页。
③ 参见《中华人民共和国企业破产法》起草组编:《〈中华人民共和国企业破产法〉释义》,人民出版社2006年版,第109—110页。
④ 参见韩传华:《企业破产法解析》,人民法院出版社2007年版,第82—83页。
⑤ 参见韩传华:《企业破产法解析》,人民法院出版社2007年版,第82页。
⑥ 参见韩传华:《企业破产法解析》,人民法院出版社2007年版,第82页。
⑦ 参见韩传华:《企业破产法解析》,人民法院出版社2007年版,第75—76、第76—77页。

第二十四条

人的资格。① 韩传华认为对于中介机构而言,特指中介机构以单位身份,涉及故意犯罪,"只要中介机构因故意犯罪受过刑事处罚,无论其发生时间有多久,也无论其刑事处罚有多重,均构成该中介机构不能担任管理人的法定情形"②。而就个人而言,则是个人因故意犯罪受过刑事处罚,刑事处罚时间长短及刑罚是主刑(管制、拘役、有期徒刑、无期徒刑、死刑)还是附加刑(罚金、剥夺政治权利、没收财产),均在所不问,均不得担任管理人;而个人如果因为过失犯罪受过刑事处罚,或者有故意犯罪情节但因情节轻微而免于刑事处罚,则不视为"因故意犯罪受过刑事处罚"③。这也就是说,在确定因犯罪而受到刑事处罚并因此而丧失担任管理人资格时,无论是中介机构也好,中介机构内部个人也好,其主观恶性程度和犯罪情节严重程度,才是是否剥夺特定主体担任管理人资格时重要的考量因素。④

(二)曾被吊销相关专业执业证书

这里的"曾被吊销相关专业执业证书",需要区分"专业执业证书"的范围。对于这一"专业执业证书"的具体含义,各方面的理解尚有一定的差异。蒋黔贵等指出,"专业执业证书"并不等同于资格证书,而是行政机关依据相对人的申请办法其允许从事某种活动的书面证明,亦即俗称的"执照";而资格证书仅是公民具备某类能力的书面证明。⑤ 但是韩传华、王卫国等均认为,这里的"专业执业证书"仅是指行政部门颁发给个人的专业执业证书,而不包括社会中介机构的营业执照或执业许可。⑥

而对于个人而言,则是指个人受过行政部门吊销相关专业执业资格的行政处罚。对于律师而言,则是吊销律师执业证;而对于会计师而言,则是财政部门颁发的注册会计师证。⑦

对于个人而言,如果曾受到被吊销执业资格的处罚,说明其违法性极强,职业操守存在严重问题,故应终身禁入管理人行业。⑧ 安建等举例指出,会计师如果违反注册会计师法相关规定,明知委托人的财务会计报告会直接损害报告使用人及其他利害关系人的利益,而予以隐瞒或者作为不实的报告等行为,因为情节严重而被省级行政部门吊销执业资格证书,即便5年后可以重新申请执业资格证,但依然不能担任管理人。⑨

韩传华特别提及,本款也应该包括行政机构颁发给律师事务所、会计师事务所等机构的执业许可证。具体而言,对于律师事务所来说,即是司法行政部门发放给律师事务所的执业许可证;对于会计师事务所来说,则是指财政行政部门发放给会计师事务所的执业许可证,而不包括工商行政部门发放的营业执照;而对于破产清算事务所,韩传华认为工商行政部门发放的营业执照只是一种经营许可,而非专业执业许可,故"曾被吊销相关专业执业证书"一项,应不适用于破产清算事务所,哪怕是其曾被吊销营业执照。⑩

需要特别留意的是,2017年11月4日十二届全国人大常委会第三十次会议对《会计法》做了修订,规定"会计人员应当具备从事会计工作所需要的专业能力",而此前《会计法》中所规定"从事会计工作的人员,必须取得会计从业资格证书"已被删除。我们要准确理解《企业破产法》第24条第3款,应该注意到这一法律要求的变化。

韩传华特别指出,这里的"相关"是指与该个人现行的执业机构相关的执业资格证书,以往会计或律师执业中被吊销执业资格证,而又获得资格进入律师或会计职业,只要现有执业资格证未被吊销,均不视为"曾被吊销相关专业执业证书"⑪。

(三)与本案有利害关系

对于"与本案有利害关系",大致包括管理人与破产案件中某一方当事人之间的如下关系:亲属关系、债权债务关系、雇佣或服务关系以及合伙

---

① 参见安建主编:《中华人民共和国企业破产法释义》,法律出版社2006年版,第41页。
② 韩传华:《企业破产法解析》,人民法院出版社2007年版,第75页。
③ 本书编写组编:《〈中华人民共和国企业破产法〉释义及实用指南》,中国民主法制出版社2006年版,第87—88页;韩传华:《企业破产法解析》,人民法院出版社2007年版,第77—78页。
④ 参见王卫国:《破产法精义》(第2版),法律出版社2020年版,第93页。
⑤ 参见蒋黔贵主编:《中华人民共和国企业破产法释义》,中国市场出版社2006年版,第101页。
⑥ 参见韩传华:《企业破产法解析》,人民法院出版社2007年版,第75—76页。
⑦ 参见韩传华:《企业破产法解析》,人民法院出版社2007年版,第77—78页。
⑧ 参见王卫国:《破产法精义》(第2版),法律出版社2020年版,第93页。
⑨ 参见安建主编:《中华人民共和国企业破产法释义》,法律出版社2006年版,第41—42页。
⑩ 参见韩传华:《企业破产法解析》,人民法院出版社2007年版,第75—76页。
⑪ 韩传华:《企业破产法解析》,人民法院出版社2007年版,第78页。

关系等。① 或者用全国人大常委会法工委的表述，既包括人身关系，如亲属、师生等，也包括经济关系，如债权债务、雇佣、合伙等。② 王卫国认为，《企业破产法》采纳了民事诉讼法中的法定回避制度，即拟担任管理人的中介机构及其个人，如果是所办理破产案件的债权人、债务人的亲属或近亲属，或者所办理案件直接影响相关机构或个人利益，则需要履行回避义务，不得担任具体案件的管理人。③ 韩传华认为，无论是中介机构还是个人，应包括四类：第一，中介机构或个人与债务人之间存在利害关系；第二，中介机构或个人与债务人的债务人、财产持有人之间存在利害关系；第三，中介机构或个人与债务人的债权人之间存在利害关系；第四，中介机构或个人与受理破产申请的法院之间存在利害关系。④

最高人民法院2007年发布的《关于审理企业破产案件指定管理人的规定》第23条、第24条，详细列举了社会中介机构、清算组成员和清算组成员的派出人员、社会中介机构的派出人员、个人管理人可能会被视为存在《企业破产法》第24条第3款第3项规定的利害关系。另外，根据该规定第25条，对于潜在的"与本案有利害关系"，社会中介机构或者个人均有主动回避义务。

按照上述法律文本及司法解释，破产重整启动前为债务人提供顾问服务的社会中介机构，在破产重整程序启动后，将因为"与本案有利害关系"而不能再继续担任管理人。对此，许胜锋持反对意见。许胜锋曾撰文指出，在破产重整开始前，债务人的重整顾问能够专业地分析评估各种脱困方案、规划重整路径和实施方案、协助实施重整申请，在这个过程中重整顾问将会对企业情况更为熟悉；如果允许重整顾问在重整程序启动后继续担任管理人，将极大地有利于重整程序启动前后的工作衔接和重整程序的高效实施，极大地降低沟通与博弈成本，同时为重整工作继续提供专业服务。许胜锋由此建议，法律应该赋予重整策划机构以合法的管理人资格，理由如下：第一，即便债务人的顾问在重整前签订顾问协议并收费，但其法律关系因重整程序启动而发生变化；第二，重整策划机构作为重整前债务人的顾问与重整启动后管理人的利益冲突，并不必然导致其丧失管理人资格；第三，破产法立法目的在于防止债务人的顾问在担任管理人后谋利，但并不意味着该点价值高于其他价值；第四，较之破产清算程序，重整程序的效率价值更为突出；第五，禁止顾问担任管理人的做法，禁锢了顾问担任管理人的效率发挥，而其可以通过加强监督与处罚来防范。许胜锋由此建议，应该允许法院根据重整申请人的推荐指定管理人。⑤

（四）人民法院认为不宜担任管理人的其他情形

这里的"人民法院认为不宜担任管理人的其他情形"，属于概括性的兜底条款，无论是机构还是个人，"其他情形"所囊括的范围，是由法院自由裁量。鉴于这里用"其他情形"表述，显然是排除了前三项中提及的"因故意犯罪受过刑事处罚""曾被吊销相关专业执业证书"以及"与本案有利害关系"。由此可以认定，这里的"其他情形"应该是这三项之外的特定情形。按照《企业破产法》起草小组的列举，这种特定情形包括三类：第一，管理人具备管理人资格但缺乏经验；第二，管理人能够胜任普通破产案件但不能应付复杂破产案件；第三，法院临时发现管理人有不良记录等。⑥ 安建等则认为，管理人虽然没有犯罪记录，但有道德品质不好、身体状况不允许等情形，可以认为具备"不宜担任管理人的其他情形"⑦。而韩传华则举例，比如法院在指定前或者指定后，发现中介机构营业机构曾被吊销执业资格许可，因此而不予指定或者予以更换，都属于本款规定的"其他情形"⑧。

最高人民法院在2007年发布的《关于审理企业破产案件指定管理人的规定》第9条中规定，"社会中介机构及个人具有下列情形之一的，人民法院可以适用企业破产法第二十四条第三款第四项的规定：（一）因执业、经营中故意或者重大过失行为，受到行政机关、监管机构或者行业自律组织行政处罚或者纪律处分之日起未逾三年；（二）

---

① 参见《中华人民共和国企业破产法》起草组编：《〈中华人民共和国企业破产法〉释义》，人民出版社2006年版，第110页；安建主编：《中华人民共和国企业破产法释义》，法律出版社2006年版，第42页。
② 参见本书编写组编：《〈中华人民共和国企业破产法〉释义及实用指南》，中国民主法制出版社2006年版，第88页。
③ 参见王卫国：《破产法精义》（第2版），法律出版社2020年版，第93页。
④ 参见韩传华：《企业破产法解析》，人民法院出版社2007年版，第76、78页。
⑤ 参见许胜锋：《管理人制度适用的现实困局及立法建议》，载《法律适用》2017年第15期，第55—58页。
⑥ 参见《中华人民共和国企业破产法》起草组编：《〈中华人民共和国企业破产法〉释义》，人民出版社2006年版，第110页。
⑦ 安建主编：《中华人民共和国企业破产法释义》，法律出版社2006年版，第42页。
⑧ 韩传华：《企业破产法解析》，人民法院出版社2007年版，第76、78页。

第二十四条

因涉嫌违法行为正被相关部门调查;(三)因不适当履行职务或者拒绝接受人民法院指定等原因,被人民法院从管理人名册除名之日起未逾三年;(四)缺乏担任管理人所应具备的专业能力;(五)缺乏承担民事责任的能力;(六)人民法院认为可能影响履行管理人职责的其他情形"。

对于上述《关于审理企业破产案件指定管理人的规定》中第6项提及的"人民法院认为可能影响履行管理人职责的其他情形",王卫国指出,在具体破产审判中,法院还可以根据破产案件的情况,确定相关候选人是否有"不宜担任管理人的其他情形",个人在执业中因故意或者重大过失受到行政机关或行业自律组织的处罚未满一定年限、因不正当执业被法院解除管理人职务未满一定年限、个人负有数额较大的债务且到期未清偿的,均不得担任管理人。①

第4款:"个人担任管理人的,应当参加执业责任保险。"

本款系个人担任管理人的法定条件。按照韩传华的解释,这里的"执业责任保险",指的是个人在保险公司投保的商业保险;"应当"二字,赋予个人向所在地保险公司投保"执业责任保险"的法律义务;如果个人所在的社会中介机构统一为个人办理了"执业责任保险",可以视为个人已办理"执业责任保险"②。

要求个人管理人参加执业责任保险,其法律基础在于《企业破产法》第130条规定的管理人责任。《企业破产法》第130条规定,"管理人未依照本法规定勤勉尽责、忠实执行职务的,人民法院可以依法处以罚款;给债权人、债务人或者第三人造成损失的,依法承担赔偿责任"。王卫国指出,按照《企业破产法》第130条,管理人存在因执业过错而承担赔偿责任的风险,为避免个人担任管理人时因自身财产不足以赔偿相关损失,故应参加执业责任保险,通过赔偿来源和执业风险的社会化,既为债权人、债务人乃至第三方等可能的受害者提供可靠的赔偿,也减轻管理人的财产风险和精神压力。③

执业责任保险是保险业市场上常见的险种之一。但结合《企业破产法》第24条第4款规定,在破产法领域尚有很大需要完善的空间。2015年修订的《保险法》第11条,重申"保险合同自愿成立"的原则;而《保险法》第65、66条,概括规定了责任保险制度,第124条则规定保险代理机构、保险经纪人等的执业责任保险涉及职业责任保险,并不涉及律师、会计师等破产管理人的责任险。而我国2017年修订的《律师法》、2014年修订的《注册会计师法》,亦未涉及律师、会计师执业责任险的问题。④

目前我国法律中,只有2006年《合伙企业法》涉及执业责任保险,其第59条规定,"特殊的普通合伙企业应当建立执业风险基金、办理职业保险"⑤。

具体到破产法领域,对于管理人的执业责任保险,董振班曾于2017年撰文,提出如下三点建议:第一,建立统一的管理人执业责任险,覆盖所有管理人,而不是依靠律师执业责任保险和会计师职业责任保险来分散管理人执业风险,而将破产清算事务所和清算组排除在责任险之外;第二,修订《企业破产法》,使管理人执业责任险成为强制保险,从而使得除个人之外的其他机构和组织,包括清算组、会计师事务所、律师事务所、破产清算事务所等,亦能被执业责任险覆盖;第三,建立专项基金,使无产可破案件的管理人保险费能够有稳定支出来源,提高管理人的积极性。⑥

---

① 参见王卫国:《破产法精义》(第2版),法律出版社2020年版,第94页。
② 韩传华:《企业破产法解析》,人民法院出版社2007年版,第77页。
③ 参见王卫国:《破产法精义》(第2版),法律出版社2020年版,第94—95页。
④ 韩长印、郑丹妮在2014年时撰文指出,我国2009年修订《保险法》时,即删除了有关律师责任险相关规定。而无论是《律师法》还是相关行政文件,均未进一步在《律师法》的基础上规范律师责任保险制度,律师责任险的具体运作"基本上都停留在政策指导和鼓励层面,并未在法律或行政法规层面上加以确立。时至今日,关于律师责任险的具体办法依旧未见出台"。在这种情况下,我国当前的律师责任险,表现出如下特点:职业责任保险本身发展不充分,律所普遍为律师提供"两险一金"(律师责任险、律师人身意外伤害险和律师互助金);律师执业纠纷多、理赔少;各省律师责任统保进程不一,保险公司地域垄断明显;被保险人范围约定不一,保险标的排除侵权责任法,多重赔偿额十年不变,保险条款简单复制。对此现状,韩长印等人为,改革出路是废除过时的规范性文件,构建自愿律师责任险,改善律师责任险合同条款。参见韩长印、郑丹妮:《我国律师责任险的现状与出路》,载《法学》2014年第12期,第138—149页。
⑤ 2006年《合伙企业法》第59条规定,特殊的普通合伙企业应"办理职业保险",而2006年《企业破产法》第24条第4款却规定,个人担任管理人,应参加的"执业责任保险",一字之差,足见相关规范体系之混乱。
⑥ 参见董振班:《建立和完善破产管理人执业责任保险的思考》,载《江苏经济报》2017年7月19日,第B3版。

【关联法律法规及司法政策】

《律师法》(2017)

第十五条　设立合伙律师事务所，除应当符合本法第十四条规定的条件外，还应当有三名以上合伙人，设立人应当是具有三年以上执业经历的律师。

合伙律师事务所可以采用普通合伙或者特殊的普通合伙形式设立。合伙律师事务所的合伙人按照合伙形式对该律师事务所的债务依法承担责任。

第十六条　设立个人律师事务所，除应当符合本法第十四条规定的条件外，设立人还应当是具有五年以上执业经历的律师。设立人对律师事务所的债务承担无限责任。

第二十条　国家出资设立的律师事务所，依法自主开展律师业务，以该律师事务所的全部资产对其债务承担责任。

第五十四条　律师违法执业或者因过错给当事人造成损失的，由其所在的律师事务所承担赔偿责任。律师事务所赔偿后，可以向有故意或者重大过失行为的律师追偿。

《公司法》(2018)

第一百八十条　公司因下列原因解散：

（一）公司章程规定的营业期限届满或者公司章程规定的其他解散事由出现；

（二）股东会或者股东大会决议解散；

（三）因公司合并或者分立需要解散；

（四）依法被吊销营业执照、责令关闭或者被撤销；

（五）人民法院依照本法第一百八十二条的规定予以解散。

第一百八十一条　公司有本法第一百八十条第（一）项情形的，可以通过修改公司章程而存续。

依照前款规定修改公司章程，有限责任公司须经持有三分之二以上表决权的股东通过，股份有限公司须经出席股东大会会议的股东所持表决权的三分之二以上通过。

第一百八十二条　公司经营管理发生严重困难，继续存续会使股东利益受到重大损失，通过其他途径不能解决的，持有公司全部股东表决权百分之十以上的股东，可以请求人民法院解散公司。

第一百八十三条　公司因本法第一百八十条第（一）项、第（二）项、第（四）项、第（五）项规定而解散的，应当在解散事由出现之日起十五日内成立清算组，开始清算。有限责任公司的清算组由股东组成，股份有限公司的清算组由董事或者股东大会确定的人员组成。逾期不成立清算组进行清算的，债权人可以申请人民法院指定有关人员组成清算组进行清算。人民法院应当受理该申请，并及时组织清算组进行清算。

《注册会计师法》(2014)

第二十三条　会计师事务所可以由注册会计师合伙设立。

合伙设立的会计师事务所的债务，由合伙人按照出资比例或者协议的约定，以各自的财产承担责任。合伙人对会计师事务所的债务承担连带责任。

第二十四条　会计师事务所符合下列条件的，可以是负有限责任的法人：

（一）不少于三十万元的注册资本；

（二）有一定数量的专职从业人员，其中至少有五名注册会计师；

（三）国务院财政部门规定的业务范围和其他条件。

负有限责任的会计师事务所以其全部资产对其债务承担责任。

《保险法》(2015)

第十一条　订立保险合同，应当协商一致，遵循公平原则确定各方的权利和义务。

除法律、行政法规规定必须保险的外，保险合同自愿订立。

第六十五条　保险人对责任保险的被保险人给第三者造成的损害，可以依照法律的规定或者合同的约定，直接向该第三者赔偿保险金。

责任保险的被保险人给第三者造成损害，被保险人对第三者应负的赔偿责任确定的，根据被保险人的请求，保险人应当直接向该第三者赔偿保险金。被保险人怠于请求的，第三者有权就其应获赔偿部分直接向保险人请求赔偿保险金。

责任保险的被保险人给第三者造成损害，被保险人未向该第三者赔偿的，保险人不得向被保险人赔偿保险金。

责任保险是指以被保险人对第三者依法应负的赔偿责任为保险标的的保险。

第六十六条　责任保险的被保险人因给第三者造成损害的保险事故而被提起仲裁或者诉讼的，被保险人支付的仲裁或者诉讼费用以及其他必要的、合理的费用，除合同另有约定外，由保险人承担。

第一百二十四条　保险代理机构、保险经纪人应当按照国务院保险监督管理机构的规定缴存保证金或者投保职业责任保险。

《合伙企业法》(2006)

第五十九条　特殊的普通合伙企业应当建立执业风险基金、办理职业保险。

执业风险基金用于偿付合伙人执业活动造成的债务。执业风险基金应当单独立户管理。具体管理办法由国务院规定。

最高人民法院《关于审理企业破产案件指定管理人的规定》(2007)

第一条　人民法院审理企业破产案件应当指定管理人。除企业破产法和本规定另有规定外，管理人应当从管理人名册中指定。

第二条　高级人民法院应当根据本辖区律师事务所、会计师事务所、破产清算事务所等社会中介机构及专职从业人员数量和企业破产案件数量，确定由本院或者所辖中级人民法院编制管理人名册。

人民法院应当分别编制社会中介机构管理人名册和个人管理人名册。由直辖市以外的高级人民法院编制的管理人名册中，应当注明社会中介机构和个人所属中级人民法院辖区。

第三条　符合企业破产法规定条件的社会中介机构及其具备相关专业知识并取得执业资格的人员，均可申请编入管理人名册。已被编入机构管理人名册的社会中介机构中，具备相关专业知识并取得执业资格的人员，可以申请编入个人管理人名册。

第四条　社会中介机构及个人申请编入管理人名册的，应当向所在地区编制管理人名册的人民法院提出，由该人民法院予以审定。

人民法院不受理异地申请，但异地社会中介机构在本辖区内设立的分支机构提出申请的除外。

第五条　人民法院应当通过本辖区有影响的媒体就编制管理人名册的有关事项进行公告。公告应当包括以下内容：

（一）管理人申报条件；
（二）应当提交的材料；
（三）评定标准、程序；
（四）管理人的职责以及相应的法律责任；
（五）提交申报材料的截止时间；
（六）人民法院认为应当公告的其他事项。

第六条　律师事务所、会计师事务所申请编入管理人名册的，应当提供下列材料：

（一）执业证书、依法批准设立文件或者营业执照；
（二）章程；
（三）本单位专职从业人员名单及其执业资格证书复印件；
（四）业务和业绩材料；
（五）行业自律组织对所提供材料真实性以及有无被行政处罚或者纪律处分情况的证明；
（六）人民法院要求的其他材料。

第七条　破产清算事务所申请编入管理人名册的，应当提供以下材料：

（一）营业执照或者依法批准设立的文件；
（二）本单位专职从业人员的法律或者注册会计师资格证书，或者经营管理经历的证明材料；
（三）业务和业绩材料；
（四）能够独立承担民事责任的证明材料；
（五）行业自律组织对所提供材料真实性以及有无被行政处罚或者纪律处分情况的证明，或者申请人就上述情况所作的真实性声明；
（六）人民法院要求的其他材料。

第八条　个人申请编入管理人名册的，应当提供下列材料：

（一）律师或者注册会计师执业证书复印件以及执业年限证明；
（二）所在社会中介机构同意其担任管理人的函件；
（三）业务专长及相关业绩材料；
（四）执业责任保险证明；
（五）行业自律组织对所提供材料真实性以及有无被行政处罚或者纪律处分情况的证明；
（六）人民法院要求的其他材料。

第九条　社会中介机构及个人具有下列情形之一的，人民法院可以适用企业破产法第二十四条第三款第四项的规定：

（一）因执业、经营中故意或者重大过失行为，受到行政机关、监管机构或者行业自律组织行政处罚或者纪律处分之日起未逾三年；
（二）因涉嫌违法行为正被相关部门调查；
（三）因不适当履行职务或者拒绝接受人民法院指定等原因，被人民法院从管理人名册除名之日起未逾三年；
（四）缺乏担任管理人所应具备的专业能力；
（五）缺乏承担民事责任的能力；
（六）人民法院认为可能影响履行管理人职责的其他情形。

第十条　编制管理人名册的人民法院应当组成专门的评审委员会，决定编入管理人名册的社会中介机构和个人名单。评审委员会成员应不少于七人。

人民法院应当根据本辖区社会中介机构以及社会中介机构中个人的实际情况，结合其执业业绩、能力、专业水准、社会中介机构的规模、办理企业破产案件的经验等因素制定管理人评定标准，由评审委员会根据申报人的具体情况评定其综合分数。

人民法院根据评审委员会评审结果，确定管理人初审名册。

第十一条　人民法院应当将管理人初审名册通过本辖区有影响的媒体进行公示，公示期为十日。

对于针对编入初审名册的社会中介机构和个人提出的异议，人民法院应当进行审查。异议成立、申请人确不宜担任管理人的，人民法院应将该社会中介机构或者个人从管理人初审名册中删除。

第十二条　公示期满后，人民法院应审定管理人名册，并通过全国有影响的媒体公布，同时逐级报最高人民法院备案。

第十三条　人民法院可以根据本辖区的实际情况，分批确定编入管理人名册的社会中介机构及个人。

编制管理人名册的全部资料应当建立档案备查。

第十四条　人民法院可以根据企业破产案件受理情况、管理人履行职务以及管理人资格变化等因素，对管理人名册适时进行调整。新编入管理人名册的社会中介机构和个人应当按照本规定的程序办理。

人民法院发现社会中介机构或者个人有企业破产法第二十四条第三款规定情形的，应当将其从管理人名册中除名。

第二十三条　社会中介机构、清算组成员有下列情形之一，可能影响其忠实履行管理人职责的，人民法院可以认定为企业破产法第二十四条第三款第三项规定的利害关系：

（一）与债务人、债权人有未了结的债权债务关系；

（二）在人民法院受理破产申请前三年内，曾为债务人提供相对固定的中介服务；

（三）现在是或者在人民法院受理破产申请前三年内曾经是债务人、债权人的控股股东或者实际控制人；

（四）现在担任或者在人民法院受理破产申请前三年内曾经担任债务人、债权人的财务顾问、法律顾问；

（五）人民法院认为可能影响其忠实履行管理人职责的其他情形。

第二十四条　清算组成员的派出人员、社会中介机构的派出人员、个人管理人有下列情形之一，可能影响其忠实履行管理人职责的，可以认定为企业破产法第二十四条第三款第三项规定的利害关系：

（一）具有本规定第二十三条规定情形；

（二）现在担任或者在人民法院受理破产申请前三年内曾经担任债务人、债权人的董事、监事、高级管理人员；

（三）与债权人或者债务人的控股股东、董事、监事、高级管理人员存在夫妻、直系血亲、三代以内旁系血亲或者近姻亲关系；

（四）人民法院认为可能影响其公正履行管理人职责的其他情形。

最高人民法院《全国法院破产审判工作会议纪要》(2018)

4.完善管理人队伍结构。人民法院要指导编入管理人名册的中介机构采取适当方式吸收具有专业技术知识、企业经营能力的人员充实到管理人队伍中来，促进管理人队伍内在结构更加合理，充分发挥和提升管理人在企业病因诊断、资源整合等方面的重要作用。

5.探索管理人跨区域执业。除从本地名册选择管理人外，各地法院还可以探索从外省、市管理人名册中选任管理人，确保重大破产案件能够遴选出最佳管理人。两家以上具备资质的中介机构请求联合担任同一破产案件管理人的，人民法院经审查符合自愿协商、优势互补、权责一致要求且确有必要的，可以准许。

第二十五条　管理人履行下列职责：

（一）接管债务人的财产、印章和账簿、文书等资料；

（二）调查债务人财产状况，制作财产状况报告；

（三）决定债务人的内部管理事务；

（四）决定债务人的日常开支和其他必要开支；

（五）在第一次债权人会议召开之前，决定继续或者停止债务人的营业；

（六）管理和处分债务人的财产；

（七）代表债务人参加诉讼、仲裁或者其他法律程序；

（八）提议召开债权人会议；

（九）人民法院认为管理人应当履行的其他职责。

本法对管理人的职责另有规定的，适用其规定。

【立法沿革】

《破产法》(1995年草案)

第三十二条　管理人自被指定之日起，行使下列职权：

（一）接管债务人的全部财产、账册、文书、资料、印章和其他物品；

（二）调查债务人的财产状况和民事活动，包括债务人所欠劳动者工资、社会保险费用和税收的情况；

（三）制作财产状况调查报告；

（四）决定债务人的日常开支和其他必要开支；

（五）请求决定债务人是否继续营业；

（六）管理和处分债务人的财产；

（七）接受第三人对债务人的财产给付；

（八）决定债务人的内部管理事务；

（九）聘用必要的管理人员、专业技术人员及其他工作人员；

（十）要求召集债权人会议；

（十一）就债务人的财产纠纷，代表债务人参加诉讼或者仲裁；

（十二）人民法院认为应当由管理人行使的其他职权。

《企业破产与重整法》(2000年6月草案)

第三十条　管理人自被指定之日起，行使下列职权：

（一）接管债务人的全部财产、账册、文书、资料、印章和其他物品；

（二）调查债务人的财产状况和民事活动，包括债务人所欠劳动者的工资、社会保险费用和税收的情况；

（三）制作财产状况调查报告；

（四）决定债务人的日常开支和其他必要开支；

（五）请求决定债务人是否继续营业；

（六）管理和请求处分债务人的财产；

（七）接受第三人对债务人的财产给付；

（八）决定债务人的内部管理事务；

（九）聘用必要的管理人员、专业技术人员及其他工作人员；

（十）要求召集债权人会议；

（十一）就债务人的财产纠纷，代表债务人参加诉讼或者仲裁；

（十二）人民法院认为应当由管理人行使的其他职权。

《企业破产与重整法》(2000年12月草案)

第三十条　管理人自被指定之日起，行使下列职权：

（一）接管债务人的全部财产、账册、文书、资料、印章和其他物品；

（二）调查债务人的财产状况和民事活动，包括债务人所欠劳动者工资、社会保险费用和税收的情况；

（三）制作财产状况调查报告；

（四）决定债务人的日常开支和其他必要开支；

（五）在第一次债权人会议召开之前决定债务人是否继续营业；

（六）管理和请求处分债务人的财产；

（七）接受第三人对债务人的财产给付；

（八）决定债务人的内部管理事务；

（九）聘用必要的管理人员、专业技术人员及其他工作人员；

（十）要求召集债权人会议；

（十一）就债务人的财产纠纷，代表债务人参加诉讼或者仲裁；

（十二）负责破产财产的管理、清算、估价、变卖和分配；

（十三）人民法院认为应当由管理人行使的其他职权。

《企业破产与重整法》(2001年1月草案)

第三十一条　管理人自被指定之日起，行使下列职权：

（一）接管债务人的全部财产、账册、文书、资料、印章和其他物品；

（二）调查债务人的财产状况和民事活动，包括债务人所欠劳动者工资、社会保险费用和纳税情况；

（三）制作财产状况调查报告；

（四）决定债务人的日常开支和其他必要开支；

（五）在第一次债权人会议召开之前决定债务人是否继续营业；

（六）管理和请求处分债务人的财产；

（七）接受第三人对债务人的财产给付；

（八）决定债务人的内部管理事务；

（九）聘用必要的管理人员、专业技术人员及其他工作人员；

（十）要求召集债权人会议；

（十一）就债务人的财产纠纷，代表债务人参加诉讼或者仲裁；

（十二）负责破产财产的管理、清算、估价、变卖和分配；

（十三）人民法院认为应当由管理人行使的其他职权。

《企业破产法》(2004年3月草案A版)

第二十八条　管理人自被指定之日起,行使下列职权:
(一)接管债务人的全部财产、账册、文书、资料、印章和其他物品;
(二)调查债务人的财产状况,包括债务人所欠劳动者工资、社会保险费用和纳税情况;
(三)制作财产状况调查报告;
(四)决定债务人的日常开支和其他必要开支;
(五)在第一次债权人会议召开之前决定债务人是否继续营业;
(六)管理和处分债务人的财产;
(七)接受第三人对债务人的财产给付;
(八)决定债务人的内部管理事务;
(九)聘用必要的管理人员、专业技术人员及其他工作人员;
(十)要求召集债权人会议;
(十一)就债务人的财产纠纷,代表债务人参加诉讼或者仲裁;
(十二)负责破产财产的变价和分配;
(十三)人民法院认为应当由管理人行使的其他职权。

《企业破产法》(2004年3月草案B版)
第二十九条　管理人除本法另有规定外,履行下列职责:
(一)接管债务人财产、账册、文书、资料、印章等;
(二)调查债务人财产状况,制作财产状况报告;
(三)决定债务人的内部管理事务;
(四)决定债务人的日常开支和其他必要开支;
(五)聘用管理人员、专业人员及其他工作人员;
(六)在第一次债权人会议召开之前,决定债务人是否继续营业;
(七)管理和处分债务人的财产;
(八)接受第三人交付和给付;
(九)代表债务人参加诉讼或者仲裁;
(十)负责破产财产的变价和分配;
(十一)请求召集债权人会议;

《企业破产法》(2004年6月草案)
第二十三条　管理人一般履行下列职责:
(一)接管债务人财产、账册、文书、资料、印章等;
(二)调查债务人财产状况,制作财产状况报告;

(三)决定债务人的内部管理事务;
(四)决定债务人的日常开支和其他必要开支;
(五)聘用管理人员、专业人员及其他工作人员;
(六)在第一次债权人会议召开之前,决定债务人是否继续营业;
(七)管理和处分债务人的财产;
(八)接受第三人交付和给付;
(九)代表债务人参加诉讼或者仲裁;
(十)请求召集债权人会议;
(十一)人民法院或者债权人会议认为管理人应当履行的其他职责。
本法对管理人职责另有规定的,适用其规定。

《企业破产法》(2004年10月草案)
第二十三条　管理人履行下列职责:
(一)接管债务人的财产、印章和账册、文书等资料;
(二)调查债务人财产状况,制作财产状况报告;
(三)决定债务人的内部管理事务;
(四)决定债务人的日常开支和其他必要开支;
(五)聘用管理人员、专业人员和其他工作人员;
(六)在第一次债权人会议召开之前,决定债务人是否继续营业;
(七)管理和处分债务人的财产;
(八)接受第三人的交付和给付;
(九)代表债务人参加诉讼或者仲裁;
(十)请求召集债权人会议;
(十一)人民法院或者债权人会议认为管理人应当履行的其他职责。
本法对管理人的职责另有规定的,适用其规定。

【条文释义】
本条规范的是管理人的职责。从法律构造来看,本条采取列举式规定,共列举了8项可以由管理人直接行使的职权,同时还附加一条"人民法院认为管理人应当履行的其他职责"。

从立法史的角度,管理人的职责列举呈现出简化、概括的趋势。不同的草案中,对于管理人职责,最多曾列举13项;而后期尤其是定稿,只保留管理人的9项职责,其中第9项还是概括性的兜底条款。

准确理解本条,需要结合《企业破产法》第26条、第27条及第69条等其他有关管理人职权的

第二十五条

规定。其中第 27 条规定管理人履行职责时应该遵守的基本原则,即"勤勉尽责,忠实执行职务"。而第 26 条和第 69 条,则规定管理人可以行使但应事先获得法院许可或者向债权人委员会报告的职责,与《企业破产法》第 25 条相映成趣。

本条共分 2 款。分款评注如下:

第 1 款:"管理人履行下列职责:(一)接管债务人的财产、印章和账簿、文书等资料;(二)调查债务人财产状况,制作财产状况报告;(三)决定债务人的内部管理事务;(四)决定债务人的日常开支和其他必要开支;(五)在第一次债权人会议召开之前,决定继续或者停止债务人的营业;(六)管理和处分债务人的财产;(七)代表债务人参加诉讼、仲裁或者其他法律程序;(八)提议召开债权人会议;(九)人民法院认为管理人应当履行的其他职责。"

本款列举管理人可以不经法院事先许可或者报告债权人委员会而履行的 9 项职责。这些职责,当然还可以再进一步归类。比如蒋黔贵等,曾将这 9 项职责,概括为如下五大类:第一,全面接管破产企业,具体包括:(1)接管债务人的财产、印章和账簿、文书等资料;(2)决定债务人的内部管理事务;(3)决定债务人的日常开支和其他必要开支;(4)在第一次债权人会议召开之前,决定继续或者停止债务人的营业。第二,保管和清理与债务人有关的财产,具体包括:(1)调查债务人财产状况,制作财产状况报告;(2)管理和处分债务人的财产。第三,对外代表债务人,具体包括:(1)管理和处分债务人的财产;(2)代表债务人参加诉讼、仲裁或者其他法律程序。第四,提议召开债权人会议。第五,其他职责。①

细评如下:

(一)接管债务人的财产、印章和账簿、文书等资料

本项职责赋予管理人接管债务人的财产、印章、账簿、文书等资料的权利和义务。按照本项规定,管理人的接管对象,有两点:第一项是债务人的财产;第二项是与债务人企业相关的印章和账簿、文书等资料。② 该职责是管理人最基本的职责,也是管理人履行其他职责的前提。

管理人履行本项职责,重点是财产调查、接受印章和各种账簿文书:财产调查应囊括所有动产、不动产及工业产权在内的各种财产;印章一般包括合同章、人事章、行政章、报关章等;账簿、文书包括但不限于营业执照、税务登记证、房地产证、合同、章程、人事档案、劳动合同档案等。③

那么,需要明确的问题之一是,管理人"接管债务人的财产、印章和账簿、文书等资料",究竟是按照法院做出的指定管理人的决定为依据直接行使,还是需要法院另外的授权或许可?郁琳认为,鉴于管理人的身份确定是以法院指定管理人的决定书为依据,故管理人可以持法院指定其为管理人的决定书即可要求债务人向自己移交财产、印章和账簿、文书等资料,同时接管其管理和营业事务。④

另外,韩传华认为,接管"印章和账簿、文书等资料"从技术层面比较容易,只要管理人接收债务人移交的上述资料,即可视为管理人履行本项规定的"接管债务人的……印章和账簿、文书等资料";但管理人的"财产",则因为财产形态的差异、债务人对财产所享有权属的差异,而有很大的不同,但归根结底,除了部分有必要由债务人继续保管的财产外,管理人要完整接管债务人财产相关的占有权、受益权、使用权和处置权。⑤

与本项职权相关的另一个问题是,债务人的相关人员如果不配合甚至妨碍管理人的接管工作,该如何处理?鉴于管理人作为中介机构,其本身并不具备以国家强制力为后盾的强行接管。尽管《企业破产法》第 127 条规定,"债务人违反本法规定,拒不向管理人移交财产、印章和账簿、文书等资料的,或者伪造、销毁有关财产证据材料而使财产状况不明的,人民法院可以对直接责任人员依法处以罚款"。但显而易见,鉴于法律未进一步明确罚款的力度及其他制约措施,本条规定对债务人的"直接责任人员"限制有限。郁琳认为,鉴于《企业破产法》允许在该法未明确规定时适用《民事诉讼法》有关规定,故在债务人拒不向管理人移交财产和资料的行为时,确认其违反破产法的程序性义务,应确认破产案件受理裁定的强

---

① 参见蒋黔贵主编:《中华人民共和国企业破产法释义》,中国市场出版社 2006 年版,第 103 页。
② 参见《中华人民共和国企业破产法》起草组编:《〈中华人民共和国企业破产法〉释义》,人民出版社 2006 年版,第 112 页。
③ 参见安建主编:《中华人民共和国企业破产法释义》,法律出版社 2006 年版,第 43 页;王卫国:《破产法精义》(第 2 版),法律出版社 2020 年版,第 96 页。
④ 参见郁琳:《破产程序中管理人职责履行的强化与监督完善——以管理人的法律地位和制度架构为视角》,载《法律适用》2017 年第 15 期,第 38 页。
⑤ 参见韩传华:《企业破产法解析》,人民法院出版社 2007 年版,第 86—87 页。

制执行力,管理人可以依据破产受理裁定,请求法院强制债务人提交上述材料,法院可据此采取其他妨碍诉讼程序的强制措施,以确保"印章和账簿、文书等资料"的及时移交。①

(二)调查债务人财产状况,制作财产状况报告

《企业破产法》第8条第3款规定,"债务人提出申请的,还应当向人民法院提交财产状况说明、债务清册、债权清册、有关财务会计报告、职工安置预案以及职工工资的支付和社会保险费用的缴纳情况"。同时,《企业破产法》第11条第2款规定,"债权人提出申请的,人民法院应当自裁定作出之日起五日内送达债务人。债务人应当自裁定送达之日起十五日内,向人民法院提交财产状况说明、债务清册、债权清册、有关财务会计报告以及职工工资的支付和社会保险费用的缴纳情况"。

按照韩传华的观点,管理人要履行"调查债务人财产状况,制作财产状况报告"职责,应该在全面掌握、系统理解和实质审查债务人和债权人已提交的上述资料基础上进行。②《企业破产法》起草小组亦指出,管理人"调查债务人财产状况,制作财产状况报告",需要完成三项任务:第一,调查债务人企业的财产和有关业务的状况;第二,清理债务人财产并登记造册;第三,全面收集债务人财产及相关资料。③

从工作流程的角度,管理人在接管债务人企业后,首先需要完成的工作,便是按照债务人企业所有财产的固定形态,分门别类完成统计,比如分成固定资产、流动资金、对外债权债务、无形财产等类别,在此分类的基础上完成财产清理表,进而完成债务人财产的变现工作。④

郁琳认为,本项赋予管理人"调查债务人财产状况,制作财产状况报告"的职责,可以理解为立法者将调查债务人是否具备法定破产原因的职责,赋予管理人行使,亦即由管理人对债务人提交的材料真实性及其实际财务状况予以核实,并将财产状况报告交给法院;而这样做的好处也显而易见,能够很大程度上解决债务人不提交财产材料或者债务人有关人员下落不明,因而法院无从取得债务人财产状况等材料的困境。⑤

韩传华指出,本款规定未明确规定管理人"调查债务人财产状况,制作财产状况报告"的期限;在具体实务中,管理人最终形成财产状况报告的期限,应该由法院按照《企业破产法》第23条决定,而最终期限应该在法院宣告破产或者裁定破产清算转入重整或者和解之前。⑥

这里需要特别强调的是管理人对流失在外财产的接管。流失在外财产的大量存在,不仅可能是造成企业破产的原因之一,也为管理人完成资产清理工作设立重重障碍。按照李国光等的看法,管理人应根据情况,采取不同措施和策略,进而完成流失在外财产的清理工作:第一,投资单位应投资的资金,因故未足额投资或者投资后抽逃,管理人应该向投资机构或个人追回;第二,债务人对外投资所形成的财产和收益,应该依法追回;第三,债务人的对外债权,应该在破产宣告后及时追回,现金可以直接分配,而财产应变现后分配;第四,对于由债务人所有但由他人占有的实物,在法院受理破产申请之后,管理人可以依法终止法定原因,收回相关财产并列入破产财产。⑦

王欣新、郭丁铭认为,我国《企业破产法》有关管理人调查权的规定,在具体制度设计上还存在如下问题:第一,可调查的事项范围过于狭窄,仅限于债务人的财产状况,而未明确管理人调查破产案件受理前债务人是否存在欺诈或偏袒性清偿等损害债权人利益的行为,亦未明确规定债务

---

① 参见郁琳:《破产程序中管理人职责履行的强化与监督完善——以管理人的法律地位和制度架构为视角》,载《法律适用》2017年第15期,第38—39页。

② 韩传华指出,"全面掌握"是指管理人占有债权人或债务人已提交给法院的所有申请材料;如果相关资料残缺不全,管理人可以要求债务人或债权人补充提交,也可以请求法院要求补充提交。"系统理解"是指管理人能够对债权人、债务人已提交的所有资料完全理解,并确认所有资料能够互相印证;如果不能印证,管理人可以按照《企业破产法》第15条,要求债务人的有关人员给予解释。"实质性审查"是指管理人对债务人提交法院的所有材料,进行真实性和有效性审查,确认有关债务人财务状况的真实性和有效性,并在这些工作的基础上形成财产状况报告。见韩传华:《企业破产法解析》,人民法院出版社2007年版,第87—89页。

③ 参见《中华人民共和国企业破产法》起草组编:《〈中华人民共和国企业破产法〉释义》,人民出版社2006年版,第112—113页。

④ 参见李国光主编:《新企业破产法条文释义》,人民法院出版社2006年版,第171—172页。

⑤ 参见郁琳:《破产程序中管理人职责履行的强化与监督完善——以管理人的法律地位和制度架构为视角》,载《法律适用》2017年第15期,第40页。

⑥ 参见韩传华:《企业破产法解析》,人民法院出版社2007年版,第89页。

⑦ 李国光主编:《新企业破产法条文释义》,人民法院出版社2006年版,第172—174页。

人违法行为涉及第三人时的调查权;第二,被调查的主体过于狭窄,仅针对企业法定代表人,若调查债务人的财务管理人员及其他经营管理人员还需要法院的批准,这显然不足以保障管理人完成其法定职责;第三,管理人常规工作之一是向政府部门调取资料、查询信息,但立法中并未明确政府部门的配合义务,实践中政府部门不仅不予配合,甚至在法院出具调查令时仍拒绝配合,不得不由法院出面直接调查;第四,被调查主体不予配合调查的责任并未明确,仅规定罚款,但未明确罚款的标准,包括政府部门在内其他主体不予配合时毫无制裁措施,大大弱化了管理人的调查权及调查效果。①

郁琳认为,法院应该退出破产程序中的管理性事务,而恪守本分,专注于对破产程序的掌控和监督,而管理人应该填补这一角色空白,承担破产程序中日常的事务管理和调查工作:第一,管理人的调查对象和范围应具有广泛性,就其对象而言,"任何了解债务人财产状况、掌握有关债务人财产信息和资料的个人或单位,都应接受管理人的调查与询问,负有配合管理人工作和如实回答管理人询问的义务",如果拒绝回答或者提供虚假材料,管理人可以请求法院给予罚款、拘留乃至追究刑事责任;就范围而言,"只要查清债务人财产状况所必需的,任何有关债务人的资产、负债、经营事务和相关交易行为的事实",都属于管理人的调查范围,被调查人不得以涉及国家机密、商业秘密或个人隐私等理由拒绝,也不能因刑事程序中可能自证其罪而拒绝,但管理人对上述信息负有保密义务且只能在有限范围内使用。第二,管理人的调查职权应有独立性,依据法院指定管理人的决定书而获得以自身名义展开全面调查的权力,任何个人、单位甚至法院都不得干涉或者妨碍。②

(三)决定债务人的内部管理事务

本项规定赋予管理人就债务人内部管理事务决策的职责。亦即是说,在管理人接管债务人企业之后,除了必须由债权人会议、债权人委员会或者法院决定的事项,其他内部管理事项都需要由管理人决定。③

《企业破产法》并未明确规定管理人具体接管债务人企业的期限。依据法律规定和现实情况,有两种可能的理解:一种是债务人在收到法院受理破产申请裁定后,债务人的有关人员应该立即停止债务人内部的管理事务;另一种是债务人的有关人员继续履行管理职责,直至管理人可以履行其管理内部事务职责时。对此,韩传华认为,根据《企业破产法》第15条,债务人在收到法院受理破产申请的通知后,就应立即停止对债务人内部事务的管理;而在管理人实质接管之前,如果放任债务人处理内部事务可能产生消极影响,债务人的有关人员可以在法院批准、管理人许可的前提下,继续处理相关事务。④

对于管理人"决定债务人的内部管理事务"的具体内容,安建等列举如下几点:企业人员的留守、聘用必要工作人员,以及债权人会议决定债务人继续营业时有关营业的具体事务。⑤ 李国光等亦列举出如下数点:第一,筛选债务人的管理层,提出留守团队人选并明确责任;第二,清理债务人企业人事档案,编制员工清册,确定救济与安置对象;第三,与债务人的人事、劳动主管部门协调,安置好债务人企业的职工,发放必要的拖欠工资、遣散费及待业手续及支付社保或安置基金等。⑥ 王卫国将其概括为三点:第一,财务管理,比如控制银行账户、追索应收账款并开展财务审计;第二,资产管理,具体包括固定资产管理、流动资产管理、无形资产管理、投资资产管理和再建工程管理;第三,人员管理,即留守人员的管理、人事档案管理和下岗职工的安置。⑦ 韩传华进一步指出,尽管《企业破产法》未对管理人的事务做清楚分类,但从《企业破产法》具体构造看,该法依旧隐而不显地分为两类:一类是"重大管理事务",亦即有关债务人继续或停止营业等事务和《企业破产法》第69条规定的诸多事务;另一类则属于"一般管理事务",比如本项规定的"债务人的内部管理事务",第4项规定的"决定债务人的日常开支和其他必要开支"及其他有关债务人财产的管理

---

① 王欣新、郭丁铭:《论我国破产管理人职责的完善》,载《政治与法律》2010年第9期,第3—4页。
② 参见郁琳:《破产程序中管理人职责履行的强化与监督完善——以管理人的法律地位和制度架构为视角》,载《法律适用》2017年第15期,第40—41页。
③ 参见《中华人民共和国企业破产法》起草组编:《〈中华人民共和国企业破产法〉释义》,人民出版社2006年版,第113页。
④ 参见韩传华:《企业破产法解析》,人民法院出版社2007年版,第89—90页。
⑤ 参见安建主编:《中华人民共和国企业破产法释义》,法律出版社2006年版,第43页。
⑥ 参见李国光主编:《新企业破产法条文释义》,人民法院出版社2006年版,第174页。
⑦ 参见王卫国:《破产法精义》(第2版),法律出版社2020年版,第96页。

和处分。① 对于"一般管理事务",管理人可以直接决定,而无须事先取得法院或债权人会议的许可,但有必要接受债权人会议的监督。②

(四)决定债务人的日常开支和其他必要开支

本项由"日常开支"和"其他必要开支"构成。理解本项的关键是明确"日常开支和其他必要开支"范围。

李国光等指出,管理人接管债务人的财产和营业事务后,就要负责债务人的财务管理,而财务管理的具体内容,则分为对债务人的财务审计、清理银行账户和管理债务人的日常开支:财务审计应该由专业会计师完成,编制财务报告、资产负债表等;而清理债务人银行账户后,应开设管理人账户,统一处理债务人的资金;而对债务人日常开支的管理,则包括生活费发放、差旅费、房产管理费、办公用品开支等。③

按照《企业破产法》起草小组的说法,这里的"日常开支"即债务人企业在未解散前的各项开支,包括但不限于:机构运转开支、召开会议开支、设备维护保养开支、人员工资开支等;而"其他必要开支"则是指除"日常开支"外的其他开支,包括但不限于:变卖资产时的拍卖、评估费用、聘用专业人员的报酬等。④ 王卫国列举,"日常开支和其他必要开支"应包括如下项目:办公场所租金;办公费用支出;债务人继续营业后维持生产经营的水电、通讯和人工等费用。⑤

对于一笔具体开支是否属于"日常开支和其他必要开支",韩传华提出如下四点判断标准:第一,该项开支是否与法院受理破产申请前已存在的债务人的债务清偿有关;如该项开支可清偿对应债务,则不属于"日常开支和其他必要开支"。第二,该项开支是否与债务人继续或停止营业有关;如该项开支与债务人的继续或停止营业有关,则不属于"日常开支和其他必要开支"。第三,该项开支是否与债务人和对方当事人均未履行完毕的合同解除或继续履行有关;如系因解除合同或继续履行合同而发生,则不属于"日常开支和其他必要开支"。第四,该项开支是否可列入《企业破产法》第 41 条所称"管理"费用;如果可以列入,则不属于"日常开支和其他必要开支"。⑥

按照李国光等的观点,管理人应该对所有开支严格记账、严格审批,在破产程序结束后,应将破产程序进行期间的所有开支列表公开并向债权人会议报告。⑦

(五)在第一次债权人会议召开之前,决定继续或者停止债务人的营业

管理人的职责之一,是尽力确保债务人财产的最大化,而及时"决定继续或者停止债务人的营业",为成功破产清算或者重整打好基础,就成为管理人实现债务人财产最大化的必要手段。考虑到"决定继续或者停止债务人的营业"影响甚大,该职权应由债权人会议行使;而"在第一次债权人会议召开之前",债权人会议事实上不存在,所以才由管理人行使。⑧

按照王卫国的看法,"决定继续或者停止债务人的营业"对于债务人财产有着极其关键的影响,故管理人要根据是否有利于增加债务人资产、是否有利于提高清偿率的角度,来就继续或停止债务人营业事宜,做出最有利于债务人财产最大化的决定。⑨

但管理人行使该项权力,并非毫无限制。按照《企业破产法》第 26 条,管理人"在第一次债权人会议召开之前,决定继续或者停止债务人的营业",需要取得法院许可。据此,韩传华指出,管理人在做出债务人继续或者停止营业的决定之后,应该向法院提交做出请求许可的报告:如决定继续营业,应证明继续营业利大于弊,有利于债务人财产价值的增加;如果管理人决定债务人停止营业,应证明停止营业有利于减少债务人财产损失,尽最大限度实现破产财产的最大化。⑩

韩传华还特别指出,如果债务人的营业事务

---

① 参见韩传华:《企业破产法解析》,人民法院出版社 2007 年版,第 90 页。
② 参见韩传华:《企业破产法解析》,人民法院出版社 2007 年版,第 91 页。
③ 参见李国光主编:《新企业破产法条文释义》,人民法院出版社 2006 年版,第 174—175 页。
④ 参见《中华人民共和国企业破产法》起草组编:《〈中华人民共和国企业破产法〉释义》,人民出版社 2006 年版,第 113 页。
⑤ 参见王卫国:《破产法精义》(第 2 版),法律出版社 2020 年版,第 97 页。
⑥ 参见韩传华:《企业破产法解析》,人民法院出版社 2007 年版,第 91 页。
⑦ 参见李国光主编:《新企业破产法条文释义》,人民法院出版社 2006 年版,第 175 页。
⑧ 参见《中华人民共和国企业破产法》起草组编:《〈中华人民共和国企业破产法〉释义》,人民出版社 2006 年版,第 113 页。
⑨ 参见王卫国:《破产法精义》(第 2 版),法律出版社 2020 年版,第 97 页。
⑩ 参见韩传华:《企业破产法解析》,人民法院出版社 2007 年版,第 92 页。

较多较杂,管理人需要将债务人的事务分开,分别决定究竟是停止还是继续营业;在法院批准之后,继续营业产生的所有债务人,则成为共益债务,管理人可以随时清偿。①

(六)管理和处分债务人的财产

"管理和处分债务人的财产"是管理人在整个破产程序中最为核心的职责。

但《企业破产法》并未进一步规定"管理和处分债务人的财产"的具体范围。按照《企业破产法》起草小组的解读,"管理和处分"行为包括:第一,正常管理、维护与保养实物资产及机器设备;第二,必要情况下,变卖或者变价处理易损资产;第三,委托有资质的第三方对部分有较高价值的资产展开评估作价等。② 安建等认为,这里的"管理和处分"的对象包括:第一,决定债务人未履行合同的解除或者继续履行;第二,承认别除权、取回权、抵销权等;第三,处理破产财产,即变现破产财产中非货币性质的财产。③

据王卫国的观点,"管理和处分债务人的财产"具体包括两大目标,即避免不当损失和设法增加债务人的财产。由此,管理人"管理和处分债务人的财产"的具体内容可以包括:第一,财务管理,包括开展财务审计、接管银行账户;第二,资产管理,包括固定资产、流动资产、无形资产、投资资产、在建工程等;第三,处分财产和权利;第四,决定双方均未履行完毕合同的解除或继续履行;第五,向取回权人交还财产;第六,向别除权人交付担保物;第七,承认抵销权人的抵销主张;第八,支付破产费用等。④

李国光等指出,对债务人财产的管理和处分,大体可以分为管理、估价、变现、分配四个流程。⑤

韩传华指出,本项职责"管理和处分债务人的财产",与第5项职责,亦即"在第一次债权人会议召开之前,决定继续或者停止债务人的营业",既有区别又有联系:区别在于,"在第一次债权人会议召开之前,决定继续或者停止债务人的营业",不属于"管理和处分债务人的财产"的范畴;而联系则在于,管理人在"管理和处分债务人的财产"时,应尽充分的注意义务和保障职责,确保本项职责的履行不影响其"在第一次债权人会议召开之前,决定继续或者停止债务人的营业"职责的履行。⑥

王欣新、郭丁铭等认为,在《企业破产法》第25条未对管理人管理和处分债务人财产设定严格制约机制,而第69条又简单规定管理人向债权人委员会或人民法院的报告义务,使得该授权过于宽泛,可能会导致管理人的职责失控:第一,这种授权不符合国际立法惯例;第二,这种授权会使得管理人职权与债权人会议职权产生冲突。王、郭等认为,为避免矛盾和冲突,在具体案件中应该由债权人会议通过决议的方式,来界定债权人会议、债权人委员会和管理人的职责,由债权人会议行使充分的自治权,通过授权方式既维护债权人会议的最终决定权,亦明确管理人管理和处分债务人财产的具体职责,同时实现管理人和债权人委员会之间的平衡。⑦

(七)代表债务人参加诉讼、仲裁或者其他法律程序

本项职责与《企业破产法》第20条相关。《企业破产法》第20条规定,"人民法院受理破产申请后,已经开始而尚未终结的有关债务人的民事诉讼或者仲裁应当中止;在管理人接管债务人的财产后,该诉讼或者仲裁继续进行"。而本项规定管理人"代表债务人参加诉讼、仲裁或者其他法律程序"的职责,则是在管理人职责部分对《企业破产法》第20条的呼应。

李国光等指出,在破产程序中管理人参加诉讼或者仲裁的情形,有如下三种:第一,法院受理破产申请后,管理人追收债权而引起对方异议并提出相应诉讼;第二,法院受理破产申请后,管理人解除双方均未履行完毕的合同而引起损失赔偿等合同纠纷;第三,管理人在执行职务过程中侵害他人合法权益而引发的侵权之诉。⑧ 按照王卫国的解读,本项职责既对应破产程序中其他人针对债务人的诉讼、仲裁或民事执行程序,也涉及债务

---

① 参见韩传华:《企业破产法解析》,人民法院出版社2007年版,第92页。
② 参见《中华人民共和国企业破产法》起草组编:《〈中华人民共和国企业破产法〉释义》,人民出版社2006年版,第113—114页。
③ 参见安建主编:《中华人民共和国企业破产法释义》,法律出版社2006年版,第44页。
④ 参见王卫国:《破产法精义》(第2版),法律出版社2020年版,第97页。
⑤ 因相关知识介绍稍显陈旧,兹不赘述,感兴趣的读者自可参阅李国光主编:《新企业破产法条文释义》,人民法院出版社2006年版,第175—185页。
⑥ 参见韩传华:《企业破产法解析》,人民法院出版社2007年版,第98—99页。
⑦ 参见王欣新、郭丁铭:《论我国破产管理人职责的完善》,载《政治与法律》2010年第9期,第5—7页。
⑧ 参见李国光主编:《新企业破产法条文释义》,人民法院出版社2006年版,第186页。

人对其他民事主体提起的诉讼、仲裁或民事执行程序。①

对于管理人代表债务人参加诉讼、仲裁或者其他法律程序的名义,《企业破产法》未明文规定。李国光等认为,相关案件应该由管理人以本人名义进行,对应诉讼主体为管理人,管理人也应该以自己的名义承担诉讼、和解和仲裁的责任。② 韩传华曾建议,司法实务中可采取债务人名称和管理人名称并列的方式来分别标明债务人和管理人,但应明确只能由管理人代表债务人参与诉讼、仲裁或者其他法律程序。③ 而李岘亦指出,管理人在此时代表着债权人、债务人、企业员工及国家等各方面利益,因此其参与诉讼的身份,只能是诉讼担当人。④

(八)提议召开债权人会议

据《企业破产法》起草小组解读,管理人在破产程序进行过程中,需要根据债权申报情况、破产程序进行的需要,或者遇到应由债权人会议决议的事项,即应履行此项职务,向法院及债权人提出召开债权人会议的建议,提请债权人会议审议相关事项并做出决议。⑤

按照韩传华的看法,鉴于《企业破产法》第14条已规定在破产公告中需要列明第一次债权人会议召开的时间、地点,那么本项规定中管理人"提议召开债权人会议",只能是第一次债权人会议之后的其他各次债权人会议。⑥

对于管理人提议召开债权人会议的具体细节,《企业破产法》并未规定。需要债权人会议决议的事项,《企业破产法》第61条已有规定:"债权人会议行使下列职权:(一)核查债权;(二)申请人民法院更换管理人,审查管理人的费用和报酬;(三)监督管理人;(四)选任和更换债权人委员会成员;(五)决定继续或者停止债务人的营业;(六)通过重整计划;(七)通过和解协议;(八)通过债务人财产的管理方案;(九)通过破产财产的变价方案;(十)通过破产财产的分配方案;(十一)人民法院认为应当由债权人会议行使的其他职权。"也就是说,在碰到上述逐项问题时,管理人都应该及时提议召开债权人会议,将相关事项交由债权人会议议决。

因此,韩传华认为,管理人在提议召开债权人会议时,一个必不可少的条件就是应提出债权人会议应该讨论的议题,比如核查债权、决定债务人的继续或停止营业、决定债务人财产的管理方案、决定债务人财产变价方案、决定债务人财产分配方案或者管理人认为应该由债权人会议决议的其他事项;而管理人如果提议召开债权人会议,其提议的对象应该是债权人会议主席;债权人会议主席在接到管理人的提议后,应尽速安排召开债权人会议,而不应反对或者质疑管理人的提议。⑦

(九)人民法院认为管理人应当履行的其他职责

本项系兜底条款,未明确规定"人民法院认为管理人应当履行的其他职责"的范围。按照《企业破产法》起草小组的解读,"人民法院认为管理人应当履行的其他职责"至少包括:第一,财产管理中撤销权和追回权的行使;第二,债权申报中的登记造册及文件保管;第三,债权调查中的异议调查;第四,通知债权人有关债权人会议的时间、地点等具体事务和准备;第五,向债权人委员会报告重大事项;第六,在重整中监督债务人自行管理营业事务,拟定重整计划草案、监督重整计划的执行;第七,回收别除权标的物;第八,请求对方当事人继续履行破产程序启动时双方均未履行完毕的合同;第九,接管债务人之后聘任企业管理层;第十,破产清算后,申请终结破产程序、办理破产企业注销登记;第十一,破产财产分配完毕后,提请法院裁定终结破产程序等。⑧

王卫国认为,《企业破产法》不可能穷尽管理人的职责,赋予法院必要的裁量权,让管理人协助法院处理好破产案件,十分必要。⑨ 韩传华指出,对于《企业破产法》没有明确规定但法院认为由管理人履行更为适当的职责,比如债务人管理方案的拟定,《企业破产法》第61条赋予债权人会议

---

① 参见王卫国:《破产法精义》(第2版),法律出版社2020年版,第97页。
② 参见李国光主编:《新企业破产法条文释义》,人民法院出版社2006年版,第185页。
③ 参见韩传华:《企业破产法解析》,人民法院出版社2007年版,第93—95页。
④ 参见李岘:《破产管理人的诉讼地位》,载《北京政法职业学院学报》2017年第2期,第7—16页。
⑤ 参见《中华人民共和国企业破产法》起草组编:《〈中华人民共和国企业破产法〉释义》,人民出版社2006年版,第114页。
⑥ 参见韩传华:《企业破产法解析》,人民法院出版社2007年版,第95页。
⑦ 参见韩传华:《企业破产法解析》,人民法院出版社2007年版,第95页。
⑧ 参见《中华人民共和国企业破产法》起草组编:《〈中华人民共和国企业破产法〉释义》,人民出版社2006年版,第114—115页。
⑨ 参见王卫国:《破产法精义》(第2版),法律出版社2020年版,第97—98页。

第二十五条

通过债务人财产管理方案的职责,但未明确规定债务人财产管理方案的拟定主体;这种情况下法院可以将此职责交由管理人来履行。①

但对于这一规定,王欣新和郭丁铭等持批判态度。王、郭认为,这一规定实际上承认法院可以创设管理人职责,尽管考虑到我国破产司法的现状,但未充分考虑国际范围内破产立法例,过于宽松的授权有可能会使得法院对管理人授权不当;职是之故,在未来法律修订时,应明确规定,法院不得将法院、债权人会议、债权人委员会及其他破产程序参与主体的职责,直接或变相授予管理人。②

第2款:"本法对管理人的职责另有规定的,适用其规定。"

本款系兜底条款。按照《企业破产法》起草小组的解读,如此规定是为了管理人的职责交叉和其他可能出现的特殊情况;按照这一规定,在法律对于管理人的职责有特殊规定时,无论是否突破《企业破产法》第25条第1款所列举职责的范围,均按照该特殊规定来执行。③

按照王卫国的列举,这里的"另有规定"包括《企业破产法》第18条;第32—39条;第48条、第57条;第73—74条;第79—80条;第86—87条;第90条;第111条;第115—119条;第120条;第121条。④

对于本款规定的"另有规定",韩传华认为包括两层含义:第一,对《企业破产法》第25条第1款所列举职责的额外限制,尤其涉及《企业破产法》第26条、第69条;第二,对《企业破产法》第25条第1款未列举职责的另行规定,比如《企业破产法》第23条、第27条、第34条及第111条等额外赋予管理人的职责。⑤ 韩传华也指出,对于《企业破产法》第38条规定破产申请受理后,财产权利人可以通过管理人取回债务人占有但不属于债务人的财产,管理人可按照《企业破产法》第25条第2款直接行使这一职权,而无须债权人会议或法院的审查。⑥

【关联法律法规及司法政策】

最高人民法院《全国法院破产审判工作会议纪要》(2018)

8. 合理划分法院和管理人的职能范围。人民法院应当支持和保障管理人依法履行职责,不得代替管理人作出本应由管理人自己作出的决定。管理人应当依法管理和处分债务人财产,审慎决定债务人内部管理事务,不得将自己的职责全部或者部分转让给他人。

9. 进一步落实管理人职责。在债务人自行管理的重整程序中,人民法院要督促管理人制订监督债务人的具体制度。在重整计划规定的监督期内,管理人应当代表债务人参加监督期开始前已经启动而尚未结的诉讼、仲裁活动。重整程序、和解程序转入破产清算程序后,管理人应当按照破产清算程序继续履行管理人职责。

最高人民法院《关于推进破产案件依法高效审理的意见》(2020)

3. 管理人在接管债务人财产、接受债权申报等执行职务过程中,应当要求债务人、债权人及其他利害关系人书面确认送达地址、电子送达方式及法律后果。有关送达规则,参照适用《最高人民法院关于进一步加强民事送达工作的若干意见》的规定。

人民法院作出的裁定书不适用电子送达,但纳入《最高人民法院民事诉讼程序繁简分流改革试点实施办法》的试点法院依照相关规定办理的除外。

7. 管理人应当及时全面调查债务人财产状况。破产案件受理法院可以根据管理人的申请或者依职权,及时向管理人提供通过该院网络执行查控系统查询到的债务人财产信息。

8. 管理人应当及时接管债务人的财产、印章和账簿、文书等资料。债务人拒不移交的,人民法院可以根据管理人的申请或者依职权对直接责任人员处以罚款,并可以就债务人应当移交的内容和期限作出裁定。债务人不履行裁定确定的义务的,人民法院可以依照民事诉讼法执行程序的有关规定采取搜查、强制交付等必要措施予以强制执行。

接管过程中,对于债务人占有的不属于债务人的财产,权利人可以依据企业破产法第三十八

---

① 参见韩传华:《企业破产法解析》,人民法院出版社2007年版,第95页。
② 参见王欣新、郭丁铭:《论我国破产管理人职责的完善》,载《政治与法律》2010年第9期,第8页。
③ 参见《中华人民共和国企业破产法》起草组:《〈中华人民共和国企业破产法〉释义》,人民出版社2006年版,第115页。
④ 参见王卫国:《破产法精义》(第2版),法律出版社2020年版,第98页。
⑤ 参见韩传华:《企业破产法解析》,人民法院出版社2007年版,第95—96页。
⑥ 参见韩传华:《企业破产法解析》,人民法院出版社2007年版,第144页。

条的规定向管理人主张取回。管理人不予认可的,权利人可以向破产案件受理法院提起诉讼请求行使取回权。诉讼期间不停止管理人的接管。

9.管理人需要委托中介机构对债务人财产进行评估、鉴定、审计的,应当与有关中介机构签订委托协议。委托协议应当包括完成相应工作的时限以及违约责任。违约责任可以包括中介机构无正当理由未按期完成的,管理人有权另行委托,原中介机构已收取的费用予以退还或者未收取的费用不再收取等内容。

【裁判要旨】
案例
孙彦东与邹城市鲁南有机化工厂管理人经济补偿金纠纷上诉案①
法院:山东省济宁市中级人民法院
案号:(2015)济民终字第471号
事实:本案上诉人孙彦东因经济补偿金纠纷一案,不服邹城市人民法院(2014)邹民初字第1437号民事裁定,上诉至山东省济宁市中级人民法院。

2013年9月10日,山东省济宁市中级人民法院裁定宣告邹城市鲁南有机化工厂(以下简称鲁南工厂)破产。2013年11月10日,因破产财产不足以清偿破产费用,山东省济宁市中级人民法院裁定终结鲁南工厂破产程序。

原审法院认为,按照《企业破产法》第25条第1款第7项之规定,管理人应履行的职责是代表债务人参加诉讼、仲裁或者其他法律程序,而不应当作为原争议案件的被告参加诉讼。按照2012年11月山东省高级人民法院《全省法院破产审判工作座谈会》的有关意见,除破产撤销权诉讼、确认债务人无效行为诉讼及管理人承担赔偿责任诉讼将管理人列为诉讼主体外,均将债务人列为诉讼主体,破产管理人负责人列为诉讼代表人。原告与原邹南工厂存在劳动争议,鲁南工厂管理人不是适格被告。依照《企业破产法》第25条第1款第7项及其他民事诉讼法律,驳回孙彦东的起诉。

孙彦东提起上诉,请求二审法院撤销一审裁定,指令邹城市人民法院审理。

裁判要旨:按照《企业破产法》第25条,管理人并没有职责直接向与债务人企业存在劳动关系的劳动者支付经济补偿金和生活费的义务。对于相关诉讼,无论该劳动关系是否经过确认,法院均可以主体不适格为由,裁定驳回上诉人的起诉。

裁判理由:2015年2月15日,山东省济宁市中级人民法院作出裁定:经济补偿金系用人单位与职工解除劳动合同时,在符合法律规定的情形下用人单位应当向职工支付的费用。无论是支付经济补偿金还是支付待岗期间的生活费,其前提是个人与单位之间存在劳动关系。上诉人主张其与鲁南工厂存在劳动关系,但是其并没有证据证明其与被上诉人鲁南工厂管理人之间存在劳动关系,故其要求被上诉人向其支付经济补偿金和待岗期间的生活费,明显属于主体不适格。按照《企业破产法》第25条,被上诉人作为鲁南工厂的管理人,并没有职责直接向与鲁南工厂存在劳动关系的劳动者支付经济补偿金和生活费的义务,更何况上诉人是否在鲁南工厂被裁定破产时与之存在劳动关系,并非本案审查的内容。故一审法院以主体不适格为由,裁定驳回上诉人的起诉,并无不当。故裁定驳回上诉,维持原裁定。

【学理综述】
胡冰、胡鸿高在《法学》2010年第7期上,发表《美国破产清算托管人职责制度及其启示》一文。在该文中,作者们在强调美国破产法下管理人按程序和职责的不同,可以分为清算托管人(细分为临时托管人和清算人)、重整托管人和监督人的同时。按照作者们的列举,再按照美国破产法,清算托管人享有如下职责:第一,收集、核实和变卖破产财产;第二,保管破产财产并制定破产财产明细表;第三,调查债务人的财务事务;第四,核实债权;第五,应破产相关人的要求公开相关信息;第六,经营债务人的企业;第七,提供最终报告和最终账目;第八,行使撤销权;第九,决定是否继续履行待履行合同及未到期租约;第十,起诉和应诉。在这些介绍和评述的基础上,作者们指出,美国破产法上有关托管人的法律职责,具有相对独立性、专业性、中立性和临时性等本质特征。相比之下,我国《企业破产法》对管理人职责的具体内容和操作程序规定过于简单,失之粗疏,应该从如下几个方面予以完善:第一,细化管理人经营管理权制度;第二,新设破产管理人代表其他所有破产相关人员起诉和应诉的规定;第三,增加破产管理人公开相关破产文件职责的规定;第四,增设破产管理人可依法放弃破产财产的规定;第五,明确破

---

① 山东省济宁市中级人民法院于2015年2月15日作出的另一裁定,"杨德远与邹城市鲁南有机化工厂管理人经济补偿金纠纷上诉案",济宁市中级人民法院(2015)济民终字第470号,与本案类似,兹不赘述。

产管理人提交财产分配报告所附证明文件的义务。①

王欣新、郭丁铭在《政治与法律》2010年第9期上,发表《论我国破产管理人职责的完善》一文。在该文中,作者们指出,管理人职责的合理配置,对于破产程序的顺畅进行具有非常积极的作用,但我国《企业破产法》对于管理人职责的配置,尚存在如下若干问题,需要相应加以改进:第一,管理人调查权的弱化;第二,管理人的借款权缺乏合理制约;第三,管理人管理和处分债务人财产的权限过大,没有对管理人的重大财产处分行为设定严格的制约机制;第四,对管理人行使撤销权产生异议时,缺乏处理途径;第五,管理人提交重整方案的权利具有垄断性,既损害了债务人的出资人的破产程序参与权,也剥夺了债务人重整成功的其他机会;第六,由法院任意创设管理人职责的规定有所不妥,应予以明确禁止。②

冀宗儒、钮杨在《河北法学》2016年第4期上,发表《破产管理人民事诉讼地位错位之分析》一文。在该文中,作者们认为我国《企业破产法》对于管理人在破产程序中的诉讼地位并不清晰,既有管理人代表债务人参加的诉讼,也有管理人按照民事诉讼法诉讼担当理论,以自己名义独立提起的诉讼。作者们建议,应该运用民事诉讼法制度担当原理,赋予管理人诉讼权,允许管理人对破产程序中所有的诉讼程序都以自己的名义参加或者提起。③

李峣在《北京政法职业学院学报》2017年第2期上,发表了《破产管理人的诉讼地位》一文。该文中,作者结合吉林省高级人民法院的司法解释和《公司法》解释(二),认为管理人在破产程序中以法定代表人身份参与诉讼或仲裁之说,牵强之处甚为明显;有鉴于管理人的独立性、专业性,以及在破产程序中代表着债权人、债务人、企业员工及国家诸多方面利益,故借用诉讼担当理论,视管理人为诉讼担当人可以更为周延地解释管理人在破产程序中的诉讼权。④

郁琳在《法律适用》2017年第15期上,发表《破产程序中管理人职责履行的强化与监督完善——以管理人的法律地位和制度架构为视角》一文。作者结合《企业破产法》中有关破产管理人职责的规定,分别探讨了管理人的法律地位及相关履职行为的强化、管理人职责履行与司法监督、管理人职责履行与债权人自治等三个问题。⑤

第二十六条 在第一次债权人会议召开之前,管理人决定继续或者停止债务人的营业或者有本法第六十九条规定行为之一的,应当经人民法院许可。

【立法沿革】

《破产法》(1995年草案)

第三十三条 在第一次债权人会议召开之前,管理人有本法第六十四条规定的行为之一时,应当征得人民法院的许可。

《企业破产与重整法》(2000年6月草案)

第三十一条 在第一次债权人会议召开之前,管理人有下列行为之一时,应当征得监督人的同意和人民法院的许可。

(一)不动产所有权的转让;

(二)采矿权、土地使用权、专利权、著作权、商标专用权等财产权的转让;

(三)全部库存或者营业的转让;

(四)借款;

(五)设定财产担保;

(六)因继续营业需转让价值千元以上的动产;

(七)债权和有价证券的转让;

(八)双边合同的履行请求;

(九)有关债务人的财产的和解或者仲裁、诉讼或者其他法律程序;

(十)放弃权利;

(十一)同意取回权人取回财产;

(十二)别除权标的物的收回。

债权人会议没有选任监督人的,实施前款规定的行为应当征得债权人会议的同意。

对于本条第一款所列行为,债权人会议可以直接作出决议,或者以决议取代监督人的同意。

监督人的决议与债权人会议的决议不一致时,服从债权人会议的决议。

《企业破产与重整法》(2000年12月草案)

第三十一条 在第一次债权人会议召开之

---

① 参见胡冰、胡鸿高:《美国破产清算托管人职责制度及其启示》,载《法学》2010年第7期,第142—151页。
② 参见王欣新、郭丁铭:《论我国破产管理人职责的完善》,载《政治与法律》2010年第9期,第2—9页。
③ 参见冀宗儒、钮杨:《破产管理人民事诉讼地位错位之分析》,载《河北法学》2016年第4期,第20—28页。
④ 参见李峣:《破产管理人的诉讼地位》,载《北京政法职业学院学报》2017年第2期,第7—16页。
⑤ 参见郁琳:《破产程序中管理人职责履行的强化与监督完善——以管理人的法律地位和制度架构为视角》,载《法律适用》2017年第15期,第37—46页。

前,管理人有本法第六十条规定的行为之一时,应当征得人民法院的许可。

《企业破产与重整法》(2001年1月草案)
第三十二条 在第一次债权人会议召开之前,管理人有本法第五十七条规定的行为之一时,应当征得人民法院的许可。

第五十七条 管理人实施下列行为,应当征得监督人的同意:
(一)不动产所有权的转让;
(二)采矿权、土地使用权、知识产权等财产权的转让;
(三)全部库存或者营业的转让;
(四)借款;
(五)设定财产担保;
(六)因继续营业需转让价值万元以上的动产;
(七)债权和有价证券的转让;
(八)双务合同的履行请求;
(九)有关债务人财产的和解或者仲裁、诉讼或者其他法律程序;
(十)放弃权利;
(十一)担保物的收回。

债权人会议没有选任监督人的,实施前款规定的行为应当征得人民法院的同意。

对于本条第一款所列行为,债权人会议可以直接作出决议,或者以决议取代监督人的同意。

监督人的决定与债权人会议的决议不一致时,服从债权人会议的决议。

《企业破产法》(2004年3月草案A版)
第三十条 在第一次债权人会议召开之前,管理人有本法第六十四条规定的行为之一的,应当征得人民法院的许可。

第六十四条 管理人实施下列行为,应当及时报告债权人委员会:
(一)不动产所有权的转让;
(二)采矿权、土地使用权、知识产权等财产权的转让;
(三)全部库存或者营业的转让;
(四)借款;
(五)设定财产担保;
(六)因继续营业需转让价值万元以上的动产;
(七)债权和有价证券的转让;
(八)双务合同的履行请求;
(九)有关债务人财产的和解或者仲裁、诉讼或者其他法律程序;
(十)放弃权利;
(十一)担保物的收回。

《企业破产法》(2004年3月草案B版)
第三十条 在第一次债权人会议召开之前,管理人有本法第六十五条规定的行为之一的,应当征得人民法院的许可。

第六十五条 管理人实施下列行为,应当及时报告债权人委员会:
(一)不动产所有权的转让;
(二)采矿权、土地使用权、知识产权等财产权的转让;
(三)全部库存或者营业的转让;
(四)借款;
(五)设定财产担保;
(六)因继续营业需转让价值万元以上的动产;
(七)债权和有价证券的转让;
(八)双务合同的履行请求;
(九)有关债务人财产的和解或者仲裁、诉讼或者其他法律程序;
(十)放弃权利;
(十一)担保物的收回。

《企业破产法》(2004年6月草案)
第二十四条 在第一次债权人会议召开之前,管理人有本法第六十四条规定的行为之一的,应当征得人民法院的许可。

第六十四条 管理人实施下列行为,应当及时报告债权人委员会:
(一)不动产所有权的转让;
(二)采矿权、土地使用权、知识产权等财产权的转让;
(三)全部库存或者营业的转让;
(四)借款;
(五)设定财产担保;
(六)因继续营业需转让价值万元以上的动产;
(七)债权和有价证券的转让;
(八)双务合同的履行请求;
(九)有关债务人财产的和解或者仲裁、诉讼或者其他法律程序;
(十)放弃权利;
(十一)担保物的收回;
(十二)对债权人利益有重大影响的其他财产处分行为。

《企业破产法》(2004年10月草案)
第二十四条 在第一次债权人会议召开之前,管理人有本法第六十四条规定的行为之一的,应当征得人民法院的许可。

第六十四条　管理人实施下列行为,应当及时报告债权人委员会:

(一)不动产所有权的转让;

(二)采矿权、土地使用权、知识产权等财产权的转让;

(三)全部库存或者营业的转让;

(四)借款;

(五)设定财产担保;

(六)因继续营业需转让价值一万元以上的动产;

(七)债权和有价证券的转让;

(八)履行双务合同;

(九)有关债务人财产的和解或者仲裁、诉讼或者其他法律程序;

(十)放弃权利;

(十一)担保物的收回;

(十二)对债权人利益有重大影响的其他财产处分行为。

【条文释义】

本条是对管理人行使其职权的限制。即在破产申请受理后、第一次债权人会议之前,管理人如果决定继续或者停止债务人营业,或者行使《企业破产法》第69条列举的职权,都要向法院请求许可。

从立法史的角度看,本条变化幅度不大。不同时期的草案及定稿,都采取援引管理人向债权人委员会报告事项条款,实现第一次债权人会议前法院监督、第一次债权人会议后债权人委员会监督的效果。

本条规定的实质目的,在于协调管理人、债权人会议及债权人委员会的职权。① 债权人会议属于破产程序中的权力机构,管理人的重大处分行为请求债权人会议认可,本是破产制度的应有之义。但是从破产申请受理、管理人接管债务人企业,到债权人会议召开、债权人委员会成立,尚有一定的时间差;在这段时间中,管理人既要处理债务人企业日常事务,也要处理涉及财产处分的重大事务,在债权人会议和债权人委员会缺位的情况下,通过向法院请求许可的方式,赋予法院必要的监督权,则是一种退而求其次的办法。②

本条规定对管理人职权的限制,有两个重点:一个是管理人"决定继续或者停止债务人的营业",另一个是管理人"有本法第六十九条规定行为之一"。

分别评析如下:

对于管理人"决定继续或者停止债务人的营业",韩传华认为,这是对管理人依据《企业破产法》第25条第1款第6项"管理和处分债务人的财产"的直接限制。③ 之所以要对管理人决定债务人是否营业做出决定,主要是因为债务人在破产程序启动后的营业活动,势必还会产生新的法律关系,形成新的债权债务关系,其结果必然会增加或者减少债务人的财产,进而危及既有债权债务的公平清理以及债权人利益能否得到有效保护,因此有必要加以法院审查的限制。④ 而另一个原因则在于,继续营业可能会给债权人的清偿利益带来风险;在债权人会议、债权人都缺位的情况下,如上述所言,赋予法院必要的审查权,有助于确保管理人重大决策的合理性与必要性。⑤ 按照韩传华的观点,管理人在做出债务人继续或者停止营业的决定之后,应该向法院提交做出请求许可的报告:如果管理人决定债务人继续营业,应设法证明继续营业利大于弊,有利于债务人财产价值的增加;如果管理人决定债务人停止营业,应在报告中证明停止营业有利于减少债务人财产损失,尽最大限度实现破产财产的最大化。⑥

对于管理人"有本法第六十九条规定行为之一",理解的关键,则在于掌握《企业破产法》第69条列举的行为。这些行为,均是对债务人财产的处分行为,可能会使债务人的财产形态及数量发生重大变化,均对债权人的利益产生直接或间接的重大影响,故需要向债权人会议报告;但债权人会议非常设机构,考虑到管理人及时处理相关事务的需要,改由向债权人委员会报告;如果债权人

---

① 参见李国光主编:《新企业破产法条文释义》,人民法院出版社2006年版,第187—188页。
② 参见蒋黔贵主编:《中华人民共和国企业破产法释义》,中国市场出版社2006年版,第104页;王卫国:《破产法精义》(第2版),法律出版社2020年版,第99页。
③ 参见韩传华:《企业破产法解析》,人民法院出版社2007年版,第96页。
④ 参见蒋黔贵主编:《中华人民共和国企业破产法释义》,中国市场出版社2006年版,第104页。
⑤ 参见王卫国:《破产法精义》(第2版),法律出版社2020年版,第99页。
⑥ 参见韩传华:《企业破产法解析》,人民法院出版社2007年版,第92页。

委员会未成立,则向法院报告。① 对于这 10 项行为中,韩传华认为第 3 项"全部库存或者营业的转让"、第 7 项"履行债务人和对方当事人均未履行完毕的合同"和第 10 项"对债权人利益有重大影响的其他财产处分行为",与本条对管理人职责的限制尤其相关。② 具体详见本书有关第 69 条的评注。

另外需要注意的是,如果对比《企业破产法》第 26 条和第 69 条的措辞,就会发现本条对管理人的职责行使限制更为严苛。《企业破产法》第 26 条要求,管理人在为特定行为时,"应当经人民法院许可";而《企业破产法》第 69 条要求,管理人在为特定行为时,"应当及时报告债权人委员会"或"应当及时报告人民法院"。按照《企业破产法》起草小组的解读,"报告"本身意味着管理人只有通知、告知的义务,"报告"本身不包含任何批准、许可的含义;这是因为在第一次债权人会议召开之前,管理人履行《企业破产法》第 69 条的"报告"义务,尚无对应的报告机关,故要求法院予以审查并批准,由法院代行债权人会议的监督权;待债权人委员会成立后,债权人委员会则可依据管理人的报告,本着利益最大化的原则来权衡具体行为的后果,如果有利于债权人利益则支持管理人,如果不利于债权人利益则按照《企业破产法》的规定,采取必要的行动,来阻止管理人为一定的行为。③

郁琳指出,这里"应当经人民法院许可"的具体含义,在于由法院弥补债权人委员会缺位的不足,审查和决定管理人的重大活动,防止其损害债权人的整体利益;因此,这里的请求许可义务,并非只是如《企业破产法》第 23 条规定那样程序意义上的报告,法院需要对管理人的报告审查并做出决定。④ 而"许可"的具体含义,是否意味着管理人行使这些权力,必须经过法院的同意? 郁琳认为,这里的"许可"可以视为法院对管理人所做决定的认可,而不是法院代替管理人做出决定,甚至对此实施商业审查;因此,法院对管理人的决定,一般应予以认可,而相关决定是否恰当,事后

交由债权人会议审查,只有管理人不能对其行为做出合理解释、管理人的理由存在明显漏洞时,法院才可以做出不予许可的决定。⑤

【关联法律法规及司法政策】

最高人民法院《关于依法妥善审理涉新冠肺炎疫情民事案件若干问题的指导意见(二)》(2020)

22.要最大限度维护债务人的持续经营能力,充分发挥共益债务融资的制度功能,为持续经营提供资金支持。债务人企业具有继续经营的能力或者具备生产经营防疫物资条件的,人民法院应当积极引导和支持管理人或者债务人根据企业破产法第二十六条、第六十一条的规定继续债务人的营业,在保障债权人利益的基础上,选择适当的经营管理模式,充分运用法院协调机制,发掘、释放企业产能。

坚持财产处置的价值最大化原则,积极引导管理人充分评估疫情或者疫情防控措施对资产处置价格的影响,准确把握处置时机和处置方式,避免因资产价值的不当贬损而影响债权人利益。

【学理综述】

陈政在《河北法学》2014 年第 5 期上,发表《放权与控权:破产管理人破产财产处分权的合理配置》一文。作者指出,管理人正常履职的必备条件之一,是管理人享有灵活处置破产财产的权利。作者介绍管理人权利体系的三种立法例,即美国式的概括式规定、日本式的列举式标准和德国式的概括规定加列举,进而检讨我国《企业破产法》对管理人破产财产处分权的规定和限制。作者认为,我国《企业破产法》赋予管理人必要的破产财产处分权,但并未对管理人实施重大财产处分行为设定严格的制约机制,应该在现行立法基础上,采取抽象概括加列举的方式规定:第一,原则上规定管理人破产财产处分权的行使,应当以"有利于破产程序目标的实现"为前提。第二,在列举层面上,应以《企业破产法》第 69 条为基础,将报告制

---

① 参见《中华人民共和国企业破产法》起草组编:《〈中华人民共和国企业破产法〉释义》,人民出版社 2006 年版,第 115 页;本书编写组编:《〈中华人民共和国企业破产法〉释义及实用指南》,中国民主法制出版社 2006 年版,第 92 页;王卫国:《破产法精义》(第 2 版),法律出版社 2020 年版,第 99 页。
② 参见韩传华:《企业破产法解析》,人民法院出版社 2007 年版,第 96—98 页。
③ 参见《中华人民共和国企业破产法》起草组编:《〈中华人民共和国企业破产法〉释义》,人民出版社 2006 年版,第 115—116 页。
④ 参见郁琳:《破产程序中管理人职责履行的强化与监督完善——以管理人的法律地位和制度架构为视角》,载《法律适用》2017 年第 15 期,第 42 页。
⑤ 参见郁琳:《破产程序中管理人职责履行的强化与监督完善——以管理人的法律地位和制度架构为视角》,载《法律适用》2017 年第 15 期,第 42—43 页。

度改为批准制度,构建我国重大破产财产处分的许可制度。第三,赋予破产管理人紧急处分权,以便在紧急情况下及时处分破产财产。除此之外,作者还强调,债权人会议和债权人委员会对于管理人的职权只有监督权,而不拥有管理人职权及其行使范围的决定权;对于管理人违反法律规定处分破产财产的行为,应视为效力待定,在保障善意受让人利益的同时,追究管理人责任。在第三部分,作者还特别论述了对破产管理人财产处分权的监督:我国《企业破产法》已建立法院监督为主、债权人会议和债权人委员会监督为辅的多元监督机制,但法院是否有精力监督、是否能够积极监督成疑问;作者反对设置破产管理局监督的建议,认为应该"坐实"债权人会议或债权人委员会的监督权;首先,债权人会议或者债权人委员会可以请求法院发布禁止令,禁止处分行为的继续;其次,应赋予债权人会议或者债权人委员会以明确的诉权。①

第二十七条 管理人应当勤勉尽责,忠实执行职务。

【立法沿革】

《企业破产与重整法》(2000年6月草案)

第三十二条 管理人的报酬数额由人民法院决定。管理人的报酬及其执行职务所必需的费用,从债务人的财产中支付。

管理人执行职务时,因故意或者重大过失造成债务人财产损失的,应当承担赔偿责任;管理人为数人的,各管理人承担连带赔偿责任。

《企业破产与重整法》(2000年12月草案)

第三十二条 管理人的报酬数额由人民法院决定。管理人的报酬及其执行职务所必需的费用,从债务人的财产中支付。

管理人执行职务时,因故意或者过失造成债务人财产损失的,应当承担赔偿责任。

《企业破产与重整法》(2001年1月草案)

第三十三条 管理人的报酬数额由人民法院决定。管理人的报酬及其执行职务所必需的费用,从债务人的财产中支付。

管理人执行职务时,因故意或者过失造成债务人财产损失的,应当承担赔偿责任。

《企业破产法》(2004年3月草案A版)

第三十一条 管理人的报酬数额由人民法院决定。

管理人执行职务时,因故意或者过失造成债务人财产损失的,应当承担赔偿责任。

《企业破产法》(2004年3月草案B版)

第三十一条 管理人应当勤勉尽责,忠实执行职务。

管理人违反前款规定给债务人财产或债权人造成损害的,应当承担赔偿责任。

《企业破产法》(2004年6月草案)

第二十五条 管理人应当勤勉尽责,忠实履行职务。

管理人违反前款规定给债务人财产或债权人造成损害的,应当承担赔偿责任。

《企业破产法》(2004年10月草案)

第二十七条 管理人应当勤勉尽责,忠实履行职务。

【条文释义】

本条规定的是管理人的行为准则和尽职责任,以勤勉尽责、忠实执行职务为基本标准。

从立法史的角度观察,本条系《企业破产法》在2004年10月二读时加入的条款。在以往不同时期的草案中,均强调管理人的赔偿责任,但未强调管理人的忠实、勤勉义务。

据《企业破产法》起草小组解释,在《企业破产法》中设计本条的初衷,是考虑到破产程序持续时间较长且不可逆,为避免管理人怠于执行其职务,进而损及包括企业职工在内债权人、债务人以及其他当事人的利益;立法者本意是通过勤勉忠实义务的执业伦理要求,督促管理人注意提高道德水平,勤勉尽责、忠实执行职务。②

对于"勤勉尽责",亦即管理人的勤勉义务,主要指管理人在履行职责过程中,必须要尽善良管理人义务,认真、细致、谨慎、合理且高效地处理相关事务,不疏忽大意,不懈怠推诿,防止各种潜在的损失和风险。③ 按照王卫国的解读,这里之所以用"勤勉尽责",是为了表达出立法者对勤勉义务和管理职责的紧密联系的强调,"勤勉的程度要以符合职责要求为尺度"——管理人是否实现

---

① 参见陈政:《放权与控权:破产管理人破产财产处分权的合理配置》,载《河北法学》2014年第5期,第187—193页。
② 参见《中华人民共和国企业破产法》起草组编:《〈中华人民共和国企业破产法〉释义》,人民出版社2006年版,第116页。
③ 参见本书编写组编:《〈中华人民共和国企业破产法〉释义及实用指南》,中国民主法制出版社2006年版,第93页;王卫国:《破产法精义》(第2版),法律出版社2020年版,第100页。

其职责,成为衡量管理人是否勤勉尽责的基本标尺;如果未实现职责,尤其是损失发生,且相关损失与管理人做出决策、采取措施有因果关系,那么无论表面上多勤勉,都被视为未能履行"勤勉尽责"义务;如果管理人已严格按照管理人职责,而勤勉地履行其职责,即便有损失发生,亦应视管理人已经履行"勤勉尽责"义务。① 李国光等认为,"勤勉义务"只是管理人"注意义务"的一个方面,较之"勤勉义务",更应该强调管理人的"注意义务",即管理人负有以善良管理人的注意,来管理债务人事务的义务;管理人在其职责范围内,应该与其他具有同等学识、地位及经验的人处理自己事务一样,来处理破产事务,具备善良管理人的谨慎品质。②

对于"忠实履行职务",亦即管理人的忠实义务,主要指管理人在破产程序中,始终不渝的目标是最大限度实现债务人财产最大化,进而最大可能维护全体债权人利益,做到不欺瞒、不谋私。③

那么,对于管理人来说,"勤勉尽责"和"忠实执行职务"究竟提出什么样的要求?据《企业破产法》起草小组定义,勤勉尽责义务要求管理人辛勤、勉力、尽职、尽责地管理债务人财产,处理破产事务;而"忠实执行职务"则要求管理人在执行职务时,按照法律及相关司法文件的规定忠实地完成任务,既不应越权行事,更不能怠于行使职权,坐视债务人财产受到损失。④ 按照安建等的界定,"勤勉尽责"要求管理人恪尽职责,尽善良管理人的注意而执行职务;而"忠实执行职务"意味着管理人应该忠诚且老实地执行职务,不弄虚作假,不搞欺诈,不得利用自己的地位为债权人或者债务人谋取不正当利益,也不得为自己谋取不正当利益。⑤

管理人究竟该如何行为,才能达到本条规定的"勤勉尽责"和"忠实执行职务"标准?蒋黔贵等认为,管理人在接受法院指定后,应该认真、细致、扎实地做好每一项工作,具体包括:第一,需要法院许可后才能实施的行为,必须事先取得法院许可;第二,需要债权人会议或债权人委员会决议的事项,必须交由债权人会议或债权人委员会决议后才能执行;第三,自觉接受债权人会议的监督,认真履行其报告义务,忠实地执行职务。⑥

另外,对于忠实义务,李国光等提出如下诸项实施原则:第一,管理人不得因为自己的身份而受益;第二,管理人不得收受贿赂,获取某种秘密利益或所允诺的其他不正当利益;第三,不得同债务人开展非法竞争,不得为自己或第三者的利益而同债务人展开非法竞争;第四,不得与债务人从事自我交易;第五,不得将债务人的秘密透露给第三人;第六,不得基于个人目的,而利用债务人的财产、信息乃至商业机会。⑦

按照王卫国的观点,尽管《企业破产法》第26条并未进一步规定管理人的保密义务,但需要留意的是,《企业破产法》对管理人的保密义务,隐含在《企业破产法》第26条之中,因为企业的机密信息本身就属于企业重要利益,而忠实且谨慎地保守这些秘密,就成为维护债务人合法权益的必然要求;而且,如果管理人因为违反保密义务而给债务人、债权人或其他利益相关方带来损失,同样需要按照《企业破产法》第130条的规定,承担对应法律责任。⑧

对于本条规定的"勤勉尽责,忠实执行职务",坊间既有文献的解读多结合《企业破产法》第25条展开。

比如,对于《企业破产法》第25条第1款第1项规定的"接管债务人的财产、印章和账簿、文书等资料"职责,管理人要达到"勤勉尽责,忠实执行职务"的标准,首先应该要求债务人的有关人员及时移交,同时安排好相应工作场所和工作人员接受移交;如果债务人的有关人员拖延或者拒绝,管理人应及时请求法院强制移交;管理人接受移交时,应谨慎记录,做好登记事宜并签署备查。因此,管理人如怠于要求债务人的有关人员及时移交、未及时安排好相应工作人员和场所接受移交、未及时请求法院强制移交、未在移交时详细登记

---

① 参见王卫国:《破产法精义》(第2版),法律出版社2020年版,第100页。
② 参见李国光主编:《新企业破产法条文释义》,人民法院出版社2006年版,第189页。
③ 参见王卫国:《破产法精义》(第2版),法律出版社2020年版,第100页。
④ 参见《中华人民共和国企业破产法》起草组编:《〈中华人民共和国企业破产法〉释义》,人民出版社2006年版,第117页。
⑤ 参见本书编写组编:《〈中华人民共和国企业破产法〉释义及实用指南》,中国民主法制出版社2006年版,第93页;安建主编:《中华人民共和国企业破产法释义》,法律出版社2006年版,第45—46页。
⑥ 参见蒋黔贵主编:《中华人民共和国企业破产法释义》,中国市场出版社2006年版,第108页。
⑦ 参见李国光主编:《新企业破产法条文释义》,人民法院出版社2006年版,第189—190页。
⑧ 参见王卫国:《破产法精义》(第2版),法律出版社2020年版,第100—101页。

再比如对于《企业破产法》第25条第1款第2项规定的"调查债务人财产状况,制作财产状况报告",管理人要达到"勤勉尽责,忠实执行职务"的标准,应按照法院要求,在全面掌握、系统理解并实质性审查的基础上,及时制作债务人资产状况报告。因此,如果管理人怠于制作债务人财产状况报告,或者在制作过程中因为心不在焉等主观因素,而导致财务状况报告出现错乱,应视为管理人未达到"勤勉尽责,忠实执行职务"②。

对于《企业破产法》第25条第1款第5项规定"在第一次债权人会议召开之前,决定继续或者停止债务人的营业"职责,以及《企业破产法》第18条规定"管理人对破产申请受理前成立而债务人和对方当事人均未履行完毕的合同有权决定解除或者继续履行,并通知对方当事人"职责,如果管理人应该做出决定而怠于做出决定,或者因怠于搜集信息而仓促做出错误决定,都可视为管理人未达到"勤勉尽责,忠实执行职务"③。

而对于《企业破产法》第25条第1款第6项规定的"管理和处分债务人的财产"职责,衡量管理人是否达到"勤勉尽责,忠实执行职务"的标准,应从如下几个方面判定:首先,看管理人是否及时组成管理、处分债务人财产的团队;其次,看管理人是否及时就债务人财产的管理和处分事宜做出决定;再次,看管理人对债务人财产管理和处分事宜所做决定,是否符合债权人利益;最后,看管理人对债务人财产管理和处分事宜所做的决定,是否涉及关联交易。前述逐项判断要点中,对于前三项的否定性结论、后一项的肯定性结论,均应视为管理人未达到"勤勉尽责,忠实执行职务"。④

那么,如果管理人未能"勤勉尽责,忠实执行职务",会有什么后果呢?根据《企业破产法》第130条,"管理人未依照本法规定勤勉尽责,忠实执行职务的,人民法院可以依法处以罚款;给债权人、债务人或者第三人造成损失的,依法承担赔偿责任"。另外,根据《企业破产法》第131条,"违反本法规定,构成犯罪的,依法追究刑事责任"。这为管理人的责任体系树立了基本的规范。

第二十八条 管理人经人民法院许可,可以聘用必要的工作人员。

管理人的报酬由人民法院确定。债权人会议对管理人的报酬有异议的,有权向人民法院提出。

【立法沿革】

《破产法》(1995年草案)

第三十四条 管理人的报酬数额由人民法院决定。

管理人的报酬及其执行职务所必需的费用,从债务人的财产中支付。

管理人执行职务时,因故意或者重大过失造成债务人财产损失的,应当承担赔偿责任;管理人为数人的,各管理人承担连带赔偿责任。

《企业破产与重整法》(2000年6月草案)

第三十二条 管理人的报酬数额由人民法院决定。管理人的报酬及其执行职务所必需的费用,从债务人的财产中支付。

管理人执行职务时,因故意或者重大过失造成债务人财产损失的,应当承担赔偿责任;管理人为数人的,各管理人承担连带赔偿责任。

《企业破产与重整法》(2000年12月草案)

第三十二条 管理人的报酬数额由人民法院决定。管理人的报酬及其执行职务所必需的费用,从债务人的财产中支付。

管理人执行职务时,因故意或者过失造成债务人财产损失的,应当承担赔偿责任。

《企业破产与重整法》(2001年1月草案)

第三十三条 管理人的报酬数额由人民法院决定。管理人的报酬及其执行职务所必需的费用,从债务人的财产中支付。

管理人执行职务时,因故意或者过失造成债务人财产损失的,应当承担赔偿责任。

《企业破产法》(2004年3月草案A版)

第三十一条 管理人的报酬数额由人民法院决定。

管理人执行职务时,因故意或者过失造成债务人财产损失的,应当承担赔偿责任。

《企业破产法》(2004年3月草案B版)

第三十二条 管理人的报酬由债权人会议

---

① 韩传华:《企业破产法解析》,人民法院出版社2007年版,第99页。
② 韩传华:《企业破产法解析》,人民法院出版社2007年版,第99—100页。
③ 韩传华:《企业破产法解析》,人民法院出版社2007年版,第100—101页。
④ 韩传华:《企业破产法解析》,人民法院出版社2007年版,第100—101页。

决定。

在第一次债权人会议之前,管理人报酬由人民法院决定。

《企业破产法》(2004年6月草案)

第二十六条　管理人的费用和报酬由债权人会议决定。

在第一次债权人会议之前,管理人的费用和报酬由人民法院决定。

《企业破产法》(2004年10月草案)

第二十六条　管理人经人民法院许可,可以聘用必要的工作人员。

管理人的报酬由人民法院决定。债权人会议对管理人的报酬有异议的,有权向人民法院提出。

【条文释义】

本条规定管理人的聘用工作人员权和报酬权。具体确定两项内容:第一,管理人可以聘用必要的工作人员;第二,管理人的报酬由法院决定。

从立法史的角度,本条在不同草案中的变化,体现出法院对管理人报酬决定权的逐步强化。在早期的草案中,法院只决定第一次债权人会议之前的报酬,而第一次债权人之后的报酬则由债权人会议确定。但在后期尤其是定稿中,法院成为这场权力之争中的胜者。

本条共有2款。分款评注如下:

第1款:"管理人经人民法院许可,可以聘用必要的工作人员。"

本款确认,管理人经过人民法院许可,可以聘用必要的工作人员。这也就意味着,管理人聘用必要的工作人员,必须经过法院的事先许可;如果法院未事先许可,管理人则不得擅自聘用。① 考虑到破产事务的专业性及庞大的工作量,再优秀的管理人也不可能独立完成所有事务,通过"聘用必要的工作人员"来补强管理人的能力,就成为保障管理人制度高效运行的必然要求。

对于管理人"聘用必要的工作人员",《企业破产法》起草小组认为,应该把握如下几点原则:第一,先内后外原则,即优先聘用债务人企业内部适格人员;第二,必要性原则,即限定于管理人需仰赖于工作人员协助才能完成的事项,而不是所有管理人职责都予以外包;第三,节约原则,即管理人应严格控制"聘用必要的工作人员"的范围,能不聘用尽量不聘用,即便聘用亦应秉持少而精的标准;第四,谨慎原则,即"聘用必要的工作人员"时,应尽合理的注意、审查义务,确保受聘人得当适格,确实能够为管理人工作带来助益;第五,法院审查原则,即管理人"聘用必要的工作人员"行为本身,应经过法院的认可。② 蒋黔贵等亦指出,这里的"必要",有两个含义:第一,聘用必须以工作上的"必要"为限度,只有工作确实需要时才予聘用;第二,聘用工作人员的数量,也必须以满足工作需要为限度。③ 王卫国亦提出,管理人聘用工作人员必须只能限定在破产工作必需的前提下,否则将会增加破产费用,进而形成债权人的实际损失。④

管理人聘用的工作人员,大体分为两部分:一部分是基于债务人继续营业需要,而从债务人企业经营管理层及普通员工中聘用的工作人员;另一部分则是为了协助管理人处理财务、会计、法律等专业问题,而聘用的专业工作人员。⑤

按照《企业破产法》第41条规定,工作人员的报酬,列入破产费用。而按照《企业破产法》第43条,包括管理人聘用工作人员报酬在内的破产费用,"由债务人财产随时清偿";如果同时存在破产费用和共益债务,先行清偿破产费用;如果债务人财产连破产费用都不足以清偿,管理人则可以申请法院终结破产程序。基于管理人聘用工作人员报酬支付的优先性,为了保障债权人利益、限制管理人随意聘用工作人员,安建等认为,管理人是否聘用工作人员、聘用数量及范围等,均应经法院许可。⑥

对于管理人聘请工作人员的报酬问题,《企业破产法》未予以明确规定。根据最高人民法院《关于审理企业破产案件确定管理人报酬的规定》第14条,"律师事务所、会计师事务所通过聘请本专业的其他社会中介机构或者人员协助履行管理人职责的,所需费用从其报酬中支付。破产

---

① 参见蒋黔贵主编:《中华人民共和国企业破产法释义》,中国市场出版社2006年版,第109页。
② 参见《中华人民共和国企业破产法》起草组编:《〈中华人民共和国企业破产法〉释义》,人民出版社2006年版,第117—118页。
③ 参见蒋黔贵主编:《中华人民共和国企业破产法释义》,中国市场出版社2006年版,第109页。
④ 参见王卫国:《破产法精义》(第2版),法律出版社2020年版,第102页。
⑤ 参见本书编写组编:《〈中华人民共和国企业破产法〉释义及实用指南》,中国民主法制出版社2006年版,第94页;安建主编:《中华人民共和国企业破产法释义》,法律出版社2006年版,第46页。
⑥ 参见本书编写组编:《〈中华人民共和国企业破产法〉释义及实用指南》,中国民主法制出版社2006年版,第94页;安建主编:《中华人民共和国企业破产法释义》,法律出版社2006年版,第46页。

第二十八条

清算事务所通过聘请其他社会中介机构或者人员协助履行管理人职责的,所需费用从其报酬中支付"。

上述规定在实践中可能的后果之一,就是管理人为节省自身报酬的开支,缺乏聘任专业工作人员的积极性。对此问题,最高人民法院的立场已越来越松动。2018年3月最高人民法院发布的《全国法院破产审判工作会议纪要》第11条即特别规定,"管理人经人民法院许可聘用企业经营管理人员,或者管理人确有必要聘请其他社会中介机构或人员处理重大诉讼、仲裁、执行或审计等专业性较强工作,如所需费用需要列入破产费用的,应当经债权人会议同意"。亦即经债权人会议同意,管理人聘请其他社会中介机构或专业人员的报酬,可以不计入管理人报酬,而径直列入破产费用。

另外,根据最高人民法院《关于审理企业破产案件确定管理人报酬的规定》第15条,"清算组中有关政府部门派出的工作人员参与工作的不收取报酬。其他机构或人员的报酬根据其履行职责的情况确定"。这在一定程度上可能影响清算组成员积极履职的积极性,也会导致其责任承担与实际收入之间的不匹配,在未来的制度构建中还需要找出合理方案。

第2款:"管理人的报酬由人民法院确定。债权人会议对管理人的报酬有异议的,有权向人民法院提出。"

本款共分两层含义:

第1层:"管理人的报酬由人民法院确定。"

按劳取酬,是市场经济的内在要求之一。破产司法中管理人扮演着重要角色,需要付出大量心力和精力,获得相应报酬是破产机制的应有之义。本款明确将管理人报酬的确定权赋予法院,而非债权人会议。

全国人大常委会法工委指出,之所以考虑由法院来确定管理人报酬,主要考虑到如下因素:第一,债权人本身利益多元且互相冲突,不容易在债权人会议上就管理人报酬达成一致;第二,管理人由法院指定,而非由债权人会议选任;第三,法院指定管理人时,债权人会议尚未召开,不可能决议管理人报酬事宜。① 归根结底,这与《企业破产法》将管理人任命权赋予法院的总原则是一致的。

需要明确的是,本款规定只是泛泛规定了管理人获取报酬的权利,但具体报酬则由法院决定。按照《企业破产法》起草小组的解释,这主要是因为破产司法实践中个案差异甚大,管理人的工作量与贡献因时而异、因地而异、因案而异,《企业破产法》难以采取"一刀切"的方式,对管理人报酬事宜做出统一规定,因此将确定管理人报酬的权力委托给法院。②

那么,法院在确定管理人报酬时,需要考虑哪些因素呢?蒋黔贵等认为,法院应该依照最高人民法院依据《企业破产法》制定的规定,结合破产案件工作量的大小、难易程度、破产财产的规模等因素,具体确定管理人报酬的数额或者计酬标准。③ 韩传华认为,法院对管理人报酬的确定,主要取决于债务人的资产状况和破产程序的进展状况。就债务人资产状况而言,进一步取决于债务人财产的种类、价值、对外债务、继续营业及合同的继续履行;这些因素越复杂,需要管理人付出越多的工作量和心血,那么管理人的报酬相应而言就应该越高。就破产程序的进展状况而言,进一步取决于破产程序的类型、债权人会议以及涉及诉讼、仲裁案件的多少;破产程序越复杂、债权人会议召集越频繁,或者涉及诉讼、仲裁案件越多,意味着需要管理人付出越多的工作量和心血,那么管理人的报酬相应而言就应该越高。④

2007年4月,最高人民法院通过的《关于审理企业破产案件确定管理人报酬的规定》,成为司法实践中确定管理人报酬事宜的指导性文件,该文件确定了如下重要事宜:

第一,管理人报酬方式为比例制,即债务人最终清偿财产价值总额。具体规定如下:

第二条 人民法院应根据债务人最终清偿的财产价值总额,在以下比例限制范围内分段确定管理人报酬:

(一)不超过一百万元(含本数,下同)的,在12%以下确定;

(二)超过一百万元至五百万元的部分,在10%以下确定;

(三)超过五百万元至一千万元的部分,在8%以下确定;

(四)超过一千万元至五千万元的部分,在6%以下确定;

---

① 参见本书编写组编:《〈中华人民共和国企业破产法〉释义及实用指南》,中国民主法制出版社2006年版,第95页。
② 参见《中华人民共和国企业破产法》起草组编:《〈中华人民共和国企业破产法〉释义》,人民出版社2006年版,第119页。
③ 参见蒋黔贵主编:《中华人民共和国企业破产法释义》,中国市场出版社2006年版,第109页。
④ 参见韩传华:《企业破产法解析》,人民法院出版社2007年版,第105—106页。

（五）超过五千万元至一亿元的部分，在3%以下确定；

（六）超过一亿元至五亿元的部分，在1%以下确定；

（七）超过五亿元的部分，在0.5%以下确定。

担保权人优先受偿的担保物价值，不计入前款规定的财产价值总额。

高级人民法院认为有必要的，可以参照上述比例在30%的浮动范围内制定符合当地实际情况的管理人报酬比例限制范围，并通过当地有影响的媒体公告，同时报最高人民法院备案。

根据上述规定，"债务人最终清偿的财产价值总额"成为决定管理人报酬的决定性因素。原则上，"债务人最终清偿的财产价值总额"越大，管理人所获得报酬的比例越低；"债务人最终清偿的财产价值总额"越小，管理人所获得的报酬比例越高。整体而言，管理人所获得报酬比例，在0.5%到12%之间；即便算上30%的浮动范围，最高也只能是16%。应该说，这一比例标准，在国际范围相比较，算是比较低的。笔者曾撰文指出，如果与美国、英国、德国、日本等国的破产实践相比，我国破产管理人报酬可以说十分低。①

对于这一范围，许胜锋认为必要时应该允许法院能够突破其上下限，适度调整管理人报酬，甚至必要时引入按时计酬制度，理由如下：第一，法院在管理人招募公告中，披露的信息十分有限，也为中介机构判断破产案件实际情况带来诸多困难，在这种背景下提出的竞标报价难免有盲目性；第二，对于管理人报酬与其劳动不匹配问题，可以通过公职管理人或者肥瘦搭配的方式来解决，进而避免通过竞争方式在全国范围内选任管理人机制的失败；第三，通过竞争方式招募管理人的案件，往往重大、复杂且疑难重重，需要中介机构在提供服务时花费更多的人力与时间成本，严重影响以人均创收量为主要指标的中介机构年终考核，如果管理人报酬与其工作量不匹配，将打击优秀管理人参与竞标的积极性。②

另外，有必要指出的是，最高人民法院《关于审理企业破产案件确定管理人报酬的规定》第2条载明，"担保权人优先受偿的担保物价值，不计入前款规定的财产价值总额"。第13条指出，"管理人对担保物的维护、变现、交付等管理工作付出合理劳动的，有权向担保权人收取适当的报酬。管理人与担保权人就上述报酬数额不能协商一致的，人民法院应当参照本规定第二条规定的方法确定，但报酬比例不得超出该条规定限制范围的10%"。在一定程度上，这严重影响了管理人报酬的确定——在破产实践中，管理人不可能抛开所有担保债权而单独工作，甚至很大程度上担保债权处理已成为管理人执业中的重头戏之一，但担保权人优先受偿的担保物价值，不计入"债务人最终清偿的财产价值总额"，进而压低确定管理人报酬的基数，尽管有第13条所确定的适当报酬条款，但依旧不符合市场经济的精神。③

对于这个问题，许胜锋援引王欣新教授的文章认为，管理人对有担保财产收取必要的报酬具有正当性，因为对于保债权优先受偿来说，要么是通过诉讼执行程序，要么是通过破产程序，而破产程序中管理人行使的是准司法权力，既然管理人通过破产程序，使得担保债权人获得优先受偿，那么管理人为此收费也是正当的。④ 除此之外，在许胜锋看来，通过破产程序实现担保债权，还具有如下优点：第一，在担保财产不足以全额清偿债权时，破产程序使得担保债权人降低了诉讼、保全等成本；第二，在破产重整程序中，担保债权人能够通过评估，获得比拍卖更多的受偿；第三，担保物是债务人财产的组成部分，其拆分将严重影响债务人财产的价值，而破产程序则着眼于债务人财产价值的最大化；第四，重整程序能够极大地实现债务人资质、人力资源、销售网络等无形资产的价值，最终使得无形资产与有形资产一起实现价值最大化。⑤ 由此，许胜锋建议：其一，应该参照无担保财产标准，无论有担保财产占比例高低，均允许管理人对有担保财产计收报酬；其二，对有担保财产和无担保财产计收管理人报酬时，应连续计算；其三，先计算有担保债权，再计算无担保债权。⑥

第二，对于管理人报酬的支付，根据最高人民法院《关于审理企业破产案件确定管理人报酬的规定》第3条，可以分期收取，也可以最后一次性收取。

第三，根据最高人民法院《关于审理企业破产

---

① 参见陈夏红：《再穷不能穷破产管理人》，载《法制日报》2016年7月20日，第12版。
② 参见许胜锋：《管理人制度适用的现实困局及立法建议》，载《法律适用》2017年第15期，第59—60页。
③ 参见陈夏红：《再穷不能穷破产管理人》，载《法制日报》2016年7月20日，第12版。
④ 参见许胜锋：《管理人制度适用的现实困局及立法建议》，载《法律适用》2017年第15期，第58页。
⑤ 参见许胜锋：《管理人制度适用的现实困局及立法建议》，载《法律适用》2017年第15期，第58页。
⑥ 参见许胜锋：《管理人制度适用的现实困局及立法建议》，载《法律适用》2017年第15期，第58—59页。

第二十八条

案件确定管理人报酬的规定》第4条,法院在受理破产申请之后,应对债务人可供清偿的财产价值和管理人的工作量做出预测,并初步确定包含管理人报酬比例和收取时间的管理人报酬方案。而根据第5条,如果法院采取公开竞争方式指定管理人,其报酬可在第2条确定的范围内,根据社会中介机构提出的报价确认。

2019年7月,最高人民法院召开全国法院民商事审判工作会议,会上讨论并形成"九民纪要"。2019年11月发布的"九民纪要"中,第113条特别关注重整程序中管理人报酬问题。按照该规定,"重整期间的管理人报酬应当根据管理人对重整的实际贡献等予以确定和支付。重整计划执行期间管理人报酬的支付比例和支付时间,应当根据管理人监督职责的履行情况,与债权人按照重整计划实际受偿比例和受偿时间相匹配"。

第2层:"债权人会议对管理人的报酬有异议的,有权向人民法院提出。"

破产机制的核心价值在于尽可能最大化破产资产,保障债权人的利益。但由于管理人报酬的优先性,管理人报酬的多少,与可供债权人分配的破产财产成反比例关系:管理人报酬越高,意味着可供债权人分配的破产财产就会越少,反之亦然。正因为如此,为了维护债权人的合法权益,有必要赋予债权人会议对管理人报酬的异议权,这是《企业破产法》的特殊制度设计。① 这种异议权本身,并不影响法院确定管理人报酬的权力。

根据最高人民法院《关于审理企业破产案件确定管理人报酬的规定》第7、8条,管理人和债权人会议可以就管理人报酬方案展开协商,法院享有调整权。根据第9条,法院确定或者调整管理人报酬,需要考虑如下因素:破产案件的复杂性;管理人的勤勉程度;管理人为重整、和解工作做出的实际贡献;管理人承担的风险和责任;债务人住所地居民可支配收入及物价水平;其他影响管理人报酬的情况。而第17条规定,"债权人会议对管理人报酬有异议的,应当向人民法院书面提出具体的请求和理由。异议书应当附有相应的债权人会议决议。"

《企业破产法》将管理人报酬的确定权赋予法院,这也成为法院主导管理人行业的法律依据。但曾任最高人民法院副院长的李国光却明确表示,在管理人职业化后,管理人的报酬标准应该市场化,采用招标方式来引入竞争机制,促使破产费用最小化;李国光等明确指出,由法院来决定的职权化做法不仅会影响管理人的独立性地位,也可能会出现法院慷债权人之慨的情形,甚至会出现权力寻租与腐败。②

总体来说,最高人民法院《关于审理企业破产案件确定管理人报酬的规定》为管理人报酬的确定奠定基本的制度框架。当然这一框架依旧难言完美,无论是报酬计算的比率,还是担保债权实现是否计算报酬等,与发达市场经济体相比都还有不少的差距,也还需要破产实务界、司法界乃至立法界在未来进一步调整。③

【关联法律法规及司法政策】

最高人民法院《关于审理企业破产案件确定管理人报酬的规定》(2007)

第一条 管理人履行企业破产法第二十五条规定的职责,有权获得相应报酬。

管理人报酬由审理企业破产案件的人民法院依据本规定确定。

第二条 人民法院应根据债务人最终清偿的财产价值总额,在以下比例限制范围内分段确定管理人报酬:

(一)不超过一百万元(含本数,下同)的,在12%以下确定;

(二)超过一百万元至五百万元的部分,在10%以下确定;

(三)超过五百万元至一千万元的部分,在8%以下确定;

(四)超过一千万元至五千万元的部分,在6%以下确定;

(五)超过五千万元至一亿元的部分,在3%以下确定;

(六)超过一亿元至五亿元的部分,在1%以下确定;

(七)超过五亿元的部分,在0.5%以下确定。

担保权人优先受偿的担保物价值,不计入前款规定的财产价值总额。

高级人民法院认为有必要的,可以参照上述比例在30%的浮动范围内制定符合当地实际情况的管理人报酬比例限制范围,并通过当地有影响

---

① 参见《中华人民共和国企业破产法》起草组编:《〈中华人民共和国企业破产法〉释义》,人民出版社2006年版,第119页;蒋黔贵主编:《中华人民共和国企业破产法释义》,中国市场出版社2006年版,第109页;王卫国:《破产法精义》(第2版),法律出版社2020年版,第103页。
② 参见李国光主编:《新企业破产法条文释义》,人民法院出版社2006年版,第193页。
③ 参见陈夏红:《再穷不能穷破产管理人》,载《法制日报》2016年7月20日,第12版。

的媒体公告,同时报最高人民法院备案。

第三条 人民法院可以根据破产案件的实际情况,确定管理人分期或者最后一次性收取报酬。①

第四条 人民法院受理企业破产申请后,应当对债务人可供清偿的财产价值和管理人的工作量作出预测,初步确定管理人报酬方案。管理人报酬方案应当包括管理人报酬比例和收取时间。

第五条 人民法院采取公开竞争方式指定管理人的,可以根据社会中介机构提出的报价确定管理人报酬方案,但报酬比例不得超出本规定第二条规定的限制范围。

上述报酬方案一般不予调整,但债权人会议异议成立的除外。

第六条 人民法院应当自确定管理人报酬方案之日起三日内,书面通知管理人。

管理人应当在第一次债权人会议上报告管理人报酬方案内容。

第七条 管理人、债权人会议对管理人报酬方案有意见的,可以进行协商。双方就调整管理人报酬方案内容协商一致的,管理人应向人民法院书面提出具体的请求和理由,并附相应的债权人会议决议。

人民法院经审查认为上述请求和理由不违反法律和行政法规强制性规定,且不损害他人合法权益的,应当按照双方协商的结果调整管理人报酬方案。

第八条 人民法院确定管理人报酬方案后,可以根据破产案件和管理人履行职责的实际情况进行调整。

人民法院应当自调整管理人报酬方案之日起三日内,书面通知管理人。管理人应当自收到上述通知之日起三日内,向债权人委员会或者债权人会议主席报告管理人报酬方案调整内容。

第九条 人民法院确定或者调整管理人报酬方案时,应当考虑以下因素:

(一)破产案件的复杂性;
(二)管理人的勤勉程度;
(三)管理人为重整、和解工作做出的实际贡献;
(四)管理人承担的风险和责任;
(五)债务人住所地居民可支配收入及物价水平;
(六)其他影响管理人报酬的情况。

第十条 最终确定的管理人报酬及收取情况,应列入破产财产分配方案。在和解、重整程序中,管理人报酬方案内容应列入和解协议草案或重整计划草案。

第十一条 管理人收取报酬,应当向人民法院提出书面申请。申请书应当包括以下内容:

(一)可供支付报酬的债务人财产情况;
(二)申请收取报酬的时间和数额;
(三)管理人履行职责的情况。

人民法院应当自收到上述申请书之日起十日内,确定支付管理人的报酬数额。

第十二条 管理人报酬从债务人财产中优先支付。

债务人财产不足以支付管理人报酬和管理人执行职务费用的,管理人应当提请人民法院终结破产程序。但债权人、管理人、债务人的出资人或者其他利害关系人愿意垫付上述报酬和费用的,破产程序可以继续进行。

上述垫付款项作为破产费用从债务人财产中向垫付人随时清偿。

第十三条 管理人对担保物的维护、变现、交付等管理工作付出合理劳动的,有权向担保权人收取适当的报酬。管理人与担保权人就上述报酬数额不能协商一致的,人民法院应当参照本规定第二条规定的方法确定,但报酬比例不得超出该条规定限制范围的10%。

第十四条 律师事务所、会计师事务所通过聘请本专业的其他社会中介机构或者人员协助履行管理人职责的,所需费用从其报酬中支付。

破产清算事务所通过聘请其他社会中介机构或者人员协助履行管理人职责的,所需费用从其报酬中支付。

第十五条 清算组中有关政府部门派出的工作人员参与工作的不收取报酬。其他机构或人员的报酬根据其履行职责的情况确定。

第十六条 管理人发生更换的,人民法院应当分别确定更换前后的管理人报酬。其报酬比例总和不得超出本规定第二条规定的限制范围。

第十七条 债权人会议对管理人报酬有异议的,应当向人民法院书面提出具体的请求和理由。异议书应当附有相应的债权人会议决议。

第十八条 人民法院应当自收到债权人会议

---

① 对于本条规定,实践中多将管理人与项目紧密捆绑,多采用一次性收取的方式,甚至个别法院在破产程序终结后,还扣留管理人的报酬,由此导致管理人在较长时间内疲惫不堪、前期垫付成本十分高昂,长此以往并不利于优秀管理人团队的培养和建设,也影响破产案件办理的质效。由此,许胜锋建议,应该推动实践管理人报酬的分期支付制度,为管理人创造更富激励性的工作环境,提升管理人的工作积极性和工作效率,促进破产案件和管理人队伍建设的良性循环发展。参见许胜锋:《管理人制度适用的现实困局及立法建议》,载《法律适用》2017年第15期,第60页。

异议书之日起三日内通知管理人。管理人应当自收到通知之日起三日内作出书面说明。

人民法院认为有必要的，可以举行听证会，听取当事人意见。

人民法院应当自收到债权人会议异议之日起十日内，就是否调整管理人报酬问题书面通知管理人、债权人委员会或者债权人会议主席。

最高人民法院《关于执行〈最高人民法院审理企业破产案件指定管理人的规定〉、〈最高人民法院审理企业破产案件确定管理人报酬的规定〉几个问题的通知》(2012)

七、高级人民法院认为确定管理人报酬的规定中，关于管理人报酬的限制范围与本地经济水平差距较大的，可以在规定标准30%的浮动范围内制定符合本地区情况的标准。

八、受理企业破产案件的人民法院在初步确定管理人报酬方案时，应注意留有余地，不宜直接适用上限规定。

最高人民法院《全国法院破产审判工作会议纪要》(2018)

10. 发挥管理人报酬的激励和约束作用。人民法院可以根据破产案件的不同情况确定管理人报酬的支付方式，发挥管理人报酬在激励、约束管理人勤勉履职方面的积极作用。管理人报酬原则上应当根据破产案件审理进度和管理人履职情况分期支付。案情简单、耗时较短的破产案件，可以在破产程序终结后一次性向管理人支付报酬。

11. 管理人聘用其他人员费用负担的规制。管理人经人民法院许可可聘用企业经营管理人员，或者管理人确有必要聘请其他社会中介机构或人员处理重大诉讼、仲裁、执行或审计等专业性较强工作，如所需费用需要列入破产费用的，应当经债权人会议同意。

12. 推动建立破产费用的综合保障制度。各地法院要积极争取财政部门支持，或采取从其他破产案件管理人报酬中提取一定比例等方式，推动设立破产费用保障资金，建立破产费用保障长效机制，解决因债务人财产不足以支付破产费用而影响破产程序启动的问题。

13. 支持和引导成立管理人协会。人民法院应当支持、引导、推动本辖区范围内管理人名册中的社会中介机构、个人成立管理人协会，加强对管理人的管理和约束，维护管理人的合法权益，逐步形成规范、稳定和自律的行业组织，确保管理人队伍既充满活力又规范有序发展。

第二十九条　管理人没有正当理由不得辞去职务。管理人辞去职务应当经人民法院许可。

【立法沿革】

《破产法》(1995年草案)

第三十五条　管理人接受人民法院的指定后，不得辞去职务。但是，有正当理由，经人民法院许可者，不在此限。

管理人不能胜任工作，或者有渎职或者其他违法行为的，人民法院可以依利害关系人的申请，或者依职权予以撤换。

《企业破产与重整法》(2000年6月草案)

第三十三条　管理人接受人民法院的指定后，未经人民法院许可不得辞去职务。

管理人不能胜任工作，或者有渎职或者其他违法行为的，人民法院可以依利害关系人的申请，或者依职权予以撤换。

《企业破产与重整法》(2000年12月草案)

第三十三条　管理人接受人民法院的指定后，未经人民法院许可不得辞去职务。

管理人不能胜任工作，或者有渎职或者其他违法行为的，人民法院可以依利害关系人的申请，或者依职权予以撤换。

《企业破产与重整法》(2001年1月草案)

第三十四条　管理人接受人民法院的指定后，未经人民法院许可不得辞去职务。

管理人不能胜任工作，或者有渎职或者其他违法行为的，人民法院可依利害关系人的申请，或者依职权予以撤换。

《企业破产法》(2004年3月草案A版)

第三十二条　管理人接受人民法院的指定后，未经人民法院许可不得辞去职务。

管理人不能胜任工作，或者有渎职或者其他违法行为的，人民法院可依债权人会议或者其他利害关系人的申请，或者依职权予以撤换。

《企业破产法》(2004年3月草案B版)

第三十三条　在债权人会议选任管理人之前，人民法院指定的管理人不得辞去职务。

《企业破产法》(2004年6月草案)

第二十七条　在债权人会议选任管理人之前，人民法院指定的管理人不得停止工作。

《企业破产法》(2004年10月草案)

第二十七条　管理人没有正当理由不得辞去职务；管理人辞去职务时，应当征得人民法院许可。

【条文释义】

本条是对管理人辞职权的否定性规定。要点有二：第一，没有正当理由，管理人不得辞职；第二,管理人辞职需要法院许可。从立法本意而言,旨在尽最大可能限制管理人辞任。

从立法史的角度看,本条规范在不同时期的草案中经历"瘦身"的过程。在早期的草案中,起草者意图加入甚多规定,比如管理人未经法院许可不得辞职,而且在特定情形下,法院可以撤换管理人;但是在后期尤其是定稿中,这一条文得到大幅度精简:管理人辞职不再绝对禁止,但加入正当理由要求,同时也要求管理人辞职需要征得法院许可。

为什么《企业破产法》要严格限制管理人的辞职? 这是因为在破产程序中,管理人承担着接管企业、调查债务人财产状况、制作财产状况报告、登记债权、决定债务人是否停止营业、决定是否履行合同、管理和处分债务人财产等诸多事宜,对于破产程序的顺畅进行,发挥着至关重要的枢纽作用;再加上破产程序的不可逆性与连续性,要求管理人应该尽可能持续、稳定地履行职责,避免因为管理人更易对破产程序产生消极影响,同时尽量减少因为管理人更迭而增加破产费用和程序成本。①

准确理解本条,需要分清管理人的辞职与管理人的工作人员辞职。按照我国《企业破产法》第 24 条规定,管理人既可以由清算组担任,也可以由律师事务所、会计师事务所、破产清算事务所等社会中介机构担任,还可以由个人担任。而《企业破产法》第 26 条又规定,"管理人经人民法院许可,可以聘用必要的工作人员"。那么在个人担任管理人时,个人辞职即视为管理人辞职;而在清算组或者社会中介机构担任管理人时,清算组或者相关机构工作人员的辞职,并不能视为管理人本身辞职;只有清算组或者社会中介机构负责人辞职,才能认定为管理人辞职。②

那么,究竟什么样的理由才能构成辞去管理人职务的"正当理由"呢?《企业破产法》起草小组列举了四种原因:第一,自然灾害、疾病等导致的不可抗力;第二,管理人能力水平及执业经验有限,继续履行职责确有困难;第三,管理人被发现具有《企业破产法》第 24 条第 3 款载明的"与本案有利害关系",必须辞职;第四,管理人指定过程中发生程序性错误,管理人被错误指定。③ 立法者认为,这里的"正当理由"既包括身体健康原因,也包括案情过于复杂导致管理人能力不足以胜任其职责。④ 蒋黔贵等特别强调健康原因。⑤ 李国光等认为,这里的"正当理由"可以包括身体健康原因和重大利害关系。⑥ 王卫国认为包括三点:第一,《企业破产法》第 24 条第 3 款规定的与具体案件有利害关系情形;第二,管理人由于健康因素无法履行职责;第三,具体案件的复杂性和规模超出管理人的能力范围。⑦ 而按照韩传华的解读,管理人辞职的"正当理由",可以理解为非管理人个人过错而发生的无法履职或者无法继续履行职责的情形,比如个人的疾病与意外、社会中介机构的清算或撤销、清算组组成部门或机构的变动,等等。⑧

按照《企业破产法》第 29 条,管理人具备上述"正当理由"而需要辞职,首先需要向法院提出书面申请;法院需要对此做出审查,如果管理人的辞职理由正当,则应许可其辞职。据蒋黔贵、王卫国等的观点,管理人辞职对破产事务进一步处理具有极大影响,由法院对管理人辞职的正当性进行审查,综合考虑各种因素后再作出决定,是确保破产程序连续、稳定的重要制度。⑨

如果法院不同意管理人辞职,管理人则应继续履行职责,否则应承担相应法律责任,同时还需要面临后续处罚。根据最高人民法院 2007 年发布的《关于审理企业破产案件指定管理人的规定》第 39 条,"管理人申请辞去职务未获人民法

---

① 参见《中华人民共和国企业破产法》起草组编:《〈中华人民共和国企业破产法〉释义》,人民出版社 2006 年版,第 119—120 页;蒋黔贵主编:《中华人民共和国企业破产法释义》,中国市场出版社 2006 年版,第 110 页;李国光主编:《新企业破产法条文释义》,人民法院出版社 2006 年版,第 194 页;王卫国:《破产法精义》(第 2 版),法律出版社 2020 年版,第 109 页。

② 参见韩传华:《企业破产法解析》,人民法院出版社 2007 年版,第 84—85 页。

③ 参见《中华人民共和国企业破产法》起草组编:《〈中华人民共和国企业破产法〉释义》,人民出版社 2006 年版,第 120 页。

④ 参见本书编写组编:《〈中华人民共和国企业破产法〉释义及实用指南》,中国民主法制出版社 2006 年版,第 95 页;安建主编:《中华人民共和国企业破产法释义》,法律出版社 2006 年版,第 47 页。

⑤ 参见蒋黔贵主编:《中华人民共和国企业破产法释义》,中国市场出版社 2006 年版,第 110 页。

⑥ 参见李国光主编:《新企业破产法条文释义》,人民法院出版社 2006 年版,第 194 页。

⑦ 参见王卫国:《破产法精义》(第 2 版),法律出版社 2020 年版,第 109 页。

⑧ 参见韩传华:《企业破产法解析》,人民法院出版社 2007 年版,第 85 页。

⑨ 参见蒋黔贵主编:《中华人民共和国企业破产法释义》,中国市场出版社 2006 年版,第 110—111 页;王卫国:《破产法精义》(第 2 版),法律出版社 2020 年版,第 109—110 页。

第二十九条

院许可,但仍坚持辞职并不再履行管理人职责,或者人民法院决定更换管理人后,原管理人拒不向新任管理人移交相关事务,人民法院可以根据企业破产法第一百三十条的规定和具体情况,决定对管理人罚款。对社会中介机构为管理人的罚款5万元至20万元人民币,对个人为管理人的罚款1万元至5万元人民币。管理人有前款规定行为或者无正当理由拒绝人民法院指定的,编制管理人名册的人民法院可以决定停止其担任管理人一年至三年,或者将其从管理人名册中除名"。

尽管《企业破产法》第29条并未规定法院许可管理人辞职后,应尽快指定新的管理人,但这却是确保破产程序顺畅进行、避免债务人财产无人管理进而发生灭失或者其他损失情况的应有之义。①

根据最高人民法院2007年发布的《关于审理企业破产案件确定管理人报酬的规定》第16条,如果管理人因有正当理由而辞任,或者因为其他原因而被替换,那么管理人的报酬按照如下原则处理:"管理人发生更换的,人民法院应当分别确定更换前后的管理人报酬。其报酬比例总和不得超出本规定第二条规定的限制范围。"

另外,有必要指出的是,《企业破产法》第29条禁止管理人无正当理由而辞职,但却不禁止法院对管理人的更换。详情可参阅最高人民法院2007年发布的《关于审理企业破产案件指定管理人的规定》第31—38条。

【关联法律法规及司法政策】

最高人民法院《关于审理企业破产案件确定管理人报酬的规定》(2007)

第十六条 管理人发生更换的,人民法院应当分别确定更换前后的管理人报酬。其报酬比例总和不得超出本规定第二条规定的限制范围。

最高人民法院《关于审理企业破产案件指定管理人的规定》(2007)

第三十一条 债权人会议根据企业破产法第二十二条第二款的规定申请更换管理人的,应由债权人会议作出决议并向人民法院提出书面申请。

人民法院在收到债权人会议的申请后,应当通知管理人在两日内作出书面说明。

第三十二条 人民法院认为申请理由不成立的,应当自收到管理人书面说明之日起十日内作出驳回申请的决定。

人民法院认为申请更换管理人的理由成立的,应当自收到管理人书面说明之日起十日内作出更换管理人的决定。

第三十三条 社会中介机构管理人有下列情形之一的,人民法院可以根据债权人会议的申请或者依职权径行决定更换管理人:

(一)执业许可证或者营业执照被吊销或者注销;

(二)出现解散、破产事由或者丧失承担执业责任风险的能力;

(三)与本案有利害关系;

(四)履行职务时,因故意或者重大过失导致债权人利益受到损害;

(五)有本规定第二十六条规定的情形。

清算组成员参照适用前款规定。

第三十四条 个人管理人有下列情形之一的,人民法院可以根据债权人会议的申请或者依职权径行决定更换管理人:

(一)执业资格被取消、吊销;

(二)与本案有利害关系;

(三)履行职务时,因故意或者重大过失导致债权人利益受到损害;

(四)失踪、死亡或者丧失民事行为能力;

(五)因健康原因无法履行职务;

(六)执业责任保险失效;

(七)有本规定第二十六条规定的情形。

清算组成员的派出人员、社会中介机构的派出人员参照适用前款规定。

第三十五条 管理人无正当理由申请辞去职务的,人民法院不予许可。正当理由的认定,可参照适用本规定第三十三条、第三十四条规定的情形。

第三十六条 人民法院对管理人申请辞去职务未予许可,管理人仍坚持辞去职务并不再履行管理人职责的,人民法院应当决定更换管理人。

第三十七条 人民法院决定更换管理人的,原管理人应当自收到决定书之次日起,在人民法院监督下向新任管理人移交全部资料、财产、营业事务及管理人印章,并及时向新任管理人书面说明工作进展情况。原管理人不能履行上述职责的,新任管理人可以直接接管相关事务。

在破产程序终结前,原管理人应当随时接受新任管理人、债权人会议、人民法院关于其履行管

---

① 参见《中华人民共和国企业破产法》起草组编:《〈中华人民共和国企业破产法〉释义》,人民出版社2006年版,第120页。

第三十八条　人民法院决定更换管理人的,应将决定书送达原管理人、新任管理人、破产申请人、债务人以及债务人的企业登记机关,并予公告。

第三十九条　管理人申请辞去职务未获人民法院许可,但仍坚持辞职并不再履行管理人职责,或者人民法院决定更换管理人后,原管理人拒不向新任管理人移交相关事务,人民法院可以根据企业破产法第一百三十条的规定和具体情况,决定对管理人罚款。对社会中介机构为管理人的罚款5万元至20万元人民币,对个人为管理人的罚款1万元至5万元人民币。

管理人有前款规定行为或者无正当理由拒绝人民法院指定的,编制管理人名册的人民法院可以决定停止其担任管理人一年至三年,或者将其从管理人名册中除名。

第四章　债务人财产

第三十条　破产申请受理时属于债务人的全部财产,以及破产申请受理后至破产程序终结前债务人取得的财产,为债务人财产。

【立法沿革】

《企业破产法(试行)》(1986)

第二十八条　破产财产由下列财产构成:

(一)宣告破产时破产企业经营管理的全部财产;

(二)破产企业在破产宣告后至破产程序终结前所取得的财产;

(三)应当由破产企业行使的其他财产权利。

已作为担保物的财产不属于破产财产;担保物的价款超过其所担保的债务数额的,超过部分属于破产财产。

《企业破产与重整法》(2000年6月草案)

第一百二十三条　破产宣告时属于破产人的全部财产及财产权利,破产宣告后至破产程序终结前破产人取得的财产及财产权利,构成破产财产。

当破产人为自然人时,破产人及其所抚养的人的生活必需费用和必要的生活用品不属于破产财产,破产人经破产清算人的同意,有权取回。

本法和其他法律对破产财产的构成有特别规定的,从其规定。

《企业破产与重整法》(2000年12月草案)

第一百一十八条　破产宣告时属于债务人的全部财产及财产权利,破产宣告后至破产程序终结前债务人取得的财产及财产权利,构成破产财产。

被宣告破产的自然人及其所扶养家属的生活必需费用和必要的生活用品不属于破产财产,由该自然人经管理人的同意后取回。

本法和其他法律对破产财产的构成有特别规定的,从其规定。

第一百一十九条　管理人、债务人或者其他利害关系人对破产财产的归属发生争议的,可以向人民法院提起诉讼。

《企业破产法》(2004年3月草案A版)

第二十三条　破产案件受理时属于债务人的全部财产及财产权利,以及破产案件受理后至破产程序终结前债务人取得的财产及财产权利,为债务人财产。

法律对债务人财产有特别规定的,从其规定。

《企业破产法》(2004年3月草案B版)

第二十二条　破产案件受理时属于债务人的全部财产及财产权利,以及破产案件受理后至破产程序终结前债务人取得的财产及财产权利,为债务人财产。

《企业破产法》(2004年6月草案)

第二十八条　破产案件受理时属于债务人的全部财产及财产权利,以及破产案件受理后至破产程序终结前债务人取得的财产及财产权利,为债务人财产。

《企业破产法》(2004年10月草案)

第二十八条　破产案件受理时属于债务人的全部财产,以及破产案件受理后至破产程序终结前债务人取得的财产,为债务人财产。

【条文释义】

本条规范的是债务人财产的范围。这里的"破产申请受理时属于债务人的全部财产",在理解或解释时需要小心。

从立法史的角度,本条经历复杂化的过程。在早期的草案中,起草者仅试图在破产清算章节,专门界定何为"破产财产"。但在后期开始,本条位置得到大幅度前移,而且有了"债务人财产"和"破产财产"的严格区分。但需要注意的是,两个概念的区分仅依据不同程序或者不同时间段,并未从财产权属或者性质上予以区分,这在实践中导致了一定的困惑。

准确理解本条,需要恰当把握"债务人财产"和"破产财产"的联系与区别。就联系而言,按照《企业破产法》第107条,在破产宣告后,"债务人财产"即等同于"破产财产",但两者之间的区别同样需要细致把握。根据齐明的提示,本条清楚地界定了"债务人财产"和"破产财产"之间的时间界限:"破产案件受理时"债务人拥有及"破产申请受理后至破产程序终结前"债务人取得的财产,均属于"债务人财产";而破产宣告后则称为"破产财产"。①

按照齐明的解读,《企业破产法》采取"债务人财产"和"破产财产"共存的立法思路,是一种"一举多得"的选择:不仅宣示立法者实用主义而非惩戒主义的立场,也在道德层面给予破产程序中的债务人一种中性评价,防止破产程序对债务人产生的污名化影响,同时也尽量降低破产程序对债务人财产造成的额外成本;另外,安排"债务人财产"和"破产财产"并存,也为和解、重整和破产清算三种程序的互相切换留下余地。②

那么,担保财产究竟是属于"债务人财产",还是"破产财产"?韩传华指出,2006年《企业破产法》对此问题并未特别明确,而是在第109条采用了"特定财产"的概念;对此模糊表述,韩传华认为,破产宣告前的"债务人财产"包括特定财产或担保财产,而破产宣告后处于管理、变价阶段的"破产财产"包括特定财产或担保财产,但破产宣告后处于分配阶段的"破产财产"则不包括特定财产或担保财产,这是因为:第一,从《企业破产法》第25条、第30条,可以推导出"债务人财产"包括特定财产和担保财产;第二,从《企业破产法》第59条、第61条,可以推导出变价方案下的"破产财产",也应包括特定财产和担保财产;第三,从《企业破产法》第59条、第61条,可以推导出分配方案下的"破产财产",不包括特定财产和担保财产。③

除了担保财产之外,对外投资究竟属于"债务人财产",还是"破产财产"?韩传华认为,2002年最高人民法院《关于审理企业破产案件若干问题的规定》第77、78、79条的解释④,尽管概括了司法实践中的经验,但有不尽合理之处,相关规则应明晰如下:第一,如果债务人对外设立独资企业,那么该独资企业的全部股份都应该属于"债务人财产",管理人可以将其股份变价出售;第二,债务人对外投资形成的股权及其收益,不能简单提"追收",清算组唯一选项是将其转让,并将转让所得列为破产财产,股权评估价值是否为负值并不意味着其不能以一定价值被转让,停止追收只会造成债务人注销后该股权无主的法律障碍;第三,无论是债务人全资还是控股、参股等开办的企业,均不能直接合并到债务人企业的破产程序中,管理人的唯一选项就是变卖相关股份。⑤

非经营性资产应该归入"债务人财产"还是"破产财产"?按照张钦昱的观点,"破产申请受理时属于债务人的全部财产"既包括经营性资产,也包括非经营性资产。在正常情况下,在破产申请受理时,属于债务人的经营性资产全部由破产管理人接管并构成破产财产的主要部分,自无疑义;但是按照张钦昱的解释,由于我国长期以来的计划经济体制,以"企业办社会"为核心的非经营性资产往往在破产申请受理时,属于债务人财产的一部分,但这部分财产如果全部简单按照破产财产,在债权人之间平均分配,将有违实质公平的理念,尤其将极大地伤害破产企业的职工权益,简单套用经营性资产的解决方案,无法从根本上解决非经营性资产处理过程中各方主体的利益冲突。张钦昱建议,对于破产企业非经营性资产,应该确认其历史劳动债权的属性,通过在职工间的变现分配或者由地方政府接管,来实现实质公平和各方面效益的最大化。⑥

---

① 齐明:《中国破产法原理与适用》,法律出版社2017年版,第84页。
② 参见齐明:《中国破产法原理与适用》,法律出版社2017年版,第84页。
③ 参见韩传华:《企业破产法解析》,人民法院出版社2007年版,第114~115页。
④ 最高人民法院《关于审理企业破产案件若干问题的规定》第77条规定,"债务人在其开办的全资企业中的投资权益应当予以追收。全资企业资不抵债的,清算组停止追收"。第78条规定,"债务人对外投资形成的股权及其收益应当予以追收。对该股权可以出售或者转让,出售、转让所得列入破产财产进行分配。股权价值为负值的,清算组停止追收"。第79条规定,"债务人开办的全资企业,以及由其参股、控股的企业不能清偿到期债务的,需要进行破产还债的,应当另行提出破产申请"。
⑤ 参见韩传华:《企业破产法解析》,人民法院出版社2007年版,第115~118页。
⑥ 参见张钦昱:《论非经营性资产在企业破产时的处理》,载《东北师大学报(哲学社会科学版)》2014年第2期,第41~45页。

与非经营性资产是否列入"债务人财产"或"破产财产",韩传华对于最高人民法院《关于审理企业破产案件若干问题的规定》第81、82条的规定,亦提出疑问。[①] 韩传华认为,债务人房改职工住房是否列入破产财产并在债权人之间分配,不能简单地看是否已签订合同或交付房款,还是看是否符合国家房改政策;而幼儿园、学校、医院等公益福利性设施,是否属于可分配财产,取决于相关公益福利性设置的性质:如果是营利性机构就可以列入破产财产,反之则不可列入。[②]

基于中国的土地管理制度,国有划拨土地使用权是否可以列入"债务人财产"或"破产财产",对于后两者的市场价值影响甚大。韩传华认为,按照《土地管理法》第54、58条,债务人破产时,政府可以依据破产法下的取回权原理,收回债务人的国有土地使用权。[③]

【关联法律法规及司法政策】

《民法典》(2020)

第二百四十条 所有权人对自己的不动产或者动产,依法享有占有、使用、收益和处分的权利。

第二百四十一条 所有权人有权在自己的不动产或者动产上设立用益物权和担保物权。用益物权人、担保物权人行使权利,不得损害所有权人的权益。

第二百四十二条 法律规定专属于国家所有的不动产和动产,任何组织或个人不能取得所有权。

第七百二十五条 租赁物在承租人按照租赁合同占有期限内发生所有权变动的,不影响租赁合同的效力。

《土地管理法》(2019)

第五十四条 建设单位使用国有土地,应当以出让等有偿使用方式取得;但是,下列建设用地,经县级以上人民政府依法批准,可以以划拨方式取得:

(一)国家机关用地和军事用地;

(二)城市基础设施用地和公益事业用地;

(三)国家重点扶持的能源、交通、水利等基础设施用地;

(四)法律、行政法规规定的其他用地。

第五十五条 以出让等有偿使用方式取得国有土地使用权的建设单位,按照国务院规定的标准和办法,缴纳土地使用权出让金等土地有偿使用费和其他费用后,方可使用土地。

自本法施行之日起,新增建设用地的土地有偿使用费,百分之三十上缴中央财政,百分之七十留给有关地方人民政府。具体使用管理办法由国务院财政部门会同有关部门制定,并报国务院批准。

第五十八条 有下列情形之一的,由有关人民政府自然资源主管部门报经原批准用地的人民政府或者有批准权的人民政府批准,可以收回国有土地使用权:

(一)为实施城市规划进行旧城区改建以及其他公共利益需要,确需使用土地的;

(二)土地出让等有偿使用合同约定的使用期限届满,土地使用者未申请续期或者申请续期未获批准的;

(三)因单位撤销、迁移等原因,停止使用原划拨的国有土地的;

(四)公路、铁路、机场、矿场等经核准报废的。

依照前款第(一)项的规定收回国有土地使用权的,对土地使用权人应当给予适当补偿。

最高人民法院《关于适用〈中华人民共和国企业破产法〉若干问题的规定(二)》(2020)

第一条 除债务人所有的货币、实物外,债务人依法享有的可以用货币估价并可以依法转让的债权、股权、知识产权、用益物权等财产和财产权益,人民法院均应认定为债务人财产。

第二条 下列财产不应认定为债务人财产:

(一)债务人基于仓储、保管、承揽、代销、借用、寄存、租赁等合同或者其他法律关系占有、使用的他人财产;

(二)债务人在所有权保留买卖中尚未取得所有权的财产;

(三)所有权专属于国家且不得转让的财产;

(四)其他依照法律、行政法规不属于债务人的财产。

第三条 债务人已依法设定担保物权的特定财产,人民法院应当认定为债务人财产。

---

① 最高人民法院《关于审理企业破产案件若干问题的规定》第81条规定,"破产企业的职工住房,已经签订合同、交付房款,进行房改给个人的,不属于破产财产。未进行房改的,可由清算组向有关部门申请办理房改事项,向职工出售。按照国家规定不具备房改条件,或者职工在房改中不购买住房的,由清算组根据实际情况处理"。第82条规定,"债务人的幼儿园、学校、医院等公益福利性设施,按国家有关规定处理,不作为破产财产分配"。

② 参见韩传华:《企业破产法解析》,人民法院出版社2007年版,第119—121页。

③ 参见韩传华:《企业破产法解析》,人民法院出版社2007年版,第121—122页。

对债务人的特定财产在担保物权消灭或者实现担保物权后的剩余部分,在破产程序中可用以清偿破产费用、共益债务和其他破产债权。

第四条 债务人对按份享有所有权的共有财产的相关份额,或者共同享有所有权的共有财产的相应财产权利,以及依法分割共有财产所得部分,人民法院均应认定为债务人财产。

人民法院宣告债务人破产清算,属于共有财产分割的法定事由。人民法院裁定债务人重整或者和解的,共有财产的分割应当依据物权法第九十九条的规定进行;基于重整或者和解的需要必须分割共有财产,管理人请求分割的,人民法院应予准许。

因分割共有财产导致其他共有人损害产生的债务,其他共有人请求作为共益债务清偿的,人民法院应予支持。

【裁判要旨】
案例1
江苏吴中集团有限公司与华夏证券股份有限公司取回权纠纷案

法院:北京市高级人民法院
案号:(2014)高民终字第704号
事实:上诉人江苏吴中集团有限公司(以下简称江苏吴中公司)因与被上诉人华夏证券股份有限公司(以下简称华夏证券公司)一般取回权纠纷一案,不服北京市第二中级人民法院(2013)二中民初字第02740号民事判决,向北京市高级人民法院提出上诉。

2004年11月10日,苏州市中级人民法院作出(2004)苏中民二字第84号民事判决,判令华夏证券公司苏州东环路营业部赔偿江苏吴中公司损失49996064.92元,赔偿不足部分,由华夏证券公司承担清偿责任。该判决生效后,营业部及华夏证券公司未履行赔偿义务,江苏吴中公司申请强制执行。

2005年8月5日,苏州市中级人民法院作出(2005)苏中执字第0138号民事裁定,将华夏证券公司持有的基金兴华(500008)1500万份以0.666元的价格、基金兴和(500018)500万份以0.531元的价格、太极集团(600129)2257582股以4.3元的价格,划归江苏吴中公司持有,用以抵偿华夏证券公司对江苏吴中公司22352602.6元的债务。将华夏证券公司以任秀琼名义开立账户上ST屯河(600737)595412股以2.54元的价格、湘火炬A(000549)1004484股以3.53元的价格、合金投资(000633)1192380股以1.78元的价格,划归江苏吴中公司持有,用以抵偿华夏证券公司对江苏吴中公司7180611.3元的债务。该裁定于当日送达江苏吴中公司。

2005年8月5日,最高人民法院下达法明传(2005)257号《关于对涉及华夏证券股份有限公司及其所属机构的民商事案件暂缓受理、暂缓审理、暂缓执行的通知》("三暂缓"通知),要求各地法院对涉及华夏证券公司及其所属的证券营业部、服务部、分公司、管理总部的民商事案件,尚未受理的暂缓受理、已经受理的暂缓审理、已经审理尚未执行或者正在执行的暂缓执行。

2008年7月31日,北京市第二中级人民法院裁定受理华夏证券公司的破产申请。2008年8月8日,苏州市中级人民法院向北京市第二中级人民法院及华夏证券公司清算组发出《关于本院已执行抵债的财产不得纳入破产清算财产的函》,该函件载明:苏州市中级人民法院在最高人民法院下达"三暂缓"通知收悉之前,于2005年8月5日作出并送达(2005)苏中执字第0138号裁定,根据相关法律规定,华夏证券公司清算组不得将抵债基金及股票列入华夏证券公司的破产清算财产。2008年12月23日,北京市第二中级人民法院正式裁定宣告华夏证券公司破产。

2008年9月18日,江苏吴中公司向华夏证券公司管理人要求对抵债基金及股票以及2005年之后抵债基金及股票的现金分红、送股、转增股等法定孳息,行使破产取回权。2011年11月11日,华夏证券公司破产管理人向江苏吴中公司发出通知,对其行使取回权的请求不予认可。

原审法院认为:2005年8月5日,最高人民法院下达的"三暂缓"通知是在国务院的统一部署安排下,在企业已经出现破产原因,为避免证券公司大量破产导致系统性金融风险采取的特殊风险处置方式,通知自下发之日起即应具有司法效力,通知的生效在法律效力上等同于人民法院裁定受理破产申请。依据《企业破产法》第19条规定,人民法院受理破产申请后,有关债务人财产的保全措施应当解除,执行程序应当中止。苏州市中级人民法院于"三暂缓"通知下发同日作出民事裁定书,该裁定书作出行为、内容均与"三暂缓"通知精神、内容及有关法律规定相悖,故江苏吴中公司以民事裁定书作为向华夏证券公司主张取回权的依据不成立,其诉讼请求应予驳回。综上,驳回江苏吴中公司的诉讼请求。

江苏吴中公司不服原审法院判决,向北京市高级人民法院提出上诉,请求撤销原判,改判支持江苏吴中公司在原审的全部诉讼请求。

裁判要旨:最高人民法院明传电报就个案中财产事宜提出"三暂缓",属于司法保护措施;由

此导致股票未能及时向债权人办理过户手续,相关财产应该列为债务人财产,取回权行使依据不足。

裁判理由:北京市高级人民法院认为,最高人民法院"三暂缓"通知明确规定"三暂缓"的期限自2005年8月5日开始。尽管苏州市中级人民法院2005年8月5日作出(2005)苏中执字第0138号民事裁定时,尚未收到"三暂缓"通知的文件,但并不能因此否定"三暂缓"通知已于2005年8月5日发生法律效力、"三暂缓"期限已于2005年8月5日开始起算的客观事实。根据"三暂缓"通知的精神,截至2005年8月4日华夏证券公司所有的财产在"三暂缓"期间应暂缓执行,而本案中苏州市中级人民法院(2005)苏中执字第0138号民事裁定所涉华夏证券公司的财产,即在此司法保护范围内。在"三暂缓"期间,北京市第二中级人民法院受理华夏证券公司破产清算申请,则根据《企业破产法》第30条关于"破产申请受理时属于债务人的全部财产,以及破产申请受理后至破产程序终结前债务人取得的财产,为债务人财产"的规定,苏州市中级人民法院(2005)苏中执字第0138号民事裁定所涉华夏证券公司的财产,应认定为华夏证券公司的破产财产,现江苏吴中公司主张对上述财产享有取回权没有法律依据。

综上,江苏吴中公司的上诉理由不成立,其上诉请求不予支持。原审法院判决认定事实清楚,适用法律正确,应予维持。2014年5月8日,北京市高级人民法院作出裁定,驳回上诉,维持原判。

案例 2
广东银一百创新铝业有限公司、中国建设银行股份有限公司佛山市分行普通破产债权确认纠纷案

法院:广东省高级人民法院
案号:(2017)粤民终637号
事实:上诉人广东银一百创新铝业有限公司(以下简称银一百铝业公司)因与被上诉人中国建设银行股份有限公司佛山市分行(以下简称建行佛山分行)、原审被告一百投资有限公司普通破产债权确认纠纷一案,不服广东省佛山市中级人民法院(2016)粤06民初193号民事判决,向广东省高级人民法院提起上诉。

2015年1月4日,一百投资公司向银一百铝业公司出具《确认书》,内容如下:"贵公司因银根收紧缺乏流动资金,经营困难,拟申请破产重整。经我司股东何倩仪同意,我司自愿确认对百银公司的100%股权及其所有者权益(含股权及投资等)给贵公司享有,列入破产重整财产,以清偿债务,以促进贵公司重整成功。"

原告建行佛山分行向一审法院起诉广东一百铜业有限公司、一百投资公司、银一百铝业公司、邝耀鸿等人金融借款合同纠纷案件,经一审法院佛山市中级人民法院受理并审理终结,于2015年2月9日出具(2015)佛中法民二初字第28号《民事调解书》,确认建行佛山分行对银一百铝业公司享有债权。同日,一审法院出具(2015)佛中法民二初字第29号《民事调解书》,确认建行佛山分行对广东一百铜业有限公司享有债权。上述调解书生效后,因各被告没有履行生效法律文书确定的义务,原告建行佛山分行于2015年2月12日向一审法院申请强制执行。

2015年3月16日,银一百铝业公司以资不抵债、不能清偿到期债务为由向一审法院申请破产重整,一审法院裁定受理银一百铝业公司的破产重整申请。

2015年3月27日,一审法院根据上述书面确认以及管理人的申请裁定冻结一百投资公司在广东百银融资租赁有限公司(以下简称百银公司)持有的100%股权及其所有者权益,并于2015年4月3日冻结该股权及投资权益。后因重整计划草案未获得债权人会议的通过,2016年4月14日,一审法院裁定终止银一百铝业公司的重整程序,宣告银一百铝业公司破产。

2015年12月17日,一审法院以广东一百房地产发展有限公司、银一百铝业公司已被裁定受理破产重整,经一审法院穷尽执行措施,未发现被执行人邝耀鸿、一百投资公司等有其他可供执行的财产,建行佛山分行亦未能提供被执行人有可供执行的财产或者财产线索为由,裁定(2015)佛中法执字第184号案件终结本次执行。

一审法院认为,一百投资公司持有百银公司100%的股权及其所有者权益属于一百投资公司的财产,不属于银一百铝业公司的破产财产,银一百铝业公司的管理人将涉案股权及所有者权益作为破产财产进行处理不当,应予纠正。建行佛山分行请求确认涉案股权及所有者权益不属于银一百铝业公司的破产财产事实与法律依据充分,应予支持。银一百铝业公司认为《确认书》合法有效,该司依法享有涉案股权及权益并将其作为破产财产,有利于全体债权人利益的意见没有依据,不予采纳。

裁判要旨:未经登记的股权变动,无论交易双方通过何种意思表示方式做出交易表示,只要不具备登记这一法定要件,那么股票都保留在原所有人名下。交易另一方如进入破产程序,不能仅

第三十条

凭双方的意思表示确认为债务人财产。

裁判理由:广东省高级人民法院认为,本案涉及如下两个焦点:

(1)关于涉案股权确认为银一百铝业公司的破产财产,是否损害建行佛山分行的权益问题。

一百投资公司和银一百铝业公司是互为独立的不同法人,两个公司在资产结构、经营方式等方面都有着不同,各自所具有的履约能力也因此存在差异。如果将一百投资公司的资产无偿转移到银一百铝业公司,势必降低一百投资公司在市场中的信誉和履约能力,与此就相应地增加一百投资公司债权人的受偿风险。而建行佛山分行作为一百投资公司的债权人,其债权的实现由此也必然受到影响。在本案中,尽管建行佛山分行均为一百投资公司及银一百铝业公司的债权人,将涉案股权确认为银一百铝业公司破产财产,在法律和形式上建行佛山分行同样可以受偿,但实际上能否得到受偿及所受偿的比例等都将受到更大的影响和损害。银一百铝业公司认为涉案股权确认为银一百铝业公司破产财产没有损害建行佛山分行的权益且有利于全体债权的理由不能成立。建行佛山分行提出如将涉案股权确认为银一百铝业公司的破产财产必然会使其争议股权变现款分配比例大大降低、合法权益遭受严重损害有理,予以采信。

(2)关于能否依《确认书》认定涉案股权为银一百铝业公司的破产财产问题。

根据《企业破产法》第30条、第107条第2款及最高人民法院《关于适用〈中华人民共和国企业破产法〉若干问题的规定(二)》第1条,涉案股权要成为银一百铝业公司的破产财产,其前提是银一百铝业公司必须依法享有。事实上,涉案的股权是登记在一百投资公司名下,并非由银一百铝业公司享有。尽管一百投资公司出具《确认书》将涉案股权确认给银一百铝业公司,但该《确认书》只是一百投资公司和银一百铝业公司双方的意思表示,在法律上并不必然产生银一百铝业公司享有该股权的效力。双方须到政府相关登记部门转让登记在银一百铝业公司名下后,才能确定涉案股权为银一百铝业公司享有。然而,这一过程可能有着许多不确定的因素出现,这些因素将会导致涉案股权无法完成转让登记:如《确认书》是否存在损害包括建行佛山分行在内的第三人利益等从而影响该书效力,由此又可能引起第三人要求撤销《确认书》的情形、政府相关登记部门对涉案股权转让除双方合意之外的其他条件(如审批等)双方有否满足,等等。据此,原审法院认定涉案股权不属于银一百铝业公司的破产财产并无不当。银一百铝业公司仅以《确认书》主张涉案股权为其破产财产,既与事实不符,也缺乏法律依据,本院予以驳回。

综上所述,银一百铝业公司的上诉请求不能成立,应予驳回。一审判决认定事实清楚,适用法律正确,应予维持。2017年9月5日,广东省高级人民法院作出裁定:驳回上诉,维持原判。

案例3

中国工商银行股份有限公司铜陵分行与华纳国际(铜陵)电子材料有限公司财产损害赔偿纠纷案

法院:安徽省高级人民法院

案号:(2016)皖民终957号

事实:上诉人中国工商银行股份有限公司铜陵分行(以下简称工行铜陵分行)因与被上诉人华纳国际(铜陵)电子材料有限公司(以下简称华纳电子公司)财产损害赔偿纠纷一案,不服安徽省铜陵市中级人民法院(2015)铜中民二初字第00097号民事判决,向安徽省高级人民法院提起上诉。

2014年8月15日,华纳电子公司与工行铜陵分行签订一份《流动资金借款合同》,华纳电子公司向工行铜陵分行贷款1000万元,浩荣电子公司提供最高额保证。2015年5月15日,铜陵市中级人民法院裁定受理华纳电子公司的破产清算一案。

2015年5月28日,华纳电子公司管理人向工行铜陵分行告知以上事实,并通知其申报债权。2015年5月21日,工行铜陵分行从华纳电子公司的账户上扣划借款利息55000元。2015年6月23日,工行铜陵分行向连带责任保证人浩荣电子公司发函,要求浩荣电子公司代偿华纳电子公司2015年6月1日前的本息合计10020090.06元。2015年6月24日,工行铜陵分行向华纳电子公司管理人申报债权10020090.06元。2015年6月29日,浩荣电子公司向华纳电子公司在工行铜陵分行开设的账户支付代偿利息20090.06元,工行铜陵分行于同日扣划该款项。

安徽省铜陵市中级人民法院于2016年4月15日裁定宣告华纳电子公司被宣告破产。法院依法送达给工行铜陵分行,该行也申报债权。

原审法院认为:工行铜陵分行擅自从华纳电子公司账户扣划合计75090.06元,无事实和法律依据,侵害华纳电子公司的财产权,依法予以返还并赔偿损失。故对华纳电子公司要求工行铜陵分行返还扣划的款项75090.06元及支付利息的诉讼请求予以支持。工行铜陵分行关于该笔不应返还的辩称亦缺乏法律依据。因此,该院判决工行铜陵分行于判决生效之日起十日内向华纳电子公司一次性返还扣划的款项 75090.06 元,并支付利息。

裁判要旨:金融机构依据借贷合同从债务人企业账户上划走的数额,应视为破产财产,管理人对此可依法追回;金融机构可以就其债权和破产申请受理前的利息申报债权并通过破产程序获得清偿,其直接从华纳电子公司账户扣划相应款项行为违反法律规定,当属无效。

裁判理由:安徽省高级人民法院认为,本案二审的争议焦点为:工行铜陵分行扣划案涉 75090.06 元有无事实和法律依据。

对上述扣划的 75090.06 元,工行铜陵分行主张均为贷款利息,其中 45833.25 元为 2015 年 4 月 21 日至 5 月 15 日的利息,9166.75 元为 2015 年 5 月 16 日至 5 月 20 日的利息,20090.06 元是 2015 年 5 月 21 日至 5 月 31 日的利息。根据《企业破产法》第 46 条,由于原审法院已于 2015 年 5 月 15 日裁定受理华纳电子公司破产清算申请,故工行铜陵分行对华纳电子公司的债权利息依法仅能计算至法院裁定受理破产清算申请之日即 2015 年 5 月 15 日止。对此后的利息 29256.81 元(9166.75 元+20090.06 元),工行铜陵分行以华纳电子公司未及时通知导致未停止计息为由,主张该不利后果由华纳电子公司承担,没有法律依据,本院不予支持。工行铜陵分行上诉称其扣划的 20090.06 元系浩荣电子公司代偿的利息,不属于债务人的财产。安徽省高级人民法院认为,金钱属于种类物,该笔款项虽为浩荣电子公司代偿的贷款利息,但因其进入华纳电子公司的账户后即应视为破产财产,工行铜陵分行此项上诉主张违反法律规定,不予采纳。

对于工行铜陵分行扣划的 2015 年 4 月 21 日至 5 月 15 日的利息 45833.25 元,华纳电子公司辩称,工行铜陵分行在其破产清算申请被法院裁定受理后扣划上述款项违反法律规定。经查,2015 年 5 月 15 日,原审法院裁定受理华纳电子公司破产清算申请,2015 年 5 月 21 日,工行铜陵分行在华纳电子账户中扣划上述款项。根据《企业破产法》第 48 条规定,工行铜陵分行应就其到期利息和视为到期的借款本金向管理人申报债权,并通过破产程序获得清偿,其直接从华纳电子公司账户扣划相应款项行为违反法律规定,当属无效。

综上所述,工行铜陵分行的上诉请求不能成立,应予驳回;原审判决认定事实清楚,适用法律正确,应予维持。2016 年 12 月 23 日,安徽省高级人民法院作出判决:驳回上诉,维持原判。

【学理综述】

汪莉在《法学论坛》2009 年第 4 期上,发表《企业破产收回划拨土地使用权问题》一文。在该文中,作者通过检核司法界的观点、不同法律法规之间的冲突以及地方政府在土地收储中的不规范行为,指出我国企业破产过程中对于划拨土地使用权问题因时而异、因地而异的乱象。在此基础上,作者认为,改变这种乱象应该采取如下三方面的措施:第一,以《物权法》《土地管理法》相关规定为基础,正确认识划拨土地的使用权;第二,协调法律、法规之间的冲突;第三,规范政府的土地收储行为,对经营性划拨土地使用权与出让土地使用权做出严格区分,如果是基于公共利益,政府在企业破产时可以收回经营性土地使用权并按照《物权法》中的征收给予公平合理的补偿;如果不是基于公共利益考量,那么政府在企业破产时,要以市场价值有偿收购企业用地使用权。[1]

齐明在《清华法学》2018 年第 3 期上,发表《论破产法中债务人财产保值增值原则》一文。作者提出,债务人财产保值增值原则是贯彻破产立法和司法实践的基本原则,也是破产法的基础性原则;但是我国《企业破产法》并未在总则中确立债务人财产保值增值原则,甚至没有确立破产法的基本原则,导致《企业破产法》缺乏灵魂,也难以对司法实践有方向性的指引和体系化的推动,最终也限制破产法理论研究难以更上层楼。作者进一步对债务人财产保值增值原则做了如下分析:第一,作者认为该原则的内涵应该包括:在债务人财产的价值应高于破产费用、债务人财产的价值应低于总负债这两个前提下,无论是破产立法、司法还是执法,都防止债务人财产在破产程序前期进行过程中的不当贬损,并尽可能提高债务人财产的价值。第二,该原则的价值包括:在立法和制度设计上,防止债务人财产的不当贬损,尽可能提升债务人财产的实际价值;法院和管理人在重大决策中应以债务人财产保值增值为依据。第三,债务人财产保值增值原则的立法体现,包括但不限于自动冻结制度、待履行合同的处置规则、破产抵销权制度及对管理人制度的引进等。第四,债务人财产保值增值原则的司法适用,无论是管理人履行职责,还是破产重整,都要以是否有利于债务人财产保值增值为出发点、落脚点。第五,

---

[1] 参见汪莉:《企业破产收回划拨土地使用权问题》,载《法学论坛》2009 年第 4 期,第 139—144 页。

就债务人财产保值增值原则与债权人整体利益最大化之间的关系,作者认为两者之间联系比较明显,保护债务人财产保值增值,不仅为了债务人自身,也是为了最大限度保护债权人的利益,但是两者在对象、地位、立法体现、司法适用中的地位等方面,均有所不同;在破产过程中,对债权人的保护与对债务人的救济,不能本末倒置,应当明确对债权人保护的态度。第六,债务人财产保值增值原则的张力问题,既涉及债务人财产时间轴上的张力,也涉及债务人财产的横向张力。第七,对债务人财产保值增值原则的限制而言,既不能超越合法性的框架,也不能用债务人财产保值增值或者为保护债权人利益无限地扩展破产法的适用。①

第三十一条 人民法院受理破产申请前一年内,涉及债务人财产的下列行为,管理人有权请求人民法院予以撤销:
(一)无偿转让财产的;
(二)以明显不合理的价格进行交易的;
(三)对没有财产担保的债务提供财产担保的;
(四)对未到期的债务提前清偿的;
(五)放弃债权的。

【立法沿革】

《企业破产法(试行)》(1986)

第三十五条 人民法院受理破产案件前六个月至破产宣告之日的期间内,破产企业的下列行为无效:
(一)隐匿、私分或者无偿转让财产;
(二)非正常压价出售财产;
(三)对原来没有财产担保的债务提供财产担保;
(四)对未到期的债务提前清偿;
(五)放弃自己的债权。

破产企业有前款所列行为的,清算组有权向人民法院申请追回财产。追回的财产,并入破产财产。

《破产法》(1995年草案)

第二十五条 人民法院受理破产案件前六个月内,有关债务人的财产和财产权利的下列行为,不得对抗债权人:
(一)无偿转让财产和财产权利的;
(二)非正常压价出售财产的;
(三)对原来没有财产担保的债务提供财产担保的;
(四)对未到期的债务提前清偿的;
(五)放弃债权的;
(六)其他损害债权人利益的行为。

债务人有前款所列行为之一的,管理人、破产清算人应当请求人民法院予以撤销。

《企业破产与重整法》(2000年6月草案)

第二十三条 人民法院受理破产案件前六个月内,有关债务人的财产和财产权利的下列行为,不得对抗债权人:
(一)无偿转让财产和财产权利的;
(二)非正常压价出售财产的;
(三)对原来没有财产担保的债务提供财产担保的;
(四)对未到期的债务提前清偿的;
(五)放弃债权的;
(六)债务人已作捐赠和赞助的;
(七)其他损害债权人利益的行为。

债务人有前款所列行为之一的,管理人、破产清算人应当请求人民法院予以撤销。

《企业破产与重整法》(2000年12月草案)

第二十三条 人民法院受理破产案件前一年内,有关债务人的财产和财产权利的下列行为,管理人有权请求人民法院予以撤销:
(一)无偿转让财产或财产权利的;
(二)非正常压价出售财产的;
(三)对原来没有财产担保的债务提供财产担保的;
(四)对破产申请后才到期的债务提前清偿的;
(五)放弃债权的;
(六)其他损害债权人利益的行为。

《企业破产与重整法》(2001年1月草案)

第二十四条 人民法院受理破产案件前一年内,有关债务人的财产和财产权利的下列行为,管理人有权请求人民法院予以撤销:
(一)无偿转让财产或财产权利的;
(二)非正常压价出售财产的;
(三)对原来没有财产担保的债务提供财产担保的;
(四)对破产申请后才到期的债务提前清偿的;
(五)放弃债权的;
(六)其他损害债权人利益的行为。

---

① 参见齐明:《论破产法中债务人财产保值增值原则》,载《清华法学》2018年第3期,第159—169页。

《企业破产法》(2004年3月草案A版)

第三十三条　人民法院受理破产案件前一年内,有关债务人财产及财产权利的下列行为,管理人有权请求人民法院予以撤销:

(一)无偿转让财产或财产权利的;

(二)以明显不合理的低价转让财产及财产权利的;

(三)对原来没有财产担保的债务提供财产担保的;

(四)对未到期的债务提前清偿的;

(五)放弃债权的;

(六)其他损害债权人利益的行为。

《企业破产法》(2004年3月草案B版)

第三十四条　人民法院受理破产案件前一年内,有关债务人财产及财产权利的下列行为,管理人有权请求人民法院予以撤销:

(一)无偿转让财产或财产权利的;

(二)以明显不合理的低价转让财产及财产权利的;

(三)对原来没有财产担保的债务提供财产担保的;

(四)对未到期的债务提前清偿的;

(五)放弃债权的。

《企业破产法》(2004年6月草案)

第三十三条　人民法院受理破产案件前一年内,有关债务人财产及财产权利的下列行为,管理人有权请求人民法院予以撤销:

(一)无偿转让财产或财产权利的;

(二)以明显不合理的低价转让财产或财产权利的;

(三)对原来没有财产担保的债务提供财产担保的;

(四)对未到期的债务提前清偿的;

(五)放弃债权的。

《企业破产法》(2004年10月草案)

第三十三条　人民法院受理破产案件前一年内,有关债务人财产的下列行为,管理人有权请求人民法院予以撤销:

(一)无偿转让财产的;

(二)以明显不合理的价格转让财产的;

(三)对原来没有财产担保的债务提供财产担保的;

(四)对未到期的债务提前清偿的;

(五)放弃债权的。

【条文释义】

本条规范的是破产法中的撤销权。具体包括管理人行使撤销权的时间期限及可以撤销的债务人行为种类。

从立法史的角度看,本条在不同时期的草案中变化不大,时间范围均为破产受理前一年。唯一的变化,是早期的草案中尚有"其他损害债权人利益的行为"这一兜底性条款,但在后期尤其是定稿中,予以删除。笔者认为,删除的用意还是在于维持交易的可预期性、稳定性,过于宽泛的可撤销范围,势必为撤销权的滥用留下空间,破产法需要在防止通过不正当交易侵犯债权人利益和维持交易相对稳定之间,寻求合理的平衡。

本条规范中列举的债务人的交易行为,有损于债务人财产,有违破产法追求的债务人财产最大化的价值追求,故本条通过破产撤销权的设置,在原则上禁止损害债务人财产的行为。[1]

按照齐明的观点,立法者设计破产撤销权的初衷,是为防止破产原因出现时,公司股东、公司经营层规避公司机制,做出损及公司利益乃至债权人利益的行为。由此,破产撤销权的重要性体现在如下几个方面:其一,赋予破产法必要的追溯力,大幅度扩充破产法对债务人行为的审查功能;其二,对债务人企业处分行为的审查,足以产生追回债务人财产、增加债务人财产的效果;其三,对于启动无产可破案件,变无产可破为有产可破,有重要意义;其四,倒逼债权人在发现破产原因时,及时提出破产申请。[2]

对于管理人行使撤销权的时间期限,本条法律表述是"人民法院受理破产申请前一年内"。按照齐明的观点,《企业破产法》之所以要明确限定在"人民法院受理破产申请前一年内",反映出立法者试图努力通过立法设计,来防止已具备破产原因的企业通过欺诈性转让行为,来损害和异化债权人的权益。[3] 韩传华特别强调,"人民法院受理破产申请前一年内"是《企业破产法》规定管理人行使撤销权的时间期限;而对于法院受理破产申请前一年外发生的债务人与其他人恶意串通损害债务人财产的行为,管理人尽管无法依据《企业破产法》第31条的规定行使撤销申请权,但管

---

[1] 参见齐明:《中国破产法原理与适用》,法律出版社2017年版,第88页。

[2] 参见齐明:《中国破产法原理与适用》,法律出版社2017年版,第85—86页。

[3] 参见齐明:《中国破产法原理与适用》,法律出版社2017年版,第84—85页。

理人依旧可以依据民事法律，向法院申请撤销相关行为，追回相应财产。①

齐明认为，如果相关行为发生在破产程序启动前一年外，相关行为既不可以被撤销，也不可以被追究；这一年的期限属于除斥期间，既不得中断也不能延展。② 但需要明确的是，如果同一交易行为，如果其缔约时间、交易完成时间有持续性且跨越"人民法院受理破产申请前一年内"这一时间期限，究竟该如何确定管理人是否还具有撤销申请权？对此韩传华认为，如果管理人对于交易时间提出相关行为完成时的时间证明，则应认为管理人已完成其举证责任；如果相对人能够证明该行为发生时间是在完成时间之前，且能证明相对人的行为是善意的，那么则视该行为发生的时间为行为时间，进而由此确认相关行为时间是否符合"人民法院受理破产申请前一年内"这一期限要求。③

对于破产撤销权与民法撤销权的区别，齐明指出，前者自始无效、当然无效，无诉讼时效限制；而后者在法院确认无效前，可以视为有效。④

根据"管理人有权请求人民法院予以撤销"的表述，管理人是《企业破产法》规定有权请求法院行使撤销权的唯一主体。齐明认为，立法者的这种制度设计，主要是基于两点考虑：其一，集中撤销请求权于管理人，保障破产程序的效率；其二，在确保债权人享有制衡手段的前提下，防止债权人、债权人会议或债权人委员会等，通过滥诉来妨碍破产程序的顺畅进行。⑤

对于这里涉及的"有关债务人财产的下列行为"，韩传华特别指出，这些行为只能限于已经发生的作为行为，如果是不作为行为，则不能作为可撤销行为。⑥

分项评述如下：

（一）无偿转让财产的

这里的"无偿转让财产"，亦即赠与。基于尊重企业法人意思自治的考量，企业正常经营向他人"无偿转让财产"，只要其意思表示真实有效，且愿意承担企业财产减损的后果，法理层面当然没有问题。但在破产程序启动前1年内的"无偿转让财产"，不仅会减损企业财产，在破产程序启动后也会减损债务人财产乃至破产财产，最终会损及债权人的利益。这正是本项赠与行为被列入可撤销行为的法理依据。

这里特别需要强调的是，"无偿转让财产"行为是否当然排除"捐赠"行为？如果债务人以慈善、捐赠的形式，最终对受捐赠机构"无偿转让财产"，是否仍旧在管理人可以撤销的范围以内？韩传华依据《公益事业捐赠法》第2条、第24条等相关规定，认为如果债务人财产用于公益事业捐赠，管理人无权请求法院撤销相关行为并追回财产；而就管理人判断具体行为是否属于公益事业捐赠，则可以依据是否享受企业所得税优惠为依据。⑦

（二）以明显不合理的价格进行交易的

齐明认为，这里"明显不合理的价格"的判断依据，应该以债务人财产究竟是否保值、增值为标准来判断；可以撤销的"以明显不合理的价格进行交易的"行为，主要指高价买进、低价卖出的行为，甚至也会涉及善意取得问题。⑧

对此，最高人民法院在2013年发布的《关于适用〈中华人民共和国企业破产法〉若干问题的规定（二）》第11条中，细化了相关规则："人民法院根据管理人的请求撤销涉及债务人财产的以明显不合理价格进行的交易的，买卖双方应当依法返还从对方获取的财产或者价款。因撤销该交易，对于债务人应返还受让人已支付价款所产生的债务，受让人请求作为共益债务清偿的，人民法院应予支持。"这也就是说，如果管理人依据"以明显不合理的价格进行交易"请求撤销债务人行为，会产生两个结果：第一，双方均应返还从对方处获取的财产或价款；第二，因撤销交易而产生的债务人应返还受让人已支付价款所产生的债务，列入共益债务，根据《企业破产法》第42、43条，由债务人财产随时清偿。

（三）对没有财产担保的债务提供财产担保的

这里规范的是虚假担保。按照王卫国的解读，虚假担保的存在会使得本应用于集体清偿的债务人财产，因为虚假担保的存在而无形中减少，

---

① 参见韩传华：《企业破产法解析》，人民法院出版社2007年版，第122页。
② 参见齐明：《中国破产法原理与适用》，法律出版社2017年版，第85、87页。
③ 参见韩传华：《企业破产法解析》，人民法院出版社2007年版，第124—126页。
④ 参见齐明：《中国破产法原理与适用》，法律出版社2017年版，第84—85页。
⑤ 参见齐明：《中国破产法原理与适用》，法律出版社2017年版，第86页。
⑥ 参见韩传华：《企业破产法解析》，人民法院出版社2007年版，第126页。
⑦ 参见韩传华：《企业破产法解析》，人民法院出版社2007年版，第127—129页。
⑧ 参见齐明：《中国破产法原理与适用》，法律出版社2017年版，第87页。

最终影响所有债权人的清偿利益。①

《企业破产法》起草小组对此更进一步明确，本项禁令的准确适用，需要注意如下诸点：第一，只禁止债务人对既有债务提供担保，如果债务人在举债同时设定担保，则不受本项禁令的限制；第二，这里的担保既包括债务人为自己的债务提供担保，也包括债务人为他人的债务提供担保；第三，这里的担保是在债务人名下财产上设定，如果系在他人财产上设定，事实上有利于扩大债务人财产；第四，时间范围必须要在破产受理前一年内。②

王卫国亦特别强调，本项禁止为未设定担保的债务提供财产担保，但并不禁止新设担保。新设担保的存在，在设定担保的同时，也会使得债务人财产增大，最终使得债权人整体利益受益。③

（四）对未到期的债务提前清偿的

按照《民法典》第 530 条规定，债务人在不损害债权人利益的情形下，可以提前履行债务。但前述情形，仅适用于个体债权人；破产程序追求集体清偿，因此在破产程序启动前一年内，债务人清偿个别债权人未到期债务的行为，会损及其他债权人的清偿利益，因此有必要限制。

（五）放弃债权的

《企业破产法》起草小组认为，在债权人不具备破产原因时，放弃债权属于个体自由，也不损及任何第三方利益，放弃债权当然不在禁止之列；但在具备破产原因且距离破产受理前一年时间内，放弃债权实质上放弃的是债权人的清偿利益，故有必要禁止；但如果债务人放弃债权后获得更为可观的回报，间接导致债权人清偿利益增大，则放弃债权有允许的空间。④

整体来看，本条法律规范已将可撤销行为定性，由此在法律上赋予管理人对债务人无效财产的追回权。⑤ 除了上述要点，本条规定还面临如下几个问题：

其一，债务人如果在法院受理破产申请前一年内，偿还债务人用特定财产担保的债务，管理人是否有权请求撤销？韩传华认为，管理人此时无权撤销，因为债务人对债务人用特定财产担保的债务清偿后，用于担保的特定财产就解除了担保，因此不影响无担保债权人的权益。在这种情况下，如果相关清偿也不影响《企业破产法》第 132 条规定的职工债权，除提前还的利息之外，管理人应绝对无权请求撤销；如果相关清偿影响《企业破产法》第 132 条规定的职工债权，管理人应当保证在职工债权优先于担保债权的范围内，有权请求债务人撤销提前偿还债务人用特定财产担保的债务和相应行为。⑥

其二，破产撤销权的行使，需不需要以交易双方具有主观恶意为要件？齐明认为，如果要求行为人主观恶意，必然会加重管理人破产撤销权行使时的举证责任，这也会在客观上让破产撤销权无法实施。因此，《企业破产法》在立法上并不要求交易双方具有主观恶意，相关行为只要满足《企业破产法》第 31 条规定的客观条件，即可行使撤销权。⑦

那么这里涉及的另外一个问题，即管理人如果提起涉及债务人不当行为的诉讼，原、被告等应如何安排？韩传华认为，在这种情况下，原告只能是管理人，而被告则是债务人不当行为的相对方，其他诸如管理人以债务人为原告、被告或者以债务人为共同被告，均在法理上有欠周延。管理人在起诉时，可以依据《企业破产法》第 128 条，将债务人的法定代表人和其他直接责任人员，列为共同被告。⑧

另外，对于上述有关管理人撤销权的规定，王欣新和郭丁铭认为，制度设计在撤销权异议方面尚有缺憾：如果管理人决定不行使撤销权而债权人会议认为应该行使，或者管理人决定行使撤销权而债权人会议认为不应该行使时，需要进一步明确产生这种冲突时的处理机制，通过对撤销成本和撤销收益的比较来寻求合理决策。王、郭等建议，应当在未来立法中，允许债权人会议对管理人的决定向法院提出异议，最终由法院来对管理

---

① 参见王卫国：《破产法精义》（第 2 版），法律出版社 2020 年版，第 118 页。
② 参见《中华人民共和国企业破产法》起草组编：《〈中华人民共和国企业破产法〉释义》，人民出版社 2006 年版，第 133 页。
③ 参见王卫国：《破产法精义》（第 2 版），法律出版社 2020 年版，第 118—119 页。
④ 参见《中华人民共和国企业破产法》起草组编：《〈中华人民共和国企业破产法〉释义》，人民出版社 2006 年版，第 134 页。
⑤ 参见韩传华：《企业破产法解析》，人民法院出版社 2007 年版，第 131 页。
⑥ 参见韩传华：《企业破产法解析》，人民法院出版社 2007 年版，第 129 页。
⑦ 参见齐明：《中国破产法原理与适用》，法律出版社 2017 年版，第 88 页。
⑧ 参见韩传华：《企业破产法解析》，人民法院出版社 2007 年版，第 123—124 页。

第三十一条

人究竟是否应该提出撤销作出裁定。①

整体来看，破产撤销权是把双刃剑：一方面，破产撤销权能够使债务人财产保值、增值，实现债权人利益的最大化；但另一方面，破产撤销权的不正确行使，往往会影响交易伙伴对债务人企业的信心，进而影响交易安全，甚至能够加速债务人企业的破产，因此需要将破产撤销权的行使控制在合理的范围内：第一，严格确保只有管理人有权请求法院行使破产撤销权；第二，确保破产程序启动前一年这一除斥期间不会以任何借口被延展；第三，把被撤销行为相对方支付的对价列入共益债务，优先清偿。②

【关联法律法规及司法政策】

《民法典》(2020)

第三百八十六条　担保物权人在债务人不履行到期债务或者发生当事人约定的实现担保物权的情形，依法享有就担保财产优先受偿的权利，但是法律另有规定的除外。

第三百八十七条　债权人在借贷、买卖等民事活动中，为保障实现其债权，需要担保的，可以依照本法和其他法律的规定设立担保物权。

第三人为债务人向债权人提供担保的，可以要求债务人提供反担保。反担保适用本法和其他法律的规定。

第五百三十条　债权人可以拒绝债务人提前履行债务，但是提前履行不损害债权人利益的除外。

债务人提前履行债务给债权人增加的费用，由债务人负担。

第五百三十八条　债务人以放弃其债权、放弃债权担保、无偿转让财产等方式无偿处分财产权益，或者恶意延长其到期债权的履行期限，影响债权人的债权实现的，债权人可以请求人民法院撤销债务人的行为。

第五百三十九条　债务人以明显不合理的低价转让财产，以明显不合理的高价受让他人财产或者为他人的债务提供担保，影响债权人的债权实现，债务人的相对人知道或者应当知道该情形的，债权人可以请求人民法院撤销债务人的行为。

第五百四十条　撤销权的行使范围以债权人的债权为限。债权人行使撤销权的必要费用，由债务人负担。

第五百四十一条　撤销权自债权人知道或者应当知道撤销事由之日起一年内行使。自债务人的行为发生之日起五年内没有行使撤销权的，该撤销权消灭。

第五百四十二条　债务人影响债权人的债权实现的行为被撤销的，自始没有法律约束力。

《公益事业捐赠法》(1999)

第二条　自然人、法人或者其他组织自愿无偿向依法成立的公益性社会团体和公益性非营利的事业单位捐赠财产，用于公益事业的，适用本法。

第三条　本法所称公益事业是指非营利的下列事项：

（一）救助灾害、救济贫困、扶助残疾人等困难的社会群体和个人的活动；

（二）教育、科学、文化、卫生、体育事业；

（三）环境保护、社会公共设施建设；

（四）促进社会发展和进步的其他社会公共和福利事业。

第四条　捐赠应当是自愿和无偿的，禁止强行摊派或者变相摊派，不得以捐赠为名从事营利活动。

第二十四条　公司和其他企业依照本法的规定捐赠财产用于公益事业，依照法律、行政法规的规定享受企业所得税方面的优惠。

最高人民法院《关于适用〈中华人民共和国企业破产法〉若干问题的规定(二)》(2020)

第九条　管理人依据企业破产法第三十一条和第三十二条的规定提起诉讼，请求撤销涉及债务人财产的相关行为并由相对人返还债务人财产的，人民法院应予支持。

管理人因过错未依法行使撤销权导致债务人财产不当减损，债权人提起诉讼主张管理人对其损失承担相应赔偿责任的，人民法院应予支持。

第十条　债务人经过行政清理程序转入破产程序的，企业破产法第三十一条和第三十二条规定的可撤销行为的起算点，为行政监管机构作出撤销决定之日。

债务人经过强制清算程序转入破产程序的，企业破产法第三十一条和第三十二条规定的可撤销行为的起算点，为人民法院裁定受理强制清算申请之日。

第十一条　人民法院根据管理人的请求撤销涉及债务人财产的以明显不合理价格进行的交易的，买卖双方应当依法返还从对方获取的财产或

---

① 参见王欣新、郭丁铭：《论我国破产管理人职责的完善》，载《政治与法律》2010年第9期，第7页。
② 参见齐明：《中国破产法原理与适用》，法律出版社2017年版，第86—87页。

者价款。

因撤销该交易,对于债务人应返还受让人已支付价款所产生的债务,受让人请求作为共益债务清偿的,人民法院应予支持。

第十二条 破产申请受理前一年内债务人提前清偿的未到期债务,在破产申请受理前已经到期,管理人请求撤销该清偿行为的,人民法院不予支持。但是,该清偿行为发生在破产申请受理前六个月内且债务人有企业破产法第二条第一款规定情形的除外。

第十三条 破产申请受理后,管理人未依据企业破产法第三十一条的规定请求撤销债务人无偿转让财产、以明显不合理价格交易、放弃债权行为的,债权人依据民法典第五百三十八条、第五百三十九条等规定提起诉讼,请求撤销债务人上述行为并将因此追回的财产归入债务人财产的,人民法院应予受理。

相对人以债权人行使撤销权的范围超出债权人的债权抗辩的,人民法院不予支持。

最高人民法院《关于推进破产案件依法高效审理的意见》(2020)

21.债务人财产去向不明,或者债权人、出资人等利害关系人提供了债务人相关财产可能存在被非法侵占、挪用、隐匿等情形初步证据或者明确线索的,管理人应当及时对有关财产的去向情况进行调查。有证据证明债务人及其有关人员存在企业破产法第三十一条、第三十二条、第三十三条、第三十六条等规定的行为的,管理人应当依法追回相关财产。

【裁判要旨】
案例1
上诉人孙雷、陈红与被上诉人安徽大蔚置业有限公司管理人破产撤销权纠纷案
法院:安徽省高级人民法院
案号:(2015)皖民二终字第00293号
事实:上诉人孙雷、陈红与被上诉人安徽大蔚置业有限公司管理人破产撤销权纠纷一案,不服安徽省六安市中级人民法院于2015年1月26日作出的(2014)六民二初字第00358号民事判决,向安徽省高级人民法院提起上诉。

2012年10月10日,安徽大蔚置业有限公司(以下简称大蔚公司)的副总经理陈红在安徽致嘉汽车销售服务有限公司刷卡消费18万元,支付从该公司购买的斯柯达昊锐牌轿车购车款。同日,陈红用该卡在中国人民财产保险股份有限公司合肥市第三支公司刷卡消费5698元,支付车辆保险费。2012年10月26日,陈红作为主经手人分别以"购车费用""车辆保险费"为领款事由,填写领款197145元、5698元的领款凭单。2012年11月1日,大蔚公司依据领款凭单、购车发票等将购车款197145元及车辆保险费5698元入账。

2013年6月28日,大蔚公司与陈红签订《二手机动车转让协议书》,约定大蔚公司将其所有的皖N0H0××大众斯柯达昊锐牌汽车,以10万元价格转让给陈红。2013年7月1日,大蔚公司出具一份《说明》载明:"截至2013年7月1日,公司累计拖欠陈红工资、年终奖合计约90万元。现经公司研究决定以号牌为皖N0H0××大众斯柯达轿车抵付陈红2010年工资10万元,该轿车过户至陈红指定的孙雷名下。"2013年7月15日,大蔚公司与孙雷签订《二手机动车转让协议书》,约定大蔚公司将其所有的皖N0H0××大众斯柯达昊锐牌汽车以10万元价格,转让给孙雷,并办理过户登记。该笔10万元转让款在大蔚公司2013年7月31日的记账凭证中作为借方资产以"1133.02 其他应收款-个人往来/客户:230-孙雷"显示。

2014年4月8日,原审法院安徽省六安市中级人民法院裁定受理六安经济技术开发区管理委员会、郝昌田、郝成勇对大蔚公司的破产清算申请。陈红作为公司高管向大蔚公司管理人申报债权664000元,大蔚公司管理人核定陈红的职工债权为95326.70元,下余568673.25元作为普通债权申报。

大蔚公司管理人在原审中的诉讼请求为:撤销孙雷与其签订的《二手机动车转让协议书》;孙雷返还其斯柯达昊锐轿车一辆;本案诉讼费用由孙雷承担。

原审法院一审判决:(1)撤销大蔚公司与孙雷签订的《二手机动车转让协议书》;(2)孙雷于判决生效之日将受让的皖N0H0××大众斯柯达昊锐轿车一辆返还给大蔚公司管理人。孙雷、陈红不服原审判决,向安徽省高级人民法院提起上诉。

裁判要旨:债务人企业向高管低价转让财产,以折抵其拖欠工资,属于以明显不合理价格转让而应撤销的行为。债务人企业的高管若确有证据证明债务人拖欠其该部分工资,可依据《企业破产法》相关规定,另行申报债权。在破产企业普遍拖欠职工工资情况下,其董事、监事、高级管理人员利用职权获取的工资性收入,应当认定为《企业破产法》第36条规定的"非正常收入",管理人应当追回。

裁判理由:安徽省高级人民法院认为,本案二审争议的焦点为:(1)涉案车辆是否属大蔚公司所有,若属于,大蔚公司转让涉案车辆的价格是否属于"明显不合理"范畴,应否撤销;(2)陈红以大蔚公司拖欠其工资抵销其应付的涉案车辆转让款10万元,是否属于"利用职权从企业获取的非正常收入",大蔚公司管理人是否应当追回。

关于焦点一。陈红出资购买涉案车辆后,又以"购车费用""车辆保险费"为领款事由在大蔚公司报销购车费用,故涉案车辆系大蔚公司出资购买。且陈红与大蔚公司签订的《二手机动车转让协议书》,也明确认可大蔚公司系涉案车辆所有人。因此,涉案车辆系大蔚公司出资购买,属于大蔚公司所有。至于陈红在收到向梅光世的借款744426元后,实际支出是否超过所借款项,能否抵销大蔚公司购车款,均与本案无关。大蔚公司因出资取得车辆所有权后,于2013年6月28日与陈红签订《二手机动车转让协议书》,将涉案车辆转让给陈红,但转让价格10万元与车辆折旧后实际价值172173.32元相比,明显不合理,且该转让行为在原审法院受理债权人申请大蔚公司破产前一年内,故原审判决撤销大蔚公司与孙雷(按陈红指定)的《二手机动车转让协议书》,并判决孙雷返还车辆,符合《企业破产法》的相关规定。

关于焦点二。根据最高人民法院《关于适用〈中华人民共和国企业破产法〉若干问题的规定(二)》第24条第1款第2项的规定,在破产企业普遍拖欠职工工资情况下,其董事、监事、高级管理人员利用职权获取的工资性收入,人民法院应当认定为《企业破产法》第36条规定的"非正常收入",管理人应当追回。本案中,大蔚公司管理人在原审中提供的《大蔚公司职工债权公示表》一份,证明自2013年1月起大蔚公司已全面拖欠职工工资,陈红作为大蔚公司副总经理,以10万元工资抵销应付的涉案车辆转让款,应当属于"利用职权从企业获取的非正常收入",大蔚公司管理人应当追回,陈红依法应予返还。陈红若确有证据证明大蔚公司拖欠其该部分工资,可依据《企业破产法》相关规定另行申报债权。

综上,孙雷、陈红的上诉理由不能成立,其上诉请求应予驳回。原审判决认定事实清楚,适用法律正确,应予维持。安徽省高级人民法院于2015年6月2日作出判决:驳回上诉,维持原判。

案例2
无锡汇宇投资有限公司与中国民生银行股份有限公司无锡分行破产撤销权纠纷案
法院:江苏省高级人民法院
案号:(2015)苏商终字第00617号
事实:上诉人中国民生银行无锡分行股份有限公司(以下简称民生银行无锡分行)因与被上诉人无锡汇宇投资有限公司管理人破产撤销权纠纷一案,不服江苏省无锡市中级人民法院(2015)锡商初字第0050号民事判决,向江苏省高级人民法院提起上诉。

2012年8月13日,民生银行无锡分行与元行公司签订编号为公授信字第99082012272715的《综合授信合同》(以下简称2715号授信合同),约定元行公司向民生银行无锡分行申请最高授信额度1.5亿元,无锡市冠鹏钢业有限公司、曹亚萍、陈建清对此提供保证担保。后民生银行无锡分行在2013年5月22日、2013年6月18日、2013年7月23日、2013年8月5日,四次签订《银行承兑协议》,为元行公司承兑金额分别为8000万元、4794万元、6120万元、5000万元的汇票,元行公司依约存入票面金额的30%缴存保证金。2013年8月2日,针对8000万元的承兑汇票,双方签订《追加保证金质押担保之协议书》,元行公司追加1740.2万元作为保证金质押。

2013年11月6日,民生银行无锡分行与元行公司签订编号为公授信字第ZH1300000218413的《综合授信合同》(以下简称8413号授信合同),约定元行公司向民生银行无锡分行申请最高授信额度1.495亿元,汇宇公司对此提供最高额抵押担保,并约定民生银行无锡分行与元行公司已签订的未结清的授信合同额度转入本合同项下。同日,民生银行无锡分行与汇宇公司签订《最高额抵押合同》,约定汇宇公司在最高债权额2亿元范围内,以上海市虹口区四平路194、198号地上部分,204、208号全幢为元行公司与民生银行无锡分行在2013年11月6日至2016年11月6日发生的主债权提供抵押担保,并约定基于2715号授信合同发生的所有授信业务均纳入本合同抵押担保的范围内。2013年11月11日,民生银行无锡分行办理了抵押登记手续,并领取了编号为"虹201309013151"的房地产权证。

2014年8月27日,一审法院裁定受理元行公司、汇宇公司的破产清算申请。元行公司与汇宇公司系关联公司,股东均为陈建清、曹亚萍。该案一审判决撤销汇宇公司与民生银行无锡分行在编号为"虹201309013151"房地产权证项下设立的抵押。

民生银行无锡分行上诉请求:撤销一审判决,改判驳回汇宇公司的诉讼请求,一、二审诉讼费用由汇宇公司负担。

裁判要旨:破产撤销权中"对没有财产担保的债务提供财产担保"撤销,是破产法为防止债务人在没有清偿能力的情况下,通过偏袒性清偿债务的方法损害全体或者多数债权人利益,破坏公平清偿原则而设立的特殊制度。债务人企业在受理破产申请前一年内针对保证金额度外的债务设立抵押担保,属于可撤销行为。

裁判理由:据江苏省高级人民法院概括,本案二审争议焦点:汇宇公司对案涉债务提供的抵押担保是否符合法律规定的撤销条件。

江苏省高级人民法院认为:汇宇公司设定的案涉抵押担保符合《企业破产法》第 31 条规定的撤销条件,理由详述如下:

(1)汇宇公司提供抵押担保所对应的债务属于《企业破产法》第 31 条第 3 项规定的没有财产担保的债务。汇宇公司上诉称,案涉抵押担保所针对的债务存在元行公司的保证金质押担保,且保证金系对 2715 号授信合同、8413 号授信合同项下全部债务提供担保,故案涉债务并非没有财产担保的债务,本案不符合法律规定的撤销条件。本院认为,虽然元行公司在申请民生银行无锡分行承兑汇票时存入一定比例的保证金,但是汇宇公司提供抵押担保的债务系保证金额度外的债务,属于《企业破产法》第 31 条第 3 项规定的没有财产担保的债务。一方面,两份授信合同已明确约定授信额度指扣除保证金担保的净额度,缴纳保证金后所使用的等额融资不占用上述额度,而元行公司缴纳的保证金不足以覆盖全部债务,汇宇公司设立抵押担保的债务为保证金额度外的债务,并无元行公司的保证金质押担保。另一方面,案涉债务系民生银行无锡分行的垫付款,并无保证金的担保。4 份《银行承兑协议》均约定,民生银行无锡分行在收到提示付款的承兑汇票,在汇票到期时先以元行公司的保证金对外支付……为保证本协议项下的垫款能够得到清偿,双方约定采取如下一项或数项担保:保证人……抵押人……质押人……民生银行无锡分行自垫付票款之日起,有权要求担保人履行担保责任。故案涉债务系承兑汇票到期后民生银行无锡分行对外付款产生的垫付款,元行公司交纳的保证金已在汇票到期后被民生银行无锡分行扣划用于对外付款,对保证金之外的民生银行无锡分行的垫付款而言,不再存在保证金的担保,故汇宇公司提供抵押担保的案涉债务依然属于没有财产担保的债务,民生银行无锡分行主张因存在保证金的质押担保,案涉债务不属于没有财产担保的债务不能成立。

(2)本案汇宇公司管理人有权行使破产撤销权。《企业破产法》第 31 条第 3 项规定,人民法院受理破产申请前一年内,债务人对没有财产担保的债务提供财产担保的,管理人有权请求人民法院予以撤销。上述破产撤销权中"对没有财产担保的债务提供财产担保"撤销,是破产法为防止债务人在没有清偿能力的情况下,通过偏袒性清偿债务的方法损害全体或者多数债权人利益,破坏公平清偿原则而设立的特殊制度。本案中,汇宇公司在为元行公司无担保的案涉债务提供担保后不足一年即符合破产条件。汇宇公司为其关联公司元行公司提供案涉担保的情形符合上述法律规定的撤销权条件,在汇宇公司进入破产程序后,其管理人有权依照上述法律规定行使破产撤销权,原审判决撤销案涉抵押并无不当。

综上所述,民生银行无锡分行的上诉请求不能成立,应予驳回。一审判决认定事实清楚,适用法律正确,应予维持。2016 年 12 月 1 日,江苏省高级人民法院判决:驳回上诉,维持原判决。

案例 3
福建省南平市建工房地产综合开发有限公司破产管理人与林忠破产撤销权纠纷案

法院:福建省高级人民法院
案号:(2016)闽民终 48 号
事实:上诉人福建省南平市建工房地产综合开发有限公司破产管理人因与被上诉人林忠破产撤销权纠纷一案,不服福建省南平市中级人民法院(2015)南民初字第 279 号民事判决,向福建省高级人民法院提起上诉。

2014 年 6 月 5 日,案外人李玉春向林忠出具《借款条》一张,载明"兹因投资建设需要,向林忠同志借到人民币壹拾万元整。此:借款人李玉春"。建工公司在该《借款条》"担保方"一栏加盖公章。2015 年 6 月 4 日,原审法院裁定受理了杨莆华等人对建工公司的破产清算申请。另查明,李玉春为建工公司法定代表人。

原审中建工公司管理人诉请撤销建工公司 2014 年 6 月 5 日为李玉春向林忠借款作出的担保行为。原审法院判决:驳回建工公司管理人的诉讼请求。一审案件受理费 2300 元,由建工公司管理人负担。一审判决后,建工公司管理人不服,向福建省高级人民法院提起上诉。

裁判要旨:"无偿转让财产"是以无对价的方式将债务人财产让渡给他人的行为。债务人在人民法院受理破产申请前一定期限内对没有财产担保的债务提供财产担保,意味着本应用于集体清偿的财产变成有财产担保的债权人优先受偿的标的,从而使普通债权人通过破产程序所能够获得的清偿数额减少,这不符合通过破产程序实现公平清偿的目标。

裁判理由:福建省高级人民法院认为,本案当事人争议的焦点是:建工公司为涉案借款所作担保是否属于我国《企业破产法》第 31 条第 1 项、第 3 项规定的可撤销情形。

福建省高级人民法院认为,建工公司于 2014 年 6 月 5 日向林忠出具一份《担保书》,为李玉春的债务承担保证责任,该《担保书》已为债权人林忠接受,建工公司与林忠之间的保证合同成立,保证合同的约定系双方当事人的真实意思表示,内容未违反法律、行政法规的强制性规定,是有效的,双方均应按保证合同约定履行义务。

可撤销的行为是指对债务人在破产申请受理前一定期限内所为的有害于破产债权人整体利益的行为予以撤销,使其失去效力的行为。为维护正常交易秩序的稳定性,管理人可撤销的行为必须限定于《企业破产法》第 31 条、第 32 条明文规定的行为。而《企业破产法》第 31 条第 1 项规定"无偿转让财产",是以无对价的方式将债务人财产让渡给他人的行为。例如,直接将债务人财产赠与他人。在破产程序中,有财产担保的债权较之普通债权优先受偿,债务人在人民法院受理破产申请前一定期限内对没有财产担保的债务提供财产担保,意味着本应用于集体清偿的财产变成了有财产担保的债权人优先受偿的标的,从而使普通债权人通过破产程序所能够获得的清偿数额减少,这显然是不符合通过破产程序实现公平清偿的目标。故《企业破产法》第 31 条第 3 项将"对没有财产担保的债务提供财产担保的"规定为可撤销行为。建工公司为李玉春债务提供担保的行为系增加建工公司的债务而非无偿转让财产行为,且建工公司依法亦有权在承担担保责任之后向李玉春追偿。建工公司管理人认为因建工公司难以实现追偿权故主张建工公司提供担保的行为系无偿,不符合《企业破产法》第 31 条第 1 项规定的情形。林忠的保证债权来源系因建工公司为李玉春的债务提供担保,林忠作为申报债权人并不享有优先于建工公司普通债权受偿的权利,亦不符合《企业破产法》第 31 条第 3 项规定的可撤销的情形。

综上,福建省高级人民法院认为,本案中建工公司为他人债务提供担保,不属于《企业破产法》第 31 条第 1、3 项规定的可撤销的情形。管理人要求撤销建工公司出具的《担保书》缺乏法律依据。原审法院驳回建工公司管理人诉讼请求并无不当,应予以维持。据此,福建省高级人民法院于 2016 年 2 月 25 日作出判决:驳回上诉,维持原判。

【学理综述】

王欣新在《中国法学》2007 年第 5 期上,发表《破产撤销权研究》一文。在该文中,作者从如下几个方面对破产撤销权做了详细分析:第一,破产撤销权之概念与立法模式。第二,撤销权之构成要件。客观方面包括:债务人有损害债权人利益的行为且持续有效存在;行为发生在破产程序开始前的法定可撤销期间内;撤销权在法定期间内行使。主观方面则主要看交易相对人的相关行为是否具备主观恶意。第三,撤销权之当事人及权利行使之法律后果。撤销权行使主体是管理人,其履职不需要债权人或者债权人会议审查并授权。撤销权诉讼的被告是债务人,撤销行为的相对人可以以第三方身份参加诉讼;如交易相对方不予配合,其亦可作为被告。第四,可撤销行为的详细分析。作者在这里将可撤销行为分为无效行为和可撤销行为:前者包括为逃避债务而隐匿、转移财产的行为和虚构债务或者承认不真实债务的行为;后者包括欺诈行为和偏袒性清偿行为。第五,可撤销行为的法律责任。在上述分析的基础上,作者认为,撤销权的设置是维护债权人整体利益、保证公平清偿为基础的制度,故不得不舍弃债务人与行为相对人交易自由的保护,来维护债权人之间的实质平等,进而实现破产法意义上的横溢;鉴于撤销权制度对交易稳定性的巨大威胁,作者认为应该强调撤销权行使时的利益平衡问题。[①]

第三十二条 人民法院受理破产申请前六个月内,债务人有本法第二条第一款规定的情形,仍对个别债权人进行清偿的,管理人有权请求人民法院予以撤销。但是,个别清偿使债务人财产受益的除外。

【立法沿革】

《企业破产法(试行)》(1986)

第三十五条 人民法院受理破产案件前六个月至破产宣告之日的期间内,破产企业的下列行为无效:

(一)隐匿、私分或者无偿转让财产;

(二)非正常压价出售财产;

(三)对原来没有财产担保的债务提供财产担保;

(四)对未到期的债务提前清偿;

(五)放弃自己的债权。

破产企业有前款所列行为的,清算组有权向人民法院申请追回财产。追回的财产,并入破产

[①] 参见王欣新:《破产撤销权研究》,载《中国法学》2007 年第 5 期,第 147—162 页。

财产。

《破产法》(1995年草案)

第二十六条 人民法院受理破产案件六个月内,债务人已知其不能清偿到期债务,对个别债权人仍进行清偿,损害其他债权人利益的,债权人所受的清偿,不得对抗其他债权人,但是,个别清偿使破产财产受益的,不在此限。

债务人有前款行为的,管理人、破产清算人应当请求人民法院予以撤销。

《企业破产与重整法》(2000年6月草案)

第二十四条 人民法院受理破产案件前六个月内,债务人已知其不能清偿到期债务,对个别债权人仍进行清偿,损害其他债权人利益的,债权人所受的清偿,不得对抗其他债权人。

债务人有前款行为的,管理人、破产清算人应当请求人民法院予以撤销。

《企业破产与重整法》(2000年12月草案)

第二十四条 人民法院受理破产案件前六个月内,债务人已知其不能清偿到期债务,仍对个别债权人进行清偿,损害其他债权人利益的,管理人有权请求人民法院予以撤销。

《企业破产与重整法》(2001年1月草案)

第二十五条 人民法院受理破产案件前六个月内,债务人已知其不能清偿到期债务,仍对个别债权人进行清偿,损害其他债权人利益的,管理人有权请求人民法院予以撤销。

《企业破产法》(2004年3月草案A版)

第三十四条 人民法院受理破产案件前六个月内,债务人已知其不能清偿到期债务,仍对个别债权人进行清偿,损害其他债权人利益的,管理人有权请求人民法院予以撤销。但是,个别清偿使债务人财产受益的,不在此限。

《企业破产法》(2004年3月草案B版)

第三十五条 人民法院受理破产案件前六个月内,债务人已知不能清偿到期债务,仍对个别债权人进行清偿,损害其他债权人利益的,管理人有权请求人民法院予以撤销。但是,个别清偿使债务人财产受益的,不在此限。

《企业破产法》(2004年6月草案)

第三十四条 人民法院受理破产案件前六个月内,债务人已知其不能清偿到期债务,仍对个别债权人进行清偿,损害其他债权人利益的,管理人有权请求人民法院予以撤销。但个别清偿使债务人财产受益的除外。

《企业破产法》(2004年10月草案)

第三十四条 人民法院受理破产案件前六个月内,债务人有本法第二条第一款规定的情形,仍对个别债权人进行清偿,损害其他债权人利益的,管理人有权请求人民法院予以撤销。但个别清偿使债务人财产受益的除外。

【条文释义】

本条规定的是对偏颇性清偿的撤销。

从立法史的视角看,本条在不同时期的草案中,均保持一致,无论是破产申请受理前6个月内这一期限,还是债务人具备破产原因而向个别债权人做清偿这一要求,均未发生实质性变化。相对明显的变化,是在后期草案尤其是定稿中,加入了偏颇性清偿导致债务人财产增加时撤销例外的但书规定。

偏颇性清偿的存在,有违破产法的基本价值追求,亦即债权人的公平清偿、同等位阶债权人同比例清偿等基本原则,最终破坏的是破产法的秩序。因此,本条规范通过破产撤销权,原则上禁止偏颇性清偿。①

本条规范共分2层含义:

第1层:"人民法院受理破产申请前六个月内,债务人有本法第二条第一款规定的情形,仍对个别债权人进行清偿的,管理人有权请求人民法院予以撤销。"

从本条规范的字面描述,我们可以提炼出构成偏颇性清偿可以被撤销的四个要件:

第一,"人民法院受理破产案件前六个月内"。这一规范严格限定偏颇性清偿撤销的时间要件。较之《企业破产法》第31条对于欺诈性转让的撤销权,偏颇性清偿撤销权行使的时间范围,要更为宽容。按照齐明的解读,这是因为偏颇性清偿的实质,不是债务人通过各种行为拒绝履行针对债权人的到期债务,而是履行到期债务,只不过在众多债权人之间做选择,其危害程度小于欺诈性转让。②

从实务操作层面,韩传华认为管理人有如下几点需要注意:第一,在行使该项请求权之前,需要论证的是债务人所为的个别清偿,发生时间在法院受理破产之日前6个月内,而且该个别清偿发生时债务人已具备《企业破产法》第2条规定的破产原因;第二,管理人应合理判断该个别清偿是

---

① 参见齐明:《中国破产法原理与适用》,法律出版社2017年版,第88页。
② 参见齐明:《中国破产法原理与适用》,法律出版社2017年版,第89页。

否确实"使债务人财产受益",如果肯定,则管理人无权请求撤销;第三,管理人应区别是否针对"个别债权人"的个别清偿,这既排除了债务人对行政部门生效行政处罚决定的履行,也排除了债务人对法院、仲裁庭生效判决和仲裁的履行。①

另外,如果同一交易行为,其缔约时间、交易完成时间有持续性且跨越"人民法院受理破产申请前六个月内"这一时间期限,究竟该如何确定管理人是否还具有撤销申请权?韩传华认为,如果管理人对于交易时间提出相关行为完成时的时间证明,则应认为管理人已完成其举证责任;如果相对人能够证明该行为发生时间是在完成时间之前,且能证明相对人的行为是善意的,那么则视该行为发生的时间为行为时间,进而由此确认相关行为时间是否符合"人民法院受理破产申请前一年内"这一期限要求。②

第二,"债务人有本法第二条第一款规定的情形"。亦即债务人具备《企业破产法》规定的破产原因,需要结合相应法律条文来理解。按照《企业破产法》第2条,当破产原因成就时,债务人仍然选择向个别债权人清偿,即构成偏颇性清偿。③

齐明认为,本条规定的立法精神,在于追求《企业破产法》第2条规定的破产原因实际成就时,债务人应自觉申请进入破产程序的效果,否则即便费尽九牛二虎之力想摆脱财务困境、避免破产程序的启动,但其所有从破产原因成就到破产程序启动之间的清偿行为,根据本条的规定都可以被撤销,这为债务人、债权人提供了一种警示。在这种情况下,《企业破产法》第32条的实际效果就是使法院把对债务人破产原因实质性审查的效力,追溯到破产程序启动前6个月内。但齐明也指出,这一制度设计能否真正发挥作用,取决于很多因素,撤销权立法过于刚性、破产程序中的权力制衡机制缺位、破产审查期限过长等因素,都有可能抵销《企业破产法》第32条最终的实际效果。④

第三,"仍对个别债权人进行清偿",这是构成偏颇性清偿撤销权的事实要件。齐明认为,这一要件的表述比较简明扼要,但内涵比较丰富,只要债务人的清偿行为缺乏公平性,哪怕债务人是在全体债权人中间平均分配其财产,其仍然构成

偏颇性清偿,可以撤销。

那么,债务人如果在法院受理破产申请前半年内,个别清偿债务人用特定财产担保的债务,管理人是否有权请求撤销?韩传华认为,管理人此时无权撤销,因为债务人对债务人用特定财产担保的债务个别清偿后,用于担保的特定财产就解除了担保,因此不影响无担保债权人的权益。在这种情况下,如果相关清偿也不影响《企业破产法》第132条规定的职工债权,除提前偿还的利息之外,管理人应绝对无权请求撤销;如果相关清偿影响《企业破产法》第132条规定的职工债权,管理人应当保证职工在债权优先于担保债权的范围内,有权请求债务人撤销提前偿还债务人用特定财产担保的债务和相应行为。⑤

第四,"管理人有权请求人民法院予以撤销"。这一规范明确表明,《企业破产法》把偏颇性撤销权的行使主体,依旧赋予管理人,而未赋予债权人、债权人会议、债权人委员会等机构。

第2层:"但是,个别清偿使债务人财产受益的除外。"

本条规范还需要注意的是但书部分,即"但是,个别清偿使债务人财产受益的除外"这一规则,为偏颇性清偿撤销权的行使,提供了例外情形。鉴于偏颇性清偿撤销权的制度价值,准确理解这里的"个别清偿使债务人财产受益"十分重要。

按照《企业破产法》起草小组的观点,这一例外规则,实际上隐而不显地强调了可撤销的偏颇性清偿必然导致其他债权人权益受损的结果;反过来看,如果存在偏颇性清偿,但如果债务人财产在整体上获得增加、债权人的整体清偿利益得到保障,那么偏颇性清偿依然可以免于被撤销。⑥

齐明认为,《企业破产法》对偏颇性清偿撤销权的设计,比较严格。这在客观上会倒逼未进入破产程序但具备破产原因的债务人,及时申请破产,由此方能避免财产处分行为和债务人清偿行为被撤销的后果,从债权债务的枷锁中尽早解脱出来。⑦

另外,《企业破产法》起草小组还强调,准确理解本条所指的例外性规定,需要注意:在破产受

---

① 参见韩传华:《企业破产法解析》,人民法院出版社2007年版,第129—131页。
② 参见韩传华:《企业破产法解析》,人民法院出版社2007年版,第124—126页。
③ 参见齐明:《中国破产法原理与适用》,法律出版社2017年版,第89页。
④ 参见齐明:《我国破产原因制度的反思与完善》,载《当代法学》2015年第6期,第116—117页。
⑤ 参见韩传华:《企业破产法解析》,人民法院出版社2007年版,第129页。
⑥ 参见《中华人民共和国企业破产法》起草组编:《〈中华人民共和国企业破产法〉释义》,人民出版社2006年版,第136—137页。
⑦ 参见齐明:《中国破产法原理与适用》,法律出版社2017年版,第90页。

理前半年内,债务人仍然可能正常经营,这种情况下债务人履行义务的行为需要甄别是否属于偏颇性清偿,而这种甄别需要参考如下标准:第一,该行为是否属于债务人经营范围的必要活动;第二,该经营活动是否有助于提高债务人的清偿能力。在满足这两个条件的情况下,债务人履行债务义务的行为,可以考虑免于被撤销。① 王卫国具体列举这种可能免于被撤销的行为,比如债务人为维持经营而缴纳的电费、通信费;为维持生产而支付的原料款;为追讨债务而支付的律师费等。②

【关联法律法规及司法政策】

《民法典》(2020)

第七百六十条 融资租赁合同无效,当事人就该情形下租赁物的归属有约定的,按照其约定;没有约定或者约定不明确的,租赁物应当返还出租人。但是,因承租人原因致使合同无效,出租人不请求返还或者返还后会显著降低租赁物效用的,租赁物的所有权归承租人,由承租人给予出租人合理补偿。

最高人民法院《关于适用〈中华人民共和国企业破产法〉若干问题的规定(二)》(2020)

第九条 管理人依据企业破产法第三十一条和第三十二条的规定提起诉讼,请求撤销涉及债务人财产的相关行为并由相对人返还债务人财产的,人民法院应予支持。

管理人因过错未依法行使撤销权导致债务人财产不当减损,债权人提起诉讼主张管理人对其损失承担相应赔偿责任的,人民法院应予支持。

第十条 债务人经过行政清理程序转入破产程序的,企业破产法第三十一条和第三十二条规定的可撤销行为的起算点,为行政监管机构作出撤销决定之日。

债务人经过强制清算程序转入破产程序的,企业破产法第三十一条和第三十二条规定的可撤销行为的起算点,为人民法院裁定受理强制清算申请之日。

第十四条 债务人对以自有财产设定担保物权的债权进行的个别清偿,管理人依据企业破产法第三十二条的规定请求撤销的,人民法院不予支持。但是,债务清偿时担保财产的价值低于债权额的除外。

第十五条 债务人经诉讼、仲裁、执行程序对债权人进行的个别清偿,管理人依据企业破产法第三十二条的规定请求撤销的,人民法院不予支持。但是,债务人与债权人恶意串通损害其他债权人利益的除外。

第十六条 债务人对债权人进行的以下个别清偿,管理人依据企业破产法第三十二条的规定请求撤销的,人民法院不予支持:

(一)债务人为维系基本生产需要而支付水费、电费等的;

(二)债务人支付劳动报酬、人身损害赔偿金的;

(三)使债务人财产受益的其他个别清偿。

最高人民法院《关于推进破产案件依法高效审理的意见》(2020)

21.债务人财产去向不明,或者债权人、出资人等利害关系人提供了债务人相关财产可能存在被非法侵占、挪用、隐匿等情形初步证据或者明确线索的,管理人应当及时对有关财产的去向情况进行调查。有证据证明债务人及其有关人员存在企业破产法第三十一条、第三十二条、第三十三条、第三十六条等规定的行为的,管理人应当依法追回相关财产。

【裁判要旨】

案例 1

新疆青辰房地产开发有限公司与陈明杰、周继涛、李志付请求撤销个别清偿行为纠纷案

法院:新疆维吾尔自治区高级人民法院生产建设兵团分院

案号:(2017)兵民终 6 号

事实:上诉人新疆青辰房地产开发有限公司破产管理人因与被上诉人陈明杰、李志付、周继涛请求撤销个别清偿行为纠纷一案,不服新疆生产建设兵团第六师中级人民法院(2016)兵 06 民初 49 号民事判决,向新疆维吾尔自治区高级人民法院生产建设兵团分院提起上诉。

2013 年 8 月 20 日,青辰公司与重庆黄金公司签订《工程施工承包补充协议书》,协议约定:青辰公司将其开发的五家渠"碧水戎城"项目一期(F1-A)工程发包给重庆黄金公司施工。之后,重庆黄金公司将该工程转包给陈明杰、李志付、周继涛施工。在施工过程中,青辰公司未按施工进度支付工程款,工程停工。2015 年 4 月 28 日,青辰公司与重庆黄金公司签订《终止协议书》,约定解除双方间的施工合同并确定了民工工资和工程款

---

① 参见《中华人民共和国企业破产法》起草组编:《〈中华人民共和国企业破产法〉释义》,人民出版社 2006 年版,第 137 页。

② 参见王卫国:《破产法精义》(第 2 版),法律出版社 2020 年版,第 123 页。

的结算方式。后青辰公司未按协议约定支付民工工资和工程款，民工上访至五家渠市政府。2015年7月30日，经五家渠市政府有关部门协调，青辰公司与重庆黄金公司达成《补充协议》，该协议确认青辰公司欠重庆黄金公司各项款项共计725万元，青辰公司承诺以合法房产抵付欠款。2015年8月27日，青辰公司与实际施工人陈明杰、李志付、周继涛签订31份《商品房买卖合同》，青辰公司以31套商品房抵偿其欠重庆黄金公司的工程款725万元及利息，并于2015年8月28日在五家渠市房产局办理了备案。

2015年11月5日，原审法院裁定受理了青辰公司重整案。其后，陈明杰、李志付、周继涛向青辰公司管理人申请确认涉案的31份《商品房买卖合同》的债权。青辰公司管理人以该清偿行为是个别清偿行为为由不予确认。2016年9月23日，陈明杰、李志付、周继涛向原审法院提起诉讼。青辰公司管理人提出了反诉。

原审判决驳回被告（反诉原告）新疆青辰房地产开发有限公司破产管理人的反诉请求。青辰公司管理人提起上诉。

裁判要旨：债权人、债务人签署"以房抵债"协议并办理网签，其实质是债权人通过"以房抵债"，将不具有对抗第三人效力的债权，转化为具备对抗第三人效力的物权请求权。管理人依据《企业破产法》第32条的规定，行使对破产临界期内个别清偿的撤销权，有事实及法律依据。

裁判理由：新疆维吾尔自治区高级人民法院生产建设兵团分院认为，破产撤销权是指债务人财产的管理人对债务人在破产申请受理前的法定期间内进行的欺诈、或损害全体债权人进行公平清偿的行为，有申请法院予以撤销并追回财产的权利。破产撤销权是破产法为防止债务人在丧失清偿能力的情况下，通过无偿转让、非正常交易或者偏袒性清偿债务等方法损害全体或者多数债权人利益，破坏公平清偿原则而设立的特殊制度。通常情况下，只有债务人在破产程序启动时所拥有的财产才受破产法的约束，即属于债务人财产。而破产程序启动前债务人已经转让的财产原则上不属于债务人财产。但是，由于一些债务人出于种种利益动机，往往会在破产程序启动前竭力转移财产、逃避债务，或对个别债权人进行偏袒性清偿，一些债权人也利用各种不正当手段争夺财产，从而造成经济秩序的混乱，以致破产法公平清偿的立法目的无法实现。撤销权制度的设置，是以维护债权人整体利益、保护公平清偿为基础的，其在一定程度上舍弃了对债务人与行为相对人交易自由的保护。通过对债务人相关行为的撤销，保全了债务人责任财产，维护了债权人相互之间的实质平等，实现了破产财产在全体债权人之间的公平分配。撤销权行使的法律后果，是使债务人在申请受理前的法定期间内实施的损害债权人利益的行为因被撤销而丧失效力。管理人行使破产撤销权，目的在于增加可供分配的债务人财产，进而维护全体债权人的利益。在房地产开发企业破产中，"以房抵债"是常见情形，有直接交付房屋并办理所有权登记的；也有仅仅签订商品房预售合同，但通过网签或预告登记，将标的房屋锁定在债权人名下的。本案则是青辰公司以31套商品房抵偿其欠重庆黄金公司的欠款725万元及利息，在与重庆黄金公司的实际施工人陈明杰、李志付、周继涛签订《商品房买卖合同》后，通过网签将标的房屋锁定在陈明杰等三人名下。"以房抵债"合同是债权人与债务人依其意思自治对彼此权利义务的调整，同时，"以房抵债"合同较之正常交易形成的商品房预售合同又存在区别。正常交易合同属"同时交易"，在给债务人带来债务负担的同时，也带来新的价值或利益，不在管理人撤销之列。"以房抵债"合同却仅是在事后将债权人的金钱请求权转化为物权请求权。金钱请求权在不附担保物权的情况下不具备对抗第三人的物权效力。"以房抵债"的债权人不是消费者购房人，其物权请求权在不附预告登记的情况下，亦不具备对抗第三人的物权效力。

故本案二审争议的焦点是：青辰公司管理人诉请撤销陈明杰、李志付、周继涛与青辰公司于2015年8月27日签订的31份《商品房买卖合同》是否有事实和法律依据。现分析认定如下：

根据《企业破产法》第31、32条的规定，破产程序中可撤销的行为包括两类。第一类是欺诈行为，主要包括：（1）无偿转让财产的；（2）以明显不合理的价格进行交易的；（3）放弃债权。第二类是偏颇性清偿行为，主要包括：（1）对未到期的债务提前清偿；（2）对没有财产担保的债务提供财产担保；（3）危机期间的个别清偿行为，即第32条所规定的情形。从本案相关事实及证据分析，本案不存在债权人与债务人之间有欺诈行为，也不存在对未到期债务提前清偿及对没有财产担保的债务提供财产担保的情形。故本案二审重点审查的内容为是否存在《企业破产法》第32条规定的应予撤销的个别清偿行为。依据《企业破产法》第32条规定，撤销债务人清偿到期债务应具备三个条件：该清偿行为发生在人民法院受理破产申请6个月内；债务人清偿时已经出现不能清偿到期债务，并且资产不足以清偿全部债务或明显缺乏清偿能力；该行为没有使债务人的财产受益。

第一,关于清偿行为发生的时间。2015年10月23日,中强大公司、江苏信拓公司以青辰公司不能清偿到期债务为由向原审法院申请对青辰公司进行重整。原审法院于2015年11月5日裁定受理青辰公司重整,青辰公司于2015年8月27日与实际施工人陈明杰、李志付、周继涛签订31份《商品房买卖合同》,以31套商品房抵偿其欠重庆黄金公司的欠款725万元及利息,并于2015年8月28日在五家渠市房产局办理了备案。故青辰公司的清偿行为发生的时间,属于"人民法院受理破产申请前六个月内"的期间范围。

第二,关于青辰公司进行清偿行为时,是否已经出现不能清偿到期债务,并且资产不足以清偿全部债务或明显缺乏清偿能力。

首先,从青辰公司的经营情况看。2013年8月20日,青辰公司与重庆黄金公司签订《工程施工承包补充协议书》,约定将其开发的五家渠"碧水戎城"项目一期工程发包给重庆黄金公司施工,之后重庆黄金公司将该工程转包给陈明杰、李志付、周继涛施工。在施工过程中,青辰公司未按施工进度支付工程款,工程停工。2015年4月28日,青辰公司与重庆黄金公司签订《终止协议书》,约定协议签订3日内先解决工人工资150万元,发放民工工资后再清算。《终止协议书》签订后,青辰公司未按协议约定支付民工工资和工程款,民工上访至五家渠市政府。2015年7月30日,经五家渠市政府有关部门协调,青辰公司承诺以合法房产抵付欠款,并于当年8月27日与陈明杰、李志付、周继涛签订31份《商品房买卖合同》,约定房屋交付日期为2015年11月30日。青辰公司自2015年4月起停止施工,直至一审期间仍是停工状态。

其次,从青辰公司资产负债情况看。青辰公司提交的五家渠垦区人民法院、第六师中级人民法院、乌鲁木齐市天山区人民法院、乌鲁木齐市中级人民法院作出的相关裁判文书证实,本案个别清偿行为发生时,青辰公司已涉及多宗诉讼案件。如五家渠垦区人民法院于2015年7月30日作出的(2015)五垦法民二初字第00094号、第00076号民事判决书,证明青辰公司不能清偿冶建公司的到期债务时间是2015年8月15日,标的为606万元;相关的执行法律文书,证明青辰公司明显缺乏清偿能力,经人民法院强制执行仍无法清偿债务的事实,如新疆博思堂房产公司案、贾某某案。青辰公司不能清偿中强大公司的到期债务时间是2015年4月至2015年8月,欠付数额达到上亿元。同时,青辰公司重整期间,管理人制作的3份《资产负债表》证明自2015年8月至10月期间,青辰公司资产负债率分别为89.69%、92.29%、94.15%,足以说明涉案的个别清偿行为发生时,青辰公司已明显缺乏清偿债务能力的事实。

最后,从青辰公司出现重整的原因看。2015年10月23日,中强大公司与江苏信拓公司以青辰公司不能清偿到期债务为由向原审法院申请对青辰公司进行重整。2015年11月5日,原审法院认为青辰公司欠付工程款及无法按期偿付的事实清楚,不能清偿债务呈连续状态,符合重整的法定条件,依照《企业破产法》的相关规定,裁定受理青辰公司重整申请。

第三,关于该清偿行为是否使债务人财产受益。使债务人财产受益是指使债务人财产得到增加或避免减少行为。从青辰公司与陈明杰、李志付、周继涛签订的31份《商品房买卖合同》约定的价款与相关内容看,无法证明以房抵债的行为在客观上使青辰公司的财产受益。

综上所述,青辰公司与陈明杰、李志付、周继涛于2015年8月27日签订《商品房买卖合同》时,已经存在不能清偿到期债务且资产不足以清偿全部债务的破产原因。同时该清偿行为发生在破产申请前6个月之内,且不存在使青辰公司财产受益的情形。本案涉及的31份"以房抵债"的《商品房买卖合同》办理了网签,其实质便是债权人通过"以房抵债"将不具有对抗第三人效力的债权转化为了具备对抗第三人效力的物权请求权。青辰公司管理人依据《企业破产法》第32条的规定,行使对破产临界期内个别清偿的撤销权,有事实及法律依据。故青辰公司管理人的上诉请求成立,应予支持。原审判决认定事实清楚,但适用法律错误,应予撤销。本案原审原告的诉讼请求为撤销青辰公司管理人作出的《债权申报审核意见书》,判令青辰公司协助原审原告办理31套商品房所有权过户手续,为非财产案件;原审被告的反诉请求是青辰公司管理人行使撤销权之诉,破产撤销权本质上是一种通过诉讼行使的请求权,亦为非财产案件。《诉讼费用交纳办法》第13条第1款第2项规定:"其他非财产案件每件交纳50元至100元。"原审法院按照以房抵债确认的欠款725万元作为诉讼标的计算案件诉讼费错误,应予纠正。

综上,新疆维吾尔自治区高级人民法院生产建设兵团分院2017年6月5日作出判决:(1)撤销新疆生产建设兵团第六师中级人民法院(2016)兵06民初49号民事判决;(2)撤销2015年8月27日新疆青辰房地产开发有限公司与陈明杰、李志付、周继涛签订的31份《商品房买卖合同》。

案例2
中力禾生态建设股份有限公司、江苏省格林艾普化工股份有限公司等请求撤销个别清偿行为纠纷案

法院：江苏省高级人民法院

案号：(2015)苏审三商申字第00479号

事实：再审申请人中力禾生态建设股份有限公司(以下简称中力禾公司)因与被申请人江苏省格林艾普化工股份有限公司(以下简称格林艾普公司)、一审被告无锡市宝丽鑫化工贸易有限公司(以下简称宝丽鑫公司)请求撤销个别清偿行为纠纷一案，不服江苏省镇江市中级人民法院(2015)镇商终字第15号民事判决，向江苏省高级人民法院申请再审。

中力禾公司申请再审称：本案中债务的清偿标的是建设工程价款的支付，具有优先受偿的效力，优于抵押权和其他债权。一、二审判决认定案涉款项无论是否是工程款，无论是否享有优先权，都不影响个别清偿行为依法应予撤销的判断，其债权应该在破产程序中予以解决。因此，中力禾公司依据《民事诉讼法》第200条第6项的规定申请再审。

裁判要旨：债务人欠付工程款的优先受偿权，不是个别清偿行为撤销的除外情形，并不能阻却债务人企业破产管理人撤销权的行使，其债权应当在破产程序中予以解决。

裁判理由：江苏省高级人民法院认为：根据《企业破产法》第2条第1款、第32条规定，本案中，格林艾普公司截至2013年11月15日所有者权益为-83618154.07元，已经资不抵债，应当按照《企业破产法》的规定清理债务。但是，格林艾普公司却于2014年1月与原怡园公司签订协议，约定以吊白块15吨抵款15万元。后双方又与宝丽鑫公司在同年3月18日签订三方转账协议，约定宝丽鑫公司至格林艾普公司处提货后，将货款支付给原怡园公司，以冲抵格林艾普公司所欠的部分款项。宝丽鑫公司提货15吨吊白块并向原怡园公司支付12万元。格林艾普公司上述以货抵款向原怡园公司清偿债务，发生在人民法院2014年5月16日受理其破产清算前6个月内，且该个别清偿行为并未使格林艾普公司的财产受益，必然对其他债权人公平受偿产生不利影响。据此，一、二审判决撤销三方转账协议，原怡园公司向格林艾普公司返还12万元，符合上述法律规定。中力禾公司主张一、二审法院适用法律错误，依据不足。

中力禾公司主张其对格林艾普公司欠付的工程款享有优先受偿权，该主张不是格林艾普公司个别清偿行为撤销的除外情形，并不能阻却格林艾普公司破产管理人撤销权的行使，其债权应当在破产程序中予以解决，二审判决对此认定并无不当。

综上，中力禾公司的再审申请不符合《民事诉讼法》第200条规定的情形。2016年3月27日，江苏省高级人民法院裁定驳回中力禾生态建设股份有限公司的再审申请。

案例3
金华市江南中学管理人与张磊、于琦请求撤销个别清偿行为纠纷案

法院：浙江省高级人民法院

案号：(2016)浙民终808号

事实：张磊、于琦系夫妻关系。2014年11月27日，江南中学向张磊借款20万元。2015年7月2日，江南中学向张磊归还借款本金20万元并支付借款利息21500元。

2015年12月4日，原审法院作出(2015)浙金破(预)字第16号民事裁定书，裁定受理江南中学的重整申请。

江南中学管理人向原审法院起诉请求：(1)撤销江南中学于2015年7月2日对张磊偿还借款本息共计221500元的清偿行为；(2)张磊、于琦向江南中学管理人返还债务人财产221500元；(3)本案诉讼费用由张磊、于琦承担。

原审法院认为：根据双方当事人的诉辩主张，本案的争议焦点在于江南中学归还张磊借款本息行为，是否属于个别清偿行为。根据《企业破产法》第32条，本案中，江南中学于2015年7月2日向张磊归还借款本息共计221500元的行为发生于原审法院受理江南中学破产重整申请前6个月内，属于《企业破产法》第32条规定的可撤销情形。依据《企业破产法》第34条之规定，本案江南中学管理人有权申请撤销个别清偿行为，并有权追回相关款项。

因本案债务发生在张磊、于琦婚姻关系存续期间，根据最高人民法院《关于适用〈中华人民共和国婚姻法〉若干问题的解释(二)》第24条之规定，返还个别清偿财产的义务应由张磊、于琦共同承担。

综上，对江南中学管理人诉讼请求的合理部分，予以支持。

上诉人张磊、于琦因与被上诉人金华市江南中学管理人请求撤销个别清偿行为纠纷一案，不服金华市中级人民法院(2016)浙07民初232号民事判决，向浙江省高级人民法院提起上诉。

裁判要旨：通过对债务人相关行为的撤销，以

保全债务人的责任财产,维护债权人之间的实质平等,实现破产财产在全体债权人之间的公平分配,且《企业破产法》及其司法解释的相关规定,对于偏颇性清偿行为的规制,都是以债的合法存在为前提,而对于行为人的主观状态(恶意或善意),则无特别的要求。

裁判理由:浙江省高级人民法院认为:本案二审争议焦点在于原审判令撤销江南中学对张磊的清偿行为是否具有依据。《企业破产法》第32条的规定表明,对债务人特定情况下的个别清偿行为(即偏颇性清偿行为)应予以依法撤销的立法意旨。破产撤销权制度设立的目的,在于维护债权人的整体利益,实现公平清偿的价值。通过对债务人相关行为的撤销,以保全债务人的责任财产,维护债权人之间的实质平等,实现破产财产在全体债权人之间的公平分配,且《企业破产法》及其司法解释的相关规定,对于偏颇性清偿行为的规制,都是以债的合法存在为前提,而对于行为人的主观状态(恶意或善意),则无特别的要求。本案原审法院于2015年12月4日作出的(2015)浙金破(预)字第16号民事裁定书,已认定江南中学不能清偿到期债务,并且有明显丧失清偿能力的可能,原审认定江南中学在清偿本案债权时具备资不抵债的破产原因,符合最高人民法院《关于适用〈中华人民共和国民事诉讼法〉的解释》第108条之规定,据此,原审判令撤销江南中学对张磊的清偿行为有事实和法律依据。张磊、于琦以其和江南中学在清偿行为发生时不存在主观恶意等作为上诉理由,没有法律、司法解释的依据,相应上诉理由不能成立。

综上,浙江省高级人民法院认为,原审判决认定事实清楚,适用法律正确,于2017年2月3日判决驳回上诉,维持原判。

第三十三条 涉及债务人财产的下列行为无效:
(一)为逃避债务而隐匿、转移财产的;
(二)虚构债务或者承认不真实的债务的。

【立法沿革】

《企业破产法(试行)》(1986)
第三十五条 人民法院受理破产案件前六个月至破产宣告之日的期间内,破产企业的下列行为无效:
(一)隐匿、私分或者无偿转让财产;
(二)非正常压价出售财产;
(三)对原来没有财产担保的债务提供财产担保;
(四)对未到期的债务提前清偿;
(五)放弃自己的债权。
破产企业有前款所列行为的,清算组有权向人民法院申请追回财产。追回的财产,并入破产财产。

《破产法》(1995年草案)
第二十七条 有关债务人财产和财产权利的下列行为,不论何时发生,均为无效:
(一)隐匿、私分财产的;
(二)捏造债务或者承认不真实的债务的。

《企业破产与重整法》(2000年6月草案)
第二十五条 有关债务人财产和财产权利的下列行为,不论何时发生,均为无效:
(一)隐匿、私分财产的;
(二)捏造债务或者承认不真实的债务的。

《企业破产与重整法》(2000年12月草案)
第二十五条 有关债务人财产和财产权利的下列行为,不论何时发生,均为无效:
(一)隐匿、非法分配财产的;
(二)捏造债务或者承认不真实的债务的。

《企业破产与重整法》(2001年1月草案)
第二十六条 有关债务人财产和财产权利的下列行为,不论何时发生,均为无效:
(一)隐匿、非法分配财产的;
(二)捏造债务或者承认不真实的债务的。

《企业破产法》(2004年3月草案A版)
第三十五条 有关债务人财产及财产权利的下列行为,不论何时发生,均为无效:
(一)隐匿、非法分配财产的;
(二)捏造债务或者承认不真实的债务的。

《企业破产法》(2004年3月草案B版)
第三十六条 有关债务人财产及财产权利的下列行为无效:
(一)隐匿、私分财产的;
(二)捏造债务或者承认不真实的债务的。

《企业破产法》(2004年6月草案)
第三十五条 有关债务人财产及财产权利的下列行为无效:
(一)隐匿、转移财产的;
(二)捏造债务或者承认不真实的债务的。

《企业破产法》(2004年10月草案)
第三十五条 有关债务人财产的下列行为无效:
(一)隐匿、转移财产的;
(二)虚构债务或者承认不真实的债务的。

【条文释义】

本条规范的是破产前债务人所为的无效

第三十三条

从立法史的角度看，本条在不同时期的草案中，除了措辞稍有变化外，大体维持统一，对于无效行为的内涵与外延均无实质性变化。

本条共列举两项：

（一）为逃避债务而隐匿、转移财产的

王卫国认为，这里的"隐匿"即隐瞒、藏匿，而转移则是改变财产处所。债务人是否明知其行为，是判断是否具备主观恶意的重要条件。在如下情形下，可以认定债务人具有隐匿和转移财产的故意：第一，债务人明知其负债或将要负债；第二，债务人明知该财产在隐匿、转移后，会导致其不能清偿债务，或者降低其清偿能力。①

（二）虚构债务或者承认不真实的债务的

这里的"虚构债务"，指债务人有意提供虚假债务人的证据，包括但不限于合同、发票、还款协议等，从而使债务人自身负担特定的偿还义务；但需要注意的是，虚构债务自身即构成一项无效行为，在特定情境下虚构债务也会成为前项转移财产的手段。②

准确理解本条，需要理解"无效"的含义，尤其是其后果。根据《企业破产法》第 34 条，从最终结果来说，既然债务人在破产申请前"为逃避债务而隐匿、转移财产"或"虚构债务或者承认不真实的债务"的行为都归于无效，那么相关财产应由管理人追回。这里的"无效"，是当然无效、自始无效。③或者更严苛地说，这里的无效是绝对无效。④

按照韩传华的解读，如果管理人认为债务人在法院受理破产申请前，债务人在明知的情况下，有意且主动"为逃避债务而隐匿、转移财产"或"虚构债务或者承认不真实的债务"，无论该行为发生在破产申请前多长时间内，相关行为就是无效行为，管理人有权要求取得相应财产的相对人返还财产；如果相关财产无法返还，相对人则应该赔偿损失；如果相对人取得财产的同时还取得孳息，那么在返还财产时应连同孳息一并返还；如果相对人在取得财产过程中有过错并造成债务人损失，还应该承担相关赔偿责任；如果相对人拒绝返还或者返还不充分，管理人则需要请求法院判令确认无效并返还财产。⑤ 也就是说，本条法律规范已将无效行为定性，由此在事实上赋予管理人对债务人无效财产的追回权。⑥

那么，究竟该如何理解"为逃避债务而隐匿、转移财产""虚构债务或者承认不真实的债务"？可以看出，这两项界定，尽管在行为方式上有隐匿财产、转移财产、虚构债务、承认不真实债务等形式，但在实质结果上，都会给债务人财产带来伤害。按照齐明的观点，这些行为都可以归类为破产欺诈行为，其存在严重损害债务人财产的保值、增值，如不加遏制，不光有违债务人财产最大化的初衷，也会动摇破产法的基础。⑦ 这可能也是为什么《企业破产法》对于破产欺诈行为，采取十分严厉的立场：只要债务人的行为符合《企业破产法》第 34 条所列举的两项行为，不论在多长时间范围内发生的行为，管理人可直接确认其无效，而无须法院的批准。

按照齐明的观点，破产无效行为的行为人，既可能面临《企业破产法》第 128 条规定的民事责任，也可能面临《企业破产法》第 131 条的刑事责任。⑧ 在涉及破产无效行为的刑事处罚时，对应的刑法罪名是虚假破产罪，即《刑法修正案（六）》中的第 162 之二条，"公司、企业通过隐匿财产、承担虚构的债务或者以其他方法转移、处分财产，实施虚假破产，严重损害债权人或者其他人利益的，对其直接负责的主管人员和其他直接责任人员，处五年以下有期徒刑或者拘役，并处或者单处二万元以上二十万元以下罚金"。

那么这里涉及的另外一个问题，即管理人如果要提起涉及债务人不当行为的诉讼，原、被告等应如何安排？韩传华认为，在这种情形下，原告只能是管理人，而被告则是债务人不当行为的相对方，其他诸如管理人以债务人为原告、被告或者以债务人为共同被告，均在法理上有欠周延。⑨

---

① 参见王卫国：《破产法精义》（第 2 版），法律出版社 2020 年版，第 127 页。
② 参见王卫国：《破产法精义》（第 2 版），法律出版社 2020 年版，第 127—128 页。
③ 参见齐明：《中国破产法原理与适用》，法律出版社 2017 年版，第 90 页。
④ 参见《中华人民共和国企业破产法》起草组编：《〈中华人民共和国企业破产法〉释义》，人民出版社 2006 年版，第 139 页；王卫国：《破产法精义》，法律出版社 2007 年版，第 94 页。
⑤ 参见韩传华：《企业破产法解析》，人民法院出版社 2007 年版，第 131 页。
⑥ 参见韩传华：《企业破产法解析》，人民法院出版社 2007 年版，第 131 页。
⑦ 参见齐明：《中国破产法原理与适用》，法律出版社 2017 年版，第 90—91 页。
⑧ 参见齐明：《中国破产法原理与适用》，法律出版社 2017 年版，第 90 页。
⑨ 参见韩传华：《企业破产法解析》，人民法院出版社 2007 年版，第 123—124 页。

【关联法律法规及司法政策】

《刑法》(2020)

第一百六十二条之二　公司、企业通过隐匿财产、承担虚构的债务或者以其他方法转移、处分财产，实施虚假破产，严重损害债权人或者其他人利益的，对其直接负责的主管人员和其他直接责任人员，处五年以下有期徒刑或者拘役，并处或者单处二万元以上二十万元以下罚金。

最高人民法院《关于推进破产案件依法高效审理的意见》(2020)

21.债务人财产去向不明，或者债权人、出资人等利害关系人提供了债务人相关财产可能存在被非法侵占、挪用、隐匿等情形初步证据或者明确线索的，管理人应当及时对有关财产的去向情况进行调查。有证据证明债务人及其有关人员存在企业破产法第三十一条、第三十二条、第三十三条、第三十六条等规定的行为的，管理人应当依法追回相关财产。

【裁判要旨】

案例

瑞安市迈斯特机械制造有限公司管理人与黄秀峰、陈建慧等请求确认债务人行为无效纠纷案

法院：浙江省瑞安市人民法院

案号：(2014)温瑞商初字第 4020 号

事实：原告迈斯特公司管理人起诉称：2013 年 6 月 18 日，瑞安法院以(2013)温瑞破(预)字第 49-1 号民事裁定书裁定受理迈斯特公司破产清算，并指定浙江人民联合律师事务所担任迈斯特公司的管理人。

在破产清算中，管理人委托瑞安安阳联合会计师事务所对迈斯特公司进行清查审计。2014 年 6 月 6 日安阳会计所出具(2014)115 号审计报告，报告显示：迈斯特公司于 2012 年 12 月 27 日现金支付被告黄秀峰 13 万元，由被告陈建慧、董德青经手，无领款人签章，领取凭证上注明领款原因为"介 67 万元欠款"，但公司账面上未反映有 67 万元欠款。管理人认为，被告黄秀峰既没有向管理人申报过债权，也没有证据显示被告黄秀峰对迈斯特公司享有债权，现被告陈建慧、董德青经手向被告黄秀峰还款 13 万元，根据《企业破产法》第 33 条第 2 款规定，迈斯特公司承认不真实的债务，并向被告黄秀峰支付 13 万元的行为无效。被告陈建慧、董德青自 2012 年接管迈斯特公司财务，涉案 13 万元亦由其两人经手办理，两被告存在承认不真实债务的行为，损害了债权人的利益，根据《企业破产法》第 128 条和最高人民法院《关于适用〈中华人民共和国企业破产法〉若干问题的规定(二)》第 18 条的规定，应当依法承担赔偿责任。故起诉，(1)请求判令确认迈斯特公司向被告黄秀峰支付 13 万元的行为无效，并要求被告黄秀峰返还款项 13 万元；(2)请求被告陈建慧、董德青在被告黄秀峰未履行款项 13 万元范围内承担补充赔偿责任。

裁判要旨：债务人企业承认其法定代表人与债权人的债务并代偿，属于承认不真实债务情形，应予确认无效并由行为人承担赔偿责任，管理人可以据此主张代偿行为无效。

裁判理由：2015 年 5 月 4 日浙江省瑞安市人民法院作出裁定：本案争议的焦点是迈斯特公司与被告黄秀峰之间是否存在真实的债权债务关系。《企业破产法》第 33 条第 2 项规定，"虚构债务或者承认不真实的债务的"的行为无效。在本案中，根据审计报告内容反映，迈斯特公司审计时内账会计核算资料不齐全，存在公司向外借款未实际入账的可能性；但在庭审中，被告黄秀峰自认其系迈斯特公司的债权人，并提供抵押担保借款协议予以佐证，承认该笔借款即为迈斯特公司向其所借的款项，然而，该协议明确注明乙方为施小东，且落款签名为施某某，目前也没有证据证明施某某向被告黄秀峰借款系其执行职务行为，并实际用于迈斯特公司，目前仅能认定被告黄秀峰与迈斯特公司法定代表人施某某个人之间存在借贷关系，尚不足以认定被告黄秀峰与迈斯特公司之间存在真实的债权债务关系。被告黄秀峰收取迈斯特公司租金收入 13 万元系认识错误，将本身属施某某的个人债务，视为迈斯特公司的债务而接受迈斯特公司的财产以清偿借款，其行为损害迈斯特公司债权人的合法权益，依法应确认无效，并予以返还。被告陈建慧、董德青作为迈斯特公司的股东，明知被告黄秀峰与迈斯特公司不存在真实的债务，不当履行支付行为，其行为存在重大过失，造成债务人财产减少，损害迈斯特公司债权人的利益，应当承担被告黄秀峰不能履行返还义务的补充赔偿责任。综上所述，原告作为迈斯特公司的管理人，主张迈斯特公司支付被告黄秀峰 13 万元的行为无效，有事实和法律依据，予以支持。

第三十四条　因本法第三十一条、第三十二条或者第三十三条规定的行为而取得的债务人的财产，管理人有权追回。

【立法沿革】

《破产法》(1995 年草案)

第 28 条　因本法第二十五、二十六或者第二十七条规定的行为而取得债务人的财产或者财产权利的，管理人、破产清算人有权予以追回。

第三十四条

《企业破产与重整法》(2000年6月草案)

第二十六条 因本法第二十三条、第二十四条或者第二十五条规定的行为被撤销或宣布无效而取得债务人的财产或者财产权利的,管理人、破产清算人有权予以追回。

《企业破产与重整法》(2000年12月草案)

第二十三条 人民法院受理破产案件前一年内,有关债务人的财产和财产权利的下列行为,管理人有权请求人民法院予以撤销:

(一)无偿转让财产或财产权利的;
(二)非正常压价出售财产的;
(三)对原来没有财产担保的债务提供财产担保的;
(四)对破产申请后才到期的债务提前清偿的;
(五)放弃债权的;
(六)其他损害债权人利益的行为。

第二十四条 人民法院受理破产案件前六个月内,债务人已知其不能清偿到期债务,仍对个别债权人进行清偿,损害其他债权人利益的,管理人有权请求人民法院予以撤销。

《企业破产与重整法》(2001年1月草案)

第二十四条 人民法院受理破产案件前一年内,有关债务人的财产和财产权利的下列行为,管理人有权请求人民法院予以撤销:

(一)无偿转让财产或财产权利的;
(二)非正常压价出售财产的;
(三)对原来没有财产担保的债务提供财产担保的;
(四)对破产申请后才到期的债务提前清偿的;
(五)放弃债权的;
(六)其他损害债权人利益的行为。

第二十五条 人民法院受理破产案件前六个月内,债务人已知其不能清偿到期债务,仍对个别债权人进行清偿,损害其他债权人利益的,管理人有权请求人民法院予以撤销。

第二十六条 有关债务人财产和财产权利的下列行为,不论何时发生,均为无效:

(一)隐匿、非法分配财产的;
(二)捏造债务或者承认不真实的债务的。

第九十五条 在破产案件依本法第六十七条第四款或者第九十二条的规定终结后二年内,有下列情形之一的,债权人可以请求人民法院按破产财产分配方案进行追加分配:

(一)发现有依照本法第二十四条、第二十五条、第二十六条规定应当予以追回的财产的;
(二)发现破产人有应当供分配的其他财产的。

有前款规定情形,但财产数量过少而没有追加分配必要的,不再进行追加分配,由人民法院将其上交国库。

《企业破产法》(2004年3月草案A版)

第三十六条 因本法第三十三条、第三十四条或者第三十五条规定的行为而取得债务人财产或者财产权利的,管理人有权追回。

《企业破产法》(2004年3月草案B版)

第三十七条 因本法第三十四条、第三十五条或者第三十六条规定的行为而取得债务人财产或者财产权利的,管理人有权追回。

《企业破产法》(2004年6月草案)

第三十六条 因本法第三十三条、第三十四条或者第三十五条规定的行为而取得债务人财产或者财产权利的,管理人有权追回。

《企业破产法》(2004年10月草案)

第三十六条 因本法第三十三条、第三十四条或者第三十五条规定的行为而取得债务人财产的,管理人有权追回。

【条文释义】

本条规范是对《企业破产法》第31、32、33条法律后果的进一步强调,即"管理人有权追回"。

从立法史的角度看,本条在立法过程中争议甚小、变化不大。

《企业破产法》起草小组认为,保证债务人财产的完整性,既是管理人的权利,也是管理人的义务;通过赋权管理人对债务人可撤销行为和无效行为所涉及财产的追回,事实上会使得债务人财产增加,债权人分配利益明显增加。[1]

韩传华认为,《企业破产法》第31、32条已明确赋予管理人收回财产权,第33条已事实赋予管理人财产收回权,本条的存在略显得重复。[2]

齐明指出,本条规范与《企业破产法》第25条第1款第6、7项直接相关,是对管理人职责的一种强化和延伸。[3] 笔者同意这种看法。说其强

---

[1] 参见《中华人民共和国企业破产法》起草组编:《〈中华人民共和国企业破产法〉释义》,人民出版社2006年版,第139—140页。
[2] 参见韩传华:《企业破产法解析》,人民法院出版社2007年版,第131—132页。
[3] 参见齐明:《中国破产法原理与适用》,法律出版社2017年版,第91页。

化,是因为管理人履行职责,并不能简单止步于对相关行为请求撤销或主张无效,而是要把相关行为涉及的债务人财产追回;说其延伸,即本条规范的存在,辅助《企业破产法》第31、32、33条,将《企业破产法》追究的可撤销行为、无效行为的效力,延伸到债务人破产申请前一年内发生的可撤销行为以及无明确期限的无效行为,大大地延伸《企业破产法》的溯及力。

对于这里的"有权"追回,韩传华指出,在立法过程中他曾建议改为"应当"追回,但未得到立法机关采纳。他认为,"有权"在字面上赋予管理人一定程度的选择权,即管理人可以选择追回,也可以选择不追回;但在他看来,这里管理人的追回权应是一种法定义务而非权利,管理人如果怠于行使追回权,就会给债权人、债务人的利益带来损害,既会违反《企业破产法》第27条规定的"勤勉尽责,忠实执行职务",也会带来相应的怠于履行职责引发的赔偿责任。①

【关联法律法规及司法政策】

《最高人民法院关于适用〈中华人民共和国企业破产法〉若干问题的规定(二)》(2020)

第九条 管理人依据企业破产法第三十一条和第三十二条的规定提起诉讼,请求撤销涉及债务人财产的相关行为并由相对人返还债务人财产的,人民法院应予支持。管理人因过错未依法行使撤销权导致债务人财产不当减损,债权人提起诉讼主张管理人对其损失承担相应赔偿责任的,人民法院应予支持。

第十条 债务人经过行政清理程序转入破产程序的,企业破产法第三十一条和第三十二条规定的可撤销行为的起算点,为行政监管机构作出撤销决定之日。债务人经过强制清算程序转入破产程序的,企业破产法第三十一条和第三十二条规定的可撤销行为的起算点,为人民法院裁定受理强制清算申请之日。

第十一条 人民法院根据管理人的请求撤销涉及债务人财产的以明显不合理价格进行的交易的,买卖双方应当依法返还从对方获取的财产或者价款。因撤销该交易,对于债务人应返还受让人已支付价款所产生的债务,受让人请求作为共益债务清偿的,人民法院应予支持。

第十二条 破产申请受理前一年内债务人提前清偿的未到期债务,在破产申请受理前已经到期,管理人请求撤销该清偿行为的,人民法院不予支持。但是,该清偿行为发生在破产申请受理前六个月内且债务人有企业破产法第二条第一款规定情形的除外。

第十三条 破产申请受理后,管理人未依据企业破产法第三十一条的规定请求撤销债务人无偿转让财产、以明显不合理价格交易、放弃债权行为的,债权人依据民法典第五百三十八条、第五百三十九条等规定提起诉讼,请求撤销债务人上述行为并将因此追回的财产归入债务人财产的,人民法院应予受理。

相对人以债权人行使撤销权的范围超出债权人的债权抗辩的,人民法院不予支持。

第十四条 债务人对以自有财产设定担保物权的债权进行的个别清偿,管理人依据企业破产法第三十二条的规定请求撤销的,人民法院不予支持。但是,债务清偿时担保财产的价值低于债权额的除外。

第十五条 债务人经诉讼、仲裁、执行程序对债权人进行的个别清偿,管理人依据企业破产法第三十二条的规定请求撤销的,人民法院不予支持。但是,债务人与债权人恶意串通损害其他债权人利益的除外。

第十六条 债务人对债权人进行的以下个别清偿,管理人依据企业破产法第三十二条的规定请求撤销的,人民法院不予支持:(一)债务人为维系基本生产需要而支付水费、电费等的;(二)债务人支付劳动报酬、人身损害赔偿金的;(三)使债务人财产受益的其他个别清偿。

第十七条 管理人依据企业破产法第三十三条的规定提起诉讼,主张被隐匿、转移财产的实际占有人返还债务人财产,或者主张债务人虚构债务或者承认不真实债务的行为无效并返还债务人财产的,人民法院应予支持。

【裁判要旨】

案例

上海市方达律师事务所与中国工商银行股份有限公司上海市虹口支行等请求撤销个别清偿行为纠纷案

法院:上海市高级人民法院

案号:(2016)沪民申2380号

事实:再审申请人上海市方达律师事务所与被申请人中国工商银行股份有限公司上海市虹口支行(以下简称工行虹口支行)、被申请人中国工商银行股份有限公司上海市虹口龙之梦支行(以下简称工行龙之梦支行)破产撤销权及请求撤销个别清偿行为纠纷一案,不服上海市第一中级人

---

① 参见韩传华:《企业破产法解析》,人民法院出版社2007年版,第132页。

民法院(2015)沪一中民四(商)终字第2158号民事判决,向上海市高级人民法院申请再审。

裁判要旨:管理人根据《企业破产法》第31条行使破产撤销权,需满足三项要件:一是清偿行为发生在破产申请受理前一年内;二是清偿时债务尚未到期;三是在破产申请受理时该债务仍未到期。管理人依《企业破产法》第32条请求撤销个别清偿行为,需满足四项要件:一是清偿行为发生在受理破产申请前6个月内;二是债务人不能清偿到期债务,并且资产不足以清偿全部债务或者明显缺乏清偿能力的;三是对个别债权人进行清偿;四是个别清偿并未使债务人财产受益。

裁判理由:上海市高级人民法院经审查认为,方达律所作为汇裕公司的破产管理人,根据《企业破产法》第31条、第32条的规定,要求对涉案清偿行为予以撤销。根据《最高人民法院民事案件案由规定》,前者为破产撤销权纠纷,后者为请求撤销个别清偿行为纠纷。

一、关于破产撤销权纠纷

《企业破产法》第31条第4项规定,人民法院受理破产申请前一年内,债务人对未到期的债务提前清偿的,管理人有权请求人民法院予以撤销。《破产法》第34条进一步规定,因此取得的债务人的财产,管理人有权追回。但是,对于破产受理时已经到期的债务是否可予撤销,最高人民法院《关于适用〈中华人民共和国企业破产法〉若干问题的规定(二)》又进一步明确:"破产申请受理前一年内债务人提前清偿的未到期债务,在破产申请受理前已经到期,管理人请求撤销该清偿行为的,人民法院不予支持……"根据上述法律及司法解释的规定,管理人根据《企业破产法》第31条行使破产撤销权,需满足三项要件:一是清偿行为发生在破产申请受理前一年内;二是清偿时债务尚未到期;三是在破产申请受理时该债务仍未到期。关于第一项和第三项要件,双方没有争议,即清偿行为发生在破产申请受理前一年内,但在破产申请受理时该债务已经到期。双方争议在于,系争债务清偿时是否构成到期债务。对此,银行虽未提供《贷款提前到期通知函》原件,但已提供《回执》原件,汇裕公司在《回执》上载明收到《贷款提前到期通知函》,申请再审审查中工行虹口支行、工行龙之梦支行与方达律所亦明确除本案保理融资外,双方并无其他往来。在此情形下,原审根据《回执》认定汇裕公司已收到通知原件,双方债务按合同约定提前到期,并无不妥。因此,汇裕公司的清偿行为虽发生在破产申请受理前一年内,但在清偿时已按合同约定提前到期,该债务不属于《企业破产法》第31条第4项规定的"未到期债务"。退一步而言,即便清偿时仍未到期,根据《破产法》解释(二)第12条的规定,在破产申请受理时已经到期,仍不能适用《企业破产法》第31条予以撤销。

二、关于请求撤销个别清偿行为纠纷

《企业破产法》第32条规定:"人民法院受理破产申请前六个月内,债务人有本法第二条第一款规定的情形,仍对个别债权人进行清偿的,管理人有权请求人民法院予以撤销。"《企业破产法》第34条进一步规定,因本法第32条规定的行为而取得的债务人的财产,管理人有权追回。因此,管理人依据《企业破产法》第32条请求撤销个别清偿行为,需满足四项要件:一是清偿行为发生在受理破产申请前6个月内;二是债务人不能清偿到期债务,并且资产不足以清偿全部债务或者明显缺乏清偿能力的;三是对个别债权人进行清偿;四是个别清偿并未使债务人财产受益。涉案款项的支付发生在受理破产申请前6个月内,系争债务无论是工行原所称保理回购,还是现阶段所称保理贷款提前到期,实质都是汇裕公司的债务个别清偿,且该个别清偿并不能使债务人财产受益,故本案能够满足第一项、第三项及第四项要件。

本案争议在于第二项要件能否满足,即清偿时汇裕公司是否符合破产原因。根据《破产法》第2条及最高人民法院《关于适用〈中华人民共和国企业破产法〉若干问题的规定(一)》第1条的规定,债务人不能清偿到期债务并且资产不足以清偿全部债务,或者债务人不能清偿到期债务并且明显缺乏清偿能力的,构成破产原因。本案中,汇裕公司不能清偿到期债务没有争议,争议在于汇裕公司在清偿工行债务时,是否资不抵债,或者是否明显缺乏清偿能力。

首先,关于资不抵债的认定,《破产法》解释(一)第3条规定:"债务人的资产负债表,或者审计报告、资产评估报告等显示其全部资产不足以偿付全部负债的,人民法院应当认定债务人资产不足以清偿全部债务,但有相反证据足以证明债务人资产能够偿付全部负债的除外。"可见,审计报告等并非认定公司资产状况的唯一依据。方达律所主张并不以账面审计作为资不抵债的唯一认定标准,这点本院予以认同。方达律所主张,汇裕公司账面产生应收款的原因在于汇裕公司接收环亚公司合肥办后虚开发票导致。故应在审计结论的基础上,扣除对环亚公司的应收款927万余元。进一步的理由是,环亚公司2007年停止运营,早于汇裕公司2008年3月开始经营,双方不可能有业务往来;汇裕公司用于入账的环亚公司发票由汇裕公司自行开具,因为开票人为"肖南"或"NX";环亚公司对汇裕公司享有借款合同债权,但在虹口法院审理及执行期间,汇裕公司从未提出抵销。本院认为,本案中,审计报告载明汇裕公司与环亚公司确存在资金往来与应收账款关系,方达律所主张该应收款不能成立,应当提供证据予以证明。方达律所主张的环亚公司停业早于汇裕公司开业故两公司无业务往来、环亚公司发票由汇裕公司开具等依据并不充分,都不能阻却汇裕公司对环亚公司享有应收账款的事实。至于汇裕公司另案是否提出抵销,与本案汇裕公司是否享有债权,两者并无直接关联。此外,2011年4月至5月的经营成本、对肖楠的预付款125万元和应收款50万元,方达律所主张扣除亦无充足依据。本院赞同原审处理意见,理由不再赘述。

其次,关于明显缺乏清偿能力的认定。虽然肖楠去世确对汇裕公司的生产经营产生重大影响,但姜维翘接管的公司,不存在《破产法》解释(一)第4条所规定的"法定代表人下落不明且无其他人员负责管理财产,无法清偿债务"的情形。结合汇裕公司2011年5月净资产及净利润高于2011年4月的情况,原审认定涉案清偿行为发生时,汇裕公司不构成明显缺乏清偿能力,亦无不当。

综上,再审申请人的各项再审事由均不能成立。2016年12月27日,上海市高级人民法院作出裁定:驳回上海市方达律师事务所的再审申请。

第三十五条 人民法院受理破产申请后,债务人的出资人尚未完全履行出资义务的,管理人应当要求该出资人缴纳所认缴的出资,而不受出资期限的限制。

【立法沿革】

《破产法》(1995年草案)

第二十九条 人民法院受理破产案件后,企业法人的出资人尚未履行出资义务的,管理人、破产清算人应当不问出资期限而请求该出资人缴纳所认缴的出资。

《企业破产与重整法》(2000年6月草案)

第二十七条 人民法院受理破产案件后,企业法人的出资人尚未履行出资义务的,应当缴纳所认缴的出资。

《企业破产与重整法》(2000年12月草案)

第二十六条 人民法院受理破产案件后,企业法人的出资人尚未履行出资义务的,应当缴纳所认缴的出资。

《企业破产与重整法》(2001年1月草案)

第二十七条 人民法院受理破产案件后,企业法人的出资人尚未履行出资义务的,应当缴纳所认缴的出资。

《企业破产法》(2004年3月草案A版)

第三十七条 人民法院受理破产案件后,债务人的出资人尚未履行出资义务的,管理人应当不问出资期限而请求该出资人缴纳所认缴的出资。

《企业破产法》(2004年3月草案B版)

第三十八条 人民法院受理破产案件后,债务人的出资人尚未履行出资义务的,管理人应当不问出资期限而请求该出资人缴纳所认缴的出资。

《企业破产法》(2004年6月草案)

第三十七条 人民法院受理破产案件后,债务人的出资人尚未履行出资义务的,管理人应当要求该出资人缴纳所认缴的出资,而不受出资期限的限制。

《企业破产法》(2004年10月草案)

第三十七条 人民法院受理破产案件后,债务人的出资人尚未履行出资义务的,管理人应当要求该出资人缴纳所认缴的出资,而不受出资期限的限制。

【条文释义】

本条规范的是法院受理企业破产申请之后,管理人请求债务人的出资人对其出资义务的全额履行。

从立法史的视角看,不同时期的草案中,对于债务人的出资人补足出资义务并无变化;但是早期的草案文本更强调债务人的出资人补足出资的义务,而后期尤其是《企业破产法》定稿中,则特别强调管理人请求债务人的出资人履行或者补足其出资的权利。另外,后期尤其是《企业破产法》定稿中,也特别强调债务人的出资人履行其未出资义务,可以不受出资期限限制。

出资问题是公司法的核心问题之一。我国《企业破产法》通过时,对应的《公司法》是2005年修订的《公司法》。此后,我国于2013年、2018年又对《公司法》做了修订。尤其是2013年修订的《公司法》,取消了最低注册资本限额。《企业破产法》第35条事实上成为对公司注册时设置高额注册资本同时设置较长出资期限的唯一限制。现在我们评注《企业破产法》,尽管涉及出资部分法律体系并未大幅度革新,但我们依旧需要依据2018年修订的《公司法》展开。

按照我国2018年修订的《公司法》,公司的形式依旧分为有限责任公司和股份有限公司:按照

第三十五条

《公司法》对有限责任公司"设立"的规定(2018年《公司法》第23—35条),有限责任公司股东的出资额,由公司章程确定,全体股东的出资额构成公司注册资本;股东出资额需要在公司登记机关登记,并记载于公司股东名册;股东可以用货币出资,也可以用实物、知识产权或者土地使用权等可以用货币估价并可依法转让的非货币财产作价出资,前者需要完成足额缴纳,后者需要完成所有权转移手续;公司设立后,出资不足的股东不仅需要足额缴纳,还应承担违约责任,以非货币财产出资的股东亦须补齐差额;公司设立后,股东不得抽逃出资。按照《公司法》对股份有限公司"设立"的规定(2018年《公司法》第76—97条),股份有限公司可以采取发起设立的方式,也可以采取募集设立的方式;公司股份总数、每股金额和注册资本以及发起人的姓名或者名称、认购的股份数、出资方式和出资时间等信息,均载于公司章程;股东可以用货币出资,也可以用实物、知识产权或者土地使用权等可以用货币估价并可依法转让的非货币财产作价出资;发起设立股份有限公司,发起人应书面认足章程载明的股份并缴纳出资,以非货币财产出资应完成所有权转移登记;以募集方式发起设立股份有限公司,发起人应认购不少于35%的股份并足额缴纳,其他认股人应填写认股书,载明认购股份数、金额和住所,并签名盖章;募集发起时应由验资机构核验股款缴纳情况并出具证明,规定期限内未募足的认股人可以按照股款并加算利息后,要求发起人返还;股份有限公司成立后,如果作为股份的非货币财产实际价额显著低于公司章程,该发起人应补足差额并由其他发起人承担连带责任。

按照我国2018年《公司法》对于公司设立时涉及出资的相关规定,实践中依然会存在企业提出破产申请时,仍有出资人未足额履行其出资义务的情形。出资人足额履行其出资义务,是确保债务人财产最大化的基本前提。这就需要在《企业破产法》与《公司法》规定的出资义务之间建立有机联系,能够使债务人财产最大化,进而维护债权人的合法权益。

由此,《企业破产法》第35条对此问题作出明确规定。该条不问有限责任公司还是股份有限公司,都规定法院受理破产申请后,管理人要求出资人完全履行出资义务的职责。这一职责来源于《企业破产法》赋予管理人的职责,而其根本法律依据则是《公司法》。

这里需要特别强调:公司股东在各自认缴的出资额外,约定向公司的比例投资或者借款,以及未经公司登记机关备案或变更登记的股东出资额,均不属于《企业破产法》第35条规定的出资人补足其出资义务的范围。①

这里管理人行使的权利,韩传华认为,本质上是追回权:按照《企业破产法》第35条的制度设计,管理人如发现出资人未足额缴纳其认缴的出资额,则应当行使其追回权,要求该出资人全额缴纳;如果该出资人拒绝缴纳或有异议,管理人则需要以自己名义,向受理破产申请的法院提起确认之诉。② 而齐明认为,管理人的追缴行为,应视为清收公司应收账款的行为,而其依据则是《企业破产法》第46条,即出资人基于其认缴的出资额形成对企业的负债,尽管企业破产时相关负债尚未到期,但破产程序的启动使其加速到期,而管理人的追缴,归根结底还是管理人要求出资人履行对公司负债的行为。③

那么,这里的"不受出资期限的限制",有何特殊意义?韩传华认为,是指债务人的出资人认缴的出资额,尽管按照《公司法》和公司章程规定,尚未到缴纳期,但只要法院受理破产申请,相关出资人就有义务按照《企业破产法》第35条,全额缴纳其认缴的出资额。④

【关联法律法规及司法政策】

《民法典》(2020)

第八十三条 营利法人的出资人不得滥用出资人权利损害法人或者其他出资人的利益;滥用出资人权利造成法人或者其他出资人损失的,应当依法承担民事责任。

营利法人的出资人不得滥用法人独立地位和出资人有限责任损害法人债权人的利益;滥用法人独立地位和出资人有限责任,逃避债务,严重损害法人债权人的利益的,应当对法人债务承担连带责任。

第二百五十七条 国家出资的企业,由国务院、地方人民政府依照法律、行政法规规定分别代表国家履行出资人职责,享有出资人权益。

第二百六十八条 国家、集体和私人依法可以出资设立有限责任公司、股份有限公司或者其他企业。国家、集体和私人所有的不动产或者动

---

① 参见韩传华:《企业破产法解析》,人民法院出版社2007年版,第133页。
② 参见韩传华:《企业破产法解析》,人民法院出版社2007年版,第133页。
③ 参见齐明:《中国破产法原理与适用》,法律出版社2017年版,第92页。
④ 参见韩传华:《企业破产法解析》,人民法院出版社2007年版,第134页。

产投到企业的,由出资人按照约定或者出资比例享有资产收益、重大决策以及选择经营管理者等权利并履行义务。

《公司法》(2018)

第二十三条　设立有限责任公司,应当具备下列条件:
(一)股东符合法定人数;
(二)有符合公司章程规定的全体股东认缴的出资额;
(三)股东共同制定公司章程;
(四)有公司名称,建立符合有限责任公司要求的组织机构;
(五)有公司住所。

第二十四条　有限责任公司由五十个以下股东出资设立。

第二十五条　有限责任公司章程应当载明下列事项:
(一)公司名称和住所;
(二)公司经营范围;
(三)公司注册资本;
(四)股东的姓名或者名称;
(五)股东的出资方式、出资额和出资时间;
(六)公司的机构及其产生办法、职权、议事规则;
(七)公司法定代表人;
(八)股东会会议认为需要规定的其他事项。
股东应当在公司章程上签名、盖章。

第二十六条　有限责任公司的注册资本为在公司登记机关登记的全体股东认缴的出资额。
法律、行政法规以及国务院决定对有限责任公司注册资本实缴、注册资本最低限额另有规定的,从其规定。

第二十七条　股东可以用货币出资,也可以用实物、知识产权、土地使用权等可以用货币估价并可以依法转让的非货币财产作价出资;但是,法律、行政法规规定不得作为出资的财产除外。
对作为出资的非货币财产应当评估作价,核实财产,不得高估或者低估作价。法律、行政法规对评估作价有规定的,从其规定。

第二十八条　股东应当按期足额缴纳公司章程中规定的各自所认缴的出资额。股东以货币出资的,应当将货币出资足额存入有限责任公司在银行开设的账户;以非货币财产出资的,应当依法办理其财产权的转移手续。
股东不按照前款规定缴纳出资的,除应当向公司足额缴纳外,还应当向已按期足额缴纳出资的股东承担违约责任。

第二十九条　股东认足公司章程规定的出资后,由全体股东指定的代表或者共同委托的代理人向公司登记机关报送公司登记申请书、公司章程等文件,申请设立登记。

第三十条　有限责任公司成立后,发现作为设立公司出资的非货币财产的实际价额显著低于公司章程所定价额的,应当由交付该出资的股东补足其差额;公司设立时的其他股东承担连带责任。

第七十六条　设立股份有限公司,应当具备下列条件:
(一)发起人符合法定人数;
(二)有符合公司章程规定的全体发起人认购的股本总额或者募集的实收股本总额;
(三)股份发行、筹办事项符合法律规定;
(四)发起人制订公司章程,采用募集方式设立的经创立大会通过;
(五)有公司名称,建立符合股份有限公司要求的组织机构;
(六)有公司住所。

第七十七条　股份有限公司的设立,可以采取发起设立或者募集设立的方式。
发起设立,是指由发起人认购公司应发行的全部股份而设立公司。
募集设立,是指由发起人认购公司应发行股份的一部分,其余股份向社会公开募集或者向特定对象募集而设立公司。

第八十条　股份有限公司采取发起设立方式设立的,注册资本为在公司登记机关登记的全体发起人认购的股本总额。在发起人认购的股份缴足前,不得向他人募集股份。
股份有限公司采取募集方式设立的,注册资本为在公司登记机关登记的实收股本总额。
法律、行政法规以及国务院决定对股份有限公司注册资本实缴、注册资本最低限额另有规定的,从其规定。

第八十一条　股份有限公司章程应当载明下列事项:
(一)公司名称和住所;
(二)公司经营范围;
(三)公司设立方式;
(四)公司股份总数、每股金额和注册资本;
(五)发起人的姓名或者名称、认购的股份数、出资方式和出资时间;
(六)董事会的组成、职权和议事规则;
(七)公司法定代表人;
(八)监事会的组成、职权和议事规则;
(九)公司利润分配办法;

第三十五条

(十)公司的解散事由与清算办法;
(十一)公司的通知和公告办法;
(十二)股东大会会议认为需要规定的其他事项。

第八十二条　发起人的出资方式,适用本法第二十七条的规定。

第八十三条　以发起设立方式设立股份有限公司的,发起人应当书面认足公司章程规定其认购的股份,并按照公司章程规定缴纳出资。以非货币财产出资的,应当依法办理其财产权的转移手续。

发起人不依照前款规定缴纳出资的,应当按照发起人协议承担违约责任。

发起人认足公司章程规定的出资后,应当选举董事会和监事会,由董事会向公司登记机关报送公司章程以及法律、行政法规规定的其他文件,申请设立登记。

第八十四条　以募集设立方式设立股份有限公司的,发起人认购的股份不得少于公司股份总数的百分之三十五;但是,法律、行政法规另有规定的,从其规定。

第八十五条　发起人向社会公开募集股份,必须公告招股说明书,并制作认股书。认股书应当载明本法第八十六条所列事项,由认股人填写认购股数、金额、住所,并签名、盖章。认股人按照所认购股数缴纳股款。

第八十九条　发行股份的股款缴足后,必须经依法设立的验资机构验资并出具证明。发起人应当自股款缴足之日起三十日内主持召开公司创立大会。创立大会由发起人、认股人组成。

发行的股份超过招股说明书规定的截止期限尚未募足的,或者发行股份的股款缴足后,发起人在三十日内未召开创立大会的,认股人可以按照所缴股款并加算银行同期存款利息,要求发起人返还。

第九十三条　股份有限公司成立后,发起人未按照公司章程的规定缴足出资的,应当补缴;其他发起人承担连带责任。

股份有限公司成立后,发现作为设立公司出资的非货币财产的实际价额显著低于公司章程所定价额的,应当由交付该出资的发起人补足其差额;其他发起人承担连带责任。

最高人民法院《关于适用〈中华人民共和国公司法〉若干问题的规定(三)》(2020)

第十三条　股东未履行或者未全面履行出资义务,公司或者其他股东请求其向公司依法全面履行出资义务的,人民法院应予支持。

公司债权人请求未履行或者未全面履行出资义务的股东在未出资本息范围内对公司债务不能清偿的部分承担补充赔偿责任的,人民法院应予支持;未履行或者未全面履行出资义务的股东已经承担上述责任,其他债权人提出相同请求的,人民法院不予支持。

股东在公司设立时未履行或者未全面履行出资义务,依照本条第一款或者第二款提起诉讼的原告,请求公司的发起人与被告股东承担连带责任的,人民法院应予支持;公司的发起人承担责任后,可以向被告股东追偿。

股东在公司增资时未履行或者未全面履行出资义务,依照本条第一款或者第二款提起诉讼的原告,请求未尽公司法第一百四十八条第一款规定的义务而使出资未缴足的董事、高级管理人员承担相应责任的,人民法院应予支持;董事、高级管理人员承担责任后,可以向被告股东追偿。

第二十条　公司股东未履行或者未全面履行出资义务或者抽逃出资,公司或者其他股东请求其向公司全面履行出资义务或者返还出资,被告股东以诉讼时效为由进行抗辩的,人民法院不予支持。

公司债权人的债权未过诉讼时效期间,其依照本规定第十三条第二款、第十四条第二款的规定请求未履行或者未全面履行出资义务或者抽逃出资的股东承担赔偿责任,被告股东以出资义务或者返还出资义务超过诉讼时效期间为由进行抗辩的,人民法院不予支持。

最高人民法院《关于适用〈中华人民共和国企业破产法〉若干问题的规定(二)》(2020)

第二十条　管理人代表债务人提起诉讼,主张出资人向债务人依法缴付未履行的出资或者返还抽逃的出资本息,出资人以认缴出资尚未届至公司章程规定的缴纳期限或者违反出资义务已经超过诉讼时效为由抗辩的,人民法院不予支持。

管理人依据公司法的相关规定代表债务人提起诉讼,主张公司的发起人和负有监督股东履行出资义务的董事、高级管理人员,或者协助抽逃出资的其他股东、董事、高级管理人员、实际控制人等,对股东违反出资义务或者抽逃出资承担相应责任,并将财产归入债务人财产的,人民法院应予支持。

第二十一条　破产申请受理前,债权人就债务人财产提起下列诉讼,破产申请受理时案件尚未审结的,人民法院应当中止审理:

(一)主张次债务人代替债务人直接向其偿还债务的;

（二）主张债务人的出资人、发起人和负有监督股东履行出资义务的董事、高级管理人员，或者协助抽逃出资的其他股东、董事、高级管理人员、实际控制人等直接向其承担出资不实或者抽逃出资责任的；

（三）以债务人的股东与债务人法人人格严重混同为由，主张债务人的股东直接向其偿还债务人对其所负债务的；

（四）其他就债务人财产提起的个别清偿诉讼。

债务人破产宣告后，人民法院应当依照企业破产法第四十四条的规定判决驳回债权人的诉讼请求。但是，债权人一审中变更其诉讼请求为追收的相关财产归入债务人财产的除外。

债务人破产宣告前，人民法院依据企业破产法第十二条或者第一百零八条的规定裁定驳回破产申请或者终结破产程序的，上述中止审理的案件应当依法恢复审理。

【裁判要旨】

案例 1

泰州市春江城建开发公司与江苏经纬会计师事务所有限公司管理人责任纠纷案

法院：江苏省泰州市中级人民法院

案号：(2016)苏 12 民终 1500 号

事实：上诉人泰州市春江城建开发公司因与被上诉人江苏经纬会计师事务所有限公司管理人责任纠纷一案，不服泰州市海陵区人民法院(2015)泰海商初字第 1421 号民事判决，向江苏省泰州市中级人民法院提起上诉。

一审法院认定事实：2007 年 9 月 17 日，泰州市高港区人民法院作出决定书，将该院受理的申工公司破产清算一案指定经纬会计师事务所为该案破产管理人。2012 年 5 月 23 日，泰州市高港区人民法院裁定终结该案破产程序。2012 年 7 月 19 日，泰州市申工重机钢管有限公司依法办理注销登记。

春江公司向一审法院起诉请求：判令经纬会计师事务所赔偿损失 10000 元，并承担案件诉讼费。一审法院判决驳回春江公司的诉讼请求。

春江公司不服，提出上诉，请求撤销一审判决，依法改判。其中提及，《企业破产法》第 35 条规定：人民法院受理破产申请后，债务人尚未完全履行出资义务的，管理人应当要求该出资人缴纳所认缴的出资。债权人会议上，管理人只是就债务核销作说明，将股东虚假出资掩盖为"债务核销"，显然管理人是利用自身专业技能掩盖股东虚假出资的事实，欺骗债权人。人民法院应依法追究出资人、管理人的相关责任。

裁判要旨：出资人欠缴出资因客观原因无法追缴，管理人提议按坏账处理并经债权人会议法定程序决议核销，相关债权人参加债权人会议并对管理人提出的核销方案投"赞成"票，此时管理人不应再承担责任。

裁判理由：江苏省泰州市中级人民法院指出，本案二审争议焦点为：(1)经纬会计师事务所将股东抽逃出资不履行出资义务所产生的债务予以核销有无事实依据；(2)经纬会计师事务所对股东是否履行了追缴职责。

泰州市中级人民法院认为：关于争议焦点一，《企业破产法》第 61 条规定债权人会议行使的职权，其中包括核查债权、通过债务人财产的管理方案、通过破产财产的分配方案等。本案中，经纬会计师事务所作为申工公司的破产管理人，于 2008 年 2 月 29 日召开第一次债权人会议，会上向到会的债权人说明对申工公司财产的调查和评估情况，并形成报告，确认申工公司的股东存在抽逃注册资金的行为。2009 年 11 月 11 日第二次债权人会议上，管理人提出对相关债权因无法追缴作坏账处理的说明，并提请债权人会议表决。春江公司参加两次债权人会议，并对管理人提出的核销方案投"赞成"票。故春江公司认为"管理人是利用自身专业技能掩盖股东抽逃出资，对债务进行核销，欺骗债权人的上诉理由不能成立。

关于争议焦点二，《企业破产法》第 35 条规定：人民法院受理破产申请后，债务人的出资人尚未完全履行出资义务的，管理人应当要求该出资人缴纳所认缴的出资，而不受出资期限的限制。经纬会计师事务所在对申工公司的财产进行调查后，发现申工公司的股东存在抽逃出资的行为，故与一审法院到实地调查、查阅工商登记资料，发现抽逃出资的相关企业已停业、被吊销营业执照等。在出资无法追缴的情况下，经纬会计师事务所提出核销方案，并经债权人会议表决通过，故经纬会计师事务所作为管理人，在管理期间尽到忠实、勤勉的义务，不存在损害春江公司利益的行为。

综上，泰州市中级人民法院于 2016 年 9 月 23 日作出判决：春江公司的上诉请求不能成立，一审判决认定事实清楚，适用法律正确，应予维持，判决驳回上诉，维持原判决。

案例 2

鹰连投资有限公司与韶关活力啤酒经营有限公司追收未缴出资纠纷、股东出资纠纷案

法院：广东省高级人民法院

案号：(2014)粤高法民二破终字第 104 号

事实:上诉人鹰连投资有限公司(以下简称鹰连公司)因与被上诉人韶关活力啤酒经营有限公司(以下或简称活力经营公司)追缴未缴出资纠纷一案,不服广东省韶关市中级人民法院(2013)韶中法民三初字第25号民事裁定,向广东省高级人民法院提起上诉。

明辉公司于1993年2月20日成立,为中外合资企业,投资者为韶关啤酒厂和瑞坤公司。活力股份是于1993年10月23日依法注册成立的股份有限公司。1995年12月21日,活力股份和鹰连公司签署一份《股份认购协议书》,约定鹰连公司入股活力股份,成为活力股份控股股东。1997年12月4日,瑞坤公司和鹰连公司签署《股权转让协议书》,约定将瑞坤公司在明辉公司中的全部出资转让给鹰连公司。转让后的一切权利和义务由鹰连公司承担。1999年12月16日,明辉公司原合营甲方韶关啤酒厂因机构改组,变更为活力股份,合资公司明辉公司名称变更为韶关活力啤酒经营有限公司。

广东省韶关市中级人民法院于2011年8月5日裁定受理韶关市国家税务局直属税务分局对活力经营公司提出的破产清算的申请,并于2011年10月17日作出民事裁定,宣告活力经营公司破产。韶关活力经营公司破产管理人发现鹰连公司出资不实后追讨未果,向原审法院提起诉讼。

原审法院认为,鹰连公司应予补缴出资人民币1380.6万元。鹰连公司的抗辩,于法无据,与事实不符,原审法院予以驳回,判决:(1)限鹰连公司在判决发生法律效力之日起10日内向活力经营公司补缴出资款人民币1380.6万元及其利息(利息按中国人民银行同期贷款利率计,自1997年12月5日起计至本判决确定的给付之日止)。(2)驳回活力经营公司的其他诉讼请求。

鹰连公司不服原审判决,提出上诉。

裁判要旨:债务人企业的现出资人作为股权受让方,对前股东是否缴足注册资本负有谨慎注意义务。受让股权后,现出资人接手活力经营公司,亦有条件对上述情况进行了解。故现出资人称无法得知前出资人未出资的主张,理据不足,不能抗辩本条资本补足义务。

裁判理由:广东省高级人民法院认为:本案是追收未缴出资纠纷。本案的争议焦点为:鹰连公司是否应承担向活力经营公司补缴出资的义务。其中包括:(1)瑞坤公司是否已依法履行了向活力经营公司出资的义务。(2)鹰连公司是否知道或应当知道瑞坤公司未依法履行向活力经营公司出资的义务。

关于瑞坤公司是否已依法履行向活力经营公司出资的义务的问题。《出资及资金往来审核报告》虽作了1997年12月瑞坤公司退出活力经营公司时注册资本已缴足的表述,但该审核报告同时称,通过对明辉公司的实收资本及相关科目进行审计,发现瑞坤公司的出资并未实际到位。因此,对该审核报告的结论应按实际情况进行解读。审核报告记载,瑞坤公司的出资分为实物出资及货币出资,其中实物出资是活力股份以划拨固定资产给活力经营公司的形式完成;货币出资是由活力股份代垫,在验资后再划回活力股份。上述出资方式中,以货币垫资在验资后将资金划回的行为,违反了《公司法》关于不得抽逃出资的规定。鹰连公司认为2.4万瓶包装生产线设备、4万瓶包装线设备及易拉罐包装线设备是活力股份代瑞坤公司垫资的资产。但从4万瓶包装线设备及易拉罐包装线设备被活力股份用于抵押的情况看,上述设备的所有权人并非活力经营公司。至于2.4万瓶包装生产线设备:一是因活力股份自身亦负有向活力经营公司出资的义务及约定以韶关啤酒厂的全部资产作价投入活力经营公司,鹰连公司未能举证证实该部分设备是活力股份的出资部分还是代瑞坤公司垫资部分。二是1990年《中外合资经营企业法》第3条规定:"合营各方签订的合营协议、合同、章程,应报国家对外经济贸易主管部门查审批准。"根据合资经营合同、公司章程及韶关市对外经济工作委员会的批复要求,瑞坤公司应以货币出资,其以固定资产出资亦并不符合上述要求。因此,鹰连公司称瑞坤公司已履行完出资义务的主张,缺乏证据支持,不予采纳。

关于鹰连公司是否知道或应当知道瑞坤公司未依法履行向活力经营公司出资的义务的问题。瑞坤公司将活力经营公司的股权转让给鹰连公司时,活力经营公司经营状况良好,瑞坤公司转让股权不收受任何对价,不符合常情常理。鹰连公司作为股权受让方,对前股东是否缴足注册资本负有谨慎注意义务。受让股权后,鹰连公司接手活力经营公司,亦有条件对上述情况进行了解。故鹰连公司称无法得知瑞坤公司未出资的主张,理据不足,不予采纳。

综上所述,2015年7月16日广东省高级人民法院判决:鹰连公司的上诉理由不能成立,予以驳回,维持原判。

案例3
深圳市波特控股有限公司与波特城(江苏)智慧园区有限公司破产管理人合同、无因管理、不当得利纠纷案

法院:江苏省高级人民法院

案号:(2018)苏民终501号

事实:上诉人深圳市波特控股有限公司因与被上诉人波特城(江苏)智慧园区有限公司破产管理人追缴出资款纠纷一案,不服江苏省扬州市中级人民法院(2017)苏10民初145号民事判决,向江苏省高级人民法院提起上诉。

2015年7月3日,深圳市波特港资产管理有限公司与陈宗建、汪光钧作为投资人共同设立波特城公司,注册资本10000万元。《波特城(江苏)智慧园区有限公司章程》规定,深圳市波特港资产管理有限公司作为股东于2018年6月30日前以货币出资方式认缴出资额5100万元,认缴比例51%。2015年11月5日,深圳市波特港资产管理有限公司名称变更为波特控股公司。

江苏省扬州市中级人民法院于2017年7月10日裁定受理高邮市广缘工程建设有限公司对波特城公司的破产清算申请。2017年9月5日,波特城管理人向波特控股公司发出《催缴出资函》,要求波特控股公司于2017年9月15日前将出资款5100万元缴至管理人的银行账户。波特控股公司未予答复。

波特城管理人向一审法院起诉请求:(1)判令波特控股公司支付投资款5100万元;(2)波特控股公司承担本案的诉讼费用。

一审法院认为,波特城管理人依据《企业破产法》第35条之规定提起诉讼,故本案的性质应为向股东追缴未缴出资纠纷。

本案中,波特控股公司尚未履行任何出资义务,虽然根据波特城公司章程的规定,其认缴的5100万元出资的缴纳期限尚未届满,但鉴于波特城公司已经被裁定受理破产申请,其出资义务已加速到期,故波特城管理人有权根据《企业破产法》第35条的规定,要求波特控股公司立即缴纳所认缴的5100万元出资。波特控股公司辩称其认缴的出资额期限目前尚未达到公司章程规定的出资期限,破产管理人无权要求其突破公司章程进行出资,最高人民法院《关于适用〈中华人民共和国企业破产法〉若干问题的规定(二)》第20条第1款规定:"管理人代表债务人提起诉讼,主张出资人向债务人依法缴付未履行的出资或者返还抽逃的出资本息,出资人以认缴出资尚未届至公司章程规定的缴纳期限或者违反出资义务已经超过诉讼时效为由抗辩的,人民法院不予支持。"故对波特控股公司的该项抗辩意见,不予支持。

综上,一审法院判决:波特控股公司于判决生效之日起10日内向波特城管理人缴纳出资款5100万元。波特控股公司不服该判决,提起上诉。

裁判要旨:债务人企业的出资人以出资额目前尚未达到公司章程规定的出资期限,破产管理人无权要求其突破公司章程进行出资,理据不足。已经被裁定受理破产申请,其出资义务已加速到期,故管理人有权根据《企业破产法》第35条的规定,要求债务人企业的出资人立即缴纳所认缴出资。

裁判理由:江苏省高级人民法院认为,本案二审争议焦点:(1)波特城管理人是否本案一审的适格原告;(2)波特控股公司是否应当在本案中履行出资义务。

江苏省高级人民法院认为,《企业破产法》第35条规定,人民法院受理破产申请后,债务人的出资人尚未完全履行出资义务的,管理人应当要求该出资人缴纳所认缴的出资,而不受出资期限的限制。本案中,尽管根据波特城公司章程规定,波特控股公司认缴的5100万元出资的缴纳期限尚未届满,但一审法院已裁定受理对波特城公司的破产申请,波特控股公司的出资义务已加速到期。故波特控股公司应当履行5100万元的出资义务,而无权以出资期限作为抗辩理由。波特城管理人请求波特控股公司履行出资义务,于法有据,本院予以采纳。波特城管理人取得波特控股公司5100万元出资款后,应当将该出资款归入债务人波特城公司的财产。

综上,波特控股公司上诉理由缺乏依据,不予支持,一审判决认定事实清楚,适用法律正确,应予维持。2018年4月16日,江苏省高级人民法院判决如下:驳回上诉,维持原判。

【学理综述】

蒋大兴在《社会科学》2019年第2期上,发表《论股东出资义务之"加速到期"——认可"非破产加速"之功能价值》一文。作者提出,公司法上出资期限的设计,应以不影响公司包括债务清偿在内的正常经营为原则。在企业具备破产原因的情形下,债权人可以主张加速股东出资义务之履行。这种制度安排,是对合同诚信义务的遵守。但即便如此,作者认为"非破产加速"亦有其意义:在合同法上,"非破产加速"具备可能性:一方面,基于合同相对性,契约严守原则不能约束债权人;另一方面,合同权利不得滥用。而在公司法上,"有限责任对价加速""法人格否认加速"以及"非破产清算补资加速"等均为"非破产加速"提供了制度解释空间。作者认为,"非破产加速说"有助于形成理性的股东认缴秩序及理性的公司偿债秩序;"非破产加速说"也是交易成本更小的加速到期方法,应优先得到适用。因此,"非破产加速"可通过给股东施加清偿压力,解决"主观清偿不能"的公司赖债现象。而且,"非破产加速"的弊端也完全可以通过破产撤销权的运用,控制在合理范围内。①

李晓楠在《河南财经政法大学学报》2020年第3期上,发表《利益平衡视角下股东出资加速到期制度构建》一文。作者针对2019年"九民纪要"对于股东出资加速到期的具体情形的列举,认为其方式上更为明确,但结论本身值得商榷,在司法实务中也容易限制司法机构做出其他解释,在应对复杂问题时形成某种消极约束。作者认为,为方便公司设立而作出的股东出资安排,不能成为弱化债权人保护的依据。在公司资产不足以对外清偿债务时,股东出资加速到期符合公司法基本价值取向。但在具体适用时要兼顾公司自治的需求,原则上应当区分债权人的不同类型,并允许股东提出出资期限合理性抗辩,以实现效率、公平等价值的动态平衡。②

陈妮在《法学评论》2020年第6期上,发表《非破产下股东出资期限利益保护限度实证研究》一文。针对当公司经营发生重大变化又未进入破产,股东出资期限利益是否如在公司正常经营时受到绝对保护问题,作者认为,我国《公司法》在2013年实行注册资本认缴制后,股东在出资期限届满前,可不实际缴纳出资。股东出资期限利益具有法定性、自治性、契约性,在公司经营正常时,应受保护。然而,其获取具有无对价性及负外部性,故对其保护不应被绝对化。当公司经营发生重大变化时,公司可以解除权对抗股东出资期限利益,向股东主张出资债权,未出资股东应向公司履行出资义务;公司债权人可以代位权、请求权、撤销权对抗股东出资期限利益,未出资股东应对公司债权人承担出资责任。股东应该预见认、缴即可能在出资期限前向公司履行出资义务,向债权人承担出资责任,此为从事商事活动的股东应负有的商业诚信与善意。③

第三十六条 债务人的董事、监事和高级管理人员利用职权从企业获取的非正常收入和侵占的企业财产,管理人应当追回。

【立法沿革】

《企业破产与重整法》(2000年12月草案)

第二十七条 破产企业的董事、经理及其他负责人利用职权获取的非正常收入和侵占的企业财产,应予追回。

《企业破产与重整法》(2001年1月草案)

第二十八条 破产企业的董事、经理及其他负责人利用职权获取的非正常收入和侵占的企业财产应予追回。

《企业破产法》(2004年3月草案A版)

第三十八条 破产企业的董事、经理及其他负责人利用职权获取的非正常收入和侵占的企业财产,管理人应当追回。

《企业破产法》(2004年3月草案B版)

第三十九条 破产企业的董事、经理及其他负责人利用职权获取的非正常收入和侵占的企业财产,管理人应当追回。

《企业破产法》(2004年6月草案)

第三十八条 破产企业的董事、经理和其他负责人利用职权获取的非正常收入和侵占的企业财产,管理人应当追回。

《企业破产法》(2004年10月草案)

第三十八条 破产企业的董事、经理和其他负责人利用职权从企业获取的非正常收入和侵占的企业财产,管理人应当追回。

【条文释义】

本条规范的是债务人企业被公司高管不当侵占财产的追回。

从立法史的角度看,在不同时期草案中,本条规范变化甚小,无论是追回的对象还是追回的主体,均无明显变化。按照王卫国的解释,这一规则的设定,是为规制实践中比较泛滥的"穷庙富方丈"现象,在维护债权人利益的同时,遏制企业高管的不正当自利行为,改善公司治理。④

本条规范的主体,是"债务人的董事、监事和高级管理人员"⑤。这是与《公司法》相一致的表述方式。⑥ 按照我国2018年修订的《公司法》第

---

① 参见蒋大兴:《论股东出资义务之"加速到期"——认可"非破产加速"之功能价值》,载《社会科学》2019年第2期,第98—113页。
② 李晓楠:《利益平衡视角下股东出资加速到期制度构建》,载《河南财经政法大学学报》2020年第3期,第43—51页。
③ 陈妮:《非破产下股东出资期限利益保护限度实证研究》,载《法学评论》2020年第6期,第183—193页。
④ 参见王卫国:《破产法精义》(第2版),法律出版社2020年版,第133页。
⑤ 《中华人民共和国企业破产法》起草组编:《〈中华人民共和国企业破产法〉释义》,人民出版社2006年版,第144页。
⑥ 参见韩传华:《企业破产法解析》,人民法院出版社2007年版,第135页。

216 条,高级管理人员的范围,包括"公司的经理、副经理、财务负责人,上市公司董事会秘书和公司章程规定的其他人员"。那么,无论是债务人的董事、监事还是高级管理人员,如果"利用职权从企业获取的非正常收入和侵占的企业财产",明显违反《公司法》第 147 条规定的忠实义务、勤勉义务——《公司法》第 147 条规定,"董事、监事、高级管理人员应当遵守法律、行政法规和公司章程,对公司负有忠实义务和勤勉义务。董事、监事、高级管理人员不得利用职权收受贿赂或者其他非法收入,不得侵占公司的财产"。在法院受理破产申请后,管理人则有权利追回债务人的董事、监事和高级管理人员"利用职权从企业获取的非正常收入和侵占的企业财产",实现债务人财产的最大化。

按照李国光等的解读,本条规范的背景应与《公司法》中公司高管禁止义务的列举一脉相承,《公司法》相关规范是本条规范的法律基础。① 按照 2018 年《公司法》第 148 条规定,"董事、高级管理人员不得有下列行为:(一)挪用公司资金;(二)将公司资金以其个人名义或者以其他个人名义开立账户存储;(三)违反公司章程的规定,未经股东会、股东大会或者董事会同意,将公司资金借贷给他人或者以公司财产为他人提供担保;(四)违反公司章程的规定或者未经股东会、股东大会同意,与本公司订立合同或者进行交易;(五)未经股东会或者股东大会同意,利用职务便利为自己或者他人谋取属于公司的商业机会,自营或者为他人经营与所任职公司同类的业务;(六)接受他人与公司交易的佣金归为己有;(七)擅自披露公司秘密;(八)违反对公司忠实义务的其他行为。董事、高级管理人员违反前款规定所得的收入应当归公司所有"。按照上述看法,这一条应是《企业破产法》第 36 条的基础。

另外,本条规范的对象明确限定为"债务人的董事、监事和高级管理人员"。这也就是说,除了这三类主体外,其他人员如果"利用职权从企业获取的非正常收入和侵占的企业财产",《企业破产法》第 36 条不再适用;这种情况下,管理人可以援引《企业破产法》第 17 条,要求不当或非法取得债务人财产的其他人员返还财产或者偿还债务,如涉嫌犯罪管理人可以向有关部门举报。②

本条规范的行为,则是上述主体"利用职权从企业获取的非正常收入和侵占的企业财产"。

对于这里的"利用职权",韩传华认为,包括"利用职务便利"或"职务上的便利",而对其具体的解释,则需要参引《刑法》中对相关术语的规定。③

对于这里的"非正常收入",破产法起草小组认为,主要是指董事、经理或者其他负责人由于控制公司董事会,而利用法律漏洞或规则的模糊,操纵董事会并给予自身过高的薪酬、奖金、期权等利益,最终以形式上的合法收入,掩盖实质上对公司财产的攫取与侵占。④ 韩传华认为,准确理解"非正常收入",有如下三点需要留意:其一,必须要留意其前置定语"从企业获取"。这也就是说,如果债务人的董事、监事和高级管理人员"利用职权",从企业之外获得"非正常收入",那么管理人则无权按照《企业破产法》第 36 条追回相应财产。其二,"非正常收入"的对应概念是"正常收入"。这也就是说,如果债务人的董事、监事和高级管理人员从企业处获得的收入明显超出其他企业董事、监事和高级管理人员在同样工作条件下的正常收入,则明显超出部分的收入,比如过高的工资、奖金、业绩提成等,无论是否经过董事会或股东会的批准,只要超过合理水平,都有可能会被管理人认定为"利用职权从企业获取的非正常收入"而追回。其三,如果债务人的董事会决议,给所有董事、监事和高级管理人员发放超过合理水平的奖金,也属于"利用职权从企业获取的非正常收入",未参与该决策的董事、监事和高级管理人员不得以未参与决策为由,来对抗管理人的追回权。⑤

破产法起草小组指出,衡量是否属于"非正常收入",可以参考同行标准、企业经营标准和职工收入标准来衡量。⑥

最高人民法院 2013 年发布的《关于适用〈中华人民共和国企业破产法〉若干问题的规定(二)》第 24 条,列举三类可被视为"非正常收入"

---

① 参见李国光主编:《新企业破产法条文释义》,人民法院出版社 2006 年版,第 231—239 页。
② 参见韩传华:《企业破产法解析》,人民法院出版社 2007 年版,第 134—135 页。
③ 参见韩传华:《企业破产法解析》,人民法院出版社 2007 年版,第 135 页。
④ 参见《中华人民共和国企业破产法》起草组编:《〈中华人民共和国企业破产法〉释义》,人民出版社 2006 年版,第 144 页。
⑤ 参见韩传华:《企业破产法解析》,人民法院出版社 2007 年版,第 135—136 页。
⑥ 参见《中华人民共和国企业破产法》起草组编:《〈中华人民共和国企业破产法〉释义》,人民出版社 2006 年版,第 144—145 页。

的情形;绩效奖金、普遍拖欠职工工资情况下获取的工资性收入以及其他非正常收入。

对于这里的"侵占的企业财产",同样有"利用职权"的前置定语。按照韩传华的观点,债务人的董事、监事和高级管理人员如果有利用职权侵占企业财产的行为,管理人有权要求上述主体予以返还;侵占人愿意返还的,管理人应接收该返还;如果管理人有证据证明债务人的董事、监事和高级管理人员涉嫌侵占债务人企业的财产且数量较大,如果达到一定程度,可能构成职务侵占罪的犯罪嫌疑,应该向刑事侦查部门举报。①

齐明亦特别强调,本条法律规范的行为是企业董事、监事和高级管理人员的"非正常收入"及"职务侵占"行为,可能会涉及民刑交叉问题在破产程序中的处理;因此,如果被认定为职务侵占,公司董事、监事和高级管理人员就需要承担刑事责任,而被侵占的财产仍然需要归入债务人财产。②

本条规范的后果,是管理人"应当追回"被上述主体利用职权从企业获取的非正常收入和侵占的企业财产"。如果债务人的董事、监事和高级管理人员拒绝返还,或者对管理人的要求有异议,那么管理人应以自己的名义,向管辖破产案件的法院提起返还之诉;法院审理侵占返还之诉期间,如发现侵占财产事实清楚且数额较大,应主动将案件移交给刑事侦查机关。③

需要特别指出的是,这里的"应当追回",《企业破产法》并未明确赋予时间限制。据此,王卫国认为,无论上述行为发生在破产前还是破产过程中,也无论该行为是一次性行为还是持续一定时间段行为,管理人都有权利追回。④

从法律语言上来说,本条规定中的"债务人"和"企业"应为同义词,属于同一主体在同一条文中的不同称谓,事实上可以统一;但"债务人"和"企业"的混用,不影响两词同一含义这一特质。⑤

本条规范的准确应用,需要区分"债务人的董事、监事和高级管理人员利用职权从企业获取的非正常收入和侵占的企业财产"与债务人的董事、监事和高级管理人员"为逃避债务而隐匿、转移财产"或"虚构债务或者承认不真实的债务"行为之间的关联。按照韩传华的观点,在债务人为逃避债务而隐匿、转移财产、虚构债务或承认不真实债务时,如果"债务人的董事、监事和高级管理人员"从上述行为中直接受益,那么应视为上述主体有侵占企业财产行为;如果"债务人的董事、监事和高级管理人员"从上述行为中间接受益,则不认为上述主体有侵占企业财产行为,如果涉嫌犯罪,则需要移送刑事侦查机构;如果不涉嫌犯罪、情节轻微,那么上述行为可以按照《企业破产法》第33条规定而认定无效。⑥

【关联法律法规及司法政策】

《公司法》(2018)

第一百四十七条 董事、监事、高级管理人员应当遵守法律、行政法规和公司章程,对公司负有忠实义务和勤勉义务。

董事、监事、高级管理人员不得利用职权收受贿赂或者其他非法收入,不得侵占公司的财产。

第一百四十八条 董事、高级管理人员不得有下列行为:

(一)挪用公司资金;

(二)将公司资金以其个人名义或者以其他个人名义开立账户存储;

(三)违反公司章程的规定,未经股东会、股东大会或者董事会同意,将公司资金借贷给他人或者以公司财产为他人提供担保;

(四)违反公司章程的规定或者未经股东会、股东大会同意,与本公司订立合同或者进行交易;

(五)未经股东会或者股东大会同意,利用职务便利为自己或者他人谋取属于公司的商业机会,自营或者为他人经营与所任职公司同类的业务;

(六)接受他人与公司交易的佣金归为己有;

(七)擅自披露公司秘密;

(八)违反对公司忠实义务的其他行为。

董事、高级管理人员违反前款规定所得的收入应当归公司所有。

第一百四十九条 董事、监事、高级管理人员执行公司职务时违反法律、行政法规或者公司章程的规定,给公司造成损失的,应当承担赔偿责任。

---

① 参见《中华人民共和国企业破产法》起草组编:《〈中华人民共和国企业破产法〉释义》,人民出版社2006年版,第145页;韩传华:《企业破产法解析》,人民法院出版社2007年版,第136页。
② 参见齐明:《中国破产法原理与适用》,法律出版社2017年版,第92页。
③ 参见韩传华:《企业破产法解析》,人民法院出版社2007年版,第136、137页。
④ 参见王卫国:《破产法精义》(第2版),法律出版社2020年版,第135页。
⑤ 参见韩传华:《企业破产法解析》,人民法院出版社2007年版,第134页。
⑥ 参见韩传华:《企业破产法解析》,人民法院出版社2007年版,第137页。

第二百一十六条　本法下列用语的含义：

（一）高级管理人员，是指公司的经理、副经理、财务负责人，上市公司董事会秘书和公司章程规定的其他人员。

（二）控股股东，是指其出资额占有限责任公司资本总额百分之五十以上或者其持有的股份占股份有限公司股本总额百分之五十以上的股东；出资额或者持有股份的比例虽然不足百分之五十，但依其出资额或者持有的股份所享有的表决权已足以对股东会、股东大会的决议产生重大影响的股东。

（三）实际控制人，是指虽不是公司的股东，但通过投资关系、协议或者其他安排，能够实际支配公司行为的人。

（四）关联关系，是指公司控股股东、实际控制人、董事、监事、高级管理人员与其直接或者间接控制的企业之间的关系，以及可能导致公司利益转移的其他关系。但是，国家控股的企业之间不仅因为同受国家控股而具有关联关系。

最高人民法院《关于适用〈中华人民共和国企业破产法〉若干问题的规定（二）》（2020）

第二十四条　债务人有企业破产法第二条第一款规定的情形时，债务人的董事、监事和高级管理人员利用职权获取的以下收入，人民法院应当认定为企业破产法第三十六条规定的非正常收入：

（一）绩效奖金；

（二）普遍拖欠职工工资情况下获取的工资性收入；

（三）其他非正常收入。

债务人的董事、监事和高级管理人员拒不向管理人返还上述债务人财产，管理人主张上述人员予以返还的，人民法院应予支持。

债务人的董事、监事和高级管理人员因返还第一款第（一）项、第（三）项非正常收入形成的债权，可以作为普通破产债权清偿。因返还第一款第（二）项非正常收入形成的债权，依据企业破产法第一百一十三条第三款的规定，按照该企业职工平均工资计算的部分作为拖欠职工工资清偿；高出该企业职工平均工资计算的部分，可以作为普通破产债权清偿。

最高人民法院《关于审理公司强制清算案件工作座谈会纪要》（2010）

39、鉴于公司强制清算与破产清算在具体程序操作上的相似性，就公司法、公司法司法解释二，以及本会议纪要未予涉及的情形，如清算中公司的有关人员未依法妥善保管其占有和管理的财产、印章和账簿、文书资料，清算组未及时接管清算中公司的财产、印章和账簿、文书，清算中公司拒不向人民法院提交或者提交不真实的财产状况说明、债务清册、债权清册、有关财务会计报告以及职工工资的支付情况和社会保险费用的缴纳情况，清算中公司拒不向清算组移交财产、印章和账簿、文书等资料，或者伪造、销毁有关财产证据材料而使财产状况不明，股东未缴足出资、抽逃出资，以及公司董事、监事、高级管理人员非法侵占公司财产等，可参照企业破产法及其司法解释的有关规定处理。

【裁判要旨】

案例1

张作红与深圳市皇后大道饮食娱乐发展有限公司侵权责任纠纷案

法院：广东省高级人民法院

案号：（2014）粤高法民二破终字第7号

事实：上诉人张作红因与被上诉人深圳市皇后大道饮食娱乐发展有限公司侵权责任纠纷一案，不服深圳市中级人民法院（2013）深中法破初字第37号民事判决，向广东省高级人民法院提起上诉。

2010年5月15日，皇后大道公司与案外人胡曾辉签订《协议书》，约定皇后大道公司以275万元价格，将公司设施、设备整体以275万元出售给胡曾辉。张作红作为皇后大道公司代表人在该协议上签字，并加盖公司印章。2010年7月26日，张作红与案外人胡曾辉办理资产移交手续，双方在资产移交清单上签名确认。

2011年11月23日，深圳市中级人民法院裁定受理皇后大道公司破产清算一案，指定广东金地律师事务所担任管理人。2012年12月25日，皇后大道公司管理人向张作红发出《偿还财产通知书》，要求张作红向管理人交付实物资产变卖款项。2012年12月26日，张作红对原告发出的《偿还财产通知书》提出异议。

皇后大道公司诉请法院判决：张作红于判决生效之日起10日内返还深圳市皇后大道饮食娱乐发展有限公司资产变现款275万元。原审法院判决支持皇后大道公司请求。张作红不服原审判决，提起上诉。

裁判要旨：债务人企业高管为偿还个人借款而处置企业财产，属于"利用职权从企业获取的非正常收入和侵占的企业财产"行为，属于利用职权损害公司利益的情形，根据《民法通则》及《公司法》规定，债务人企业高管应承担案涉款项返还债务人企业的义务。

第三十六条

裁判理由：广东省高级人民法院认为：根据皇后大道公司起诉认为张作红用公司财产偿还个人债务的行为属侵占公司财产，请求张作红将侵占的财产返还公司的诉请，本案是侵权责任纠纷。本案的争议焦点为：张作红是否侵占了案涉275万元公司资产转让款。

2010年5月15日《协议书》的合同主体虽为皇后大道公司与胡曾辉，但张作红作为皇后大道公司的股东和监事，是皇后大道公司资产转让事项的具体经办人，负有监督、负责合同完整履行的义务，即张作红应当收取胡曾辉支付的对价及将该对价交给皇后大道公司。根据最高人民法院《关于民事诉讼证据的若干规定》第7条的规定，一审法院确认由张作红对案涉款项的去处承担举证责任符合本案实际情况及相关法律规定。

张作红对案涉款项的去处作出两种解释：一是称案涉资产转让款抵偿了张作红的个人借款，而该借款用于支付皇后大道公司的职工工资及相关税费。案涉资产转让款抵偿张作红个人借款的事实是张作红在与管理人谈话中所作的自认，当事人承认的对自己不利的事实，除非其反悔并有相反证据足以推翻，否则应予认定。张作红虽称借款用于支付皇后大道公司的职工工资及相关税费，但提交的工资发放表及完税凭证不能反映工资和税款的款项来源，不能证实该款源于胡曾辉的借款，故张作红关于个人借款用于支付公司职工工资及相关税费的上述辩解不能成立。二是称案涉资产转让款抵偿了皇后大道公司此前向胡曾辉的借款。因皇后大道公司是依法设立的有限责任公司，公司应有健全的财会制度，公司的经营事务及处置财产等事务应有完整的会计凭证予以反映。但皇后大道公司被人民法院受理破产清算后，经依法审计，未发现该司曾向胡曾辉借款的证据；张作红本人亦未能举证皇后大道公司曾向胡曾辉借款，故因张作红未能提供足够的证据推翻此前其关于个人借款的自认，对张作红称案涉资产转让款用于抵偿皇后大道公司此前向胡曾辉的借款的辩解本院不予采纳。

因张作红作为具体经办人负有收取案涉资产转让对价并交给皇后大道公司的义务，其自认资产转让款抵偿了其个人借款，后虽否定自认但对案涉资产转让款的去处无法进行合理解释，其行为符合利用职权损害公司利益的情形，根据《民法通则》第117条及《公司法》第148条第2款规定，判由张作红将案涉款项返还皇后大道公司并无不当。

综上，广东省高级人民法院于2014年5月19日裁定驳回张作红的上诉，维持原判。

案例2
王宏与青海惠利佳房地产开发有限公司清算组追收非正常收入纠纷案

法院：青海省高级人民法院
案号：（2017）青民终146号
事实：上诉人王宏因与被上诉人青海惠利佳房地产开发有限公司清算组追收非正常收入纠纷一案，不服青海省西宁市中级人民法院（2017）青01民初56号民事判决，于2017年8月15日向青海省高级人民法院提起上诉。

2006年3月5日，五联联合会计师事务所有限公司对惠利佳公司进行审计，并出具审计报告，报告显示惠利佳公司资产负债304006.47元。2009年7月20日，惠利佳公司召开股东大会及董事会，以补发2003年7月1日至2009年6月30日工资的形式将公司资产进行分配，被告王宏作为公司董事从惠利佳公司非正常领取工资计222750元。2015年9月23日西宁市中级人民法院裁定受理惠利佳公司强制清算。

惠利佳清算组向一审法院起诉请求：（1）王宏返还非正常收入和侵占的青海惠利佳房地产开发有限公司资金222750元；（2）王宏支付资金占用利息83281.04元（利率为银行五年以上贷款利率4.9%，利息自2009年7月20日起算，暂计至2017年3月5日，实际利息计算至被告王宏返还所有资金止）；（3）本案诉讼费由王宏承担。

一审法院判决王宏于判决生效后10日内返还青海惠利佳房地产开发有限公司非正常收入资金222750元，支付截至2017年3月5日的利息损失83281.04元。王宏不服该判决，提起上诉。

裁判要旨：在不具备分红条件下，股东大会及董事会决议并允许董事从公司支取补发工资的行为"分红"，属于"利用职权从企业获取的非正常收入和侵占的企业财产"。该部分资金被股东和董事占有后，公司实际处于严重亏损状态，不但影响公司清算程序的进行，且直接损害债权人的合法权益，应予返还。

裁判理由：根据双方当事人的诉辩主张和理由，本院围绕王宏是否应当返还青海惠利佳房地产开发有限公司非正常收入资金和支付截至2017年3月5日的利息损失进行了审理。

青海省高级人民法院认为，王宏系惠利佳公司的股东和董事，与公司不存在劳动关系。按照《公司法》第34条、第166条，红利是指在公司的纯利润中分派给股东的报酬，这就要求公司在分派红利前，对于公司的亏损进行弥补，公司在弥补亏损、提取法定公积金后所余利润，按照股东的出资比例进行分配。本案中，五联青审字（2006）第

197号《审计报告》和西宁市城东区人民法院(2008)东民一初字第36号民事判决证明,截至2005年年底惠利佳公司在未缴纳税款和未提取公积金的情况下,实际亏损304006.47元,且对外尚欠工程款1591756.90元,表明公司不具备分红条件。但在2009年7月20日,惠利佳公司召开股东大会及董事会,以补发2003年7月1日至2009年6月30日工资的形式将公司资产进行分配,王宏非正常领取工资计222750元。据此,该公司董事和股东以召开董事会、股东会的形式,以发放工资为名,对公司的财产进行分红,实际损害了公司和债权人的权益。公司被依法清算中,瑞华会计师事务所作出的〔2016〕63060014号《专项审计报告》表明,公司被侵占的资金合计5364833.60元,其中包括王宏分得的款项。该部分资金被王宏等股东和董事占有后,公司实际处于严重亏损状态,不但影响公司清算程序的进行,且直接损害了债权人的合法权益。惠利佳清算组根据《企业破产法》第36条规定,请求追回王宏侵占的公司财产,符合法律规定。一审法院判决认定王宏利用职权占有公司财产没有法律依据并判决予以返还正确。王宏以其领取的款项是经过公司董事和股东以召开董事会、股东会的形式决定的,属于合法取得的理由不符合上述法律规定,不予支持。

综上,青海省高级人民法院认为,一审法院认定事实清楚,适用法律准确,应予维持;王宏的上诉理由不成立,不予采纳。2017年9月21日作出终审判决:驳回上诉,维持原判。

第三十七条 人民法院受理破产申请后,管理人可以通过清偿债务或者提供为债权人接受的担保,取回质物、留置物。

前款规定的债务清偿或者替代担保,在质物或者留置物的价值低于被担保的债权额时,以该质物或者留置物当时的市场价值为限。

【立法沿革】

《企业破产法》(2004年6月草案)

第一百二十一条 对破产人的财产或者财产权利享有的抵押权、质权和留置权为别除权,该权利人为别除权人。

别除权人享有就别除权标的物优先受偿的权利。

第一百二十二条 别除权人行使别除权而未能完全受偿的,就其未受偿债权部分,依照破产清算程序行使其权利。

别除权人放弃优先受偿权利的,依破产清算程序行使其权利。但破产人以其财产为第三人提供物担保的除外。

第一百二十三条 管理人可以通过清偿债务或者提供为债权人接受的担保,收回别除权标的物。

前款规定的债务清偿或者替代担保,以别除权标的物的价值为限。

《企业破产法》(2004年10月草案)

第一百一十三条 对破产人的特定财产享有抵押权、质权、留置权或者法律规定的优先权的权利人,对该特定财产享有优先受偿的权利。

有本法第一百二十七条第二款规定情形的,前款规定的优先受偿权在第一百二十七条第二款规定的清偿要求之后受偿。

第一百一十四条 本法第一百一十三条规定的权利人行使优先受偿权利仍未能完全受偿的,就其未受偿债权部分,依照破产清算程序行使其权利。

前款规定的权利人放弃优先受偿权利的,依破产清算程序行使其权利。但破产人以其财产为第三人提供担保的除外。

第一百一十五条 管理人可以通过清偿债务或者提供为债权人接受的担保,收回质物或者留置物。

前款规定的债务清偿或者替代担保,在质物或者留置物的价值低于被担保的债权额时,以其在当时的市场价值为限。

【条文释义】

本条规定的是债务人质物、留置物的取回。

从立法史的角度,早期的立法草案中有关债务人质物、留置物的取回,是分别放在"重整"和"破产清算"中;但韩传华认为,重整程序和破产宣告后的破产清算之外,破产宣告前的破产清算与和解程序中,亦会涉及债务人质物、留置物的取回问题,故建议立法机构将此部分内容放到"债务人财产"中,后面不再重复规定。[①]

王卫国指出,质物和留置物,在企业破产时由债务人所有,但不为其所占有。在这种情况下,允许管理人对债务人质物、留置物取回,既有利于债务人继续营业,也有利于债务人财产的扩大,甚至对于整体处置债务人财产或者通过产权交易融资,也具有重要意义;而给予债权人提供适当的担

---

① 参见韩传华:《企业破产法解析》,人民法院出版社2007年版,第138页。

第三十七条

保,有助于保护债权人的担保权益。①

本条共分2款。分款评注如下:

第1款:"人民法院受理破产申请后,管理人可以通过清偿债务或者提供为债权人接受的担保,取回质物、留置物。"

本款规定的管理人取回质物、留置物的基本方式,即清偿债务或提供担保。上述条文明确规定,管理人在法院受理破产申请后,行使取回权,"取回质物、留置物"的前提,是"通过清偿债务或者提供为债权人接受的担保"。这也就是说,管理人"取回质物、留置物"本身,并不能简单地理解为债务人财产的增加;管理人需要"通过清偿债务或者提供为债权人接受的担保"等方式,要么清偿债务解除担保,要么提供为债权人接受的担保等,事实上无论哪一种方式,都会构成债务人财产的减少。

李国光等强调,这里管理人的取回权,是一种酌定取回,而非必须取回。②

齐明指出,管理人的这项权利基于《企业破产法》第25条第1款第3、6项,但实际上这一权利非常大,可能会对破产分配秩序产生重大影响。③

韩传华认为,应该将管理人"取回质物、留置物"的适用情形,严格限制在如下四种情形范围内:第一,法院受理破产申请后,管理人基于继续营业的初衷,需要取回质物、留置物。第二,法院受理破产申请后、宣告破产前的重整程序中,管理人基于继续营业的初衷,需要取回质物、留置物;在这种情形下,如果债务人自行经营,那么取回权的行使主体变更为债务人。第三,法院受理破产申请到法院宣告破产前的和解程序中,管理人为了继续营业,需要取回质物、留置物;第四,法院宣告破产后,管理人为了变卖破产财产,需要取回质物、留置物。④

第2款:"前款规定的债务清偿或者替代担保,在质物或者留置物的价值低于被担保的债权额时,以该质物或者留置物当时的市场价值为限。"

那么,这里管理人清偿债务或者提供担保的金额是否有限制? 本款是对管理人行使质物、留置物取回权时的市场价值限制。

破产法起草小组指出,在管理人提供替代担保方式取回质物、留置物时,质物、留置物的市场价值会发生变化,无论是升值还是贬值都有可能,这就涉及如何计算替代担保物的价值问题;如果质物、留置物升值,则应按质物、留置物新价值提供替代担保;如果质物、留置物贬值,则究竟是按担保债权数额提供替代担保,还是按照质物、留置物价值提供替代担保。⑤ 这也是本款规定的理论基础。

按照该款的规定,在管理人行使取回权时,无论是清偿债务还是提供担保,如果质物或留置物的价值高于被担保债权额,则可以正常清偿债务或提供担保,行使取回权;如果质物或留置物的价值低于被担保债权额,则要以质物、留置物的市场价值为限度,清偿债务或者提供担保,最终实现取回权。上述限制的最终目标,当然还是实现债务人财产的最大化。

王卫国认为,质权和留置权的回收额,取决于担保物的市场价值;如果担保债权的价值大于质物或留置物在清偿债务或提供担保时的市场价值,那么管理人在提供清偿债务或提供担保时,应以担保物变现市场价值为限,多出部分只能作为普通债权在破产程序中申报。⑥

债权不足额担保的问题是实践中较为常见的现象。按照齐明的观点,不足额担保可分为形式上的不足额担保和实质上的不足额担保,而本款主要详细规范了形式上的不足额担保;齐明特别提醒,本款规定并不足以完全消除实践中存在的担保物评估价值远高于其实际变现价值,而如果单纯依赖评估价值来清偿债务或者提供担保,进而取回质物、留置物,很可能在实质上对债务人财产不利,故管理人应审慎行使本项权利,防止滥用该权利,"除非被他人合法占有的债务人财产对债务人财产保值增值有重要作用,否则管理人不宜轻易行使这项权利"⑦。最高人民法院2013年发布的《关于适用〈中华人民共和国企业破产法〉若干问题的规定(二)》第25条,为本条规范加上债权人委员会或法院审查的选项,从程序上使得管理人根据本条法律实施的行为更为规范和

---

① 参见王卫国:《破产法精义》(第2版),法律出版社2020年版,第135—136页。
② 参见李国光主编:《新企业破产法条文释义》,人民法院出版社2006年版,第240条。
③ 参见齐明:《中国破产法原理与适用》,法律出版社2017年版,第92页。
④ 参见韩传华:《企业破产法解析》,人民法院出版社2007年版,第138—139页。
⑤ 参见《中华人民共和国企业破产法》起草组编:《〈中华人民共和国企业破产法〉释义》,人民出版社2006年版,第146页。
⑥ 参见王卫国:《破产法精义》(第2版),法律出版社2020年版,第136—137页。
⑦ 齐明:《中国破产法原理与适用》,法律出版社2017年版,第93页。

严谨。

【关联法律法规及司法政策】

《民法典》(2020)

第四百二十五条 为担保债务的履行,债务人或者第三人将其动产出质给债权人占有的,债务人不履行到期债务或者发生当事人约定的实现质权的情形,债权人有权就该动产优先受偿。

前款规定的债务人或者第三人为出质人,债权人为质权人,交付的动产为质押财产。

第四百三十六条 债务人履行债务或者出质人提前清偿所担保的债权的,质权人应当返还质押财产。

债务人不履行到期债务或者发生当事人约定的实现质权的情形,质权人可以与出质人协议以质押财产折价,也可以就拍卖、变卖质押财产所得的价款优先受偿。

质押财产折价或者变卖的,应当参照市场价格。

第四百四十七条 债务人不履行到期债务,债权人可以留置已经合法占有的债务人的动产,并有权就该动产优先受偿。

前款规定的债权人为留置权人,占有的动产为留置财产。

第四百五十七条 留置权人对留置财产丧失占有或者留置权人接受债务人另行提供担保的,留置权消灭。

最高人民法院《关于适用〈中华人民共和国企业破产法〉若干问题的规定(二)》(2020)

第二十五条 管理人拟通过清偿债务或者提供担保取回质物、留置物,或者与质权人、留置权人协议以质物、留置物折价清偿债务等方式,进行对债权人利益有重大影响的财产处分行为的,应当及时报告债权人委员会。未设立债权人委员会的,管理人应当及时报告人民法院。

【裁判要旨】

案例

新疆柳沟红番茄制品有限公司与郭雷庆合同纠纷

法院:新疆维吾尔自治区高级人民法院生产建设兵团分院

案号:(2017)兵民终23号

事实:上诉人新疆柳沟红番茄制品有限公司(以下简称柳沟红公司)因与被上诉人郭雷庆合同纠纷一案,不服新疆生产建设兵团第七师中级人民法院(2016)兵07民初26号民事判决,向新疆维吾尔自治区高级人民法院生产建设兵团分院提起上诉。

2013年7月18日,柳沟红公司与郭雷庆签订书面《番茄采收机使用协议》一份,约定前者将一台PMC番茄采收机租赁给郭雷庆使用,期限自2013年6月1日至2013年10月25日止,使用租金为16万元。其后,郭雷庆向柳沟红公司支付租金16万元。2013年8月19日,柳沟红公司与郭雷庆签订书面协议书一份,内容为:柳沟红公司为2013年番茄原料顺利收购,消除大家付款疑虑,将公司PMC番茄采收机质押给郭雷庆。

2015年2月15日,第七师中级人民法院裁定受理柳沟红公司破产一案。

2015年3月24日,郭雷庆向管理人递交了债权申报书,其中注明其债权没有财产担保;3月31日,柳沟红公司第一次债权人会议召开,郭雷庆参加会议并签字同意相关议案;6月3日,管理人向郭雷庆送达《财产返还通知书》《清偿债务通知书》;10月23日,郭雷庆向管理人口头表明,与柳沟红公司之间曾订立关于PMC番茄采收机担保协议,但在破产财产拍卖前,郭雷庆未提交上述担保协议的书面证据,也未与管理人就PMC番茄采收机如何处理进行协商;2016年2月1日,柳沟红公司债权人委员会第一次会议表决通过《柳沟红公司破产财产变价方案》(以下简称《变价方案》),其中规定管理人拟将柳沟红公司房屋建筑物、机器设备、车辆、电子设备等全部实物资产以现状整体委托拍卖机构进行公开拍卖。2016年3月15日,第七师中级人民法院对《变价方案》予以裁定认可;3月16日,管理人将《变价方案》和法院认可方案的民事裁定书送达郭雷庆;3月31日,柳沟红公司全部实物资产由第七师中级人民法院选定的拍卖机构拍卖成功,其中PMC番茄采收机拍卖价为552045元。

2016年6月3日,柳沟红公司给郭雷庆邮寄财产返还通知书及清偿债务通知书,限其在收到通知书之日起7日内,向管理人返还PMC番茄采收机及清偿所欠债务32万元。8月2日,柳沟红公司债权人委员会表决通过《破产财产分配方案》。9月2日,郭雷庆向管理人提交《异议书》及双方于2013年8月19日签订的质押《协议书》,主张将管理人确认的郭雷庆全部债权变更为优先受偿权,而非普通债权。9月23日,管理人在给郭雷庆的《异议复核意见》中认为,郭雷庆提供的证据及管理人查证的情况可以证实,郭雷庆的债权为有财产担保的债权,担保物为PMC番茄采收机,其实际债权额为1459012.26元;根据《企业破产法》第109条的规定,郭雷庆可以PMC番茄采收机处置后的价款优先受偿,未能受偿部分列入

第三十七条

普通债权受偿。

一审法院判决驳回原告柳沟红公司要求郭雷庆返还 PMC 番茄采收机及支付 2014 年、2015 年 PMC 番茄采收机租金 32 万元及支付利息 29905.53 元的诉讼请求。柳沟红公司不服该判决,提起上诉。

裁判要旨:担保债权人申报债权时,未书面确认其债权存在财产担保,也未在破产财产拍卖前向管理人提交其债权存在担保的有关证据,由此导致管理人未将相关财产作为已设定担保物权的特定财产处理,而是依照破产程序对包括相关财产在内的破产财产整体拍卖,其行为并不违反《企业破产法》相关规定。担保债权人也不能按照《企业破产法》第 37 条规定行使取回权。

裁判理由:新疆维吾尔自治区高级人民法院生产建设兵团分院认为,本案争议焦点为:(1)柳沟红公司要求郭雷庆返还 PMC 番茄采收机的请求能否成立;(2)郭雷庆是否应当支付 2014 年至 2015 年的租赁费 32 万元及利息 29905.53 元。

关于焦点一:《企业破产法》第 49 条规定,"债权人申报债权时,应当书面说明债权的数额和有无财产担保,并提交有关证据。申报的债权是连带债权的,应当说明"。《担保法》第 71 条第 2 款规定,"债务履行期届满质权人未受清偿的,可以与出质人协议以质物折价,也可以依法拍卖、变卖质物"。本案中,郭雷庆因在《债权申报书》中未确认其债权存在财产担保,也未在破产财产拍卖前向管理人提交其债权存在担保的有关证据,至郭雷庆向管理人提交与柳沟红公司签订的质押《协议书》时,PMC 番茄采收机已经被依法拍卖,因此,质权人郭雷庆丧失在破产财产拍卖前与出质人柳沟红公司通过协议的方式实现其质权的机会。基于上述原因,管理人在郭雷庆未提交债权担保有关证据的情况下,未将 PMC 番茄采收机作为已设定担保物权的特定财产进行处理,而是依照破产程序对包括 PMC 番茄采收机在内的破产财产整体拍卖,其行为并不违反《企业破产法》相关规定;也基于此,在破产财产拍卖时,管理人未单独对郭雷庆进行告知的行为,亦无不当。

根据《企业破产法》第 109 条、第 110 条规定,郭雷庆作为质权人和债权人,可以对柳沟红公司的 PMC 番茄采收机这一特定财产,享有不依赖于破产程序而单独优先受偿的权利,而未受偿部分的债权,则应在破产程序中作为普通债权,按照《企业破产法》第 113 条第 3 项规定清偿。《企业破产法》第 37 条规定,"人民法院受理破产申请后,管理人可以通过清偿债务或者提供为债权人接受的担保,取回质物、留置物"。《担保法》第 74 条规定"质权与其担保的债权同时存在,债权消灭的,质权也消灭"。就本案,作为质物的 PMC 番茄采收机经合法拍卖后,已取得价款 552045 元,管理人已将此款列入郭雷庆债权优先受偿范围,由此可以认定,在法律事实上,郭雷庆的优先受偿权已经实现,其未受偿部分的债权已按普通债权进行分配。至此,双方设定质押担保的目的已经实现,郭雷庆的质权因担保债权受到清偿而消灭,从而丧失依质权继续占有、留置质物的法律基础;同时,郭雷庆继续占有、留置柳沟红公司的 PMC 番茄采收机,不仅可能影响破产程序顺利进行,不利于双方纠纷的解决,而且将导致该机械价值损失或造成其他利益损失。因此,郭雷庆应当按照最高人民法院《关于适用〈中华人民共和国担保法〉若干问题的解释》第 95 条第 1 款的规定,将作为质物的 PMC 番茄采收机,返还其所有人柳沟红公司。综上,管理人依职责对债务人柳沟红公司的财产进行拍卖,程序合法且不可逆转。上诉人柳沟红公司要求郭雷庆返还 PMC 番茄采收机的上诉请求,合理有据,予以支持。郭雷庆以管理人自行委托第三人将 PMC 番茄采收机贱卖、侵害其合法权益、其行为无效为由,要求驳回柳沟红公司返还质物的抗辩理由,于法无据。一审法院驳回柳沟红公司要求返还 PMC 番茄采收机错误,应予纠正。

关于焦点二:郭雷庆与柳沟红公司订立《番茄采收机使用协议》时约定,使用期限自 2013 年 6 月 1 日起至 10 月 25 日止,并约定"如需继续使用,应在本协议期满前五日内,重新签订协议"。根据事实,2013 年 6 月 25 日,柳沟红公司将 PMC 番茄采收机交付给郭雷庆使用,其后郭雷庆依约支付了全部租金 16 万元。租赁期届满后,双方未重新签订租赁协议,柳沟红公司也未提供 2014 年和 2015 年郭雷庆继续使用 PMC 番茄采收机的证据。2013 年 8 月 19 日,即上述租赁期限内,双方又订立《协议书》一份,约定柳沟红公司将 PMC 番茄采收机质押郭雷庆。因柳沟红公司尚欠郭雷庆番茄原料款 1459012.26 元,故郭雷庆依据双方的约定,在前款未支付前,一直占有、留置 PMC 番茄采收机至今。根据最高人民法院《关于适用〈中华人民共和国担保法〉若干问题的解释》第 95 条第 1 款的规定,郭雷庆在破产财产拍卖前继续留置 PMC 番茄采收机,属合法行使权利的行为。柳沟红公司在未与郭雷庆续签租赁合同、也无证据证明租赁期届满后郭雷庆继续使用 PMC 番茄采收机的情况下,不能将郭雷庆依质权对质物的占有和留置行为,认定为属于《合同法》第 236 条"租赁期间届满,承租人继续使用租赁物,出租人没有提出异议的,原租赁合同继续有效,但租赁期限为不定期"规定的情形,并据此要求郭雷庆支付 2014 年至 2015 年租赁费 32 万元及利息 29905.53 元,柳沟红公司的该项上诉请求无事实和法律依据,本院不予支持。

综上所述,新疆维吾尔自治区高级人民法院生产建设兵团分院 2017 年 6 月 9 日作出判决:上诉人柳沟红公司的上诉请求部分成立。一审法院认定事实清楚,但适用法律错误,应予纠正。依照《企业破产法》第 37 条等法律,判决如下:(1)撤销新疆生产建设兵团第七师中级人民法院(2016)兵 07 民初 26 号民事判决;(2)被上诉人郭雷庆自本判决生效后 10 日内返还上诉人新疆柳沟红番茄制品有限公司的 PMC 番茄采收机一台;(3)驳回上诉人新疆柳沟红番茄制品有限公司其他诉讼请求。

第三十八条 人民法院受理破产申请后,债务人占有的不属于债务人的财产,该财产的权利人可以通过管理人取回。但是,本法另有规定的除外。

【立法沿革】

《企业破产法(试行)》(1986)

第二十九条 破产企业内属于他人的财产,由该财产的权利人通过清算组取回。

《破产法》(1995 年草案)

第一百三十七条 破产宣告时属于破产人的全部财产及财产权利,破产宣告后至破产程序终结前破产人取得的财产及财产权利,构成破产财产。

当破产人为自然人时,破产人及其所抚养的人的生活必需费用和必要的生活用品不属于破产财产,破产人经破产清算人的同意,有权取回。

本法和其他法律对破产财产的构成有特别规定的,从其规定。

第一百三十八条 破产清算人、破产人或者其他利害关系人对破产财产的归属发生争议的,可以向受理破产案件的人民法院提起诉讼。

第一百三十九条 不属于破产人的财产,该财产的权利人可以通过破产清算人取回。

《企业破产与重整法》(2000 年 6 月草案)

第一百二十五条 不属于破产人的财产,该财产的权利人可以通过破产清算人取回。

《企业破产与重整法》(2000 年 12 月草案)

第一百二十条 不属于债务人的财产,该财产的权利人可以通过管理人取回。

《企业破产与重整法》(2001 年 1 月草案)

第六十条 不属于破产人的财产,该财产的权利人可以通过管理人取回。

《企业破产法》(2004 年 3 月草案 A 版)

第二十四条 债务人为合伙企业的合伙人或个人独资企业的出资人的,在破产案件受理后,如其财产转为管理人管理的,债务人为维持本人及其共同生活的亲属生活所需的生活费用,经管理人同意可以取回。

第一百一十七条 不属于破产人的财产,该财产的所有权人和其他物权人可以通过管理人取回。

《企业破产法》(2004 年 3 月草案 B 版)

第一百一十六条 不属于破产人的财产,该财产的所有权人和其他物权人可以通过管理人取回。

《企业破产法》(2004 年 6 月草案)

第一百一十九条 不属于破产人的财产,该财产的所有权人和其他物权人可以通过管理人取回。

《企业破产法》(2004 年 10 月草案)

第一百一十一条 不属于破产人的财产,该财产的所有权人和其他物权人可以通过管理人取回。

【条文释义】

本条规定的是法院受理破产申请后,财产权利人通过管理人取回债务人占有财产的相关事宜。

从立法史的视角看,本条的基本构造,在不同时期的草案中并未有根本性变化。取回主体基本都是该财产的所有权人或其他物权人,而取回的程序则是通过管理人取回,不允许自力救济。但需要稍稍留意的是,本条规范在《企业破产法》通过前的三审中,有三处微调:第一,取回权的行使主体换成"该财产的权利人",这一主体既能包括所有权人,也能包括其他物权人;第二,按照早期的草案,取回权行使被放置在破产清算宣告之后,但基于立法体系的统一,最终在破产申请受理之后,其就可以行使,行使时间大为提前;第三,临时加上"但是,本法另有规定的除外"这一但书条款,为本条取回规则的例外适用,从立法角度留下空间。

破产法起草小组特别强调,取回权并非《企业破产法》创造的权利,而是包括物权法在内的实体法创造的权利,在破产程序中的反映与折射,其本质还是包括所有权和其他物权(担保物权、占有权)在内的物权。这种特性,也构成取回权制度的基本特征:第一,取回权标的物不属于债务人所有,自然排除在债务人财产之外;第二,取回权以其他物权为基础,本质上系物权;第三,取回权以实体法权利为准,形成于破产案件受理之前;第四,取回权行使,不依破产程序约束,可以直接向管理人主张。①

按照韩传华的解读,财产权利人通过管理人取回"债务人占有的不属于债务人的财产"制度,需要留意如下四个条件:第一,取回财产不受合同条件的约束;第二,权利人应是合同的相对人或法定的权利人;第三,可取回的财产不限于债务人独自占有、使用的财产;第四,可取回的财产,必须是可以明显与其他财产区别开来的特定财产;第五,可取回的财产必须是债务人实际占有的财产。②

由此,王卫国亦提出取回权行使的三项条件:第一,以债务人占有取回权主体的财产为事实前提;第二,以特定物为其标的;第三,以该物的原物返还为请求内容。③

本条共分2层含义:

第1层:"人民法院受理破产申请后,债务人占有的不属于债务人的财产,该财产的权利人可以通过管理人取回。"

按照韩传华的说法,这是破产法中独有的取回权。④ 2002年最高人民法院《关于审理企业破产案件若干问题的规定》第71条、第72条,为破产程序启动后财产权利人从债务人手中取回相应财产,提供了基本的制度框架。

本条开宗明义即规定,"人民法院受理破产申请后,债务人占有的不属于债务人的财产"。对于最终的立法文本,将取回权行使的时间安排在"人民法院受理破产申请后",王卫国认为并不可取,他认为这种制度安排并非起草者初衷,也并不符合起草者遵循的破产宣告前尽可能稳定现有财产关系,以便企业拯救程序的正常发挥作用;客观上,这一制度安排也不利于企业在破产申请受理之后继续营业,甚至可能因为重要生产资料的取回而丧失拯救机会。⑤

这里的"该财产的权利人可以通过管理人取回"。那么,这里究竟该如何准确理解这一规定呢?按照韩传华的解读,管理人有权按照《企业破产法》第25条第2款,直接决定是否允许该财产的权利人在破产程序启动后,如果债务人占有的不属于债务人的财产,则取回相应财产,而不需要债权人会议、债权人委员会或者法院的额外许可。⑥

王卫国特别提出,这里的"债务人占有的不属于债务人的财产",在实践中应该包括两类:一类是债务人合法占有的他人财产;另一类是债务人非法占有的他人财产。⑦ 李国光等亦指出,这里"占有"仅看其事实状态,占有的具体依据如何,在所不论,均在取回权行使的范围之内;基于共有、委托、承揽、租赁、使用借贷、无因管理等发生的占有,系合法占有;而基于侵权行为、不当得利而发生的占有,为非法占有。⑧ 显而易见,在《民法典》颁布实施后,"占有"如果基于合同、质权、留置权占有,应该适用《民法典》的规定。

韩传华认为,管理人在决定是否同意财产权利人请求时,需要考虑如下四个方面的问题:第一,请求人要求取回的财产,是否属于债务人所有。第二,请求人是否为取回对象的权利人。第三,在决定同意权利人取回之前,应先决定企业是否继续营业、待履行合同是否继续履行:(1)如果决定继续营业,且需要继续使用该财产,则应通过法定程序,拒绝权利人的取回权;(2)虽然决定不继续营业,但需要继续履行合同,经过法定程序后,管理人亦可拒绝权利人的取回权;(3)权利人对债务人占有财产的取回权,在效力位阶上低于管理人决定待履行合同的权利;(4)如果管理人决定继续履行合同且拒绝权利人的取回权,管理人应向权利人支付使用费用或者提供担保。第四,管理人在同意权利人行使取回权之前,如果权利人同时是债务人的债务人或财产持有人,那么权利人应依据《企业破产法》第17条,向管理人清偿债务或者交付财产。⑨

---

① 参见《中华人民共和国企业破产法》起草组编:《〈中华人民共和国企业破产法〉释义》,人民出版社2006年版,第146—147页。
② 参见韩传华:《企业破产法解析》,人民法院出版社2007年版,第140—144页。
③ 参见王卫国:《破产法精义》(第2版),法律出版社2020年版,第137—138页。
④ 参见韩传华:《企业破产法解析》,人民法院出版社2007年版,第140页。
⑤ 参见王卫国:《破产法精义》(第2版),法律出版社2020年版,第140页。
⑥ 参见韩传华:《企业破产法解析》,人民法院出版社2007年版,第144页。
⑦ 参见王卫国:《破产法精义》(第2版),法律出版社2020年版,第138—139页。
⑧ 参见李国光主编:《新企业破产法条文释义》,人民法院出版社2006年版,第241页。
⑨ 参见韩传华:《企业破产法解析》,人民法院出版社2007年版,第144—146页。

另外，取回权标的物在依法取回前，在法律上仍旧被视为债务人财产，管理人对其有完全的管理权和取回权；取回权标的物若受到包括自力救济在内的不法侵害，管理人有职责采取法律手段维护和排除。①

鉴于上述，取回权的产生、行使，均不受《企业破产法》约束，取回权主体可以依据上述规定，向管理人主张权利。这会有两个可能的结果：第一，管理人同意取回，取回权实现；第二，管理人拒绝取回权，那么此时该怎么办？按照各方共识，无论是管理人拒绝取回权行使，还是债权人委员会有异议，取回权主体均应以管理人为相对人，提起诉讼，由法院裁定取回权是否应该行使，管理人也应以法院最终的裁定和确权为依据，协助取回权主体行使取回权。②

第2层："但是，本法另有规定的除外。"

这里的但书规定，即"但是，本法另有规定的除外"，主要是指《企业破产法》第76条对重整程序中取回权的特别规定。③

齐明认为，相比之下，《企业破产法》第76条对重整中取回权的规定，多了"应当符合事先约定的条件"限制，应优先适用于重整程序；而《企业破产法》第38条，则适用于除重整之外的其他破产程序。④

【关联法律法规及司法政策】

《民法典》(2020)

第二百零八条　不动产物权的设立、变更、转让和消灭，应当依照法律规定登记。动产物权的设立和转让，应当依照法律规定交付。

第二百零九条　不动产物权的设立、变更、转让和消灭，经依法登记，发生效力；未经登记，不发生效力，但是法律另有规定的除外。

依法属于国家所有的自然资源，所有权可以不登记。

第二百一十条　不动产登记，由不动产所在地的登记机构办理。

国家对不动产实行统一登记制度。统一登记的范围、登记机构和登记办法，由法律、行政法规规定。

第二百一十四条　不动产物权的设立、变更、转让和消灭，依照法律规定应当登记的，自记载于不动产登记簿时发生效力。

第二百一十五条　当事人之间订立有关设立、变更、转让和消灭不动产物权的合同，除法律另有规定或者当事人另有约定外，自合同成立时生效；未办理物权登记的，不影响合同效力。

第二百二十一条　当事人签订买卖房屋的协议或者签订其他不动产物权的协议，为保障将来实现物权，按照约定可以向登记机构申请预告登记。预告登记后，未经预告登记的权利人同意，处分该不动产的，不发生物权效力。

预告登记后，债权消灭或者自能够进行不动产登记之日起九十日内未申请登记的，预告登记失效。

第二百二十四条　动产物权的设立和转让，自交付时发生效力，但是法律另有规定的除外。

第二百二十五条　船舶、航空器和机动车等物权的设立、变更、转让和消灭，未经登记，不得对抗善意第三人。

第二百三十二条　处分依照本节规定享有的不动产物权，依照法律规定需要办理登记的，未经登记，不发生物权效力。

最高人民法院《关于适用〈中华人民共和国企业破产法〉若干问题的规定(二)》(2020)

第三十八条　买受人破产，其管理人决定解除所有权保留买卖合同，出卖人依据企业破产法第三十八条的规定主张取回买卖标的物的，人民法院应予支持。

出卖人取回买卖标的物，买受人管理人主张出卖人返还已支付价款的，人民法院应予支持。取回的标的物价值明显减少给出卖人造成损失的，出卖人可从买受人已支付价款中优先予以抵扣后，将剩余部分返还给买受人；对买受人已支付价款不足以弥补出卖人标的物价值减损损失形成的债权，出卖人主张作为共益债务清偿的，人民法院应予支持。

第四十条　债务人重整期间，权利人要求取回债务人合法占有的权利人的财产，不符合双方事先约定条件的，人民法院不予支持。但是，因管理人或者自行管理的债务人违反约定，可能导致取回物被转让、毁损、灭失或者价值明显减少的

---

① 参见王卫国：《破产法精义》(第2版)，法律出版社2020年版，第138页。
② 参见《中华人民共和国企业破产法》起草组编：《〈中华人民共和国企业破产法〉释义》，人民出版社2006年版，第147页；李国光主编：《新企业破产法条文释义》，人民法院出版社2006年版，第244页。
③ 参见蒋黔贵主编：《中华人民共和国企业破产法释义》，中国市场出版社2006年版，第124页；王卫国：《破产法精义》(第2版)，法律出版社2020年版，第140页。
④ 参见齐明：《中国破产法原理与适用》，法律出版社2017年版，第93页。

第三十八条

除外。

最高人民法院《关于推进破产案件依法高效审理的意见》（2020）

8.管理人应当及时接管债务人的财产、印章和账簿、文书等资料。债务人拒不移交的,人民法院可以根据管理人的申请或者依职权对直接责任人员处以罚款,并可以就债务人应当移交的内容和期限作出裁定。债务人不履行裁定确定的义务的,人民法院可以依照民事诉讼法执行程序的有关规定采取搜查、强制交付等必要措施予以强制执行。

接管过程中,对于债务人占有的不属于债务人的财产,权利人可以依据企业破产法第三十八条的规定向管理人主张取回。管理人不予认可的,权利人可以向破产案件受理法院提起诉讼请求行使取回权。诉讼期间不停止管理人的接管。

【裁判要旨】
案例
深圳市汇泉通投资管理有限公司与南方证券股份有限公司取回权纠纷案

法院:广东省高级人民法院
案号:（2013）粤高法民二破终字第2号
事实:2001年6月8日,泰达热电与南方证券签订《资产委托管理协议书》,在南方证券天津建设路营业部开立资金账号93×××18账户进行委托理财业务。泰达热电向账户内汇入1500万元委托资金,南方证券将泰达热电的委托资金在泰达热电账户内以封闭操作方式进行了股票买卖。

2004年1月2日,南方证券被中国证监会和深圳市政府行政接管。2004年7月16日,南方证券行政清算组经监管部门批准,将泰达热电93×××18账户内持有的哈飞股份845491股及哈药集团322000股,全部以非交易过户的方式,集中登记至南方证券名下的统一账户内,并予以冻结。截至2006年8月,原属泰达热电账户内的哈飞股份经分红及股改送股后增至955405股,哈药集团股票经分红及股改送股后增至418600股。庭审中,南方证券确认,上述股份虽集中登记在南方证券名下的统一账户内,但其原始的权利人在南方证券处均有明确记载,能够相互区分。

2006年8月16日,南方证券被原审法院裁定宣告破产清算。2006年8月25日,泰达热电将其曾对南方证券清算组（行政清算组）申报的债权直接转为向南方证券破产清算组申报破产债权,申报债权本金仍为1500万元。

2007年5月9日,南方证券破产清算组作出《权利申报审核通知书》,确认泰达热电对南方证券享有普通债权14977401.37元。泰达热电收到《权利申报审核通知书》后,未在异议期内提出异议。2007年11月23日,南方证券股份有限公司破产案第二次债权人会议表决通过《南方证券股份有限公司破产案第一次破产财产分配方案》,在此次分配中,泰达热电共分得哈飞股份81473股、哈药股份313642股以及现金528376.86元。泰达热电对该次分配方案表决同意,并受领该次分配。2008年12月,南方证券破产案进行第二次财产分配,泰达热电参加该次财产分配。加上第一次分配获得的现金528376.86元,泰达热电在两次分配中共获得现金人民币2774987.07元。此后泰达热电未再参加南方证券破产财产分配。

2010年12月28日,泰达热电与汇泉通公司签订《债权转让协议》,该协议约定泰达热电同意将2002年6月8日与南方证券股份有限公司签订的《资产委托管理协议书》项下的全部权利转让给汇泉通公司（不含已获分配的破产财产）。

2011年1月10日,汇泉通公司向南方证券破产清算组提交《取回股票资产申请书》,申请取回原泰达热电在南方证券天津建设路营业部93×××18账户内1500万元委托资产形成的股票资产及分红派息、送股等资产。2012年1月10日,南方证券破产清算组向汇泉通公司发出《权利申报审核通知书》,认定汇泉通公司与南方证券之间系债权债务关系,汇泉通公司对南方证券享有债权,汇泉通公司提出的取回权申请不成立。

2012年12月17日,南方证券宣告破产终结。

原审法院认为,汇泉通公司请求南方证券将汇泉通公司所有的93×××18账户内的"双哈股票"变现后所获得的现金及利息返还给汇泉通公司的诉讼请求,没有事实和法律依据,原审法院不予支持,判决驳回汇泉通公司的诉讼请求。汇泉通公司不服,向广东省高级人民法院提出上诉。

裁判要旨:取回权系物权主体依法享有的权利,在权利人明确表示放弃以前,不应以其尚未主张而推定其放弃自己的取回权。在相关财产已被处分的情况下,取回权债权人就其损失申报普通债权并接受破产财产分配,是其最大限度保护自己权益的选择。被提存处分的部分,因提存款实为财产的代位物,故取回权主体有权申请取回,且具有取回的现实条件。

裁判理由:广东省高级人民法院认为,本案是取回权纠纷。本案二审的争议焦点为:（1）泰达热电在以普通债权人身份接受两次破产财产分配后是否仍享有破产取回权,其涉及南方证券进入破产清算程序后至两次破产财产分配时,泰达热电是否明知双哈股票并未灭失;（2）如泰达热电享有破产取回权,汇泉通公司是否从泰达热电处受让了上述权利;(3)破产清算组对双哈股票进行变现后,汇泉通公司是否对提存款项享有取回权;(4)如汇泉通公司对提存款项享有破产取回权,具体数额如何计算。

关于泰达热电在以普通债权人身份接受两次破产财产分配后是否仍享有破产取回权,所涉的南方证券进入破产清算程序后至两次破产财产分配时,泰达热电是否明知双哈股票并未灭失的问题。《南方证券有限公司第一次破产财产分配方案》特别说明部分称,"进入行政接管程序后,为维护双哈股票资产的安全,中国证券监督管理委员会果断决定将南方证券持有的所有双哈股票集中登记到南方证券专门席位的专门账户内,并予以冻结至今,有效保护了南方证券破产财产的安全和债权人利益"。上述内容只表明将南方证券持有的双哈股票进行集中登记,并未明确对南方证券自有以外的其他股票作何处理。从上述内容不能得出原泰达热电账户内的双哈股票并未灭失的结论。取回权系物权依法享有的权利,在权利人明确表示放弃以前,不应以其尚未主张而推定其放弃自己的取回权。泰达热电在自己账户中的双哈股票已不存在的情况下,对其所有的双哈股票进行了普通债权申报并接受破产财产分配,是其最大限度保护自己权益的选择,本案现没有充分的证据显示泰达热电知道或应当知道其股票没有灭失,不能以此推定其因此放弃取回权。

关于如泰达热电享有破产取回权,汇泉通公司是否从泰达热电处受让了上述权利的问题。《债权转让协议》第1、2、3条对泰达热电转让给汇泉通公司的权利进行了约定,在无法获取原有的股票仍然存在的情况下,这些条文的内容显示,泰达热电转让给汇泉通公司的权利,为泰达热电委托南方证券对1500万元进行资产管理。在南方证券破产后形成的除泰达热电已接受两次破产财产分配以外的其他全部权利,即该协议签订之日,泰达热电在南方证券破产清算阶段享有的全部剩余权利,该权利包括泰达热电依法有权行使的破产取回权。

关于破产清算组对双哈股票进行处置后,汇泉通公司是否对提存款项享有破产取回权的问题。汇泉通申请取回的财产,是泰达热电支付了对价取得的财产,本就不属于南方证券所有,汇泉通公司申请取回并不损害南方证券及其债权人的利益。根据破产案件处理的需要,破产清算组对南方证券专门账户内集中登记的股票进行了处置,部分以实物分配的方式处理,部分记账提存。因提存款实为原双哈股票的代位物,故汇泉通公司有权申请取回,且具有取回的现实条件。

关于汇泉通公司有权取回的具体数额的问题。经转增后,从泰达热电账户内以非交易过户方式集中登记至南方证券专门账户内的哈飞股份为955405股,哈药股份为418600股。破产清算组对双哈股票进行处置时,哈飞股份折价为24.16元,哈药股份折价为10.95元,对应的变现款分别为:955405×24.16=23082584.8元;418600×10.95=4583670元,共计27666254.8元。扣除泰达热电已经分配得到的8177754.65元,汇泉通公司尚可取回的财产本金为19488500.15元。汇泉通公司要求对取回款项从2008年1月1日起计算利息,但未能提供合理的起算依据,其于2011年1月10日才提出申请取回股票资产的请求,本院根据本案的实际情况确定从汇泉通公司申请取回之日起计算相关款项的利息。

综上,汇泉通公司上诉提出的要求将原泰达热电所有的93×××18账户内的双哈股票处置后获得的现金返还给汇泉通公司的请求有理,予以支持;其要求将上述款项自2008年1月1日起计算利息的请求理据不足,不予支持。

2013年5月15日,广东省高级人民法院作出判决:原审判决认定事实清楚,审判程序合法,但适用法律部分错误,判决如下:(1)撤销深圳市中级人民法院(2012)深中法破初字第8号民事判决;(2)南方证券股份有限公司应于本判决生效之日起30日内返还人民币19488500.15元及上述款项从2011年1月10日起至清偿之日止产生的利息(按照中国人民银行规定的同期同类银行存款利率计付)给深圳市汇泉通投资管理有限公司。(3)驳回深圳市汇泉通投资管理有限公司的其他诉讼请求。

【学理综述】

许德风在《法学》2012年第6期上,发表《论债权的破产取回》一文。我国《企业破产法》第38、39、76条涉及取回权,分别提出取回权基本原则、出卖人对在途货物的取回权和破产重整中取回权行使的特殊规则。在该文中,作者指出,取回权并非破产法创设的新权利,其本质上是权利主体基于物权、债权等基础性权利主张财产所有权的权能。由此,该文以债权的破产取回为主题,深入探讨取回权制度的价值依据、现有规范及未来的改进空间。作者认为,债权的破产取回权,可以分为三类:基于债权的归属性特征而成立的债权破产取回、以营业外观为基础的委托债权破产取回以及以与所有物的密切关联及公平考量为基础的债权破产取回。对于债权取回权的行使问题,作者归结为两方面:第一,如何将所取回的债权与债务人其他财产区分开来,对此宜采取宽松标准,必要时可以承认取回权人与破产债务人对该类取回对象的按份共有;第二,债权取回权的具体行使问题,应该按照一般民事诉讼程序进行。①

第三十九条 人民法院受理破产申请时,出卖人已将买卖标的物向作为买受人的债务人发运,债务人尚未收到且未付清全部价款的,出卖人可以取回在运途中的标的物。但是,管理人可以支付全部价款,请求出卖人交付标的物。

【立法沿革】

《破产法》(1995 年草案)

第一百四十条 出卖人已将买卖标的物发运,破产人尚未收到亦未付清全价而受破产宣告的,出卖人可以取回在运输途中的标的物。但是,破产清算人可以全额支付价金,请求出卖人交付标的物。

前款的规定,不妨碍适用本法第一百四十六条的规定。

第一百四十六条 对破产人未履行的双务合同,破产清算人有权决定解除或者继续履行。

未履行的合同的对方当事人,可以给破产清算人确定一定期限,催告其在此期限内作出解除或者继续履行合同的决定。破产清算人逾期不答复的,视为解除合同。

破产清算人决定继续履行合同,而对方当事人要求其在约定期间或者合理期间提供相应担保,破产清算人在约定期间或者合理期间不提供担保的,视为解除合同。

破产清算人解除合同,对方当事人已给付定金的,以定金额为限的返还请求权作为破产债权。

依前四款规定解除合同时,对方当事人请求损害赔偿的权利作为破产债权。

《企业破产与重整法》(2000 年 6 月草案)

第一百二十六条 出卖人已将买卖标的物发运,破产人尚未收到亦未付清全价而受破产宣告的,出卖人可以取回在运途中的标的物。但是,破产清算人可以全额支付价金,请求出卖人交付标的物。

前款的规定,不妨碍适用本法第一百三十二条的规定。

第一百三十二条 对破产人未履行的双边合同,破产清算人有权决定解除或者继续履行。

未履行的合同的对方当事人,可以给破产清算人确定一定期限,催告其在此期限内作出解除或者继续履行合同的决定。破产清算人逾期不答复的,视为解除合同。

破产清算人决定继续履行合同,而对方当事人要求其在约定期间或者合理期间提供相应担保,破产清算人在约定期间或者合理期间不提供担保的,视为解除合同。

破产清算人解除合同,对方当事人已给付定金的,以定金额为限的返还请求权作为破产债权。

依前四款规定解除合同时,对方当事人请求损害赔偿的权利作为破产债权。

《企业破产与重整法》(2000 年 12 月草案)

第一百二十一条 出卖人已将买卖标的物发运,债务人尚未收到亦未付清全价而受破产宣告的,出卖人可以取回在运途中的标的物。但是,管理人可以全额支付价金,请求出卖人交付标的物。

前款的规定,不妨碍适用本法第一百二十七条的规定。

第一百二十七条 对破产人未履行的双务合同,管理人有权决定解除或者继续履行。

未履行的合同的对方当事人,可以给管理人确定一定期限,催告其在此期限内作出解除或者继续履行合同的决定。管理人逾期不答复的,视为解除合同。

管理人决定继续履行合同,而对方当事人要求其在约定期间或者合理期间提供相应担保,管理人在约定期间或者合理期间不提供担保的,视为解除合同。

管理人解除合同,对方当事人已给付定金的,以定金额为限的返还请求权作为破产债权。

依前四款规定解除合同时,对方当事人请求损害赔偿的权利作为破产债权。

《企业破产与重整法》(2001 年 1 月草案)

第六十一条 出卖人已将买卖标的物发运,买受人尚未收到亦未付清全价而受破产宣告的,出卖人可以取回在运途中的标的物。但是,管理人可以全额支付价金,请求出卖人交付标的物。

前款的规定,不妨碍适用本法第七十八条的规定。

第七十八条 对破产人未履行的双务合同,管理人有权决定解除或者继续履行。

未履行合同的对方当事人,可以给管理人确定一定期限,催告其在此期限内作出解除或者继续履行合同的决定。管理人逾期不答复的,视为

---

① 参见许德风:《论债权的破产取回》,载《法学》2012 年第 6 期,第 31—39 页。

解除合同。

管理人决定继续履行合同,而对方当事人要求其在约定期间或者合理期间提供相应担保,管理人在约定期间或者合理期间不提供担保的,视为解除合同。

管理人解除合同,对方当事人已给付定金的,以定金额为限的返还请求权作为破产债权。

依前四款规定解除合同时,对方当事人请求损害赔偿的权利作为破产债权。

《企业破产法》(2004年3月草案A版)

第一百一十八条　出卖人已将买卖标的物发运,买受人尚未收到亦未付清全价而受破产清算宣告的,出卖人可以取回在运途中的标的物。但是,管理人可以全额支付价金,请求出卖人交付标的物。

前款的规定,不妨碍适用本法第一百二十七条的规定。

第一百二十七条　对破产人未履行的双务合同,管理人有权决定解除或者继续履行。

未履行合同的对方当事人,可以给管理人确定一定期限,催告其在此期限内作出解除或者继续履行合同的决定。管理人逾期不答复的,视为解除合同。

管理人决定继续履行合同,而对方当事人要求其在约定期间或者合理期间提供相应担保,管理人在约定期间或者合理期间不提供担保的,视为解除合同。

管理人解除合同,对方当事人已给付定金的,以定金额为限的返还请求权作为破产债权。

依前四款规定解除合同时,对方当事人请求损害赔偿的权利作为破产债权。

《企业破产法》(2004年3月草案B版)

第一百一十七条　出卖人已将买卖标的物发运,买受人尚未收到亦未付清全价而受破产清算宣告的,出卖人可以取回在运途中的标的物。但是,管理人可以全额支付价金,请求出卖人交付标的物。

前款的规定,不妨碍适用本法第一百二十六条的规定。

第一百二十六条　对破产人未履行的双务合同,管理人有权决定解除或者继续履行。

未履行合同的对方当事人,可以给管理人确定一定期限,催告其在此期限内作出解除或者继续履行合同的决定。管理人逾期不答复的,视为解除合同。

管理人决定继续履行合同,而对方当事人要求其在约定期间或者合理期间提供相应担保,管理人在约定期间或者合理期间不提供担保的,视为解除合同。

管理人解除合同,对方当事人已给付定金的,以定金额为限的返还请求权作为破产债权。

依前四款规定解除合同时,对方当事人请求损害赔偿的权利作为破产债权。

《企业破产法》(2004年6月草案)

第一百二十条　出卖人已将买卖标的物发运,买受人尚未收到亦未付清全价而受破产宣告的,出卖人可以取回在运途中的标的物。但是,管理人可以全额支付价金,请求出卖人交付标的物。

前款的规定,不妨碍适用本法第一百二十九条的规定。

第一百二十九条　对破产人未履行的双务合同,管理人有权决定解除或者继续履行。

未履行合同的对方当事人,可以给管理人确定一定期限,催告其在此期限内作出解除或者继续履行合同的决定。管理人逾期不答复的,视为解除合同。

管理人决定继续履行合同,而对方当事人要求其在约定期间或者合理期间提供相应担保,管理人在约定期间或者合理期间不提供担保的,视为解除合同。

管理人解除合同,对方当事人已给付定金的,以定金额为限的返还请求权作为破产债权。

依前四款规定解除合同时,对方当事人请求损害赔偿的权利作为破产债权。

《企业破产法》(2004年10月草案)

第一百一十二条　出卖人已将买卖标的物发运,买受人尚未收到亦未付清全价而受破产宣告的,出卖人可以取回在运途中的标的物。但是,管理人可以全额支付价金,请求出卖人交付标的物。

前款的规定,不妨碍适用本法第一百二十条的规定。

第一百二十条　对破产人未履行的双务合同,管理人有权决定解除或者继续履行。

未履行合同的对方当事人,可以给管理人确定一定期限,催告其在此期限内作出解除或者继续履行合同的决定。管理人逾期不答复的,视为解除合同。

管理人决定继续履行合同,而对方当事人要求其在约定期间或者合理期间提供相应担保,管理人在约定期间或者合理期间不提供担保的,视为解除合同。

管理人解除合同,对方当事人已给付定金的,以定金额为限的返还请求权作为破产债权。

依前四款规定解除合同时,对方当事人请求

第三十九条

损害赔偿的权利作为破产债权。

【条文释义】

本条规范的是出卖人对在途货物的取回权。

从立法史的角度,本条最终的定稿,与草案相比得到大幅度精简。不同时期的草案中,第2款本来都是对破产债权部分待履行合同解除事宜的特别强调,即售卖人对在途物取回权的行使,不妨碍管理人对待履行合同选择履行权及合同相对方的相关权益。但在本条规定最终的定稿中,强调在途货物取回权与待履行合同选择履行权的内容被删除。

出卖人的取回权,是破产法中一种特殊的取回权。即在买受人破产前,出卖人与买受人达成交易,但在出卖人发货且未收到货款时,如果买受人提交破产申请且被受理,那么出卖人可以取回在运送途中的货物。

韩传华指出,准确理解这一规定需要注意如下几个问题:第一,出卖人向债务人发运买卖标的物的时间,必须在法院受理破产申请之前;第二,法院受理破产申请之前,该买卖标的物必须在途;第三,如果债务人已支付全部价款,或者管理人决定继续履行买卖合同而同意支付全部价款,出卖人未受任何损失,那么就无权取回标的物。①

按照齐明的解读,本条规范的目的在于维护基本公平,避免明显不公平的后果因为破产程序的启动而由无辜的出卖人承担。齐明认为,本条规范的关键点,即在债务人破产申请被受理这个特定的时间点,要求:第一,异地买卖交易的出卖人已经发出货物,买卖标的物在运往买受人的途中,即买受人"尚未收到";第二,买受人"尚未付清全部价款"②。

本条可分为2层含义:

第1层:"人民法院受理破产申请时,出卖人已将买卖标的物向作为买受人的债务人发运,债务人尚未收到且未付清全部价款的,出卖人可以取回在运途中的标的物。"

本层从出卖人权利保障角度,对出卖人在途货物取回权做出详细规定,即在法院受理破产时,出卖人已将货物发运,但买受该货物的债务人既未收到货物也未付清全部价款时,出卖人可以取回在途货物。

实际上,本层设定了出卖人取回权行使的多个条件,即其一,法院受理破产时,买卖合同尚未履行完毕;其二,出卖人已将买卖标的物发运;其三,债务人尚未收到取回标的物;其四,债务人未付清全部价款。③

第2层:"但是,管理人可以支付全部价款,请求出卖人交付标的物。"

本层系"但书"条款。通过本规定,《企业破产法》为出卖人对在途货物取回权的行使做出例外规定,即管理人"支付全部价款"本身,可以成为"请求出卖人交付标的物"的合理理由,此时出卖人对在途货物取回权的行使,自然受到一定的限制。

本条的规定,实际上与管理人对待履行合同的选择履行权有异曲同工之妙。在前述历次草案中,本条第2款都规定,出卖人对在途货物取回权的行使,不影响管理人在待履行合同中的选择履行权。这一规定特别强调管理人支付全部价款本身,这构成管理人对买卖合同的承认和继续履行。按照蒋黔贵等的观点,此时管理人根据破产人及买卖合同履行的实际情况,如果认为可以继续履行合同,则可以将尚未付清的价款交付出卖人,同时请求出卖人履行交付义务。④

如果管理人"支付全部价款,请求出卖人交付标的物",那么出卖人是有权利拒绝还是应该无条件交付标的物?王卫国认为,在破产实践中,确实可能存在管理人为继续营业或者资产保值需要,付清价款并请求出卖人交付标的物的情形;在严格符合破产案件受理时标的物尚在途中这一要件的情况下,出卖人不得拒绝交付标的物。⑤

【关联法律法规及司法政策】

《民法典》(2020)

第六百零三条 出卖人应当按照约定的地点交付标的物。

当事人没有约定交付地点或者约定不明确,依据本法第五百一十条的规定仍不能确定的,适用下列规定:

(一)标的物需要运输的,出卖人应当将标的物交付给第一承运人以运交给买受人;

(二)标的物不需要运输,出卖人和买受人订

---

① 参见韩传华:《企业破产法解析》,人民法院出版社2007年版,第146—147页。
② 参见齐明:《中国破产法原理与适用》,法律出版社2017年版,第94—95页。
③ 参见蒋黔贵主编:《中华人民共和国企业破产法释义》,中国市场出版社2006年版,第125—126页;王卫国:《破产法精义》(第2版),法律出版社2020年版,第142—143页。
④ 参见蒋黔贵主编:《中华人民共和国企业破产法释义》,中国市场出版社2006年版,第126页;
⑤ 参见王卫国:《破产法精义》(第2版),法律出版社2020年版,第143页。

立合同时知道标的物在某一地点的,出卖人应当在该地点交付标的物;不知道标的物在某一地点的,应当在出卖人订立合同时的营业地交付标的物。

最高人民法院《关于适用〈中华人民共和国企业破产法〉若干问题的规定(二)》(2020)

第三十八条 买受人破产,其管理人决定解除所有权保留买卖合同,出卖人依据企业破产法第三十八条的规定主张取回买卖标的物的,人民法院应予支持。

出卖人取回买卖标的物,买受人管理人主张出卖人返还已支付价款的,人民法院应予支持。取回的标的物价值明显减少给出卖人造成损失的,出卖人可从买受人已支付价款中优先予以抵扣后,将剩余部分返还给买受人;对买受人已支付价款不足以弥补出卖人标的物价值减损损失形成的债权,出卖人主张作为共益债务清偿的,人民法院应予支持。

第三十九条 出卖人依据企业破产法第三十九条的规定,通过通知承运人或者实际占有人中止运输、返还货物、变更到达地,或者将货物交给其他收货人等方式,对在运途中标的物主张了取回权但未能实现,或者在货物未达管理人前已向管理人主张取回在运途中标的物,在买卖标的物到达管理人后,出卖人向管理人主张取回的,管理人应予准许。

出卖人对在运途中标的物未及时行使取回权,在买卖标的物到达管理人后向管理人行使在运途中标的物取回权的,管理人不应准许。

【裁判要旨】

案例

无锡市藕塘华生电力安装站与无锡鑫成金属制品加工有限公司加工合同纠纷案

法院:江苏省无锡市中级人民法院
案号:(2017)苏02民终4479号
事实:上诉人无锡市藕塘华生电力安装站(以下简称为华生安装站)因与被上诉人无锡鑫成金属制品加工有限公司(以下简称为鑫成公司)出卖人取回权纠纷一案,不服无锡市惠山区人民法院(2016)苏0206民初4793号民事判决,向无锡市中级人民法院提起上诉。

2010年11月30日,华生安装站(施工单位)与鑫成公司(建设单位)就鑫成公司10KV变电所工程签订《电力建设工程总承包合同》1份,约定合同金额为73.9万元。2012年2月13日,华生安装站与鑫成公司达成协议书,确认该电力工程已施工完毕,并通过验收投入使用。鑫成公司确认结欠华生安装站共计72.68万元,并自愿补偿华生安装站拖欠资金的利息损失3万元。协议书还约定:鑫成公司自愿在未全额支付完毕之前,同意华生安装站保留工程中鑫成公司向华生安装站购买的所有变电设施的所有权,如鑫成公司未能按照协议支付欠款,华生安装站有权随时自行拆除所有由华生安装站销售安装的变电设施。2012年7月20日,鑫成公司又向华生安装站出具欠条一份,欠条对2012年2月13日协议书中约定的华生安装站对变电设备所有权保留的事项予以确认。

2015年10月30日,一审法院受理鑫成公司破产清算一案。嗣后,华生安装站先后向管理人提交过2份债权申报表,最终的申报债权金额合计为1775067元。2016年8月3日,鑫成公司管理人出具书面的债权初步核查告知函回复华生安装站债权申报结果,告知函载明:鑫成公司管理人初步核定华生安装站享有普通债权为1323704元,并且不保留所有权。华生安装站对鑫成公司管理人确认的债权金额有异议,故而成讼。

华生安装站向一审法院起诉请求:确认其行使取回权,将鑫成公司在变电所工程中向其购买的1600KVA油变器1台、KYN44A高压柜3台、GGD低压柜7台、直流屏1台,共计12台设备取回(价值约40万元)。

一审法院判决:驳回华生安装站的诉讼请求。华生安装站上诉请求:撤销原判,依法改判支持其诉讼请求。

裁判要旨:电气设施应属于建筑物或构筑物的附属设施,并计入房产原值,电气设施的移除,将严重影响建筑物或构筑物的使用功能和价值。债权人提供并安装的变电所设施系电气设施,属变电所这一构筑物的附属设施,属不动产范畴,故不适用所有权保留。

裁判理由:据无锡市中级人民法院归纳,本案二审争议焦点为:变电所设施是否可适用所有权保留。

无锡市中级人民法院认为,华生安装站与鑫成公司签订《电力建设工程总承包合同》,向鑫成公司提供了变电所设施并进行了安装,该变电所在通过验收后已由鑫成公司投入使用,为鑫成公司的生产提供电力。华生安装站与鑫成公司同时约定,在鑫成公司未全额付款前,华生安装站保留变电站设施的所有权。现因鑫成公司未全额付款,双方对于华生安装站是否为变电站设施的所有权人,是否有权取回变电站设施产生争议。《合同法》规定,当事人可以在买卖合同中约定买受人未履行支付价款或者其他义务的,标的物的所有权属于出卖人。最高人民法院《关于审理买卖合同纠纷案件适用法律问题的解释》又规定,买卖合同当事人主张《合同法》关于标的物所有权保留的规定适用于不动产的,人民法院不予支持。因此,双方的争议实质在于变电所设施是否属于不动产,是否可适用所有权保留的法律规定。

所谓不动产,是指不能移动或者移动后会引起性质、形状改变的财产,包括建筑物、构筑物和其他土地附着物。变电所设施是维持变电所正常使用功能的设施,是为鑫成公司提供电能的电力设施,如果移除,则变电所将失去其功能,鑫成公司的其他不动产将失去电力支持,无法满足生产需求,因此变电所设施应属一经移除,则会引起其他不动产性质、功能、价值发生改变的构筑物附着物。

参照财政部、国家税务总局《关于固定资产进项税额抵扣问题的通知》(财税〔2009〕113号),其中载明,《中华人民共和国增值税暂行条例实施细则》第23条第2款所称建筑物,是指供人们在其内生产、生活和其他活动的房屋或者场所;所称构筑物,是指人们不在其内生产、生活的人工建造物;所称其他土地附着物,是指矿产资源及土地上生长的植物;以建筑物或者构筑物为载体的附属设备和配套设施,无论在会计处理上是否单独记账与核算,均应作为建筑物或者构筑物的组成部分,其进项税额不得在销项税额中抵扣。附属设备和配套设施是指:给排水、采暖、卫生、通风、照明、通讯、煤气、消防、中央空调、电梯、电气、智能化楼宇设备和配套设施。国家税务总局《关于进一步明确房屋附属设备和配套设施计征房产税有关问题的通知》(国税发〔2005〕173号)中也载明,为了维持和增加房屋的使用功能或使房屋满足设计要求,凡以房屋为载体,不可随意移动的附属设备和配套设施,如给排水、采暖、消防、中央空调、电气及智能化楼宇设备等,无论在会计核算中是否单独记账与核算,都应计入房产原值,计征房产税。上述规定虽为税务方面的有关规定,但其中可反映出电气设施应属于建筑物或构筑物的附属设施,并计入房产原值,电气设施的移除,将严重影响建筑物或构筑物的使用功能和价值。因华生安装站提供并安装的变电所设施系电气设施,属变电所这一构筑物的附属设施,属不动产范畴,故不适用所有权保留。

综上所述,无锡市中级人民法院于2017年12月4日作出判决:华生安装站的上诉请求不能成立,应予驳回。一审判决认定事实清楚,适用法律正确,应予维持。驳回上诉,维持原判。

第四十条 债权人在破产申请受理前对债务人负有债务的,可以向管理人主张抵销。但是,有下列情形之一的,不得抵销:

(一)债务人的债务人在破产申请受理后取得他人对债务人的债权的;

(二)债权人已知债务人有不能清偿到期债务或者破产申请的事实,对债务人负担债务的;但是,债权人因为法律规定或者有破产申请一年前所发生的原因而负担债务的除外;

(三)债务人的债务人已知债务人有不能清偿到期债务或者破产申请的事实,对债务人取得债权的;但是,债务人的债务人因为法律规定或者有破产申请一年前所发生的原因而取得债权的除外。

【立法沿革】

《企业破产法(试行)》(1986)

第三十三条 债权人对破产企业负有债务的,可以在破产清算前抵销。

《破产法》(1995年草案)

第一百四十八条 债权人在破产宣告前对破产人负有债务的,不论该债务的给付种类是否相同,可以在破产分配方案公告前向破产清算人主张抵销。

第一百四十九条 有下列情形之一的,不适用本法第一百四十八条规定的抵销:

(一)破产债权人在破产宣告后对破产人负有债务的;

(二)破产人的债务人在破产宣告后取得他人破产债权的;

(三)破产人的债务人已知破产人有停止支付或者破产申请的事实,对破产人负担债务的;但是,债权人因为法律规定或者有破产申请一年前发生的原因而负担债务的,不在此限。

(四)破产人的债务人已知破产人有停止支付或者破产申请的事实,对破产人负担债权的;但是,债权人因为法律规定或者有破产申请一年前发生的原因而取得债权的,不在此限。

《企业破产与重整法》(2000年6月草案)

第一百三十四条 债权人在破产宣告前对破产人负有债务的,不论该债务人的给付种类是否相同,可以在破产分配方案公告前向破产清算人主张抵销。

第一百三十五条 有下列情形之一的,不适用本法第一百三十四条规定的抵销:

(一)破产债权人在破产宣告后对破产人负有债务的;

(二)破产人的债务人在破产宣告后取得他人破产债权的;

(三)破产债权人已知破产人有停止支付或者破产申请的事实,对破产人负担债务的;但是,债权人因为法律规定或者有破产申请一年前所发生的原因而负担债务的,不在此限;

(四)破产人的债务人已知破产人有停止支付或者破产申请的事实,对破产人取得债权的;但是,债务人因为法律规定或者有破产申请一年前所发生的原因而取得债权的,不在此限。

《企业破产与重整法》(2000年12月草案)

第一百二十九条　债权人在破产宣告前对破产人负有债务的,不论该债务的给付种类是否相同,可以在破产分配方案公告前向管理人主张抵销。

第一百三十条　有下列情形之一的,不适用本法第一百二十九条规定的抵销:

(一)破产债权人在破产宣告后对破产人负有债务的;

(二)破产人的债务人在破产宣告后取得他人破产债权的;

(三)破产债权人已知破产人有停止支付或者破产申请的事实,对破产人负担债务的;但是,债权人因为法律规定或者有破产申请一年前所发生的原因而负担债务的,不在此限;

(四)破产人的债务人已知破产人有停止支付或者破产申请的事实,对破产人取得债权的;但是,债务人因为法律规定或者有破产申请一年前所发生的原因而取得债权的,不在此限。

《企业破产与重整法》(2001年1月草案)

第八十条　债权人在破产宣告前对破产人负有债务的,不论该债务的给付种类是否相同,可以在破产分配方案公告前向管理人主张抵销。

第八十一条　有下列情形之一的,不适用本法第八十条规定的抵销:

(一)破产债权人在破产宣告后对破产人负有债务的;

(二)破产人的债务人在破产宣告后取得他人破产债权的;

(三)破产债权人已知破产人有停止支付或者破产申请的事实,对破产人负担债务的;但是,债权人因为法律规定或者有破产申请一年前所发生的原因而负担债务的,不在此限;

(四)破产人的债务人已知破产人有停止支付或者破产申请的事实,对破产人取得债权的;但是,债务人因为法律规定或者有破产申请一年前所发生的原因而取得债权的,不在此限。

《企业破产法》(2004年3月草案A版)

第一百三十条　债权人在破产清算宣告前对破产人负有债务的,给付种类相同的,可以在破产分配方案公告前向管理人主张抵销。

第一百三十一条　有下列情形之一的,不适用本法第一百三十条规定的抵销:

(一)破产债权人在破产清算宣告后对破产人负有债务的;

(二)破产人的债务人在破产清算宣告后取得他人破产债权的;

(三)破产债权人已知破产人有停止支付或者破产申请的事实,对破产人负担债务的;但是,债权人因为法律规定或者有破产申请一年前所发生的原因而负担债务的,不在此限;

(四)破产人的债务人已知破产人有停止支付或者破产申请的事实,对破产人取得债权的;但是,债务人因为法律规定或者有破产申请一年前所发生的原因而取得债权的,不在此限。

《企业破产法》(2004年3月草案B版)

第一百二十九条　债权人在破产清算宣告前对破产人负有债务的,给付种类相同的,可以在破产分配方案公告前向管理人主张抵销。

第一百三十条　有下列情形之一的,不适用本法第一百二十九条规定的抵销:

(一)破产债权人在破产清算宣告后对破产人负有债务的;

(二)破产人的债务人在破产清算宣告后取得他人破产债权的;

(三)破产债权人已知破产人有停止支付或者破产申请的事实,对破产人负担债务的;但是,债权人因为法律规定或者有破产申请一年前所发生的原因而负担债务的,不在此限;

(四)破产人的债务人已知破产人有停止支付或者破产申请的事实,对破产人取得债权的;但是,债务人因为法律规定或者有破产申请一年前所发生的原因而取得债权的,不在此限。

《企业破产法》(2004年6月草案)

第一百三十二条　债权人在破产案件受理前对破产人负有债务的,可以在破产分配方案公告前向管理人主张抵销。

第一百三十三条　有下列情形之一的,不适用本法第一百三十二条规定的抵销:

(一)破产债权人在破产案件受理后对破产人负有债务的;

(二)破产人的债务人在破产案件受理后取得他人破产债权的;

(三)破产债权人已知破产人有停止支付或

第四十条

者破产申请的事实,对破产人负担债务的;但是,债权人因为法律规定或者有破产申请一年前所发生的原因而负担债务的除外;

(四)破产人的债务人已知破产人有停止支付或者破产申请的事实,对破产人取得债权的;但是,债务人因为法律规定或者有破产申请一年前所发生的原因而取得债权的除外。

《企业破产法》(2004年10月草案)

第一百二十三条　债权人在破产案件受理前对破产人负有债务的,可以在破产分配方案公告前向管理人主张抵销。

第一百二十四条　有下列情形之一的,不适用本法第一百二十三条规定的抵销:

(一)破产债权人在破产案件受理后对破产人负有债务的;

(二)破产人的债务人在破产案件受理后取得他人破产债权的;

(三)破产债权人已知破产人有停止支付或者破产申请的事实,对破产人负担债务的;但是,债权人因为法律规定或者有破产申请一年前所发生的原因而负担债务的除外;

(四)破产人的债务人已知破产人有不能支付到期债务或者破产申请的事实,对破产人取得债权的;但是,债务人因为法律规定或者有破产申请一年前所发生的原因而取得债权的除外。

【条文释义】

本条规定的是破产程序中的抵销权。

从立法史的角度看,本条将不同时期的草案中的两条规定,合并成一条,分别从原则与例外角度,对抵销权行使及其例外的情形做了规定。

本条可分为2层含义:

第1层:"债权人在破产申请受理前对债务人负有债务的,可以向管理人主张抵销。"

本条开宗明义即规定,"债权人在破产申请受理前对债务人负有债务的,可以向管理人主张抵销"。这也就是说,如果债权人在破产申请受理前对债务人负有债务,最终在破产程序启动后形成互负债务的情形,那么允许债权人和债务人之间通过管理人,互相抵销债务。按照《企业破产法》制度设计的初衷,允许抵销是原则,不允许抵销是例外。这也符合抵销权作为担保债权回收属性的定位。①

这里需要特别留意的是这个时间节点,即"在破产申请受理前"债权人对债务人负有债务,唯有如此债权人才可以向管理人主张抵销。齐明指出,这一时间之所以重要,是因为这个问题涉及债权债务关系和债权人债务人分离的问题,亦即"特定的债权债务关系可能在破产程序启动之前就已经成立,但在破产程序启动之后随着债权流转,对应的债权人或者债务人可能发生了变化"②。

在此基础上,王卫国提出抵销权行使涉及的四个问题:第一,破产抵销权的行使,应该以管理人为对象,以意思表示方式进行。第二,抵销权的行使,必须要以债权申报为前提。第三,附条件债权的抵销,应受到相应条件的制约,即附停止条件的债权,必须要待停止条件成就;附解除条件的债权,可以在解除条件未成就时就主张抵销。第四,对于抵销权行使后的差额处理,需要分门别类:如果债权大于债务,抵销后的债权剩余部分,可以继续参加清偿;如果债权小于所欠债务,抵销后债权消灭,其余部分依旧属于债务人财产。③

韩传华认为,《企业破产法》对抵销权的原则性规定,有如下几个问题尚待进一步探索:

第一,上述原则性规定,并未清楚界定可以抵销的债务是否需要受债务是否到期的影响。按照韩传华的说法,抵销权本身来源于合同法,但《企业破产法》所规定的破产抵销权,既不受债务种类和期限的限制,根据《企业破产法》第46条第1款,也不受债务是否到期的限制,可以抵销的债务既包括了已到期债务,也包括未到期债务;当然未到期债务互相抵销时,需要扣除未到期期间的利息。④

第二,上述原则性规定,亦未清楚规定不同类债务是否可以抵销。韩传华认为,破产抵销权的实质在于抵销债权人和债务人之间的互负债务,并不十分看重相关债务的类型,故不同类债务,可以实现抵销,比如不同类合同之债的抵销、合同之债与侵权之债的抵销、担保之债与非担保之债的抵销等。⑤

第三,上述原则性规定,也未清楚规定抵销权行使的起始点,尤其是其最晚期限。韩传华认为,鉴于债权人的抵销主张会直接影响到破产财产分

---

① 参见王卫国:《破产法精义》(第2版),法律出版社2020年版,第145页。
② 齐明:《中国破产法原理与适用》,法律出版社2017年版,第95页。
③ 参见王卫国:《破产法精义》(第2版),法律出版社2020年版,第146—148页。
④ 参见韩传华:《企业破产法解析》,人民法院出版社2007年版,第147—149页。
⑤ 参见韩传华:《企业破产法解析》,人民法院出版社2007年版,第149—150页。

配方案的具体内容,所以债权人向管理人提出抵销主张的最晚期限,应该是管理人向债权人会议提交破产财产分配方案之前。①

第四,与该问题相关,即管理人究竟该在什么时间,做出同意债权人抵销请求或者不同意抵销请求的决定?对此上述原则性规定亦未清楚规定。韩传华认为,鉴于实现破产抵销的前提是债权人、债务人双方互负债务确定,那么涉及两个问题:第一,债权人对债务人的债务,需要以管理人和债权人共同确认为准;第二,债务人对债权人的债务,则需要通过《企业破产法》第58条规定的债权确认程序来认定:如果债权人申报、管理人审查,且债权人、债务人均无异议,则由法院裁定确认;如果债权人申报、管理人审查,但债权人或债务人有异议,则需要以异议人提起诉讼且法院最终确认的债权额为准。也就是说,管理人必须要等到法院裁定或判决确认债务人对债权人的债务额度后,才能决定是否同意债权人提出的互负债务抵销请求。②

第五,与此相关的还有另外一个问题:如果债权人、债务人之间的互负债务通过破产抵销程序而清结,那么债权人是否还能继续参与破产程序,尤其是在债权人会议上行使表决权?韩传华认为,鉴于债务人对债权人的债务需要法院裁定或者判决确认,而这是债权人行使破产抵销请求权的前置性条件之一,破产抵销权的行使势必发生在债权人会议之后,故在债权人会议召开到抵销完成前,债权人的权利和身份不受影响;而管理人决定抵销并导致债权人对债务人享有的债权全部消灭,债权人在事实上已不成其为债权人,故不应再参加债权人会议并行使相关权益;如果破产管理人决定抵销后债务人依旧对债权人负债,那么债权人可以就剩余债权额,继续参加债权人会议并行使包括表决权在内的所有权利。③

另外,韩传华亦提出对债权人在重整期间、和解期间的抵销权,应在保障的同时适度进行限制:第一,在重整期间,包括担保债权等都限制行使,债权人的抵销权亦应暂停行使;第二,在重整期间或者和解期间,如果债务人自行经营,此时管理人只充当监督人角色,债权人的抵销主张应该向债

务人直接提出,而不是向管理人提出;第三,当重整协议或和解协议通过后,如管理人或债务人要求债权人继续清偿债务,债权人仍旧有权利提出抵销请求。④

第2层:"但是,有下列情形之一的,不得抵销:(一)债务人的债务人在破产申请受理后取得他人对债务人的债权的;(二)债权人已知债务人有不能清偿到期债务或者破产申请的事实,对债务人负担债务的;但是,债权人因为法律规定或者有破产申请一年前所发生的原因而负担债务的除外;(三)债务人的债务人已知债务人有不能清偿到期债务或者破产申请的事实,对债务人取得债权的;但是,债务人的债务人因为法律规定或者有破产申请一年前所发生的原因而取得债权的除外。"

对于不得抵销的情形,本条设置了三项"禁令"。鉴于《企业破产法》下的抵销对破产财产及最终分配比例影响甚大,故破产法意义上的抵销,对于债权人、债务人互负债务的成因极为关注。⑤实际上,《企业破产法》第40条规定的三项不得抵销的"禁令",正是通过对债权债务成因的进一步甄选,将其设立成为禁止性规则。按照齐明的观点,这3条禁止抵销条款,目的都在于防止破产程序启动后由于债权债务关系的流转而行使破产抵销权,进而给债务人财产带来损失。⑥

分项评注如下:

(一)债务人的债务人在破产申请受理后取得他人对债务人的债权的

按照各界共识,这条"禁令"的合理性在于,如果对债务人的债务人在破产申请受理后取得他人对债务人的债权不加限制而任其抵销,将会出现这样一种情形:债权人可以将其对债务人的债权,转让给债务人的债务人,形成的局面便是,债务人的债务人不再积极寻求向管理人清偿对债务人的债务,而是以从债权人手中受让的债权,来抵销对债务人的负债,最终将会导致破产财产减少、其他债权人的清偿利益受到明显影响。⑦

齐明对此通过举例,有着更直观的分析:假如甲欠乙100万元,丙欠甲100万元,那么甲破产

---

① 参见韩传华:《企业破产法解析》,人民法院出版社2007年版,第151页。
② 参见韩传华:《企业破产法解析》,人民法院出版社2007年版,第153—154页。
③ 参见韩传华:《企业破产法解析》,人民法院出版社2007年版,第154页。
④ 参见韩传华:《企业破产法解析》,人民法院出版社2007年版,第151—153页。
⑤ 参见韩传华:《企业破产法解析》,人民法院出版社2007年版,第155页。
⑥ 参见齐明:《中国破产法原理与适用》,法律出版社2017年版,第96页。
⑦ 参见王卫国:《破产法精义》(第2版),法律出版社2020年版,第148页;韩传华:《企业破产法解析》,人民法院出版社2007年版,第156页。

第四十条

后,假设清偿率为30%,那么按照破产程序,乙可以得到30万元;但如果丙以40万元购买乙的100万债权,那么乙可以得到40万元,比破产程序所得的多出10万元,而丙则以100万元与甲抵销。这意味着,债务人财产则直接损失70万元。显而易见,如果允许债务人的债务人在破产程序申请受理后,取得对他人对债务人的债权,将会直接损害债务人财产,也妨碍了债务人财产的最大化。①

准确理解这项"禁令",首先需要准确理解这里的"取得"。细言之,需要注意"取得"债权的时间,而这一"取得"时间,如果债务人的债务人与债权人在破产申报前签订债权转让协议,但在转让价款支付过程中债务人被申请破产,那么"取得"应以债权最终完全转移的时间为准,而不能以债权债务转让协议达成的时间为准;如果债务人的债务人与债权人之间因为债权转让协议而发生诉讼,那么在破产申请前,即便该债权转让协议的效力需要法院裁定,但"取得"时间的确定,应以债权转让协议的达成为准,而不应以破产申请受理后法院的裁定为准。②

准确理解这项"禁令",同样需要准确理解这里的"他人"。韩传华认为,这里的"他人",如果债务人的债务人,通过包括公司在内的各种形式,与债权人互相吸收或合二为一,只要债务人的债务人取得对债权人的债权在破产申请受理之后,哪怕是在被吸收之前,依旧可以视为属于"他人"的债权,故而不可抵销;而如果债务人的债务人在破产申请受理后,不是通过"他人"取得对债务人的债权,而是直接取得对债务人的债权,则属于可以抵销的范畴。③

(二)债权人已知债务人有不能清偿到期债务或者破产申请的事实,对债务人负担债务的;但是,债权人因为法律规定或者有破产申请一年前所发生的原因而负担债务的除外

按照韩传华的解读,这项"禁令"设计的初衷在于防止债权人有意制造债务、恶意抵销的行为,"当债权人已知债务人不能清偿到期债务或申请破产的事实后,债权很自然地明白其债权收回的巨大风险。在此情形下,债权人将十分乐意地以其债权抵销债务"④。

王卫国亦举例指出,如果允许债权人在得知债务人具有破产原因时有意负债,比如赊购债务人的货物,从而形成对债务人的负债,实际上是以实物形式使破产债权得到抢先满足,从而逃避破产程序;由此,法律有必要将这类行为完全排除在抵销权范围之外,确保破产债权的集体有序清偿。⑤

准确理解这项"禁令",需要准确理解"已知"。韩传华通过列举的方式,尽可能周延地描绘了管理人可以认为债权人"已知"债务人不能清偿到期债务或已申请破产的情形:(1)债权人承认;(2)债权人是破产申请人;(3)债权人的有关人员的证词;(4)债权人对债务人负担债务时,债务人有对债权人的到期债务且未能清偿;(5)债权人对债务人负担债务时,债权人与债务人存在关联关系;(6)债权人对债务人负担债务时,债权人的董事、监事或高级管理人员在债务人处兼任高级职务,或者债权人本身在债务人企业担任高级职务;(7)有书面文件或凭证证明;(8)其他能够让管理人认为债权人"已知"相关事项的情形。⑥

"但是"后面规定的情形,亦即"债权人因为法律规定或者有破产申请一年前所发生的原因而负担债务的除外",是对上述"禁令"的例外。这也就是说,如果有法律规定,或者在破产申请前一年所发生的原因,导致债权人"已知债务人有不能清偿到期债务或者破产申请的事实"但仍旧对债务人负担债务,可以超越"禁令",适用抵销。

那么,这里的"法律规定"应该如何理解?按照民法学的债务体系,合同之债属于意定之债,而法定之债中,既包括因债权人过错引发的侵权之债、无因管理之债、不当得利之债和其他法定之债,也包括债权人无过错引发的法定之债。正因为如此,韩传华认为,为了防止债权人有意通过侵权等行为而与债务人互负债务,进而通过抵销条款予以抵销,本"禁令"严格地将"例外"情形予以适用,如果主体是债务人的债务人,则法定原因产生的债务均可适用抵销规则;如果主体是债权人,那么只有债权人因无过错而引发的法定之债才能适用抵销规则,其他债权人因过错而引发的侵权之债、无因管理之债、不当得利之债或其他法定之

---

① 参见齐明:《中国破产法原理与适用》,法律出版社2017年版,第96页。
② 参见韩传华:《企业破产法解析》,人民法院出版社2007年版,第157—158页。
③ 参见韩传华:《企业破产法解析》,人民法院出版社2007年版,第158—159页。
④ 参见韩传华:《企业破产法解析》,人民法院出版社2007年版,第160页。
⑤ 参见王卫国:《破产法精义》,法律出版社2007年版,第116页。
⑥ 参见韩传华:《企业破产法解析》,人民法院出版社2007年版,第160—161页。

债，均不适用抵销规则。①

还有，这里的"有破产申请一年前所发生的原因"该如何理解？王卫国认为，如果是债权人对债务人在破产申请前一年所发生的负债，则可以认为该债权人在负担此债务时，并无通过抵销权行使而获得优先清偿的恶意，因此可以允许。②按照韩传华的观点，如果债务原因发生的时间，在债务负担的发生时间之前，且超过一年，那么相关互负债务可以抵销；如果债务原因发生的时间与债务负担发生的时间同时，且在破产申请一年内，那么债权人和债务人的互负债务不可抵销。③

（三）债务人的债务人已知债务人有不能清偿到期债务或者破产申请的事实，对债务人取得债权的；但是，债务人的债务人因为法律规定或者有破产申请一年前所发生的原因而取得债权的除外

这是《企业破产法》对破产抵销设置的第三个"禁令"。这条"禁令"与《企业破产法》第40条第2项相似，只不过主体换成"债务人的债务人"④。

准确理解这项"禁令"，同样需要准确理解"已知"。韩传华列举了管理人判断债务人的债务人"已知"债务人有不能清偿到期债务或破产申请事实的六种情形：（1）债务人的债务人承认；（2）债务人的有关人员陈述；（3）债务人的债务人取得债权时，与债务人有关联；（4）债务人的债务人的董事、监事及高级管理人员在债务人处有兼职，或债务人的债务人在债务人处直接任董事、监事或高级管理人员；（5）有书面文件或凭证证明当事人已知；（6）管理人因其他情形认定债务人的债务人"已知"⑤。

王卫国特别指出，如果债务人的债务人已知债务人具备破产原因而恶意负债，且该交易有恶意串通、显失公平等无效或者可撤销事由，则除不得适用破产抵销外，还可以适用无效或者可撤销规定，使其丧失破产债权的地位。⑥

对于这项"禁令"中的"法律规定"，与上一项"禁令"类似，势必还是来源于侵权、无因管理、不

当得利等原因。只要债务人的债务人的债权系因"法律规定"而取得，则适用抵销规则，可以视为"禁令"的例外。⑦

这里的"一年前所发生的原因"亦规定了例外适用抵销"禁令"的时间节点，需要特别留意。⑧

齐明认为，上述三条"禁令"，并未完全禁止破产程序进行过程中债权债务关系的流转，亦即是说，债权人与次债务人之间为抵销而完成的债权转让，并非完全无效——在这种情况下，债权债务关系本身没问题，只不过利害关系人不能行使破产抵销权。⑨

与破产抵销规则相关的一个问题是，如果管理人允许个别债权人的抵销请求，其他债权人对管理人同意抵销的决定有异议的，在《企业破产法》的框架内是否可以获得救济？或者如果管理人拒绝个别债权人的抵销请求，相关债权人是否可以寻求救济？《企业破产法》第40条对此缺乏明确规定。韩传华认为，管理人在收到债权人的抵销请求后，需要考虑的是债权人的抵销请求是否在上述三项禁止抵销的"禁令"之内，如不在上述"禁令"之内，则原则上管理人应准许债权人的抵销请求，在这种情况下破产抵销权涉及的债权额度，并不在管理人的考虑范围之内。正因为如此，无论是管理人拒绝个别债权人的抵销请求，还是其他债权人对管理人同意抵销的决定有异议，鉴于《企业破产法》缺乏明确规定，相关人既无权提出异议，亦无权请求法院裁定。⑩

【关联法律法规及司法政策】

《民法典》（2020）

第五百六十八条　当事人互负债务，该债务的标的物种类、品质相同的，任何一方可以将自己的债务与对方的到期债务抵销；但是，根据债务性质、按照当事人约定或者依照法律规定不得抵销的除外。

当事人主张抵销的，应当通知对方。通知自到达对方时生效。抵销不得附条件或者附期限。

---

① 参见韩传华：《企业破产法解析》，人民法院出版社2007年版，第161—162页。
② 参见王卫国：《破产法精义》（第2版），法律出版社2020年版，第148页。
③ 参见韩传华：《企业破产法解析》，人民法院出版社2007年版，第162—163页。
④ 参见王卫国：《破产法精义》（第2版），法律出版社2020年版，第149页。
⑤ 参见韩传华：《企业破产法解析》，人民法院出版社2007年版，第163—164页。
⑥ 参见王卫国：《破产法精义》（第2版），法律出版社2020年版，第149页。
⑦ 参见韩传华：《企业破产法解析》，人民法院出版社2007年版，第164—165页。
⑧ 参见韩传华：《企业破产法解析》，人民法院出版社2007年版，第165页。
⑨ 参见齐明：《中国破产法原理与适用》，法律出版社2017年版，第95页。
⑩ 参见韩传华：《企业破产法解析》，人民法院出版社2007年版，第154—155页。

第五百六十九条　当事人互负债务,标的物种类、品质不相同的,经协商一致,也可以抵销。

最高人民法院《关于适用〈中华人民共和国企业破产法〉若干问题的规定(二)》(2020)

第四十一条　债权人依据企业破产法第四十条的规定行使抵销权,应当向管理人提出抵销主张。

管理人不得主动抵销债务人与债权人的互负债务,但抵销使债务人财产受益的除外。

第四十二条　管理人收到债权人提出的主张债务抵销的通知后,经审查无异议的,抵销自管理人收到通知之日起生效。

管理人对抵销主张有异议的,应当在约定的异议期限内或者自收到主张债务抵销的通知之日起三个月内向人民法院提起诉讼。无正当理由逾期提起的,人民法院不予支持。

人民法院判决驳回管理人提起的抵销无效诉讼请求的,该抵销自管理人收到主张债务抵销的通知之日起生效。

第四十三条　债权人主张抵销,管理人以下列理由提出异议的,人民法院不予支持:

(一)破产申请受理时,债务人对债权人负有的债务尚未到期;

(二)破产申请受理时,债权人对债务人负有的债务尚未到期;

(三)双方互负债务标的物种类、品质不同。

第四十四条　破产申请受理前六个月内,债务人有企业破产法第二条第一款规定的情形,债务人与个别债权人以抵销方式对个别债权人清偿,其抵销的债权债务属于企业破产法第四十条第(二)、(三)项规定的情形之一,管理人在破产申请受理之日起三个月内向人民法院提起诉讼,主张该抵销无效的,人民法院应予支持。

第四十五条　企业破产法第四十条所列不得抵销情形的债权人,主张以其对债务人特定财产享有优先受偿权的债权,与债务人对其不享有优先受偿权的债权抵销,债务人管理人以抵销存在企业破产法第四十条规定的情形提出异议的,人民法院不予支持。但是,用以抵销的债权大于债权人享有优先受偿权财产价值的除外。

第四十六条　债务人的股东主张以下债务与债务人对其负有的债务抵销,债务人管理人提出异议的,人民法院应予支持:

(一)债务人股东因欠缴债务人的出资或者抽逃出资对债务人所负的债务;

(二)债务人股东滥用股东权利或者关联关系损害公司利益对债务人所负的债务。

【裁判要旨】

案例1

北京汽车制造厂有限公司与北京弘大汽车空调散热器有限公司对外追收债权纠纷案

法院:北京市高级人民法院

案号:(2015)高民(商)终字第1171号

事实:上诉人北京汽车制造厂有限公司(以下简称为北京汽车公司)因与被上诉人北京弘大汽车空调散热器有限公司(以下简称为弘大汽车公司)对外追收债权纠纷一案,不服北京市第一中级人民法院(2014)一中民(商)初字第6626号民事判决,向北京市高级人民法院提起上诉。

2010年3月,北京汽车公司与弘大汽车公司签订采购合同书。

2013年9月25日,北京市第一中级人民法院依法裁定受理弘大汽车公司破产申请,并指定北京市中洲律师事务所为弘大汽车公司管理人。管理人接手破产企业后,经与北京汽车公司核对账目,双方确认北京汽车公司尚欠弘大汽车公司采购货款473404.9元未付。

在本案一审审理中,弘大汽车公司与北京汽车公司均确认,双方存在长期供货合同关系,虽然采购合同书仅载明履行期限为一年,但双方账目往来自2000年1月起至2012年6月止一直存在。截至2012年6月,弘大汽车公司尚欠北京汽车公司三包索赔款共计16991.09元未付。

一审法院判决:(1)北京汽车公司给付弘大汽车公司货款456413.81元;(2)驳回弘大汽车公司的其他诉讼请求。北京汽车公司不服一审法院上述民事判决,向北京市高级人民法院提起上诉。

裁判要旨:抵销权只能由债权人通过以下程序行使:首先,债权人应当在人民法院确定的债权申报期限内向管理人申报债权;其次,管理人在收到债权申报材料后,应当登记造册,对申报的债权进行审查,并编制债权表;再次,债权表应当提交第一次债权人会议核查;最后,债务人、债权人对债权表记载的债权无异议的,由人民法院裁定确认。债务人、债权人对债权表记载的债权有异议的,可以向受理破产申请的人民法院提起诉讼。即破产债权人的身份要通过债权申报、管理人审查、编制债权表、债权人会议核查、人民法院裁定确认等法定程序才能最终确认。

裁判理由:北京市高级人民法院认为:一审法院根据查明的事实和相关法律规定,对于采购合同书合法有效的认定正确,亦予以确认。北京汽车公司应当向弘大汽车公司支付货款473404.9元。

本案中,一审法院认为北京汽车公司主张索

赔款16991.09元符合《企业破产法》关于破产抵销权的条件，故而支持北京汽车公司答辩要求从欠付货款中予以扣除的主张。对此，北京市高级人民法院认为，本案不符合《企业破产法》第40条规定的行使抵销权的条件。依据《企业破产法》第40条的规定，抵销权只能由债权人行使，北京汽车公司向弘大汽车公司主张行使抵销权，必须要首先取得债权人的地位。按照《企业破产法》第48条、第57条和第58条的规定，取得债权人地位必须经过以下法定程序：首先，债权人应当在人民法院确定的债权申报期限内向管理人申报债权；其次，管理人在收到债权申报材料后，应当登记造册，对申报的债权进行审查，并编制债权表；再次，债权表应当提交第一次债权人会议核查；最后，债务人、债权人对债权表记载的债权无异议的，由人民法院裁定确认。债务人、债权人对债权表记载的债权有异议的，可以向受理破产申请的人民法院提起诉讼。即破产债权人的身份要通过债权申报、管理人审查、编制债权表、债权人会议核查、人民法院裁定确认等法定程序才能最终确认。而在本案中，北京汽车公司并没有向弘大汽车公司管理人申报债权，之后的管理人审查、编制债权表、债权人会议核查、人民法院裁定确认等法定程序自然亦未进行，故北京汽车公司不具备破产案件中债权人的地位，当然无权要求行使抵销权。北京汽车公司要求应从欠付弘大汽车公司货款中扣除三包索赔款16991.09元的主张，不应得到支持。北京汽车公司可就该部分主张，向弘大汽车公司管理人申报债权。

本案中，弘大汽车公司未对北京汽车公司行使抵销权提出上诉，依据最高人民法院《关于适用〈中华人民共和国民事诉讼法〉的解释》第323条的规定，北京市高级人民法院认为，由于一审法院判决错误认定抵销权，导致实际上认定北京汽车公司的破产债权人地位和债权数额。对于北京汽车公司破产债权人地位和债权数额的认定，并没有经过债权申报、管理人审查、编制债权表、债权人会议核查、人民法院裁定确认等法定前置程序，损害弘大汽车公司其他破产债权人的利益。故北京市高级人民法院依据最高人民法院《关于适用〈中华人民共和国民事诉讼法〉的解释》第323条第2款的规定，对于北京汽车公司要求行使抵销权进行审理，并作出认定。

对于北京汽车公司要求弘大汽车公司支付质量索赔款251385.68元的上诉请求，北京市高级人民法院认为，一审法院判决对于北京汽车公司此部分主张处理正确，本院予以确认，北京汽车公司可就合同解除产生的求偿权向弘大汽车公司管理人申报债权。

综上，北京市高级人民法院于2015年6月8日作出判决：一审法院判决适用法律错误，予以纠正：(1)撤销北京市第一中级人民法院(2014)一中民(商)初字第6626号民事判决；(2)北京汽车制造厂有限公司于本判决生效之日起10日内给付北京弘大汽车空调散热器有限公司货款473404.9元。

案例2
上诉人中国银行股份有限公司辽宁省分行与被上诉人STX(大连)造船有限公司管理人破产抵销权纠纷案

法院：辽宁省高级人民法院
案号：(2017)辽民终157号
事实：上诉人中国银行股份有限公司辽宁省分行(以下简称中行辽宁分行)因与被上诉人STX(大连)造船有限公司(以下简称STX造船公司)管理人破产抵销权纠纷一案，不服大连市中级人民法院作出的(2015)大民三初字第280号民事判决，向辽宁省高级人民法院提起上诉。

2011年8月23日，STX造船公司向中行辽宁分行提交《开立税款保付保函申请书》，申请就大连港湾海关开具的《银行保证金台账开设联系单》项下应缴税款4411116.87元及相应缓税利息开具不可撤销、不可转让的担保函。同年8月24日，中行辽宁分行向大连港湾海关开具了918号税款保函。2012年8月10日STX造船公司向中行辽宁分行申请延长918号税款保函有效期至2013年7月6日。

2013年3月15日，STX造船公司再次向中行辽宁分行申请延长918号税款保函有效期，同日，STX造船公司与中行辽宁分行签订《保证金质押确认书》，约定STX造船公司在中行辽宁分行设立保证金专户，并向该保证金专户缴付保函保证金人民币200万元，用于为918号税款保函提供反担保。2013年3月18日，STX造船公司如约向上述保证金专户缴付了保证金人民币200万元。保函有效期届满，大连港湾海关并未向中行辽宁分行提出索赔。中行辽宁分行亦未按约定将200万元保证金按其存入路径返还给STX造船公司。

2014年3月13日，一审法院作出(2013)大民三初字第160号《民事判决书》，判决：STX造船公司给付中行辽宁分行欠款61129602.31元及利息。

2014年6月6日，一审法院裁定受理STX造船公司的重整申请。2014年11月，STX造船公司就中行辽宁分行未能按照《保证金质押确认书》

之约定,于保证期限届满后拒不返还STX造船公司保证金行为向一审法院提起案号为(2015)大民一初字第12号的返还原物纠纷诉讼。2015年1月29日,STX造船公司管理人收到中行辽宁分行签署日期为2015年1月27日的《债权抵销通知书》,通知STX造船公司管理人:"将依法行使抵销权,以STX造船公司缴付的保证金人民币200万元及期间活期利息抵销中行辽宁分行对STX造船公司的相同数额债权。"2015年3月10日,一审法院裁定终止STX造船公司的重整程序;宣告STX造船公司破产。同日,一审法院决定临时确定中行辽宁分行的债权数额106800871.52元。

STX造船公司管理人向一审法院起诉请求:(1)确认中行辽宁分行于2015年1月27日向管理人就200万元作出的抵销无效,自始不发生法律效力;(2)判令中行辽宁分行承担本案全部诉讼费用。

一审法院判决确认中行辽宁分行于2015年1月27日向STX造船公司管理人就200万元作出的抵销无效,自始不发生法律效力。中行辽宁分行不服该判决,提起上诉。

裁判要旨:行使破产抵销权应当符合以下条件:(1)双方存在互负债权债务关系,且债权人据以主张抵销的债权在破产程序中必须依法申报并经人民法院裁定确认;(2)时间上债权人应当是在破产申请受理前对债务人负有债务;(3)虽然债权人在已知债务人有不能清偿到期债务的事实,但该债务是因为法律规定或者有破产申请一年前所发生的原因而负担的债务,即对于特定期限内成立的债务,债权人主观上需无恶意。

裁判理由:辽宁省高级人民法院认为,本案争议的焦点问题在于中行辽宁分行就案涉款项200万元及期间利息是否有权行使破产抵销权。

根据《企业破产法》第40条,具体到本案中,债权人中行辽宁分行行使破产抵销权应当符合以下条件:(1)双方存在互负债权债务关系,且中行辽宁分行据以主张抵销的债权在破产程序中必须依法申报并经人民法院裁定确认;(2)时间上债权人中行辽宁分行应当是在破产申请受理前对债务人STX造船公司负有债务;(3)虽然债权人中行辽宁分行在已知债务人STX造船公司有不能清偿到期债务的事实,但该债务是因为法律规定或者有破产申请一年前所发生的原因而负担的债务,即对于特定期限内成立的债务,债权人主观上需无恶意。

首先,中行辽宁分行与STX造船公司是否互负债权债务问题。

根据已查明的案件事实,中行辽宁分行对STX造船公司享有的债权已经过管理人审查确认,并经一审法院裁定予以确认,故中行辽宁分行对STX造船公司享有债权的事实明确。中行辽宁分行对STX造船公司是否享有债权,双方存在争议。中行辽宁分行认为,在主债权消灭的情况下担保物权消灭,该笔保证金已经丧失了质物的性质,已经转化为普通企业存款,因而属于对STX造船公司的负债。STX造船公司管理人则认为,中行辽宁分行对该保证金享有的是质权,主债权消灭后,保证金仍然具有特定物之属性,并未转为普通存款,STX造船公司就该保证金仍享有所有权,是物权而非债权。本院认为,最高人民法院《关于适用〈中华人民共和国担保法〉若干问题的解释》第85条规定:"债务人或者第三人将其金钱以特户、封金、保证金等形式特定化后,移交债权人占有作为债权的担保,债务人不履行债务时,债权人可以以该金钱优先受偿。"本案STX造船公司提供的用于反担保的200万元是由该公司在中行辽宁分行普通银行账户中转入保证金账户,符合特定化并转移占有的保证金账户质押的法律要件,二者之间形成了动产质押的合同关系。但是,当918号税款保函至2014年1月2日担保期限届满后,大连港湾海关并未向中行辽宁分行提出索赔,中行辽宁分行的担保责任得以免除,该笔保证金所担保的债权消灭。《物权法》第177条规定:"有下列情形之一的,担保物权消灭:(一)主债权消灭;(二)担保物权实现;(三)债权人放弃担保物权;(四)法律规定担保物权消灭的其他情形。"《担保法》第74条规定:"质权与其担保的债权同时存在,债权消灭的,质权也消灭。"本案中,因中行辽宁分行的主债权消灭,则设定于该保证金之上的质权也消灭,该保证金担保功能丧失,不再具有特定物之属性,其性质应转为普通存款。货币作为一种特殊动产、种类物,其占有与所有是同一的,一旦交付,即发生所有权的转移。对中行辽宁分行占有的该保证金,STX造船公司只能请求返还同等数额的钱款,而不能根据物权请求权要求中行辽宁分行返还原物,因而,STX造船公司就案涉200万元及期间利息对中行辽宁分行享有债权。

其次,结合中行辽宁分行对STX造船公司负有债务的时间及原因,该债务是否符合法律规定不得抵销的除外情形。

2014年1月2日918号税款保函担保期限届满,中行辽宁分行的主债权消灭,该保证金不再具有特定物之属性,其性质转为普通存款,因而,自2014年1月2日起,中行辽宁分行对STX造船公司负有债务。一审法院于 2014 年 6 月 6 日作出 (2014) 大民三破字第 1-1 号民事裁定书，受理 STX 造船公司的重整申请，从时间上看，中行辽宁分行在 STX 造船公司破产申请受理前对该公司负有债务。

中行辽宁分行对 STX 造船公司的债务是基于 STX 造船公司向中行辽宁分行申请延长 918 号税款保函有效期，双方签订《保证金质押确认书》后，STX 造船公司于 2013 年 3 月 18 日缴付保证金用于为 918 号税款保函提供反担保而形成的，STX 造船公司向一审法院提出破产申请的时间是 2014 年 5 月 23 日，故该项债务的形成事由在时间上早于破产申请一年以上。即使中行辽宁分行在该债务形成时已知 STX 造船公司有不能清偿到期债务的事实，也是因破产申请一年前所发生的原因而负担的，并非在明知 STX 造船公司资不抵债濒临破产的情形下所负担，主观上并无恶意，因而，中行辽宁分行提出的抵销主张符合《企业破产法》第 40 条第 2 项的规定，合法有效，应予支持。

综上所述，中行辽宁分行与 STX 造船公司互负债权债务，中行辽宁分行对 STX 造船公司的债权数额远大于 STX 造船公司对中行辽宁分行的债权数额，中行辽宁分行就案涉款项 200 万元及期间利息行使破产抵销权具有事实依据和法律依据，不存在法律规定的不得抵销的情形。STX 造船公司管理人认为该 200 万元仍然具有特定物之属性，该公司仍享有物权而非债权的主张不能成立。一审法院认定事实清楚，但认为 STX 造船公司对案涉保证金享有物上请求权，中行辽宁分行无权向 STX 造船公司管理人主张抵销，与相关法律规定不符，适用法律错误。

2017 年 6 月 26 日，辽宁省高级人民法院作出判决：(1) 撤销大连市中级人民法院 (2015) 大民三初字第 280 号民事判决；(2) 驳回 STX (大连) 造船有限公司管理人的诉讼请求。

第五章　破产费用和共益债务

第四十一条　人民法院受理破产申请后发生的下列费用，为破产费用：
(一) 破产案件的诉讼费用；
(二) 管理、变价和分配债务人财产的费用；
(三) 管理人执行职务的费用、报酬和聘用工作人员的费用。

【立法沿革】

《企业破产法 (试行)》(1986)

第三十四条　下列破产费用，应当从破产财产中优先拨付：
(一) 破产财产的管理、变卖和分配所需要的费用，包括聘任工作人员的费用；
(二) 破产案件的诉讼费用；
(三) 为债权人的共同利益而在破产程序中支付的其他费用。
破产财产不足以支付破产费用的，人民法院应当宣告破产程序终结。

《破产法》(1995 年草案)

第四十八条　人民法院受理破产案件后发生的下列各项费用，为破产费用：
(一) 债务人财产的管理、变价和分配所需费用；
(二) 破产案件的诉讼费用；
(三) 管理人、破产清算人的劳动报酬和执行职务的费用及其聘用工作人员的费用；
(四) 监督人的劳动报酬和执行职务的费用；
(五) 人民法院受理破产案件后，为债务人的继续营业而应支付的劳动报酬和社会保险费用；
(六) 为债权人的共同利益所用于破产程序支付的其他费用。

《企业破产与重整法》(2000 年 6 月草案)

第四十六条　人民法院受理破产案件后发生的下列各项费用，为破产费用：
(一) 债务人财产的管理、变价和分配所需费用；
(二) 破产案件的诉讼费用；
(三) 管理人、破产清算人的劳动报酬和执行职务的费用及其聘用工作人员的费用；
(四) 监督人的劳动报酬和执行职务的费用；
(五) 为债权人的共同利益所用于破产程序支付的其他费用。

《企业破产与重整法》(2000 年 12 月草案)

第四十六条　人民法院受理破产案件后发生

第四十一条

的下列各项费用,为破产费用:

(一)破产案件的诉讼费用;

(二)债务人财产的管理、变价和分配所需费用;

(三)管理人的劳动报酬和执行职务的费用及其聘用工作人员的费用;

(四)监督人的劳动报酬和执行职务的费用;

(五)人民法院受理破产案件后,为债务人的继续营业而应支付的劳动报酬和社会保险费用;

(六)为债权人的共同利益所用于破产程序支付的其他费用。

《企业破产与重整法》(2001年1月草案)

第六十五条 人民法院受理破产案件后发生的下列各项费用,为破产费用:

(一)破产案件的诉讼费用;

(二)债务人财产的管理、变价和分配所需费用;

(三)管理人的劳动报酬和执行职务的费用及其聘用工作人员的费用;

(四)监督人的劳动报酬和执行职务的费用。

《企业破产法》(2004年3月草案A版)

第三十九条 人民法院受理破产案件后发生的下列各项费用,为破产费用:

(一)破产案件的受理费用;

(二)债务人财产的管理、变价和分配所需费用;

(三)管理人的劳动报酬、执行职务的费用和聘用工作人员的费用。

《企业破产法》(2004年3月草案B版)

第四十条 人民法院受理破产案件后发生的下列各项费用,为破产费用:

(一)破产案件的受理费用;

(二)债务人财产的管理、变价和分配所需费用;

(三)管理人的劳动报酬、执行职务的费用和聘用专业人员和工作人员的费用。

《企业破产法》(2004年6月草案)

第三十九条 人民法院受理破产案件后发生的下列各项费用,为破产费用:

(一)破产案件的受理费用;

(二)债务人财产的管理、变价和分配所需费用;

(三)管理人执行职务的费用、报酬和聘用专业人员和工作人员的费用。

《企业破产法》(2004年10月草案)

第三十九条 人民法院受理破产案件后发生的下列费用,为破产费用:

(一)破产案件的受理费用;

(二)债务人财产的管理、变价和分配所需费用;

(三)管理人执行职务的费用、报酬和聘用工作人员的费用。

【条文释义】

本条通过列举的方式,规定"破产费用"的范围。

从立法史的角度,本条对破产费用的列举,有一个逐步限缩的过程。比如在早期的草案中,如以下三项费用亦属于破产费用的范围:第一,监督人(亦即后来的债权人委员会)的劳动报酬和执行职务的费用;第二,人民法院受理破产案件后,为保障债务人的继续营业而应支付的劳动报酬和社会保险费用;第三,为债权人的共同利益所用于破产程序支付的其他费用。但是在后来的草案中,上述三项均被删除。

破产费用是一种给付义务。破产费用的成立,坊间不同版本的解读,均确认需要具备如下条件:第一,破产费用必定发生在破产程序启动之后;第二,破产费用的支付必须是为了债权人共同利益,而不能为了个别债权人利益;这也就是说,任何非基于债权人共同利益发生的费用,都不能列入破产费用;第三,破产费用属于已经支付或者必须支付的费用;第四,破产费用的目的在于保障破产程序顺畅进行。[1] 李国光等特别提出,破产费用的发生,总伴随着管理人的积极行为,包括但不限于对债务人财产的管理、变价、分配乃至聘请专业工作人员。[2]

王卫国亦提出,理解破产费用的核心,是把握其发生,是为破产程序的进行,以及全体债权人共同利益而发生的费用,故应本着"谁受益,谁付费"的原则,由全体债权人承担;而体现在破产程

---

[1] 参见蒋黔贵主编:《中华人民共和国企业破产法释义》,中国市场出版社2006年版,第130—131页;本书编写组编:《〈中华人民共和国企业破产法〉释义及实用指南》,中国民主法制出版社2006年版,第130—131页;李国光主编:《新企业破产法条文释义》,人民法院出版社2006年版,第256—257页、第258页;吴高盛主编:《〈中华人民共和国企业破产法〉条文释义与适用》,人民法院出版社2006年版,第105、107页。

[2] 参见李国光主编:《新企业破产法条文释义》,人民法院出版社2006年版,第257页。

序中,则是由债务人财产优先清偿。①

齐明认为,按照《企业破产法》第 41 条的表述,无论是破产案件的申请费用、债务人财产经营管理、变价、评估等费用及管理人报酬及聘用工作人员的费用,都是封闭式的范围,大致可以预估,因此限定"人民法院受理破产申请后发生",实际意义并不大,引发债务人财产发生巨大变化的主要是《企业破产法》第 42 条所列举的 6 项规定的共益债务。②

《企业破产法》第 41 条,共列举 3 项破产费用。分项评注如下:

（一）破产案件的诉讼费用

对于这里"破产案件的诉讼费用"的具体内涵,《企业破产法》并未明确规定,原则上只能适用《民事诉讼法》相关规定。

坊间对于其内涵的解读,亦呈现出较大的差别。《企业破产法》起草小组认为,"破产案件的诉讼费用"仅是法院受理破产案件时,依据最高人民法院规定的标准收取的案件受理费。③ 而按照各界通说,这里的"破产案件的诉讼费用",主要包括如下两类:第一,法院受理破产申请时收取的受理费;第二,破产案件的诉讼费,具体可能包括依职权调查费、公告费、通知费、鉴定费、勘验费、调查费、送达费、财产保全费、证据保全费、证人差旅费以及破产企业注销登记费用等。④

但是,韩传华进一步细分"破产案件的诉讼费用":破产案件的申请费、法院指定人员的出庭费用和其他费用:

1. 破产案件的申请费

主要指法院在受理破产申请时,向债务人收取的受理费用。对于法院受理诉讼相关收费标准,先后由最高人民法院 1989 年颁布的《人民法院诉讼收费办法》、国务院 2006 年颁布的《人民法院诉讼费用交纳办法》规范。就破产案件而言,《人民法院诉讼收费办法》将之列为"受理费",而《人民法院诉讼费用交纳办法》则将之列为"申请费"。⑤

根据国务院 2006 年版《人民法院诉讼费用交纳办法》第 16 条规定,"破产案件依据破产财产总额计算,按照财产案件受理费标准减半交纳,但是,最高不超过 30 万元"。同时,根据《人民法院诉讼费用交纳办法》第 20 条的规定,破产案件的申请费在破产清算后交纳。该办法第 40 条还确认,"依法向人民法院申请破产的,诉讼费用依照有关法律规定从破产财产中拨付"。韩传华认为,这里的破产财产总额,应当包括破产财产中已设定有担保的财产金额。⑥

另外,根据最高人民法院《关于适用〈中华人民共和国企业破产法〉若干问题的规定（一）》第 8 条,申请人无力承担诉讼费用,并不影响破产申请的受理。按照齐明的解释,"交不起诉讼费不影响法院决定案件的受理"。⑦

2. 法院指定人员的出庭费用

根据国务院《人民法院诉讼费用交纳办法》第 6 条、第 11 条规定,如果证人、鉴定人、翻译人员、理算人员在破产案件审理过程中,因为出庭而发生的交通费、住宿费、生活费用及误工补贴,即可以根据《企业破产法》第 41 条第 1 项,而列入破产费用,并最终由破产财产支付。按照韩传华的观点,这里的证人、鉴定人、翻译人员、理算人员,均需是法院安排并指定出庭的人员;如果债权人、债务人或其他相关人员自行安排证人、鉴定人、翻译人员、理算人员出庭,即便经过法院同意,这些人员的交通费、住宿费、生活费用及误工补贴均应由当事人直接支付,而不能列入破产费用,由破产财产支付。⑧

3. 其他费用

这里的其他费用,主要涉及国务院《人民法院诉讼费用交纳办法》第 12 条规定的诉讼过程中因为鉴定、公告、勘验、翻译、评估、拍卖、变卖、仓储、保管、运输、船舶监管等发生而应由当事人负担的费用。韩传华认为,在破产案件中,这部分费用虽然不由法院代收,但法院可以决定将其视为"破产

---

① 参见王卫国:《破产法精义》(第 2 版),法律出版社 2020 年版,第 154—155 页。
② 参见齐明:《中国破产法原理与适用》,法律出版社 2017 年版,第 100 页。
③ 参见《中华人民共和国企业破产法》起草组编:《〈中华人民共和国企业破产法〉释义》,人民出版社 2006 年版,第 155 页。
④ 参见蒋黔贵主编:《中华人民共和国企业破产法释义》,中国市场出版社 2006 年版,第 131 页;王卫国:《破产法精义》(第 2 版),法律出版社 2020 年版,第 156 页。
⑤ 韩传华在比较前述不同收费标准后认为,130 万元是破产财产的临界点:如果破产财产小于 130 万元,申请费少于受理费;如果破产财产等于 130 万元,申请费等于受理费;而如果破产财产大于 130 万元,则申请费高于受理费。见韩传华:《企业破产法解析》,人民法院出版社 2007 年版,第 167—168 页。
⑥ 参见韩传华:《企业破产法解析》,人民法院出版社 2007 年版,第 168 页。
⑦ 齐明:《中国破产法原理与适用》,法律出版社 2017 年版,第 100 页。
⑧ 参见韩传华:《企业破产法解析》,人民法院出版社 2007 年版,第 169 页。

案件的诉讼费用",列入破产费用,最终从破产财产中支付。①

李国光等亦指出,采取诉讼保全措施的申请费及实际支出,以及执行判决、裁定和调解协议所实际支出的费用,亦均属于破产费用。②

另外,需要说明的是,法院亦可行使自由裁量权,裁定将其认定为应该由债务人财产支付的其他费用,列入破产费用。③

关于其他费用,还有一点需要明确:如果法院裁定不予受理破产申请,或者申请人在法院裁定受理前撤回申请,法院不应收取申请费;而申请后、撤回前发生的相关费用,则由申请人直接支付。④

但无论如何,按照2011年8月最高人民法院发布的《关于适用〈中华人民共和国企业破产法〉若干问题的规定(一)》第8条,"破产案件的诉讼费用,应根据企业破产法第四十三条的规定,从债务人财产中拨付。相关当事人以申请人未预先交纳诉讼费用为由,对破产申请提出异议的,人民法院不予支持"。这也就是说,未缴纳诉讼费用,不能成为相关当事人提出破产异议的理由。

按照2019年3月最高人民法院发布的《关于适用〈中华人民共和国企业破产法〉若干问题的规定(三)》第1条,"人民法院裁定受理破产申请的,此前债务人尚未支付的公司强制清算费用、未终结的执行程序中产生的评估费、公告费、保管费等执行费用,可以参照企业破产法关于破产费用的规定,由债务人财产随时清偿。此前债务人尚未支付的案件受理费、执行申请费,可以作为破产债权清偿"。这也就是说,债务人企业拖欠的强制清算费用和终结执行程序产生的评估费用、公告费用、保障费用等,也可以列入破产费用,获得绝对优先的清偿顺位。

(二)管理、变价和分配债务人财产的费用

这里"管理、变价和分配债务人财产的费用",可以细分为管理费用、变价费用和分配费用。⑤

根据《企业破产法》第61条,通过债务人财产的管理方案、通过破产财产的变价方案、通过破产财产的分配方案等职权,原则上均由债权人会议行使;同时根据《企业破产法》第65条,上述方案如未经债权人会议通过,可以由法院裁定通过。

对于"管理、变价和分配债务人财产的费用",不同版本的立法机构解读,近乎一致地列举出如下若干种:(1)债务人财产的保管费用;(2)债务人财产的保养、维修费用;(3)债务人财产的保险费;(4)破产财产的评估费用;(5)破产财产拍卖或者作价变卖过程中支出的费用;(6)债务人财产变更权属过程中应支付的费用;(7)购买有关财务和支付票证服务的费用;(8)债务人财产运输费用;(9)管理、变价和分配债务人财产涉及的其他费用。⑥

兹就"管理、变价和分配债务人财产的费用",详析如下:

1. 管理费用

对于管理费用来说,各方共同认为可列入管理费的项目,主要包括:管理人管理债务人财产而产生的仓储、运输、维修保养、保险等费用;管理人为收回债务人财产而聘请律师、会计师等的费用;管理人接管债务人财产后产生的水电费、通信费、办公费、文书制作费等。⑦

但李国光等特别指出,管理费用是破产费用的基本形态,是保证管理人正常履职而必须发生的费用,因此其不以任何形式的列举为限,凡管理人为管理债务人财产所发生的费用,均在破产费用之列。⑧

按照韩传华的界定,管理费用可以分为如下诸点:(1)一般管理费用,比如房屋、设备维护费;库存

---

① 参见韩传华:《企业破产法解析》,人民法院出版社2007年版,第169页。
② 参见李国光主编:《新企业破产法条文释义》,人民法院出版社2006年版,第257页。
③ 参见吴高盛主编:《〈中华人民共和国企业破产法〉条文释义与适用》,人民法院出版社2006年版,第106页;李国光主编:《新企业破产法条文释义》,人民法院出版社2006年版,第257—258页。
④ 参见韩传华:《企业破产法解析》,人民法院出版社2007年版,第169页。
⑤ 参见《中华人民共和国企业破产法》起草组编:《〈中华人民共和国企业破产法〉释义》,人民出版社2006年版,第156页;王卫国:《破产法精义》(第2版),法律出版社2020年版,第156页;韩传华:《企业破产法解析》,人民法院出版社2007年版,第169—172页。
⑥ 参见《中华人民共和国企业破产法》起草组编:《〈中华人民共和国企业破产法〉释义》,人民出版社2006年版,第156—157页;本书编写组编:《〈中华人民共和国企业破产法〉释义及实用指南》,中国民主法制出版社2006年版,第133—134页;安建主编:《中华人民共和国企业破产法释义》,法律出版社2006年版,第68页。
⑦ 参见蒋黔贵主编:《中华人民共和国企业破产法释义》,中国市场出版社2006年版,第131页;王卫国:《破产法精义》(第2版),法律出版社2020年版,第156页。
⑧ 参见李国光主编:《新企业破产法条文释义》,人民法院出版社2006年版,第258页。

产品、半成品、原材料的仓储费；债务人财产的看护费用；管理人及其工作人员办公场地的费用等。(2)清收债权和财产费用，即破产程序开始后管理人因清收债务人的债务人清偿的债务，或者请求债务人的财产占有人返还财产所产生的费用，以及因债务人的债务人或债务人的财产占有人异议而产生的诉讼费、律师费及其他费用。(3)抗辩债费用，即破产程序启动后债权人因对管理人确认债权人申报事宜有异议而提起诉讼，管理人因为应诉而发生的诉讼费、律师法及其他费用。①

2. 变价费用

变价费用，主要是管理人为了将非货币性财产分配给破产债权人而支出的费用。各家共同认为可列入变价费用的项目，主要包括：财产估价费、鉴定费、公证费、拍卖费、执行费、登记费、公告费等。②

按照韩传华的界定，变价费用还可以分为基本变价费用和临时变价费用：基本变价费用，主要包括基于变价目的而清点财产、评估财产以及变卖财产等三个环节所发生的费用；临时变价费用主要是指因债务人财产无法长期存放，或者长期存放不利于财产保值的，需要及时对债务人财产做出临时处置措施，但未及时经债权人会议讨论通过，因此而发生的变价开支。③

需要特别强调的是，变价费用无论其内涵如何界定，变价方案都需要债权人会议通过或者法院裁定。"变价方案未确定的内容，不属于'变价费用'。"④

3. 分配费用

对"分配费用"的内涵，《企业破产法》未做出具体规定。坊间共识是：分配费用主要是管理人为了将债务人财产分配给债权人所发生的费用，可以包括制作分配方案费用、公告费用、通知费用及提存费用。⑤

韩传华认为，除上述费用之外，鉴于在债权人会议的职责中，有监督和决定管理人对债务人财产的管理、变价和分配的职能，故为审议"管理、变价和分配债务人财产"方案而召开债权人会议的费用，尤其是相关债权人会议的通知、记录、场地费等会务开支，也应视为是"管理、变价和分配债务人财产的费用"，列入"破产费用"，从破产财产中列支。⑥ 而王卫国亦认为，管理人为了将债务人财产分配给债权人而支出的所有费用，均可以视为分配费用，比如可以包括文件制作费用、公告费用、通知费用等。⑦

另外，韩传华认为，如果管理人聘请工作人员完成破产财产变现后的分配工作，可以将相关开支列入分配费用，而无须列入管理人"聘用工作人员"的费用。⑧

(三) 管理人执行职务的费用、报酬和聘用工作人员的费用

根据立法机构的解释，《企业破产法》第 41 条第 3 项，将"管理人执行职务的费用、报酬和聘用工作人员的费用"列为破产费用，系一项与 2006 年《企业破产法》新设立的管理人制度相对应的制度安排。⑨

王卫国对此项并未展开，只是笼统地认为其包括聘用律师、会计师等专业人员的费用。⑩ 事实上，把此分为三项进行详细分析可能更为精准：

1. 管理人执行职务的费用

《企业破产法》起草小组认为，管理人执行职务的费用，主要包括如下若干项：(1) 催收债务所需费用，具体包括债务催讨通知费用、债务调查费用、债务催讨差旅费用、债务人情况查询费用及案件诉讼费用等；(2) 债权人会议费用，具体包括会议通知费用、公告费用、场地租赁费用、会议消耗物资费用以及误餐费用等；(3) 破产程序所需的公告费用，比如法院发布受理公告、宣告破产公告、和解公告、终结破产程序公告等费用，管理人亦可根据需要发布相关公告；(4) 管理人办公场

---

① 参见韩传华：《企业破产法解析》，人民法院出版社 2007 年版，第 170 页。
② 参见蒋黔贵主编：《中华人民共和国企业破产法释义》，中国市场出版社 2006 年版，第 131 页；李国光主编：《新企业破产法条文释义》，人民法院出版社 2006 年版，第 258 页；王卫国：《破产法精义》(第 2 版)，法律出版社 2020 年版，第 156 页。
③ 参见韩传华：《企业破产法解析》，人民法院出版社 2007 年版，第 171 页。
④ 参见韩传华：《企业破产法解析》，人民法院出版社 2007 年版，第 171 页。
⑤ 参见蒋黔贵主编：《中华人民共和国企业破产法释义》，中国市场出版社 2006 年版，第 131 页；李国光主编：《新企业破产法条文释义》，人民法院出版社 2006 年版，第 258 页。
⑥ 参见韩传华：《企业破产法解析》，人民法院出版社 2007 年版，第 172 页。
⑦ 参见王卫国：《破产法精义》(第 2 版)，法律出版社 2020 年版，第 156 页。
⑧ 参见韩传华：《企业破产法解析》，人民法院出版社 2007 年版，第 172 页。
⑨ 参见本书编写组：《〈中华人民共和国企业破产法〉释义及实用指南》，中国民主法制出版社 2006 年版，第 132 页。
⑩ 参见王卫国：《破产法精义》(第 2 版)，法律出版社 2020 年版，第 156 页。

地的费用,比如办公场地租金、水费、电费、电话费、物业管理费等;(5)管理人日常办公费用,比如办公设备费用、办公用品的费用、管理人交通费等。①

按照韩传华的列举,管理人执行职务的费用,主要是管理人及其聘用工作人员在履职过程中的基本开销,具体包括但不限于差旅费、通信费、办公费、调查费、公证费和鉴定费。②

立法机构特别指出,特定情况下往往不易区分"管理人执行职务的费用"与"管理、变价和分配债务人财产的费用":前者是指管理人执行职务过程中所支出的差旅费、通信费、调查费等,而后者往往是指债务人财产保管、评估、拍卖、变卖和分配等所需的费用。③

2. 管理人的报酬

关于管理人的报酬,《企业破产法》第22条、第28条已有原则性规定。据此授权,最高人民法院2007年4月12日发布《关于审理企业破产案件确定管理人报酬的规定》,对相关问题做出详细规定。根据其第2条,法院将根据债务人最终清偿的财产价值总额,按照不同比例分段确定管理人的报酬;根据第3条,管理人可以分期收取报酬,也可以最后一次性获得报酬;而根据第2条、第13条,管理人对担保物维护、变现、交付付出劳动的,则根据第2条分段限制比例确定,但不得超过10%。具体规范请参阅《关于审理企业破产案件确定管理人报酬的规定》。

李国光等指出,就世界范围内看,管理人报酬的负担一般分为两种模式:一种是由债务人财产支付;同时如果管理人行为给债权人带来额外收益,管理人亦应因此获得额外报酬;如果债权人申请启动破产程序,必要时管理人可以要求债权人支付合理且必要的前期费用。另一种是当债务人财产不足以清偿破产费用时,管理人从政府设立的破产基金中获得必要的报酬,而这种基金可以由多种来源构成:债务人董事支付、破产申请保证金、破产财产处分过程中产生的利息、公司年度利润中扣除特定比例的资金等。④ 我国2006年《企业破产法》实施十多年后的实践,大体都在这两种模式之内。

2018年3月6日,最高人民法院发布《全国法院破产审判工作会议纪要》。根据该纪要,对于管理人的报酬,"人民法院可以根据破产案件的不同情况确定管理人报酬的支付方式,发挥管理人报酬在激励、约束管理人勤勉履职方面的积极作用。管理人报酬原则上应当根据破产案件审理进度和管理人履职情况分期支付。案情简单、耗时较短的破产案件,可以在破产程序终结后一次性向管理人支付报酬"。

3. 管理人聘用工作人员的费用

《企业破产法》起草小组认为,这里的"工作人员",主要包括管理人履行职务过程中,聘请的会计师、审计师、评估师、律师等专业人员完成相关工作后,应该支付的相关报酬。由此,"管理人聘用工作人员的费用"亦可以细分为管理人工作成员的报酬、管理人临时雇佣一般工作人员的报酬、管理人留用破产企业职工的报酬。⑤ 而具体费用,则包括管理人聘用管理人员、专业人员及其他工作人员后支付的工资、加班费等开销。⑥

韩传华认为,这里的"工作人员",主要是受管理人聘请而协助管理人履行职责、完成具体任务的工作人员,而不包括《企业破产法》第15条所规定的债务人的"有关人员",也不包括《企业破产法》第74条规定的债务人的"经营管理人员"⑦。

需要说明的是,按照本条规范的文本,管理人报酬和管理人聘用工作人员的费用是分开计算的。实务界不乏将管理人聘用工作人员的费用列入管理人的报酬的呼吁。比如韩传华就认为,在管理人的报酬固定的情形下,不同管理人聘用工作人员的人数、费用均有所差异,聘用工作人员的费用因此亦难以确定;另外,如果聘用工作人员的费用被列为破产费用,管理人报酬与此费用无关,则会诱导管理人多聘用工作人员;而如果聘用工作人员的费用被列入管理人报酬,则会引导管理

---

① 参见《中华人民共和国企业破产法》起草组编:《〈中华人民共和国企业破产法〉释义》,人民出版社2006年版,第157—158页。
② 参见韩传华:《企业破产法解析》,人民法院出版社2007年版,第173页。
③ 参见本书编写组编:《〈中华人民共和国企业破产法〉释义及实用指南》,中国民主法制出版社2006年版,第134页;安建主编:《中华人民共和国企业破产法释义》,法律出版社2006年版,第68—69页。
④ 参见李国光主编:《新企业破产法条文释义》,人民法院出版社2006年版,第259页;
⑤ 参见《中华人民共和国企业破产法》起草组编:《〈中华人民共和国企业破产法〉释义》,人民出版社2006年版,第158页。
⑥ 参见蒋黔贵主编:《中华人民共和国企业破产法释义》,中国市场出版社2006年版,第131—132页。
⑦ 韩传华:《企业破产法解析》,人民法院出版社2007年版,第174页。

人节约成本,少聘用工作人员。①

根据前述2018年最高人民法院发布的《全国法院破产审判工作会议纪要》,最高人民法院特别强调了管理人聘请工作人员费用的规制问题,其再次重申债权人会议的审查机制。最高人民法院要求,"管理人经人民法院许可聘用企业经营管理人员,或者管理人确有必要聘请其他社会中介机构或人员处理重大诉讼、仲裁、执行或审计等专业性较强工作,如所需费用需要列入破产费用的,应当经债权人会议同意"。

在破产债权审查衍生的诉讼的实践中,极有可能会出现管理人代表债务人应诉但败诉,或者管理人代表债务人直接提起诉讼的情况。在这两种情况下,都涉及承担诉讼费用的问题。齐明认为,这种情况下,相关诉讼费用既不能列入《企业破产法》第41条破产费用之第1项,也不能列入《企业破产法》第42条共益债务第5项,即"管理人或者相关人员执行职务致人损害所产生的债务",否则会引发管理人责任及赔偿问题,反而会诱使管理人放松债权审查标准;相比较之下,相关诉讼费用应该列入《企业破产法》破产费用之第3项,即"管理人执行职务的费用"②。

【关联法律法规及司法政策】

最高人民法院《关于适用〈中华人民共和国企业破产法〉若干问题的规定(一)》(2011)

第八条 破产案件的诉讼费用,应根据企业破产法第四十三条的规定,从债务人财产中拨付。相关当事人以申请人未预先交纳诉讼费用为由,对破产申请提出异议的,人民法院不予支持。

最高人民法院《关于适用〈中华人民共和国企业破产法〉若干问题的规定(三)》(2020)

第一条 人民法院裁定受理破产申请的,此前债务人尚未支付的公司强制清算费用、未终结的执行程序中产生的评估费、公告费、保管费等执行费用,可以参照企业破产法关于破产费用的规定,由债务人财产随时清偿。

此前债务人尚未支付的案件受理费、执行申请费,可以作为破产债权清偿。

最高人民法院《全国法院破产审判工作会议纪要》(2018)

10. 发挥管理人报酬的激励和约束作用。人民法院可以根据破产案件的不同情况确定管理人报酬的支付方式,发挥管理人报酬在激励、约束管理人勤勉履职方面的积极作用。管理人报酬原则上应当根据破产案件审理进度和管理人履职情况分期支付。案情简单、耗时较短的破产案件,可以在破产程序终结后一次性向管理人支付报酬。

11. 管理人聘用其他人员费用负担的规制。管理人经人民法院许可聘用企业经营管理人员,或者管理人确有必要聘请其他社会中介机构或人员处理重大诉讼、仲裁、执行或审计等专业性较强工作,如所需费用需要列入破产费用的,应当经债权人会议同意。

国务院《诉讼费用交纳办法》(2006)

第六条 当事人应当向人民法院交纳的诉讼费用包括:

(一)案件受理费;

(二)申请费;

(三)证人、鉴定人、翻译人员、理算人员在人民法院指定日期出庭发生的交通费、住宿费、生活费和误工补贴。

第十条 当事人依法向人民法院申请下列事项,应当交纳申请费:

(一)申请执行人民法院发生法律效力的判决、裁定、调解书,仲裁机构依法作出的裁决和调解书,公证机构依法赋予强制执行效力的债权文书;

(二)申请保全措施;

(三)申请支付令;

(四)申请公示催告;

(五)申请撤销仲裁裁决或者认定仲裁协议效力;

(六)申请破产;

(七)申请海事强制令、共同海损理算、设立海事赔偿责任限制基金、海事债权登记、船舶优先权催告;

(八)申请承认和执行外国法院判决、裁定和国外仲裁机构裁决。

第十一条 证人、鉴定人、翻译人员、理算人员在人民法院指定日期出庭发生的交通费、住宿费、生活费和误工补贴,由人民法院按照国家规定标准代为收取。

当事人复制案件卷宗材料和法律文书应当按实际成本向人民法院交纳工本费。

第十二条 诉讼过程中因鉴定、公告、勘验、

---

① 参见韩传华:《企业破产法解析》,人民法院出版社2007年版,第172—174页。
② 参见齐明:《中国破产法原理与适用》,法律出版社2017年版,第100页。

翻译、评估、拍卖、变卖、仓储、保管、运输、船舶监管等发生的依法应当由当事人负担的费用，人民法院根据谁主张、谁负担的原则，决定由当事人直接支付给有关机构或者单位，人民法院不得代收代付。

人民法院依照民事诉讼法第十一条第三款规定提供当地民族通用语言、文字翻译的，不收取费用。

第十三条　案件受理费分别按照下列标准交纳：

（一）财产案件根据诉讼请求的金额或者价额，按照下列比例分段累计交纳：

1. 不超过1万元的，每件交纳50元；
2. 超过1万元至10万元的部分，按照2.5%交纳；
3. 超过10万元至20万元的部分，按照2%交纳；
4. 超过20万元至50万元的部分，按照1.5%交纳；
5. 超过50万元至100万元的部分，按照1%交纳；
6. 超过100万元至200万元的部分，按照0.9%交纳；
7. 超过200万元至500万元的部分，按照0.8%交纳；
8. 超过500万元至1000万元的部分，按照0.7%交纳；
9. 超过1000万元至2000万元的部分，按照0.6%交纳；
10. 超过2000万元的部分，按照0.5%交纳。

……

第十四条　申请费分别按照下列标准交纳：

（一）依法向人民法院申请执行人民法院发生法律效力的判决、裁定、调解书，仲裁机构依法作出的裁决和调解书，公证机关依法赋予强制执行效力的债权文书，申请承认和执行外国法院判决、裁定以及国外仲裁机构裁决的，按照下列标准交纳：

1. 没有执行金额或者价额的，每件交纳50元至500元。
2. 执行金额或者价额不超过1万元的，每件交纳50元；超过1万元至50万元的部分，按照1.5%交纳；超过50万元至500万元的部分，按照1%交纳；超过500万元至1000万元的部分，按照0.5%交纳；超过1000万元的部分，按照0.1%交纳。
3. 符合民事诉讼法第五十五条第四款规定，未参加登记的权利人向人民法院提起诉讼的，按

照本项规定的标准交纳申请费，不再交纳案件受理费。

（二）申请保全措施的，根据实际保全的财产数额按照下列标准交纳：

财产数额不超过1000元或者不涉及财产数额的，每件交纳30元；超过1000元至10万元的部分，按照1%交纳；超过10万元的部分，按照0.5%交纳。但是，当事人申请保全措施交纳的费用最多不超过5000元。

（三）依法申请支付令的，比照财产案件受理费标准的1/3交纳。

（四）依法申请公示催告的，每件交纳100元。

（五）申请撤销仲裁裁决或者认定仲裁协议效力的，每件交纳400元。

（六）破产案件依据破产财产总额计算，按照财产案件受理费标准减半交纳，但是，最高不超过30万元。

（七）海事案件的申请费按照下列标准交纳：

1. 申请设立海事赔偿责任限制基金的，每件交纳1000元至1万元；
2. 申请海事强制令的，每件交纳1000元至5000元；
3. 申请船舶优先权催告的，每件交纳1000元至5000元；
4. 申请海事债权登记的，每件交纳1000元；
5. 申请共同海损理算的，每件交纳1000元。

第二十条　案件受理费由原告、有独立请求权的第三人、上诉人预交。被告提起反诉，依照本办法规定需要交纳案件受理费的，由被告预交。追索劳动报酬的案件可以不预交案件受理费。

申请费由申请人预交。但是，本办法第十条第（一）项、第（六）项规定的申请费不由申请人预交，执行申请费执行后交纳，破产申请费清算后交纳。

本办法第十一条规定的费用，待实际发生后交纳。

第四十二条　依法向人民法院申请破产的，诉讼费用依照有关法律规定从破产财产中拨付。

【裁判要旨】
案例
广发银行股份有限公司佛山分行、佛山市南海广亿五金制品有限公司管理人申请破产清算、管理人责任纠纷案

法院：广东省高级人民法院
案号：（2016）粤民终1942号
事实：上诉人广发银行股份有限公司佛山分行（以下简称佛山广发行）因与被上诉人佛山市

南海广亿五金制品有限公司（以下简称广亿公司）管理人、佛山市天启企业破产清算服务有限公司管理人责任纠纷一案，不服佛山市中级人民法院(2015)佛中法民二初字第244号民事判决，向广东省高级人民法院提起上诉。

一审法院查明：2010年8月6日，佛山市南海区人民法院作出(2010)南民破字第1-1号民事裁定，裁定受理广亿公司的破产申请。同年8月31日，该院指定天启公司为广亿公司管理人。2010年10月18日，上诉人向广亿公司管理人申报债权。

2012年3月5日，广亿公司管理人向上诉人佛山广发行发出《关于债权审查结果的确认函》，确认上诉人对广亿公司享有债权合计15847044.86元，并对广亿公司提供质押的仓单项下的货物享有优先受偿权。2013年1月27日，南海区人民法院裁定确认广亿公司管理人编制的包括上诉人优先债权15847044.86元在内的债权最终审查确认表记载的债权。

2014年3月17日，一审法院作出(2014)佛中法民二破字第7-1号民事裁定，裁定由该院受理(2010)南民破字第1号破产案件，已经进行的破产程序继续有效。

2015年3月9日，一审法院作出(2014)佛中法民二破字第7-11号通知，确认广亿公司管理人主张的破产财产变现税金411229.67元、破产财产监管费168324.26元是实现担保权利的费用和保管担保财产的费用，属合理破产费用范畴，上诉人应当负担的合理破产费用为厂房租金630899.76元、水电费8835.46元、税金411229.67元、评估费2185.49元、搬运费14569.94元、监管费168324.26元、部分破产案件申请费19279.25元、管理人报酬28535元，合计1283858.83元，扣除上述费用后，上诉人可收取优先受偿款为2592506.51元。

2015年6月1日，广亿公司管理人向上诉人划付上述优先受偿款项。

一审法院认为：本案是因广亿公司债权人佛山广发行认为天启公司在担任广亿公司管理人期间，未履行勤勉尽责义务，给债权人造成损失，而要求天启公司承担赔偿责任所引发的纠纷。综合双方的诉辩意见，本案的争议焦点在于天启公司是否应对佛山广发行承担赔偿责任。

2016年6月26日，佛山市中级人民法院作出(2015)佛中法民二初字第244号民事判决，驳回佛山广发行的诉讼请求。佛山广发行上诉请求撤销一审判决，改判支持其全部诉讼请求，本案一、二审诉讼费用全部由被上诉人共同承担。

裁判要旨：管理人变卖债务人资产时，应如实申报销售收入并申报交纳增值税税款。上述税金应属于破产费用，应由债务人财产随时清偿。

裁判理由：广东省高级人民法院认为：本案为管理人责任纠纷。根据上诉人佛山广发行的上诉请求，本案争议焦点为拍卖处置债务人财产所产生的税金如何认定的问题、债务人财产所产生的监管费及仓租如何认定的问题、广亿公司管理人是否存在失职行为并造成上诉人佛山广发行利息损失的问题。

关于拍卖处置债务人财产所产生的税金如何认定的问题。佛山市南海区国家税务局××分局于2011年1月16日、4月20日及5月23日分别向广亿公司管理人发出《关于督促破产清算变卖广亿资产需及时申报销售和交纳税款的提醒通知》，均明确管理人变卖债务人资产时应如实申报销售收入并申报交纳增值税税款。因此，案涉税金是指拍卖处置债务人财产所产生的增值税税款。根据《企业破产法》第41条第2项及第43条之规定，上述税金应属于破产费用，应由债务人财产随时清偿。广亿公司管理人与捷顺诚公司签订的《委托拍卖合同》约定了拍卖的标的在过户过程中产生的一切税费均由买受人承担，但并未约定拍卖标的在拍卖成交后所产生的增值税由买受人承担，而且案涉的税金并非拍卖标的在过户过程中所产生的税费。因此，案涉税金应从本案债务人的破产财产中随时清偿。本案中，广亿公司管理人按照债权人各自的债权比例由各债权人分摊上述税金，符合法律规定。上诉人佛山广发行主张案涉税金由买受人承担，依据不足，不予支持。一审判决驳回上诉人佛山广发行要求广亿公司管理人赔偿上述税金之主张，并无不当。

关于债务人财产所产生的监管费及仓租如何认定的问题。案涉监管费168324.26元，产生于2010年8月7日至2011年10月12日，即人民法院裁定受理广亿公司的破产申请之后。对案涉的质押物委托他人进行监管，是管理人行使权利管理债务人财产的行为，而在此期间产生的监管费用，受益者是债权人佛山广发行。同样，案涉仓租费630899.76元，产生于2010年8月至2011年9月，也是在人民法院裁定受理广亿公司的破产申请之后。对案涉的质押物委托他人进行仓储保管，同样是管理人行使权利管理债务人财产的行为，而在此期间产生的仓租，受益者同样是债权人佛山广发行。根据《企业破产法》第41条第2项、第42条第1项和第43条之规定，案涉监管费属于因管理人或者债务人请求对方当事人履行双方均未履行完毕的合同所产生的债务，属于共益债务,案涉仓租属于管理债务人财产的费用,属于破产费用,依法均应由债务人财产随时清偿。本案中广亿公司管理人按照债权人各自的债权比例由各债权人分摊上述费用,符合法律规定。上诉人佛山广发行主张案涉监管费及仓租由买受人承担,依据不足,本院不予支持。一审判决驳回上诉人佛山广发行要求广亿公司管理人赔偿上述监管费及仓租费之主张,并无不当。

关于广亿公司管理人是否存在失职行为并造成上诉人佛山广发行利息损失的问题。根据《企业破产法》第109条规定,本案中佛山广发行对案涉的质押物变现价款享有优先受偿权。案涉质押物变现后,质押权人应何时领取变现价款,在现有法律并未作出明确规定的情况下,应当根据案件的实际情况进行判断。本案中,管理人委托中介机构拍卖处置债务人的财产,既包括上诉人佛山广发行享有质押权的财产,也包括其他债权人享有优先受偿权的财产,还有其他财产。上述财产变现后,涉及的破产费用、共益债务需要在各债权人之间予以确定分摊数额后予以清偿。上述工作需要一定的合理时间。而且,破产费用、共益债务的认定及各债权人如何分摊,也需经人民法院审查确认。本案中广亿公司管理人经佛山市中级人民法院(2014)佛中法民二破字第7—11号通知确认佛山广发行可收取的优先受偿款金额为2592506.51元后向佛山广发行支付相关款项,并未违反法律规定。故上诉人佛山广发行主张广亿公司管理人存在失职行为的事实依据和法律依据不足。一审认定佛山广发行请求广亿公司管理人及天启公司承担赔偿迟延划款的利息损失没有事实依据和法律依据,予以支持。

综上,广东省高级人民法院认为,上诉人佛山广发行的上诉请求不能成立,应予驳回;一审判决认定事实清楚,适用法律正确,应予维持。2017年2月13日,广东省高级人民法院判决:驳回上诉,维持原判。

第四十二条　人民法院受理破产申请后发生的下列债务,为共益债务:

（一）因管理人或者债务人请求对方当事人履行双方均未履行完毕的合同所产生的债务;

（二）债务人财产受无因管理所产生的债务;

（三）因债务人不当得利所产生的债务;

（四）为债务人继续营业而应支付的劳动报酬和社会保险费用以及由此产生的其他债务;

（五）管理人或者相关人员执行职务致人损害所产生的债务;

（六）债务人财产致人损害所产生的债务。

【立法沿革】

《企业破产法(试行)》(1986)

第十二条　人民法院受理破产案件后,债务人对部分债权人的清偿无效,但是债务人正常生产经营所必需的除外。①

第三十四条　下列破产费用,应当从破产财产中优先拨付:

（一）破产财产的管理、变卖和分配所需要的费用,包括聘任工作人员的费用;

（二）破产案件的诉讼费用;

（三）为债权人的共同利益而在破产程序中支付的其他费用。②

破产财产不足以支付破产费用的,人民法院应当宣告破产程序终结。

《破产法》(1995年草案)

第四十九条　人民法院受理破产案件后发生的下列债务,为共益债务:

（一）因管理人、破产清算人执行职务所发生的债务,包括因管理人、破产清算人执行职务致人损害而发生的债务;

（二）因管理人、破产清算人请求履行双务合同所产生的债务;

（三）债务人的财产受无因管理所产生的费用;

（四）因债务人财产取得不当得利所产生的债务。

《企业破产与重整法》(2000年6月草案)

第四十七条　人民法院受理破产案件后发生的下列债务,为共益债务:

（一）因管理人、破产清算人请求履行双边合同所产生的债务;

（二）债务人的财产受无因管理所产生的债务;

（三）因债务人财产取得不当得利所产生的债务。

---

① 有人认为,这里的"债务人正常生产经营所必需的除外",可以理解为其包含引发共益债务的请求权。见本书编写组编:《〈中华人民共和国企业破产法〉释义及实用指南》,中国民主法制出版社2006年版,第136页。

② 本条第3项的内容,一定程度上包含了2006年《企业破产法》所设定的共益债务。见本书编写组编:《〈中华人民共和国企业破产法〉释义及实用指南》,中国民主法制出版社2006年版,第131—132页。

《企业破产与重整法》(2000年12月草案)

第四十七条 人民法院受理破产案件后发生的下列债务,为共益债务:

(一)因管理人请求履行双务合同所产生的债务;

(二)债务人的财产受无因管理所产生的债务;

(三)因债务人财产取得不当得利所产生的债务;

(四)因管理人或相关人员执行职务或者破产企业的财产致人损害所产生的债务。

《企业破产与重整法》(2001年1月草案)

第六十六条 人民法院受理破产案件后发生的下列债务,为共益债务:

(一)因管理人请求履行双务合同所产生的债务;

(二)债务人的财产受无因管理所产生的债务;

(三)因债务人财产取得不当得利所产生的债务;

(四)人民法院受理破产案件后,为债务人的继续营业而应支付的劳动报酬和社会保险费用;

(五)因管理人或相关人员执行职务,或者破产企业财产致人损害所产生的债务。

《企业破产法》(2004年3月草案A版)

第四十条 人民法院受理破产案件后发生的下列债务,为共益债务:

(一)因管理人请求履行双务合同所产生的债务;

(二)债务人的财产受无因管理所产生的债务;

(三)因债务人财产取得不当得利所产生的债务;

(四)人民法院受理破产案件后,为债务人的继续营业而应支付的劳动报酬和社会保险费用;

(五)因管理人或相关人员执行职务,或者破产企业财产致人损害所产生的债务。

《企业破产法》(2004年3月草案B版)

第四十一条 人民法院受理破产案件后发生的下列债务,为共益债务:

(一)因管理人请求履行双务合同所产生的债务;

(二)债务人的财产受无因管理所产生的债务;

(三)因债务人财产取得不当得利所产生的债务;

(四)人民法院受理破产案件后,为债务人的继续营业而应支付的劳动报酬和社会保险费用;

(五)管理人或相关人员执行职务致人损害所产生的债务;

(六)债务人企业财产致人损害所产生的债务。

《企业破产法》(2004年6月草案)

第四十条 人民法院受理破产案件后发生的下列债务,为共益债务:

(一)因管理人请求履行双务合同所产生的债务;

(二)债务人财产受无因管理所产生的债务;

(三)因债务人财产取得不当得利所产生的债务;

(四)人民法院受理破产案件后,为债务人的继续营业而应支付的劳动报酬和社会保险费用;

(五)管理人或相关人员执行职务致人损害所产生的债务;

(六)债务人财产致人损害所产生的债务。

《企业破产法》(2004年10月草案)

第四十条 人民法院受理破产案件后发生的下列债务,为共益债务:

(一)因管理人请求履行双务合同所产生的债务;

(二)债务人财产受无因管理所产生的债务;

(三)因债务人财产取得不当得利所产生的债务;

(四)人民法院受理破产案件后,为债务人继续营业而应支付的劳动报酬和社会保险费用;

(五)管理人或者相关人员执行职务致人损害所产生的债务;

(六)债务人财产致人损害所产生的债务。

【条文释义】

本条详细列举"共益债务"范围。

从立法史的角度看,"共益债务"的范围有个逐步扩张的过程。在最早的破产法草案中,共益债务只有3项:(1)因管理人、破产清算人请求履行双边合同所产生的债务;(2)债务人的财产受无因管理所产生的债务;(3)因债务人财产取得不当得利所产生的债务。但是随着时间的推移,《企业破产法》不同时期的草案,对于共益债务的范围做了大幅度的扩充,从3项变为6项,新加入以下3项:(4)为债务人继续营业而应支付的劳动报酬和社会保险费用以及由此产生的其他债务;(5)管理人或者相关人员执行职务致人损害所产生的债务;(6)债务人财产致人损害所产生的债务。可以看到,"为债务人继续营业而应支付的劳动报酬和社会保险费用以及由此产生的其他债

第四十二条

务"原本属于"破产费用",但最终被调整到"共益债务"中。

"共益债务"是2006年《企业破产法》新引入的概念。据李曙光教授的解读,对于破产费用和共益债务,国际范围内分为平等清偿主义和区别对待主义,前者对破产费用和共益债务不加区分,均视为财团债务,平等清偿,而后者则在破产财产不足以支付两项费用时,确定破产费用的优先性,我国《企业破产法》采区别对待主义立场,并将基于全体债权人共同利益而发生的债务,界定为"共益债务",而其对应的债权则被称为"共益债权"。①

就共益债务的本质而言,其发生均是破产程序启动后,基于债务人财产最大化而新发生的债务。在破产程序中,采取"新债新办法,老债老办法",即破产申请受理前的债务,视为"老债",按照统一申报、统一分配的原则清偿;而破产申请受理后发生的部分特定类型的债务,亦即破产费用和共益债务,视为"新债",按照随时支付、足额支付的原则清偿。②

对于破产费用和共益债务之间的区别与联系,坊间著作多有论述,此处不赘。坊间不同版本的破产法解读均强调,共益债务发生于破产申请受理后、范围由具体条文列举、其负债主体是债务人财产,是共益债务区分于其他债务的鲜明特征。尤其是较之于破产费用,共益债务虽有近似的地方,但在范围、原因、内容、目的、清偿顺位上都大相径庭,尤其是破产费用的发生具有必然性,而共益债务的发生只有或然性。③

《企业破产法》起草小组特别提示,如果一项费用既可以认定为破产费用,也可以认定为共益债务,那么其原则上应认定为共益债务,借此严格限定破产费用的范围,确保破产程序中的管理性、程序性债务能够及时得到清偿。④ 齐明亦特别指出,这6项共益债务的内容是开放式的,在实践中既有可能一项都不发生,也有可能部分发生并耗

尽债务人财产。⑤

齐明认为,共益债务制度的设计在2006年《企业破产法》中有十分重要的意义:一方面,破产费用可以估算,共益费用不可估算,而破产费用和共益费用加在一起,将极大地消耗债务人财产,尤其是共益费用极有可能成为债务人财产的最大消耗品;另一方面,共益费用制度的设计,不仅纠正了1986年《企业破产法》使担保物权劣后于职工债权的弊端,更进一步在职工债权之前设定了共益债务,使得职工债权成为劣后于担保物权、破产费用和共益债务的优先权,这可能会导致《企业破产法》第113条被架空。⑥

按照本条列举,共益债务共分6项。分项评注如下:

(一)因管理人或者债务人请求对方当事人履行双方均未履行完毕的合同所产生的债务

2006年《企业破产法》第18条规定,法院在受理破产申请后,管理人对于破产申请受理前成立且双方均未履行完毕的合同,享有选择履行权;按照正常的商业逻辑,如果继续履行该合同可以增加债务人财产,则基于全体债权人的共同利益,应继续履行该合同;而在继续履行该合同期间所产生的债务,则属于共益债务之一。

蒋黔贵等认为,根据本款文本,本款所涉及的合同,主要分为两类:一类是管理人决定请求对方当事人继续履行合同的,这类合同成立在破产程序启动前;另一类则成立在破产程序启动后,是法院受理破产申请后,债务人或者债权人决定申请重整,法院裁定债务人重整后,债务人因而享有的请求对方继续履行合同而产生的债务。⑦

按照《企业破产法》起草小组的解读,这里的"双方均未履行完毕的合同",按照合同成立时间及双方履行状况,是否产生共益债务,约略可分为如下几种情形:⑧

---

① 李曙光:《破产费用与共益债务》,载《法制日报》2007年9月23日,第11版。
② 参见齐明:《中国破产法原理与适用》,法律出版社2017年版,第101页。
③ 参见《中华人民共和国企业破产法》起草组编:《〈中华人民共和国企业破产法〉释义》,人民出版社2006年版,第153—155页;本书编写组编:《〈中华人民共和国企业破产法〉释义及实用指南》,中国民主法制出版社2006年版,第135页;安建主编:《中华人民共和国企业破产法释义》,法律出版社2006年版,第69页;李国光主编:《新企业破产法条文释义》,人民法院出版社2006年版,第261页;王卫国:《破产法精义》(第2版),法律出版社2020年版,第158页。
④ 参见《中华人民共和国企业破产法》起草组编:《〈中华人民共和国企业破产法〉释义》,人民出版社2006年版,第155页。
⑤ 参见齐明:《中国破产法原理与适用》,法律出版社2017年版,第101页。
⑥ 参见齐明:《中国破产法原理与适用》,法律出版社2017年版,第99页。
⑦ 参见蒋黔贵主编:《中华人民共和国企业破产法释义》,中国市场出版社2006年版,第132—133页。
⑧ 参见《中华人民共和国企业破产法》起草组编:《〈中华人民共和国企业破产法〉释义》,人民出版社2006年版,第159页。

成立时间	履行状况		是否产生共益债务
	债务人	对方当事人	
破产程序开始前	已履行	未履行	不产生
破产程序开始前	未履行	已全部履行	产生
破产程序开始后	未完全履行	未完全履行	产生
破产程序开始后订立	未履行	未履行	产生

(来源:本书编著者绘制)

按照韩传华的观点,通常情况下,管理人继续履行合同应该是小投入、大产出,但也可能因为各种原因,导致大投入、小产出甚至零产出或负产出。但无论如何,无论相关产出的大小,管理人的所有投入都应视为"共益债务";当然如果管理人在履职方面有重大失误或过错,导致债权人或者债务人利益受损,则需要根据《企业破产法》第27条、第130条承担赔偿责任。[1]

齐明认为,本项规定特指的是管理人做出继续履行合同决定情况下,基于合同履行而产生的债务类型,在这种情况下合同相对方只能配合履行,债务人财产亦必须履行相应的支付义务。[2]

(二)债务人财产受无因管理所产生的债务

"无因管理"系民法规定引起债的发生的原因之一。王卫国指出,无因管理可分为适法的无因管理和不适法的无因管理:前者是指管理行为人有管理意思,且管理事务有利于本人,亦无违反本人明示或可以推定的意思;而后者则是指无因管理违反本人明示或可以推知的意思,且亦无客观的适法事由。在破产法的语境下,"债务人财产受无因管理"仅是指适法的无因管理,在这种情况下,因为管理行为使本人受益,故管理行为人可以请求必要费用的偿还,因管理行为产生的债务亦应由本人直接清偿;在破产案件中,债务人财产既然是无因管理行为的受益人,则当然对管理行为人负有偿付相关债务的义务。[3]

立法者们普遍强调,这种受无因管理而产生的共益债务,只能发生在破产程序启动之后;如果无因管理行为发生在破产程序启动前,尽管客观上也能够使得债务人财产免受损失,但无因管理人费用返还请求权只能作为普通债权,在破产程序中申报并求偿。[4]

在破产法语境下,债务人财产受无因管理,是指法院受理破产申请之后,相对人在没有法定义务或合同义务的情形下,管理债务人财产或者提供相关服务,债务人财产亦因相关管理或者服务而受益,那么相对人向管理人提出的必要费用请求权,则属于无因管理之债,应列入"共益费用";如果相对人在法院受理破产申请之前管理债务人财产或者提供相关服务,则相对人的必要费用请求权,不能视为"共益债务",只能申报债权并参与分配。[5]

(三)因债务人不当得利所产生的债务

"不当得利"系民法规定的引起债的发生的原因之一。不当得利规制的主要是因无合法根据而使他人受损、使自己受益的行为,其所获利益不受法律保护,理应返还给受损者;在破产程序中,债务人财产如果在破产程序启动后因为不当得利而受益,管理人须承担返还义务,相关债务的偿还只能列为共益债务。[6]

具体在破产法语境下,债务人取得不当得利,是指法院受理破产申请后,债务人在没有法律依据或者合同依据情形下,取得不当利益,并造成相对人损失,相对人因此而产生的返还或者赔偿请求权,属于破产法语境下的不当得利,应列入"共

---

[1] 参见韩传华:《企业破产法解析》,人民法院出版社2007年版,第175页。
[2] 参见齐明:《中国破产法原理与适用》,法律出版社2017年版,第101页。
[3] 参见王卫国:《破产法精义》(第2版),法律出版社2020年版,第159页。
[4] 参见《中华人民共和国企业破产法》起草组编:《〈中华人民共和国企业破产法〉释义》,人民出版社2006年版,第159页;蒋黔贵主编:《中华人民共和国企业破产法释义》,中国市场出版社2006年版,第133页。
[5] 参见韩传华:《企业破产法解析》,人民法院出版社2007年版,第176页。
[6] 参见李国光主编:《新企业破产法条文释义》,人民法院出版社2006年版,第262页;王卫国:《破产法精义》(第2版),法律出版社2020年版,第159页。

益债务"。①

立法者特别强调,这种受不当得利而产生的共益债务,只能发生在破产程序启动之后;而这种共益债务不符合破产债权成立的要件,因此也不能依照破产债权受偿。②

(四)为债务人继续营业而应支付的劳动报酬和社会保险费用以及由此产生的其他债务

这项债务统称为继续营业债务,具体包括:因为债务人继续营业而产生的劳动报酬,诸如工资、津贴、奖金等;社会保险费用;水电费、材料费等日常开销。③ 如果债务人继续营业,这些费用都将列入"共益债务";但如果债务人停止营业,相关维护、看管等费用,则属于"破产费用"④。

为对标世界银行营商环境评估,2019年3月最高人民法院发布的《关于适用〈中华人民共和国企业破产法〉若干问题的规定(三)》第2条,将重整程序中的新融资,亦明确列入共益债务的范畴。该解释规定第1款规定,"破产申请受理后,经债权人会议决议通过,或者第一次债权人会议召开前经人民法院许可,管理人或者自行管理的债务人可以为债务人继续营业而借款。提供借款的债权人主张参照企业破产法第四十二条第四项的规定优先于普通破产债权清偿的,人民法院应予支持,但其主张优先于此前已就债务人特定财产享有担保的债权清偿的,人民法院不予支持"。本款强调了如下细节:第一,经债权人会议或法院许可,破产融资可以列入共益债务;第二,新融资共益债务仅优先于普通债权,不优先于担保债权。该解释第2款规定,"管理人或者自行管理的债务人可以为前述借款设定抵押担保,抵押物在破产申请受理前已为其他债权人设定抵押的,债权人主张按照物权法第一百九十九条规定的顺序清偿,人民法院应予支持"。本规定事实上重申了《物权法》对担保债权清偿顺序的规定,最大限度地降低新融资担保对既有担保物权体系的冲击。在《民法典》颁布实施后,这一规定尚需要结合《民法典》相关规定予以确认。

(五)管理人或者相关人员执行职务致人损害所产生的债务

在共益债务清单中,"管理人或者相关人员执行职务致人损害所产生的债务"亦即所谓侵权债务之一。

这里特别需要强调的是"执行职务"。《企业破产法》起草小组指出,并非管理人或者相关人员致人损害所产生的所有债务,都可以列入共益债务;只有在执行职务过程中,致人损害而产生的债务,才能列入共益债务。⑤

在韩传华看来,如果管理人是中介机构或者清算组,那么中介机构或者清算组成员在执行职务过程中致人损害而产生的债务,都将被视为是"共益债务";如果管理人是中介机构的个人,则个人执行职务所造成的损害产生的债务,视为管理人执行职务致人损害所产生的债务。⑥

那么这里的"相关人员",究竟包括哪些人呢?李国光认为,债权人委员会应该被纳入其中。⑦ 王卫国指出,这里的相关人员,可以包括企业法人的法定代表人和工作人员,如果他们在执行职务时致人损害,亦需要按照民法、侵权责任法的规则,由债务人承担因为赔偿责任而产生的债务。⑧ 在韩传华看来,有且只有在下列四种情形下,相关人员依据《企业破产法》具体条文执行职务,并因为执行职务致人损害所产生的债务才会被视为"共益债务":第一,根据《企业破产法》第15条,债务人的"有关人员"按照法院、管理人的指示工作,在工作过程中致人损害所产生的债务;第二,根据《企业破产法》第28条,管理人经法院许可聘用的工作人员,在工作过程中致人损害所产生的债务;第三,根据《企业破产法》第74条,管理人经法院许可,聘用的债务人的经营管理人员,在工作过程中致人损害所产生的债务;第四,根据《企业破产法》第73条、第98条,债务人聘用负责财产和营业事务的经营管理人员,在执行职务过程中致人损害所产生的债务。⑨

---

① 韩传华:《企业破产法解析》,人民法院出版社2007年版,第176页。
② 参见《中华人民共和国企业破产法》起草组编:《〈中华人民共和国企业破产法〉释义》,人民出版社2006年版,第160页;蒋黔贵主编:《中华人民共和国企业破产法释义》,中国市场出版社2006年版,第134页。
③ 参见安建主编:《中华人民共和国企业破产法释义》,法律出版社2006年版,第71页。
④ 韩传华:《企业破产法解析》,人民法院出版社2007年版,第178页。
⑤ 参见《中华人民共和国企业破产法》起草组编:《〈中华人民共和国企业破产法〉释义》,人民出版社2006年版,第160页。
⑥ 参见韩传华:《企业破产法解析》,人民法院出版社2007年版,第179页。
⑦ 参见李国光主编:《新企业破产法条文释义》,人民法院出版社2006年版,第262—263页。
⑧ 参见王卫国:《破产法精义》(第2版),法律出版社2020年版,第160页。
⑨ 参见韩传华:《企业破产法解析》,人民法院出版社2007年版,第179页。

(六)债务人财产致人损害所产生的债务

在共益债务清单中,"债务人财产致人损害所产生的债务"是另外一种侵权债务。按照《企业破产法》起草小组的解读,债务人财产致人损害可以细分为因债务人财产造成他人人身损害,和因债务人财产造成他人财产损害两种情况。①

这种侵权债务的产生,必须要发生在破产申请受理后,且是债务人财产由于意外或者其他原因,而对他人产生损害事实,相关当事人就此产生的损害赔偿请求权。

【关联法律法规及司法政策】

《民法典》(2020)

第一百一十八条 民事主体依法享有债权。债权是因合同、侵权行为、无因管理、不当得利以及法律的其他规定,权利人请求特定义务人为或者不为一定行为的权利。

最高人民法院《关于适用〈中华人民共和国企业破产法〉若干问题的规定(三)》(2020)

第二条 破产申请受理后,经债权人会议决议通过,或者第一次债权人会议召开前经人民法院许可,管理人或者自行管理的债务人可以为债务人继续营业而借款。提供借款的债权人主张参照企业破产法第四十二条第四项的规定优先于普通破产债权清偿的,人民法院应予支持,但其主张优先于此前已就债务人特定财产享有担保的债权清偿的,人民法院不予支持。

管理人或者自行管理的债务人可以为前述借款设定抵押担保,抵押物在破产申请受理前已为其他债权人设定抵押的,债权人主张按照民法典第四百一十四条规定的顺序清偿,人民法院应予支持。

【裁判要旨】

案例1

深圳市亿商通进出口有限公司与东莞市清溪金卧牛实业有限公司企业借贷纠纷案

法院:广东省高级人民法院

案号:(2014)粤高法民二破终字第2号

事实:2008年5月28日,广东省东莞市中级人民法院受理东莞市清溪金卧牛实业有限公司(以下简称东莞金卧牛公司)破产重整申请。2008年8月14日,深圳市亿商通进出口有限公司(以下简称亿商通公司)、东莞金卧牛公司、东莞金卧牛公司前任管理人东莞市众泰会计师事务所有限公司签订《借款协议》。协议约定:亿商通公司向东莞金卧牛公司提供100万元借款,东莞金卧牛公司只能将上述借款,用于2008年5月28日以后发生的破产重整期间继续营业而应支付的劳动报酬、水电费用、安保费用和社会保障费用及由此产生的其他费用,不得挪作他用。同时约定:若根据东莞市中级人民法院的裁定,东莞金卧牛公司进入破产清算程序,根据《企业破产法》有关规定,由东莞金卧牛公司的财产随时清偿。协议签订后,亿商通公司从2008年8月14日开始,分数次向东莞金卧牛公司前任管理人支付借款100万元。

2009年10月16日,东莞市中级人民法院裁定宣告东莞金卧牛公司破产。亿商通公司根据协议约定,向东莞金卧牛公司前任管理人发函,要求即时偿还100万元借款,同时向前任管理人提交案涉借款的债权申报表。

2012年12月27日,东莞金卧牛公司现任管理人向亿商通公司发出债权审查结果通知函,对亿商通公司申报的债权不予确认。亿商通公司认为管理人不予确认亿商通公司债权的行为,损害亿商通公司的合法权益,案涉100万元借款,为东莞金卧牛公司的共益债务,应从破产财产中优先受偿。据此,亿商通公司起诉至法院。

东莞市中级人民法院认为对于亿商通公司与东莞金卧牛公司企业之间的借贷协议,属于亿商通公司未经批准从事银行业金融服务,应认定借贷合同无效,100万元借款应予返还,利息不予支持,《企业破产法》第42条认定的共益债务,"并未包括破产企业重整期间所借款项",不能认定为共益债务,予以驳回。亿商通公司不服该判决,向广东省高级人民法院提出上诉。

裁判要旨:发生在重整期间,亦有管理人盖章确认,且约定用于重整期间继续营业而应支付的劳动报酬、水电费用、安保费用和社会保险费用以及由此产生的其他费用之目的,系为维护全体权利人和破产财产利益而发生,属于《企业破产法》第42条第1款第4项规定的"为债务人继续营业而应支付的劳动报酬和社会保险费用以及由此产生的其他债务"情形,应当认定为共益债务。

裁判理由:2014年7月8日,广东省高级人民法院审理后,认定该案为破产债权确认纠纷。除对借款协议做出合法有效认定、纠正一审法院适用法律错误外,亦论证重整期间的借款是否属于

---

① 参见《中华人民共和国企业破产法》起草组编:《〈中华人民共和国企业破产法〉释义》,人民出版社2006年版,第160页。

共益债务。

广东省高级人民法院认定,亿商通公司与东莞金卧牛公司之间的借贷关系,发生在东莞金卧牛公司重整期间,亦有管理人盖章确认,且约定用于"东莞金卧牛公司破产重整期间继续营业而应支付的劳动报酬、水电费用、安保费用和社会保险费用以及由此产生的其他费用"之目的,系为维护全体权利人和破产财产利益而发生,属于《企业破产法》第42条第1款第4项规定的"为债务人继续营业而应支付的劳动报酬和社会保险费用以及由此产生的其他债务"情形,依法应当认定为东莞金卧牛公司的共益债务,应根据《企业破产法》第43条随时清偿,由此纠正东莞市中级人民法院的一审判决。

案例2

山西艾尔德添加剂新技术有限公司与东北特钢集团大连高合金棒线材有限责任公司、东北特钢集团大连高合金棒线材有限责任公司管理人与破产有关的纠纷案

法院:辽宁省大连市中级人民法院

案号:(2017)辽02民初472号

事实:原告山西艾尔德添加剂新技术有限公司(以下简称艾尔德公司)因与被告东北特钢集团大连高合金棒线材有限责任公司(以下简称高合金公司)、东北特钢集团大连高合金棒线材有限责任公司管理人与破产有关的纠纷一案,于2017年8月18日诉至辽宁省大连市中级人民法院,请求判令被告因履行《关于使用艾尔德300系列酸洗添加剂合作协议》《关于400系列酸洗技术服务费第二次补充协议》所产生的16417874.01元债务为共益债务。

2016年10月10日,辽宁省大连市中级人民法院裁定受理申请人阿拉善盟金圳冶炼有限责任公司提出的对被申请人高合金公司进行重整的申请。经该院决定,高合金公司在重整期间继续营业并在管理人监督下自行管理财产和营业事务。

2016年11月18日,艾尔德公司向管理人申报债权,本金为30694718.53元。该金额包含其在本案中所主张的要求确认为共益债务的16417874.01元。管理人审查后,对艾尔德公司申报的30694718.53元债权全额确认为普通债权。

2016年11月21日,大连市中级人民法院批复同意高合金公司继续履行合同的申请。此后,管理人向艾尔德公司邮寄《关于继续履行双方均未履行完毕合同的通知书》,主要内容为:根据管理人掌握的材料,在法院裁定受理重整前,高合金公司于2016年1月1日与贵公司签订《300系列/400系列酸洗药剂协议》(合同编号:2016年协议和补充协议)。现双方均未履行完毕上述合同。为维持高合金公司的持续营业,根据《企业破产法》第18条有关规定,管理人决定继续履行贵司与高合金公司的前述合同。

2017年8月8日,高合金公司召开第二次债权人会议,表决通过重整计划草案。2017年8月11日,大连市中级人民法院裁定批准高合金公司的重整计划,终止高合金公司的重整程序。

由于艾尔德公司于2017年8月18日提起本案诉讼,该公司的所有债权现尚未提交债务人进行核查,暂缓确认。

裁判要旨:破产程序开始前债务人已产生的尚未支付给相对人的债务,仅是相对人的个别利益,如将其也列入共益债务的范畴,不仅与共益债务的性质不符合,而且违反了债权平等原则,使破产程序开始前的债权处于不平等地位,此债权因合同继续履行而得到优先清偿,破坏了破产法的公平清偿原则。

裁判理由:大连市中级人民法院判决指出,案涉《合作协议》及《补充协议》成立于法院受理破产重整申请之前,以本院作出裁定受理重整申请作为临界点,存在已履行和未履行两部分。双方争议焦点在于:破产重整申请受理前成立而双方均未履行完毕的合同,在破产重整申请受理前已经产生的债务,应否列为共益债务?

根据《企业破产法》第42条,共益债务是指人民法院受理破产申请后,在破产清算或重整程序中,为了全体债权人的共同利益以及破产程序顺利进行而发生的债务。基于债权平等原则,共益债务须是发生在人民法院受理破产申请之后,因继续履行合同所产生的债务,不应包括在受理破产申请之前已经产生而未支付给相对人的债务,否则会构成优惠清偿,对其他债权人不公平。共益债务必须是为了全体债权人利益,而非个别债权人的利益。破产程序开始前债务人已产生的尚未支付给相对人的债务仅是相对人的个别利益,如将其也列入共益债务的范畴,不仅与共益债务的性质不符合,而且违反了债权平等原则,使破产程序开始前的债权处于不平等地位,此债权因合同继续履行而得到优先清偿,破坏了破产法的公平清偿原则。艾尔德公司在本案中所主张的16417874.01元均发生在本院受理破产重整申请之前,不属于共益债务范畴。在破产重整开始前已产生的债务,债权人可以通过申报债权的方式进行处理,本案中,艾尔德公司已将发生在破产重整开始之前、包括案涉标的在内的 30694718.53 元向管理人作为普通债权申报;而共益债务,根据《企业破产法》第 43 条的规定,应当由债务人财产随时予以清偿。艾尔德公司亦承认其在 2016 年 10 月之后因履行合同产生的费用,已由高合金公司予以偿还。

艾尔德公司主张,该公司在接受破产管理人通知后,与高合金公司及管理人的合意就已经形成,该合意不仅受到《企业破产法》的保护,也受到《合同法》的保护,合同应当得到全面履行。大连市中级人民法院认为,该观点是艾尔德公司对《企业破产法》第 42 条的错误理解。根据《企业破产法》第 18 条的规定,人民法院受理破产申请后,对破产申请受理前成立而债务人和对方当事人均未履行完毕的合同,管理人有权决定解除或者继续履行。管理人并不是合同的当事人,艾尔德公司继续履行的是其与高合金公司成立于破产重整之前且均未履行完毕的合同。在破产重整受理前已经发生的债务,其性质不会因管理人作出继续履行合同的决定而发生改变。

综上所述,艾尔德公司的诉讼请求不能成立,判决驳回山西艾尔德添加剂新技术有限公司的诉讼请求。

案例 3

陈向阳与西安深业房地产发展有限公司破产清算管理人破产债权确认纠纷案

法院:陕西省高级人民法院

案号:(2015)陕民三终字第 00022 号

事实:上诉人陈向阳因与上诉人西安深业房地产发展有限公司(以下简称深业公司)破产清算管理人破产债权确认纠纷一案,双方均不服西安市中级人民法院作出(2014)西中民四初字第 00429 号民事判决,向陕西省高级人民法院提出上诉。

1999 年 6 月 15 日,陈向阳与深业公司签订《预售商品房购销合同》和《经营管理协议书》,购买位于西安市解放路 25 号"深业商城"一层 116 号 22.33 平方米商铺,双方约定于 2000 年 3 月 28 日将该商品房交付陈向阳使用。1999 年 6 月 28 日,陈向阳一次付清全部购房款和有关税费。2000 年 4 月 16 日,"深业商城"建成竣工,深业公司未按合同约定向陈向阳交付房屋。2003 年 8 月 20 日,深业公司将"深业商城"一层 116 号商铺的产权证办理在陈向阳名下,但仍未向陈向阳交付 116 号商铺。

2009 年 4 月 13 日,原审法院裁定受理深业公司破产清算申请。

2011 年 8 月 5 日,新城法院作出(2001)新民初字第 56 号民事判决,判决:(1)陈向阳与深业公司所签《预售商品房合同》有效;(2)深业公司破产清算管理人于判决生效后 10 日内向陈向阳交付"西安深业商城"一层 116 号 22.33 平方米商铺及房屋产权证;(3)深业公司清算管理人于判决生效后 10 日内向陈向阳支付 2000 年 5 月至 2011 年 7 月期间延期履行赔偿金共计 450390.6 元整;(4)驳回陈向阳其他诉讼请求。双方上诉后,西安市中级人民法院于 2011 年 12 月 8 日作出(2011)西民二终字第 02785 号民事判决,判决:(1)维持西安市新城区人民法院(2001)新民初字第 56 号民事判决第一、第二、第三、第四项及诉讼费部分;(2)陈向阳于判决生效之日起 10 日内付给深业公司破产清算管理人房屋差价款 13632 元。

另查明,2011 年 9 月 7 日,被告深业公司破产管理人向原告陈向阳发出《收房通知》,要求陈向阳收取房屋并补交房款。2011 年 9 月 15 日,陈向阳回函称,建议深业公司破产管理人待法院判决生效后再交房。2011 年 12 月 19 日,深业公司破产管理人发出通知,要求陈向阳向其申报债权。2011 年 12 月 31 日,陈向阳提交《破产债权申报书》,向深业公司破产管理人申报无财产担保债权 481966.35 元(其中 10788.75 元属于破产费用),并要求深业公司破产管理人从 481966.35 元中抵销陈向阳应向深业公司破产管理人补交的房屋差价款 13623 元,同时请求深业公司破产管理人向其交付 116 号商铺及房屋产权证。此后,陈向阳分别于 2012 年 8 月 16 日、2013 年 1 月 30 日以及 2013 年 2 月 23 日,以书面方式向深业公司破产管理人提交增加申报债权申请。2014 年 10 月 15 日,陈向阳向深业公司破产管理人提交《追加破产债权申报书》,增加申报债权 199555.2 元,同时要求确认该债权属于共益债务。2014 年 10 月 25 日,深业公司破产管理人向陈向阳回函,认为其追加申报的债权 199555.2 元不能成立,也不能确认为共益债务。

再查明,被告深业公司破产管理人已经向原告陈向阳交付涉案商铺的房屋产权证。陈向阳并非深业大厦业主委员会成员,未收取过涉案商铺的租金。负责深业大厦物业管理的陕西君怡物业管理有限责任公司亦表示,其从未代陈向阳收取过任何租金。

原审法院判决:(1)确认原告陈向阳向被告西安深业房地产发展有限公司破产清算管理人申报的诉讼费 8788.75 元、鉴定费 2000 元属于破产费用;(2)确认原告陈向阳向被告西安深业房地

第四十二条

产发展有限公司破产清算管理人申报的340906.8元为西安深业房地产发展有限公司破产债权;(3)驳回原告陈向阳其余诉讼请求。

对此判决,双方均不服,向陕西省高级人民法院提起上诉。

裁判要旨:破产案件受理之后,管理人未完成涉案商铺的交付,该期间产生的租金损失属管理人履行职务不当所致,依据《企业破产法》第42条第5项之规定,该期间的租金损失应认定为共益债权。

裁判理由:陕西省高级人民法院认为,本案的焦点问题:(1)涉案商铺是否存在迟延交付的问题;(2)案件受理费8788.75元、鉴定费2000元是否应为破产费用;(3)破产案件受理之后商铺收益损失是破产债权还是共益债权。

第一,关于涉案商铺是否迟延交付的问题。陈向阳与西安深业房地产发展有限公司所签订的《预售商品房合同》已经被生效的(2011)西民二终字第02785号民事判决认定为有效,且判令深业房地产发展有限公司在该判决生效之日起10日内,向陈向阳交付涉案商铺及房产证。虽然深业公司破产管理人已经向原告陈向阳交付了涉案商铺的房屋产权证,但陈向阳并非深业大厦业主委员会成员,未收取过涉案商铺的租金,且深业公司曾委托负责深业大厦物业管理的陕西君怡物业管理有限责任公司亦表示,其从未代陈向阳收取过任何租金。因此,管理人认为深业大厦已交付10余年,该大厦的实际控制人是大厦业主委员会,其于2011年9月7日通知陈向阳收房,但陈向阳拒绝收房,其存在迟延收房的事实。现依据管理人在二审期间提交的"债权人陈向阳自行决定收到西安商城一层116号商铺房屋的函",以及双方对该证的举证质证意见,可以认定涉案商铺已于2015年2月1日完成交付。

第二,案件受理费8788.75元、鉴定费2000元是否应为破产费用的问题。破产费用是在破产程序中为全体债权人共同利益及破产程序的进行而支出的各项费用。依据《企业破产法》第41条之规定,破产案件的诉讼费用属于破产费用,该项费用不仅包括破产案件本身的申请费、其他诉讼费,而且包括在破产程序中发生的涉及破产财产的其他衍生案件的诉讼费。本案中,(2001)新民初字第56号民事判决判令破产人深业公司承担的案件受理费8788.75元,鉴定费2000元,系深业公司破产管理人代表深业公司处理诉讼案件时产生的费用,该项费用符合破产法关于破产费用的规定。故原审法院将上述费用确认为破产费用是正确的,管理人认为该费用不属于破产费用,该上诉理由不能成立,本院依法不予支持。

第三,破产案件受理之后商铺收益损失是破产债权还是共益债权的问题。共益债务,是指在破产程序中为了全体债权人的共同利益而发生的各种债务,与之相对应的权利为共益债权。根据《企业破产法》第42条规定,本案中,陈向阳认为申请破产案件受理之日2009年4月13日之后,商铺租金损失符合上述规定中第1、5项两项,应认定为共益债权。依据查明的事实,该期间租金损失应分以下三个时间段分别予以认定:

一是深业公司的破产申请受理之日至2011年7月31日期间的租金损失是何种性质的债权问题。虽然该期间的租金损失发生在深业公司破产申请受理之后,但深业公司迟延交房的初始时间为2000年4月,此时法院尚未受理深业公司的破产申请,该债权发生的法律事实即破产人未按合同约定交付涉案商铺是发生在破产受理之前,该违约呈持续状态,违约人是破产人并非破产管理人,且本案合同履行的依据是生效判决,并非管理人或债务人请求对方当事人履行双方均未履行完毕的合同所产生的债务。另外,在判决生效之前,管理人所进行的诉讼行为是符合法律规定的,管理人在此期间履行行为并无不当,而该债务发生的法律事实是在破产受理之前,并非管理人或者相关人员执行职务致人损害所产生的债务。因此,该期间商铺租金损失不符合上述第1、5项两项规定,原审法院对陈向阳请求将该期间的损失认定为共益债权的诉请不予支持,而认定为破产债权并无不当。

二是2011年8月1日至(2011)民二终字第02785号判决确定的履行期限最后之日期间的损失应如何认定的问题。(2011)民二终字第02785号民事判决对该期间的损失未作处理,是陈向阳的诉请所致,并非判决错误。依据《民事诉讼法》及《企业破产法》的相关规定,因迟延交房呈持续状态,且该损失已实际发生,陈向阳可以请求法院对此期间的损失予以确认。至于该期间的租金损失的性质认定,因该损失的发生亦源于破产人的迟延交房所致,所以该期间租金损失不是共益债权的理由同上。因此,该项损失应认定为破产债权,而非共益债权。

三是(2011)民二终字第02785号判决确定的履行期限最后之日至交房日期间的租金损失的认定问题。根据《企业破产法》的相关规定,在破产申请受理后,作为破产人的管理人,按照生效判决确定的时间交付涉案商铺是其应尽职责,但管理人未按生效判决规定时间交付涉案商铺,据此,可以认定管理人在此期间未完成涉案商铺的交付应为履行职务不当,该期间产生的租金损失实属管理人履行职务不当所致,依据《企业破产法》第42条第5项之规定,该期间的租金损失应认定为共益债权。综上,原审法院未将破产受理之后租金损失分别认定,而是统一认定为破产债权确属有误,应予纠正。

第四,关于各期间的损失额认定问题。一是破产申请受理之日至2011年7月31日期间的租金损失额,因已被生效判决认定,不再作处理;二是2011年8月1日至(2011)民二终字第02785号判决确定的交房最后之日期间的损失额。该期间的损失本应在生效的判决中一并处理,但是因陈向阳的诉请所致而未处理,因此,该期间的损失依据生效判决的计损方法予以确定为妥;三是(2011)民二终字第02785号判决确定的交房最后之日至交房之日2015年2月1日期间的损失。在当事人未提交其他有效计算方式的情况下,应按(2011)西民二终字第02785号民事判决已经确认标准计算为妥。另外,根据最高人民法院《关于适用〈中华人民共和国民事诉讼法〉若干问题的意见》第295条规定,因深业公司破产管理人在(2011)西民二终字第02785号民事判决生效后,未按照判决内容向陈向阳交付涉案商铺,对该期间的损失应双倍补偿给陈向阳。故该期间债权额应为:(2011)西民二终字第02785号民事判决生效确定交房最后之日至2015年2月1日的租金收入损失的双倍。

综上,原审查明的案件事实清楚,但部分判处不当。2015年6月24日,陕西省高级人民法院判决:(1)维持原审判决第一项,即"确认原告陈向阳向被告西安深业房地产发展有限公司破产清算管理人申报的诉讼费8788.75元、鉴定费2000元属于破产费用";(2)撤销第二项"确认原告陈向阳向被告西安深业房地产发展有限公司破产清算管理人申报的340906.8元为西安深业房地产发展有限公司破产债权",改判为:破产受理之后至(2011)民二终字第02785号判决确定的交房最后之日期间的租金损失为破产债权,损失的计损按(2011)民二终字第02785号判决确定的方法计算;(2011)民二终字第02785号判决确定的交房最后之日至2015年2月1日期间的租金收入损失为共益债权,该项债权按(2011)民二终字第02785号判决确定的方法计损的双倍给付;(3)驳回陈向阳的其他诉讼请求。

【学理综述】

陈伟在《南京航空航天大学学报(社会科学版)》2017年第1期上,发表《共益债务的认定——从"绝对程序标准"到"双重标准"》一文。该文提出,学界对共益债务存在的标准采取"绝对程序标准",即时间须在破产申请受理后,且必须为所有债权人的共同利益,这一"绝对程序标准"只能使全体债权人有受益的可能性,但并非所有破产程序启动后发生的债务都可以视为共益债务,也不是所有破产程序启动前发生的债务都不属于共益债务,实际上都存在损害全体债权人利益的风险。作者建议,对于共益债务的认定,并不需要完全抛弃上述"程序标准",而是将程序的绝对性,代之以推定性,"即在破产宣告后产生的债务只能够原则上推定具有共益性,但如果不符合'结果标准'亦不应认定为共益债务"。在此基础上,作者还运用"双重标准"检视我国破产法中的共益债务,并将共益债务体系分为如下两类:第一类,依管理人的清算意思而形成的共益债务;第二类,依法定形成的共益债务,具体包括(1)债务人财产受无因管理所产生的债务;(2)因债务人不当得利所产生的债务;(3)管理人或者相关人员执行职务致人损害所产生的债务;(4)债务人财产致人损害所产生的债务。[1]

第四十三条 破产费用和共益债务由债务人财产随时清偿。

债务人财产不足以清偿所有破产费用和共益债务的,先行清偿破产费用。

债务人财产不足以清偿所有破产费用或者共益债务的,按照比例清偿。

债务人财产不足以清偿破产费用的,管理人应当提请人民法院终结破产程序。人民法院应当自收到请求之日起十五日内裁定终结破产程序,并予以公告。

【立法沿革】

《企业破产法(试行)》(1986)

第三十四条 下列破产费用,应当从破产财产中优先拨付:

(一)破产财产的管理、变卖和分配所需要的费用,包括聘任工作人员的费用;

(二)破产案件的诉讼费用;

---

[1] 参见陈伟:《共益债务的认定——从"绝对程序标准"到"双重标准"》,载《南京航空航天大学学报(社会科学版)》2017年第1期,第22—26页。

第四十三条

(三)为债权人的共同利益而在破产程序中支付的其他费用。

破产财产不足以支付破产费用的,人民法院应当宣告破产程序终结。

《破产法》(1995年草案)

第五十条　破产费用和共益债务由债务人的财产随时清偿。

债务人的财产不足以清偿所有破产费用和共益债务的,先行清偿破产费用。

债务人的财产不足以清偿破产费用或者共益债务的,按比例清偿。

债务人的财产不足以支付破产费用或者共益债务的,管理人、破产清算人应当提请人民法院终结破产案件。人民法院在收到管理人、破产清算人提出的终结破产案件的请求后,应当在十日内作出终结破产案件的裁定。

《企业破产与重整法》(2000年6月草案)

第四十八条　破产费用和共益债务由债务人的财产随时清偿。

债务人的财产不足以支付破产费用或者共益债务的,管理人、破产清算人应当提请人民法院终结破产案件。人民法院在收到管理人、破产清算人提出的终结破产案件的请求后,应当在十日内作出终结破产案件的裁定。

《企业破产与重整法》(2000年12月草案)

第四十八条　破产费用和共益债务由债务人的财产随时清偿。

债务人的财产不足以清偿所有破产费用和共益债务的,先行清偿破产费用。

债务人的财产不足以清偿所有破产费用或者共益债务的,按比例清偿。

债务人的财产不足以支付破产费用或者共益债务的,管理人应当提请人民法院终结破产案件。人民法院在收到管理人提出的终结破产案件的请求后,应当在十日内作出终结破产案件的裁定。

《企业破产与重整法》(2001年1月草案)

第六十七条　破产费用和共益债务由债务人的财产随时清偿。

债务人的财产不足以清偿所有破产费用和共益债务的,先行清偿破产费用。

债务人的财产不足以清偿所有破产费用或者共益债务的,按比例清偿。

债务人的财产不足以支付破产费用的,管理人应当提请人民法院终结破产案件。人民法院在收到管理人提出的终结破产案件的请求后,应当在十日内作出终结破产案件的裁定。

《企业破产法》(2004年3月草案A版)

第四十一条　破产费用和共益债务由债务人财产随时清偿。

债务人财产不足以清偿所有破产费用和共益债务的,先行清偿破产费用。

债务人财产不足以清偿所有破产费用或者共益债务的,按比例清偿。

债务人财产不足以支付破产费用的,管理人应当提请人民法院终结破产案件。人民法院在收到管理人提出的终结破产案件的请求后,应当在十日内作出终结破产案件的裁定。

《企业破产法》(2004年3月草案B版)

第四十二条　破产费用和共益债务由债务人财产随时清偿。

债务人财产不足以清偿所有破产费用和共益债务的,先行清偿破产费用。

债务人财产不足以清偿所有破产费用或者共益债务的,按比例清偿。

债务人财产不足以支付破产费用的,管理人应当提请人民法院终结破产案件。人民法院在收到管理人提出的终结破产案件的请求后,应当在十日内作出终结破产案件的裁定。

《企业破产法》(2004年6月草案)

第四十一条　破产费用和共益债务由债务人财产随时清偿。

债务人财产不足以清偿所有破产费用和共益债务的,先行清偿破产费用。

债务人财产不足以清偿所有破产费用或者共益债务的,按比例清偿。

债务人财产不足以支付破产费用的,管理人应当提请人民法院终结破产案件。人民法院在收到管理人提出的终结破产案件的请求后,应当在十五日内作出终结破产案件的裁定。

《企业破产法》(2004年10月草案)

第四十一条　破产费用和共益债务由债务人财产随时清偿。

债务人财产不足以清偿所有破产费用和共益债务的,先行清偿破产费用。

债务人财产不足以清偿所有破产费用或者共益债务的,按比例清偿。

债务人财产不足以支付破产费用的,管理人应当提请人民法院终结破产案件;人民法院应当自收到请求之日起十五日内作出终结破产案件的裁定并公告。

【条文释义】

本条规范的是破产费用和共益债务的清偿财产、清偿顺序、不足清偿时的比例原则以及债务人财产不足以支付破产费用时终结破产案件等事宜。其中，前3款规定债务人财产可以部分或者全部覆盖破产费用和共益债务时的三个原则，即随时清偿、顺序清偿和比例清偿；第4款规定债务人财产不足以偿付破产费用时的处理办法。

从立法史的视角看，本条在不同时期的草案中差别不太大，变化较小。

本条共分4款。分款评注如下：

第1款："破产费用和共益债务由债务人财产随时清偿。"

本款的关键词是"随时清偿"。据此规定，破产费用和共益债务可以由债务人财产本着"随时发生，随时清偿"原则，而及时偿付，既不需要在破产程序内申报债权，也不需要等待清算分配时再偿付，因此也不需要列入破产财产分配表。① 立法机构特别提及，在实践中破产费用和共益债务的清偿，既有在破产费用和共益债务发生后随时支付的，也有在破产财产分配时先予扣除的。②

王卫国认为，基于本款规定，破产费用和共益债务在清偿顺位上，无论是时间还是顺序本身，都绝对优先于破产程序中的其他债权。③《企业破产法》起草小组还指出，按照"随时清偿"原则，破产费用和共益债务发生顺序对其清偿不发生影响，如果共益债务先发生，同样可以由债务人财产优先清偿。④

齐明认为，这里的"随时清偿"值得推敲：第一，"随时清偿"规则打破了破产法主张的统一申报、统一比例、统一分配的清偿秩序；第二，"随时清偿"规则事实上创设出新的优先权规则，亦即破产费用和共益债务，比担保债权、职工债权更为有限。⑤

另外，这里明确规定"由债务人财产"清偿。根据《企业破产法》对债务人财产、破产财产的区分，亦意味着包括管理人报酬在内所有破产费用和共益债务的清偿时间，都在破产宣告之前清偿。⑥ 但是按照蒋黔贵等的解释，用来清偿破产费用和共益债务的财产，在破产宣告前以债务人财产为限，在破产宣告后以破产财产为限。⑦

但需要特别提醒的是，本款所规定"由债务人财产随时清偿"，仅是指债务人的无担保财产；有担保财产以及债务人无权处分的其他财产，不属于"由债务人财产随时清偿"的范畴，因此也不能用于随时清偿破产费用和共益债务。⑧

第2款："债务人财产不足以清偿所有破产费用和共益债务的，先行清偿破产费用。"

本款规定的是在债务人财产不足清偿破产费用和共益债务时，破产费用和共益债务的优先问题。

据此条款，如果债务人财产足以全部清偿破产费用和共益债务，则根据《企业破产法》第43条第1款，由债务人财产随时、足额、全部清偿；而在债务人财产有限且不可能同时完全清偿破产费用和共益债务时，破产费用优先受偿。

按照蒋黔贵等的观点，由于破产费用和共益债务均采用随时清偿的方式清偿，而实践中两者发生并不同步，破产费用会先发生且事先支付部分，而事先支付的部分随后不会再计入清偿额中，未计入部分亦随时清偿，只有同时还发生共益债务且债务人财产足以部分或全部偿付时，才会发生按照先后顺序清偿的问题。⑨ 据齐明解释，这是因为破产费用是破产程序顺利进行的基本保障，而共益债务则是破产程序中随时可能出现的"插曲"，相比之下破产费用优先于共益债务受偿，无可厚非。⑩

本款中所规定的主旨，是指出现"债务人财产不足以清偿所有破产费用和共益债务"时，尚待清偿的破产费用和共益债务而言；如果在这种情况

---

① 参见《中华人民共和国企业破产法》起草组编：《〈中华人民共和国企业破产法〉释义》，人民出版社2006年版，第161页；蒋黔贵主编：《中华人民共和国企业破产法释义》，中国市场出版社2006年版，第135页。
② 参见本书编写组编：《〈中华人民共和国企业破产法〉释义及实用指南》，中国民主法制出版社2006年版，第138页。
③ 参见王卫国：《破产法精义》(第2版)，法律出版社2020年版，第161页。
④ 参见《中华人民共和国企业破产法》起草组编：《〈中华人民共和国企业破产法〉释义》，人民出版社2006年版，第161页。
⑤ 参见齐明：《中国破产法原理与适用》，法律出版社2017年版，第102页。
⑥ 参见齐明：《中国破产法原理与适用》，法律出版社2017年版，第102页。
⑦ 参见蒋黔贵主编：《中华人民共和国企业破产法释义》，中国市场出版社2006年版，第135页。
⑧ 参见王卫国：《破产法精义》(第2版)，法律出版社2020年版，第161页。
⑨ 参见蒋黔贵主编：《中华人民共和国企业破产法释义》，中国市场出版社2006年版，第136页；吴高盛主编：《〈中华人民共和国企业破产法〉条文释义与适用》，人民法院出版社2006年版，第111页。
⑩ 参见齐明：《中国破产法原理与适用》，法律出版社2017年版，第103页。

出现前,破产费用和共益债务已经部分支付,则已支付部分不受影响。① 由此,本款亦潜在地赋予管理人随时查验债务人财产数额、破产费用和共益债务数额的义务,管理人一旦发现"债务人财产不足以清偿所有破产费用和共益债务",就应该安排债务人财产优先偿付破产费用;而随后如果债务人财产增加,管理人则应重新安排对破产费用和共益债务顺序清偿。②

第3款:"债务人财产不足以清偿所有破产费用或者共益债务的,按照比例清偿。"

理解本款的关键,是准确理解"按照比例清偿"。立法者们均认为,"债务人财产不足以清偿所有破产费用或者共益债务",可以具体分为两种情形:第一,债务人财产不足以清偿破产费用时,根据《企业破产法》第43条第4款,管理人可以向法院申请终结破产程序,共益债务不再清偿;第二,债务人财产可以清偿破产费用,但不能部分或全部清偿共益债务时,优先全额清偿破产费用,剩余部分按比例清偿共益债务。③

学者对本款的解读,与立法者的解读基本一致。王卫国指出,这里的"按照比例清偿"包括两种状况:第一,债务人财产不足以清偿所有破产费用,对未清偿破产费用按照比例清偿;第二,债务人财产可偿付破产费用,但不足以清偿共益债务,则在清偿破产费用后,按比例清偿共益债务。④ 齐明亦强调,这里的"按照比例清偿",并不意味着破产费用和共益债务在同等顺位下同比例清偿,而是破产费用优先,共益债务劣后;在这个大原则下,如果债务人财产有限,则先在《企业破产法》第41条所列3项破产费用中"按照比例清偿";如果债务人财产有限但偿还破产费用后尚有剩余,则在《企业破产法》第42条所列6项共益债务中,按照同比例清偿。⑤

同上,王卫国强调,比例清偿原则的适用,只针对新出现的"债务人财产不足以清偿所有破产费用或者共益债务"情况,既不影响已清偿部分,如果债务人财产有增加,亦应恢复顺序清偿原则的适用。⑥

上述三款,规定的都是债务人财产能够全部或部分清偿破产费用和共益债务的情形。

韩传华认为,本条规范的缺陷之一在于,未明确界定"债务人财产"是否同时包含担保财产和无担保财产,这在实践中会导致一定的适用困境:第一,如果债务人财产可以清偿破产费用和共益债务,且债务人财产中担保财产和无担保财产并存时,破产费用的清偿和共益债务的清偿需要遵循如下规则:(1)破产案件诉讼费用,根据担保财产和无担保财产在债务人财产中的比例,分别清偿;如相关费用专用于担保财产或无担保财产,则由相应担保财产或无担保财产清偿。(2)管理、变价和分配费用,亦取决于相关开支是否针对特定担保财产或无担保财产,如果不针对特定部分,亦请按照担保财产和无担保财产在债务人财产中的比例分别清偿。(3)管理人执行职务费用、报酬和聘用工作人员费用,系基于全部债务人财产发生,实践中亦很难具体区分,故除非相关费用系因针对特定担保财产或者无担保财产发生,该项费用原则上由担保财产和无担保财产在债务人财产中的比例分别清偿。(4)继续履行合同债务及继续营业债务的清偿,通常情况下只会增加债务人财产中无担保财产的价值,故原则上亦仅由无担保财产清偿;只有在其与担保财产有关时,才由债务人财产中的担保财产分担相应比例。(5)无因管理债务清偿,鉴于其仅与特定财产有关,故视相关财产是担保财产还是无担保财产,由具体担保财产或者无担保财产清偿。(6)不当得利债务的清偿,相关不当得利如果存在,直接返还相对人;如果该不当得利已使担保财产或无担保财产获益且消失,则由具体受益的财产承担。(7)管理人或者相关人员执行职务致人损害债务的清偿,如果针对特定财产,取决于该特定财产属于担保财产还是无担保财产,由特定财产承担;如果针对不特定财产,由担保财产和无担保财产按照比例分担。(8)债务人财产致人损害债务的清偿,取决于特定财产是担保财产还是无担保财产。⑦

---

① 参见本书编写组编:《〈中华人民共和国企业破产法〉释义及实用指南》,中国民主法制出版社2006年版,第139页。
② 参见王卫国:《破产法精义》(第2版),法律出版社2020年版,第162页。
③ 参见《中华人民共和国企业破产法》起草组编:《〈中华人民共和国企业破产法〉释义》,人民出版社2006年版,第162页;蒋黔贵主编:《中华人民共和国企业破产法释义》,中国市场出版社2006年版,第136页;本书编写组编:《〈中华人民共和国企业破产法〉释义及实用指南》,中国民主法制出版社2006年版,第140页;安建主编:《中华人民共和国企业破产法释义》,法律出版社2006年版,第72页。
④ 参见王卫国:《破产法精义》(第2版),法律出版社2020年版,第162页。
⑤ 参见齐明:《中国破产法原理与适用》,法律出版社2017年版,第103页。
⑥ 参见王卫国:《破产法精义》(第2版),法律出版社2020年版,第162页。
⑦ 参见韩传华:《企业破产法解析》,人民法院出版社2007年版,第181—184页。

另外，对于有担保财产的债权，如果因特定担保财产而需要清偿破产费用和共益债务，由该特定财产清偿；如果因为担保财产中的不特定财产需要清偿破产费用和共益债务，则由相关财产，按其价值比例清偿。①

第 4 款："债务人财产不足以清偿破产费用的，管理人应当提请人民法院终结破产程序。人民法院应当自收到请求之日起十五日内裁定终结破产程序，并予以公告。"

本款规定的是债务人财产完全不足以清偿破产费用的情形。按照《企业破产法》起草小组的解读，债务人财产不能支付破产费用时，引起的后果就是破产程序的终结。②

齐明指出，本款的规定体现出破产程序是实现债权"奢侈品"而非"必需品"这一特质，债务人财产至少应该能够偿付破产程序运作的基本成本，否则不仅破产程序难以为继，债权人更不可能从中受益，再放任破产程序继续进行只会造成更大的损失，不符合经济学上的理性假设。③

这里需要强调的是，提请申请的主体是且仅是管理人。如果要寻找管理人行使终止破产程序职责的法律依据，王卫国认为《企业破产法》第 25 条第 9 项，亦即"人民法院认为管理人应该履行的其他职责"，当可以作为相关的依据。④

法院在收到管理人的申请之后，应该在 15 日的法定期限内作出裁定。从本款文义角度解释，法院在这种情况下，只有同意申请并作出同意终结破产程序的一种裁定。

按照立法者的解读，在实践中实施本款应该区分两种情况：第一，如果在破产宣告后出现债务人财产不足以清偿破产费用的情形，让破产程序继续进行已无意义，法院应依法终结破产程序。第二，在破产宣告前，如果债务人申请破产且债务人财产不足以清偿破产费用，除非这种情况是短期现象，否则法院应该宣告破产，并以破产财产不足以支付破产费用为由终结破产程序；如果债权人提出破产且债务人财产不足以支付破产费用，除非债权人愿意垫付，否则法院都应当裁定终结破产程序。⑤

韩传华指出，可能是基于立法者本身在语言上的疏忽，本条规范仅规定债务人财产不足以清偿破产费用时，管理人提请终结破产程序的权利，而未明确规定如果债务人财产可以清偿破产费用，但不足以清偿共益债务情况下，管理人是否应当提请法院终结破产程序；这种情况下，管理人无法依据本条文直接申请终结破产程序，但法院可以根据《企业破产法》第 25 条第 9 项之规定，要求管理人提请终结破产程序。⑥

按照最高人民法院《关于适用〈中华人民共和国企业破产法〉若干问题的规定（一）》第 8 条的规定，"破产案件的诉讼费用，应根据企业破产法第四十三条的规定，从债务人财产中拨付。相关当事人以申请人未预先交纳诉讼费用为由，对破产申请提出异议的，人民法院不予支持"。齐明认为，可能因为最高人民法院对破产法功能认识有误，或者可能因为最高人民法院急于提高破产案件数量，这条司法解释与《企业破产法》第 43 条的规定明显冲突：按照司法解释，法院不得以债务人财产不能支付诉讼费用为由拒绝立案；而按照《企业破产法》第 43 条，如果债务人财产连破产费用都无法支付，那就应该终结破产程序。⑦

这里的"债务人财产不足以清偿破产费用"，按照王卫国的解释，仅是指债务人未设定担保的财产。⑧ 如果债务人财产包括担保财产也包括无担保财产，且不足以清偿破产费用，则需要分类设定规则：第一，如果债务人全部财产都是无担保财产，且不足以清偿破产费用，则管理人应提请法院终结破产程序。第二，如果债务人无担保财产不足以清偿破产费用，但有担保财产足以清偿时，则需要管理人依据是否有利于职工债权的优先受偿，而综合权衡和裁量；如果债务人不存在职工债权，则如果无担保财产不足以清偿破产费用，无论有担保财产是否足以清偿破产费用，管理人都有义务提请法院终结破产程序。⑨

《企业破产法》起草小组提及破产费用的控

---

① 参见韩传华：《企业破产法解析》，人民法院出版社 2007 年版，第 184—185 页。
② 参见《中华人民共和国企业破产法》起草组编：《〈中华人民共和国企业破产法〉释义》，人民出版社 2006 年版，第 162 页。
③ 参见齐明：《中国破产法原理与适用》，法律出版社 2017 年版，第 103 页。
④ 参见王卫国：《破产法精义》（第 2 版），法律出版社 2020 年版，第 163 页。
⑤ 参见本书编写组：《〈中华人民共和国企业破产法〉释义及实用指南》，中国民主法制出版社 2006 年版，第140 页。
⑥ 参见韩传华：《企业破产法解析》，人民法院出版社 2007 年版，第 181 页、第 185—186 页。
⑦ 参见齐明：《中国破产法原理与适用》，法律出版社 2017 年版，第 98 页。
⑧ 参见王卫国：《破产法精义》（第 2 版），法律出版社 2020 年版，第 163 页。
⑨ 参见韩传华：《企业破产法解析》，人民法院出版社 2007 年版，第 185—186 页。

制问题,认为应该通过事前、事中、事后三个不同时间点控制破产费用:事前主要是编制并审查破产费用的预算,事先预测破产费用的种类、内容和数额;事中主要是控制办公费、财产保管费、差旅费、财产清理费等易变费用,及时调整支出计划,甚至按旬编制详细的支出预算;事后主要是对实际发生的破产费用和预算展开分析,从总额、结构等方面考核管理人的工作情况。由此,站在管理人的角度,管理人也应该根据债权人会议和法院确认的破产费用预算,本着节约的原则引导破产程序有序进行,尽可能公平、公正、及时、经济地履行职责,完成破产程序。①

另外,管理人因为债务人财产不足以清偿破产费用而申请终结破产程序的,需要把握合理的时机,也需要审慎地行使。齐明认为,破产撤销权制度的设计初衷,是审查债务人在破产申请前特定时间段内的经济行为,债务人财产在破产程序启动初期不足以偿付破产费用,并不代表会一直难以偿付破产费用,因此,如果管理人在破产程序启动之初就因为债务人财产不能偿付破产费用而申请终结破产程序,客观上会使得破产程序审查破产嫌疑期内债务人经济行为的功能失灵。②

那么,如果破产程序因为此款的原因而终止,但后又发现可以分配的财产,应该怎么办呢?坊间共识是:如果破产程序因此款规定而终止,但又在程序终止后发现可分配的债务人财产,则要将相关债务人财产依据《企业破产法》第123条,优先用于清偿未受偿的破产费用。③

第六章　债权申报

第四十四条　人民法院受理破产申请时对债务人享有债权的债权人,依照本法规定的程序行使权利。

【立法沿革】

《破产法》(1995年草案)

第36条　人民法院受理破产案件前成立的对债务人享有的债权,依照本法规定的程序行使权利。

前款规定的债权,在和解成立时称为和解债权,在适用重整程序时称为重整债权,在破产宣告后称为破产债权。

第141条　非金钱债权和以外币表示的债权,以破产宣告时的债权评价额作为破产债权额。

前款规定的债权评价额的计算标准,准用本法第四十六条第二款的规定。

《企业破产与重整法》(2000年6月草案)

第三十四条　人民法院受理破产案件前成立的对债务人享有的债权,依照本法规定的程序行使权利。

前款规定的债权,在和解成立时称为和解债权,在适用重整程序时称为重整债权,在破产宣告后称为破产债权。

《企业破产与重整法》(2000年12月草案)

第三十四条　人民法院受理破产案件前成立的对债务人享有的债权,依照本法规定的程序行使权利。

《企业破产与重整法》(2001年1月草案)

第三十五条　人民法院受理破产案件前成立的对债务人享有的债权,依照本法规定的程序行使权利。

《企业破产法》(2004年3月草案A版)

第四十二条　债权人在人民法院受理破产案件前成立的对债务人享有的债权,依照本法规定的程序行使权利。

第一百二十二条　在人民法院受理破产案件前成立的对债务人享有的债权,为破产债权。

《企业破产法》(2004年3月草案B版)

第四十三条　人民法院受理破产案件时对债务人享有债权的债权人,依照本法规定的程序行使权利。

---

① 参见《中华人民共和国企业破产法》起草组编:《〈中华人民共和国企业破产法〉释义》,人民出版社2006年版,第163—164页。
② 参见齐明:《中国破产法原理与适用》,法律出版社2017年版,第103页。
③ 参见李国光主编:《新企业破产法条文释义》,人民法院出版社2006年版,第265页;王卫国:《破产法精义》(第2版),法律出版社2020年版,第163页。

第一百二十一条 在人民法院受理破产案件前成立的对债务人享有的债权，为破产债权。

《企业破产法》(2004年6月草案)

第四十二条 人民法院受理破产案件时，对债务人享有债权的债权人，依照本法规定的程序行使权利。

《企业破产法》(2004年10月草案)

第四十二条 人民法院受理破产案件时对债务人享有债权的债权人，依照本法规定的程序行使权利。

【条文释义】

本条界定的是破产程序中的债权人及其权利。

韩传华认为，本条规定的意义在于，合理区分《企业破产法》意义上的"债权人"和破产程序启动后对债务人享有债权的债权人——后者所涉及的债务，属于破产费用和共益债务，按照《企业破产法》第41—43条的规定，由债务人财产随时清偿，相关债权人不需要在破产程序中申报。① 除宣示债权人申报权之外，如果结合《企业破产法》第56条第2款，也可以将本条理解为债权人的及时申报义务。②

由此，确定债权申报的时间点十分有意义。齐明特别指出，本条中"人民法院受理破产申请时"，是时间点，而不是时间段；这个时间点之前的债权直接申报即可，而该时间点之后的债权，通常需要列入破产费用和共益债务，随时优先清偿。③

那么，如何理解债权人按照本条规定所应承担的及时申报债权的权利与《企业破产法》第21条规定的债权人诉权的关系？韩传华认为，《企业破产法》本身并未规定债权人在不申报债权情形下提起诉讼的权利，由此更难以推导出《企业破产法》对债权人诉讼权利的禁止或限制，债权人有权不在破产程序中申报债权而直接向法院提起诉讼；但如果债权人不申报债权，而径直就债权请求向法院提起诉讼，那么该诉讼行为不能视为债权申报行为，同时法院判决即便支持该债权请求，也不能视为债权人向管理人申报债权，亦不能放任债权人在未经申报前直接凭借判决参与破产财产的分配。④ 由此可知，对于《企业破产法》第44条的准确理解，就是债权人必须按照《企业破产法》规定，向管理人申报债权，得到确认之后才能继续参与破产程序，并由此享受《企业破产法》所规定的程序性权利和实体性权利。

另外，尽管本条规定特别声明了"人民法院受理破产案件时"这一时间要件，但《企业破产法》本身并未禁止债权转让；这也就是说，法院受理破产申请后，第三方依旧有可能通过债权转让，成为有权参与破产程序的债权人。⑤

2019年3月最高人民法院发布的《关于适用〈中华人民共和国企业破产法〉若干问题的规定(三)》第3条，将破产申请受理后发生的债权，即债务人欠缴款项产生的滞纳金，包括债务人未履行生效法律文书应当加倍支付的迟延利息和劳动保险金的滞纳金，排除在破产债权之外。

【关联法律法规及司法政策】

最高人民法院《全国法院破产审判工作会议纪要》(2018)

28.破产债权的清偿原则和顺序。对于法律没有明确规定清偿顺序的债权，人民法院可以按照人身损害赔偿债权优先于财产性债权、私法债权优先于公法债权、补偿性债权优先于惩罚性债权的原则合理确定清偿顺序。因债务人侵权行为造成的人身损害赔偿，可以参照企业破产法第一百一十三条第一款第一项规定的顺序清偿，但其中涉及的惩罚性赔偿除外。破产财产依照企业破产法第一百一十三条规定的顺序清偿后仍有剩余的，可依次用于清偿破产受理前产生的民事惩罚性赔偿金、行政罚款、刑事罚金等惩罚性债权。

最高人民法院《关于适用〈中华人民共和国企业破产法〉若干问题的规定(三)》(2020)

第三条 破产申请受理后，债务人欠缴款项产生的滞纳金，包括债务人未履行生效法律文书应当加倍支付的迟延利息和劳动保险金的滞纳金，债权人作为破产债权申报的，人民法院不予确认。

第四十五条 人民法院受理破产申请后，应当确定债权人申报债权的期限。债权申报期限自人民法院发布受理破产申请公告之日起计算，最短不得少于三十日，最长不得超过三个月。

---

① 参见韩传华：《企业破产法解析》，人民法院出版社2007年版，第187页。
② 参见韩传华：《企业破产法解析》，人民法院出版社2007年版，第191页。
③ 参见齐明：《中国破产法原理与适用》，法律出版社2017年版，第106—107页。
④ 参见韩传华：《企业破产法解析》，人民法院出版社2007年版，第192页。
⑤ 参见齐明：《中国破产法原理与适用》，法律出版社2017年版，第107页。

第四十五条

【立法沿革】

《破产法》(1995年草案)

第40条 人民法院受理破产案件后,应当确定债权人申报债权的期限。债权申报期限最短不得少于三十日,最长不得超过九十日。

债权申报期限自人民法院裁定受理破产案件的公告生效之日起计算。

《企业破产与重整法》(2000年6月草案)

第三十八条 人民法院受理破产案件后,应当确定债权人申报债权的期限。债权申报期限最短不得少于三十日,最长不得超过九十日。

债权申报期限自人民法院裁定受理破产案件的公告生效之日起计算。

《企业破产与重整法》(2000年12月草案)

第三十五条 人民法院受理破产案件后,应当确定债权人申报债权的期限。债权申报期限最短不得少于三十日,最长不得超过九十日。

债权申报期限自人民法院裁定受理破产案件的公告生效之日起计算。

《企业破产与重整法》(2001年1月草案)

第三十六条 人民法院受理破产案件后,应当确定债权人申报债权的期限。债权申报期限最短不得少于三十日,最长不得超过九十日。

债权申报期限自人民法院裁定受理破产案件的公告生效之日起计算。

《企业破产法》(2004年3月草案A版)

第四十三条 人民法院受理破产案件后,应当确定债权人申报债权的期限。债权申报期限最短不得少于三十日,最长不得超过九十日。

债权申报期限自人民法院裁定受理破产案件的公告生效之日起计算。

《企业破产法》(2004年3月草案B版)

第四十四条 人民法院受理破产案件后,应当确定债权人申报债权的期限。债权申报期限最短不得少于三十日,最长不得超过九十日。

债权申报期限自人民法院裁定受理破产案件的公告的次日起计算。

《企业破产法》(2004年6月草案)

第四十三条 人民法院受理破产案件后,应当确定债权人申报债权的期限。债权申报期限最短不得少于三十日,最长不得超过三个月。

债权申报期限自人民法院裁定受理破产案件的公告的次日起计算。

《企业破产法》(2004年10月草案)

第四十三条 人民法院受理破产案件后,应当确定债权人申报债权的期限。债权申报期限自人民法院发布受理案件公告的次日起计算,最短不得少于三十日,最长不得超过三个月。

【条文释义】

本条规定的是债权人申报债权的期限,主要涉及起算点、最短期限、最长期限三个要素。

破产程序必须有效率地进行,否则对于债权人、债务人的利益来说,便毫无意义。由此,确定合理的债权申报期限,有助于法院、管理人及其他参与破产程序的利害关系人,能够通过债权申报合理判断债务总额、债务人财产的规模,进而制定合理的破产策略,尽可能提高破产清偿率。①

债权申报期限确认的主体,是受理破产案件的法院。对于这里的起算点,是"自人民法院发布受理破产申请公告之日起",而申报期限则在30天至3个月之间。笔者认为,这里的期限规定,有失于精准。毕竟每月的具体天数,可能有28天、29天、30天和31天四种情形,那么就债权申报来说,"自人民法院发布受理破产申请公告之日起"的"三个月",具体的天数不见得一定是30天×3个月=90天这么简单。如果能够将"三个月"修订为具体天数,可能更为精确和客观,也更有利于债权人申报债权。但无论如何,赋予受理法院必要的自由裁量权,根据潜在债权人的地理范围确定合理的债权申报期限,是确保债权人通过破产程序维护合法权益的必要制度安排。②

【关联法律法规及司法政策】

最高人民法院《关于依法妥善审理涉新冠肺炎疫情民事案件若干问题的指导意见(二)》(2020)

21.要切实保障债权人的实体权利和程序权利,减少疫情或者疫情防控措施对债权人权利行使造成的不利影响。受疫情或者疫情防控措施影响案件的债权申报期限,可以根据具体情况采取法定最长期限。债权人确因疫情或者疫情防控措施影响无法按时申报债权或者提供有关证据资料,应当在障碍消除后十日内补充申报,补充申报人可以不承担审查和确认补充申报债权的费用。因疫情或者疫情防控措施影响,确有必要延期组

---

① 参见齐明:《中国破产法原理与适用》,法律出版社2017年版,第107页。
② 参见齐明:《中国破产法原理与适用》,法律出版社2017年版,第107页。

织听证、召开债权人会议的，应当依法办理有关延期手续，管理人应当提前十五日告知债权人等相关主体，并做好解释说明工作。

第四十六条 未到期的债权，在破产申请受理时视为到期。

附利息的债权自破产申请受理时起停止计息。

【立法沿革】

《破产法》（1995年草案）

第三十七条 未到期的债权，在破产案件受理时视为到期。

破产案件受理后才到期的债权，付利息的，自破产案件受理时停止计息；不附利息的，应当减去自破产案件受理时起至债权到期时止的法定利息。但是，不附利息的借贷债权，不在此限。

《企业破产与重整法》（2000年6月草案）

第三十五条 未到期的债权，在破产案件受理时视为到期。

破产案件受理后才到期的债权，附利息的，自破产案件受理时停止计息；不附利息的，应当减去自破产案件受理时起至债权到期时止的法定利息。但是，不附利息的借贷债权，不在此限。

《企业破产与重整法》（2000年12月草案）

第三十六条 未到期的债权，在破产案件受理时视为到期。

破产案件受理后才到期的债权，附利息的，自破产案件受理时起停止计息；不附利息的，应当减去自破产案件受理时起至债权到期时止的法定利息。但是，不附利息的借贷债权，不在此限。

《企业破产与重整法》（2001年1月草案）

第三十七条 未到期的债权，在破产案件受理时视为到期。

破产案件受理后才到期的债权，附利息的，自破产案件受理时起停止计息；不附利息的，应当减去自破产案件受理时起至债权到期时止的法定利息。但是，不附利息的借贷债权，不在此限。

《企业破产法》（2004年3月草案A版）

第四十四条 未到期的债权，在破产案件受理时视为到期。

破产案件受理后才到期的债权，附利息的，自破产案件受理时起停止计息。

《企业破产法》（2004年3月草案B版）

第四十五条 未到期的债权，在破产案件受理时视为到期。

破产案件受理后才到期的债权，附利息的，自破产案件受理时起停止计息。

《企业破产法》（2004年6月草案）

第四十四条 未到期的债权，在破产案件受理时视为到期。

破产案件受理后才到期的债权，附利息的，自破产案件受理时起停止计息。

《企业破产法》（2004年10月草案）

第四十四条 未到期的债权，在破产案件受理时视为到期。

附利息的债权自破产案件受理时起停止计息。

【条文释义】

本条规定的是未到期债权加速到期及附利息债权自破产申请受理时停止计息事项。

按照齐明的观点，债权申报制度应遵循宽松纳入的原则，防止债权人因为错过债权申报期限，而丧失其通过《企业破产法》所能获得的救济；因此，无论是债权到期、未到期，还是附条件、附期限，均可以通过破产程序申报，尽管其会给管理人的债权审查工作带来难度，但其充分保障了破产程序的兜底性。①

本条共分2款。分款评注如下：

第1款："未到期的债权，在破产申请受理时视为到期。"

按照本款文本，破产申请受理时所有尚未到期的债权，均"视为到期"，进而可以在破产申报环节申报债权。

韩传华指出，"未到期的债权"，可以分为两种，处理原则各异：对于无利息的未到期债权，直接视为到期；对于有利息的未到期债权，如果在破产申请受理时视为到期，则需要扣除未到期的利息，并在此基础上以本金和已到期的利息，确定债权额。②

按照齐明的解读，将未到期债权视为到期，是破产程序所必然产生的效果之一，因为只有债权债务本身都处于应履行状态，破产程序才能统一处理债权债务关系；而且，这里的"视为到期"，并非意味着相关债权真正到期，更侧重于相关债务"视为到期"后所产生的应履行的法律效

---

① 参见齐明：《中国破产法原理与适用》，法律出版社2017年版，第105页。
② 参见韩传华：《企业破产法解析》，人民法院出版社2007年版，第196—197页。

力,并不具备真正到期的法律效果。① 齐明由此认为,这里的"视为到期",实际上产生两个效果:第一,未到期债权"视为到期"后,债权人在债权申报环节申报,即可产生允许债权人在破产程序中行使表决权、分配权的效果;第二,破产程序中债务人持有的债权,同样被"视为到期",债务人的债务人需要提前偿还所欠债务人的债务,管理人亦有权展开清收,实现债务人资产的最大化。②

按照 2020 年《民法典》第 536 条、第 537 条,如有债务人的相对人进入破产程序,但债务人未及时申报债权,可能会影响债权人权利实现的,债权人可以突破有关债权人代位权行使的时间和程序限制,在债权到期前,直接代位向债务人相对人的管理人申报债权,并按照《企业破产法》规定处理后续事宜。

第 2 款:"附利息的债权自破产申请受理时起停止计息。"

本款规定被称为破产止息条款,在学术界具有一定的争议性。

许德风认为,本款规定只是破产程序中的特殊安排,主要目的在于减轻破产财团在破产程序进行期间的负担,但并不意味着实体规则层面上主债权的依法减少,也并不影响债权人在未获全额清偿情况下,向保证人和其他连带债务人主张相应利息。③

齐明的观点与此类似。按照齐明的解释,本款规定的客观效果在于降低破产程序的成本,减轻债务人财产的负担,确保破产程序启动后所需要的时间成本,不会变成债务人财产需要承担的经济成本;另外,本条款亦在客观上使得债权债务关系在破产程序启动时固定化,而毋庸在破产程序的进行中因时而异。④

韩传华指出,这里的"附利息的债权",既包括有担保的债权,亦包括无担保的债权,自破产申请受理时停止计息,自无疑义;但对于附滞纳金、违约金的债权,是否也应比照本款规定,自破产申请受理时停止计算,鉴于《企业破产法》并未规定,考虑到利息的补偿性、滞纳金和违约金的惩罚性,均应在破产申请受理时停止计算。⑤

【关联法律法规及司法政策】

《民法典》(2020)

第五百三十六条 债权人的债权到期前,债务人的债权或者与该债权有关的从权利存在诉讼时效期间即将届满或者未及时申报破产债权等情形,影响债权人的债权实现的,债权人可以代位向债务人的相对人请求其向债务人履行、向破产管理人申报或者作出其他必要的行为。

第五百三十七条 人民法院认定代位权成立的,由债务人的相对人向债权人履行义务,债权人接受履行后,债权人与债务人、债务人与相对人之间相应的权利义务终止。债务人对相对人的债权或者与该债权有关的从权利被采取保全、执行措施,或者债务人破产的,依照相关法律的规定处理。

最高人民法院《全国法院破产审判工作会议纪要》(2018)

28.破产债权的清偿原则和顺序。对于法律没有明确规定清偿顺序的债权,人民法院可以按照人身损害赔偿债权优先于财产性债权、私法债权优先于公法债权、补偿性债权优先于惩罚性债权的原则合理确定清偿顺序。因债务人侵权行为造成的人身损害赔偿,可以参照企业破产法第一百一十三条第一款第一项规定的顺序清偿,但其中涉及的惩罚性赔偿除外。破产财产依照企业破产法第一百一十三条规定的顺序清偿后仍有剩余的,可依次用于清偿破产受理前产生的民事惩罚性赔偿金、行政罚款、刑事罚金等惩罚性债权。

【裁判要旨】
案例 1
五矿国际信托有限公司与广西有色金属集团有限公司营业信托纠纷案
法院:最高人民法院
案号:(2016)最高法民终 233 号
事实:上诉人广西有色金属集团有限公司(以下简称有色金属公司)因与被上诉人五矿国际信托有限公司(以下简称信托公司)营业信托纠纷一案,不服青海省高级人民法院(2015)青民二初字第 81 号民事判决,向最高人民法院提起上诉。

---

① 参见齐明:《中国破产法原理与适用》,法律出版社 2017 年版,第 108 页。
② 参见齐明:《中国破产法原理与适用》,法律出版社 2017 年版,第 108 页。
③ 参见许德风:《破产中的连带债务》,载《法学》2016 年第 12 期,第 101 页。
④ 参见齐明:《中国破产法原理与适用》,法律出版社 2017 年版,第 108—109 页。
⑤ 参见韩传华:《企业破产法解析》,人民法院出版社 2007 年版,第 196 页。

2014年9月25日,信托公司与有色金属公司签订《特定资产收益权转让暨回购合同》,约定有色金属公司将其合法持有的有色金属公司办公大楼及东盟文化交流中心收益权转让给信托公司,转让价款为人民币8亿元。信托公司取得特定资产收益权后,有色金属公司应按合同约定回购全部特定资产收益权并支付回购价款。同日,信托公司与有色金属公司签订了《还款协议》及01号《还款协议之补充协议》,之后,双方分别签署了《回购合同之补充协议》及02号《还款协议之补充协议》,将溢价率变更为12.8%/365天。两公司还签订《抵押合同》,约定有色金属公司以持有的有色金属公司金属集团办公大楼及东盟文化交流中心在建工程向信托公司提供抵押担保。并在南宁市房产管理局办理邕房建字第1006548号《在建工程抵押登记证明》。

2014年12月23日,信托公司成立信托计划并分笔向有色金属公司支付特定资产收益权转让价款共计人民币8亿元。后有色金属公司并未按期支付回购溢价款,经信托公司多次催缴,截至2015年8月7日,有色金属公司仅支付回购溢价款500万元,并未支付剩余款项。

为追索上述款项,信托公司于2015年10月23日向青海省高级人民法院提起诉讼。青海省高级人民法院一审确认:双方当事人签订的《特定资产收益权转让暨回购合同》《回购合同之补充协议》《还款协议》《还款协议之补充协议》《抵押合同》合法有效。在履行合同期间有色金属公司未全面履行合同义务,理应按照合同约定承担相应违约责任。判决:(1)有色金属公司于该判决生效之日起十日内偿还信托公司回购价款本金8亿元;(2)有色金属公司于该判决生效之日起10日内支付信托公司违约金8000万元;(3)有色金属公司于该判决生效之日起10日内支付信托公司回购溢价款181809231.78元及相应违约金(截至2015年9月28日为1008995.04元;自此之后以回购溢价款181809231.78元为基数按日万分之五计收至实际支付完毕止);(4)有色金属公司拥有的邕房建字第1006548号《在建工程抵押登记证明》项下财产准予采取拍卖、变卖等方式依法变价。信托公司在该判决前三项的范围内对该财产变价的款项优先受偿。如果未按该判决指定的期间履行给付金钱义务,应当依照《民事诉讼法》第153条之规定,加倍支付迟延履行期间的债务利息。

有色金属公司不服青海省高级人民法院的上述民事判决,向最高人民法院提起上诉。

二审期间,2015年12月18日,有色金属公司向广西壮族自治区南宁市中级人民法院申请破产重整。2015年12月23日,该院裁定受理有色金属公司的重整申请。

之后,信托公司向有色金属公司管理人提交《债权申报说明书》,申报债权总额为1062818226.82元,其中本金为8亿元,回购溢价款为181809231.78元,一次性违约金为8000万元,逾期付款违约金为1008995.04元。2016年3月14日,有色金属公司管理人向信托公司出具《债权审查意见函》,审查结论为,8亿元回购溢价的计算期限应从2015年3月20日计算至2015年9月28日(提前到期日),经计算为46015504.67元;违约金以不超过实际损失的30%确定,经计算为2503000.26元。一次性违约金属于重复计算的违约金,显失公平,不予支持。2016年3月22日,信托公司向有色金属公司管理人出具《债权审查意见回复函》,仍然坚持原债权总额1062818226.82元。2016年5月19日,有色金属公司管理人向信托公司出具《债权异议复审函》,认为信托公司提出的异议不成立,维持《有色金属公司债权表》载明的债权审查结果。

裁判要旨:债权申报中,无论原合同是否明确违约金是否属于应停止计算的"利息",但是,为及时确认债权数额,逾期付款违约金的截止时间,都应当参照破产止息规则计算。

裁判理由:最高人民法院二审认为,本案的争议焦点之一,即原审判决认定的违约金是否符合合同约定,是否需要调整的问题。

最高人民法院指出:关于违约金的认定问题,在《特定资产收益权转让暨回购合同》第9条违约责任标题下,第9.3条约定,有色金属公司违约时,信托公司有权自有色金属公司逾期之日起按逾期未付款项的万分之五每日计收违约金;第9.4.1条约定,信托公司有权自有色金属公司违约情形发生之日起要求有色金属公司支付特定资产收益权转让价款的10%作为违约金。上述违约责任条款包含了逾期支付违约金和一次性支付违约金两种形式。根据查明的事实,有色金属公司于2015年6月19日、同年9月19日均未能支付约定的回购溢价款,因此发生两次逾期,信托公司于2015年9月28日要求提前回购特定资产收益权,并要求有色金属公司承担违约责任,合同依据充分。原审判决将溢价款部分与本金部分别计算违约金,自有色金属公司逾期之日起至实际给付之日止,按照合同约定的日万分之五给付逾期溢价181809231.78元部分的违约金,按照8亿元本金部分的10%给付一次性违约金,因计算基数不同,不存在重复计算的问题。而且在《特定资产收益权转让暨回购合同》规定的可适用的违约金约定中,适用了违约金金额较低的计算方法,不存在显失公平、明显超过实际损失的情形。有色金属公司未能提交证明本案违约金计算标准过高的证据,故对于有色金属公司提出的关于调整违约金的上诉请求,不予支持。

另外,关于违约金的截止时间。二审期间查明,广西壮族自治区南宁市中级人民法院于2015年12月23日受理了有色金属公司的破产申请。《企业破产法》第46条第2款规定,"附利息的债权自破产申请受理时起停止计息"。尽管该条规定并未明确违约金是否属于应停止计算的"利息",但是,为及时确认债权数额,逾期付款违约金的截止时间也应当参照上述规定,自2015年12月23日起,有色金属公司不再给付信托公司相应的逾期付款违约金。

综上,最高人民法院于2016年9月12日作出裁定:鉴于本案审理期间,广西壮族自治区南宁市中级人民法院受理了有色金属公司的破产申请,故本案确认的债权应依据《企业破产法》之规定进行申报受偿,即信托公司通过向有色金属公司破产管理人申报债权的方式获得清偿,不再执行原审判决主文判项中关于"本判决生效后十日内履行"的内容。判决如下:(1)变更青海省高级人民法院(2015)青民二初字第81号民事判决主文第一项为:广西有色金属集团有限公司向五矿国际信托有限公司偿还回购价款本金8亿元;(2)变更该民事判决主文第二项为:广西有色金属集团有限公司向五矿国际信托有限公司支付违约金8000万元;(3)变更该民事判决主文第三项为:广西有色金属集团有限公司向五矿国际信托有限公司支付回购溢价181809231.78元及相应违约金(截至2015年9月28日为1008995.04元;自此之后以回购溢价181809231.78元为基数按日万分之五计收至2015年12月23日止);(4)变更该民事判决主文第四项为:广西有色金属集团有限公司拥有的邕房建字第1006548号《在建工程抵押登记证明》项下财产准予采取拍卖、变卖等方式依法变价。五矿国际信托有限公司在本判决的前三项的范围内对该财产变价的款项优先受偿。

案例2
中国农业银行股份有限公司金华分行与杨仲雄、胡淑滋金融借款合同纠纷案

法院:浙江省金华市中级人民法院
案号:(2017)浙07民终3817号
事实:上诉人中国农业银行股份有限公司金华分行(以下简称农行金华分行)因与被上诉人杨仲雄、胡淑滋金融借款合同纠纷一案,不服浙江省金华市婺城区人民法院(2017)浙0702民初3540号民事判决,向金华市中级人民法院提起上诉。

原审法院认定事实:2013年11月15日,农行金华分行(抵押权人)与杨仲雄、胡淑滋(抵押人)签订《最高额抵押合同》,合同约定,杨仲雄、胡淑滋自愿以其位于杭州市下城区的房产设定最高额抵押,为主债务人莱恩(中国)动力有限公司(以下简称莱恩公司)自2013年11月15日起至2016年11月14日止,在农行金华分行处办理的各类业务实际形成的债权在最高余额折合人民币3061万元的范围内,提供抵押担保。当日,农行金华分行与杨仲雄、胡淑滋对抵押物在房屋产权管理部门进行了抵押登记。2015年4月17日、2015年11月9日、2015年11月17日,农行金华分行与莱恩公司分别签订《流动资金借款合同》三份,莱恩公司分别向农行金华分行借款本金共计2100万元。

莱恩公司未向农行金华分行归还该2100万元借款本金,并自2016年2月21日开始拖欠利息,至2016年4月29日止,共计拖欠利息246120.33元。

2016年4月29日,金华市中级人民法院受理了莱恩公司破产程序,农行金华分行已向破产管理人申报债权,债权数额共计57259480元,其中,由杨仲雄、胡淑滋提供抵押担保的部分主债权本金为2100万元、利息246120.33元(利息已计算至2016年4月29日企业破产前),合计21246120.33元。

农行金华分行向原审法院起诉请求:(1)确认农行金华分行享有抵押债权本金2100万元及利息246120.33元(利息暂算至2016年4月29日企业破产前,以后利息按合同约定计付至清偿完毕之日为止);(2)对杨仲雄、胡淑滋的抵押物采取拍卖、变卖等方式依法变价,农行金华分行对变价所得价款在最高额人民币3061万元的范围内优先受偿;(3)本案诉讼费用由杨仲雄、胡淑滋承担。

原审法院认为由于莱恩公司已进入破产清算程序,附利息的债权自破产申请受理时起停止计算。其判决农行金华分行对登记在杨仲雄、胡淑滋名下的,坐落于杭州市下城区的房产折价、变现或拍卖所得款项,在本判决生效且莱恩公司破产程序终结后15日内,债权总额为21394151.33元(其中,借款本金2100万元、利息246120.33元、案件受理费148031元)并在破产程序中未受清偿的部分享有优先受偿权。

农行金华分行上诉请求:(1)撤销原审判决中,依法改判:立即对登记在杨仲雄、胡淑滋名下、坐落于杭州市下城区房地产采取拍卖、变卖等方式依法变价,农行金华分行对折价、变现或拍卖所得款项在最高额人民币3061万元的范围内优先受偿(债权本金2100万元、利息246120.33元暂算至2016年4月29日,以后利息按合同约定计付至实际清偿完毕之日止)。

裁判要旨:根据《企业破产法》第46条规定,附利息的债权自破产申请受理时起停止计息。在主债权停止计息的情况下,从属于主债权的担保债权,亦应当停止计息。

裁判理由:金华市中级人民法院认为,本案的争议焦点是:(1)抵押担保人杨仲雄、胡淑滋是否应立即清偿担保之债;(2)担保债权是否应停止计息。

关于争议焦点1,《最高人民法院对〈关于担保期间债权人向保证人主张权利的方式及程序问题的请示〉的答复》明确,根据最高人民法院《关于适用〈中华人民共和国担保法〉若干问题的解释》第44条第1款的规定,当主债务人进入破产程序后,债权人可以向人民法院申报债权,也可以向保证人主张权利。对于债权人申报了债权,同时又起诉保证人的案件,人民法院应当受理。在具体审理并认定保证人应承担保证责任的金额时,如需等待破产程序结束的,可裁定中止诉讼。人民法院如径行判决保证人承担保证责任,应当在判决中明确应扣除债权人在债务人破产程序中可以分得的部分。参照上述答复意见精神,本案中,农行金华分行已经申报了债权,现莱恩公司的破产程序尚未终结,农行金华分行在破产程序中能够受偿的金额尚无法确认,原审法院认定在破产程序终结后,农行金华分行就其在破产程序中未受清偿部分对杨仲雄、胡淑滋的抵押财产享有优先受偿权并无不当。

关于争议焦点2,根据《企业破产法》第46条规定,附利息的债权自破产申请受理时起停止计息。本案中,杨仲雄、胡淑滋承担的是担保责任,在主债权停止计息的情况下,从属于主债权的担保债权亦应当停止计息。故原审法院对此的处理亦无不妥。

综上,金华市中级人民法院于2017年10月12日作出判决:农行金华分行的上诉请求不能成立,应予驳回。

【学理综述】

贺丹在《法学》2017年第5期上,发表《企业拯救导向下债权破产止息规则的检讨》一文。作者认为,我国《企业破产法》设计的破产止息规则,在债权数额认定方面,具有正面意义,但并不符合国际范围内相关规则发展的大趋势,其在一定程度上也会损害债权人利益,导致利害关系人之间的权利失衡。基于此,作者建议将破产程序开始后的债权利息列为劣后债权,在承认此类债权的同时对其予以合理限制。[1]

第四十七条 附条件、附期限的债权和诉讼、仲裁未决的债权,债权人可以申报。

【立法沿革】

《破产法》(1995年草案)

第三十八条 附条件的债权,以该债权的全额行使权利。

《企业破产与重整法》(2000年6月草案)

第三十六条 附条件的债权,以该债权的全额行使权利。

《企业破产与重整法》(2000年12月草案)

第三十七条 附条件的债权和诉讼未决的债权,以该债权的全额申报。

《企业破产与重整法》(2001年1月草案)

第三十八条 附条件的债权,以该债权的全额申报。

《企业破产法》(2004年3月草案A版)

第四十五条 附条件的债权,以该债权的全额申报。

《企业破产法》(2004年3月草案B版)

第四十六条 附条件、附期限和诉讼未决的债权,债务人可以申报。

《企业破产法》(2004年6月草案)

第四十五条 附条件、附期限和诉讼未决的债权,债权人可以申报。

《企业破产法》(2004年10月草案)

第四十五条 附条件、附期限和诉讼、仲裁未决的债权,债权人可以申报。

【条文释义】

本条规定的是附条件、附期限的债权及诉讼、仲裁涉及的未决债权的申报问题。

齐明认为,本条规定尽管与《企业破产法》第

---

[1] 参见贺丹:《企业拯救导向下债权破产止息规则的检讨》,载《法学》2017年第5期,第88—96页。

第四十八条

59 条第 1 款有关债权人会议成员权、参加权、表决权的规定略有冲突,但这条规范本身彰显的是债权申报宽松纳入的政策,确保无论是破产程序启动时已经确定的债权,还是可能存在的债权,都能在破产程序内得到合理救济;立法者把审查这些可能存在债权的任务,留给管理人、债权人委员会和法院。①

对于这里的"附条件……的债权",韩传华认为与《企业破产法》第 117 条所规定的"附生效或者解除条件的债权"应该一致。②

对于诉讼、仲裁涉及未决债权,按照本条明确的"债权人可以申报"的原则,无论是已对债务人提起诉讼、仲裁的原告或申请人,还是在债务人提起诉讼、仲裁情形下对债务人提出反诉的被告或被申请人,均可以在法院及仲裁机构尚未作出生效判决、裁决时,以其请求或反请求所涉及的债权额,作为债权申报;而其具体分配方案,则参照《企业破产法》第 119 条规定提存并在破产程序终结 2 年后分配给其他债权人。③

【关联法律法规及司法政策】

《民法典》(2020)

第一百五十八条 民事法律行为可以附条件,但是根据其性质不得附条件的除外。附生效条件的民事法律行为,自条件成就时生效。附解除条件的民事法律行为,自条件成就时失效。

第一百五十九条 附条件的民事法律行为,当事人为自己的利益不正当地阻止条件成就的,视为条件已经成就;不正当地促成条件成就的,视为条件不成就。

第一百六十条 民事法律行为可以附期限,但是根据其性质不得附期限的除外。附生效期限的民事法律行为,自期限届至时生效。附终止期限的民事法律行为,自期限届满时失效。

最高人民法院《关于适用〈中华人民共和国企业破产法〉若干问题的规定(三)》(2020)

第七条 已经生效法律文书确定的债权,管理人应当予以确认。

管理人认为债权人据以申报债权的生效法律文书确定的债权错误,或者有证据证明债权人与债务人恶意通过诉讼、仲裁或者公证机关赋予强制执行力公证文书的形式虚构债权债务的,应当依法通过审判监督程序向作出该判决、裁定、调解书的人民法院或者上一级人民法院申请撤销生效法律文书,或者向受理破产申请的人民法院申请撤销或者不予执行仲裁裁决、不予执行公证债权文书后,重新确定债权。

第四十八条 债权人应当在人民法院确定的债权申报期限内向管理人申报债权。

债务人所欠职工的工资和医疗、伤残补助、抚恤费用,所欠的应当划入职工个人账户的基本养老保险、基本医疗保险费用,以及法律、行政法规规定应当支付给职工的补偿金,不必申报,由管理人调查后列出清单并予以公示。职工对清单记载有异议的,可以要求管理人更正;管理人不予更正的,职工可以向人民法院提起诉讼。

【立法沿革】

《破产法》(1995 年草案)

第三十九条 人民法院受理破产案件后,债权人应当在人民法院确定的债权申报期限内申报债权。

前款规定的应当申报的债权,是指债权人在人民法院受理破产案件前成立的、对债务人享有的债权。但是,劳动工资和社会保险费用请求权、税收请求权,可以不予申报。

劳动者向人民法院申报劳动工资请求权的,可以委托代表申报。

《企业破产与重整法》(2000 年 6 月草案)

第三十七条 人民法院受理破产案件后,债权人应当在人民法院确定的债权申报期限内向管理人申报债权。

前款规定的应当申报的债权,是指债权人在人民法院受理破产案件前成立的、对债务人享有的债权。但是,劳动工资和社会保险费用请求权、税收请求权,可以不予申报。

劳动者向人民法院申报劳动工资请求权的,可以委托代表申报。

《企业破产与重整法》(2000 年 12 月草案)

第三十八条 人民法院受理破产案件后,债权人应当在人民法院确定的债权申报期限内向管理人申报债权。

《企业破产与重整法》(2001 年 1 月草案)

第三十九条 人民法院受理破产案件后,债权人应当在人民法院确定的债权申报期限内向管理人申报债权。

---

① 参见齐明:《中国破产法原理与适用》,法律出版社 2017 年版,第 110—111 页。
② 参见韩传华:《企业破产法解析》,人民法院出版社 2007 年版,第 198 页。
③ 参见韩传华:《企业破产法解析》,人民法院出版社 2007 年版,第 199 页。

《企业破产法》(2004年3月草案A版)

第四十六条 人民法院受理破产案件后,债权人应当在人民法院确定的债权申报期限内向管理人申报债权。

《企业破产法》(2004年3月草案B版)

第四十七条 人民法院受理破产案件后,债权人应当在人民法院确定的债权申报期限内向管理人申报债权。

《企业破产法》(2004年6月草案)

第四十六条 人民法院受理破产案件后,债权人应当在人民法院确定的债权申报期限内向管理人申报债权。

劳动债权由管理人记入债权表并予以公示。

《企业破产法》(2004年10月草案)

第四十六条 债权人应当在人民法院确定的债权申报期限内向管理人申报债权。

破产企业所欠职工的工资和基本社会保险费用,以及法律、行政法规规定应当支付给职工的补偿金,不必申报,由管理人列出清单并予以公示。职工对清单记载有异议的,可以要求管理人更正;管理人不予更正的,职工可以向人民法院提起诉讼。

【条文释义】

本条规范的是债权人申报债权的义务。

本条共分2款。分款评注如下:

第1款:"债权人应当在人民法院确定的债权申报期限内向管理人申报债权。"

本款分别从时间和对象两个角度,规定债权人在债权申报期内,向管理人申报债权的义务。

第2款:"债务人所欠职工的工资和医疗、伤残补助、抚恤费用,所欠的应当划入职工个人账户的基本养老保险、基本医疗保险费用,以及法律、行政法规规定应当支付给职工的补偿金,不必申报,由管理人调查后列出清单并予以公示。职工对清单记载有异议的,可以要求管理人更正;管理人不予更正的,职工可以向人民法院提起诉讼。"

本款的核心问题之一,是"职工"的范围。尤其是否应该将债务人的董事、监事和高级管理人员纳入"职工"的范畴,因为这涉及破产债权申报问题,无论是对于相关当事人的权益,还是对于破产程序的顺畅进行,都具有重要意义。韩传华认为,这里的"职工"应该包含债务人的董事、监事和高级管理人员。①

本款实际上又分为3层含义:

第1层:"债务人所欠职工的工资和医疗、伤残补助、抚恤费用,所欠的应当划入职工个人账户的基本养老保险、基本医疗保险费用,以及法律、行政法规规定应当支付给职工的补偿金,不必申报,由管理人调查后列出清单并予以公示。"

本层明确了职工债权的范围,具体包括"债务人所欠职工的工资和医疗、伤残补助、抚恤费用,所欠的应当划入职工个人账户的基本养老保险、基本医疗保险费用,以及法律、行政法规规定应当支付给职工的补偿金"等。这也就是说,在这范围之外的任何和职工相关的债权,比如债务人对职工的借款、集资款等,都不在管理人的调查范围之内,只能由相关职工个人按照《企业破产法》的规定申报债权,在破产程序中实现债权。②

另外,本层也规定职工债权的特别权利,即"不必申报",而是"由管理人调查后列出清单并予以公示"。按照韩传华的解读,这里的"调查",主要是指债务人在申请破产时向法院提交的"职工工资的支付和社会保险费用的缴纳情况";如果管理人对此有疑问,债务人的"有关人员"负有解释义务;而这里的"公示",则是指管理人应当将调查过的职工债权,列出清单,分别在债务人住所地和管理人办公地点张榜公示,同时载明合理的异议期及提出异议的形式和程序。③

按照齐明的解读,这里的"不必申报",并不是不申报,而是不必由破产企业职工逐个履行普通申报程序,一个个向管理人申报债权;这是因为破产案件中职工债权涉及人数多、数额小且基于劳动关系产生,大都有据可查,"不必申报"除了体现出对劳动债权的优待外,也能够大幅度减少管理人的工作量。④

对于这里的"不必申报",是否会影响到职工按照《企业破产法》第59条第1款规定参加债权人会议并行使表决权的问题,韩传华认为,"不必申报"是特殊的申报形式,即只是基于便利职工起见,简化职工债权人申报债权的程序,而不是为了限制职工在破产程序中的权利,因此,"不必申报"本身应视为依法申报的债权,故让相关职工参加债权人会议、行使表决权,应无疑义;否则的话,

---

① 参见韩传华:《企业破产法解析》,人民法院出版社2007年版,第202页。
② 参见韩传华:《企业破产法解析》,人民法院出版社2007年版,第204页。
③ 参见韩传华:《企业破产法解析》,人民法院出版社2007年版,第203页。
④ 参见齐明:《中国破产法原理与适用》,法律出版社2017年版,第111页。

《企业破产法》第6条规定"依法保障企业职工的合法权益"只能成为空话，亦会与《企业破产法》第56条第2款直接冲突。①

第2层："职工对清单记载有异议的，可以要求管理人更正。"

本层规定了职工对管理人所调查职工债权的异议权及请求更正权。

按照韩传华的解读，既然《企业破产法》将异议权和请求更正权赋予"职工"，那么债务人的其他职工、债务人的权力机构及其他债权人，均不享有这里提到的异议权及请求更正权。②

齐明对于职工是否可以针对别人的记载事项提出异议，持开放意见，认为这里的职工异议应当理解为职工对自己和对管理人所列的其他职工的债权金额和种类提出异议的情况，本条并未禁止职工债权人对管理人债权表中其他债权人的信息提出异议，而只是对管理人所列的"清单记载"提出异议。③ 另外，基于我国《企业破产法》特别保护职工债权人的立场，齐明指出职工债权人不仅可以针对管理人列出的职工债权提出异议，也可以在债权人会议上针对管理人所列出的其他类型债权提出异议。④

第3层："管理人不予更正的，职工可以向人民法院提起诉讼。"

本层规定了职工在管理人拒绝根据其异议更正职工债权调查结果时，所享有的司法诉讼救济权。按照韩传华的观点，这里的诉讼性质上仍旧属于劳动纠纷，但不必通过劳动仲裁程序，直接向法院提起诉讼即可。⑤ 但按照齐明的解读，根据本层的文本，职工向法院提起诉讼不是无条件的，而是有"管理人不予更正"这一前提条件，"异议人不可没有经过前置程序而直接要求立案起诉"⑥。

【裁判要旨】
案例1
苏智勇与海南省印刷工业公司与破产有关的纠纷再审案
审理法院：最高人民法院
案号：（2013）民申字第1583号
事实：海南省印刷工业公司（以下简称印刷公司）于2010年3月9日经海南省海口市中级人民法院裁定宣告破产。印刷公司于2010年12月30日向苏智勇发出《解除劳动合同（劳动关系）通知书》，该通知书载明《海南省印刷工业公司破产职工安置方案》。苏智勇签收了上述通知书，并领取了上述各项安置费。

随后，苏智勇依据《企业破产法》第6条、第48条及其他劳动法律法规、地方计划生育条例和劳动合同，多次向印刷公司、海南华盈投资控股有限公司等多个部门要求补发拖欠工资、克扣工资、优抚待遇以及加班费，但都没有得到解决。

苏智勇请求法院判令：（1）印刷公司补发其加班费11608元；（2）印刷公司补发其独生子女奖励补助费和破产一次性奖励补助费共1200元；（3）印刷公司补发其照顾父亲期间的工资共48140元；（4）印刷公司补发破产安置费27527元及自谋职业安置费5万元；（5）印刷公司管理人对印刷公司应补发的工资及各种安置费负连带责任；（6）本案的诉讼费由印刷公司承担。但一、二审均被驳回，苏智勇遂向最高人民法院提请再审。

裁判要旨：超出《企业破产法》第48条第2款规定申报的劳动债权，尤其是缺乏合理证据支撑的加班费、独生子女一次性奖励费及优抚待遇补助费、因无法上班而被克扣工资、破产安置费及其下岗失业职工自谋职业安置费，在破产程序中都无法得到支持，管理人调查后可以不予列入职工债权清单并公示。

裁判理由： 最高人民法院就苏智勇的逐项请求，分别予以裁定：

关于应否支付2003年1月至2005年12月的加班费11608元。根据最高人民法院《关于审理劳动争议案件适用法律若干问题的解释（三）》第9条规定，劳动者主张加班费的，应当就加班事实的存在承担举证责任。苏智勇为证明其加班的事实，提供了证人证言及一张停车费的收据。然而，该收据只载明上交印刷公司的停车费，并未涉及加班的问题。苏智勇提供了其在印刷公司两位同事的证人证言以证明加班的事实，但并未提供其他证据来予以佐证。根据最高人民法院《关于民事诉讼证据的若干规定》第69条有关与一方当事人或者其代理人有利害关系的证人出具的证言不

---

① 参见韩传华：《企业破产法解析》，人民法院出版社2007年版，第204—205页。
② 参见韩传华：《企业破产法解析》，人民法院出版社2007年版，第203—204页。
③ 参见齐明：《中国破产法原理与适用》，法律出版社2017年版，第111页。
④ 参见齐明：《中国破产法原理与适用》，法律出版社2017年版，第112页。
⑤ 参见韩传华：《企业破产法解析》，人民法院出版社2007年版，第204页。
⑥ 齐明：《中国破产法原理与适用》，法律出版社2017年版，第111—112页。

能单独作为认定案件事实依据的规定，其两位同事的证言属于间接证据，不能单独作为认定案件事实的依据。因此，苏智勇提出的要求印刷公司支付其加班费的申请，无事实依据，原审法院未予支持并无不当。

关于应否支付独生子女一次性奖励费及优抚待遇补助费。苏智勇虽然提交了海南华盈投资股份有限公司于2007年10月22日出具的《关于苏智勇同志信访问题的答复》，该答复载明印刷公司应补发苏智勇1994年4月至1995年12月的独生子女补助费，但海南华盈投资股份有限公司与印刷公司均为独立法人，海南华盈投资股份有限公司不能替印刷公司作出给付独生子女补助费的承诺。另外，独生子女费系国家福利政策畴，是否给付，应由《海南省印刷工业公司破产职工安置方案》确定，不属于人民法院受案范围。

关于印刷公司应否向苏智勇支付其照顾父亲期间的工资。苏智勇自己也表示照顾其父亲期间未去印刷公司上班。因劳动者自身原因不去上班，用人单位保留职位但不支付相应工资是允许的，且苏智勇不能提供证明印刷公司承诺向其补发照顾父亲期间工资的证据。因此，苏智勇请求印刷公司支付该期间工资没有事实和法律依据，原审法院未予支持并无不妥。

关于印刷公司应否按2144元以上为计算标准再补发苏智勇破产安置费及其下岗失业职工自谋职业安置费。印刷公司制定的政策性破产职工安置方案，系经过该公司职工大会投票表决通过，并报海南省国资委和海南省人事劳动厅批准后生效。印刷公司依据该安置方案规定的标准向苏智勇发放安置费并无不当。苏智勇要求按2144元以上计发补偿金的主张缺乏事实依据。苏智勇主张应当支付其下岗职工自谋职业安置费5万元，因该请求与上述政策性破产职工安置方案规定不符，原审法院未予支持并无不妥。

关于印刷公司管理人应否对印刷公司的补发工资、安置费等债务负连带责任。最高人民法院指出，依照《企业破产法》第130条的规定，本案中，苏智勇没有证据证明印刷公司管理人存在不当执行职务并给苏智勇造成损害的情形，故苏智勇提出的印刷公司管理人承担连带责任的请求不能成立。

综上，最高人民法院于2013年12月23日作出裁定，驳回苏智勇的再审申请。

案例2
刘文斌与南望信息产业集团有限公司申请破产重整债权纠纷案

法院：浙江省高级人民法院
案号：(2011)浙民终字第4号
事实：上诉人刘文斌因与被上诉人南望信息产业集团有限公司(以下简称南望公司)职工权益清单更正纠纷一案，不服杭州市中级人民法院(2010)浙杭民初字第3号民事裁定，向浙江省高级人民法院提起上诉。

2008年5月20日，杭州市中级人民法院裁定立案受理债权人三花控股集团有限公司申请债务人南望公司破产重整一案，并经审查于当日裁定宣告南望公司进入破产重整程序。

在2008年10月27日南望公司第一次债权人会议上，对南望公司的债权人均无异议的债权，杭州市中级人民法院已经裁定确认。同时在该次债权人会议上，南望公司的债权人会议表决通过了重整计划草案，南望公司及其管理人向杭州市中级人民法院书面申请批准重整计划。

杭州市中级人民法院于2008年12月11日裁定批准南望信息产业集团有限公司重整计划，终止南望信息产业集团有限公司重整程序。

2010年2月10日，刘文斌以南望公司为破产债务人、其管理人不予更正职工权益清单记载为由，依照《企业破产法》相关规定，诉至杭州市中级人民法院，请求判令南望公司确认刘文斌结算至双方解除劳动关系之日止的劳动债权，暂计至2009年12月31日为人民币1248000元。

杭州市中级人民法院一审裁定驳回刘文斌的起诉。

宣判后，刘文斌不服一审裁定，向浙江省高级人民法院提起上诉，请求撤销一审裁定，发回一审法院重审并依法作出判决。

裁判要旨：职工对清单记载的劳动债权有异议，应先要求管理人更正，管理人不予更正的，应在人民法院审理破产案件期间提起诉讼。重整程序终止后再向法院起诉要求南望公司更正职工权益清单确认其劳动债权，因适用《企业破产法》第48条第2款规定的事实基础已不存在，起诉于法无据。

裁判理由：浙江省高级人民法院认为：本案二审争议焦点为：本案是否属于人民法院受理民事诉讼的范围。在本案原审中，刘文斌以《企业破产法》第48条第2款的相关规定，要求南望公司确认其的劳动债权。根据《企业破产法》第48条第2款规定，"债务人所欠职工的工资和医疗、伤残补助、抚恤费用……不必申报，由管理人调查后列出清单并予以公示。职工对清单记载有异议的，可以要求管理人更正；管理人不予更正的，职工可以向人民法院提起诉讼"。根据该规定,职工对清单记载的劳动债权有异议,应先要求管理人更正,管理人不予更正的,应在人民法院审理破产案件期间提起诉讼。而本案中,刘文斌既未在原审法院受理南望公司破产重整一案且南望公司管理人公示劳动债权期间,要求管理人更正清单,也未在该院审理该破产案件时提起诉讼,要求南望公司管理人更正职工权益清单。现刘文斌在南望公司重整程序终止后,再向法院起诉要求南望公司更正职工权益清单确认其劳动债权,因适用《企业破产法》第48条第2款规定的事实基础已不存在,故刘文斌的起诉于法无据。即使南望公司存在拖欠刘文斌劳动报酬及补偿金的事实,双方的纠纷实质系劳动争议,根据《劳动争议仲裁调解法》第10条的规定,除法律有明确规定的外,发生劳动争议时,向劳动争议仲裁委员会申请仲裁是人民法院受理劳动争议案件的前置程序。故刘文斌应依法先向劳动争议仲裁委员会申请仲裁,只有对仲裁裁决不服的,才可向法院提起诉讼。现刘文斌在未向劳动争议仲裁委员会申请仲裁的情况下,直接向法院提起诉讼,无法律依据。故本案尚不属于人民法院管辖。原审法院以本案不属于人民法院受理案件范围为由,驳回刘文斌的起诉,并无不当。

综上,刘文斌提出的上诉请求及理由均不能成立,不予支持。浙江省高级人民法院于2011年1月17日作出裁定:驳回上诉,维持原裁定。

案例3

上诉人周传权因与被上诉人海南省地方国营文昌糖厂破产管理人职工破产债权确认纠纷案

法院:海南省高级人民法院

案号:(2013)琼立一终字第140号

事实:上诉人周传权因与被上诉人海南省地方国营文昌糖厂破产管理人职工破产债权确认纠纷一案,不服海南省第一中级人民法院(2013)海南一中民初字第105号民事裁定,向海南省高级人民法院提起上诉。

原审法院认为:本案属于职工破产债权确认纠纷。原告在向被告申报集资借款本金未被确认后,向受理破产申请的海南省第一中级人民法院提起诉讼,经海南省高级人民法院终审判决,已确认该借款本金为职工集资借款,有权从破产财产中优先受偿。原告在收到被告支付的上述借款本金后,未向被告申报借款利息债权,又再次向本院提起诉讼,请求确认借款的利息部分为优先债权并有权从破产财产中优先受偿。根据《企业破产法》第48条的规定,债权申报是债权人参加破产程序并行使权利的前提,不必申报的债权并不包括职工集资借款,职工集资借款的本金及利息依法应当分别进行债权申报。原告虽向被告申报过集资借款本金,但在本案起诉前从未申报过借款利息部分的债权,且该债权系由非职工转到职工名下,未签订过书面协议,被告并不认可原告所主张的利息约定。原告只有向被告申报利息债权,被告才能依法对利息债权进行审查并编制债权表。原告未予申报,根据《企业破产法》第56条第2款的规定,应不得依照破产程序行使权利。而依照破产程序行使权利的情形主要有行使表决权、异议权以及请求并获得破产财产分配权,因此,原告在未依法向被告申报借款利息债权的情况下,即直接向人民法院起诉主张借款利息的优先受偿,没有法律依据,原审法院据此裁定驳回周传权的起诉。

周传权不服一审裁定,提出上诉。

裁判要旨:破产程序中,法院判决认定职工集资借款应纳入职工工资清偿,但是集资借款不等同于职工工资,需要申报债权;利息虽然是本金的孳息,但很多情况下也存在孳息超过本金的情况,在法律没有明确规定职工集资借款利息可以不必申报债权的情况下,如果不申报债权,就有可能导致错误的确定财产分配比例,从而侵害其他债权人的利益。

裁判理由:海南省高级人民法院认为:

(1)最高人民法院《关于审理企业破产案件若干问题的规定》第58条规定:"债务人所欠企业职工集资款,参照企业破产法第三十七条第二款第(一)项规定的顺序清偿。但对违反法律规定的高额利息部分不予保护。"该司法解释系针对1986年颁布的并于2007年6月1日废止的《中华人民共和国企业破产法(试行)》所作出的,该项规定明确职工集资借款及合法利息与企业所欠职工工资具有相同的清偿地位,但并未规定职工集资借款及合法利息应当参照职工工资不必申报债权。

(2)《企业破产法》第48条并未规定职工集资借款及合法利息等同于职工工资可以不必申报债权。

(3)已经发生法律效力的海南省高级人民法院(2012)琼民二终字第13号民事判决受理该案也是因为上诉人已经就职工集资借款本金申报债权,该判决认定职工集资借款应纳入职工工资清偿,但并未认定集资借款等同于职工工资无须申报债权,也未认定对集资借款利息的主张无须申报债权。

(4)从设置债权申报程序的立法本意来看,

就是要掌握破产企业所承担的债务情况,从而能按照法律规定准确的分配破产财产。利息虽然是本金的孳息,但很多情况下也存在孳息超过本金的情况,在法律没有明确规定职工集资借款利息可以不必进行债权申报的情况下,如果不申报债权,就有可能导致错误的确定财产分配比例,从而侵害其他债权人的利益。

因此,原审法院以上诉人未向被上诉人申报借款利息而直接向人民法院起诉为由,裁定驳回起诉的做法正确。综上,上诉人的上诉理由不能成立,不予支持。2013年11月25日,海南省高级人民法院裁定驳回上诉,维持原裁定。

第四十九条 债权人申报债权时,应当书面说明债权的数额和有无财产担保,并提交有关证据。申报的债权是连带债权的,应当说明。

【立法沿革】

《破产法》(1995年草案)

第四十一条 债权人向人民法院申报债权时,应当书面说明债权的数额和有无财产担保,并提交有关证据。申报的债权是连带债权的,应予以说明。

《企业破产与重整法》(2000年6月草案)

第三十九条 债权人向人民法院申报债权时,应当书面说明债权的数额和有无财产担保,并提交有关证据。申报的债权时连带债权的,应予以说明。

《企业破产与重整法》(2000年12月草案)

第三十九条 债权人申报债权时,应当书面说明债权的数额和有无财产担保,并提交有关证据。申报的债权是连带债权的,应予以说明。

《企业破产与重整法》(2001年1月草案)

第四十条 债权人申报债权时,应当书面说明债权的数额和有无财产担保,并提交有关证据。申报的债权是连带债权的,应予以说明。

《企业破产法》(2004年3月草案A版)

第四十七条 债权人申报债权时,应当书面说明债权的数额和有无财产担保,并提交有关证据。申报的债权是连带债权的,应当予以说明。

《企业破产法》(2004年3月草案B版)

第四十八条 债权人申报债权时,应当书面说明债权的数额和有无财产担保,并提交有关证据。申报的债权是连带债权的,应当说明。

《企业破产法》(2004年6月草案)

第四十七条 债权人申报债权时,应当书面说明债权的数额和有无财产担保,并提交有关证据。申报的债权是连带债权的,应当说明。

《企业破产法》(2004年10月草案)

第四十七条 债权人申报债权时,应当书面说明债权的数额和有无财产担保,并提交有关证据。申报的债权是连带债权的,应当说明。

【条文释义】

本条规定了债权申报的书面及证据要件,同时强调对连带债权详细说明的义务。

本条只有1款,但实际上可以分为2层含义:

第1层:"债权人申报债权时,应当书面说明债权的数额和有无财产担保,并提交有关证据。"

依据上述文本,可以得知,债权人在申报债权时,必须采取书面申报的形式,这也就排除了包括口头形式在内所有非书面形式;同时应对债权金额、有无财产担保事项做出说明,并提供能够相应证明债权金额、有无财产担保事项的证据。

"债权的数额"意味着,债权申报必须以金钱为给付内容的债权,而且必须具有确切债权金额,且采取上述"书面说明"的形式,才能申报,否则不能申报。[1]

按照齐明的观点,破产程序中的债权申报程序,较之普通的债权确认程序具有集体性、简易性等特点;在这种情况下,由债权人提出权利主张并说明具体的债权金额和种类,可以促使破产程序更为高效地进行。由此,管理人应制作并发放统一的债权申报表,供债权人申报债权时使用;另外,管理人除可以在债权申报中向相关债权人释明其权利和法律法规外,只能在债权人的申报范围内审核确认债权,而不应主动增加申报金额或者将普通债权变更为优先债权。[2]

对于"有无财产担保"问题,本条规定有担保财产必须申报。按照韩传华的解读,如果有担保债权在破产程序启动后未予申报,那么相关债权人亦无权在破产程序中针对债务人财产采取任何措施;如果申报,但未说明是有担保的债权,那么相关债权在破产程序中只能视为无担保债权,不享有担保债权所享有的优先性。[3]

齐明认为,从破产实务的角度,应该充分认识

---

[1] 参见韩传华:《企业破产法解析》,人民法院出版社2007年版,第199页。
[2] 参见齐明:《中国破产法原理与适用》,法律出版社2017年版,第112—113页。
[3] 参见韩传华:《企业破产法解析》,人民法院出版社2007年版,第200页。

到《企业破产法》以普通债权为核心构建的特质，普通债权和担保债权的优劣难以简单定论，具体案件的特殊情形往往更具有决定性；亦即是说，普通债权不见得缺乏保障，而担保债权在获得财产保障的同时，会丧失决定破产路径的表决权，甚至在房地产企业破产中担保债权也会劣后于商品房买受人的优先购买权。①

本层"并提交有关证据"的规定，即将债权申报的举证责任赋予申报人。按照韩传华的解读，这一规则暗含如下几层含义：第一，如果相关债权不涉及担保问题，则债权人无须提交有无财产担保的证明，只需要提交债权额的证据证明；第二，债权人除提交债权金额及担保证据之外，还应该提交证据证明相关请求未过诉讼时效；第三，债权人如申报债权时只能针对债权金额和担保证据提交初步证明，则对其申报债权的成功性不发生影响；第四，债权人在债权申报期限内，亦可以补充提交除了初步证明外的其他证据，进一步证明其债权金额及有无担保债权。②齐明认为，由债权申报者提交证据，可以方便管理人审查债权债务关系，也能够有效地避免债权人在管理人审查后提出异议甚至通过诉讼途径维护权益，因此，债权人提交的证据材料除证明债权债务关系的真实存在外，还应该证明债权的具体金额及其种类，确保证据之间形成完整且具有证明力的证据链；具体在破产实务中，如果涉及经法院判决确认的债权需要提交生效判决书，如果涉及生效判决的执行，那么只有尚未执行的部分才能作为破产债权，在破产程序中申报。③

第2层："申报的债权是连带债权的，应当说明。"

齐明指出，这里之所以特别强调连带债权在申报时债权人有说明义务，是因为破产案件涉及连带债权，会导致债权确认环节更为复杂，进而也会导致破产程序复杂化；作为应对，管理人在审查连带债权时亦应更为谨慎和小心，避免同一债权在同一案件中重复申报或者在关联企业破产案件中多次申报，而无论连带债权本身如何复杂，在破产程序中都应作为单一破产债权处理。④

第五十条　连带债权人可以由其中一人代表全体连带债权人申报债权，也可以共同申报债权。

【立法沿革】

《破产法》(1995年草案)

第四十三条　连带债权人可以由其中一人代表全体连带债权人申报债权，也可以各自申报债权。

《企业破产与重整法》(2000年6月草案)

第四十一条　连带债权人可以由其中一人代表全体连带债权人申报债权，也可以各自申报债权。

《企业破产与重整法》(2000年12月草案)

第四十一条　连带债权人可以由其中一人代表全体连带债权人申报债权，也可以共同申报债权。

《企业破产与重整法》(2001年1月草案)

第四十二条　连带债权人可以由其中一人代表全体连带债权人申报债权，也可以共同申报债权。

《企业破产法》(2004年3月草案A版)

第四十九条　连带债权人可以由其中一人代表全体连带债权人申报债权，也可以共同申报债权。

《企业破产法》(2004年3月草案B版)

第五十条　连带债权人可以由其中一人代表全体连带债权人申报债权，也可以共同申报债权。

《企业破产法》(2004年6月草案)

第四十九条　连带债权人可以由其中一人代表全体连带债权人申报债权，也可以共同申报债权。

《企业破产法》(2004年10月草案)

第四十九条　连带债权人可以由其中一人代表全体连带债权人申报债权，也可以共同申报债权。

【条文释义】

本条规定的是连带债权的申报方式，既可以由一个债权人代表该笔债权的所有连带债权人申报，也可以由全体连带债权人共同申报。需要指出的是，如果由一个债权人代表该笔债权的所有连带债权人申报，该申报人应持有全部连带债权人的委托书；如果由全体连带债权人共同申报，需

---

① 参见齐明：《中国破产法原理与适用》，法律出版社2017年版，第113页。
② 参见韩传华：《企业破产法解析》，人民法院出版社2007年版，第200页。
③ 参见齐明：《中国破产法原理与适用》，法律出版社2017年版，第113—114页。
④ 参见齐明：《中国破产法原理与适用》，法律出版社2017年版，第114页。

要注明其共同申报系同一笔债权。①

齐明指出,只要是连带债权,无论是一个债权人代表该笔债权的所有债权人申报,还是全体连带债权人共同申报债权,在管理人、债权人委员会和法院的债权审查中,都只视为一笔具有确定金额和种类的债权,也只能享有单一的表决权。② 这也就是说,连带债权在破产程序中的申报方式,对于连带债权在破产程序中的实现本身及实现程度,并没有实质性的影响。

【裁判要旨】
案例
江西省赣东北建设集团有限公司与许俊华、叶修行建设工程施工合同纠纷案

法院:江西省高级人民法院
案号:(2015)赣民一终字第307号
事实:上诉人江西省赣东北建设集团有限公司(以下简称赣东北公司)因与被上诉人许俊华、原审第三人叶修行建设工程施工合同纠纷一案,不服江西省抚州市中级人民法院(2014)抚民一初字第26号民事判决,向江西省高级人民法院提起上诉。

2013年1月23日,赣东北公司出具法人授权委托书给江西诺曼特织造有限公司(以下简称诺曼特公司),授权委托叶修行到诺曼特公司办理工程的投标、开标、合同谈判、工程计价、结算等。同日,诺曼特公司与赣东北公司签订一份《建设工程施工合同》,约定由赣东北公司承建诺曼特公司厂房建设项目。之后,赣东北公司成立江西赣东北集团有限公司江西诺曼特织造工程项目部,委派叶修行为工程项目部负责人。

同年3月1日,许俊华与赣东北公司签订《江西诺曼特织造有限公司生产厂房、仓库等建筑工程施工合同补充协议书》,约定赣东北公司将其与诺曼特公司于2013年1月23日签订的建设工程施工合同中部分工程项目发包给许俊华施工,许俊华向赣东北公司缴纳履约保证金600万元。许俊华、叶修行在合同上签名,叶修行还加盖江西赣东北建设集团有限公司诺曼特织造公司工程项目部公章,业主诺曼特公司参与补充协议的签订,也在合同上加盖公章。合同签订后,许俊华按照叶修行的要求,先后三次将共计600万元履约保证金汇入诺曼特公司账户。

之后,许俊华组织人员进场施工。由于诺曼特公司没有根据合同及协议支付工程进度款,赣东北公司未按合同履行义务,许俊华向法院提起诉讼。2013年11月5日,诺曼特公司与许俊华达成《工程调解验收决算确认书》,双方协商一致确认已完成工程总造价800万元。许俊华、陈自强在确认书签名,并加盖诺曼特公司公章。

2015年1月4日,诺曼特公司向江西省余干县人民法院申请破产清算。同年8月24日,余干县人民法院裁定认可诺曼特公司第三次债权人会议通过的《江西诺曼特织造有限公司破产财产分配方案》。根据分配方案,许俊华申报的工程款债权510万元全额受偿,许俊华自称代赣东北公司申报的履约保证金600万元,受偿比例为26.3479%,受偿金额为1580875元。

原审法院认为,本案中许俊华所替代申报的债权已在破产清算中受偿了履约保证金1580875元,故其诉请赣东北公司返还履约保证金4419126元,应予支持。原审法院判决赣东北公司返还许俊华履约保证金4419126元。上述给付款项限本判决生效之日起10日内一次性付清。案件受理费42153元、财产保全费5000元,共计47153元,由赣东北公司负担。

赣东北公司不服,提出上诉。

其中对履约保证金,许俊华答辩称,其根据《企业破产法》第50条的规定,一开始就要求和赣东北公司共同向破产管理人申报债权,遭到其拒绝。许俊华为减少承包人和实际施工人的损失,只能单独申报,并保留要求赣东北公司返还履约保证金(破产清偿不足部分)的权利。

裁判要旨:连带债权人拒绝共同申报债权,并不能免除其保证责任。补充协议无效,履约保证金应返还。履约保证金已经破产程序部分清偿后,连带债权人仍应按补充协议约定,对未清偿部分履约保证金承担返还的民事责任。

裁判理由:江西省高级人民法院认为,本案二审争议的焦点之一,即赣东北公司是否应承担返还保证金的责任。

关于赣东北公司是否应当承担返还剩余履约保证金的问题。对此,江西省高级人民法院认为,赣东北公司是否承担责任在于叶修行与许俊华签订补充协议的行为能否约束赣东北公司。本案中,叶修行受赣东北公司的委托参与诺曼特公司厂房建设项目工程的投标、开标、合同谈判、工程计价、结算、汇款等事务,并作为赣东北公司的委托代表与诺曼特公司签订施工合同,该合同加盖

---
① 参见齐明:《中国破产法原理与适用》,法律出版社2017年版,第114页。
② 参见齐明:《中国破产法原理与适用》,法律出版社2017年版,第114页。

了赣东北公司的公章。之后,赣东北公司并未转账交纳履约保证金给诺曼特公司。叶修行作为赣东北公司在诺曼特公司工程项目的负责人,与许俊华签订补充协议,将赣东北公司承包的部分工程分包给许俊华承建,约定按工程总造价的8%上交给赣东北公司管理费及600万元履约保证金。该协议加盖了江西赣东北建设集团有限公司诺曼特织造公司工程项目部公章,而分包行为得到诺曼特公司的同意,诺曼特公司在补充协议签字盖章。同时,叶修行也向许俊华提交了赣东北公司五大员证书的复印件。补充协议签订后,许俊华根据协议的约定及叶修行的要求将履约保证金转账支付给诺曼特公司,且在转账凭证上注明代赣东北公司交纳,叶修行以项目部名义出具了收条。赣东北公司明知许俊华在实际施工,却未向诺曼特公司及许俊华提出异议,可见,赣东北公司知晓并默认了叶修行将部分工程分包给许俊华。赣东北公司认为补充协议所加盖的江西赣东北建设集团有限公司诺曼特织造公司工程项目部公章是叶修行私刻的,并非其公司备案的项目部公章,但是并无法律规定项目部印章必须向公安机关登记备案,其所主张的公章也未在施工中使用过,作为签订合同一方许俊华不可能审查项目部印章的真伪,何况叶修行的分包行为得到业主诺曼特公司的认可,因此,许俊华有理由相信叶修行的行为代表赣东北公司。此外,赣东北公司向诺曼特公司出具的授权委托书只是约束叶修行与业主诺曼特公司之间的民事行为,而实际施工人许俊华并不知晓该授权委托书,不能以此来认定许俊华知晓叶修行无权代理赣东北公司签订分包合同。同时,赣东北公司无证据证明许俊华与叶修行存在串通损害赣东北公司之恶意。故可认定赣东北公司系补充协议的相对人,其应承担相应的民事责任。因许俊华无相关资质,补充协议无效,但许俊华经叶修行同意后将600万元履约保证金交付给诺曼特公司,冲抵赣东北公司应给付诺曼特公司的部分履约保证金,且叶修行向许俊华出具收条,并加盖项目部印章,故许俊华按约定向赣东北公司交纳的履约保证金,因补充协议无效,赣东北公司应将其返还给许俊华。许俊华所交纳的履约保证金已经破产程序清偿1580875元,尚有4419126元未清偿,故赣东北公司仍应按补充协议约定,对未清偿的4419126元履约保证金承担返还的民事责任。

关于本案债权债务是否清结的问题。诺曼特公司破产后,作为实际施工人的许俊华为了维护自己的权利,向清算组申报工程款及履约保证金,许俊华申报的履约保证金清偿了1580875元,剩余的保证金尚未清偿,但这不表示其与赣东北公司的债权债务关系已经清结,其仍可以依据其与赣东北公司的补充协议主张,赣东北公司不申报保证金并不意味返还履约保证金的责任的免除,故其主张本案所涉的债权债务在破产程序中已清结完毕的上诉理由不成立,不予支持。

综上,原审法院认定事实清楚,适用法律正确,程序合法,赣东北公司的上诉请求不成立。江西省高级人民法院于2016年3月14日作出判决:驳回上诉,维持原判。

第五十一条 债务人的保证人或者其他连带债务人已经代替债务人清偿债务的,以其对债务人的求偿权申报债权。

债务人的保证人或者其他连带债务人尚未代替债务人清偿债务的,以其对债务人的将来求偿权申报债权。但是,债权人已经向管理人申报全部债权的除外。

【立法沿革】

《破产法》(1995年草案)

第四十四条 债务人的保证人或者其他连带债务人,可以就其承担连带清偿义务而享有的追偿权,向人民法院申报债权。

《企业破产与重整法》(2000年6月草案)

第四十二条 债务人的保证人或者其他连带债务人,应当就其承担连带清偿义务而享有的追偿权,向人民法院申报债权。

《企业破产与重整法》(2000年12月草案)

第四十二条 债务人的保证人或者其他连带债务人,以其承担连带清偿义务而享有的追偿权,申报债权。

《企业破产与重整法》(2001年1月草案)

第四十三条 债务人的保证人或者其他连带债务人,以其承担连带清偿义务而享有的追偿权,申报债权。

第七十五条 连带债务人一人或者数人受破产宣告的,其他连带债务人已经代替破产人清偿债务的,可以其求偿权作为破产债权行使权利。

连带债务人一人或者数人受破产宣告的,其他连带债务人可以以其代替破产人清偿债务的将来求偿权,作为破产债权行使权利。但是,债权人已就其债权全额行使权利的,不在此限。

第七十六条 本法第七十五条的规定准用于破产人的保证人。

《企业破产法》(2004年3月草案A版)

第五十条 债务人的保证人或者其他连带债务人,以其承担连带清偿义务而享有的追偿权申报债权。

《企业破产法》(2004年3月草案B版)

第五十一条 债务人的担保人或者其他连带债务人,以其对债务人的求偿权申报债权。

《企业破产法》(2004年6月草案)

第五十条 债务人的担保人或者债务人的其他连带债务人,以其对债务人的求偿权申报债权。

《企业破产法》(2004年10月草案)

第五十条 债务人的担保人或者债务人的其他连带债务人,以其对债务人的求偿权申报债权。

【条文释义】

本条规定的是保证人或连带债务人在代替债务人清偿债务后的债权申报问题。

本条共分2款。分款评注如下:

第1款:"债务人的保证人或者其他连带债务人已经代替债务人清偿债务的,以其对债务人的求偿权申报债权。"

齐明指出,本款技术性地处理了债务人的保证人或其他连带债务人的代位求偿问题;在债务人破产的情形下,保证人或连带债务人在破产程序中申报债权,其债权正常情况下必然遭受损失,该损失应当被认定为保证人或连带债务人为他人提供担保而承受的商业风险,亦应视为保证人存在的意义。[1]

第2款:"债务人的保证人或者其他连带债务人尚未代替债务人清偿债务的,以其对债务人的将来求偿权申报债权。但是,债权人已经向管理人申报全部债权的除外。"

本款规定的是债务人的保证人或者其他连带债务人尚未替债务人清偿债务时,以其对债务人的将来求偿权申报债权。按照齐明的解读,如果债务人进入破产程序,债务人的保证人或者其他连带债务人并未代替债务人偿还债务,而债权人亦未在破产程序中申报债权,此时如果放任破产程序进行且债务人的保证人或者其他连带债务人不就将来的求偿权申报债权,那么破产程序中期分配后,债务人财产将越来越少甚至分配殆尽,客观上会导致债务人的保证人或者其他连带债务人丧失追偿权;而这种情况下,即便债务人破产,债权人依旧可以向债务人的保证人或者其他连带债务人追偿债权,由此使得债务人的保证人或者其他连带债务人成为最被动的一方。本款规定赋予债务人的保证人或者其他连带债务人就将来求偿权申报债权的权利,可以确保即便债权人怠于在破产程序中申报债权,亦不会导致债务人的保证人或者其他连带债务人绝对受损。[2]

本款又可细分为2层含义:

第1层:"债务人的保证人或者其他连带债务人尚未代替债务人清偿债务的,以其对债务人的将来求偿权申报债权。"

本款的立法旨趣已如上述。按照齐明的观点,本款在实践中可能会面临如下两种困境:第一,如果债权人怠于在破产程序中申报债权,也未向债务人、债务人的保证人或者其他连带债务人主张权利,或者债权人向债务人的保证人或其他连带债务人主张权利时后者拒绝承担保证责任,都会导致债务人的保证人或者其他连带债务人在事实上不当得利;第二,债权人是否在破产程序中申报债权,与债务人的保证人或者其他连带债务人就将来求偿权在破产程序中申报债权,既难以在时间上确定,也难以平衡——此时,如果同时申报,只能留债权人在破产程序中申报债权,将其权利人变更成为债权人;第三,保证人或连带债务人的将来求偿权,不一定等于主债务人金额,但保证人的保证责任并未因破产程序而受影响,其承担违约金、损害赔偿金和债权人实际实现债权的费用等,难以预料,亦难以举证,很难在债权申报中提供充分的证据来证明全部追偿权涉及的债权额。[3]

第2层:"但是,债权人已经向管理人申报全部债权的除外。"

按照齐明的解读,这个但书条款,有两层含义:第一,债权人未向管理人申报全部债权,是债务人的保证人或者其他连带债务人在尚未代替债务人清偿债务时以其对债务人的将来求偿权申报债权的前提条件;第二,但书文本已排除债权人"已经向管理人申报全部债权"后再允许债务人的保证人或者其他连带债务人在尚未代替债务人清偿债务时,以其对债务人的将来求偿权申报债权的可能性;但在实践中,可能会出现债权人向管理人申报债权之后,继续就其未清偿部分向债务人的保证人或者其他连带债务人追偿,这种情况下如果禁止债务人的保证人或者其他连带债务人

---

[1] 参见齐明:《中国破产法原理与适用》,法律出版社2017年版,第115页。
[2] 参见齐明:《中国破产法原理与适用》,法律出版社2017年版,第115页。
[3] 参见齐明:《中国破产法原理与适用》,法律出版社2017年版,第115—116页。

就其将来求偿权申报债权,势必会使其追偿权落空。①

与但书条款相关的另一个问题在于,如果债权人向管理人申报债权且获得部分清偿后,那么债务人是否依旧负有向保证人或连带债务人履行债务人的义务?齐明认为,如果债权人管理人申报债权且获得部分清偿后,允许保证人或连带债务人就其补充承担的债务行使追偿权并申报债务,意味着债务人对同一笔财产做了两次清偿,这既会增大债务人的负担,对其他债权人来说也不公平;因此,《企业破产法》确定要么债权人申报、要么债务人的保证人或者其他连带债务人申报的思路。②

【关联法律法规及司法政策】

《民法典》(2020)

第三百九十一条　第三人提供担保,未经其书面同意,债权人允许债务人转移全部或者部分债务的,担保人不再承担相应的担保责任。

第三百九十二条　被担保的债权既有物的担保又有人的担保的,债务人不履行到期债务或者发生当事人约定的实现担保物权的情形,债权人应当按照约定实现债权;没有约定或者约定不明确,债务人自己提供物的担保的,债权人应当先就该物的担保实现债权;第三人提供物的担保的,债权人可以就物的担保实现债权,也可以请求保证人承担保证责任。提供担保的第三人承担担保责任后,有权向债务人追偿。

第六百八十七条　当事人在保证合同中约定,债务人不能履行债务时,由保证人承担保证责任的,为一般保证。

一般保证的保证人在主合同纠纷未经审判或者仲裁,并就债务人财产依法强制执行仍不能履行债务前,有权拒绝向债权人承担保证责任,但是有下列情形之一的除外:

(一)债务人下落不明,且无财产可供执行;

(二)人民法院已经受理债务人破产案件;

(三)债权人有证据证明债务人的财产不足以履行全部债务或者丧失履行债务能力;

(四)保证人书面表示放弃本款规定的权利。

第六百八十八条　当事人在保证合同中约定保证人和债务人对债务承担连带责任的,为连带责任保证。

连带责任保证的债务人不履行到期债务或者发生当事人约定的情形时,债权人可以请求债务人履行债务,也可以请求保证人在其保证范围内承担保证责任。

《最高人民法院关于适用〈中华人民共和国企业破产法〉若干问题的规定(三)》(2020)

第四条　保证人被裁定进入破产程序的,债权人有权申报其对保证人的保证债权。

主债务未到期的,保证债权在保证人破产申请受理时视为到期。一般保证的保证人主张行使先诉抗辩权的,人民法院不予支持,但债权人在一般保证人破产程序中的分配额应予提存,待一般保证人应承担的保证责任确定后再按照破产清偿比例予以分配。

保证人被确定应当承担保证责任的,保证人的管理人可以就保证人实际承担的清偿额向主债务人或其他债务人行使求偿权。

第五条　债务人、保证人均被裁定进入破产程序的,债权人有权向债务人、保证人分别申报债权。

债权人向债务人、保证人均申报全部债权的,从一方破产程序中获得清偿后,其对另一方的债权额不作调整,但债权人的受偿额不得超出其债权总额。保证人履行保证责任后不再享有求偿权。

最高人民法院《破产审判工作会议纪要》(2018)

31.保证人的清偿责任和求偿权的限制。破产程序终结前,已向债权人承担了保证责任的保证人,可以要求债务人向其转付已申报债权的债权人在破产程序中应得清偿部分。破产程序终结后,债权人就破产程序中未受清偿部分要求保证人承担保证责任的,应在破产程序终结后六个月内提出。保证人承担保证责任后,不得再向和解或重整后的债务人行使求偿权。

【裁判要旨】

案例1

宁夏荣恒房地产集团有限责任公司与中国信达资产管理股份有限公司宁夏回族自治区分公司保证合同纠纷案

法院:最高人民法院

案号:(2013)民二终字第117号

事实:上诉人宁夏荣恒房地产集团有限责任公司(以下简称荣恒公司)因与被上诉人中国信达资产管理股份有限公司宁夏回族自治区分公司

---

① 参见齐明:《中国破产法原理与适用》,法律出版社2017年版,第116页。
② 参见齐明:《中国破产法原理与适用》,法律出版社2017年版,第116—117页。

(以下简称信达宁夏分公司)保证合同纠纷一案,不服宁夏回族自治区高级人民法院(2012)宁民商初字第 15 号民事判决,向最高人民法院提起上诉。

1995 年 9 月 13 日,宁夏建筑机械厂与中国建设银行银川市分行新市区办事处签订 95078 号《借款合同》,借款金额 30 万元。同日,建行新市区办事处与宁夏城乡房地产开发公司(以下简称城乡房地产公司)签订《保证合同》,约定城乡房地产公司对借款本金 30 万元及利息和有关费用承担连带清偿责任。1996 年 11 月 22 日,宁夏建筑机械厂与中国建设银行宁夏回族自治区分行签订 96036 号《借款合同》,借款金额 280 万元。同日建行区分行与城乡房地产公司签订《保证合同》,为 96036 号借款合同项下 280 万元借款提供连带责任保证。

后宁夏建筑机械厂与建行新市区办事处签订《抵押协议》一份,宁夏建筑机械厂以部分房产为 1995 年 9 月 13 日签订的 30 万元的《借款合同》设定抵押,信达宁夏分公司、荣恒公司庭审时均认可未办理登记。签订借款合同当日,银行将两笔借款打入宁夏建筑机械厂的账户。

1999 年 12 月 29 日,建行新市区支行将其对宁夏建筑机械厂共计六笔债权转让给中国信达资产管理公司银川业务部,其中包括案争议的 95078 号《借款合同》及 96036 号《借款合同》项下借款及利息的债权。后中国信达资产管理公司西安办事处银川资产管理部的全部业务及相应权利义务由中国信达资产管理股份有限公司宁夏回族自治区分公司承继。原宁夏城乡房地产公司改制为宁夏城乡房地产有限责任公司,2002 年 6 月 19 日名称变更为荣恒公司。

截至 2008 年 12 月 17 日(破产申请受理日),荣恒公司为宁夏建筑机械厂提供担保的借款本金 310 万元及其利息 9534211.54 元,宁夏建筑机械厂未予清偿。

2008 年 12 月 17 日,宁夏建筑机械厂被银川市中级人民法院裁定受理破产,信达宁夏分公司在宁夏建筑机械厂的破产程序中申报了债权,该破产程序尚未终结。信达宁夏分公司承诺,如果该案判令荣恒公司承担保证责任并实际偿付,信达宁夏分公司在宁夏建筑机械厂作为债权人的受偿权可以转让给荣恒公司。

2012 年 9 月 19 日,信达宁夏分公司向宁夏回族自治区高级人民法院提起诉讼。请求判令:(1)荣恒公司偿还为宁夏建筑机械厂提供连带担保的借款本金 854 万元及其利息 2068.84818 万元(截至债权申报日 2009 年 3 月 20 日),两项合计 2922.84818 万元;(2)支付从起诉之日起至担保借款本金偿清之日止的利息;(3)由荣恒公司承担该案的诉讼费及保全费。

宁夏回族自治区高级人民法院一审判决:(1)荣恒公司偿还信达宁夏分公司借款本金 310 万元,利息 9534211.54 元,本息合计 12634211.54 元;(2)荣恒公司履行清偿义务后,取得信达宁夏分公司在宁夏建筑机械厂破产案中作为债权人的受偿权。

荣恒公司不服宁夏回族自治区高级人民法院的上述民事判决,向最高人民法院提起上诉。

裁判要旨:根据国务院在政策性关闭破产案件中金融债权的处置相关文件的规定,银行或资产管理公司的金融债权可以依据政策层报核销,核销后金融机构的债权归于消灭。但是主债务消灭后,根据相关规定,金融机构依旧可以继续追索债务,并不代表从债务消灭,担保人免责。

裁判理由:最高人民法院归纳,本案二审争议焦点为:(1)本案应否中止审理;(2)担保人荣恒公司应否免除担保责任。

关于荣恒公司应否免除担保责任。荣恒公司上诉针对一审法院判决其案涉 95078 号合同项下 30 万元及 96036 号合同项下 280 万元借款本金及利息承担担保责任不服的主要理由是,认为一审法院适用法律错误,包括对担保法有关司法解释、《企业破产法》以及案涉主债务人因列入国家政策性关闭破产并已进入破产程序情况下,应遵循国务院有关特殊政策,特别是对进入关闭破产的企业相关金融机构债权已因财政核销导致债权消灭,因此荣恒公司担保从债务亦应消灭。

对此,最高人民法院认为,涉及两个层次问题,一是有关担保法律的适用,二是有关国家政策性关闭破产企业涉及的金融债权如何处理以及相关国家政策的理解与适用。

1. 关于案涉两笔借款的担保法律的适用问题

案涉 280 万元担保责任的诉讼时效及《担保法》适用问题,当事人之间没有异议,上诉人荣恒公司亦未对此问题提出上诉,本院不再评判。

案涉 95078 号借款金额 30 万元借款合同签订于 1995 年 9 月 30 日,应当适用《担保法》实施以前的法律和司法解释,即法发〔1994〕8 号最高人民法院《关于审理经济合同纠纷案件有关保证的若干问题的规定》……故此,该合同项下 30 万元的保证责任因保证期间已过而免除……一审判决荣恒公司承担该 30 万元借款合同项下保证责任不当,应予纠正。

2. 关于一审法院是否违背前置程序及错误适用法律问题

第五十一条

关于一审是否适用法律错误,上诉人主要提出两点理由。一是适用《企业破产法》错误,二是违反国家政策。最高人民法院认为,一审适用《企业破产法》第20条规定并无不当。该条第1款规定"人民法院受理破产申请后,已经开始而尚未终结的有关债务人的民事诉讼或者仲裁应当中止",但第2款同时规定"在管理人接管债务人的财产后,该诉讼或者仲裁继续进行"。举重以明轻,此条仅针对破产债务人或以破产债务人及担保人一并提起的诉讼,在破产程序开始后应当中止,但"在管理人接管债务人的财产后,该诉讼或者仲裁继续进行",说明法律并未禁止在破产程序中或破产程序终结前向连带保证人单独提起的诉讼。最高人民法院《关于适用〈中华人民共和国担保法〉若干问题的解释》第44条规定,保证期间,人民法院受理债务人破产案件的,债权人既可以向人民法院申报债权,也可以向保证人主张权利。债权人申报债权后在破产程序中未受清偿的部分,保证人仍应当承担保证责任。债权人要求保证人承担保证责任的,应当在破产程序终结后6个月内提出。根据《企业破产法》第124条规定,"破产人的保证人和其他连带债务人,在破产程序终结后,对债权人依照破产清算程序未受清偿的债权,依法继续承担清偿责任"。上述司法解释及法律规定的目的是防止债权人获得双重清偿。本案一审根据债权人承诺若获担保人清偿,则将破产债权的受偿权转让给担保人,进而判决荣恒公司在履行清偿义务后取得债权人在破产案件中的受偿权。该表述虽欠当,但根据《企业破产法》第51条规定的"债务人的保证人或者其他连带债务人已经代替债务人清偿债务的,以其对债务人的求偿权申报债权"之法理,在平等保护破产债权人及担保人的合法权利上,体现立法目的的一致性。故在本案中,担保人通过承担担保责任后,在承担责任范围内,依法向审理破产案件的法院及破产管理人申报债权,从而获得权利救济。不失为各方当事人摆脱诉累,尽快实现有关权利,减少不当损失的最佳途径。

关于一审法院是否违背国务院有关国有企业政策性关闭破产政策问题。国办发〔2006〕3号《国务院办公厅转发全国企业兼并破产和职工再就业工作领导小组关于进一步做好国有企业政策性关闭破产工作意见的通知》规定:"对列入总体规划拟实施关闭破产的企业,有关金融机构不得在企业关闭破产方案实施前转让或出售已确认的债权(国有金融机构之间经国家批准的债权转让除外),也不得加紧追讨债权及担保责任。"上诉人认为一审法院审理本案有违上述国务院文件精神。本院认为,根据原审法院认定的事实,本案所涉债权转让发生在1999年12月29日,系中国建设银行与中国信达资产管理公司的债权转让行为。而案涉政策性关闭破产企业的破产申请的批准发生于2008年11月16日,本案债权人于2012年9月19日以担保人荣恒公司为被告,向宁夏回族自治区高级人民法院提起诉讼。据此,本案债权转让不属于上述文件规定范围,亦不存在"加紧追讨债权及担保责任"的情形。荣恒公司关于一审法院违反国务院有关政策的上诉理由没有依据,本院不予支持。

关于担保人荣恒公司提出的在政策性关闭破产案件中金融债权的核销问题。荣恒公司认为,根据国务院在政策性关闭破产案件中金融债权的处置相关文件的规定,银行或资产管理公司的金融债权可以依据政策层报核销,核销后金融机构的债权归于消灭,则从债务消灭,担保人免责。本案主要涉及以下两个相关政策性文件,即国发〔1994〕59号《国务院关于在若干城市实行国有企业破产有关问题的通知》、财政部财金〔2005〕50号《金融企业呆账核销管理办法》。国发〔1994〕59号文件规定"一个企业为另一个企业提供担保的,被担保企业破产后,担保企业应当按照担保合同承担担保责任。但是,偿债期限可以由担保企业与被担保企业的债权人协商确定"。财政部财金〔2005〕50号文件第23条规定"金融企业对已核销的呆账继续保留追索的权利,并对已核销的呆账、贷款表外应收利息以及核销后应计利息继续催收"。根据上述两个文件精神,担保人关于免除280万元及利息担保责任的理由不能成立,依法应予驳回。

综上,本案所涉两份借款合同除95078号合同项下30万及利息的担保责任因保证期限已过应予免除外,96036号合同项下280万元及利息的担保责任应由荣恒公司承担。上诉人荣恒公司部分上诉理由成立。

基于此,最高人民法院于2013年12月17日子作出判决:(1)撤销宁夏回族自治区高级人民法院(2012)宁民商初字第15号民事判决;(2)荣恒公司于本判决生效后10日内偿还信达宁夏分公司借款本金280万元及利息8708413.79元,本息合计11508413.79元;(3)荣恒公司履行清偿义务后,可以依法向受理宁夏建筑机械厂破产的法院在清偿责任范围内申报债权。

案例2
骊盟公司与徐文鸿、新吉鸿公司保证合同纠纷案

法院：四川省高级人民法院

案号：(2015)川民终字第896号

事实：上诉人四川骊盟贸易有限公司(以下简称骊盟公司)、徐文鸿因保证合同纠纷一案，不服四川省眉山市中级人民法院(2014)川眉民初字第253号民事判决，向四川省高级人民法院提起上诉。

2012年7月17日，骊盟公司、新吉鸿公司、徐文鸿签订《预付款买卖合同》，就骊盟公司与新吉鸿公司开展卫生纸等纸产品贸易合作事宜达成协议，主要内容有：(1)由骊盟公司向新吉鸿公司支付1000万元作为预付货款；(2)担保条款为徐文鸿将其持有的新吉鸿公司20%股权质押给骊盟公司，各方另行签订《股权质押合同》；(3)若双方未达成长期合作(即骊盟公司购买新吉鸿公司股东股权、开展纸产品贸易)，则新吉鸿公司在合同签订之日起1年后5个工作日内退还，并解除徐文鸿的股权质押；(4)若双方达成长期合作意向，该1000万元预付款转为合作款，骊盟公司与新吉鸿公司另行协商并签订合同；(5)若新吉鸿公司违反合同3.4条(关于保证骊盟公司每月因新吉鸿公司供应量的不同获取不同的利润价差)和5.1条(关于未达成长期合作关系后退还1000万元预付款)的约定，新吉鸿公司应向骊盟公司每日支付相当于应付款3‰的违约金，直至新吉鸿公司付清款项，但每月违约金不超过30万元；(6)合同期限为1年，自三方签字盖章后成立，自徐文鸿将其所持有的20%新吉鸿公司股权质押给骊盟公司后生效。该份《预付款买卖合同》首部和尾部均载明：购买方为骊盟公司、供货方为新吉鸿公司、保证人为徐文鸿，两家公司和徐文鸿均在各自对应处签字盖章。

同日，三方签订《股权质押合同》，载明：徐文鸿自愿以其在新吉鸿公司20%的股权为骊盟公司提供质押担保。2012年7月18日，彭山县工商行政管理局为徐文鸿、骊盟公司办理了股权出质登记。

骊盟公司于2012年7月25日通过转账的方式将1000万元转至新吉鸿公司账上。骊盟公司分别于2012年8月28日、10月10日、11月5日、12月6日向新吉鸿公司出具四份收据，分别载明为"2012年7月26日至8月25日的合作利润款320637.13元""2012年8月26日至9月30日的合作利润款362449.65元""2012年10月1日至10月31日的合作利润款307335.06元""2012年11月1日至11月30日的合作利润款30万元"，以上四笔款项合计1290421.84元。各方对该129万余元款项的性质陈述不一，骊盟公司认为系根据《预付款买卖合同》第3条所获得合作贸易利润款，新吉鸿公司认为双方之间并未发生真实的纸产品交易业务，此款系偿还1000万元预付款的部分款项。

2013年10月16日，新吉鸿公司向四川省彭山县人民法院申请破产清算，该院裁定受理并于2013年12月25日裁定宣告新吉鸿公司破产。骊盟公司于2013年10月23日向新吉鸿公司申报债权，其在《债权申报书》上载明："申报债权本金1000万元，截至2013年9月23日的利息10.2万元，上述债权有徐文鸿所持有的新吉鸿公司20%的股权(对应出资金额为2478万元)作为质押。"新吉鸿公司管理人在债权表上确认，债权人骊盟公司对债务人新吉鸿公司享有1010.2万元的普通债权。

2014年11月19日，骊盟公司向原审法院提起本案诉讼，请求判令徐文鸿偿还预付款1000万元及违约金、实现债权的全部费用。

原审法院审理后认为，骊盟公司与新吉鸿公司之间并未按照合同约定发生真实的纸产品交易，双方之间实质上形成了名为买卖实为借贷的法律关系。虽然人民法院已受理新吉鸿公司破产案件，但骊盟公司在保证期间内既可以向人民法院申报债权，也可以向保证人主张权利，故徐文鸿和新吉鸿公司的该抗辩理由不能成立。徐文鸿承担保证责任后，在其承担责任的范围内，可依法向审理破产案件的法院及破产管理人申报债权，从而获得权利救济。

综上，原审法院判决：(1)徐文鸿在判决生效之日起15日内向骊盟公司归还借款本金8709578.16元及违约金，违约金计算方法为以8709578.16元为基数从2013年7月25日始计算至2013年10月16日止，以中国人民银行一年期贷款利率的1.3倍为标准进行计算。若未按判决确定的给付之日给付本金，上述违约金计算至本金付清之日止；(2)徐文鸿在履行上述清偿义务后，可依法向受理新吉鸿公司破产案件的法院在其清偿责任范围内申报债权；(3)驳回骊盟公司的其他诉讼请求。本案第一审案件受理费89000元，诉讼保全费5000元，合计94000元，由徐文鸿负担。

宣判后，骊盟公司和徐文鸿均不服，向四川省高级人民法院提起上诉。

裁判要旨：在债务人未按合同约定履行还款义务的情况下，保证人应积极履行保证义务，否则有违诚信原则。我国法律并未禁止债权人在债务人的破产程序终结前向连带保证人主张权利。连带责任保证人承担的偿还责任不应超过主债务人的责任范围,其所承担的逾期违约金也应计算至法院受理债务人企业破产时止。

裁判理由:四川省高级人民法院认定,骊盟公司主张本案合同为纸品买卖合同,上诉称其与新吉鸿公司之间为纸产品买卖关系,仅举出四张收取对方款项的收据,并无实际发生纸产品买卖的相关证据。从本案合同约定的内容看,骊盟公司作为纸产品买受人,应当由其向出售纸产品的新吉鸿公司付款,或从预付货款中扣减,而非新吉鸿公司向其付款。因此,骊盟公司的收款行为与其主张的买卖关系不符,其提供的现有证据亦无法证明双方实际发生过纸品买卖交易行为。相反,现有证据证明骊盟公司提供资金给新吉鸿公司使用,并通过利润差价的形式收取一定资金使用费,本案合同性质更符合企业间资金拆借的法律特征。故原判认定双方签订的《预付款买卖合同》名为买卖,实为借贷的法律关系更符合本案的实际情况。原判对骊盟公司与新吉鸿公司之间的法律关系定性准确,骊盟公司上诉称其与新吉鸿公司之间系纸产品买卖关系,因缺乏证据证明,依法不予支持。

骊盟公司与新吉鸿公司之间的借贷行为,为企业间的临时性资金拆借行为,而骊盟公司并非以资金融通为常业或放贷收益作为企业的主要收益来源。因此,两者之间借贷行为并不违反国家法律及国家金融管制的强制性规定,应属有效法律行为。在双方签订的《预付款买卖合同》中明确约定,骊盟公司将1000万元资金提供给新吉鸿公司使用,新吉鸿公司承诺定期向骊盟公司支付利润差价款,最低每月必须支付30万元,该事实表明新吉鸿公司使用骊盟公司的资金,需向对方支付资金占用费即利息,双方约定以浮动的方式计付资金利息,且有保底条款。另从双方当事人实际履行的情况看,新吉鸿公司已向骊盟公司支付部分利润差价款,共计1290421.84元,该款项性质应是新吉鸿公司按合同约定向对方支付的资金占用费。现新吉鸿公司称该款是偿还对方借款本金,既与合同约定的内容不符,也与骊盟公司向其出具的收据中载明的款项性质不符,故其辩称理由缺乏事实根据,不应得到支持。原判对该部分事实的认定不够准确,本院依法应予纠正。新吉鸿公司向骊盟公司支付的129万余元应认定为资金占用利息。参照最高人民法院《关于审理民间借贷案件适用法律若干问题的规定》第25条第2款规定,以及该规定的第26条规定,新吉鸿公司从2012年7月25日收到借款之日起,至2013年10月23日向新吉鸿公司管理人申请债权之日止,骊盟公司仅收取新吉鸿公司支付利润差价款129万余元,骊盟公司收取的利息并未超出法律准许的金额,不应从本金中扣减。因此,骊盟公司关于本案债务本金为1000万元的上诉主张更加符合双方合同约定的真实意思和合同履行的情况,骊盟公司的该部分上诉主张应予支持。

徐文鸿以其持有的新吉鸿公司20%的股权对本案债务提供质押担保的意思表示明确,各方当事人均无异议,四川省高级人民法院依法予以确认。双方现只就徐文鸿在本案《预付款买卖合同》中的保证人处签字确认的行为,仅是以股权质押担保作出承诺,还是除股权质押担保外,同时还以保证人的身份为新吉鸿公司向骊盟公司借款提供保证发生争议。案涉合同中虽然没有保证条款,但徐文鸿是在"保证人"处签字确认的。最高人民法院《关于适用〈中华人民共和国担保法〉若干问题的解释》第22条第2款明确规定主合同没有保证条款,但保证人在主合同上以保证人的身份签字确认的,双方的保证关系成立。据此,徐文鸿在保证人处签字确认的行为证明其自愿对本案债务提供保证。现徐文鸿以本案《预付款买卖合同》中没有明确保证条款和骊盟公司向新吉鸿公司申请债权时未提及徐文鸿为本案借款保证人的事宜,否认其保证人的身份理由并不充分。也不能因双方未在合同中明确保证条款,以及骊盟公司在向受理破产案件的人民法院申报债权时未提及保证事宜来否认徐文鸿保证人的身份。原审判决认定徐文鸿既为本案借款提供股权质押,又作为保证人提供保证的理由充分,本院依法予以确认。因各方当事人未在合同中就保证人徐文鸿的保证方式作出明确约定,根据《担保法》第19条的规定,徐文鸿应按连带责任承担保证责任。徐文鸿上诉否认其保证人身份的依据不足,本院不予支持。

徐文鸿作为本案借款的保证人在债务人未按合同约定履行还款义务的情况下,保证人本应积极履行保证义务,但徐文鸿并未履行其应承担的保证义务,有违诚信原则。我国法律并未禁止债权人在债务人的破产程序终结前向连带保证人主张权利。相反,最高人民法院《关于适用〈中华人民共和国担保法〉若干问题的解释》第20条第1款明确规定,连带保证的债务人未履行债务的,债权人可以要求债务人履行债务,也可以要求保证人承担保证责任。根据该条文的精神,债权人是既可向债务人主张权利,也可以向提供连带保证责任的保证人主张权利的。该解释第44条第1款同时规定,在保证期间内,人民法院受理债务人破产案件的,债权人既可向人民法院申报债权,也可向保证人主张权利。以上规定均明确在债务实现问题上，债权人既可向债务人主张权利，也可向保证人要求承担保证责任。在新吉鸿公司申请破产后，骊盟公司一方面向受理新吉鸿公司破产案件的人民法院申报债权，另一方面向提供连带保证的保证人主张权利符合我国相关法律的规定。债权人积极申报债权系对自己权利的有效保护，并不能成为保证人怠于履行保证责任的借口和理由，更不能阻却债权人向保证人行使权利的正常进程。因此，徐文鸿上诉称骊盟公司向受理破产案件的人民法院申报债权后就不能要求其承担保证责任，缺乏根据，且与相关法律规定相悖。徐文鸿的该部分上诉理由亦不成立，其上诉请求不应得到支持。根据我国《担保法》第31条有关"保证人承担保证责任后，有权向债务人追偿"的规定以及我国《企业破产法》第51条第2款"债务人的保证人或者其他连带债务人尚未代替债务人清偿债务的，以其对债务人的将来求偿权申报债权。但是，债权人已经向管理人申报全部债权的除外"的规定，若徐文鸿承担保证责任先行对本案债务作出清偿，则骊盟公司已从徐文鸿处受偿部分的申报债权应转由徐文鸿行使，徐文鸿有权在其已承担保证责任的范围内依法向新吉鸿公司进行追偿。故徐文鸿上诉称其无法实现追偿权的理由亦不成立。

根据本案合同约定，骊盟公司与新吉鸿公司若未能达成长期合作，新吉鸿公司应在合同签订之日起1年后5个工作日内退还案涉借款。现新吉鸿公司以其资不抵债为由申请人民法院宣告其破产，双方无法进行合作，在新吉鸿公司未按约定偿还到期债务时，徐文鸿作为保证人本应自觉履行保证义务，但徐文鸿至今未按合同约定的期限代债务人归还本案借款，构成违约。根据《担保法》的相关规定，骊盟公司有权要求徐文鸿履行担保责任，代新吉鸿公司偿还本案借款，并承担违约责任，其请求符合法律规定，依法应予支持。虽然双方当事人在本案合同中对违约责任的承担有约定，但新吉鸿公司和徐文鸿均提出违约金过高的抗辩，原审法院根据《合同法》第114条第2款关于"约定违约金过分高于造成的损失的，当事人可以请求人民法院或仲裁机构予以适当调减"的规定，并考虑本案实际情况对违约金作出适当调整符合法律规定，原审法院调整后的违约金也足以弥补骊盟公司的资金占用损失，故原审判决确定的违约金计算标准并无明显不当，骊盟公司上诉称原审法院调减违约金缺乏根据的理由，本院不予采信。鉴于本案合同中各方当事人对债务清偿的期限有明确约定，即新吉鸿公司应在合同签订之日起1年后5个工作日内退还案涉借款。因此，本案违约金的起算时间应为2013年7月23日，原审法院将该起算时间确定为借款期满1年与合同约定不符，应予纠正。《企业破产法》第46条明确规定："未到期的债权，在破产申请受理时视为到期。附利息的债权自破产申请受理时起停止计息。"骊盟公司与徐文鸿约定的逾期还款违约金系以利息方式计算和支付，因此，骊盟公司有关违约金请求应适用该项规定。徐文鸿作为连带责任保证人承担的偿还责任不应超过主债务人新吉鸿公司的责任范围，其所承担的逾期违约金也应计算至2013年10月16日人民法院受理新吉鸿公司破产时止。骊盟公司关于本案违约金应计付至本案债务清结时止的上诉请求，因与我国法律规定相悖，本院不予支持。

综上，徐文鸿的上诉理由均不成立，其上诉请求依法应予驳回。骊盟公司关于本案债务本金应为1000万元的上诉理由成立，该部分上诉请求应予支持，其余上诉请求均应依法驳回。2016年2月26日，四川省高级人民法院作出判决：(1)撤销四川省眉山市中级人民法院(2014)眉民初字第253号民事判决；(2)由徐文鸿于本判决生效之日起15日内向骊盟公司清偿1000万元借款，并从2013年7月23日起至2013年10月16日止按中国人民银行一年期贷款利率的1.3倍计付违约金；(3)徐文鸿清偿本案债务后，可依法向新吉鸿公司行使追偿权；(4)驳回骊盟公司的其他诉讼请求。

案例3
吴兴、山东益通安装有限公司第五分公司承揽合同纠纷案

法院：广东省高级人民法院
案号：(2016)粤民终1596号
事实：2013年1月29日，益通公司与赛拉德公司签订《承包合同》，约定由赛拉德公司(甲方)将其承包的亿瑞公司原料车间设备工程中的料仓施工工程部分，以包工包料的方式，承包给益通公司施工。吴兴作为亿瑞公司法定代表人，在该合同后部以担保人身份签名。现经三方当庭共同确认，益通公司施工的料仓已完工并交付使用。但益通公司认为赛拉德公司尚未付清最后一期款项116.4万元。为此，益通公司提起本案诉讼。

佛山市中级人民法院于2015年12月8日裁定受理赛拉德公司破产重整申请。现该管理人已接管赛拉德公司有关财务账册、公章、资产，并根据现有资料通知债权人申报债权。因赛拉德公司账册资料不完整,导致债权确认困难,现有多起债权确认诉讼。因赛拉德公司账册中并无益通公司债权有关记载,在管理人通知债权人过程中,并未通知益通公司申报债权。

佛山市中级人民法院一审判决:(1)赛拉德公司应于本判决发生法律效力之日起 10 日内向益通公司支付承揽费用 116.4 万元;(2)吴兴对上述判决第一项承担连带清偿责任。

一审判决作出后,上诉人吴兴及被上诉人益通公司均未向赛拉德公司破产管理人申报债权。一审判决作出后,佛山市中级人民法院于 2016 年 9 月 30 作出(2015)佛中法民二破字第 64-27 号民事裁定:批准赛拉德公司重整计划;终止赛拉德公司重整程序。《佛山市南海赛拉德陶瓷机械有限公司重整计划草案》中益通公司对赛拉德公司享有未申报的债权,提存 55866.57 元。一审法院在审理案件过程中,未告知益通公司需要将给付承揽费的诉讼请求变更为确认债权的诉讼请求。

裁判要旨:破产财产分配前,债权人都可以向破产管理人补充申报债权;在债权人尚未向管理人申报债权的情况下,担保人可直接向该管理人以将来求偿权申报债权。

裁判理由:广东省高级人民法院认为,本案的争议焦点是吴兴在本案中是否应当承担的连带清偿责任。

第一,关于赛拉德公司尚欠益通公司承揽费数额及本案诉由确定的问题。一审法院经综合审查各方证据已确认赛拉德公司按照《承包合同》尚未支付益通公司 116.4 万元承揽费。二审中吴兴方提出其中 36 万元已由吴兴代赛拉德公司清偿,目前尚欠款项应为 80.4 万元,但其未提供有效证据予以证明,对该主张不予采信,一审法院对该事实认定正确。另据一审法院查明,2015 年赛拉德公司向佛山市中级人民法院申请破产重整,该院于 2015 年 12 月 8 日裁定受理。根据《企业破产法》第 16 条以及最高人民法院《关于〈中华人民共和国企业破产法〉实施时尚未审结的企业破产案件适用法律若干问题的规定》第 9 条第 2 款,一审法院判决赛拉德公司向益通公司支付承揽费 116.4 万元不当,属于适用法律错误,应予纠正。因本院在二审中已告知益通公司变更诉讼请求,其已经书面表示要求将一审中的给付承揽费的请求变更为确认债权数额的请求。据此,根据上述法律、司法解释的规定,鉴于赛拉德公司的破产重整申请已由佛山市中级人民法院受理,其不能对益通公司的债务进行个别清偿,本院将本案诉由变更为确认之诉。

第二,关于吴兴在本案中能否免除保证责任的问题。根据最高人民法院《关于适用〈中华人民共和国担保法〉若干问题的解释》第 45 条的规定,广东省高级人民法院二审中查明,佛山市中级人民法院根据赛拉德公司管理人的申请已作出(2015)佛中法民二破字第 64-27 号民事裁定,批准《佛山市南海赛拉德陶瓷机械有限公司重整计划草案》就本案中益通公司对赛拉德公司的债权提存 55866.57 元。而根据《企业破产法》第 56 条,在破产财产分配前,益通公司都可以向赛拉德公司破产管理人补充申报。同时,根据《企业破产法》第 51 条第 2 款规定,吴兴作为《承包合同》担保人,在益通公司尚未向赛拉德公司管理人申报债权的情况下,可直接向该赛拉德公司管理人以将来求偿权申报债权。据此,综合《佛山市南海赛拉德陶瓷机械有限公司重整计划草案》中为本案益通公司对赛拉德公司的债权提存 55866.57 元等事实,目前并不存在因债务人未申报债权"致使保证人不能预先行使追偿权"的情形,吴兴免除保证责任的主张缺乏依据,本院不予支持。

综上所述,吴兴的上诉理由不能成立,不予支持。一审判决认定事实清楚,但适用法律错误,予以纠正。2016 年 12 月 27 日,广东省高级人民法院作出判决如下:(1)变更佛山市中级人民法院(2016)粤 06 民初 57 号民事判决第一项为:确认赛拉德公司尚欠益通公司承揽费 116.4 万元;(2)变更佛山市中级人民法院(2016)粤 06 民初 57 号民事判决第二项为:上诉人吴兴对判决第一项确定的赛拉德公司所欠益通公司的债务承担连带清偿责任。

第五十二条　连带债务人数人被裁定适用本法规定的程序的,其债权人有权就全部债权分别在各破产案件中申报债权。

【立法沿革】

《破产法》(1995 年草案)

第四十五条　二人以上连带债务人同时或者先后被申请适用本法规定的程序的,其债权人有权就全部债权,分别在各破产案件中向人民法院申报债权。

第一百四十二条　连带债务人一人或者数人受破产宣告的,债权人可以在其破产宣告时的债权全额作为破产债权,对各破产人行使权利。

第一百四十三条　连带债务人一人或者数人受破产宣告的,其他连带债务人已经代替破产人清偿债务人的,可以其求偿权作为破产债权行使权利。

连带债务人一人或者数人受破产宣告的,其

他连带债务人可以其代替破产人清偿债务人的将来求偿权,作为破产债权行使力。但是,债权人已就其债权全额行使权利的,不在此限。

第一百四十四条　本法第一百四十三条的规定,准用于破产人的保证人。

《企业破产与重整法》(2000年6月草案)

第四十三条　连带债务人同时或者先后被申请适用本法规定的程序的,其债权人有权就全部债权,分别在各破产案件中向人民法院申报债权。

《企业破产与重整法》(2000年12月草案)

第四十三条　连带债务人同时或者先后被申请适用本法规定的程序的,其债权人有权就全部债权,分别在各破产案件中申报债权。

第一百二十三条　连带债务人一人或者数人受破产宣告的,债权人可以以其在破产宣告时的债权全额作为破产债权,对各破产人行使权利。

第一百二十四条　连带债务人一人或者数人受破产宣告的,其他连带债务人已经代替破产人清偿债务的,可以以其求偿权作为破产债权行使权利。

连带债务人一人或者数人受破产宣告的,其他连带债务人可以以其代替破产人清偿债务的将来求偿权,作为破产债权行使权利。但是,债权人已就其债权全额行使权利的,不在此限。

第一百二十五条　本法第一百二十四条的规定准用于破产人的保证人。

第一百二十六条　合伙人依照本法规定被宣告破产的,各合伙人应当分别清算。

合伙人的债权人与合伙企业的债权人,在各合伙人的破产清算程序中,地位平等。

合伙企业的债权人可以就合伙企业的破产财产不足清偿其破产债权的部分,依照本法第一百二十三条的规定,在各合伙人的破产清算程序中行使权利。但是,其行使权利所得分配总额,不得超过其应受清偿的债权额。

《企业破产与重整法》(2001年1月草案)

第四十四条　连带债务人同时或者先后被申请适用本法规定的程序的,其债权人有权就全部债权,分别在各破产案件中申报债权。

第七十四条　连带债务人一人或者数人受破产宣告的,债权人可以以其在破产宣告时的债权全额作为破产债权,对各破产人行使权利。

第七十七条　合伙人依照本法规定被宣告破产的,各合伙人应当分别清算。

合伙人的债权人与合伙企业的债权人,在各合伙人的破产清算程序中地位平等。

合伙企业的债权人可以就合伙企业的破产财产不足清偿其破产债权的部分,依照本法第七十四条的规定,在各合伙人的破产清算程序中行使权利。但是,其行使权利所得分配总额,不得超过其应受清偿的债权额。

《企业破产法》(2004年3月草案A版)

第五十一条　连带债务人同时或者先后被申请适用本法规定的程序的,其债权人有权就全部债权,分别在各破产案件中申报债权。

第一百二十三条　连带债务人一人或者数人受破产清算宣告的,债权人可以以其在破产宣告时的债权全额作为破产债权,对各破产人行使权利。

第一百二十四条　连带债务人一人或者数人受破产清算宣告的,其他连带债务人已经代替破产人清偿债务的,可以以其求偿权作为破产债权行使权利。

连带债务人一人或者数人受破产清算宣告的,其他连带债务人可以以其代替破产人清偿债务的将来求偿权,作为破产债权行使权利。但是,债权人已就其债权全额行使权利的,不在此限。

第一百二十五条　本法第一百二十四条的规定准用于破产人的保证人。

第一百二十六条　合伙人依照本法规定被宣告破产清算的,各合伙人应当分别清算。

合伙人的债权人与合伙企业的债权人,在各合伙人的破产清算程序中地位平等。

合伙企业的债权人可以就合伙企业的破产财产不足清偿其破产债权的部分,依照本法第一百二十三条的规定,在各合伙人的破产清算程序中行使权利。但是,其行使权利所得分配总额,不得超过其应受清偿的债权额。

《企业破产法》(2004年3月草案B版)

第五十二条　连带债务人同时或者先后被申请适用本法规定的程序的,其债权人有权就全部债权,分别在各破产案件中申报债权。

第一百二十三条　连带债务人一人或者数人受破产清算宣告的,其他连带债务人已经代替破产人清偿债务的,可以以其求偿权作为破产债权行使权利。

连带债务人一人或者数人受破产清算宣告的,其他连带债务人可以以其代替破产人清偿债务的将来求偿权,作为破产债权行使权利。但是,债权人已就其债权全额行使权利的,不在此限。

第一百二十四条　本法第一百二十三条的规定准用于破产人的保证人。

第一百二十五条　合伙人依照本法规定被宣告破产清算的,各合伙人应当分别清算。

第五十二条

合伙人的债权人与合伙企业的债权人,在各合伙人的破产清算程序中地位平等。

合伙企业的债权人可以就合伙企业的破产财产不足清偿其破产债权的部分,依照本法第一百二十三条的规定,在各合伙人的破产清算程序中行使权利。但是,其行使权利所得分配总额,不得超过其应受清偿的债权额。

《企业破产法》(2004年6月草案)

第五十一条 连带债务人同时或者先后被申请适用本法规定的程序的,其债权人有权就全部债权,分别在各破产案件中申报债权。

《企业破产法》(2004年10月草案)

第五十一条 连带债务人同时或者先后被申请适用本法规定的程序的,其债权人有权就全部债权,分别在各破产案件中申报债权。

【条文释义】

本条规定连带债务人数人破产时,其债权人可以就其全部债权在不同程序中申报破产债权事宜。

按照齐明的观点,本条规定体现出《企业破产法》对担保债权的基本态度,"担保债权务必实现和保证责任不因破产程序而减免";实践中有可能出现债权人在不同破产程序中的申报并获得清偿的债权,大于其债权本身的可能,因此可能会出现不当得利返还问题。[1]

就其本质而言,本条规定连带债务人分别破产时,债权人就其全部债权在不同破产程序中申报债权,是一种针对债权人所提供的多重保护机制。王卫国指出,当连带债务人中仅有一人破产时,债权人多采纳"大钱袋"策略,只向具有清偿能力的其他债务人追收债务;但是当连带债务人数人破产时,债权人究竟是将其债权拆分为若干部分在不同程序中申报,还是以全部债权在各个破产程序中分别申报,值得探讨。对于后者,《企业破产法》第52条采取第2种方案,即可以全部债权在各个程序中分别申报,由此债权人对个别连带债权人的全额清偿请求权得到《企业破产法》的承认和保护。[2]

【关联法律法规及司法政策】

最高人民法院《关于适用〈中华人民共和国企业破产法〉若干问题的规定(三)》(2020)

第四条 保证人被裁定进入破产程序的,债权人有权申报其对保证人的保证债权。

主债务未到期的,保证债权在保证人破产申请受理时视为到期。一般保证的保证人主张行使先诉抗辩权的,人民法院不予支持,但债权人在一般保证人破产程序中的分配额应予提存,待一般保证人应承担的保证责任确定后再按照破产清偿比例予以分配。

保证人被确定应当承担保证责任的,保证人的管理人可以就保证人实际承担的清偿额向主债务人或其他债务人行使求偿权。

第五条 债务人、保证人均被裁定进入破产程序的,债权人有权向债务人、保证人分别申报债权。

债权人向债务人、保证人均申报全部债权的,从一方破产程序中获得清偿后,其对另一方的债权额不作调整,但债权人的受偿额不得超出其债权总额。保证人履行保证责任后不再享有求偿权。

【裁判要旨】

案例

怀化市鑫都硅业有限公司与瑞田钢业有限公司、苍南金瑞投资管理有限公司等普通破产债权确认纠纷案

法院:浙江省温州市中级人民法院

案号:(2014)浙温商终字第2231号

事实:上诉人怀化市鑫都硅业有限公司(以下简称鑫都公司)因与被上诉人瑞田钢业有限公司(以下简称瑞田公司)、苍南金瑞投资有限公司(以下简称金瑞公司)、金田集团有限公司(以下简称金田公司)普通破产债权确认纠纷一案,不服浙江省苍南县人民法院(2014)温苍商初字第1154号民事判决,向温州市中级人民法院提起上诉。

另查明,被告瑞田公司的企业类型于2012年9月6日变更为一人有限责任公司,投资人为被告金瑞公司,方佳任执行董事兼总经理,吴作榜为监事。金瑞公司的企业类型为私营有限责任公司,吴作榜为法定代表人,方崇钿占15%股份。

2014年3月7日,原告鑫都公司与被告瑞田公司签订《产品购销合同》,约定原告向被告瑞田公司供应高碳铬铁1000吨,结算方式和期限为:分两次结算,500吨一结,货到验收合格5日内付货款的80%,余款在增值税发票到达后5个工作日内付清。未能在上述期限内付款,每逾期一天,罚总货款的1%违约金。至起诉前,被告瑞田公司

---

[1] 参见齐明:《中国破产法原理与适用》,法律出版社2017年版,第118页。
[2] 参见王卫国:《破产法精义》,法律出版社2007年版,第186—187页。

尚欠货款 4008838.58 元未付。

2014 年 10 月 10 日苍南县人民法院根据金瑞公司申请，裁定受理金瑞公司破产清算一案。

苍南县人民法院于 2014 年 10 月 20 日判决：(1)确认瑞田钢业有限公司欠怀化市鑫都硅业有限公司货款 4008838.58 元及其违约金(按中国人民银行同期同类贷款基准利率的 2 倍计算，从 2014 年 3 月 19 日起计算至 2014 年 7 月 24 日为止)；(2)苍南金瑞投资管理有限公司对上述债务在瑞田钢业有限公司破产程序终结后，对瑞田钢业有限公司未清偿的部分承担连带责任；(3)驳回怀化市鑫都硅业有限公司其他诉讼请求。

上诉人鑫都公司不服原审法院上述判决，向温州市中级人民法院提起上诉。

2014 年 12 月 2 日，苍南县人民法院作出 (2014) 温苍破字第 1-3 号民事裁定，确认上诉人鑫都公司对瑞田公司享有 4008838.58 元无争议债权。2015 年 4 月 27 日，苍南县人民法院作出 (2014) 温苍破字第 3-3 号民事裁定，确认上诉人鑫都公司对金瑞公司享有 4008838.58 元无争议债权(本金，不含违约金)。

裁判要旨：连带债务人进入破产程序后，债权人有权就其债权在连带债务人破产程序中申报债权；该债权既包括本金，也包括违约金。债权人可以就债权提出破产债权确认的诉讼请求。

裁判理由：温州市中级人民法院认为，上诉人鑫都公司与被上诉人瑞田公司之间的买卖合同合法有效。被上诉人瑞田公司尚欠上诉人鑫都公司货款 4008838.58 元的事实清楚。由于该 4008838.58 元债权鑫都公司在瑞田公司破产清算案中已向管理人申报债权，且苍南县人民法院作出 (2014) 温苍破字第 1-3 号民事裁定已予以确认，现原判就同一债权再次予以确认，违反法律规定，应予以纠正。由于瑞田公司逾期付款应承担的违约金，(2014) 温苍破字第 1-3 号民事裁定未予以确认，应依法予以确认。根据《合同法》第 114 条第 2 款及最高人民法院《关于适用〈中华人民共和国合同法〉若干问题的解释(二)》第 29 条规定，本案中，双方当事人均认为合同约定的按总货款日 1% 的逾期付款违约金过高，依照上述法律规定应当实际损失为基础确定违约金。由于上诉人鑫都公司提供的证据不足以证明其主张的实际损失，故一审法院将违约金调整为按人民银行规定的同期同类贷款基准利率的 2 倍计算，符合法律规定。根据《企业破产法》第 46 条规定，本案合同约定付款日为 2014 年 3 月 19 日，苍南县人民法院受理瑞田公司破产申请的时间为 2014 年 9 月 25 日，中国人民银行规定 6 个月以内贷款基准利率为年利率 5.6%，故本院确认瑞田公司应支付鑫都公司违约金为 134696.98 元(以 4008838.58 元债权为基数，从 2014 年 3 月 19 日起至 2014 年 9 月 25 日止，按年利率 11.2% 计算)。根据《公司法》第 63 条的规定，由于瑞田公司是金瑞公司开办的一人有限责任公司，且金瑞公司并未提供证据证实瑞田公司的财产独立于自己的财产，故依照上述法律规定，金瑞公司应对瑞田公司拖欠原告的货款 4008838.58 元及逾期付款违约金 134696.98 元承担连带责任。《企业破产法》第 52 条规定，由于苍南县人民法院已于 2014 年 10 月 10 日裁定受理金瑞公司破产清算案，金瑞公司已进入破产清算程序，金瑞公司系瑞田公司的连带债务人，鑫都公司有权就上述债权在金瑞公司破产清算案中申报债权。鑫都公司申报债权后，现苍南县人民法院已经裁定确认，鑫都公司对金瑞公司享有 4008838.58 元的本金债权，但对违约金没有予以确认，故鑫都公司有权就金瑞公司应承担的违约金债权，提出破产债权确认的诉讼请求，本院确认鑫都公司对金瑞公司享有违约金普通破产债权 134696.98 元。

综上，温州市中级人民法院于 2015 年 6 月 4 日作出判决：(1)撤销浙江省苍南县人民法院 (2014) 温苍商初字第 1154 号民事判决；(2)确认怀化市鑫都硅业有限公司对瑞田钢业有限公司享有逾期付款违约金普通破产债权 134696.98 元；(3)确认怀化市鑫都硅业有限公司对苍南金瑞投资管理有限公司享有逾期付款违约金普通破产债权 134696.98 元；(4)驳回怀化市鑫都硅业有限公司的其他诉讼请求。

【学理综述】

许德风在《法学》2016 年第 12 期上，发表了《破产中的连带债务》一文中。在该文中，作者以深厚的民法功底为依托，采取比较研究的视角，从如下三个角度分析破产程序中的连带债务问题：第一，对于主债权人的债权申报与受偿，应该强调《企业破产法》第 52 条规定的多重保障原则、禁止超额受偿原则，同时也确认主债权尚未到期，但连带保证人破产时债权人的申报权。第二，对于连带债务人的内部债权的申报与受偿，作者分别讨论：(1)债务分担的依据是追偿权与法定债权的让与；(2)内部债权人的申报，尤其是其申报权和申报额。第三，债权人对非破产之连带债务人的权利，主要讨论：(1)对非破产之连带债务人的权利；(2)破产中债务免除对连带债务人的影响；(3)主债权的数额与范围；(4)企业破产中股东、合伙人的连带清偿责任。通过上述分析，作者得出结论认为,我国《企业破产法》第 51 条与第 52 条,对连带债务关系中的债权申报作出了初步的规定,但仍应从如下几个方面澄清:第一,连带债务人应承担主债务人破产的风险;第二,通过物上担保对主债务人享有"反担保权"的连带债务人,对主债务人的追偿权,不受债权人申报的影响;第三,合伙企业破产中,管理人应该追究合伙人连带清偿的责任,这时"双重优先原则"的应用范围比较有限。①

第五十三条 管理人或者债务人依照本法规定解除合同的,对方当事人以因合同解除所产生的损害赔偿请求权申报债权。

【立法沿革】

《破产法》(1995 年草案)

第一百四十六条 对破产人未履行的双务合同,破产清算人有权决定解除或者继续履行。

未履行的合同的对方当事人,可以给破产清算人确定一定期限,催告其在此期限内作出解除或者继续履行合同的决定。破产清算人逾期不答复的,视为解除合同。

破产清算人决定继续履行合同,而对方当事人要求其在约定期间或者合理期间提供相应担保,破产清算人在约定期间或者合理期间不提供担保的,视为解除合同。

破产清算人解除合同,对方当事人已给付定金的,以定金额为限得而返还请求权作为破产债权。

依前四款规定解除合同时,对方当事人请求损害赔偿的权利作为破产债权。

《企业破产与重整法》(2000 年 12 月草案)

第一百二十七条 对破产人未履行的双务合同,管理人有权决定解除或者继续履行。

未履行的合同的对方当事人,可以给管理人确定一定期限,催告其在此期限内作出解除或者继续履行合同的决定。管理人逾期不答复的,视为解除合同。

管理人决定继续履行合同,而对方当事人要求其在约定期间或者合理期间提供相应担保,管理人在约定期间或者合理期间不提供担保的,视为解除合同。

管理人解除合同,对方当事人已给付定金的,以定金额为限的返还请求权作为破产债权。

依前四款规定解除合同时,对方当事人请求损害赔偿的权利作为破产债权。

《企业破产法》(2004 年 3 月草案 A 版)

第一百二十七条 对破产人未履行的双务合同,管理人有权决定解除或者继续履行。

未履行合同的对方当事人,可以给管理人确定一定期限,催告其在此期限内作出解除或者继续履行合同的决定。管理人逾期不答复的,视为解除合同。

管理人决定继续履行合同,而对方当事人要求其在约定期间或者合理期间提供相应担保,管理人在约定期间或者合理期间不提供担保的,视为解除合同。

管理人解除合同,对方当事人已给付定金的,以定金额为限的返还请求权作为破产债权。

依前四款规定解除合同时,对方当事人请求损害赔偿的权利作为破产债权。

《企业破产法》(2004 年 3 月草案 B 版)

第一百二十六条 对破产人未履行的双务合同,管理人有权决定解除或者继续履行。

未履行合同的对方当事人,可以给管理人确定一定期限,催告其在此期限内作出解除或者继续履行合同的决定。管理人逾期不答复的,视为解除合同。

管理人决定继续履行合同,而对方当事人要求其在约定期间或者合理期间提供相应担保,管理人在约定期间或者合理期间不提供担保的,视为解除合同。

管理人解除合同,对方当事人已给付定金的,以定金额为限的返还请求权作为破产债权。

依前四款规定解除合同时,对方当事人请求损害赔偿的权利作为破产债权。

《企业破产法》(2004 年 6 月草案)

第一百二十九条 对破产人未履行的双务合同,管理人有权决定解除或者继续履行。

未履行合同的对方当事人,可以给管理人确定一定期限,催告其在此期限内作出解除或者继续履行合同的决定。管理人逾期不答复的,视为解除合同。

管理人决定继续履行合同,而对方当事人要求其在约定期间或者合理期间提供相应担保,管理人在约定期间或者合理期间不提供担保的,视为解除合同。

管理人解除合同,对方当事人已给付定金的,以定金额为限的返还请求权作为破产债权。

依前四款规定解除合同时,对方当事人请求

---

① 参见许德风:《破产中的连带债务》,载《法学》2016 年第 12 期,第 94—103 页。

损害赔偿的权利作为破产债权。

《企业破产法》(2004 年 10 月草案)

第一百二十条 对破产人未履行的双务合同,管理人有权决定解除或者继续履行。

未履行合同的对方当事人,可以给管理人确定一定期限,催告其在此期限内作出解除或者继续履行合同的决定。管理人逾期不答复的,视为解除合同。

管理人决定继续履行合同,而对方当事人要求其在约定期间或者合理期间提供相应担保,管理人在约定期间或者合理期间不提供担保的,视为解除合同。

管理人解除合同,对方当事人已给付定金的,以定金额为限的返还请求权作为破产债权。

依前四款规定解除合同时,对方当事人请求损害赔偿的权利作为破产债权。

【条文释义】

本条规定了合同对方当事人因为管理人或者债务人解除合同而产生的损害赔偿债权。

本条规定承袭《企业破产法》第 18 条管理人对双方均未履行完毕合同的选择履行权。如果管理人选择继续履行合同,按照《企业破产法》第 42 条,"管理人或者债务人请求对方当事人履行双方均未履行完毕的合同所产生的债务"视为共益债务,由债务人财产随时、足额清偿。而如果管理人决定终止合同,则需要依据本条的规定,赋予合同相对方就因合同解除而产生的损害赔偿请求权申报债权,在破产程序中维护其合法权益。齐明认为,这条规则彰显出我国《企业破产法》倾向于确保债务人财产保值增值的立场,客观上也能够把管理人选择性继续履行待履行合同的成本降到最低。①

按照韩传华、齐明等的解读,这里的"损害赔偿请求权",按照其字面理解,已将合同解除后的违约金请求权排除在损害赔偿债权之外。② 但韩传华特别指出,鉴于《合同法》第 94 条对当事人解除合同权的限定,在管理人或者债务人解除合同的情况下,当事人只能依据《合同法》第 97 条请求赔偿损失,无权请求管理人或者债务人支付违约金或赔偿损失,故亦无法就其违约金请求或其他违约金请求申报债权,其债权申报仅限于损害赔偿部分。③

齐明指出,管理人解除待履行合同后给合同相对方造成的损失,事实上产生于破产程序启动之后,因此理论上合同相对方的损失可以适用共益债务规则获得优先、随时清偿;但如此一来,将会导致管理人解除合同的成本大幅度提高,不利于债务人财产的最大化。由此,《企业破产法》第 53 条将本该适用共益债务的"损害赔偿请求权",适用普通债权规则处理,客观上既保护合同相对方的利益,也能够最大限度降低债务人财产的支出。④

【关联法律法规及司法政策】

《民法典》(2020)

第五百二十七条 应当先履行债务的当事人,有确切证据证明对方有下列情形之一的,可以中止履行:

(一)经营状况严重恶化;

(二)转移财产、抽逃资金,以逃避债务;

(三)丧失商业信誉;

(四)有丧失或者可能丧失履行债务能力的其他情形。

当事人没有确切证据中止履行的,应当承担违约责任。

第五百二十八条 当事人依据前条规定中止履行的,应当及时通知对方。对方提供适当担保的,应当恢复履行。中止履行后,对方在合理期限内未恢复履行能力且未提供适当担保的,视为以自己的行为表明不履行主要债务,中止履行的一方可以解除合同并可以请求对方承担违约责任。

第五百三十三条 合同成立后,合同的基础条件发生了当事人在订立合同时无法预见的、不属于商业风险的重大变化,继续履行合同对于当事人一方明显不公平的,受不利影响的当事人可以与对方重新协商;在合理期限内协商不成的,当事人可以请求人民法院或者仲裁机构变更或者解除合同。

人民法院或者仲裁机构应当结合案件的实际情况,根据公平原则变更或者解除合同。

第五百六十六条 合同解除后,尚未履行的,终止履行;已经履行的,根据履行情况和合同性质,当事人可以请求恢复原状或者采取其他补救措施,并有权请求赔偿损失。

---

① 参见齐明:《中国破产法原理与适用》,法律出版社 2017 年版,第 118—119 页。
② 参见韩传华:《企业破产法解析》,人民法院出版社 2007 年版,第 205—206 页;齐明:《中国破产法原理与适用》,法律出版社 2017 年版,第 118 页。
③ 参见韩传华:《企业破产法解析》,人民法院出版社 2007 年版,第 205—206 页。
④ 参见齐明:《中国破产法原理与适用》,法律出版社 2017 年版,第 119 页。

合同因违约解除的,解除权人可以请求违约方承担违约责任,但是当事人另有约定的除外。

主合同解除后,担保人对债务人应当承担的民事责任仍应当承担担保责任,但是担保合同另有约定的除外。

【裁判要旨】
案例
株洲千姿置业有限公司与文普华房屋租赁合同纠纷案

法院:湖南省高级人民法院
案号:(2017)湘民再 461 号
事实:再审申请人文普华因与被申请人株洲千姿置业有限公司(以下简称千姿公司)房屋租赁合同纠纷一案,不服株洲市中级人民法院(2015)株中法民四终字 315 号民事判决,向本院申请再审。

2013 年 6 月 15 日,文普华与千姿公司签订《协议书》一份,约定按照(2010)株石法民一初字第 341 号民事调解书,千姿公司总计应付文普华本息 969560 元,千姿公司将千姿广场地下车库租予乙方使用或经营,千姿公司应收文普华租金冲抵千姿公司应付乙方欠款。该协议书还同时约定,因地下车库通道不畅、地面破烂、下水四溢,整体使用功能不够完善,需投资改造和维护,双方共同确定改造维修工程预算,由文普华垫资改造和维修,在双方确认的数额内,文普华垫资冲抵其应付千姿公司租金。2013 年 6 月 18 日,双方就株洲千姿置业地下车库维修改造工程有关事项签订《维修改造合同》一份,付款金额方式为双方认可的 937924.88 元,以地下车库租金抵扣。2013 年 6 月 23 日,双方签订《租赁合同》一份,千姿公司将女人街地下车库,总面积 3900 平方米(已出售使用权的车位除外)租给文普华经营,租赁期为 20 年,从 2013 年 12 月 1 日起至 2033 年 11 月 30 日止,租赁期内总租金 1907486.88 元,以出租方应付承租方工程欠款 969560 元和车库改造垫资工程款 937924.88 元互相冲抵,即租金已付清。

2014 年 8 月 4 日,法院受理千姿公司的破产清算。千姿公司破产管理人依据《企业破产法》第 18 条规定,通知文普华解除与千姿公司签订的租赁合同。文普华收到该通知后,未做答复亦未搬出其所承租的房屋。2014 年 12 月 4 日,千姿公司破产管理人于以(2014)千姿破管字第 6—6 号《解除合同通知书》通知文普华解除合同。

一审法院对千姿公司请求文普华搬离占用女人街商业城地下车库(总面积 3900 平方米)的诉讼请求予以支持。二审法院对一审判决予以维持。

文普华不服,向湖南省高级人民法院提出再审申请。

裁判要旨:根据《企业破产法》第 18 条,该条赋予破产管理人单方解除合同的特别权利,只要该合同同时满足"破产申请前成立"和"债务人和对方当事人均未履行完毕"两个条件,管理人即可以单方解除合同。租赁合同依据《企业破产法》第 18 条解除后,租赁合同即为继续性合同,对承租人而言,合同解除后负有返还租赁物的义务;对出租人而言,合同解除后,多收的剩余租期租金即构成不当得利,根据权利义务对等原则,亦应予以返还。因此,承租人不当得利的返还请求权,有别于《企业破产法》第 53 条规定的损害赔偿请求权,不应当作普通债权对待。

裁判理由:湖南省高级人民法院认为,本案争议焦点有:(1)《房屋租赁合同》能否解除。(2)合同解除后,剩余租期的租金如何处理的问题。

关于《房屋租赁合同》能否解除。虽然《合同法》对合同的解除明确规定必须满足一定条件,但根据《企业破产法》第 18 条,该条赋予破产管理人单方解除合同的特别权利,只要该合同同时满足"破产申请前成立"和"债务人和对方当事人均未履行完毕"两个条件,管理人即可以单方解除合同,这也是《企业破产法》作为特别法的特殊性。由于租赁合同具有继续性的重要特点,交纳租金只是承租人的主要合同义务而非全部合同义务,承租人尚有保管租赁物、返还租赁物的义务以及通知等附随义务,因此在租期届满承租人返还租赁物之前,承租人始终处于履行租赁合同过程中;同样出租人将租赁物的占有、使用权让与承租人,也是处于履行租赁合同的过程中。因此,租赁合同只要在租赁期内,承租人与出租人的义务即均未履行完毕,千姿公司管理人单方解除该租赁合同就有法律依据。文普华主张本案合同不能解除,没有法律依据,本院不予支持。千姿公司管理人向文普华下发解除合同通知书,双方合同解除。

关于合同解除后,剩余租期的租金如何处理。虽然原审中,文普华仅抗辩破产管理人不能解除合同,没有提出合同解除后主张优先权的要求。但再审中,双方当事人均同意本院对此一并作出判决,根据最高人民法院《关于适用〈中华人民共和国民事诉讼法〉的解释》第 405 条之规定,湖南省高级人民法院予以同意。根据《合同法》第 97 条规定,关于合同解除是否有溯及力,我国法律尚未明确规定,通常认为,若为非继续性合同的解除原则上有溯及力,若为继续性合同的解除原则上无溯及力。本院认为,案涉租赁合同即为继续性合同,对承租人而言,合同解除后负有返还租赁物的义务;对出租人而言,合同解除后多收的剩余租期租金构成不当得利,根据权利义务对等原则,亦应予以返还。本案中,承租人不当得利的返还请求权,有别于《企业破产法》第53条规定的损害赔偿请求权,不应当作普通债权对待。参照最高人民法院(2016)最高法民他93号答复函答复本院另案《关于破产企业签订的未履行完毕的租赁合同纠纷法律适用问题的请示》的答复意见:"租赁合同如判解除,则预付租金构成不当得利应依法返还,根据《企业破产法》第四十二条第三项的规定,该不当得利返还债务应作为共益债务,由破产企业财产中随时返还。"本案租赁合同解除后,文普华应将承租的所有人为千姿公司的地下车库返还给对方,千姿公司也应将剩余租期的租金返还给文普华。

综上所述,湖南省高级人民法院认为原审事实认定准确,法律适用适当。鉴于双方当事人要求,对解除合同后的权益处理一并判决,因此,原判需要变更。2017年11月10日,湖南省高级人民法院判决:撤销湖南省株洲市中级人民法院(2015)株中法民四终字315号民事判决;变更湖南省株洲市石峰区人民法院(2015)株石法民一初字374号民事判决为:文普华于株洲市石峰区人民法院对千姿公司破产财产作出处置裁定之日起1个月内搬离千姿公司所有的位于株洲市石峰区响田东路337号女人街商业城地下车库(总面积3900平方米);确认文普华与千姿公司的房屋租赁合同解除后,千姿公司应当返还文普华剩余租期16年的租金1525987.9元,文普华对该共益债权享有从千姿公司破产财产中优先于普通债权受偿的权利。

第五十四条 债务人是委托合同的委托人,被裁定适用本法规定的程序,受托人不知该事实,继续处理委托事务的,受托人以此产生的请求权申报债权。

【立法沿革】

《破产法》(1995年草案)

第147条 委托合同因破产宣告而终止。但是,受托人未接到破产宣告通知、且不知有破产宣告的事实,继续处理委托事务,由此发生的债权作为破产债权。

《企业破产与重整法》(2000年12月草案)

第一百二十八条 委托合同因破产宣告而终止。但是,受委托人未接到破产宣告通知、且不知有破产宣告的事实,继续处理委托事务,由此发生的债权作为破产债权。

《企业破产法》(2004年3月草案A版)

第一百二十八条 委托合同因破产清算宣告而终止。但是,受委托人未接到破产清算宣告通知、且不知有破产宣告的事实,继续处理委托事务的,由此发生的债权作为破产债权。

《企业破产法》(2004年3月草案B版)

第一百二十七条 委托合同因破产清算宣告而终止。但是,受委托人未接到破产清算宣告通知、且不知有破产宣告的事实,继续处理委托事务的,由此发生的债权作为破产债权。

《企业破产法》(2004年10月草案)

第一百二十一条 委托合同因破产宣告而终止。但是,受托人未接到破产宣告通知、且不知有破产宣告的事实,继续处理委托事务的,由此产生的债权作为破产债权。

【条文释义】

本条规定了委托合同中委托人破产时,受托人的债权申报权。

齐明指出,本规范体现了《企业破产法》最大化债务人财产的立场,同时也体现出该法对债务人、利害关系人之外一般商事经营主体利益的平衡保护。①

本条并未明确规定委托合同是否因破产宣告而终止。这种情况下,如果受托人不知道委托人破产,而继续处理委托事务,则推定受托人的善意,即继续处理委托事务,由此产生的请求权可以申报债权;如果受托人知道受托人破产,还继续处理委托事务,由此产生的请求权不应推定为受托人的善意,其请求权不能申报债权。②

齐明指出,本条规范在实践中还面临着一种复杂情况:在委托人进入破产程序的情况下,委托人的权利能力按照《企业破产法》的规定,由管理人接管并代为行使;这样可能会涉及委托事项的变化,受托人亦很容易陷入无权处分之虞。③

当然,根据《合同法》第411条、第412条,也可能存在委托合同事先约定委托人破产时,委托

---

① 参见齐明:《中国破产法原理与适用》,法律出版社2017年版,第119页。
② 参见韩传华:《企业破产法解析》,人民法院出版社2007年版,第207页。
③ 参见齐明:《中国破产法原理与适用》,法律出版社2017年版,第119—120页。

合同继续履行、受托人继续处理相关事务的情形；这种情况下，鉴于受托人系根据委托合同继续履行合同，故相关请求权不能视为共益债务。而如果委托合同委托人破产，但合同本身不宜终止，这种情况下受托人的继续履行合同属于法律赋予的强制义务，由此应视为共益债务，优先随时清偿，而无须在破产程序中申报债权。①

【关联法律法规及司法政策】

《民法典》(2020)

第九百三十五条　因委托人死亡或者被宣告破产、解散，致使委托合同终止将损害委托人利益的，在委托人的继承人、遗产管理人或者清算人承受委托事务之前，受托人应当继续处理委托事务。

第九百三十六条　因受托人死亡、丧失民事行为能力或者被宣告破产、解散，致使委托合同终止的，受托人的继承人、遗产管理人、法定代理人或者清算人应当及时通知委托人。因委托合同终止将损害委托人利益的，在委托人作出善后处理之前，受托人的继承人、遗产管理人、法定代理人或者清算人应当采取必要措施。

第五十五条　债务人是票据的出票人，被裁定适用本法规定的程序，该票据的付款人继续付款或者承兑的，付款人以由此产生的请求权申报债权。

【立法沿革】

《企业破产法》(2004年3月草案A版)

第一百二十九条　票据发票人或者背书人被宣告破产清算，而付款人或承兑人不知其事实而付款或承兑人不知其事实而付款或承兑，因此所产生的债权为破产债权，付款人或承兑人为债权人。

《企业破产法》(2004年3月草案B版)

第一百二十八条　票据发票人或者背书人被宣告破产清算，而付款人或承兑人不知其事实而付款或承兑人不知其事实而付款或承兑，因此所产生的债权为破产债权，付款人或承兑人为债权人。

《企业破产法》(2004年6月草案)

第一百三十一条　票据出票人被宣告破产，而付款人或承兑人不知其事实而付款或承兑人不知其事实而付款或承兑，因此所产生的债权为破产债权，付款人或承兑人为债权人。

《企业破产法》(2004年10月草案)

第一百二十二条　票据出票人被宣告破产，而付款人或承兑人不知其事实而付款或承兑人不知其实施而付款或承兑，因此所产生的债权为破产债权，付款人或承兑人为债权人。

【条文释义】

本条规定的是票据债权申报事宜。

齐明指出，本条的规定沿袭《企业破产法》第53条、第54条所确立的原则，贯彻债务人财产保值增值原则，要求票据付款人在出票人破产后，无论其是否事先获悉出票人进入破产程序这一事实，基于票据的无因性，都要向管理人申报债权，而不能就此主张优先权。②

本条在实践中涉及的问题在于，如果出票人与付款人之间存在债权债务关系且付款人基于对出票人所负债务而履行其承兑或付款义务，这种情况下在付款人履行其义务后能否通过抵销规则，在出票人破产的情况下，向出票人主张抵销？对此，齐明认为，《企业破产法》第40条第3款禁止抵销规则有"有法律规定或者有破产申请一年前所发生的原因而取得债权"的例外，据此可以援引《票据法》第13条第1款，认定付款人在履行其义务后，可以基于"法律规定"而行使其抵销权。③

【关联法律法规及司法政策】

《票据法》(2004)

第十三条　票据债务人不得以自己与出票人或者与持票人的前手之间的抗辩事由，对抗持票人。但是，持票人明知存在抗辩事由而取得票据的除外。

票据债务人可以对不履行约定义务的与自己有直接债权债务关系的持票人，进行抗辩。

本法所称抗辩，是指票据债务人根据本法规定对票据债权人拒绝履行义务的行为。

第三十八条　承兑是指汇票付款人承诺在汇票到期日支付汇票金额的票据行为。

第四十四条　付款人承兑汇票后，应当承担到期付款的责任。

第五十六条　在人民法院确定的债权申报期限内，债权人未申报债权的，可以在破产财产最后分配前补充申报；但是，此前已进行的分配，不再

---

① 参见韩传华：《企业破产法解析》，人民法院出版社2007年版，第207—208页。
② 参见齐明：《中国破产法原理与适用》，法律出版社2017年版，第120页。
③ 参见齐明：《中国破产法原理与适用》，法律出版社2017年版，第120—121页。

对其补充分配。为审查和确认补充申报债权的费用，由补充申报人承担。

债权人未依照本法规定申报债权的，不得依照本法规定的程序行使权利。

【立法沿革】

《企业破产法(试行)》(1986)

第九条 人民法院受理破产案件后，应当在十日内通知债务人并且发布公告。人民法院在收到债务人提交的债务清册后十日内，应当通知已知的债权人。公告和通知中应当规定第一次债权人会议召开的日期。

债权人应当在收到通知后一个月内，未收到通知的债权人应当自公告之日起三个月内，向人民法院申报债权，说明债权的数额和有无财产担保，并且提交有关证明材料。逾期未申报债权的，视为自动放弃债权。

人民法院对有财产担保权和无财产担保债权的申报，应当分别登记。

《破产法》(1995年草案)

第四十二条 债权人因不可抗拒的事由或者其他正当理由，未能如期申报债权的，可以向人民法院请求延展其债权申报期限。在人民法院确定的债权申报期限内，债权人没有申报债权的，可以在破产案件终结前补充申报。为审查和确认补充申报的债权所需费用，由补充申报人承担。

债权人未于人民法院确定的债权申报期限内申报债权的，除前款规定的情形外，不得依本法规定的程序行使权利。

《企业破产与重整法》(2000年6月草案)

第四十条 债权人因不可抗拒的事由或者其他正当理由，未能如期申报债权的，可以向人民法院请求延展其债权申报期限。在人民法院确定的债权申报期限内，债权人没有申报债权的，可以在破产案件终结前补充申报。为审查和确认补充申报的债权所需费用，由补充申报人承担。

债权人未于人民法院确定的债权申报期限内申报债权的，除前款规定的情形外，不得依本法规定的程序行使权利。

《企业破产与重整法》(2000年12月草案)

第四十条 债权人因不可抗拒的事由或者其他正当理由，未能如期申报债权的，可以向人民法院请求延展其债权申报期限。

在人民法院确定的债权申报期限内，债权人没有申报债权的，可以在破产案件终结前补充申报。为审查和确认补充申报的债权所需费用，由补充申报人承担。

债权人未于人民法院确定的债权申报期限内申报债权的，除前两款规定的情形外，不得依本法规定的程序行使权利。

《企业破产与重整法》(2001年1月草案)

第四十一条 债权人因不可抗拒的事由或者其他正当理由，未能如期申报债权的，可以向人民法院请求延展其债权申报期限。

在人民法院确定的债权申报期限内，债权人没有申报债权的，可以在破产财产最终分配前补充申报。但此前已进行的分配，不再对其补充分配。为审查和确认补充申报的债权所需费用，由补充申报人承担。

债权人未于人民法院确定的债权申报期限内申报债权的，除前二款规定的情形外，不得依本法规定的程序行使权利。

《企业破产法》(2004年3月草案A版)

第四十八条 债权人因不可抗拒的事由或者其他正当理由，未能如期申报债权的，可以向人民法院请求延展其债权申报期限。

在人民法院确定的债权申报期限内，债权人没有申报债权的，可以在破产财产最终分配前补充申报。但此前已进行的分配，不再对其补充分配。为审查和确认补充申报的债权所需费用，由补充申报人承担。

债权人未于人民法院确定的债权申报期限内申报债权的，除前二款规定的情形外，不得依本法规定的程序行使权利。

《企业破产法》(2004年3月草案B版)

第四十九条 债权人因不可抗拒的事由或者其他正当理由，未能如期申报债权的，可以向人民法院请求延展其债权申报期限。

在人民法院确定的债权申报期限内，债权人没有申报债权的，可以在破产财产最终分配前补充申报。但此前已进行的分配，不再对其补充分配。为审查和确认补充申报的债权所需费用，由补充申报人承担。

债权人未于人民法院确定的债权申报期限内申报债权的，除前二款规定的情形外，不得依本法规定的程序行使权利。

《企业破产法》(2004年6月草案)

第四十八条 债权人因不可抗拒的事由或者其他正当理由，未能如期申报债权的，可以向人民法院请求延展其债权申报期限。

在人民法院确定的债权申报期限内，债权人没有申报债权的，可以在破产财产最终分配前补充申报。但此前已进行的分配，不再对其补充分配。为审查和确认补充申报的债权所需费用，由补充申报人承担。

债权人未于人民法院确定的债权申报期限内申报债权的，除前二款规定的情形外，不得依本法规定的程序行使权利。

《企业破产法》(2004年10月草案)

第四十八条 债权人因不可抗拒的事由或者其他正常理由，未能如期申报债权的，可以向人民法院请求延展其债权申报期限。

在人民法院确定的债权申报期限内，债权人没有申报债权的，可以在破产财产最终分配前补充申报。但此前已进行的分配，不再对其补充分配。为审查和确认补充申报的债权所需费用，由补充申报人承担。

债权人未于人民法院确定的债权申报期限内申报债权的，除前二款规定的情形外，不得依本法规定的程序行使权利。

【条文释义】

本条承继《企业破产法》第45条，进一步明确债权人未及时申报债权时的补救措施及其后果。

按照齐明的归纳，2006年《企业破产法》允许逾期申报债权，较之1986年《企业破产法(试行)》逾期申报视为放弃是极大改进，但该条法律亦规定逾期申报债权人应当承担的三点不利后果：第一，此前已进行的分配，不再对其补充分配；第二，为审查和确认补充申报债权的费用，由补充申报人承担；第三，债权人未按照《企业破产法》申报债权时，亦不得取得《企业破产法》赋予的程序性权利。① 另外，考虑到破产重整中逾期申报债权人对战略投资人决策的实质性影响，齐明认为允许逾期申报债权，维护了非破产法权利在破产法中的保护，但却牺牲了破产法作为商事法对效率的追求，最终也伤害了破产法的可预期性。②

本条共分2款。分款评注如下：

第1款："在人民法院确定的债权申报期限内，债权人未申报债权的，可以在破产财产最后分配前补充申报；但是，此前已进行的分配，不再对其补充分配。为审查和确认补充申报债权的费用，由补充申报人承担。"

就字面含义而言，本款强调两点：第一，债权人未在法院确定的债权申报期限内申报债权，并不当然地、永久地丧失债权申报权，在破产财产最后分配前依旧可以补充申报；第二，补充申报的债权对申报前已完成的分配不产生追溯力，自然更无法从已完成的分配中获得补充分配权，只能参与未完成的分配，而且相关成本由补充申报的债权人自行承担。

尽管本款文本内既有分号，亦有句号，实际上包含3层意思：

第1层："在人民法院确定的债权申报期限内，债权人未申报债权的，可以在破产财产最后分配前补充申报。"

韩传华认为，"补充申报"规则亦可以用于处理债权人在债权申报届满后的变更。按照韩传华的观点，债权人可以在债权申报期限内，变更债权申报；这里的变更，可以是增加或减少债权申报金额，也可以是相关财产有无担保的变更；如果债权申报期限届满后试图变更债权申报且事实上增加了债权金额，则视为补充申报。③

第2层："但是，此前已进行的分配，不再对其补充分配。"

韩传华认为，这里的"已进行的分配，不再对其补充分配"，涉及三个时间段，因此需要按照不同的原则处理：第一，法院裁定认可破产财产分配方案之前；此时破产财产不可能分配，故此时即便补充申报债权，也不存在"此前已进行的分配，不再对其补充分配"障碍。第二，法院裁定认可破产财产分配方案，但分配本身并未进行；在这种情况下，补充申报本身，同样不存在"此前已进行的分配，不再对其补充分配"障碍。第三，法院裁定认可破产财产分配方案，分配行为本身已开始，只是并未分配完毕。在这种情况下，由于法院已裁定认可破产财产分配方案，破产财产分配已经启动但尚未结束，此时涉及的情形便较为复杂：(1)法院裁定一次分配，部分债权人已获得分配，部分债权人未获得分配；此时需要明确，补充申报的债权不应该对未获得分配部分债权人的分配额产生影响，只能在一次分配所涉及全部债权人均获得分配后的剩余破产财产中，获得分配。(2)如果法院裁定两次分配，第一次分配已完成，第二次分配尚未进行，则补充申报的债权只能在第二次分配的破产财产获得与其优先权位阶一致的分配额。④

第3层："为审查和确认补充申报债权的费用，由补充申报人承担。"

---

① 参见齐明：《中国破产法原理与适用》，法律出版社2017年版，第121页。
② 参见齐明：《中国破产法原理与适用》，法律出版社2017年版，第122页。
③ 参见韩传华：《企业破产法解析》，人民法院出版社2007年版，第201页。
④ 参见韩传华：《企业破产法解析》，人民法院出版社2007年版，第193—195页。

齐明认为,本规定体现出《企业破产法》私权驱动的属性,债权人需要考虑逾期申报的成本与可能的收益,再做出相对理性的决定,既要承担逾期申报的消极成本即已进行分配不再分配,也承担逾期申报的积极成本即相关费用由逾期申报人承担。①

按照韩传华的观点,根据《企业破产法》第58条第2款,如果债务人、债权人均对债权表记载的补充申报债权无异议,则补充申报债权确认的费用,即为确认补充申报债权的费用,按照本层规定,由补充申报人承担;而根据《企业破产法》第58条第1款、第61条的规定,债权人会议需要核查债权,因此对于补充申报的债权,理论上亦需要债权人会议核查;但考虑到补充申报的特殊性,尤其是召开一次债权人会议的成本较高,再加上债权人会议审查本身只是程序性事项,必要时可以不经过债权人会议审查程序。但如果确实发生由债权人会议专门核查的情形,那么召开相关债权人会议的成本,则应由补充申报人承担,而不应由全体债权人承担。②

与此相关的另外一个问题,即法院裁定认可破产财产分配方案后,因补充申报债权而发生破产财产分配方案变更的费用,究竟应该由补充申报人承担,还是由全体债权人承担?要不要恪守《企业破产法》第61条,由债权人会议再次确认?如果需要,则相关费用是否亦应由补充申报人承担?韩传华认为,如果因为补充申报债权而导致破产财产分配方案发生变更,新分配方案应由管理人拟定并提交法院直接裁定,而无须专门召开债权人会议再次确认。③

第2款:"债权人未依照本法规定申报债权的,不得依照本法规定的程序行使权利。"

齐明认为,本款规定了债权申报与债权人在破产程序中围绕表决权和分配权所产生的关系,其要有三:第一,"依照本法规定申报债权"有两层含义,即破产程序始终未申报债权和逾期申报债权之前,这是实现"不得依照本法规定的程序行使权利"的前提条件。第二,"本法规定的程序行使权利"即《企业破产法》赋予债权人的所有权利,主要有参与权、表决权和分配权。第三,根据本款规定,未申报债权之前,债权人不得享有《企业破产法》赋予的权利,这是《企业破产法》对于程序和秩序的要求,所有潜在债权人均得遵守这

一规则,其债权是否经诉讼或仲裁确认在所不问;另外,《企业破产法》并未禁止债权人在破产程序之外依据其他法律主张权利,即便破产程序终结,只要债务人主体尚未消灭,债权人依旧可以依据其他民商事法律捍卫其权益。④

【裁判要旨】

案例

金焰、何应才等与深圳市国基房地产开发有限公司商品房预售合同纠纷案

法院:广东省高级人民法院

案号:(2014)粤高法民二破终字第11-17号

事实:上诉人金焰、何应才等因与被上诉人深圳市国基房地产开发有限公司(以下简称国基公司)商品房预售合同纠纷七案,不服广东省深圳市中级人民法院(2013)深中法破初字第66、71、76、77、85、92、93号民事判决,向广东省高级人民法院提起上诉。

2003—2005年间,各原审原告分别与国基公司签订《深圳市房地产买卖合同(预售)》,约定各原审原告购买国基公司开发的漾日湾畔房产。原审原告、国基公司双方一致确认截至各原审原告起诉时,各原审原告的房款均已支付完毕。2004年9月27日,漾日湾畔商品房取得竣工验收备案回执。

2006年2月14日,原审法院裁定受理国基公司破产还债一案。2006年9月14日,原审法院裁定宣告国基公司破产还债。2011年10月28日,原审法院裁定中止执行破产宣告裁定。2011年11月11日,原审法院裁定自2011年11月11日起对国基公司进行重整。2012年9月20日,原审法院裁定批准国基公司重整计划草案并终止国基公司重整程序。2013年8月1日,原审法院裁定确认国基公司重整计划执行完毕。2013年9月3日,原审法院裁定终结国基公司破产程序。

2006年9月14日,在国基公司被宣告破产还债后,涉案房产才陆续办证至各原审原告名下。国基公司抗辩称其曾于2006年7月17日通知各原审原告办证,并提交(2007)深中法民五初字第224号生效判决,该判决载明:2006年7月17日,国基公司向漾日湾畔业主发出《关于办理房地产证件的通知》,内容为:我公司开发的"漾日湾畔"楼盘,于2006年3月31日房产权初始登记公示期届满,现已具备办理房地产产权证的条件,要

---

① 参见齐明:《中国破产法原理与适用》,法律出版社2017年版,第121—122页。
② 参见韩传华:《企业破产法解析》,人民法院出版社2007年版,第195—196页。
③ 参见韩传华:《企业破产法解析》,人民法院出版社2007年版,第196页。
④ 参见齐明:《中国破产法原理与适用》,法律出版社2017年版,第123页。

第五十七条

求业主提交相关申请办证资料"。各原审原告认为该判决仅认定国基公司通知前述224号案的当事人办证,并不能证明国基公司也履行通知本案各原审原告办证的义务。

原审法院认为,各原审原告与国基公司签订的《深圳市房地产买卖合同(预售)》有效,国基公司未能举证证明其在2006年9月14日宣告破产之前履行了通知各原审原告办证的合同义务,各原审原告有权依据合同约定向国基公司主张2005年4月25日起的延期办证违约金。但上述各原审原告并未在2006年9月14日起2年内,即2008年9月14日之前向国基公司主张权利,也未能举证证明该期间内诉讼时效存在中断、中止或延长的情形,其请求的延期办证违约金已经超过2年的诉讼时效。国基公司关于诉讼时效的抗辩理由成立,上述各案各原审原告的诉讼请求原审法院不予支持。综上,原审法院判决驳回金焰、何应才等的诉讼请求。

金焰、何应才等不服原审判决,向广东省高级人民法院提起上诉。

裁判要旨:在破产程序中,诉讼时效对于补充申报债权有重要意义。超过诉讼时效的债权不属于破产债权,债权人不能依《企业破产法》第92条规定行使权利。

裁判理由:广东省高级人民法院认为:本案是商品房预售合同纠纷。根据各上诉人与国基公司的诉辩意见,本案二审的争议焦点为:各上诉人请求国基公司支付延期办证违约金,是否已经超过诉讼时效。

最高人民法院《关于〈中华人民共和国企业破产法〉施行时尚未审结的企业破产案件适用法律若干问题的规定》第8条及《企业破产法》第56条,规定债权人未在确定的债权申报期限内申报债权的,可在破产财产最后分配前补充申报,但该申报的债权是否成立仍应依法经审查确认。《企业破产法》第92条规定,重整计划执行完毕后,此前未申报债权的债权人可以按照重整计划规定的同类债权的清偿条件行使权利。上述规定所指的"债权",应是依法可以受法律保护的债权。结合最高人民法院《关于审理企业破产案件若干问题的规定》第61条"下列债权不属于破产债权:……(七)超过诉讼时效的债权"的规定,超过诉讼时效的债权不属于破产债权,债权人不能依《企业破产法》第92条规定行使权利。

本案中,2006年9月14日,原审法院宣告国基公司破产还债,各上诉人向国基公司请求延期办证违约金的权利至迟应从该日起主张,本案关于延期办证违约金的诉讼时效应至迟从该日起算,至2008年9月14日届满。本案各上诉人未能举证证明其在2008年9月14日前向国基公司主张过权利,或诉讼时效存在中止、中断、延长的情形。各上诉人在本案中的权利主张,已超过法律规定的2年诉讼时效期间。各上诉人主张应从国基公司重整计划执行完毕的2013年8月1日起计算本案诉讼时效期间,缺乏事实和法律依据,不予支持。

综上,广东省高级人民法院判决:驳回金焰、何应才等的上诉,维持原判。

第五十七条 管理人收到债权申报材料后,应当登记造册,对申报的债权进行审查,并编制债权表。

债权表和债权申报材料由管理人保存,供利害关系人查阅。

【立法沿革】

《企业破产法(试行)》(1986)

第九条 人民法院受理破产案件后,应当在十日内通知债务人并且发布公告。人民法院在收到债务人提交的债务清册后十日内,应当通知已知的债权人。公告和通知中应当规定第一次债权人会议召开的日期。

债权人应当在收到通知后一个月内,未收到通知的债权人应当自公告之日起三个月内,向人民法院申报债权,说明债权的数额和有无财产担保,并且提交有关证明材料。逾期未申报债权的,视为自动放弃债权。

人民法院对有财产担保债权和无财产担保债权的申报,应当分别登记。

《破产法》(1995年草案)

第四十六条 人民法院收到债权申报材料后,应当登记造册,编制债权表。

人民法院编制债权表时,对于非金钱的债权,按照人民法院受理破产案件的裁定之日的债务履行地的平均市场价格计算债权额。对于以外币表示的金钱债权,按照人民法院受理破产案件的裁定之日的人民币市场汇价的中间价计算债权额。

债权表和债权申报材料的正本存于人民法院,副本交管理人保存,供利害关系人随时查阅。

《企业破产与重整法》(2000年6月草案)

第四十四条 管理人收到债权申报材料后,应当登记造册,编制债权表。

人民法院编制债权表时,对于非金钱的债权,按照人民法院受理破产案件的裁定之日的债务履行的平均市场价格计算债权额。对于以外币为表示的金钱债权,按照人民法院受理破产案件的裁定之日的人民币市场汇价的基准价计算债权额。

债权表和债权申报材料的正本存于人民法院,副本交管理人保存,供利害关系人随时查阅。

《企业破产与重整法》(2000年12月草案)

第四十四条 管理人收到债权申报材料后,应当登记造册,编制债权表,并对债权申报的真实性、有效性进行审查。

人民法院编制债权表时,对于非金钱的债权,按照人民法院受理破产案件的裁定之日的债务履行地的平均市场价格计算债权额。对于以外币表示的金钱债权,按照人民法院受理破产案件的裁定之日的人民币市场汇价的基准价计算债权额。

债权表和债权申报材料的正本存于人民法院,副本交管理人保存,供利害关系人查阅。

《企业破产与重整法》(2001年1月草案)

第四十五条 管理人收到债权申报材料后,应当登记造册,编制债权表,并对债权申报的真实性、有效性进行审查。

管理人编制债权表时,对于非金钱的债权,按照人民法院受理破产案件的裁定之日的债务履行地的平均市场价格计算债权额。对于以外币表示的金钱债权,按照人民法院受理破产案件的裁定之日的人民币市场汇价的基准价计算债权额。

债权表和债权申报材料的正本存于人民法院,副本交管理人保存,供利害关系人查阅。

《企业破产法》(2004年3月草案A版)

第五十二条 管理人收到债权申报材料后,应当登记造册,编制债权表,并对债权申报的真实性、有效性进行审查。

管理人编制债权表时,对于非金钱的债权,按照人民法院受理破产案件的裁定之日的债务履行地的平均市场价格计算债权额。对于以外币表示的金钱债权,按照人民法院受理破产案件的裁定之日的人民币市场汇率的基准价计算债权额。

债权表和债权申报材料的正本存于人民法院,副本交管理人保存,供利害关系人查阅。

《企业破产法》(2004年3月草案B版)

第五十三条 管理人收到债权申报材料后,应当登记造册,对债权申报的真实性、有效性进行审查,并编制债权表。

管理人编制债权表时,对于非金钱的债权,按照人民法院受理破产案件的裁定之日的债务履行地的平均市场价格计算债权额。对于以外币表示的金钱债权,按照人民法院受理破产案件的裁定之日的人民币市场汇率的基准价计算债权额。

债权表和债权申报材料由管理人保存,供利害关系人查阅。

《企业破产法》(2004年6月草案)

第五十二条 管理人收到债权申报材料后,应当登记造册,对债权申报的真实性、有效性进行审查,并编制债权表。

管理人编制债权表时,对于非金钱的债权,按照人民法院受理破产案件的裁定之日的债务履行地的平均市场价格计算债权额。对于以外币表示的金钱债权,按照人民法院受理破产案件的裁定之日的人民币市场汇率的基准价计算债权额。

债权表和债权申报材料由管理人保存,供利害关系人查阅。

《企业破产法》(2004年10月草案)

第五十二条 管理人收到债权申报材料后,应当登记造册,对申报的债权进行审查,并编制债权表。

管理人编制债权表时,对于非金钱的债权,按照人民法院受理破产案件的裁定之日的债务履行地的平均市场价格计算债权额。对于以外币表示的金钱债权,按照人民法院受理破产案件的裁定之日的人民币市场汇率的基准价计算债权额。

债权表和债权申报材料由管理人保存,供利害关系人查阅。

【条文释义】

本条规范管理人受理债权申报后的程序性事务,具体包括审查债权、编制债权表、保存债权表并供利害关系人查阅等事项。

本条相关内容,并未规定在《企业破产法》第25条第1款所列举的管理人的职责中。故应该可以根据《企业破产法》第25条第2款,将之理解为《企业破产法》对管理人职责的"另有规定"。

本条共分2款。分款评注如下:

第1款:"管理人收到债权申报材料后,应当登记造册,对申报的债权进行审查,并编制债权表。"

按照韩传华的解释,这里的"登记造册",即管理人对债权人提交的申报材料,逐一登记并装订成册,完成对申报材料的整理工作;而这里"对申报的债权进行审查,并编制债权表",尽管法律文本本身未明确管理人是否对债权人的申报做实质审查,更未明确仅将经过实质审查并确认的债权编入债权表,但应理解成管理人在债务人的有关人员配合下,对债权申报完成实质性审查。①

齐明认为,这里"对申报的债权进行审查",是《企业破产法》中非常重要的权利,这一权利的行使不仅在一定程度上决定债权能否实现,也决定了债权人是否有充分机会参与债权人会议,甚至还决定利害关系人应否在破产程序中享有破产法权利;有鉴于此,有必要通过债权人会议审查、法院批准等予以制衡。②

韩传华认为,鉴于《企业破产法》第62条明确规定第一次债权人会议在债权申报截止之后15日内召开,事实上留给管理人审查债权并编制债权表的时间,不足15日;如果债权人、债务人在第一次债权人会议召开之前对债权表有异议,这一时间期限势必还将大幅度缩短。③

按照最高人民法院2019年3月发布的《关于适用〈中华人民共和国企业破产法〉若干问题的规定(三)》第6条规定,管理人对于申报债权的记载事项,应该包括申报人的姓名、单位、代理人、申报债权额、担保情况、证据、联系方式等事项;而管理人对申报债权的审查事项,则应该包括:债权的性质、数额、担保财产、是否超过诉讼时效期间、是否超过强制执行期间等情况。

第2款:"债权表和债权申报材料由管理人保存,供利害关系人查阅。"

齐明认为,本款规定意味着,利害关系人不仅可对债权表上管理人审查自己申报债权的结果提出异议,也可以对债权表上管理人审查他人申报债权的结果提出异议;由此,决定了管理人在债权审查中必须宽严适度、标准明确,既防止因为过严而引发债权人对管理人的不满甚至对抗,也防止因为过松而导致债权人整体利益受损;债权人会议的核查和法院的确认,亦需要注意管理人对债权审查标准的掌握。④

对于这里的"利害关系人"的具体范围,《企业破产法》并未明确规定。韩传华认为,这里的"利害关系人",可以包括债务人、债务人股东以及所有债权人。⑤

对于这里的查阅主体及救济程序,最高人民法院2019年3月发布的《关于适用〈中华人民共和国企业破产法〉若干问题的规定(三)》,也予以特别明确:利害关系人应该包括单个债权人,其有权查阅债务人财产状况报告、债权人会议决议、债

权人委员会决议、管理人监督报告等参与破产程序所必需的债务人财务和经营信息资料。如果管理人无正当理由又不予以提供,债权人可以请求人民法院作出决定;人民法院应当在5日内作出决定。

【关联法律法规及司法政策】

最高人民法院《关于适用〈中华人民共和国企业破产法〉若干问题的规定(三)》(2020)

第六条 管理人应当依照企业破产法第五十七条的规定对所申报的债权进行登记造册,详尽记载申报人的姓名、单位、代理人、申报债权额、担保情况、证据、联系方式等事项,形成债权申报登记册。

管理人应当依照企业破产法第五十七条的规定对债权的性质、数额、担保财产、是否超过诉讼时效期间、是否超过强制执行期间等情况进行审查、编制债权表并提交债权人会议核查。

债权表、债权申报登记册及债权申报材料在破产期间由管理人保管,债权人、债务人、债务人职工及其他利害关系人有权查阅。

第十条 单个债权人有权查阅债务人财产状况报告、债权人会议决议、债权人委员会决议、管理人监督报告等参与破产程序所必需的债务人财务和经营信息资料。管理人无正当理由不予提供的,债权人可以请求人民法院作出决定;人民法院应当在五日内作出决定。

第五十八条 依照本法第五十七条规定编制的债权表,应当提交第一次债权人会议核查。

债务人、债权人对债权表记载的债权无异议的,由人民法院裁定确认。

债务人、债权人对债权表记载的债权有异议的,可以向受理破产申请的人民法院提起诉讼。

【立法沿革】

《企业破产法(试行)》(1986)

第十五条 债权人会议的职权是:

(一)审查有关债权的证明材料,确认债权有无财产担保及其数额;

(二)讨论通过和解协议草案;

(三)讨论通过破产财产的处理和分配方案。

---

① 参见韩传华:《企业破产法解析》,人民法院出版社2007年版,第215页。
② 参见齐明:《中国破产法原理与适用》,法律出版社2017年版,第123—124页。
③ 参见韩传华:《企业破产法解析》,人民法院出版社2007年版,第216页。
④ 参见齐明:《中国破产法原理与适用》,法律出版社2017年版,第124页。
⑤ 参见韩传华:《企业破产法解析》,人民法院出版社2007年版,第216页。

《破产法》(1995年草案)

第四十七条 依本法第四十六条规定编制的债权表,应当提交第一次债权人会议进行调查。但是,已经过仲裁或者人民法院判决确定的债权,以及诉讼未决或者仲裁未决的债权,不在债权人会议的调查之列。

管理人、债务人、债权人会议对债权表记载的债权无异议,由人民法院裁定后,债权即为确定。

债权表记载的债权因异议而不能确定的,债权人可以向受理破产案件的人民法院提起确认债权的诉讼。

《企业破产与重整法》(2000年6月草案)

第四十五条 依本法第四十四条规定编制的债权表,应当提交第一次债权人会议进行调查。但是,已经过仲裁裁决或者人民法院判决确定的债权,以及诉讼未决或者仲裁未决的债权,不在债权人会议的调查之列。

管理人、债务人、债权人会议对债权表记载的债权无异议,由人民法院裁定后,债权即为确定。

债权表记载的债权因异议而不能确定的,债权人可以向受理破产案件的人民法院提起确认债权的裁定。

《企业破产与重整法》(2000年12月草案)

第四十五条 依本法第四十四条规定编制的债权表,应当提交第一次债权人会议进行调查。

管理人、债务人、债权人会议对债权表记载的债权无异议,由人民法院裁定后,债权即为确定。

债权表记载的债权因异议而不能确定的,债权人可以向受理破产案件的人民法院提起确认债权的诉讼。

《企业破产与重整法》(2001年1月草案)

第四十六条 依本法第四十五条规定编制的债权表,应当提交第一次债权人会议调查。

管理人、债务人、债权人会议对债权表记载的债权无异议的,由人民法院裁定确定。

债权表记载的债权因异议而不能确定的,债权人或者管理人可以向受理破产案件的人民法院提起确认债权的诉讼。

《企业破产法》(2004年3月草案A版)

第五十三条 依本法第五十二条规定编制的债权表,应当提交第一次债权人会议调查。

债权人对其他债权人的债权有异议的,应当提出理由并提交有关证据,由人民法院裁定。

管理人、债务人、债权人会议对债权表记载的债权无异议的,由人民法院裁定确认。

债权表记载的债权因异议而不能确定的,债权人可以向受理破产案件的人民法院提起确认债权的诉讼。

《企业破产法》(2004年3月草案B版)

第五十四条 依本法第五十三条规定编制的债权表,应当提交第一次债权人会议调查。

管理人、债务人、债权人会议对债权表记载的债权无异议的,由人民法院裁定确认。

管理人、债务人、债权人对债权表记载的债权有异议的,可以向受理破产案件的人民法院提起确认债权的诉讼。

《企业破产法》(2004年6月草案)

第五十三条 依本法第五十二条规定编制的债权表,应当提交第一次债权人会议调查。

管理人、债务人、债权人会议对债权表记载的债权无异议的,由人民法院裁定确认。

管理人、债务人、债权人对债权表记载的债权有异议的,以向受理破产案件的人民法院提起确认债权的诉讼。

《企业破产法》(2004年10月草案)

第五十三条 依照本法第五十二条规定编制的债权表,应当提交第一次债权人会议调查。

债务人、债权人会议对债权表记载的债权无异议的,由人民法院裁定确认。

债务人、债权人对债权表记载的债权有异议的,可以向受理破产案件的人民法院提起确认债权的诉讼。

【条文释义】

本条规定的是债权人会议对债权表的核查事宜。

如前文所言,由债权人会议和法院对管理人审查的债权做出进一步审查,同时赋予异议债权人诉讼权,是《企业破产法》对管理人债权审查权规定的重要制衡手段。[①]

本条共分3款。分款评述如下:

第1款:"依照本法第五十七条规定编制的债权表,应当提交第一次债权人会议核查。"

本款明确规定,第一次债权人会议享有对管理人审查并编制债权表的审查权。对于第一次债权人会议"核查"债权表的具体程序,《企业破产法》并未规定。韩传华认为,鉴于债权人会议的"核查"更多是事务性的,并不影响债权申报的有效性,因此债权人会议的"核查",可以是有充分

---

① 参见齐明:《中国破产法原理与适用》,法律出版社2017年版,第124页。

时间保障的讨论,而不必是决议;为了确保"核查"顺畅进行,管理人应当向每一位债权人会议与会者提供债权表。① 齐明认为,债权人会议对债权表的核查,既可以全部通过,也可以针对某一项记载提出异议,还可以针对整个债权表提出异议,这是《企业破产法》对债权债务关系实质性审查的过程。②

第 2 款:"债务人、债权人对债权表记载的债权无异议的,由人民法院裁定确认。"

本款规定了债务人、债权人对债权表无异议时的程序,即由法院裁定并予以确认。

齐明认为,根据本款的规定,法院对债权表记载的债权所作审查,属于形式审查,以债务人、债权人对债权表无异议为前提条件,也是债权人会议对管理人所审查债权展开进一步审查后所做结果的确认;因此,这里的"裁定"可以视为法院对双方合意行为的司法确认,性质上相当于调解书,双方亦可以在破产程序之外通过诉讼和和解形成生效法律文书。③

按照本款的文本,"债务人、债权人对债权表记载的债权无异议"的确认,是个值得探讨的问题。韩传华认为,管理人如果认为债务人、债权人对债权表记载的债权无异议,那么在申请法院裁定确认债权表时,需要在申请材料中阐述如下内容:(1)该项债权基本事实清楚;(2)该项债权已被记入债权表;(3)该项债权已经债权人会议核查;(4)该项债权的债权人在确定期限内未向管理人提出书面异议;(5)债务人在特定期限内亦未向管理人提出异议。法院只有确认这五点内容均具备,才能确认该项债权,而无须再向债权人、债务人确认是否有异议。④

第 3 款:"债务人、债权人对债权表记载的债权有异议的,可以向受理破产申请的人民法院提起诉讼。"

本款规定债务人、债权人对债权表记载的债权有异议的情况下,需要相关异议人向法院提起诉讼。

韩传华认为,债务人并未参与债权申报、核查及编制债权表的工作,故在债权表编制后,极有可能提出异议,具体可以分为两类情形:第一,在重整并采取债务人自行管理时,对债权表提出异议;这种情况下,由于债务人在破产申请受理后,其自行管理的财产和营业事务均由管理人移交,且受管理人监督,故异议无意义。第二,债务人的权力机构对管理人审查编制的债权表提出异议;这种情况下,相关异议应由债务人权力机构股东会或董事会提出异议,但由于股东、董事并不必然列席债权人会议,相关异议只能由股东、董事查阅债权表之后提出;由此,韩传华建议法院适用《企业破产法》第 25 条第 9 项,赋予管理人在编制债权表、第一次债权人会议召开前特定时限内,将债权表提交债务人权力机构或其主要成员,并确保其异议权。⑤

齐明认为,本款规定赋予债权人、债务人在对管理人审查债权结果有异议时的诉讼权,其实质是视前期审查为简易的债权确认审查之诉,"通过简化的、强调程序性的债权审查程序实现破产程序自身的效率性","当债权简易审查程序遭到质疑之时即回归到正常的诉讼程序符合《民事诉讼法》的相关规定"⑥。

债权人异议,相对来说更好理解。按照韩传华的解释,债权人在"核查"时,既可以对债权表上所记载的自己申报的债权提出异议,也可以对债权表上所记载的其他债权人的债权提出异议。⑦ 韩传华因此建议,法院应适用《企业破产法》第 25 条第 9 项,赋予管理人在编制债权表、第一次债权人会议召开前特定时限内,将债权表提交债权人会议成员,并确保其异议权。⑧

那么,有异议的债权人、债务人究竟应该如何提起诉讼呢?韩传华分别讨论债权人异议、债务人异议、债权人债务人同时异议情况下涉及具体问题的处理;尤其是债务人提出异议时,对于提出主体、应诉主体、诉讼费用承担等,都具有各种问题。⑨

对此,齐明亦提出几点疑问:第一,债务人在破产程序中提起衍生诉讼的能力弱化,如果法院不满足其减免或延缓缴纳诉讼费的情况下,或者

---

① 参见韩传华:《企业破产法解析》,人民法院出版社 2007 年版,第 216—217 页。
② 参见齐明:《中国破产法原理与适用》,法律出版社 2017 年版,第 124 页。
③ 参见齐明:《中国破产法原理与适用》,法律出版社 2017 年版,第 124—125 页。
④ 参见韩传华:《企业破产法解析》,人民法院出版社 2007 年版,第 219 页。
⑤ 参见韩传华:《企业破产法解析》,人民法院出版社 2007 年版,第 217—218 页。
⑥ 齐明:《中国破产法原理与适用》,法律出版社 2017 年版,第 125 页。
⑦ 参见韩传华:《企业破产法解析》,人民法院出版社 2007 年版,第 216、218 页。
⑧ 参见韩传华:《企业破产法解析》,人民法院出版社 2007 年版,第 218 页。
⑨ 参见韩传华:《企业破产法解析》,人民法院出版社 2007 年版,第 219—222 页。

如果让管理人代表债务人针对自己的债权审查结果提起诉讼,都会使得债务人异议实际上难以提起诉讼;第二,根据执转破案件管辖规定和集中管辖原则,会导致衍生诉讼及二审诉讼涌入中级人民法院和高级人民法院,可能加重法院的负担,也会造成司法资源的浪费;第三,破产衍生诉讼必然拉长破产程序进行的周期,管理人在工作中需要灵活把握衍生诉讼的推进,并为可能的债权人预留分配额以保证破产程序的进度。①

2019年3月,最高人民法院发布《关于适用〈中华人民共和国企业破产法〉若干问题的规定(三)》,其中第8条、第9条特别规定了异议程序、救济措施及原被告确认等困扰实务界的问题。按照该司法解释(三)第8条规定,债务人、债权人提出异议,必须说明理由和法律依据;这也就是说,提出异议应该通过书面方式。另外,管理人对异议有解释或调整义务;这也就是说,管理人对异议有且仅有两种选项,要么解释、驳回异议,要么根据异议人的诉求调整其债权,管理人不能对异议置之不理,更不能有其他处理。对于管理人的解释或调整,异议人如同意,争议结束;如不同意,则应向法院提起债权确认之诉。按照该司法解释(三)第9条,异议之诉的原被告问题分别如下:第一,债务人对债权表记载的债权有异议向人民法院提起诉讼的,应将被异议债权人列为被告;第二,债权人对债权表记载的他人债权有异议的,应将被异议债权人列为被告;第三,债权人对债权表记载的本人债权有异议的,应将债务人列为被告;第四,对同一笔债权存在多个异议人,其他异议人申请参加诉讼的,应当列为共同原告。

【关联法律法规及司法政策】

最高人民法院《关于适用〈中华人民共和国企业破产法〉若干问题的规定(三)》(2020)

第八条 债务人、债权人对债权表记载的债权有异议的,应当说明理由和法律依据。经管理人解释或调整后,异议人仍然不服的,或者管理人不予解释或调整的,异议人应当在债权人会议核查结果后十五日内向人民法院提起债权确认的诉讼。当事人之间在破产申请受理前订立有仲裁条款或仲裁协议的,应当向选定的仲裁机构申请确认债权债务关系。

第九条 债务人对债权表记载的债权有异议向人民法院提起诉讼的,应将被异议债权人列为被告。债权人对债权表记载的他人债权有异议的,应将被异议债权人列为被告;债权人对债权表记载的本人债权有异议的,应将债务人列为被告。

对同一笔债权存在多个异议人,其他异议人申请参加诉讼的,应当列为共同原告。

第十条 单个债权人有权查阅债务人财产状况报告、债权人会议决议、债权人委员会决议、管理人监督报告等参与破产程序所必需的债务人财务和经营信息资料。管理人无正当理由不予提供的,债权人可以请求人民法院作出决定;人民法院应当在五日内作出决定。

上述信息资料涉及商业秘密的,债权人应当依法承担保密义务或者签署保密协议;涉及国家秘密的,应当依照相关法律规定处理。

【裁判要旨】

案例1

中国农业银行股份有限公司深圳市分行与中国科健股份有限公司、中国东方资产管理公司深圳办事处破产债权确认纠纷案

法院:广东省高级人民法院

案号:(2013)粤高法民二破终字第11号

事实:上诉人中国农业银行股份有限公司深圳市分行(以下简称农行深圳分行)因与被上诉人中国科健股份有限公司(以下简称科健公司)、中国东方资产管理公司深圳办事处(以下简称东方深圳办)破产债权确认纠纷一案,不服广东省深圳市中级人民法院(2012)深中法破初字27号民事裁定,向广东省高级人民法院提起上诉。

2011年10月8日,深圳市中级人民法院裁定受理科健公司破产重整案,农行深圳分行和东方深圳办均为该破产重整案的债权人。截至2012年1月16日,科健公司管理人共接到债权申报133项。经科健公司管理人审查上述债权,向各债权人送达审查结论,并根据债权人提出的异议进行复查后,确认债权125项,其中包含东方深圳办申报的有财产担保的债权65654052.27元。截至2012年3月5日,对于管理人确认的上述125项债权(包括涉案债权在内),债权人均未提出异议或向原审法院提起诉讼。2012年3月8日,原审法院裁定确认科健公司管理人报送的债权表。该裁定书的附件《中国科健股份有限公司债权表》第5页记载,序号为114东方深圳办有财产担保的债权为65654052.27元。

2012年3月30日,东方深圳办向科健公司管理人提出申请,要求对其有担保债权的抵押物进行补充申报,明确东方深圳办对科健公司享有的抵押权包括深圳市南山区松平路宗地号T××-

---

① 参见齐明:《中国破产法原理与适用》,法律出版社2017年版,第125页。

0020号高新技术用地土地使用权及该土地上的地上建筑物。2012年4月10日,科健公司管理人作出《关于两项权利补充申报的情况通报》,审核结论为"管理人确认东方深圳办抵押债权65654052.27元所对应之抵押物除此前已确认的T××-0020号高新技术用地使用权外还同时包括其上已建厂房",并特别提示"请全体债权人对管理人上述审核结论予以审查,如债权人不同意管理人的上述两项审核结论,可于收到本通报后十五日内依法向深圳市中级人民法院提出诉讼,并同时通知本管理人。管理人收到通知后将做好相关提存工作。逾期未通知的即视为同意上述权利审核结果,并应承担相应的法律后果"。该情况通报作出后,管理人向全体债权人进行了送达,农行深圳分行确认收到该份情况通报。对于补充申报和管理人确认的担保物范围,农行深圳分行未向管理人提出异议,也未向法院提起诉讼。

2012年4月27日,科健公司破产重整案召开第二次债权人会议,表决《中国科健股份有限公司重整计划》。经过分组表决,该重整计划通过。该重整计划第10页记载,科健公司有财产担保债权共2家,其中东方深圳办的债权为65654052.27元,对应的抵押物为科技园CDMA土地及土地上CDMA厂房4层,其评估价值共计48943690元。2012年5月18日,深圳市中级人民法院作出(2011)深中法民七重整字第1-4号民事裁定书,裁定批准《中国科健股份有限公司重整计划》,并终止科健公司重整程序。

之后,农行深圳分行就上述重整计划中确认的东方深圳办的债权数额和抵押范围,提起本案诉讼称:科健公司管理人确认东方深圳办有财产担保的债权金额及抵押范围包含地上建筑物均错误。

深圳市中级人民法院在一审中认为:东方深圳办对科健公司享有的有财产担保的债权额和抵押权的担保物范围,均已经人民法院生效裁定审查确认,农行深圳分行就上述内容提出异议并向原审法院起诉,违反"一事不再理"的民事诉讼原则,不符合《民事诉讼法》关于起诉条件的规定,依法应予驳回。依照《民事诉讼法》第119条等规定,深圳市中级人民法院于2013年3月28日作出裁定:驳回农行深圳分行的起诉。

农行深圳分行不服原审裁定,认为《企业破产法》并未规定债权确认异议之诉的诉讼时效,向广东省高级人民法院提起上诉,请求撤销原审裁定,依法改判。

裁判要旨:债权人未在合理期限内就债权审查事宜提出异议或诉讼,在法院裁定认可债权表并批准重整计划后,重整程序已终止。在这种情况下,债权人提起诉讼,对重整计划中确认的债权数额和担保抵押范围提出异议,没有法律依据,裁定予以驳回并无不当。

裁判理由:广东省高级人民法院认为:根据《企业破产法》第57条、第58条的规定,破产债权由管理人审查后编制债权表,提交债权人会议核查,债务人、债权人对债权表记载的债权有异议的,可以向受理破产申请的人民法院提起诉讼,无异议的由人民法院裁定确认。东方深圳办申报的涉案债权,经科健公司管理人审查后编制了债权表,并向包括农行深圳分行在内的各债权人进行了送达,其间农行深圳分行并未对该债权数额提出异议,也未向法院提起诉讼。2012年3月8日,原审法院作出(2011)深中法民七重整字第1-3号民事裁定,确认东方深圳办申报的有财产担保的债权为65654052.27元,该裁定已依法发生法律效力。

2012年3月30日,东方深圳办对涉案债权的抵押物进行补充申报。2012年4月10日,科健公司管理人作出《关于两项权利补充申报的情况通报》,确认了东方深圳办的补充申报即确认东方深圳办有财产担保的债权的抵押物范围包括其地上已建厂房,并将该情况通报向包括农行深圳分行在内的全体债权人进行了送达,并明确如债权人不同意管理人的上述审核结论,可于收到该通报后15日内依法向原审法院提出诉讼。农行深圳分行在上述指定的期间内并未对该情况通报审核的结论提起诉讼。科健公司第二次债权人会议于2012年4月27日表决通过《中国科健股份有限公司重整计划》后,农行深圳分行并未在15日内请求原审法院裁定撤销该通过重整计划的决议,其于2012年10月提起本案诉讼,不符合《企业破产法》第64条第2、3款的规定。因农行深圳分行未依法及时行使异议权,深圳市中级人民法院遂于2012年5月18日作出(2011)深中法民七重整字第1-4号民事裁定书,批准《中国科健股份有限公司重整计划》并终止科健公司重整程序。由于上述《中国科健股份有限公司重整计划》系根据已确认的债权数额、债权分类、担保抵押范围等事实作出的,其在债权人会议经过不同类别的债权分组讨论通过后,由法院裁定予以批准,根据《企业破产法》第86条的规定,科健公司重整程序已经深圳市中级人民法院于2012年5月18日裁定终止,而重整计划根据《企业破产法》第92条第1款的规定,对农行深圳分行亦具有约束力,因此农行深圳分行在科健公司重整程序已终止的情况下,提起本案诉讼,对重整计划中确认的东方深圳办的债权数额和担保抵押范围提出异议,没有法律依据,深圳市中级人民法院对此裁定予以驳回并无不当,予以维持。农行深圳分行现上诉称本案重整计划至今未执行完毕,因此农行深圳分行的起诉应予受理,不予采纳。

鉴于上述,广东省高级人民法院于2013年9月15日作出判决,驳回上诉,维持原裁定。

案例2

国家开发银行股份有限公司、佛山市南海耐诗五金包装有限公司普通破产债权确认纠纷案

法院:广东省高级人民法院

案号:(2017)粤民终648号

事实:上诉人国家开发银行股份有限公司(以下简称国家开发银行)、上诉人佛山市南海耐诗五金包装有限公司(以下简称耐诗公司)因与被上诉人佛山市南海华达模具塑料有限公司(以下简称华达公司)普通破产债权确认纠纷一案,不服佛山市中级人民法院(2015)佛中法民二初字191号民事判决,向广东省高级人民法院提起上诉。

2013年6月9日,国家开发银行与华达公司签订了《人民币资金借款合同》及《应收账款质押合同》《应收账款质押登记协议》,约定:华达公司因销售货物而自2013年6月9日起享有的全部收入作为应收账款为《人民币资金借款合同》项下的2000万元债权向国家开发银行提供质押担保。

2014年8月13日,华达公司向国家开发银行发出《关于使用回笼货款解决劳资问题的说明函》,告知其华达公司将2014年5月12日至7月25日期间公司回笼的应收账款811.56万元用于支付遣散员工的工资及相关补偿,若法院通过司法强制程序或华达公司进入司法重整阶段后由管理人依法处置土地、厂房、设备或其他一切华达公司有权处分的合法资产的,国家开发银行可依法向法院或管理人主张从上述处置价款中优先受偿。

2014年9月22日,原审法院佛山市中级人民法院裁定受理华达公司破产重整申请。2014年12月12日,国家开发银行向华达公司管理人发函,要求被挪用于支付员工工资及相关补偿的811.56万元应收账款担保的债权优先受偿。2014年12月26日,华达公司管理人向各债权人发出《债权最终审查结果的通知》,确认国家开发银行申报债权中的811.56万元系用于垫付经济补偿、工人工资等,今后在处置财产所得款项中优先受偿。2015年1月27日,原审法院裁定确认上述《债权最终审查结果的通知》中债权表记载的债权。

2015年5月25日,耐诗公司向华达公司管理人提交《关于国开行不应优先受偿8115600元的意见》,申请华达公司管理人依法复核国家开发银行的债权。华达公司管理人经复核后在2015年6月19日编制的《重整计划(草案)》中记载"2015年6月,管理人经复核认为:国家开发银行主张其垫付811.56万元用于支付职工经济补偿金和工人工资缺乏事实和证据,不予支持。管理人已依法通知国家开发银行上述决定。若国家开发银行对此有异议,可依法向佛山市中级人民法院提起诉讼。管理人将依法提存811.56万元。最终视国家开发银行是否起诉或生效判决是否确认,再依法进行分配"。2015年7月8日,原审法院裁定批准上述重整计划。

耐诗公司遂提起本案诉讼。

2016年5月6日,原审法院作出一审判决:(1)确认第三人国家开发银行对被告华达公司享有6509159.31元职工债权,在被告华达公司《重整计划》所提存的811.56万元中按照职工债权的受偿顺序清偿;(2)驳回原告耐诗公司的其他诉讼请求。

裁判要旨:原审法院裁定受理破产重整申请前,支付相关工人工资及经济补偿的行为是在当地人民政府主持协调下进行,目的是维护社会稳定,优先保护劳动者合法权益,而且也促进华达公司破产重整的顺利进行,应当认定该行为属于优先解决破产企业职工的安置问题之性质,应当依法在本案破产程序中按照职工债权的受偿顺序优先受偿。

裁判理由:广东省高级人民法院认为,本案为普通破产债权确认纠纷之诉。根据上诉人的上诉请求及被上诉人的答辩意见,本案争议焦点归纳为:人民法院是否应当受理耐诗公司提起的诉讼;是否认定国家开发银行存在垫付工人工资及经济补偿金的行为;国家开发银行因垫付工人工资及经济补偿所形成的债权在破产程序中是否享有优先受偿权及优先受偿的数额有多少。

关于人民法院是否应当受理耐诗公司提起的撤销管理人对国家开发银行811.56万元债权优先受偿认定的诉讼。《企业破产法》第58条规定:"依照本法第五十七条规定编制的债权表,应当提交第一次债权人会议核查。债务人、债权人对债权表记载的债权无异议的,由人民法院裁定确认。债务人、债权人对债权表记载的债权有异议的,可以向受理破产申请的人民法院提起诉讼。"经查,本案中华达公司管理人向各债权人发出的《债最终审查结果的通知》，确认国家开发银行申报债权中的 811.56 万元可在处置财产所得款项中优先受偿。因为没有债权人在该通知要求的期限前提出异议或向人民法院提起诉讼，所以原审法院裁定确认上述《债权最终审查结果的通知》中债权表记载的债权。耐诗公司在此之后提出了异议，华达公司管理人经复核后在《重整计划（草案）》明确国家开发银行主张其垫付的 811.56 万元用于支付职工经济补偿金和工人工资缺乏事实和证据，并告知债权人可依法向人民法院提起诉讼。尽管原审法院裁定批准上述重整计划，但由于法律并未明确债权人对债权表记载的债权提出异议的期限，因此，在破产债权分配前，耐诗公司提起本案诉讼，原审法院立案受理，并无违反法律规定。对此，本院予以支持。国家开发银行主张耐诗公司无权提起本案诉讼的上诉请求，因缺乏法律依据，本院不予采纳。

关于是否认定国家开发银行存在垫付工人工资及经济补偿金的行为。经查本案中，在人民法院裁定受理华达公司破产重整申请前，华达公司于 2014 年 8 月 13 日向国家开发银行发出《关于使用回笼货款解决劳资问题的说明函》，告知华达公司将 2014 年 5 月 12 日至 7 月 25 日期间公司回笼的应收账款 811.56 万元用于支付遣散员工的工资及相关补偿。虽然华达公司支付相关工人工资及经济补偿的行为发生于原审法院裁定受理华达公司破产重整申请前，但该行为是在当地人民政府主持协调下进行的，目的是维护社会稳定，优先保护劳动者合法权益，而且也促进了华达公司破产重整的顺利进行。因此应当认定该行为属于优先解决破产企业职工的安置问题之性质。而且，之后国家开发银行向华达公司管理人发出《关于要求将我行被挪用质物 811.56 万元应收账款对应的债权优先清偿的函》，确认了华达公司的上述行为。根据最高人民法院《关于正确审理企业破产案件为维护市场经济秩序提供司法保障若干问题的意见》第 5 条规定"……有条件的地方，可通过政府设立的维稳基金或鼓励第三方垫款等方式，优先解决破产企业职工的安置问题，政府或第三方就劳动债权的垫款，可以在破产程序中按照职工债权的受偿顺序优先获得清偿"，应当认定国家开发银行存在以应收账款为华达公司垫付工人工资及经济补偿的行为。上诉人耐诗公司上诉主张华达公司将应收账款用于支付工人工资及经济补偿的行为属于违约行为、并非国家开发银行垫付工人工资及经济补偿的行为，故理由不能成立。

关于国家开发银行因垫付工人工资及经济补偿所形成的债权在本案中是否享有优先受偿权及优先受偿的数额有多少。如前所述，国家开发银行存在以应收账款为华达公司垫付工人工资及经济补偿的行为，依照最高人民法院《关于正确审理企业破产案件为维护市场经济秩序提供司法保障若干问题的意见》第 5 条规定，国家开发银行将享有质押权的应收账款为华达公司垫付工人工资及经济补偿所形成的债权应当依法在本案破产程序中按照职工债权的受偿顺序优先受偿。

……原审判决确认国家开发银行对华达公司享有 6509159.31 元职工债权并在案涉《重整计划》所提存的 811.56 万元中的按照职工债权的受偿顺序清偿，依据充分，本院予以支持。

……

综上所述，上诉人国家开发银行及上诉人耐诗公司的上诉请求不能成立，应予驳回。2017 年 10 月 12 日，广东省高级人民法院作出裁定：原审判决认定事实清楚，适用法律正确，应予维持。判决驳回上诉，维持原判。

案例 3

中融公司与云贵公司、华阳矿业公司、云尚公司、华阳煤业公司普通破产债权确认纠纷案

法院：贵州省高级人民法院

案号：(2015) 黔高民商终字第 30 号

事实：上诉人中融公司与被上诉人云贵公司、华阳矿业公司、云尚公司、华阳煤业公司普通破产债权确认纠纷一案，前由六盘水市中级人民法院于 2015 年 2 月 9 日作出 (2014) 黔六中民商初字第 00018 号民事裁定书，中融公司不服，向贵州省高级人民法院提起上诉。

上诉人中融公司一审诉称：2010 年 9 月 13 日，中融公司与被上诉人云贵公司签署了《信托贷款合同》，约定中融公司向云贵公司提供信托贷款 6000 万元。当日，双方另签署了《抵押合同》，云贵公司用其名下的盘县板桥森林煤矿的采矿权向中融公司提供抵押担保，并办理采矿权抵押备案登记，华阳矿业公司、云尚公司、华阳煤业公司与中融公司分别签署了《保证合同》，提供连带保证担保。以上合同均在北京方圆公证处办理了公证。2010 年 11 月 11 日，中融公司依约向云贵公司一次性发放信托贷款共计人民币 6000 万元。由于云贵公司并未依约偿还本金及利息，2013 年 1 月 10 日，北京方圆公证处签发编号为 (2012) 京方圆内经证字第 35900 号《执行证书》。

贵州省六盘水市中级人民法院于 2013 年 12 月 23 日裁定受理云贵公司等上述四煤矿的破产

清算案件。2014年3月14人，中融公司向四煤矿的破产管理人申报8784.449657万元债权。但2014年5月14日在破产管理人召开的第二次债权人会议所公布的《债权确认汇总表》中，并未对中融公司的债权予以确认，故原告依据《企业破产法》第58条第3款之规定，向六盘水市中级人民法院提起破产确认债权诉讼。

一审法院认为，管理人对于债权申报的审查只是初步的审查，对于申报的债权进行审查后，应对债权进行汇总，编制债权表并提交债权人会议核查，经债权人会议核查的债权，其效力仍未最终确定，只有在债务人、债权人对债权表记载的债权无异议时，才由人民法院裁定确认。债务人、债权人无异议，是人民法院确认债权的先决条件，债务人或者债权人对于某一项债权有异议，应当依照《企业破产法》第58条第3款的规定，向人民法院提起诉讼，由人民法院最终裁决。本案中，由于债务人的法定代表人下落不明，管理人对中融公司所申报的债权尚处于调查核实阶段，并未将该债权编制成表提交于2014年5月14日召开的第二次债权人会议进行核查，也并未对中融公司所申报的债权作出确认或不确认的认定，而是将中融公司所申报的债权归至于待确认的调查状态。债权人依据2014年5月14日第二次债权人会议召开后所公布的《债权确认汇总表》起诉债务人，要求人民法院直接对其所申报的债权予以确认，在管理人未对中融公司所申报的债权作出确认或不确认的认定前，中融公司向该院提起普通破产债权确认之诉不符合《企业破产法》的规定，故中融公司的起诉不具备起诉要件。据此，一审法院依据《企业破产法》第57条、第58条等规定，裁定驳回中融公司的起诉。

中融公司不服一审裁定，向本院提起上诉。

裁判要旨：在债权确认中，人民法院是确认债权的主体，而破产管理人的职责仅限于《企业破产法》第25条所规定的范围。债权人、债务人提起诉讼的前提条件并非需要等待对其所申报的债权作出确认或不确认的决定，而是债权人、债务人对债权表所记载的债权存有异议。

裁判理由：贵州省高级人民法院认为，中融公司的起诉符合法律规定的条件，人民法院应当进行审理。

首先，人民法院受理关于债务人的破产案件之后，债权人有权申报债权，而为了保护全体债权人受偿的公平，对于债权人申报的债权，管理人应当登记造册，编制债权表，并由债权人会议进行核查，经核查后，债权人和债务人对债权表所记载的债权无异议的，由人民法院裁定确认，故，人民法院是确认债权的主体。而破产管理人的职责仅限于《企业破产法》第25条所规定的范围。破产管理人并不能对债权人所申报的债权作出确认或者不确认的认定，故一审法院认为在管理人未对中融公司所申报的债权作出确认或不确认的认定前，即向法院提起普通破产债权确认之诉不符合法律规定，属于适用法律错误，本院予以纠正。

其次，按照《企业破产法》第58条规定，债权人、债务人提起诉讼的前提条件并非需要等待对其所申报的债权作出确认或不确认的决定，而是债权人、债务人对债权表所记载的债权存有异议，如将确认债权的权限授予管理人，将债权人、债务人提起诉讼解决债权确认纠纷的前提条件限定为管理人作出"确认"或者"不确认"的决定，而管理人仅作出"确认"或"不确认"之外的决定，债权人或债务人又不能通过司法途径救济其权利，债权人或债务人的该项权利将落空，故应当认为债权人、债务人对债权表记载的债权有异议，其即可向有管辖权的人民法院提起诉讼，请求解决异议事项。

此外，在本案二审中，上诉人中融公司提交了证据，证明四名被上诉人的破产管理人已经做出了对其债权不确认的决定，双方之间对是否确认中融公司的债权存在明确分歧，故，中融公司据此也具有向人民法院提起诉讼的权利。

至于被上诉人法定代表人下落不明、上诉人的债权已经执行裁定所确认等事项是否影响上诉人的债权在破产程序中的确认，属于实体审理的范围，须经开庭审理后与本案全部事实综合进行认定。

综上，上诉人中融公司关于其起诉符合法律规定条件的理由成立，一审法院裁定驳回其起诉属于适用法律错误，应当予以纠正。2015年6月24日，贵州省高级人民法院作出裁定：撤销六盘水市中级人民法院（2014）黔六中民商初字第00018号民事裁定；指令六盘水市中级人民法院对本案进行审理。

第七章 债权人会议

第一节 一般规定

第五十九条 依法申报债权的债权人为债权人会议的成员,有权参加债权人会议,享有表决权。

债权尚未确定的债权人,除人民法院能够为其行使表决权而临时确定债权额的外,不得行使表决权。

对债务人的特定财产享有担保权的债权人,未放弃优先受偿权利的,对于本法第六十一条第一款第七项、第十项规定的事项不享有表决权。

债权人可以委托代理人出席债权人会议,行使表决权。代理人出席债权人会议,应当向人民法院或者债权人会议主席提交债权人的授权委托书。

债权人会议应当有债务人的职工和工会的代表参加,对有关事项发表意见。

【立法沿革】

《企业破产法(试行)》(1986)

第十三条 所有债权人均为债权人会议成员。债权人会议成员享有表决权,但是有财产担保的债权人未放弃优先受偿权利的除外。债务人的保证人,在代替债务人清偿债务后可以作为债权人,享有表决权。

债权人会议主席由人民法院从有表决权的债权人中指定。

债务人的法定代表人必须列席债权人会议,回答债权人的询问。

《破产法》(1995年草案)

第五十一条 所有依法申报债权的债权人均为债权人会议的成员。债权人会议的成员,有权参加债权人会议,就债权人会议讨论的议题发表意见,并享有表决权。

有财产担保的债权人,未放弃优先受偿权利的,对于本法第五十三条第一款第(七)、(八)项规定的决议,没有表决权。

第五十二条 债权人可以委托代理人出席会议,行使表决权。代理人出席债权人会议,应当向人民法院或者债权人会议主席提交债权人的授权委托书。

《企业破产与重整法》(2000年6月草案)

第四十九条 所有依法申报债权的债权人均为债权人会议的成员。债权人会议的成员,有权参加债权人会议,并享有表决权。但是,债权尚未确定的债权人,不得行使表决权。

债权人会议设主席一人,由人民法院从有表决权的债权人中指定。

债权人会议主席主持债权人会议。

有财产担保的债权人,未放弃优先受偿权利的,对于本法第五十一条第一款第(七)、(八)项规定的决议,没有表决权。

第五十条 债权人可以委托代理人出席会议,行使表决权。代理人出席债权人会议,应当向人民法院或者债权人会议主席提交债权人的授权委托书。

《企业破产与重整法》(2000年12月草案)

第四十九条 所有依法申报债权的债权人均为债权人会议的成员。债权人会议的成员,有权参加债权人会议,享有表决权。但是,债权尚未确定的债权人,除人民法院能够为其行使表决权而临时确定债权额的,不得行使表决权。

有财产担保的债权人,未放弃优先受偿权利的,对于本法第五十一条第一款第(七)、(八)项规定的决议,没有表决权。

债权人可以委托代理人出席会议,行使表决权。代理人出席债权人会议,应当向人民法院或者债权人会议主席提交债权人的授权委托书。

《企业破产与重整法》(2001年1月草案)

第四十七条 所有依法申报债权的债权人均为债权人会议的成员。债权人会议的成员,有权参加债权人会议,享有表决权。但是,债权尚未确定的债权人,除人民法院能够为其行使表决权而临时确定债权额的,不得行使表决权。

有财产担保的债权人,未放弃优先受偿权利的,对于本法第四十九条第一款第(七)、(八)项规定的决议,没有表决权。

债权人可以委托代理人出席会议,行使表决权。代理人出席债权人会议,应当向人民法院或者债权人会议主席提交债权人的授权委托书。

《企业破产法》(2004年3月草案A版)

第五十四条 所有依法申报债权的债权人均

为债权人会议的成员。债权人会议的成员,有权参加债权人会议,享有表决权。

债权尚未确定的债权人,除管理人能够为其行使表决权而临时确定债权额的,不得行使表决权。

有财产担保的债权人,未放弃优先受偿权利的,对于本法第五十六条第一款第(七)、(八)项规定的决议,没有表决权。

债权人可以委托代理人出席会议,行使表决权。代理人出席债权人会议,应当向人民法院或者债权人会议主席提交债权人的授权委托书。

《企业破产法》(2004年3月草案B版)

第五十五条 所有依法申报债权的债权人均为债权人会议的成员。债权人会议的成员,有权参加债权人会议,享有表决权。

债权尚未确定的债权人,除管理人能够为其行使表决权而临时确定债权额的,不得行使表决权。

有财产担保的债权人,未放弃优先受偿权利的,对于本法第五十七条第一款第(七)、(八)项规定的决议,没有表决权。

债权人可以委托代理人出席会议,行使表决权。代理人出席债权人会议,应当向人民法院或者债权人会议主席提交债权人的授权委托书。

《企业破产法》(2004年6月草案)

第五十四条 所有依法申报债权的债权人均为债权人会议的成员。债权人会议的成员,有权参加债权人会议,享有表决权。

债权尚未确定的债权人,除管理人能够为其行使表决权而临时确定债权额的,不得行使表决权。

有财产担保的债权人,未放弃优先受偿权利的,对于本法第五十六条第一款第(九)、(十)项规定的决议,没有表决权。

债权人可以委托代理人出席会议,行使表决权。代理人出席债权人会议,应当向人民法院或者债权人会议主席提交债权人的授权委托书。

债务人企业的职工和工会可以派代表参加债权人会议。

《企业破产法》(2004年10月草案)

第五十四条 依法申报债权的债权人为债权人会议的成员,有权参加债权人会议,享有表决权。

债权尚未确定的债权人,除管理人能够为其行使表决权而临时确定债权额的,不得行使表决权。

对债务人的特定财产享有担保权或者法律规定的优先权的债权人,未放弃优先受偿权利的,对于本法第五十六条第一款第(十)项规定的决议不享有表决权。

债权人可以委托代理人出席会议,行使表决权。代理人出席债权人会议,应当向人民法院或者债权人会议主席提交债权人的授权委托书。

债务人企业的职工和工会可以派代表参加债权人会议。

【条文释义】

本条具体规定债权人会议的构成和表决权行使等事宜。

本条共分5款。分款评注如下:

第1款:"依法申报债权的债权人为债权人会议的成员,有权参加债权人会议,享有表决权。"

本款确定债权人会议成员的范围,及其参加债权人会议并表决的权利。

依据本款文本,"依法申报债权"成为债权人能否参与债权人会议并享有表决权的前提条件。按照韩传华的解读,这意味着三点:第一,并非所有的债权人,都能够成为债权人会议成员并享有参加债权人会议和行使表决权的权利;第二,如果债权人在法院确定申报期限外补充申报,只能参与后续的债权人会议并行使表决权;第三,职工债权按照《企业破产法》无须申报,但其与申报效果一致,故亦是债权人会议成员,可以参加债权人会议并享有表决权。[①] 齐明指出,本款特别强调"依法申报债权",既反映出债权人会议的本质,也很好地解决了第一次债权人会议成员如何确定的难题,更为债权人会议决议约束全体债权人奠定了制度基础。[②]

对于可能出现不尽一致的情况,韩传华认为应分类处理:第一,对于同一金融机构中不同分支机构分别申报债权的情形,无论债权如何发生、无论是否单独申报,均应视为同一个债权人对债务人享有的债权;第二,对于国税、地税、关税等的债权申报,或者同一税务机构在不同地方的分支机构,鉴于国家通过不同税收机构征收,故应视为不同的债权人,分别独立申报;第三,对于同一债权人,如果债权种类不一,应就不同种类的债权分别

---

① 参见韩传华:《企业破产法解析》,人民法院出版社2007年版,第223页。
② 参见齐明:《中国破产法原理与适用》,法律出版社2017年版,第127页。

第五十九条

申报、分别行使表决权。①

齐明认为，仅凭本款，尚不足以完整展示享有表决权的规定；只有与本条第2款结合，才可以最终确定债权的数额、清偿期及有无财产担保，进而确定享有表决权的债权人会议成员的范围。②

第2款："债权尚未确定的债权人，除人民法院能够为其行使表决权而临时确定债权额的外，不得行使表决权。"

韩传华认为这里的"债权尚未确定"具体所指不够明确，既可能是管理人尚未审查确定的债权，也可能指未经法院判决或仲裁裁定而确定的债权；综合分析来看，"债权尚未确定"应指后者。③根据《企业破产法》第58条的规定，只有如下两种情况能够保证债权得以确定：要么债权人、债务人对管理人确定的债权无异议，要么债权人、债务人有异议但是经过法院裁判确认，否则其他债权人都属于"债权尚未确定的债权人"④。

另外，韩传华还指出，如果第一次债权人会议在债权申报期届满15日之内无法召开，尤其是因为待确定债权的债权人、债权额较多，债权债务情况复杂，是否有担保情形一时亦不易查明的，此时应参照《企业破产法》第10条第3款，允许法院推迟第一次会议召开的时间。⑤

第3款："对债务人的特定财产享有担保权的债权人，未放弃优先受偿权利的，对于本法第六十一条第一款第七项、第十项规定的事项不享有表决权。"

本款是对担保债权人权利的限制。

《企业破产法》第61条第1款第7项规定的是债权人会议"通过和解协议"的职权；第10项涉及债权人会议"通过破产财产的分配方案"的职责。按照《企业破产法》的精神，担保债权人和普通债权人尽管都是债权人会议债权人，但担保债权可以不经破产程序而优先受偿，两者的表决权设置自然亦应有所差别，尤其是如果相关决策已经不影响担保债权人利益时，其表决权自应受到限制。本款对担保债权人通过和解协议和通过破产财产分配方案表决权的限制，清楚地表明这种立场。韩传华亦认为，无论是"通过和解协议"还是"通过破产财产的分配方案"，都与担保债权人无关。⑥担保债权人如基于自身利益考量，想要获得表决权，必须要放弃基于担保债权的优先受偿权，使其成为普通债权。⑦

韩传华提出，在担保债权人申报债权时，如果管理人只确认其债权存在，而不确认是否存在担保，那么法院在异议人提起诉讼确认之前，为了保障相关权利主体参与破产程序的权利，应临时确定债权额。⑧

第4款："债权人可以委托代理人出席债权人会议，行使表决权。代理人出席债权人会议，应当向人民法院或者债权人会议主席提交债权人的授权委托书。"

本款规定的是表决权代理问题。齐明认为，这一在《公司法》中同样存在的问题，可能会导致案外人或者与本案无关的人，通过收购表决权，进而影响甚至主导破产程序的进行。⑨

第5款："债权人会议应当有债务人的职工和工会的代表参加，对有关事项发表意见。"

本款确认了债务人的职工和工会代表参加债权人会议，并对有关事项发表意见的权利。

韩传华认为，《企业破产法》在本条中强调职工和工会的作用，但由于其自身规定问题，可操作性有限。其中"债权人会议应当有债务人的职工和工会的代表参加"的表述中，"应当"一词赋予某种强制性，但是在实践中也可能出现债务人的职工和工会代表不愿意或认为没必要参加债权人会议的情形。如果债务人的职工和工会代表缺席债权人会议，那么债权人会议决议是否会因为这一强制性要件的缺失而无效？韩传华的结论是，无论是哪种原因，债务人的职工代表和工会代表未参加债权人会议，均不影响债权人会议的效力。⑩

韦忠语认为，破产重整程序对职工权益疏于保护的表现之一，就是《企业破产法》第59条第5款的规定。尽管本条规定"债权人会议应当有债

---

① 参见韩传华：《企业破产法解析》，人民法院出版社2007年版，第225—226页。
② 参见齐明：《中国破产法原理与适用》，法律出版社2017年版，第127页。
③ 参见韩传华：《企业破产法解析》，人民法院出版社2007年版，第224—225、240页。
④ 韩传华：《企业破产法解析》，人民法院出版社2007年版，第240页。
⑤ 参见韩传华：《企业破产法解析》，人民法院出版社2007年版，第241—242页。
⑥ 参见韩传华：《企业破产法解析》，人民法院出版社2007年版，第244—245页。
⑦ 参见齐明：《中国破产法原理与适用》，法律出版社2017年版，第128页。
⑧ 参见韩传华：《企业破产法解析》，人民法院出版社2007年版，第240—241页。
⑨ 参见齐明：《中国破产法原理与适用》，法律出版社2017年版，第128页。
⑩ 参见韩传华：《企业破产法解析》，人民法院出版社2007年版，第237页。

务人的职工和工会的代表参加,对有关事项发表意见",但这里只有参与权、发表意见权,而不具有表决权。即便是在设立债权人委员会的前提下,如果债权人委员会中职工代表缺乏激励机制,怠于行使对破产管理人和重整程序的监督权,那么普通职工将因为没有合法的参与渠道,对整个重整程序的过程和前景缺乏必要的知情权;在信息不对称的情况下,职工对于自身权利究竟是否受到合理保护,更是缺乏合理的判断,因而更不可能在破产重整程序中寻求司法救济。①

值得探讨的问题还有:这里"债务人的职工和工会的代表",在涉及职工债权时,他们究竟是以债权人的身份参加债权人会议,还是仅仅以职工代表的身份旁听债权人会议?他们发表的意见究竟是参考意见还是债权人的意见?职工代表在债权人会议中究竟是否享有表决权?《企业破产法》对此并未明确。韩传华认为,鉴于职工债权人是不是债权人会议成员有一定争议,需要明确如下事实:第一,尽管职工债权不必申报,但不代表其不是债权人,职工参与债权人会议并行使表决权,是《企业破产法》的应有之义;第二,"职工和工会的代表"与职工债权人非同一概念,破产案件是否涉及职工债权,都不影响本条规定的"债务人的职工和工会的代表"参加债权人会议并发表意见,但这里的发表意见,并不必然推导出其享有表决权的结论。②

齐明认为,本款肯定除本条第1款强调的"依法申报债权的债权人"是债权人会议成员外,也肯定除债权人之外其他人员比如债务人的职工和工会的代表,参加债权人会议的权利;当然需要注意的是,按照本款规定,债务人的职工和工会的代表参加债权人会议,只能对有关事项发表意见,但不享有本条第1款规定的表决权。③

另外,除了"债务人的职工和工会的代表"可参加债权人会议外,《企业破产法》第15条、第23条、第85条还分别规定,"债务人的有关人员""管理人""债务人的出资人代表"都有列席债权人会议的权利。

【关联法律法规及司法政策】
《公司法》(2018)
第一百零六条　股东可以委托代理人出席股东大会会议,代理人应当向公司提交股东授权委托书,并在授权范围内行使表决权。

【裁判要旨】
案例
中国长城资产管理公司北京办事处与北京京华信托投资公司破产债权确认纠纷案
法院:北京市第二中级人民法院
案号:(2015)二中民(商)初字第04407号
事实:1995年9月11日,光大银行与京华信托公司签订《质押贷款合同》,约定京华信托公司以其持有的金都假日饭店75%的股权作为光大银行提供贷款的质物,光大银行向京华信托公司提供贷款1500万美元短期周转贷款。1996年5月23日,光大银行与京华信托公司签订《外汇拆借合同》,约定:将前述京华信托公司1500万美元借款转为拆借,期限6个月,利率为年息10%,同日双方签订《抵押合同》,约定京华信托公司将其持有的金都假日饭店75%的股权用作向光大银行借款的抵押财产。上述借款期限届满后,京华信托公司未按约还款,光大银行遂向北京市高级人民法院起诉。北京市高级人民法院于2000年8月3日判决支持光大银行请求。

2001年1月5日,北京市人民政府成立京华清算组对京华信托公司进行清算。2001年4月4日,光大银行将上述有担保权的债权向京华清算组进行了登记,同时提交了法院生效民事判决书等相关材料,京华清算组受理了光大银行的上述债权登记。2008年4月18日,光大银行将对京华信托公司享有的1500万美元债权转让给中国长城资产管理公司北京办事处(以下简称长城北办)。

2011年3月23日,北京市第二中级人民法院根据京华信托公司的申请裁定受理京华信托公司破产清算一案。2011年11月4日,京华管理人向长城北办出具《债权确认书》,确认长城北办的债权本金1800万美元,利息8463074.99美元,共计26463074.99美元。2012年6月21日,京华信托公司第二次债权人大会审议通过《京华信托公司已确认债权清册》及《京华信托公司第一次破产财产分配方案之货币资金分配方案》,长城北办同时作为已确认无担保美元债权和人民币债权的债权人通过上述决议,并经北京市第二中级人民法院裁定确认。后2012年,京华信托公司进行破产财产分配,分配比率为20%,长城北办美元债权分配5292615美元。2013年,京华信托公司进行破

---

① 参见韦忠语:《论破产重整中职工劳动权益的保护》,载《中国劳动》2017年第5期,第22—23页。
② 参见韩传华:《企业破产法解析》,人民法院出版社2007年版,第237—239页。
③ 参见齐明:《中国破产法原理与适用》,法律出版社2017年版,第127页。

产财产分配,分配比率为10%,美元债权分配2646307.5美元。

2014年8月7日,京华信托公司将长城北办享有优先受偿权的金都假日饭店75%的股权进行处置。2014年11月20日,长城北办向京华信托公司提出《有担保的破产债权优先受偿的申请》,要求对上述金都假日饭店75%的股权处置所得价款享有优先受偿权。京华信托公司对长城北办的上述申请作出复函,认为长城北办的上述债权为普通债权,不具有优先受偿权。

长城北办特向法院提起诉讼,请求判决确认长城北办对京华信托公司享有的15423333.33美元债权为有担保权的债权,对京华信托公司持有的金都假日饭店75%股权的处置收益享有优先受偿权,由京华信托公司承担本案诉讼费用。

裁判要旨:在破产清算程序中,已参加债权人大会,并经债权人大会确认为无担保债权且对此未提出异议,表决通过破产财产分配方案且在债权人会议作出决议之日起15日内亦未提起过撤销决议之诉,并实际参与分配之后,据此可以认定,该债权人已放弃其优先受偿权,故对其要求确认其该笔债权为有担保债权的诉讼请求不予支持。

裁判理由:本案审理期间,北京市第二中级人民法院依申请调取京华信托公司破产清算一案卷宗材料。2012年6月21日,京华信托公司第二次债权人大会会议记录显示,大会审议《京华信托公司已确认债权清册》及《京华信托公司第一次破产财产分配方案之货币资金分配方案》,全体债权人表示对自己的债权均无异议,并审议通过分配方案,长城北办作为参会债权人在会议签到表、笔录确认表和决议签字确认表上均签字确认。2013年11月27日,京华信托公司第三次债权人会议记录显示大会审议通过《京华信托公司第二次破产财产分配方案》,长城北办参加会议,在会议笔录上签字确认,并作为普通债权人参与破产财产分配。

由此,北京市第二中级人民法院认为:本案争议的焦点为长城北办对京华信托公司享有的债权是否为有担保的债权。

根据长城北办与光大银行签订的《债权转让协议》及双方在人民法院报刊登的债权转让通知暨债务联合公告,长城北办依法受让了光大银行对京华信托公司享有美元债权,同时取得与债权相关的全部从权利,即对京华信托公司在金都假日饭店75%的股权处分所得收益享有的优先受偿权。京华信托公司对长城北办的债权人身份及债权数额均无异议,但认为该债权未办理抵押登记且在破产清算程序中已经法院裁定为普通债权并作为普通债权参与了分配,故该债权不具有优先受偿权。

对此,北京市第二中级人民法院认为,长城北办对京华信托公司的该笔债权从光大银行受让取得,在京华信托公司破产清算阶段,经长城北办债权申报及京华管理人债权确认程序,京华信托公司第二次债权人大会审议通过《京华信托公司已确认债权清册》及《京华信托公司第一次破产财产分配方案之货币资金分配方案》,长城北办参会并同时作为已确认无担保美元债权和人民币债权的债权人通过上述决议,后经北京市第二中级人民法院(2011)二中民破字第07248-2号民事裁定书确认长城北办的该笔债权为无担保的美元债权。

依照《企业破产法》第58条第2款、第3款:债务人、债权人对债权表记载的债权无异议的,由人民法院裁定确认。债务人、债权人对债权表记载的债权有异议的,可以向受理破产申请的人民法院提起诉讼;第59条第2款、第3款:债权尚未确定的债权人,除人民法院能够为其行使表决权而临时确定债权额的外,不得行使表决权。对债务人的特定财产享有担保权的债权人,未放弃优先受偿权的,对于本法第61条第1款第7项、第10项规定的事项不具有表决权。《企业破产法》第61条第1款第7项:通过和解协议,第10项:通过破产财产的分配方案;《企业破产法》第64条第2款规定,债权人认为债权人会议的决议违反法律规定,损害其利益的,可以自债权人会议作出决议之日起15日内,请求人民法院裁定撤销该决议,责令债权人会议依法重新作出决议。在京华信托公司破产清算程序中,长城北办参加债权人大会并经债权人大会确认为无担保的美元债权人,其对此未提出异议,且表决通过破产财产分配方案并实际参与分配,而在债权人会议作出决议之日起15日内亦未提起过撤销决议之诉,据此可以认定长城北办放弃其优先受偿权,故对其要求确认其该笔债权为有担保债权的诉讼请求本院不予支持。

综上,北京市第二中级人民法院2015年8月20日作出裁定:依照《企业破产法》第58条、第59条、第61条、第64条之规定,判决驳回长城北办的诉讼请求。

【学理综述】

贺丹在《甘肃政法学院学报》2008年第5期上,发表《有争议破产债权的确认——兼论我国新〈企业破产法〉的完善》一文。对于有争议破产债权,作者将之界定为:"是经过破产程序中债权申报和确认环节后,债务人(或者管理人)和债权人之间对其债权是否存在以及债权数额的多少存在争议,或者其他债权人对债权的存在或数额提出异议的破产债权。"在该文中,作者认为基于如下原因,有争议破产债权始终不可避免:第一,债权申报确认程序只对债权的存在和数额进行形式审查,而非实质审查;第二,在破产程序开始和进行中,存在大量债权争议的可能。这种不可避免的有争议破产债权的存在,直接影响破产程序的顺畅进行和破产程序的确定性。对于有争议破产债权难题的解决之道,国际范围内有两种通行做法,即法院通过裁决确定债权数额,或者由当事人提起确认之诉,法院确认。作者指出,这两种方式各有优劣,而且都难以避免权利来源的空洞。作者进一步指出,我国 2006 年《企业破产法》对有争议破产债权确认,采取当事人提起确认之诉、法院确认的方式,面临着如下三个问题:(1)管辖问题,具体体现在:第一,《企业破产法》未能明确该诉讼与普通民事诉讼是否有区别,如果按照普通民事诉讼程序审理,将会使得破产程序无谓拖延;第二,《企业破产法》规定破产衍生诉讼由破产案件管辖法院管辖,但无法排除与《民事诉讼法》专属管辖或者级别管辖的冲突;第三,对于已开始而被破产程序启动中止的债权争议诉讼,究竟是移送受理破产案件的法院审理,还是自行审理,法律无明确规定;第四,《企业破产法》未对有争议破产债权能否通过仲裁方式确认进行规定。(2)债权临时确认问题,具体体现在:第一,法院并非对所有有争议债权都予以临时确定;第二,《企业破产法》未规定如何处理临时确认债权数额与最终判决确认债权数额之间差异的规定。(3)诉讼效率方面,采取普通诉讼债权确认方式,不利于破产程序效率的保障;作者建议在确保债权人诉权的前提下,设计提高诉讼效率的规则,对诉讼参与人提出异议的期间、异议处理及审限等方面,作出特别规定。①

第六十条 债权人会议设主席一人,由人民法院从有表决权的债权人中指定。

债权人会议主席主持债权人会议。

【立法沿革】

《企业破产法(试行)》(1986)

第十三条 所有债权人均为债权人会议成员。债权人会议成员享有表决权,但是有财产担保的债权人未放弃优先受偿权利的除外。债务人的保证人,在代替债务人清偿债务后可以作为债权人,享有表决权。

债权人会议主席由人民法院从有表决权的债权人中指定。

债务人的法定代表人必须列席债权人会议,回答债权人的询问。

《破产法》(1995 年草案)

第五十四条 债权人会议设主席一人,由人民法院从有表决权的债权人中指定。

债权人会议主席主持债权人会议。

《企业破产与重整法》(2000 年 6 月草案)

第四十九条 所有依法申报债权的债权人均为债权人会议的成员。债权人会议的成员,有权参加债权人会议,并享有表决权。但是,债权尚未确定的债权人,不得行使表决权。

债权人会议设主席一人,由人民法院从有表决权的债权人中指定。

债权人会议主席主持债权人会议。

有财产担保的债权人,未放弃优先受偿权利的,对于本法第五十一条第一款第(七)、(八)项规定的决议,没有表决权。

《企业破产与重整法》(2000 年 12 月草案)

第五十条 债权人会议设主席一人,由债权人会议从有表决权的债权人中选举产生。

债权人会议主席主持债权人会议。

《企业破产与重整法》(2001 年 1 月草案)

第四十八条 债权人会议设主席一人,由债权人会议从有表决权的债权人中选举产生。

债权人会议主席主持债权人会议。

《企业破产法》(2004 年 3 月草案 A 版)

第五十五条 债权人会议设主席一人,由人民法院从有表决权的债权人中指定。

债权人会议主席主持债权人会议。

《企业破产法》(2004 年 3 月草案 B 版)

第五十六条 债权人会议设主席一人,由人民法院从有表决权的债权人中指定。

债权人会议主席主持债权人会议。

《企业破产法》(2004 年 6 月草案)

第五十五条 债权人会议设主席一人,由人民法院从有表决权的债权人中指定。

债权人会议主席主持债权人会议。

《企业破产法》(2004 年 10 月草案)

第五十五条 债权人会议设主席一人,由人

---

① 参见贺丹:《有争议破产债权的确认——兼论我国新〈企业破产法〉的完善》,载《甘肃政法学院学报》2008 年第 5 期,第 144—148 页。

第六十一条

民法院从有表决权的债权人中指定。

债权人会议主席主持债权人会议。

【条文释义】

本条是有关债权人会议主席的规定。

本条共分2款。分款评注如下：

第1款："债权人会议设主席一人，由人民法院从有表决权的债权人中指定。"

按照韩传华的观点，尽管债权人中可能既有自然人也有法人，但根据这里"债权人会议设主席一人"的措辞，债权人会议主席必须具备自然人身份，所以只能由债权人中的自然人出任；但是，这种解释必然会导向一个结论，即如果债权人全部为法人，则任何债权人都无法被指定为债权人会议主席，债权人会议将面临没有主席的事实。由此，韩传华建议，将来《企业破产法》修订时，应该将本款中的指定范围，除保留"债权人"外，也应该包括"债权人的委托代理人"①。

这里的"有表决权的债权人"，齐明认为包括两部分：既包括享有全部表决权的债权人，也包括仅享有部分表决权的债权人；这里只关心其债权是否合法申报并确认，而不关心其表决权的多少。②

对于这里法院指定债权人会议主席的时机，韩传华认为，应该在第一次债权人会议召开之前或者召开时指定，由此可以确保债权人会议主席能够在第一次债权人会议召开时就位并履行职责。③ 另外，齐明也指出，既然法院有权指定债权人会议主席，也就意味着法院有权解任债权人会议主席。④

第2款："债权人会议主席主持债权人会议。"

本款规定债权人会议主席主持债权人会议的权力。

齐明认为，《企业破产法》授权债权人会议主席主持债权人会议，主要为了强调债权人会议是债权人的议事机构，是债权人发挥意思自治、寻求共识的平台，为其决议对全体债权人产生约束力奠定制度基础。⑤

按照《企业破产法》第62条规定，除第一次债权人会议由法院决定召开外，其他债权人会议，可由法院决定召开，也可以由管理人、债权人委员会、占债权总额1/4以上的债权人，向债权人会议主席提议召开。这是《企业破产法》第62条额外赋予债权人会议主席的权力。齐明认为，这种权力的行使需要极其慎重，毕竟债权人会议主席并不是《企业破产法》方面的专家，如果债权人会议召集不当，会严重拖慢破产程序的进度，甚至导致额外的成本；因此，实践中债权人主持会议的提纲，多被严格限制，甚至由债权人会议主席授权管理人代为主持债权人会议。⑥

这种赋权，在实践中可能会产生一种特殊情境，那就是债权人会议主席拒绝管理人、债权人委员会、占债权总额1/4以上的债权人的提议，不召开债权人会议。齐明认为，债权人会议的两大权力，即制衡管理人、表决破产程序中的待决事项，都可能会因为债权人会议主席拒绝召开债权人会议的提议而无法行使。⑦ 这种情况下，相关人等到底该怎么办，《企业破产法》并未规定。

第六十一条 债权人会议行使下列职权：

（一）核查债权；

（二）申请人民法院更换管理人，审查管理人的费用和报酬；

（三）监督管理人；

（四）选任和更换债权人委员会成员；

（五）决定继续或者停止债务人的营业；

（六）通过重整计划；

（七）通过和解协议；

（八）通过债务人财产的管理方案；

（九）通过破产财产的变价方案；

（十）通过破产财产的分配方案；

（十一）人民法院认为应当由债权人会议行使的其他职权。

债权人会议应当对所议事项的决议作成会议记录。

【立法沿革】

《企业破产法（试行）》（1986）

第十五条 债权人会议的职权是：

（一）审查有关债权的证明材料，确认债权有无财产担保及其数额；

（二）讨论通过和解协议草案；

（三）讨论通过破产财产的处理和分配方案。

---

① 韩传华：《企业破产法解析》，人民法院出版社2007年版，第226—227页。
② 参见齐明：《中国破产法原理与适用》，法律出版社2017年版，第128页。
③ 参见韩传华：《企业破产法解析》，人民法院出版社2007年版，第226页。
④ 参见齐明：《中国破产法原理与适用》，法律出版社2017年版，第128页。
⑤ 参见齐明：《中国破产法原理与适用》，法律出版社2017年版，第129页。
⑥ 参见齐明：《中国破产法原理与适用》，法律出版社2017年版，第128页。
⑦ 参见齐明：《中国破产法原理与适用》，法律出版社2017年版，第128页。

《破产法》(1995年草案)
第五十三条 债权人会议有下列职权：
(一)选任和撤换监督人；
(二)调查债权；
(三)决定继续或者停止债务人的营业；
(四)通过和解协议；
(五)通过重整计划；
(六)通过债务人财产管理方案；
(七)通过破产财产的变价方案；
(八)通过破产财产的分配方案。
债权人会议行使上列职权，应当作出书面决议。

《企业破产与重整法》(2000年6月草案)
第五十一条 债权人会议行使下列职权：
(一)选任和撤换监督人；
(二)调查债权；
(三)决定继续或者停止债务人的营业；
(四)通过和解协议；
(五)通过重整计划；
(六)通过债务人财产的管理方案；
(七)通过破产财产的变价方案；
(八)通过破产财产的分配方案；
(九)人民法院认为应当由债权人会议决定的其他事项。
债权人会议行使上列职权，应当作出书面决议。

《企业破产与重整法》(2000年12月草案)
第五十一条 债权人会议行使下列职权：
(一)选任和撤换监督人；
(二)调查债权；
(三)决定继续或者停止债务人的营业；
(四)通过和解协议；
(五)通过重整计划；
(六)通过债务人财产的管理方案；
(七)通过破产财产的变价方案；
(八)通过破产财产的分配方案；
(九)人民法院认为应当由债权人会议决定的其他事项。
债权人会议行使上列职权，应当作出书面决议。

《企业破产与重整法》(2001年1月草案)
第四十九条 债权人会议行使下列职权：
(一)选任和撤换监督人；
(二)调查债权；
(三)决定继续或者停止债务人的营业；
(四)通过和解协议；
(五)通过重整计划；
(六)通过债务人财产的管理方案；
(七)通过破产财产的变价方案；
(八)通过破产财产的分配方案；
(九)人民法院认为应当由债权人会议决定的其他事项。
债权人会议行使上列职权，应当作出书面决议。

《企业破产法》(2004年3月草案A版)
第五十六条 债权人会议行使下列职权：
(一)调查债权；
(二)选任和撤换监督人；
(三)决定继续或者停止债务人的营业；
(四)通过和解协议；
(五)通过重整计划；
(六)通过债务人财产的管理方案；
(七)通过破产财产的变价方案；
(八)通过破产财产的分配方案；
(九)人民法院认为应当由债权人会议决定的其他事项。
债权人会议行使上列职权，应当作出书面决议。

《企业破产法》(2004年3月草案B版)
第五十七条 债权人会议行使下列职权：
(一)调查债权；
(二)选任和撤换管理人；
(三)选任和撤换债权人委员会成员；
(三)决定继续或者停止债务人的营业；
(四)通过和解协议；
(五)通过重整计划；
(六)通过债务人财产的管理方案；
(七)通过破产财产的变价方案；
(八)通过破产财产的分配方案；
(九)人民法院认为应当由债权人会议决定的其他事项。
债权人会议行使上列职权，应当作出书面决议。

《企业破产法》(2004年6月草案)
第五十六条 债权人会议行使下列职权：
(一)调查债权；
(二)确认、选任、撤换管理人，决定管理人的费用和报酬；
(三)管理人的监督；
(四)选任和撤换债权人委员会成员；
(五)决定继续或者停止债务人的营业；
(六)通过和解协议；
(七)通过重整计划；
(八)通过债务人财产的管理方案；

（九）通过破产财产的变价方案；

（十）通过破产财产的分配方案；

（十一）人民法院认为应当由债权人会议决定的其他事项。

债权人会议行使上列职权，应当作出书面决议。

《企业破产法》（2004年10月草案）

第五十六条　债权人会议行使下列职权：

（一）调查债权；

（二）申请人民法院更换管理人，审查管理人的报酬；

（三）监督管理人；

（四）选任和撤换债权人委员会成员；

（五）决定继续或者停止债务人的营业；

（六）通过和解协议；

（七）通过重整计划；

（八）通过债务人财产的管理方案；

（九）通过破产财产的变价方案；

（十）通过破产财产的分配方案；

（十一）人民法院认为应当由债权人会议决定的其他事项。

债权人会议行使上列职权，应当作出书面决议。

【条文释义】

本条通过列举的方式，规定债权人会议的职权。

本条共分2款。分款评注如下：

第1款："债权人会议行使下列职权：（一）核查债权；（二）申请人民法院更换管理人，审查管理人的费用和报酬；（三）监督管理人；（四）选任和更换债权人委员会成员；（五）决定继续或者停止债务人的营业；（六）通过重整计划；（七）通过和解协议；（八）通过债务人财产的管理方案；（九）通过破产财产的变价方案；（十）通过破产财产的分配方案；（十一）人民法院认为应当由债权人会议行使的其他职权。"

韩传华认为，这11项职权概括起来，可以分为4类：第一，监督管理人；第二，决定债务人营业相关事务；第三，通过重整计划和和解协议；第四，通过对债务人财产的管理、变价和分配方案。[1]

对于这11项职权，分项评注如下：

（一）核查债权

对于债权人会议"核查债权"的工作，韩传华认为并无实质意义，这一职责既不会影响管理人的审查和债权表的编制，也不影响债权人、债务人的异议，更不会影响法院裁定确认或者异议后判决确认，仅具有形式意义。[2]

（二）申请人民法院更换管理人，审查管理人的费用和报酬

本项职权涉及债权人会向法院申请更换管理人的权利，呼应《企业破产法》第22条。

（三）监督管理人

本项职权呼应《企业破产法》第23条的规定，即"管理人……接受债权人会议和债权人委员会监督"。就权利义务关系而言，债权人会议有权利监督管理人，管理人也有义务接受债权人会议的监督。

韩传华认为，债权人会议对管理人的监督，体现在多个方面：第一，债权人会议可以通过债权人委员会监督管理人；第二，债权人会议可以通过向法院请求更换管理人，实现对管理人的监督；第三，债权人会议通过管理人报酬异议机制，实现对管理人的监督；第四，债权人会议可以通过对债权人聘用工作人员费用是否列入破产费用的审查机制，来实现对管理人的监督。[3]

对于债权人会议对管理人的监督，韩传华认为，可以参照《企业破产法》第68条第2款，即债权人会议同样可以"要求管理人、债务人的有关人员对其职权范围内的事务作出说明或者提供有关文件"。[4]

（四）选任和更换债权人委员会成员

本项规定债权人会议对于债权人委员会成员的控制权。

（五）决定继续或者停止债务人的营业

债务人在进入破产程序之后，是否继续营业，对债务人财产影响甚大，尤其是决定债务人能否获得再生，最终也必然影响到全体债权人的利益。由此，《企业破产法》规定，在第一次债权人会议召开之前，债务人是否停止营业，由管理人决定、法院许可；在第一次债权会议召开之后，由债权人会议决定。韩传华认为，"决定继续或者停止债务人的营业"并未限定是决定继续或者停止债务人的全部营业还是部分营业，只要涉及债务人继续

---

[1] 参见韩传华：《企业破产法解析》，人民法院出版社2007年版，第227页。

[2] 参见韩传华：《企业破产法解析》，人民法院出版社2007年版，第227页。

[3] 参见韩传华：《企业破产法解析》，人民法院出版社2007年版，第228—231页。

[4] 韩传华：《企业破产法解析》，人民法院出版社2007年版，第251页。

或者停止营业,都需要由前述方式决定,全部或部分在所不问。①

那么,对于债权人会议依据上述职权做出的有关债务人财产和经营事务的决议,管理人是否应当无条件执行? 郁琳认为,管理人并非被动地按照债权人会议的决议实行管理,而需要根据其专业知识,对债务人的财产管理和经营事务做出独立判断;而赋予债权人会议对此的审查权,体现的是债权人会议对管理人行为的监督权,而不表示债权人会议可以随意干涉或决定管理人的行为;债权人会议可以在听取管理人报告的基础上,对管理人的行为展开合法性评议。②

另外一个问题,如果债权人会议无法就继续还是停止债务人营业做出决议,应该如何处理? 韩传华认为,如果管理人已在债权人会议召开之前做出决定并经法院许可,则继续执行;如果管理人未做出决定,而债权人会议也无法通过决议,则视为停止债务人营业。③

还有,如果债权人会议作出继续债务人营业的决议,但随后法院宣布债务人破产,应该如何处理? 按照韩传华的解释,此时法院裁定的效力高于债权人会议决议的效力,债务人应停止营业,进入破产清算程序。④

(六)通过重整计划

重整计划必然涉及债权人利益的减免或延期执行,由债权人会议通过重整计划,是债权人集体控制重整程序的重要机制。

(七)通过和解协议

和解协议必然涉及债权人债权的利益的延期执行。由债权人会议通过重整计划,也是债权人集体控制和解程序的机制。

(八)通过债务人财产的管理方案

债务人财产是债务人被宣告破产前的财产构成。其管理方案对于债务人财产的变化有重要影响,必然会影响全体债权人利益,因此应由债权人会议通过。

韩传华认为这项职责的意义有限。这里面的问题在于,按照《企业破产法》第 25 条第 6 项的规定,管理人"管理和处分债务人的财产",但如何确保管理人的管理和处分,即管理人是否应拟定债务人财产管理方案并提交债权人会议审查,与本项规定债权人会议通过的债务人财产的管理方案对接,以及如何确保管理人在拟定债务人财产管理方案并提交债权人会议审查之前对债务人财产的管理行为,与债务人财产管理方案一致,《企业破产法》尚缺乏进一步规定,只能通过反向推导确定管理人及时拟定债务人财产管理方案并提交债权人会议讨论的职责,而且债务人财产管理方案及决议,只对管理人在债权人会议审议之后的行为有约束力;必要时,法院亦可以依据《企业破产法》第 25 条第 9 项兜底条款,赋予管理人相应职责。⑤

(九)通过破产财产的变价方案

破产财产是债务人被宣告破产后的财产构成。其变价方案直接影响到破产财产价值能否最大化,最终必然影响每个债权人的清偿率,因此应由债权人会议通过。

(十)通过破产财产的分配方案

通过破产清算程序,参与破产财产的分配,是债权人通过破产程序维护其合法权益的核心制度构成,破产财产的分配方案对每一位债权人的利益都有重要影响,因此,由债权人会议通过破产财产的分配方案,才能最大限度地实现破产法意义上的公平和正义。

(十一)人民法院认为应当由债权人会议行使的其他职权

本项系兜底条款,作为对本条第 1 款上列 10 项债权人会议职权的补充。齐明认为,有一些重要且难以决定的事项,法院可以请债权人会议作出决定,在具体事项上体现债权人通过债权人会议实现其意思自治。⑥

按照 2019 年 3 月最高人民法院发布的《关于适用〈中华人民共和国企业破产法〉若干问题的规定(三)》第 13 条,债权人会议只能将本条规范中"申请人民法院更换管理人,审查管理人的费用和报酬""监督管理人"及"决定继续或者停止债务人的营业"这 3 项职责,授权给债权人委员会行使;除此之外的授权,尤其是概括性授权,均在禁止之列。

第 2 款:"债权人会议应当对所议事项的决议作成会议记录。"

---

① 参见韩传华:《企业破产法解析》,人民法院出版社 2007 年版,第 232 页。
② 参见郁琳:《破产程序中管理人职责履行的强化与监督完善——以管理人的法律地位和制度架构为视角》,载《法律适用》2017 年第 15 期,第 44—45 页。
③ 参见韩传华:《企业破产法解析》,人民法院出版社 2007 年版,第 232 页。
④ 参见韩传华:《企业破产法解析》,人民法院出版社 2007 年版,第 232 页。
⑤ 参见韩传华:《企业破产法解析》,人民法院出版社 2007 年版,第 233—235 页。
⑥ 参见齐明:《中国破产法原理与适用》,法律出版社 2017 年版,第 129 页。

本款强调债权人会议决议应以书面记录的形式呈现,确保后续备查。

【关联法律法规及司法政策】

最高人民法院《关于适用〈中华人民共和国企业破产法〉若干问题的规定(三)》(2020)

第十三条　债权人会议可以依照企业破产法第六十八条第一款第四项的规定,委托债权人委员会行使企业破产法第六十一条第一款第二、三、五项规定的债权人会议职权。债权人会议不得作出概括性授权,委托其行使债权人会议所有职权。

【裁判要旨】

案例

汤双喜、浙江诸安建设集团有限公司普通破产债权确认纠纷案

法院:浙江省湖州市中级人民法院

案号:(2016)浙05民终1608号

事实:上诉人汤双喜因与被上诉人浙江诸安建设集团有限公司(以下简称诸安公司)、被上诉人浙江钱能燃油有限公司(以下简称钱能公司)普通破产债权确认纠纷一案,不服浙江省安吉县人民法院作出的(2016)浙0523民初2421号民事判决,向湖州市中级人民法院提起上诉。

一审法院认定事实:2010年4月30日,钱能公司与四冶公司签订《建设工程施工合同》一份,钱能公司将位于安吉梅溪临港开发区年产50万吨甲醇燃油生产线项目发包给四冶公司承揽施工。2010年10月13日,曹金渭、黄国力分别代表四冶公司与诸安公司签订《建筑工程施工(内部)承包合同》和《补充协议》一份,由四冶公司将上述工程中的机电和设备安装工程分包给诸安公司施工,钱能公司作为担保人在该合同上加盖印章。2013年12月16日至12月28日间,建设单位钱能公司等对单位(子单位)工程进行竣工验收。

2014年12月29日,一审法院裁定受理钱能公司破产清算一案。2015年1月27日,诸安公司向钱能公司管理人申报工程款债权并同时主张工程款优先权。钱能公司管理人进行调查审核后,确认诸安公司的工程款债权为1079730元并列入破产优先债权。2015年2月12日,一审法院主持召开钱能公司破产清算案第一次债权人会议,钱能公司管理人将其确认优先债权和普通债权情况提交债权人审核。汤双喜对管理人确认的诸安公司工程款优先权提出异议,以致纠纷成讼。

一审法院认为,债权人会议对决议事项进行表决的前提是核查债权金额和性质,在债权尚未确定具体金额和性质的情况下,将债权核查事项列入决议事项与表决制度运行原理相冲突。《企业破产法》第61条仅将核查债权事项列入债权人会议的职权范围,但并未规定该事项为决议事项。债权的金额或性质的确定,不应通过民主表决,而是应通过事实和法律来确定。因此,汤双喜关于管理人未经债权人会议表决,越权认定诸安公司优先债权的理由,不予采纳。

一审法院判决驳回汤双喜的诉讼请求。汤双喜不服该判决,提起上诉。

裁判要旨:债权人会议作为全体债权人的意思表示机构,是全体债权人的自治性组织。《企业破产法》仅赋予债权人会议核查债权的职权,若允许债权人会议对债权金额及性质自由表决,不仅有悖于破产法规定,更易致债权处于不确定状态。

裁判理由:湖州市中级人民法院认为,本案二审争议焦点是诸安公司是否享有工程价款优先受偿权。

最高人民法院《关于审理建设工程施工合同纠纷案件适用法律问题的解释》第26条规定,分包人和实际施工人完成其与总包人或转包人之间合同约定的施工义务且工程质量合格的,在总包人或者转包人不主张或者怠于主张工程价款优先受偿权的情况下,分包人或者实际施工人就其承建的工程部分在发包人欠付的工程款范围内有权向发包人主张工程价款优先受偿权。根据已查明的事实及当事人陈述,钱能公司管理人确认案涉工程总包方四冶公司仅就土建部分申报债权,未包含诸安公司分包部分,诸安公司作为案涉工程分包人,依法享有工程价款优先受偿。有关优先权的行使期限,结合当事人内部承包合同约定、危化项目验收程序要求及试生产延期等客观原因,一审法院认定应自工程价款到期之日起算,系属正确。同时,因钱能公司已进入破产清算程序,根据《企业破产法》第46条的规定,未到期的债权在破产申请受理时视为到期,故诸安公司于2015年1月申报债权并主张优先权,未超过行使期限。汤双喜上诉主张诸安公司不享有工程价款优先受偿权的各理由,均不能成立。

另,对汤双喜就钱能公司破产债权审核程序提出的异议,湖州市中级人民法院认为,钱能公司管理人对债权申报材料进行审查并编制债权表,系其履行管理人职责,符合《企业破产法》规定,并无不妥。债权人会议作为全体债权人的意思表示机构,是全体债权人的自治性组织,《企业破产法》仅赋予债权人会议核查债权的职权,若允许债权人会议对债权金额及性质进行自由表决,不仅有悖于破产法规定,更易致债权处于不确定状态。若债权人对债权表记载的债权有异议,应当依据

《企业破产法》第58条的规定提起确认之诉,本案即为此诉讼。与之相对的,若债务人对债权人会议的决议有异议,则应当依据《企业破产法》第64条的规定提起撤销之诉。汤双喜对破产债权审核程序所提异议,系对《企业破产法》规定的错误理解。

综上,湖州市中级人民法院于2017年1月17日作出判决:一审判令驳回汤双喜诉请并无不当,予以确认,判决驳回上诉,维持原判。

第六十二条 第一次债权人会议由人民法院召集,自债权申报期限届满之日起十五日内召开。

以后的债权人会议,在人民法院认为必要时,或者管理人、债权人委员会、占债权总额四分之一以上的债权人向债权人会议主席提议时召开。

【立法沿革】

《企业破产法(试行)》(1986)

第十四条 第一次债权人会议由人民法院召集,应当在债权申报期限届满后十五日内召开。以后的债权人会议在人民法院或者会议主席认为必要时召开,也可以在清算组或者占无财产担保债权总额的四分之一以上的债权人要求时召开。

《破产法》(1995年草案)

第五十五条 第一次债权人会议由人民法院召集,应当在债权申报期限届满后十五日内召开。

以后的债权人会议,在人民法院认为必要时召开;在管理人、重整执行人、破产清算人、监督人或者占已确定债权总额四分之一以上的债权人请求召开时,由人民法院决定召开。

《企业破产与重整法》(2000年6月草案)

第五十二条 第一次债权人会议由人民法院召集,在债权申报期限届满后十五日内召开。

以后的债权人会议,在人民法院认为必要时或管理人、重整执行人、破产清算人、监督人以及占已确定债权总额四分之一以上的债权人请求召开时,由人民法院决定召开。

《企业破产与重整法》(2000年12月草案)

第五十二条 第一次债权人会议由人民法院召集,在债权申报期限届满后十五日内召开。

以后的债权人会议,在人民法院认为必要时召开,或者管理人、监督人以及占已确定债权总额四分之一以上的债权人向债权人会议主席提议召开时召开。

《企业破产与重整法》(2001年1月草案)

第五十条 第一次债权人会议由人民法院召集,在债权申报期限届满后十五日内召开。

以后的债权人会议,在人民法院认为必要时召开,或者管理人、监督人以及占已确定债权总额四分之一以上的债权人向债权人会议主席提议召开时召开。

《企业破产法》(2004年3月草案A版)

第五十七条 第一次债权人会议由人民法院召集,在债权申报期限届满后十五日内召开。

以后的债权人会议,在人民法院认为必要时召开,或者管理人、监督人以及占已确定债权总额四分之一以上的债权人向债权人会议主席提议召开时召开。

《企业破产法》(2004年3月草案B版)

第五十八条 第一次债权人会议由人民法院召集,在债权申报期限届满后十五日内召开。

以后的债权人会议,在人民法院认为必要时召开,或者管理人、债权人委员会以及占已确定债权总额四分之一以上的债权人向债权人会议主席提议时召开。

《企业破产法》(2004年6月草案)

第五十七条 第一次债权人会议由人民法院召集,在债权申报期限届满后十五日内召开。

以后的债权人会议,在人民法院认为必要时召开,或者管理人、债权人委员会以及占已确定债权总额四分之一以上的债权人向债权人会议主席提议时召开。

《企业破产法》(2004年10月草案)

第五十七条 第一次债权人会议由人民法院召集,在债权申报期限届满后十五日内召开。

以后的债权人会议,在人民法院认为必要时召开,或者管理人、债权人委员会以及占已确定债权总额四分之一以上的债权人向债权人会议主席提议时召开。

【条文释义】

本条规定债权人会议的召集问题。

本条共分2款。分款评注如下:

第1款:"第一次债权人会议由人民法院召集,自债权申报期限届满之日起十五日内召开。"

本款规定的是第一次债权人会议的召集主体及召开时间,即由法院召集,并在债权申报期限届满之后15日内召开。

按照韩传华的解读,结合《企业破产法》第63条,既然第一次债权人会议的召集主体是法院,那么法院至少需要承担如下工作:第一,通知已知债权人;第二,审查第一次债权人会议出席人员资格;第三,决定参加或者列席第一次债权人会议的名单;第四,临时确定债权人的债权额;第五,临时确定有无财产担保的债权;第六,确定第一次债权人会议的主题等。①

齐明认为,第一次债权人被会议由法院召集,由管理人组织,相关费用也直接列为破产费用;鉴于本款已明确规定第一次债权人会议召开的期限,故在发布债权申报公告时,即可确定时间和地点,无须另行通知。②

从技术层面有个问题:债权人会议的议程究竟是如何确定的?或者究竟应该由谁来确定?《企业破产法》未规定这个问题。韩传华认为,第一次债权人会议的议题,应当由法院确定,而其重点内容涉及如下诸点:(1)核查管理人审定并编制的债权表;(2)讨论法院指定的管理人人选情况;(3)听取管理人执行职务的报告;(4)询问债务人有关人员;(5)决定是否设立债权人委员会及确认人选;(6)如债务人提出和解申请,讨论并做出决定。③

鉴于前述工作工作量巨大,在债权申报期限届满之后 15 日内完成可能会有一定困难;因此,如果第一次债权人会议无法在债权申报期限届满之后 15 日内召开,法院就可以裁量决定延期。④

第 2 款:"以后的债权人会议,在人民法院认为必要时,或者管理人、债权人委员会、占债权总额四分之一以上的债权人向债权人会议主席提议时召开。"

本款规定以后各次债权人会议的召开事宜。

齐明认为,"以后的债权人会议",可以被界定为临时债权人会议,一般在如下两种情形下召集:第一,法院或者管理人遇到《企业破产法》第 61 条规定必须由债权人会议决议的事项,不得不召集债权人会议;第二,债权人或者其他利害关系人认为,需要更换管理人,不得不召集债权人会议通过相关决议。⑤

韩传华认为,本款文本略有歧义:第一种解释,即以后的债权人会议,不管几次,只要法院认为必要时,就可以直接决定召开;管理人、债权人委员会及占债权总额 1/4 以上的债权人,均可向债权人会议主席提议召开。第二种解释,即以后的债权人会议,法院、管理人、债权人委员会及占债权总额 1/4 以上的债权人,均可向债权人会议主席提议召开。韩传华倾向于第二种解释。⑥ 但笔者更倾向于第一种解释,毕竟按照《企业破产法》的制度构造,法院是整个破产法体系中高高在上的角色,召开债权人会议的事宜如果还需要法院向债权人会议主席提议,则不合这种制度预期。

那么涉及的另一个问题,当管理人、债权人委员会、占债权总额 1/4 以上的债权人向债权人会议主席提议时召开其他各次债权人会议时,债权人会议主席究竟是有选择权、审查权,还是说必须召开?《企业破产法》对此没有规定。韩传华认为债权人会议主席此时应当决定召开债权人会议,需要及时将时间、地点及议题委托管理人通知到所有债权人会议成员。⑦

韩传华还提出,管理人、债权人委员会、占债权总额 1/4 以上的债权人向债权人会议主席提议时召开其他各次债权人会议时,应该同时提出该次债权人会议预期要讨论的内容。⑧

【关联法律法规及司法政策】

最高人民法院《关于推进破产案件依法高效审理的意见》(2020)

10. 第一次债权人会议可以采用现场方式或者网络在线视频方式召开。人民法院应当根据企业破产法第十四条的规定,在通知和公告中注明第一次债权人会议的召开方式。经第一次债权人会议决议通过,以后的债权人会议还可以采用非在线视频通讯群组等其他非现场方式召开。债权人会议以非现场方式召开的,管理人应当核实参会人员身份,记录并保存会议过程。

第六十三条 召开债权人会议,管理人应当提前十五日通知已知的债权人。

【立法沿革】

《企业破产法(试行)》(1986)

第十四条 第一次债权人会议由人民法院召集,应当在债权申报期限届满后十五日内召开。以后的债权人会议在人民法院或者会议主席认为必要时召开,也可以在清算组或者占无财产担保

---

① 参见韩传华:《企业破产法解析》,人民法院出版社 2007 年版,第 235 页。
② 参见齐明:《中国破产法原理与适用》,法律出版社 2017 年版,第 130 页。
③ 参见韩传华:《企业破产法解析》,人民法院出版社 2007 年版,第 241 页。
④ 参见韩传华:《企业破产法解析》,人民法院出版社 2007 年版,第 235 页。
⑤ 参见齐明:《中国破产法原理与适用》,法律出版社 2017 年版,第 130 页。
⑥ 参见韩传华:《企业破产法解析》,人民法院出版社 2007 年版,第 242 页。
⑦ 参见韩传华:《企业破产法解析》,人民法院出版社 2007 年版,第 242 页。
⑧ 参见韩传华:《企业破产法解析》,人民法院出版社 2007 年版,第 242 页。

债权总额的四分之一以上的债权人要求时召开。

《破产法》(1995年草案)

第五十六条 召开债权人会议,人民法院应当提前二十日通知已知的债权人。

《企业破产与重整法》(2000年6月草案)

第五十三条 召开债权人会议,管理人应当提前二十日通知已知的债权人。

《企业破产与重整法》(2000年12月草案)

第五十三条 召开债权人会议,管理人应当提前二十日通知已知的债权人。

《企业破产与重整法》(2001年1月草案)

第五十一条 召开债权人会议,管理人应当提前二十日通知已知的债权人。

《企业破产法》(2004年3月草案A版)

第五十八条 召开债权人会议,管理人应当提前十五日通知已知的债权人。

《企业破产法》(2004年3月草案B版)

第五十九条 召开债权人会议,管理人应当提前十五日通知已知的债权人。

《企业破产法》(2004年6月草案)

第五十八条 召开债权人会议,管理人应当提前十五日通知已知的债权人。

《企业破产法》(2004年10月草案)

第五十八条 召开债权人会议,管理人应当提前十五日通知已知的债权人。

【条文释义】

本条规定在债权人会议召开前,管理人应提前15日通知债权人的义务。

从立法史的视角看,本条在不同时期的草案中唯一的变化,即管理人提前通知的日期。早期都是提前20日;后来改成提前15日。这可以视为立法者对破产程序效率的追求。

需要留意的是,这里的"债权人会议",是第一次债权人会议之后的各次债权人会议;因此亦需要结合《企业破产法》第62条第2款,管理人需要根据债权人会议主席的决定来履行其通知义务,而不能擅自决定。①

本条并未具体规定通知内容和方式。齐明认为,就通知内容而言,应包括债权人会议召开的时间、地点、待讨论的事项及大致内容;而就通知方式而言,对于债务清册上列明的债权人,管理人应当履行其直接通知义务,而对于管理人无法获知确切信息的债权人,管理人则可以通过发布公告的方式履行其通知义务。②

韩传华还提出,如果管理人、债权人委员会、占债权总额1/4以上的债权人等主体要求债务人的特定人员列席债权人会议并接受质询,或者债权人委员会、占债权总额1/4以上的债权人等主体要求管理人及其聘用人员接受质询,债权人会议主席应当申请法院通知相关人员列席并接受质询。③

【裁判要旨】

案例

偃师市银海电子元件加工厂、上海超日(洛阳)太阳能有限公司管理人管理人责任纠纷

法院:河南省洛阳市中级人民法院

案号:(2018)豫03民终2565号

事实:上诉人偃师市银海电子元件加工厂(以下简称银海加工厂)因与被上诉人上海超日(洛阳)太阳能有限公司管理人管理人责任纠纷一案,不服河南省偃师市人民法院(2017)豫0381民初74号民事判决,向河南省洛阳市中级人民法院提起上诉。

一审法院认定事实:2014年12月8日,洛阳伟翔置业有限公司(以下简称伟翔公司)以债务人上海超日(洛阳)太阳能有限公司(以下简称超日公司)不能清偿到期债务为由,向该院申请对超日公司破产清算。2014年12月10日,该院裁定受理伟翔公司对超日公司提出的破产清算申请。该院于2015年5月8日、2015年11月18日召开了两次债权人会议,第二次债权人会议表决通过《上海超日(洛阳)太阳能有限公司重整计划草案》。该草案规定对30万元以上(不含本数)的普通债权按12%比例受偿,30万元以下(含本数)的债权作为小额债权按50%的比例受偿。

2015年12月26日,该院裁定批准超日公司重整计划草案。原告没有在法定期限内申报债权,也没有参加债权人会议。在重整期间,原告向该院提起诉讼,请求判令超日公司管理人支付其债权损失。经查河南开拓会计师事务所豫开会审字(2015)第22号审计报告,超日公司应付账款中显示应付银海加工厂人民币2287747.85元,经法庭调解原告撤回起诉,被告按照12%的比例分配给原告274529.74元。

---

① 参见韩传华:《企业破产法解析》,人民法院出版社2007年版,第243页。
② 参见齐明:《中国破产法原理与适用》,法律出版社2017年版,第130页。
③ 参见韩传华:《企业破产法解析》,人民法院出版社2007年版,第243页。

第六十四条

2018年1月3日,原告以重整计划草案中普通债权受偿方案显失公平,造成其未获清偿的债权损失114000元为由起诉。

一审法院认为,根据《企业破产法》第64条规定,《上海超日(洛阳)太阳能有限公司重整计划草案》中关于普通债权的受偿方案,系债权人会议决议,并经该院裁定批准。原告如认为该受偿方案显失公平,应在法律规定的期限内,请求该院裁定撤销债权人会议决议,现破产重整程序已经终止,原告以此为由起诉缺少法律依据。另外,根据《企业破产法》第92条规定,原告在债权申报期限内没有申报债权,而在重整期间提起诉讼,对由此造成诉讼费损失应当自己承担。据此,一审法院判决驳回原告银海加工厂的诉讼请求。

银海加工厂上诉,认为其从未接到被上诉人的任何关于召开债权人会议的通知,因此未能申报债权并参加债权人会议,被上诉人未履行法定义务,存在过错,请求撤销一审判决,改判支持上诉人的一审诉讼请求。

裁判要旨:债权的受偿方案,系债权人会议决议,并经该院裁定批准。债权人如认为该受偿方案显失公平,应在法律规定的期限内,请求该院裁定撤销债权人会议决议,现破产重整程序已经终止,以此为由起诉缺少法律依据。债权人如未接到管理人通知,未在法定期限内申报债权,也未参加债权人会议,拟追究管理人未尽通知义务之责,拟因履行管理人职责过程中给其造成损失并应当承担赔偿责任,应当以管理人所在机构为被告。

裁判理由:河南省洛阳市中级人民法院认为,根据《企业破产法》第24条、第25条、第130条等规定,本案中,河南大鑫律师事务所为超日公司破产管理人,履行相关超日公司管理人职责,如果银海加工厂认为河南大鑫律师事务所在履行管理人职责过程中给其造成损失并应当承担赔偿责任,应当以河南大鑫律师事务所为本案被告。由于超日公司管理人和河南大鑫律师事务所分别是独立的诉讼主体,银海加工厂以超日公司管理人作为本案被告,被告诉讼主体不适格。

鉴于上述,河南省洛阳市中级人民法院于2018年4月3日作出判决:撤销河南省偃师市人民法院(2017)豫0381民初74号民事判决;驳回银海加工厂的起诉。

第六十四条 债权人会议的决议,由出席会议的有表决权的债权人过半数通过,并且其所代表的债权额占无财产担保债权总额的二分之一以上。但是,本法另有规定的除外。

债权人认为债权人会议的决议违反法律规定,损害其利益的,可以自债权人会议作出决议之日起十五日内,请求人民法院裁定撤销该决议,责令债权人会议依法重新作出决议。

债权人会议的决议,对于全体债权人均有约束力。

【立法沿革】

《企业破产法(试行)》(1986)

第十六条 债权人会议的决议,由出席会议的有表决权的债权人的过半数通过,并且其所代表的债权额,必须占无财产担保债权总额的半数以上,但是通过和解协议草案的决议,必须占无财产担保债权总额的三分之二以上。

债权人会议的决议,对于全体债权人均有约束力。

债权人认为债权人会议的决议违反法律规定的,可以在债权人会议作出决议后七日内提请人民法院裁定。

《破产法》(1995年草案)

第五十七条 债权人会议的决议,由出席会议有表决权的债权人的过半数通过,并且其所代表的债权额,必须占已确定债权总额的二分之一以上。但是,本法另有规定的,不在此限。

债权人会议的决议对全体债权人均有约束力。

《企业破产与重整法》(2000年6月草案)

第五十四条 债权人会议的决议,由出席会议有表决权的债权人的过半数通过,并且其所代表的债权额,必须占已确定债权总额的三分之二以上。本法另有规定的,不在此限。

债权人会议的决议,对于全体债权人均有约束力。

《企业破产与重整法》(2000年12月草案)

第五十四条 债权人会议的决议,由出席会议有表决权的债权人的过半数通过,并且其所代表的债权额,必须占已确定债权总额的二分之一以上。本法另有规定的,不在此限。

债权人会议的决议违反债权人一般利益的,管理人或者债权人可以在债权人会议作出决议后十五日内,请求人民法院裁定禁止决议的执行。

债权人会议的决议,对于全体债权人均有约束力。

《企业破产与重整法》(2001年1月草案)

第五十二条 债权人会议的决议,由出席会议有表决权的债权人的过半数通过,并且其所代表的债权额,必须占无财产担保债权总额的二分之一以上。本法另有规定的,不在此限。

债权人会议的决议损害部分债权人利益的，管理人或者受损害债权人可以在债权人会议作出决议后十五日内，请求人民法院裁定撤销该决议，责令债权人会议重新决议。

债权人会议的决议，对于全体债权人均有约束力。

《企业破产法》(2004年3月草案A版)

第五十九条　债权人会议的决议，由出席会议有表决权的债权人的过半数通过，并且其所代表的债权额占无财产担保债权总额的二分之一以上。本法另有规定的，不在此限。

债权人会议的决议损害部分债权人利益的，受损害债权人可以在债权人会议作出决议后十五日内，请求人民法院裁定撤销该决议，责令债权人会议重新决议。

债权人会议的决议，对于全体债权人均有约束力。

《企业破产法》(2004年3月草案B版)

第六十条　债权人会议的决议，由出席会议有表决权的债权人的过半数通过，并且其所代表的债权额占无财产担保债权总额的二分之一以上。本法另有规定的，不在此限。

债权人会议的决议损害部分债权人利益的，受损害债权人可以在债权人会议作出决议后十五日内，请求人民法院裁定撤销该决议，责令债权人会议重新决议。

债权人会议的决议，对于全体债权人均有约束力。

《企业破产法》(2004年6月草案)

第五十九条　债权人会议的决议，由出席会议有表决权的债权人的过半数通过，并且其所代表的债权额占无财产担保债权总额的二分之一以上。本法另有规定的除外。

债权人会议的决议损害部分债权人利益的，受损害债权人可以在债权人会议作出决议后十五日内，请求人民法院裁定撤销该决议，责令债权人会议重新表决。

债权人会议的决议，对于全体债权人均有约束力。

《企业破产法》(2004年10月草案)

第五十九条　债权人会议的决议，由出席会议有表决权的债权人的过半数通过，并且其所代表的债权额占无财产担保债权总额的二分之一以上。本法另有规定的除外。

债权人认为债权人会议的决议损害自己利益的，可以在债权人会议作出决议后的十五日内，请求人民法院裁定撤销该决议，责令债权人会议重新表决。

债权人会议的决议，对于全体债权人均有约束力。

【条文释义】

本条规定的债权人会议决议涉及的相关问题，包括决议通过的条件、债权人对债权人会议决议的制衡机制以及债权人会议决议的约束力。

本条共分3款。分款评注如下：

第1款："**债权人会议的决议，由出席会议的有表决权的债权人过半数通过，并且其所代表的债权额占无财产担保债权总额的二分之一以上。但是，本法另有规定的除外。**"

本款规定的是债权人会议决议通过的条件。

本款共分2层含义：

第1层："债权人会议的决议，由出席会议的有表决权的债权人过半数通过，并且其所代表的债权额占无财产担保债权总额的二分之一以上。"

按照文本，只有享有表决权的债权人过半数通过，并且其所代表的债权额占无财产担保债权总额的1/2以上，才能使得债权人会议形成有效决议。

这里"出席会议的有表决权的债权人过半数"，暗含如下几个条件：第一，必须合法申报债权并经过管理人审查，编入债权表；第二，必须是出席债权人会议的债权人，据此未出席或者未委托代理人出席债权人会议的债权人则不在统计之列；第三，必须是有表决权的债权人，据此出席债权人会议但因为债权额未确定等因素而不具有表决权的债权人，被排除在外；第四，支持某项议案的债权人，无论债权额大小，必须在人数上过半数。

按照齐明的观点，鉴于担保债权人只对特定事项没有表决权，有表决权是常态，无表决权是例外，因此这里的"出席会议的有表决权的债权人"，应该包括担保债权人。[①]

这里的"无财产担保债权总额"，按照韩传华的列举，主要涉及如下四项债权：(1)管理人编制债权表，债权人、债务人无异议，法院直接确认的债权；(2)管理人编制债权表，债权人、债务人有异议，提起诉讼并经法院诉讼确认的债权；(3)法院为行使表决权考量临时确定的债权额；(4)有担保债权的债权人放弃优先受偿权，转化成普通

---

① 参见齐明：《中国破产法原理与适用》，法律出版社2017年版，第130—131页。

第六十四条

债权。①

概括来看,《企业破产法》对债权人会议有效决议的表决规则,是"双过半",即债权人人数过半且其代表的债权额过半。

第2层:"但是,本法另有规定的除外。"

这里的但书条款,涉及的主要是重整与和解程序中有关债权人会议决议的特殊规定。②

第2款:"债权人认为债权人会议的决议违反法律规定,损害其利益的,可以自债权人会议作出决议之日起十五日内,请求人民法院裁定撤销该决议,责令债权人会议依法重新作出决议。"

本款规定债权人对债权人会议决议的撤销请求权。

按照齐明的概括,本款对债权人行使撤销权,设定4个必须同时具备的前提:(1)债权人会议的决议违反法律规定;(2)债权人会议决议损害债权人的利益;(3)债权人在债权人会议作出决议之日起15日内提出申请;(4)债权人向法院提出请求撤销债权人会议决议、责令债权人会议重新作出决议的申请。③ 齐明认为,这4个前提,能够同时满足多元利益需求,即既可以为债权人维权提供救济渠道和手段,确保破产程序不被部分债权人假借债权人会议谋取非法利益,更确保债权人会议不至于成为多数债权人侵害少数债权人利益的工具,也能够充分保障破产程序的连续性和效率性。④

韩传华认为,对于本款规定,有如下三点需要注意:第一,对债权人会议决议不享有表决权的债权人,无权请求法院撤销债权人会议决议;第二,无故不出席债权人会议的债权人,其表决权视为自动放弃,亦无权请求法院撤销债权人会议决议;第三,已同意债权人会议决议,或者弃权,亦无权请求法院撤销债权人会议决议。⑤

这里的"违反法律规定",《企业破产法》并未明确究竟是仅限于《企业破产法》,还是说也包括全国人大及其常务委员会通过的其他法律。齐明采后者,认为应不仅限于《企业破产法》的规定,也应包括其他法律的规定。⑥

对于上述争议,最高人民法院2019年3月发布的《关于适用〈中华人民共和国企业破产法〉若干问题的规定(三)》,予以特别明确规定。根据该规定第12条,个体债权人对债权人会议决议申请撤销的,有且仅有四种理由:债权人会议的召开违反法定程序、表决违反法定程序、决议内容违法和决议超出债权人会议的职权范围。

第3款:"债权人会议的决议,对于全体债权人均有约束力。"

本款确认债权人会议决议对全体债权人的约束力。据此规定,只要债权人会议决议的产生符合《企业破产法》规定的条件和程序,则无论个体债权人是弃权、反对还是因故未出席债权人会议,均不影响债权人会议决议对其产生约束力。

这里的"全体债权人",为了确保债权人会议决议能够形成具有绝对法律约束力,应该尽可能宽泛地理解,即包括破产程序启动时到破产程序终结前的所有债权人;既包括依法申报债权的债权人,也包括未依法申报债权的债权人;既包括在债权人会议上投赞成票的债权人,也包括在债权人会议上投反对票的债权人。⑦

在本款规定与其他规定的协调方面,齐明认为,本款规定与《企业破产法》第85条第2款规定有冲突。《企业破产法》第85条第2款规定,重整计划涉及股东权益调整时,应设立出资人组并行使表决权。但根据本款规定债权人会议决议对全体债权人的约束力,意味着债权人会议的决议无法约束出资人,而出资人的意见也无法约束债权人会议的决议。⑧

【关联法律法规及司法政策】

最高人民法院《关于适用〈中华人民共和国企业破产法〉若干问题的规定(三)》(2020)

第十一条 债权人会议的决议除现场表决外,可以由管理人事先将相关决议事项告知债权人,采取通信、网络投票等非现场方式进行表决。采取非现场方式进行表决的,管理人应当在债权人会议召开后的三日内,以信函、电子邮件、公告等方式将表决结果告知参与表决的债权人。

根据企业破产法第八十二条规定,对重整计划草案进行分组表决时,权益因重整计划草案受

---

① 参见韩传华:《企业破产法解析》,人民法院出版社2007年版,第244页。
② 参见韩传华:《企业破产法解析》,人民法院出版社2007年版,第243页。
③ 参见齐明:《中国破产法原理与适用》,法律出版社2017年版,第131页。
④ 参见齐明:《中国破产法原理与适用》,法律出版社2017年版,第131页。
⑤ 参见韩传华:《企业破产法解析》,人民法院出版社2007年版,第245—246页。
⑥ 参见齐明:《中国破产法原理与适用》,法律出版社2017年版,第131页。
⑦ 参见齐明:《中国破产法原理与适用》,法律出版社2017年版,第131页。
⑧ 参见齐明:《中国破产法原理与适用》,法律出版社2017年版,第127页。

到调整或者影响的债权人或者股东,有权参加表决;权益未受到调整或者影响的债权人或者股东,参照企业破产法第八十三条的规定,不参加重整计划草案的表决。

第十二条 债权人会议的决议具有以下情形之一,损害债权人利益,债权人申请撤销的,人民法院应予支持:

(一)债权人会议的召开违反法定程序;
(二)债权人会议的表决违反法定程序;
(三)债权人会议的决议内容违法;
(四)债权人会议的决议超出债权人会议的职权范围。

人民法院可以裁定撤销全部或者部分事项决议,责令债权人会议依法重新作出决议。

债权人申请撤销债权人会议决议的,应当提出书面申请。债权人会议采取通信、网络投票等非现场方式进行表决的,债权人申请撤销的期限自债权人收到通知之日起算。

最高人民法院《关于推进破产案件依法高效审理的意见》(2020)

11. 债权人会议除现场表决外,可以采用书面、传真、短信、电子邮件、即时通信、通讯群组等非现场方式进行表决。管理人应当通过打印、拍照等方式及时提取记载表决内容的电子数据,并盖章或者签字确认。管理人为中介机构或者清算组的,应当由管理人的两名工作人员签字确认。管理人应当在债权人会议召开后或者表决期届满后三日内,将表决结果告知参与表决的债权人。

12. 债权人请求撤销债权人会议决议,符合《最高人民法院关于适用〈中华人民共和国企业破产法〉若干问题的规定(三)》第十二条规定的,人民法院应予支持,但会议召开或者表决程序仅有轻微瑕疵,且对决议未产生实质影响的,人民法院不予支持。

【裁判要旨】
案例1
贾海东、应海东与兴化市金港房地产开发有限公司清算债权顺位认定纠纷案

法院:江苏省泰州市中级人民法院
案号:(2015)泰中商终字第00013号
事实:上诉人贾海东、应海东因与被上诉人兴化市金港房地产开发有限公司清算组债权确认纠纷一案,不服江苏省兴化市人民法院于2014年9月28日作出(2014)泰兴商初字第0151号民事裁定,向泰州市中级人民法院提起上诉。

一审法院查明:2008年6月4日、27日,贾海东、应海东与兴化市金港房地产开发有限公司(以下简称金港公司)分别签订三份《抵押借款合同》,三份合同约定的借款金额合计1.3亿元,以金港公司所有的国有土地使用权为上述借款提供担保,并办理抵押物登记。后贾海东等按约将借款支付给金港公司。

2008年10月13日,一审法院裁定受理金港公司破产一案,并依法成立清算组为破产管理人。同年11月4日,贾海东等向清算组申报债权本金1.3亿元及利息,并说明该债权有财产担保,要求就担保物优先受偿。

2008年10月13日,贾海东等就金港公司的上述借款按三份借款合同,分别向温州市中级人民法院提起诉讼。2009年1月4日,温州市中级人民法院对三案分别作出判令。

在2010年7月20日召开的金港公司第二次债权人会议上,贾海东等按一审法院临时确定的债权额,对清算组提交会议讨论的分配方案进行表决。金港公司破产财产分配方案经会议讨论通过,一审法院于2010年8月2日依法裁定确认,贾海东等已按分配方案分次领取分配款。贾海东等申报债权后,金港公司清算组依法编制了债权表供债权人核查。上诉人贾海东等均出席第一次、第二次债权人会议,并在债权人会议签到簿上签名。

2011年1月23日,清算组向贾海东等发出《债权确认书》。贾海东等签收后,于2011年2月1日向清算组提交《债权异议书》。同年2月25日,清算组就贾海东等的异议发出复函:债权确认符合法律规定,如有异议,可以依据相关规定维护权益。同年3月25日,贾海东等针对清算组的复函,回函清算组:其所申报的债权为经诉讼的已决债权,清算组的债权确认违反法律规定的债权审查程序。

一审法院认为,清算组在接受债权人申报的债权后,依法有审查的权利,并将审查的债权编入债权表,供债权人核查。《企业破产法》赋予债权人对异议债权提起诉讼的权利,但债权人应当及时行使。金港公司破产一案,破产财产分配方案已按法律规定在第二次债权人会议经债权人讨论通过,法院已依法对分配方案裁定予以确认,清算组已按方案将破产财产分配完毕。贾海东等在第二次债权人会议上按一审法院对其临时确定的债权额对分配方案进行表决,在债权人会议后,清算组对其债权进行审核并予以确定,贾海东等对此虽持有异议,但在清算组对异议不予采纳的情况下,其未按上述法律规定提起债权确认之诉,并按分配方案领取分配款,是对其诉讼权利的放弃。在金港公司清算组已依照债权人会议通过并经法院裁定确认的破产财产分配方案将破产财产分配完毕的情况下,其再行提起债权确认之诉无法律依据。依照《企业破产法》第58条等,裁定驳回贾海东、应海东的起诉。

上诉人贾海东、应海东不服该裁定,向泰州市中级人民法院提出上诉。

裁判要旨:债权人认为债权人会议的决议违反法律规定,损害其利益的,可以自债权人会议作出决议之日起15日内,请求人民法院裁定撤销该决议,责令债权人会议依法重新作出决议。债权人会议的决议,对于全体债权人均具有约束力。据此,债权人对于清算组在债权人会议之后依据债权表、债权人会议决议等作出的《债权确认书》再提出债权确认之诉,没有法律依据。

裁判理由:本案二审争议焦点为:对于2011年1月23日清算组作出的《债权确认书》,是否可以依法提起民事诉讼,人民法院应否依法受理。

泰州市中级人民法院认为:《企业破产法》第57条规定,管理人收到债权申报材料后,应当登记造册,对申报的债权进行核查,并编制债权表。债权表和债权申报材料由管理人保存,供利害关系人查阅。第58条规定,依照本法第57条规定编制的债权表,应当提交第一次债权人会议核查。债务人、债权人对债权表无异议的,由人民法院裁定确认。债务人、债权人对债权表记载的债权有异议的,可以向受理破产申请的人民法院提起诉讼。2010年11月4日,上诉人贾海东等申报债权后,清算组编制债权表并供债权人核查,上诉人参加第一次、第二次债权人会议,而且明知其所申报债权被列为暂定债权。上诉人有异议,也反复表达异议,但是,上诉人贾海东等没有依照破产法的规定,向受理破产申请的人民法院提起确认破产债权之诉。嗣后,金港公司清算组经过第一次、第二次债权人会议制订通过破产财产分配方案,法院裁定确认破产财产分配方案,上诉人也受领分配款。上诉人称,清算组未编制债权表供债权人核查,没有事实依据。

《企业破产法》第61条第1款第1项规定债权人会议的职权是核查债权。第64条第2、3款规定,债权人认为债权人会议的决议违反法律规定,损害其利益的,可以自债权人会议作出决议之日起15日内,请求人民法院裁定撤销该决议,责令债权人会议依法重新作出决议。债权人会议的决议,对于全体债权人均具有约束力。根据上述规定,上诉人对于清算组在第二次债权人会议之后的2011年1月23日依据债权表、债权人会议决议等作出的《债权确认书》再次提起确认债权之诉没有法律依据。

综上,泰州市中级人民法院于2015年5月14日作出判决:上诉人贾海东等上诉理由不能成立,其上诉主张本院不予支持。一审裁定驳回起诉并无不当,本院予以维持。驳回上诉,维持原裁定。

案例2
新兴铸管(浙江)铜业有限公司与江苏谋盛律师事务所管理人责任纠纷案

法院:江苏省高级人民法院
案号:(2018)苏民终171号
事实:上诉人新兴铸管(浙江)铜业有限公司(以下简称新兴公司)因与江苏谋盛律师事务所(以下简称谋盛律所)管理人责任纠纷一案,不服江苏省无锡市中级人民法院(2017)苏02民初401号民事判决,向江苏省高级人民法院提起上诉。

2014年1月16日,浙江省杭州市中级人民法院作出(2013)浙杭商初字第32号民事判决书,判决内容包括金塔电力公司向新兴公司支付货款65919536.44元、逾期利息2056231.31元及后续利息,金塔电缆公司就金塔电力公司应付款项承担连带清偿责任等。

2014年8月2日宜兴市人民法院裁定受理江苏长峰电缆有限公司对金塔电缆公司的破产清算申请,2015年5月8日,宜兴市人民法院作出裁定宣告金塔电力公司和金塔电缆公司合并破产清算。其间,宜兴市人民法院分别于2014年6月10日和8月6日指定谋盛律所担任金塔电力公司和金塔电缆公司的管理人。

金塔电力公司、金塔电缆公司资产变卖情况:两家企业资产经宜兴方正会计师事务所有限公司合并审计,实物资产评估总价值为76028052.50元。后对两家公司资产进行公开拍卖,经过三次流拍和一次变卖失败后调整变卖价为3500万,变卖成交。

管理人在破产清算程序中,召开两次债权人会议,均通知新兴公司参加,新兴公司也均到会并签字。2015年6月16日,管理人召开第二次债权人会议,新兴公司到会。在该次债权人会议上,经到会的全体债权人表决,通过了各项决议。2016年2月23日,宜兴市人民法院裁定认可《江苏金塔电力器材设备有限公司、江苏金塔电缆有限公司破产财产分配方案》。2016年12月28日,宜兴市人民法院裁定终结金塔电力公司、金塔电缆公司合并破产程序。

随后,新兴公司向一审法院起诉请求:判令谋盛律所赔偿损失54795669元并承担诉讼费用。一审判决驳回新兴公司的诉讼请求。

新兴公司不服,提起上诉。

裁判要旨：债权人认为债权人会议的决议违反法律规定，损害其利益的，可以自债权人会议作出决议之日起15日内，请求人民法院裁定撤销该决议，责令债权人会议依法重新作出决议。债权人如未在上述法定期限内提出异议，其提出关于破产管理人剥夺其优先受偿的权利且未书面告知并造成重大经济损失的上诉理由，缺乏依据。

裁判理由：根据江苏省高级人民法院归纳，本案二审的争议焦点是：（1）谋盛律所作为管理人对破产企业财产的变卖是否损害上诉人的利益。（2）是否剥夺上诉人就库存电缆优先受偿的权利。

江苏省高级人民法院认为，新兴公司的上诉请求缺乏事实和法律依据，不能成立。理由如下：《企业破产法》第112条规定，变价出售破产财产应当通过拍卖进行。但是，债权人会议另有决议的除外。根据一审事实，破产企业第二次债权人会议表决通过包括变价方案、破产财产分配方案在内的各项决议。宜兴市人民法院生效裁定确认了债权人会议表决通过的财产分配方案。新兴公司出席了会议并参与了表决，债权人会议决议对新兴公司具有约束力。经管理人申请，宜兴市人民法院通过淘宝网司法拍卖网络平台依法对案涉财产进行三次拍卖和一次变卖，均因无人购买而未成交，后经再次将案涉财产在上述网络平台进行公开变卖，买受人以最高价3500万元买受，并付清购买款项，宜兴市人民法院裁定予以确认。新兴公司虽认为管理人变卖破产企业财产的行为损害了其利益，但其提供的证据不足以证实其主张。同时，最高人民法院《关于人民法院民事执行中拍卖、变卖财产的规定》的规范对象为民事执行程序中的拍卖、变卖措施，并不适用本案破产财产变价程序，故新兴公司关于破产财产变价明显低于正常的价格，致使其债权不能得到合理清偿的上诉请求没有事实和法律依据，不能成立。《企业破产法》第64条第2款规定，债权人认为债权人会议的决议违反法律规定，损害其利益的，可以自债权人会议作出决议之日起15日内，请求人民法院裁定撤销该决议，责令债权人会议依法重新作出决议。新兴公司并未在上述法定期限内提出异议。客观上，本案破产财产经变价处理尚不足以清偿前一顺序优先债权，作为第二顺序优先债权人的新兴公司其权益并未受到实质损害。故新兴公司关于破产管理人剥夺了其就库存电缆优先受偿的权利且未书面告知，造成新兴公司重大经济损失的上诉理由缺乏依据。

综上，江苏省高级人民法院于2018年4月26日判决：新兴公司的上诉请求及理由不能成立，不予采纳。一审判决认定事实清楚，适用法律正确，处理结果适当，应予维持。判决驳回上诉，维持原判。

第六十五条 本法第六十一条第一款第八项、第九项所列事项，经债权人会议表决未通过的，由人民法院裁定。

本法第六十一条第一款第十项所列事项，经债权人会议二次表决仍未通过的，由人民法院裁定。

对前两款规定的裁定，人民法院可以在债权人会议上宣布或者另行通知债权人。

【立法沿革】

《破产法》（1995年草案）

第五十九条 对于本法第五十三条第一款第（三）、（六）和（七）项所列事项，债权人会议不能形成决议时，由人民法院裁定。

对于本法第五十三条第一款第（八）项所列事项，债权人会议经两次表决仍不能形成决议时，由人民法院裁定。

对于前二款的裁定，人民法院应当在债权人会议上宣布，无须另行通知和公告。

《企业破产与重整法》（2000年6月草案）

第五十五条 对于本法第五十一条第一款第（三）、（六）和（七）项所列事项，债权人会议不能形成决议时，由人民法院裁定。

对于本法第五十一条第一款第（八）项所列事项，债权人会议经二次表决仍不能形成决议时，由人民法院裁定。

对于前二款规定的裁定，人民法院应当在债权人会议上宣布，无须另行通知和公告。

《企业破产与重整法》（2000年12月草案）

第五十五条 对于本法第五十一条第一款第（三）、（六）和（七）项所列事项，债权人会议不能形成决议时，由人民法院裁定。

对于本法第五十一条第一款第（八）项所列事项，债权人会议经二次表决仍不能形成决议时，由人民法院裁定。

对于前二款规定的裁定，人民法院应当在债权人会议上宣布，无须另行通知和公告。

《企业破产与重整法》（2001年1月草案）

第五十三条 对于本法第四十九条第一款第（三）、（六）、（七）项所列事项，债权人会议不能表决通过的，由人民法院裁定。

对于本法第四十九条第一款第（八）项所列事项，债权人会议经二次表决仍不能通过时，由人民法院裁定。

第六十五条

对于前二款规定的裁定,人民法院应当在债权人会议上宣布,无须另行通知和公告。

《企业破产法》(2004年3月草案A版)

第六十条 对于本法第五十六条第一款第(三)、(六)、(七)项所列事项,债权人会议不能表决通过的,由人民法院裁定。

对于本法第五十六条第一款第(八)项所列事项,债权人会议经二次表决仍不能通过时,由人民法院裁定。

对于前二款规定的裁定,人民法院应当在债权人会议上宣布,无须另行通知和公告。

《企业破产法》(2004年3月草案B版)

第六十一条 对于本法第五十七条第一款第(四)、(七)、(八)项所列事项,债权人会议不能表决通过的,由人民法院裁定。

对于本法第五十七条第一款第(八)项所列事项,债权人会议经二次表决仍不能通过时,由人民法院裁定。

对于前二款规定的裁定,人民法院应当在债权人会议上宣布,无须另行通知和公告。

《企业破产法》(2004年6月草案)

第六十条 对于本法第五十六条第一款第(二)、(五)、(八)、(九)项所列事项,债权人会议不能表决通过的,由人民法院裁定。

对于本法第五十六条第一款第(十)项所列事项,债权人会议经二次表决仍不能通过时,由人民法院裁定。

对于前二款规定的裁定,人民法院可以在债权人会议上宣布,无须另行通知和公告。

《企业破产法》(2004年10月草案)

第六十条 对于本法第五十六条第一款第(八)、(九)项所列事项,债权人会议不能表决通过的,由人民法院裁定。

对于本法第五十六条第一款第(十)项所列事项,债权人会议经二次表决仍不能通过时,由人民法院裁定。

对于前二款规定的裁定,人民法院可以在债权人会议上宣布或者另行通知债权人。

【条文释义】

本条规定法院对于债权人会议未能作出决议时的强制裁定权。

对于赋予法院在债权人会议不能及时作出决议时强制裁定相关议案的必要性,韩传华认为,主要是对于那些必须由债权人会议决议的事项,如果放任债权人会议陷入僵局,破产程序将无法继续进行,有必要予以通过法院的强制力确保破产程序顺畅进行。①

齐明的观点与此类似,认为赋予法院在债权人会议不能通过特定事项表决时的强制裁定权,一方面体现出法院在破产程序中的主导性地位,但也从另一个方面要求法院慎重行使此项强制裁定权,不到万不得已,尽量不侵犯债权人及债权人会议意思自治的空间。②

本条共分3款。分款评注如下:

第1款:"本法第六十一条第一款第八项、第九项所列事项,经债权人会议表决未通过的,由人民法院裁定。"

这里涉及的《企业破产法》第61条第1款第8、9项,分别涉及"通过债务人财产的管理方案"和"通过破产财产的变价方案"。显然,如果债权人会议不能及时就债务人财产的管理方案与变价方案作出决议,将会导致破产清算程序无法进行,因此需要赋予法院必要的裁定权。

对于这里的裁定,韩传华认为法院可以直接裁定,也可以要求管理人按照法院的意见修改后裁定;在管理人修改情形下,法院可以召开债权人会议对修订后的方案再次讨论、表决,也可以由法院对修订后的方案直接通过。③

第2款:"本法第六十一条第一款第十项所列事项,经债权人会议二次表决仍未通过的,由人民法院裁定。"

这里涉及的《企业破产法》第61条第1款第10项,涉及"通过破产财产的分配方案"。

破产财产的分配,涉及债权人的实体权益,围绕破产财产的分配,不同债权人势必会不可避免地产生利益冲突,极有可能形成债权人会议的决议僵局。但如果放任债权人在债权人会议上僵持,将导致破产法的目标落空,既不能使得债权债务得到及时清理,也不能使得债权人、债务人的合法权益得到保障。由此,赋予法院在债权人会议两次表决依然就破产财产分配方案无法通过决议时的强制裁定权,对于防止破产程序的僵局,最终实现破产法的正义,意义重大。

齐明认为,在《企业破产法》第61条规定的事项中,第6、7项属于选择性事项,能通过则和解或者重整,不能通过则破产清算,对破产程序

---

① 参见韩传华:《企业破产法解析》,人民法院出版社2007年版,第246页。
② 参见齐明:《中国破产法原理与适用》,法律出版社2017年版,第132页。
③ 参见韩传华:《企业破产法解析》,人民法院出版社2007年版,第246页。

的影响并不致命;但对于第 8、9、10 项,如果债权人会议无法达成有效协议,轻则使破产程序无法进行,重则使破产程序彻底陷于僵局。由此,赋予法院在特定条件下的强制裁定权,可以使得破产程序顺畅进行。① 在笔者看来,这种强制裁定权的赋予,足以树立法院在破产程序中"终结者"的角色,可以提高债权人、利害关系人等的合理预期。

对于这里的裁定,韩传华认为法院可以直接裁定,也可以要求管理人按照法院的意见修改后裁定;在管理人修改情形下,法院可以召开债权人会议对修订后的方案再次讨论、表决,也可以由法院对修订后的方案直接通过。②

第 3 款:"对前两款规定的裁定,人民法院可以在债权人会议上宣布或者另行通知债权人。"

本款规定的是法院强制裁定的送达方式,即法院因为债权人会议无法作出决议而强制裁定通过后的公布方式。

根据本款文本,法院可以在债权人会议上直接宣布裁定,也可以通过其他方式另行通知所有债权人。按照齐明的解读,这也就意味着法院可以当场就作出裁定并现场宣布,也可以在债权人会议后作出裁定并另行通知债权人。③

第六十六条 债权人对人民法院依据本法第六十五条第一款作出的裁定不服的,债权额占无财产担保债权总额二分之一以上的债权人对人民法院依据本法第六十五条第二款作出的裁定不服的,可以自裁定宣布之日或者收到通知之日起十五日内向该人民法院申请复议。复议期间不停止裁定的执行。

【立法沿革】

《破产法》(1995 年草案)

第五十八条 债权人会议的决议违反债权人一般利益的,债权人可以在债权人会议作出决议后十五日内,请求人民法院裁定禁止决议的执行。

有前款规定的情形,管理人、破产清算人或者监督人,可以在决议通过后十五日内请求人民法院裁定禁止决议的执行。

债权人会议的决议违反法律或者社会公共利益的,人民法院应当裁定决议无效。

对于前三款规定的规定,人民法院应当通知已知的债权人,但无须公告。

第六十条 债权人对人民法院依据本法第五十八条、第五十九条作出的裁定不服的,可以向上一级人民法院申请复议一次。复议期间不影响裁定的执行。

《企业破产与重整法》(2000 年 6 月草案)

第五十六条 债权人对人民法院依据本法第五十五条作出的裁定不服的,可以向同级人民法院申请复议。复议期间不影响裁定的执行。

《企业破产与重整法》(2000 年 12 月草案)

第五十六条 债权人对人民法院依据本法第五十五条作出的裁定不服的,可以向该人民法院申请复议。复议期间不影响裁定的执行。

《企业破产与重整法》(2001 年 1 月草案)

第五十四条 债权人对人民法院依据本法第五十三条作出的裁定不服的,可以向该人民法院申请复议。复议期间不影响裁定的执行。

《企业破产法》(2004 年 3 月草案 A 版)

第六十一条 债权人对人民法院依据本法第六十条作出的裁定不服的,可以在十五日内向该人民法院申请复议。复议期间不影响裁定的执行。

《企业破产法》(2004 年 3 月草案 B 版)

第六十二条 债权人对人民法院依据本法第六十一条作出的裁定不服的,可以在十五日内向该人民法院申请复议。复议期间不影响裁定的执行。

《企业破产法》(2004 年 6 月草案)

第六十一条 债权人对人民法院依据本法第六十条作出的裁定不服的,可以在裁定宣布之日起十五日内向该人民法院申请复议。复议期间不影响裁定的执行。

《企业破产法》(2004 年 10 月草案)

第六十一条 债权人对人民法院依据本法第六十条作出的裁定不服的,债权额占无财产担保债权总额半数以上的债权人对人民法院依照本法第六十条第二款作出的裁定不服的,可以在裁定宣布之日或者收到通知起十五日内向该人民法院申请复议。复议期间不影响裁定的执行。

【条文释义】

本条规定债权人对法院依据《企业破产法》第 65 条所做规定不服时申请复议的权利。

本条共分 2 层含义:

---

① 参见齐明:《中国破产法原理与适用》,法律出版社 2017 年版,第 132 页。
② 参见韩传华:《企业破产法解析》,人民法院出版社 2007 年版,第 246 页。
③ 参见齐明:《中国破产法原理与适用》,法律出版社 2017 年版,第 132 页。

第六十七条

第1层:"债权人对人民法院依照本法第六十五条第一款作出的裁定不服的,债权额占无财产担保债权总额二分之一以上的债权人对人民法院依照本法第六十五条第二款作出的裁定不服的,可以自裁定宣布之日或者收到通知之日起十五日内向该人民法院申请复议。"

《企业破产法》第65条第1款主要涉及破产财产的管理和变价。按照本条的文本,向法院申请就强制裁定复议的权利行使主体为"债权人"。这也就是说,任何债权人均可以对法院的裁定提出异议,而无论其债权额的多少或有无担保。韩传华认为,之所以规定这么宽松,主要是考虑到担保债权人的复议权,因为担保财产的变价与担保债权人关系密切,如果有债权额要求,担保债权人可能就因此而失去对法院裁定的复议申请权。①

《企业破产法》第65条第2款主要涉及破产财产的分配。对于法院强制裁定破产财产分配方案,《企业破产法》比较慎重,既规定了债权人会议两次表决不能通过方可裁定的条件,也在本条规定,只有"债权额占无财产担保债权总额二分之一以上的债权人"才有权提出复议。

齐明指出,这里需要特别强调的是异议人只享有对相关裁定的"复议"权,而不是"上诉"权;因为在《企业破产法》中,只有法院裁定不予受理或者法院裁定驳回申请时,才可以上诉。②

第2层:"复议期间不停止裁定的执行。"

本层强调如下事实:法院强制裁定的执行,并不因前述复议程序而受到影响。

这种规定有确保破产程序顺畅进行的考虑,但并非完美无瑕。韩传华认为,通过复议推翻法院裁定本来就难,如果自法院裁定之日即开始实施,等到复议结果出来时很可能已执行完毕,导致复议救济制度被架空,更为合理的规定是除裁定立即执行的情形外,应该为复议留出必要时间,复议期间裁定暂停执行。③

齐明认为,本层规定的存在,能够有效地保证破产程序顺利进行,体现出《企业破产法》效率优先的立法倾向。④

第二节 债权人委员会

第六十七条 债权人会议可以决定设立债权人委员会。债权人委员会由债权人会议选任的债权人代表和一名债务人的职工代表或者工会代表组成。债权人委员会成员不得超过九人。

债权人委员会成员应当经人民法院书面决定认可。

【立法沿革】

《破产法》(1995年草案)

第六十一条 债权人会议可以选任监督人。监督人不得超过三人。

债权人会议选任监督人的决议,应当经人民法院书面决定认可。

债权人会议选任监督人后,可以通过决议变更前项选任;债权人会议变更已选任的监督人的决议,应当经人民法院书面决定认可。

监督人的报酬、执行职务所必需的费用以及责任,准用本法第三十四条的规定。

第六十二条 本法第三十一条的规定,准用于监督人的选任和变更。

《企业破产与重整法》(2000年6月草案)

第五十七条 债权人会议可以选任监督人,监督人应当经人民法院书面决定认可。监督人人数不得超过三人。

监督人的报酬、执行职务所必需的费用及责任,准用本法第32条的规定。

第三十二条 管理人的报酬数额由人民法院决定。管理人的报酬及其执行职务所必需的费用,从债务人财产中支付。

管理人执行职务时,因故意或者重大过失造成债务人财产损失的,应当承担赔偿责任;管理人为数人的,各管理人承担连带赔偿责任。

第五十八条 本法第二十九条的规定,准用于监督人的选任和变更。

第二十九条 管理人应当由具有必要专业知识的人员担任。

最高人民法院依据本法规定,制定管理人的任职资格及其核准办法。

《企业破产与重整法》(2000年12月草案)

第五十七条 债权人会议可以选任监督人,监督人应当经人民法院书面决定认可。监督人人数不得超过三人。

监督人的报酬、执行职务所必需的费用以及责任,准用本法第三十二条的规定。

---

① 参见韩传华:《企业破产法解析》,人民法院出版社2007年版,第247页。
② 参见齐明:《中国破产法原理与适用》,法律出版社2017年版,第132页。
③ 韩传华:《企业破产法解析》,人民法院出版社2007年版,第247页。
④ 齐明:《中国破产法原理与适用》,法律出版社2017年版,第132页。

第五十八条　本法第二十九条的规定,准用于监督人的选任和变更。

《企业破产与重整法》(2001年1月草案)

第五十五条　债权人会议可以选任监督人,监督人应当经人民法院书面决定认可。监督人人数不得超过三人。

监督人的报酬、执行职务所必需的费用以及责任,准用本法第三十三条的规定。

《企业破产法》(2004年3月草案A版)

第六十二条　债权人会议可以选任债权人代表组成债权人委员会,债权人代表应当经人民法院书面决定认可。债权人代表人数不得超过十人。

《企业破产法》(2004年3月草案B版)

第六十三条　债权人会议可以选任债权人代表组成债权人委员会,债权人代表应当经人民法院书面决定认可。债权人代表人数不得超过九人。

《企业破产法》(2004年6月草案)

第六十二条　债权人会议可以选任债权人代表组成债权人委员会,债权人代表应当经人民法院书面决定认可。

债权人代表人数不得超过九人;其中,应当有一名劳动债权代表。

《企业破产法》(2004年10月草案)

第六十二条　债权人会议可以选任债权人代表组成债权人委员会,债权人代表应当经人民法院书面决定认可。

债权人代表人数不得超过九人;其中,应当有一名破产企业职工代表。

【条文释义】

本条规定债权人委员会的设置相关事项。

本条共分2款。分款评述如下:

第1款:"债权人会议可以决定设立债权人委员会。债权人委员会由债权人会议选任的债权人代表和一名债务人的职工代表或者工会代表组成。债权人委员会成员不得超过九人。"

本款共分3层含义:

第1层:"债权人会议可以决定设立债权人委员会。"

本层肯定债权人会议对于设立债权人委员会的决定权。韩传华认为,本层规定有如下瑕疵:第一、《企业破产法》第61条有关债权人会议职责的规定,只包括"选任和更换债权人委员会成员",不涉及"决定设立债权人委员会";第二、这里的措辞用"可以",也就是说债权人会议也可以不设立债权人委员会,关于是否设立债权人委员会,应成为第一次债权人会议的议题之一,是否决定设立债权人委员会,取决于债权人会议是否通过相关议案;第三、债权人会议如决议设立债权人委员会,应按照《企业破产法》第61条来"选任和更换债权人委员会成员",否则债权人委员会还是无法成立。①

齐明认为,这里的"可以",体现出债权人委员会设置的权利属性,债权人会议认为有必要,且债权人愿意承担常设债权人委员会运行成本,即可选择设立;如果债权人会议认为没必要,或者运行成本问题无法解决,则可不设立。②

第2层:"债权人委员会由债权人会议选任的债权人代表和一名债务人的职工代表或者工会代表组成。"

本层规定债权人委员会成员的产生。

韩传华认为,由债权人会议选任债权人代表担任债权人委员会成员,于法理于事实均不成问题,但债务人职工代表或者工会代表1名,究竟应该由债权人会议选任,还是由职工代表大会或工会推选,疑问甚大;尤其是如果按照《企业破产法》第61条由债权人会议选任的话,程序问题更将成为拦路虎。由此,韩传华认为,债权人委员会中1名债务人职工代表或工会代表的产生,将成为左右债权人委员会成立与否的重要问题,因此应明确:如果债权人会议无法选任该代表而导致债权人委员会不能成立的,应视为债权人会议决定不设立债权人委员会;如果不是债权人会议的原因,应视为债务人的职工代表或者工会代表弃权,这种弃权不应该影响债权人委员会的成立。③

对于债权人委员会中的债务人的职工代表或者工会代表问题,齐明亦指出,立法者似乎倾向于在《企业破产法》中分别规定债务人的职工及职工债权人,进而强调职工债权有限保护的立法倾向;但是未充分考虑到债务人的职工代表与职工债权人重复的可能性,因此在这里留下立法漏洞:职工代表究竟是从职工债权人中选出,还是从职工债权人之外,额外选1名职工代表进入债权人

---

① 参见韩传华:《企业破产法解析》,人民法院出版社2007年版,第248页。
② 参见齐明:《中国破产法原理与适用》,法律出版社2017年版,第132—133页。
③ 参见韩传华:《企业破产法解析》,人民法院出版社2007年版,第248—249页。

委员会?《企业破产法》在这里的表述有失妥当。①

第3层:"债权人委员会成员不得超过九人。"本层是有关债权人委员会人数的限定。

如果从宽解释,可以理解成:第一,为避免形成决策僵局,债权人委员会成员应该为奇数;第二,债权人委员成员最少应为3人,最多可为9人。

第2款:"债权人委员会成员应当经人民法院书面决定认可。"

《企业破产法》并未规定债权人委员会的议事规则及程序,这对于债权人委员会实现其制度预期影响甚大。韩传华认为,鉴于《企业破产法》有此疏漏,唯一可能填补这一漏洞的做法,就是在债权人委员会成立时,即确定其议事规则。②

鉴于《企业破产法》自身对债权人委员会的召开、议事程序等均未规定,2019年3月最高人民发布《关于适用〈中华人民共和国企业破产法〉若干问题的规定(三)》,尝试填补该漏洞。根据该规定第14条:第一,债权人委员会决议,需要全体成员过半数通过,并留下议事记录;第二,允许债权人委员会成员保留异议,其异议应该在债权人委员会议事记录中载明;第三,债权人委员会有义务接受债权人会议的监督和法院的指导,但债权人委员会只需要向法院及时汇报工作。

【关联法律法规及司法政策】

最高人民法院《关于适用〈中华人民共和国企业破产法〉若干问题的规定(三)》(2020)

第十四条 债权人委员会决定所议事项应获得全体成员过半数通过,并作成议事记录。债权人委员会成员对所议事项的决议有不同意见的,应当在记录中载明。

债权人委员会行使职权应当接受债权人会议的监督,以适当的方式向债权人会议及时汇报工作,并接受人民法院的指导。

第六十八条 债权人委员会行使下列职权:
(一)监督债务人财产的管理和处分;
(二)监督破产财产分配;
(三)提议召开债权人会议;
(四)债权人会议委托的其他职权。

债权人委员会执行职务时,有权要求管理人、债务人的有关人员对其职权范围内的事务作出说明或者提供有关文件。

管理人、债务人的有关人员违反本法规定拒绝接受监督的,债权人委员会有权就监督事项请求人民法院作出决定;人民法院应当在五日内作出决定。

【立法沿革】

《破产法》(1995年草案)

第六十三条 监督人在债权人会议闭会期间,代表债权人会议行使以下职权:
(一)监督债务人财产的管理和处分;
(二)监督重整计划的执行;
(三)监督破产分配。

监督人执行职务时,有权要求管理人、重整执行人或者破产清算人就其职权范围内的事务作出说明或者提供有关文件。

违反本法规定拒绝接受监督的,监督人有权就监督事项请求人民法院作出决定。人民法院应当在五日内作出决定。

《企业破产与重整法》(2000年6月草案)

第五十九条 在债权人会议闭会期间,监督人代表债权人会议行使以下职权:
(一)监督债务人财产的管理和处分;
(二)监督重整计划的执行;
(三)监督破产分配。

监督人执行职务时,有权要求管理人、重整执行人或者破产清算人就其职权范围内的事务作出说明或者提供有关文件。

前款规定人员违反本法规定拒绝接受监督的,监督人有权就监督事项请求人民法院作出决定。对于监督人的请求,人民法院应当在五日内作出决定。

《企业破产与重整法》(2000年12月草案)

第五十九条 在债权人会议闭会期间,监督人代表债权人会议行使以下职权:
(一)监督债务人财产的管理和处分;
(二)监督重整计划的执行;
(三)监督破产分配。

监督人执行职务时,有权要求管理人、重整执行人就其职权范围内的事务作出说明或者提供有关文件。

前款规定人员违反本法规定拒绝接受监督的,监督人有权就监督事项请求人民法院作出决定。对于监督人的请求,人民法院应当在五日内作出决定。

监督人因为故意或者过失造成债务人或者债

---

① 参见齐明:《中国破产法原理与适用》,法律出版社2017年版,第133页。
② 参见韩传华:《企业破产法解析》,人民法院出版社2007年版,第253—254页。

权人损失的,应当承担赔偿责任。

《企业破产与重整法》(2001年1月草案)
第五十六条 监督人行使以下职权:
(一)监督债务人财产的管理和处分;
(二)监督和解协议的执行;
(三)监督重整计划的执行;
(四)监督破产分配。

监督人执行职务时,有权要求管理人、重整执行人就其职权范围内的事务作出说明或者提供有关文件。

前款规定人员违反本法规定拒绝接受监督的,监督人有权就监督事项请求人民法院作出决定。对于监督人的请求,人民法院应当在五日内作出决定。

监督人因为故意或者过失造成债务人或者债权人损失的,应当承担赔偿责任。

《企业破产法》(2004年3月草案A版)
第六十三条 债权人委员会行使以下职权:
(一)监督债务人财产的管理和处分;
(三)监督重整计划的执行;
(二)监督和解协议的执行;
(四)监督破产财产分配。

债权人委员会执行职务时,有权要求管理人、重整执行人就其职权范围内的事务作出说明或者提供有关文件。

前款规定人员违反本法规定拒绝接受监督的,债权人委员会有权就监督事项请求人民法院作出决定。对于债权人委员会的请求,人民法院应当在五日内作出决定。

债权人委员会因为故意或者过失造成债务人或债权人损失的,应当承担赔偿责任。

《企业破产法》(2004年3月草案B版)
第六十四条 债权人委员会行使以下职权:
(一)监督债务人财产的管理和处分;
(二)监督重整计划的执行;
(三)监督和解协议的执行;
(四)监督破产财产分配;
(五)提议召开债权人会议;
(六)行使债权人会议委托的职权。

债权人委员会执行职务时,有权要求管理人、重整执行人就其职权范围内的事务作出说明或者提供有关文件。

前款规定人员违反本法规定拒绝接受监督的,债权人委员会有权就监督事项请求人民法院作出决定。对于债权人委员会的请求,人民法院应当在五日内作出决定。

债权人委员会因为故意或者过失造成债务人或者债权人损失的,应当承担赔偿责任。

《企业破产法》(2004年6月草案)
第六十三条 债权人委员会行使下列职权:
(一)监督债务人财产的管理和处分;
(二)监督破产财产分配;
(三)提议召开债权人会议;
(四)债权人会议委托的其他职权。

债权人委员会执行职务时,有权要求管理人、债务人对其职权范围内的事务作出说明或者提供有关文件。

前款规定人员违反本法规定拒绝接受监督的,债权人委员会有权就监督事项请求人民法院作出决定。对于债权人委员会的请求,人民法院应当在五日内作出决定。

债权人委员会成员因为故意或者过失造成债务人或债权人损失的,应当承担赔偿责任。

《企业破产法》(2004年10月草案)
第六十三条 债权人委员会行使下列职权:
(一)监督债务人财产的管理和处分;
(二)监督破产财产分配;
(三)提议召开债权人会议;
(四)债权人会议委托的其他职权。

债权人委员会执行职务时,有权要求管理人、债务人对其职权范围内的事务作出说明或者提供有关文件。

前款规定人员违反本法规定拒绝接受监督的,债权人委员会有权就监督事项请求人民法院作出决定。对于债权人委员会的请求,人民法院应当在五日内作出决定。

【条文释义】

本条规定了债权人委员会的职权。

综合来看,本条规定将债权人委员会的监督职能体现得淋漓尽致,尤其是对管理人和债务人有关人员的监督。需要注意的是,较之《企业破产法》第25条对管理人"职责"的列举,这里用"职权",缩小了其外延。[1] 在笔者看来,"职权"一词的使用,无疑具有更强的权力属性。

本条共分3款。分款评注如下:

第1款:"债权人委员会行使下列职权:(一)监督债务人财产的管理和处分;(二)监督破产财产分配;(三)提议召开债权人会议;(四)债权人会议委托的其他职权。"

---

[1] 参见韩传华:《企业破产法解析》,人民法院出版社2007年版,第251页。

第六十八条

上述4项职权，采取了"3+1"的模式，即监督债务人财产的管理和处分、监督破产财产分配、提议召开债权人会议和兜底性质的债权人会议委托的其他职权。齐明认为，可以进一步提炼为两类：第一类是作为常设机构监督权的行使；第二类是债权人会议职权的延伸。①

本款共分4项。分项评注如下：

（一）监督债务人财产的管理和处分

对于这里的"管理和处分"，韩传华认为，主要包括管理人的如下职权：（1）依据《企业破产法》第25条第6项，"管理和处分债务人的财产"；（2）依据《企业破产法》第111条，"管理人应当及时拟订破产财产变价方案"②

（二）监督破产财产分配

对于这里的"分配"，韩传华认为，主要涉及管理人按照《企业破产法》第115条、第116条拟定的破产财产分配方案及后续执行。③

（三）提议召开债权人会议

这里提议召开债权人会议的权利，各方面争议不大。

（四）债权人会议委托的其他职权

对于本项，齐明提出一个问题：究竟该如何理解《企业破产法》第61条规定债权人会议11项职权与本项"债权人会议委托的其他职权"之间的关系？齐明认为，《企业破产法》第61条仅规定债权人会议11项职权，如果债权人会议需要委托债权人委员会行使某些职权，必然需要从这11项职权中"转包"，否则会陷入无权而授权的境地；但具体哪些可以委托、哪些不能委托、是否都可以委托，《企业破产法》未进一步规定，也为适用中潜在的冲突甚至对企业破产程序大幅度简化，留下不可预料的空间。④

最高人民法院在2019年3月发布的《关于适用〈中华人民共和国企业破产法〉若干问题的规定（三）》第13条中，对债权人会议授权债权人委员会事宜，作出明确规定。据此，债权人会议只能将《企业破产法》第61条列举债权人会议职权中"申请人民法院更换管理人，审查管理人的费用和报酬""监督管理人"及"决定继续或者停止债务人的营业"这3项职责，授权给债权人委员会行使；除此之外的授权，尤其是概括性授权，均在禁止之列。

第2款："债权人委员会执行职务时，有权要求管理人、债务人的有关人员对其职权范围内的事务作出说明或者提供有关文件。"

按照本款规定，"要求管理人、债务人的有关人员对其职权范围内的事务作出说明或者提供有关文件"是债权人委员会对管理人和债务人的有关人员行使其监督权的基本方式。

韩传华认为，这种方式同样可以用于债权人会议对管理人的监督上，即债权人会议同样可以"要求管理人、债务人的有关人员对其职权范围内的事务作出说明或者提供有关文件"⑤。

齐明指出，本款是《企业破产法》为保障第68条第1款第4项而赋予债权人委员会的辅助性权力；如果债权人委员会无法获得有效信息，则无法行使对管理人和债务人的有关人员的监督，也无法实现《企业破产法》第68条第1款第1、2项规定的监督权。⑥

这里需要特别明确的是，债务人的有关人员"对其职权范围内的事务"有无确切所指？如何理解这一义务与《企业破产法》第15条对债务人的有关人员义务之间的关系？《企业破产法》第15条第1款规定，债务人的有关人员应该承担保管和管理资料、回答法院和管理人询问及列席债权人会议并如实回答询问等义务。韩传华认为，《企业破产法》第15条第1款及《企业破产法》第68条第2款、第3款的规定，虽然措辞有别，但不构成债权人委员会要求债务人的有关人员就"其职权范围内的事务"做出说明或提交文件的法律障碍。⑦

甚至更进一步，按照《企业破产法》第73条第2款，如果管理人的职责转移给债务人行使，那么债务人的有关人员，更有义务就其职权范围内的事务，向债权人委员会做出说明或提供相关文件。⑧

第3款："管理人、债务人的有关人员违反本法规定拒绝接受监督的，债权人委员会有权就监督事项请求人民法院作出决定；人民法院应当在

---

① 参见齐明：《中国破产法原理与适用》，法律出版社2017年版，第133页。
② 韩传华：《企业破产法解析》，人民法院出版社2007年版，第250页。
③ 参见韩传华：《企业破产法解析》，人民法院出版社2007年版，第250页。
④ 参见齐明：《中国破产法原理与适用》，法律出版社2017年版，第134页。
⑤ 韩传华：《企业破产法解析》，人民法院出版社2007年版，第251页。
⑥ 参见齐明：《中国破产法原理与适用》，法律出版社2017年版，第134页。
⑦ 参见韩传华：《企业破产法解析》，人民法院出版社2007年版，第251页。
⑧ 参见韩传华：《企业破产法解析》，人民法院出版社2007年版，第251—252页。

五日内作出决定。"

本款彰显了债权人委员会对管理人、债务人的有关人员行使监督权的强制性。需要注意的是，这里的措辞为"违反本法规定拒绝接受监督"，但管理人、债务人的有关人员即便不拒绝接受监督、说明问题不充分、提交文件不充分，依然会激活本款规定的强制条款，即债权人委员会有权就监督事项请求人民法院就管理人、债务人的有关人员不配合监督的问题，做出司法决定。①

但需要注意的是，按照第2款及本款措辞，债权人委员会对管理人、债务人的有关人员的监督，仅限于"要求管理人、债务人的有关人员对其职权范围内的事务作出说明或者提供有关文件"。这即是意味着，债权人委员会既无权制止管理人、债务人的有关人员正在进行的行为，也不能请求法院即时制止管理人、债务人的有关人员正在进行的行为。②

【关联法律法规及司法政策】

最高人民法院《关于适用〈中华人民共和国企业破产法〉若干问题的规定（三）》（2020）

第十三条　债权人会议可以依照企业破产法第六十八条第一款第四项的规定，委托债权人委员会行使企业破产法第六十一条第一款第二、三、五项规定的债权人会议职权。债权人会议不得作出概括性授权，委托其行使债权人会议所有职权。

第十四条　债权人委员会决定所议事项应获得全体成员过半数通过，并作成议事记录。债权人委员会成员对所议事项的决议有不同意见的，应当在记录中载明。

债权人委员会行使职权应当接受债权人会议的监督，以适当的方式向债权人会议及时汇报工作，并接受人民法院的指导。

第六十九条　管理人实施下列行为，应当及时报告债权人委员会：

（一）涉及土地、房屋等不动产权益的转让；

（二）探矿权、采矿权、知识产权等财产权的转让；

（三）全部库存或者营业的转让；

（四）借款；

（五）设定财产担保；

（六）债权和有价证券的转让；

（七）履行债务人和对方当事人均未履行完毕的合同；

（八）放弃权利；

（九）担保物的取回；

（十）对债权人利益有重大影响的其他财产处分行为。

未设立债权人委员会的，管理人实施前款规定的行为应当及时报告人民法院。

【立法沿革】

《破产法》（1995年草案）

第六十四条　管理人实施下列行为，应当征得监督人的同意：

（一）不动产所有权的转让；

（二）采矿权、土地使用权、专利权、著作权、商标专用权等财产专用权的转让；

（三）全部库存或者营业的转让；

（四）借款；

（五）设定财产担保；

（六）因继续营业需转让价值千元以上的动产；

（七）债权和有价证券的转让；

（八）双务合同的履行请求；

（九）有关债务人财产的和解或者仲裁、诉讼或者其他法律程序；

（十）放弃权利；

（十一）同意取回权人取回财产；

（十二）别除权标的物的收回。

债权人会议没有选任监督人的，实施前款规定的行为应当征得债权人会议的同意。

第六十五条　对于本法第六十四条所列行为，债权人会议可以直接作出决议，或者以决议取代监督人的同意。

监督人的决议与债权人会议的决议不一致时，服从债权人会议的决议。

第六十六条　监督人应当忠于职守，依法履行监督职责，对全体债权人负责。

监督人因为故意或者重大过失造成债务人或者债权人损失的，应当承担赔偿责任。

《企业破产与重整法》（2000年6月草案）

第六十条　监督人应当忠于职守，依法履行监督职责，对全体债权人负责。监督人因为故意或重大过失造成债务人或债权人损失的，应当承担赔偿责任。

《企业破产与重整法》（2000年12月草案）

第六十条　管理人实施下列行为，应当征得监督人的同意：

---

① 参见韩传华：《企业破产法解析》，人民法院出版社2007年版，第252页。
② 参见韩传华：《企业破产法解析》，人民法院出版社2007年版，第252页。

（一）不动产所有权的转让；
（二）采矿权、土地使用权、专利权、著作权、商标专用权等财产权的转让；
（三）全部库存或者营业的转让；
（四）借款；
（五）设定财产担保；
（六）因继续营业需转让价值万元以上的动产；
（七）债权和有价证券的转让；
（八）双务合同的履行请求；
（九）有关债务人财产的和解或者仲裁、诉讼或者其他法律程序；
（十）放弃权利；
（十一）担保物的收回。

债权人会议没有选任监督人的，实施前款规定的行为应当征得人民法院的同意。

对于本条第一款所列行为，债权人会议可以直接作出决议，或者以决议取代监督人的同意。

监督人的决议与债权人会议的决议不一致时，服从债权人会议的决议。

《企业破产与重整法》(2001年1月草案)
第五十七条　管理人实施下列行为，应当征得监督人的同意：
（一）不动产所有权的转让；
（二）采矿权、土地使用权、知识产权等财产权的转让；
（三）全部库存或者营业的转让；
（四）借款；
（五）设定财产担保；
（六）因继续营业需转让价值万元以上的动产；
（七）债权和有价证券的转让；
（八）双务合同的履行请求；
（九）有关债务人财产的和解或者仲裁、诉讼或者其他法律程序；
（十）放弃权利；
（十一）担保物的收回。

债权人会议没有选任监督人的，实施前款规定的行为应当征得人民法院的同意。

对于本条第一款所列行为，债权人会议可以直接作出决议，或者以决议取代监督人的同意。

监督人的决定与债权人会议的决议不一致时，服从债权人会议的决议。

《企业破产法》(2004年3月草案A版)
第六十四条　管理人实施下列行为，应当及时报告债权人委员会：
（一）不动产所有权的转让；
（二）采矿权、土地使用权、知识产权等财产权的转让；
（三）全部库存或者营业的转让；
（四）借款；
（五）设定财产担保；
（六）因继续营业需转让价值万元以上的动产；
（七）债权和有价证券的转让；
（八）双务合同的履行请求；
（九）有关债务人财产的和解或者仲裁、诉讼或者其他法律程序；
（十）放弃权利；
（十一）担保物的收回。

《企业破产法》(2004年3月草案B版)
第六十五条　管理人实施下列行为，应当及时报告债权人委员会：
（一）不动产所有权的转让；
（二）采矿权、土地使用权、知识产权等财产权的转让；
（三）全部库存或者营业的转让；
（四）借款；
（五）设定财产担保；
（六）因继续营业需转让价值万元以上的动产；
（七）债权和有价证券的转让；
（八）双务合同的履行请求；
（九）有关债务人财产的和解或者仲裁、诉讼或者其他法律程序；
（十）放弃权利；
（十一）担保物的收回。

《企业破产法》(2004年6月草案)
第六十四条　管理人实施下列行为，应当及时报告债权人委员会：
（一）不动产所有权的转让；
（二）采矿权、土地使用权、知识产权等财产权的转让；
（三）全部库存或者营业的转让；
（四）借款；
（五）设定财产担保；
（六）因继续营业需转让价值万元以上的动产；
（七）债权和有价证券的转让；
（八）双务合同的履行请求；
（九）有关债务人财产的和解或者仲裁、诉讼或者其他法律程序；
（十）放弃权利；
（十一）担保物的收回；

(十二)对债权人利益有重大影响的其他财产处分行为。

《企业破产法》(2004年10月草案)

第六十四条 管理人实施下列行为,应当及时报告债权人委员会:

(一)不动产所有权的转让;

(二)采矿权、土地使用权、知识产权等财产权的转让;

(三)全部库存或者营业的转让;

(四)借款;

(五)设定财产担保;

(六)因继续营业需转让价值一万元以上的动产;

(七)债权和有价证券的转让;

(八)履行双务合同;

(九)有关债务人财产的和解或者仲裁、诉讼或者其他法律程序;

(十)放弃权利;

(十一)担保物的收回;

(十二)对债权人利益有重大影响的其他财产处分行为。

【条文释义】

本条规定的是管理人向债权人委员会报告的义务。

齐明认为,准确理解本条需要掌握如下三点:第一,《企业破产法》设计的权力制衡和监督机构,其核心之一即赋予常设机构债权人委员会或者法院对管理人权力的监督制衡,但在这两种监督制衡方式中,《企业破产法》首选债权人委员会监督制衡,次选法院监督制衡,这体现出破产法"私权驱动"的特色,在这种情况下法院对破产程序的介入比较消极;第二,债权人委员会和法院对管理人权力的监督制衡,力度不同,债权人委员会更为委婉、曲折,而法院更为简单直接,甚至可以直接更换管理人;第三,本条规定的"及时报告"义务,《企业破产法》的规定失之简单,无法简单判定是事前监督还是事后监督,也不确定是有意向时报告还是决议完成之后报告,更无法确定"及时"的具体期限,有待于进一步明确。①

本条共分2款。分款评注如下:

第1款:"管理人实施下列行为,应当及时报告债权人委员会:(一)涉及土地、房屋等不动产权益的转让;(二)探矿权、采矿权、知识产权等财产权的转让;(三)全部库存或者营业的转让;(四)借款;(五)设定财产担保;(六)债权和有价证券的转让;(七)履行债务人和对方当事人均未履行完毕的合同;(八)放弃权利;(九)担保物的取回;(十)对债权人利益有重大影响的其他财产处分行为。"

对于这里的"报告",《企业破产法》并未明确规定其含义。郁琳指出,《企业破产法》设置报告义务的初衷,并不仅仅在于使债权人会议知晓管理人的所作所为,而是赋予债权人会议审查管理人处分行为是否符合债权人会议决议或者债权人的整体利益。郁琳特别指出,"对于管理人处分行为不符合决议内容或者有损债权人整体利益的,债权人委员会有权要求管理人按照符合债权人整体利益的方式实施,如果管理人继续实施有损债权人整体利益行为的,债权人委员会有权要求法院裁定停止管理人活动,并对管理人行为造成的损失追究赔偿责任,并可视管理人行为的严重性程度申请法院更换管理人"②。这种情况下,如果债权人会议未就管理人某项处分行为形成具体决议,该怎么办?郁琳认为,此时债权人委员会有权要求管理人中止该处分行为,并提议召开债权人会议对此行为进行讨论和表决,待债权人会议形成决议后再由管理人按决议执行;或者由债权人会议通过委托将审查决议管理人重大处分行为的权力交由债权人委员会行使,使其拥有审查并决定相关重大处分行为的权力。③

对于这里的"及时报告",可能有两种理解:一种是行为前报告,一种是行为后报告。韩传华认为,应该是相关行为开始或者完成后,通过书面形式在第一时间向债权人委员会所做的报告。④

按照本款规定,需要报告的行为共有12项。分项评注如下:

(一)涉及土地、房屋等不动产权益的转让

本项规定涉及债务人财产中与土地、房屋相关的不动产转让。在传统型企业中,土地、房屋都属于企业核心资产,在转让或处置时应该尽可能慎重。

---

① 参见齐明:《中国破产法原理与适用》,法律出版社2017年版,第135—136页。

② 郁琳:《破产程序中管理人职责履行的强化与监督完善——以管理人的法律地位和制度架构为视角》,载《法律适用》2017年第15期,第46页。

③ 参见郁琳:《破产程序中管理人职责履行的强化与监督完善——以管理人的法律地位和制度架构为视角》,载《法律适用》2017年第15期,第46页。

④ 参见韩传华:《企业破产法解析》,人民法院出版社2007年版,第252—253页。

(二)探矿权、采矿权、知识产权等财产权的转让

本项规定了管理人对探矿权、采矿权、知识产权等重要财产权转让时的报告义务。

(三)全部库存或者营业的转让

理解本项的核心是明确"库存"和"营业"的范围。

按照韩传华的观点,这里的"库存",应理解成"对债务人拥有的除继续营业需要之外的所有原材料、半成品以及成品等库存的转让"。按照这种理解,债务人拥有的生产或经营的设备设施,则不属于"库存";而债务人因为继续营业所需要的原材料、半成品以及成品等,因为不涉及转让问题,故亦不属于本项规定的"库存"。此外,这里的"库存",应该理解为"全部……库存",而非部分"库存"①。

同样按照韩传华的观点,这里的"营业"应该理解为"全部……营业"的转让,而非部分"营业"的转让,亦即"对债务人拥有的已停止经营的所有营业业务的转让"②。

韩传华特别强调,这里管理人"转让""全部库存或者营业",只有在全部转让时,才需要取得法院的许可;换言之,认定管理人的"转让"行为是否符合规范,不看重其转让行为的结果,而看重其转让的动机,只要其主观上决定"转让""全部库存或者营业",就需要事先取得法院的许可。③

(四)借款

王欣新、郭丁铭认为,《企业破产法》对管理人借款并设定财产担保的权利,仅规定其向债权人委员会或法院的报告义务,缺乏合理制约。按照国际破产立法惯例,管理人借款权可分为自由型与限制型两类:自由型即不对管理人借款权做明确限制,亦无须其他主体事先批准;而限制型又细分为绝对限制和相对限制,亦即管理人行使借款权,需要事先征得法院许可,或者在听证程序后获得法院授权。那么从合理制约的角度,王、郭认为有如下三种方式可以选择:第一,根据借款数额区别对待,但这种方式无法设定合理的大额借款与小额借款界限,管理人亦可轻易通过化整为零方式绕开;第二,可以规定无担保借款由管理人决定,而需要设定担保的借款由法院核实;第三,规定所有借款都需法院批准。王、郭建议,在第一次债权人会议召开时,法院可以向各方就借款权事宜做出说明,由债权人会议就管理人借款数额及有无担保问题做出决议。④

(五)设定财产担保

本项规定管理人对设定财产担保的报告义务。设定财产担保,属于对债务人财产的重大处分,客观上也会造成债务人财产减少的客观效果,故非万不得已不得为,即使必须为之,亦须报告债权人委员会。

(六)债权和有价证券的转让

债权和有价证券转让,客观上亦属于对债务人财产的减损。故需要报告方可为。

(七)履行债务人和对方当事人均未履行完毕的合同

本项规定与《企业破产法》第18条互相呼应。《企业破产法》第18条赋予管理人对"破产申请受理前成立而债务人和对方当事人均未履行完毕的合同"的选择权,管理人既可以选择继续履行,也可以决定解除合同。《企业破产法》第18条第2款,对管理人选择继续履行合同行为,本身就提供了一定的限制,即管理人如果决定继续履行合同,对方当事人在继续履行的同时,可以要求管理人提供担保;如果管理人拒绝提供担保,则对方当事人可以拒绝继续履行合同。

本项规定,显然是在《企业破产法》第18条第2款的基础上,对管理人决定继续"履行债务人和对方当事人均未履行完毕的合同"事宜,在程序上设置的又一限制,即在债权人委员会成立之前,应请示法院批准;在债权人会议成立之后,应报告债权人委员会。

但这种限制也有特定的范围。韩传华指出,此项许可或报告机制,应该只限于管理人决定继续履行"债务人和对方当事人均未履行完毕的合同",而无须扩大到法院许可继续履行合同决定后的继续履行行为;另外,此项许可或报告机制,应只限于管理人决定继续履行前述合同,如果管理人决定解除"债务人和对方当事人均未履行完毕的合同",在任何时间,都无此请求许可或者向债权人委员会报告的程序性限制。⑤

(八)放弃权利

通过对权利的及时行使,是管理人确保债务人财产最大化的重要手段。而放弃权利,实质上

---

① 参见韩传华:《企业破产法解析》,人民法院出版社2007年版,第96页。
② 韩传华:《企业破产法解析》,人民法院出版社2007年版,第96页。
③ 参见韩传华:《企业破产法解析》,人民法院出版社2007年版,第97页。
④ 参见王欣新、郭丁铭:《论我国破产管理人职责的完善》,载《政治与法律》2010年第9期,第4—5页。
⑤ 参见韩传华:《企业破产法解析》,人民法院出版社2007年版,第97—98页。

必然会导致债务人财产的减少。正因为如此，本项特别限制管理人"放弃权利"的权利。

（九）担保物的取回

担保物的取回，亦属于对债权人利益有重大影响的财产处分行为。需要报告债权人委员会。

（十）对债权人利益有重大影响的其他财产处分行为

本项系兜底条款。韩传华认为，"对债权人利益有重大影响的其他财产处分行为"的具体范围，容易在债权人、债务人和管理人之间发生争议，故具体范围应该由法院来决定；而通常情况下，最有可能构成"对债权人利益有重大影响的其他财产处分行为"，则是对"债务人和对方当事人均未履行完毕的合同"的解除和对债务人生产经营设施和办公用品的转让。①

齐明认为，第10项的文本表述，足以证明前述9项财产处分行为，亦属于"对债权人利益有重大影响的"的处分行为，均需要及时报告。②

另外，韩传华认为，管理人对债务人的债务人提起诉讼或者仲裁的行为，既关系到债务人财产的管理，也涉及破产费用的发生，还可以视为"对债权人利益有重大影响的其他财产处分行为"；而管理人代表债务人应诉，虽然也重大，但属于被动行为，即便可能是"对债权人利益有重大影响的其他财产处分行为"，也不需要及时报告；只有在应诉中应对方要求调解或和解，如果可能是"对债权人利益有重大影响的其他财产处分行为"，则需要及时报告债权人委员会。③

除此之外，韩传华还提出，管理人如果将价值较大的动产或部分营业设施对外转让，也应视为"对债权人利益有重大影响的其他财产处分行为"，需要及时向债权人委员会报告。④

第2款："未设立债权人委员会的，管理人实施前款规定的行为应当及时报告人民法院。"

本款规定，管理人在实施第1款列举的10项财产处分行为时，如果相关破产程序的债权人会议未决议设立债权人委员会，则需要直接向法院履行"及时报告"义务。齐明认为，这是《企业破产法》设计的管理人权力制衡机制中一种次优选择。⑤

郁琳特别指出，在这种情况下，"法院不宜一律作出许可或不许可的决定，因为此时对管理人行为最具利害关系的债权人，已经形成债权人会议这一团体自治组织，故法院应充分尊重债权人意思自治，根据程序进程、处分行为的缓急程度等因素作出适当的决定，在必要时提议召开债权人会议，交由债权人会议讨论决定。因此，在如何理解《企业破产法》第69条管理人'报告'行为的问题上，应综合考虑管理人地位的独立性和事务处理的紧迫性，并在确保对债权人自治权行使及其利益保护的基础上，对管理人实施的上述重大处分行为予以必要审查"。⑥

【关联法律法规及司法政策】

最高人民法院《关于适用〈中华人民共和国企业破产法〉若干问题的规定（三）》（2020）

第二条　破产申请受理后，经债权人会议决议通过，或者第一次债权人会议召开前经人民法院许可，管理人或者自行管理的债务人可以为债务人继续营业而借款。提供借款的债权人主张参照企业破产法第四十二条第四项的规定优先于普通破产债权清偿的，人民法院应予支持，但其主张优先于此前已就债务人特定财产享有担保的债权清偿的，人民法院不予支持。

管理人或者自行管理的债务人可以为前述借款设定抵押担保，抵押物在破产申请受理前已为其他债权人设定抵押的，债权人主张按照民法典第四百一十四条规定的顺序清偿，人民法院应予支持。

第十五条　管理人处分企业破产法第六十九条规定的债务人重大财产的，应当事先制作财产管理或者变价方案并提交债权人会议进行表决，债权人会议表决未通过的，管理人不得处分。

管理人实施处分前，应当根据企业破产法第六十九条的规定，提前十日书面报告债权人委员会或者人民法院。债权人委员会可以依照企业破产法第六十八条第二款的规定，要求管理人对处分行为作出相应说明或者提供有关文件依据。

债权人委员会认为管理人实施的处分行为不符合债权人会议通过的财产管理或变价方案的，有权要求管理人纠正。管理人拒绝纠正的，债权

---

① 参见韩传华：《企业破产法解析》，人民法院出版社2007年版，第97—98页。
② 参见齐明：《中国破产法原理与适用》，法律出版社2017年版，第136页。
③ 参见韩传华：《企业破产法解析》，人民法院出版社2007年版，第253页。
④ 参见韩传华：《企业破产法解析》，人民法院出版社2007年版，第253页。
⑤ 参见齐明：《中国破产法原理与适用》，法律出版社2017年版，第135页。
⑥ 参见郁琳：《破产程序中管理人职责履行的强化与监督完善——以管理人的法律地位和制度架构为视角》，载《法律适用》2017年第15期，第42页。

人委员会可以请求人民法院作出决定。

人民法院认为管理人实施的处分行为不符合债权人会议通过的财产管理或变价方案的,应当责令管理人停止处分行为。管理人应当予以纠正,或者提交债权人会议重新表决通过后实施。

【裁判要旨】
案例
辽宁泰道律师事务所与STX(大连)重工有限公司破产债权确认纠纷案

法院:辽宁省高级人民法院

案号:(2015)辽民三终字第00250号

事实:辽宁泰道律师事务所(以下简称泰道所)因与STX(大连)重工有限公司(以下简称STX公司)破产债权确认纠纷一案,不服大连市中级人民法院(2015)大民三初字第12号民事判决,向辽宁省高级人民法院提起上诉。

一审法院查明:2013年1月4日,泰道所和STX公司签订《委托代理合同》,内容为甲方因(2011)大海商初字第90号民事判决执行一案委托乙方律师代理执行及执行中涉及的有关事宜,双方约定律师费383430元,风险代理费为成功收回款项的5%。2013年11月6日,STX公司出具《委托函》,载明对于STX公司与天津农商银行侵权纠纷一案,委托泰道所代理该案,代理费用为该案回款的20%。

2014年6月6日,大连市中级人民法院裁定受理STX公司的重整申请。2014年8月27日,STX公司管理人向泰道所发出《解除合同通知书》,通知泰道所解除《委托代理合同》和《委托函》,返还代为领取的执行款64.72万元,并移交所对应案件的全部卷宗材料。

2014年9月10日,STX公司工作人员签收泰道所制作的《关于〈解除合同通知书〉的回函》,该函主要内容有:(1)STX公司仍应支付泰道所代理费合计1320万元。(2)关于执行款问题,泰道所只代领了597000元,产生代理费、差旅费,合计432619元,双方已经抵销扣除,执行款剩余164381元。泰道所向STX公司管理人主张剩余执行款与STX公司应付代理费进行相应抵销,剩余应付代理费1300万元,泰道所会以共益债权向STX公司管理人申报。

一审法院判决驳回泰道所的诉讼请求。泰道所不服一审判决,提出上诉。

裁判要旨:在破产案件中,管理人依据《企业破产法》第18条解除法律服务委托代理合同的行为,并未进行财产处分,不属于《企业破产法》第69条第1款第10项"对债权人利益有重大影响的其他财产处分行为"规定的情形。

裁判理由:辽宁省高级人民法院认为:关于STX公司管理人解除与泰道所的委托合同是否合法的问题。案涉债权确认纠纷的产生,是因为管理人解除与泰道所的委托合同。2014年8月27日STX公司管理人向泰道所发出《解除合同通知书》,2014年9月10日STX公司工作人员签收了泰道所制作的《关于〈解除合同通知书〉的回函》,以上两份证据可以证明双方已经解除委托合同。根据《合同法》第410条以及《企业破产法》第18条第1款的规定,STX公司管理人解除与泰道所的委托代理合同,符合法律规定。而且该解除行为针对委托代理合同,并未进行财产处分,不属于《企业破产法》第69条第1款第10项"对债权人利益有重大影响的其他财产处分行为"规定的情形。

关于申报债权是否应予确认的问题。根据《企业破产法》第53条的规定,泰道所从事前期代理工作,付出相应劳动,有权申报债权。泰道所将风险代理费用作为债权申报,数额为13045377.37元,计算依据为:诉讼标的52839033.47元×(20%+5%)-代领执行款164381元=债权13045377.37元。根据《合同法》第113条第1款的规定,泰道所该项诉讼请求的标的是指,如果另案诉讼请求全部得到支持并全部得到执行后,根据风险代理约定的比例收取的代理费用。由于委托代理合同在履行过程中被解除,因此该笔代理费用的性质属于泰道所请求的预期利益损失。预期利益又称可得利益,具有未来性、期待性、一定的现实性。它是当事人订立合同时能够合理预见到的利益,只要合同如期履行,可得利益就会被当事人所得到。而另案诉讼泰道所是否胜诉,是否全部请求都获得支持,是否能够执行到位,具有相当大的不确定性。并非泰道所与STX公司签订委托代理合同,就能通过诉讼获得该笔代理费用。这也是双方签订风险委托代理合同的根本原因。而STX公司管理人在解除与泰道所的委托合同后,自行提起对该案的诉讼,法院并未支持其诉讼请求,也证明泰道所预期利益的不确定性。因此,该代理费用并非双方订立委托合同时可以预见得到的、合同履行后可以获得的利益,该代理费用损失不属于预期利益损失。泰道所以该代理费用申报债权,没有事实和法律依据,故对其以既不是实际损失也不是预期利益损失的风险代理费用,请求法院确认破产债权的诉讼请求,不予支持。

综上,辽宁省高级人民法院于2015年12月3日作出判决:驳回上诉,维持原判。

【学理综述】

张钦昱在《法学杂志》2013 年第 2 期上，发表《论破产财产出售的程序规制——以克莱斯勒破产案为例》一文。在该文中，作者详细回顾克莱斯勒破产案的案情与相关争点，尤其是克莱斯勒公司重整前后对于不同顺位债权人的清偿。其中关键，在美国财政部的主导下，适用《美国破产法》第 363 条出售破产财产，而回避《美国破产法》第 11 章重整计划的适用，法院使得无担保债权人"合法侵蚀"有担保债权人的权益，甚至获得比有担保债权人更高的清偿率。作者详细综述了美国学界、实务界对这一操作的针锋相对的两种立场：以哈维·米勒为代表的支持者认为，出售破产财产是解决破产债务人困境的最佳方式，克莱斯勒案运用《美国破产法》第 363 条，实现如下目的：第一，使有担保债权人尽快弥补损失；第二，使购买破产企业产品的消费者免受破产企业的诉讼所累；第三，产生禁令保护的作用；第四，迅速产生实质性的终局效果。而反对者则认为，复杂的财产出售一般都需要制定重整计划，在解决破产重整计划与出售破产财产矛盾的问题之前，禁止任何涉及重整计划的财产出售。作者认为，两种立场之争，实质是对破产财产估值的方法之争。按照作者的论述，破产财产估值一般有司法估值、市场检验等途径：前者需要召开估值听证会，由法院根据各方指派的专家证人的证言，最终确定有担保债权的实际价值；后者的依据在于科斯定理，即可以通过拍卖法和选择法来发现破产财产的真实价值。作者认为，无论是司法估值还是市场估值，均无法从根本上解决弊端，更为靠谱的方法还是通过程序性规则，保障破产财产估值的准确和平衡。作者引述露华浓规则，论证程序性规则的合理性：当公司进入破产重组程序且出售部分资产或整个公司不可避免时，董事会的职责就由保护公司不被恶意收购转变成如何使公司的资产出售获益最大化。作者指出，就如何检验出售财产的最佳价格，"露华浓案"及之后的判例建立了以下规则：首先，董事会做出的决断一定要符合勤勉义务和诚实信用原则；其次，公司的管理层一定要将财产出售的详细情况通报给各位董事。作者由此得出结论认为，克莱斯勒案对我国破产财产处置规则的启迪在于：首先，要求董事谨守勤勉义务和诚实信用原则，遵守商业判断规则，并要求有资格做出出售财产决断的董事的财产必须独立于破产债务人的财产；其次，要求破产债务人的董事会一定要对财产出售的情况充分获悉，可以考虑的方法包括聘请投资银行以及考虑违约金是否合适等；最后，要对附条件的财产出售予以禁止，避免违背绝对优先权原则。①

第八章　重　整

第一节　重整申请和重整期间

第七十条　债务人或者债权人可以依照本法规定，直接向人民法院申请对债务人进行重整。

债权人申请对债务人进行破产清算的，在人民法院受理破产申请后、宣告债务人破产前，债务人或者出资额占债务人注册资本十分之一以上的出资人，可以向人民法院申请重整。

【立法沿革】

《破产法》（1995 年草案）

第八十八条　本章规定，仅适用于具有本法第四条规定的情形但有挽救希望的企业法人。

第八十九条　债务人或者债权人依照本法第十条第一款提出申请时，可以直接向人民法院申请重整。

人民法院受理破产案件后，在宣告债务人破产以前，债务人或者债权人可以向人民法院申请重整。

债务人有本法第四条规定的情形的，持有债务人注册资本总额三分之一以上的出资人，可以直接向人民法院申请重整，也可以在人民法院受理破产案件后和宣告债务人破产前，向人民法院申请重整。

第九十条　申请重整，应当向人民法院提交

---

① 参见张钦昱：《论破产财产出售的程序规制——以克莱斯勒破产案为例》，载《法学杂志》2013 年第 2 期，第 132—140 页。

第七十条

重整申请书,并提交有关证据。

《企业破产与重整法》(2000年6月草案)

第八十条　本章规定,仅适用于具有本法第三条规定的情形但有挽救希望的企业法人。

企业法人因为经营或者财务发生困难将导致不能清偿到期债务的,可以适用本法规定的重整程序。

第八十一条　债务人或者债权人依照本法第九条第一款提出申请时,可以直接向人民法院申请重整。

人民法院受理破产案件后,在宣告债务人破产以前,债务人或者债权人可以向人民法院申请重整。

债务人有本法第三条规定的情形的,持有债务人注册资本总额三分之一以上的出资人,可以直接向人民法院申请重整,也可以在人民法院受理破产案件后和宣告债务人破产前向人民法院宣布重整。

《企业破产与重整法》(2000年12月草案)

第八十一条　债务人或者债权人依照本法第九条第一款提出申请时,可以直接向人民法院申请重整。

人民法院受理破产案件后,在宣告债务人破产以前,债务人、债权人或者持有债务人注册资本总额三分之一以上的出资人,可以向人民法院申请重整。

《企业破产与重整法》(2001年1月草案)

第一百一十八条　本章规定仅适用于具有本法第三条第三款规定的企业法人。

第一百一十九条　债务人或者债权人依照本法第三条第三款提出申请时,可以直接向人民法院申请重整。

人民法院受理破产案件后,在宣告债务人破产以前,债务人、债权人或者持有债务人注册资本总额三分之一以上的出资人,可以向人民法院申请重整。

《企业破产法》(2004年3月草案A版)

第六十五条　债务人或者债权人依照本法第十一条第一款提出申请时,可以直接向人民法院申请重整。

人民法院受理破产案件后,在宣告债务人破产以前,债务人、债权人或者持有债务人注册资本总额三分之一以上的出资人,可以向人民法院申请重整。

第六十六条　企业法人财务出现困难的,可以适用本法规定的重整程序。

《企业破产法》(2004年3月草案B版)

第六十六条　债务人为企业法人的,可以适用本章规定。

第六十七条　债务人或者债权人依照本法第十一条第一款提出申请时,可以直接向人民法院申请重整。

人民法院受理破产案件后,在宣告债务人破产清算以前,债务人、债权人或者持有债务人注册资本额三分之一以上的出资人,可以向人民法院申请重整。

《企业破产法》(2004年6月草案)

第六十五条　本章规定仅适用于企业法人。

第六十六条　债务人或者债权人依照本法第十条提出申请时,可以直接向人民法院申请重整。

人民法院受理破产案件后,在宣告债务人破产以前,债务人、债权人或者持有债务人注册资本额三分之一以上的出资人,可以向人民法院申请重整。

《企业破产法》(2004年10月草案)

第六十五条　债务人或者债权人可以依照本法第九条的规定,直接向人民法院申请对债务人进行重整。

债权人申请对债务人进行破产清算的,人民法院受理破产案件后,在宣告债务人破产以前,债务人或者持有债务人注册资本额十分之一以上的出资人,可以向人民法院申请重整。

【条文释义】

本条规定重整程序的申请及启动。

从立法史的视角看,本条规范在不同时期的草案中,越来越简洁。但其构造并未根本改变,都援引破产申请条款,也都对债权人申请破产清算情形下债务人或债务人的出资人的重整申请权做了规定。但后期的草案和定稿中,删除了早期草案中对重整适用情形的规定。

重整制度是现代破产法的核心制度,坊间对重整的优点论述车载斗量。比如按照齐明的列举,重整制度的优点至少体现在如下四个方面:第一,对破产管理人而言,重整程序的报酬远高于破产清算程序的报酬;第二,破产重整退可以是破产法的核心制度,进而可以成为政府应对经济危机的政策工具;第三,重整制度对于事关国计民生但又不能破产的危困企业,具有重要价值;第四,重整程序的清偿率远高于破产清算程序的清偿率。[①]

---

① 参见齐明:《中国破产法原理与适用》,法律出版社2017年版,第137—139页。

在2018年3月发布的《全国法院破产审判工作会议纪要》中，最高人民法院指出，"重整制度集中体现了破产法的拯救功能，代表了现代破产法的发展趋势，全国各级法院要高度重视重整工作，妥善审理企业重整案件，通过市场化、法治化途径挽救困境企业，不断完善社会主义市场主体救治机制"。这代表着最高司法机构对破产重整制度价值的最新认识，也可以成为我们综合理解并掌握破产重整机制的重要参考。

本条共分2款。分款评注如下：

第1款："债务人或者债权人可以依照本法规定，直接向人民法院申请对债务人进行重整。"

本款分别从主体和是否直接申请两个角度，规定债务人或债权人对重整程序的初始申请。

这里的"依照本法规定"，主要是指《企业破产法》第2条、第7条。王卫国认为，只有债权人和债务人有权利向法院提出破产重整的初始申请；这种申请能够使得当事人及时维护自身权益，避免过久延宕甚至耽误陷入财务困境的企业获得拯救。①

对于这种重整程序的初始申请，也可以叫初始重整。② 与之相对应的，则是破产清算申请提出后的转化重整，详见本条第2款评注。

韩传华提及，债权人直接申请重整，需要提交申请书和相关证据，证明债务人具有《企业破产法》第7条第2款规定的"不能清偿到期债务"，并在申请书中对债权人和债务人的基本状况、申请目的、事实和理由、重整可行性等予以分别阐释；如果债务人直接申请重整，应通过申请书和相关证据，证明债务人具备《企业破产法》第2条规定的破产原因，另外债务人在提交申请材料时，也应按照《企业破产法》第8条提交职工安置相关材料，并注明是否申请《企业破产法》第73条规定的债务人自行经管程序。③

第2款："债权人申请对债务人进行破产清算的，在人民法院受理破产申请后、宣告债务人破产前，债务人或者出资额占债务人注册资本十分之一以上的出资人，可以向人民法院申请重整。"

本款规定的是破产重整程序的后续申请。

根据本款的文本，后续重整申请的主体仅限于"债务人"和"出资额占债务人注册资本十分之一以上的出资人"，而申请的前提则是"债权人申请对债务人进行破产清算"且"人民法院受理破产申请后、宣告债务人破产前"。根据这些限定，如果法院尚未受理债权人提出的破产清算申请、已受理债务人提出的破产清算申请或和解申请、已受理债权人提出的重整申请或已作出债务人破产裁定，均不能适用本款后续重整申请，部分情况下可以适用第1款初始重整申请。④

转化型重整背后，彰显出立法者鼓励重整的理念。鉴于转化型重整的牵涉面甚广，条件比较苛严，因此其由如下4个要件构成，而且缺一不可：第一，破产程序始于破产清算申请；第二，破产清算申请由债权人提出；第三，在法院宣告债务人破产前提出重整申请；第四，仅能由债务人和出资额占债务人注册资本1/10以上的出资人提出重整申请。⑤

韩传华强调，在出资人申请重整时，出资人应该是申请人，而债务人则是被申请人；出资人的重整申请书中，除了破产申请的常规元素外，尤其应该说明债务人重整的可行性。⑥

王卫国认为，允许"出资额占债务人注册资本十分之一以上的出资人"提出破产重整申请，主要是基于两点考虑：第一，如果债务人得以拯救，出资人可以得到比债务人更大的利益，因而理论上拯救愿望更为强烈；第二，出资人为挽救前期投资，有可能追加投资，债务人企业被成功拯救的概率更高。⑦ 而按照齐明的观点，规定"出资额占债务人注册资本十分之一以上的出资人"提出破产重整申请，还有两个意义：第一，本规定可以使得债务人和出资人在《企业破产法》第10条第1款规定的债务人异议权之外，额外获得挽救企业、免于被破产清算的机会；第二，本规定也是基于如下客观事实，即债务人自身和企业大股东，因熟悉企业情况，处于最佳信息位置，具有信息优势，同时也有强烈的成功重整的信心和能力。⑧

那么，这里对出资人提出重整申请的权利，为什么要有"出资额占债务人注册资本十分之一以上"的限制呢？王卫国认为，这里以注册资本为基

---

① 参见王卫国：《破产法精义》（第2版），法律出版社2020年版，第232页。
② 参见齐明：《中国破产法原理与适用》，法律出版社2017年版，第139页。
③ 参见韩传华：《企业破产法解析》，人民法院出版社2007年版，第255—257页。
④ 参见王卫国：《破产法精义》（第2版），法律出版社2020年版，第233—236页。
⑤ 参见齐明：《中国破产法原理与适用》，法律出版社2017年版，第139—140页。
⑥ 参见韩传华：《企业破产法解析》，人民法院出版社2007年版，第257页。
⑦ 参见王卫国：《破产法精义》（第2版），法律出版社2020年版，第235页。
⑧ 参见齐明：《中国破产法原理与适用》，法律出版社2017年版，第140页。

准,是起草者在鼓励重整与防止滥用重整申请权之间所寻求的平衡;这里的"出资额占债务人注册资本十分之一以上",既可以是单个出资人,也可以两个以上出资人。① 齐明认为,《企业破产法》之所以未在"出资额占债务人注册资本十分之一以上的出资人"之外,赋予债权人重整申请权,是因为如下理由:第一,债权人提出的破产清算申请,往往剥夺债务人和出资人的自救权,造成其信息优势的浪费;第二,在实践中债权人难以单方面推动重整程序的进行,债务人的作用远远超过债权人,重整计划执行阶段尤其如此,由此需要允许并鼓励债务人和出资人对于重整程序的积极性;第三,不赋予债权人后续重整申请权,也是考量限制性鼓励重整立法政策,防范重整程序巨额时间成本、经济成本及失败风险的平衡之举。②

这里还涉及一个问题:如果债务人同时具备破产清算和重整可能性,债权人申请破产清算,而债务人倾向于重整并按照《企业破产法》提交异议并申请重整时,法院能否直接裁定受理重整申请? 或者债权人申请重整,但债务人提出异议并申请破产清算,法院能否直接裁定并受理破产清算申请? 韩传华认为,第一种情形下,鉴于《企业破产法》并未规定债务人可以通过异议提出重整申请,故法院不可以直接裁定重整;但第二种情形下,债务人的异议并不能影响法院对债权人重整申请的判断,法院只应在对债权人重整申请做出审查的基础上,作出裁定。③

【关联法律法规及司法政策】

最高人民法院《关于审理上市公司破产重整案件工作座谈会纪要》(2012)

三、关于上市公司破产重整的申请

会议认为,上市公司不能清偿到期债务,并且资产不足以清偿全部债务或者明显缺乏清偿能力,或者有明显丧失清偿能力可能的,上市公司或者上市公司的债权人、出资额占上市公司注册资本十分之一以上的出资人可以向人民法院申请对上市公司进行破产重整。

申请人申请上市公司破产重整的,除提交《企业破产法》第八条规定的材料外,还应当提交关于上市公司具有重整可行性的报告、上市公司住所地省级人民政府向证券监督管理部门的通报情况材料以及证券监督管理部门的意见、上市公司住所地人民政府出具的维稳预案等。上市公司自行申请破产重整的,还应当提交切实可行的职工安置方案。

五、关于对破产重整上市公司的信息保密和披露

会议认为,对于股票仍在正常交易的上市公司,在上市公司破产重整申请相关信息披露前,上市公司及其债权人、出资人等利害关系人应当按照法律、行政法规、证券监管机构的部门规章及证券交易所上市规则做好信息保密工作。

上市公司的债权人提出破产重整申请的,人民法院应当要求债权人提供其已就此告知上市公司的有关证据。上市公司应当按照相关规则及时履行信息披露义务。

上市公司进入破产重整程序后,由管理人履行相关法律、行政法规、部门规章和公司章程规定的原上市公司董事会、董事和高级管理人员承担的职责和义务,上市公司自行管理财产和营业事务的除外。管理人在上市公司破产重整程序中存在信息披露违法违规行为的,应当依法承担相应的责任。

【学理综述】

金春在《政法论坛》2008 年第 1 期上,发表《中国重整程序与和解程序的功能及构造》一文。在该文中,作者认为,日本破产制度改革的背景,是为大量陷入财务困境的中小企业提供有效的拯救机制,而我国《企业破产法》立法的背景,则是为大量陷入财务困境的国有大型企业尤其是上市公司提供有效的重整机制。这一立法背景层面的差异,是比较两国企业拯救程序的关键点。作者认为,我国《企业破产法》从立法论的角度尚有提高的空间,由此需要从解释论的角度,分别对重整程序与和解程序做出改进。就重整程序而言,第一,调整和限制担保债权人权益、分组表决重整计划有合理性;第二,对于重整原因,需要尽早启动,因此定义"明显缺乏清偿能力"就成为重中之重,至少应该尽可能给予宽泛解释;第三,对于重整程序开始的条件,需要明确法院在是否裁定受理重整申请时考察的因素;第四,对于重整中的财产管理机构,作者肯定了债务人经管制度的合理性,但是需要留意如下细节:附条件的债务人经管与管理人经管并列、以管理人监督为前提条件、经管债务人亦需要勤勉尽责、忠实执行义务;第五,对于重整计划的制定,作者认为《企业破产法》并未规

---

① 参见王卫国:《破产法精义》(第 2 版),法律出版社 2020 年版,第 235 页。
② 参见齐明:《中国破产法原理与适用》,法律出版社 2017 年版,第 141—142 页。
③ 参见韩传华:《企业破产法解析》,人民法院出版社 2007 年版,第 258 页。

定绝对记载事项和重整计划的最高执行期限。对于和解制度而言，作者认为其具有独立的存在价值和功能，即定位为简便灵活的重整型破产程序，传统价值在于防止债务人破产、排除法院干预，因此也蕴含调整力度小及其他不利于企业拯救的弱点，在理解中应该对其和解原因和担保权问题做出回应。①

徐阳光、武诗敏在《法律适用》2020年第15期上，发表《我国中小企业重整的司法困境与对策》一文。在该文中，两位作者详细介绍了美国《中小企业重整法案》的基本框架和内容，同时结合2020年新冠肺炎疫情对我国中小企业的冲击的背景，立足于分析我国如何在现有基础上，重新设计中小企业重整规则，丰富"繁简分流"理念下更为多样化破产程序设计，亦为我国企业破产法修改和个人破产立法提供参考。两位作者认为，我国2006年《企业破产法》的适用范围和重整模式设计，本身存在缺陷，导致实践中出现中小企业重整程序启动难、审理难等困境。两位作者建议，在繁简分流的背景下，以企业主体类型为区分标准，构建多元化程序机制，在重整模式、管理模式、管理人指定和重整计划批准方面针对中小企业做出特殊的规定，进而本着简便高效的原则，确立更加适合中小企业特质的重整程序，同时注意与个人破产立法中的商自然人破产规定相衔接。②

王佐发在《中国政法大学学报》2020年第6期上，发表《中小微企业危机救助的制度逻辑与法律建构》一文。作者指出，中小微企业作为市场经济中一类重要的经济组织，虽然在创造税收、就业和培养企业家精神上为社会经济做出重要贡献，但是，本身又容易陷入危机，十分脆弱。中小微企业存在共同的区别于大企业的特质，突出表现在所有权与经营权两权合一，权益所有人企业在信用和资产上混同，企业债务最终转化为所有人个人债务。此外，相对于大企业，中小微企业资产规模和债务规模小，权益与负债结构简单，财务与资产信息不透明。这些特质决定应该制定单独的中小微企业危机救助法应对其危机。作者在比较研究的基础上认为，中小微企业危机救助法应该以保护营运价值为基本原则，以债务人与债权人谈判博弈的制度逻辑为基本线索，在债务人与债权人中间建立有效的激励机制，让他们以最大化营运价值为目标在法律的框架内展开谈判博弈。只有当双方认定保留营运价值没有效率时，才转入清算程序。清算程序纳入个人破产法规范。由此，作者认为，完整的中小微企业危机救助法应该包括庭外重组、庭内重整和破产清算三个组成部分。③

第七十一条　人民法院经审查认为重整申请符合本法规定的，应当裁定债务人重整，并予以公告。

【立法沿革】

《破产法》(1995年草案)

第九十一条　人民法院经审查认为重整申请符合本法规定的，应当裁定许可债务人进行重整。

《企业破产与重整法》(2000年6月草案)

第八十二条　申请重整，应当向人民法院提交重整申请书，并提交有关证据和初步方案。

人民法院经审查认为重整申请符合本法规定的，应当裁定许可债务人进行重整。

《企业破产与重整法》(2000年12月草案)

第八十二条　申请重整，应当向人民法院提交重整申请书，并提交有关证据和初步方案。

人民法院经审查认为重整申请符合本法规定的，应当裁定许可债务人进行重整。

《企业破产与重整法》(2001年1月草案)

第一百二十条　申请重整，应当向人民法院提交重整申请书，并提交有关证据和初步方案。

人民法院经审查认为重整申请符合本法规定的，应当裁定许可债务人进行重整。

《企业破产法》(2004年3月草案A版)

第六十七条　申请重整，应当向人民法院提交重整申请书及有关证据。

人民法院经审查认为重整申请符合下列条件的，应当裁定许可债务人进行重整：

(一)债务人为企业法人；

(二)经持有半数以上债权额的债权人同意。

《企业破产法》(2004年3月草案B版)

第六十八条　申请重整，应当向人民法院提交重整申请书及有关证据。

第六十九条　人民法院审查认为重整申请符合本法规定的，应当裁定许可债务人重整。

《企业破产法》(2004年6月草案)

第六十七条　申请重整，应当向人民法院提交重整申请书及有关证据。

---

① 参见金春：《中国重整程序与和解程序的功能及构造》，载《政法论坛》2008年第1期，第27—41页。
② 徐阳光、武诗敏：《我国中小企业重整的司法困境与对策》，载《法律适用》2020年第15期，第81—95页。
③ 王佐发：《中小微企业危机救助的制度逻辑与法律建构》，载《中国政法大学学报》2020年第6期，第114—128页。

第六十八条　人民法院经审查认为重整申请符合本法规定的,应当裁定许可债务人重整。

《企业破产法》(2004年10月草案)

第六十六条　申请重整,应当向人民法院提交重整申请书及有关证据。

第六十七条　人民法院经审查认为重整申请符合本法规定的,应当裁定许可债务人重整,并予以公告。

【条文释义】

本条规定破产重整申请的法律效果,即由法院裁定重整并予以公告。

从立法史的角度看,本条在不同时期的草案中,多呈现出两条:一条是重整申请的形式要件,即申请书和有关证据;另一条是法院对重整申请的审查、许可和公告。但在最终的定稿中,考虑到重整申请部分的要求,与第2章第1节有关破产申请和受理重复,故删除。

本条规定的意义在于,宣告重整程序的启动,确定重整期间的起点和重整计划提交的起点,确保与债务人破产重整相关的利害关系人,都受到《企业破产法》第8章"重整"的约束,既为陷入财务困境的债务人赢得转机,而这个过程中担保权人、取回权人的权利又都暂时受到限制。①

本条规定承接《企业破产法》第70条。亦即是说,无论是债务人或债权人直接提出的重整申请,还是在债权人申请破产清算、债务人或出资人在法院宣告破产前提出的重整申请,都需要由法院做出审查。

这里的"符合本法规定",应如何理解?这里需要注意的是法院"审查"的内容与依据。按照王卫国的解读,这里的"审查"主要侧重两个问题:第一,债务人是否具备《企业破产法》第2条规定的重整原因;第二,申请人是否符合《企业破产法》第70条的规定。② 韩传华认为,"符合本法规定"有三层含义:第一,申请人申请重整的材料,应该符合《企业破产法》第8条规定;第二,破产申请书中的事实,符合《企业破产法》第2条、第7条规定的情形;第三,破产申请书中的理由,应该具备重整的可行性。③ 齐明认为,法院在面对破产清算时往往缺乏充分的自由裁量权,但面对重整申请,则可以充分行使自由裁量权,尤其对债务人企业挽救的可能性做出商业意义上的评估,再作出

最终的裁定。④

法院按照上述要素完成审查之后,有两个可能的结果:法院如果认为相关重整申请符合《企业破产法》的规定,则需要裁定债务人重整并予以公告;法院如果认为相关重整不符合《企业破产法》的规定,则需要裁定驳回申请。

王卫国指出,对于法院作出的重整裁定,当事人不得基于任何理由提出上诉。⑤

【关联法律法规及司法政策】

最高人民法院《关于审理上市公司破产重整案件工作座谈会纪要》(2012)

四、关于对上市公司破产重整申请的审查

会议认为,债权人提出重整申请,上市公司在法律规定的时间内提出异议,或者债权人、上市公司、出资人分别向人民法院提出破产清算申请和重整申请的,人民法院应当组织召开听证会。

人民法院召开听证会的,应当于听证会召开前通知申请人、被申请人,并送达相关申请材料。公司债权人、出资人、实际控制人等利害关系人申请参加听证的,人民法院应当予以准许。人民法院应当就申请人是否具备申请资格、上市公司是否已经发生重整事由、上市公司是否具有重整可行性等内容进行听证。

鉴于上市公司破产重整案件较为敏感,不仅涉及企业职工和二级市场众多投资者的利益安排,还涉及与地方政府和证券监管机构的沟通协调。因此,目前人民法院在裁定受理上市公司破产重整申请前,应当将相关材料逐级报送最高人民法院审查。

最高人民法院《全国法院破产审判工作会议纪要》(2018)

14.重整企业的识别审查。破产重整的对象应当是具有挽救价值和可能的困境企业;对于僵尸企业,应通过破产清算,果断实现市场出清。人民法院在审查重整申请时,根据债务人的资产状况、技术工艺、生产销售、行业前景等因素,能够认定债务人明显不具备重整价值以及拯救可能性的,应裁定不予受理。

15.重整案件的听证程序。对于债权债务关系复杂、债务规模较大,或者涉及上市公司重整的

---

① 参见王卫国:《破产法精义》(第2版),法律出版社2020年版,第241页。
② 参见王卫国:《破产法精义》(第2版),法律出版社2020年版,第239页。
③ 参见韩传华:《企业破产法解析》,人民法院出版社2007年版,第259—265页。
④ 参见齐明:《中国破产法原理与适用》,法律出版社2017年版,第144—145页。
⑤ 参见王卫国:《破产法精义》(第2版),法律出版社2020年版,第242页。

案件,人民法院在审查重整申请时,可以组织申请人、被申请人听证。债权人、出资人、重整投资人等利害关系人经人民法院准许,也可以参加听证。听证期间不计入重整申请审查期限。

【裁判要旨】

案例1

霍城县清水河开发区苏新热力有限责任公司与唐勤高申请破产重整案

法院:新疆维吾尔自治区高级人民法院伊犁哈萨克自治州分院

案号:(2017)40民终1627号

事实:上诉人霍城县清水河开发区苏新热力有限责任公司(以下简称苏新热力公司)因与被上诉人唐勤高破产重整纠纷一案,不服霍城县人民法院(2016)新4023民破1-4号不予受理起诉的民事裁定,向新疆维吾尔自治区高级人民法院伊犁哈萨克自治州分院提起上诉。

裁判要旨:法院判断是否受理破产重整案件,除了资不抵债和欠缺清偿能力外,还应当具备两个标准:一是困境企业是否有必要挽救;二是与困境企业有关的各方当事人是否具有挽救企业的意愿。

裁判理由:新疆维吾尔自治区高级人民法院伊犁哈萨克自治州分院2017年9月28日作出裁定指出,判断是否受理破产重整案件,除了资不抵债和欠缺清偿能力外,还应当具备两个标准:一是困境企业是否有必要挽救;二是与困境企业有关的各方当事人是否具有挽救企业的意愿。

关于苏新热力公司是否有必要挽救的问题。本案中,苏新热力公司从企业成立至今一直处于负债经营状态,其至今无法清偿因建厂初期产生的买卖锅炉款、建厂工程款等债务,虽然部分债权人申请强制执行,但是因供热企业属于民生企业,采取强制执行措施拍卖资产,势必因停止供热损坏不特定被供热用户的利益,故法院无法强制执行,但却引发债权人上访不断。另苏新热力公司在2015年度、2016年度因资金不足,无奈由政府支付供热所需费用,2016年苏新热力公司因无力缴纳电费短暂停暖,造成供热片区住户上访,最终由政府解决煤电费,苏新热力公司的经营行为已经影响到社会稳定,现苏新热力公司也无切实可行的融资渠道,其提交的重整方案也不具备可操作性,且当地政府明确表明不愿意在资金和政策上扶持苏新热力公司,故苏新热力公司在资金严重不足、负债率超出100%,既无第三方融资也无政府扶持的情形下,尚不具备能够挽救的可能性,相反,进行重整极有可能引发更多社会不稳定因素。另本院经征询地方政府及企业部分债权人的意见,均不同意对苏新热力公司进行重整。综上,上诉人苏新热力公司的上诉理由不能成立,原审法院不予受理破产重整申请正确。

案例2

高汉君、广东中投实业开发有限公司合同、无因管理、不当得利纠纷破产民事裁定案

法院:广东省惠州市中级人民法院

案号:(2017)粤13破申8号

事实:2017年1月6日,高汉君以广东中投实业开发有限公司(以下简称中投公司)资不抵债,无力偿还申请人及其他债权人债权为由,申请将(2016)粤13执363号案件移送破产审查。广东省惠州市中级人民法院于2017年4月7日作出(2016)粤13执363号移送破产审查决定书,并通知中投公司,中投公司在法定期限内,就该申请向广东省惠州市中级人民法院提出异议称,其公司虽然资产不足以清偿全部债务,明显缺乏清偿能力,但是所拥有的资产地理和资源优势明显,具有重整价值,并于2017年6月20日向广东省惠州市中级人民法院提出破产重整申请。2017年7月27日,高汉君以中投公司符合破产重整条件为由,向本院申请变更诉讼请求,请求对中投公司进行破产重整。

裁判要旨:法院在裁定是否受理重整申请时,需要审查债务人企业是否具备重整条件、是否具有重整可能性、是否具有重整价值。

裁判理由:2017年8月31日,广东省惠州市中级人民法院裁定受理高汉君对中投公司的破产重整申请。惠州市中级人民法院从如下几个角度,分析了中投公司重整的可能性、可行性问题:

关于中投公司是否具备破产重整条件的问题。从中投公司是否具有重整原因上看,根据高汉君和中投公司提交的《中投债权登记表》《重整可行性分析报告(重整预案)》及《债务清册汇总表》显示,中投公司账面总资产约为3.9亿元,但负债总额却达到6.8亿元以上。依据最高人民法院《关于适用〈中华人民共和国企业破产法〉若干问题的规定(一)》第2条及第4条第3款规定,本案中,从惠州仲裁委员会作出的(2014)惠仲案字第248号裁决书可看出中投公司与高汉君的债权债务关系成立,且债务履行期限已经届满,从本院作出的(2016)粤13执363号移送破产审查决定书可看出中投公司对高汉君的债务未清偿完毕,经人民法院强制执行后,仍无法清偿,因此,本院认为,中投公司属于不能清偿到期债务,且严重资不抵债,符合《企业破产法》第2条规定,具备破产重整原因。

从中投公司是否具有重整可能性上看。第一,本案审查过程中,中投公司向本院书面提出企业破产重整申请,并提交了中投公司持股100%的股东(深圳市润天中投投资有限公司)的股东会决议,表明要求对中投公司进行破产重整的意愿;第二,中投公司向本院提交了潜在重整方的重整意向书,表示其愿意注入资金参与中投公司的重整;第三,中投公司提交的《重整可行性分析报告(重整预案)》,对重整可行性的分析内容比较符合目前实际;第四,本案双方当事人已针对重整问题进行了充分沟通,在中投公司申请破产重整后,高汉君于2017年7月27日以中投公司符合破产重整条件为由,向本院申请变更诉讼请求,请求对中投公司进行破产重整。综上,本院认为,中投公司具备重整可能。

从中投公司是否具有重整价值上看。首先,中投公司现有资产物流园地处××区××镇,属惠州经济发展重点地带,且已经取得相关资质(预售许可证等),手续齐全,后续发展的空间较大,且根据高汉君提交的《房地产初评报告书》显示,中投公司位于中投物流园一期3、5号楼的在建工程房地产及69858.2平方米商服、工业用地初评价格显示为582567210元,若能通过重整盘活该物流园,可带来更高的经济价值,从而保障众多债权人的利益;其次,中投公司申请破产重整事宜已获得当地政府的支持。本院向仲恺高新区潼侨镇人民政府发出了《关于广东中投实业开发有限公司破产重整的征求意见函》后,潼侨镇人民政府于2017年9月1日向本院回函,明确表示该项目具备一定的商业价值和社会价值,该公司进行破产重整具有一定的意义和必要性,尤其有利于解决中投保税物流园部分业主集体上访事项,从而化解社会矛盾。综上,本院认为,中投公司具备破产重整的价值。

综上所述,惠州市中级人民法院认为,中投公司的现有资产具有重整可能及重整价值,高汉君申请中投公司破产重整,符合《企业破产法》规定的破产重整条件,依法予以立案受理,并根据《企业破产法》相关规定,裁定受理高汉君对中投公司的破产重整申请。

第七十二条 自人民法院裁定债务人重整之日起至重整程序终止,为重整期间。

【立法沿革】

《破产法》(1995年草案)

第九十二条 自人民法院裁定许可债务人进行重整时起,至人民法院裁定批准重整计划或者终止重整程序时止,为重整观察期间。

重整观察期间不得超过十二个月。重整观察期间需要延长的,管理人可以向人民法院提出延长的请求,说明需要延长的时间和理由,并提交延长期间的工作进度时间表。人民法院经审查后,可以裁定批准延长请求及工作进度时间表。

前款规定的裁定,无须公告。

《企业破产与重整法》(2000年6月草案)

第八十三条 自人民法院裁定许可债务人进行重整时起,至人民法院裁定批准重整计划或者终止重整程序时止,为重整期间。重整期间不超过十二个月。

《企业破产与重整法》(2000年12月草案)

第八十三条 自人民法院裁定许可债务人进行重整时起,至人民法院裁定批准重整计划或者终止重整程序时止,为重整期间。重整期间不超过十二个月。

《企业破产与重整法》(2001年1月草案)

第一百二十一条 自人民法院裁定许可债务人进行重整时起,至人民法院作出批准或不批准裁定时止,为重整保护期间。重整保护期间不超过十二个月。

《企业破产法》(2004年3月草案A版)

第六十八条 自人民法院裁定债务人重整之日起,至人民法院裁定批准重整计划或者终止重整程序之日止,为重整保护期。重整保护期不超过六个月。

重整保护期满时,经债务人请求,债权人会议同意,人民法院可以裁定批准延长重整保护期,但延长期不得超过六个月。

《企业破产法》(2004年3月草案B版)

第七十条 自人民法院裁定债务人重整之日起,至重整程序终止为重整期间。

《企业破产法》(2004年6月草案)

第六十九条 自人民法院裁定债务人重整之日起,至重整程序终止为重整期间。

《企业破产法》(2004年10月草案)

第六十八条 自人民法院裁定债务人重整之日起,至重整程序终止为重整期间。

【条文释义】

本条是有关重整期间起点和终点的规定。

从立法史的视角看,重整期间在不同时期的草案中逐步简化。在早期的草案中,重整期间被命名为"重整观察期",有最长期限要求,也有法院对这一期间的延长;而在后期的草案尤其是最终定稿中,重整期间只有起点和终点的简单规定,既没有具体期限,也没有延长措施。

根据本条的措辞,重整期间开始的起点在于"自人民法院裁定债务人重整之日起",而重整期间的终点在于"重整程序终止"。但齐明认为,重整期间的起点和终点,可能各有两个。① 鉴于文字表述比较拗口,笔者试着通过图表表示如下:

重整期间的起点与终点

描述\类别	编号	详情
起点	1	直接重整时,与破产程序起点重合
起点	2	转化重整时,破产程序起点在先,转化重整起点在后
终点	1	债权人会议通过重整计划草案,进入执行重整计划阶段
终点	2	债权人会议不通过重整计划草案,进入破产清算程序

按照王卫国的阐释,重整期间的意义在于,确定法律为重整程序设定的有关营业保护的时间,防止债权人在重整中对债务人及其财产采取诉讼或其他法律行动,具体包括担保权行使限制、取回权限制、投资人分配限制及股东权益转让限制等,确保债务人能够继续营业并获得拯救,保护企业营运价值。②

那么,重整期间应该具备什么效力呢?齐明列举了两点:第一,重整期间也属于破产程序持续进行期间,因此《企业破产法》绝对适用;第二,重整期间结束后,如果债权人会议通过重整计划草案,债务人企业进入执行重整计划阶段,那么债务人企业受到重整计划的契约性约束,此外有限度地作为常态公司运行,《公司法》规定的治理结构并不能完全适用;如果债权人会议未通过重整计划、法院也未强制批准,那么债务人企业进入破产清算程序。③

对于导致重整程序终止的原因,韩传华列举了4种:债务人经营或者行为恶劣;未按时提出重整计划草案;重整计划裁定批准和破产程序终结。④ 而按照王卫国总结,《企业破产法》规定的4种原因,即重整失败、超过时限、计划被批准、计划未批准,又可以类别化为两类,即完成性终止(计划被批准)和破产性终止(重整失败、超过时限、计划未批准)。⑤

第七十三条 在重整期间,经债务人申请,人民法院批准,债务人可以在管理人的监督下自行管理财产和营业事务。

有前款规定情形的,依照本法规定已接管债务人财产和营业事务的管理人应当向债务人移交财产和营业事务,本法规定的管理人的职权由债务人行使。

【立法沿革】

《破产法》(1995年草案)

第九十三条 在重整观察期间,管理人行使本法第三十二条规定的职权。但是,管理人可以独立决定继续债务人的全部或部分营业。

在重整观察期间,管理人执行职务,不受本法第六十四条的约束。

《企业破产与重整法》(2000年6月草案)

第八十四条 在重整期间,管理人行使本法第三十条规定的职权。

第八十五条 在重整期间,管理人经请求债权人会议同意,可以通过合同聘用企业经营管理方面的专业人员负责企业的营业事务。

依前款规定聘用的人员,实施本法第三十一条规定的行为的,应当征得管理人的同意。

《企业破产与重整法》(2000年12月草案)

第八十四条 在重整期间,管理人行使本法第三十条规定的职权。

第八十五条 在重整期间,管理人可以通过合同聘任企业经营管理专业人员负责企业的营业事务。

《企业破产与重整法》(2001年1月草案)

第一百二十二条 在重整保护期间,管理人行使本法第三十一条规定的职权。

第一百二十三条 在重整保护期间,管理人可以通过合同聘任企业经营管理人员负责企业的营业事务。

---

① 参见齐明:《中国破产法原理与适用》,法律出版社2017年版,第145页。
② 参见王卫国:《破产法精义》(第2版),法律出版社2020年版,第242页。
③ 参见齐明:《中国破产法原理与适用》,法律出版社2017年版,第145页。
④ 参见韩传华:《企业破产法解析》,人民法院出版社2007年版,第266—268页。
⑤ 参见王卫国:《破产法精义》(第2版),法律出版社2020年版,第243页。

第七十三条

《企业破产法》(2004年3月草案A版)

第六十九条 在重整保护期,管理人行使本法第二十八条规定的职权。

《企业破产法》(2004年3月草案B版)

第七十一条 在重整期间,经债务人申请,人民法院批准,债务人可以在管理人的监督下自行管理财产和营业事务。

第七十二条 无本法第六十九条规定的情形,管理人行使本法第二十八条规定的职权。

管理人可以聘任债务人企业的经营管理人员负责企业的营业事务。

《企业破产法》(2004年6月草案)

第七十条 在重整期间,经债务人申请,人民法院批准,债务人可以在管理人的监督下自行管理财产和营业事务。

《企业破产法》(2004年10月草案)

第六十九条 在重整期间,经债务人申请,人民法院批准,债务人可以在管理人的监督下自行管理财产和营业事务。

有前款规定情形的,依本法规定已接管企业财产和营业事务的管理人应当向债务人移交财产和营业事务。

【条文释义】

本条规定重整的债务人自行经管模式。

从立法史的视角看,《企业破产法》早期并未直接规定重整中债务人自行经管,更主要侧重于管理人职责的重新界定。这尤其涉及草案其他条款中规定的管理人职责,在重整申请受理后如何处理的问题。但是在后期尤其是定稿中,债务人自行经管模式被引入,并成为重整制度的核心构造之一,较之管理人聘请债务人企业经营人员参与经营大进一步。由此,《企业破产法》本条构造最终的定稿,不再纠结于重整中管理人的职责与其他环节管理人职责的异同,而是重点强调债务人自行经管的合理性,同时强调一旦采取债务人自行经营模式,那么管理人应该及时向债务人移交财产和营业事务。

王卫国认为,重整制度的核心概念在于营业授权、自动停止和充分保护,而其中营业授权又居于绝对中心的地位,允许重整企业在特定条件下保持营业,既是拯救措施,也是债务清理中的财产保全措施,能够让陷入财务困境的企业有重见天日的契机,因此成为现代破产法十分青睐的一种制度。① 对于债务人自行经营模式的这类优点,坊间已多有论述,此处不赘。②

齐明指出,重整企业经营权正在此时经历第二次转移。按照齐明看法,本条的合理之处在于,破产重整程序能否进行、能否成功,主要取决于企业经营管理层的主观努力和自身经营问题;但我们在看到把企业经营管理权交给原经营管理层的合理性的同时,也应充分预估其可能的成本及消耗。③

对于重整程序中企业经营控制权的变动,列表如下:

重整期间债务人自行管理时的企业控制权流转

流程编号	阶段	启动	详情	企业经营层	管理人
第1次	重整开始	当事人申请法院受理	从企业经营层到管理人	配合	控制企业
第2次	重整期间	债务人申请自行管理法院批准	从管理人到企业经营层	控制企业	监督
第3次	重整失败	法院宣告破产	从企业经营层到管理人	配合	控制企业

按照王卫国的列举,重整中债务人的营业授权,各国立法例大体有单一制、并列制和选择制三种模式,我国《企业破产法》的制度构造介于单一制和并列制之间,无论是债务人自行经营还是管

---

① 参见王卫国:《破产法精义》(第2版),法律出版社2020年版,第244页。
② 参见王卫国:《破产法精义》(第2版),法律出版社2020年版,第246—247页。
③ 参见齐明:《中国破产法原理与适用》,法律出版社2017年版,第146页。

理人聘人经营,均不排除另一方;这两种模式均既能发挥债务人熟悉自身经营的优势,尽最大可能提高重整成功率,也能够防止债务人的道德风险,使得债权人利益最大化。① 详参本书《企业破产法》第 73 条、第 74 条相关评注。

本条共有 2 款。分款评注如下:

第 1 款:"在重整期间,经债务人申请,人民法院批准,债务人可以在管理人的监督下自行管理财产和营业事务。"

本款设定《企业破产法》下债务人自行经营管理的三个条件,即第一,债务人申请;第二,人民法院批准;第三,管理人监督。这三个条件缺一不可,缺失任何一个条件,都会使《企业破产法》下的债务人自行经管成为无本之木。

王卫国认为,本款规定从程序上和实体上对债务人自行经营做出严苛的限制,在事实上使债务人成为重整程序中的继续营业机构,既能够发挥债务人对企业经营状况及困境了解等信息优势,也能够防止债务人利用信息优势欺骗债权人。② 按照齐明的观点,本款设定重整期间公司经营权转移的法律依据;亦即是说,只要前述三项条件均成就,就会出现如下效果:第一,公司的原经营层合法地从管理人手中重新获得公司的控制权;第二,管理人身份从公司控制人,变成监督人。③

按照王卫国的解读,这里的"经债务人申请",并没有明确的时间限制,债务人既可以在初始申请时即申请债务人自行经营,也可以在后续重整时申请债务人自行经营;而这里的"人民法院批准",亦没有明确的时间限制,法院既可以在债务人提出申请时立即批准,也可以搁置待时机合适时批准,当然也可以拒绝批准。④

对于这里的"管理人的监督",《企业破产法》并未规定具体范围,相关解读对于如何监督,亦多避而不谈,即便偶有涉及,也语焉不详。⑤ 按照王卫国的解读,主要监督债务人自行经营时是否出现《企业破产法》第 78 条出现的行为,比如债务人经营状况持续恶化、比如债务人有欺诈行为、比如债务人无法履行自行经营管理的职责等。⑥ 韩传华认为,这里的监督权,更应该参照《企业破产法》第 68 条有关债权人委员会对管理人的监督权限,即管理人有权要求债务人就其管理事务作出有关说明,或者提交有关文件。⑦ 在笔者等看来,这里的"监督",应该理解为事后监督,而非同时监督,更不是管理人通过共同管理印章、共同决定重大开支等方式参与经营管理。

另外,韩传华还提出,如果债务人有不当管理行为,抑或不服从管理人监督的情形时,《企业破产法》并未明确规定管理人是否可以申请法院收回债务人经管权或者法院自身能否依据职权收回债务人经管权;在这种情形下,韩传华认为,在《企业破产法》未明确规定时,管理人既无权申请法院收回债务人经管权,法院自身亦无权收回债务人经管权,此时唯一的补救途径是管理人适用《企业破产法》第 78 条,向法院申请终止重整程序,宣告债务人破产。⑧

那么,管理人的监督权是否应该同样受到监督?《企业破产法》对此未明确规定。韩传华提出,管理人的监督权应该受到债权人会议和债权人委员会的监督;换句话说,前述两个主体,均可以要求管理人就监督权的行使及实际状况提交相关报告。⑨

第 2 款:"有前款规定情形的,依照本法规定已接管债务人财产和营业事务的管理人应当向债务人移交财产和营业事务,本法规定的管理人的职权由债务人行使。"

本款规定债务人自行经管情形下,管理人的职权由债务人行使。

这是《企业破产法》中极其重要的权力转移。按照本款规定,管理人的如下两类权利交由债务人行使:《企业破产法》第 25 条规定的管理人基本职权和《企业破产法》第 18 条、第 75 条、第 37 条

---

① 参见王卫国:《破产法精义》(第 2 版),法律出版社 2020 年版,第 244—246 页。
② 参见王卫国:《破产法精义》(第 2 版),法律出版社 2020 年版,第 248 页。
③ 参见齐明:《中国破产法原理与适用》,法律出版社 2017 年版,第 145 页。
④ 参见王卫国:《破产法精义》(第 2 版),法律出版社 2020 年版,第 247 页。
⑤ 参见本书编写组编:《〈中华人民共和国企业破产法〉释义及实用指南》,中国民主法制出版社 2006 年版,第 196—198 页;李国光主编:《新企业破产法条文释义》,人民法院出版社 2006 年版,第 386—387 页;吴高盛主编:《〈中华人民共和国企业破产法〉条文释义与适用》,人民法院出版社 2006 年版,第 168—169 页;安建主编:《中华人民共和国企业破产法释义》,法律出版社 2006 年版,第 108—109 页;齐明:《中国破产法原理与适用》,法律出版社 2017 年版,第 145—146 页。
⑥ 参见王卫国:《破产法精义》(第 2 版),法律出版社 2020 年版,第 249 页。
⑦ 参见韩传华:《企业破产法解析》,人民法院出版社 2007 年版,第 271 页。
⑧ 参见韩传华:《企业破产法解析》,人民法院出版社 2007 年版,第 271—272 页。
⑨ 参见韩传华:《企业破产法解析》,人民法院出版社 2007 年版,第 271 页。

等规定的重整期间特别权利。①

按照齐明的观点,本款进一步规范管理人向债务人移交企业经营控制权的细则。②管理人将其职权向债务人移交后,管理人随即履行其监督职能。详见《企业破产法》后续讨论。

需要明确的是,债务人既然继承管理人行使的所有职权,也需要继承管理人应履行的所有义务。比如《企业破产法》第69条规定的重点交易向债权人委员会报告的义务,再比如管理人的勤勉义务等。③

在其论文中,齐明认为我国《企业破产法》第73条使得重整期间的控制权主体充满不确定性:第一,该规定影响公司经营的连续性;第二,控制权变更时间不确定;第三,控制权变更标准不确定。由此,作者提出应当对《企业破产法》第73条做出补充:第一,应将债务人自行经管确定为一般模式,只有在例外情形下,才能由管理人接管,以提高公司控制权的确定性;第二,无论是债务人自行经管还是管理人经管,控制权行使主体应该纳入监督;第三,针对法官自由裁量权过大的情况,应该确定控制形式的一般标准和主体替换的判断标准。④

【关联法律法规及司法政策】

最高人民法院《全国法院民商事审判工作会议纪要》(2019)

111.【债务人自行管理的条件】重整期间,债务人同时符合下列条件的,经申请,人民法院可以批准债务人在管理人的监督下自行管理财产和营业事务:

(1)债务人的内部治理机制仍正常运转;

(2)债务人自行管理有利于债务人继续经营;

(3)债务人不存在隐匿、转移财产的行为;

(4)债务人不存在其他严重损害债权人利益的行为。

债务人提出重整申请时可以一并提出自行管理的申请。经人民法院批准由债务人自行管理财产和营业事务的,企业破产法规定的管理人职权中有关财产管理和营业经营的职权应当由债务人行使。

管理人应当对债务人的自行管理行为进行监督。管理人发现债务人存在严重损害债权人利益的行为或者有其他不适宜自行管理情形的,可以申请人民法院作出终止债务人自行管理的决定。人民法院决定终止的,应当通知管理人接管债务人财产和营业事务。债务人有上述行为而管理人未申请人民法院作出终止决定的,债权人等利害关系人可以向人民法院提出申请。

【学理综述】

何旺翔在《江苏社会科学》2008年第1期上,发表《〈德国破产法〉中的债务人自行管理——兼评我国〈破产法〉第73条》一文。在该文中,作者详细介绍《德国破产法》中的债务人经管制度:第一,债务人经管的授予和撤销,必须由债务人提出自行经管申请;如果债权人提出破产申请,而债务人提出自行经管申请,则需要额外由债权人会议审查;要确保债务人自行经管不存在造成程序迟延或者对债权人利益造成不利的其他情况。如果法院拒绝同意债务人经管申请,债权人可以在第一次债权人大会上以简单多数通过决议授权债务人自行经管,此时法院无权再否决。另外,即便法院同意债务人自行经管,如果债务人经管存在基础丧失的情况,则可以撤销债务人自行经管。第二,就债务人自行经管的法律地位而言,债务人扮演自行经管人角色,所有财产支配基本不受限制,经管债务人也可以行使管理人的大多数职权。第三,对自行经管债务人的制约:财产监督人需要扮演顾问角色,对自行经管债务人予以协作;财产监督人应该积极履职,发挥其监督作用,在部分领域赋予监督人决定性的作用,没有财产监督人的同意自行经管债务人不得为一定的行为。通过上述评介,作者认为我国《企业破产法》第73条基于种种考虑,附加三个条件对债务人自行经管予以限制:一是债务人必须在法院裁定许可债务人重整以后提出自行管理的申请;二是须经人民法院批准;三是要在管理人的监督下自行管理。作者认为,我国《企业破产法》第73条的规定在债务人自行经管的适用、申请主体以及财产监督人与管理人监督的区别方面失之粗疏,可以参照德国债务

---

① 参见王卫国:《破产法精义》(第2版),法律出版社2020年版,第248页。
② 参见齐明:《中国破产法原理与适用》,法律出版社2017年版,第145—146页。
③ 参见王卫国:《破产法精义》(第2版),法律出版社2020年版,第248页。
④ 参见齐明:《破产重整期间的企业控制权刍议——兼评〈破产法〉第73条》,载《当代法学》2010年第5期,第95—100页。

人经管制度予以完善。①

王欣新、李江鸿在《政治与法律》2009年第11期上，发表《论破产重整中的债务人自行管理制度》一文。该文从债务人自行管理程序的适用条件、自行管理的启动时间、债务人自行经管时与管理人的关系、债务人管理层和聘用中介机构的报酬等角度，分析债务人自行经管制度的简陋之处和完善方向。②

齐明在《求是学刊》2010年第5期上，发表《重整期间公司控制权二元模式探究——兼论我国破产管理人制度的不足与完善》一文。在该文中，作者聚焦于破产重整程序中公司控制权相关法律规定的缺陷，进而导致公司控制权不明、治理结构不清楚等问题。由此，作者对比破产管理人经管和DIP经管两种模式的特点与利弊，认为两者并无本质上的高下优劣，关键在于如何对相关制度予以完善。作者提出三点：第一，补强管理人的商业经营能力，适度保证商业经营专家或者原公司经营层加入管理人团队；第二，管理人经管过程中，应该有适当的行为标准，更好平衡整体利益与个人利益、债权人利益与股东利益的关系；第三，健全管理人的激励机制和监督机制，在考虑市场因素确定管理人薪酬的同时，建立管理人信用体系，同时精细设计管理人退出机制，保证重整程序相关者对程序进展的知情权、质疑权，建立管理人资质和信用数据库。③

齐明在《当代法学》2010年第5期上，发表《破产重整期间的企业控制权刍议——兼评〈破产法〉第73条》一文。在该文中，作者从重整期间企业经营控制权及其范围和特点的角度提出问题，列举了破产重整模式下企业控制权由债务人经营层或者管理人来掌握的两种模式。作者认为，无论哪个主体掌握企业控制权，都涉及其实施和监督问题。在此基础上，作者认为，我国《企业破产法》第73条的规定，从如下几个方面使得重整期间的控制权主体充满不确定性：第一，该规定影响公司经营的连续性；第二，控制权变更时间不确定；第三，控制权变更标准不确定。由此，作者提出应当对《企业破产法》第73条做出补充：第一，为提高公司控制权的确定性，《企业破产法》应将债务人自行经管确定为一般模式，只有在例外情形下，才能由管理人接管；第二，控制权行使主体应该纳入监督；第三，针对法官自由裁量权过大的情况，应该确定控制形式的一般标准和主体替换的判断标准。另外，也需要在立法层面，健全管理人专业性激励和监督机制。④

许胜锋在《中国政法大学学报》2017年第3期上，发表《重整中债务人自行管理制度价值及风险的实用性研究》一文。在该文中，作者探索了美国债务人自行经营管理制度的来龙去脉和基本法律构造，也针对学界的学理争议做了列举和回应。作者认为，我国重整制度采取的是以管理人管理为原则、债务人自行管理为例外的模式，此种模式并未充分重视债务人在程序启动和程序推进方面的积极作用，笔者认为在目前之状况下应适度强化债务人在重整中的自主性。作者指出，在股权分散、董事会中心主义的公司文化下，管理层的独立性很强，而在债务人自行经营管理制度下，债权人以及股东有不同的行之有效的措施可以拉拢或者对抗管理层，不同的案件中，发挥作用的因素也存在不同；但在我国尚未形成独立的职业经理人队伍，股权集中度高、公司治理结构以股东为中心是中国公司文化的典型特征，由此，我国重整制度下的债务人自行管理，其实质是股东的自行管理，或者是控股股东的自行管理。作者认为，与美国董事会中心主义下股东、管理层、债权人三方博弈的局面不同，我国股东会中心主义下，博弈的主体主要包括股东和债权人。因此，问题相对得到了简化，主要的关注点在于如何在债务人自行管理模式下抑制股东牟取私利的冲动，在此方面债权人、法院以及管理人都有作为的空间。⑤

高丝敏在《中国政法大学学报》2017年第3期上，发表《我国破产重整中债务人自行管理制度的完善——以信义义务为视角》一文。作者通过实证研究证明，虽然债务人自行管理制度在效率和债权人清偿率上，都优于管理人管理制度，但因为自行管理的债务人面临着道德风险和激烈的利益

---

① 参见何旺翔：《〈德国破产法〉中的债务人自行管理——兼评我国〈破产法〉第73条》，载《江苏社会科学》2008年第1期，第121—124页。
② 参见王欣新、李江鸿：《论破产重整中的债务人自行管理制度》，载《政治与法律》2009年第11期，第83—88页。
③ 参见齐明：《重整期间公司控制权二元模式探究——兼论我国破产管理人制度的不足与完善》，载《求是学刊》2010年第5期，第95—99页。
④ 参见齐明：《破产重整期间的企业控制权刍议——兼评〈破产法〉第73条》，载《当代法学》2010年第5期，第95—100页。
⑤ 许胜锋：《重整中债务人自行管理制度价值及风险的实用性研究》，载《中国政法大学学报》2017年第3期，第43—55页。

冲突,但是在司法实践中较少被适用,法院用脚投票表明了《企业破产法》第73条规定的不完善,从而引起司法适用上的顾虑。作者进一步从法理和比较法的角度探讨如何完善《企业破产法》第73条中法院批准债务人自行管理的规则、自行管理的债务人的法律地位和信义义务。作者认为,法院批准债务人自行管理时,可以采取最大利益测试的判断规则,自行管理的债务人可以被视为负担了新的信义义务的主体。"利益相关者调停人理论"和"分散忠诚理论"可以解决债务人及其管理层面临不同利益冲突时,如何进行利益衡量的问题。对于债务人及其管理层违反信义义务的归责原则,本文认为应当采取一般过失原则才能督促自行管理的债务人及其管理层忠实勤勉的行使职权,最大程度的降低道德风险,并保证破产财产的最大化。①

第七十四条　管理人负责管理财产和营业事务的,可以聘任债务人的经营管理人员负责营业事务。

【立法沿革】

《破产法》(1995年草案)

第九十四条　在重整观察期间,管理人可以任命债务人的业务执行机关或者其他工作人员,或者债务人以外的人员,负责企业的营业事务。

依前款规定任命的人员,实施本法第六十四条规定的行为的,应当征得管理人的同意。

《企业破产与重整法》(2000年6月草案)

第八十四条　在重整期间,管理人行使本法第三十条规定的职权。

第八十五条　在重整期间,管理人经请求债权人会议同意,可以通过合同聘用企业经营管理方面的专业人员负责企业的营业事务。

依前款规定聘用的人员,实施本法第31条规定的行为的,应当征得管理人的同意。

《企业破产与重整法》(2000年12月草案)

第八十五条　在重整期间,管理人可以通过合同聘任企业经营管理专业人员负责企业的营业事务。

《企业破产与重整法》(2001年1月草案)

第一百二十三条　在重整保护期间,管理人可以通过合同聘任企业经营管理人员负责企业的营业事务。

《企业破产法》(2004年3月草案A版)

第七十条　在重整保护期,管理人可以聘任债务人企业的经营管理人员负责企业的营业事务。

《企业破产法》(2004年3月草案B版)

第七十二条　无本法第六十九条规定的情形,管理人行使本法第二十八条规定的职权。

管理人可以聘任债务人企业的经营管理人员负责企业的营业事务。

《企业破产法》(2004年6月草案)

第七十一条　无本法第七十条规定的情形,管理人行使本法第二十三条规定的职权。

管理人可以聘任债务人企业的经营管理人员负责企业的营业事务。

《企业破产法》(2004年10月草案)

第七十条　无本法第六十九条规定的情形,管理人行使本法第二十三条规定的职权。

管理人可以聘任债务人企业的经营管理人员负责企业的营业事务。

【条文释义】

本条规定管理人经管模式下对债务人的经营管理层的聘任。

从立法史的角度看,本条核心在于破产重整程序中管理人的职责。早期的草案基本都允许管理人聘用债务人经营层参与重整的具体事务,但对于具体的程序则各有千秋,比如有的要求债权人会议批准,有的要求采取合同方式等。但后期的草案越来越简洁,最终的定稿更是只原则性同意管理人在经管过程中对债务人经营管理层的聘任。

按照王卫国的解读,只要债务人自身未提出债务人经管申请或者债务人的申请未得到法院批准,先前破产程序中指定的管理人,便自动成为企业重整营业机构。据本条规定,管理人负责重整企业财产管理和营业事务时,可以出于提高工作便利和效率的考虑,聘任债务人的经营管理人员负责营业事务。管理人作为重整营业机构的优点在于其相对中立、专业,但其缺点在于缺乏对重整企业、行业的深入了解,允许管理人聘任"债务人的经营管理人员负责营业事务",可以很好地扬长避短。② 齐明亦认为,管理人通过聘用企业原经营管理层参与破产重整程序,可以很好地弥补其

---

① 高丝敏:《我国破产重整中债务人自行管理制度的完善——以信义义务为视角》,载《中国政法大学学报》2017年第3期,第56—69页。

② 参见王卫国:《破产法精义》(第2版),法律出版社2020年版,第250页。

经营能力方面的欠缺。①

按照王卫国的界定,这里的"债务人的经营管理人员",既可以是债务人企业的在岗管理人员,也可以是不在岗但具备经营管理等特定优点的人员。②

这里管理人的聘任权,无须法院审查,管理人可以直接聘用。这一点需要与《企业破产法》第28条管理人聘用工作人员的规定区分。但本着权责相符的原则,管理人在聘任"债务人的经营管理人员"时,需要尽必要的审查与注意义务,如果因为聘用"债务人的经营管理人员"不当,而给债权人造成损失甚至贻误重整机会,管理人需要按照《企业破产法》相关规定承担责任。③另外,齐明亦特别指出,只要管理人聘用原经营管理层,就需要按照《企业破产法》第28条规定,完成聘用的报批程序,同时支付一定的薪酬。④

王卫国认为,管理人聘任"债务人的经营管理人员",应当向法院和债权人委员会报告;债权人会议和债权人委员会也可以按照《企业破产法》第62条、第68条的规定来行使监督权。⑤ 对此笔者不能完全苟同,《企业破产法》第61条、第68条对债权人会议、债权人委员会权限的规定,并未扩大到管理人聘任"债务人的经营管理人员",赋予债权人会议尤其是债权人委员会监督管理人聘任"债务人的经营管理人员",不无突破《企业破产法》规定的嫌疑。

《企业破产法》未规定管理人聘任"债务人的经营管理人员"的具体条件。王卫国认为,从积极角度而言,"债务人的经营管理人员"应该专业、尽责,熟悉债务人企业情况;从消极角度而言,"债务人的经营管理人员"不能有违反《企业破产法》或者其他法律的不当行为,亦不能有因个人行为导致企业破产的纪录,更不能有实施破产欺诈的动机与可能。⑥

第七十五条 在重整期间,对债务人的特定财产享有的担保权暂停行使。但是,担保物有损坏或者价值明显减少的可能,足以危害担保权人权利的,担保权人可以向人民法院请求恢复行使担保权。

在重整期间,债务人或者管理人为继续营业而借款的,可以为该借款设定担保。

【立法沿革】

《破产法》(1995年草案)

第九十五条 在重整观察期间,债务人的抵押权人、质权人和留置权人,不得对担保物行使处分权利。但是,质物、留置物有损坏或者价值明显减少的可能,足以危害质权人、留置权人权利的,质权人、留置权人可以拍卖或者变卖质物、留置物,并将所得价款提存。

为债务人继续营业,管理人可以取回质物、留置物,但是,应当提供替代担保。

第九十六条 在重整观察期间,债务人为继续营业而负担的债务,视为共益债务。

在重整观察期间,债务人为继续营业而借款的,可以将尚未成为担保权标的物的财产作为该债权的担保。

对于前款规定的借款,应当限定用途,并对其使用实施必要的控制和监督。

第九十七条 国务院和省、自治区、直辖市人民政府,为帮助企业复兴,经企业申请,可以对重整企业的经营活动,依照有关法律、法律的规定作出减税、免税或者贴息的决定。

《企业破产与重整法》(2000年6月草案)

第八十六条 在重整期间,债务人的抵押权人、质权人和留置权人,不得对担保物权行使处分权利。但是,质物、留置物有损坏或者价值明显减少的可能,足以危害质权人、留置权人权利的,质权人、留置权人可以拍卖或者变卖质物、留置物,并将所得价款提存。

为债务人继续营业,管理人可以取回质物、留置物,但应当提供替代担保。

第八十七条 在重整期间,债务人为继续营业而负担的债务,视为共益债务。

在重整期间,债务人为继续营业而借款的,可以将尚未成为担保权标的物的财产作为该债权的担保。

对于前款规定的借款应当限定用途,并对其使用实施必要的控制和监督。

---

① 参见齐明:《中国破产法原理与适用》,法律出版社2017年版,第146页。
② 参见王卫国:《破产法精义》(第2版),法律出版社2020年版,第250页。
③ 参见王卫国:《破产法精义》(第2版),法律出版社2020年版,第251页。
④ 参见齐明:《中国破产法原理与适用》,法律出版社2017年版,第146页。
⑤ 这里的《企业破产法》第62条疑为笔误,王卫国所指应该是《企业破产法》第61条、第68条。《企业破产法》第61条规定债权人会议职权,而第68条规定债权人委员会职权。参见王卫国:《破产法精义》(第2版),法律出版社2020年版,第251页。
⑥ 参见王卫国:《破产法精义》(第2版),法律出版社2020年版,第251页。

第七十五条

《企业破产与重整法》(2000年12月草案)

第八十六条 在重整期间,债务人的抵押权人、质权人和留置权人,不得对担保物行使处分权利。但是,质物、留置物有损坏或者价值明显减少的可能,足以危害质权人、留置权人权利的,质权人、留置权人可以拍卖或者变卖质物、留置物,并将所得价款提存。

为债务人继续营业,管理人可以取回质物、留置物,但应当提供替代担保。

第八十七条 在重整期间,债务人为继续营业而负担的债务,视为共益债务。

在重整期间,债务人为继续营业而借款的,可以将尚未成为担保权标的物的财产作为该债权的担保。

对于前款规定的借款应当限定用途,并对其使用实施必要的控制和监督。

《企业破产与重整法》(2001年1月草案)

第一百二十四条 在重整保护期间,债务人的抵押权人、质权人和留置权人,不得行使担保权。但是,质物、留置物有损坏或者价值明显减少的可能,足以危害质权人、留置权人权利的,质权人、留置权人可以拍卖或者变卖质物、留置物,并将所得价款提存。

为债务人继续营业,管理人可以取回质物、留置物,但应当提供替代担保。

第一百二十五条 在重整保护期间,债务人为继续营业而负担的债务,视为共益债务。

在重整保护期间,债务人为继续营业而借款的,可以将尚未成为担保权标的物的财产作为该债权的担保。

对于前款规定的借款应当限定用途,并对其使用实施必要的控制和监督。

《企业破产法》(2004年3月草案A版)

第七十一条 在重整保护期,担保权人的担保权利暂停行使。但是,担保物有损坏或者价值明显减少的可能,足以危害担保权人权利的,担保权人有权请求恢复行使担保权,人民法院应当批准。

为债务人继续营业,管理人可以取回质物、留置物,但应当提供替代担保。

第七十二条 在重整保护期,债务人为继续营业而负担的债务,为共益债务。

在重整保护期,债务人为继续营业而借款的,可以将尚未成为担保权标的物的财产作为该债权的担保。

对于前款规定的借款应当限定用途,并对其使用实施必要的控制和监督。

《企业破产法》(2004年3月草案B版)

第七十三条 在重整期间,担保权人的担保权利暂停行使。但是,担保物有损坏或者价值明显减少的可能,足以危害担保权人权利的,担保权人有权请求恢复行使担保权,人民法院应当批准。

债务人为继续营业,可以取回质物、留置物,但应当提供替代担保。

第七十四条 在重整期间,债务人为继续营业而负担的债务,为共益债务。

在重整期间,债务人为继续营业而借款的,可以将尚未成为担保权标的物的财产作为该债权的担保。

对于前款规定的借款应当限定用途,并对其使用实施必要的控制和监督。

《企业破产法》(2004年6月草案)

第七十二条 在重整期间,担保权人的担保权利暂停行使。但是,担保物有损坏或者价值明显减少的可能,足以危害担保权人权利的,担保权人有权请求恢复行使担保权,人民法院应当批准。

债务人为继续营业,可以取回质物、留置物,但应当提供替代担保。

第七十三条 在重整期间,债务人为继续营业而负担的债务,视为共益债务。

在重整期间,债务人为继续营业而借款的,可以将尚未成为担保权标的物的财产作为该债权的担保。

对于前款规定的借款应当限定用途,并对其使用实施必要的控制和监督。

《企业破产法》(2004年10月草案)

第七十一条 在重整期间,对债务人的特定财产享有的担保权和法律规定的优先权暂停行使。但是,担保权或者优先权的标的物有损坏或者价值明显减少的可能,足以危害担保权人或者优先权人权利,权利人请求恢复行使担保权或者优先权的,人民法院应当批准。

债务人或者管理人为继续营业,可以取回质物、留置物,但应当提供替代担保。

第七十二条 在重整期间,债务人或者管理人为继续营业而负担的债务,视为共益债务。

在重整期间,债务人或者管理人为继续营业而借款的,可以将尚未成为担保权标的物的财产作为该债权的担保。

对于前款规定的借款应当限定用途,并对其使用实施必要的控制和监督。

【条文释义】

本条规定的是重整期间担保债权的暂停行使。

从立法史的视角看，不同时期的草案中对本条原则的规定，大体一致，基本包含如下两点：第一，重整期间债务人的担保债权暂停行使；第二，如果担保财产有减损之虞，暂停行使条款不再适用，担保债权可以恢复行使。除此之外，草案中也规定了重整期间为继续营业，债务人或者管理人可以设定新的担保，但需要有一定监督程序。在最终的草案中，这一规则被大幅度简化。

本条共有2款。分款评注如下：

第1款："在重整期间，对债务人的特定财产享有的担保权暂停行使。但是，担保物有损坏或者价值明显减少的可能，足以危害担保权人权利的，担保权人可以向人民法院请求恢复行使担保权。"

本款共分2层含义：

第1层："在重整期间，对债务人的特定财产享有的担保权暂停行使。"

这一层明确肯定重整期间担保物权"暂停行使"的原则。按照王卫国的解读，这一原则根源在于破产法上的自动中止制度，即在法院受理破产申请后，防止债权人的个别追讨、"先来先得"，而禁止债权人之间的追讨债务竞赛；但在重整程序中，又更进一步，为维持债务人营业不因担保物权的行使而中断，债务人的财产不因担保物权的行使而减少，确保重整企业的核心资产和物质条件不至于因为担保物权的行使而流失，将"自动中止"的范围扩大到担保物权的行使。① 上述禁令，与《企业破产法》第37条规定的质物、留置物取回权制度相得益彰，最终目的都是提高债务人拯救的可能性。②

对于担保债权在重整程序中的暂停行使，王欣新认为，理解《企业破产法》规定重整程序中暂停担保权行使的立法本意与目的十分重要，"暂停担保权的行使是为了给企业重整创造良好的外部条件，避免因担保财产的执行而影响企业的挽救与生产经营，而不是为了阻止担保债权人行使权利、剥夺其担保权利。所以，担保权暂停行使的范围，必须根据企业重整是否需要使用该项担保财产确定，对没有使用需要的财产就不必暂停担保权的行使，而应当及时清偿担保债权人。"由此，从重整需要的角度看，凡是移转担保财产占有的担保原则上不应停止权利行使；从担保权保护的角度看，包括留置担保、动产质押担保、转移权利凭证占有的权利质押担保在内，凡是担保财产因占有转移回债务人而将失去担保权的担保方式，均不应暂停担保权的行使。③ 对于这里的限制，王欣新认为仅限于：第一，不得对担保财产的变现处置；第二，除《物权法》规定特殊情况外，对担保财产变现款不得作提存扣留；第三，变现款项只能优先清偿担保债权，不允许以重整需要为借口，将担保财产变价款变成企业周转资金。④

需要指出的是，对于重整担保债权暂停行使条款的实际价值，坊间亦有微词。韩传华就认为，本条规定没有实际意义，因为《企业破产法》中除和解程序中担保债权在法院裁定和解计划之日起行使外，对债务人的特定财产享有的担保权，事实上均不能行使；另外，《企业破产法》要求所有债权均需申报方可行使，即便这里不规定担保债权暂停行使，实际上在破产程序终结前亦无法行使。⑤

另外，齐明特别指出，担保权暂停行使仅存在于破产重整程序中，和解或者破产清算程序的启

---

① 参见王卫国：《破产法精义》（第2版），法律出版社2020年版，第252—253页。
② 参见王卫国：《破产法精义》（第2版），法律出版社2020年版，第253页。
③ 参见王欣新：《论重整中担保权的暂停行使》，载《人民法院报》2015年7月1日，第7版。
④ 参见王欣新：《论重整中担保权的暂停行使》，载《人民法院报》2015年7月1日，第7版。
需要说明的是，对于王欣新教授的上述观点，当时在美国威斯康星大学法学院攻读博士学位的王之洲持保留意见。王之洲认为，过于机械地执行重整程序中担保物权暂停行使，可能会对重整程序和担保物权交叉的细节问题考虑不周，"在破产程序中何时开始允许担保债权人行使其'处分性权利'，其门槛就在于债务人能否证明其有能力在重整程序中持续性地维持或补充担保物价值——上述维持或补充无法持续之际，就是担保权人得变现担保物直接受偿之时"。参见王之洲：《论担保债权在重整程序中的保护与限制——兼与王欣新教授商榷》，载《人民法院报》2015年9月30日，第7版。
针对上述王之洲的文章，王欣新又撰文从四个方面予以回应：第一，是否允许担保物变现，以及允许变现时如何防止低价出售行为，是两个法律性质、解决方法完全不同的问题，其关注点重点在钱一方面，而王之洲的商榷文聚焦在后一方面。第二，担保债权人的担保物对于管理人来说，既不能控制，也不能使用，丧失管理权之说无从谈起。第三，在债务人无力清偿债务也无力提供替代担保时，允许债务人继续使用被留置的财产，有违担保法的原则，担保债权人的担保利益无从保障。第四，物权担保的担保作用主要是通过对债务人财产的特定化，并使债权人对该财产享有优先受偿权而实现，该优先权必然要求在担保物变价后通过变价款清偿债务。参见王欣新：《再论重整中担保权的行使——对王之洲同学文章的回应》，载《人民法院报》2015年10月14日，第7版。
⑤ 参见韩传华：《企业破产法解析》，人民法院出版社2007年版，第274—275页。

动,都无法产生担保权暂停行使的效果。①

需要留意的是,这一禁令的存在,既直接影响到担保债权人对担保物权利的实现与利用,也可能因为重整程序的持续而造成担保物价值的变化。相关制度设计,应该清醒地看到这一点。由此也有了下述规定:

第2层:"但是,担保物有损坏或者价值明显减少的可能,足以危害担保权人权利的,担保权人可以向人民法院请求恢复行使担保权。"

本层通过"但书"的方式,对重整期间担保权的暂停行使做出例外规定。

这里的"但书"规定,与上述原则恰恰相反,是基于担保债权人利益而做出的一种特殊安排。按照王卫国的解释,自动中止制度的目标只是限制担保物权行使,其本身无意于伤害担保物权;因此,如果"担保物有损坏或者价值明显减少的可能,足以危害担保权人权利的",《企业破产法》依旧优先保障担保物权的实现;这也就是说,重整程序对担保物权的限制,仅限于暂停行使,是以担保权人利益不受损害为前提。②

对于本层规定的"担保物有损坏或者价值明显减少的可能,足以危害担保权人权利的,担保权人可以向人民法院请求恢复行使担保权",其制度设计重心并非是否有利于破产重整程序的进行,而是担保物是否有价值减损。韩传华认为,如果担保物发生损坏或者价值明显减少,担保债权的恢复行使有助于担保物的保值,那就应该恢复行使,而这里及时恢复行使的具体措施和程度,则应限于"及时处理担保物",而非处理担保物后对担保债权人的清偿;在破产清算与和解程序中,也要坚持同样的原则。③ 齐明亦认为,重整期间担保权可以暂停行使,但不是所有担保权都可以暂停行使,管理人需要证明相关担保权暂停行使的必要性;这种必要性,应当以担保权暂停行使是否影响重整或者对重整成功有消极影响为判断标准,尤其是在两者产生价值冲突时,特别需要权衡。④

需要明确的是,鉴于担保物权在清算程序中的优先权,担保债权人往往缺乏参与重整程序的动机,《企业破产法》规定在重整中担保物权暂停行使,是基于企业拯救动机考量,对担保物权债权人利益所做的一种限制;这种限制应该适可而止,不能要求担保债权人在重整程序中一味地忍让牺牲,这既违反公平精神,也不符合重整制度的本质追求。⑤ 本款规定在"担保物有损坏或者价值明显减少的可能,足以危害担保权人权利的"时,前述担保物权暂停行使的禁令不再坚持,本质上更是回归担保制度本质、保障担保权人利益的必要制度安排。

就本质而言,这一层规定赋予担保债权人一种请求权,但这种请求权的性质不是普通的债权请求权,而是法律层面的补救措施,以"担保物有损坏或者价值明显减少的可能,足以危害担保权人权利的"为行使的前提条件,同时赋予司法机关自由裁量权;由此,担保债权人请求权的行使,只要"担保物有损坏或者价值明显减少的可能"且有充分证据证明其达到"足以危害担保权人权利"即可,不需要等到担保物实际损坏或减少。⑥

第2款:"在重整期间,债务人或者管理人为继续营业而借款的,可以为该借款设定担保。"

本款规定重整期间债务人或管理人为继续营业而享有的借款及设定担保权。按照齐明的观点,本款规定一定程度上是对管理人既有权利的重复规定。⑦

对于陷入财务困境的重整企业来说,重整成功与否的前提即能否改善现金流,获得新的融资;但由于重整企业本身已陷入困境,信用减损严重,已不可能通过普通信用融资来获得新的资金注入,因此有必要赋予债务人或者管理人,为了确保债务人能够继续营业,而通过设定担保的方式获得借款。⑧

但需要注意到,新设定担保债权的债务人财产越多,意味着获得绝对优先权的债权就越多,而能够清偿普通债权的债务人财产就越少,这必然会引起担保债权人和普通债权人之间的利益冲突;因此,《企业破产法》允许但不鼓励债务人或者管理人通过担保方式借款,即便万不得已行使该选项,也要确保"继续营业"这一目标,确保专

---

① 参见齐明:《中国破产法原理与适用》,法律出版社2017年版,第147页。
② 参见王卫国:《破产法精义》(第2版),法律出版社2020年版,第254页。
③ 参见韩传华:《企业破产法解析》,人民法院出版社2007年版,第274—275页。
④ 参见齐明:《中国破产法原理与适用》,法律出版社2017年版,第147页。
⑤ 参见王卫国:《破产法精义》(第2版),法律出版社2020年版,第254页。
⑥ 参见王卫国:《破产法精义》(第2版),法律出版社2020年版,第254—255页。
⑦ 参见齐明:《中国破产法原理与适用》,法律出版社2017年版,第147页。
⑧ 参见王卫国:《破产法精义》(第2版),法律出版社2020年版,第256—257页。

款专用。①

事实上,这一点从《企业破产法》第69条第1款要求管理人对包括借款、设定财产担保等特别行为,及时报告债务人委员会,进而赋予债务人委员会对管理人职责的监督上,也能够看出来。②制度设计者对于新设担保十分审慎的态度显而易见,其用心之良苦,由此可见一斑。对此问题,韩传华认为,管理人或者债务人在重整期间为继续营业借款设定担保,与管理人在非重整期间为继续营业借款设定担保的性质是一样的,应该受《企业破产法》第26条、第69条规定的限制。③

而作为救济措施,如果债务人或者管理人不当使用相关借款,债权人可以援引《企业破产法》第78条第2项规定"显著不利于债权人的行为",而向法院请求终止重整。④

【关联法律法规及司法政策】

《民法典》(2020)

第四百零八条 抵押人的行为足以使抵押财产价值减少的,抵押权人有权请求抵押人停止其行为;抵押财产价值减少的,抵押权人有权请求恢复抵押财产的价值,或者提供与减少的价值相应的担保。抵押人不恢复抵押财产的价值,也不提供担保的,抵押权人有权请求债务人提前清偿债务。

最高人民法院《全国法院民商事审判工作会议纪要》(2019)

112.【重整中担保物权的恢复行使】重整程序中,要依法平衡保护担保物权人的合法权益和企业重整价值。重整申请受理后,管理人或者自行管理的债务人应当及时确定设定有担保物权的债务人财产是否为重整所必需。如果认为担保物不是重整所必需,管理人或者自行管理的债务人应当及时对担保物进行拍卖或者变卖,拍卖或者变卖担保物所得价款在支付拍卖、变卖费用后优先清偿担保物权人的债权。

在担保物权暂停行使期间,担保物权人根据《企业破产法》第75条的规定向人民法院请求恢复行使担保物权的,人民法院应当自收到恢复行使担保物权申请之日起三十日内作出裁定。经审查,担保物权人的申请不符合第75条的规定,或者虽然符合该条规定但管理人或者自行管理的债务人有证据证明担保物是重整所必需,并且提供

与减少价值相应担保或者补偿的,人民法院应当裁定不予批准恢复行使担保物权。担保物权人不服该裁定的,可以自收到裁定书之日起十日内,向作出裁定的人民法院申请复议。人民法院裁定批准行使担保物权的,管理人或者自行管理的债务人应当自收到裁定书之日起十五日内启动对担保物的拍卖或者变卖,拍卖或者变卖担保物所得价款在支付拍卖、变卖费用后优先清偿担保物权人的债权。

【裁判要旨】

案例

青海四维信用担保有限公司与乐山大千百汇置业有限公司确认合同无效纠纷案

法院:四川省乐山市中级人民法院

案号:(2015)乐民终字第1221号

事实:上诉人青海四维信用担保有限公司(以下简称青海四维公司)因与被上诉人乐山大千百汇置业有限公司(以下简称乐山大千公司)确认合同无效纠纷一案,不服四川省沐川县人民法院(2015)沐川民初字第470号民事判决,向乐山市中级人民法院提起上诉。

2014年5月28日,四川省沐川县人民法院受理乐山大千公司重整案。2014年6月6日,四川省沐川县人民法院在《人民法院报》发布乐山大千公司重整公告。2014年6月9日,乐山大千公司法定代表人李大千与青海四维公司签订《在建工程抵押反担保合同》,将位于沐川县沐溪镇沐源街688号建筑面积2415.73平方米的价值2000万元的在建营业用房作为抵押,并于2014年6月10日在沐川县房地产管理局签订《沐川县房地产抵押合同》。2015年5月7日,青海四维公司向管理人申报债权。2015年7月9日,原告起诉至法院,请求确认乐山大千公司与被告青海四维公司于2014年6月9日签订的《在建工程抵押反担保合同》无效。

一审法院认为双方的争议焦点有:(1)乐山大千公司法定代表人李才千有无权力对外签订合同。该院认为,根据《企业破产法》25条第1款第6项的规定,管理人履行管理和处分债务人财产的职责,本案中2014年5月28日,四川省沐川县人民法院受理乐山大千公司重整一案,并于2014年5月28日指定担任管理人,管理和处分债务人

---

① 参见王卫国:《破产法精义》(第2版),法律出版社2020年版,第257—258页。
② 参见齐明:《中国破产法原理与适用》,法律出版社2017年版,第147页。
③ 参见韩传华:《企业破产法解析》,人民法院出版社2007年版,第276页。
④ 参见王卫国:《破产法精义》(第2版),法律出版社2020年版,第258页。

财产的权力应由清算组行使,李才千没有权力处分公司财产并对外签订合同。(2)被告青海四维公司是否适用善意取得制度。原审法院认为,2014年6月6日,该院在《人民法院报》上发布乐山大千公司重整公告,法院公告是由独立行使审判权的国家机关向社会公众公布的法律文书,能在报纸和网络等公共媒体上查询,当今社会为信息网络社会,消息传递极为便利,被告在与乐山大千公司法定代表人李才千签订反担保合同之前也能够查询乐山大千公司的信息情况,被告应当知道乐山大千公司进入重整程序、指定了管理人,也应当知道李才千无权代理,被告在签订合同的过程中没有尽到审查义务,不属于善意第三人,并且被告没有支付合理的对价,因此被告不适用《物权法》第106条的规定的善意取得制度。(3)乐山大千公司管理人是否对《在建工程抵押反担保合同》追认。原审法院认为,根据《合同法》第48条第2款的规定:"相对人可以催告被代理人在一个月内予以追认。被代理人未作表示的,视为拒绝追认。"被告没有证据证明其向管理人发出了追认催告,应承担举证不能的后果。

综上,原审法院判决乐山大千公司与被告青海四维公司于2014年6月9日签订的《在建工程抵押反担保合同》无效。上诉人青海四维公司不服上述判决,向四川省乐山市中级人民法院提起上诉。

裁判要旨:在破产受理后,债务人已丧失了处分其财产的权利能力和行为能力,债务人在企业重整期间未提出自行管理财产和营业事务的申请并经法院批准的情形下,原企业法定代表人仅能依据《企业破产法》第15条规定履行义务,不能再代表企业独立从事各种民事活动。而债务人重整时,本就处于无力偿债的情形,其为他人所负的债务提供担保,是将其经营的财产无偿让与他人,违背重整的根本目的,将该条理解为管理人除为企业继续营业而借款外,不得在债务人的财产上设定担保更符合立法精神,违反该条款的行为属法律禁止性的行为。

裁判理由:2016年1月22日,四川省乐山市人民法院在审理后认为,本案涉及的核心问题之一,即《在建工程抵押反担保合同》是否无效。法院从两个角度分析:

(1)根据《企业破产法》第15条、第25条、第73条、第75条相关规定,人民法院受理破产申请的裁定送达债务人之日起至破产程序终结之日止,企业的法定代表人虽依照法律或者法人组织章程规定,代表法人行使职权,但人民法院受理企业的破产或重整申请,同时指定管理人,且债务人在企业重整期间未提出自行管理财产和营业事务的申请并经法院批准的情形下,原企业法定代表人仅能依据《企业破产法》第15条规定履行义务,不能再代表企业独立从事各种民事活动,而该职责转由管理人代为行使。管理人负有接管并管理、处分债务人的财产,代表该企业进行必要的民事活动的职责,系基于法律的规定,始于法院指定,终于破产或重整程序终结。本案中,乐山大千公司在四川省沐川县人民法院受理重整申请,并指定管理人后,其法人的民事行为能力虽未消灭,但其并未向法院递交由其自行管理财产和营业事务的申请,不能自行管理财产和营业事务,而应由管理人代表乐山大千公司履行。李大千代表公司与青海四维公司签订《在建工程抵押反担保合同》的时间虽在管理人接受公章之前,但却在重整申请受理之后,而管理人在法院指定后即依法行使其职责,李大千作为原法定代表人仅能根据《破产法》第15条的规定履行义务,无权再以法人名义对外从事民事活动,签订《在建工程抵押反担保合同》。一审法院作出李大千无权代表乐山大千公司签订合同的认定正确,但认为李大千行为属于无权代理行为的认定不当,应予以纠正。上诉人提出乐山大千公司在破产重整后仍有民事行为能力,李大千签订合同在管理人接受公章之前,其有权代表公司签订合同,混淆了法人有无民事行为能力与谁代表法人行使民事行为能力的概念,企业在破产重整期间的民事权利能力和行为能力已由管理人行使;上诉人的该理由也与《企业破产法》第15条、第25条关于原企业法定代表人的义务以及管理人职责的规定相悖,本院对此不予支持。

(2)根据《企业破产法》第31条规定,人民法院受理破产申请前1年内,涉及债务人财产的部分行为,管理人有权请求人民法院予以撤销。该条针对的虽是破产受理前1年内的行为,但举轻以明重,在破产受理后,债务人已丧失了处分其财产的权利能力和行为能力,其处分财产的行为均无效,应予撤销。本案涉诉的《在建工程抵押反担保合同》系为他人财产设立反担保,属于无偿转让乐山大千公司财产的行为,根据《企业破产法》第31条的规定,该行为当然无效。另外,《企业破产法》第75条虽未明确禁止除为企业继续营业而借款外,其余情形不能设立担保,但重整是让已具破产原因而又有再生希望的债务人继续经营,并以经营所得逐步偿还债务,避免企业进入破产清算程序,最终使债权人获得最大利益。而债务人重整时,本就处于无力偿债的情形,其为他人所负的债务提供担保,是将其经营的财产无偿让与他人,违背了重整的根本目的,将该条理解为管理人除为企业继续营业而借款外,不得在债务人的财产上设定担保更符合立法精神,违反该条款的行为属法律禁止性的行为。

综上,李大千不能代表乐山大千公司对外签订合同,《在建工程抵押反担保合同》不属于为乐山大千公司的对外借款而设定的担保,系无偿转让公司财产的行为,违反了法律的效力性强制性规定,《在建工程抵押反担保合同》因此无效,判决驳回上诉,维持原判。

【学理综述】

许德风在《环球法律评论》2011 年第 3 期上,发表《论担保物权在破产程序中的实现》一文。在该文中,作者从比较法的角度,详细对比美国和德国有关担保物权在破产程序中的实现问题。作者指出,由于担保物权负外部性的明显存在,需要在承认其正当性、合理性的前提下,对担保物权在破产程序的实现做出适当的限制,暂时中止其行使。美国对担保物权的限制主要取决于破产法上的自动中止,自动中止的解除需要充分的理由,比如担保物缺乏充分保护、比如债务人对担保物无权益且担保物对破产重整不属于必要等;而在德国,不动产担保物权实现的暂时中止,不由破产法调整,而由《强制拍卖与强制管理法》调整,在第一次债权人会议召开前后有一定差别。按照作者的详细比较,在担保物权的使用和变现方面,美国、德国也有大同小异的区别。作者最终得出结论认为,参照美国法和德国法,因破产程序的启动而暂时中止担保物权制度,是更为妥当的安排,管理人在这期间应善保管担保物,利息亦可延续计算,并在第一次债权人会议后从担保物权的一部分变成共益债权;我国《企业破产法》中与担保物权相关的制度,过于僵化,明显不利于债权人保护,应该赋予管理人更大的变现权限,允许更为灵活的变现规则,实现担保物价值的最大化;在破产重整中,应给予担保物权周全保护,尤其保护担保债权在重整期间的利息,同时让担保债权人承担必要风险或限制,尤其是应承担保物价值减损的风险。①

徐阳光在《中国人民大学学报》2017 年第 2 期上,发表《破产法视野中的担保物权问题》。该文以破产法与担保法的交互影响为切入点,指出我国破产法引介的担保权中止行使理论,在重整程序中已基本得到确立和遵从。但是在破产清算程序中如何处理担保物权问题,既需要立法明确,也需要对担保债权人的权益提供适当的救济措施。作者认为,破产清算中担保物权的保护,其核心是担保物权优先受偿权,在破产清算顺位安排上,应该坚守担保物权优先受偿的地位。但是在担保物权与劳动债权、税收债权之间潜在冲突时,处理原则应当坚持物权与债权的划分,并严格遵循物权特定原则。而对于一般优先权的处理,则需要遵循优先权的法定原则,且不得违背破产法的基本清偿顺位。②

王欣新在《中国政法大学学报》2017 年第 3 期上,发表《论破产程序中担保债权的行使与保障》一文。作者认为,破产法与担保法存在一定矛盾。鉴于物权担保制度对于债权保护的重要作用,如何在破产程序中实现对担保债权的保护,是破产法律制度构建和维护市场经济秩序的重要问题。作者在分析破产程序中担保债权的概念与性质之后,着重对担保债权在破产程序中暂停行使的一般原则,以及不同破产程序中对担保债权的特殊对待具体应用展开论述。作者指出,在重整程序中,凡是移转担保财产占有的担保原则上可以不停止权利行使,担保权人暂停行使的是对担保财产的变现权,但对担保财产变现后价款的优先受偿权并不停止行使;在和解程序中,担保权可以继续行使;在清算程序中,可以为达到债务人财产价值最大化之目的而于一定期限内暂停担保权行使,同时应建立对担保权的各种救济制度。③

李忠鲜在《法学家》2018 年第 4 期上,发表《担保债权受破产重整限制之法理与限度》一文。作者认为,在重整程序中对于担保债权做出有别于传统民法的限制,有其合理性,但现行法存在异议救济缺位、协议程序的制度供给不足、对各方博弈缺乏底线性安排等问题。因此,应在追求重整价值最大化与目的性中立的基础上,搭建合作博弈与利益分配的平台,厘定意思自治的合理边界。具体而言,应明确担保债权暂停行使的必要性标准,厘定重整计划批准的最低保护限度,承认债权人在重整协商中的利益分配,以确保在破产法框架下团体自治的秩序与实效。④

乔博娟在《法律适用》2020 年第 20 期上,发

---

① 参见许德风:《论担保物权在破产程序中的实现》,载《环球法律评论》2011 年第 3 期,第 49—70 页。
② 徐阳光:《破产法视野中的担保物权问题》,载《中国人民大学学报》2017 年第 2 期,第 12—23 页。
③ 王欣新:《论破产程序中担保债权的行使与保障》,载《中国政法大学学报》2017 年第 3 期,第 23—42 页。
④ 李忠鲜:《担保债权受破产重整限制之法理与限度》,载《法学家》2018 年第 4 期,第 135—151 页。

表《论破产重整中担保权暂停与恢复行使的适用规则》一文。作者认可在重整程序中对担保债权有所限制的必要性，但指出这种限制应当遵从明确的规则，且符合必要的限度。在重整期间，对于担保权暂停行使的适用范围，应以担保财产是否为重整所必需为判断标准，且考虑暂停行使对担保权本身的影响；暂停行使的具体权能仅限于变价处置权，而非优先受偿权；暂停行使的适用期限以确保重整程序有序推进为限，不宜过长或久拖未决。如果中止措施对担保权的经济价值产生负面影响时，破产法应准许救济并解除中止，即恢复行使担保权。作者还提出，应在规定恢复行使担保权审查标准和期限的基础上，进一步明确担保物损坏或者价值明显减少的认定标准。①

第七十六条 债务人合法占有的他人财产，该财产的权利人在重整期间要求取回的，应当符合事先约定的条件。

【立法沿革】

《破产法》（1995 年草案）

第九十八条 债务人依合法根据占有的属于他人的财产，该财产的权利人不依约定条件而在重整观察期间要求取回的，管理人可以拒绝。

第九十九条 在重整观察期间，重整债权人与债务人之间的债务抵销，以种类相同并且在人民法院受理破产案件前均已到期的为限。

债务人的债务人在破产案件申请后受让取得的重整债权，不得用于抵销。

第一百条 在重整观察期间，管理人有权决定解除或者继续履行在重整程序开始前成立而尚未履行的双务合同，并书面通知对方当事人。管理人在重整程序开始后三个月内未通知对方的，或者在收到对方催告后一个月内未答复的，视为解除合同。因解除合同所产生的损害赔偿请求，为可申报的债权。

对于重整程序开始前成立并已经履行的双务合同，管理人决定继续履行的，对方当事人不得以债务人在重整程序开始前的债务不履行为理由拒绝履行合同或者提前终止合同。

第一百零一条 为重整观察期间继续营业，管理人可以依照有关法律规定决定重整企业现有职工在重整期间的任用和不任用，也可以任用重整企业以外的专业人员。

《企业破产与重整法》（2000 年 6 月草案）

第八十八条 债务人依合法根据占有的他人的财产，该财产的权利人不依约定条件在重整期间要求取回的，管理人可以拒绝。

第八十九条 在重整期间，重整债权人与债务人之间的债务抵销，以种类相同并且在人民法院受理破产案件前均已到期的为限。

债务人的债务人在破产案件申请后受让取得的重整债权，不得用于抵销。

第九十条 在重整期间，管理人有权决定解除或者继续履行在重整程序开始前成立而尚未履行的双边合同，并书面通知对方当事人。管理人在重整程序开始后三个月内未通知对方的，或者在收到对方催告后一个月内未答复的，视为解除合同。因解除合同所产生的损害赔偿请求，为可申报的债权。

对于重整程序开始前成立并已开始履行的双边合同，管理人决定继续履行的，对方当事人不得以债务人在重整程序开始前的债务不履行为理由拒绝履行合同或者提前终止合同。

第九十一条 为重整期间继续营业，管理人可依照法律规定决定重整企业现有职工在重整期间的任用和不任用，也可以任用重整企业以外的专业人员。

《企业破产与重整法》（2000 年 12 月草案）

第八十八条 债务人依合法根据占有的他人的财产，该财产的权利人不依约定条件在重整期间要求取回的，管理人可以拒绝。

第八十九条 在重整期间，重整债权人与债务人之间的债务抵销，以种类相同并且在人民法院受理破产案件前均已到期的为限。

第九十条 在重整期间，管理人有权决定解除或者继续履行在重整程序开始前成立而尚未履行的双务合同，并书面通知对方当事人。管理人在重整程序开始后三个月内未通知对方的，或者在收到对方催告后一个月内未答复的，视为解除合同。因解除合同所产生的损害赔偿请求，为可申报的债权。

对于重整程序开始前成立并已开始履行的双务合同，管理人决定继续履行的，对方当事人不得以债务人在重整程序开始前的债务不履行为理由拒绝履行合同或者提前终止合同。

第九十一条 为重整期间继续营业，管理人可依照法律规定决定重整企业现有职工在重整期间的任用和不任用，也可以任用重整企业以外的专业人员。

---

① 乔博娟：《论破产重整中担保权暂停与恢复行使的适用规则》，载《法律适用》2020 年第 20 期，第 121—131 页。

《企业破产与重整法》(2001年1月草案)

第一百二十六条 债务人依合法根据占有的他人的财产,该财产的权利人在重整保护期间要求取回的,应当符合约定条件。

第一百二十七条 在重整保护期间,重整债权人与债务人之间的债务抵销,适用《中华人民共和国合同法》的有关规定。

前款规定的抵销不适用本法第三十七条第一款的规定。

第一百二十八条 在重整保护期间,管理人有权决定解除或者继续履行在重整程序开始前成立而尚未履行的双务合同,并书面通知对方当事人。管理人在重整程序开始后三个月内未通知对方的,或者在收到对方催告后一个月内未答复的,视为解除合同。因解除合同所产生的损害赔偿请求,为可申报的债权。

对于重整程序开始前成立并已开始履行的双务合同,管理人决定继续履行的,对方当事人应当履行,但有权要求提供相应的担保。

《企业破产法》(2004年3月草案A版)

第七十三条 债务人依合法根据占有的他人的财产,该财产的权利人在重整保护期要求取回的,应当符合约定条件。

《企业破产法》(2004年3月草案B版)

第七十五条 债务人依合法根据占有的他人的财产,该财产的权利人在重整期间要求取回的,应当符合约定条件。

《企业破产法》(2004年6月草案)

第七十四条 债务人合法占有的他人财产,该财产的权利人在重整期间要求取回的,应当符合约定条件。

第七十五条 在重整期间,债务人有权决定解除或者继续履行在重整程序开始前成立而尚未履行的双务合同,并书面通知对方当事人。债务人在重整程序开始后三个月内未通知对方的,或者在收到对方催告后三十日内未答复的,视为解除合同。因解除合同所产生的损害赔偿请求,为可申报的债权。

对于重整程序开始前成立并已开始履行的双务合同,债务人决定继续履行的,对方当事人应当履行,但有权要求提供担保。

《企业破产法》(2004年10月草案)

第七十三条 债务人合法占有的他人财产,该财产的权利人在重整期间要求取回的,应当符合约定的条件。

第七十四条 在重整期间,债务人或者管理人有权决定解除或者继续履行在重整程序开始前成立而尚未履行的双务合同,并书面通知对方当事人。债务人或者管理人在重整程序开始后三个月内未通知对方的,或者在收到对方催告后三十日内未答复的,视为解除合同。因解除合同所产生的损害赔偿请求,为可申报的债权。

对于重整程序开始前成立并已开始履行的双务合同,债务人或者管理人决定继续履行的,对方当事人应当履行,但有权要求提供担保。

【条文释义】

本条规定对重整期间特定财产所有权人行使取回权的限制。

从立法史的视角看,本条规范在不同时期的草案中变化甚大。在几乎所有草案中,站在对于重整中债务人财产保值增值的立场上,草案起草者对取回权行使、抵销权行使以及管理人或经管债务人对合同的选择履行权,均做了详细的规定。但在最终的草案中,这部分有所删减。

原则上,法院受理破产申请后,债务人占有不属于债务人的财产,相关财产所有权人可以通过行使取回权而取回,这是《企业破产法》第38条规定的常态。但在破产重整过程中,特定财产的取回,可能会对债务人财产造成实质性影响,甚至影响企业拯救的可能性、可行性,因此要求对取回权的行使暂停。这与《企业破产法》第75条担保权的暂停行使,有异曲同工之妙。按照韩传华的看法,这一条实际上是《企业破产法》第38条取回权行使一般原则的例外条款。[①]

需要留意的是,本条取回权限制条款,行使的前提条件是"债务人合法占有的他人财产";这也就意味着,如果是债务人非法占有的他人财产,即便在重整程序中,财产所有权人当然也可以随时取回,而不受到本条的限制。[②]

这里的立法措辞,非常耐人寻味,并未简单肯定或者否定特定财权所有权人在重整期间取回权的行使,而是委婉地用"应当符合事先约定的条件"这样的表述。按照王卫国的解读,"应当符合事先约定的条件"有两重含义:其一,允许取回权人依照原来的约定,行使其取回权,请求债务人返还相关财产,体现出破产法对既有契约关系的尊重;其二,取回权人行使取回权,必须符合事先的

---

① 参见韩传华:《企业破产法解析》,人民法院出版社2007年版,第276页。
② 参见王卫国:《破产法精义》(第2版),法律出版社2020年版,第260页。

约定,尤其是需要履行事先约定的义务,否则的话,取回权人只有承担违约责任或者补偿重整中的债务人,才能行使取回权。① 齐明亦指出,这里的"应当符合事先约定的条件",是合法占有他人财产的法定依据或合同依据,在破产重整中需要做出限制。②

在笔者看来,"应当符合事先约定的条件"清楚表明,债务人和取回权人之间围绕取回权标的物,有着合同关系,相应地双方均依据该合同,对取回权标的物有相应的期待利益;如果在破产重整程序中对取回权行使不加限制,不仅不利于重整的成功,也不足以维持债务人作为合同相对方的期待利益。

另外,王卫国还指出,如果这里的"事先约定的条件"与待履行合同重合,通常情况下取回权人如果不履行合同义务则无法取回标的物;但如果管理人依据《企业破产法》第18条做出解除合同的决定,则取回权人无须继续履行合同义务,也可以在重整程序中行使其取回权。③

【裁判要旨】
案例
攀枝花市海宁工贸有限公司、攀枝花市钛都化工有限公司取回权纠纷案
法院:四川省高级人民法院
案号:(2017)川民终1007号
事实:上诉人攀枝花市海宁工贸有限公司(以下简称海宁工贸)因与被上诉人攀枝花市钛都化工有限公司(以下简称钛都化工)取回权纠纷一案,不服四川省攀枝花市中级人民法院(2017)川04民初34号民事判决,向四川省高级人民法院提起上诉。

本案中,海宁工贸与钛都化工分别签订三份《协议》,主要约定由海宁工贸提供原料委托钛都化工代加工成符合大唐公司质量要求的钛白粉;钛都化工将生产好、物权属于海宁工贸的钛白粉代为销售给大唐公司,代海宁工贸结算该款项,但此款为专款专用,必须3天内以现金或银行转账(银行承兑)付给海宁工贸等。上述《协议》签订后,海宁工贸按照协议约定,向钛都化工提供了279.92吨原料。

四川省攀枝花市中级人民法院于2016年3月22日作出(2016)川04民破1号民事裁定书,裁定受理钛都化工破产重整案件。

海宁工贸向钛都化工管理人提出申请,要求返还279.92吨钛白粉或支付233.26万元对价款。钛都化工管理人于2017年3月7日书面回复海宁工贸,以海宁工贸申请不属于《企业破产法》第38条规定的情况为由,不同意退回钛白粉或支付对价。海宁工贸随后诉至一审法院。

一审法院认为,本案中,海宁工贸、钛都化工虽然在《协议》中约定钛都化工代销产品收到货款后3日内,扣除其代加工销售费用后应将余款支付给海宁工贸,但由于双方并未对销售货款设立独立账户或其他保管方式区分作为取回物的货币,致使钛都化工收回销售货款后,收回的货款与钛都化工的其他货币发生混同,导致作为取回物的货币丧失了原物、特定物的属性,在此情形下,海宁工贸只能将其权利作为破产债权进行申报、清偿,海宁工贸再要求对钛白粉对价款行使取回权,明显缺乏依据,不予支持。判决驳回海宁工贸的诉讼请求。

海宁工贸上诉请求撤销原判,判令准许海宁工贸从钛都化工处取回委托加工的钛白粉279.92吨或取回相应对价款233.26万元。

裁判要旨:根据《企业破产法》第38条的规定,债务人占有的财产如不属于债务人所有的,则该财产不属于破产财产,权利人有取回的权利。在代销关系中,所有权人不能依据物上代位法则对货款享有所有权,只享有依据债权债务关系主张给付的请求权。

裁判理由:2017年12月7日,四川省高级人民法院就本案作出判决。四川省高级人民法院认为,双方争议的焦点在于海宁工贸是否享有取回权。根据《企业破产法》第38条的规定,债务人占有的财产如不属于债务人所有,则该财产不属于破产财产,权利人有取回的权利。本案中,海宁工贸主张从钛都化工处取回委托加工的钛白粉279.92吨或相应对价款233.26万元,此项主张能否得到支持的条件,是钛白粉279.92吨或对价款233.26万元是否属于海宁工贸所有且由钛都化工实际占有。

根据四川省高级人民法院确认的事实,海宁工贸提供原材料已被钛都化工加工为钛白粉,并依据钛都化工与大唐公司的买卖合同关系销售给大唐公司,该钛白粉的所有权已归属于大唐公司,海宁工贸并不享有所有权,且钛都化工也未实际占有该货物,因此对海宁工贸要求取回钛白粉

---
① 参见王卫国:《破产法精义》(第2版),法律出版社2020年版,第261页。
② 参见齐明:《中国破产法原理与适用》,法律出版社2017年版,第147页。
③ 参见王卫国:《破产法精义》(第2版),法律出版社2020年版,第261—262页。

279.92 吨的上诉请求,不予支持。钛都化工依其与大唐公司的买卖合同关系将海宁工贸委托加工的钛白粉销售给大唐公司,大唐公司负有给付货款的义务,钛都化工在收到代销货款后,也负有向海宁工贸给付的义务,但该代销货款不是钛白粉的"代位物",不具有物上代位的性质,海宁工贸不能依据物上代位法则对货款享有所有权,只享有依据债权债务关系主张给付的请求权。因此,海宁工贸对尚未交付其占有的代销钛白粉货款,不享有所有权,其所提双方约定赋予此笔货款特定属性、货款所有权归属于海宁工贸及钛都化工从大唐公司取得的"人民币"是基于承揽和代销而占有的海宁工贸的"人民币财产"的上诉理由不成立,进而对其要求取回价款 233.26 万元的上诉请求不予支持。

至于钛都化工应否等值赔偿海宁工贸货款 233.26 万元的问题,既超出海宁工贸一审诉讼请求范围,又不符合最高人民法院《关于审理企业破产案件若干问题的规定》第 71 条第 1 项和第 72 条第 3 款规定情形,不属于本案审理范围。综上所述,海宁工贸的上诉请求均不成立,应予驳回;一审判决认定事实清楚,虽在海宁工贸能否取回对价款的法律解释上不够准确,但判决结果正确,应予维持。

第七十七条 在重整期间,债务人的出资人不得请求投资收益分配。

在重整期间,债务人的董事、监事、高级管理人员不得向第三人转让其持有的债务人的股权。但是,经人民法院同意的除外。

【立法沿革】

《破产法》(1995 年草案)

第一百零二条 人民法院裁定许可债务人进行重整的,债务人的出资人不得依据其出资人权利,向债务人提出任何财产给付请求。

人民法院裁定许可债务人进行重整的,债务人的董事、经理以及其他高级管理人员,不得向第三人转让其个人对债务人享有的部分或者全部股权。

第一百零三条 在重整观察期间,经利害关系人请求,人民法院可以裁定停止债务人的部分或者全部营业,或者对其经营业活动作出必要的限制。

《企业破产与重整法》(2000 年 6 月草案)

第九十二条 人民法院裁定许可债务人进行重整的,债务人的出资人不得依据出资人权利向债务人提出任何财产给付请求。

人民法院裁定许可债务人进行重整的,债务人的董事、经理以及其他高级管理人员,不得向第三人转让其个人对债务人享有的部分或者全部股权。

《企业破产与重整法》(2000 年 12 月草案)

第九十二条 人民法院裁定许可债务人进行重整的,债务人的出资人不得依据出资人权利向债务人提出任何财产给付请求。

人民法院裁定许可债务人进行重整的,债务人的董事、经理以及其他高级管理人员,不得向第三人转让其个人对债务人享有的部分或者全部股权。

《企业破产与重整法》(2001 年 1 月草案)

第一百二十九条 人民法院裁定许可债务人进行重整的,债务人的出资人不得依据出资人权利向债务人提出任何财产给付请求。

人民法院裁定许可债务人进行重整的,债务人的董事、经理以及其他高级管理人员,不得向第三人转让其个人对债务人持有的股权。

《企业破产法》(2004 年 3 月草案 A 版)

第七十六条 人民法院裁定许可债务人进行重整的,债务人的出资人不得依据出资人权利向债务人提出任何财产给付请求。

人民法院裁定许可债务人进行重整的,债务人的董事、经理以及其他高级管理人员,不得向第三人转让其个人对债务人持有的股权。

《企业破产法》(2004 年 3 月草案 B 版)

第七十七条 人民法院裁定许可债务人进行重整的,债务人的出资人不得请求投资收益分配。

人民法院裁定许可债务人进行重整的,债务人的董事、经理以及其他高级管理人员,不得向第三人转让其个人对债务人持有的股权。

《企业破产法》(2004 年 6 月草案)

第七十六条 人民法院裁定许可债务人进行重整的,债务人的出资人不得请求投资收益分配。

人民法院裁定许可债务人进行重整的,债务人的董事、经理以及其他高级管理人员,不得向第三人转让其个人对债务人持有的股权。

《企业破产法》(2004 年 10 月草案)

第七十五条 人民法院裁定许可债务人进行重整的,债务人的出资人不得请求投资收益分配。

人民法院裁定许可债务人进行重整的,债务人的董事、经理以及其他高级管理人员,不得向第三人转让其个人对债务人持有的股权。但是,经人民法院同意的除外。

第七十七条

【条文释义】

本条规定的是对重整期间债务人的出资人投资收益分配限制,以及对债务人企业高管股权转让限制。

从立法史的视角看,本条基本构造和内涵在不同时期的草案变化较小。细微的变化体现在两个方面:第一,早期的草案中对出资人权益限制体现为不得请求任何财产给付请求,后期的草案及定稿变为投资收益分配,范围更小也更为明确;第二,对于重整期间债务人董事、监事、高管股权转让的限制,早期的草案强调绝对禁止,即无论部分转让还是全部转让,均绝对禁止,后期尤其是定稿中,取消这一限制;第三,对于债务人董事、监事、高管股权转让限制,早期绝对禁止,但后期和最终定稿中,都为法院批准下的例外留下制度出口。

债务人的出资人,按照《公司法》的观念,即公司的股东。股权权利大体分为两类,一种是参与公司管理的权利,另一种则是投资收益的权利。按照王军的概括,股东的资产收益权是一种基于成员权而产生的请求权,以股东获取收益为中心,包括利润分配请求权、剩余财产分配请求权、新股优先认购权、异议股东退股请求权及股份转让权等。① 应该说,股东资产收益权的存在,是公司制度稳健运行的基石,是确保公司制度正常运行的主要支撑。

但在公司陷入财务困境尤其是进入重整程序之后,债务人出资人的投资收益权不得不受到限制,在这种状况下,破产法的价值大于公司法的价值,债权人的利益也优先于债务人出资人的利益。按照王卫国的解读,根据《企业破产法》第2条,陷入财务困境的公司多面临流动性危机,而公司进入重整程序后,可以通过继续营业、追讨债务、借款等方式获得流动性,而这些流动性对于维持债务人继续营业、维护新投资人的信心、拯救公司都具有十分重要的意义;而放任债务人的出资人依据《公司法》行使利润分配请求权,将会直接影响债务人的流动性,给重整前景带来不确定的后果,因此有必要限制出资人权益,优先拯救公司,实现债权人利益最大化。② 齐明认为,本条以及后续的《企业破产法》第76、77条,其价值在于固定债务人企业现有的财产及重整期间的资本和股权结构,维持相对静态的环境,提高债务人企业重整的成功率。③

本条共有2款。分款评注如下:

第1款:"在重整期间,债务人的出资人不得请求投资收益分配。"

本款明确规定,债务人的出资人在重整期间,不得请求投资收益分配。

这里的"投资收益",坊间解读略有差异。按照韩传华的解读,所谓"投资收益"实际上就是税后利润分配;由于不同破产程序中均禁止破产程序启动后对债务人的出资人分配投资收益,本款特别禁止重整期间的投资收益分配,意义不大。④

那么,这里的"投资收益",有没有时间限制?王卫国认为,这里的"投资收益",既可能包括下会计年度的投资收益,也包括以往会计年度未分配的投资收益;只要在重整期间,债务人的出资人均不得请求投资收益分配。⑤ 韩传华亦持与此类似看法,他认为无论税后利润产生在重整期间还是重整之前,只要该税后利润并未分配给投资人,那么此时出资人均不得请求利润分配;如果该税后利润已分配给投资人,那么管理人则应该审查该分配是否属于《企业破产法》第36条规定的应追回情形。⑥

第2款:"在重整期间,债务人的董事、监事、高级管理人员不得向第三人转让其持有的债务人的股权。但是,经人民法院同意的除外。"

韩传华认为,本款规定能够给债务人的董事、监事和高管背水一战的压力,激励其尽最大努力积极参与重整,提高重整的成功率,意义甚大。⑦

本款共分2层含义:

第1层:"在重整期间,债务人的董事、监事、高级管理人员不得向第三人转让其持有的债务人的股权。"

本层明确限制重整期间"债务人的董事、监事、高级管理人员"等特定主体股权转让的禁止。按照2018年《公司法》第216条,"高级管理人员"具体包括:公司的经理、副经理、财务负责人,上市公司董事会秘书和公司章程规定的其他人员。

王卫国指出,在重整期间限制债务人的董事、监事和高级管理人员向第三人转让股份,有如下

---

① 参见王军:《中国公司法》,高等教育出版社2015年版,第274—275页。
② 参见王卫国:《破产法精义》(第2版),法律出版社2020年版,第262—263页。
③ 参见齐明:《中国破产法原理与适用》,法律出版社2017年版,第147页。
④ 参见韩传华:《企业破产法解析》,人民法院出版社2007年版,第277—278页。
⑤ 参见王卫国:《破产法精义》(第2版),法律出版社2020年版,第263页。
⑥ 参见韩传华:《企业破产法解析》,人民法院出版社2007年版,第277页。
⑦ 参见韩传华:《企业破产法解析》,人民法院出版社2007年版,第278页。

意义：第一，限制债务人的董事、监事和高级管理人员向第三人转让股份，有利于巩固债权人和其他利害关系人对企业拯救的信心；第二，限制债务人的董事、监事和高级管理人员向第三人转让股份，有助于刺激债务人的董事、监事和高级管理人员奋发图强；第三，限制债务人的董事、监事和高级管理人员向第三人转让股份，可以促使债务人的董事、监事和高级管理人员积极参与重整程序，保持其利益关系人地位，提高其积极性。[1]

但齐明认为，债务人的董事、监事和高级管理人员作为"内部人"，对于公司内幕信息敏感且容易掌握，也最有可能通过事先获得重整成功与否的相关信息，并通过转让股票而获利，因此需要限制重整期间债务人的董事、监事和高级管理人员向第三方转让股票的权利；换句话说，不允许重整期间债务人的董事、监事和高级管理人员向第三人转让股份，其主要目的是防止债务人的董事、监事和高级管理人员利用内幕信息而转让股权并获利。[2]

这里之所以要限定债务人的董事、监事和高级管理人员等特定主体向第三人转让股份，主要是因为在债务人进入破产程序之后，"债务人的董事、监事、高级管理人员"等特定主体身份处于冻结状态，他们不仅需要配合法院和管理人进行破产程序，必须履行相关义务，甚至还需要按照《企业破产法》承担相应的责任，故只要他们具有董事、监事、高级管理人员的身份，包括股权转让在内的权利就应当受到限制。[3]

需要注意的是，本款限制的只是"债务人的董事、监事、高级管理人员"等特定主体在重整期间向第三人转让股权的情形。这里有几个值得探讨的问题：

第一，本款限制重整期间债务人的董事、监事和高管向第三人转让股权，那么是否限制重整计划执行中债务人的董事、监事和高管向第三人转让股权？韩传华认为，《企业破产法》无法对重整计划执行期间的股权转让事宜做出明确规定，但是在重整计划起草、审查和批准过程中，法院可以要求包括相关事项。[4]

第二，本款限制重整期间债务人的董事、监事和高管向第三人转让股权，那么是否同样限制债务人的董事、监事和高管之间互相转让股权？按照王卫国的观点，债务人的董事、监事及高级管理人员之间互相转让股权，并不受《企业破产法》禁止。[5]

第2层："但是，经人民法院同意的除外。"

本层"但书"条款，为上述"债务人的董事、监事、高级管理人员"等特定主体在重整期间不得向第三人转让股权的禁令，开了一个口子。这种例外情形的存在，必须要"经人民法院同意"。

那么，究竟在何种情况，法院会同意"债务人的董事、监事、高级管理人员"等特定主体在重整期间向第三人转让股权？齐明指出，破产重整通常会涉及战略投资人对重整企业的持股要求，这种情况下，必然要求"债务人的董事、监事、高级管理人员"转让股权，或者通过其他方式稀释股权，这种情况下法院一般都会放松前述禁令，同意"债务人的董事、监事、高级管理人员"等特定主体在重整期间向第三人转让股权。[6]

王卫国认为，法院审查并同意上述"债务人的董事、监事、高级管理人员"等特定主体在重整期间不得向第三人转让股权的前提，是这种转让无害于企业破产重整程序，甚至有利于企业破产重整程序。[7]

【关联法律法规及司法政策】

《公司法》（2018）

第四条　公司股东依法享有资产收益、参与重大决策和选择管理者等权利。

第三十四条　股东按照实缴的出资比例分取红利；公司新增资本时，股东有权优先按照实缴的出资比例认缴出资。但是，全体股东约定不按照出资比例分取红利或者不按照出资比例优先认缴出资的除外。

第一百六十六条　公司分配当年税后利润时，应当提取利润的百分之十列入公司法定公积金。公司法定公积金累计额为公司注册资本的百分之五十以上的，可以不再提取。

公司的法定公积金不足以弥补以前年度亏损的，在依照前款规定提取法定公积金之前，应当先用当年利润弥补亏损。

---

[1] 参见王卫国：《破产法精义》（第2版），法律出版社2020年版，第263—264页。
[2] 参见齐明：《中国破产法原理与适用》，法律出版社2017年版，第148页。
[3] 参见王卫国：《破产法精义》（第2版），法律出版社2020年版，第264页。
[4] 参见韩传华：《企业破产法解析》，人民法院出版社2007年版，第278页。
[5] 参见王卫国：《破产法精义》（第2版），法律出版社2020年版，第264页。
[6] 参见齐明：《中国破产法原理与适用》，法律出版社2017年版，第148页。
[7] 参见王卫国：《破产法精义》（第2版），法律出版社2020年版，第264页。

公司从税后利润中提取法定公积金后,经股东会或者股东大会决议,还可以从税后利润中提取任意公积金。

公司弥补亏损和提取公积金后所余税后利润,有限责任公司依照本法第三十四条的规定分配;股份有限公司按照股东持有的股份比例分配,但股份有限公司章程规定不按持股比例分配的除外。

股东会、股东大会或者董事会违反前款规定,在公司弥补亏损和提取法定公积金之前向股东分配利润的,股东必须将违反规定分配的利润退还公司。

公司持有的本公司股份不得分配利润。

第二百一十六条　本法下列用语的含义:

(一)高级管理人员,是指公司的经理、副经理、财务负责人,上市公司董事会秘书和公司章程规定的其他人员。

(二)控股股东,是指其出资额占有限责任公司资本总额百分之五十以上或者其持有的股份占股份有限公司股本总额百分之五十以上的股东;出资额或者持有股份的比例虽然不足百分之五十,但依其出资额或者持有的股份所享有的表决权已足以对股东会、股东大会的决议产生重大影响的股东。

(三)实际控制人,是指虽不是公司的股东,但通过投资关系、协议或者其他安排,能够实际支配公司行为的人。

(四)关联关系,是指公司控股股东、实际控制人、董事、监事、高级管理人员与其直接或者间接控制的企业之间的关系,以及可能导致公司利益转移的其他关系。但是,国家控股的企业之间不仅因为同受国家控股而具有关联关系。

【裁判要旨】
案例1
南通盛唐金属材料销售有限公司与马黎平、蔡川等股权转让纠纷案

法院:江苏省高级人民法院
案号:(2015)苏商再终字第00004号
事实:上诉人南通盛唐金属材料销售有限公司(以下简称盛唐金属公司)因与被上诉人马黎平、蔡川、李俊股权转让纠纷一案,不服江苏省南通市中级人民法院已作出(2014)通中商再初字第0002号民事判决,向江苏省高级人民法院提起上诉。

2013年12月2日,盛唐金属公司以马黎平、蔡川、李俊为被告,诉至江苏省南通市中级人民法院称:2010年6月,盛唐金属公司与马黎平、蔡川、李俊签订股权转让合同,约定盛唐金属公司将持有的南通盛唐置业有限公司(以下简称盛唐置业公司)100%股权,转让给马黎平、蔡川、李俊。相应股权变更后,蔡川、李俊未能按约定支付相应股权转让款,且在经营中,蔡川、李俊在未通知盛唐金属公司和马黎平的情况下将注册资金从800万元虚增至1.1亿元。审理中,各方当事人于2014年3月5日达成调解协议,各方一致同意,马黎平、蔡川、李俊将其持有的盛唐置业公司所有股权(合计100%股权)归还给盛唐金属公司。当日,江苏省南通市中级人民法院作出(2013)通中商初字第0398号民事调解书。

2014年5月26日,盛唐置业公司重整,管理人就上述调解书,向江苏省南通市中级人民法院提出异议,认为盛唐金属公司、马黎平、蔡川、李俊对江苏省南通市中级人民法院隐瞒盛唐置业公司破产重整事实,该调解书内容违法,且给重整案件带来障碍,应予以撤销。

经该院审判委员会讨论决定,江苏省南通市中级人民法院于2014年7月10日裁定对本案进行再审。江苏省南通市中级人民法院再审认为,《企业破产法》第77条规定:"在重整期间,债务人的董事、监事、高级管理人员不得向第三人转让其持有的债务人的股权。但是,经人民法院同意的除外。"马黎平、蔡川、李俊直接经营管理公司,且为董事、监事,根据法律规定不得在破产重整期间转让其股权,原审双方当事人所达成的调解协议的内容违反法律的禁止性规定,应予撤销,盛唐金属公司的诉讼请求无法律依据,依法不应予以支持。

盛唐金属公司向江苏省高级人民法院提起上诉。

裁判要旨:债务人企业进入重整程序后,案涉股权不得擅自变更。在诉讼中以调解协议的形式约定股权转让行为,违反重整期间债务人的董事、监事、高级管理人员不能向第三人转让其持有的债务人股权的规定。

裁判理由:江苏省高级人民法院在一审事实基础上,进一步查明:

2013年9月6日,南通市港闸区人民法院裁定盛唐置业公司进入重整并指定盛唐公司清算组为盛唐公司重整管理人。

江苏省高级人民法院于2016年12月10日作出判决,裁定盛唐金属公司要求蔡川、李俊、马黎平返还股权并要求蔡川、李俊支付违约金的诉讼请求不应得到支持,理由详述如下:

第一,《企业破产法》第77条规定:"在重整期间,债务人的董事、监事、高级管理人员不得向

第三人转让其持有的债务人的股权。但是，经人民法院同意的除外。"本案中，盛唐置业公司于2013年9月6日经南通市港闸区人民法院裁定进入重整程序。蔡川、李俊系盛唐置业公司工商登记载明的股东，且蔡川任公司董事，李俊任公司监事。盛唐置业公司进入重整后，盛唐金属公司提起本案诉讼，要求马黎平、蔡川、李俊返还盛唐置业公司的股权。各方当事人达成的调解协议中约定将马黎平、蔡川和李俊持有的盛唐置业公司全部股权归还盛唐金属公司。本案进入再审后，各方当事人确认提起诉讼的原因是其无法自行办理股权变更登记。本院认为，各方当事人明知盛唐置业公司已进入重整程序，案涉股权不得擅自变更，却提起本案诉讼并在诉讼中以调解协议的形式约定将马黎平、蔡川和李俊的股权转让给盛唐金属公司，该行为违反了上述法律规定，江苏省南通市中级人民法院判决撤销（2013）通中商初字第0398号民事调解书于法有据。

综上，原审判决审理程序合法，处理结果正确，依法应予维持。

案例2
光大金控创业投资有限公司与任马力、武华强等合同纠纷案

法院：江苏省高级人民法院
案号：（2014）苏商初字第00029号
事实：法院经审理查明，2011年12月13日，甲方光大创投等十家企业（以下合称投资方），乙方德勤集团，丙方任马力、武华强、武国富、武国宏、魏建松（以上五人合称实际控制人）签订《增资扩股协议》。协议载明：德勤集团注册资本为2亿元，投资方同意按本协议约定的条款和条件认购德勤集团本次发行的3600万股新股。其中光大创投同意认购1000万股新股，合计认购款为1.153亿元。根据该协议附件，任马力等五位实际控制人系德勤集团在本次增资扩股前的股东，分别各持有德勤集团14.18762%的股份，增资扩股后将分别各持有德勤集团12.023408%的股份。同日，光大创投、德勤集团、任马力等五位实际控制人签订《增资补充协议》，载明：如果德勤集团未能在2012年12月31日前实现在境内证券交易所公开发行股票并上市，光大创投有权要求实际控制人或其指定的第三方在收到光大创投的书面通知后的2个月内回购光大创投所持有的全部或部分德勤集团股份……《增资扩股协议》中的其他投资方亦均分别与德勤集团实际控制人任马力、武华强、武国富、武国宏、魏建松签订了股份回购协议。

2011年12月16日，光大创投向德勤集团汇入1.153亿元投资款。2011年12月28日，德勤集团临时股东大会选举了包括任马力等五位实际控制人以及光大创投法定代表人邱扬在内的17名董事组成董事会。

2014年3月31日，光大创投向任马力等五位实际控制人寄送《关于回购股份的通知函》并抄送德勤集团，载明：鉴于德勤集团未能在2012年12月31日前实现在境内证券交易所公开发行股票并上市，根据《增资扩股协议》及《增资补充协议》的约定，光大创投要求任马力等五位实际控制人依约回购光大创投持有的德勤集团1000万股股份。

另查明：2014年6月20日，浙江省舟山市定海区人民法院裁定受理德勤集团的重整申请。

裁判要旨：在债务人进入重整程序后，债务人企业股权价值严重贬损。债务人的董事、监事、高级管理人员不能向第三人转让其持有的债务人的股权，但基于债务人财产最大化目标，可以按照有效协议，从第三人手中回购股权。

裁判理由：江苏省高级人民法院认为，本案的争议焦点是：（1）案涉《增资补充协议》是否合法有效。（2）光大创投主张五位实际控股人向其支付股份回购款是否合法有据。（3）光大创投主张五位实际控股人向其支付律师代理费是否合法有据。

在判决中，江苏省高级人民法院首先确认案涉《增资补充协议》合法有效。在此基础上，江苏省高级人民法院详细论证目标公司进入重整程序后的股份回购问题：

目标公司德勤集团进入破产重整程序，并不影响光大创投主张任马力等五位实际控制人回购其股份。正如任马力等五位实际控制人庭审中所称，在德勤集团破产清算或重整的状态下，德勤集团股权价值严重贬损。在此情形下，光大创投的投资利益不能以持有德勤集团股份或向他人转让德勤集团股份实现，其依据《增资补充协议》主张任马力等五位实际控制人回购其股份，既符合其签订案涉《增资扩股协议》《增资补充协议》的合同目的，也不违反举轻以明重的法律原则。换言之，任马力等五位作为实际控制人承诺在公司业绩达不到约定的标准时或者该公司未能按时公开发行股票并上市时，即需向投资方进行补偿或回购投资方的股份，则在公司已经进入破产重整，股权价值严重贬损的情形下，实际控制人更应满足光大创投作为投资方基于合同约定以及其对目标公司发展趋势判断要求实际控制人回购其股份的主张。且任马力等五位实际控制人关于公司进入破产重整程序后股份不得转让的主张,亦无法律依据,故本院依法予以不支持。

《企业破产法》第77条第2款规定,在重整期间,债务人的董事、监事、高级管理人员不得向第三人转让其持有的债务人的股权。但是,经人民法院同意的除外。该条规定是关于重整期间对债务人的出资人的有关行为的限制规定。而光大创投的法定代表人邱扬虽被选为德勤集团董事,但邱扬本人并不持有德勤集团股份,不是德勤集团的出资人,故前述法律规定并不适用本案的情形。退而言之,即便按照任马力等五位实际控制人关于法人董事的抗辩理由,结合前述法律规定的立法本意进行考量,其主张亦不能成立,理由:一方面,任马力等五位实际控制人并未抗辩或举证证明,邱扬作为公司高级管理人员或者光大创投对于德勤集团出现重整原因存在过错;另一方面,光大创投主张转让股份所指向的对象是德勤集团实际控制人,而德勤集团实际控制人对于重整的积极性或勤勉努力程度,只会因为回购股份而增加,而不会减弱,重整程序不会因光大创投主张任马力等五位实际控股人回购股份而产生不利影响。

综上,江苏省高级人民法院于2015年3月4日作出裁定:光大创投关于股份回购款的主张,具有事实及法律依据,依法予以支持。

第七十八条 在重整期间,有下列情形之一的,经管理人或者利害关系人请求,人民法院应当裁定终止重整程序,并宣告债务人破产:

(一)债务人的经营状况和财产状况继续恶化,缺乏挽救的可能性;

(二)债务人有欺诈、恶意减少债务人财产或者其他显著不利于债权人的行为;

(三)由于债务人的行为致使管理人无法执行职务。

【立法沿革】

《破产法》(1995年草案)

第一百零四条 在重整程序开始,重整计划被批准前,具备下列事由之一的,经利害关系人请求,人民法院在审理确认后,可以裁定终止重整程序:

(一)债务人的经营状况和财产状况继续恶化,缺乏复兴的可能性;

(二)债务人有欺诈、恶意减少企业财产、无理拖延或者其他显著不利于债权人的行为;

(三)由于债务人的法人机关及其他工作人员的行为,致使管理人无法执行职务。

重整观察期间届满前一个月,重整计划没有被提请批准的,人民法院可依职权裁定终止重整程序。

在前二款规定的情况下,债务人具有本法第四条第一款规定情形的,人民法院应当同时作出宣告债务人破产的裁定。但是,在破产宣告前,债务人或者债权人申请以和解方式清理债务的,不在此限。

《企业破产与重整法》(2000年6月草案)

第九十三条 重整程序开始后,重整计划被批准前,具备下列事由之一的,经利害关系人请求,人民法院审理确认后,可以裁定终止重整程序:

(一)债务人的经营状况和财产状况继续恶化,缺乏复兴的可能性;

(二)债务人有欺诈、恶意减少企业财产、无理拖延或者其他显著不利于债权人的行为;

(三)由于债务人的法人机关及其他工作人员的行为,致使管理人无法执行职务。

重整期间届满前一个月,重整计划没有被提请批准的,人民法院依职权裁定终止重整程序。

在前二款规定的情况下,债务人具有本法第三条第一款规定情形的,人民法院应当同时做出宣告债务人破产的裁定。但是,在破产宣告前,债务人或者债权人申请以和解方式清理债务人的,不在此限。

《企业破产与重整法》(2000年12月草案)

第九十三条 重整程序开始后,重整计划被批准前,具备下列事由之一的,经利害关系人请求,人民法院审理确认后,可以裁定终止重整程序:

(一)债务人的经营状况和财产状况继续恶化,缺乏挽救的可能性;

(二)债务人有欺诈、恶意减少企业财产、无理拖延或者其他显著不利于债权人的行为;

(三)由于债务人的法人机关及其他工作人员的行为,致使管理人无法执行职务。

重整期间届满前一个月,重整计划没有被提请批准的,人民法院依职权裁定终止重整程序。

在前二款规定的情况下,债务人具有本法第三条规定情形的,人民法院应当同时作出宣告债务人破产的裁定。

《企业破产与重整法》(2001年1月草案)

第一百三十条 重整保护期间,具备下列事由之一的,经利害关系人请求,人民法院审理确认后,可以裁定终止重整程序:

(一)债务人的经营状况和财产状况继续恶化,缺乏挽救的可能性;

(二)债务人有欺诈、恶意减少企业财产、无理拖延或者其他显著不利于债权人的行为；

（三）由于债务人的法人机关及其他工作人员的行为，致使管理人无法执行职务。

重整保护期届满前一个月，重整计划没有被提请批准的，人民法院依职权裁定终止重整程序。

在前二款规定的情况下，债务人具有本法第三条第一款规定情形的，人民法院应当同时作出宣告债务人破产的裁定。

《企业破产法》(2004年3月草案A版)

第七十七条　重整保护期，具备下列事由之一的，经利害关系人请求，人民法院审理确认后，可以裁定终止重整程序：

（一）债务人的经营状况和财产状况继续恶化，缺乏挽救的可能性；

（二）债务人有欺诈、恶意减少企业财产、无理拖延或者其他显著不利于债权人的行为；

（三）由于债务人的法人机关及其他工作人员的行为，致使管理人无法执行职务。

重整保护期届满，重整计划没有被提请批准的，人民法院依职权裁定终止重整程序。

在前二款规定的情况下，人民法院应当同时作出宣告债务人破产清算的裁定。

《企业破产法》(2004年3月草案B版)

第七十八条　在重整期间，具备下列事由之一的，经利害关系人请求，人民法院审理确认后，可以裁定终止重整程序：

（一）债务人的经营状况和财产状况继续恶化，缺乏挽救的可能性；

（二）债务人有欺诈、恶意减少企业财产、无理拖延或者其他显著不利于债权人的行为；

（三）由于债务人的法人机关及其他工作人员的行为，致使管理人无法执行职务。

重整期间届满，重整计划没有被提请批准的，人民法院依职权裁定终止重整程序。

在前二款规定的情况下，人民法院应当同时作出宣告债务人破产清算的裁定。

《企业破产法》(2004年6月草案)

第七十七条　在重整期间，具备下列情形之一的，经利害关系人请求，人民法院审理确认后，可以裁定终止重整程序：

（一）债务人的经营状况和财产状况继续恶化，缺乏挽救的可能性；

（二）债务人有欺诈、恶意减少企业财产、无理拖延或者其他显著不利于债权人的行为；

（三）由于债务人的法人机关及其他工作人员的行为，致使管理人无法执行职务。

重整计划没有被提请批准的，人民法院可以裁定终止重整程序。

在前二款规定的情况下，人民法院应当同时作出宣告债务人破产的裁定。

《企业破产法》(2004年10月草案)

第七十六条　在重整期间，具备下列情形之一的，经利害关系人请求，人民法院审理确认后，应当裁定终止重整程序，宣告债务人破产：

（一）债务人的经营状况和财产状况继续恶化，缺乏挽救的可能性；

（二）债务人有欺诈、恶意减少债务人财产、无理拖延或者其他显著不利于债权人的行为；

（三）由于债务人的行为致使管理人无法执行职务的。

【条文释义】

本条规定的是重整期间，终止重整程序的法定理由。

从立法史的视角看，本条规范在不同时期的草案中变化较大，从复杂到简略。在早期的草案中，起草者除注重债务人的特定情形下导致重整程序终止、法院宣告债务人破产之外，还特别规定，在重整保护期届满前1月或者重整计划未被批准等情形下，法院应依法终止重整程序，依法宣告债务人破产。对这两个特别规定，既有草案都各用一款予以表述，足见其重要性。但是在后期的草案中，由于重整保护期概念的废弃，终止重整程序、宣告债务人破产的条件被界定为重整期限届满、重整计划未被批准。但是在最终的定稿中，鉴于重整计划未能通过或未予批准后导致的破产，已在第8章其他条款中规定，《企业破产法》在这里删繁就简，仅规定重整期间因为债务人的原因，而导致重整程序终止、宣告债务人破产的情形。

根据本条规定，在重整期间，债务人具备经营状况持续恶化导致缺乏挽救可能性、债务人有欺诈或恶意减少债务人财产等不利于债权人的行为或者因为债务人的因素导致管理人无法履行职务，则经管理人或者利害关系人请求，人民法院应当裁定终止重整程序，并宣告债务人破产。

重整程序的终止，可能依利害关系人的请求而终止，也可能不依利害关系人的请求而终止。据王卫国介绍，《企业破产法》立法需要在发挥重整制度的优点与防止重整制度被滥用之间维持平衡，而本条则是为重整制度设定必要的出口，确保重整制度一旦有被滥用之虞，便能够转换为破产清算程序；这样的话，既为债权人、出资人和其他利害关系人的让步提供某种底线和清算预期，也具有规范当事人尤其是债务人行为,维持重整秩序有序进行的考量。①

齐明指出,本条规定的范围贯穿整个"重整期间";因此,合理确定重整的起点和终点,对于明确本条的时间范围意义重大。②

如前所述,《企业破产法》并未明确列举"利害关系人"的范围。按照韩传华的观点,确定"利害关系人",应该以请求人是否与重整有利害关系为基础;在这种情形下,债务人、债权人、债务人股东或出资人等明显与重整有利害关系,而债权人会议和债权人委员会尽管可能与重整有利害关系,但因为其本身无人格,故不能成为本条规定的"利害关系人"③。按照齐明的观点,这个范围十分宽泛,包括股东、合同相对方,都可以列入"利害关系人"的范围。④ 但无论如何,要通过本条设定的条件,终止破产程序并宣告债务人破产,都需要管理人或利害关系人向法院申请,法院在这个过程中扮演着终极裁定者的角色。

另外,基于一次性重整原则,需要特别留意的是,法院"裁定终止重整程序,并宣告债务人破产"系同时发生,这里不存在法院裁定重整程序终止后转换为和解程序的可能。⑤

对于重整期间可能因为债务人的行为,由管理人或利害关系人请求法院重整程序终止、债务人破产的理由,本条共列举3项:

(一)债务人的经营状况和财产状况继续恶化,缺乏挽救的可能性

这一条比较好理解。如果在重整程序的进行期间,债务人的经营状况毫无改善希望,财产状况亦持续恶化,导致债务人完全丧失被拯救的几率,那么,无论债务人自身是否有主观过错,继续重整程序都只会增加破产费用和共益债务,只会消耗本就有限的债务人财产,最终必然导致可供债权人分配的破产财产大幅度减少。这种情况下,法院经管理人或利害关系人请求及时终止重整程序,宣告债务人破产,无疑是理性和必要的。

那么,这里的问题是如何确认债务人的经营状况。对于这里的"债务人的经营状况和财产状况继续恶化",王卫国认为,需要以债务人重整前的经营和财务状况为参照,前者主要参考市场销售及成本与收益,而后者则主要参照重整企业的流动性及融资能力;法院需要在这种对比的基础上,结合企业的整体状况和市场情况,对重整前景做出判断。⑥ 韩传华认为,法院在审查时,应当要求管理人或者经管债务人,就债务人实际发生的状况,向法院做出说明并提交必要的辅助文件;只有依据相关说明和辅助材料,法院才能认定"债务人的经营状况和财产状况继续恶化,缺乏挽救的可能性"⑦。在这种情况下,只有法院通过综合判断,确定债务人已"缺乏挽救的可能性",才能应管理人或者利害关系人的请求,终止破产程序,宣告债务人破产。

(二)债务人有欺诈、恶意减少债务人财产或者其他显著不利于债权人的行为

重整成功的前提条件,是债权人、债务人之间的互相支持、合作和信任。而在重整程序中,债权人、债务人信息并不完全对称,尽管《企业破产法》已经尽可能确保债权人对破产程序的知情和参与,但债权人在重整程序中能够获得的信息依旧有限,债权人只能以善意期待债务人的诚信。在这种情况下,如果放任债务人欺诈、恶意减少债务人财产或者显著不利于债权人的行为,只会使得善意的债权人受到更大的损失。因此,重整程序成功的前提,需要对债务人在重整期间的主观恶意"零容忍"。

按照王卫国的观点,认定债务人有欺诈行为,主要考量如下因素:债务人是否实施足以误导债权人的行为、债务人是否有欺诈故意、债务人的行为是否导致债权人限于认识上的错误;认定债务人有恶意减少债务人财产行为,主要考虑债务人是否实施减少其财产行为、是否明知其行为将导致其财产减少以及这种减少财产的行为是否足以侵害债权人利益;认定债务人有其他显著不利于债权人的行为,属于兜底条款,防止债务人通过各种自利行为间接侵犯债权人的权益。⑧

对于这一情形是否存在,利害关系人在向法院请求时,应以必要的陈述甚至承担必要的举证责任;而该债务人的相关行为是否确实属于欺诈或者恶意减少债务人的财产,或者是属于其他

---

① 参见王卫国:《破产法精义》(第2版),法律出版社2020年版,第265—266页。
② 参见齐明:《中国破产法原理与适用》,法律出版社2017年版,第148页。
③ 参见韩传华:《企业破产法解析》,人民法院出版社2007年版,第279页。
④ 参见齐明:《中国破产法原理与适用》,法律出版社2017年版,第148页。
⑤ 参见齐明:《中国破产法原理与适用》,法律出版社2017年版,第148页。
⑥ 参见王卫国:《破产法精义》(第2版),法律出版社2020年版,第267页。
⑦ 韩传华:《企业破产法解析》,人民法院出版社2007年版,第279页。
⑧ 参见王卫国:《破产法精义》(第2版),法律出版社2020年版,第268页。

显著不利于债权人的行为,则应由法院综合判断。①

在这种情况下,可以推断债务人提出重整的目的,就是破产欺诈、恶意重整,所以需要及时叫停。②

(三)由于债务人的行为致使管理人无法执行职务

确保管理人在重整期间按照《企业破产法》的规定正常执行职务,既是保障管理人制度高效运行的基础,也是重整程序中拯救债务人企业的必要保障。如果债务人在重整程序中以各种理由、方式和行为阻挠管理人正常执行职务,体现出其对公司拯救的冷漠;既然债务人自身都不积极投身于公司拯救,那继续这样的重整程序毫无意义。因此,本项规定,如果因为债务人的行为导致管理人无法正常履职,就需终止重整程序,宣告债务人破产。

按照王卫国的观点,重整期间管理人既可能直接执行重整计划,也可能以监督者的身份,监督债务人对重整计划的执行;本项囊括这两种行为,债务人的行为无论是导致管理人不能执行重整计划,还是导致管理人不能监督债务人执行重整计划,都会扣动本条终止重整、宣告债务人破产的扳机。③

对于这一情形是否存在,利害关系人在向法院请求时,应予以必要的陈述甚至承担必要的举证责任;而该债务人的相关行为是否确实不利于管理人依法执行职务,则应由法院综合判断。④

另外需要强调的是,这里的"债务人的行为",既包括债务人管理层的行为,也包括债务人工作人员的行为;这里的"由于债务人的行为致使管理人无法执行职务"的状态,应该是持续且无法通过纠正而消除的。⑤

对于债务人可能妨碍管理人执行职务的情形,需要具体分析:在债务人自行经管时,如果债务人不服从管理人的监督,则可以视为债务人的行为导致管理人无法执行职务;在管理人经管模式下,如果债务人的有关人员不能按照《企业破产法》第15条的规定配合管理人工作,或者按照《企业破产法》第74条的规定配合管理人经营与管理,均可视为债务人的行为导致管理人无法执行职务。⑥

第二节 重整计划的制订和批准

第七十九条 债务人或者管理人应当自人民法院裁定债务人重整之日起六个月内,同时向人民法院和债权人会议提交重整计划草案。

前款规定的期限届满,经债务人或者管理人请求,有正当理由的,人民法院可以裁定延期三个月。

债务人或者管理人未按期提出重整计划草案的,人民法院应当裁定终止重整程序,并宣告债务人破产。

【立法沿革】

《破产法》(1995年草案)

第一百零五条 管理人在债务人的协助下制作重整计划草案。在制作重整计划草案时,管理人应当听取债权人、出资人和职工代表的意见。

重整计划草案应当包括以下内容:
(一)重整企业的经营方案;
(二)债权调整方案;
(三)债权的清偿方案;
(四)重整执行人;
(五)重整计划的执行期限;
(六)有利于企业重整的其他方案。

《企业破产与重整法》(2000年6月草案)

第九十四条 债务人应当制作重整计划草案。重整计划草案经债权人会议通过后,报人民法院批准。

《企业破产与重整法》(2000年12月草案)

第九十四条 管理人在债务人的协助下制作重整计划草案。

《企业破产与重整法》(2001年1月草案)

第一百三十一条 管理人在债务人的协助下制作重整计划草案。

《企业破产法》(2004年3月草案A版)

第七十八条 管理人在债务人的协助下制作重整计划草案。

---

① 参见韩传华:《企业破产法解析》,人民法院出版社2007年版,第279页。
② 参见齐明:《中国破产法原理与适用》,法律出版社2017年版,第148页。
③ 参见王卫国:《破产法精义》(第2版),法律出版社2020年版,第269页。
④ 参见韩传华:《企业破产法解析》,人民法院出版社2007年版,第279页。
⑤ 参见王卫国:《破产法精义》(第2版),法律出版社2020年版,第269页。
⑥ 参见韩传华:《企业破产法解析》,人民法院出版社2007年版,第280页。

第七十九条

《企业破产法》(2004年3月草案B版)

第七十九条 自人民法院裁定债务人重整之日起，债务人或者管理人应当在六个月内提交重整计划草案。

前款期限届满，经债务人或者管理人请求，有正当理由的，人民法院可以裁定延期三个月。

第八十条 债务人自行管理财产的，由债务人制作重整计划草案。

管理人负责管理财产的，由管理人制作重整计划草案。

《企业破产法》(2004年6月草案)

第七十八条 自人民法院裁定债务人重整之日起，债务人或者管理人应当在六个月内提交重整计划草案。

前款期限届满，经债务人或者管理人请求，有正当理由的，人民法院可以裁定延期三个月。

《企业破产法》(2004年10月草案)

第七十七条 自人民法院裁定债务人重整之日起，债务人或者管理人应当在六个月内，同时向人民法院和债权人会议提交重整计划草案。

前款期限届满，经债务人或者管理人请求，有正当理由的，人民法院可以裁定延期三个月。

债务人或者管理人未按期提出重整计划草案的，人民法院应当裁定终止重整程序，并宣告债务人破产清算。

【条文释义】

本条规定重整程序中重整计划草案的提交主体、期限、提交对象。

从立法史的视角看，本条规范在不同草案中，经历了一个从简到复杂的过程。在早期的草案中，仅触及重整计划的起草事宜，既未规定其起草主体，也未详细规定时间要求，甚至将重整计划的起草及其内容，混在同一条里。但是在后期的草案中，重整计划起草及重整计划内容得以分离，成为各自独立的条文。这一方式在最终的定稿中也得到完整沿袭。

本条共分3款，分款评注如下：

第1款："债务人或者管理人应当自人民法院裁定债务人重整之日起六个月内，同时向人民法院和债权人会议提交重整计划草案。"

根据本款规定，提交重整计划草案的主体，在债务人自行经营管理模式下是债务人，在管理人经营管理模式下是管理人。提交重整计划草案的期限，是法院裁定债务人重整之日起6个月内。提交重整计划草案的对象，是法院和债权人会议。

韩传华特别指出，重整计划的提交既然与经管模式相关，那么其主体也不应该混淆；也就是说，债务人自行经管下重整计划只能由债务人提交，而管理人经管模式下重整计划只能由管理人提交，两者不能互相替代，否则即构成无效提交；在第2款规定的延期程序中，同样不可互相替代。[1]

齐明认为，无论是采取债务人经管模式，还是管理人经管模式，在重整程序中只赋予债务人或者管理人单方面提出重整计划草案的权利，而剥夺包括债权人在内其他利害关系人的重整计划草案提出权，这样能够使得权利相对集中，可以充分保障破产重整程序的效率，比较符合破产重整程序中债务人或管理人相对更为了解重整企业实际情况的事实，也更有利于重整计划通过之后的执行。[2]

这里的"自人民法院裁定债务人重整之日起六个月内"是一个重要的时间点，既决定了重整期间的开始，也限定了债务人或管理提交重整计划的期限。需要特别留意的是，这一起算点是法院"裁定"债务人重整之日，如果法院裁定之日与公告之日有差别，则必须以"裁定"重整之日为准。

另外需要明确，债务人或者管理人提交重整计划草案的期限，是"自人民法院裁定债务人重整之日起六个月内"。对于这里的"六个月内"，王卫国指出，这是纵横权衡的结果，立法机关曾反复比较、考量甚至摇摆，需要在最大限度拯救企业与防止滥用破产重整程序、提高重整效率之间寻求平衡，同时也需要为预重整留出制度接口。[3]

对于这里的"同时向人民法院和债权人会议提交重整计划草案"，按照齐明的观点，并不意味着草案必须在同一时间提交，而是要求分别向两者提交，缺一不可；在破产实务中，重整计划草案的提出方往往需要先将重整计划草案提交法院审查，没有大问题再协调召开债权人会议做表决，这里的"同时"不仅意味着重整计划能否执行，既取决于债务人、债权人的意思自治，更取决于法院的审查和裁定。[4]

第2款："前款规定的期限届满，经债务人或

---

[1] 参见韩传华：《企业破产法解析》，人民法院出版社2007年版，第283页。
[2] 参见齐明：《中国破产法原理与适用》，法律出版社2017年版，第149—150页。
[3] 参见王卫国：《破产法精义》(第2版)，法律出版社2020年版，第271页。
[4] 参见齐明：《中国破产法原理与适用》，法律出版社2017年版，第150页。

者管理人请求,有正当理由的,人民法院可以裁定延期三个月。"

本款承接上一款,规定管理人或者债务人提交重整计划草案的期限,经过法定理由与程序,可以延长3个月。

这里值得探究的是"正当理由"。对于什么是可以延期3个月提交重整计划草案的"正当理由",《企业破产法》并未规定。王卫国认为,这里的"正当理由",应该是能够表明起草重整计划草案需要更多时间的特定情况,包括但不限于债务人企业规模大、资产状况复杂、谈判艰难且缓慢等。① 齐明认为,对于是否属于"正当理由",法院享有充分的自由裁量权,需要综合把握重整程序的节奏和路径,在寻找合适战略投资人时给予充分的时间和耐心,同时在必要时当机立断裁定终止重整并宣告债务人破产,综合决断是否准予延长期限。② 韩传华认为,正当理由可以包括:管理人经过一定时间但未满6个月后,债务人申请自行经管且被法院批准;在管理人经管中法院决定更换管理人后,新管理人申请延期等。③

另外,根据本款的文本,"人民法院可以裁定延期3个月"。这也就是说,在任何破产重整案件中,债务人或者管理人提交重整计划草案的时间,如果万不得已需要延期的话,也仅仅只能延期一次,不得再额外展期。④

还需要强调的是,本款法院裁定延期3个月的前提条件,即"经债务人或者管理人请求"。这是延期程序的前置条件。如果没有债务人或管理人申请,法院不得依据自身职权擅自推迟重整计划的提交期限。⑤

这事实上也就意味着,在重整计划草案提交主体6个月期限内是否提交重整计划草案,面临着两种可能:如果期限届满,管理人或债务人未提出延期,或者法院不批准延期,那么法院只能裁定终止重整,宣告债务人破产;如果期限届满前,管理人或者债务人提交延期申请,且经法院批准,那么可以额外获得3个月的期限来提交重整计划、召开债权人会议并提请法院批准经债权人会议表决通过的重整计划。⑥

第3款:"债务人或者管理人未按期提出重整计划草案的,人民法院应当裁定终止重整程序,并宣告债务人破产。"

本款规定债务人或管理人未能按期提交重整计划草案的法律后果,即法院应裁定终止重整程序、宣告债务人破产。

按照王卫国的解读,从公司拯救角度,企业重整程序尽管有很高价值,但其成本亦十分明显,无论是债权人还是其他利害关系人,都需要在重整程序中付出极高的成本;由此,放任重整程序无限期进行,只会导致债权人及利害关系人损失更大,因此如果债务人或者管理人穷尽6个月加3个月的重整计划草案提交期限,法院则必须依据职权直接裁定终止重整程序,宣告债务人的破产。⑦

王欣新、郭丁铭等对此条文的设计持批评态度。王、郭等认为,规定债务人或管理人提交重整计划草案,同时明确债务人或管理人未在6个月内提交重整计划草案,即宣告债务人破产,实际上是赋予了债务人或管理人在提交重整计划方面的垄断权。在王、郭等看来,这一制度设计不妥之处甚为明显:第一,制度设计过于僵硬,在未提交重整计划草案与宣告破产之间过于简单直接,缺乏回旋余地,未充分考虑债权人、出资人等其他利害关系人的权益,显得极为草率;第二,这种垄断权也剥夺了债务人的出资人破产程序的参与权,未能充分考虑重整中债务人尚有较大资产和资本这一事实;第三,这种垄断权的配置,也剥夺了其他利害关系人诸如债权人、出资人等提出重整计划的草案的机会。王、郭等认为,将来修订法律时,应该打破管理人或债务人在重整计划草案制定和提交上的垄断权,鼓励债权人、投资人等其他利害关系人参与重整程序,允许他们在管理人或债务人不按期提交重整计划草案时制定并提交重整计划草案的权利。⑧

韩传华特别强调,只要相关主体在法定期限内未提交重整计划草案,无论具有什么样的理由,也无论债务人的实际状况如何,均应裁定终止重整程序并宣告债务人破产;这一职权由法院依据

---

① 参见王卫国:《破产法精义》(第2版),法律出版社2020年版,第272页。
② 参见齐明:《中国破产法原理与适用》,法律出版社2017年版,第150—151页。
③ 参见韩传华:《企业破产法解析》,人民法院出版社2007年版,第284页。
④ 参见王卫国:《破产法精义》(第2版),法律出版社2020年版,第272页。
⑤ 参见韩传华:《企业破产法解析》,人民法院出版社2007年版,第284页。
⑥ 参见齐明:《中国破产法原理与适用》,法律出版社2017年版,第150页。
⑦ 参见王卫国:《破产法精义》(第2版),法律出版社2020年版,第272页。
⑧ 参见王欣新、郭丁铭:《论我国破产管理人职责的完善》,载《政治与法律》2010年第9期,第7—8页。

第八十条

职权行使,不需要债务人、管理人或利害关系人申请。①

【关联法律法规及司法政策】

最高人民法院《关于审理上市公司破产重整案件工作座谈会纪要》(2012)

六、关于上市公司破产重整计划草案的制定

会议认为,上市公司或者管理人制定的上市公司重整计划草案应当包括详细的经营方案。有关经营方案涉及并购重组等行政许可审批事项的,上市公司或管理人应当聘请经证券监管机构核准的财务顾问机构、律师事务所以及具有证券期货业务资格的会计师事务所、资产评估机构等证券服务机构按照证券监管机构的有关要求及格式编制相关材料,并作为重整计划草案及其经营方案的必备文件。

控股股东、实际控制人及其关联方在上市公司破产重整程序前因违规占用、担保等行为对上市公司造成损害的,制定重整计划草案时应当根据其过错对控股股东及实际控制人支配的股东的股权作相应调整。

最高人民法院《全国法院破产审判工作会议纪要》(2018)

16.重整计划的制定及沟通协调。人民法院要加强与管理人或债务人的沟通,引导其分析债务人陷于困境的原因,有针对性地制定重整计划草案,促使企业重新获得盈利能力,提高重整成功率。人民法院要与政府建立沟通协调机制,帮助管理人或债务人解决重整计划草案制定中的困难和问题。

最高人民法院《关于依法妥善审理涉新冠肺炎疫情民事案件若干问题的指导意见(二)》(2020)

20.在破产重整程序中,对于因疫情或者疫情防控措施影响而无法招募投资人、开展尽职调查以及协商谈判等原因不能按期提出重整计划草案的,人民法院可以依债务人或者管理人的申请,根据疫情或者疫情防控措施对重整工作的实际影响程度,合理确定不应当计入企业破产法第七十九条规定期限的期间,但一般不得超过六个月。

对于重整计划或者和解协议已经进入执行阶段,但债务人因疫情或者疫情防控措施影响而难以执行的,人民法院要积极引导当事人充分协商予以变更。协商变更重整计划或者和解协议的,按照《全国法院破产审判工作会议纪要》第19条、第20条的规定进行表决并提交法院批准。但是,仅涉及执行期限变更的,人民法院可以依债务人或债权人的申请直接作出裁定,延长的期限一般不得超过六个月。

第八十条　债务人自行管理财产和营业事务的,由债务人制作重整计划草案。

管理人负责管理财产和营业事务的,由管理人制作重整计划草案。

【立法沿革】

《破产法》(1995年草案)

第一百零五条　管理人在债务人的协助下制作重整计划草案。在制作重整计划草案时,管理人应当听取债权人、出资人和职工代表的意见。

重整计划草案应当包括以下内容:

(一)重整企业的经营方案;

(二)债权调整方案;

(三)债权的清偿方案;

(四)重整执行人;

(五)重整计划的执行期限;

(六)有利于企业重整的其他方案。

《企业破产与重整法》(2000年6月草案)

第九十四条　债务人应当制作重整计划草案。重整计划草案经债权人会议通过后,报人民法院批准。

《企业破产与重整法》(2000年12月草案)

第九十四条　管理人在债务人的协助下制作重整计划草案。

《企业破产与重整法》(2001年1月草案)

第一百三十一条　管理人在债务人的协助下制作重整计划草案。

《企业破产法》(2004年3月草案A版)

第七十八条　管理人在债务人的协助下制作重整计划草案。

《企业破产法》(2004年3月草案B版)

第八十条　债务人自行管理财产的,由债务人制作重整计划草案。

管理人负责管理财产的,由管理人制作重整计划草案。

《企业破产法》(2004年6月草案)

第七十九条　债务人自行管理财产的,由债务人制作重整计划草案。

管理人负责管理财产的,由管理人制作重整

---

① 参见韩传华:《企业破产法解析》,人民法院出版社2007年版,第284页。

计划草案。

《企业破产法》(2004年10月草案)

第七十八条 债务人自行管理财产和营业事务的,由债务人制作重整计划草案。

管理人负责管理财产和营业事务的,由管理人制作重整计划草案。

【条文释义】

本条规定的是不同重整模式下,重整计划的制作主体。

从立法史的视角看,本条主要随着债务人经管模式的引入而略有变化。在早期的草案仅规定管理人经管的情形下,重整计划制作权由管理人单独享有,债务人有协助义务;但在债务人经管模式引入草案后,重整计划制作权,则由债务人经管模式下的债务人和管理人经管模式下的管理人分别享有。《企业破产法》的定稿最终确认这点。

《企业破产法》第73、74条已分别规定我国破产重整程序的两种基本模式,即债务人自行管理财产和营业事务和管理人负责管理财产和营业事务。

本条承接前述诸条,将制作重整计划草案的职责,分别赋予债务人和管理人。王卫国认为,采用"谁管理、谁制定"模式,有利于重整计划草案的制作人在充分掌握债务人信息和开展多方谈判的基础上,制订出切实可行的重整方案。① 而《企业破产法》第79条亦隐含重整计划的提交者,本身就隐而不显地享有重整计划的制定权。②

本条共分2款。分款评注如下:

第1款:"债务人自行管理财产和营业事务的,由债务人制作重整计划草案。"

依据本款规定,在债务人自行管理财产和营业事务情形下,债务人可以充分发挥其了解自身信息及财务状况、有管理经验和具备专门知识等优点,提高自身的拯救概率。但王卫国也指出,由于债务人自行管理财产和营业事务也存在难以避免的弱点,尤其是比较容易有自利倾向,需要管理人更好地发挥监督作用,也需要债权人会议在审议和表决重整计划草案时认真把关;债务人在起草重整计划草案时也应充分考虑债权人会议的接受度和通过概率,实现多方利益的平衡。③

第2款:"管理人负责管理财产和营业事务的,由管理人制作重整计划草案。"

按照前述"谁管理、谁制定"原则,在管理人负责管理财产和营业事务时,由管理人负责制作重整计划草案就顺理成章了,此处毋庸赘言。

但韩传华认为,管理人并非经营专家,对于重整计划的核心内容,尤其是其经营方案,管理人的专业知识反而可能会是其局限。有鉴于此,韩传华提出,在管理人经管并提出重整计划的过程中,管理人对于重整计划中有关经营方案部分,应该按照《企业破产法》第74条规定,请求债务人的经营管理人员协助制作;如相关经管人员拒绝协助,管理人可以援引《企业破产法》第78条,以债务人的行为致使管理人无法执行职务这一规定,请求法院裁定终止重整程序并宣告债务人破产。④

【关联法律法规及司法政策】

最高人民法院《全国法院破产审判工作会议纪要》(2018)

22.探索推行庭外重组与庭内重整制度的衔接。在企业进入重整程序之前,可以先由债权人与债务人、出资人等利害关系人通过庭外商业谈判,拟定重组方案。重整程序启动后,可以重组方案为依据拟定重整计划草案提交人民法院依法审查批准。

最高人民法院《全国法院民商事审判工作会议纪要》(2019)

115.【庭外重组协议效力在重整程序中的延伸】继续完善庭外重组与庭内重整的衔接机制,降低制度性成本,提高破产制度效率。人民法院受理重整申请前,债务人和部分债权人已经达成的有关协议与重整程序中制作的重整计划草案内容一致的,有关债权人对该协议的同意视为对该重整计划草案表决的同意。但重整计划草案对协议内容进行了修改并对有关债权人有不利影响,或者与有关债权人重大利益相关的,受到影响的债权人有权按照企业破产法的规定对重整计划草案重新进行表决。

【学理综述】

池伟宏在《交大法学》2017年第3期上,发表《论重整计划的制定》一文。在该文中,作者从重整计划制定实务的角度,讨论如下问题:第一,就重整计划的内容而言,应增加规定重整计划的基本原则或者合法性标准,从正面确立法院批准重整计划的实体规则。第二,重整程序各个环节都

---

① 参见王卫国:《破产法精义》(第2版),法律出版社2020年版,第274页。
② 参见齐明:《中国破产法原理与适用》,法律出版社2017年版,第151页。
③ 参见王卫国:《破产法精义》(第2版),法律出版社2020年版,第274页。
④ 参见韩传华:《企业破产法解析》,人民法院出版社2007年版,第280页。

涉及估值判断问题,有必要引入估值争议的解决机制。第三,对于重整债权调整方案中的债转股的实施,市场化债转股在重整程序中的表决程序上,不应该区别对待或者特殊处理,还是应该适用多数决表决机制。第四,对于重整计划的提交期限,考虑到重整计划制定过程中漫长的谈判和博弈,在"6+3"之外统一宣告债务人破产,过于严苛,应该采取比较的宽容态度,设定延期规则和条件,同时严格控制最长时间。第五,对于债务人经管模式,不应过于严格控制;对于债务人经管模式下的公司治理结构问题,需要明确。第六,对于债权人会议主席的职权,应该予以明确,及时吸纳实践中对于债权人会议主席职权的扩充。第七,扩充债权人委员会的职权,使其作为重整中的常设机构,监督管理人或经管债务人的履职问题,同时对重整计划的制定行使协商权和谈判权,加强债权人权益保护体系。第八,对于庭外债委会和庭内债委会,应该建立衔接机制,允许庭外成立的债权人委员会,直接转换为法庭承认的债权人委员会,参与破产程序。第九,应该赋予债权人、股东甚至新出资人必要的重整计划制定权,但审慎地扩大重整计划制定的主体,更多是借助债权人协商和谈判权来解决相关问题。第十,不应该赋予重整投资人单独的重整计划制定权,但是应该确保重整投资人对重整计划制定享有建议权和参与权。第十一,赋予预重整方案在法庭程序内的效力,有效约束预重整谈判中达成的妥协,固定预重整的成果。①

张钦昱在《社会科学》2020 年第 2 期上,发表《重整计划制定权归属的多元论》一文。在该文中,作者认为当前我国《企业破产法》规定的将重整计划制定权赋予管理人或者经管债务人单一主体的做法,有很强的局限性。既可能由于管理人或者经管债务人怠于行使重整计划制定权,而损及重整程序的前景,也可能由于排除在重整计划制定主体之外的债权人、出资人、投资人等的反对,而导致重整计划无法得到法定通过票数。要言之,这种体系的弊端有三:第一,重整计划供给不足,重整程序面临较大失败风险;第二,重整计划缺乏竞争,各方权益未获最优对待;第三,重整权利配置错位,重整程序或遇体系性运转障碍。在此基础上,作者认为,现行《企业破产法》的制度架构,主要是将重整计划的制定主体,视为经营控制权人;但这一标准在理论和实务层面均受到一定的挑战,控制权范畴应该进一步拓展。另外,

作者也从重整制度的主导特性出发,论证重整制度究竟属于自治体系还是管制体系,这在一定程度上也会影响重整制度究竟该追求经济目标和政策目标的争议。在前述分析的基础上,作者提出,不当剥夺债务人或管理人之外参与人的提案权实属不当,会从程序源头即破坏民主协商的良好氛围,动摇参与人对重整计划草案能够代表其权益的信心与挽救企业的决心。依据研究,作者在制度建构层面也提出多层次的思路:(1)在既有《企业破产法》框架下,可以通过颁布司法解释,至少明确其他参与人在重整计划制定阶段的参与权,要求债务人或管理人应当吸收利害关系人参加重整计划草案的拟定,听取其意见,在不违背法律规定的前提下从程序上保障其他参与人民主发声的渠道;(2)大力推广预重整机制或法庭外重整机制,在正规重整程序之外另辟蹊径,为债务人或管理人之外的当事人掣肘重整计划草案提供更多途径;(3)未来在修订《企业破产法》时,可以考虑限制债务人或管理人的权利,在专有提案期到期后,准许其他利害关系人提出重整计划,在贯彻制定权和控制权相匹配的思路与保障重整程序的稳步推进之间找到平衡。(4)如果追寻更为完善的目标,则需要完全取消债务人或管理人的"特权",与重整申请人的范围对接,一视同仁地赋予所有参与人以重整计划草案制定权。(5)从实务角度,对于多个主体提出的竞争性重整计划草案,可延续现有规定交由债权人会议等机构表决,择优通过;在各方矛盾无法调和,难以达成一致意见时,再由法院居中裁决何者为优。②

第八十一条 重整计划草案应当包括下列内容:

(一)债务人的经营方案;

(二)债权分类;

(三)债权调整方案;

(四)债权受偿方案;

(五)重整计划的执行期限;

(六)重整计划执行的监督期限;

(七)有利于债务人重整的其他方案。

【立法沿革】

《破产法》(1995 年草案)

第一百零五条 管理人在债务人的协助下制作重整计划草案。在制作重整计划草案时,管理人应当听取债权人、出资人和职工代表的意见。

---

① 参见池伟宏:《论重整计划的制定》,载《交大法学》2017 年第 3 期,第 122—136 页。
② 参见张钦昱:《重整计划制定权归属的多元论》,载《社会科学》2020 年第 2 期,第 123—132 页。

重整计划草案应当包括以下内容：
（一）重整企业的经营方案；
（二）债权调整方案；
（三）债权的清偿方案；
（四）重整执行人；
（五）重整计划的执行期限；
（六）有利于企业重整的其他方案。

第一百零七条　重整计划可以分别对各类债权，采取以下调整方法：
（一）按比例降低清偿比例；
（二）一次性或者分期延期偿付；
（三）债权其他条件的变更；
（四）部分或者全部债权转换为股权。

第一百零八条　重整计划中的同类债权，应按同等条件受偿。但是，个别债权人自愿接受不利清偿条件的，不在此限。

第一百零九条　重整计划可以规定重整企业的合并或者分立的方案；

第一百一十条　重整计划可以规定重整企业的筹资方案。

第一百一十一条　重整计划草案规定的重整执行人，可以由管理人充任。
重整执行人的任职资格，适用本法第三十一条的规定。

第一百一十二条　管理人应当在人民法院指定的期间内，向人民法院提交重整计划草案和重整可行性报告。

《企业破产与重整法》(2000年6月草案)
第九十五条　重整计划草案应当包括以下内容：
（一）重整企业的经营方案；
（二）债权调整方案；
（三）债权清偿方案；
（四）重整执行人；
（五）重整计划的执行期限；
（六）有利于企业重整的其他方案。

《企业破产与重整法》(2000年12月草案)
第九十五条　重整计划草案应当包括以下内容：
（一）重整企业的经营方案；
（二）债权分类；
（三）债权调整方案；
（四）债权清偿方案；
（五）重整执行人；
（六）重整计划的执行期限；
（七）有利于企业重整的其他方案。

《企业破产与重整法》(2001年1月草案)

第一百三十二条　重整计划草案应当包括以下内容：
（一）重整企业的经营方案；
（二）债权分类；
（三）债权调整方案；
（四）债权清偿方案；
（五）重整执行人；
（六）重整计划的执行期限；
（七）有利于企业重整的其他方案。

《企业破产法》(2004年3月草案A版)
第七十九条　重整计划草案应当包括以下内容：
（一）重整企业的经营方案；
（二）债权分类；
（三）债权调整方案；
（四）债权清偿方案；
（五）重整执行人；
（六）重整计划的执行期限；
（七）有利于企业重整的其他方案。

《企业破产法》(2004年3月草案B版)
第八十一条　重整计划草案应当包括以下内容：
（一）重整企业的经营方案；
（二）债权分类；
（三）债权调整方案；
（四）债权清偿方案；
（五）重整计划的执行期限；
（六）有利于企业重整的其他方案。

《企业破产法》(2004年6月草案)
第八十条　重整计划草案应当包括下列内容：
（一）重整企业的经营方案；
（二）债权分类；
（三）债权调整方案；
（四）债权清偿方案；
（五）重整计划的执行期限；
（六）重整计划执行的监督期限；
（七）有利于企业重整的其他方案。

《企业破产法》(2004年10月草案)
第七十九条　重整计划草案应当包括下列内容：
（一）重整企业的经营方案；
（二）债权分类；
（三）债权调整方案；
（四）债权清偿方案；
（五）重整计划的执行期限；

(六)重整计划执行的监督期限；

(七)有利于企业重整的其他方案。

【条文释义】

本条规定的是重整计划草案的内容。

从立法史的视角，关于重整计划的内容，在不同时期的草案中经历删繁就简的过程。在早期的草案中，不仅重整计划本身规定事无巨细，而且还对债权调整方法、债权清偿原则等事宜，做出细致规定。鉴于这部分内容是整个破产程序的"公约数"，这么处置有利于法律文本的简洁。由此，中后期重整计划的内容，更多聚焦于其具体内容。尤其是从2004年3月开始，重整执行人不再是必备条款，而重整计划的执行监督期限却被纳入重整计划草案的内容。最终的《企业破产法》文本与此保持一致。

重整计划草案既涉及任意性内容，也涉及强制性内容。前者包括《民法典》在内的民事法律规范，只要当事人双方自愿且符合法律规定，就均可体现在重整计划草案中。后者即包括《企业破产法》尤其是本条规范，涉及的是重整计划草案的强制性内容，这都是重整过程中必要且不可或缺的事项，也是实现重整必不可少的条件。

对于重整计划草案及重整计划的性质，坊间尚缺乏定论。但重整计划草案本身，确实具有契约属性，可以视为利害关系人之间形成的契约，对利害关系人均具有法律约束力；但是需要留意的是，即便债权人会议通过重整计划且得到法院批准，也仅仅意味着重整计划对债务人和债权人具有约束力，对于战略投资人的约束力则尚待商榷，尽管战略投资人的投资方案，尤其是投资意图及资金引入，往往是重整计划中极其重要的内容之一。因此，齐明建议将战略投资人作为缔约主体，增强对战略投资人的约束力。①

据本款规定，重整计划草案共有如下7项内容：

(一)债务人的经营方案

债务人的经营方案是重整计划的核心内容。经营方案涉及对债务人的拯救措施，也是重整能否成功的核心因素。

本质上而言，债务人的经营方案，需要更注重从商业角度为拯救债务人提供可能性。王卫国提出，重整方案要在分析困境及其原因的基础上，以债务人的资产、人力、财务、营销、管理、技术和市场等情况，围绕如下目标，采取综合措施：改善流动性，降低资产负债率，提高生产效率，提高赢利能力，增强市场竞争力；就核心内容来说，通常会涉及债务人部分营业或财产的转让、业务范围和生产经营计划的调整、企业组织架构的改组、营业事务的委托、管理层调整、企业合并分立、融资方案及人员裁减与安置等事宜。② 韩传华亦提出，如何经营是经营方案的核心内容，主要涉及经营人员的安排、资金筹措与使用、经营方式等；除此之外，更为关键的是应该对经营方案的预期收益做出合理预测，这势必是保障重整计划草案顺利通过债权人会议表决的重要方面。③ 齐明提出，债务人的经营方案是确定债务人企业能否被拯救的重要因素，因此必须要涉及除引入战略投资、注资之外，改善其自身经营问题的方案。④

就此而言，可能需要实务界更多一些转机管理思维，同时在"债务人的经营方案"中尽可能体现转机管理的内容，比如企业战略的调整、生产线的革新、管理体系的重构等。详细可以参看斯莱特和洛维特合著的《涅槃：危机中的企业转机管理》一书。⑤

对于重整计划中经营方案的重要性，2018年3月8日最高人民法院在《破产审判工作会议纪要》中特别提出，"重整不限于债务减免和财务调整，重整的重点是维持企业的营运价值。人民法院在审查重整计划时，除合法性审查外，还应审查其中的经营方案是否具有可行性"。

(二)债权分类

按照《企业破产法》相关规定，重整计划草案必须要经过债权人会议的审议和表决，才能够交由法院批准。而在债权人会议上，债权人对重整计划草案的审核需要分组，需要每一个债权类别组都通过重整计划草案，该重整计划草案才能最终通过。

按照王卫国的解释，分组的实质是每组成员权益实质相同，同类债权需要受到同等对待。⑥ 齐明亦认为，破产重整程序需要总括性地解决债权债务问题，不同债权之间诉求不同，冲突甚大，

---

① 参见齐明：《中国破产法原理与适用》，法律出版社2017年版，第152—153页。
② 参见王卫国：《破产法精义》(第2版)，法律出版社2020年版，第275页。
③ 参见韩传华：《企业破产法解析》，人民法院出版社2007年版，第281页。
④ 参见齐明：《中国破产法原理与适用》，法律出版社2017年版，第153—154页。
⑤ 参见[英]斯图尔特·斯莱特、大卫·洛维特：《涅槃：危机中的企业转机管理》，慕世红译，高等教育出版社2009年版。
⑥ 参见王卫国：《破产法精义》(第2版)，法律出版社2020年版，第276页。

在重整计划草案中列明不同债权,是解决困难和冲突、确保重整成功的第一步。① 由此,重整计划草案需要根据前期债权人的申报,对债权做具体分类,最终交给不同的类别组。

根据《企业破产法》第82条,重整计划涉及的债权类型及分组,大致分为如下几类:担保债权组、职工债权组、税收债权组、普通债权组;特殊情况下,还需要在普通债权组下设小额债权组。另外,按照《企业破产法》第85条,如果重整计划草案涉及出资人权益调整,应当设出资人组。本项"债权分类",大体也需要根据这两条规定的分类进行。

(三)债权调整方案

对于需要重整的债务人来说,如果说经营方案能够"开源"的话,那么"债权调整方案"的主要目标就是"节流"。重整计划需要尽一切手段和可能,在债权人会议能够通过的前提下调整债权、削减债务,最终降低负债率,修复资产负债表。

韩传华认为,重整必然意味着债权人的妥协或让步,由此债权人必然要放弃部分权利。按照前述债权分组的方案,这意味着有可能同一组别债权人需要统一放弃部分权益;按照本项债权调整方案,也意味着有可能所有债权人均需要放弃部分权益。②

对于可能的债权调整手段,包括但不限于如下各种:延期偿付、减免利息、部分减免本金、偿付条件变更、债转股等。③ 齐明指出,我国《企业破产法》并未规定破产免责事宜,因此在重整程序中,无论是立法者还是司法者,都需要引导债权债务相关各方通过谈判和让步,本着公平、损失共担、利益最大化等原则,形成债务调整契约,分别对债权金额调整和清偿时间调整做出规定,进而扫清重整成功的障碍。④ 从这个意义上来说,"债权调整方案"意味着债权人的让步程度和追求成功重整的诚意,在确保所有债权人都受到公平对待、信息对称、充分表达诉求、共同做出让步等前提下,有必要在重整计划草案中予以详尽而充分的展现。

(四)债权受偿方案

债权受偿方案主要涉及调整后剩余债权的偿还方式、时间期限、履行担保及偿还条件等事宜。这是提高债权人对重整成功的信心、提高债权人会议对重整计划草案通过率的重要内容。

债权受偿方案是在债权调整方案上进一步对清偿方式和时间做出的约定。齐明指出,尽管各界共识是所有债权都货币化清偿,但实践中不乏实物清偿、债转股等方案。⑤

新一轮债转股,是中央在供给侧结构性改革中着力推行的政策。2016年10月10日,国务院发布《关于积极稳妥降低企业杠杆率的意见》以及《关于市场化银行债权转股权的指导意见》,"债转股"新政悄然启航。对此,笔者曾撰文《债转股:法治为体,市场为用》予以评析。⑥

韩传华还提出,在债权处置部分,重整计划应该对破产费用和共益债务的分担与支付,做出优先安排,并由债务人执行;债务人如果未能按照重整计划支付破产费用和共益债务,重整计划应视为未予执行。⑦

(五)重整计划的执行期限

"重整计划的执行期限"是重整计划草案中另一项对包括债权人在内的利害关系人来说十分重要的内容。合理的执行期限,能够极大地提高债权人对重整成功的信心,提高重整程序参与各方的可预期性,提高债权人会议对重整计划草案通过率。

重整计划的执行期限需要合理确定,太长或者太短都不适宜。太长会导致重整程序参与各方时间成本大幅度增加;而太短则会导致重整成功的可能性降低。齐明认为,重整计划执行期限的长短,是验证重整计划草案可行性的重要因素。⑧

那么,重整计划的执行期多长为宜?韩传华认为,重整计划执行期与债权人的债权受偿比例关系甚密,一般来说,重整计划执行期越长,那么债权人的债权受偿比例应该越高。⑨

(六)重整计划执行的监督期限

"重整计划执行的监督期限"在理论上,应该与上述"重整计划的执行期限"一致,但也可以更短。

---

① 参见齐明:《中国破产法原理与适用》,法律出版社2017年版,第154页。
② 参见韩传华:《企业破产法解析》,人民法院出版社2007年版,第281—282页。
③ 参见王卫国:《破产法精义》(第2版),法律出版社2020年版,第276页。
④ 参见齐明:《中国破产法原理与适用》,法律出版社2017年版,第154—156页。
⑤ 参见齐明:《中国破产法原理与适用》,法律出版社2017年版,第156页。
⑥ 参见陈夏红:《债转股:法治为体,市场为用》,载《法制日报》2016年11月23日,第12版。
⑦ 参见韩传华:《企业破产法解析》,人民法院出版社2007年版,第282页。
⑧ 参见齐明:《中国破产法原理与适用》,法律出版社2017年版,第156页。
⑨ 参见韩传华:《企业破产法解析》,人民法院出版社2007年版,第282—283页。

设定监督期限目的,即尽最大可能防止债务人的道德风险,防止债务人的出资人在偿债之前获得回报。① 而监督的具体内容,主要是债务人是否能执行重整计划,以及是否实实在在地执行了重整计划。② 如果这两点内容有任何一点未能做到,那么按照《企业破产法》第93条的规定,都可能导致重整程序的终止和债务人被宣告破产。

根据《企业破产法》第90条规定,债务人开始执行重整计划后,在本项规定的监督期内,由管理人负责监督债务人,由此债务人亦有向管理人报告重整计划执行情况和财务状况的义务。

韩传华认为,债务人对重整计划的执行情形,直接影响债权人的利益,因此《企业破产法》在债务人不能执行或者不愿执行重整计划情形下,也赋予债权人向法院申请裁定终止重整计划执行并宣告债务人破产的程序,因此这也为重整计划执行监督期短于重整计划执行期,留下制度上的可能。③

(七)有利于债务人重整的其他方案

本项为兜底条款,具体内容根据个案需要来确定。可以肯定的是,凡是有利于提高重整成功率且不违反法律规定的事项,在当事各方达成协议后,均可以纳入重整计划草案。尤其是在引入新投资方的情况下,股权结构的调整、债权的削减等,均需要纳入重整计划草案。

重整本质上是市场主体以意思自治为核心的合作协议,在重整计划草案前述6项内容之外,本项内容作为兜底条款,可能会在重整程序中扮演更重要的角色,甚至更容易决定重整计划本身的成败。

2018年3月6日,最高人民法院发布《全国法院破产审判工作会议纪要》,其中特别提及"重整计划的制订及沟通协调"问题。该纪要指出,"人民法院要加强与管理人或债务人的沟通,引导其分析债务人陷于困境的原因,有针对性地制定重整计划草案,促使企业重新获得盈利能力,提高重整成功率。人民法院要与政府建立沟通协调机制,帮助管理人或债务人解决重整计划草案制定中的困难和问题"。

【关联法律法规及司法政策】

最高人民法院《全国法院破产审判工作会议纪要》(2018)

16.重整计划的制定及沟通协调。人民法院要加强与管理人或债务人的沟通,引导其分析债务人陷于困境的原因,有针对性地制定重整计划草案,促使企业重新获得盈利能力,提高重整成功率。人民法院要与政府建立沟通协调机制,帮助管理人或债务人解决重整计划草案制定中的困难和问题。

17.重整计划的审查与批准。重整不限于债务减免和财务调整,重整的重点是维持企业的营运价值。人民法院在审查重整计划时,除合法性审查外,还应审查其中的经营方案是否具有可行性。重整计划中关于企业重新获得盈利能力的经营方案具有可行性、表决程序合法、内容不损害各表决组中反对者的清偿利益的,人民法院应当自收到申请之日起三十日内裁定批准重整计划。

【裁判要旨】

案例

安徽省新世纪建筑工程有限公司与宣城市大唐万安置业有限公司破产债权确认纠纷案

法院:安徽省高级人民法院

案号:(2017)皖民终261号

事实:上诉人安徽省新世纪建筑工程有限公司(以下简称新世纪建筑公司)因与被上诉人宣城市大唐万安置业有限公司(以下简称大唐万安置业公司)破产债权确认纠纷一案,不服安徽省宣城市中级人民法院(2016)皖18民初104号民事判决,向安徽省高级人民法院提起上诉。

2012年11月16日,大唐万安置业公司与新世纪建筑公司签订《总承包意向协议书》,约定合同履约保证金为1000万元,并对履约保证金的交付、返还和双方违约责任等进行了约定。该意向协议书同时明确:具体条款以签订的正式合同内容为准。

2013年8月25日,大唐万安置业公司与新世纪建筑公司签订一份《补充协议》,约定将大唐凤凰城1#地块(1#-8#楼及幼儿园)项目工程发包给新世纪建筑公司施工,合同约定履约保证金共计1800万元。

2015年12月9日,安徽省宣城市中级人民法院裁定受理大唐万安置业公司的重整申请,并指定大唐万安置业公司清算组为管理人。2016年4月30日,大唐万安置业公司(管理人)与新世纪建筑公司签订一份《协议》,约定:大唐万安置业公司将大唐凤凰城1#地块建设工程项目截至2015

---

① 参见王卫国:《破产法精义》(第2版),法律出版社2020年版,第277页。
② 参见齐明:《中国破产法原理与适用》,法律出版社2017年版,第156页。
③ 参见韩传华:《企业破产法解析》,人民法院出版社2007年版,第283页。

年12月9日未完工程继续发包给新世纪建筑公司施工。2017年3月9日，安徽省宣城市中级人民法院裁定批准大唐万安置业公司、安徽盛唐永安物业管理有限公司、宣城市大唐万安商业管理有限公司、宣城盛安商贸有限公司的重整计划，该重整方案中将新世纪建筑公司交纳的1800万元保证金列为普通债权按照重整计划分期清偿。

在安徽省宣城市中级人民法院作出的一审判决中，争议焦点之一为1#地块1#、2#、3#、4#、6#、8#楼及幼儿园工程的1509.1万元履约保证金，是否作为破产债权确认范畴问题。一审法院认为，大唐万安置业公司进入破产重整程序后，无论是否符合返还条件，未得到返还的履约保证金均可依法确认为破产债权。至于大唐万安置业公司破产重整程序中，大唐凤凰城1#地块建设工程项目未完工程继续发包给新世纪建筑公司施工，对相关履约保证金能否作为以后合同履行的履约保证金、如何返还、能否作为共益债务，属于双方破产重整程序中的合同履行问题，双方可妥善协商处理，不属于破产债权确认范畴的，在本案中不予处理。

裁判要旨：重整债务人的后续经营方案、债权调整及清偿方案，属于重整计划安排和确定的内容。现有破产债权如何清偿和处理的范畴，应由重整计划予以安排和处理，不能请求人民法院越过重整计划对此进行确认。该重整计划已经原审法院裁定批准，对所有债权人均有约束力，各方均应按照重整计划执行。

裁判理由：安徽省高级人民法院认为，本案二审的争议焦点之一为新世纪建筑公司主张将其已向大唐万安置业公司交纳的1800万元履约保证金中的1509.1万元，作为后续合同履行的保证金，按照《补充协议》及《协议》的有关条款履行的请求应否予以支持。

对此，安徽省高级人民法院援引《企业破产法》第44条、第46条指出，案涉1800万元履约保证金，系新世纪建筑公司因承建大唐万安置业公司凤凰城1#地块工程在大唐万安置业公司进入破产重整程序前向大唐万安置业公司交纳，大唐万安置业公司未予返还。至原审法院受理大唐万安置业公司重整申请时，其中290.9万元保证金已符合合同约定的返还条件，为到期债权，另1509.1万元保证金因工程尚未完工，尚不符合返还条件，为未到期债权。大唐万安置业公司进入重整程序后，新世纪建筑公司将该1800万元保证金债权向大唐万安置业公司管理人申报，管理人对该1800万元保证金债权予以确认，符合《企业破产法》的前述规定。

另外，根据《企业破产法》第57条第1款、第58条第2、3款，前述法条规定的债权人、债务人对债权表记载的债权的"异议"指的是债权人、债务人对债权的种类、性质或数额方面发生的争议。本案中新世纪建筑公司并非对1509.1万元保证金债权的种类、性质或数额与大唐万安置业公司管理人存在争议，而是因其与管理人达成协议由其继续承租《补充协议》约定的尚未完成的工程，其认为未完成工程所对应的1509.1万元保证金债权应作为后续工程的履约保证金按双方约定的时间和条件全额予以返还，不应作为大唐万安置业公司现有破产债权与其他债权一起受偿。

根据《企业破产法》第79条第1款、第81条、第92条第1款，重整债务人的后续经营方案、债权调整及清偿方案，属于重整计划安排和确定的内容。本案中大唐万安置业公司进入重整程序后，管理人与新世纪建筑公司达成协议，将《补充协议》约定的尚未完成的工程继续发包给新世纪建筑公司施工，对于后续工程是否需要保证金，新世纪建筑公司已交纳的1800万元保证金中的1509.1万元是作为现有债权在重整计划中安排清偿，还是将其转为后续工程的保证金，应由管理人根据双方的协议及大唐万安置业公司的债权债务和后续营业情况，在重整计划中予以确定，并报债权人会议通过及人民法院批准，不属于请求人民法院确认破产债权的范围；或者说，新世纪建筑公司关于1509.1万元保证金的诉讼内容实质属于对大唐万安置业公司现有破产债权如何清偿和处理的范畴，应由重整计划予以安排和处理，不能请求人民法院越过重整计划对此进行确认。而实际上，大唐万安置业公司重整计划已经将涉案1509.1万元保证金债权确定为普通债权安排清偿，并未将其转为后续工程的履约保证金。该重整计划已经原审法院裁定批准，对大唐万安置业公司及包括新世纪建筑公司在内的所有债权人均有约束力，各方均应按照重整计划执行。原审判决以新世纪建筑公司关于1509.1万元保证金的诉讼请求不属于人民法院破产债权确认范畴为由驳回其该项请求，适用法律正确，程序合法。新世纪建筑公司的此节上诉请求，本院不予支持。

关于新世纪建筑公司二审提出的其对于案涉1509.1万元保证金享有取回权的主张。首先，新世纪建筑公司向大唐万安置业公司管理人申报债权时并未申报或主张对该1509.1万元保证金的取回权；其次，从本案新世纪建筑公司的诉讼请求和理由看，大唐万安置业公司管理人将案涉1800万元保证金债权确认为普通债权后，新世纪建筑公司提起本案诉讼，请求确认其对1800万元保证金债权中的 290.9 万元享有工程款优先受偿权,请求将其中 1509.1 万元作为后续工程的保证金,并非请求对该 1509.1 万元保证金行使取回权。如果新世纪建筑公司是行使对保证金的取回权,则其行使的对象应为全部的 1800 万元保证金,而非其中的 1509.1 万元。因本案新世纪建筑公司并非对 1509.1 万元保证金行使取回权,故其上述主张不属本案审理范围。

综上,2017 年 12 月 29 日安徽省高级人民法院裁定:新世纪建筑公司的上诉理由部分成立,应予以支持。原审判决认定事实部分不清,应予纠正,判决如下:维持安徽省宣城市中级人民法院(2016)皖 18 民初 104 号民事判决第一项;撤销安徽省宣城市中级人民法院(2016)皖 18 民初 104 号民事判决第三项。

【关联法律法规及司法政策】

最高人民法院《关于审理上市公司破产重整案件工作座谈会议纪要》(2012)

八、关于上市公司重整计划草案的会商机制

会议认为,重整计划草案涉及证券监管机构行政许可事项的,受理案件的人民法院应当通过最高人民法院,启动与中国证券监督管理委员会的会商机制。即由最高人民法院将有关材料函送中国证券监督管理委员会,中国证券监督管理委员会安排并购重组专家咨询委员会对会商案件进行研究。并购重组专家咨询委员会应当按照与并购重组审核委员会相同的审核标准,对提起会商的行政许可事项进行研究并出具专家咨询意见。人民法院应当参考专家咨询意见,作出是否批准重整计划草案的裁定。

【学理综述】

丁燕在《法学杂志》2016 年第 6 期上,发表《论"出售式重整"的经济法品格》一文。作为重整方式之一,"出售式重整"广受关注和推崇,也备受争议。作者由此从规制理念、立法变迁、成本收益分析三个维度,为"出售式重整"辩护。作者认为,"出售式重整"之所以具有法律上的正当性,是因为其既能够拯救陷入财务困境的债务人,具有企业资产、业务经营和资本结构重新整合优化的商业价值;也在于其能够处理好"分担痛苦"问题,平衡和保护债权人的合法权益,这两种规制理念都体现了经济法注重公司融合、社会本位的两大品格。作者认为,"出售式重整"时间短、效率高,收益大于成本,同时实现社会利益最大化,符合经济法的理念,我国《企业破产法》应该就"出售式重整"能否适用以及适用的范围、条件和程序等做出规范。①

丁燕在《法律适用》2018 年第 7 期上,发表《论合同法维度下重整投资人权益的保护》一文。作者分别以信息披露为核心的先合同视角、有优先受偿权为核心的合同履行视角和以优先退出权为核心的后合同视角,详细分析了重整投资人权益保障问题。②

杨忠孝在《山西大学学报(哲学社会科学版)》2021 年第 3 期上,发表《信息披露与重整程序信任机制建设》一文。作者认为,信息披露制度完善不仅是破产实践的要求,也是破产重整的本质要求。重整程序债权债务的集体清理、基于继续经营的投资属性与多层次集体协商的特点,决定了信息披露在重整程序中的重要价值。因为重整程序本身所具有的信息不对称特点,另外加上其对信息的特别依赖,包括以信息披露确定事实成为重整程序集体信任机制的现实基础、信息披露有效实施有助于形成利害关系人集体的价值共识、良好的信息披露有助于形成重整计划的情感基础等,需要强化重整程序的信息披露。重整程序信任机制的建设要从重整程序的信息非对称性、信息披露的特殊价值等出发,以对信息披露内容类型化、信息披露有效性保障等系统分析为前提。作者结合信息披露质量体系建设,指出重整程序的利益平衡与信息披露内容的充分性、重整程序的妥当性与信息披露方式、重整投资的交易属性与对重整投资人的信息披露、重整程序的效率保障与信息披露的及时性、重整程序的司法正义与信息充分保障等,就是理论研究与制度改进的路径所在。③

高丝敏在《山西大学学报(哲学社会科学版)》2021 年第 3 期上,发表《论破产重整中信息披露制度的建构》一文。作者认为,当事人的有效谈判是重整制度的灵魂,但是当事人的自发谈判不等于有效谈判,其容易陷入"囚徒困境",从而产生损人不利己的结果,因此需要有引导谈判行为向均衡结果发展的机制,而表决相关的必要信息的披露、表决分组及表决规则是引导有效表决的重要制度。我国《企业破产法》和相关的司法

---

① 参见丁燕:《论"出售式重整"的经济法品格》,载《法学杂志》2016 年第 6 期,第 103—109 页。
② 参见丁燕:《论合同法维度下重整投资人权益的保护》,载《法律适用》2018 年第 7 期,第 96—101 页。
③ 杨忠孝:《信息披露与重整程序信任机制建设》,载《山西大学学报(哲学社会科学版)》2021 年第 3 期,第 92—101 页。

解释都未清晰规定破产重整中的信息披露，而单纯依靠证券监管上的信息披露的"单轨制"无法完全替代破产重整所需要的针对协商和表决的专门的信息披露制度，这种状况也导致了重整缺少理性的协商，陷入无序的博弈。作者指出，重整中的信息披露和证券法上的信息披露有共同之处，但是证券法的信息披露并不能够代替破产法上的信息披露。该文结合美国破产重整中破产法上和证券监管法上信息披露并行的"双轨制"，对于我国破产重整中信息披露制度的构建提出建议，即应当建立独立的破产重整信息披露制度，并由法院主导和批准，通过当事人异议制度和灵活务实的披露内容设计，使得重整的信息披露更加切合表决的需要。①

第八十二条　下列各类债权的债权人参加讨论重整计划草案的债权人会议，依照下列债权分类，分组对重整计划草案进行表决：

（一）对债务人的特定财产享有担保权的债权；

（二）债务人所欠职工的工资和医疗、伤残补助、抚恤费用，所欠的应当划入职工个人账户的基本养老保险、基本医疗保险费用，以及法律、行政法规规定应当支付给职工的补偿金；

（三）债务人所欠税款；

（四）普通债权。

人民法院在必要时可以决定在普通债权组中设小额债权组对重整计划草案进行表决。

【立法沿革】

《破产法》（1995年草案）

第一百零六条　重整计划中的债权分类如下：

（一）有财产担保的债权；
（二）劳动债权；
（三）税收；
（四）普通债权。

《企业破产与重整法》（2000年6月草案）

第九十六条　重整计划中的债权分类如下：

（一）有财产担保的债权；
（二）劳动债权；
（三）税收；
（四）普通债权。

第九十七条　重整计划对各类债权，可以分别采用以下方法进行调整：

（一）按比例降低清偿比例；

（二）一次性或者分期延期偿付；
（三）债权其他条件的变更；
（四）其他符合法律、行政法规的办法。

重整计划中的同类债权，应按同等条件受偿。

第九十八条　重整可以包括重整企业的合并或者分立的方案。

第九十九条　重整执行人的任职资格，适用本法第二十九条的规定。

《企业破产与重整法》（2000年12月草案）

第九十六条　重整计划中的债权分类如下：

（一）有财产担保的债权；
（二）劳动债权；
（三）税收；
（四）普通债权。

《企业破产与重整法》（2001年1月草案）

第一百三十三条　重整计划中的债权分类如下：

（一）有财产担保的债权；
（二）劳动债权；
（三）税收；
（四）普通债权。

《企业破产法》（2004年3月草案A版）

第八十条　重整计划中的债权分类如下：

（一）有财产担保的债权；
（二）劳动债权；
（三）税款；
（四）普通债权。

《企业破产法》（2004年3月草案B版）

第八十二条　重整计划中的债权分类如下：

（一）有财产担保的债权；
（二）劳动债权；
（三）税款；
（四）普通债权。

《企业破产法》（2004年6月草案）

第八十一条　重整计划中的债权分类如下：

（一）有财产担保的债权；
（二）劳动债权；
（三）税款；
（四）普通债权。

《企业破产法》（2004年10月草案）

第八十条　重整计划中的债权分类如下：

（一）对债务人的特定财产有财产担保或者法律规定的优先权的债权；

---

① 高丝敏：《论破产重整中信息披露制度的建构》，载《山西大学学报（哲学社会科学版）》2021年第3期，第102—112页。

第八十二条

（二）企业所欠职工的工资和基本社会保险费用，以及法律、行政法规规定应当支付给职工的补偿金；

（三）企业所欠税款；

（四）普通债权。

【条文释义】

本条规定的是重整债权的分组。

从立法史的视角看，不同时期的草案对于重整债权的分组，尽管表述略有差异，但基本都采取"四分法"，即担保债权、职工债权、税收债权和普通债权。但关于本条规定的小额债权组，是《企业破产法》三读时临时增加的，在先前的草案中并未出现。

债权人会议对重整计划草案之所以采用分组表决机制，而不是集体表决机制，其内在逻辑在于按照权利实质相似性标准，将债权人甚至股东分组，以组为单位分别表决，以各组均通过作为债权人会议通过重整计划的条件；这种机制背后的原则是同类债权得到同样对待，具体讨论时也可以根据各个类别组的不同清偿预期分别谈判。①

债权人会议内部分组，属于强制性规定，不得轻易突破或者违反。王卫国认为，债权人会议如果分组不当，显而易见的后果就是同类债权被差别对待，也容易被重整计划草案的制作者滥用并摒弃同类债权、同等对待的原则。② 齐明亦指出，由于这一分组原理，是依据债权类型，而非债权人类型，那么在实务中很有可能导致部分债权人持有多种债权、多种债权分属不同类型的情况；在这种情形下，应该以保障债权人而非债权为出发点，保证债权人在不同的债权人表决组中，都享有相应的表决权。③

本条共分2款。分款评注如下：

第1款："下列各类债权的债权人参加讨论重整计划草案的债权人会议，依照下列债权分类，分组对重整计划草案进行表决：（一）对债务人的特定财产享有担保权的债权；（二）债务人所欠职工的工资和医疗、伤残补助、抚恤费用，所欠的应当划入职工个人账户的基本养老保险、基本医疗保险费用，以及法律、行政法规规定应当支付给职工的补偿金；（三）债务人所欠税款；（四）普通债权。"

本款明确列举重整程序中，债权人会议依据债权类别设立在债权人组别：担保债权组、职工债权组、税收债权组和普通债权组。韩传华指出，在这种分类模式下，应该注意一种特殊情形，即债权人因特殊身份或者多重法律关系，很有可能需要参加不同组别，并在多个组别行使其权利。④

本款共分4项：

（一）对债务人的特定财产享有担保权的债权

本项规定的是担保债权独立分组的原则。担保债权之所以特别分组，是因为破产清算程序中担保债权可以绝对优先受偿，甚至在担保物变现价值充足情况下可以全额受偿，因此担保债权人对破产清算的预期最高。⑤ 而在破产重整程序中，担保债权暂停行使，为了获得担保债权人对重整的全力支持，有必要将担保债权独立分组，由担保债权组独立审议并通过重整计划草案，对于提高重整成功率十分重要。

理解本项规定，有必要明确如下几个细节：第一，这里涉及的担保债权，仅限于"对债务人的特定财产享有担保权的债权"；据此，以第三人财产为抵押担保或质押担保的债权，当然不在此担保债权组内。第二，将担保债权独立分组，并不意味着担保债权人共享所有担保财产的变现，而是分别在自己的担保物价值范围内优先受偿。第三，除非担保债权人自愿降低待遇，否则其在重整中的清偿待遇，原则上不得低于就担保物变现价值实现全额清偿，另外除担保债权未受实质性损害外，其还将获得延期清偿的补偿。⑥

（二）债务人所欠职工的工资和医疗、伤残补助、抚恤费用，所欠的应当划入职工个人账户的基本养老保险、基本医疗保险费用，以及法律、行政法规规定应当支付给职工的补偿金

本项沿袭《企业破产法》第48条，将职工债权人单独列为一组。这是《企业破产法》对职工债权人的特殊照顾，既是国际范围内尽可能在破产程序中优待雇员的共性，也有中国特定国情的考虑。

韦忠语认为，整个《企业破产法》对破产重整的25条规定中，只有第82条第1款第2项论及

---

① 参见王卫国：《破产法精义》（第2版），法律出版社2020年版，第278页。
② 参见王卫国：《破产法精义》（第2版），法律出版社2020年版，第278—279页。
③ 参见齐明：《中国破产法原理与适用》，法律出版社2017年版，第157页。
④ 参见韩传华：《企业破产法解析》，人民法院出版社2007年版，第286页。
⑤ 参见王卫国：《破产法精义》（第2版），法律出版社2020年版，第279页。
⑥ 参见王卫国：《破产法精义》（第2版），法律出版社2020年版，第279页。

职工劳动权的保护,而且其论述的重心还是从债权清偿的角度,而不是职工继续就业的权利;由此或许可以得出结论:《企业破产法》在破产重整程序的设计过程中,并未太多考虑职工的就业保护权。强裁权的存在,更是完全堵死重整企业职工寻求制度救济的可能——即使职工表决组未能通过重整计划,只要满足法律规定的其他条件,法院依旧可以通过强裁权的行使使得重整计划得以通过,而且这种权力行使后立即生效且不得上诉,当重整计划不利于职工时,职工几乎找不到任何救济途径。①

职工债权组除非自愿决定降低待遇,否则原则上在重整计划中需要实现全额清偿。

(三)债务人所欠税款

税收问题是破产程序中十分棘手的问题之一,税收债权是破产程序中需要小心翼翼处理好的债权类型。《企业破产法》第113条已赋予税收债权一定程度的优先性,本项将重整程序中的税收债权单独设组,与此大体保持一致。

按照王卫国的观点,除非税收机关同意适当减免,否则税收债权在重整程序中应该全额清偿;但这并不排除政府通过税收优惠甚至减免方式,扶助困境企业的必要性与意义,政府理应在法律允许的范围内减免欠税破产企业的税收。②

(四)普通债权

这里的"普通债权",是指除上述担保债权、劳动债权、税收债权之外的其他债权。王卫国指出,由于"普通债权"在破产程序中的清偿地位最低,为充分保障普通债权人的利益,在重整程序中应该单独设组,充分听取普通债权人对重整计划草案的意见和建议。③

按照《企业破产法》第87条规定,普通债权组在重整程序中获得的清偿,原则上不能低于其在破产清算中获得的清偿。

第2款:"人民法院在必要时可以决定在普通债权组中设小额债权组对重整计划草案进行表决。"

本款特别安排在普通债权组之外,设置小额债权组,表决重整计划。

按照王卫国的观点,设置小额债权组,主要是小额债权往往意味着债权数额小、债权人多,表决程序烦冗且持续时间较长,不易形成共识;由小额债权组独立就重整计划草案展开表决,甚至在重整计划草案中对小额债权给予特别优待,主要是为了提高重整计划表决的效率,进而节省时间,提高重整成功率。④

韩传华特别指出,如果确定将大、小额债权分组设置,那么这里的依据,应该是法院确定的债权额。⑤

需要特别注意的是,小额债权组设置并非强制要求,而且设置与否的决定权在法院;但是小额债权额一旦设置,则自动获得与前述担保债权、劳动债权、税收债权和普通债权一样的地位,其审核结果独立计算,与普通债权无关,也对重整计划的通过与否产生重要影响。⑥

【关联法律法规及司法政策】

最高人民法院《关于适用〈中华人民共和国企业破产法〉若干问题的规定(三)》(2020)

第十一条 债权人会议的决议除现场表决外,可以由管理人事先将相关决议事项告知债权人,采取通信、网络投票等非现场方式进行表决。采取非现场方式进行表决的,管理人应当在债权人会议召开后的三日内,以信函、电子邮件、公告等方式将表决结果告知参与表决的债权人。

根据企业破产法第八十二条规定,对重整计划草案进行分组表决时,权益因重整计划草案受到调整或者影响的债权人或者股东,有权参加表决;权益未受到调整或者影响的债权人或者股东,参照企业破产法第八十三条的规定,不参加重整计划草案的表决。

【裁判要旨】

案例

深圳市规划和国土资源委员会与深圳市深信西部房地产有限公司建设用地使用权合同纠纷案

法院:深圳市中级人民法院

案号:(2017)粤03民终20122号

事实:上诉人深圳市规划和国土资源委员会因与被上诉人深圳市深信西部房地产有限公司(以下简称深信西部公司)建设用地使用权出让合同纠纷一案,不服深圳市宝安区人民法院

---

① 参见韦忠语:《论破产重整中职工劳动权益的保护》,载《中国劳动》2017年第5期,第22—23页。
② 参见王卫国:《破产法精义》(第2版),法律出版社2020年版,第280页。
③ 参见王卫国:《破产法精义》(第2版),法律出版社2020年版,第280页。
④ 参见王卫国:《破产法精义》(第2版),法律出版社2020年版,第280—281页。
⑤ 参见韩传华:《企业破产法解析》,人民法院出版社2007年版,第285页。
⑥ 参见王卫国:《破产法精义》(第2版),法律出版社2020年版,第280—281页。

（2017）粤0306民初7558号民事判决，向深圳市中级人民法院提起上诉。

1996年5月10日，原深圳市规划国土局（甲方，出让方）（以下简称深圳规土委）与深圳市华宝（集团）西部房地产公司（乙方，受让方）签订深地合字（1996）4-143号《深圳市土地使用权出让合同书》（即1996年合同），约定甲方将地块编号××号土地出让给乙方，乙方向甲方给付8603837元地价款后取得上述土地使用权。合同签订后，深圳市华宝（集团）西部房地产公司未按合同约定支付地价款。2002年3月29日深圳市华宝（集团）西部房地产公司更名为深信西部公司。

深圳市中级人民法院于2010年1月15日裁定受理深信西部公司提出的重整申请；2010年4月30日裁定批准深信西部公司重整计划，深信西部公司重整计划草案显示其普通债权清偿比例约为18.1015%；于2010年8月30日裁定确认深信西部公司重整计划执行完毕。

2016年7月8日，深圳规土委在深圳特区报上发布公告，要求深信西部公司在公告发布之日起10个工作日内缴清拖欠地价款8603837元及相应利息、滞纳金。双方对欠缴地价款金额产生争议，深圳规土委向一审法院提起诉讼。后深圳市规划和国土资源委员会不服一审判决，提出上诉。

裁判要旨：土地出让金、利息及滞纳金，不属于《企业破产法》第82条第1款第1—3项所明文具体规定的特别债权类型，在该条法律未对前述债权类型的范围设置"兜底"规定的情况下，应视为立法已对特别债权类型作出穷尽列举规定，故仅能将涉案债权视为该条第1款第4项所规定的"普通债权"

裁判理由：深圳市中级人民法院于2018年1月4日判决指出，本案二审争议的焦点之一在于：深圳规土委的债权是否受深信西部公司破产重整计划确定的普通债权清偿比例的限制。深圳规土委本案主张的出让金、利息及滞纳金，不属于《企业破产法》第82条第1款第1—3项所明文具体规定的特别债权类型，在该条法律未对前述债权类型的范围设置"兜底"规定的情况下，应视为立法已对特别债权类型作出穷尽列举规定，故仅能将涉案债权视为该条第1款第4项所规定的"普通债权"，深圳规土委关于涉案债权非属普通债权且应按税款债权清偿比例受偿的上诉主张，缺乏法律依据，不予支持。

【学理综述】

韩长印在《法学》2019年第12期上，发表《从分组到分段：重整程序中的小额债权清偿机制研究》一文。作者认为，学术研究并未足够重视如何评价小额债权的单独分组优惠清偿、是否违背债权平等原则、是否能够真正达到重整计划表决的效率目标、多数案件所采用的分段递减清偿是否违背破产法关于单独设立小额债权组的立法初衷等问题。作者提出，小额债权纳入普通债权分段递减清偿的做法较之于单独分组优惠清偿，既能更好地贯彻债权平等原则，又能有效提高重整计划表决通过的概率，未来立法应以普通债权的分段递减清偿来替代小额债权的分组优惠清偿。①

第八十三条 重整计划不得规定减免债务人欠缴的本法第八十二条第一款第二项规定以外的社会保险费用；该项费用的债权人不参加重整计划草案的表决。

【立法沿革】

《破产法》（1995年草案）

第一百零七条 重整计划可以分别对各类债权，采取以下调整方法：

（一）按比例降低清偿比例；

（二）一次性或者分期延期偿付；

（三）债权其他条件的变更；

（四）部分或者全部债权转换为股权。

《企业破产与重整法》（2000年12月草案）

第九十七条 重整计划对各类债权，可以分别采用以下方法进行调整：

（一）按比例降低清偿比例；

（二）一次性或者分期延期偿付；

（三）债权其他条件的变更；

（四）其他符合法律、行政法规的办法。

前款第（一）项规定不适用于劳动债权。

重整计划中的同类债权，应同等条件受偿。

第九十八条 重整计划可以包括重整企业的合并或者分立的方案。

第九十九条 管理人应当在人民法院指定的期间内，向人民法院提交重整计划草案和重整可行性报告。

《企业破产与重整法》（2001年1月草案）

第一百三十四条 重整计划对各类债权，可以分别采用以下方法进行调整：

---

① 参见韩长印：《从分组到分段：重整程序中的小额债权清偿机制研究》，载《法学》2019年第12期，第133—144页。

（一）按比例降低清偿额；
（二）一次性或者分期延期偿付；
（三）债权其他条件的变更；
（四）其他符合法律、行政法规的办法；
（五）债权转换为股权。
前款第(一)项规定不适用于劳动债权。
重整计划中的同类债权，应按同等条件受偿。

第一百三十五条　重整计划可以包括重整企业的合并或者分立的方案。

第一百三十六条　管理人应当在人民法院指定的期间内，向人民法院提交重整计划草案和重整可行性报告。

【条文释义】

本条规定社会保险费用在重整计划中的特殊地位。即债务人欠缴的社保费用不得在重整计划中减免，而社保机构亦无须参与对重整计划草案的表决。

从立法史的角度来看，本条实际上是《企业破产法》在三审通过时临时加入的内容。

《企业破产法》第82条第1款第2项，规定的是"债务人所欠职工的工资和医疗、伤残补助、抚恤费用，所欠的应当划入职工个人账户的基本养老保险、基本医疗保险费用，以及法律、行政法规规定应当支付给职工的补偿金"。据此，债务人所欠职工的劳动债权相关费用，在重整中可以适当减免，但劳动债权人亦需要独立分组，表决重整计划草案；而对于债务人所欠社保机构的费用，具体涉及医疗、养老、失业、工伤和生育保险，则不能像税收债权一样可以适当减免，但税收债权人需要独立分组审议重整计划草案。

按照本条规定，尽管同样是公权力机构的债权，债务人所欠社保机构费用不得减免，而社保机构亦无须参与审议重整计划草案。据此，韩传华认为，《企业破产法》隐而不显地表示：如果税收债权组同意，重整计划就可以减免所欠税款；由此反过来看，《企业破产法》对社保债权的保障，要明显强于税收债权的保障。①

据齐明观察，实务中更多情况是企业经营中不规范操作，不为劳动者开设社保账户，而在破产案件中，由于欠缴时间过长，社保机构亦缺乏动力为劳动者开设账户并参与破产程序。在这种情况下，务实的解决思路往往是管理人请示法院后，与劳动者签订一次性和解协议，把应当缴纳给社保机构的费用直接给劳动者，而劳动者亦不再纠缠于企业未予开设社保账户并缴纳社会保险。齐明认为，这一做法能够解决实践中的问题，但忽略了社保债权不可调和的公权力属性；上述操作应属违法且无效，劳动者获得的补偿应作为不当得利而被返还。②

【关联法律法规及司法政策】

《劳动法》(2018)

第七十条　国家发展社会保险事业，建立社会保险制度，设立社会保险基金，使劳动者在年老、患病、工伤、失业、生育等情况下获得帮助和补偿。

【裁判要旨】

案例

广东华圣科技投资股份有限公司、广汉市社会保险事业管理局社会保险纠纷、破产债权确认纠纷案

法院：广东省高级人民法院

案号：(2016)粤民终1992号

事实：上诉人广东华圣科技投资股份有限公司(以下简称华圣公司)因与被上诉人广汉市社会保险事业管理局(以下简称广汉社保局)破产债权确认纠纷一案，不服广东省深圳市中级人民法院(2015)深中法破初字第73号民事判决，向广东省高级人民法院提起上诉。

2004年3月18日，华圣公司向广汉市劳动和社会保障局(广汉社保局的所属单位)出具《关于妥善处理英豪科教公司退休员工医疗保险的报告》，确认对于华圣公司广汉分公司的当时退休员工126人，依据德处发〔2003〕97号文件规定的每人一次性缴纳医疗保险1万元的标准，华圣公司尚欠广汉社保局退休员工医疗保险费共计126万元。2005年3月29日，华圣公司将名称由广东英豪科技教育投资股份有限公司变更为广东华圣科技投资股份有限公司。

2015年6月30日，华圣公司被一审法院裁定受理破产重整。

广汉社保局向华圣公司管理人申报社保债权13257500元。2015年9月15日，华圣公司管理人做出债权审查通知书，确认华圣公司享有社保债权1170150元。2015年9月30日，广汉社保局对债权审查结果提出异议，华圣公司管理人作出债权异议复核通知书，认为广汉社保局申报债权中退休人员一次性余命养老金、一次性医疗费、抚恤

---

① 参见韩传华：《企业破产法解析》，人民法院出版社2007年版，第287—288页。
② 参见齐明：《中国破产法原理与适用》，法律出版社2017年版，第158页。

金以及利息、滞纳金没有法律依据，均不予确认。

广汉社保局遂向一审法院提起诉讼。

一审法院判决：一、确认广汉社保局对华圣公司享有债权人民币 3208800 元（含本金人民币 3024000 元以及利息人民币 184800 元）；二、驳回广汉社保局的其他诉讼请求。华圣公司不服，提出上诉，请求撤销一审民事判决并依法改判。

裁判要旨：债务人企业产权改制产生的离退休职工安置所引起的社会保险问题，应根据《社会保险法》予以解决。破产程序涉及 2011 年《社会保险法》实施之前社保费用相关问题，应根据国家人力资源和社会保障行政部发布的《实施中华人民共和国社会保险法若干规定》第 29 条，对 2011 年 7 月 1 日前发生的用人单位未按时足额缴纳社会保险费的行为，按照国家和地方人民政府的有关规定执行。

裁判理由：广东省高级人民法院认为，本案是华圣公司产权改制产生的离退休职工安置所引起的社会保险问题，故应以《社会保险法》予以解决。

首先，本案华圣公司离退休职工安置所涉交纳的社会保险事宜，发生在 2011 年之前，根据 2010 年 10 月制定通过的《社会保险法》第 98 条"本法自 2011 年 7 月 1 日起施行"的规定，本案所涉争议不能适用该《社会保险法》去解决。故华圣公司以该《社会保险法》所规定的社会保险名目，来抗辩广汉社保局在本案中所主张的"一次性余命养老金""一次性医疗费""抚恤金"等社会保险费用，缺乏法律依据，不予支持。

其次，社会保险事务是由国家的人力资源和社会保障行政部门负责管理，根据国家人力资源和社会保障行政部发布的《实施〈中华人民共和国社会保险法〉若干规定》第 29 条，对 2011 年 7 月 1 日前发生的用人单位未按时足额缴纳社会保险费的行为，按照国家和地方人民政府的有关规定执行。就国家有关规定上，国务院先后在 1997 年、1999 年颁布《关于建立统一的企业职工基本养老保险制度的决定》和《社会保险费征缴暂行条例》，规定了用人单位应缴纳基本养老保险费、基本医疗保险费和失业保险费等社会保险费用，其中的失业保险费就包含着抚恤金意义上的内容。进一步而言，《社会保险法》第 49 条也将抚恤金的发放归于失业保险费的范围，故一审法院认定我国《社会保险法》亦已将抚恤金的发放纳入基本养老保险的规制范畴，并无不当，华圣公司就此上诉理由不能成立，不予采纳。而华圣公司就其离退休职工的安置、社会保险费用的交纳等所适用的地方人民政府有关规定上，旧时为国家行政管理所允许，现时也不与国家的法律、法规相冲突，就此而言，广汉社保局辩称其所主张的"一次性余命养老金""一次性医疗费"和"抚恤金"是社保系统对退休职工三项费用的约定俗称，实质对应的就是一次性基本养老金、一次性医疗保险费和死亡待遇费用，符合历史事实。华圣公司主张上述三项费用不属于社会保险费用的范围无理由依据，本院予以驳回。

综上所述，华圣公司的上诉请求不能成立，应予驳回；一审判决认定事实清楚，适用法律正确，依法应予维持。2017 年 3 月 27 日，广东省高级人民法院作出判决：驳回上诉，维持原判。

第八十四条 人民法院应当自收到重整计划草案之日起三十日内召开债权人会议，对重整计划草案进行表决。

出席会议的同一表决组的债权人过半数同意重整计划草案，并且其所代表的债权额占该组债权总额的三分之二以上的，即为该组通过重整计划草案。

债务人或者管理人应当向债权人会议就重整计划草案作出说明，并回答询问。

【立法沿革】

《破产法》（1995 年草案）

第一百一十三条 人民法院收到重整计划草案后，经审查认为符合本法规定的，应当及时召开债权人会议，付诸表决。

管理人应当向债权人会议就重整计划草案作出说明，并回答询问。

第一百一十五条 债权人会议通过重整计划草案，依照本法第一百零六条规定的债权分类，分组表决。

出席会议的同一表决组的债权人过半数同意重整计划草案，并且其所代表的债权额占该组已确定债权额的三分之二以上的，即为该组通过重整计划草案。

各组均通过重整计划草案的，重整计划即为通过。

《企业破产与重整法》（2000 年 6 月草案）

第一百条 管理人或者债务人应当在人民法院指定的期间内，向人民法院提交重整计划草案和重整可行性报告。

第一百零一条 人民法院收到重整计划草案后，经审查认为符合本法规定的，应当及时召开债权人会议，付诸表决。

债务人、管理人应当向债权人会议就重整计划草案作出说明，并回答询问。

《企业破产与重整法》(2000年12月草案)

第一百条 人民法院收到重整计划草案后，经审查认为符合本法规定的，应当及时召开债权人会议，付诸表决。

管理人应当向债权人会议就重整计划草案作出说明，并回答询问。

《企业破产与重整法》(2001年1月草案)

第一百三十七条 人民法院收到重整计划草案后，经审查认为符合本法规定的，应当及时召开债权人会议，付诸表决。

管理人应当向债权人会议就重整计划草案作出说明，并回答询问。

《企业破产法》(2004年3月草案A版)

第八十一条 管理人应当在人民法院指定的期间内，向人民法院提交重整计划草案和重整可行性报告。

第八十二条 人民法院收到重整计划草案后，经审查认为符合本法规定的，应当及时召开债权人会议，付诸表决。

管理人应当向债权人会议就重整计划草案作出说明，并回答询问。

《企业破产法》(2004年3月草案B版)

第八十三条 债务人或者管理人向人民法院提交重整计划草案时，应当同时向债权人提交。

第八十四条 人民法院收到重整计划草案后，应当在六十日内召开债权人会议，付诸表决。

债务人和管理人应当向债权人会议就重整计划草案作出说明，并回答询问。

《企业破产法》(2004年6月草案)

第八十二条 债务人或者管理人向人民法院提交重整计划草案时，应当同时向债权人会议提交该草案。

第八十三条 人民法院收到重整计划草案后，应当在二个月内召开债权人会议，付诸表决。

债务人或者管理人应当向债权人会议就重整计划草案作出说明，并回答询问。

《企业破产法》(2004年10月草案)

第八十一条 人民法院应当自收到重整计划草案之日起二个月内召开债权人会议，付诸表决。

债务人或者管理人应当向债权人会议就重整计划草案作出说明，并回答询问。

【条文释义】

本条规定的是债权人会议对重整计划草案的表决程序。

从立法史的视角看，本条规定在不同时期的草案中变化不大，但有新加入的内容：一方面，对于法院收到重整计划之日起召开债权人会议表决的期限，有一个逐步明确的过程，从早期草案中"及时"，后来调整为2个月、60天等不同类型的表述；另一方面，对于债权人会议各组表决通过重整计划草案的相关事宜，在《企业破产法》三读表决时，加入出席人数要求、票数要求。对于重整计划制作人在债权人会议上的说明义务、回答询问义务，其本质原则并无变化。

本条共有3款。分款评注如下：

第1款："人民法院应当自收到重整计划草案之日起三十日内召开债权人会议，对重整计划草案进行表决。"

根据本款文本，在涉及重整计划草案表决的场合，法院是唯一有权召集债权人会议的主体。根据《企业破产法》第62条规定，法院、管理人、债权人委员会及占债权总额1/4以上的债权人均可召集债权人会议；但在表决重整计划草案时，有且只有法院能够依据其职权召开。

韩传华指出，表决重整计划的债权人会议，与其他债权人会议并无二致，其参加人同样享有表决权的债权人、股权没有调整并列席的出资人代表、股权有调整且单独分组的出资人代表、债务人的有关人员、管理人、债务人的职工和工会代表、重整计划草案的制作人。①

另外，法院召集表决重整计划草案的债权人会议有明确时间期限，即"自收到重整计划草案之日起三十日内"。

第2款："出席会议的同一表决组的债权人过半数同意重整计划草案，并且其所代表的债权额占该组债权总额的三分之二以上的，即为该组通过重整计划草案。"

本款规定的是债权人会议不同表决组通过重整计划草案的基本规则，即"出席会议的同一表决组的债权人过半数同意重整计划草案，并且其所代表的债权额占该组债权总额的三分之二以上"。

按照《企业破产法》第82条，债权人会议的债权人表决组别，至少会有担保债权组、职工债权组、税收债权组、普通债权组，具体个案中可能还会有小额债权组、出资人组，甚至还会有其他组别。本款规定的表决规则，适用于上述所有债权人类别组。这也就是说，只要相关组别独立设置，就需要按照本款规定的表决规则来审议重整计划草案。

---

① 参见韩传华：《企业破产法解析》，人民法院出版社2007年版，第288页。

齐明认为，《企业破产法》中设定人数和表决权的双重要求，旨在确保表决结果能够符合绝大多数债权人的利益，而不仅仅局限于少数大债权人的利益；在实践中大债权人为了进一步施加影响或者控制不同表决组的表决结果，只能收购表决权或者拆分自己的表决权。①

上述双重多数决规则的有效运行，有如下几个细节：第一，人数标准是"出席会议的同一表决组的债权人过半数同意"；这也就是说，是否出席债权人会议，对于债权人意见表达十分重要，即便是经过合法确认的债权，如果相关债权人未出席债权人会议，那么其都不会被计算在人数标准之内，此时出席人数是否达到债权人总数的多数并不重要。第二，债权额标准为出席债权人会议的债权人中，有半数以上的支持而且其"所代表的债权额占该组债权总额的三分之二以上"；在这个时候，是否出席债权人会议在所不问，只要达到经过合法确认的债权总额三分之二以上即可。②

另外，《企业破产法》第 64 条规定债权人会议通行的表决规则，即"由出席会议的有表决权的债权人过半数通过，并且其所代表的债权额占无财产担保债权总额的二分之一以上"。相比之下，重整计划草案通过对债权额的比例要求高达 2/3，较之普通债权人会议 1/2 以上的比例，有明显提高。

第 3 款："债务人或者管理人应当向债权人会议就重整计划草案作出说明，并回答询问。"

本款规定重整计划草案制作人的说明及回答咨询义务。

按照《企业破产法》第 80 条的规定，"债务人自行管理财产和营业事务的，由债务人制作重整计划草案。管理人负责管理财产和营业事务的，由管理人制作重整计划草案"。因此，在债权人会议上就重整计划草案作出说明并回答询问的义务，就落到债务人或者管理人头上。

第八十五条　债务人的出资人代表可以列席讨论重整计划草案的债权人会议。

重整计划草案涉及出资人权益调整事项的，应当设出资人组，对该事项进行表决。

【立法沿革】

《破产法》(1995 年草案)
第一百一十四条　债务人的出资人可以列席讨论重整计划草案的债权人会议。

《企业破产与重整法》(2000 年 6 月草案)
第一百零二条　债务人的出资人可以列席讨论重整计划草案的债权人会议。

《企业破产与重整法》(2000 年 12 月草案)
第一百零一条　债务人的出资人可以列席讨论重整计划草案的债权人会议。

《企业破产与重整法》(2001 年 1 月草案)
第一百三十八条　债务人的出资人可以列席讨论重整计划草案的债权人会议。

《企业破产法》(2004 年 3 月草案 A 版)
第八十三条　债务人的出资人可以列席讨论重整计划草案的债权人会议。

《企业破产法》(2004 年 3 月草案 B 版)
第八十五条　债务人的出资人代表可以列席讨论重整计划草案的债权人会议。

《企业破产法》(2004 年 6 月草案)
第八十四条　债务人的出资人代表可以列席讨论重整计划草案的债权人会议。

《企业破产法》(2004 年 10 月草案)
第八十二条　债务人的出资人代表可以列席讨论重整计划草案的债权人会议。

【条文释义】

本条规定债务人的出资人列席债权人会议及其表决权。

从立法史的视角看，本条规范在不同时期基本保持稳定，即不同时期的草案均强调出资人代表列席讨论重整计划债权人会议的权利。但在《企业破产法》三读通过时，加入本条第 2 款，即涉及出资人权益调整时，法院设立出资人组并表决重整计划草案的特别要求。

齐明亦认为，重整程序中债务人的出资人的股权，并不绝对清零；恰恰相反，重整成功与否对于出资人的股权价值影响甚大，通过股权调整方式让战略投资人顺利进入并控制企业，也成为吸引战略投资人进入、确保重整成功的基本法律通道。由此，债务人的出资人必须做出一定的让步，才能提高重整率，防止债务人破产且股权清零的不利后果。③

本条共有 2 款。分款评注如下：

第 1 款："债务人的出资人代表可以列席讨论

---

① 参见齐明：《中国破产法原理与适用》，法律出版社 2017 年版，第 159 页。
② 参见王卫国：《破产法精义》(第 2 版)，法律出版社 2020 年版，第 282—283 页。
③ 参见齐明：《中国破产法原理与适用》，法律出版社 2017 年版，第 159 页。

重整计划草案的债权人会议。"

本款确认债务人的出资人代表列席讨论重整计划草案的债权人会议的权利。

齐明认为,"债务人的出资人代表"出现在这里比较突兀,《企业破产法》并无出资人代表的概念,而"出资人代表"也不同于"出资人","出资人代表"如何获得或者证明自身的代表权,是个大问题,债权人会议理论上可以因此而拒绝"出资人代表"无法证明自己的代表身份而参加债权人会议。①

对于债务人的出资人来说,在破产清算程序中其居于绝对劣势地位,只有在所有债权人都得到清偿后,才可能在出资人之间分配;但在重整程序中,出资人是"利益关系人",重整成功与否,对保全并增进出资人的利益有重大影响,由此出资人既应成为重整程序的参与者,也应成为积极支持者。由此,应该确保债务人的出资人享有对破产重整计划的知情权。

对于这里的"可以列席",在王卫国看来,对于债务人的出资人来说,享有对破产重整计划的知情权并不够,还需要享有建议权。因此,列席会议的债务人的出资人代表,可以就重整计划草案的内容提出询问,也可以对重整计划草案的拯救方案及其他事项发表意见和建议。②

第2款:"重整计划草案涉及出资人权益调整事项,应当设出资人组,对该事项进行表决。"

本款确认,如果重整计划草案涉及出资人权益调整事项,则应当单独设立出资人组,由出资人组讨论并审议重整计划草案。按照王卫国的观点,出资人既能够通过转让股权、融资、追加投资等各种方式,参与到重整进程中,也能够基于私权自治和公平原则,承认他们对重整计划草案中"涉及出资人权益调整事项"的表决权。③

韩传华认为,本款规定对于重整计划的通过和执行十分必要;破产重整实务中最常见的就是债权人或重整投资人放弃权益、追加投资的意愿,与出资人对自身股权的让渡息息相关,由此,给予出资人表决重整计划的权益,是对出资人权益的保障,对于重整计划的顺利执行也大有裨益。④

但本条并未进一步规定出资人组的表决规则及最低人数要求。⑤那么,究竟是仅由股权被调整的出资人参加出资人组并行使表决权,还是所有出资人均进入出资人组并行使表决权?按照韩传华的观点,应该是所有出资人均有权进入出资人组。⑥

但是,按照《企业破产法》第84条第2款设定的表决规则,出资人组表决重整计划草案,同样需要满足"出席会议的同一表决组的债权人过半数同意重整计划草案,并且其所代表的债权额占该组债权总额的三分之二以上"这一条件。这也意味着,出资人组人数越多,出资人组通过法定票数支持重整计划的难度越大。因此,韩传华在支持所有出资人组均应进入出资人组并表决重整计划的同时,也明确表示,出资人组的表决规则应该与《企业破产法》第84条第2款有所差异,应在出资人权益和债权人权益之间取得平衡,甚至建议由债务人权力机构修改公司章程的表决程序。⑦

另外,齐明认为,这一规定并不意味着出资人有权参加债权人会议并行使表决权,因为:第一,出资人归根结底不是债权人,参加债权人会议并行使表决权,名不正、言不顺;第二,《企业破产法》第64条已强调债权人会议的决议效力及于全体债权人,即意味着债权人会议决议不能约束债务人的出资人,出资人的意见也不能约束债权人;第三,无论是债权人会议的决议,还是出资人组的意见,都不能产生调整全体出资人权益的法律效果。⑧

但在《企业破产法》实施过程中,各界对本款的批评越来越激烈,在重整实务中,出资人组往往成为重整计划通过的重要障碍。在2018年6月26日中国政法大学破产法与企业重组研究中心召开的第4期"蓟门破产重整对话"中,与会各方围绕本款产生很大争议。在笔者作为与谈人发言时,曾特别提及我国台湾地区"公司法"中一个特别设置,其或许可以为未来修订《企业破产法》所借鉴。按照我国台湾地区2005年最新修订的"公司法"第302条,在公司重整程序中,"公司无资本净值时,股东组不得行使表决权"。这可能是一个值得借鉴的改进方向。

---

① 参见齐明:《中国破产法原理与适用》,法律出版社2017年版,第160页。
② 参见王卫国:《破产法精义》(第2版),法律出版社2020年版,第284—285页。
③ 参见王卫国:《破产法精义》(第2版),法律出版社2020年版,第284页。
④ 参见韩传华:《企业破产法解析》,人民法院出版社2007年版,第288—289页。
⑤ 参见齐明:《中国破产法原理与适用》,法律出版社2017年版,第160页。
⑥ 参见韩传华:《企业破产法解析》,人民法院出版社2007年版,第291页。
⑦ 参见韩传华:《企业破产法解析》,人民法院出版社2007年版,第291页。
⑧ 参见齐明:《中国破产法原理与适用》,法律出版社2017年版,第127页。

第八十五条

齐明指出,出资人的配合对于重整成功与否也事关重大;因此,齐明建议在破产重整启动时或提交重整计划草案时,即要求债务人企业的原股东出具同意无条件接受股权调整的承诺书,防止随着重整程序进行,出资人表决权筹码越来越重,甚至成为阻碍重整计划通过的障碍物。①

对于这个破产法与公司法交叉难题的处理,齐明提出两个建议:第一,《企业破产法》第85条第2款只规定应当设出资人组,但未规定表决结果的效力;因此在破产实务中,为防止出资人组搭便车甚至阻挠重整,法院可以仅参考出资人组的表决结果,而不作为债权人会议分组表决结果,或者退一步,即便作为债权人会议分组表决结果,法院仍可以动用强制裁定权力通过重整计划;第二,在破产重整计划草拟过程中,由出资人组签署同意接受出资人权益调整承诺书,在破产司法实务中将是否由出资人权益调整承诺作为是否受理重整申请的审查因素之一。②

【关联法律法规及司法政策】

最高人民法院《关于审理上市公司破产重整案件工作座谈会纪要》(2012)

七、关于上市公司破产重整中出资人组的表决

会议认为,出资人组对重整计划草案中涉及出资人权益调整事项的表决,经参与表决的出资人所持表决权三分之二以上通过的,即为该组通过重整计划草案。

考虑到出席表决会议需要耗费一定的人力物力,一些中小投资者可能放弃参加表决会议的权利。为最大限度地保护中小投资者的合法权益,上市公司或者管理人应当提供网络表决的方式,为出资人行使表决权提供便利。关于网络表决权行使的具体方式,可以参照适用中国证券监督管理委员会发布的有关规定。

《民法典》(2020)

第二百五十七条 国家出资的企业,由国务院、地方人民政府依照法律、行政法规规定分别代表国家履行出资人职责,享有出资人权益。

【学理综述】

郑志斌、张婷:《公司重整制度中的股东权益问题》,北京大学出版社2012年版。

这本书聚焦于公司重整过程中股东权益的变化问题,比较深入地结合中文文献探讨这一话题。该书共分4章,分别涉及重整制度对股东地位和股东权的影响、重整中股东对公司控制权的变化、重整程序中股东和债权人的利益博弈和上市公司重整中涉及股东权益的特殊问题。

齐明在《法学》2017年第7期上,发表《我国上市公司重整中出资人权益强制调整的误区与出路》一文。在该文中,作者承认破产重整中对出资人权益方式做调整的必要性,但认为按照现行制度的调整方式存在严重弊端。作者通过观察《企业破产法》实施十年来49家上市公司重整案,发现出资人权益调整存在如下问题:第一,上市公司出资人权益调整直接涉及财产权,其本质是剥夺股东财产权,缺乏法律依据;第二,《企业破产法》实施被偏离立法初衷,不利于健康破产文化的建立;第三,法院出具协助执行通知书的行为,有违司法机构保守、中立的特性。作者认为,形成这种误区的原因既有对破产法功能的误解,也有对公共利益的误读,更有对破产案件处置依据的误用,甚至还有对破产案件中法院功能的误判。由此,作者指出,对于上市公司重整中出资人权益的调整,更为合理的方式有两个:要么通过上市公司收购的方式,完成法律框架内出资人权益的调整;要么通过修改公司章程的方式,通过自力实现出资权益调整;在未来的《企业破产法》修订中,应该修改有关债权人会议决议和重整计划效力的规定。③

张钦昱在《政治与法律》2018年第11期上,发表《公司重整中出资人权益的保护——以出资人委员会为视角》一文。在该文中,作者以2018年7月1日前54起上市公司重整案中24%强裁案为分析范本,发现上市公司出资人在破产重整中面临如下困境:第一,在与债权人的博弈中,出资人权益调整过多;第二,在与重整投资人的博弈中,出资人权益被不公平让渡;第三,在出资人之间的博弈中,中小股东处于弱势地位。作者认为,破产重整程序中,出资权益代表的缺位,是问题核心所在。基于此,作者提出,在破产重整制度重构中,应该设置出资人委员会,实现团结本阶层成员、有效解决运作资金、称职忠诚履行职责、拥有广泛合法权限。就具体权限而言,作者认为应该赋予出资人委员会沟通协调权、参与谈判权、调查

---

① 参见齐明:《中国破产法原理与适用》,法律出版社2017年版,第151页。
② 参见齐明:《中国破产法原理与适用》,法律出版社2017年版,第161页。
③ 参见齐明:《我国上市公司重整中出资人权益强制调整的误区与出路》,载《法学》2017年第5期,第164—173页。

监督权和工作人员任免权等。①

第八十六条 各表决组均通过重整计划草案时,重整计划即为通过。

自重整计划通过之日起十日内,债务人或者管理人应当向人民法院提出批准重整计划的申请。人民法院经审查认为符合本法规定的,应当自收到申请之日起三十日内裁定批准,终止重整程序,并予以公告。

【立法沿革】

《破产法》(1995 年草案)

第一百一十五条 债权人会议通过重整计划草案,依照本法第一百零六条规定的债权分类,分组表决。

出席会议的同一表决组的债权人过半数同意重整计划草案,并且其所代表的债权额占该组已确定债权额的三分之二以上的,即为该组通过重整计划草案。

各组均通过重整计划草案的,重整计划即为通过。

第一百一十八条 在重整计划通过后五日内,管理人应当向人民法院提出批准重整计划的申请。

人民法院收到申请后,经审查认为符合本法规定的,应当裁定批准重整计划。

第一百一十九条 人民法院依本法第一百零三条、第一百一十六条第二款和第一百一十八条第二款作出裁定前,应当开庭审理,听取管理人、监督人、当事人及有关部门和专家的意见。

《企业破产与重整法》(2000 年 6 月草案)

第一百零三条 债权人会议通过重整计划草案,依照本法第九十六条规定的债权分类,分组表决。

出席会议的同一表决组的债权人过半数同意重整计划草案,并且其所代表的债权额占该组已确定债权额的三分之二以上的,即为该组通过重整计划草案。

各组均通过重整计划草案时,重整计划即为通过。

《企业破产与重整法》(2000 年 12 月草案)

第一百零二条 债权人会议通过重整计划草案,依照本法第九十六条规定的债权分类,分组表决。

出席会议的同一表决组的债权人过半数同意重整计划草案,并且其所代表的债权额占该组已确定债权额的三分之二以上的,即为该组通过重整计划草案。

各组均通过重整计划草案时,重整计划即为通过。

《企业破产与重整法》(2001 年 1 月草案)

第一百三十九条 债权人会议通过重整计划草案,依照本法第一百三十三条规定的债权分类,分组表决。

出席会议的同一表决组的债权人过半数同意重整计划草案,并且其所代表的债权额占该组已确定债权额的三分之二以上的,即为该组通过重整计划草案。

各组均通过重整计划草案时,重整计划即为通过。

《企业破产法》(2004 年 3 月草案 A 版)

第八十四条 债权人会议通过重整计划草案,依照本法第八十条规定的债权分类,分组表决。

出席会议的同一表决组的债权人过半数同意重整计划草案,并且其所代表的债权额占该组已确定债权额的三分之二以上的,即为该组通过重整计划草案。

各组均通过重整计划草案时,重整计划即为通过。

《企业破产法》(2004 年 3 月草案 B 版)

第八十六条 债权人会议通过重整计划草案,依照本法第八十二条规定的债权分类,分组表决。

出席会议的同一表决组的债权人过半数同意重整计划草案,并且其所代表的债权额占该组已确定债权额的三分之二以上的,即为该组通过重整计划草案。

各组均通过重整计划草案时,重整计划即为通过。

《企业破产法》(2004 年 6 月草案)

第八十五条 债权人会议通过重整计划草案,依照本法第八十一条规定的债权分类,分组表决。

出席会议的同一表决组的债权人过半数同意重整计划草案,并且其所代表的债权额占该组已确定债权总额的三分之二以上的,即为该组通过重整计划草案。

---

① 参见张钦昱:《公司重整中出资人权益的保护——以出资人委员会为视角》,载《政治与法律》2018 年第 11 期,第 88—101 页。

第八十六条

各组均通过重整计划草案时,重整计划即为通过。

《企业破产法》(2004年10月草案)

第八十三条　债权人会议通过重整计划草案,依照本法第八十条规定的债权分类,分组表决。

出席会议的同一表决组的债权人过半数同意重整计划草案,并且其所代表的债权额占该组已确定债权总额的三分之二以上的,即为该组通过重整计划草案。

第八十四条　债权人会议各表决组均通过重整计划草案时,重整计划即为通过。

在重整计划通过后十日内,债务人或者管理人应当向人民法院提出批准重整计划的申请;人民法院经审查认为符合本法规定的,应当自收到申请之日起三十日内裁定批准,终止重整程序,并予以公告。

【条文释义】

本条规定的是重整计划草案在债权人会议通过和批准规则。

从立法史的视角看,本条在不同时期的草案中变化不大,但简洁程度明显提高。

本条共分2款。分款评注如下:

第1款:"各表决组均通过重整计划草案时,重整计划即为通过。"

本款规定重整计划草案的通过规则,即要求各表决组均通过重整计划草案。

前述《企业破产法》第84条第2款,已设定债权人会议分组表决,且每组"出席会议的同一表决组的债权人过半数同意重整计划草案,并且其所代表的债权额占该组债权总额的三分之二以上"时,即认定该债权人组别通过重整计划草案。而根据本款规定,无论债权人会议在个案中设定多少分组,均需要每个组都通过重整计划草案,重整计划才能在债权人会议通过。这种机制,相当于赋予每个债权人类别组"一票否决"的权利。

第2款:"自重整计划通过之日起十日内,债务人或者管理人应当向人民法院提出批准重整计划的申请。人民法院经审查认为符合本法规定的,应当自收到申请之日起三十日内裁定批准,终止重整程序,并予以公告。"

根据本款规定,只有在债权人会议各债权人类别组均按照《企业破产法》第84条第2款的规定通过重整计划草案的情况下,债务人或者管理人则需要将债权人会议通过的重整计划,提交给法院,由法院予以裁定批准。法院裁定批准的结果是重整程序终止,重整计划进入执行层面。

本款共分2层含义:

第1层:"自重整计划通过之日起十日内,债务人或者管理人应当向人民法院提出批准重整计划的申请。"

根据本层的规定,债权人会议通过重整计划10天之内,债务人或者管理人就应该向法院提出批准重整计划的申请。这里的申请主体,取决于《企业破产法》第80条规定的具体重整模式:如果是债务人自行经营,即由债务人向法院提出批准重整计划的申请;如果是管理人经营,则由管理人提出批准重整计划的申请。

如果我们承认重整计划更接近于交易各方的契约,那么为什么还需要法院批准呢?齐明认为,企业重整关涉甚大,方方面面的利益都被裹挟在其中,债权人会议通过本身,尚不足以为重整计划赢得绝对正当性,因此还需要法院的"加持";这种制度设计,既体现出法院对破产程序的主导,也有利于法院从宏观上掌握重整程序。①

第2层:"人民法院经审查认为符合本法规定的,应当自收到申请之日起三十日内裁定批准,终止重整程序,并予以公告。"

据本层规定,法院在受到债务人或者管理人的批准重整计划申请后,应该立即对重整计划予以审查,并在收到申请之日起30日内裁定批准,终止重整程序并发布公告。

这里面需要明确的细节问题甚多:

第一,"人民法院经审查认为符合本法规定"中,这里的"审查"到底是指审查什么?或者说,这里的"本法规定",到底是指什么规定?

韩传华认为,这里的"本法规定",主要指《企业破产法》规定的程序性规则:如果相关程序合法,法院即应批准重整计划;如果相关程序不合法,法院即视为重整计划未通过而不予批准。②

按照王卫国的观点,法院"审查"的内容,包括如下诸点:(1)根据《企业破产法》第81条,审查重整计划内容是否完备;(2)根据《企业破产法》第82条及第87条第2款,审查重整计划债权分类及清偿方案是否合法、公平;(3)根据《企业破产法》第84条第3款,审查重整计划准备人是否如实、充分向债权人会议做出说明;(4)根据《企业破产法》第85条,审查重整计划涉及出资人

---

① 参见齐明:《中国破产法原理与适用》,法律出版社2017年版,第163页。
② 参见韩传华:《企业破产法解析》,人民法院出版社2007年版,第292—293页。

权益调整时,是否单设出资人组并由其通过重整计划;(5)根据《企业破产法》第59—66条,审查债权人会议的召开、议事等是否合法;(6)根据《企业破产法》第84条第2款及第85条,审查债权人会议下各债权人类别组表决的票数是否符合法定要求;(7)审查重整计划草案与最终通过的重整计划,有无实质性变更。①

齐明亦强调,合法性是法院从形式上审查重整计划的重要因素,具体既包括对《企业破产法》相关规则和原则的审查,也包括对非破产法相关规则和法律的审查。②

2018年3月6日,最高人民法院发布《全国法院破产审判工作会议纪要》,其中提及"重整计划的审查与批准",对于法院审查和裁定批准重整计划事宜,做出如下论述:"重整不限于债务减免和财务调整,重整的重点是维持企业的营运价值。人民法院在审查重整计划时,除合法性审查外,还应审查其中的经营方案是否具有可行性。重整计划中关于企业重新获得盈利能力的经营方案具有可行性、表决程序合法、内容不损害各表决组中反对者的清偿利益的,人民法院应当自收到申请之日起三十日内裁定批准重整计划。"

第二,法院裁定批准重整计划之后,会产生什么样的法律效果呢?按照王卫国的概括,至少包括如下4点:第一,重整计划生效,按照《企业破产法》第92条,对债务人及所有债权人产生约束力;第二,重整程序终止,相关营业保护措施不再适用,重整计划进入执行阶段;第三,除非重整计划另有安排,破产程序对债权行使的冻结效力仍然有效,债务人不得在重整计划之外对个别债权人进行清偿,债权人也不得采取个体行动追债、保全或者执行;第四,除非重整计划另有减免利息的安排,《企业破产法》第46条规定的停止计息条款失效,债务人需要按照市场规则为融资支付对应成本。③

齐明特别强调,法院批准重整计划并不意味着债务人企业已获得拯救,仅仅意味着破产重整程序的终结,意味着债务人企业躲过一劫,成功化解迫在眉睫的债务危机;债务人企业能否真正凤凰涅槃,更多取决于《企业破产法》之外重整计划的执行情况。④

【关联法律法规及司法政策】

最高人民法院《全国法院破产审判工作会议纪要》(2018)

17. 重整计划的审查与批准。重整不限于债务减免和财务调整,重整的重点是维持企业的营运价值。人民法院在审查重整计划时,除合法性审查外,还应审查其中的经营方案是否具有可行性。重整计划中关于企业重新获得盈利能力的经营方案具有可行性、表决程序合法、内容不损害各表决组中反对者的清偿利益的,人民法院应当自收到申请之日起三十日内裁定批准重整计划。

第八十七条 部分表决组未通过重整计划草案的,债务人或者管理人可以同未通过重整计划草案的表决组协商。该表决组可以在协商后再表决一次。双方协商的结果不得损害其他表决组的利益。

未通过重整计划草案的表决组拒绝再次表决或者再次表决仍未通过重整计划草案,但重整计划草案符合下列条件的,债务人或者管理人可以申请人民法院批准重整计划草案:

(一)按照重整计划草案,本法第八十二条第一款第一项所列债权就该特定财产将获得全额清偿,其因延期清偿所受的损失将得到公平补偿,并且其担保权未受到实质性损害,或者该表决组已经通过重整计划草案;

(二)按照重整计划草案,本法第八十二条第一款第二项、第三项所列债权将获得全额清偿,或者相应表决组已经通过重整计划草案;

(三)按照重整计划草案,普通债权所获得的清偿比例,不低于其在重整计划草案被提请批准时依照破产清算程序所能获得的清偿比例,或者该表决组已经通过重整计划草案;

(四)重整计划草案对出资人权益的调整公平、公正,或者出资人组已经通过重整计划草案;

(五)重整计划草案公平对待同一表决组的成员,并且所规定的债权清偿顺序不违反本法第一百一十三条的规定;

(六)债务人的经营方案具有可行性。

人民法院经审查认为重整计划草案符合前款规定的,应当自收到申请之日起三十日内裁定批准,终止重整程序,并予以公告。

【立法沿革】

《破产法》(1995年草案)

第一百一十六条 重整计划未通过的,管理

---

① 参见王卫国:《破产法精义》(第2版),法律出版社2020年版,第286—287页。
② 参见齐明:《中国破产法原理与适用》,法律出版社2017年版,第162—163页。
③ 参见王卫国:《破产法精义》(第2版),法律出版社2020年版,第287—288页。
④ 参见齐明:《中国破产法原理与适用》,法律出版社2017年版,第163页。

第八十七条

人可以与未通过重整计划的表决组协商。该表决组可以在协商以后再行表决一次。双方在协商中达成的妥协，不得损害其他表决组的利益。

管理人与未通过重整计划的表决组协商以后，该表决组再行表决仍未通过重整计划的，管理人、债务人所在地市、县人民政府或者债务人的行业主管部门可以申请人民法院批准重整计划。重整计划符合以下条件的，人民法院应当裁定批准：

（一）按照重整计划，有财产担保的债权将获得全额清偿，其因延期清偿所受的损失将得到公平的补偿，并且其担保权未受到实质性的损害，但是，有财产担保的债权组已经通过的重整计划另有规定的，从其规定；

（二）按照重整计划，劳动债权和税款请求权将获得全额清偿，或者经调整后的清偿比例已经获得相应表决组的通过；

（三）无担保的债权依照重整计划所应获得的清偿比例，不低于无担保的债权在重整计划被提请批准时依照破产清算程序所能获得的清偿比例；

（四）重整计划规定的债权清偿顺序，不违反本法第一百零六条的规定；

（五）重整计划的企业复兴方案具有可行性，并且不违反国家的产业政策。

《企业破产与重整法》（2000年6月草案）

第一百零四条　债权人会议没有通过重整计划草案的，人民法院应当裁定终止重整程序，宣告债务人破产。

第一百零五条　在重整计划通过后十五日内，管理人应当向人民法院提出批准重整计划的申请。

人民法院收到申请后，经审查认为符合本法规定的，应当裁定批准重整计划。

第一百零六条　人民法院依本法第一百零五条第二款作出裁定前，应当开庭审理，听取管理人、监督人、当事人及有关部门和专家的意见。

《企业破产与重整法》（2000年12月草案）

第一百零三条　重整计划未获通过的，管理人可以同未通过重整计划的表决组协商。该表决组可以在协商以后再行表决一次。双方在协商中达成的妥协，不得损害其他表决组的利益。

管理人与未通过重整计划的表决组协商以后，该表决组再行表决仍未通过重整计划的，债务人的出资人事先承诺满足下列条件的，债务人的出资人可以申请人民法院批准重整计划：

（一）按照重整计划，有财产担保的债权将获得全额清偿，其因延期清偿所受的损失将得到公平的补偿，并且其担保权未受到实质性的损害，但是，有财产担保的债权组已经通过的重整计划另有规定的，从其规定；

（二）按照重整计划，劳动债权和税款请求权将获得全额清偿，或者经调整后的清偿比例已经获得相应表决组的通过。

（三）无担保的债权依照重整计划所获得的清偿比例，不低于无担保的债权在重整计划被提请批准时依照破产清算程序所能获得的清偿比例；

（四）重整计划规定的债权清偿顺序，不违反本法第九十六条的规定；

（五）重整计划的企业挽救方案具有真实可行性，并且符合国家产业政策。

人民法院对债务人的出资人的申请进行审查后，应当予以裁定批准。

第一百零五条　在重整计划通过后十日内，管理人应当向人民法院提出批准重整计划的申请。

人民法院收到申请后，经审查认为符合本法规定的，应当裁定批准重整计划。

第一百零六条　人民法院依本法第一百零五条第二款作出裁定前，应当开庭审理，听取管理人、监督人、当事人及有关部门和专家的意见。

第一百零七条　人民法院经审查认为重整计划不符合本法规定的，应当裁定驳回批准重整计划的申请。

人民法院裁定驳回批准重整计划的申请后，债务人有本法第三条规定的情形的，应当宣告债务人破产；债务人不具有本法第三条规定情形的，应当裁定终结破产案件。

第一百零八条　人民法院裁定批准重整计划时，应当通知管理人向重整执行人办理债务人的财产和管理事务的移交。重整执行人自人民法院裁定批准重整计划之日起执行职务。管理人自人民法院裁定批准重整计划之日起，终止执行职务。

《企业破产与重整法》（2001年1月草案）

第一百四十条　重整计划未获通过的，管理人可以同未通过重整计划的表决组协商。该表决组可以在协商以后再行表决一次。双方在协商中达成的妥协，不得损害其他表决组的利益。

管理人与未通过重整计划的表决组协商以后，该表决组再行表决仍未通过重整计划，但重整计划符合下列条件的，管理人可以申请人民法院批准重整计划：

（一）按照重整计划，有财产担保的债权将获得全额清偿，其因延期清偿所受的损失将得到公

平的补偿,并且其担保权未受到实质性的损害,但是,有财产担保的债权组已经通过的重整计划另有规定的,从其规定;

(二)按照重整计划,劳动债权和税款请求权将获得全额清偿,或者经调整后的清偿比例已经获得相应表决组的通过。

(三)无担保的债权依照重整计划所获得的清偿比例,不低于无担保的债权在重整计划被提请批准时依照破产清算程序所能获得的清偿比例;

(四)重整计划规定的债权清偿顺序,不违反本法第一百三十三条的规定;

(五)重整企业的经营方案具有可行性。

人民法院对管理人的申请进行审查后认为符合上述规定的,应当裁定批准。

《企业破产法》(2004年3月草案A版)

第八十五条　重整计划草案未获通过的,管理人可以同未通过重整计划的表决组协商。该表决组可以在协商以后再行表决一次。双方在协商中达成的妥协,不得损害其他表决组的利益。

管理人与未通过重整计划的表决组协商以后,该表决组再行表决仍未通过重整计划草案,但重整计划草案符合下列条件的,管理人可以申请人民法院批准重整计划:

(一)按照重整计划,有财产担保的债权将获得全额清偿,其因延期清偿所受的损失将得到公平的补偿,并且其担保权未受到实质性的损害,但是,有财产担保的债权组已经通过的重整计划另有规定的,从其规定;

(二)按照重整计划,劳动债权和税款请求权将获得全额清偿,或者经调整后的清偿比例已经获得相应表决组的通过;

(三)无担保的债权依照重整计划所获得的清偿比例,不低于无担保的债权在重整计划被提请批准时依照破产清算程序所能获得的清偿比例;

(四)重整计划规定的债权清偿顺序,不违反本法第八十条的规定;

(五)重整企业的经营方案具有可行性。

人民法院对管理人的申请进行审查后认为符合上述规定的,应当裁定批准。

《企业破产法》(2004年3月草案B版)

第八十七条　重整计划草案未获通过的,债务人或者管理人可以同未通过重整计划草案的表决组协商。该表决组可以在协商以后再行表决一次。双方在协商中达成的妥协,不得损害其他表决组的利益。

债务人或者管理人与未通过重整计划草案的表决组协商以后,该表决组再行表决仍未通过重整计划草案,但重整计划草案符合下列条件的,债务人或者管理人可以申请人民法院批准重整计划草案:

(一)按照重整计划草案,有财产担保的债权将获得全额清偿,其因延期清偿所受的损失将得到公平的补偿,并且其担保权未受到实质性的损害,但是,有财产担保的债权组已经通过的重整计划草案另有规定的,从其规定;

(二)按照重整计划草案,劳动债权和税款请求权将获得全额清偿,或者经调整后的清偿比例已经获得相应表决组的通过。

(三)无担保的债权依照重整计划草案所获得的清偿比例,不低于无担保的债权在重整计划草案被提请批准时依照破产清算程序所能获得的清偿比例;

(四)重整计划草案规定的债权清偿顺序,不违反本法第八十条的规定;

(五)重整企业的经营方案具有可行性。

人民法院对管理人的申请进行审查后认为符合上述规定的,应当在三十日内裁定批准。

《企业破产法》(2004年6月草案)

第八十六条　重整计划草案未获通过的,债务人或者管理人可以同未通过重整计划草案的表决组协商。该表决组可以在协商后再行表决一次。双方在协商中达成的妥协,不得损害其他表决组的利益。

债务人或者管理人与未通过重整计划草案的表决组协商以后,该表决组再行表决仍未通过重整计划草案,但重整计划草案符合下列条件的,债务人或者管理人可以申请人民法院批准重整计划草案:

(一)按照重整计划草案,有财产担保的债权将获得全额清偿,其因延期清偿所受的损失将得到公平的补偿,并且其担保权未受到实质性的损害,但是,有财产担保的债权组已经通过的重整计划草案另有规定的,从其规定;

(二)按照重整计划草案,劳动债权和税款请求权将获得全额清偿,或者经调整后的清偿比例已经获得相应表决组的通过;

(三)无担保的债权依照重整计划草案所获得的清偿比例,不低于无担保的债权在重整计划草案被提请批准时依照破产清算程序所能获得的清偿比例;

(四)重整计划草案规定的债权清偿顺序,不违反本法第八十一条的规定;

（五）重整企业的经营方案具有可行性。

人民法院对债务人或者管理人的申请进行审查后认为符合上述规定的，应当在三十日内裁定批准。

《企业破产法》（2004年10月草案）

第八十五条　重整计划草案未获通过的，债务人或者管理人可以同未通过重整计划草案的表决组协商。该表决组可以在协商后再行表决一次。双方在协商中达成的妥协，不得损害其他表决组的利益。

债务人或者管理人与未通过重整计划草案的表决组协商后，该表决组再行表决仍未通过重整计划草案，但重整计划草案符合下列条件的，债务人或者管理人可以申请人民法院批准重整计划草案：

（一）按照重整计划草案，本法第八十条第一项所列债权将获得全额清偿，其因延期清偿所受的损失亦将得到公平补偿，并且其担保权或者优先权并未受到实质性损害，但是，该项债权表决组已经通过的重整计划草案另有规定的，从其规定；

（二）按照重整计划草案，本法第八十条第二项、第三项所列债权将获得全额清偿，或者经调整后的清偿比例已经获得相应表决组的通过；

（三）普通债权依照重整计划草案所获得的清偿比例，不低于普通债权在重整计划草案被提请批准时依照破产清算程序所能获得的清偿比例；

（四）重整计划草案规定的债权清偿顺序，不违反本法破产清算程序中债权清偿顺序的规定；

（五）重整企业的经营方案具有可行性。

人民法院对债务人或者管理人的申请进行审查后认为符合前款规定的，应当自收到申请之日起三十日内裁定批准，终止重整程序，并予以公告。

【条文释义】

本条规定了重整计划的二次表决和强制批准事宜。

从立法史的角度看，本条在不同时期的草案中变化较大。一方面涉及强制批准的条件时，加入出资人权益调整的公平、公正条款。另一方面，则涉及法院收到审查申请后批准重整计划的期限，早期未予明确规定，而中后期明确将其限定为30日。

本条可以说是《企业破产法》设计最为烦琐的一个条款，而且在《企业破产法》实施过程中，有关这一条的争议亦最为明显。齐明认为，站在立法者的角度，本条规定既体现出立法者鼓励重整的倾向，也表现出立法者的犹疑，因此又设定了二次表决、强制批准等补充措施。①

2018年3月6日，最高人民法院发布《全国法院破产审判工作会议纪要》，其中特别论及法院对重整计划草案的强制批准，"人民法院应当慎重适用企业破产法第八十七条第二款，不得滥用强制批准权。确需强制批准重整计划草案的，重整计划草案除应当符合企业破产法第八十七条第二款规定外，如债权人分多组的，还应当至少有一组已经通过重整计划草案，且各表决组中反对者能够获得的清偿利益不低于依照破产清算程序所能获得的利益"。

本条共分3款。分款评注如下：

第1款："部分表决组未通过重整计划草案的，债务人或者管理人可以同未通过重整计划草案的表决组协商。该表决组可以在协商后再表决一次。双方协商的结果不得损害其他表决组的利益。"

本款规定的是重整计划草案的二次表决。根据本款规定，如果个别债权人组别未通过重整计划草案，负责债务人企业经营的债务人或者管理人，可以同该组协商，并在协商后由该组进行二次表决。二次表决有效的前提之一是不影响其他表决组的利益。

王卫国指出，"可以"二字体现出本款作为任意性规定的特色，重整计划草案的制作人应该在启动二次表决程序前，对重整计划在相应组别通过的可能性有一定预判，并在此基础上在不损及其他债权人组别的前提下，根据与相应组别谈判的结果，调整重整计划草案，提交二次表决。② 由此，债务人或管理人此时其实有两个选项：一个选项是遵照《企业破产法》第86条，确认重整计划草案未获得债权人会议通过，放弃重整，向法院申请终止重整程序，宣告债务人破产；另一个选项，即启动与个别组别的协商与谈判、调整重整计划草案，交付二次表决。

本款共分3层含义：

第1层："部分表决组未通过重整计划草案的，债务人或者管理人可以同未通过重整计划草案的表决组协商。"

本层确认债务人或者管理人在部分表决组未

---

① 参见齐明：《中国破产法原理与适用》，法律出版社2017年版，第164页。
② 参见王卫国：《破产法精义》（第2版），法律出版社2020年版，第289页。

通过重整计划草案时的协商选择权。王卫国指出，这种协商往往意味着重整计划的起草者在听取相应组别债权人意见后，对重整计划中涉及该组别的债权人权益有所调整，比如提高清偿率、缩短偿还期限等；当然重整计划的起草者也可以不改变重整计划草案，而说服相关类别组债权人接受重整计划草案并重新表决。①

第2层："该表决组可以在协商后再表决一次。"

本层确认，如果不分表决组未通过重整计划草案，债务人或管理人可以同相关组别协商，然后请该表决组再次表决重整计划草案。

二次表决可能会有两种结果：一种是维持原来的结果，即该组不通过重整计划草案；在这种情况下，根据《企业破产法》第86条第1款，重整计划未获得债权人会议通过，债务人或者管理人只能要么向法院申请终止重整程序，宣告债务人破产，要么向法院申请强制批准重整计划。另一种是改变原来的结果，即通过重整计划草案；在这种情况下，根据《企业破产法》第86条第1款，重整计划获得债权人会议通过，接下来债务人或者管理人应该根据《企业破产法》第86条第2款，向法院申请批准重整计划。

需要特别明确的是，在重整计划草案未获得相关债权人类别组通过时，相关类别组对重整计划草案"再表决一次"的机会，有且仅有一次。这也就是说，如果该类别债权人组仍旧未通过重整计划，那债务人也好，管理人也好，不可能再与该类别组债权人协商，而只能将申请交到法院。②按照前述分析，管理人或者债务人可以申请终止重整程序、宣告债务人破产，也可以申请法院强制批准重整计划。

第3层："双方协商的结果不得损害其他表决组的利益。"

本层确认这样的原则，即债务人或管理人与首次表决未通过重整计划草案的表决组协商，无论如何，需要固守底线，即不得损害其他表决组的利益。

对于这里的"损害其他表决组的利益"，通常包括诸如改变清偿顺序、降低其他债权人类别组清偿待遇、赋予本表决组特别清偿优待并实质性减少其他类别组清偿优待、在债转股过程中造成

实质不平等。③

齐明认为，如果债务人财产总额已确定，个别债权人组别清偿率的提高，必然会导致其他债权人组别清偿率的降低；这种情况下，要想让双方协商成功并且不损害其他表决组的利益，唯一的方式便是战略投资人加大投资力度。④

第2款："未通过重整计划草案的表决组拒绝再次表决或者再次表决仍未通过重整计划草案，但重整计划草案符合下列条件的，债务人或者管理人可以申请人民法院批准重整计划草案：（一）按照重整计划草案，本法第八十二条第一款第一项所列债权就该特定财产将获得全额清偿，其因延期清偿所受的损失将得到公平补偿，并且其担保权未受到实质性损害，或者该表决组已经通过重整计划草案；（二）按照重整计划草案，本法第八十二条第一款第二项、第三项所列债权将获得全额清偿，或者相应表决组已经通过重整计划草案；（三）按照重整计划草案，普通债权所获得的清偿比例，不低于其在重整计划草案被提请批准时依照破产清算程序所能获得的清偿比例，或者该表决组已经通过重整计划草案；（四）重整计划草案对出资人权益的调整公平、公正，或者出资人组已经通过重整计划草案；（五）重整计划草案公平对待同一表决组的成员，并且所规定的债权清偿顺序不违反本法第一百一十三条的规定；（六）债务人的经营方案具有可行性。"

本款规定的是法院对重整计划的强制批准制度，即在所有表决组未全部通过重整计划的前提下，法院应管理人或债务人的申请，审查重整计划草案并在其符合特定情境的前提下，忽略反对重整计划草案债权人类别组的意见，强制批准重整计划。

据韩传华概括，法院强制批准重整计划，需要具备如下前提性条件：第一，已有部分表决通过重整计划；第二，首次表决未通过重整计划的表决组，拒绝再次表决或者再次表决时仍未通过；第三，经管主体向法院提出强制批准的申请。⑤

按照王卫国的观点，法院强制批准重整计划制度的理论依据在于清算检验标准，即债权人按照重整计划获得的清偿，不能低于债权人在破产清算情况下获得的清偿。按照该标准，除非债权人自愿放弃，如果重整中债权人清偿低于破产清

---

① 参见王卫国：《破产法精义》（第2版），法律出版社2020年版，第289页。
② 参见王卫国：《破产法精义》（第2版），法律出版社2020年版，第289页。
③ 参见王卫国：《破产法精义》（第2版），法律出版社2020年版，第289页。
④ 参见齐明：《中国破产法原理与适用》，法律出版社2017年版，第163页。
⑤ 参见韩传华：《企业破产法解析》，人民法院出版社2007年版，第294页。

算下的清偿,法院不能也无须强制批准重整计划;如果重整中债权人清偿高于破产清算下的清偿,法院则应积极拯救债务人,最终获得债权人利益不减损且其他利害关系人利益获得更好保护的结果。①

齐明亦认为,强制批准制度有其必要性,对于特定主体破产重整事宜来说尤其如此;设定强制批准制度,可以让法院在重整最后阶段,能够筛选进入破产程序的企业,甄别债务人企业是否有拯救的必要,维护社会公共利益,防止社会资源的浪费。②

这里的"拒绝表决"是后来加入的限定。韩传华指出,鉴于在未通过重整计划的表决组拒绝再次表决时,强裁规则可能陷入无法适用的困境,因此有必要加入"拒绝表决"这一限定。③

对于法院强制批准权力来说,存在滥用风险。如何让强制批准权力的行使限制在特定的限度和范围内,既考验《企业破产法》立法者,也考验一线破产法官。齐明认为,法院的强制批准权应该依法行使,而不能假借维护公共利益,侵害破产利害关系人的权利;尤其应该以债权人会议通过、法院批准为常规,以债权人会议通不过、法院强制批准为例外,而不能动不动就行使强制裁定权,将法院的意志强加给债权人乃至债务人。④

本款对于法院强制批准重整计划的理由,共列举6项:

(一)按照重整计划草案,本法第八十二条第一款第一项所列债权就该特定财产将获得全额清偿,其因延期清偿所受的损失将得到公平补偿,并且其担保权未受到实质性损害,或者该表决组已经通过重整计划草案

这里的"本法第八十二条第一款第一项所列债权",亦即担保债权。

在破产清算程序中,原则上担保债权可以通过担保物的变现,获得全额清偿。那么在重整程序中,如果担保债权组本身就通过重整计划草案,或者重整计划草案满足如下三个条件:第一,重整计划草案能够保证担保债权人获得全额清偿;第二,根据《企业破产法》第75条,担保债权人因重整程序而延期清偿所受的损失能够得到公平补偿;第三,担保债权在重整计划草案中并未受到实质性损害,那么,法院可以强制批准重整计划草案。

对于这里延期清偿的补偿,韩传华认为,即担保债权因重整程序启动和重整计划执行而发生的延期清偿的补偿。但如果按照这种理解,将使得重整计划制定主体陷入两难境地:根据《企业破产法》第46条第2款规定的破产止息规则,担保债权自然不应该受到延期清偿补偿;而如果担保债权得不到延期清偿补偿,则又可能导致第1项强裁规则落空。合理的解决方案应该是将担保债权排除在破产债权之外,同时将担保财产排除在债务人财产之外,那么此时对于担保债权的合理补偿,就会显得名正言顺;或者将破产止息规则作为担保债权延期清偿补偿规则的例外规则。⑤

王卫国指出,实践中担保债权组反对重整的主要诱因,多来自破产清算程序带来的现金诱惑——无论是破产清算程序还是重整程序,担保债权人的利益基本都能得到全额保障,但相比之下,破产清算程序往往能够给担保债权人带来现实而即刻的现金利益,因此担保债权人们往往倾向于短平快的破产清算程序,而不倾向于旷日持久的重整程序;在这种情况下,如果债务人的确有复兴希望,担保债权人的倾向,无疑会与其他债权人利益乃至社会利益发生冲突,因此如果重整计划草案满足前述三点条件,法院就可以考虑忽略担保债权人的短期利益,而采取强制批准手段,通过重整计划,实现重整制度价值的最大化。⑥

(二)按照重整计划草案,本法第八十二条第一款第二项、第三项所列债权将获得全额清偿,或者相应表决组已经通过重整计划草案

这里的"本法第八十二条第一款第二项、第三项所列债权",即职工债权和税收债权。

按照本项规定,如果重整计划草案中职工债权、税收债权都能得到全额满足,那么在重整计划草案送交债权人会议审议表决时,能够通过重整计划草案更好;假如通不过,鉴于职工债权人、税收债权人的核心利益都得到重整计划草案保障,法院则可以考虑重整价值的最大化,强制批准重整计划。

对于这里的"获得全额清偿",王卫国指出,对于职工债权来说,"获得全额清偿"意味着可能

---

① 参见王卫国:《破产法精义》(第2版),法律出版社2020年版,第290页。
② 参见齐明:《中国破产法原理与适用》,法律出版社2017年版,第164—165页。
③ 参见韩传华:《企业破产法解析》,人民法院出版社2007年版,第293页。
④ 参见齐明:《中国破产法原理与适用》,法律出版社2017年版,第165页。
⑤ 参见韩传华:《企业破产法解析》,人民法院出版社2007年版,第295页。
⑥ 参见王卫国:《破产法精义》(第2版),法律出版社2020年版,第290—291页。

会是货币清偿,也可能会是股份、实物等非货币形态的清偿;而对于税收债权人来说,"获得全额清偿"意味着必然是全额获得货币清偿,当然这里"获得全额清偿",可能会有延期、分期等安排,并不必然意味着即刻"获得全额清偿"①。

齐明指出,按照破产法绝对优先原则,职工债权和税收债权如果无法得到清偿,后续的普通债权则更不可能得到清偿;这也就是说,提高重整成功率的法门便在于,全额清偿职工债权和税收债权,确保这两项债权组能够通过重整计划,同时尽可能提高普通债权的清偿率,由此,战略投资人需要在预算中为职工债权、税收债权做足预算,而不应冀望于通过谈判调整这两项债权。②

当然,根据本项规定,即便职工债权和税收债权组未得到全额清偿,但相应组别已经通过未全额清偿的债权清偿方案,那么无论是对职工债权的处理方案,还是对税收债权的处理方案,均视为符合条件。③

(三)按照重整计划草案,普通债权所获得的清偿比例,不低于其在重整计划草案被提请批准时依照破产清算程序所能获得的清偿比例,或者该表决组已经通过重整计划草案

本项以清算标准为衡量重整计划草案合理性的依据;这种依据是说服普通债权人组别的前提,是重整计划的起草者对债务人做清算分析,并向普通债权组所有债权人公布提供分析的相关数据,确保破产财产估值合理,同时赋予相关债权人必要的异议权。④

在上述前提下,按照本项规定,如果普通债权在重整中的清偿比例,不低于其在破产清算中的清偿比例,也就是等于或者高于普通债权人在破产清算中的清偿率,那么无论普通债权组是否通过重整计划,法院都可以强制批准重整计划。

这里普通债权的清偿应该如何测算呢?韩传华提出了普通债权清偿测算公式:

普通债权在破产清算中的清偿比例=(优先清偿担保债权清偿后破产债权财产-破产费用-共益债务-职工债权-税收债权)/全部普通债权⑤

这里需要注意的问题是,重整中普通债权的清偿率是否确实高于破产清算中普通债权的清偿率。齐明指出,如果重整中战略投资人带来的新投资安排有问题,或者战略投资人带来的新投资数额有限且未能足额清偿职工债权或是回收债权,就会导致普通债权清偿率未能有实质性提高。⑥

(四)重整计划草案对出资人权益的调整公平、公正,或者出资人组已经通过重整计划草案

对于拯救困境企业,引入现金、增强流动性,往往是首要重任。重整计划多涉及引入新的投资方,而给予新投资方一定的股份往往成为吸引新投资方参与重整程序的重要对价之一,这也就意味着重整程序在很大程度上需要对股权结构做出调整。在这种情况下,根据《企业破产法》第85条,需要单独设立出资人组,表决重整计划草案。

按理说,除非万不得已,否则没有人会愿意自身权益无端受损,债务人的出资人概莫能外。在这种情形下,要么出资人组已通过重整计划草案,要么重整计划草案能够公平、公正地调整出资人的权益,法院才可以强制批准重整计划。

这里的"重整计划草案对出资人权益的调整公平、公正",需要法院综合所有情况自由裁量。⑦韩传华也认可这一点,他认为这一原则很抽象,事实上赋予法院必要的自由裁量权;而法院行使这一自由裁量权的前提,则是债权人的利益是否实现真正最大化、债务人能否被拯救,而非出资人权益保障问题。⑧ 齐明认为,这是《企业破产法》再次模糊处理出资人利益与债权人利益的冲突,赋予法院按照公平、公正的原则来权衡:所谓公平,即在所有出资人之间设定统一调整标准;所谓公正,则需要在重整投资方的利益获得和出资人的利益让与方面较好平衡。⑨

(五)重整计划草案公平对待同一表决组的成员,并且所规定的债权清偿顺序不违反本法第130条的规定

平等受偿是破产法的核心原则。由这个原则,衍生出很多子原则,构成破产法的基本框架。重整程序涉及债务人的拯救,更涉及债权人权利的实现,同样需要贯彻和落实破产法的平等受偿

---

① 参见王卫国:《破产法精义》(第 2 版),法律出版社 2020 年版,第 291 页。
② 参见齐明:《中国破产法原理与适用》,法律出版社 2017 年版,第 165 页。
③ 参见韩传华:《企业破产法解析》,人民法院出版社 2007 年版,第 295—296 页。
④ 参见王卫国:《破产法精义》(第 2 版),法律出版社 2020 年版,第 291 页。
⑤ 参见韩传华:《企业破产法解析》,人民法院出版社 2007 年版,第 296 页。
⑥ 参见齐明:《中国破产法原理与适用》,法律出版社 2017 年版,第 165—166 页。
⑦ 参见王卫国:《破产法精义》(第 2 版),法律出版社 2020 年版,第 292 页。
⑧ 参见韩传华:《企业破产法解析》,人民法院出版社 2007 年版,第 297 页。
⑨ 参见齐明:《中国破产法原理与适用》,法律出版社 2017 年版,第 166 页。

原则。

按照王卫国的解读,重整程序中贯彻平等、公平原则,有如下诸点:第一,对同一性质、处于同一顺位的债权人,在重整计划中应公平对待;第二,重整计划草案对不同表决组的清偿顺序,不得以违反《企业破产法》第113条规定的破产清算清偿顺位。① 本项即是法院在强制批准重整计划时需要重点、综合考虑的因素。

对于这里的"公平",齐明认为,即重整计划应在坚持绝对优先原则的前提下,在形式上保证基本公平,尤其是债权清偿比例的设定,在不区分小额债权组的情况下,应尽量确保普通债权组相同类型债权设定相同的清偿规则和比率,由此假定该类公平已获得公平对待。②

(六)债务人的经营方案具有可行性

王卫国认为,"债务人的经营方案具有可行性"是评价重整计划的最重要因素,更多是从商业角度做出能否拯救债务人的判断,而非单纯的法律判断,由此也需要更多地听取商业专家的意见;另外,经营方案是否有可行性,取决于很多因素,不可预期、不可控制的因素太多,因此不能要求绝对准确,也不必苛求,必要时法院甚至可以求助于学者或者召开听证会。③

对于这里的"可行性",韩传华认为,取决于重整计划草案对经营方案的说明,以及债务人执行这一经营方案应当具有的财产能力和经营能力。④ 按照齐明的观点,应该理解为重整计划确定的经营方案,具有基本可操作性,防止虚假重整。⑤

第3款:"人民法院经审查认为重整计划草案符合前款规定的,应当自收到申请之日起三十日内裁定批准,终止重整程序,并予以公告。"

本款规定,如果法院审查重整计划草案后,认为符合《企业破产法》第87条第2款规定,可以在收到破产重整计划30日内,裁定批准重整计划,终止重整程序并发布公告。

理解本款,需要特别注意"人民法院经审查认为重整计划草案符合前款规定"这一表述。这亦即是说,《企业破产法》第87条第2款列举的6个条件必须全部满足,法院才能强制批准重整计划。⑥

对于这里的"并予以公告",也需要特别留意。齐明认为,终止重整程序的公告应该与受理企业破产申请的公告对应,意味着债务人企业不再处于破产程序中,重新获得管理人监督下的企业经营自主权,可以重新启动公司印章、财务印章、公司法定代表人亦将取代管理人,重新获得完全行为能力。⑦ 这里的"公告",相当于法院对债务人企业回归基本常态的公开告示;如果没有管理人监督这一特色,那么债务人企业将获得与常态公司完全一致的行为能力。

【关联法律法规及司法政策】

最高人民法院《关于正确审理企业破产案件为维护市场经济秩序提供司法保障若干问题的意见》(2009)

7. 人民法院适用强制批准裁量权挽救危困企业时,要保证反对重整计划草案的债权人或者出资人在重整中至少可以获得在破产清算中本可获得的清偿。对于重整计划草案被请求批准时依照破产清算程序所能获得的清偿比例的确定,应充分考虑其计算方法是否科学、客观、准确,是否充分保护了利害关系人的应有利益。人民法院要严格审查重整计划草案,综合考虑社会公共利益,积极审慎适用裁量权。对不符合强制批准条件的,不能借挽救企业之名违法审批。上级人民法院要肩负起监督职责,对利害关系人就重整程序中反映的问题要进行认真审查,问题属实的,要及时予以纠正。

最高人民法院《全国法院破产审判工作会议纪要》(2018)

17. 重整计划的审查与批准。重整不限于债务减免和财务调整,重整的重点是维持企业的营运价值。人民法院在审查重整计划时,除合法性审查外,还应审查其中的经营方案是否具有可行性。重整计划中关于企业重新获得盈利能力的经营方案具有可行性、表决程序合法、内容不损害各表决组中反对者的清偿利益的,人民法院应当自收到申请之日起三十日内裁定批准重整计划。

18. 重整计划草案强制批准的条件。人民法

---

① 参见王卫国:《破产法精义》(第2版),法律出版社2020年版,第292页。
② 参见齐明:《中国破产法原理与适用》,法律出版社2017年版,第166页。
③ 参见王卫国:《破产法精义》(第2版),法律出版社2020年版,第292页。
④ 参见韩传华:《企业破产法解析》,人民法院出版社2007年版,第298页。
⑤ 参见齐明:《中国破产法原理与适用》,法律出版社2017年版,第166页。
⑥ 参见齐明:《中国破产法原理与适用》,法律出版社2017年版,第165页。
⑦ 参见齐明:《中国破产法原理与适用》,法律出版社2017年版,第166—167页。

院应当审慎适用企业破产法第八十七条第二款，不得滥用强制批准权。确需强制批准重整计划草案的，重整计划草案除应当符合企业破产法第八十七条第二款规定外，如债权人分多组的，还应当至少有一组已经通过重整计划草案，且各表决组中反对者能够获得的清偿利益不低于依照破产清算程序所能获得的利益。

【裁判要旨】
案例
庄吉集团重整案
法院：浙江省温州市中级人民法院
案号：（2015）浙温破字第16-4号、17-4号、18-6号、（2016）浙03民破12-4号
事实：2016年3月17日，庄吉集团有限公司、温州庄吉集团工业园区有限公司、温州庄吉服装销售有限公司、温州庄吉服装有限公司管理人向温州市中级人民法院提出申请，称：上述四家公司重整计划草案共设置五个组进行表决。经由债权人会议表决，对债务人特定财产享有担保权的债权组、职工债权组、税收债权组、普通债权组均已表决通过，因涉及出资人权益调整，重整计划草案设置出资人组进行表决。经两次表决，出资人组仍未通过重整计划草案。鉴于该等情形，管理人根据《企业破产法》第87条的规定，向法院申请批准上述四家公司重整计划草案。

裁判要旨：在出资人组是唯一未通过的表决组时，如果法院认为重整计划草案对出资人组的权益调整是公平、公正时，尤其是因为四家公司严重资不抵债且不能清偿到期债务，四家公司重整计划对于出资人组的权益调整中将出资人的股权调整为零并不违反公平、公正原则时，法院即可根据申请人的申请，在符合法律规定的前提下强制批准重整计划。

裁判理由：2016年3月29日，温州市中级人民法院指出：庄吉集团有限公司、温州庄吉集团工业园区有限公司、温州庄吉服装销售有限公司、温州庄吉服装有限公司四家公司管理人依据《企业破产法》第87条第2款之规定，申请本院裁定批准重整计划草案。

温州市中级人民法院经审查认为，四家公司管理人提交的重整计划草案符合《企业破产法》第87条第2款之规定：首先，该重整计划草案已获得对债务人特定财产享有担保权的债权组、职工债权组、税收债权组、普通债权组的表决通过；其次，重整计划草案公平对待同一表决组的成员，并且所规定的债权清偿顺序不违反《企业破产法》第113条的规定；再次，债务人的经营方案具有可行性；最后，出资人组是唯一未通过的表决组，但重整计划草案对出资人组的权益调整是公平、公正的。因为四家公司严重资不抵债且不能清偿到期债务，四家公司重整计划对于出资人组的权益调整中将出资人的股权调整为零并不违反公平、公正原则。故申请人的申请符合法律规定，经本院审判委员会讨论决定，本院予以准许。依照《企业破产法》第87条第2款、第3款之规定，裁定批准庄吉集团有限公司、温州庄吉集团工业园区有限公司、温州庄吉服装销售有限公司、温州庄吉服装有限公司重整计划草案；终止四家公司的重整程序。

【学理综述】
邹海林在《法律适用》2012年第11期上，发表《法院强制批准重整计划的不确定性》一文。在该文中，作者首先提出，我国《企业破产法》第82条规定的强制批准规则，具有"不确定性"，而且并没有将社会利益优先作为一个强制批准的条件，这种特征为司法实务运用强制批准原则干预当事人的自治提供了较为广阔的空间。另外，《企业破产法》规定强制批准的条件之一是债务人的经营方案具有可行性，但其更多是破产重整利害关系人在商业上需要做出判断的领域，而不是不熟悉商业事务运作的法官所能够判断的。除此之外，《企业破产法》并未规定法院在审查强制批准条件时，应该审查重整原因的变动，以便确保批准重整计划的基础稳定。作者提出，重整原因的变动，会直接影响法院审查重整计划时的重心：第一，如果债务人的重整原因是债务超过且不能清偿到期债务，那么重整计划中调整出资人权益就有了合理基础；第二，如果债务人的重整原因是明显缺乏清偿能力且不能清偿到期债务，那么将不具有调整债务人的出资人权益的合理基础，审查的重心应是重整原因对各表决组所产生的不利影响；第三，债务人重整原因为有丧失清偿能力的可能的，此时重整计划对各表决组权益调整的基础，是债务人有推迟或者延后清偿债务的客观需求。文章讨论的第三个问题，是重整计划分组表决的灵活性。作者认为，各国破产法对重整计划表决分组有法定型、自治型、折中型三类，我国属于法定型，不得有所违反，但是具体表决组的设立，应当以最大化地实现重整计划的便利为出发点，具备一定的灵活性。文章讨论的第四个问题，是重整计划如何公平对待所有表决组及成员，主要分为三部分：（1）公平对待所有债权人，要求债券分配具有顺序性、同一债权组比例相同并且以保证所有债权人应得法益为必要。（2）公平对待所有

出资人,司法实务应该从表决组设立、权益评估和重整计划对出资人权益的调整三个方面探寻更公平对待出资人的方式。(3)公平对待债权人和出资人,鉴于《企业破产法》第87条未提供任何指引,应该坚守绝对优先原则,保证涉及债务人财产分配的绝对优先原则获得贯彻。①

刘颖在《甘肃政法学院学报》2014年第2期上,发表《论破产法中的债权人最大利益原则——兼析〈企业破产法〉第87条第2款》一文。在该文中,作者认为,尽管我国《企业破产法》在第87条第2款中,将债权人最大利益原则作为法院强制裁定批准重整计划的要件,但实际上却对债权人最大利益原则有所误用。因此作者建议,应该将债权人最大利益原则作为法院批准重整计划的一般原则,即无论是正常批准还是强制批准,无论哪个表决组未通过重整计划,只要有反对重整计划草案的债权人,法院就应该比较该债权人的清算价值和计划清偿数额,进而对债权人权益是否得到实质保障做审查;如果该债权人的清算价值未得到有效保障,即使该债权人所在表决组已通过重整计划草案,法院也不得批准该重整计划;唯其如此,债权人最大利益原则才能在重整计划批准中得到不折不扣的维护。②

武卓在《中国政法大学学报》2017年第3期上,发表《我国重整计划强制批准制度的完善路径》一文。作者提出,重整计划强制批准制度是重整制度的"核武器",但以赛维案的强制批准为例,在我国《企业破产法》中有点"水土不服"。作者指出,强制批准权具有浓重的司法色彩,是法院审判权在重整案件中的延伸;有强烈的衡平法色彩;也有着程序性权力与实体性权力相结合的色彩。接下来,作者展示了强制批准的审查标准,比如最大利益原则、公平与衡平原则、无歧视原则、可行性原则等。在该文第四部分,作者展示我国强制批准制度的主要问题:第一,债权人利益受到严重损害;第二,政府干预依然存在;第三,因为缺乏商业判断能力和对衡平法理念认识不深,法院的公信力亟待提高;第四,由于缺乏详细的信息披露和协商程序,再加上救济途径缺失,导致强制批准程序不够完善。作为改革措施,作者认为应该从修改强制批准的审查标准、明确政府定位、提升司法公信力、完善程序设计方面进行努力。③

高丝敏在《中外法学》2018年第1期上,发表《重整计划强裁规则的误读与重释》一文。作者从强裁计划在我国的"滥用"和"惧用"着手,提出相关问题的存在都源于各界对强裁制度功能的误解。按照作者的解释,如下两个奠定强裁规则基础的假设,均不成立:第一,法官在强裁时拥有有关企业价值和当事人债权价值的完整信息;第二,法官比当事人更加了解企业运营,知道企业运行能够给不同利益关系人带来高于其权益现值的未来价值。在这种情况下,需要发挥当事人的意思自治,尤其是其自发谈判和博弈的功能,进一步发现破产企业的市场价格。由此,作者重新阐释强裁规则的二元功能:其动态功能在于,作为破产当事人谈判僵局或者说"囚徒困境"的最后手段,其实际适用处于隐而不发的状态;而其静态功能,则在于应对当事人谈判中的三个困境:第一,不同阶层参与谈判的意愿和能力处于不均衡状态;第二,投票表决方式决定不同利益的实现取决于其他利益主体的配合,最终利益处于不可预期状态;第三,每个谈判者掌握信息不同,每个参与者都需要参照对方的信息来判断。有鉴于此,作者提出改进中国重整强裁规则的修改建议:第一,为强裁权的使用设定清晰的边界;第二,修改强裁规则中的最低期望收益规则,应对债权人在谈判中的三个困境,引导当事人展开有效谈判。④

齐明、郭瑶在《广西大学学报(哲学社会科学版)》2018年第2期上,发表《破产重整计划强制批准制度的反思与完善——基于上市公司破产重整案件的实证分析》一文。该文对《企业破产法》实施以来的49家上市公司重整案中的强制批准问题做了实证分析。据两位作者统计,上述49家重整案中,其中有13家上市公司重整计划经强制批准通过,占比26.5%;在这13家公司中,有10家公司在表决时仅债权组未通过,占比76.92%;有1家公司仅出资人组未通过,占比7.69%;有2家公司债权组与出资人组均未通过,占比15.38%。通过进一步分析后,两位作者发现,上市公司重整强制批准实践存在如下两方面问题:一方面,司法强制权力过于强大,强裁前并未在实体上和程序上充分保障重整参与方的自由意志,具体体现在:第一,最低限度接受原则缺乏约束

---

① 参见邹海林:《法院强制批准重整计划的不确定性》,载《法律适用》2012年第11期,第24—29页。
② 参见刘颖:《论破产法中的债权人最大利益原则——兼析〈企业破产法〉第87条第2款》,载《甘肃政法学院学报》2014年第2期,第119—126页。
③ 参见武卓:《我国重整计划强制批准制度的完善路径》,载《中国政法大学学报》2017年第3期,第88—102页。
④ 参见高丝敏:《重整计划强裁规则的误读与重释》,载《中外法学》2018年第1期,第231—252页。

力;第二,未通过重整计划的异议组别的二次表决权流于形式;第三,法院审查批准重整计划的时间缺乏统一性和规范性。另一方面,普通债权人在强裁案件中损失严重,保护力度偏小,具体体现在:第一,普通债权的模拟清偿率过低,强裁中清偿率并未实质性提高;第二,股东权益调整不大,成为强裁制度的受益者,有违债权优先于股权的法理。由此,两位作者提出应该从两个角度予以完善:第一,从明确最低限度接受原则、固定重整计划二次表决程序及设立强制批准前的听证程序等三个方面,落实私法自治理念的回归;第二,从补正"清算价值标准"、增加绝对优先原则进而平衡股东与债权人利益调整两个方面,加强债权人权益保护。①

第八十八条 重整计划草案未获得通过且未依照本法第八十七条的规定获得批准,或者已通过的重整计划未获得批准的,人民法院应当裁定终止重整程序,并宣告债务人破产。

【立法沿革】

《破产法》(1995年草案)

第一百一十七条 债权人会议没有通过重整计划草案,并且未能依照本法第一百一十六条的规定协商通过重整计划或者提请人民法院批准重整计划的,人民法院应当裁定终止重整程序。

适用前款规定时,债务人有本法第四条第一款规定情形的,人民法院应当宣告债务人破产;债务人不具有本法第四条第一款规定情形的,人民法院应当裁定终结破产案件。

第一百二十条 人民法院经审查认为重整计划不符合本法规定的,应当裁定驳回批准重整计划的申请。

人民法院裁定驳回批准重整计划的申请后,债务人有本法第四条第一款规定情形的,应当宣告债务人破产;债务人不具有本法第四条第一款规定情形的,应当裁定终结破产案件。

《企业破产与重整法》(2000年6月草案)

第一百零七条 人民法院经审查认为重整计划不符合本法规定的,应当裁定驳回批准重整计划的申请。

人民法院裁定驳回批准重整计划的申请后,债务人有本法第三条第一款规定的情形的,应当宣告债务人破产;债务人不具有本法第三条第一款规定情形的,应当裁定终结破产案件。

《企业破产与重整法》(2000年12月草案)

第一百零四条 债权人会议没有通过重整计划草案,并且未能依照本法第一百零三条的规定协商通过重整计划或者提请人民法院批准重整计划的,人民法院应当裁定终止重整程序。

适用前款规定,债务人具有本法第三条规定情形的,人民法院应当宣告债务人破产;债务人不具有本法第三条规定情形的,人民法院应当裁定终结破产案件。

《企业破产与重整法》(2001年1月草案)

第一百四十一条 债权人会议没有通过重整计划草案,并且未能依照本法第一百四十条的规定协商通过重整计划或者提请人民法院批准重整计划的,人民法院应当裁定终止重整程序。

适用前款规定,债务人具有本法第三条第一款规定情形的,人民法院应当宣告债务人破产;债务人不具有本法第三条第一款规定情形的,人民法院应当裁定终结破产案件。

第一百四十二条 在重整计划通过后十日内,管理人应当向人民法院提出批准重整计划的申请。

人民法院收到申请后,经审查认为符合本法规定的,应当裁定批准重整计划。

第一百四十三条 人民法院依本法第一百四十条第二款或第一百四十二条第二款作出裁定前,应当开庭听取管理人、监督人、当事人及有关部门和专家的意见。

第一百四十四条 人民法院经审查认为重整计划不符合本法规定的,应当裁定驳回批准重整计划的申请,或者允许管理人重新提出重整计划。

人民法院裁定驳回批准重整计划的申请后,债务人有本法第三条第一款规定的情形的,应当宣告债务人破产;债务人不具有本法第三条第一款规定情形的,应当裁定终结破产案件。

《企业破产法》(2004年3月草案A版)

第八十六条 债权人会议没有通过重整计划草案,并且未能依照本法第八十五条的规定协商通过重整计划或者提请人民法院批准重整计划的,人民法院应当裁定终止重整程序并宣告债务人破产清算。

第八十七条 在重整计划通过后十日内,管理人应当向人民法院提出批准重整计划的申请。

人民法院收到申请后,经审查认为符合本法

---

① 参见齐明、郭瑶:《破产重整计划强制批准制度的反思与完善——基于上市公司破产重整案件的实证分析》,载《广西大学学报(哲学社会科学版)》2018年第2期,第49—57页。

第八十八条 人民法院依本法第八十五条第二款或第八十七条第二款作出裁定前,应当听取职工代表、出资人代表、有关部门和专家的意见。

第八十九条 人民法院经审查认为重整计划不符合本法规定的,应当裁定驳回批准重整计划的申请,或者允许管理人重新提出重整计划。

人民法院裁定驳回批准重整计划的申请后,应当宣告债务人破产清算。

《企业破产法》(2004年3月草案B版)

第八十八条 债权人会议没有通过重整计划草案的,人民法院应当裁定终止重整程序并宣告债务人破产清算。

第八十九条 在重整计划通过后十日内,管理人应当向人民法院提出批准重整计划的申请。

人民法院收到申请后,经审查认为符合本法规定程序的,应当裁定批准重整计划,并终止重整程序。

《企业破产法》(2004年6月草案)

第八十七条 债权人会议没有通过重整计划草案的,人民法院应当裁定终止重整程序并宣告债务人破产。

第八十八条 在重整计划通过后十日内,债务人或者管理人应当向人民法院提出批准重整计划的申请。

人民法院收到申请后,经审查认为符合本法规定的,应当裁定批准重整计划,终止重整程序。

《企业破产法》(2004年10月草案)

第八十七条 除本法第八十五条另有规定外,债权人会议没有通过重整计划草案的,人民法院应当裁定终止重整程序并宣告债务人破产。

【条文释义】

本条规定的是重整计划草案未获得债权人会议通过且未被法院批准时的效果,即法院应裁定终止重整程序,宣告债务人破产。

从立法史视角看,本条规范在不同时期的草案中有一个逐步简化的过程中。一方面,原来在本条之后的重整计划表决通过后提请法院批准的条款被前移;另一方面,对于法院裁定终止重整程序的条件,除了不同时期的草案中的重整计划未获得通过要件外,还加入虽经债权人会议通过但未被法院批准的选项。

根据《企业破产法》第86条、第87条,重整计划草案在经过债权人会议上各个类别组表决、申请法院批准后,有如下四种可能:

编号	债权人类别组	法院	结果
1	√	√	终止重整程序,并予以公告
2	×	√	终止重整程序,并予以公告
3	√	×	裁定终止重整程序,宣告债务人破产
4	×	×	裁定终止重整程序,宣告债务人破产

无论如何,在如下两种情况下,均会导致重整程序的终止和债务人被宣告破产:第一,债权人类别组均通过重整计划草案,但法院未批准重整计划;第二,债权人类别组未通过重整计划草案,法院亦未强制批准重整计划。

《企业破产法》第72条规定了重整期间的起点和终点。因此,无论重整计划最终命运如何,法院裁定终止重整程序之时,都是重整期间的终点:如果重整计划被法院最终批准,则债务人进入常态公司;如果各种情况下重整计划最终未被法院最终批准,则债务人被宣告破产,成为破产人,进入破产清算程序。[①]

【关联法律法规及司法政策】

最高人民法院《全国法院民商事审判工作会议纪要》(2019)

114.【重整程序与破产清算程序的衔接】重整期间或者重整计划执行期间,债务人因法定事由被宣告破产的,人民法院不再另立新的案号,原重整程序的管理人原则上应当继续履行破产清算程序中的职责。原重整程序的管理人不能继续履行职责或者不适宜继续担任管理人的,人民法院应当依法重新指定管理人。

重整程序转破产清算案件中的管理人报酬,应当综合管理人为重整工作和清算工作分别发挥的实际作用等因素合理确定。重整期间因法定事由转入破产清算程序的,应当按照破产清算案件确定管理人报酬。重整计划执行期间因法定事由转入破产清算程序的,后续破产清算阶段的管理人报酬应当根据管理人实际工作量予以确定,不

---

① 参见齐明:《中国破产法原理与适用》,法律出版社2017年版,第167页。

能简单根据债务人最终清偿的财产价值总额计算。

重整程序因人民法院裁定批准重整计划草案而终止的,重整案件可作结案处理。重整计划执行完毕后,人民法院可以根据管理人等利害关系人申请,作出重整程序终结的裁定。

第三节 重整计划的执行

第八十九条 重整计划由债务人负责执行。

人民法院裁定批准重整计划后,已接管财产和营业事务的管理人应当向债务人移交财产和营业事务。

【立法沿革】

《破产法》(1995年草案)

第一百二十一条 人民法院裁定批准重整计划时,应当通知管理人向重整执行人办理债务人的财产和管理事务的移交。重整执行人自人民法院裁定批准重整计划之日起执行职务。管理人自人民法院裁定批准重整计划之日起,终止执行职务。

第一百二十三条 重整计划由重整执行人负责执行。

重整企业的权力机关作出的一切决定,违反重整计划的,重整执行人有权予以否决。

重整企业的权力机关任命的企业经营管理人员,应当由重整执行人批准,并接受重整执行人的监督。

《企业破产与重整法》(2000年6月草案)

第一百零八条 人民法院裁定批准重整计划时,应当通知管理人向重整执行人办理债务人的财产和管理事务的移交。重整执行人自人民法院裁定批准重整计划之日起执行职务。管理人自人民法院裁定批准重整计划之日起,终止执行职务。

第一百一十条 重整计划由重整执行人负责执行。

《企业破产与重整法》(2000年12月草案)

第一百一十条 重整计划由债权人会议聘任的重整执行人负责执行。

《企业破产与重整法》(2001年1月草案)

第一百四十五条 人民法院裁定批准重整计划时,应当通知管理人向重整执行人办理债务人的财产和管理事务的移交。重整执行人自人民法院裁定批准重整计划之日起执行职务。管理人自人民法院裁定批准重整计划之日起,终止执行职务。经债权人会议批准并经人民法院认可,管理人亦可以转为重整执行人。

第一百四十七条 重整执行人负责执行重整计划,对债权人会议负责并报告工作。

《企业破产法》(2004年3月草案A版)

第九十条 人民法院裁定批准重整计划时,应当通知管理人向重整执行人办理债务人的财产和管理事务的移交。重整执行人自人民法院裁定批准重整计划之日起执行职务。管理人自人民法院裁定批准重整计划之日起,终止执行职务。经债权人会议批准并经人民法院认可,管理人可以转为重整执行人。

第九十二条 重整执行人负责执行重整计划,对债权人会议或者债权人委员会负责并报告工作。

《企业破产法》(2004年3月草案B版)

第九十条 人民法院裁定批准重整计划时,应当通知管理人向债务人办理事务移交。管理人自办理移交之日起,终止执行职务。

《企业破产法》(2004年6月草案)

第八十九条 重整计划由债务人负责执行。

人民法院裁定批准重整计划后,负责管理财产和营业事务的管理人应当向债务人移交财产和营业事务。

《企业破产法》(2004年10月草案)

第八十七条 重整计划由债务人负责执行。

人民法院裁定批准重整计划后,负责管理财产和营业事务的管理人应当向债务人移交财产和营业事务。

【条文释义】

本条规定的是重整计划的执行主体及管理人财产移交事宜。

从立法史的视角,本条有较大变化。早期的草案中专门设置重整执行人这一角色,重整执行人由债权人会议聘任,意味着其应该获得报酬;但在后期的草案,重整执行人被删除,取而代之的是债务人作为执行主体。同时,为确保重整计划执行,此时管理人应该向债务人移交财产事宜。

本条共分2款。分款评注如下:

第1款:"重整计划由债务人负责执行。"

本款确认,由债权人会议通过、由法院批准后的重整计划,进入执行阶段,由债务人负责执行。由此,债务人内部架构及其治理结构,只能由其权力机构来决定;而这里的权力机构,只能由根据重

第八十九条

整计划调整后的新治理主体来掌控。①

韩传华认为,据此规定,重整计划的执行人只能是债务人,不可能允许债务人之外的其他人来执行重整计划;如果出资人或债权人对债务人执行重整计划极度不信任,则只能在前期重整计划中通过对出资人权益调整的方式,使出资人或者债权人成为债务人的实际控制人,间接达到取代债务人执行重整计划的客观效果。②

第2款:"人民法院裁定批准重整计划后,已接管财产和营业事务的管理人应当向债务人移交财产和营业事务。"

本款确定在管理人负责重整期间经营管理的模式下,一旦法院批准重整计划,管理人有义务遵循《企业破产法》第89条第1款,将财产和营业事务交由债务人接管,进而由债务人负责执行重整计划。

根据《企业破产法》第13条、第25条,一旦法院裁定受理破产申请,无论最终破产程序走向和解、重整还是破产清算,都需要指定管理人,同时由管理人接管债务人一应事务。按照齐明的观点,在这个阶段,债务人原有的公司治理将全部停摆;而根据《企业破产法》第90条,在债务人开始执行重整计划后,管理人负责监督期内对债务人执行重整计划情况的具体监督,那么在这个时候,债务人首先需要完成的工作就是完善其组织结构和公司治理结构,为执行重整计划创造必要的组织条件。③

【关联法律法规及司法政策】

最高人民法院《关于审理上市公司破产重整案件工作座谈会纪要》(2012)

九、关于上市公司重整计划涉及行政许可部分的执行

会议认为,人民法院裁定批准重整计划后,重整计划内容涉及证券监管机构并购重组行政许可事项的,上市公司应当按照相关规定履行行政许可核准程序。重整计划草案提交出资人组表决且经人民法院裁定批准后,上市公司无须再行召开股东大会,可以直接向证券监管机构提交出资人组表决结果及人民法院裁定书,以申请并购重组许可申请。并购重组审核委员会审核工作应当充分考虑并购重组专家咨询委员会提交的专家咨询意见。并购重组申请事项获得证券监管机构行政许可后,应当在重整计划的执行期限内实施完成。

会议还认为,鉴于上市公司破产重整案件涉及的法律关系复杂,利益主体众多,社会影响较大,人民法院对于审判实践中发现的新情况、新问题,要及时上报。上级人民法院要加强对此类案件的监督指导,加强调查研究,及时总结审判经验,确保依法妥善审理好此类案件。

最高人民法院《全国法院破产审判工作会议纪要》(2018)

19.重整计划执行中的变更条件和程序。债务人应严格执行重整计划,但因出现国家政策调整、法律修改变化等特殊情况,导致原重整计划无法执行的,债务人或管理人可以申请变更重整计划一次。债权人会议决议同意变更重整计划的,应自决议通过之日起十日内提请人民法院批准。债权人会议决议不同意或者人民法院不批准变更申请的,人民法院经管理人或者利害关系人请求,应当裁定终止重整计划的执行,并宣告债务人破产。

20.重整计划变更后的重新表决与裁定批准。人民法院裁定同意变更重整计划的,债务人或者管理人应当在六个月内提出新的重整计划。变更后的重整计划应提交给因重整计划变更而遭受不利影响的债权人组和出资人组进行表决。表决、申请人民法院批准以及人民法院裁定是否批准的程序与原重整计划的相同。

最高人民法院《关于依法妥善审理涉新冠肺炎疫情民事案件若干问题的指导意见(二)》(2020)

20.在破产重整程序中,对于因疫情或者疫情防控措施影响而无法招募投资人、开展尽职调查以及协商谈判等原因不能按期提出重整计划草案的,人民法院可以依债务人或者管理人的申请,根据疫情或者疫情防控措施对重整工作的实际影响程度,合理确定不应当计入企业破产法第七十九条规定期限的期间,但一般不得超过六个月。

对于重整计划或者和解协议已经进入执行阶段,但债务人因疫情或者疫情防控措施影响而难以执行的,人民法院要积极引导当事人充分协商予以变更。协商变更重整计划或者和解协议的,按照《全国法院破产审判工作会议纪要》第19条、第20条的规定进行表决并提交法院批准。但是,仅涉及执行期限变更的,人民法院可以依债务人或债权人的申请直接作出裁定,延长的期限一般

---

① 参见韩传华:《企业破产法解析》,人民法院出版社2007年版,第300页。
② 参见韩传华:《企业破产法解析》,人民法院出版社2007年版,第300页。
③ 参见齐明:《中国破产法原理与适用》,法律出版社2017年版,第167—168页。

不得超过六个月。

【裁判要旨】
案例
纵横控股集团有限公司与绍兴县海成布业有限公司追偿权纠纷案
法院：浙江省绍兴市中级人民法院
案号：(2010)浙绍商初字第13号
事实：原告纵横控股集团有限公司(以下简称纵横公司)为与被告绍兴县海成布业有限公司(以下简称海成公司)担保追偿权纠纷一案，于2010年2月11日向浙江省绍兴市中级人民法院起诉。

绍兴市中级人民法院认定本案事实如下：
2009年6月12日，纵横公司及其他五家关联企业向绍兴市中级人民法院申请破产重整，绍兴市中级人民法院同日裁定其重整，并指定了管理人。

债权申报、核定过程中，中国建设银行股份有限公司绍兴支行(以下简称绍兴建行)向管理人申报并经管理人、法院裁定确认的债权总额为34045831.61元，其中包括原告纵横公司因被告海成公司向绍兴建行贷款2000万元向绍兴建行提供财产抵押担保而形成的担保债权1800万元。被告向绍兴建行申请办理上述2000万元贷款时，由被告自己提供的银行存款200万元作为质押担保、原告提供的相关财产作为抵押担保，还由浙江凌达实业有限公司提供了保证担保。被告在取得绍兴建行发放的贷款后，又向原告的关联企业汇付了2000万元。后在原告破产重整过程中，原告的关联企业浙江佳宝化纤公司(以下简称佳宝公司)于2009年12月30日向绍兴建行偿付了剩余未偿还贷款本金14993248.90元。

另查明，被告在原告的破产重整过程中，曾向管理人申报债权。2009年11月30日，原告及其他五家关联企业的管理人向被告送达了合并重整债权表，表明被告申报的债权未得到管理人确认，仅确定3900万元为待定债权，需留待以后根据诉讼结果或通过其他合理方式再予确认。至本案原告提起诉讼，双方仍未就被告在原告处的债权数额达成一致，管理人也未予确认。

2009年12月16日，绍兴市中级人民法院裁定批准原告及其他五家关联企业的合并重整计划，并终止其重整程序。

裁判要旨：人民法院裁定批准重整计划后，管理人应当向债务人移交财产和营业事务，故债务人有权以自己的名义提起诉讼。

裁判理由：绍兴市中级人民法院认为，该案系破产重整企业因行使担保追偿权而产生的纠纷，应适用有关《企业破产法》和《担保法》的相关法律规定。针对双方当事人争议的焦点问题，法院作如下评判：

关于原告的主体资格问题。被告认为原告主体不适格，提出两点抗辩意见：一是实际代偿主体并非原告，二是原告作为破产债务人的身份若消灭，因破产企业的清偿率已经确定，企业对外不能再行使追偿权。对此，本院认为，关于债务代偿主体的问题，实际代偿款项由佳宝公司划付入被告账户，再由绍兴建行进行扣划，但佳宝公司已明确表示其系代原告向绍兴建行清偿债权，债权人绍兴建行也予以认可。故佳宝公司向绍兴建行偿还债权的行为，应视为原告的行为，原告作为抵押人，在代偿被告主债务后，依法享有追偿权，被告就此提出的抗辩理由不能成立。

关于破产企业在清偿担保债权后，能否向债务人行使追偿权的问题。《担保法》第58条第3款明确规定，担保人承担担保责任后，有权向主债务人进行追偿，《企业破产法》中对此也并无相反规定；且原告并非破产清算，而是破产重整，重整计划中确定的债权清偿安排和比例并非完全按照破产债务人的财产和债务情况进行确定的，重整计划中对破产债务人之后可行使的追偿权问题也有所反映。再根据《企业破产法》第89条的规定，人民法院裁定批准重整计划后，管理人应当向债务人移交财产和营业事务，故债务人有权以自己的名义提起诉讼。综上，原告在承担担保责任后，向被告主张追偿权，主体适格。

关于被告对原告所有债权，是否可以抵销及本案所涉贷款是否系借户贷款等问题。被告虽向管理人申报了债权，但其债权至今尚处于待定状态，未得到债务人及管理人的确认，所以将通过诉讼或其他适当方式再行确定，被告关于可抵销的抗辩，因此不能成立。在其债权的最终确定过程中，原告就部分债权债务以提起诉讼的形式进行先行确认，并无不当。若之后经适当的方式，确认被告在原告及关联企业处确有债权，则可与本案确定的担保追偿权进行抵销，并有溯及力。关于借户贷款的问题，虽有款项汇付的事实，但借户贷款之事实并未取得原告认可，且被告向原告及关联企业的汇付款项亦可在之后的债权确认过程中进行处理，不致影响被告的实体权益。

综上，原告的诉讼请求，理由正当，应予支持。浙江省绍兴市中级人民法院于2010年6月8日作出判决：依照《担保法》第57条、《企业破产法》第58条第3款、第89条第3款之规定，判决被告绍兴县海成布业有限公司应在判决生效之日起1

个月内,支付给原告纵横公司代偿款 14993248.90 元。如果未按本判决指定的期间履行金钱给付义务,应当依照《民事诉讼法》第 229 条之规定,加倍支付迟延履行期间的债务利息。

第九十条 自人民法院裁定批准重整计划之日起,在重整计划规定的监督期内,由管理人监督重整计划的执行。

在监督期内,债务人应当向管理人报告重整计划执行情况和债务人财务状况。

【立法沿革】

《破产法》(1995 年草案)

第一百二十三条 重整计划由重整执行人负责执行。

重整企业的权力机关作出的一切决定,违反重整计划的,重整执行人有权予以否决。

重整企业的权力机关任命的企业经营管理人员,应当由重整执行人批准,并接受重整执行人的监督。

《企业破产法》(2004 年 6 月草案)

第九十条 自人民法院裁定批准重整计划之日起,在重整计划规定的监督期限内,由管理人监督重整计划的执行。

在监督期内,债务人应当向管理人报告重整计划执行情况和企业财务状况。

《企业破产法》(2004 年 10 月草案)

第八十八条 自人民法院裁定批准重整计划之日起,在重整计划规定的监督期限内,由管理人监督重整计划的执行。

在监督期内,债务人应当向管理人报告重整计划执行情况和企业财务状况。

【条文释义】

本条规定管理人对债务人执行重整计划监督。

从立法史的视角,本条主要规定管理人在重整计划执行阶段的监督权。在早期的草案中,并无这一规定。

本条共分 2 款。分款评注如下:

第 1 款:"自人民法院裁定批准重整计划之日起,在重整计划规定的监督期内,由管理人监督重整计划的执行。"

本款规定,管理人在重整计划执行阶段的监督期内,负责监督债务人执行重整计划。

这里需要明确重整计划执行的监督期。这是一个持续性的时间概念,而监督期的长短,因案而异,但作为《企业破产法》第 81 条所规定重整计划的基本内容,均载明在重整计划中。

韩传华指出,监督期无论长短,均应从重整计划开始执行的第一天起算;而其终止时间,则应从重整计划经营方案正式启动运营为准。①

这里需要明确的另一问题是"监督"的内涵。这个问题《企业破产法》并未明确规定。王卫国认为,根据《企业破产法》第 93 条,管理人履行"监督"职责的首要目标,就是防止及制止债务人在重整计划执行过程中违反重整计划的不当行为;由此《企业破产法》第 93 条也成为管理人履行"监督"职责的最后手段,而在此之前,管理人可以通过调查、劝诫及请求司法救济等方式制止债务人消极甚至拒绝执行重整计划的行为。②

第 2 款:"在监督期内,债务人应当向管理人报告重整计划执行情况和债务人财务状况。"

本款规定的是管理人监督重整计划执行的基本方式。依据上述管理人的监督权,债务人有向管理人报告重整计划执行情况和债务人财务状况的义务。

本款承接上一款,暗含如下逻辑,即管理人有效履行重整计划履行监督权职责的前提,是享有必要的知情权,掌握重整计划执行的动态及债务人的财务状况。由此,债务人应该在监督期内积极主动地向管理人报告重整计划的执行情况和债务人的财务状况。

对于具体"报告"的方式和内容,管理人可以根据重整计划载明的内容来进行。齐明认为,如果债务人基于特定事由未能按照重整计划预定的债务调整方案和时限执行重整计划,那么管理人作为监督人,则需要视情节轻重做出权衡,必要时需要按照《企业破产法》第 93 条规定,请求法院终止重整计划的执行,宣告债务人破产。③

那么,如果债务人疏于向管理人报告重整计划执行情况和债务人财产状况,管理人有权随时要求债务人报告;另外,尽管《企业破产法》并未规定这种情况下债务人拒绝报告的制约措施,重整计划应明确约定债务人报告的具体内容和方式,如果债务人长期拒绝履行该义务,管理人则可以按照《企业破产法》第 93 条规定,以债务人不愿

---

① 参见韩传华:《企业破产法解析》,人民法院出版社 2007 年版,第 305 页。
② 参见王卫国:《破产法精义》(第 2 版),法律出版社 2020 年版,第 298 页。
③ 参见齐明:《中国破产法原理与适用》,法律出版社 2017 年版,第 168 页。

执行重整计划为由请求法院宣告债务人破产。①

【关联法律法规及司法政策】

最高人民法院《全国法院民商事审判工作会议纪要》(2019)

113.【重整计划监督期间的管理人报酬及诉讼管辖】要依法确保重整计划的执行和有效监督。重整计划的执行期间和监督期间原则上应当一致。二者不一致的,人民法院在确定和调整重整程序中的管理人报酬方案时,应当根据重整期间和重整计划监督期间管理人工作量的不同予以区别对待。其中,重整期间的管理人报酬应当根据管理人对重整发挥的实际作用等因素予以确定和支付;重整计划监督期间管理人报酬的支付比例和支付时间,应当根据管理人监督职责的履行情况,与债权人按照重整计划实际受偿比例和受偿时间相匹配。

重整计划执行期间,因重整程序终止后新发生的事实或者事件引发的有关债务人的民事诉讼,不适用《企业破产法》第21条有关集中管辖的规定。除重整计划有明确约定外,上述纠纷引发的诉讼,不再由管理人代表债务人进行。

【裁判要旨】

案例1

江苏长强钢铁有限公司与淮矿现代物流江苏有限公司管理人破产撤销权纠纷案

法院:安徽省高级人民法院

案号:(2016)皖民终603号

事实:上诉人江苏长强钢铁有限公司(以下简称长强钢铁公司)因与被上诉人淮矿现代物流江苏有限公司(以下简称淮矿物流江苏公司)管理人破产撤销权纠纷一案,不服安徽省淮南市中级人民法院(2015)淮民二初字第00146号民事判决,向安徽省高级人民法院提起上诉。

本案起源于淮矿物流江苏公司管理人向一审法院淮南市中级人民法院起诉请求:撤销淮矿物流江苏公司向长强钢铁公司提供的20041.387吨钢材的抵押担保。

一审法院认定事实:2014年9月18日,淮矿物流江苏公司与长强钢铁公司、淮矿现代物流有限责任公司、江阴锦澄钢铁有限公司签订协议一份,主要内容为:鉴于淮矿现代物流有限责任公司于2014年3月12日开立给淮矿物流江苏公司总额为6000万元的商业汇票两张,经多次背书给长强钢铁公司,因出票人淮矿现代物流有限责任公司资金困难,无法到期承兑,经协调达成协议,淮矿现代物流有限责任公司、淮矿物流江苏公司、江阴锦澄钢铁有限公司承诺就上述两张商业汇票所载额6000万元整,由三方共同于2015年1月12日付清。其中协议第3条约定:为保障长强钢铁公司的债权,淮矿物流江苏公司自愿将存储于江阴市长宏淮矿物流园内的20041.387吨自有钢材全部抵押给长强钢铁公司,作为履行债务的担保。协议还对其他事项作出了约定。

2015年3月3日,淮南市中级人民法院裁定受理淮矿现代物流(上海)有限公司、淮矿现代国际贸易有限公司、淮矿物流江苏公司、淮矿华东物流市场有限公司与淮矿现代物流有限责任公司合并重整申请,并于同日指定重整管理人。

淮南市中级人民法院一审判决撤销淮矿物流江苏公司在2014年9月18日签订的协议中为长强钢铁公司提供20041.387吨钢材抵押担保行为。江苏长强钢铁有限公司因不服上述判决,向安徽省高级人民法院提起上诉。

2015年11月26日,一审法院裁定批准淮矿现代物流有限责任公司等五公司重整计划草案,终止上述公司重整程序。

裁判要旨:人民法院裁定批准重整计划、终止重整程序后,管理人负有监督重整计划执行的职责,其主体资格依然存在。对于此前以其名义提起的民事诉讼,其应当作为当事人继续参加诉讼。

裁判理由:安徽省高级人民法院认为争议焦点在于:(1)本案是否构成重复起诉;(2)淮矿物流江苏公司管理人是否为本案适格诉讼主体;(3)淮矿物流江苏公司管理人是否有权就案涉钢材行使撤销权;(4)一审法院审理程序是否适当。

对于淮矿物流江苏公司管理人是否为适格诉讼主体,安徽省高级人民法院认为,根据《企业破产法》第90条、第91条、第93条第1款规定,人民法院裁定批准重整计划、终止重整程序后,管理人负有监督重整计划执行的职责,其主体资格依然存在。对于此前以其名义提起的民事诉讼,其应当作为当事人继续参加诉讼。长强钢铁公司关于人民法院已裁定终止淮矿物流江苏公司重整程序、淮矿物流江苏公司管理人不是本案适格诉讼主体的上诉理由,无法律依据,本院不予支持。

对于本案淮矿物流江苏公司管理人是否有权就案涉钢材行使撤销权。二审中长强钢铁公司提供了江苏省高级人民法院对淮矿物流江苏公司代理人的谈话笔录,反映淮矿物流江苏公司进入重整程序时账目及评估报告上并未将案涉钢材记载

---

① 参见韩传华:《企业破产法解析》,人民法院出版社2007年版,第306页。

为淮矿物流江苏公司的财产。但该情形并不影响淮矿物流江苏公司管理人依据相关证据、事实及法律规定主张属于淮矿物流江苏公司的财产权利。长强钢铁公司主张案涉钢材不属于淮矿物流江苏公司的破产财产,与其主张对淮矿物流江苏公司抵押的案涉钢材享有优先受偿权亦相矛盾。故长强钢铁公司关于案涉钢材不是淮矿物流江苏公司的破产财产、淮矿物流江苏公司管理人无权提起撤销权诉讼的上诉理由不能成立。

综上,安徽省高级人民法院于2016年12月13日作出判决:长强钢铁公司的上诉请求不能成立,判决驳回上诉,维持原判。

案例2
青海创新矿业开发有限公司管理人与青海省格尔木金鑫钾肥有限公司、朱克敏等损害公司利益责任纠纷案

法院:青海省西宁市中级人民法院
案号:(2017)青01民初402号
事实:原告青海创新矿业开发有限公司管理人因青海省格尔木金鑫钾肥有限公司(以下简称金鑫钾肥公司)、朱克敏、陈高琪、第三人青海创新矿业开发有限公司(以下简称创新矿业公司)损害公司利益责任纠纷向西宁市中级人民法院(以下简称西宁中院)提诉讼,请求依法判令三被告赔偿原告经济损失21000万元。

2013年9月4日,西宁中院受理第三人创新矿业公司的重整申请。同日,西宁中院指定陈岩为创新矿业清算组组长,唐林林为副组长。

其后,创新矿业公司第二次债权人会议表决通过重整计划草案,西宁中院裁定批准重整计划,终止重整程序。2013年12月17日,创新矿业公司管理人向创新矿业公司法定代表人陈高琪移交相关证章,双方签字确认。

2017年4月13日,创新矿业公司股东金鑫钾肥公司与中国农业银行格尔木分行签署《流动资金借款合同》,约定金鑫钾肥公司因盐田维护资金不足向该行申请流动资金贷款10000万元,创新矿业公司法定代表人陈高琪、创新矿业公司股东朱克敏向该笔贷款提供担保。创新矿业公司与该行签署《最高额抵押合同》,约定创新矿业公司以其自有的机器设备、存货设定抵押担保,担保债权最高余额折合人民币21000万元。随后,该笔贷款按约发放。

2017年5月5日、2017年6月27日,金鑫钾肥公司分别与中国农业银行格尔木分行签署两份《流动资金借款合同》,向该行申请流动资金贷款3500万元、7000万元。上述两笔担保方式均为最高额保证担保、最高额抵押担保,保证内容及金额与创新矿业公司法定代表人陈高琪、创新矿业股东朱克敏、创新矿业公司签署《最高额保证合同》《最高额抵押合同》一致。随后,两笔贷款按约发放。

另,创新矿业公司股东为朱克敏(占股84.7%)、金鑫钾肥公司(占股15.3%),法定代表人为陈高琪。金鑫钾肥公司股东为朱克敏(占股16%)、陈高琪(占股84%),法定代表人为陈高琪,创新矿业公司实际控制人为朱克敏。

管理人认为,创新矿业公司在重整计划实施期间,根据《企业破产法》第90条规定,创新矿业公司应当就其向股东金鑫钾肥公司借款提供抵押担保一事向管理人予以汇报。而创新矿业公司实际控制人及股东利用关联关系,向关联方金鑫钾肥公司提供抵押担保,依据《公司法》第20条、第21条规定,金鑫钾肥公司及朱克敏应当承担就借款担保侵害公司利益的赔偿责任。同时,陈高琪作为创新矿业公司及金鑫钾肥公司的法定代表人,在本次担保过程中明显存在故意,严重侵害了创新矿业公司债权人的合法利益,根据最高人民法院《关于适用〈中华人民共和国企业破产法〉若干问题的规定(二)》第18条规定,管理人有权就法定代表人造成的债务人损失请求赔偿。因此管理人按照勤勉尽责的忠实义务,维护债权人的合法利益,提起诉讼。

裁判要旨:损害公司利益责任纠纷是公司股东滥用股东权利或者董事、监事、高级管理人员违反法定义务,损害公司利益引起的纠纷,请求损害赔偿权利的主体应当为公司。重整计划执行阶段,管理人只能作为监督人,而不能以管理人身份主张权利或发起诉讼。

裁判理由:西宁中院经审查认为,损害公司利益责任纠纷是公司股东滥用股东权利或者董事、监事、高级管理人员违反法定义务,损害公司利益引起的纠纷,请求损害赔偿权利的主体应当为公司。本案创新矿业公司管理人只能作为该公司的诉讼代表人,若以管理人身份主张权利,其诉讼主体不适格。2018年1月15日,西宁中院裁定,驳回创新矿业公司管理人的起诉。

第九十一条 监督期届满时,管理人应当向人民法院提交监督报告。自监督报告提交之日起,管理人的监督职责终止。

管理人向人民法院提交的监督报告,重整计划的利害关系人有权查阅。

经管理人申请,人民法院可以裁定延长重整计划执行的监督期限。

【立法沿革】

《破产法》(1995年草案)

第一百二十三条 重整计划由重整执行人负责执行。

重整企业的权力机关作出的一切决定，违反重整计划的，重整执行人有权予以否决。

重整企业的权力机关任命的企业经营管理人员，应当由重整执行人批准，并接受重整执行人的监督。

《企业破产法》(2004年6月草案)

第九十一条 监督期届满时，管理人应当向人民法院提交监督报告。自监督报告提交之日起，管理人解除监督职责。

管理人向人民法院提交的监督报告，重整计划的利害关系人有权查阅。

经管理人申请，人民法院可以裁定延长重整计划执行的监督期限。

《企业破产法》(2004年10月草案)

第八十九条 监督期届满时，管理人应当向人民法院提交监督报告。自监督报告提交之日起，管理人解除监督职责。

管理人向人民法院提交的监督报告，重整计划的利害关系人有权查阅。

经管理人申请，人民法院可以裁定延长重整计划执行的监督期限。

【条文释义】

本条规定监督期满时，管理人的报告义务及监督期的延长事宜。

从立法史的视角看，这一条款是后期的草案中增加的内容。

本条共分3款。分款评注如下：

第1款："监督期届满时，管理人应当向人民法院提交监督报告。自监督报告提交之日起，管理人的监督职责终止。"

本款规定监督期限届满时管理人的报告义务及其职责终止时间。

本款共分2层含义：

第1层："监督期届满时，管理人应当向人民法院提交监督报告。"

本层规定，在监督期限届满时，管理人负有向法院提交监督报告的义务。

但需要留意的是，这里只规定管理人在监督期限届满时向法院提交监督报告的义务，而未详细规定监督报告的内容及特别要求。王卫国认为，这里的"监督报告"，主要包括两部分内容：一部分是债务人执行重整计划的情况，另一部分是管理人自身履行监督职责的情况。① 齐明指出，《企业破产法》在这里规定比较模糊，在实践中可能会造成一系列问题，比如监督报告的内容、法院的审查标准、监督报告合格与否的判断及不合格监督报告的处理机制等，应予以进一步细化。②

第2层："自监督报告提交之日起，管理人的监督职责终止。"

本层确认管理人监督职责终止的时间，是"监督报告提交之日"。

按韩传华的观点，监督报告提交之后，管理人监督职责终止，但管理人自身的指定依旧有效；此时，管理人如发现债务人在监督期外的执行期内不能执行或者不执行重整计划时，管理人应请求法院裁定终止重整计划。③

但按照齐明的观点，《企业破产法》在重整程序中对管理人提出的职责，至此即全部完成。④

第2款："管理人向人民法院提交的监督报告，重整计划的利害关系人有权查阅。"

本款规定，重整计划的利害关系人，有权利查阅管理人向法院提交的监督报告。

韩传华认为，这里的利害关系人，可以包括：申报债权的债权人、未申报债权的债权人、债务人的出资人、因重整计划执行与债权人发生权利义务关系的相对人等。⑤

王卫国认为，重整计划的执行合理充分与否，对重整计划利害关系人的利益都有重要影响，因此为保护利害关系人的知情权，应赋予利害关系人查阅管理人监督报告的权利。⑥

第3款："经管理人申请，人民法院可以裁定延长重整计划执行的监督期限。"

本款规定是重整计划监督期限的延长。

根据本款规定，监督期限延长的申请主体是管理人，而决定主体则是法院。

至于管理人申请延长监督期限是否需要特定

---

① 参见王卫国：《破产法精义》(第2版)，法律出版社2020年版，第299—300页。
② 参见齐明：《中国破产法原理与适用》，法律出版社2017年版，第169页。
③ 参见韩传华：《企业破产法解析》，人民法院出版社2007年版，第306—307页。
④ 参见齐明：《中国破产法原理与适用》，法律出版社2017年版，第169页。
⑤ 参见韩传华：《企业破产法解析》，人民法院出版社2007年版，第307页。
⑥ 参见王卫国：《破产法精义》(第2版)，法律出版社2020年版，第300页。

理由,《企业破产法》并未明确规定。王卫国认为,管理人申请延长监督期限,最主要的理由还是债务人未能积极充分地执行重整计划,尤其是在执行重整计划过程中存在损害其他利害关系人利益、阻碍重整计划执行的道德风险,或者有充分证据可以证明债务人的经营状况和财务状况在重整计划执行期间,并未明显改善,反而有继续恶化的趋势。① 由此,管理人有权利依据自己的专业判断,来衡量是否提出延长监督期限的申请。

但无论如何,本款赋予管理人向法院申请延长监督期限的职责,也就意味着,管理人的监督期限与重整计划的执行期限并不必然完全相同,可以出现重整计划执行期限届满但管理人监督期限还在持续的情况。②

第九十二条 经人民法院裁定批准的重整计划,对债务人和全体债权人均有约束力。

债权人未依照本法规定申报债权的,在重整计划执行期间不得行使权利;在重整计划执行完毕后,可以按照重整计划规定的同类债权的清偿条件行使权利。

债权人对债务人的保证人和其他连带债务人所享有的权利,不受重整计划的影响。

【立法沿革】

《破产法》(1995年草案)

第一百二十二条 经人民法院裁定批准的重整计划,对人民法院受理破产案件前成立的所有债权,均有约束力。

没有依照本法规定申报的重整债权,在重整计划执行期间不得行使;在重整计划执行完毕后,可以按照重整计划中同类债权的清偿条件行使权利。

重整企业的保证人或者其他连带债务人承担的清偿责任,不受重整计划的影响。

《企业破产与重整法》(2000年6月草案)

第一百零九条 经人民法院裁定批准的重整计划,对人民法院受理破产案件前成立的所有债权,均有约束力。

没有依照本法规定申报的重整债权,在重整计划执行期间不得行使;在重整计划执行完毕后,可以按照重整计划中同类债权的清偿条件行使权利。

重整企业的保证人或者其他连带债务人承担的清偿责任,不受重整计划的影响。

《企业破产与重整法》(2000年12月草案)

第一百零九条 经人民法院裁定批准的重整计划,对人民法院受理破产案件前成立的所有债权,均有约束力。

没有依照本法规定申报的重整债权,在重整计划执行期间不得行使;在重整计划执行完毕后,可以按照重整计划中同类债权的清偿条件行使权利。

重整企业的保证人或者其他连带债务人承担的清偿责任,不受重整计划的影响。

《企业破产与重整法》(2001年1月草案)

第一百四十六条 经人民法院裁定批准的重整计划,对人民法院受理破产案件前成立的所有债权,均有约束力。

没有依照本法规定申报的重整债权,在重整计划执行期间不得行使;在重整计划执行完毕后,可以按照重整计划中同类债权的清偿条件行使权利。

重整企业的保证人或者其他连带债务人承担的清偿责任,不受重整计划的影响。

《企业破产法》(2004年3月草案A版)

第九十一条 经人民法院裁定批准的重整计划,对人民法院受理破产案件前成立的所有债权,均有约束力。

没有依照本法规定申报的重整债权,在重整计划执行期间不得行使;在重整计划执行完毕后,可以按照重整计划中同类债权的清偿条件行使权利。

重整企业的保证人或者其他连带债务人承担的清偿责任,不受重整计划的影响。

《企业破产法》(2004年3月草案B版)

第九十一条 经人民法院裁定批准的重整计划,对人民法院受理破产案件前成立的所有债权,均有约束力。

没有依照本法规定申报的债权,在重整计划执行完毕后,可以按照重整计划中同类债权的清偿条件行使权利。

债务人的保证人或者其他连带债务人承担的清偿责任,不受重整计划的影响。

《企业破产法》(2004年6月草案)

第九十二条 经人民法院裁定批准的重整计划,对人民法院受理破产案件前成立的所有债权,均有约束力。

---

① 参见王卫国:《破产法精义》(第2版),法律出版社2020年版,第300页。
② 参见齐明:《中国破产法原理与适用》,法律出版社2017年版,第169页。

没有依照本法规定申报的债权,在重整计划执行期间不得行使;在重整计划执行完毕后,可以按照重整计划中规定的同类债权的清偿条件行使权利。

债务人的保证人或者其他连带债务人承担的清偿责任,不受重整计划的影响。

《企业破产法》(2004年10月草案)

第九十条 经人民法院裁定批准的重整计划,对人民法院受理破产案件前成立的所有债权,均有约束力。

没有依照本法规定申报的债权,在重整计划执行期间不得行使;在重整计划执行完毕后,可以按照重整计划中规定的同类债权的清偿条件行使权利。

债务人的保证人或者其他连带债务人承担的清偿责任,不受重整计划的影响。

【条文释义】

本条规定的是重整计划对全体债权人的约束力。这里特别强调的是对申报债权担保反对重整计划的债权人和未申报债权的债权人。

从立法史的视角看,本条的基本精神和构造,在不同时期的草案中基本保持稳定,没有实质性的变化。

本条出现在重整计划执行部分,稍微有点唐突。在笔者看来,从《企业破产法》体系化的角度考虑,本条应该在法院对重整计划批准之后。

本条共有3款。分款评注如下:

第1款:"经人民法院裁定批准的重整计划,对债务人和全体债权人均有约束力。"

本款确认,经法院裁定批准的重整计划,对债务人的约束力自不待言,关键是其对全体债权人都有约束力。

需要特别明确的是,这里的"全体债权人",既包括参加重整程序的债权人,也包括未参加重整程序的债权人。①

按照韩传华的分析,对于申报债权的债权人来说,无论该债权是否有担保,无论其是否参加表决或是否同意重整计划,只要法院批准重整计划,重整计划中关于债权减免、延期受偿或者其他权益影响的规定,均约束所有申报债权的债权人。②

另外需要特别留意这里的"约束力"。按照王卫国的解读,这里的"约束力"具有如下两层含义:第一,重整计划有关债权的让步规定、债权清偿方案、条件、时间和方式,对所有债权均有效;第二,所有的债权人都不能在重整计划以外单独行使权利。③

第2款:"债权人未依照本法规定申报债权的,在重整计划执行期间不得行使权利;在重整计划执行完毕后,可以按照重整计划规定的同类债权的清偿条件行使权利。"

本款规定的重整计划执行期间对未申报债权的效力及处理方案。

本款共分2层含义:

第1层:"债权人未依照本法规定申报债权的,在重整计划执行期间不得行使权利。"

这里的"未依照本法规定申报债权",主要包括如下几种情形:第一,债权人在破产程序启动后的债权申报期限内,未及时申报债权;第二,债权人在错过债权申报期限后,未补充申报债权。④

而对于上述"未依照本法规定申报债权"的债权人,本层明确规定,"在重整计划执行期间不得行使权利"。这里不得行使的权利,既包括《企业破产法》所规定实体性的权利,也包括《企业破产法》所规定程序性的权利。⑤

按照韩传华的解读,鉴于重整计划并未对未申报债权人的权益做出安排,如果允许未申报债权的债权人在重整计划执行期间行使权利,将导致重整计划因为突发债权的出现而无法执行;为确保破产法的秩序尤其是重整计划的执行,本层明确限制未申报债权的债权人,不得在重整计划执行期间行使其权利。⑥

第2层:"在重整计划执行完毕后,可以按照重整计划规定的同类债权的清偿条件行使权利。"

作为对上述严苛限制的救济措施,本层规定,上述"未依照本法规定申报债权"的债权人,可以在重整计划执行完毕后,按重整计划规定的同类债权的清偿条件行使权利。

王卫国指出,重整计划执行完毕后,重整程序必然终结,破产法意义上债权人所享有的程序性权利不复存在;但根据"程序不消灭实体权利"的法理,上述"未依照本法规定申报债权"的债权人

---

① 参见王卫国:《破产法精义》(第2版),法律出版社2020年版,第300页。
② 参见韩传华:《企业破产法解析》,人民法院出版社2007年版,第299页。
③ 参见王卫国:《破产法精义》(第2版),法律出版社2020年版,第300—301页。
④ 参见王卫国:《破产法精义》(第2版),法律出版社2020年版,第301页。
⑤ 参见王卫国:《破产法精义》(第2版),法律出版社2020年版,第301页。
⑥ 参见韩传华:《企业破产法解析》,人民法院出版社2007年版,第299页。

的实体权利,并未消灭,只是其行使时间被延迟到重整计划执行完毕之后;由此,重整程序终结后,债务人恢复正常生产经营,法人资格亦继续存续,那么前述"未依照本法规定申报债权"的债权人,当然可以继续向债务人主张其债权,只是这种主张的受偿条件与顺位均与其他依法申报债权人在重整中所享受的条件相同。①

按照齐明的解读,《企业破产法》并未免除重整程序结束后债务人全部未清偿债务,在重整计划执行结束后,后者同样在诉讼时效期内,按照重整计划设定的比例要求清偿;另外,重整计划对参与缔约的第三方同样有约束力。②

韩传华认为这一规定难以理解:第一,未申报债权的债权人,虽然在重整计划执行期间不能行使权利,但其债权并未申报也未按照重整计划受偿,其并未丧失对债务人的请求权;而重整计划执行完毕后,债务人已恢复成正常人,这种情况下使其按照重整计划规定的清偿条件清偿,既没必要,也不符合意思自治。第二,如坚决认为未申报债权的债权人所得不应该多于参与破产程序的债权人所得,只有将这里的"可以按照"改为"应当按照",才能起到限制作用,否则相关债权人完全可以按照民商法的原则来实现其债权最大化。③

第3款:"债权人对债务人的保证人和其他连带债务人所享有的权利,不受重整计划的影响。"

本款确认,重整计划并不限制债权人对债务人的保证人和其他连带债务人所享有的权利;反过来也就是说,债务人的保证人和其他连带债务人对债权人所承担的义务,并不因重整计划而受影响。

由此往下推导,必然得出如下结论:第一,在重整程序中,债权人仍然百分之百享有对债务人的保证人和其他连带债务人所享有的权利。第二,如果债权人在重整程序中只受到部分清偿,那么其未受偿部分,则可以继续向债务人的保证人和其他连带债务人求偿。第三,如果债权人通过债务人的保证人和其他连带债务人所得,小于重整程序中债权人所得,差额部分应该用于偿付保证人或其他连带债权人的求偿权;如果债权人通过债务人的保证人和其他连带债务人所得,多于重整程序中债权人所得,保证人和其他连带债务人有权拒绝承担超额部分。④

齐明亦指出,在破产程序中或破产程序终结后,担保人的责任并未免除,仍需就未清偿部分债务承担担保责任,但是需要注意如下几点:第一,根据《企业破产法》第51条第2款、第94条规定,担保人不再享有对债务人的追偿权;第二,主债务未能清偿部分,在债务调整中比较容易确定,但是在债转股中难以明确界定,保证人可以以债权全部转化为股权而提出担保责任消灭的抗辩;第三,重整计划中的债务调整,究竟是仅限于债权人、债务人之间的调整,还是针对该笔债务彻底调整,需要特别甄别,否则可能会有主张担保责任而不能的风险。⑤

【裁判要旨】

案例1

国家开发银行股份有限公司与德阳万力重型机械有限公司、二重集团(德阳)重型装备股份有限公司金融借款合同纠纷案

法院:四川省高级人民法院

案号:(2016)川民终870号

事实:上诉人国家开发银行股份有限公司(以下简称国开行)因与被上诉人德阳万力重型机械有限公司(以下简称万力重机公司)及原审第三人二重集团(德阳)重型装备股份有限公司(以下简称二重集团公司)金融借款合同纠纷一案,不服四川省德阳市中级人民法院(2016)川06民初7号民事判决,向四川省高级人民法院提起上诉。

2008年12月24日,国开行与万力重机公司签订《借款合同》,约定万力重机公司向国开行借款10000万元。合同签订后,国开行共计向万力重机公司发放贷款10000万元。截至2016年2月16日,贷款余额为74870224.94元。《借款合同》签订的同日,国开行与二重集团公司签订《保证合同》,二重集团公司为万力重机公司在前述借款合同项下债务提供连带责任保证担保。

德阳市中级人民法院于2015年9月21日裁定受理了德阳立达化工有限公司对二重集团公司的重整申请。国开行就借款合同项下全部余额、利息、罚息共计84536532.08元,向二重集团公司管理人申报了债权,该债权得到德阳市中级人民法院民事裁定确认。2015年11月27日,二重集团公司召开第一次债权人会议,会议上担保债权

---

① 参见王卫国:《破产法精义》(第2版),法律出版社2020年版,第301页。
② 参见齐明:《中国破产法原理与适用》,法律出版社2017年版,第169—170页。
③ 参见韩传华:《企业破产法解析》,人民法院出版社2007年版,第304页。
④ 参见王卫国:《破产法精义》(第2版),法律出版社2020年版,第302—303页。
⑤ 参见齐明:《中国破产法原理与适用》,法律出版社2017年版,第170页。

组、普通债权组均表决通过二重集团公司重整计划。2015年11月30日,德阳市中级人民法院裁定批准二重集团公司的重整计划。重整计划中确定二重集团公司以现金11057378.4元及二重集团公司股票13890200股方式,向国开行清偿该笔债务。2015年12月25日,国开行接受二重集团公司现金11057378.4元,股票暂未接受,同日管理人将二重集团公司股票13890200股提存,等待国开行在北京转股系统开立相应股票接受账户后划转。

2016年4月8日,国开行向万力重机公司发送《贷款提前到期通知书》,要求万力重机公司于2016年4月12日前归还贷款本金人民币74870224.94元及贷款利息。万力重机公司于2016年4月12日回复称:二重集团公司作为担保人根据破产重整方案规定,已安排现金11057378.4元和股票13890200股代偿贷款,故万力重机公司在本合同项下的债务已全部清偿。

国开行向德阳市中级人民法院起诉请求:判令万力重机公司立即向国开行偿还贷款本金74870224.94元,偿还至本息清结之日所拖欠的利息及相应罚息、复利。

德阳市中级人民法院认为,《企业破产法》第92条规定:"经人民法院裁定批准的重整计划,对债务人和全体债权人均有约束力。"债权人无论在表决重整计划时是赞成、是反对、还是未参加对重整计划的表决,均受经人民法院批准生效的重整计划的约束。第三人按照重整计划,以确认的84536532.08元债权金额为基数,于2015年12月25日向国开行偿还11057378.4元现金,并将13890200股二重集团公司股票也相应提存至破产重整管理人的账户,等待国开行在北京股转系统开立相应股票接受账户后进行划转。用现金和股票清偿普通金融债权,共同构成清偿普通金融债权的有机整体,金融债权人不能在接受现金清偿债务同时,拒绝接受股票清偿。依据《合同法》第91条的规定,原告84536532.08元债权,保证人二重集团公司已经予以清偿,国开行再向债务人万力重机公司主张权利,应当不予支持。

鉴于上述,德阳市中级人民法院判决:万力重机公司在本判决生效后30天内,向国开行支付从2015年9月22日起至2015年12月25日止的借款利息、罚息及复利共计1356203.59元,并支付自2015年12月26日起至付清之日止的复利(以1356203.59元为基数,复利标准以合同约定为准)。

国开行不服,提起上诉。

裁判要旨:经人民法院裁定批准的重整计划,对债务人和全体债权人均有约束力。债权人因故暂未接受保证人依据重整计划所做清偿时,继续对债务人主张债权,系对已经清偿债权的重复主张,对其请求不予支持。

裁判理由:四川省高级人民法院认为,本案二审主要争议焦点为:国开行暂未接受保证人二重集团公司重整计划以13890200股二重集团公司股票清偿本案部分债务时,能否继续对债务人万力重机公司主张该部分债权。

《企业破产法》第92条规定:经人民法院裁定批准的重整计划,对债务人和全体债权人均有约束力。本案债权人国开行在一审法院原审理的破产重整案中,以债权人名义向一审法院全额申报并经确认的债权为本息84536532.08元,一审法院批准生效的重整计划以确认的84536532.08元债权金额为基数,于2015年12月25日向国开行偿还11057378.4元现金和13890200股二重集团公司股票,对国开行的债权全额清偿。国开行虽未即时接受该13890200股二重集团公司股票,但二重集团公司已将13890200股二重集团公司股票提存至破产重整管理人的账户,等待国开行股转系统开立相应股票接受账户后进行划转。至此,本案万力重机公司所欠国开行的84536532.08元债务,已由保证人二重集团公司全额偿还。此后,国开行又以其暂未接受13890200股二重集团公司股票为由,向万力重机公司主张债权,系对已经清偿债权的重复主张,一审法院对其请求不予支持,符合本案事实和法律规定。国开行的上诉请求也因其债权已由二重集团公司全额清偿而无事实依据,不予支持。

综上所述,四川省高级人民法院于2016年11月21日作出判决:国开行的上诉请求不能成立,应予驳回;一审判决认定事实清楚,适用法律正确,应予维持。判决驳回上诉,维持原判。

案例2
周亚、青海春天药用资源科技股份有限公司(原青海贤成矿业股份有限公司)民间借贷纠纷执行审查案

法院:最高人民法院

案号:(2016)最高法执监413号

事实:申诉人周亚不服湖北省高级人民法院(2016)鄂执复22号执行裁定,向最高人民法院申诉。

周亚诉西宁市国新投资控股有限公司(以下简称国新投资公司)、青海贤成矿业股份有限公司(以下简称贤成矿业)、贤成集团有限公司(以下简称贤成集团)民间借贷纠纷一案,湖北省高级人民法院(以下简称湖北高院)于2014年3月3日

第九十二条

作出(2012)鄂民一初字第00001号民事判决,判令:(1)国新投资公司于判决生效之日起10日内向周亚偿还借款本金8876万元及利息;(2)贤成集团、贤成矿业对上述款项承担连带清偿责任……贤成矿业不服,提出上诉,最高人民法院于2015年3月23日作出(2014)民一终字第270号民事判决驳回上诉,维持原判。

2015年7月7日,周亚向湖北高院申请强制执行,该院于同年7月23日裁定将该案指定湖北省武汉市中级人民法院(以下简称武汉中院)执行。

由于被执行人贤成矿业名称变更为青海春天药用资源科技股份有限公司(以下简称春天公司),武汉中院于2015年8月20日作出(2015)鄂武汉中执字第00708号执行通知,责令被执行人国新投资公司、春天公司、贤成集团履行以下义务:(1)向申请执行人周亚偿还借款本金8876万元及利息;(2)向申请执行人周亚加倍支付迟延履行期间的债务利息;(3)负担案件受理费661169.7元及执行费。

春天公司不服,向武汉中院提出异议,称该公司已被青海省西宁市中级人民法院(以下简称西宁中院)裁定破产重整。武汉中院(2015)鄂武汉中执字第00708号执行通知所涉申请执行人周亚的债权,形成于该公司破产重整前,应按重整计划的规定对其债权承担偿还责任。

武汉中院查明:2013年6月18日,西宁中院作出(2013)宁民二破字第002-1号民事裁定,受理申请人大柴旦粤海化工有限公司对被申请人贤成矿业的重整申请。2013年8月19日,周亚向贤成矿业管理人提交债权申报表、证据清单及相关资料,申报债权数额本金1亿元,利息18656667元。2013年12月20日,西宁中院作出(2013)宁民二破字第002-5号民事裁定,批准贤成矿业的重整计划,终止其重整程序。2014年7月21日,该院作出(2013)宁民二破字第002-10号民事裁定,确认:(1)终结贤成矿业破产重整程序。(2)债权人已申报但尚未确定的债权,在得到依法确认后,按照重整计划规定的同类债权的清偿标准予以清偿。公司按照其债权申报额和同类债权的清偿标准预留清偿资金。(3)贤成矿业重整期间未依法申报债权的债权人,在重整计划执行完毕后,可以按照重整计划规定的同类债权清偿条件行使权利。对申报未确认债权及已知未申报债权预留偿债资金117138000元予以提存。(4)按重整计划减免的债务,自执行完毕时起不再承担清偿责任。

武汉中院经审查认为:……武汉中院(2015)鄂武汉中执字第00708号执行通知,在债权人已申报但尚未确认的债权经依法确认后,要求春天公司按生效判决确定的金额对周亚承担偿还责任,超出破产重整计划确定的数额,与西宁中院裁定按重整计划规定的同类债权的清偿标准予以清偿不符,亦不符合法律规定,应予纠正。据此,武汉中院于2015年12月15日作出(2015)鄂武汉中执异字第00204号执行裁定,撤销该院(2015)鄂武汉中执字第00708号执行通知;由该院对春天公司以外的其他被执行人重新作出执行通知。

周亚不服,向湖北高院申请复议。湖北高院于2016年4月6日作出(2016)鄂民复22号执行裁定,驳回周亚的复议申请。周亚不服上述复议裁定,向最高人民法院提出申诉。

裁判要旨:生效判决确定的金额超出破产重整计划确定的清偿标准的数额,与法院裁定按重整计划规定的同类债权的清偿标准予以清偿不符。这种情况下,应该以重整计划为依据。重整计划一定程度上能够使债务人避免破产清算,重获新生,另外也兼顾了全体债权人的利益。如突破重整计划所确定的清偿条件对债权人作个别清偿,不仅不利于债务人的生存,亦将对其他债权人的合法权益造成实质性损害,有违法律规定的精神。

裁判理由:最高人民法院认为,本案再审焦点是春天公司应否依照破产重整计划确定的标准对周亚承担清偿责任。

第一,依照《企业破产法》第92条第1款的规定,西宁中院裁定批准的重整计划对春天公司及周亚均有约束力。本案中,西宁中院以(2013)宁民二破字第002-5号民事裁定批准了贤成矿业的重整计划,此后,西宁中院又作出(2013)宁民二破字第002-10号民事裁定,明确已申报但尚未确定的债权,在得到依法确认后,按照重整计划规定的同类债权的清偿标准予以清偿等相关内容。根据湖北高院及武汉中院查明的事实,在西宁中院受理相关债权人对贤成矿业的重整申请后,周亚已申报债权,其债权债务纠纷当时尚在一审审理中。后其债权经本院(2014)民一终字第270号民事判决予以确认。因此,周亚的债权属于西宁中院(2013)宁民二破字第002-10号民事裁定中所认定的已申报但尚未确定的债权,其在得到依法确认后,应通过破产程序,按照重整计划规定的同类债权的清偿标准受偿。

第二,本案执行依据,即本院(2014)民一终字第270号民事判决确认了周亚对国新投资公司所享有债权的数额,并确认贤成集团、贤成矿业承担连带清偿责任,该判决是对债权债务关系以及担保责任的认定。而西宁中院（2013）宁民二破字第002-10号民事裁定则是在破产程序中对贤成矿业清偿债务的标准依法予以确认。两份生效法律文书系基于不同的法律程序所作出的，不存在冲突，本院生效判决是本案债权人周亚通过破产程序受偿的基础和依据。周亚可以依照生效判决，要求主债务人国新投资公司或者担保人贤成集团、贤成矿业对债务承担全部清偿责任，但对贤成矿业主张权利应通过破产程序进行，也即春天公司应当按照重整计划规定的同类债权的清偿标准向周亚清偿债务。周亚按此标准受偿后，不影响其就剩余未受偿部分继续向主债务人及其他担保人主张。因此，武汉中院在执行程序中根据西宁中院的相关裁定确认春天公司对周亚的清偿标准，是依法对破产程序予以衔接，并不构成对本院生效判决所作确认的变更。

第三，重整计划一定程度上能够使债务人避免破产清算，重获新生，另外也兼顾了全体债权人的利益。如突破重整计划所确定的清偿条件对债权人作个别清偿，不仅不利于债务人的生存，亦将对其他债权人的合法权益造成实质性损害，有违法律规定的精神。

综上，最高人民法院认定，湖北高院（2016）鄂执复22号执行裁定在认定事实和适用法律上并无不当，应予维持。申诉人周亚的申诉请求不能成立，不予支持。2017年5月12日，最高人民法院裁定驳回周亚的申诉请求。

第九十三条 债务人不能执行或者不执行重整计划的，人民法院经管理人或者利害关系人请求，应当裁定终止重整计划的执行，并宣告债务人破产。

人民法院裁定终止重整计划执行的，债权人在重整计划中作出的债权调整的承诺失去效力。债权人因执行重整计划所受的清偿仍然有效，债权未受清偿的部分作为破产债权。

前款规定的债权人，只有在其他同顺位债权人同自己所受的清偿达到同一比例时，才能继续接受分配。

有本条第一款规定情形的，为重整计划的执行提供的担保继续有效。

【立法沿革】

《破产法》（1995年草案）

第一百二十四条 重整企业不能执行或者不执行重整计划的，人民法院经利害关系人申请，应当裁定终止重整计划的执行。

人民法院裁定终止重整计划的执行，债务人有本法第四条第一款规定情形的，应当宣告债务人破产。

有本条第一款规定情形的，重整债权人在重整计划中作出的让步失去效力。但是，为重整计划执行提供的担保，在重整计划规定的担保范围内，继续有效。

《企业破产与重整法》（2000年6月草案）

第一百一十一条 重整企业不能执行或者不执行重整计划的，人民法院经利害关系人申请，应当裁定终止重整计划的执行。

人民法院裁定终止重整计划执行的，应当宣告债务人破产。

有本条第一款规定情形的，重整债权人在重整计划中作出的让步失去效力。但是，为重整计划执行提供的担保，在重整计划规定的担保范围内继续有效。

《企业破产与重整法》（2000年12月草案）

第一百一十一条 重整企业不能执行或者不执行重整计划的，人民法院经利害关系人申请，应当裁定终止重整计划的执行。

人民法院裁定终止重整计划执行的，应当宣告债务人破产。重整债权人因重整计划实施所受的清偿仍然有效。重整债权未受偿的部分，作为破产债权行使权利。

前款规定的债权人，只有在其他债权人所受的清偿达到同一比例时，才能继续接受分配。

有本条第一款规定情形的，重整债权人在重整计划中作出的让步失去效力。但是，为重整计划执行提供的担保，在重整计划规定的担保范围内继续有效。

《企业破产与重整法》（2001年1月草案）

第一百四十八条 重整企业不能执行或者不执行重整计划的，人民法院经利害关系人申请，应当裁定终止重整计划的执行。

人民法院裁定终止重整计划执行的，应当宣告债务人破产。重整债权人因重整计划实施所受的清偿仍然有效。重整债权未受偿的部分，作为破产债权行使权利。

前款规定的债权人，只有在其他债权人所受的清偿达到同一比例时，才能继续接受分配。

有本条第一款规定情形的，重整债权人在重整计划中作出的让步失去效力。但是，为重整计划执行提供的担保，在重整计划规定的担保范围内继续有效。

《企业破产法》（2004年3月草案A版）

第九十三条 重整企业不能执行或者不执行重整计划的，人民法院经利害关系人申请，应当裁

第九十三条

定终止重整计划的执行。

人民法院裁定终止重整计划执行的,应当宣告债务人破产清算。重整债权人因重整计划实施所受的清偿仍然有效。重整债权未受偿的部分,作为破产债权行使权利。

前款规定的债权人,只有在其他债权人所受的清偿达到同一比例时,才能继续接受分配。

有本条第一款规定情形的,重整债权人在重整计划中作出的让步失去效力。但是,为重整计划执行提供的担保,在重整计划规定的担保范围内继续有效。

《企业破产法》(2004年3月草案B版)

第九十二条 债务人不能执行或者不执行重整计划的,人民法院经利害关系人申请,应当裁定终止重整计划的执行。

人民法院裁定终止重整计划执行的,应当宣告债务人破产清算。债权人因重整计划实施所受的清偿仍然有效。债权未受偿的部分,作为破产债权行使权利。

前款规定的债权人,只有在其他债权人所受的清偿达到同一比例时,才能继续接受分配。

有本条第一款规定情形的,债权人在重整计划中作出的让步失去效力。但是,为重整计划执行提供的担保,在重整计划规定的担保范围内继续有效。

《企业破产法》(2004年6月草案)

第九十三条 债务人不能执行或者不执行重整计划的,人民法院经利害关系人申请,应当裁定终止重整计划的执行。

人民法院裁定终止重整计划执行的,应当同时宣告债务人破产。债权人因重整计划实施所受的清偿仍然有效.债权未受偿的部分,作为破产债权行使权利。

前款规定的债权人,只有在其他债权人所受的清偿达到同一比例时,才能继续接受分配。

有本条第一款规定情形的,债权人在重整计划中作出的让步失去效力。但是,为重整计划执行提供的担保,在重整计划规定的担保范围内继续有效。

《企业破产法》(2004年10月草案)

第九十一条 债务人不能执行或者不执行重整计划的,人民法院经利害关系人申请,应当裁定终止重整计划的执行。

人民法院裁定终止重整计划执行的,应当同时宣告债务人破产。债权人因重整计划实施所受的清偿仍然有效。债权未受偿的部分,作为破产债权行使权利。

前款规定的债权人,只有在其他债权人所受的清偿达到同一比例时,才能继续接受分配。

有本条第一款规定情形的,债权人在重整计划中作出的让步失去效力。但是,为重整计划执行提供的担保,在重整计划规定的担保范围内继续有效。

【条文释义】

本条规定的是重整计划执行终止及程序转换。

从立法史的视角看,本条规定在不同时期的草案中大体稳定,中后期乃至定稿中细微的变化体现在:在三读通过时,加入如果债务人不能或者不愿执行重整计划,管理人有权向法院申请裁定终止重整计划的规定。

本条共分4款。分款评注如下:

第1款:"债务人不能执行或者不执行重整计划的,人民法院经管理人或者利害关系人请求,应当裁定终止重整计划的执行,并宣告债务人破产。"

根据本款规定,重整计划终止执行、债务人破产的法定原因之一,即重整计划进入执行阶段后,"债务人不能执行或者不执行重整计划"。

债务人不能执行或者不执行重整计划,是启动本条规定管理人或利害关系人申请、法院裁定终止重整计划并宣告债务人破产的扳机。这里的"债务人不能执行……重整计划",主要是指债务人在客观上无法执行重整计划,缺乏执行重整计划的能力;导致这种情况出现的原因多种多样,战略问题、产品问题、营销问题、意外灾害、债务违约等的企业经营风险,都有可能导致债务人在客观上不能执行重整计划;这里的"债务人……不执行重整计划",主要是指债务人在客观上具备执行重整计划的能力,但在主观上不愿意执行,因而拒不执行或者拖延执行,比如不愿意执行重整计划中债权债务调整的内容,最终影响重整进程与预期收益。①

由此,韩传华也提出,因为债务人以外的因素导致债务人不能执行或者不执行重整计划时,如果是由于不可抗力,则不应该视为"债务人不能执行或者不执行重整计划";如果不是由于不可抗

---

① 参见王卫国:《破产法精义》(第2版),法律出版社2020年版,第305页;齐明:《中国破产法原理与适用》,法律出版社2017年版,第171页。

力,则应视为"债务人不能执行或者不执行重整计划"①。

而如果因为这个原因,要实现重整程序向破产清算程序的转换,就还需要经过一定的程序,即管理人或者利害关系人请求、法院裁定等环节。

对于这里的"利害关系人",主要是指其利益因为债务人不能执行或不愿执行重整计划而受到消极影响的利益相关者,债权人肯定首当其冲,同时还有职工、连带债务人及重整投资方等。② 韩传华认为,这里的利害关系人,应当限定为重整计划的当事人,非当事人应当排除在利害关系人之外。③

依据本款规定,无论是管理人请求,还是利害关系人请求,法院都需要审查并作出裁定。在这时候法院可能会作出两种裁定:一种是不同意管理人或者利害关系人的请求,继续执行重整计划;另一种则是同意管理人或者利害关系人的请求,终止重整程序,宣告债务人破产,由此重整程序转入破产清算程序。

齐明提出,重整计划执行不能的风险,来自多方面,比如战略投资人不能投资会瓦解重整成功最重要的基石;再比如重整计划中的经营目标,受各种因素制约难以实现。这种情况下,管理人或者利害关系人及时请求法院裁定终止重整计划执行并宣告债务人破产,可以起到止损并确保清偿收益的可能;如果放任形势恶化,可能预期的清算收益亦无法实现,倒不如及时宣告债务人破产,及早启动破产清算程序。④

第 2 款:"人民法院裁定终止重整计划执行的,债权人在重整计划中作出的债权调整的承诺失去效力。债权人因执行重整计划所受的清偿仍然有效,债权未受清偿的部分作为破产债权。"

本款规定是重整计划因债务人不能或不愿执行,经法院裁定终止重整程序后所产生的法律效力。

本款共分 2 层含义:

第 1 层:"人民法院裁定终止重整计划执行的,债权人在重整计划中作出的债权调整的承诺失去效力。"

本层明确,如果法院经管理人或者利害关系人请求,作出终止重整计划的裁定,那债权人先前在重整计划中作出的债权调整承诺,则自然失去效力。

这里首先需要明确"债权调整的承诺"的具体含义。按照王卫国的观点,这里的"债权调整的承诺",主要是指债权人在重整计划形成过程中就债权调整所做出的让步,这些让步最终都会体现在重整计划中,具体方式比如减免本金、减免利息、放弃担保等。⑤ 按照韩传华的观点,这里的承诺失效,其实质是指债权人在重整计划中承诺放弃的部分债权,可以恢复行使。⑥

而根据本层,一旦债权人在重整计划中做出的债权承诺因为法院裁定终止重整计划执行而失效,那么债权自动恢复到重整计划通过以前,债权人可以按照申报并确认的债权种类及数额,行使其权利。⑦

另外,对于"债权人在重整计划中作出的债权调整的承诺"这一表述,韩传华认为尽管比早期的草案中"债权人在重整计划中作出的让步失去效力"要好,但依旧缺乏规范性,更为规范的表述应该是"债权人在重整计划中放弃的部分债权权利可以恢复行使"⑧。

第 2 层:"债权人因执行重整计划所受的清偿仍然有效,债权未受清偿的部分作为破产债权。"

本层确认重整程序的不可逆性,与上一层实际上是转折关系。

这即是说,尽管重整计划执行的终止,会导致债权人在重整计划中所做的债权让步失效,但债权人在重整计划执行过程中已受的清偿,仍然有效;而未受清偿的部分,则作为破产债权,在破产清算程序中,按照相应顺位和清偿率受偿。

第 3 款:"前款规定的债权人,只有在其他同顺位债权人同自己所受的清偿达到同一比例时,才能继续接受分配。"

本款强调"同类债权,同等对待"的原则,或者同比例受偿规则。⑨

这也就是说,如果破产清算程序启动,所有债

---

① 韩传华:《企业破产法解析》,人民法院出版社 2007 年版,第 301 页。
② 参见王卫国:《破产法精义》(第 2 版),法律出版社 2020 年版,第 305 页。
③ 参见韩传华:《企业破产法解析》,人民法院出版社 2007 年版,第 301 页。
④ 参见齐明:《中国破产法原理与适用》,法律出版社 2017 年版,第 171 页。
⑤ 参见王卫国:《破产法精义》(第 2 版),法律出版社 2020 年版,第 305 页。
⑥ 参见韩传华:《企业破产法解析》,人民法院出版社 2007 年版,第 301—302 页。
⑦ 参见王卫国:《破产法精义》(第 2 版),法律出版社 2020 年版,第 306 页。
⑧ 韩传华:《企业破产法解析》,人民法院出版社 2007 年版,第 302 页。
⑨ 参见王卫国:《破产法精义》(第 2 版),法律出版社 2020 年版,第 306 页。

权人应该根据其债权顺位,获得相应比例的清偿,这也是破产法的支柱原则。但在《企业破产法》第 93 条第 2 款提及的债权人,已经在重整计划执行期间,受过一部分清偿;这种情况下,如果允许其在法院裁定终止重整计划执行后,进入破产清算程序并继续参与分配,明显对其他未受任何清偿的同一顺位债权人不公平。因此,本款规定,债权人因重整计划执行终止而在破产清算程序中参与分配的前提是其他同一顺位债权人在破产清算程序中所受的清偿,与自己先前在重整程序中所受的清偿,达到同一比例。

齐明认为,在实务层面,由于重整计划的终止执行,战略投资资金注入将戛然而止,这种情况下,破产清算的清偿率必然下降;再加上前期执行重整计划的成本和已完成清偿行为的损耗,这里"前款规定的债权人",极有可能再也不能获得任何清偿;鉴于这种风险和程序转换的损耗,法院在批准重整计划时,应该对重整计划做可行性审查,同时要求战略投资人提供必要担保,并约定相关各方行为导致重整计划不能执行的违约责任。①

第 4 款:"有本条第一款规定情形的,为重整计划的执行提供的担保继续有效。"

本款确认,如果"债务人不能执行或者不执行重整计划的,人民法院经管理人或者利害关系人请求,应当裁定终止重整计划的执行,并宣告债务人破产",那么先前为重整计划执行提供的担保并不因之无效,而是继续有效。

准确理解这一款,需要先明确什么是"为重整计划的执行提供的担保"。按照王卫国的界定,这里"为重整计划的执行提供的担保",主要是指第三人对债务人执行重整计划提供的担保,具体可以包括抵押、质押和保证;这种担保包括在债务人不执行重整计划情况下,重整计划执行终止和未终止两种情形,尤其是即使重整计划执行终止,第三人担保责任依旧有效,债权人仍可行使担保权。②

鉴于上述,本款的价值即在于,为担保重整计划执行事宜的人,提供一个稳定预期,无论重整计划执行是否终止,担保人的担保权利都不受影响。齐明认为,此举有利于在重整计划终止执行、债务人被宣告破产时,尽可能降低破产程序转换带来的损失,保护广大债权人的利益。③

韩传华认为,在担保没有相反约定的情形下,担保依法继续有效;但如果担保时约定法院裁定终止重整计划执行后担保失效,那么此时为重整计划执行提供的担保,应该归于无效。④

【关联法律法规及司法政策】

最高人民法院《全国法院破产审判工作会议纪要》(2018)

19. 重整计划执行中的变更条件和程序。债务人应严格执行重整计划,但因出现国家政策调整、法律修改变化等特殊情况,导致原重整计划无法执行的,债务人或管理人可以申请变更重整计划一次。债权人会议决议同意变更重整计划的,应自决议通过之日起十日内提请人民法院批准。债权人会议决议不同意或者人民法院不批准变更申请的,人民法院经管理人或者利害关系人请求,应当裁定终止重整计划的执行,并宣告债务人破产。

20. 重整计划变更后的重新表决与裁定批准。人民法院裁定同意变更重整计划的,债务人或者管理人应当在六个月内提出新的重整计划。变更后的重整计划应提交给因重整计划变更而遭受不利影响的债权人组和出资人组进行表决。表决、申请人民法院批准以及人民法院裁定是否批准的程序与原重整计划的相同。

【裁判要旨】

案例

广东雄力电缆有限公司、广东佛山市雄力电缆有限公司破产案

法院:广东省高级人民法院

案号:(2018)粤破终 1、2 号

事实:广东雄力电缆有限公司(以下简称广东雄力公司)、广东佛山市雄力电缆有限公司(以下简称佛山雄力公司)不服佛山市中级人民法院(以下简称佛山中院)(2016)粤 06 民破 4 至 5-34 号民事裁定,向广东省高级人民法院提起上诉。

佛山中院于 2016 年 3 月 30 日裁定受理广东雄力公司、佛山雄力公司重整申请。因重整计划修正草案未获担保债权组和普通债权组表决通过,依管理人的申请,佛山中院于 2017 年 5 月 12 日以(2016)粤 06 民破 4 至 5-30 号民事裁定,强制批准重整计划修正草案,终止重整程序。

在重整计划执行过程中,因债权人反映广

---

① 参见齐明:《中国破产法原理与适用》,法律出版社 2017 年版,第 172—173 页。
② 参见王卫国:《破产法精义》(第 2 版),法律出版社 2020 年版,第 306 页。
③ 参见齐明:《中国破产法原理与适用》,法律出版社 2017 年版,第 173 页。
④ 参见韩传华:《企业破产法解析》,人民法院出版社 2007 年版,第 303 页。

东雄力公司、佛山雄力公司通过关联交易转移巨额资产,对其3.7亿元的对外债权隐匿不予清查,怠于追偿对外债权,存在借重整逃避债务等问题;管理人协助债务人隐匿资产逃债、贱卖担保财产、个别清偿债务等损害债权人利益的问题;佛山中院违规指定管理人、违法强制批准重整计划草案等问题。佛山中院暂停重整计划的执行。

佛山中院在本案审查中查明:广东雄力公司、佛山雄力公司对部分应收款,表示无法提供更多的财务资料证实其银行资金流水,管理人亦表示部分应收账款没有基础凭证,导致对大部分应收款未能查清并追收。广东雄力公司、佛山雄力公司不同意因此对其进行破产清算。

佛山中院于2017年12月4日作出(2016)粤06民破4至5-34号民事裁定:(1)终止(2016)粤06民破4至5-30号民事裁定批准的重整计划修正草案;(2)驳回广东雄力公司、佛山雄力公司的重整申请。广东雄力公司、佛山雄力公司提起上诉,请求撤销原审裁定,恢复重整计划的执行。

裁判要旨:重整计划执行期限已届满,重整计划不能执行,无论债务人是否同意,均应依法宣告债务人破产。在破产清算中,对依法应承担法律责任的各责任人员,依法予以追究。

裁判理由:广东省高级人民法院查明:《重整计划修正(草案)》显示,两上诉人负债为81886.962472万元,其中抵押担保债权为27667.658327万元。资产情况为:土地及建筑物等不动产含税评估价为8190.18万元,设备、车辆评估价为1384.7695万元,存货评估价为158.712632万元,银行存款22.976211万元,管理人专户余额56.197914万元,应收账款37168.177955万元。重整方案为:以最低价10052.232781万元,通过"先公开招商、不成再淘宝网拍"的方式处置两上诉人100%股权,该股权买受人的权利范围,包括两上诉人的土地及建筑物等不动产、设备及车辆、存货,不包括两上诉人的应收账款、银行存款。受偿方案为:职工债权、税款债权、工程款债权共326.570649万元全额清偿;27667.658327万元的抵押担保债权共优先清偿8196.304906万元,普通债权受偿率为1.879%。两上诉人的应收账款由管理人另行处置后,再分配给债权人。重整计划执行期限自佛山中院裁定批准之日起6个月,重整计划监督期限与执行期限相同。因重整计划修正草案未获担保债权组和普通债权组表决通过,依管理人的申请,佛山中院于2017年5月12日以(2016)粤06民破4至5-30号民事裁定,强制批准重整计划修正草案,终止重整程序。管理人收回应收账款101.601052万元。

广东省高级人民法院认为,两上诉人具有《企业破产法》第2条规定的情形,向人民法院申请重整,佛山中院予以受理,并无不当。佛山中院裁定批准《重整计划修正(草案)》后,重整程序已终止,后又裁定驳回重整申请没有法律依据,应予纠正。本案《重整计划修正(草案)》,实质上是以出让股权的形式,转让两上诉人的土地及建筑物等不动产、设备及车辆、存货用以清偿小部分债务。而对于两上诉人的重大资产即巨额应收账款,却规定"由管理人另行处置后,再分配给债权人",致使重整计划具有不确定性。在重整计划执行期间,两上诉人及管理人以缺乏财务资料、基础凭证对应收账款不能查清并追收为由,怠于追收,导致巨额应收账款悬空,损害了债权人利益,亦导致重整计划不能执行。依《企业破产法》第93条规定,本案重整计划执行期限已届满,重整计划不能执行,无论债务人是否同意,均应依法宣告债务人破产。在破产清算中,对依法应承担法律责任的各责任人员,依法予以追究。

综上,广东省高级人民法院于2018年3月22日作出裁定:撤销佛山中院(2016)粤06民破4至5-34号民事裁定;终止广东雄力公司、佛山雄力公司的重整计划的执行;宣告广东雄力公司、佛山雄力公司破产;由佛山中院审理两公司破产清算。

第九十四条 按照重整计划减免的债务,自重整计划执行完毕时起,债务人不再承担清偿责任。

【立法沿革】

《破产法》(1995年草案)

第一百二十五条 重整计划执行完毕,重整执行人终止执行职务,并及时向人民法院提交执行报告。人民法院审查确认后,应当裁定终结破产案件。

重整债权依重整计划削减的部分,自人民法院裁定终结破产案件之日起,免除债务人的清偿责任。

《企业破产与重整法》(2000年6月草案)

第一百一十二条 重整计划执行完毕,重整执行人终止执行职务,并及时向人民法院提交执行报告。人民法院审查确认后,裁定终结破产案件。

重整债权依重整计划削减的部分,自人民法院裁定终结破产案件之日起,免除债务人的清偿责任。

第九十四条

《企业破产与重整法》(2000年12月草案)

第一百一十二条 重整计划执行完毕,重整执行人终止执行职务,并及时向人民法院提交执行报告。人民法院审查确认后,裁定终结破产案件。

重整债权依重整计划减的部分,自人民法院裁定终结破产案件之日起,免除债务人的清偿责任。

《企业破产与重整法》(2001年1月草案)

第一百四十九条 重整计划执行完毕,重整执行人终止执行职务,并及时向人民法院提交执行报告。人民法院审查确认后,裁定终结破产案件。

重整债权依重整计划削减的部分,自人民法院裁定终结破产案件之日起,免除债务人的清偿责任。

《企业破产法》(2004年3月草案A版)

第九十四条 重整计划执行完毕,重整执行人终止执行职务,并及时向人民法院提交执行报告。人民法院审查确认后,裁定终结破产案件。

重整债权依重整计划削减的部分,自人民法院裁定终结破产案件之日起,免除债务人的清偿责任。

《企业破产法》(2004年3月草案B版)

第九十三条 重整计划执行完毕,债务人及时向人民法院提交执行报告。人民法院审查确认后,裁定终结破产案件。

债权依重整计划削减的部分,自人民法院裁定终结破产案件之日起,免除债务人的清偿责任。

《企业破产法》(2004年6月草案)

第九十四条 依重整计划削减的债权,自重整计划执行完毕时起,免除债务人的清偿责任。

《企业破产法》(2004年10月草案)

第九十二条 依重整计划削减的债权,自重整计划执行完毕时起,免除债务人的清偿责任。

【条文释义】

本条规定的是重整计划执行完毕后的债务免除问题,亦即我国《企业破产法》所涉及的破产免责条款。

从立法史的视角看,本条规则在不同时期的草案中变化不大,只是删掉早期的草案中均存在的重整计划执行完毕后,债务人的报告和法院确认审查程序。①

本条确认,从重整计划执行完毕开始,债务人无须再对按照重整计划免除的债务承担清偿责任。

按照我国《企业破产法》的规定,"重整计划执行完毕"是一个事实概念,即债务人在重整计划确定的框架内,完全按照重整计划规定的方案完成债务清偿,亦即所有债权人都已按照重整计划确定的数额、时间和方式实现债权;因此,"重整计划执行完毕"无须由债务人对执行情况做出专门报告,更不需要法院加以审查和裁定。② 按照韩传华的解读,这里的"重整计划执行完毕",可以理解成债务人按时或者提前完全履行重整计划规定的所有事项。③

另外,这种清偿义务本位的界定,在一定程度上将债务人营业是否改善、融资方案的实施情况等因素排斥在考虑范围之外;这也客观上赋予债务人在执行重整计划过程中根据市场、企业等综合情况,及时调整和完善经营方案,最大限度在按计划清偿债权的同时,争取自身经营状况的全面改善。④

齐明认为,我国《企业破产法》规定的破产免责条款,具有如下特征:第一,破产免责仅适用于重整与和解程序中,破产清算程序只能因为债务人主体的消灭而自然免责;第二,本条所免除的债务,亦即按照重整计划所削减的债务;第三,本条免除的是债务比例,而非特定时间节点之后权利人主张的全部债务;第四,本条规定的免责,既有严格的前提条件,也有严苛限定的范围。基于这些特征,本条规范通过重整计划执行自然实现免责效果,相当于对重整计划中债务调整条款的再度确认。⑤

【关联法律法规及司法政策】

最高人民法院《全国法院破产审判工作会议纪要》(2018)

21. 重整后企业正常生产经营的保障。企业重整后,投资主体、股权结构、公司治理模式、经营方式等与原企业相比,往往发生了根本变化,人民

---

① 对于这里删除的部分,韩传华持保留意见。他认为应该按照《企业破产法》第108条规定的债务人已清偿全部到期债务的情形,由法院裁定终结破产程序并予以公告;如果法院不做出此项公告,按照重整计划非最后受偿的债权人、未申报债权的债权人、与债务人有经营关系的相对人,均无法知道债务人的重整计划是否执行完毕,也不会知道债务人的破产程序是否已经终结。参见韩传华:《企业破产法解析》,人民法院出版社2007年版,第303—304页。

② 参见王卫国:《破产法精义》(第2版),法律出版社2020年版,第308页。

③ 参见韩传华:《企业破产法解析》,人民法院出版社2007年版,第303页。

④ 参见王卫国:《破产法精义》(第2版),法律出版社2020年版,第308页。

⑤ 参见齐明:《中国破产法原理与适用》,法律出版社2017年版,第174页。

法院要通过加强与政府的沟通协调,帮助重整企业修复信用记录,依法获取税收优惠,以利于重整企业恢复正常生产经营。

【裁判要旨】
案例1
经仕华、江坤等与经仕华、江苏佳豪房地产开发有限公司等合同、无因管理、不当得利纠纷执行案
法院:江苏省高级人民法院
案号:(2015)苏执异字第00011号
事实:申请执行人江坤、江小龙与被执行人江苏佳豪房地产开发有限公司(以下简称佳豪公司)、江苏佳豪房地产开发有限公司兴化分公司(以下简称兴化分公司)、经仕华、樊亚秋欠款纠纷三案,本院于2015年6月8日立案执行。

江苏省高级人民法院执行过程中,被执行人经仕华主张本案实体权利已经消灭,提出执行异议,请求终结执行。

江苏省高级人民法院经审查查明:

江坤、江小龙依据(2008)建民初字第556号民事调解书、(2008)建民初字第557号民事调解书、(2008)建民初字第1525号民事调解书、(2008)建民初字第1526号民事调解书四份调解书对佳豪公司享有债权。调解书同时确认经仕华对上述佳豪公司的四笔债务承担连带责任,樊亚秋对佳豪公司在第556号、第557号民事调解书下的两笔债务承担连带责任。

另查明:2008年11月27日,兴化法院裁定受理申请人汤有灵提出的对被申请人佳豪公司及兴化分公司进行破产清算的申请。2009年2月26日,债务人佳豪公司向兴化法院提出破产重整申请。该院经审查于2009年3月6日裁定准许佳豪公司的重整申请,并且要求其在6个月内提交重整计划。

2009年12月8日,佳豪公司清算组向江坤、江小龙送达《债权审查确认通知书》,称关于江坤向佳豪公司清算组申报债权额118.6352万元、江小龙申报的债权额225.56万元,经佳豪公司清算组审核,对该两笔申报债权不予确认。理由是:根据清算组确定并报法院审理组批准,对佳豪公司借款利率一律按照银行贷款基准月利率6.225‰的2倍计算借款利息,之前多领取的利息,一律冲减本金。据此计算江坤在佳豪公司债权本息合计256.23989万元,但江坤已从佳豪公司领取409.40万元;江小龙在佳豪公司债权本息合计为250.504653万元,但江小龙已从佳豪公司领取256.80万元。故江坤、江小龙在佳豪公司已不存在债权。如对佳豪公司清算组审核确认的债权有异议,可在接到本通知后10日内向兴化法院提起诉讼。

2009年11月23日,兴化法院裁定批准债务人佳豪公司的重整计划,终止债务人佳豪公司的重整程序。2013年1月8日,兴化法院作出裁定:(1)佳豪公司重整计划执行完毕,终止该公司的重整程序;(2)按照重整计划减免的债务,自重整计划执行完毕时起,佳豪公司不再承担清偿责任。

2009年12月17日,兴化法院立案受理江坤、江小龙提起的与佳豪公司、兴化分公司、佳豪公司清算组破产债权确认纠纷两案,兴化法院经审查认为:江坤、江小龙与佳豪公司、兴化分公司有关债权、债务已经建邺法院调解达成调解协议,该协议已发生法律效力,现江坤、江小龙再次向该院提起诉讼,不符合法律规定。兴化法院于2010年5月10日裁定驳回江坤、江小龙对佳豪公司、兴化分公司、佳豪公司清算组的起诉。

后江苏省高级人民法院裁定提级执行(2008)建民初字第556号民事调解书、(2008)建民初字第1525号民事调解书、(2008)建民初字第1526号民事调解书和(2008)建民初字第557号民事调解书。

裁判要旨:按照重整计划减免的债务,自重整计划执行完毕之时起,债务人不再承担清偿责任。故仅有重整计划草案中涉及的债权,才受重整计划的约束,债权人如没有参加决议重整计划草案的债权人会议,重整计划就不包含相关债权,故重整计划对该债权人不具有法律效力。债务人企业破产重整结束后,相关债权人仍可依据上述规定向债务人企业主张权利。

裁判理由:江苏省高级人民法院指出,本案的争议焦点是:(1)经仕华关于提级执行错误,并且江坤、江小龙超过申请执行的法定期间,应当终结执行的主张,是否属于异议审查范围;(2)经仕华关于本案执行依据确定的债权已获超额清偿、申请执行人实体权利已经消灭,本案应当终结执行的主张有无事实和法律依据。

对于经仕华认为关于本案实体权利已经消灭,执行程序应当依法终结的主张不能成立,其关于应依法解除本案所有查封、冻结等执行措施的主张,江苏省高级人民法院分析如下:

第一,经仕华主张本案生效法律文书确定的债务已经履行完毕,应当提供证据予以证明。在经仕华无法提供证据证明本案执行依据已经履行完毕的情况下,其关于终结执行的主张没有事实和法律依据。

第二,经仕华并未提供证据证明江坤、江小龙

债权已被列入重整计划,其仍应承担清偿责任。《企业破产法》第 92 条第 2 款规定:"债权人未依照本法规定申报债权的,在重整计划执行期间不得行使权利;在重整计划执行完毕后,可以按照重整计划规定的同类债权的清偿条件行使权利。"本案中,尽管江坤、江小龙向佳豪公司破产清算组申报债权,但佳豪公司、兴化分公司未提供佳豪公司破产清算组通知江坤、江小龙参加决议破产重整计划草案债权人会议的证据,亦未提供江坤、江小龙已经参加决议破产重整计划草案的债权人会议的证据,其应当承担举证不能的法律后果。《企业破产法》第 94 条规定,"按照重整计划减免的债务,自重整计划执行完毕时起,债务人不再承担清偿责任",兴化法院(2008)兴民破字第 4-138 号民事裁定亦确定:按照重整计划减免的债务,自重整计划执行完毕时起,佳豪公司不再承担清偿责任。故仅有重整计划草案中涉及的债权才受重整计划的约束,江坤、江小龙没有参加决议重整计划草案的债权人会议,重整计划亦不包含江坤、江小龙的债权,故重整计划对江坤、江小龙不具有法律效力。佳豪公司破产重整结束后,江坤、江小龙仍可依据上述规定向佳豪公司主张权利。

第三,《企业破产法》第 92 条第 3 款规定:债权人对债务人的保证人和其他连带债务人所享有的权利,不受重整计划的影响。故退一步讲,即使江坤、江小龙的债权已被列入重整计划之中,连带保证人经仕华、樊亚秋仍须向江坤、江小龙承担偿还责任。

综上,江苏省高级人民法院 2015 年 12 月 4 日依照《民事诉讼法》第 224 条等规定,裁定驳回经仕华的异议。

案例 2
烟台霖诚建筑工程有限公司与烟台九发置业有限公司、山东九发食用菌股份有限公司管理人等建设工程合同纠纷案

法院:山东省烟台市中级人民法院
案号:(2014)烟民再字第 25 号
事实:烟台霖诚建筑工程有限公司(以下简称霖诚公司)与九发置业有限公司(以下简称九发置业)、山东九发食用菌股份有限公司(以下简称食用菌公司)管理人、山东九发集团公司破产清算组工程款纠纷一案,山东省烟台市中级人民法院于 2013 年 7 月 16 日作出(2013)烟民再字第 15 号民事裁定书,裁定撤销(2011)烟牟民再字第 9 号民事判决,发回烟台市牟平区人民法院重审。烟台市牟平区人民法院重审后,于 2014 年 5 月 9 日作出(2014)烟牟民再字第 10 号民事判决。宣判后,九发置业不服,再次向山东省烟台市中级人民法院提出上诉。

1999 年 4 月 16 日,山东九发集团公司与霖诚公司签订《建筑安装工程承包合同》,将科技中心(综合楼)工程发包给霖诚公司施工,但工程实际建设单位是食用菌公司,工程竣工后,经双方验收合格。

霖诚公司于 2007 年 1 月 15 日向烟台市牟平区人民法院起诉食用菌公司和九发置业,要求偿付其为该二被告施工的银海家园工程款 11267571.36 元并申请诉讼保全,烟台市牟平区人民法院于 2007 年 1 月 18 日依法查封九发置业所有的银海家园的 48 个车位、42 个车库、300 平方米的物业管理用房和土地使用权。

2007 年 4 月 16 日,霖诚公司与食用菌公司、九发置业、山东九发集团公司签订协议,在协议中约定:科技中心(综合楼)工程的工程款自协议签订起开始付款,至 2007 年 6 月 30 日全部付清。九发置业同意用银海家园被法院查封的车库、车位、物业管理用房和土地使用权为霖诚公司起诉的职工公寓和餐厅及大衣柜施工合同纠纷案、复合肥厂施工合同纠纷案、热电厂工程施工合同纠纷案、软包装车间工程施工合同纠纷案及科技中心、蔬菜车间工程款的偿还提供担保。

2008 年 9 月 28 日,烟台市中级人民法院依法裁定准许食用菌公司进行重整,并于同日指定食用菌公司破产清算组作为管理人开展各项工作。依据重整计划,食用菌公司管理人共计向霖诚公司偿付工程款 4592059.04 元,偿付比例为 25.829%,偿付的科技中心(综合楼)工程款为 1096982.68 元(4247094.50 元×25.829%),尚欠霖诚公司科技中心(综合楼)工程款 3150111.82 元未付。2009 年 6 月 1 日,烟台市中级人民法院裁定确认食用菌公司重整计划执行完毕。

裁判要旨:因债务人企业破产重整结束后,对经破产程序豁免的债务不再承担清偿责任。但债务人的保证人的保证义务,并未因破产程序而豁免,应对债权人得不到及时清偿所造成的经济损失,按照最高人民法院《关于适用〈中华人民共和国担保法〉若干问题的解释》第 7 条规定,承担赔偿责任。

裁判理由:山东省烟台市中级人民法院确认,2007 年 4 月 16 日,霖诚公司与食用菌公司、山东九发集团公司、九发置业签订协议,约定自该协议签订之日起食用菌公司偿付霖诚公司工程款,至 2007 年 6 月 30 日全部清偿完毕;九发置业将其由霖诚公司建设施工的位于银海家园已由原审法院依法查封的车位、车库、物业用房及土地使用权为本案工程款的清偿提供担保。上述事实各方当事人均无异议,予以认定。

根据九发置业及霖诚公司在本次审理程序中的诉辩主张,双方争执的焦点为:第一,前述2007年4月16日的协议第4条内容是否有效;第二,霖诚公司享有的债权是否消失;第三,九发置业对债务人食用菌公司欠霖诚公司的工程款,在食用菌公司破产后,是否应当承担责任以及承担什么责任。

山东省烟台市中级人民法院指出,按照《担保法》第37条规定:依法被查封、扣押、监管的财产不得抵押。2007年4月16日各方签订的协议第4条中明确规定,"山东九发食用菌股份有限公司、烟台九发置业有限公司愿意用银海家园被法院查封的车库、车位、物业管理用房和土地使用权为甲方起诉的职工公寓和餐厅施工合同纠纷案、复合肥施工合同纠纷案、热电厂工程施工合同纠纷案、软包装车间工程施工合同纠纷案及科技中心、蔬菜车间工程款的偿还提供担保"。该条违反法律的强制性规定,应属无效。

另外,最高人民法院《关于适用〈中华人民共和国担保法〉若干问题的解释》第44条规定,"保证期间,人民法院受理债务人破产案件的,债权人既可以向人民法院申报债权,也可以向保证人主张权利"。"债权人申报债权后在破产程序中未受清偿的部分,保证人仍应当承担保证责任。债权人要求保证人承担责任的,应当在破产程序终结后六个月内提出。"本案中的债务人于2008年9月28日被人民法院公告破产重整,在食用菌公司破产重整过程中,经清算,霖诚公司仅收回工程款1096982.68元,作为建设方的食用菌公司尚欠霖诚公司工程款3150111.82元未付。2009年6月1日破产重整完毕。霖诚公司于2009年7月9日诉至原审法院,请求判令食用菌公司承担偿付尚欠工程款责任,九发置业承担连带保证责任。按照上述法律规定,对霖诚公司没有得到清偿的尚余工程款3150111.82元,九发置业应当依据《担保法》和最高人民法院上述关于担保法的司法解释,承担相应的法律责任。

最高人民法院《关于适用〈中华人民共和国担保法〉若干问题的解释》第7条规定,"主合同有效而担保合同无效,债权人无过错的,担保人与债务人对主合同债权人的经济损失,承担连带赔偿责任",九发置业明知自己所有的银海家园的车库、车位、物业管理用房和土地使用权已经被法院查封,仍然要为其上级公司——食用菌公司所欠霖诚公司的职工公寓和餐厅施工合同纠纷案、复合肥施工合同纠纷案、热电厂工程施工合同纠纷案、软包装车间工程施工合同纠纷案及科技中心、蔬菜车间工程款的偿还提供担保,而霖诚公司以为本案所涉及的对九发置业银海家园的车库、车位、物业管理用房和土地使用权的查封是因为食用菌公司欠其工程款未付清,致其提起诉讼,原审法院根据霖诚公司的申请进行财产保全,以该被查封的财产作为清偿食用菌公司欠霖诚公司的工程款的抵押担保,没有对抗其他人民法院的查封裁定,也不存在损害任何第三人利益的情况,同意了食用菌公司及九发置业的请求签订的协议,故霖诚公司对于担保协议无效没有过错。食用菌公司、九发置业对于协议中第4条内容无效,应承担全部过错责任。因食用菌公司已于2009年6月1日被人民法院破产重整完毕,对于尚欠霖诚公司的建筑工程款3150111.82元,不再负担清偿责任。故九发置业应对霖诚公司该宗款项得不到及时清偿所造成的经济损失,按照最高人民法院《关于适用〈中华人民共和国担保法〉若干问题的解释》第7条规定,承担赔偿责任。具体数额以3150111.82元及其产生的孳息为限。原审法院的重审判决将其表述为"九发置业向霖诚公司支付工程款"虽有不妥,但最终结果均以九发置业向霖诚公司支付金钱作为承担责任的方式,故对此予以维持。

2014年10月21日,山东省烟台市中级人民法院作出判决:驳回九发置业的上诉,维持烟台市牟平区人民法院(2014)烟牟民再字第10号民事判决。

第九章　和　解

第九十五条　债务人可以依照本法规定,直接向人民法院申请和解;也可以在人民法院受理破产申请后、宣告债务人破产前,向人民法院申请和解。

债务人申请和解,应当提出和解协议草案。

【立法沿革】

《企业破产法(试行)》(1986)

第十七条　企业由债权人申请破产的,在人

第九十五条

民法院受理案件后三个月内,被申请破产的企业的上级主管部门可以申请对该企业进行整顿,整顿的期限不超过两年。

第十八条 整顿申请提出后,企业应当向债权人会议提出和解协议草案。

和解协议应当规定企业清偿债务的期限。

《民事诉讼法》(1991)

第二百零二条 企业法人与债权人会议达成和解协议的,经人民法院认可后,由人民法院发布公告,中止破产还债程序。和解协议自公告之日起具有法律效力。

《破产法》(1995年草案)

第六十七条 债务人依照本法第十条提出申请时,可以直接向人民法院申请和解。

人民法院受理破产案件后,在破产案件终结前,债务人或者债权人可以向人民法院申请和解。

第六十八条 债务人申请和解,应当向人民法院提交和解申请书、和解协议草案。

债权人申请和解的,人民法院在收到和解申请后,应当通知债务人。债务人收到人民法院的通知后,应当在十日内向人民法院明示同意或者不同意进行和解。同意进行和解的,应当在人民法院指定的期限内提交和解协议草案。

第三人为债务人请求和解提供担保的,债务人应当提交有关该第三人提供的担保说明和有关担保文件。

第六十九条 债务人提出的各项和解条件,对所有债权人应当一律平等。但是部分债权人明示接受不利条件的,不在此限。

《企业破产与重整法》(2000年6月草案)

第六十一条 债务人依照本法第九条提出申请时,可以直接向人民法院申请和解。

人民法院受理破产案件后,在破产宣告前,债务人或者债权人可以向人民法院申请和解。

第六十二条 债务人申请和解,应当向人民法院提交和解申请书、和解协议草案。

债权人申请和解的,人民法院在收到和解申请后,应当通知债务人。债务人收到人民法院的通知后,应当在十日内向人民法院明示同意或不同意进行和解。同意进行和解的,应当在人民法院指定的期限内提交和解协议草案。

第三人为债务人请求和解提供担保的,债务人应当提交有关该第三人提供的有效担保文件。

《企业破产与重整法》(2000年12月草案)

第六十一条 债务人依照本法第九条第一款提出申请时,可以直接向人民法院申请和解。

人民法院受理破产案件后,在破产案件终结前,债务人或者债权人可以向人民法院申请和解。

第六十二条 债务人申请和解,应当向人民法院提交和解申请书、和解协议草案。

债权人申请和解的,人民法院在收到和解申请后,应当通知债务人。债务人收到人民法院的通知后,应当在十日内向人民法院明示同意或者不同意进行和解。同意进行和解的,应当在人民法院指定的期限内提交和解协议草案。

第三人为债务人请求和解提供担保的,债务人应当提交有关该第三人提供的担保说明和有关担保文件。

《企业破产与重整法》(2001年1月草案)

第九十九条 债务人依照本法第十条第一款提出申请时,可以直接向人民法院申请和解。

人民法院受理破产案件后,在破产案件终结前,债务人可以向人民法院申请和解。

第一百条 债务人申请和解,应当向人民法院提交和解申请书、和解协议草案。

第三人为债务人请求和解提供担保的,债务人应当提交有关该第三人提供的担保说明和有关担保文件。

《企业破产法》(2004年3月草案A版)

第九十五条 债务人依照本法第十一条第一款提出申请时,可以直接向人民法院申请和解。

人民法院受理破产案件后,在破产案件宣告前,债务人可以向人民法院申请和解。

《企业破产法》(2004年3月草案B版)

第九十四条 债务人依照本法第十条第一款提出申请时,可以直接向人民法院申请和解。

人民法院受理破产案件后,在破产案件宣告前,债务人可以向人民法院申请和解。

《企业破产法》(2004年6月草案)

第九十五条 债务人依照本法第十条提出申请时,可以直接向人民法院申请和解。

人民法院受理破产案件后,在宣告债务人破产前,债务人可以向人民法院申请和解。

《企业破产法》(2004年10月草案)

第九十三条 债务人可以依照本法第九条的规定,直接向人民法院申请和解;也可以在人民法院受理破产案件后、宣告债务人破产前,向人民法院申请和解。

债务人申请和解,应当提出和解协议草案。

【条文释义】

本条规范的是和解程序的申请。

这里首先需要明确的是"和解"的定义。按照王卫国的观点，和解即具备破产原因的债务人，为了避免破产清算，通过与债权人集体的谈判，而达成债权人部分让步进而清理债务的协议，最终由法院认可后生效。①

齐明认为，我国《企业破产法》把与重整、破产清算并列的债务人拯救机制，简单称为"和解"，不利于破产和解与民事和解的区分，立法上亦存在表述不严谨的地方；而在实践中，和解制度既没有担保阻断机制，也没有强制批准机制，这些因素都导致实务中和解制度乏人问津，适用极少。②

就原理而言，王卫国指出，和解程序设计的基本原理是合同法上的要约与承诺，和解程序事实上也是一个缔约的过程，即债务人发出要约、债权人会议作出承诺。这也就能够解释，为什么和解程序只能由债务人提出，而不能由债权人提出。债权人既难以清楚债务人的经营状况、财务状况，也很难形成组织化的力量集体向债务人提出要约。③

本条共分2款。分款评注如下：

第1款："债务人可以依照本法规定，直接向人民法院申请和解；也可以在人民法院受理破产申请后、宣告债务人破产前，向人民法院申请和解。"

本款首先确认如下两点：第一，只有债务人才可以向法院提出和解申请；第二，债务人提出和解申请的时间点，或者直接向法院申请和解，或者在法院受理破产申请后、宣告债务人破产前向法院申请和解。

根据本款的文本，和解申请可以分为两类：初始和解申请和后续和解申请。④

本款又分2层含义：

第1层："债务人可以依照本法规定，直接向人民法院申请和解。"

本层规定，按照《企业破产法》的规定，债务人可以直接向法院提出和解申请。这里的"依照本法规定"，应该是《企业破产法》第2条、第7条。

根据文本判断，本层明确排除债权人和公司出资人申请和解的可能性。这是因为破产和解程序的成功，更需要债务人的配合和支持，如果没有债务人的合作，仅凭以债权人为主的外界压力，和解程序基本不可能成功。⑤

那么，在特别情况下，如果债权人有意和解，应该如何操作？按照王卫国的观点，如果债权人有意和解，可以先与债务人协商，达成一致后，由债务人向法院提出和解申请。⑥

第2层："也可以在人民法院受理破产申请后、宣告债务人破产前，向人民法院申请和解。"

按照本层规定，债务人也可以按照《企业破产法》规定，在法院受理破产申请后、宣告债务人破产之前，向法院提出和解申请。

第2款："债务人申请和解，应当提出和解协议草案。"

本款确认，债务人作为和解程序唯一的申请主体，在提出和解申请时，除了应该按照《企业破产法》第8条的规定提交申请材料外，还应该额外提出"和解协议草案"。

对于"和解协议草案"的具体内容，《企业破产法》并未规定。王卫国援引1991年最高人民法院《关于贯彻执行〈中华人民共和国企业破产法（试行）〉若干问题的意见》指出，"和解协议草案"应该包括清偿债务的财产来源、清偿债务的办法、清偿债务人的期限等。⑦ 齐明认为，可行性应该是和解协议草案必须具备的品质。⑧ 笔者推测，立法者之所以放弃对"和解协议草案"的具体内容做出规定，很可能是基于和解协议本身的契约性，而留给缔约的债务人和债权人会议自身决定。

【关联法律法规及司法政策】

《民法典》（2020）

第六百七十八条 借款人可以在还款期限届满前向贷款人申请展期；贷款人同意的，可以展期。

【学理综述】

张世君在《中国商法年刊（2007）》上，发表《破产重整与清算、和解程序相互转换的法律思考——以新〈破产法〉为中心的考察》一文。在该文中，作者指出我国《企业破产法》的亮点之一是

---

① 参见王卫国：《破产法精义》（第2版），法律出版社2020年版，第310页。
② 参见齐明：《中国破产法原理与适用》，法律出版社2017年版，第175—176页。
③ 参见王卫国：《破产法精义》（第2版），法律出版社2020年版，第300—311页。
④ 参见王卫国：《破产法精义》（第2版），法律出版社2020年版，第312—313页。
⑤ 参见齐明：《中国破产法原理与适用》，法律出版社2017年版，第176—177页。
⑥ 参见王卫国：《破产法精义》（第2版），法律出版社2020年版，第312页。
⑦ 参见王卫国：《破产法精义》（第2版），法律出版社2020年版，第313页。
⑧ 参见齐明：《中国破产法原理与适用》，法律出版社2017年版，第177页。

第九十六条

重整制度的设立；但是，重整制度的适用以高昂的成本为前提，既包括时间成本，也包括经济成本，社会成本的耗散更是难以估算。因此，从减少重整实施成本的角度，可以涉及多种多样的制度，其中制度间的转换就能够为当事人提供更多选择。在此前提下，作者站在比较法的视角，先后论述了重整与破产清算之间的切换、重整与和解制度之间的切换。尤其是在论述重整与和解之间的转换时，较早地论及预重整("预先包裹式"重整)。作者得出结论认为，重整与其他程序之间的转化，存在众多制度设计的着眼点，需要详细斟酌与考量，建议在《企业破产法》实施后，通过司法解释的方式允许重整与清算、和解之间的转换，为当事人提供更多选择、更为发挥不同制度优势的互补，实现制度资源的最佳配置。①

张钦昱在《华东政法大学学报》2014年第1期上，发表《破产和解之殇——兼论我国破产和解制度的完善》一文。在该文中，作者针对学界有关完全废除和解制度的观点，详细考察了我国和解制度贯穿1986年《企业破产法(试行)》和2006年《企业破产法》的历史渊源，然后评析了有关和解制度定位的两种基本观点：一种观点认为破产和解是为了拯救企业、防止企业进入破产清算程序，具有破产预防功能；另一种观点则认为破产程序中的和解，只不过是一种不同于破产分配的偿债方式，和解的目的在于通过债务人和债权人的谅解让步而了结债权债务关系，并不以债务人的复苏为唯一目标。作者得出结论认为，既然拯救受困企业不是破产和解的立法定位和目的，那么了结债权债务关系就是破产和解制度的应有之意。在这些分析的基础上，作者特别从比较法角度研究了和解制度在德国、日本及我国台湾地区的动态轨迹，并指出和解制度的几大趋势，比如替代性纠纷解决机制的崛起和公司自愿安排程序等。作者认为，在我国破产和解立法环境变化甚大、破产和解制度的定位重新厘清、全球破产和解立法风向改变的时代背景下，我国的破产和解制度必须改弦更张：第一，暂时保留破产和解制度；第二，重新定位我国破产和解制度；第三，简化破产和解制度；第四，引入破产和解替代制度。②

第九十六条　人民法院经审查认为和解申请符合本法规定的，应当裁定和解，予以公告，并召集债权人会议讨论和解协议草案。

对债务人的特定财产享有担保权的权利人，自人民法院裁定和解之日起可以行使权利。

【立法沿革】

《企业破产法(试行)》(1986)

第十九条　企业和债权人会议达成和解协议，经人民法院认可后，由人民法院发布公告，中止破产程序。和解协议自公告之日起具有法律效力。

《破产法》(1995年草案)

第七十条　人民法院经审查认为和解申请符合本法规定的，应当裁定许可进行和解，并召集债权人会议讨论和解协议草案。

对债务人的财产或者权利享有的抵押权、质权或者留置权，自人民法院裁定许可进行和解之日起，不再受本法第二十条规定的约束。

第七十一条　人民法院经审查认为，和解申请不符合本法规定的，可以责令债务人作相应的补正。债务人拒不补正或者经补正后仍不符合本法规定的，人民法院应当裁定驳回和解申请。

前款规定的裁定，人民法院应当在裁定后五日内通知申请人，但无须公告。

第七十二条　和解申请在破产宣告前提出的，人民法院依本法的规定裁定驳回和解申请时，应当一并裁定宣告债务人破产。和解申请在破产宣告后提出的，人民法院依本法的规定裁定驳回和解申请时，应当一并裁定继续进行破产清算程序。

第七十七条　人民法院裁定认可和解协议的公告，应当包括以下内容：

(一)裁定认可和解协议的主文、日期；

(二)破产案件的终结；

(三)人民法院认为应当公告的其他事项。

《企业破产与重整法》(2000年6月草案)

第六十三条　人民法院经审查认为和解申请符合本法规定的，应当责成管理人召集债权人会议讨论和解协议草案。

对债务人的财产或者权利享有的抵押权、质权或者留置权，自人民法院裁定许可进行和解之日起，不再受本法第十八条规定的约束。

第六十四条　人民法院经审查认为，和解申请不符合本法规定的，可以责令债务人作相应的补正。债务人拒不补正或者经补正后仍不符合本

---

① 参见张世君：《破产重整与清算、和解程序相互转换的法律思考——以新〈破产法〉为中心的考察》，载《中国商法年刊(2007)》，第511—515页。

② 参见张钦昱：《破产和解之殇——兼论我国破产和解制度的完善》，载《华东政法大学学报》2014年第1期，第150—160页。

法规定的,人民法院应当裁定驳回和解申请。

人民法院应当在此裁定作出后五日内通知申请人,但无须公告。

人民法院依本法规定裁定驳回和解申请时,应当一并裁定宣告债务人破产。

《企业破产与重整法》(2000年12月草案)

第六十三条　人民法院经审查认为和解申请符合本法规定的,应当召集债权人会议讨论和解协议草案。

对债务人的财产或者权利享有的抵押权、质权或者留置权,自人民法院裁定许可进行和解之日起,不再受本法第十八条规定的约束。

第六十四条　人民法院经审查认为,和解申请不符合本法规定的,可以责令申请人作相应的补正。申请人拒不补正或者经补正后仍不符合本法规定的,人民法院应当裁定驳回和解申请。

人民法院应当在此裁定作出后五日内通知申请人,但无须公告。

人民法院依本法规定裁定驳回和解申请时,应当一并裁定宣告债务人破产。

《企业破产与重整法》(2001年1月草案)

第一百零一条　人民法院经审查认为和解申请符合本法规定的,应当召集债权人会议讨论和解协议草案。

债务人为企业法人的,对债务人的财产或者权利享有的抵押权,自人民法院裁定许可进行和解之日起,不再受本法第十九条规定的约束。

第一百零二条　人民法院经审查认为,和解申请不符合本法规定的,可以责令申请人作相应的补正。申请人拒不补正或者经补正后仍不符合本法规定的,人民法院应当裁定驳回和解申请。

人民法院应当在此裁定作出后五日内通知申请人,但无须公告。

人民法院依本法规定裁定驳回和解申请时,应当一并裁定宣告债务人破产。

《企业破产法》(2004年3月草案A版)

第九十六条　人民法院经审查认为,和解申请不符合本法规定的,可以责令申请人作相应的补正。申请人拒不补正或者经补正后仍不符合本法规定的,人民法院应当裁定驳回和解申请。

人民法院应当在此裁定作出后五日内通知申请人,但无须公告。

人民法院依本法规定裁定驳回和解申请时,应当一并裁定宣告债务人破产。

《企业破产法》(2004年3月草案B版)

第九十五条　人民法院经审查认为,和解申请不符合本法规定的,可以责令申请人作相应的补正。申请人拒不补正或者经补正后仍不符合本法规定的,人民法院应当裁定驳回和解申请。

人民法院应当在此裁定作出后五日内通知申请人,但无须公告。

人民法院依本法规定裁定驳回和解申请时,应当一并裁定宣告债务人破产。

《企业破产法》(2004年6月草案)

第九十六条　人民法院经审查认为和解申请符合本法规定的,应当裁定许可进行和解,并召集债权人会议讨论和解协议草案。

对债务人的财产或者财产权利享有的抵押权、质权或者留置权,自人民法院裁定许可进行和解之日起,权利人可以行使权利。

第九十七条　人民法院经审查认为和解申请不符合本法规定的,可以责令申请人作相应的补正。申请人拒不补正或者经补正后仍不符合本法规定的,人民法院应当裁定驳回和解申请。

人民法院应当在此裁定作出后五日内通知申请人,但无须公告。

人民法院依本法规定裁定驳回和解申请时,应当同时宣告债务人破产。

《企业破产法》(2004年10月草案)

第九十四条　人民法院经审查认为和解申请符合本法规定的,应当裁定许可进行和解,予以公告,并召集债权人会议讨论和解协议草案。

对债务人的特定财产享有法律规定的优先权或者担保权的权利人,自人民法院裁定许可之日起可以行使权利。

第九十五条　债务人在人民法院受理破产案件后、宣告债务人破产前提出和解申请,人民法院经审查认为和解申请不符合本法规定的,可以责令申请人作相应的补正。申请人拒不补正或者经补正后仍不符合本法规定的,人民法院应当裁定驳回和解申请,同时宣告债务人破产。

【条文释义】

本条规范的是法院裁定和解的程序及对担保债权的效力。

本条共分2款。分款评注如下:

第1款:"人民法院经审查认为和解申请符合本法规定的,应当裁定和解,予以公告,并召集债权人会议讨论和解协议草案。"

本款规定的是法院裁定和解的权力及其后续事宜。

这里法院对和解申请尤其是和解协议草案的审查,是一种积极作为;唯有通过法院的审查,作出和解裁定并完成公告,和解程序才会正式启动。①

当然,法院裁定和解,并不完全属于自由裁量的范畴,而是需要按照《企业破产法》的规定展开必要的审查。这里审查的依据,需要综合考虑《企业破产法》第7、8条和第95条。②

在这里,《企业破产法》并未明确规定债权人会议如何讨论和解协议草案。齐明提出,这里的"讨论"应该是债权人充分表达意见的机会,缺乏实质性的法律意义,因而也没有必要在法律文本中明确规定;但从通过可能性的角度,充分讨论有利于达成共识,也有利于和解协草案更能兼顾到各方面的利益,最终在债权人会议上通过的概率更高。③

按照王卫国的前述观点,债务人提出的和解协议草案为要约,而法院裁定和解程序启动后,则需要债权人集体,也就是债权人会议做出承诺;由此,在法院裁定受理和解申请之后,尽快通知债权人、召集债权人会议并做出决议,就成为一项紧迫的任务。④

第2款:"对债务人的特定财产享有担保权的权利人,自人民法院裁定和解之日起可以行使权利。"

依据本款规定,法院裁定受理和解申请之后,担保债权人即可以行使担保债权。

按照王卫国的解释,尽管和解制度和重整制度均是拯救型机制,但重整制度既涉及债务调整,也涉及营业保护;但和解制度仅涉及债务调整,不涉及营业保护,由此,在和解程序中限制担保债权人权益,就没有太大必要,而且不限制担保债权行使的话,就能够极大缩小和解债权人之间的请求权差异,降低和解谈判的成本,使得和解制度更为简便实用。⑤ 这也是为什么本款特别规定,法院受理破产和解申请后,担保债权即可以自由行使。

按照齐明的观点,这里担保债权人在法院受理和解申请后行使担保债权,会产生如下效果:第一,《企业破产法》对担保债权在重整及破产清算中的实现规定比较模糊,但在和解程序中规定非常明确,未给法院或者管理人留下任何自由裁量的空间,在具备可操作性的同时也可能会导致缺乏灵活性,尤其可能不利于和解协议的最终执行;第二,鉴于和解程序对担保制度的纵容,导致和解成功率低,也必然导致和解的程序价值低于重整的程序价值,足以体现出立法者对和解程序的忽视;第三,担保债权的行使并不排除行使过程中双方的和解和更换担保物、暂缓实现担保权,但必然会增加和解的制度成本;第四,和解和重整程序的并存,反映出立法者在法律制定过程中的利益权衡及风险偏好,体现出其破产预防思维。⑥

第九十七条 债权人会议通过和解协议的决议,由出席会议的有表决权的债权人过半数同意,并且其所代表的债权额占无财产担保债权总额的三分之二以上。

【立法沿革】

《企业破产法(试行)》(1986)

第十七条 企业由债权人申请破产的,在人民法院受理案件后三个月内,被申请破产的企业的上级主管部门可以申请对该企业进行整顿,整顿的期限不超过两年。

第十八条 整顿申请提出后,企业应当向债权人会议提出和解协议草案。

和解协议应当规定企业清偿债务的期限。

第十九条 企业和债权人会议达成和解协议,经人民法院认可后,由人民法院发布公告,中止破产程序。和解协议自公告之日起具有法律效力。

《破产法》(1995年草案)

第七十三条 债权人会议通过和解协议的决议,由出席会议有表决权的债权人的过半数通过,并且其所代表的债权额,必须占已确定债权总额的三分之二以上。

《企业破产与重整法》(2000年6月草案)

第六十五条 债权人会议通过和解协议的决议,由出席会议有表决权的债权人的过半数通过,并且其所代表的债权额,必须占已确定债权总额的三分之二以上。

《企业破产与重整法》(2000年12月草案)

第六十五条 债权人会议通过和解协议的决议,由出席会议有表决权的债权人的过半数通过,并且其所代表的债权额,必须占已确定债权总额

---

① 参见齐明:《中国破产法原理与适用》,法律出版社2017年版,第177页。
② 参见王卫国:《破产法精义》(第2版),法律出版社2020年版,第314页。
③ 参见齐明:《中国破产法原理与适用》,法律出版社2017年版,第177页。
④ 参见王卫国:《破产法精义》(第2版),法律出版社2020年版,第314—315页。
⑤ 参见王卫国:《破产法精义》(第2版),法律出版社2020年版,第315页。
⑥ 参见齐明:《中国破产法原理与适用》,法律出版社2017年版,第177—178页。

的三分之二以上。

第六十六条 和解协议草案经债权人会议表决没有通过的,视为债权人会议拒绝和解,人民法院应当裁定宣告债务人破产。

第六十七条 债务人和债权人会议达成的和解协议违反法律的,人民法院应当裁定和解协议无效,并裁定宣告债务人破产。

《企业破产与重整法》(2001年1月草案)

第一百零三条 债权人会议通过和解协议的决议,由出席会议有表决权的债权人的过半数通过,并且其所代表的债权额,必须占已确定债权总额的三分之二以上。

第一百零四条 和解协议草案经债权人会议表决没有通过的,人民法院应当裁定宣告债务人破产。

第一百零五条 债务人和债权人会议达成的和解协议违反法律的,人民法院应当裁定和解协议无效,并裁定宣告债务人破产。

《企业破产法》(2004年3月草案A版)

第九十七条 债权人会议通过和解协议的决议,由出席会议有表决权的债权人的过半数通过,并且其所代表的债权额,必须占已确定债权总额的三分之二以上。

《企业破产法》(2004年3月草案B版)

第九十六条 债权人会议通过和解协议的决议,由出席会议有表决权的债权人的过半数通过,并且其所代表的债权额,必须占已确定债权总额的三分之二以上。

《企业破产法》(2004年6月草案)

第九十八条 债权人会议通过和解协议的决议,由出席会议有表决权的债权人的过半数同意,并且其所代表的债权额,必须占已确定的无财产担保债权总额的三分之二以上。

《企业破产法》(2004年10月草案)

第九十六条 债权人会议通过和解协议的决议,由出席会议有表决权的债权人的过半数同意,并且其所代表的债权额,应当占已确定的无财产担保债权总额的三分之二以上。

【条文释义】

本条规定的是债权人会议对和解协议的表决规则。

根据本条规定,债权人会议审议并通过和解协议,需要同时满足如下两个特定表决条件:第一,出席会议的有表决权的债权人过半数同意;第二,出席会议的有表决权的债权人所代表的债权额,占无财产担保债权总额的2/3以上。这一表决条件,与《企业破产法》第64条规定的债权人会议通过决议所要求的条件近似,其中要求出席会议的有表决权的债权人所代表的债权额占无财产担保债权总额的比例,明显高于普通债权人会议决议,近似于《企业破产法》第84条规定各债权人类别组通过重整计划草案的比例要求。

齐明认为,和解制度的债权人会议表决,有如下几个特点:第一,未参照重整程序,实现分组表决,而是采取"1/2+2/3"模式,这既不同于破产清算程序的"1/2+1/2"模式,也不同于"重整程序的分组+1/2+2/3+全部小组通过"模式;第二,担保债权人并不在有表决权的债权人范围内,只有普通债权人可以参与和解协议的表决,普通债权人的人数和债权额将成为决定和解协议成功通过与否的重要因素。[1] 走笔至此,我们似乎可以断定,如果说担保债权人是破产程序相关债权人中的贵族,充满阳春白雪,那么和解程序的精要便是下里巴人的自娱自乐。和解协议的通过,只能是庶民的胜利;和解程序的成功,只能是庶民的狂欢。

这里有几个关键词需要特别厘清:

第一,这里的有效表决要求,是"出席会议的有表决权的债权人",两者必须同时具备,要求既具备表决权又必须要出席债权人会议,这就排除了那些有表决权但未出席债权人会议的债权人、出席债权人会议但不具备表决权的债权人。另外,按照王卫国的解读,这里的"出席会议的有表决权的债权人",只能包括两类:无担保债权人及放弃担保优先权的担保债权人。[2]

第二,这里的"过半数同意",并不包括"半数"本身,即表决要求超过出席债权人会议的债权人总数一半,才能满足这一条件。[3] 这也就是说,如果出席债权人会议的债权人数量恰巧为偶数,那么5:5的表决情形,尚不能满足这里"过半数同意"的要求。

第三,这里的"其所代表的债权额占无财产担保债权总额的三分之二以上",意味着只要出席债权人会议且有表决权的债权人,所代表的债权额占无财产担保债权总额的2/3以上,即可以满足此有效表决的数量要求。按照王卫国的观点,这里的

---

[1] 参见齐明:《中国破产法原理与适用》,法律出版社2017年版,第179页。
[2] 参见王卫国:《破产法精义》(第2版),法律出版社2020年版,第316页。
[3] 参见王卫国:《破产法精义》(第2版),法律出版社2020年版,第316页。

"三分之二以上"包括本数在内。①

第四,这里的"无财产担保债权总额",并非"出席会议的有表决权的债权人"所有的债权的总额,而是所有按照《企业破产法》所确定的债权申报和审核之后的无担保债权总额;另外,还要加上享有担保但放弃担保优先权的债权总额。②

另外,需要特别明确的是,尽管和解协议本质上是债务人和债权人会议的缔约,但即便债权人会议按照本条设定的条件通过和解协议,也只能确保和解协议的有效,并不代表和解协议的生效;和解协议生效与否,尚待法院依据《企业破产法》第 98 条作出裁定。③

第九十八条　债权人会议通过和解协议的,由人民法院裁定认可,终止和解程序,并予以公告。管理人应当向债务人移交财产和营业事务,并向人民法院提交执行职务的报告。

【立法沿革】

《破产法》(1995 年草案)

第七十六条　债务人和债权人会议达成的和解协议,经人民法院裁定认可后生效。

第七十八条　人民法院裁定认可和解协议的,应当裁定终结破产案件。

人民法院裁定终结破产案件的,应当通知管理人或者破产清算人终止执行职务。管理人或者破产清算人应当向债务人移交财产和管理事务,并向人民法院提交执行职务的报告。

《企业破产与重整法》(2000 年 6 月草案)

第六十八条　债务人和债权人会议达成的和解协议,经人民法院裁定认可后公告生效。

第六十九条　人民法院裁定认可和解协议的公告,应当包括以下内容:

(一)裁定认可和解协议的主文、日期;

(二)破产案件的终结;

(三)人民法院认为应当公告的其他事项。

第七十条　人民法院裁定认可和解协议的,应当同时裁定终结破产案件。

人民法院裁定终结破产案件的,应当通知管理人或者破产清算人终止执行职务。管理人或者破产清算人应当向债务人移交财产和管理事务,并向法院提交执行职务的报告。

《企业破产与重整法》(2000 年 12 月草案)

第六十八条　债务人和债权人会议达成的和解协议,经人民法院裁定认可后公告生效。

第六十九条　人民法院裁定认可和解协议的公告,应当包括以下内容:

(一)裁定认可和解协议的主文、日期;

(二)破产案件的终结;

(三)人民法院认为应当公告的其他事项。

《企业破产与重整法》(2001 年 1 月草案)

第一百零六条　债务人和债权人会议就和解达成协议的,由人民法院裁定认可后公告生效。

第一百零七条　人民法院裁定认可和解协议的公告,应当包括以下内容:

(一)裁定认可和解协议的主文、日期;

(二)破产程序的中止;

(三)人民法院认为应当公告的其他事项。

《企业破产法》(2004 年 3 月草案 A 版)

第一百条　债务人和债权人会议就和解达成协议的,由人民法院裁定认可后公告生效。

第一百零一条　人民法院裁定认可和解协议的公告,应当包括以下内容:

(一)裁定认可和解协议的主文、日期;

(二)破产程序的中止;

(三)人民法院认为应当公告的其他事项。

第一百零二条　人民法院裁定认可和解协议的,应当同时裁定中止破产程序。

人民法院裁定中止破产案件的,应当通知管理人中止执行职务。管理人应当向债务人移交财产和管理事务,并向人民法院提交执行职务的报告。

《企业破产法》(2004 年 3 月草案 B 版)

第九十九条　债务人和债权人会议就和解达成协议的,由人民法院裁定认可后公告生效。

第一百条　人民法院裁定认可和解协议的公告,应当包括以下内容:

(一)裁定认可和解协议的主文、日期;

(二)破产程序的中止;

(三)人民法院认为应当公告的其他事项。

第一百零一条　人民法院裁定认可和解协议的,应当同时裁定中止破产程序。

人民法院裁定中止破产案件的,应当通知管理人中止执行职务。管理人应当向债务人移交财产和管理事务,并向人民法院提交执行职务的报告。

---

① 参见王卫国:《破产法精义》(第 2 版),法律出版社 2020 年版,第 316 页。
② 参见王卫国:《破产法精义》(第 2 版),法律出版社 2020 年版,第 316 页。
③ 参见王卫国:《破产法精义》(第 2 版),法律出版社 2020 年版,第 317 页。

《企业破产法》(2004年6月草案)

第一百零一条 债务人和债权人会议就和解达成协议的,由人民法院裁定认可后公告生效。

第一百零二条 人民法院裁定认可和解协议的公告,应当包括下列内容:

(一)裁定认可和解协议的主文、日期;

(二)破产程序的中止;

(三)人民法院认为应当公告的其他事项。

《企业破产法》(2004年10月草案)

第九十九条 债务人与债权人会议就和解达成协议的,由人民法院裁定认可,同时中止破产程序,并予以公告。

人民法院裁定中止破产程序的,应当通知管理人中止执行职务。管理人应当向债务人移交财产管理和营业事务,并向人民法院提交执行职务的报告。

【条文释义】

本条规定的是和解协议的生效问题。

本条可分2层含义:

第1层:"债权人会议通过和解协议的,由人民法院裁定认可,终止和解程序,并予以公告。"

本层确认,和解协议经债权人会议按照《企业破产法》第97条表决通过后,还需要经过法院裁定认可、终止和解程序并予以公告。

按照齐明的观点,法院裁定认可和解协议,既意味着和解程序的终结,也意味着破产程序的终结。① 根据本层的文本,这里的法院"裁定认可",事实上可能会有两种结果:一种是法院审查和解协议后予以认可,并作出认可和解协议的裁定;还有一种是法院审查和解协议后,不予认可和解协议,这将导致法院按照《企业破产法》第99条,裁定终止和解程序,并宣告债务人破产。

按照王卫国的解读,法院对和解协议的审查,既有程序层面的内容,也有实体方面的内容:在程序层面,主要审查债权人会议的审议和表决是否合法、计票准确与否以及在个别债权人按照《企业破产法》第64条第2款请求撤销债权人会议决议时做出审查;而实体层面,主要审查和解协议的内容是否违法;是否损害债权人、债务人及利害关系人的合法利益。② 只有法院确认和解协议的内容本身不违法、债权人会议通过和解协议的程序不违法,才能裁定认可和解协议,终止和解程序并予以公告。

法院裁定认可和解协议,是否必然终结破产案件?《企业破产法》对此并未明确规定。王卫国援引立法史文献,认为法院裁定认可和解协议之后,和解协议进入债务人与债权人之间的执行过程,这一过程无论持续时间长短,均应独立于破产程序;这也就是说,法院裁定认可和解协议,理应产生终结破产程序的效果。③ 齐明的看法与此类似,和解协议得到法院裁定认可后,和解程序和破产程序同时终结。④

第2层:"管理人应当向债务人移交财产和营业事务,并向人民法院提交执行职务的报告。"

本层确认,和解协议经法院裁定认可并终止和解程序后,管理人需要向债务人移交财产和营业事务,同时向法院提交履行职务的报告。这一层内容是上一层内容的衍生条款。

尽管和解程序是债务人和债权人会议之间的缔约过程,但按照我国《企业破产法》第13条,任何破产程序的启动都意味着管理人的指定;那么在和解程序中,也需要有相应的制度安排,确保管理人能够上任也能够离任。本层承担的工作,便是为管理人在和解程序中的离任做出安排。

齐明认为,由于和解协议的执行不需要监督,管理人不会如同在重整程序中成为监督人一样完成身份转化,和解协议进入执行阶段后,管理人的职责也正式完成,因此需要履行解除职务的必要手续。⑤

按照本层的规定,管理人在和解程序中的离任与在其他程序中一样,都需要完成如下工作:第一,向债务人移交财产和营业事务;第二,向法院提交执行职务报告。这也是对《企业破产法》第23条管理人向法院报告工作条款的具体落实。

第九十九条 和解协议草案经债权人会议表决未获得通过,或者已经债权人会议通过的和解协议未获得人民法院认可的,人民法院应当裁定终止和解程序,并宣告债务人破产。

【立法沿革】

《企业破产法(试行)》(1986)

第二十一条 整顿期间,企业有下列情形之一的,经人民法院裁定,终结该企业的整顿,宣告

---

① 参见齐明:《中国破产法原理与适用》,法律出版社2017年版,第179页。
② 参见王卫国:《破产法精义》(第2版),法律出版社2020年版,第317页。
③ 参见王卫国:《破产法精义》(第2版),法律出版社2020年版,第317—318页。
④ 参见齐明:《中国破产法原理与适用》,法律出版社2017年版,第179页。
⑤ 参见齐明:《中国破产法原理与适用》,法律出版社2017年版,第179—180页。

第九十九条

其破产：

（一）不执行和解协议的；

（二）财务状况继续恶化，债权人会议申请终结整顿的；

（三）有本法第三十五条所列行为之一，严重损害债权人利益的。

第二十二条　经过整顿，企业能够按照和解协议清偿债务的，人民法院应当终结对该企业的破产程序并且予以公告。

整顿期满，企业不能按照和解协议清偿债务的，人民法院应当宣告该企业破产，并且按照本法第九条的规定重新登记债权。

《破产法》(1995年草案)

第七十四条　和解协议草案经债权人会议讨论没有通过的，视为债权人会议拒绝和解。

债权人会议在破产宣告前拒绝和解的，人民法院应当裁定宣告债务人破产。

债权人会议在破产宣告后拒绝和解的，人民法院应当裁定继续进行破产清算程序。

《企业破产与重整法》(2000年6月草案)

第六十六条　和解协议草案经债权人会议讨论没有通过的，视为债权人会议拒绝和解，人民法院应当裁定宣告债务人破产。

第六十七条　债务人和债权人会议达成的和解协议违反法律的，人民法院应当裁定和解协议无效，并裁定宣告债务人的破产。

《企业破产与重整法》(2000年12月草案)

第七十条　人民法院裁定认可和解协议的，应当同时裁定终结破产案件。

人民法院裁定终结破产案件的，应当通知管理人终止执行职务。管理人应当向债务人移交财产和管理事务，并向法院提交执行职务的报告。

《企业破产与重整法》(2001年1月草案)

第一百零八条　人民法院裁定认可和解协议的，应当同时裁定中止破产程序。

人民法院裁定中止破产案件的，应当通知管理人中止执行职务。管理人应当向债务人移交财产和管理事务，并向人民法院提交执行职务的报告。

《企业破产法》(2004年3月草案A版)

第九十八条　和解协议草案经债权人会议表决没有通过的，人民法院应当裁定宣告债务人破产清算。

第九十九条　债务人和债权人会议达成的和解协议违反法律的，人民法院应当裁定和解协议无效，并裁定宣告债务人破产清算。

《企业破产法》(2004年3月草案B版)

第九十七条　和解协议草案经债权人会议表决没有通过的，人民法院应当裁定宣告债务人破产清算。

第九十八条　债务人和债权人会议达成的和解协议违反法律的，人民法院应当裁定和解协议无效，并裁定宣告债务人破产清算。

《企业破产法》(2004年6月草案)

第九十九条　和解协议草案经债权人会议表决没有通过的，人民法院应当裁定宣告债务人破产。

第一百条　债务人和债权人会议达成的和解协议违反法律的，人民法院应当裁定和解协议无效，并宣告债务人破产。

《企业破产法》(2004年10月草案)

第九十七条　和解协议草案经债权人会议表决没有通过的，人民法院应当裁定宣告债务人破产。

第九十八条　债务人和债权人会议达成的和解协议违反法律、行政法规的，人民法院应当裁定不予认可，并宣告债务人破产。

【条文释义】

本条规定的是和解协议的未成立和未生效的法律后果。

前述《企业破产法》第97条、第98条，已分别规定和解协议成立要件和生效要件，即和解协议符合债权人会议法定表决要件时即成立，在通过法院裁定认可并终结破产程序时生效。这都是从积极角度，对和解协议的成立和生效所做的规定。而本条则从消极方面，再次确认这些条件。

齐明指出，《企业破产法》并未赋予法院强制批准和解协议的权力；如果债权人会议未通过和解协议，或者债权人会议通过的协议未能得到法院的审批，那么法院就没有其他的选项，只能裁定宣告债务人破产，进入破产清算程序。[1]

因此，按照本条规定，和解协议在如下两种情况下，将分别遭遇不成立或者不生效的法律后果：第一，如果和解协议草案经债权人会议表决未获得通过，则和解协议不成立；第二，如果和解协议草案经债权人会议表决获得通过，但未获得法院认可，则和解协议成立但不生效。

在这两种情况下，法律效果都是一样的，即法

---

[1] 参见齐明：《中国破产法原理与适用》，法律出版社2017年版，第180页。

院会完成两项工作:第一,裁定终止和解程序;第二,宣告债务人破产,转入破产清算程序。

齐明认为,尽管《企业破产法》第98条规定债权人会议通过和解协议、法院裁定认可后管理人解除职务,向债务人移交财产和营业事务,向法院提交执行职务的报告,但是如果法院按照本条规定宣告债务人破产,那么管理人在随后开展的破产清算程序中可以恢复并继续履行职务。①

第一百条 经人民法院裁定认可的和解协议,对债务人和全体和解债权人均有约束力。

和解债权人是指人民法院受理破产申请时对债务人享有无财产担保债权的人。

和解债权人未依照本法规定申报债权的,在和解协议执行期间不得行使权利;在和解协议执行完毕后,可以按照和解协议规定的清偿条件行使权利。

【立法沿革】

《企业破产法(试行)》(1986)

第十九条 企业和债权人会议达成和解协议,经人民法院认可后,由人民法院发布公告,中止破产程序。和解协议自公告之日起具有法律效力。

第二十二条 经过整顿,企业能够按照和解协议清偿债务的,人民法院应当终结对该企业的破产程序并且予以公告。

整顿期满,企业不能按照和解协议清偿债务的,人民法院应当宣告该企业破产,并且按照本法第九条的规定重新登记债权。

《破产法》(1995年草案)

第七十九条 和解协议对债务人和全体和解债权人均有约束力。

前款规定的和解债权人,是指在人民法院受理破产案件前对债务人享有债权的人。

没有依照本法规定申报的和解债权,在和解协议执行期间不得行使;在和解协议执行完毕后,可以按照和解协议规定的清偿条件行使权利。

《企业破产与重整法》(2000年12月草案)

第七十一条 和解协议对债务人和全体和解债权人均有约束力。

前款规定的和解债权人,是指在人民法院受理破产案件前对债务人享有债权的人。

没有依照本法规定申报的和解债权,在和解协议执行期间不得行使;在和解协议执行完毕后,可以按照和解协议规定的清偿条件行使权利。

《企业破产与重整法》(2001年1月草案)

第一百零九条 和解协议对债务人和全体和解债权人均有约束力。

前款规定的和解债权人,是指在人民法院受理破产案件前对债务人享有债权的人。

没有依照本法规定申报的和解债权,在和解协议执行期间不得行使;在和解协议执行完毕后,可以按照和解协议规定的清偿条件行使权利。

《企业破产法》(2004年3月草案A版)

第一百零三条 和解协议对债务人和全体和解债权人均有约束力。

前款规定的和解债权人,是指在人民法院受理破产案件前对债务人享有债权的人。

没有依照本法规定申报的和解债权,在和解协议执行期间不得行使;在和解协议执行完毕后,可以按照和解协议规定的清偿条件行使权利。

《企业破产法》(2004年3月草案B版)

第一百零二条 和解协议对债务人和全体和解债权人均有约束力。

前款规定的和解债权人,是指在人民法院受理破产案件前对债务人享有债权的人。

没有依照本法规定申报的和解债权,在和解协议执行期间不得行使;在和解协议执行完毕后,可以按照和解协议规定的清偿条件行使权利。

《企业破产法》(2004年6月草案)

第一百零三条 人民法院裁定认可和解协议的,应当同时裁定中止破产程序。

人民法院裁定中止破产程序的,应当通知管理人中止执行职务。管理人应当向债务人移交财产管理和营业事务,并向人民法院提交执行职务的报告。

第一百零四条 经人民法院裁定认可的和解协议对债务人和全体和解债权人均有约束力。

前款规定的和解债权人,是指在人民法院受理破产案件前对债务人享有无财产担保债权的人。

没有依照本法规定申报的和解债权,在和解协议执行期间不得行使;在和解协议执行完毕后,可以按照和解协议规定的清偿条件行使权利。

《企业破产法》(2004年10月草案)

第一百条 经人民法院裁定认可的和解协议对债务人和全体和解债权人均有约束力。

前款规定的和解债权人,是指在人民法院受理破产案件前对债务人享有无财产担保债权

---

① 参见齐明:《中国破产法原理与适用》,法律出版社2017年版,第180页。

第一百条

的人。

没有依照本法规定申报的和解债权,在和解协议执行期间不得行使;在和解协议执行完毕后,可以按照和解协议规定的清偿条件行使权利。

【条文释义】

本条规定的是和解协议的效力问题。

本条共有3款。分款评注如下:

第1款:"经人民法院裁定认可的和解协议,对债务人和全体和解债权人均有约束力。"

根据本款规定,债务人和所有和解债权人,均受法院裁定认可的和解协议约束。

对于这里的"和解债权人",《企业破产法》第100条第2款定义如下,即"人民法院受理破产申请时对债务人享有无财产担保债权的人"。这也就是说,所有无担保债权人均属于"和解债权人"。

这里的"全体和解债权人",亦即和解程序涉及的所有无担保债权人。王卫国强调,这里的"全体和解债权人",即指《企业破产法》第44条规定的所有债权人,对于债权人是否申报债权、是否参加和解程序、是否对和解协议表示支持,均在所不问。①

这里的"经人民法院裁定认可的和解协议",特别强调了法院的裁定认可。需要明确的是,法院对和解协议裁定认可的前提,是和解协议的成立程序、实体上均符合《企业破产法》及其他法律的规定。按照王卫国的观点,亦即是说,主要指如下两类和解协议:一类是债权人会议根据《企业破产法》第97条合法表决通过后的和解协议;另一类是债务人与债权人会议根据《企业破产法》第105条在法庭外自行达成的和解协议。②

齐明认为,本款规定与《企业破产法》第64条第3款的规定有冲突。按照《企业破产法》第64条第3款的规定,"债权人会议的决议,对于全体债权人均有约束力"。这里面当然包括所谓和解债权人、共益债权人乃至担保债权人;考虑到和解程序中债权人会议的决议对于和解成功与否有重要影响,更不应该轻易限缩债权人会议决议的效力。但是依据本条的规定,和解程序中债权人会议决议经法院审核后,其覆盖范围仅限于债务人与和解债权人,无疑限缩甚多。③

另外需要明了的是,这里的"约束力",对于债务人和债权人有不同的意涵。按照王卫国的观点,对于债务人来说,和解协议的约束力体现在:必须严格执行和解协议的偿债条款,既不能拒绝履行,也不能延迟履行;不得有任何损害债权人利益的欺诈性财产处分;不得对任何债权人做有损于其他债权人利益的额外清偿。而对于债权人来说,和解协议的约束力体现在:任何债权人不得超出和解协议规定的数额、时间和方式向债务人追讨债务,也不得超出和解协议规定的范围获得有损于其他债权人利益的额外清偿。④

与此相关的问题之一在于,和解协议对于不足额担保形成的普通债权,是否有约束力?对此齐明给出肯定性答案。⑤

第2款:"和解债权人是指人民法院受理破产申请时对债务人享有无财产担保债权的人。"

本款是对"和解债权人"的定义。

按照齐明的列举,"和解债权人"应该包括职工债权人、税收债权人和其他普通债权人,但破产程序启动后的共益债权人和担保债权人均应排除在外。⑥

按照本款的定义,"和解债权人"具备如下两个特征:第一,人民法院受理破产申请时即是债权人;第二,必须是对债务人享有无财产担保债权的人。这也就是说,债权人是否按照《企业破产法》第45条的规定及时、合法地申报债权,对其成为"和解债权人"并无实质性影响。⑦

第3款:"和解债权人未依照本法规定申报债权的,在和解协议执行期间不得行使权利;在和解协议执行完毕后,可以按照和解协议规定的清偿条件行使权利。"

本款规定的是和解程序中逾期申报债权的处理规则。

本款共分2层含义:

第1层:"和解债权人未依照本法规定申报债权的,在和解协议执行期间不得行使权利。"

这里的"未依照本法规定申报债权",包含两种可能:第一种,即债权人未按照《企业破产法》第45条规定及时申报债权;第二种,即债权人未

---

① 参见王卫国:《破产法精义》(第2版),法律出版社2020年版,第319—320页。
② 参见王卫国:《破产法精义》(第2版),法律出版社2020年版,第320页。
③ 参见齐明:《中国破产法原理与适用》,法律出版社2017年版,第181页。
④ 参见王卫国:《破产法精义》(第2版),法律出版社2020年版,第320页。
⑤ 参见齐明:《中国破产法原理与适用》,法律出版社2017年版,第181页。
⑥ 参见齐明:《中国破产法原理与适用》,法律出版社2017年版,第180页。
⑦ 参见王卫国:《破产法精义》(第2版),法律出版社2020年版,第321页。

按照《企业破产法》第56条规定补充申报债权。

按照本层的规定,和解债权人如果"未依照本法规定申报债权",那么面临的后果则是在和解协议执行期间不得行使权利。

齐明认为,《企业破产法》并未对和解程序中执行和解协议的期限做出规定,也没有对和解协议的内容提出要求,尽管和解程序中逾期申报规则与重整程序中逾期申报类似,但本款规定中出现"和解协议"执行期间,依旧显得十分突兀,似乎也缺乏合理的立法依据。①

这里的"行使权利",主要包括通过私下追索、诉讼等方式,在和解协议之外再要求债务人清偿;而且这里的"行使权利",也排除了未依法申报债权的和解债权人,在和解协议执行完毕后,可以按照和解协议规定的清偿条件,行使其债权人权利。②

第2层:"在和解协议执行完毕后,可以按照和解协议规定的清偿条件行使权利。"

按照本层规定,如果和解债权人"未依照本法规定申报债权",在和解协议执行完毕后,可以按照和解协议规定的清偿条件,行使其债权人权利。

王卫国指出,这样规定是依据"程序不消灭实体权利"的法理。亦即是说,未依法申报债权的债权人,尽管无法按照和解协议的规定,在和解程序框架内行使权利,但其实体权利并未受到绝对消灭,其依旧可以在和解协议执行完毕后行使权;但需要注意的是,其请求权不但受到和解协议既定框架约束,尤其是其中有关债权让步的内容,而且如果债务人不能履行或不愿履行,相关债权人只能通过民事诉讼程序来维护其合权益,而不能按照《企业破产法》第104条的规定,请求法院终止和解程序,宣告债务人破产。③

【裁判要旨】
案例
济南高新控股集团有限公司与济南群康食品有限公司追偿权纠纷案

法院:山东省济南市中级人民法院

案号:(2018)鲁01民终1491号

事实:上诉人济南高新控股集团有限公司(以下简称高新控股公司)因与被上诉人济南群康食品有限公司(以下简称群康食品公司)追偿权纠纷一案,不服济南市历城区人民法院(2016)鲁0112民初5608号民事裁定,向济南市中级人民法院提起上诉。

高新控股公司向一审法院起诉请求:要求群康食品公司向高新控股公司支付其垫付的银行借款本金2500万元及利息27.254293万元,共计2527.254293万元,并向高新控股公司支付利息损失。

一审法院认为,根据我国《企业破产法》的规定,在破产清算案件受理后,经人民法院裁定认可的和解协议,对债务人和全体和解债权人具有约束力。本案中群康食品公司已经人民法院裁定进入和解程序,高新控股公司也向法院申报了债权,并正在进行和解。因此,无须再通过诉讼程序来主张自己的权利。对其诉讼请求,应予以驳回。有鉴于此,兹裁定驳回高新控股集团有限公司的起诉。

高新控股集团有限公司不服,提起上诉。

裁判要旨:和解债权人未依照本法规定申报债权的,在和解协议执行期间不得行使权利;在和解协议执行完毕后,可以按照和解协议规定的清偿条件行使权利。因此,在法院认可和解协议、和解债权人申报债权后,在和解协议执行期间,和解债权人不得再通过诉讼来主张权利。

裁判理由:济南市中级人民法院认为,按照《企业破产法》第100条的规定,经人民法院裁定认可的和解协议,对债务人和全体和解债权人均有约束力。和解债权人是指人民法院受理破产申请时对债务人享有无财产担保债权的人。和解债权人未依照本法规定申报债权的,在和解协议执行期间不得行使权利;在和解协议执行完毕后,可以按照和解协议规定的清偿条件行使权利。本案中,山东省济南市中级人民法院(2016)鲁01破1-3、2-3号民事裁定书已经认可群康食品公司、济南群康实业有限公司的合并和解协议,高新控股公司也向法院申报债权,并正在进行和解,且债务人群康食品公司并未出现不能执行或者不执行和解协议的情况,因此,高新控股公司无须再通过诉讼程序来主张自己的权利。故一审法院判决并无不当,予以支持。

综上所述,高新控股公司的上诉理由不能成立,一审法院认定事实清楚,适用法律正确。2018年3月19日,济南市中级人民法院裁定驳回上诉,维持原裁定。

第一百零一条 和解债权人对债务人的保证人和其他连带债务人所享有的权利,不受和解协议的影响。

---

① 参见齐明:《中国破产法原理与适用》,法律出版社2017年版,第181页。
② 参见王卫国:《破产法精义》(第2版),法律出版社2020年版,第321页。
③ 参见王卫国:《破产法精义》(第2版),法律出版社2020年版,第321—322页。

第一百零一条

【立法沿革】

《破产法》(1995年草案)

第八十条 和解债权人对于债务人的保证人和其他连带债务人所享有的权利,不因和解协议的成立而受影响。

第八十一条 债务人不得违反和解协议规定的条件给予个别和解债权人以额外利益而损害其他和解债权人。

《企业破产与重整法》(2000年6月草案)

第七十二条 和解债权人对于债务人的保证人和其他连带债务人所享有的权利,不因和解协议的成立而受影响。

《企业破产与重整法》(2000年12月草案)

第七十二条 和解债权人对于债务人的保证人和其他连带债务人所享有的权利,不因和解协议的成立而受影响。

第七十三条 债务人不得违反和解协议规定的条件给予个别和解债权人以额外利益而损害其他和解债权人的利益。

《企业破产与重整法》(2001年1月草案)

第一百一十条 和解债权人对于债务人的保证人和其他连带债务人所享有的权利,不因和解协议的成立而受影响。

第一百一十一条 债务人不得违反和解协议规定的条件给予个别和解债权人以额外利益而损害其他和解债权人的利益。

《企业破产法》(2004年3月草案A版)

第一百零四条 和解债权人对于债务人的保证人和其他连带债务人所享有的权利,不因和解协议的成立而受影响。

《企业破产法》(2004年3月草案B版)

第一百零三条 和解债权人对于债务人的保证人和其他连带债务人所享有的权利,不因和解协议的成立而受影响。

《企业破产法》(2004年6月草案)

第一百零五条 和解债权人对于债务人的保证人和其他连带债务人所享有的权利,不因和解协议的成立而受影响。

第一百零六条 债务人不得违反和解协议规定的条件给予个别和解债权人以额外利益而损害其他和解债权人的利益。

《企业破产法》(2004年10月草案)

第一百零一条 和解债权人对于债务人的保证人和其他连带债务人所享有的权利,不因和解协议的成立而受影响。

【条文释义】

本条规定的是和解协议对象的有限性,即和解协议对债务人的保证人和其他连带债务人所享有的权利,不产生影响。

齐明指出,担保制度的价值即在于在债务履行阶段为债务清偿增加补充或者连带义务,与破产程序并不冲突;因此,债权人在通过和解程序部分实现自身债权后,依旧有权向保证人或者连带债务人求偿,其权利本身并不受和解协议的约束和影响。①

按照本条规定,和解协议给予债务人的债务减免,仅及于债务人,不及于其他连带债务人;和解债权人因此亦享有完整全额求偿权,不过需要减掉已根据和解协议减免掉的清偿份额。②

综上所述,齐明认为,按照《企业破产法》第100条第1款规定,"经人民法院裁定认可的和解协议,对债务人和全体和解债权人均有约束力";第2款规定,"和解债权人是指人民法院受理破产申请时对债务人享有无财产担保债权的人"。而按照本条亦即《企业破产法》第101条规定,"和解债权人对债务人的保证人和其他连带债务人所享有的权利,不受和解协议的影响"。由此可以推导出,和解协议的效力自然不及于保证人和连带债务人。③

这里的法律关系,用如下图表展示可能更为清楚:

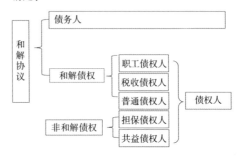

就客观效果而言,本条与《企业破产法》第92条规定类似,即重整计划不影响"债权人对债务人的保证人和其他连带债务人所享有的权利"。另外,《企业破产法》第124条亦强调,债务人的保证

---

① 参见齐明:《中国破产法原理与适用》,法律出版社2017年版,第182页。
② 参见王卫国:《破产法精义》(第2版),法律出版社2020年版,第322—323页。
③ 参见齐明:《中国破产法原理与适用》,法律出版社2017年版,第182页。

人及其他连带债务人在破产程序终结后,依然有对未受偿债权人的偿付义务。

第一百零二条 债务人应当按照和解协议规定的条件清偿债务。

【立法沿革】

《破产法》(1995年草案)

第八十二条 债务人应当按照和解协议规定的条件清偿债务。

《企业破产与重整法》(2000年6月草案)

第七十四条 债务人应当按照和解协议规定的条件清偿债务。

《企业破产与重整法》(2000年12月草案)

第七十四条 债务人应当按照和解协议规定的条件清偿债务。

《企业破产与重整法》(2001年1月草案)

第一百一十二条 债务人应当按照和解协议规定的条件清偿债务。

《企业破产法》(2004年3月草案A版)

第一百零五条 债务人不得违反和解协议规定的条件给予个别和解债权人以额外利益而损害其他和解债权人的利益。

第一百零六条 债务人应当按照和解协议规定的条件清偿债务。

《企业破产法》(2004年3月草案B版)

第一百零四条 债务人不得违反和解协议规定的条件给予个别和解债权人以额外利益而损害其他和解债权人的利益。

第一百零五条 债务人应当按照和解协议规定的条件清偿债务。

《企业破产法》(2004年6月草案)

第一百零七条 债务人应当按照和解协议规定的条件清偿债务。

《企业破产法》(2004年10月草案)

第一百零二条 债务人应当按照和解协议规定的条件清偿债务。

债务人不得违反和解协议规定的条件给予个别和解债权人以额外利益而损害其他和解债权人的利益。

【条文释义】

本条规定和解协议的执行问题,即债务人应按照和解协议的载明条件,及时清偿债务。

前文已述及,和解协议的本质是契约。而对于契约来说,其生命力无疑在于履约。因此,和解协议按《企业破产法》规定的条件和程序通过债权人会议、法院的审查后,即进入执行程序。债务人应该根据和解协议约定的内容,及时清偿未减免的债务,全面履行和解协议。

齐明指出,就债务清偿来说,主要涉及清偿金额和清偿时间,而这些正是本条所提及的"和解协议规定的条件";本条通过这种表述,特别强调了债务人实际履行和解协议的义务。①

这里需要明确债务人不愿意履行或不能履行和解协议的后果。根据《企业破产法》第104条规定,"债务人不能执行或者不执行和解协议的,人民法院经和解债权人请求,应当裁定终止和解协议的执行,并宣告债务人破产"。

那么,在明确上述后果的前提下,债务人如果不执行或者不能执行和解协议,是否需要承担违约责任?齐明认为除非有案外人为和解协议履行提供担保,否则这种违约责任的追究将十分困难:一方面,债务人本身已丧失清偿能力,不具备违约责任的承担能力;另一方面,所有债务人财产都将作为破产财产在破产清算中被予以分配,如果对债务人课以违约责任,相当于在破产清算程序中增加了原先和解债权人的分配权重,这意味着其他债权人分配额的减少。②

第一百零三条 因债务人的欺诈或者其他违法行为而成立的和解协议,人民法院应当裁定无效,并宣告债务人破产。

有前款规定情形的,和解债权人因执行和解协议所受的清偿,在其他债权人所受清偿同等比例的范围内,不予返还。

【立法沿革】

《破产法》(1995年草案)

第七十五条 债务人和债权人会议达成的和解协议违反法律的,人民法院应当裁定和解协议无效。

人民法院在破产宣告前裁定和解协议无效时,应当一并裁定宣告债务人破产,人民法院在破产宣告后裁定和解协议无效时,应当一并裁定继续进行破产清算程序。

第八十三条 和解协议因为债务人的欺诈或者其他不法行为而成立的,无效。

有前款规定的情形,人民法院应当宣告债务

---

① 参见齐明:《中国破产法原理与适用》,法律出版社2017年版,第182页。
② 参见齐明:《中国破产法原理与适用》,法律出版社2017年版,第182页。

人破产。

有前款规定的情形,债权人因和解协议所受的清偿,在同等比例的范围内,不予返还。

《企业破产与重整法》(2000年6月草案)

第七十五条 和解协议因为债务人的诈欺或者其他不法行为而成立的无效。

有前款规定情形的,人民法院应当宣告债务人破产。

有前款规定情形的,债权人因和解协议所受的清偿,在同等比例的范围内,不予返还。

《企业破产与重整法》(2000年12月草案)

第七十五条 和解协议因为债务人的诈欺或者其他不法行为而成立的无效。

有前款规定情形的,人民法院应当宣告债务人破产。

有前款规定情形的,债权人因和解协议所受的清偿,在同等比例的范围内,不予返还。

《企业破产与重整法》(2001年1月草案)

第一百一十三条 和解协议因为债务人的诈欺或者其他不法行为而成立的无效。

有前款规定情形的,人民法院应当宣告债务人破产。

有前款规定情形的,债权人因和解协议所受的清偿,在同等比例的范围内,不予返还。

《企业破产法》(2004年3月草案A版)

第一百零七条 和解协议因为债务人的诈欺或者其他不法行为而成立的无效。

有前款规定情形的,人民法院应当宣告债务人破产清算。

有前款规定情形的,债权人因和解协议所受的清偿,在同等比例的范围内,不予返还。

《企业破产法》(2004年3月草案B版)

第一百零六条 和解协议因为债务人的诈欺或者其他不法行为而成立的无效。

有前款规定情形的,人民法院应当宣告债务人破产清算。

有前款规定情形的,债权人因和解协议所受的清偿,在同等比例的范围内,不予返还。

《企业破产法》(2004年6月草案)

第一百零八条 因债务人的诈欺或者其他不法行为而后成立的和解协议无效。

有前款规定情形的,人民法院应当宣告债务人破产。

有前款规定情形的,债权人因和解协议所受的清偿,在同等比例的范围内,不予返还。

《企业破产法》(2004年10月草案)

第一百零三条 因债务人的诈欺或者其他不法行为而成立的和解协议无效。

有前款规定情形的,人民法院应当宣告债务人破产。

有前款规定情形的,债权人因和解协议所受的清偿,在同等比例范围内,不予返还。

【条文释义】

本条规定和解协议的无效。

我国《民法典》第148条、第149条规定了民事法律行为无效相关事项。前文已述及,和解协议的本质是债务人与债权人会议达成的合同,那么其无效条款,现在亦将参照《民法典》上述规定而有所明确。

本条共有2款。分款评注如下:

第1款:"因债务人的欺诈或者其他违法行为而成立的和解协议,人民法院应当裁定无效,并宣告债务人破产。"

本款规定,如果在和解协议形成过程中,债务人有欺诈或者其他违法行为,法院就应当裁定和解协议无效,直接宣告债务人破产。

这里涉及的核心问题是,如何认定和解协议的成立与"债务人的欺诈或者其他违法行为"之间有因果关系。王卫国认为,法院认定和解协议因为债务人的欺诈而成立,并裁定和解协议无效,是合同无效制度在破产领域的细化,应符合因欺诈而意思表示不真实的要件:第一,债务人事实上实施了欺诈行为;第二,债务人具有实施欺诈行为的主观故意;第三,债权人因为债务人的欺诈行为而陷于错误的认知;第四,债权人在缔结和解协议时,并不知道债务人有欺诈的故意和客观事实。[①]

那么,债务人的哪些行为会被认定为欺诈呢?按照王卫国的列举,包括但不限于:第一,虚构或者隐瞒自身的资产负债、财务、经营状况;第二,提供虚假的和解协议执行担保,故意虚构履行和解协议的可能性。[②]

齐明认为,这里的"欺诈"和"其他违法行为",主要是指假借和解之名,而行拖延时间并实现欺诈性财产转移之实,或者假借和解程序来逃避行政监管或审批,甚至以和解的名义侵害国家、

---

① 参见王卫国:《破产法精义》(第2版),法律出版社2020年版,第324页。
② 参见王卫国:《破产法精义》(第2版),法律出版社2020年版,第324页。

集体或他人的合法利益。①

和解协议无效的法定后果之一,是债务人被宣告破产。按照王卫国的解释,本款所规范的内容,是在破产宣告之前,此时破产程序已经终结,故这里的"宣告债务人破产"与《企业破产法》第93条规定重整程序向破产清算程序的转化相比,还有较大的差异。实质上,本款所规定的内容,是基于和解协议的执行受《企业破产法》规制,尤其是和解协议期间因《企业破产法》第103条、第104条规定的特定事由引发的破产宣告的法律后果,导致破产清算程序在特定情形下,无须申请和受理,即可以直接启动。②

第2款:"有前款规定情形的,和解债权人因执行和解协议所受的清偿,在其他债权人所受清偿同等比例的范围内,不予返还。"

法院可能在两个时间节点上裁定和解协议无效:一个是和解协议尚未执行,即被法院裁定无效;另一个是和解协议执行部分后,被法院裁定无效。③ 在第一种情形下,因为和解协议尚未执行,所以对于债权债务关系不发生任何影响。本款规范的是第二种情形。

本款规定的是在和解协议因债务人欺诈或其他违法行为而无效的情况下,债务人被宣告破产,那么其已经执行和解协议所受清偿如何处理的问题。这也是和解协议无效的法定后果之二。

按照本款规定,如果因为债务人的欺诈或者其他违法行为而成立的和解协议被法院裁定无效,债务人被宣告破产,那么"和解债权人因执行和解协议所受的清偿,在其他债权人所受清偿同等比例的范围内,不予返还"。

齐明认为,这一规定与前述《企业破产法》第93条第2款的结构类似,毋庸赘言。④

但这里还需要进一步解释。按照《合同法》第58条,"合同无效或者被撤销后,因该合同取得的财产,应当予以返还;不能返还或者没有必要返还的,应当折价补偿"。由此出发,已受领的债权人似乎应该返还因和解协议被裁定无效前执行所受的清偿。但是,和解协议被裁定无效、宣告债务人破产后,破产清算程序启动;这种情况下,如果要求和解债权人返还"和解债权人因执行和解议所受的清偿",在将来的破产清算分配中和解债权人依旧会获得分配,由此并未实质性增进破产程序的公平性,反而返还、分配的来来往往,徒然增加程序成本。由此,本款规定,"和解债权人因执行和解协议所受的清偿,在其他债权人所受清偿同等比例的范围内,不予返还"⑤。

如果和解协议因为债务人的欺诈或者其他违法行为而被法院裁定无效,进而宣告债务人破产,那么按照《企业破产法》第127、128条规定,如果债务人的欺诈或违法行为中包含有需要承担责任的情节,则需要承担责任。⑥

【关联法律法规及司法政策】

《民法典》(2020)

第一百四十八条 一方以欺诈手段,使对方在违背真实意思的情况下实施的民事法律行为,受欺诈方有权请求人民法院或者仲裁机构予以撤销。

第一百四十九条 第三人实施欺诈行为,使一方在违背真实意思的情况下实施的民事法律行为,对方知道或者应当知道该欺诈行为的,受欺诈方有权请求人民法院或者仲裁机构予以撤销。

第一百五十条 一方或者第三人以胁迫手段,使对方在违背真实意思的情况下实施的民事法律行为,受胁迫方有权请求人民法院或者仲裁机构予以撤销。

第一百五十一条 一方利用对方处于危困状态、缺乏判断能力等情形,致使民事法律行为成立时显失公平的,受损害方有权请求人民法院或者仲裁机构予以撤销。

第一百五十三条 违反法律、行政法规的强制性规定的民事法律行为无效。但是,该强制性规定不导致该民事法律行为无效的除外。

违背公序良俗的民事法律行为无效。

第一百五十四条 行为人与相对人恶意串通,损害他人合法权益的民事法律行为无效。

第一百零四条 债务人不能执行或者不执行和解协议的,人民法院经和解债权人请求,应当裁定终止和解协议的执行,并宣告债务人破产。

人民法院裁定终止和解协议执行的,和解债权人在和解协议中作出的债权调整的承诺

---

① 参见齐明:《中国破产法原理与适用》,法律出版社2017年版,第182—183页。
② 参见王卫国:《破产法精义》(第2版),法律出版社2020年版,第325—326页。
③ 参见王卫国:《破产法精义》(第2版),法律出版社2020年版,第326页。
④ 参见齐明:《中国破产法原理与适用》,法律出版社2017年版,第183页。
⑤ 王卫国:《破产法精义》(第2版),法律出版社2020年版,第326页。
⑥ 参见王卫国:《破产法精义》(第2版),法律出版社2020年版,第326页。

第一百零四条

失去效力。和解债权人因执行和解协议所受的清偿仍然有效，和解债权未受清偿的部分作为破产债权。

前款规定的债权人，只有在其他债权人同自己所受的清偿达到同一比例时，才能继续接受分配。

有本条第一款规定情形的，为和解协议的执行提供的担保继续有效。

【立法沿革】

《企业破产法（试行）》（1986）

第二十一条 整顿期间，企业有下列情形之一，经人民法院裁定，终结该企业的整顿，宣告其破产：

（一）不执行和解协议的；

（二）财务状况继续恶化，债权人会议申请终结整顿的；

（三）有本法第三十五条所列行为之一，严重损害债权人利益的。

《破产法》（1995年草案）

第八十四条 债务人不按照和解协议规定的条件清偿债务，和解债权人可以申请人民法院强制执行。

有前款规定的情形，和解债权人在和解协议中作出的让步失去效力。

第八十五条 债务人不按照和解协议规定的条件清偿债务，或者不能按照和解协议清偿债务的，和解债权人可以请求人民法院宣告债务人破产。

人民法院宣告债务人破产的，和解债权人因债务人执行和解协议所受的清偿，仍然有效。和解债权未受清偿的部分，作为破产债权行使权利。

前款规定的债权人，只有在其他债权人所受破产分配同自己所受的清偿达到同一比例时，才继续接受分配。

第八十六条 有本法第八十四条和第八十五条规定的情形之一的，第三人为和解协议的成立和执行提供的担保继续有效。

《企业破产与重整法》（2000年6月草案）

第七十六条 债务人不按和解协议规定的条件清偿债务的，和解债权人可以申请人民法院强制执行。其在和解协议中作出的让步失去效力。

第七十七条 债务人不按或不能按和解协议规定的条件清偿债务的，和解债权人可以请求人民法院宣告债务人破产。

人民法院宣告债务人破产的，和解债权人因债务人执行和解协议所受的清偿仍然有效。和解债权未受偿部分，作为破产债权行使权利。

前款规定的债权人，只有在其他债权人所受破产分配同自己所受的清偿达到同一比例时，才能继续接受分配。

第七十八条 有本法第七十六条和第七十七条规定的情形之一的，第三人为和解协议的成立和执行提供的担保继续有效。

《企业破产与重整法》（2000年12月草案）

第七十六条 债务人不按和解协议规定的条件清偿债务的，和解债权人可以申请人民法院强制执行。和解债权人在和解协议中作出的让步失去效力。

第七十七条 债务人不按或不能按和解协议规定的条件清偿债务的，和解债权人可以请求人民法院宣告债务人破产。

人民法院宣告债务人破产的，和解债权人因债务人执行和解协议所受的清偿仍然有效。和解债权未受偿的部分，作为破产债权行使权利。

前款规定的债权人，只有在其他债权人所受破产分配同自己所受的清偿达到同一比例时，才能继续接受分配。

第七十八条 有本法第七十六条和第七十七条规定的情形之一的，第三人为和解协议的成立和执行提供的担保继续有效。

《企业破产与重整法》（2001年1月草案）

第一百一十四条 债务人不按和解协议规定的条件清偿债务的，和解债权人可以申请人民法院强制执行。和解债权人在和解协议中作出的让步失去效力。

第一百一十五条 债务人不按或者不能按和解协议规定的条件清偿债务的，和解债权人可以请求人民法院宣告债务人破产。

人民法院宣告债务人破产的，和解债权人因债务人执行和解协议所受的清偿仍然有效。和解债权未受偿的部分，作为破产债权行使权利。

前款规定的债权人，只有在其他债权人所受破产分配同自己所受的清偿达到同一比例时，才能继续接受分配。

第一百一十六条 有本法第一百一十四条和第一百一十五条规定的情形之一的，第三人为和解协议的成立和执行提供的担保继续有效。

《企业破产法》（2004年3月草案A版）

第一百零八条 债务人不按和解协议规定的条件清偿债务的，和解债权人可以申请人民法院强制执行。和解债权人在和解协议中作出的让步失去效力。

第一百零九条 债务人不按或者不能按和解

协议规定的条件清偿债务的,和解债权人可以请求人民法院宣告债务人破产清算。

人民法院宣告债务人破产的,和解债权人因债务人执行和解协议所受的清偿仍然有效。和解债权未受偿的部分,作为破产债权行使权利。

前款规定的债权人,只有在其他债权人所受破产分配同自己所受的清偿达到同一比例时,才能继续接受分配。

第一百一十条 有本法第一百零八条或者第一百零九条规定的情形的,第三人为和解协议的成立和执行提供的担保继续有效。

《企业破产法》(2004年3月草案B版)

第一百零七条 债务人不按和解协议规定的条件清偿债务的,和解债权人可以申请人民法院强制执行。和解债权人在和解协议中作出的让步失去效力。

第一百零八条 债务人不按或者不能按和解协议规定的条件清偿债务的,和解债权人可以请求人民法院宣告债务人破产清算。

人民法院宣告债务人破产的,和解债权人因债务人执行和解协议所受的清偿仍然有效。和解债权未受偿的部分,作为破产债权行使权利。

前款规定的债权人,只有在其他债权人所受破产分配同自己所受的清偿达到同一比例时,才能继续接受分配。

第一百零九条 有本法第一百零七条或者第一百零八条规定的情形的,第三人为和解协议的成立和执行提供的担保继续有效。

《企业破产法》(2004年6月草案)

第一百零九条 债务人不按和解协议规定的条件清偿债务的,和解债权人可以申请人民法院强制执行。和解债权人在和解协议中作出的让步失去效力。

第一百一十条 债务人不按或者不能按和解协议规定的条件清偿债务的,和解债权人可以请求人民法院宣告债务人破产。

人民法院宣告债务人破产的,和解债权人因债务人执行和解协议所受的清偿仍然有效。和解债权未受偿的部分,作为破产债权行使权利。

前款规定的债权人,只有在其他债权人所受破产财产分配同自己所受的清偿达到同一比例时,才能继续接受分配。

第一百一十一条 有本法第一百零九条或者第一百一十条规定的情形的,第三人为和解协议的成立和执行提供的担保继续有效。

---

① 参见齐明:《中国破产法原理与适用》,法律出版社2017年版,第183页。

《企业破产法》(2004年10月草案)

第一百零四条 债务人不按和解协议规定的条件清偿债务的,和解债权人可以申请人民法院强制执行。和解债权人在和解协议中作出的让步失去效力。

第一百零五条 债务人不按或者不能按和解协议规定的条件清偿债务的,和解债权人可以请求人民法院宣告债务人破产。

人民法院宣告债务人破产的,和解债权人因债务人执行和解协议所受的清偿仍然有效。和解债权未受偿的部分,作为破产债权行使权利。

前款规定的债权人,只有在其他债权人所受破产财产分配同自己所受的清偿达到同一比例时,才能继续接受分配。

第一百零六条 有本法第一百零四条或者第一百零五条规定的情形的,第三人为和解协议的成立和执行提供的担保继续有效。

【条文释义】

本条规定的是和解协议不能执行所涉及的程序问题。

为了更为准确地理解本条,可以适当参酌本书对《企业破产法》第93条重整计划不能执行内容的评述。齐明认为,本条规定中,除了不要求管理人对和解协议执行监督外,其他与《企业破产法》第93条的相关制度设计类似。①

共有4款。分款评注如下:

第1款:"债务人不能执行或者不执行和解协议的,人民法院经和解债权人请求,应当裁定终止和解协议的执行,并宣告债务人破产。"

本款确认,在两种特定情况下,即债务人不能执行或者不愿意执行和解协议时,和解债权人可以向法院申请裁定终止和解协议执行并宣告债务人破产;在这种情况下,法院应该顺应和解债权人的请求,裁定终止和解协议并宣告债务人破产。

准确理解本款,需要切实理解"债务人不能执行……和解协议"和"债务人……不执行和解协议"两种情况。按照王卫国的概括,"债务人不能执行……和解协议"更多强调客观不能的情况,具体比如债务人因为经济状况难以达到预期目标、因为市场变化造成成本上升利润下降、因为产品责任需要支出巨额赔偿金、因为自然灾害或者政府接管等因素影响等,导致债务人尽管主观上十分积极,但客观上缺乏执行和解协议的能力;而"债务人……不执行和解协议"更多强调债务人主观上不愿意执行和解协议,具体可以分为不愿意执行或者拖延执行。① 也就是说,是否启动和解协议不能执行的相关程序,完全取决于债务人对和解协议执行的主客观情况。

准确理解本款,也要明确因和解协议执行不能而宣告破产的程序。具体可以分为三步:第一,和解债权人向法院提出申请;第二,法院对债务人不能执行或者不执行和解协议的状况做出审查,这可能有两种结果,或者驳回和解债权人的申请,或者支持和解债权人的申请;第三,法院如果支持和解债权人的申请,即作出裁定,终止和解协议执行,同时宣告债务人破产。

理解本款还要明确和解协议执行不能的后果:第一,法院裁定终止和解协议的执行,和解协议对和解债权人不再有约束力;第二,法院宣告债务人破产,和解程序自动转为破产清算程序。

第 2 款:"人民法院裁定终止和解协议执行的,和解债权人在和解协议中作出的债权调整的承诺失去效力。和解债权人因执行和解协议所受的清偿仍然有效,和解债权未受清偿的部分作为破产债权。"

本款规定法院裁定终止和解协议执行后的效力。根据本款文本,法院裁定终止和解协议执行,可能有两个效力:第一,和解债权人在和解协议中所做出的债权让步承诺失效;第二,和解债权人因执行和解协议所受清偿仍然有效,未清偿部分成为破产债权。

本款又分 2 层含义:

第 1 层:"人民法院裁定终止和解协议执行的,和解债权人在和解协议中作出的债权调整的承诺失去效力。"

本层确认,和解协议的终止执行,与和解协议无效具有异曲同工的效果,即和解债权人在和解协议中所做的债权调整承诺不再有效。

按照王卫国的观点,和解债权人在和解中的债权调整,本质上是债权的限制,而不是债权的放弃;因此,如果因为债务人不能或者不愿执行和解协议,那么这种对债权人的限制应该解除,否则对债权人来说明显不公平。②

第 2 层:"和解债权人因执行和解协议所受的清偿仍然有效,和解债权未受清偿的部分作为破产债权。"

本层确认,尽管和解协议终止执行会导致和解债权人在和解协议中所作出的债权调整承诺失去效力,但和解债权人在执行和解协议过程中所受清偿,并不受影响。按照本层的制度设计,和解债权人在执行和解协议过程中所受的清偿,仍然有效,由和解债权人直接留存;而和解债权人在和解协议终止执行后未受的清偿,则作为破产债权,在随后的破产清算程序中受偿。

第 3 款:"前款规定的债权人,只有在其他债权人同自己所受的清偿达到同一比例时,才能继续接受分配。"

本款承上一款,明确如果法院裁定终止和解协议的执行,那么和解债权人在和解协议未受清偿的部分,可以转为破产债权,在破产清算程序中继续接受分配;但这种继续分配的前提,是相关和解债权人必须与其他债权人所受清偿达到同一比例。这是同类债权、同等受偿原则在和解协议终止执行时的体现与落实,有助于维持同一顺位债权人在破产清算中的大体公平。

按照王卫国的解读,本款规定意味着,在和解协议终止执行、破产程序启动之后,在破产分配中应该优先向已获清偿率较低的债权人分配,暂时冻结在和解协议执行过程中已受清偿较多的债权人,待同一类别债权人清偿完全一致后,才开始在同一顺位的所有债权人中分配。③

第 4 款:"有本条第一款规定情形的,为和解协议的执行提供的担保继续有效。"

本款承第 1 款,规定在债务人不能执行或者不愿意执行和解协议时,经和解债权人向法院申请,法院裁定终止和解协议执行并宣告债务人破产后,为和解协议执行提供的担保继续有效。

本款近似于《企业破产法》第 93 条第 4 款,即债务人不能或不愿执行重整计划时,第三人为重整计划执行所做担保是否有效问题。

这里"为和解协议的执行提供的担保",按照王卫国的界定,即第三人对债务人履行和解协议提供的担保,具体可分为抵押、质押和保证,这种担保包括债务人不履行和解协议情况下,和解协议执行终止与不终止两种情形;据此,在债务人不能执行或者不愿意执行和解协议时,担保债权人有权请求担保人履行其担保职责。④

---

① 参见王卫国:《破产法精义》(第 2 版),法律出版社 2020 年版,第 327 页。
② 参见王卫国:《破产法精义》(第 2 版),法律出版社 2020 年版,第 327—328 页。
③ 参见王卫国:《破产法精义》(第 2 版),法律出版社 2020 年版,第 328 页。
④ 参见王卫国:《破产法精义》,法律出版社 2007 年版,第 300 页。

第一百零五条 人民法院受理破产申请后，债务人与全体债权人就债权债务的处理自行达成协议的，可以请求人民法院裁定认可，并终结破产程序。

【立法沿革】

《企业破产法（试行）》（1986）

第二十二条 经过整顿，企业能够按照和解协议清偿债务的，人民法院应当终结对该企业的破产程序并予以公告。

整顿期满，企业不能按照和解协议清偿债务的，人民法院应当宣告该企业破产，并且按照本法第九条的规定重新登记债权。

《破产法》（1995年草案）

第八十七条 人民法院受理破产案件后，债务人经全体债权人的一致同意，自行达成和解协议的，可以请求人民法院裁定认可。

人民法院裁定认可前款规定和解协议的，应当裁定终结破产案件。

《企业破产与重整法》（2000年6月草案）

第七十九条 人民法院受理破产案件后，债务人经全体债权人一致同意自行达成和解协议的，可以请求人民法院裁定认可，并同时裁定终结破产案件。

《企业破产与重整法》（2000年12月草案）

第七十九条 人民法院受理破产案件后，债务人经全体债权人一致同意自行达成和解协议的，可以请求人民法院裁定认可，并同时裁定终结破产案件。

《企业破产与重整法》（2001年1月草案）

第一百一十七条 人民法院受理破产案件后，债务人经全体债权人一致同意就债权债务的处理自行达成协议的，可以请求人民法院裁定认可，并同时裁定终结破产案件。

《企业破产法》（2004年3月草案A版）

第一百一十一条 人民法院受理破产案件后，债务人经全体债权人一致同意就债权债务的处理自行达成协议的，可以请求人民法院裁定认可，并同时裁定终结破产案件。

《企业破产法》（2004年3月草案B版）

第一百一十条 人民法院受理破产案件后，债务人经全体债权人一致同意就债权债务的处理自行达成协议的，可以请求人民法院裁定认可，并同时裁定终结破产案件。

《企业破产法》（2004年6月草案）

第一百一十二条 人民法院受理破产案件后，债务人经全体债权人一致同意就债权债务的处理达成协议的，可以请求人民法院裁定认可，并同时裁定终结破产案件。

《企业破产法》（2004年10月草案）

第一百零七条 人民法院受理破产案件后，债务人经全体债权人一致同意就债权债务的处理自行达成协议的，可以请求人民法院裁定认可，并同时裁定终结破产案件。

【条文释义】

本条规定的是庭外和解与庭内和解的衔接问题。

根据本条规定，在法院启动破产程序之后，如果债务人与全体债权人就债权债务的处理自行达成协议，可以直接将和解协议提交法院裁定认可，并终结破产程序。

本条体现出破产法对当事人意思自治的尊重，也体现出《企业破产法》对国际范围内越来越风靡的庭外和解制度的接纳。按照王卫国的介绍，庭外和解能够充分发挥当事人意思自治的作用，能够有效避免司法程序时间长、费用高、企业信息披露度高、债务人信用损失大等缺点；但庭外和解也有明显弱点，即要求债权人协商一致才能缔约，既无形提高了缔约的不确定性与成本，也容易让个别债权人通过钳制效应"绑架"其他债权人。[1] 由此，对于庭外和解接纳的程度，也能够体现出一个经济体的发达程度。

齐明亦认为，本条规定是对民事和解在破产程序中效力的认可，因为民事和解制度广泛应用于民商事审判，破产程序亦缺乏足够的理由排斥民事和解；另外，在破产程序中适用民事和解，有别于破产和解本身，可以突破破产宣告的时间点，最终实现对债务人的拯救。[2]

需要明确的是，对于庭外和解，现在依据的法律更多是《民法典》，尤其是有关合同的内容，而不是《企业破产法》。甚至对于庭外和解协议的形成，也没有《企业破产法》所要求的表决程序和条件，债权人一致同意即可生效，并未将和解协议的缔结过程置于法院的控制范围之内。而且庭外和解制度本身，亦因时而异、因地而异，具有一定的不确定性。

按照王卫国的解读，本条规定的庭外和解，需

---

[1] 参见王卫国：《破产法精义》（第2版），法律出版社2020年版，第329—330页。
[2] 参见齐明：《中国破产法原理与适用》，法律出版社2017年版，第183—184页。

要具备如下条件：第一，法院已经受理破产申请，债务人已进入破产程序，债权人也已经完成债权申报；第二，债务人和债权人集体在法院受理破产申请之后、宣告债务人破产之前达成协议；第三，债务人不是与个别债权人尤其是个别主要债权人达成协议，而是与全体债权人达成协议；第四，和解协议的核心内容应该是债务清偿；第五，和解协议不得损害有财产担保的债权人的权益；第六，法院裁定认可该协议。①

对于这里的"债务人与全体债权人就债权债务的处理自行达成协议"，《企业破产法》并未给予详细规定。齐明认为，这里强调"自行"，主要是为了与《企业破产法》规定的和解程序保持一致，即与通过债权人会议决议达成协议的方式区别开来。②

应该说，这条规定得到一定程度的好评。比如王欣新就认为，该条规定建立了简易、快捷解决债务清偿问题的新程序，"是立法上的一项有意义的创新"。③

齐明亦特别论及，市场化的债权流转，可以通过民事和解，在通过和解程序挽救危困企业中发挥妙用，比如减少债权人数、集中债权，使得破产程序中的谈判交易成本更低，进而也更容易实现和解制度的目的，提高和解成功率；本条的存在，恰恰为破产案件通过民事和解方式结案提供了法律依据。④

一旦法院最终裁定认可本条规定的庭外和解协议，那么庭外和解协议与庭内和解协议具有同样的效力。换句话说，在法院裁定认可庭外和解协议之后，《企业破产法》第100—104、106条有关和解的规定及其所确定的原则，均适用于庭外和解协议。⑤

第一百零六条　按照和解协议减免的债务，自和解协议执行完毕时起，债务人不再承担清偿责任。

【条文释义】

本条规定和解协议执行完毕的后果，即和解协议执行完毕之后，债务人对于和解协议中已经减免的债务，不再承担清偿责任。

从立法史的角度看，这个条文是《企业破产法》三读通过时加入的条款。

按理说，和解协议执行完毕后的余债豁免，应是和解制度乃至破产制度的应有之义。按照王卫国的观点，债权人在和解协议中所做的让步，法理上属于附条件的责任免除，这里所附的条件，即债务人严格遵守和解协议，积极按照和解协议所约定的条件、金额和期限偿还债务；这种情况下，一旦和解协议执行完毕，债务人即可获得免责，不需要再对相关债务承担清偿责任。⑥

就原理而言，本条规定与《企业破产法》第94条类似。⑦《企业破产法》第94条规定，重整计划执行完毕后，债务人对于按照重整计划减免的债务，不再承担清偿责任。

需要明确的是，这里"不再承担清偿责任"的主体，仅仅是债务人。也就是说，债务人的保证人或者其他连带债务人，并不因为和解协议的执行完毕而获得免责，其保证或连带责任并未因此而废除。⑧《企业破产法》第101条有关和解债权人对债务人的保证人和其他连带债务人所享有权利，不受和解协议影响的规定，在这里依旧适用。

---

① 参见王卫国：《破产法精义》（第2版），法律出版社2020年版，第330—331页。
② 参见齐明：《中国破产法原理与适用》，法律出版社2017年版，第183页。
③ 参见王欣新：《破产原因理论与实务研究》，载《天津法学》2010年第1期，第27页。
④ 参见齐明：《中国破产法原理与适用》，法律出版社2017年版，第184页。
⑤ 参见王卫国：《破产法精义》（第2版），法律出版社2020年版，第331页。
⑥ 参见王卫国：《破产法精义》（第2版），法律出版社2020年版，第332页。
⑦ 参见齐明：《中国破产法原理与适用》，法律出版社2017年版，第184页。
⑧ 参见王卫国：《破产法精义》（第2版），法律出版社2020年版，第332—333页。

第十章 破产清算

第一节 破产宣告

第一百零七条 人民法院依照本法规定宣告债务人破产的,应当自裁定作出之日起五日内送达债务人和管理人,自裁定作出之日起十日内通知已知债权人,并予以公告。

债务人被宣告破产后,债务人称为破产人,债务人财产称为破产财产,人民法院受理破产申请时对债务人享有的债权称为破产债权。

【立法沿革】

《企业破产法(试行)》(1986)

第二十三条 有下列情形之一的,由人民法院裁定,宣告企业破产:

(一)依照本法第三条的规定应当宣告破产的;

(二)依照本法第二十一条的规定终结整顿的;

(三)整顿期满,不能按照和解协议清偿债务的。

第二十四条 人民法院应当自宣告企业破产之日起十五日内成立清算组,接管破产企业。清算组负责破产财产的保管、清理、估价、处理和分配。清算组可以依法进行必要的民事活动。

清算组成员由人民法院从企业上级主管部门、政府财政部门等有关部门和专业人员中指定。清算组可以聘任必要的工作人员。

清算组对人民法院负责并且报告工作。

第二十八条 破产财产由下列财产构成:

(一)宣告破产时破产企业经营管理的全部财产;

(二)破产企业在破产宣告后至破产程序终结前所取得的财产;

(三)应当由破产企业行使的其他财产权利。

已作为担保物的财产不属于破产财产;担保物的价款超过其所担保的债务数额的,超过部分属于破产财产。

《破产法》(1995年草案)

第一百二十六条 人民法院依本法规定宣告债务人破产的,应当作出书面裁定。

宣告债务人破产的裁定,人民法院应当于裁定后三日内送达债务人。

第一百二十七条 有破产案件管辖权的人民法院在审理民事案件或者民事执行过程中,发现债务人有本法第四条第一款规定的情形,可依职权宣告债务人破产。

人民法院依职权作出破产宣告裁定后的三日内应当将裁定送达债务人。

人民法院依职权宣告破产的案件,准用本法第十六条、第十七条、第十八条、第二十一条、第二十二条、第二十三条、第四十条、第四十六条和第四十七条的规定。

第一百二十八条 人民法院作出宣告债务人破产裁定后,应当自裁定之日起十日内发布公告,破产宣告公告应当载明以下事项:

(一)破产宣告裁定书的主文,以及宣告破产的日期;

(二)已指定破产清算人的,破产清算人的姓名及其处理事务的地址和联系电话;

(三)破产人的债务人或者财产持有人向管理人或者破产清算人清偿债务或者交付财产;

(四)人民法院认为应当公告的其他事项。

人民法院依职权宣告债务人破产时,以上公告还应当载明本法第十七条第二款第(二)、(五)项规定的事项。

第一百三十七条 破产宣告时属于破产人的全部财产及财产权利,破产宣告后至破产程序终结前破产人取得的财产及财产权利,构成破产财产。

当破产人为自然人时,破产人及其所扶养的人的生活必需费用和必要的生活用品不属于破产财产,破产人经破产清算人的同意,有权取回。

本法和其他法律对破产财产的构成有特别规定的,从其规定。

第一百三十八条 破产清算人、破产人或者其他利害关系人对破产财产的归属发生争议的,可以向受理破产案件的人民法院提起诉讼。

第一百三十九条 不属于破产人的财产,该财产的权利人可以通过破产清算人取回。

第一百四十条 出卖人已将买卖标的物发运,破产人尚未收到亦未付清全价而受破产宣告的,出卖人可以取回在运输途中的标的物。但是,破产清算人可以全额支付价金,请求出卖人交付标的物。

前款的规定,不妨碍适用本法第一百四十六条的规定。

《企业破产与重整法》(2000年6月草案)

第一百一十三条 人民法院依本法规定宣告债务人破产的,应当作出书面裁定,并于裁定后三日内送达债务人。

第一百一十四条 有破产案件管辖权的人民法院在审理民事案件或者民事执行过程中,发现债务人有本法第三条第一款规定的情形,可依职权宣告债务人破产。

人民法院依职权宣告破产的案件,准用本法第十五条、第十六条、第十七条、第十九条、第二十条、第二十一条、第三十八条、第四十四条和第四十五条的规定。

第一百一十五条 人民法院作出宣告债务人破产裁定后,应当自裁定之日起十日内发布公告。破产宣告公告应当载明以下事项:

(一)破产宣告裁定书的主文,及宣告破产的日期;

(二)已指定破产清算人的,破产清算人的姓名及其处理事务的地址和联系电话;

(三)破产人的债务人或者财产持有人向管理人或者破产清算人清偿债务或者交付财产;

(四)人民法院认为应当公告的其他事项。

人民法院依职权宣告债务人破产时,还应当同时公告载明本法第十六条第二款第(二)、(五)项规定的事项。

第一百二十三条 破产宣告时属于破产人的全部财产及财产权利,破产宣告后至破产程序终结前破产人取得的财产及财产权利,构成破产财产。

当破产人为自然人时,破产人及其所抚养的人的生活必需费用和必要的生活用品不属于破产财产,破产人经破产清算人的同意,有权取回。

本法和其他法律对破产财产的构成有特别规定的,从其规定。

第一百二十四条 破产清算人、破产人或者其他利害关系人对破产财产的归属发生争议的,可以向受理破产案件的人民法院提起诉讼。

第一百二十五条 不属于破产人的财产,该财产的权利人可以通过破产清算人取回。

第一百二十六条 出卖人已将买卖标的物发运,破产人尚未收到亦未付清全价而受破产宣告的,出卖人可以取回在运途中的标的物。但是,破产清算人可以全额支付价金,请求出卖人交付标的物。

前款的规定,不妨碍适用本法第一百三十二条的规定。

《企业破产与重整法》(2000年12月草案)

第一百一十三条 人民法院依本法规定宣告债务人破产的,应当作出书面裁定,并于裁定后五日内送达债务人和管理人。

第一百一十四条 有破产案件管辖权的人民法院在审理民事案件或者民事执行过程中,发现债务人有本法第三条规定的情形,可依职权宣告债务人破产。

人民法院依职权宣告破产的案件,准用本法第十五条、第十六条、第十七条、第十九条、第二十条、第二十一条、第三十八条、第四十四条和第四十五条的规定。

第一百一十五条 人民法院作出宣告债务人破产裁定后,应当自裁定之日起三十日内通知有明确地址的债权人,并发布公告。破产宣告公告应当载明以下事项:

(一)破产宣告裁定书的主文,以及宣告破产的日期;

(二)破产人的债务人或者财产持有人向管理人或者破产清算人清偿债务或者交付财产;

(三)人民法院认为应当公告的其他事项。

人民法院依职权宣告债务人破产时,还应当同时公告载明本法第十六条第二款第(二)、(五)项规定的事项。

《企业破产与重整法》(2001年1月草案)

第五十八条 案件受理后至破产宣告时属于债务人的全部财产与财产权利,以及破产宣告后至破产程序终结前债务人取得的财产及财产权利,构成债务人财产。

债务人财产应全部用于破产清算、企业重整或和解的债务处理。

被宣告破产的自然人及其所扶养家属的生活必需费用和必要的生活用品不得用于破产清算,该自然人经管理人同意后可予取回。

本法和其他法律对债务人财产的构成有特别规定的,从其规定。

第五十九条 管理人、债务人或者其他利害关系人对前条规定的财产归属发生争议的,可以向人民法院提起诉讼。

第六十八条 人民法院依本法规定宣告债务人破产的,应当作出书面裁定,并于裁定后五日内送达债务人和管理人。

第六十九条 有破产案件管辖权的人民法院在审理民事案件或者民事执行过程中,发现债人有本法第三条第一款规定的情形,可依职权宣告债务人破产。

人民法院依职权宣告破产的案件,准用本法第十五条、第十六条、第十七条、第十八条、第二十一条、第二十二条、第三十九条、第四十五条和第四十六条的规定。

第七十条　人民法院作出宣告债务人破产裁定后,应当自裁定之日起三十日内通知有明确地址的债权人,并发布公告。

人民法院依职权宣告债务人破产时,还应当同时公告载明本法第十七条第二款第(二)、(五)项规定的事项。

《企业破产法》(2004年3月草案A版)

第一百一十二条　人民法院依本法规定宣告债务人破产清算的,应当作出书面裁定,并于裁定后五日内送达债务人和管理人。

债务人被宣告破产清算后,称为破产人。

债务人财产在宣告破产清算后,称为破产财产。

第一百一十三条　人民法院作出宣告债务人破产清算裁定后,应当自裁定之日起十五日内通知有明确地址的债权人,并发布公告。

《企业破产法》(2004年3月草案B版)

第一百一十一条　人民法院依本法规定宣告债务人破产清算的,应当作出书面裁定,并于裁定后五日内送达债务人和管理人。

债务人被宣告破产清算后,称为破产人。

债务人财产在宣告破产清算后,称为破产财产。

第一百一十二条　人民法院作出宣告债务人破产清算裁定后,应当自裁定之日起十五日内通知有明确地址的债权人,并发布公告。

《企业破产法》(2004年6月草案)

第一百一十三条　人民法院依本法规定宣告债务人破产的,应当作出书面裁定,并于裁定后五日内送达债务人和管理人。

债务人被宣告破产后,称为破产人。

债务人财产在债务人被宣告破产后,称为破产财产。

第一百一十四条　人民法院作出宣告债务人破产的裁定后,应当自裁定之日起十五日内通知已知债权人,并发布公告。

第一百一十六条　合伙企业及其合伙人不能清偿到期债务,资产不足以清偿全部债务的,人民法院应在宣告合伙企业破产的同时,宣告全体合伙人破产。

人民法院宣告合伙人破产时,适用本法第一百一十三条的规定。

第一百一十七条　个人独资企业及其出资人不能清偿到期债务,资产不足以清偿全部债务的,人民法院应当宣告其破产。

第一百一十八条　依照本法第一百一十六条、第一百一十七条被宣告破产的破产人,有权保留本人及其家庭成员必要的生活费用。

《企业破产法》(2004年10月草案)

第一百零八条　人民法院依本法规定宣告债务人破产的,应当作出裁定,并于裁定作出之日起五日内送达债务人和管理人。

债务人被宣告破产后,称为破产人。

债务人财产在债务人被宣告破产后,称为破产财产。

第一百零九条　人民法院作出宣告债务人破产的裁定后,应当自裁定作出之日起15日内通知已知债权人,并发布公告。

【条文释义】

本条规定的是破产宣告的程序和效果。

破产宣告是《企业破产法》中的标志性环节,也是不同国家和地区破产法的必备条款之一。王卫国指出,破产宣告作为一种司法行为,与其一系列效果共同构成破产法上的重要事件,标志着破产案件无可逆转地进入破产清算流程,债务人亦将无可避免地被清算并最终退出市场。[1]

本条共有2款。分款评述如下:

第1款:"人民法院依照本法规定宣告债务人破产的,应当自裁定作出之日起五日内送达债务人和管理人,自裁定作出之日起十日内通知已知债权人,并予以公告。"

本款规定的是破产清算程序的启动主体和程序。

这里面,"人民法院依照本法规定"是准确掌握本条规定的关键词之一。根据《企业破产法》的文本和本书前述评注,这里的"依照本法规定"而最终"宣告债务人破产"的情形,至少涉及如下7类"宣告债务人破产"的情形:(1)根据《企业破产法》第78条,如果涉及债务人经营状况持续恶化且缺乏挽救可能、债务人恶意或以欺诈方式减少债务人财产、债务人拒不配合并支持管理人执行,那么管理人或利害关系人可以请求法院终止重整程序,宣告债务人破产。(2)根据《企业破

---

[1] 参见王卫国:《破产法精义》(第2版),法律出版社2020年版,第334—335页。

法》第79条,债务人或者管理人未按本条规定的6个月期限以及经申请并延长3个月的期限内,提出重整计划草案时,法院可以直接裁定终止重整程序,宣告债务人破产。(3)根据《企业破产法》第88条,重整计划在经过部分表决组二次协商后仍然未能通过,而法院也未按照《企业破产法》第87条规定的条件强制批准重整计划,那么这个时候法院不得不裁定终止重整程序,宣告债务人破产。(4)根据《企业破产法》第93条,债务人在重整计划进入执行阶段后,在不能执行或者不愿执行重整计划时,经过管理人或者利害关系人请求,法院就可以裁定重整计划执行终止,宣告债务人破产。(5)根据《企业破产法》第99条,在债权人会议未通过和解协议,或者虽然经债权人会议通过,但是未能经过法院认可时,法院就可以裁定终止和解程序,宣告债务人破产。(6)根据《企业破产法》第103条,如果和解协议是因为债务人的欺诈或者其他违法行为而成立,法院依职权裁定其无效,宣告债务人破产。(7)根据《企业破产法》第104条,在债务人不能执行或者不愿执行和解协议时,法院经和解债权人请求,裁定终止和解协议的执行,宣告债务人破产。本款中所称"人民法院依照本法规定宣告债务人破产的",这里的"依照本法规定"应当包括上述7条规范中涉及的最终宣告债务人破产的类型。

这可能也引发另一个问题,即《企业破产法》规定重整程序、和解程序中法院宣告债务人的破产的情形,但似乎未规定适格申请主体直接申请破产清算时,如何宣告债务人的破产。对此,韩传华认为,在这种情况下,法院应该在受理破产清算申请之后,可以尽量通过实质审查的方式,确定债务人是否不能偿还到期债务、是否资产不足以清偿全部债务或者明显缺乏清偿能力,进而决定是否直接宣告债务人破产;即便因为期限问题一时三刻难以展开有效的实质审查,也应该明确如下原则,即无论任何时候,只要法院审查确认债务人不能偿还到期债务,且资产不足以清偿全部债务或者明显缺乏清偿能力时,法院就应该宣告债务人破产。① 如果赋予法院在受理破产清算申请后的任何时候,都能依据其实质审查和对债务人财务状况的综合判断,来决定是否宣告债务人破产,那么无论是重整程序、和解程序还是破产清算程序,法院在宣告债务人破产方面都相对严密。

按照齐明的归纳,《企业破产法》上的裁定破产宣告制度,有如下特点:第一,破产宣告是司法确认程序,一旦启动即不可逆;第二,破产宣告裁定不具有可上诉性;第三,裁定破产宣告并非破产程序中的必经程序;第四,破产宣告裁定在特殊情况下发挥着重启破产清算程序的效力;第五,破产宣告能够产生阻却破产挽救的法律效力;第六,破产宣告会引发债务人财产、债务人等名称变成破产财产、破产人。②

第2款:"债务人被宣告破产后,债务人称为破产人,债务人财产称为破产财产,人民法院受理破产申请时对债务人享有的债权称为破产债权。"

本款确认破产宣告后三个称谓的变化,即"债务人"变成"破产人","债务人财产"变成"破产财产","人民法院受理破产申请时对债务人享有的债权"变成"破产债权"。

本款规定展示《企业破产法》中破产宣告的效果。王卫国认为,这三个称谓的变化,是对破产清算程序目标的特别宣示,亦即宣布破产人将以其全部财产,清偿全部破产债权,最终消灭全部债务,破产人亦将因丧失继续生存的信用而归于消灭。③

韩传华认为,上述三个变化中,"债务人"变成"破产人"意义不大,但"债务人财产"变成"破产财产",以及"人民法院受理破产申请时对债务人享有的债权"变成"破产债权",对于厘清破产程序中的部分问题意义甚大:第一,鉴于《企业破产法》第30条对"债务人财产"的界定,被债务人设定抵押、留置、出质的担保财产,也属于"债务人财产"或"破产财产";第二,根据《企业破产法》对债权的界定,破产宣告后,"破产债权"中也包含有财产担保债权,但其权利行使应受制于《企业破产法》,尤其是其中有关债权人权利行使方面的限定。④

齐明亦认为,"债务人财产"变成"破产财产",绝非文字游戏,实质内涵差别甚大:第一,只有破产程序中出现破产宣告的裁定,"债务人财产"才能变成"破产财产";第二,"债务人财产"侧重描述破产中债务人自有资产的范围和价值,而"破产财产"则侧重归纳用于支付破产成本和用于分配给债权人的财产范围和价值;第三,在破产程序进行过程中,"债务人财产"和"破产财产"都

---

① 参见韩传华:《企业破产法解析》,人民法院出版社2007年版,第325—327页。
② 参见齐明:《中国破产法原理与适用》,法律出版社2017年版,第194页。
③ 参见王卫国:《破产法精义》(第2版),法律出版社2020年版,第337—339页。
④ 参见韩传华:《企业破产法解析》,人民法院出版社2007年版,第327—328页。

处于动态变化过程中,双方并不完全等同。①

另外,齐明亦指出,"人民法院受理破产申请时对债务人享有的债权称为破产债权"规定在这里显得有点突兀,因为《企业破产法》并不存在与"破产债权"对应的其他债权。②

【关联法律法规及司法政策】

《民法典》(2020)

第六十八条 有下列原因之一并依法完成清算、注销登记的,法人终止:

(一)法人解散;

(二)法人被宣告破产;

(三)法律规定的其他原因。

法人终止,法律、行政法规规定须经有关机关批准的,依照其规定。

第七十三条 法人被宣告破产的,依法进行破产清算并完成法人注销登记时,法人终止。

第四百一十一条 依据本法第三百九十六条规定设定抵押的,抵押财产自下列情形之一发生时确定:

(一)债务履行期限届满,债权未实现;

(二)抵押人被宣告破产或者解散;

(三)当事人约定的实现抵押权的情形;

(四)严重影响债权实现的其他情形。

第四百二十三条 有下列情形之一的,抵押权人的债权确定:

(一)约定的债权确定期间届满;

(二)没有约定债权确定期间或者约定不明确,抵押权人或者抵押人自最高额抵押权设立之日起满二年后请求确定债权;

(三)新的债权不可能发生;

(四)抵押权人知道或者应当知道抵押财产被查封、扣押;

(五)债务人、抵押人被宣告破产或者解散;

(六)法律规定债权确定的其他情形。

最高人民法院《全国法院破产审判工作会议纪要》(2018)

23.破产宣告的条件。人民法院受理破产清算申请后,第一次债权人会议上无人提出重整或和解申请的,管理人应当在债权审核确认和必要的审计、资产评估后,及时向人民法院提出宣告破产的申请。人民法院受理破产和解或重整申请后,债务人出现应当宣告破产的法定原因时,人民法院应当依法宣告债务人破产。

24.破产宣告的程序及转换限制。相关主体向人民法院提出宣告破产申请的,人民法院应当自收到申请之日起七日内作出破产宣告裁定并进行公告。债务人被宣告破产后,不得再转入重整程序或和解程序。

最高人民法院《全国法院民商事审判工作会议纪要》(2019)

117.【公司解散清算与破产清算的衔接】要依法区分公司解散清算与破产清算的不同功能和不同适用条件。债务人同时符合破产清算条件和强制清算条件的,应当及时适用破产清算程序实现对债权人利益的公平保护。债权人对符合破产清算条件的债务人提起公司强制清算申请,经人民法院释明,债权人仍然坚持申请对债务人强制清算的,人民法院应当裁定不予受理。

第一百零八条 破产宣告前,有下列情形之一的,人民法院应当裁定终结破产程序,并予以公告:

(一)第三人为债务人提供足额担保或者为债务人清偿全部到期债务的;

(二)债务人已清偿全部到期债务的。

【立法沿革】

《破产法》(1995年草案)

第一百二十九条 破产宣告前,有下列事由之一的,人民法院应当裁定终结破产程序,并予以公告:

(一)政府有关部门给予资助或者采取其他措施,帮助债务人清偿债务的;

(二)其他组织或者个人为债务人提供担保或者帮助债务人清偿债务的;

(三)债务人已经对全部到期债务进行清偿的。

《企业破产与重整法》(2000年6月草案)

第一百一十六条 破产宣告前,有下列事由之一的,人民法院应当裁定终结破产程序,并予以公告:

(一)政府有关部门给予资助或者采取其他措施,帮助债务人清偿债务的;

(二)其他组织或者个人为债务人提供担保或者帮助债务人清偿债务人的;

(三)债务人已经对全部到期债务予以清偿的。

第一百一十七条 合伙企业的财产不足以清

---

① 参见齐明:《中国破产法原理与适用》,法律出版社2017年版,第195页。
② 参见齐明:《中国破产法原理与适用》,法律出版社2017年版,第196页。

偿到期债务的,人民法院应当在宣告合伙企业破产的同时,宣告全体合伙人破产。但是,合伙人已经提供财产,足以清偿合伙企业的全部债务人的,人民法院在宣告合伙企业破产时,不宣告全体合伙人破产。

前款规定,准用于个人独资企业破产的情形。

《企业破产与重整法》(2000年12月草案)

第一百一十六条 破产宣告前,有下列事由之一的,人民法院应当裁定终结破产程序,并予以公告:

(一)第三人为债务人提供担保或者帮助债务人清偿债务的;

(二)债务人已经对全部到期债务予以清偿的。

第一百一十七条 合伙企业的财产不足以清偿到期债务的,人民法院应当在宣告合伙企业破产的同时,宣告全体合伙人破产。但是,合伙人已经提供财产,足以清偿合伙企业的全部债务人的,人民法院在宣告合伙企业破产时,不宣告全体合伙人破产。

前款规定,准用于个人独资企业破产的情形。

《企业破产与重整法》(2001年1月草案)

第七十一条 破产宣告前,第三人已代债务人清偿到期债务的或者债务人已经对全部到期债务予以清偿的。人民法院应当裁定终结破产程序,并予以公告。

第七十二条 合伙企业及其合伙人的财产不足以清偿到期债务的,人民法院应当在宣告合伙企业破产的同时,宣告全体合伙人破产。

合伙人死亡的,对其遗产适用破产清算程序。

人民法院宣告合伙破产时,准用本法第六十八条的规定。

第七十三条 个人独资企业及其出资人的财产不足以清偿债务的,人民法院应当宣告其破产。

《企业破产法》(2004年3月草案A版)

第一百一十四条 破产清算宣告前,有下列事由之一的,人民法院应当裁定终结破产程序,并予以公告:

(一)第三人为债务人提供担保或者帮助债务人清偿债务的;

(二)债务人已经对全部到期债务进行清偿的。

第一百一十五条 合伙企业及其合伙人的财产不足以清偿到期债务的,人民法院应当在宣告合伙企业破产清算的同时,宣告全体合伙人破产清算。

人民法院宣告合伙人破产清算时,准用本法第一百一十二条的规定。

第一百一十六条 个人独资企业及其出资人的财产不足以清偿债务的,人民法院应当宣告其破产清算。

《企业破产法》(2004年3月草案B版)

第一百一十三条 破产清算宣告前,有下列事由之一的,人民法院应当裁定终结破产程序,并予以公告:

(一)第三人为债务人提供担保或者帮助债务人清偿债务的;

(二)债务人已经对全部到期债务进行清偿的。

第一百一十四条 合伙企业及其合伙人的财产不足以清偿到期债务的,人民法院应当在宣告合伙企业破产清算的同时,宣告全体合伙人破产清算。

人民法院宣告合伙人破产清算时,准用本法第一百一十一条的规定。

第一百一十五条 个人独资企业及其出资人的财产不足以清偿债务的,人民法院应当宣告其破产清算。

《企业破产法》(2004年6月草案)

第一百一十五条 破产宣告前,有下列情形之一的,人民法院应当裁定终结破产程序,并予以公告:

(一)第三人为债务人提供担保或者帮助债务人清偿债务的;

(二)债务人已经对全部到期债务进行清偿的。

《企业破产法》(2004年10月草案)

第一百一十条 破产宣告前,有下列情形之一的,人民法院应当裁定终结破产程序,并予以公告:

(一)第三人为债务人提供足额担保或者帮助债务人清偿全部债务的;

(二)债务人已经对全部到期债务进行清偿的。

【条文释义】

本条规定的是法院裁定终结破产程序并予以公告的特殊事由,即第三人为债务人偿还债务提供足额担保,或者债务人已经清偿全部到期债务。

本条共分为2项:

(一)第三人为债务人提供足额担保或者为债务人清偿全部到期债务的

王欣新教授认为,这一规定是错误的,对债务人丧失清偿能力的认定,不能以其他对该债务负有清偿义务的第三方如连带责任人、保证人等代为清偿为条件,他人代为清偿或保证清偿,不应该视为债务人清偿能力的延伸;而且民事主体的独立资格不能混淆,每个独立民事主体的清偿能力之间不存在连带关系,无论是连带责任还是担保责任,都只能视为是连带责任人、担保人对债权人的责任,而不能视为债务人本人清偿能力的延伸或再生。①

(二)债务人已清偿全部到期债务的

准确理解本项规定,有助于廓清《企业破产法》中部分漏洞。韩传华即提出,"债务人已清偿全部到期债务"并不意味着债权人申报的所有债权都已受偿,比如未到期债权、附条件债权,"债务人已清偿全部到期债务"并不意味着未到期债权、附条件债权都能得到满足;另外,债务人在重整计划执行阶段或者和解协议执行阶段,如果"债务人已清偿全部到期债务",但未执行完重整计划或和解协议,则不能适用本条的规定,否则法院可能根据债务人不愿意或者不能执行重整计划与和解协议而终止相关程序并宣告债务人破产。②

第一百零九条 对破产人的特定财产享有担保权的权利人,对该特定财产享有优先受偿的权利。

【立法沿革】

《企业破产法(试行)》(1986)

第三十二条 破产宣告前成立的有财产担保的债权,债权人享有就该担保物优先受偿的权利。

有财产担保的债权,其数额超过担保物的价款的,未受清偿的部分,作为破产债权,依照破产程序受偿。

《民事诉讼法》(1991)

第二百零三条 已作为银行贷款等债权的抵押物或者其他担保物的财产,银行和其他债权人享有就该抵押物或者其他担保物优先受偿的权利。抵押物或者其他担保物的价款超过其所担保的债务数额的,超过部分属于破产还债的财产。

《破产法》(1995年草案)

第一百五十六条 对破产人的财产或者权利享有抵押权、质权和留置权的人为别除权人。

别除权人享有就别除权标的物优先受偿的权利。

第一百五十一条 别除权人行使其权利不受破产清算程序的约束。

有别除权的债权人行使别除权,而未能完全受偿的,就其未受偿债权部分,依照破产程序行使其权利。

第一百五十二条 破产清算人可以通过清偿债务或者提供其他相当的担保,收回别除权标的物。

前款规定的债务人清偿,在别除权标的物的价值低于被担保的债权额时,以标的物在当时的市场价值为限。

《企业破产与重整法》(2000年6月草案)

第一百二十七条 非金钱债权和以外币表示的债权,以破产宣告时的债权评价额作为破产债权额。

前款规定的债权评价额的计算标准,准用本法第四十四条第二款的规定。

第一百二十八条 连带债务人一人或者数人受破产宣告的,债权人可以其在破产宣告时的债权全额作为破产债权,对各破产人行使权利。

第一百二十九条 连带债务人一人或者数人受破产宣告的,其他连带债务人已经代替破产人清偿债务的,可以其求偿权作为破产债权行使权利。

连带债务人一人或者数人受破产宣告的,其他连带债务人可以其代替破产人清偿债务人的将来求偿权,作为破产债权行使权利。但是,债权人已就其债权全额行使权利的,不在此限。

第一百三十条 本法第一百二十九条的规定准用于破产人的保证人。

第一百三十一条 合伙人依照本法规定被宣告破产的,各合伙人应当分别清算。

合伙人的债权人与合伙企业的债权人,在各合伙人的破产清算程序中,地位平等。

合伙企业的债权人可以就合伙企业的破产财产不足清偿其破产债权的部分,依照本法第一百二十八条的规定,在各合伙人的破产清算程序中行使权利。但是,其行使权利所得分配总额,不得超过其应受清偿的债权额。

第一百三十二条 对破产人未履行的双边合同,破产清算人有权决定解除或者继续履行。

未履行的合同的对方当事人,可以给破产清算人确定一定期限,催告其在此期限内作出解除或者继续履行合同的决定。破产清算人逾期不答复的,视为解除合同。

---

① 参见王欣新:《破产原因理论与实务研究》,载《天津法学》2010年第1期,第2页。
② 参见韩传华:《企业破产法解析》,人民法院出版社2007年版,第331页。

破产清算人决定继续履行合同,而对方当事人要求其在约定期间或者合理期间不提供担保的,视为解除合同。

依前四款规定解除合同时,对方当事人请求损害赔偿的权利作为破产债权。

第一百三十三条 委托合同因破产宣告而终止。但是,受委托人未接到破产宣告通知、且不知有破产宣告的事实,继续处理委托事务,由此发生的债权作为破产债权。

第一百三十四条 债权人在破产宣告前对破产人负有债务的,不论该债务人的给付种类是否相同,可以在破产分配方案公告前向破产清算人主张抵销。

第一百三十五条 有下列情形之一的,不适用本法第一百三十四条规定的抵销:

（一）破产债权人在破产宣告后对破产人负有债务的;

（二）破产人的债务人在破产宣告后取得他人破产债权的;

（三）破产债权人已知破产人有停止支付或者破产申请的事实,对破产人负担债务的;但是,债权人因为法律规定或者有破产申请一年前所发生的原因而负担债务的,不在此限。

（四）破产人的债务人已知破产人有停止支付或者破产申请的事实,对破产人取得债权的;但是,债务人因为法律规定或者有破产申请一年前所发生的原因而取得债权的,不在此限。

第一百三十六条 对破产人的财产或者权利享有抵押权、质押权和留置权的人为别除权人。

别除权人享有就别除权标的物优先受偿的权利。

《企业破产与重整法》（2000年12月草案）

第一百三十一条 对破产人的财产或者权利享有抵押权、质权和留置权的人为别除权人。

别除权人享有就别除权标的物优先受偿的权利。

《企业破产与重整法》（2001年1月草案）

第六十二条 对债务人的财产或者权利享有的抵押权、质权和留置权为别除权,该权利人为别除权人。

别除权人享有就别除权标的物优先受偿的权利。

第六十三条 别除权人行使其权利不受破产清算程序和和解程序的约束。

别除权人行使别除权而未能完全受偿的,就其未受偿债权部分,依照破产清算程序或和解程序行使其权利。

在破产清算中,别除权人放弃优先受偿权利的,依破产清算程序和和解程序行使其权利。但破产人以其财产为第三人提供物权担保的除外。

第六十四条 管理人可以通过清偿债务或者提供为债权人接受的担保,收回别除权标的物。

前款规定的债务清偿或者替代担保,在别除权标的物的价值低于被担保的债权额时,以标的物在当时的市场价值为限。

《企业破产法》（2004年3月草案A版）

第一百一十九条 对破产人的财产或者权利享有的抵押权、质权和留置权等担保物权为别除权,该权利人为别除权人。

别除权人享有就别除权标的物优先受偿的权利。

第一百二十条 别除权人行使其权利不受破产清算程序和和解程序的约束。

别除权人行使别除权而未能完全受偿的,就其未受偿债权部分,依照破产清算程序或和解程序行使其权利。

在破产清算中,别除权人放弃优先受偿权利的,依破产清算程序或和解程序行使其权利。但破产人以其财产为第三人提供物权担保的除外。

第一百二十一条 管理人可以通过清偿债务或者提供为债权人接受的担保,收回别除权标的物。

前款规定的债务清偿或者替代担保,在别除权标的物的价值低于被担保的债权额时,以标的物在当时的市场价值为限。

《企业破产法》（2004年3月草案B版）

第一百一十八条 对破产人的财产或者权利享有的抵押权、质权和留置权等担保物权为别除权,该权利人为别除权人。

别除权人享有就别除权标的物优先受偿的权利。

第一百一十九条 别除权人行使其权利不受破产清算程序和和解程序的约束。

别除权人行使别除权而未能完全受偿的,就其未受偿债权部分,依照破产清算程序或和解程序行使其权利。

在破产清算中,别除权人放弃优先受偿权利的,依破产清算程序或和解程序行使其权利。但破产人以其财产为第三人提供物权担保的除外。

第一百二十条 管理人可以通过清偿债务或者提供为债权人接受的担保,收回别除权标的物。

前款规定的债务清偿或者替代担保,在别除权标的物的价值低于被担保的债权额时,以标的物在当时的市场价值为限。

《企业破产法》(2004年6月草案)

第一百二十一条 对破产人的财产或者财产权利享有的抵押权、质权和留置权为别除权,该权利人为别除权人。

别除权人享有就别除权标的物优先受偿的权利。

《企业破产法》(2004年10月草案)

第一百一十一条 不属于破产人的财产,该财产的所有权人和其他物权人可以通过管理人取回。

第一百一十二条 出卖人已将买卖标的物发运,买受人尚未收到亦未付清全价而受破产宣告的,出卖人可以取回在运送途中的标的物。但是,管理人可以全额支付价金,请求出卖人交付标的物。

前款规定不影响适用本法第一百二十条的规定。

第一百一十三条 对破产人的特定财产享有抵押权、质权、留置权或者法律规定的优先权的权利人,对该特定财产享有优先受偿的权利。

有本法第一百二十七条第二款规定情形的,前款规定的优先受偿权在第一百二十七条第二款规定的清偿要求之后受偿。

第一百一十六条 在人民法院受理破产案件前成立的对债务人享有的债权,为破产债权。

第一百一十七条 连带债务人一人或者数人受破产宣告的,债权人可以其在破产宣告时的债权全额对各破产人行使权利。

第一百一十八条 连带债务人一人或者数人受破产宣告的,其他连带债务人已经代替破产人清偿债务人的,可以以其求偿权作为破产债权行使权利。

连带债务人一人或数人受破产宣告的,其他连带债务人可以以其代替破产人清偿债务人的将来求偿权,作为破产债权行使权利。但债权人已就其债权全额行使权利的除外。

第一百一十九条 本法第一百一十八条的规定适用于破产人的保证人。

第一百二十条 对破产人未履行的双务合同,管理人有权决定解除或者继续履行。

未履行合同的对方当事人,可以给管理人确定一定期限,催告其在此期限内作出解除或者继续履行合同的决定。管理人逾期不答复的,视为解除合同。

管理人解除合同,对方当事人已给付定金的,以定金金额为限的返还请求权作为破产债权。

依前四款规定解除合同时,对方当事人请求损害赔偿的权利作为破产债权。

第一百二十一条 委托合同因破产宣告而终止。但是,受托人未接到破产宣告通知、且不知道有破产宣告的事实,继续处理委托事务的,由此产生的债权作为破产债权。

第一百二十二条 票据出票人被宣告破产,而付款人或承兑人不知其事实而付款或承兑人不知其事实而付款或承兑,因此所产生的债权未破产债权,付款人或承兑人为债权人。

第一百二十三条 债权人在破产案件受理前对破产人负有债务的,可以在破产财产分配方案公告前向管理人主张抵销。

第一百二十四条 有下列情形之一的,不适用本法第一百二十三条规定的抵销:

(一)破产债权人在破产案件受理后对破产人负有债务的;

(二)破产人的债务人在破产案件受理后取得他人破产债权的;

(三)破产债权人已知破产人有不能支付到期债务或者破产申请的事实,对破产人负担债务的;但是,债权人因为法律规定或者有破产申请一年前所发生的原因而负担债务的除外;

(四)破产人的债务人已知破产人有不能支付到期债务或者破产申请的事实,对破产人取得债权的;但是,债务人因为法律规定或者有破产申请一年前所发生的原因而取得债权的除外。

【条文释义】

本条规定的是破产清算程序中担保债权的优先受偿权。

按照蒋黔贵等的解读,担保债权的优先受偿权,意味着担保财产被拍卖、出售后的价款,应该优先用于清偿享有担保债权的债权人的债务;只有这部分债权人得到全额满足后,剩余部分才能用于清偿其他后顺位债权人。[①]

对于本条规定在《企业破产法》中的更合适的位置,韩传华认为,鉴于担保债权的优先受偿与破产宣告并无实质性关系,将之放在"变价与分配"中或许更为合适。[②] 我们同意这种观点。担保债权优先受偿与否,在破产法中更多是一个分配问题,也是一个涉及担保权人期待利益的问题。

蒋黔贵等特别提及担保撤销问题。如果在法

---

① 参见蒋黔贵主编:《中华人民共和国企业破产法释义》,中国市场出版社2006年版,第240页。
② 参见韩传华:《企业破产法解析》,人民法院出版社2007年版,第329页。

院受理债务人破产后1年内设定的担保债权,被按照《企业破产法》有关撤销权的规定撤销,那么相关担保主体不再享有优先受偿权。①

【关联法律法规及司法政策】

最高人民法院《全国法院破产审判工作会议纪要》(2018)

25.担保权人权利的行使与限制。在破产清算和破产和解程序中,对债务人特定财产享有担保权的债权人可以随时向管理人主张就该特定财产变价处置行使优先受偿权,管理人应及时变价处置,不得以须经债权人会议决议等为由拒绝。但因单独处置担保财产会降低其他破产财产的价值而应整体处置的除外。

【裁判要旨】

案例1

郑州银行股份有限公司与商丘市第二建筑安装工程公司抵押合同纠纷案

法院:河南省高级人民法院

案号:(2014)豫法民一终字第2号

事实:1995年7月7日和1995年7月24日,河南省商丘地区第二建筑安装工程公司分别向郑州会丰城市信用社贷款300万元和20万元,约定以自己的土地使用权作为抵押,该土地使用权证号为郑土权字第00657号。后河南省商丘地区第二建筑安装工程公司依法变更为商丘市第二建筑安装工程公司(以下简称商丘二建公司),1995年,郑州会丰城市信用社与郑州市其他信用社组建郑州城市合作商业银行,后郑州城市合作商业银行依法变更为郑州商业银行股份有限公司,后又变更为郑州银行股份有限公司(以下简称郑州银行)。

2006年4月30日,商丘二建公司依法进入破产还债程序。郑州银行向商丘二建公司破产管理人申报了破产债权,于2013年7月18日向商丘二建公司破产管理人申请对抵押物优先受偿,商丘二建公司破产管理人于2013年8月16日回复不予确认。

郑州银行于2013年9月6日向河南省商丘市中级人民法院提起诉讼,请求依法认定1995年商丘二建公司向郑州银行提供的土地使用权抵押担保合法有效,郑州银行对该抵押物依法享有优先受偿权。商丘市中级人民法院作出判决:郑州银行对商丘二建公司所有的郑土权字第00657号国有土地使用权享有优先受偿权。商丘二建公司不服,提起上诉,请求二审法院撤销原审判决,驳回郑州银行的诉讼请求。

裁判要旨:担保债权人依法行使权利申报债权并参加债权人会议,虽然当时没有声明对抵押物的优先受偿权,但不能据此认为担保债权人放弃对抵押物优先受偿的权利。依据《企业破产法》第56条的规定,在破产财产分配前,担保债权人可以补充申报,所以不能认定其放弃抵押权及优先受偿权。

裁判理由:根据河南省高级人民法院归纳,本案二审焦点为郑州银行向商丘二建公司主张抵押权能否成立。

河南省高级人民法院经审理查明:郑州银行于1996年7月22日向郑州市中级人民法院(以下简称郑州中院)提起诉讼,请求:商丘二建公司偿还所欠贷款本金320万元及利息、罚息共708026.40元。双方于1996年8月9日在法院的主持下达成调解。该调解书查明的事实载明:商丘二建公司将其郑土权字第00657号土地使用权抵押给郑州银行。因商丘二建公司未履行生效法律文书确定的义务,郑州银行于1997年1月16日申请法院强制执行。2002年3月22日郑州中院对商丘二建公司抵押的土地予以查封。2003年2月19日,商丘二建公司向郑州中院提交一份还贷保证,载明:经郑州市商业银行同意,原抵押的土地暂不再拍卖,我单位保证偿还50万元,由职工集资建家属宿舍,合法施工,但必须先支付10万元,余款于2月月底结清,否则视为违约。

河南省高级人民法院经审理查明认为:郑州银行与商丘二建公司之间的抵押担保合同合法有效。根据《担保法》第52条的规定"抵押权与其担保的债权同时存在,债权消灭,抵押权也消灭"。郑州银行1996年在诉讼时效期间内起诉要求商丘二建公司偿还本金及利息,主张其债权,双方在法院主持下达成调解。因商丘二建公司未履行生效法律文书确定的义务,郑州银行向法院申请执行,法院查封了涉案的土地,郑州银行的主债权一直在执行过程中,2003年商丘二建公司出具还贷保证书,且依照该保证书支付了部分款项,但主债权至今未得以全部清偿,执行并未终结,不存在主债权诉讼时效重新起算并届满的情形,郑州银行在本案主张抵押权并未超过法定的期限。商丘二建公司上诉称郑州银行主张担保权已经超过诉讼时效的理由不能成立,本院不予支持。原审判决认定本案不存在诉讼时效起算的问题并无不当,本院予以维持。

---

① 参见蒋黔贵主编:《中华人民共和国企业破产法释义》,中国市场出版社2006年版,第240页。

在商丘二建公司进入破产后,郑州银行依法行使权利申报债权,虽然当时没有声明对抵押物的优先受偿权,也并未参加债权人会议,但不能据此认为郑州银行放弃了对抵押物优先受偿的权利,且依据《企业破产法》第 56 条的规定,在破产财产分配前,郑州银行进行了补充申报,所以不能认定郑州银行放弃抵押权及优先受偿权。依据《企业破产法》109 条的规定"对破产人的特定财产享有担保权的权利人,对该特定财产享有优先受偿的权利",原审认定郑州银行对商丘二建公司抵押物享有优先受偿权并无不当。

综上,原审认定事实清楚,适用法律正确,处理结果妥当,应予以维持。商丘二建公司的上诉理由不能成立,应予以驳回。2014 年 2 月 13 日,河南省高级人民法院作出判决:驳回上诉,维持原判。

案例 2

陕西安业房地产投资咨询有限公司与陕西省内燃机配件二厂破产清算组破产债权确认纠纷案

法院:陕西省高级人民法院

案号:(2015)陕民三终字第 00054 号

事实:上诉人陕西安业房地产投资咨询有限公司(以下简称安业公司)与被上诉人陕西省内燃机配件二厂(以下简称内二配)破产清算组破产债权确认纠纷一案,咸阳中院于 2015 年 6 月 29 日作出的(2015)咸中民初字第 00018 号民事判决。安业公司对该判决不服,向陕西省高级人民法院提出上诉。

1999 年 10 月 10 日,工行咸阳分行与内二配签订《人民币短期借款合同》,约定工行咸阳分行向内二配借款 107.3 万元用于购买原材料。双方于同日签订《抵押合同》,约定内二配以其机器设备对该贷款本息进行担保,并办理《企业抵押物登记证》后附《抵押物清单》。内二配至今未能偿还该债务。2005 年 9 月 26 日,中国工商银行陕西省分行将工行咸阳分行享有的内二配的上述债权转让给中国长城资产管理公司西安办事处。2006 年 3 月 23 日,咸阳市拍卖行受内二配委托将该厂 70 台机器设备以 33 万元的成交价拍卖。2013 年 1 月 7 日,中国长城资产管理公司西安办事处又将该债权本息合计 237.09 万元转让给原告安业公司。

2014 年 9 月 1 日,咸阳市中级人民法院作出(2014)咸中民破字第 00001-5 号《民事裁定书》,裁定受理内二配破产清算一案。2014 年 9 月 30 日,原告向被告提交《债权申报书》及相关证明材料,申报债权并要求优先受偿。被告以内二配清算字(2014)015 号文件发函,将原告债权本息确认为 2370889.1 元,对该数额,原告认可。但该文函中将原告债权列为普通债权,对此原告不予认可,以认定损害其合法权益为由起诉。

原审法院判决驳回原告安业公司诉讼请求。一审宣判后,安业公司不服,向陕西省高级人民法院提出上诉。

裁判要旨:只有在破产人的特定财产存在的前提下,担保权利人才能对该特定财产享有优先受偿的权利。在破产申请受理之前,如果该抵押物已被债务人处置且所得款已作他用,那么债权人请求其担保债权在破产财产中优先受偿的前提条件不存在。在债务人对抵押物进行不当处置的情况下,债务人即使承担赔偿责任,该债权也应是破产债权,并不能优先受偿。

裁判理由:陕西省高级人民法院认为,本案的焦点问题是上诉人安业公司请求的 237 万元债权是否享有优先受偿的权利。本案中,上诉人对破产人内二配享有的 237 万元债权是经合法转让取得的,该项债权的债务人即内二配以其自有的 23 件设备提供抵押担保,依据相关法律规定,该项债权受让人对抵押担保合同所涉抵押物享有抵押权。但因债务人已申请破产,原审法院于 2014 年 9 月 1 日作出(2014)咸中民破字第 00001-1 号民事裁定书受理破产申请,并于 2014 年 12 月 26 日作出(2014)咸中民破字第 00001-5 号裁定宣告其破产。根据《企业破产法》第 109 条之规定,只有破产人的特定财产存在的前提下,担保权利人才能对该特定财产享有优先受偿的权利。但经庭审,在破产申请受理之时,原告安业公司所持《抵押物清单》上的抵押物并未在内二配提交的债务人财产中包含。该抵押物已被债务人于 2006 年拍卖,且所得款已作他用,现已不复存在。据此,债权人请求其 237 万元债权在破产财产中优先受偿的前提条件不存在。另,依据《关于审理企业破产案件若干问题的规定》第 55 条第 1 款之规定,因本案抵押物灭失是源于破产受理前,债务人对抵押物的不当处置所致,债务人即使承担赔偿责任而产生的债权也应是破产债权,并不能优先受偿。

综上,陕西省高级人民法院于 2015 年 10 月 14 日作出判决,认定原审判决认定事实清楚,判处适当,上诉人的上诉理由不能成立。判决驳回上诉,维持原审判决。

案例 3

贵州南方汇通世华微硬盘有限公司与日立电梯(中国)有限公司别除权纠纷案

法院:贵州省高级人民法院

案号:(2015)黔高民商终字第 136 号

事实:上诉人贵州南方汇通世华微硬盘有限公司(以下简称汇通世华公司)因与被上诉人日立电梯(中国)有限公司(以下简称日立公司)别除权纠纷一案,不服贵阳市中级人民法院作出的(2015)筑民二(商)初字第 47 号民事判决,向贵州省高级人民法院提起上诉。

2004 年年初,汇通世华公司与日立公司曾签署《电梯供货、运输、安装及调试合同》。其中第 9 条约定,标的物所有权自货到工地时起转移,但买卖人未履行支付价款义务的,标的物属于出卖人所有。

2004 年 1 月 7 日,汇通世华公司与贵阳银行股份有限公司南明支行(以下简称商行南明支行)签订抵押合同,双方约定上诉人向商行南明支行借款 5000 万元,并将贵州数码创业投资有限公司的土地使用权、机器设备以及超洁净系统和机电系统、园区内一期在建工程,抵押给商行南明支行。抵押的机器设备中包含汇通世华公司向日立公司购买的八部电梯。

日立公司诉汇通世华公司电梯买卖合同纠纷一案,经由贵阳市中级人民法院审理作出(2006)筑民二初字第 159 号《民事调解书》,确认被告应于 2007 年 4 月 30 日前支付原告欠款共计 661225.25 元。该调解书确认,在被告未向原告清偿上述欠款前,涉渉电梯的所有权系原告所有。即原告对被告享有的债权系有担保的债权(该担保是物权形式之担保)。2009 年 6 月 29 日,商行南明支行将对上诉人的 5000 万元债权,转让给贵阳市工业投资(集团)有限公司(以下简称工投公司)。

2012 年 9 月 20 日,汇通世华公司因资不抵债,向贵阳市中级人民法院提出破产申请。日立公司已在指定期限内申报债权并提供相关证据材料。2012 年 9 月 24 日,贵阳市南明区人民法院作出(2011)南民商初字第 268 号民事判决书,认定工投公司对提供的抵押物享有优先受偿权。2014 年 12 月 10 日,汇通世华公司管理人向第二次债权人会议正式提交《关于认定日立电梯(中国)有限公司为有担保债权的议案》,但该项议案因个别债权人提出异议,未能获得通过。

日立公司向一审法院提出确认之诉。一审判决确认原告申报的 661225.25 元债权为有担保债权。汇通世华公司不服原判,提起上诉。

裁判要旨:在债权人与案外人均对担保物享有合法担保债权的情形下,破产程序中只需要确认担保债权人申报的债权是否为有担保债权,案外人是否对案涉财产享有抵押权不影响案件审理。破产财产的分配应根据债权人会议通过的破产财产分配方案予以解决,案外人上诉要求本案确认案涉财产上设定的抵押权受偿的比例和顺序,没有法律依据。

裁判理由:贵州省高级人民法院认为,本案二审争议的焦点为:案外人对案涉电梯享有抵押权是否影响本案的审理,本案是否应明确案涉电梯上设定的两个抵押权的受偿的比例和顺序问题。根据《担保法》第 54 条的规定,同一财产可以设定两个以上的抵押权。本案为确认之诉,即确认原告日立公司申报的债权是否为有担保债权,案外人是否对案涉财产电梯享有抵押权不影响本案的审理。

另,根据《企业破产法》第 61 条的规定,破产人债权人会议行使通过破产财产的变价方案、破产财产的分配方案等职责。破产财产的分配应根据债权人会议通过的破产财产分配方案予以解决,汇通世华公司上诉要求本案确认案涉电梯上设定的抵押权受偿的比例和顺序,没有法律依据,不予支持。

综上,汇通世华公司的上诉理由不能成立。一审判决根据现有证据认定事实清楚,适用法律正确,审判程序合法,应予维持。2015 年 12 月 30 日,贵州省高级人民法院判决:驳回上诉,维持原判。

第一百一十条 享有本法第一百零九条规定权利的债权人行使优先受偿权利未能完全受偿的,其未受偿的债权作为普通债权;放弃优先受偿权利的,其债权作为普通债权。

【立法沿革】

《企业破产法(试行)》(1986)

第三十二条 破产宣告前成立的有财产担保的债权,债权人享有就该担保物优先受偿的权利。

有财产担保的债权,其数额超过担保物的价款的,未受清偿的部分,作为破产债权,依照破产程序受偿。

《企业破产与重整法》(2000 年 6 月草案)

第一百三十七条 别除权人行使其权利不受破产清算程序的约束。

有别除权的债权人行使别除权,而未能完全受偿的,就其未受偿债权的部分,依照破产清算程序行使其权利。

有别除权的债权人放弃优先受偿权利的,依破产清算程序行使其权利。

第一百三十八条 破产清算人可以通过清偿

债务或者提供其他相当的担保,收回别除权标的物。

前款规定的债务清偿,在别除权标的物的价值低于被担保债权额时,以标的物在当时的市场价值为限。

《企业破产与重整法》(2000 年 12 月草案)

第一百三十二条　别除权人行使其权利不受破产清算程序和和解程序的约束。

别除权人行使别除权,而未能完全受偿的,就其未受偿债权部分,作为普通债权行使其权利。

别除权人放弃优先受偿权利的,作为普通债权行使其权利。

第一百三十三条　管理人可以通过清偿债务或者提供相应的担保,收回别除权标的物。

前款规定的债务清偿或者替代担保,在别除权标的物的价值低于被担保的债权额时,以标的物在当时的市场价值为限。

《企业破产法》(2004 年 6 月草案)

第一百二十二条　别除权人行使别除权而未能完全受偿的,就其未受偿债权部分,依照破产清算程序行使其权利。

别除权人放弃优先受偿权利的,依破产清算程序行使其权利。但破产人以其财产为第三人提供物权担保的除外。

第一百二十三条　管理人可以通过清偿债务或者提供为债权人接受的担保,收回别除权标的物。

前款规定的债务清偿或者替代担保,在别除权标的物的价值为限。

《企业破产法》(2004 年 10 月草案)

第一百一十四条　本法第一百一十三条规定的权利人行使优先受偿权利仍未能完全受偿的,就其未受偿债权部分,依照破产清算程序行使其权利。

前款规定的权利人放弃优先受偿权利的,依破产清算程序行使其权利。但破产人以其财产为第三人提供担保的除外。

第一百一十五条　管理人可以通过清偿债务或者提供为债权人接受的担保,收回质物或者留置物。

前款规定的债务清偿或者替代担保,在质物或者留置物的价值低于被担保债权额时,以其在当时的市场价值为限。

【条文释义】

本条规定的是担保债权在破产清算中的行使和放弃问题。

本条规定中的关键词之一,是"普通债权"。韩传华认为,这里用"普通债权",由于缺乏清晰界定,既可能是指《企业破产法》第 82 条第 4 项规定的"普通债权",也可能是指《企业破产法》第 113 条第 3 项规定的"普通破产债权"。尤其在债务人以财产为税收债权设定抵押时,究竟适用《企业破产法》第 113 条第 2 项还是第 3 项,就成为问题。因此,韩传华建议应该用"无优先权的债权"来代替本条中的"普通债权"。[①]

本条共分 2 层含义：

第 1 层："享有本法第一百零九条规定权利的债权人行使优先受偿权利未能完全受偿的,其未受偿的债权作为普通债权。"

本层确认,担保债权人如果通过行使优先权,仍然未完全满足其债权,那么通过优先债权之外未受偿的债权,可以在破产清算程序中作为普通债权,继续受到清偿。在这个时候,其受偿的比例和额度,应该与其他债权人一致。

第 2 层："放弃优先受偿权利的,其债权作为普通债权。"

本层确认,担保债权人自愿放弃优先受偿权的,其受偿权并未自动灭失,而是在破产清算中作为普通债权清偿。

蒋黔贵等特别指出,放弃优先受偿权并不意味着自动放弃债权,此时债权依然存在,只是此时原来的优先债权按照本层规定,变为普通债权,与其他普通债权一道清偿。[②]

【关联法律法规及司法政策】

最高人民法院《破产审判工作会议纪要》(2018)

31. 保证人的清偿责任和求偿权的限制。破产程序终结前,已向债权人承担了保证责任的保证人,可以要求债务人向其转付已申报债权的债权人在破产程序中应得清偿部分。破产程序终结后,债权人就破产程序中未受清偿部分要求保证人承担保证责任的,应在破产程序终结后六个月内提出。保证人承担保证责任后,不得再向和解或重整后的债务人行使求偿权。

最高人民法院《关于适用〈中华人民共和国企业破产法〉若干问题的规定(三)》(2020)

第四条　保证人被裁定进入破产程序的,债

---

① 韩传华:《企业破产法解析》,人民法院出版社 2007 年版,第 330—331 页。
② 参见蒋黔贵主编:《中华人民共和国企业破产法释义》,中国市场出版社 2006 年版,第 241 页。

权人有权申报其对保证人的保证债权。

主债务未到期的，保证债权在保证人破产申请受理时视为到期。一般保证的保证人主张行使先诉抗辩权的，人民法院不予支持，但债权人在一般保证人破产程序中的分配额应予提存，待一般保证人应承担的保证责任确定后再按照破产清偿比例予以分配。

保证人被确定应当承担保证责任的，保证人的管理人可以就保证人实际承担的清偿额向主债务人或其他债务人行使求偿权。

第五条 债务人、保证人均被裁定进入破产程序的，债权人有权向债务人、保证人分别申报债权。

债权人向债务人、保证人均申报全部债权的，从一方破产程序中获得清偿后，其对另一方的债权额不作调整，但债权人的受偿额不得超出其债权总额。保证人履行保证责任后不再享有求偿权。

【裁判要旨】
案例
甘肃一品弘生物科技股份有限公司管理人与兰州市安宁区乾金达小额贷款有限责任公司、李琪等借款合同纠纷案

法院：甘肃省高级人民法院

案号：（2017）甘民再39号

事实：再审申请人甘肃一品弘生物科技股份有限公司（以下简称一品弘公司）管理人因与被申请人兰州市安宁区乾金达小额贷款有限责任公司（以下简称乾金达公司）、原审被告李琪、永昌县东方水电开发有限公司（以下简称东方水电公司）、杨清、仇学明、刘忠、艾旭军、申光华、罗国平借款合同纠纷一案，不服兰州市中级人民法院（2015）兰民二初字第118号民事判决，向甘肃省高级人民法院申请再审。

2014年4月28日，乾金达公司与李琪签订《人民币借款合同》，主要约定乾金达公司为李琪提供借款800万元。该合同第15条第2款规定，因贷款人的违约行为而发生诉讼的，借款人为该项诉讼支付的律师费应由贷款人承担。乾金达公司与李琪、东方水电公司及一品弘公司签订《担保合同》，约定东方水电公司和一品弘公司为本项目贷款提供无限连带责任保证担保，由出质人一品弘公司以其合法拥有的生产原材料和生产的半成品及产品为本合同项下贷款作质押担保等。以上合同签订后，乾金达公司于2014年4月28日向李琪指定的四个账户汇款各200万元，共计800万元。后因李琪未向乾金达公司归还本金及利息，酿成纠纷。乾金达公司诉至法院。

一审法院判决如下：（1）被告李琪在本判决生效后立即向原告乾金达公司偿还借款本金800万元、承担利息174.4万元（截至2015年3月20日，按同期贷款利率4倍计算）及至实际付清之日的全部利息（按同期贷款利率4倍计算），并承担律师代理费14万元；（2）原告乾金达公司对被告一品弘公司管理人所有的生产原材料和生产的半成品及产品享有质押权，并有权以该质押物拍卖、变卖、折价所得价款优先受偿；（3）被告东方水电公司、一品弘公司管理人、杨清对（1）项债务承担连带清偿责任……

2015年4月13日，甘肃省金昌市中级人民法院裁定受理一品弘公司重整案件。金昌市中级人民法院于2015年7月28日作出（2015）金中民破字第1-2号民事裁定书，裁定确认乾金达公司无争议债权为9904000元（其中：本金800万元，利息1904000元），为无财产担保债权。金昌市中级人民法院于2016年12月9日裁定宣告一品弘公司破产。

一品弘公司管理人提出再审请求：撤销原审判决第（2）、（3）项，依法改判一品弘公司不承担清偿责任。

裁判要旨：对破产企业享有的任何债权都必须经申报才可能受偿，作为优先受偿的别除权亦应申报，否则要承担不利的法律后果。担保债权人在破产重整期间申报债权时，将其原享有质权的债权未按照有担保物权的债权进行申报的，视为其放弃优先受偿权，其债权只能作为普通债权受偿。

裁判理由：甘肃省高级人民法院再审认为，本案的争议焦点是：原审判处乾金达公司对一品弘公司管理人所有的生产原材料、生产的半成品及产品享有质押权，并有权以该质押物拍卖、变卖、折价所得价款优先受偿是否正确，是否超出诉讼请求；乾金达公司将本案债权以普通债权向一品弘公司管理人申报债权，是否视为其放弃了担保物权优先受偿权。

关于原审判处乾金达公司对一品弘公司管理人所有的生产原材料、生产的半成品及产品享有质押权，并有权以该质押物拍卖、变卖、折价所得价款优先受偿是否正确，是否超出诉讼请求的问题。

乾金达公司与东方水电公司、一品弘公司签订的《担保合同》第3条约定："东方水电公司、一品弘公司为本项目贷款提供无限连带责任保证担保；由一品弘公司以其合法拥有的生产原材料和生产的半成品及产品为本合同项下贷款作质押担保(详见商品融资质押监管协议)",后乾金达公司、一品弘公司、甘肃省邮政速递物流有限公司签订《商品融资质押监管协议》,将动产质押物交于第三方甘肃省邮政速递物流有限公司存储监管,2014年4月25日甘肃省邮政速递物流有限公司出具的质押监管项目审批通知及质物盘点清单,载明了质权人、出质人、监管人以及货物名称、数量,当天盘点实际出质的动产质押物是110吨亚麻油,单价12万元/吨,合计货物价值1320万元。2015年3月12日,以李琪、一品弘公司为甲方,乾金达公司及案外其他六位债权人为乙方,签订《协议书》,主要约定甲方将半成品亚麻油及亚麻油生产原材料质押给乙方,再审中,乾金达公司确认该协议书所约定的与其有关的质押物仍是原来已出质的110吨亚麻油,只是将质押物交由案外其他六位债权人之一的何玉军管理。根据《物权法》第212条的规定,质权自出质人交付质押财产时设立。故乾金达公司与一品弘公司之间实际设立并生效的质权效力范围为已交付第三方存储监管的110吨亚麻油,并非一品弘公司所有的生产原材料、生产的半成品及产品,而且乾金达公司的一审诉讼请求也仅限于对一品弘公司所有的约110吨亚麻油享有质权并优先受偿,故原审判处乾金达公司对一品弘公司管理人所有的生产原料、生产半成品及产品享有质押权并优先受偿,属认定事实错误,亦超出当事人诉讼请求。

关于乾金达公司将本案债权以普通债权向一品弘公司管理人申报,是否视为其放弃了担保物权优先受偿权的问题。

2015年4月13日金昌市中级人民法院作出(2015)金中民破字第1-1号民事裁定书,裁定受理一品弘公司的重整申请。根据《企业破产法》第109条的规定,有财产担保的债权,优先于普通债权就担保标的物受偿,不依破产财产分配程序受偿,故又称为别除权。本案乾金达公司对一品弘公司所有的约110吨亚麻油享有质权,有优先受偿的权利,但在申报债权期间,乾金达公司将本案债权申报为无财产担保的债权,并经债权人会议表决通过,且金昌市中级人民法院于2015年7月28日作出的(2015)金中民破字第1-2号民事裁定书已经确认乾金达公司的该债权为无财产担保的债权。根据《企业破产法》第44、48、49条及第110条,对破产企业享有的任何债权都必须经申报才可能受偿,作为优先受偿的别除权亦应申报,否则要承担不利的法律后果。因此,乾金达公司在一品弘公司破产重整期间申报债权时将其原享有质权的债权未按照有担保物权的债权进行申报,视为其放弃了优先受偿权,其债权只能作为普通债权进行受偿,乾金达公司再审抗辩民事诉讼在前,破产案件在后,故未申报优先受偿权的理由并不影响其已放弃优先受偿权的事实认定,故该理由不能成立,不予采纳。综上,原审判处乾金达公司对一品弘公司管理人所有的生产原材料、生产的半成品及产品享有质押权,并有权优先受偿属认定事实错误,且违反法律规定,一品弘公司管理人主张乾金达公司放弃优先受偿权的理由成立。

此外,在质权人乾金达公司放弃质押物优先受偿权的情形下,是否影响其他担保人的担保责任。再审认为,根据《物权法》第218条的规定,由于本案担保物权是第三人一品弘公司以自己的财产出质,并非债务人李琪以自己的财产出质,故质权人乾金达公司放弃该质权,东方水电公司作为其他担保人并不在质权人丧失优先受偿权益的范围内免除担保责任,本案不适用该法律规定,且《担保合同》约定东方水电公司对本案债务承担无限连带担保责任,故东方水电公司仍应承担连带保证责任,其再审抗辩,因乾金达公司放弃质押物优先受偿权,所以其不应承担连带保证责任的理由不能成立,原审判处东方水电公司承担连带保证责任正确,应予维持。李琪、杨清再审辩称李琪已向乾金达公司归还部分本金及利息的主张均无有效证据支持,不能成立,原审判处李琪对债务本金及利息承担清偿责任正确,应予维持。另原审根据查明的事实判处杨清承担连带保证责任,仇学明、刘忠、艾旭军、申光华、罗国平不承担责任正确,亦应予维持。

综上所述,原审判处债务人李琪对债权人乾金达公司承担还款责任,东方水电公司、杨清对该债务承担连带保证责任,仇学明、刘忠、艾旭军、申光华、罗国平对该债务不承担连带保证责任正确,予以维持。原审判处乾金达公司对一品弘公司管理人所有的生产原材料和生产的半成品及产品享有质押权,并有权以该质押物被拍卖、变卖、折价后所得价款优先受偿属认定事实,适用法律错误,亦超出当事人的诉讼请求,予以纠正。乾金达公司虽然放弃对110吨亚麻油的优先受偿权,但根据《企业破产法》第110条的规定,放弃优先受偿权的,其债权作为普通债权受偿,且根据《担保合同》的约定,一品弘公司对借款承担无限连带担保责任,因此,一品弘公司管理人仍应对本案债务承担连带保证责任,其再审主张不承担清偿责任的理由不能成立,原审判处一品弘公司管理人承担连带保证责任正确,予以维持。原审认定乾金达公司与一品弘公司之间成立且生效的是质押权,但判处时引用《担保法》第41条、第53条关于抵押权生效及抵押权实现条件的条款,属于适用法律错误,予以纠正。

第二节 变价和分配

第一百一十一条 管理人应当及时拟订破产财产变价方案,提交债权人会议讨论。

管理人应当按照债权人会议通过的或者人民法院依照本法第六十五条第一款规定裁定的破产财产变价方案,适时变价出售破产财产。

【立法沿革】

《企业破产法(试行)》(1986)

第二十四条 人民法院应当自宣告企业破产之日起十五日内成立清算组,接管破产企业。清算组负责破产财产的保管、清理、估价、处理和分配。清算组可以依法进行必要的民事活动。

清算组成员由人民法院从企业上级主管部门、政府财政部门等有关部门和专业人员中指定。清算组可以聘任必要的工作人员。

清算组对人民法院负责并且报告工作。

第三十六条 破产财产中的成套设备,应当整体出售;不能整体出售的,可以分散出售。

《破产法》(1995年草案)

第一百五十三条 破产清算人应当依照债权人会议通过的破产财产变价方案,或者征得监督人的同意,适时变卖破产财产。

第一百五十四条 破产清算人应当适时准备破产财产变价方案,并提交债权人会议讨论。债权人会议讨论通过破产财产的变价方案,在报请人民法院裁定后执行。

前款规定的裁定无须公告。

《企业破产与重整法》(2000年6月草案)

第一百一十八条 人民法院宣告债务人破产后,应当于裁定之日起七日内指定破产清算人。在破产清算人就任前,由管理人代行破产清算人的职权。

破产清算人为数多时,称做清算组。清算组成员共同执行职务。清算组组长由人民法院指定。

人民法院指定破产清算人后,应当及时公告破产清算人的姓名和处理事务的地址。

第一百一十九条 破产清算人的资格,准用本法第二十九条的规定。

第一百二十条 破产清算人负责破产财产的管理、清算、估价、变卖和分配,并以自己的名义从事破产清算业务范围内的一切民事活动。

破产清算人执行职务,准用本法第三十条的规定。

破产清算人执行职务,应当向人民法院报告工作,并接受债权人会议和监督人的监督。

第一百二十二条 破产清算人的解任,准用本法第三十三条的规定。

第一百三十九条 破产清算人应当依照债权人会议通过的破产财产变价方案,或者征得监督人的同意,适时变卖破产财产。

第一百四十条 破产清算人应当适时准备破产财产变价方案,并提交债权人会议讨论。债权人会议讨论通过破产财产的变价方案,在报请人民法院裁定后执行。

前款规定的裁定无须公告。

《企业破产与重整法》(2000年12月草案)

第一百三十四条 管理人应当依照债权人会议通过的破产财产变价方案,或者征得监督人的同意,适时变卖破产财产。

第一百三十五条 管理人应当适时准备破产财产变价方案,并提交债权人会议讨论。债权人会议讨论通过破产财产的变价方案,在报请人民法院裁定后执行。

前款规定的裁定无须公告。

《企业破产与重整法》(2001年1月草案)

第八十二条 企业被宣告破产,管理人应当依照债权人会议通过的破产财产变价方案,或者征得监督人的同意,适时变卖破产财产。

第八十三条 管理人应当适时准备破产财产变价方案,并提交债权人会议讨论。债权人会议讨论通过破产财产的变价方案,在报请人民法院裁定后执行。

前款规定的裁定无须公告。

《企业破产法》(2004年3月草案A版)

第一百三十二条 债务人被宣告破产清算,管理人应当依照债权人会议通过的破产财产变价方案,适时变卖破产财产。

第一百三十三条 管理人应当适时准备破产财产变价方案,并提交债权人会议讨论。债权人会议讨论通过破产财产的变价方案。

《企业破产法》(2004年3月草案B版)

第一百三十一条 债务人被宣告破产清算,管理人应当依照债权人会议通过的破产财产变价方案,适时变卖破产财产。

第一百三十二条 管理人应当适时准备破产财产变价方案,并提交债权人会议讨论。债权人会议讨论通过破产财产的变价方案。

《企业破产法》(2004 年 6 月草案)

第一百三十四条　债务人被宣告破产,管理人应当依照债权人会议通过的破产财产变价方案,适时变卖破产财产。

第一百三十五条　管理人应当适时准备破产财产变价方案,并提交债权人会议讨论。债权人会议讨论通过破产财产的变价方案。

《企业破产法》(2004 年 10 月草案)

第一百二十五条　管理人应当适时准备破产财产变价方案,提交债权人会议讨论。

管理人应当按照债权人会议通过的或者人民法院依照本法第六十条第一款规定裁定的破产财产变价方案,适时变卖破产财产。

【条文释义】

本条规定的是破产财产的变价问题,涉及变价方案的拟定、债权人会议的讨论、法院的通过及管理人对破产财产的变价出售。

本条共有 2 款。分款评注如下:

第 1 款:"管理人应当及时拟订破产财产变价方案,提交债权人会议讨论。"

本款首先强调了破产财产变价的主体。蒋黔贵等指出,本款规定背后的原理在于,管理人作为破产程序的主导者,对破产财产及时变价是其法定职责;但破产财产变价对债权人利益有攸关影响,故应在肯定管理人主导变价的同时,确保债权人会议对于变价的控制。①

这里面涉及的问题,主要是部分债务人财产权属待定。韩传华认为,如果债务人的特定财产与相对人有争议,管理人可以先拟定变价方案,待法院确认之后再确定如何处理:如果特定财产归债务人则可以直接变价,如果特定财产归相对人则变价方案不予执行;或者,管理人也可以不拟定针对特定财产的变价方案,待法院确认产权归属后再拟定。②

对于这里的"及时拟定",蒋黔贵认为包含两个意思:第一,管理人有向债权人会议提交破产财产变价方案的职责;第二,管理人应当及时地提出变价方案。这里的"及时",即破产企业的债权债务关系已经明确、破产企业的现有财产状况已经清楚、债权申报期限已经届满。③

对于这里的"提交债权人会议讨论",需要结合《企业破产法》第 61 条、第 64 条理解。根据《企业破产法》第 61 条,"通过破产财产的变价方案"是债权人会议的法定职责之一;而根据《企业破产法》第 64 条,即正常情况下,"通过破产财产的变价方案"也需要按照债权人会议的议事程序,亦即需要"由出席会议的有表决权的债权人过半数通过,并且其所代表的债权额占无财产担保债权总额的二分之一以上"。

按照本款及《企业破产法》第 111 条第 2 款的规定,如果债权人会议按照上述法定条件通过债务人财产变价方案,那么管理人直接负责执行本变价方案即可,无须由法院批准或裁定。

第 2 款:"管理人应当按照债权人会议通过的或者人民法院依照本法第六十五条第一款规定裁定的破产财产变价方案,适时变价出售破产财产。"

本款确认,如果债权人会议未通过债务人财产变价方案,那么在法院按照《企业破产法》第 65 条裁定变价方案后,管理人据此执行即可。

韩传华认为,如果债权人会议未通过债务人财产变价方案,那么法院有两个选项:一个是直接裁定债务人财产变价方案;另一个是要求管理人按照法院的意见修订变价方案,然后再由法院予以裁定通过,进而由管理人执行,"适时变价出售破产财产"。④

对于这里的"适时变价出售",究竟应该如何理解?蒋黔贵等认为,这里的"适时"是指:一方面,管理人不应急于变价出售破产财产,在债权调查终结前及未对破产财产评估前,不应当对财产进行变价出售;另一方面,管理人应当根据破产程序的进展,及时处置破产财产,如不适合或者不能储存、保留而需要及时处置的,应当尽快变价或选择其他方式处置。⑤ 韩传华指出,这里的"适时"取决于变价方案是否包含具体的时间期限,如果有时间期限,就没必要再赋予管理人决定"适时"与否的选择权。⑥

【关联法律法规及司法政策】

最高人民法院《破产审判工作会议纪要》(2018)

---

① 参见蒋黔贵主编:《中华人民共和国企业破产法释义》,中国市场出版社 2006 年版,第 242 页。
② 参见韩传华:《企业破产法解析》,人民法院出版社 2007 年版,第 333—334 页。
③ 参见蒋黔贵主编:《中华人民共和国企业破产法释义》,中国市场出版社 2006 年版,第 242 页。
④ 韩传华:《企业破产法解析》,人民法院出版社 2007 年版,第 334—335 页。
⑤ 参见蒋黔贵主编:《中华人民共和国企业破产法释义》,中国市场出版社 2006 年版,第 243—244 页。
⑥ 参见韩传华:《企业破产法解析》,人民法院出版社 2007 年版,第 335 页。

26.破产财产的处置。破产财产处置应当以价值最大化为原则,兼顾处置效率。人民法院要积极探索更为有效的破产财产处置方式和渠道,最大限度提升破产财产变价率。采用拍卖方式进行处置的,拍卖所得预计不足以支付评估拍卖费用,或者拍卖不成的,经债权人会议决议,可以采取作价变卖或实物分配方式。变卖或实物分配的方案经债权人会议两次表决仍未通过的,由人民法院裁定处理。

最高人民法院《全国法院民商事审判工作会议纪要》(2019)

116.【审计、评估等中介机构的确定及责任】要合理区分人民法院和管理人在委托审计、评估等财产管理工作中的职责。破产程序中确实需要聘请中介机构对债务人财产进行审计、评估的,根据《企业破产法》第28条的规定,经人民法院许可后,管理人可以自行公开聘请,但是应当对其聘请的中介机构的相关行为进行监督。上述中介机构因不当履行职责给债务人、债权人或者第三人造成损害的,应当承担赔偿责任。管理人在聘用过程中存在过错的,应当在其过错范围内承担相应的补充赔偿责任。

第一百一十二条 变价出售破产财产应当通过拍卖进行。但是,债权人会议另有决议的除外。

破产企业可以全部或者部分变价出售。企业变价出售时,可以将其中的无形资产和其他财产单独变价出售。

按国家规定不能拍卖或者限制转让的财产,应当按照国家规定的方式处理。

【立法沿革】

《企业破产法(试行)》(1986)

第三十六条 破产财产中的成套设备,应当整体出售;不能整体出售的,可以分散出售。

《破产法》(1995年草案)

第一百五十五条 变价破产财产应当通过拍卖进行。但是,债权人会议另有决议的除外。

破产财产中的成套设备应当整体变卖;确实不能整体变卖的,可以分散变卖。

破产企业可以全部或者部分变卖。企业变卖时,可以将其中的个别财产另行单独变卖。

依照国家规定不能公开拍卖或者出售的财产,应当依照国家规定的方式予以变卖。

《企业破产与重整法》(2000年6月草案)

第一百四十一条 变价破产财产应当通过拍卖进行。但是,债权人会议另有决议的除外。

破产财产中的成套设备应当整体变卖;确实不能整体变卖的,可以分散变卖。

破产企业可以全部或者部分变卖。企业变卖时,可以将其中的个别财产另行单独变卖。

依照国家规定不能公开拍卖或者出售的财产,应当依照国家规定的方式予以变卖。

《企业破产与重整法》(2000年12月草案)

第一百三十六条 变价破产财产应当通过拍卖进行。但是,债权人会议另有决议的除外。

破产财产中的成套设备应当整体变卖;确实不能整体变卖的,可以分散变卖。

破产企业可以全部或者部分变卖。企业变卖时,可以将其中的个别财产另行单独变卖。

依照国家规定不能公开拍卖或者出售的财产,应当依照国家规定的方式予以变卖。

《企业破产与重整法》(2001年1月草案)

第八十四条 变价破产财产应当通过拍卖进行。但是,债权人会议另有决议的除外。

破产财产中的成套设备应当整体变卖;确实不能整体变卖的,可以分散变卖。

破产企业可以全部或者部分变卖。企业变卖时,可以将其中的个别财产另行单独变卖。

依照国家规定不能公开拍卖或者出售的财产,应当依照国家规定的方式予以变卖。

《企业破产法》(2004年3月草案A版)

第一百三十四条 变卖破产财产应当通过拍卖进行。但是,债权人会议另有决议的除外。

破产企业可以全部或者部分变卖。企业变卖时,可以将其中的无形财产和其他财产单独变卖。

依照国家规定不能公开拍卖或者出售的财产,应当依照国家规定的方式予以变卖。

《企业破产法》(2004年3月草案B版)

第一百三十三条 变卖破产财产应当通过拍卖进行。但是,债权人会议另有决议的除外。

破产企业可以全部或者部分变卖。企业变卖时,可以将其中的无形财产和其他财产单独变卖。

依照国家规定不能公开拍卖或者出售的财产,应当依照国家规定的方式予以变卖。

《企业破产法》(2004年6月草案)

第一百三十六条 变卖破产财产应当通过拍卖进行。但债权人会议另有决议的除外。

破产企业可以全部或者部分变卖。企业变卖时,可以将其中的无形财产和其他财产单独变卖。

依照国家规定不能公开拍卖或者出售的财产,应当依照国家规定的方式予以变卖。

《企业破产法》(2004年10月草案)

第一百二十六条 变卖破产财产应当通过拍卖进行。但债权人会议另有决议的除外。

破产企业可以全部或者部分变卖。企业变卖时，可以将其中的无形财产和其他财产单独变卖。

依照国家规定不能公开拍卖或者出售的财产，应当按照国家规定的方式予以变卖。

【条文释义】

本条规定了破产财产变价的方式。

本条共有3款。分款评注如下：

第1款："变价出售破产财产应当通过拍卖进行。但是，债权人会议另有决议的除外。"

本款又可细分为2层含义：

第1层："变价出售破产财产应当通过拍卖进行。"

本层通过明确阐述的方式，确定通过"拍卖"来变价出售破产财产。按照韩传华的理解，这一强制规定隐晦地禁止了协议出售破产财产的方式；根据本款，如果管理人拟定变价方案未确定具体方案，而债权人会议决议也未确定，那么破产财产必须通过拍卖进行。①

按照蒋黔贵的解释，这里的"拍卖"，即为了实现破产财产价值的最大化，以公开竞价的方式，将特定物品或者财产权利转让给最高应价者的买卖方式。②

2016年5月30日，最高人民法院审判委员会第1685次会议通过《关于人民法院网络司法拍卖若干问题的规定》，为网络司法拍卖设定基本规则。该规则对破产财产的拍卖，产生了积极影响，尤其是在翡翠航空公司破产案中，飞机及发动机等物品亦成功通过网络拍卖变现。

第2层："但是，债权人会议另有决议的除外。"

本层通过但书方式，赋予债权人会议对财产变价方案另行决议的权利。这与《企业破产法》第61条规定债权人会议的职权相吻合。这也就是说，如果管理人拟定的变价方案中确定以非拍卖方式处置破产财产，这一方案又得到债权人会议审议通过，那么可以适用"但书"条款，按照管理人所提方案及债权人决议方式出售破产财产。③

第2款："破产企业可以全部或者部分变价出售。企业变价出售时，可以将其中的无形资产和其他财产单独变价出售。"

本款确定的是变价出售时破产财产的拆分问题。

蒋黔贵指出，无论是整体变价还是单独变价，无论是否将有形资产和无形资产分开处置，核心目标都是提高破产财产出售价格，尽可能使其实现价值最大化，此时尽可能整体出售是原则，分开出售是例外。④ 王卫国认为，本款规定为《企业破产法》处置破产财产提出整体变价、组合变价和单独变价各种选项。⑤

本款又可细分为2层含义：

第1层："破产企业可以全部或者部分变价出售。"

本层确认整体变价出售和单独变价出售双重原则。

"破产企业"概念在《企业破产法》中并不频繁，仅有3次。韩传华认为，这里的"破产企业"，就是"破产人"⑥。

第2层："企业变价出售时，可以将其中的无形资产和其他财产单独变价出售。"

本层确认变价出售时，可将无形资产和有形资产分开处理。

另外，在《企业破产法》中，仅有本条提及"企业变价出售"问题。那么，破产财产处置与"企业变价出售"之间，到底有无关系？韩传华对此持批评态度，认为两者之间并无关系，这一表述反而让不同概念更为模糊；另外，债务人进入破产程序后，企业法人资格受限制，并不存在企业的打包出售问题，只涉及债务人财产的变现。⑦

第3款："按照国家规定不能拍卖或者限制转让的财产，应当按照国家规定的方式处理。"

本款确认了特殊财产的处置方式。

王卫国认为，本款对特殊财产处置的限制，可以分为不得拍卖和限制转让两种情形。⑧

对于这里的"按照国家规定不能拍卖或限

---

① 参见韩传华：《企业破产法解析》，人民法院出版社2007年版，第336页。
② 参见蒋黔贵主编：《中华人民共和国企业破产法释义》，中国市场出版社2006年版，第244页。
③ 参见韩传华：《企业破产法解析》，人民法院出版社2007年版，第336页。
④ 参见蒋黔贵主编：《中华人民共和国企业破产法释义》，中国市场出版社2006年版，第245页。
⑤ 参见王卫国：《破产法精义》(第2版)，法律出版社2020年版，第358—359页。
⑥ 韩传华：《企业破产法解析》，人民法院出版社2007年版，第336—337页。
⑦ 参见韩传华：《企业破产法解析》，人民法院出版社2007年版，第337页。
⑧ 参见王卫国：《破产法精义》(第2版)，法律出版社2020年版，第360—361页。

制转让的财产",蒋黔贵将之界定为黄金、白银、外汇、文物、精神药品等依法应该由国家管制、禁止任何组织或者个人非法持有的财产。①

对于这里的"国家规定",韩传华认为所指并不明确,可能是受当时《刑法》相关表述的影响;如果用"法律、法规规定"之类的表述,可能会更为严密。②

【关联法律法规及司法政策】

《刑法》(2020)

第九十六条 本法所称违反国家规定,是指违反全国人民代表大会及其常务委员会制定的法律和决定,国务院制定的行政法规、规定的行政措施、发布的决定和命令。

《拍卖法》(2015)

第六条 拍卖标的应当是委托人所有或者依法可以处分的物品或者财产权利。

第七条 法律、行政法规禁止买卖的物品或者财产权利,不得作为拍卖标的。

第八条 依照法律或者按照国务院规定需经审批才能转让的物品或者财产权利,在拍卖前,应当依法办理审批手续。委托拍卖的文物,在拍卖前,应当经拍卖人住所地的文物行政管理部门依法鉴定、许可。

第九条 国家行政机关依法没收的物品,充抵税款、罚款的物品和其他物品,按照国务院规定应当委托拍卖的,由财产所在地的省、自治区、直辖市的人民政府和设区的市的人民政府指定的拍卖人进行拍卖。拍卖由人民法院依法没收的物品、充抵罚金、罚款的物品以及无法返还的追回物品,适用前款规定。

最高人民法院《关于人民法院网络司法拍卖若干问题的规定》(2016)

法释〔2016〕18号

(2016年5月30日最高人民法院审判委员会第1685次会议通过,自2017年1月1日起施行)

为了规范网络司法拍卖行为,保障网络司法拍卖公开、公平、公正、安全、高效,维护当事人的合法权益,根据《中华人民共和国民事诉讼法》等法律的规定,结合人民法院执行工作的实际,制定本规定。

第一条 本规定所称的网络司法拍卖,是指人民法院依法通过互联网拍卖平台,以网络电子竞价方式公开处置财产的行为。

第二条 人民法院以拍卖方式处置财产的,应当采取网络司法拍卖方式,但法律、行政法规和司法解释规定必须通过其他途径处置,或者不宜采用网络拍卖方式处置的除外。

第三条 网络司法拍卖应当在互联网拍卖平台上向社会全程公开,接受社会监督。

第四条 最高人民法院建立全国性网络服务提供者名单库。网络服务提供者申请纳入名单库的,其提供的网络司法拍卖平台应当符合下列条件:

(一)具备全面展示司法拍卖信息的界面;

(二)具备本规定要求的信息公示、网上报名、竞价、结算等功能;

(三)具有信息共享、功能齐全、技术拓展等功能的独立系统;

(四)程序运作规范、系统安全高效、服务优质价廉;

(五)在全国具有较高的知名度和广泛的社会参与度。

最高人民法院组成专门的评审委员会,负责网络服务提供者的选定、评审和除名。最高人民法院每年引入第三方评估机构对已纳入和新申请纳入名单库的网络服务提供者予以评审并公布结果。

第五条 网络服务提供者由申请执行人从名单库中选择;未选择或者多个申请执行人的选择不一致的,由人民法院指定。

第六条 实施网络司法拍卖的,人民法院应当履行下列职责:

(一)制作、发布拍卖公告;

(二)查明拍卖财产现状、权利负担等内容,并予以说明;

(三)确定拍卖保留价、保证金的数额、税费负担等;

(四)确定保证金、拍卖款项等支付方式;

(五)通知当事人和优先购买权人;

(六)制作拍卖成交裁定;

(七)办理财产交付和出具财产权证照转移协助执行通知书;

(八)开设网络司法拍卖专用账户;

(九)其他依法由人民法院履行的职责。

第七条 实施网络司法拍卖的,人民法院可以将下列拍卖辅助工作委托社会机构或者组织承担:

---

① 参见蒋黔贵主编:《中华人民共和国企业破产法释义》,中国市场出版社2006年版,第245页。
② 参见韩传华:《企业破产法解析》,人民法院出版社2007年版,第338页。

（一）制作拍卖财产的文字说明及视频或者照片等资料；

（二）展示拍卖财产，接受咨询，引领查看，封存样品等；

（三）拍卖财产的鉴定、检验、评估、审计、仓储、保管、运输等；

（四）其他可以委托的拍卖辅助工作。

社会机构或者组织承担网络司法拍卖辅助工作所支出的必要费用由被执行人承担。

第八条 实施网络司法拍卖的，下列事项应当由网络服务提供者承担：

（一）提供符合法律、行政法规和司法解释规定的网络司法拍卖平台，并保障安全正常运行；

（二）提供安全便捷配套的电子支付对接系统；

（三）全面、及时展示人民法院及其委托的社会机构或者组织提供的拍卖信息；

（四）保证拍卖全程的信息数据真实、准确、完整和安全；

（五）其他应当由网络服务提供者承担的工作。

网络服务提供者不得在拍卖程序中设置阻碍适格竞买人报名、参拍、竞价以及监视竞买人信息等后台操控功能。

网络服务提供者提供的服务无正当理由不得中断。

第九条 网络司法拍卖服务提供者从事与网络司法拍卖相关的行为，应当接受人民法院的管理、监督和指导。

第十条 网络司法拍卖应当确定保留价，拍卖保留价即为起拍价。

起拍价由人民法院参照评估价确定；未作评估的，参照市价确定，并征询当事人意见。起拍价不得低于评估价或者市价的百分之七十。

第十一条 网络司法拍卖不限制竞买人数量。一人参与竞拍，出价不低于起拍价的，拍卖成交。

第十二条 网络司法拍卖应当先期公告，拍卖公告除通过法定途径发布外，还应同时在网络司法拍卖平台发布。拍卖动产的，应当在拍卖十五日前公告；拍卖不动产或者其他财产权的，应当在拍卖三十日前公告。

拍卖公告应当包括拍卖财产、价格、保证金、竞买人条件、拍卖财产已知瑕疵、相关权利义务、法律责任、拍卖时间、网络平台和拍卖法院等信息。

第十三条 实施网络司法拍卖的，人民法院应当在拍卖公告发布当日通过网络司法拍卖平台公示下列信息：

（一）拍卖公告；

（二）执行所依据的法律文书，但法律规定不得公开的除外；

（三）评估报告副本，或者未经评估的定价依据；

（四）拍卖时间、起拍价以及竞价规则；

（五）拍卖财产权属、占有使用、附随义务等现状的文字说明、视频或者照片等；

（六）优先购买权主体以及权利性质；

（七）通知或者无法通知当事人、已知优先购买权人的情况；

（八）拍卖保证金、拍卖款项支付方式和账户；

（九）拍卖财产产权转移可能产生的税费及承担方式；

（十）执行法院名称、联系、监督方式等；

（十一）其他应当公示的信息。

第十四条 实施网络司法拍卖的，人民法院应当在拍卖公告发布当日通过网络司法拍卖平台对下列事项予以特别提示：

（一）竞买人应当具备完全民事行为能力，法律、行政法规和司法解释对买受人资格或者条件有特殊规定的，竞买人应当具备规定的资格或者条件；

（二）委托他人代为竞买的，应当在竞价程序开始前经人民法院确认，并通知网络服务提供者；

（三）拍卖财产已知瑕疵和权利负担；

（四）拍卖财产以实物现状为准，竞买人可以申请实地看样；

（五）竞买人决定参与竞买的，视为对拍卖财产完全了解，并接受拍卖财产一切已知和未知瑕疵；

（六）载明买受人真实身份的拍卖成交确认书在网络司法拍卖平台上公示；

（七）买受人悔拍后保证金不予退还。

第十五条 被执行人应当提供拍卖财产品质的有关资料和说明。

人民法院已按本规定第十三条、第十四条的要求予以公示和特别提示，且在拍卖公告中声明不能保证拍卖财产真伪或者品质的，不承担瑕疵担保责任。

第十六条 网络司法拍卖的事项应当在拍卖公告发布三日前以书面或者其他能够确认收悉的合理方式，通知当事人、已知优先购买权人。权利人书面明确放弃权利的，可以不通知。无法通知的，应当在网络司法拍卖平台公示并说明无法通知的理由，公示满五日视为已经通知。

优先购买权人经通知未参与竞买的,视为放弃优先购买权。

第十七条 保证金数额由人民法院在起拍价的百分之五至百分之二十范围内确定。

竞买人应当在参加拍卖前以实名交纳保证金,未交纳的,不得参加竞买。申请执行人参加竞买的,可以不交保证金;但债权数额小于保证金数额的按差额部分交纳。

交纳保证金,竞买人可以向人民法院指定的账户交纳,也可以由网络服务提供者在其提供的支付系统中对竞买人的相应款项予以冻结。

第十八条 竞买人在拍卖竞价程序结束前交纳保证金经人民法院或者网络服务提供者确认后,取得竞买资格。网络服务提供者应当向取得资格的竞买人赋予竞买代码、参拍密码;竞买人以该代码参与竞买。

网络司法拍卖竞价程序结束前,人民法院及网络服务提供者对竞买人以及其他能够确认竞买人真实身份的信息、密码等,应当予以保密。

第十九条 优先购买权人经人民法院确认后,取得优先竞买资格以及优先竞买代码、参拍密码,并以优先竞买代码参与竞买;未经确认的,不得以优先购买权人身份参与竞买。

顺序不同的优先购买权人申请参与竞买的,人民法院应当确认其顺序,赋予不同顺序的优先竞买代码。

第二十条 网络司法拍卖从起拍价开始以递增出价方式竞价,增价幅度由人民法院确定。竞买人以低于起拍价出价的无效。

网络司法拍卖的竞价时间应当不少于二十四小时。竞价程序结束前五分钟内无人出价的,最后出价即为成交价;有出价的,竞价时间自该出价时点顺延五分钟。竞买人的出价时间以进入网络司法拍卖平台服务系统的时间为准。

竞买代码及其出价信息应当在网络竞买页面实时显示,并储存、显示竞价全程。

第二十一条 优先购买权人参与竞买的,可以与其他竞买人以相同的价格出价,没有更高出价的,拍卖财产由优先购买权人竞得。

顺序不同的优先购买权人以相同价格出价的,拍卖财产由顺序在先的优先购买权人竞得。

顺序相同的优先购买权人以相同价格出价的,拍卖财产由出价在先的优先购买权人竞得。

第二十二条 网络司法拍卖成交的,由网络司法拍卖平台以买受人的真实身份自动生成确认书并公示。

拍卖财产所有权自拍卖成交裁定送达买受人时转移。

第二十三条 拍卖成交后,买受人交纳的保证金可以充抵价款;其他竞买人交纳的保证金应当在竞价程序结束后二十四小时内退还或者解冻。拍卖未成交的,竞买人交纳的保证金应当在竞价程序结束后二十四小时内退还或者解冻。

第二十四条 拍卖成交后买受人悔拍的,交纳的保证金不予退还,依次用于支付拍卖产生的费用损失、弥补重新拍卖价款低于原拍卖价款的差价、冲抵本案被执行人的债务以及与拍卖财产相关的被执行人的债务。

悔拍后重新拍卖的,原买受人不得参加竞买。

第二十五条 拍卖成交后,买受人应当在拍卖公告确定的期限内将剩余价款交付人民法院指定账户。拍卖成交后二十四小时内,网络服务提供者应当将冻结的买受人交纳的保证金划入人民法院指定账户。

第二十六条 网络司法拍卖竞价期间无人出价的,本次拍卖流拍。流拍后应当在三十日内在同一网络司法拍卖平台再次拍卖,拍卖动产的应当在拍卖七日前公告;拍卖不动产或者其他财产权的应当在拍卖十五日前公告。再次拍卖的起拍价降价幅度不得超过前次起拍价的百分之二十。

再次拍卖流拍的,可以依法在同一网络司法拍卖平台变卖。

第二十七条 起拍价及其降价幅度、竞价增价幅度、保证金数额和优先购买权人竞买资格及其顺序等事项,应当由人民法院依法组成合议庭评议确定。

第二十八条 网络司法拍卖竞价程序中,有依法应当暂缓、中止执行等情形的,人民法院应当决定暂缓或者裁定中止拍卖;人民法院可以自行或者通知网络服务提供者停止拍卖。

网络服务提供者发现系统故障、安全隐患等紧急情况的,可以先行暂缓拍卖,并立即报告人民法院。

暂缓或者中止拍卖的,应当及时在网络司法拍卖平台公告原因或者理由。

暂缓拍卖期限届满或者中止拍卖的事由消失后,需要继续拍卖的,应当在五日内恢复拍卖。

第二十九条 网络服务提供者对拍卖形成的电子数据,应当完整保存不少于十年,但法律、行政法规另有规定的除外。

第三十条 因网络司法拍卖本身形成的税费,应当依照相关法律、行政法规的规定,由相应主体承担;没有规定或者规定不明的,人民法院可以根据法律原则和案件实际情况确定税费承担的相关主体、数额。

第三十一条 当事人、利害关系人提出异议

请求撤销网络司法拍卖,符合下列情形之一的,人民法院应当支持:

(一)由于拍卖财产的文字说明、视频或者照片展示以及瑕疵说明严重失实,致使买受人产生重大误解,购买目的无法实现的,但拍卖时的技术水平不能发现或者已经就相关瑕疵以及责任承担予以公示说明的除外;

(二)由于系统故障、病毒入侵、黑客攻击、数据错误等原因致使拍卖结果错误,严重损害当事人或者其他竞买人利益的;

(三)竞买人之间、竞买人与网络司法拍卖服务提供者之间恶意串通,损害当事人或者其他竞买人利益的;

(四)买受人不具备法律、行政法规和司法解释规定的竞买资格的;

(五)违法限制竞买人参加竞买或者对享有同等权利的竞买人规定不同竞买条件的;

(六)其他严重违反网络司法拍卖程序且损害当事人或者竞买人利益的情形。

第三十二条 网络司法拍卖被人民法院撤销,当事人、利害关系人、案外人认为人民法院的拍卖行为违法致使其合法权益遭受损害的,可以依法申请国家赔偿;认为其他主体的行为违法致使其合法权益遭受损害的,可以另行提起诉讼。

第三十三条 当事人、利害关系人、案外人认为网络司法拍卖服务提供者的行为违法致使其合法权益遭受损害的,可以另行提起诉讼;理由成立的,人民法院应当支持,但具有法定免责事由的除外。

第三十四条 实施网络司法拍卖的,下列机构和人员不得竞买并不得委托他人代为竞买与其行为相关的拍卖财产:

(一)负责执行的人民法院;

(二)网络服务提供者;

(三)承担拍卖辅助工作的社会机构或者组织;

(四)第(一)至(三)项规定主体的工作人员及其近亲属。

第三十五条 网络服务提供者有下列情形之一的,应当将其从名单库中除名:

(一)存在违反本规定第八条第二款规定操控拍卖程序、修改拍卖信息等行为的;

(二)存在恶意串通、弄虚作假、泄漏保密信息等行为的;

(三)因违反法律、行政法规和司法解释等规定受到处罚,不适于继续从事网络司法拍卖的;

(四)存在违反本规定第三十四条规定行为的;

(五)其他应当除名的情形。

网络服务提供者有前款规定情形之一,人民法院可以依照《中华人民共和国民事诉讼法》的相关规定予以处理。

第三十六条 当事人、利害关系人认为网络司法拍卖行为违法侵害其合法权益的,可以提出执行异议。异议、复议期间,人民法院可以决定暂缓或者裁定中止拍卖。

案外人对网络司法拍卖的标的提出异议的,人民法院应当依据《中华人民共和国民事诉讼法》第二百二十七条及相关司法解释的规定处理,并决定暂缓或者裁定中止拍卖。

第三十七条 人民法院通过互联网平台以变卖方式处置财产的,参照本规定执行。

执行程序中委托拍卖机构通过互联网平台实施网络拍卖的,参照本规定执行。

本规定对网络司法拍卖行为没有规定的,适用其他有关司法拍卖的规定。

第三十八条 本规定自2017年1月1日起施行。施行前最高人民法院公布的司法解释和规范性文件与本规定不一致的,以本规定为准。

最高人民法院《全国法院破产审判工作会议纪要》(2018)

26.破产财产的处置。破产财产处置应当以价值最大化为原则,兼顾处置效率。人民法院要积极探索更为有效的破产财产处置方式和渠道,最大限度提升破产财产变价率。采用拍卖方式进行处置的,拍卖所得预计不足以支付评估拍卖费用,或者拍卖不成的,经债权人会议决议,可以采取作价变卖或实物分配方式。变卖或实物分配的方案经债权人会议两次表决仍未通过的,由人民法院裁定处理。

最高人民法院《关于依法妥善审理涉新冠肺炎疫情民事案件若干问题的指导意见(二)》(2020)

22.要最大限度维护债务人的持续经营能力,充分发挥共益债务融资的制度功能,为持续经营提供资金支持。债务人企业具有继续经营的能力或者具备生产经营防疫物资条件的,人民法院应当积极引导和支持管理人或者债务人根据企业破产法第二十六条、第六十一条的规定继续债务人的营业,在保障债权人利益的基础上,选择适当的经营管理模式,充分运用府院协调机制,发掘、释放企业产能。

坚持财产处置的价值最大化原则,积极引导管理人充分评估疫情或者疫情防控措施对资产处置价格的影响,准确把握处置时机和处置方式,避免因资产价值的不当贬损而影响债权人利益。

【裁判要旨】
案例1
湛江市土地储备管理中心、湛江国强水泥(厂)有限公司破产清算小组与郭明确认合同无效纠纷案

法院：广东省高级人民法院
案号：(2013)粤高法民二破终字第15号
事实：上诉人湛江市土地储备管理中心、湛江国强水泥(厂)有限公司破产清算小组因与被上诉人郭明确认合同无效纠纷一案，不服广东省湛江市中级人民法院(2012)湛中法民四初字第35号民事判决，向广东省高级人民法院提起上诉。

本案件中涉及的法律关系及事实简述如下：

(1)1999年，湛江国强水泥(厂)有限公司(以下简称国强公司)向中国银行湛江分行(以下简称湛江中行)借款五笔，本金共计902万元，国强公司以其位于湛江市麻章开发区后湾工业区麻海路的约133333.4平方米土地使用权提供抵押担保，并办理了抵押登记手续。由于国强公司未依约偿还借款本息，湛江中行遂向原审法院提起诉讼，原审法院于2001年4月2日判决国强公司偿还湛江中行902万元本金和相应利息以及诉讼费用。2004年6月25日，湛江中行将上述债权全部转让给中国信达资产管理股份有限公司广东分公司(以下简称信达广东分公司)。

(2)1998年，国强公司向中国工商银行湛江市赤坎支行借款本金800万元和590万元共两笔，其中借款本金800万元是以国强公司的机器设备提供抵押担保，并在湛江市工商行政管理局办理抵押登记手续；借款本金590万元是约定以土地使用权作抵押，但没有注明土地的位置、权属，也没有办理抵押登记手续。2005年7月20日，中国工商银行广东省分行将上述债权转让给信达广东分公司。

(3)2005年7月19日，广东省湛江市中级人民法院根据国强公司的申请，裁定宣告国强公司破产还债，并于同日成立清算小组。同年12月8日，广东省湛江市中级人民法院主持召开第一次债权人会议，确认信达广东分公司三项债权共计为36814123.68元。

(4)2012年，信达广东分公司将上述债权转让给了郭明，其中郭明放弃90481.39元债权，最后确认郭明享有国强公司债权总额为36723642.29元。2012年4月10日，信达广东分公司向原审法院和清算小组送达《关于变更破产债权人主体的函》。2012年5月8日，原审法院根据郭明的申请，裁定郭明为国强公司债权人，并裁定信达广东分公司对国强公司享有的36723642.29元债权由郭明依法受让。

(5)郭明经拍卖取得该案债权人资格后，发现其享有抵押权的财产已经被储备中心回收且所得款项也已经用于安置职工，并且另一块未办证部分的土地使用权也被储备中心无偿回收。郭明认为清算小组与储备中心签订的《回收土地使用权协议书》侵害了其作为抵押债权人的利益，故于2012年6月15日起诉至法院，要求确认储备中心与清算小组于2007年12月29日签订的《回收土地使用权协议书》无效。

郭明的上诉请求得到广东省湛江市中级人民法院的支持，该院指出，《回收土地使用权协议书》的签订损害了抵押债权人的合法权益，应认定为无效。湛江市土地储备管理中心、湛江国强水泥(厂)有限公司破产清算小组不服上述判决，上诉至广东省高级人民法院。

裁判要旨：在债权人会议表决债务人财产的处理方案是"整体拍卖"，并在拍卖底价及降幅等相关问题予以明确的情况下，清算组经协议确定补偿价格等方式，与债权人会议有关"整体拍卖"方式的决议不符，未经国强公司债权人会议认可，不符合《企业破产法》第112条的规定。

裁判理由：2013年11月11日，广东省高级人民法院在确认原审法院查明的事实同时，指出该案二审争议的焦点为清算小组代表国强公司与储备中心签订的涉案《回收土地使用权协议书》的效力问题。

本案中，清算小组系在履行国强公司破产清算事务过程中代表国强公司与储备中心签订涉案《回收土地使用权协议书》，该行为的法律后果应由国强公司承担。清算小组代表国强公司与储备中心于2007年12月29日签订《回收土地使用权协议书》，对国强公司位于湛江市麻章区麻章镇三内塘278244平方米土地使用权的收回问题作了约定。依照《企业破产法》第112条关于"变价出售破产财产应当通过拍卖进行。但是债权人会议另有决议的除外"的规定，国强公司在企业破产清算期间变价处理涉案278244平方米土地使用权，应当采用拍卖方式进行，如果不采用拍卖方式进行，则应经债权人会议表决通过。且2005年12月8日国强公司第一次债权人会议表决涉案278244平方米土地使用权的处理方案，经表决的处理方案是"整体拍卖"，并对拍卖底价及降幅等相关问题予以明确。但从《回收土地使用权协议书》约定内容看，对于国强公司278244平方米土地使用权的变价处理，系采用清算小组代表国强公司与储备中心协议确定补偿价格、由储备中心收回土地使用权方式进行。该协议收回土地使用权方式与国强公司债权人会议有关"整体拍卖"方式的决议不符,未经国强公司债权人会议认可,不符合《企业破产法》第112条的规定。

另外,储备中心与清算小组经协商签订《回收土地使用权协议书》,该协议所涉已办理国有土地使用权证书的133333.4平方米土地使用权已作抵押,依《企业破产法》第109条关于"对破产人的特定财产享有担保权的权利人,对该特定财产享有优先受偿的权利"的规定,本案郭明对前列已办权证133333.4平方米国有土地使用权享有优先受偿的权利。《企业破产法》第132条又规定:"本法施行后,破产人在本法公布之日前所欠职工的工资和医疗、伤残补助、抚恤费用,所欠的应当划入职工个人账户的基本养老保险、基本医疗保险费用,以及法律、行政法规规定应当支付给职工的补偿金,依照本法第一百一十三条的规定清偿后不足以清偿的部分,以本法第一百零九条规定的特定财产优先于对该特定财产享有担保权的权利人受偿。"国强公司已于《企业破产法》公布之日(即2006年8月27日)前的2005年7月19日被宣告破产还债,因此,国强公司普通破产财产和抵押财产的处置,涉及普通债权、职工劳动债权和抵押权人的抵押受偿关联问题。麻章区国土局与国强公司于1996年12月10日签订《国有土地使用权出让合同》,约定以协议出让方式将相关国有土地使用权出让给国强公司。1998年12月14日,广东省国土厅针对麻章区国土局与国强公司的土地出让事宜作了批复。国强公司亦长期占有、使用该土地。国强公司虽未缴纳土地出让金,但并不因此当然否定麻章国土局与国强公司协议出让涉案土地使用权的事实,况且相关出让合同并未对土地出让金的缴交时间进行约定,麻章国土局亦未曾进行过催缴。清算小组与储备中心未经国强公司债权人会议表决,即在《回收土地使用权协议书》协议由储备中心无偿收回涉案144910.6平方米未办证国有土地使用权,不符合《企业破产法》第112条的规定,减少了国强公司拥有的破产财产,有损国强公司破产债权的依法清偿。据此,清算小组代表国强公司与储备中心签订的《回收土地使用权协议书》,依法应认定为无效。储备中心、清算小组上诉主张该协议合法有效,不予支持。

综上,原审判决认定事实清楚,适用法律正确,依法应予维持。判决驳回上诉,维持原判。

案例2
新兴铸管(浙江)铜业有限公司与江苏谋盛律师事务所管理人责任纠纷案

法院:江苏省高级人民法院
案号:(2018)苏民终171号
事实:上诉人新兴铸管(浙江)铜业有限公司(以下简称新兴公司)因与江苏谋盛律师事务所(以下简称谋盛律所)管理人责任纠纷一案,不服江苏省无锡市中级人民法院(2017)苏02民初401号民事判决,向江苏省高级人民法院提起上诉。

2014年1月16日,浙江省杭州市中级人民法院作出(2013)浙杭商初字第32号民事判决书,判决内容包括:金塔电力公司支付新兴公司货款65919536.44元,并支付逾期利息2056231.31元及后续利息、律师代理费共40万元;新兴公司就抵押房产在6800万元限度内,在清偿顺序上次于中国农业银行宜兴市支行优先受偿;新兴公司对抵押库存电缆材料在6800万元限度内优先受偿;金塔电缆公司承担连带清偿责任。

宜兴市人民法院于2014年5月29日裁定受理谢虎文对金塔电力公司的破产清算申请;于2014年8月2日裁定受理江苏长峰电缆有限公司对金塔电缆公司的破产清算申请;于2015年5月8日裁定宣告金塔电力公司和金塔电缆公司合并破产清算。期间,宜兴市人民法院分别于2014年6月10日和8月6日指定谋盛律所担任金塔电力公司和金塔电缆公司的管理人。

金塔电力公司、金塔电缆公司资产变卖情况:两家企业资产经宜兴方正会计师事务所有限公司合并审计,实物资产评估总价值为76028052.5元。后对两家公司资产进行公开拍卖,经三次流拍、一次变卖失败后,又调整变卖价为3500万,变卖成交。

管理人在破产清算程序中,两次召开债权人会议,均通知新兴公司参加,新兴公司也均到会并签字。2015年6月16日,管理人召开第二次债权人会议,新兴公司到会,该次会议听取了金塔电力公司、金塔电缆公司管理人关于破产财产管理、变价方案、破产财产分配方案以及报酬的报告,表决通过了各项决议。2016年2月23日,宜兴市人民法院裁定认可金塔电力公司、金塔电缆公司财产分配方案,由金塔电力公司和金塔电缆公司管理人负责执行金塔电力公司、金塔电缆公司财产分配方案。2016年12月28日,宜兴市人民法院裁定:终结金塔电力公司、金塔电缆公司合并破产程序。

新兴公司向一审法院起诉请求:判令谋盛律

所赔偿损失54795669元,并承担诉讼费用。一审法院判决驳回新兴公司的诉讼请求。新兴公司不服,提出上诉。

裁判要旨:在债权人会议表决通过包括变价方案、破产财产分配方案在内的各项决议前提下,管理人借助淘宝网司法拍卖网络平台依法处理债务人财产,但在三次拍卖和一次变卖均因无人购买而未成交情形下,再次将案涉财产在上述网络平台公开变卖且经法院裁定确定前提下,债权人不能以破产财产变价明显低于正常的价格致使其债权不能得到合理清偿而请求管理人承担赔偿责任。

裁判理由:据江苏省高级人民法院归纳,本案二审的争议焦点是:(1)谋盛律所作为管理人对破产企业财产的变卖是否损害了上诉人的利益。(2)是否剥夺上诉人就库存电缆优先受偿的权利。

江苏省高级人民法院认为,新兴公司的上诉请求缺乏事实和法律依据,不能成立。理由如下:《企业破产法》第112条规定,变价出售破产财产应当通过拍卖进行。但是,债权人会议另有决议的除外。根据一审事实,破产企业第二次债权人会议表决通过包括变价方案、破产财产分配方案在内的各项决议。宜兴市人民法院生效裁定确认债权人会议表决通过的财产分配方案。新兴公司出席会议并参与了表决,债权人会议决议对新兴公司具有约束力。经管理人申请,宜兴市人民法院通过淘宝网司法拍卖网络平台依法对案涉财产进行了三次拍卖和一次变卖,均因无人购买而未成交,后经再次将案涉财产在上述网络平台进行公开变卖,买受人以最高价3500万元买受,并付清买受款项,宜兴市人民法院裁定予以确认。新兴公司虽认为管理人变卖破产企业财产的行为损害了其利益,但其提供的证据不足以证实其主张。同时,最高人民法院《关于人民法院民事执行中拍卖、变卖财产的规定》的规范对象为民事执行程序中的拍卖、变卖措施,并不适用本案破产财产变价程序,故新兴公司关于破产财产变价明显低于正常的价格,致使其债权不能得到合理清偿的上诉请求没有事实和法律依据,不能成立。根据《企业破产法》第64条第2款规定,债权人认为债权人会议的决议违反法律规定,损害其利益的,可以自债权人会议作出决议之日起15日内,请求人民法院裁定撤销该决议,责令债权人会议依法重新作出决议。新兴公司并未在上述法定期限内提出异议。客观上,本案破产财产经变价处理尚不足以清偿第一顺序优先债权,作为第二顺序优先债权人的新兴公司其权益并未受到实质损害。故新兴公司关于破产管理人剥夺了其就库存电缆优先受偿的权利且未书面告知,造成新兴公司重大经济损失的上诉理由缺乏依据。

综上,新兴公司的上诉请求及理由不能成立,不予采纳。一审判决认定事实清楚,适用法律正确,处理结果适当,应予维持。

第一百一十三条 破产财产在优先清偿破产费用和共益债务后,依照下列顺序清偿:

(一)破产人所欠职工的工资和医疗、伤残补助、抚恤费用,所欠的应当划入职工个人账户的基本养老保险、基本医疗保险费用,以及法律、行政法规规定应当支付给职工的补偿金;

(二)破产人欠缴的除前项规定以外的社会保险费用和破产人所欠税款;

(三)普通破产债权。

破产财产不足以清偿同一顺序的清偿要求的,按照比例分配。

破产企业的董事、监事和高级管理人员的工资按照该企业职工的平均工资计算。

【立法沿革】

《企业破产法(试行)》(1986)

第三十七条 清算组提出破产财产分配方案,经债权人会议讨论通过,报请人民法院裁定后执行。

破产财产优先拨付破产费用后,按照下列顺序清偿:

(一)破产企业所欠职工工资和劳动保险费用;

(二)破产企业所欠税款;

(三)破产债权。

破产财产不足清偿同一顺序的清偿要求的,按照比例分配。

《破产法》(1995年草案)

第一百五十六条 破产财产优先清偿破产费用和共益债务后,依照下列顺序清偿:

(一)破产人所欠劳动者工资、欠缴和应缴社会保险费用,以及法律、行政法规规定应支付给劳动者的其他费用;

(二)破产人所欠税款;

(三)普通破产债权。

破产财产不足以清偿同一顺序的清偿要求的,按照比例分配。

《企业破产与重整法》(2000年6月草案)

第一百四十二条 破产财产优先清偿破产费用和共益债务后,依照下列顺序清偿:

(一)破产人所欠劳动者工资、欠缴和应缴社

会保险费用,以及法律、行政法规规定应支付给劳动者的其他费用;

(二)破产人所欠税款;

(三)普通破产债权。

破产财产不足以清偿同一顺位的清偿要求的,按照比例分配。

《企业破产与重整法》(2000年12月草案)

第一百三十七条　破产财产优先清偿破产费用和共益债务后,依照下列顺序清偿:

(一)破产人所欠劳动者工资、欠缴和应缴社会保险费用,以及法律、行政法规规定应支付给劳动者的其他费用;

(二)破产人所欠税款;

(三)普通破产债权。

破产财产不足以清偿同一顺序的清偿要求的,按照比例分配。

《企业破产与重整法》(2001年1月草案)

第八十五条　破产财产在优先清偿破产费用和共益债务后,依照下列顺序清偿:

(一)破产人所欠劳动者工资和欠缴社会保险费用,以及法律、行政法规规定应支付给劳动者的其他费用;

(二)破产人所欠税款;

(三)普通破产债权。

破产财产不足以清偿同一顺序的清偿要求的,按照比例分配。

《企业破产法》(2004年3月草案A版)

第一百三十五条　破产财产在优先清偿破产费用和共益债务后,依照下列顺序清偿:

(一)破产人所欠劳动者工资和欠缴社会保险费用,以及法律、行政法规规定应支付给劳动者的其他费用;

(二)破产人所欠税款;

(三)普通破产债权。

破产财产不足以清偿同一顺序的清偿要求的,按照比例分配。

《企业破产法》(2004年3月草案B版)

第一百三十四条　破产财产在优先清偿破产费用和共益债务后,依照下列顺序清偿:

(一)破产人所欠劳动者工资和欠缴社会保险费用,以及法律、行政法规规定应支付给劳动者的其他费用;

(二)破产人所欠税款;

(三)普通破产债权。

破产财产不足以清偿同一顺序的清偿要求的,按照比例分配。

《企业破产法》(2004年6月草案)

第一百三十七条　破产财产在优先清偿破产费用和共益债务后,依照下列顺序清偿:

(一)破产人所欠职工工资和欠缴的社会保险费用,以及法律、行政法规规定应当支付给职工的补偿金等其他费用;

(二)破产人所欠税款;

(三)普通破产债权。

破产财产不足以清偿同一顺序的清偿要求的,按照比例分配。

本条第一款第(一)项所称职工工资不包括破产企业的董事、经理和其他负责人的工资。

《企业破产法》(2004年10月草案)

第一百二十七条　破产财产在优先清偿破产费用和共益债务后,依照下列顺序清偿:

(一)破产人所欠职工的工资和基本社会保险费用,以及法律、行政法规规定应当支付给职工的补偿金;

(二)破产人所欠税款;

(三)普通破产债权。

对破产人所欠职工的工资和基本社会保险费用以及法律、行政法规规定应当支付给职工的补偿金,按照前款规定仍未受到清偿的部分,在本法第一百一十三条规定的特定财产中优先受偿。

破产财产不足以清偿同一顺位的清偿要求的,按照比例分配。

本条第一款第(一)项所称职工工资不包括破产企业的董事、经理和其他负责人的工资。

《民事诉讼法》(1991)

第二百零四条　破产财产优先拨付破产费用后,按照下列顺序清偿:

(一)破产企业所欠职工工资和劳动保险费用;

(二)破产企业所欠税款;

(三)破产债权。

破产财产不足清偿同一顺序的清偿要求的,按照比例分配。

【条文释义】

本条规定了破产债权的清偿顺位。

按照顺位清偿是破产分配的核心原则。这一原则有如下几条具体的规则:第一,在先顺序的债权,获得优先清偿;第二,在先顺序债权得到满足后,如果有剩余财产,再分配给后顺位的债权;第三,同顺位债权,破产财产可以足额清偿时,足额清偿;不能足额清偿时,按照同一比例清偿;第四,按照比例分配后,破产分配即告结束,下一顺位债权自行消灭。[1]

本条共有 3 款。分款评注如下：

第 1 款："破产财产在优先清偿破产费用和共益债务后，依照下列顺序清偿：(一)破产人所欠职工的工资和医疗、伤残补助、抚恤费用，所欠的应当划入职工个人账户的基本养老保险、基本医疗保险费用，以及法律、行政法规规定应当支付给职工的补偿金；(二)破产人欠缴的除前项规定以外的社会保险费用和破产人所欠税款；(三)普通破产债权。"

本款规定了不同债权的清偿顺位。按照《企业破产法》《商业银行法》及《保险法》等的规定，我国破产清算中的债权清偿顺位，应该如下图所示：

顺位	债权类型
1	担保债权
2	破产费用
3	共益债务
4	职工的工资和医疗、伤残补助、抚恤费用 应当划入职工个人账户的基本养老保险、基本医疗保险费用 法律、行政法规规定应当支付给职工的补偿金
5	存款本金和利息 保险赔偿金
6	除前项规定以外的社会保险费用 破产人所欠税款
7	普通破产债权

本款共分 3 项：

(一)破产人所欠职工的工资和医疗、伤残补助、抚恤费用，所欠的应当划入职工个人账户的基本养老保险、基本医疗保险费用，以及法律、行政法规规定应当支付给职工的补偿金

本项确认的是职工债权的第一顺位地位及其范围。

按照本项的列举，职工债权分为如下三类：第一，工资和医疗、伤残补助、抚恤费用；第二，应当划入职工个人账户的基本养老保险、基本医疗保险费用；第三，法律、行政法规规定应当支付给职工的补偿金。

(二)破产人欠缴的除前项规定以外的社会保险费用和破产人所欠税款

本项确认第二顺位的债权，即其他社会保险费用和税款。

按照《劳动法》第 70 条的规定，我国的社会保险制度主要为劳动者在年老、患病、工伤、失业、生育等情况下获得帮助和补偿。这也即是说，目前这里"破产人欠缴的除前项规定以外的社会保险费用"，包括年老、患病、工伤、失业、生育等 5 类险种。在这 5 类社会保险中，应当划入职工个人账户的基本养老保险、基本医疗保险费用属于第 1 项，而其他工伤、失业、生育等相关社会保险费用则属于本项；在这种情况下，相关工伤、失业和生育相关社保机构是债权人。[2]

欠缴税款是《企业破产法》规定的另一项享有第二顺位优先权的款项。破产涉税问题在破产实践中极为复杂。按照 2015 年修订《税收征管理法》第 45 条，"税务机关征收税款，税收优先于无担保债权，法律另有规定的除外；纳税人欠缴的税款发生在纳税人以其财产设定抵押、质押或者纳税人的财产被留置之前的，税收应当先于抵押权、质权、留置权执行"。这一规定导致《税收征收管理法》与《企业破产法》直接冲突。

对于破产企业税收征管可以相应予以减免，鉴于《税收征收管理法》对税收减免的严苛限制，也找不到相关法律依据。按照 2016 年修订的国务院《税收征收管理法实施细则》第 15 条，"纳税人发生解散、破产、撤销以及其他情形，依法终止纳税义务的，应当在向工商行政管理机关或者其他机关办理注销登记前，持有关证件向原税务登记机关申报办理注销税务登记；按照规定不需要在工商行政管理机关或者其他机关办理注册登记的，应当自有关机关批准或者宣告终止之日起 15 日内，持有关证件向原税务登记机关申报办理注销税务登记"。而第 51 条亦强调，"纳税人有解散、撤销、破产情形的，在清算前应当向其主管税务机关报告；未结清税款的，由其主管税务机关参加清算"。这为税收机关作为债权人参加破产清算，提供法律依据。

(三)普通破产债权

除前述两项之外的其他债权，均属于普通破产债权。

第 2 款："破产财产不足以清偿同一顺序的清偿要求的，按照比例分配。"

本款确定的，是破产财产不足以清偿同一顺

---

[1] 参见王卫国：《破产法精义》(第 2 版)，法律出版社 2020 年版，第 361—362 页。
[2] 参见王卫国：《破产法精义》(第 2 版)，法律出版社 2020 年版，第 362—363 页。

位清偿要求时的处理原则,即"按照比例分配"原则。

同债权、同比例原则,是破产制度的基石性原则。这一原则为破产程序中债权人提供了较为稳定的预期。

第 3 款:"破产企业的董事、监事和高级管理人员的工资按照该企业职工的平均工资计算。"

本款规定的是破产企业高管平均工资的计算。

按照王卫国的解读,本款的目的在于加强债务人的董事、监事和高级管理人员的责任意识,促使他们切实履行对企业的忠实义务和勤勉义务,防止他们在企业、出资人或职工利益受损时依旧将债务人企业作为实现私利的工具,尤其是防止债务人的董事、监事和高管在债务人企业陷入财务困境后,恶意提高其薪资水平,主动寻求破产并冀望于破产清算中的分配。①

这里面首先需要明确的是,"该企业职工的平均工资",可能有两种理解:一种是包含破产企业的董事、监事和高级管理人员的工资在内的平均工资;另一种是不包含董事、监事和高级管理人员的工资在内的平均工资,即普通工人的平均工资。到底哪一种理解是正确的呢?要知道"董事、监事和高级管理人员的工资"往往远高于普通工人的工资,要将他们的工资算到平均工资中,显然会极大地提高破产企业职工平均工资的水平。对此,韩传华认为,计算"该企业职工的平均工资",应该包括破产企业的董事、监事和高级管理人员的工资;但是,如果董事、监事和高级管理人员的工资低于职工平均工资,那么,其工资确定应以实际工资为依据,而不应该教条地使之与职工平均工资完全一致。②

王卫国亦特别强调,这里的"工资",仅限于破产申请受理之前债务人企业拖欠董事、监事和高级管理人员的工资;债务人企业破产之后,相关债务人拖欠董事、监事和高级管理人员的工资,均不在本款规范之列;在重整程序中如果选择债务人经管模式,那么董事、监事和高级管理人员的工资,可能会远高于该企业职工的平均工资。③

除此之外,这里的"该企业职工的平均工资"的计算方式分为三种:如果债务人企业拖欠董事、监事和高级管理人员的工资按照月计算,就计算平均月工资;如果债务人企业拖欠董事、监事和高级管理人员的工资按照年计算,就计算平均年薪;如果非定期性工资,就按照当年平均工资计算。④

另外,董事、监事和高级管理人员的医疗、伤残补助和医疗费用、基本养老保险、基本医疗保险费用和补偿金等,是应该和平均工资一样计算,还是应该另设标准?韩传华认为,鉴于可以列入第一清偿顺序的董事、监事和高级管理人员限定为职工平均工资,那么董事、监事和高级管理人员的医疗、伤残补助和医疗费用、基本养老保险、基本医疗保险费用和补偿金等,也应由管理人调查后列出清单予以公示,然后以职工平均工资为基数计算;超出平均部分,《企业破产法》并未规定,韩传华认为只能按照普通债权清偿。⑤

【关联法律法规及司法政策】

《商业银行法》(2015)

第七十一条 商业银行不能支付到期债务,经国务院银行业监督管理机构同意,由人民法院依法宣告其破产。商业银行被宣告破产的,由人民法院组织国务院银行业监督管理机构等有关部门和有关人员成立清算组,进行清算。

商业银行破产清算时,在支付清算费用、所欠职工工资和劳动保险费用后,应当优先支付个人储蓄存款的本金和利息。

《保险法》(2015)

第九十一条 破产财产在优先清偿破产费用和共益债务后,按照下列顺序清偿:

(一)所欠职工工资和医疗、伤残补助、抚恤费用,所欠应当划入职工个人账户的基本养老保险、基本医疗保险费用,以及法律、行政法规规定应当支付给职工的补偿金;

(二)赔偿或者给付保险金;

(三)保险公司欠缴的除第(一)项规定以外的社会保险费用和所欠税款;

(四)普通破产债权。

破产财产不足以清偿同一顺序的清偿要求的,按照比例分配。

破产保险公司的董事、监事和高级管理人员的工资,按照该公司职工的平均工资计算。

《劳动法》(2018)

第七十条 国家发展社会保险事业,建立社会保险制度,设立社会保险基金,使劳动者在年

---

① 参见王卫国:《破产法精义》(第 2 版),法律出版社 2020 年版,第 364—365 页。
② 参见韩传华:《企业破产法解析》,人民法院出版社 2007 年版,第 339—340 页。
③ 参见王卫国:《破产法精义》(第 2 版),法律出版社 2020 年版,第 365 页。
④ 参见王卫国:《破产法精义》(第 2 版),法律出版社 2020 年版,第 365 页。
⑤ 参见韩传华:《企业破产法解析》,人民法院出版社 2007 年版,第 340—341 页。

老、患病、工伤、失业、生育等情况下获得帮助和补偿。

第七十一条 社会保险水平应当与社会经济发展水平和社会承受能力相适应。

第七十二条 社会保险基金按照保险类型确定资金来源,逐步实行社会统筹。用人单位和劳动者必须依法参加社会保险,缴纳社会保险费。

第七十三条 劳动者在下列情形下,依法享受社会保险待遇:

(一)退休;
(二)患病、负伤;
(三)因工伤残或者患职业病;
(四)失业;
(五)生育。

劳动者死亡后,其遗属依法享受遗属津贴。

劳动者享受社会保险待遇的条件和标准由法律、法规规定。

劳动者享受的社会保险金必须按时足额支付。

《劳动合同法》(2012)

第六十三条 被派遣劳动者享有与用工单位的劳动者同工同酬的权利。用工单位应当按照同工同酬原则,对被派遣劳动者与本单位同类岗位的劳动者实行相同的劳动报酬分配办法。用工单位无同类岗位劳动者的,参照用工单位所在地相同或者相近岗位劳动者的劳动报酬确定。

劳务派遣单位与被派遣劳动者订立的劳动合同和与用工单位订立的劳务派遣协议,载明或者约定的向被派遣劳动者支付的劳动报酬应当符合前款规定。

《税收征收管理法》(2015)

第三条 税收的开征、停征以及减税、免税、退税、补税,依照法律的规定执行;法律授权国务院规定的,依照国务院制定的行政法规的规定执行。

任何机关、单位和个人不得违反法律、行政法规的规定,擅自作出税收开征、停征以及减税、免税、退税、补税和其他同税收法律、行政法规相抵触的决定。

第二十八条 税务机关依照法律、行政法规的规定征收税款,不得违反法律、行政法规的规定开征、停征、多征、少征、提前征收、延缓征收或者摊派税款。

农业税应纳税额按照法律、行政法规的规定核定。

第四十五条 税务机关征收税款时,税收优先于无担保债权,法律另有规定的除外;纳税人欠缴的税款发生在纳税人以其财产设定抵押、质押或者纳税人的财产被留置之前的,税收应当先于抵押权、质权、留置权执行。

纳税人欠缴税款,同时又被行政机关决定处以罚款、没收违法所得的,税收优先于罚款、没收违法所得。

税务机关应当对纳税人欠缴税款的情况定期予以公告。

第八十四条 违反法律、行政法规的规定,擅自作出税收的开征、停征或者减税、免税、退税、补税以及其他同税收法律、行政法规相抵触的决定的,除依照本法规定撤销其擅自作出的决定外,补征应征未征税款,退还不应征收而征收的税款,并由上级机关追究直接负责的主管人员和其他直接责任人员的行政责任;构成犯罪的,依法追究刑事责任。

国务院《税收征收管理法实施细则》(2016)

第十五条 纳税人发生解散、破产、撤销以及其他情形,依法终止纳税义务的,应当在向工商行政管理机关或者其他机关办理注销登记前,持有关证件向原税务登记机关申报办理注销税务登记;按照规定不需要在工商行政管理机关或者其他机关办理注册登记的,应当自有关机关批准或者宣告终止之日起15日内,持有关证件向原税务登记机关申报办理注销税务登记。

纳税人因住所、经营地点变动,涉及改变税务登记机关的,应当在向工商行政管理机关或者其他机关申请办理变更或者注销登记前或者住所、经营地点变动前,向原税务登记机关申报办理注销税务登记,并在30日内向迁达地税务机关申报办理税务登记。

纳税人被工商行政管理机关吊销营业执照或者被其他机关予以撤销登记的,应当自营业执照被吊销或者被撤销登记之日起15日内,向原税务登记机关申报办理注销税务登记。

第五十条 纳税人有解散、撤销、破产情形的,在清算前应当向其主管税务机关报告;未结清税款的,由其主管税务机关参加清算。

最高人民法院《全国法院破产审判工作会议纪要》(2018)

27. 企业破产与职工权益保护。破产程序中要依法妥善处理劳动关系,推动完善职工欠薪保障机制,依法保护职工生存权。由第三方垫付的职工债权,原则上按照垫付的职工债权性质进行清偿;由欠薪保障基金垫付的,应按照企业破产法第一百一十三条第一款第二项的顺序清偿。债务人欠缴的住房公积金,按照债务人拖欠的职工工资性质清偿。

28. 破产债权的清偿原则和顺序。对于法律没有明确规定清偿顺序的债权，人民法院可以按照人身损害赔偿债权优先于财产性债权、私法债权优先于公法债权、补偿性债权优先于惩罚性债权的原则合理确定清偿顺序。因债务人侵权行为造成的人身损害赔偿，可以参照企业破产法第一百一十三条第一款第一项规定的顺序清偿，但其中涉及的惩罚性赔偿除外。破产财产依照企业破产法第一百一十三条规定的顺序清偿后仍有剩余的，可依次用于清偿破产受理前产生的民事惩罚性赔偿金、行政罚款、刑事罚金等惩罚性债权。

【裁判要旨】
案例1
李海涛与鸿诠电子科技（昆山）有限公司破产债权确认纠纷案

审理法院：江苏省昆山市人民法院
案号：（2016）苏0583民初6963号
事实：李海涛于2013年4月8日由昆山世纪星劳务派遣有限公司（以下简称世纪星劳务公司）派遣至鸿诠电子公司工作。2013年5月9日，李海涛在上班途中，因发生非本人主要责任交通事故而受伤，被认定为工伤。

2014年8月25日，昆山市劳动人事争议仲裁委员会作出裁决：（1）世纪星劳务公司支付李海涛一次性伤残补助金59409元、2013年3月1日至2014年4月30日期间停工留薪期工资5166元、鉴定费400元、医药费25289.44元；（2）世纪星劳务公司支付李海涛2014年5月1日至7月31日伤残津贴7066.56元，从2014年8月起按月支付伤残津贴2456.64元，若今后政策调整，伤残津贴相应调整；（3）世纪星劳务公司支付李海涛2014年5月1日至7月31日护理费4416.60元，从2014年8月起按月支付护理费1535.40元，若今后政策调整，护理费相应调整；（4）世纪星劳务公司为李海涛补缴社会保险；（5）驳回李海涛的其他仲裁请求；（6）鸿诠电子公司对上述款项承担连带赔偿责任。

鸿诠电子公司对上述仲裁裁决不服，向昆山市人民法院提起诉讼。2014年10月24日，昆山市人民法院作出判决，确认上述仲裁裁决除第（4）、（5）项之外的其他裁决。鸿诠电子公司对该判决不服，向江苏省苏州市中级人民法院提起上诉。2015年3月19日，江苏省苏州市中级人民法院作出判决：驳回上诉，维持原判。

2015年12月3日，昆山市人民法院裁定受理鸿诠电子公司的破产清算申请。鉴于上述判决，李海涛向破产管理人申报职工债权。管理人审定金额1111776元，但认为就李海涛申报债权而言，鸿诠电子公司承担的是连带责任，故认为该债权非职工债权，应属普通债权。但李海涛认为该债权系职工债权，破产清算中应优先受偿，请求法院予以确认。

裁判要旨：破产清算中，劳务派遣员工享有与债务人企业的劳动者同工同酬的权利。同工同酬的原则，包括债务人企业破产清算的程序中受同等保护的内容。

裁判理由：江苏省昆山市人民法院审理后认定，本案原、被告双方对原告主张事实没有争议，作为经审理查明的内容予以确认。而就争议涉及的债权顺位问题，鉴于生效民事判决已确认鸿诠电子公司承担连带责任，故李海涛既可以要求世纪星劳务公司承担付款义务，也可以要求鸿诠电子公司承担付款义务。李海涛系由世纪星劳务公司派遣至鸿诠电子公司工作，享有与鸿诠电子公司的劳动者同工同酬的权利。同工同酬的原则，当然包括在鸿诠电子公司破产清算的程序中受同等保护的内容。李海涛的诉讼请求的实质在于确认其债权受偿的顺序。

2016年8月8日，江苏省昆山市人民法院依据《企业破产法》第6条、第113条及《劳动合同法》第63条，判决确认原告李海涛对被告鸿诠电子公司的债权1111776元，属于《企业破产法》第113条第1款第1项顺序受偿的债权。

案例2
杨飞与北京英嘉房地产开发有限公司物权确认纠纷案

审理法院：最高人民法院
案号：（2015）民申字第1158号
事实：再审申请人北京英嘉房地产开发有限公司与被申请人杨飞物权确认纠纷一案，不服北京市高级人民法院（2015）高民终字第761号民事判决，向最高人民法院申请再审。

英嘉公司申请再审称：
一审、二审判决适用最高人民法院《关于审理企业破产案件若干问题的规定》的规定属于适用法律确有错误，且导致一审、二审判决与现行法律相互冲突，且认定的部分事实不清。《企业破产法》第16条是关于"个别清偿无效"的原则规定，第18条可以视为是关于"个别清偿无效"例外情形的规定。无论杨飞与英嘉公司之间的《商品房买卖合同》属于债务人未履行完毕而对方当事人已履行完毕的合同，还是债务人和对方当事人均未履行完毕的合同，在杨飞没有获得英嘉公司破产管理人发出继续履行合同通知的情形下,《商品房买卖合同》均不得继续履行。本案中,杨飞不具备获得"个别清偿"的条件,杨飞只能按照《企业破产法》的规定申报债权。而一审、二审判决没有对杨飞主张权利的程序作出正确认定,而是径行判决确认诉争房屋归杨飞所有,并判决英嘉公司配合杨飞行使取回权以及办理房屋过户手续,该判决内容名义上支持了杨飞的取回权请求,实际上是判决诉讼双方继续履行《商品房买卖合同》约定的房屋交付及转移登记的合同义务,实质上直接清偿了杨飞基于《商品房买卖合同》而对英嘉公司享有的债权,明显违反了《企业破产法》第16条的规定,导致杨飞在破产程序中非法获得了"个别清偿"。一审、二审判决没有正确认定本案的案由。本案纠纷的实质是诉讼双方对物权变动的原因产生了分歧,本案的案由应当是商品房买卖合同纠纷,而非物权确认纠纷。综上,英嘉公司根据《民事诉讼法》第200条第6项的规定申请再审。

裁判要旨:交付购买商品房的全部或者大部分款项后,消费者就所购商品房对出卖人享有的债权,有别于普通无担保债权,是一种针对特定不动产所享有的具有非金钱债务属性的特殊债权,在受偿顺序上优先于有担保债权的建设工程价款优先受偿权亦不得对抗该债权。

裁判理由:最高人民法院认为,首先,本案所涉房屋为住宅商品房,杨飞通过个人首付、向银行按揭贷款方式支付了全部价款。根据《合同法》最高人民法院《关于建设工程价款优先受偿权问题的批复》(以下简称《优先受偿权批复》)等相关法律、司法解释规定之精神,交付了购买商品房的全部或者大部分款项后,消费者就所购商品房对出卖人享有的债权,有别于普通无担保债权,是一种针对特定不动产所享有的具有非金钱债务属性的特殊债权,在受偿顺序上优先于有担保债权的建设工程价款优先受偿权亦不得对抗该债权。

其次,根据《企业破产法》最高人民法院《关于适用〈中华人民共和国企业破产法〉若干问题的规定(二)》之精神,并非所有的破产程序中的个别清偿行为均属于《企业破产法》第16条规定的无效行为。认定个别清偿行为无效的关键要件之一,是该清偿行为损害了其他破产债权人的合法权益。而如上所述,交付购买商品房全部或者大部分款项的消费者对于其所购房屋的权利,因其具有特定性和优先性,故该债权的实现并不会构成对其他破产债权人合法权益的损害,因此,出卖人履行商品房买卖合同约定的交付房屋并办理所有权变更登记的义务,并非《企业破产法》第16

条所称的无效的个别清偿行为。

再次,根据《企业破产法》第18条第1款之规定,管理人仅对破产申请受理前成立而债务人和对方当事人均未履行完毕的合同有权决定解除或者继续履行。而本案中,杨飞已经通过银行按揭贷款支付了案涉房屋的全部款项,故对于案涉商品房买卖合同,英嘉公司破产管理人并无解除权。在杨飞主张继续履行双方签订的《商品房买卖合同》的情况下,英嘉公司亦没有举证证明存在《合同法》第94条以及第110条所称的不能履行或不适于继续履行的情形,故英嘉公司应当继续履行案涉《商品房买卖合同》,协助杨飞办理案涉房屋所有权变更登记,并将案涉房屋交付给杨飞。

最后,根据《物权法》第9条的规定,除法律另有规定的以外,不动产物权的转让以产权登记为要件。对于本案所涉房屋,杨飞虽然已经支付了全部购房款,但英嘉公司尚未交付房屋,亦未办理房屋所有权变更登记,相关法律、行政法规、司法解释亦未例外规定此种情形下买受人可直接取得房屋所有权。同时,本案并非因物权归属争议引发的物权确认纠纷,故二审法院将本案案由确定为物权确认纠纷并确认案涉房屋归杨飞所有有不当。但由上所述,二审判决虽判令英嘉公司为杨飞协助办理案涉房屋所有权过户手续是正确的,通过该判决的履行或执行,杨飞仍将能够取得案涉房屋所有权。此外,二审判决虽对房屋交付等合同履行事实的认定存在矛盾,但根据《优先受偿权批复》之相关规定,该事实并不影响本案的最终处理。

综上,虽然二审判决存在上述适用法律和认定事实上的问题,但最终处理结果正确。2015年7月20日,最高人民法院裁定驳回英嘉公司的再审申请。

案例3
吉德华与南通市久发房地产开发有限公司破产债权确认纠纷案

审理法院:江苏省高级人民法院
案号:(2018)苏民申1815号
事实:吉德华申请再审,请求撤销一、二审判决,依法改判。主要理由:(1)最高人民法院对彩石山庄问题的批复中要求兼顾"利益平衡",吉德华就房屋已建成且正进行拍卖的价款应得到优先受偿或者享有"房屋交付请求权"。(2)吉德华从未要求解除合同,法院错判解除了吉德华与久发公司之间的商品房预售合同,现又在此基础上驳回了吉德华要求继续履行商品房预售合同、对购房款本息以外的其他债权享有优先受偿权的诉讼请求。(3)一审法院认为"原告(吉德华)尽管曾与久发公司签订有书面合同，但所付款项不足合同总借款的一半，亦无证据证明吉德华名下并无其他房产，因而完全不符合最高人民法院规范性文件和司法解释的适用条件"，其适用法律错误。

久发公司提交意见称，吉德华与久发公司的商品房预售合同已经解除，双方之间只存在债权债务关系。久发公司于2015年1月23日进入破产清算程序，吉德华的债权只能是普通债权，没有任何优先受偿的可能。破产管理人为了维护社会稳定，考虑吉德华曾经是购房人的身份，参照最高人民法院《关于建设工程价款优先受偿权问题的批复》，将吉德华的购房款本金及利息认定享有优先受偿权。现吉德华提出将赔偿款作为优先债权，管理人不可能答应，否则将损害其他债权人权益。综上，请求驳回吉德华的再审申请。

裁判要旨：商品房预售买卖合同关系产生的债权，系一般债权，不属于法定优先顺位债权。此外，最高人民法院《关于建设工程价款优先受偿权问题的批复》中明确"购房者在购买商品房并交付全部或大部分款项后，承包人就该商品房享有的工程价款优先受偿权不得对抗买受人"，最高人民法院《关于人民法院办理执行异议和复议案件若干问题的规定》第29条规定"所购商品房系用于居住且买受人名下无其他用于居住的房屋"且"已支付的价款超过合同约定总价款的百分之五十"时，买受人对登记在被执行的房地产开发企业名下的商品房提出异议的，可以排除执行。购房订金或购房款不足购房合同总价款的一半，购房户主张的破产债权亦不符合上述司法解释关于购房者可以对抗建设工程价款优先受偿权以及排除执行的情形。

裁判理由：江苏省高级人民法院认为，《企业破产法》第113条规定，破产人所欠职工相关费用以及破产人所欠税款等可以在破产财产中优先清偿，其他均为普通破产债权。本案中，吉德华因与久发公司之间基于商品房预售买卖合同关系产生的债权，系一般债权，不属于法定优先顺位债权。此外，最高人民法院《关于建设工程价款优先受偿权问题的批复》中明确规定"购房者在购买商品房并交付全部或大部分款项后，承包人就该商品房享有的工程价款优先受偿权不得对抗买受人"，最高人民法院《关于人民法院办理执行异议和复议案件若干问题的规定》第29条规定"所购商品房系用于居住且买受人名下无其他用于居住的房屋"且"已支付的价款超过合同约定总价款的百分之五十"时，买受人对登记在被执行的房地产开发企业名下的商品房提出异议的，可以排除执行。因吉德华支付的购房订金或购房款不足购房合同总款的一半，所以吉德华本案主张的破产债权亦不符合上述司法解释关于购房者可以对抗建设工程价款优先受偿权以及排除执行的情形。

此外，最高人民法院对山东济南彩石山庄案件的答复，是针对"交付全部或者大部分款项的购房者享有的购房款返还请求权"，吉德华的主张亦不符合上述答复涉及的情形。因此，吉德华主张法院确认其房屋赔偿款等系优先债权，于法无据，本案一、二审判决并无不当。

综上，吉德华的再审申请理由不能成立。2018年5月3日，江苏省高级人民法院裁定驳回吉德华的再审申请。

【学理综述】

许德风在《当代法学》2013年第2期上，发表《论破产债权的顺序》一文。作者认为，形式意义上的、绝对的债权平等并不存在，我国现行《企业破产法》第113条规定的债权顺序，尚有商榷的空间。就一般破产债权在破产程序中的内部顺序而言，作者认为税收债权应该降级为普通债权；侵权债权也不应该享有优先受偿顺位；劳动债权的保护应仰赖于社会保障和劳动法律，破产法中的劳动债权保护亦可作为普通债权看待。而就后顺位破产债权的内部顺序来看，作者提出三点：第一，债权在破产程序期间的利息应该继续计算；第二，惩罚性赔偿应该劣后清偿；第三，罚金、行政罚款、滞纳金应劣后清偿；第四，股东债权应衡平或者自动居次。在上述论证的基础上，作者认为，打破形式意义上的债权平等保护，应该遵循如下两项原则：第一，债权顺序规则不应该强调一般经济规律，更不应该强行规定某个债权优先于另一个债权，进而迫使劣后债权人放弃交易；第二，应该充分认识破产顺序规则实际效果的局限性，在破产财团价值有限的前提下，复杂的清偿顺序客观上并无实际价值。①

第一百一十四条 破产财产的分配应当以货币分配方式进行。但是，债权人会议另有决议的除外。

---

① 参见许德风：《论破产债权的顺序》，载《当代法学》2013年第2期，第76—82页。

【立法沿革】

《破产法》(1995 年草案)

第一百五十七条 破产分配除债权人会议决议有特别规定的,应当进行金钱分配。

《企业破产与重整法》(2000 年 6 月草案)

第一百四十三条 破产分配除债权人会议决议有特别规定的,应当进行金钱分配。

《企业破产与重整法》(2000 年 12 月草案)

第一百三十八条 破产分配除债权人会议决议有特别规定的,应当进行金钱分配。

《企业破产与重整法》(2001 年 1 月草案)

第八十六条 破产分配除债权人会议决议有特别规定的外,应当进行金钱分配。

《企业破产法》(2004 年 3 月草案 A 版)

第一百三十六条 破产分配除债权人会议决议有特别规定的外,应当进行金钱分配。

《企业破产法》(2004 年 3 月草案 B 版)

第一百三十五条 破产分配除债权人会议决议有特别规定的外,应当进行金钱分配。

《企业破产法》(2004 年 6 月草案)

第一百三十八条 除债权人会议决议有特别规定的外,破产财产的分配应当以货币方式进行。

《企业破产法》(2004 年 10 月草案)

第一百二十八条 除债权人会议决议有特别规定的外,破产财产的分配应当以货币方式进行。

【条文释义】

本条规定的是破产财产分配的基本原则,即以货币分配为主、其他方式为辅。

本条分为 2 层含义。

第 1 层:"破产财产的分配应当以货币分配方式进行。"

以货币方式分配破产财产,是《企业破产法》财产分配制度的基石。作为一项基本原则,各界争议不大。

第 2 层:"但是,债权人会议另有决议的除外。"

本层以但书的方式,对破产财产分配方式做出例外规定,不再坚持破产财产必须以货币方式分配的原则。这种"但书"生效的前提条件,是"债权人会议另有决议"。这也就是说,如果债权人会议按照《企业破产法》第 61、64 条等决议通过的破产财产分配方案中,既有货币分配,也有非货币分配,法院在审查时都应予以通过。

蒋黔贵等指出,按照《企业破产法》对债权人会议的赋权和定位,当债权人会议对破产财产分配有统一方案时,应予以尊重并严格执行。①

韩传华特别指出,允许债权人会议以另行决议的方式通过非货币方式破产财产分配方案,这意味着债权人会议在讨论破产财产变价方案时,一定有部分破产财产不通过拍卖变价出售。②

第一百一十五条 管理人应当及时拟订破产财产分配方案,提交债权人会议讨论。

破产财产分配方案应当载明下列事项:

(一)参加破产财产分配的债权人名称或者姓名、住所;

(二)参加破产财产分配的债权额;

(三)可供分配的破产财产数额;

(四)破产财产分配的顺序、比例及数额;

(五)实施破产财产分配的方法。

债权人会议通过破产财产分配方案后,由管理人将该方案提请人民法院裁定认可。

【立法沿革】

《企业破产法(试行)》(1986)

第三十七条 清算组提出破产财产分配方案,经债权人会议讨论通过,报请人民法院裁定后执行。

破产财产优先拨付破产费用后,按照下列顺序清偿:

(一)破产企业所欠职工工资和劳动保险费用;

(二)破产企业所欠税款;

(三)破产债权。

破产财产不足清偿同一顺序的清偿要求的,按照比例分配。

《破产法》(1995 年草案)

第一百五十八条 破产清算人应当及时准备破产财产分配方案,并提交债权人会议讨论。

前款规定的分配方案应当记载下列事项:

(一)参加破产分配的债权人姓名(名称)、住所;

(二)参加分配的债权额;

(三)可供分配的财产数额;

(四)破产分配的顺序、比例及数额;

(五)实施破产分配的方法。

债权人会议讨论通过破产财产分配方案后,

---

① 参见蒋黔贵主编:《中华人民共和国企业破产法释义》,中国市场出版社 2006 年版,第 250 页。
② 参见韩传华:《企业破产法解析》,人民法院出版社 2007 年版,第 343 页。

由破产清算人将破产财产分配方案提交人民法院裁定。

破产财产分配方案自人民法院裁定许可之日起生效。

《企业破产与重整法》(2000年6月草案)

第一百四十四条 破产清算人应当及时准备破产财产分配方案,并提交债权人会议讨论。

前款规定的分配方案应当记载下列事项:

(一)参加破产分配的债权人的姓名(名称)、住所;

(二)参加分配的债权额;

(三)可供分配的财产数额;

(四)破产分配的顺序、比例及数额;

(五)实施破产分配的方法。

债权人会议讨论通过破产财产分配方案后,由破产清算人将破产财产分配方案提交人民法院裁定。

破产财产分配方案自人民法院裁定许可之日起生效。

《企业破产与重整法》(2000年12月草案)

第一百三十九条 管理人应当及时准备破产财产分配方案,并提交债权人会议讨论。

前款规定的分配方案应当记载下列事项:

(一)参加破产分配的债权人姓名(名称)、住所;

(二)参加分配的债权额;

(三)可供分配的财产数额;

(四)破产分配的顺序、比例及数额;

(五)实施破产分配的方法。

债权人会议讨论通过破产财产分配方案后,由管理人将破产财产分配方案提交人民法院裁定。

破产财产分配方案自人民法院裁定许可之日起生效。

《企业破产与重整法》(2001年1月草案)

第八十七条 管理人应当及时准备破产财产分配方案,并提交债权人会议讨论。

前款规定的分配方案应当记载下列事项:

(一)参加破产分配的债权人姓名(名称)、住所;

(二)参加分配的债权额;

(三)可供分配的财产数额;

(四)破产分配的顺序、比例及数额;

(五)实施破产分配的方法。

债权人会议讨论通过破产财产分配方案后,由管理人将该方案提交人民法院裁定。

破产财产分配方案自人民法院裁定许可之日起生效。

《企业破产法》(2004年3月草案A版)

第一百三十七条 管理人应当及时准备破产财产分配方案,并提交债权人会议讨论。

前款规定的分配方案应当记载下列事项:

(一)参加破产分配的债权人姓名(名称)、住所;

(二)参加分配的债权额;

(三)可供分配的财产数额;

(四)破产分配的顺序、比例及数额;

(五)实施破产分配的方法。

债权人会议讨论通过破产财产分配方案后,由管理人将该方案提交人民法院裁定。

破产财产分配方案自人民法院裁定许可之日起生效。

《企业破产法》(2004年3月草案B版)

第一百三十六条 管理人应当及时准备破产财产分配方案,并提交债权人会议讨论。

前款规定的分配方案应当记载下列事项:

(一)参加破产分配的债权人姓名(名称)、住所;

(二)参加分配的债权额;

(三)可供分配的财产数额;

(四)破产分配的顺序、比例及数额;

(五)实施破产分配的方法。

债权人会议讨论通过破产财产分配方案后,由管理人将该方案提交人民法院裁定。

破产财产分配方案自人民法院裁定许可之日起生效。

《企业破产法》(2004年6月草案)

第一百三十九条 管理人应当及时准备破产财产分配方案,并提交债权人会议讨论。

前款规定的分配方案应当记载下列事项:

(一)参加破产财产分配的债权人姓名(名称)、住所;

(二)参加分配的债权额;

(三)可供分配的破产财产数额;

(四)破产财产分配的顺序、比例及数额;

(五)实施破产财产分配的方法。

债权人会议讨论通过破产财产分配方案后,由管理人将该方案提交人民法院裁定。

破产财产分配方案自人民法院裁定许可之日起生效。

《企业破产法》(2004年10月草案)

第一百二十九条 管理人应当及时准备破产财产分配方案,并提交债权人会议讨论。

前款规定的分配方案应当记载下列事项：

（一）参加破产财产分配的债权人姓名（名称）、住所；

（二）参加破产财产分配的债权额；

（三）可供分配的破产财产数额；

（四）破产财产分配的顺序、比例及数额；

（五）实施破产财产分配的方法。

债权人会议讨论通过破产财产分配方案后，由管理人将该方案提交人民法院裁定。

破产财产分配方案自人民法院裁定认可之日起生效。

【条文释义】

本条规定的是破产财产分配方案的拟定、通过程序及具体内容。

本条共有 3 款。分款评注如下：

第 1 款："管理人应当及时拟订破产财产分配方案，提交债权人会议讨论。"

本款规定管理人"及时拟定"破产财产分配方案并提交债权人会议讨论的义务。

根据《企业破产法》第 61 条，讨论"破产财产的分配方案"是债权人会议的法定职责之一。另外需要特别强调的是，根据《企业破产法》第 59 条第 3 款的规定，担保债权人对破产财产的分配方案不享有表决权。韩传华甚至认为，担保债权人不仅对破产财产分配方案不享有表决权，也不应该具有参加讨论破产财产分配方案的债权人会议资格。①

王卫国指出，破产分配是债权人会议集体就债务清偿达成的决议，管理人应当严格按照这一要求，提前置备破产财产分配方案，交由债权人会议讨论，并严格按照债权人会议决议分配。②

对于这里的"及时拟定"，韩传华认为特指破产财产变价完成后的"及时"；因为无论是破产财产权属因诉讼或仲裁未定，还是破产财产尚未被管理人追回，管理人都无法在法律上或事实上支配这些财产，故其分配事宜亦无从谈起；或者说，即便一厢情愿地拟定破产财产分配方案，但因为这些权属待定破产财产的存在，也使得破产财产分配方案一直会处于不确定之中。③

第 2 款："破产财产分配方案应当载明下列事项：（一）参加破产财产分配的债权人名称或者姓名、住所；（二）参加破产财产分配的债权额；（三）可供分配的破产财产数额；（四）破产财产分配的顺序、比例及数额；（五）实施破产财产分配的方法。"

本款列举了破产财产分配方案应该包括的内容。共有 5 项：

（一）参加破产财产分配的债权人名称或者姓名、住所

这里的"参加破产财产分配的债权人"，特指对破产财产不享有优先受偿权的债权总额。④

（二）参加破产财产分配的债权额

这里的"参加破产财产分配的债权额"，亦特指破产财产中不享有优先受偿的普通债权总额。⑤

王卫国指出，对于上述第 1、2 项的分配，应当以债权登记表为准，同时适当考虑各类处于特殊状态的债权。⑥

（三）可供分配的破产财产数额

这里的"可供分配的破产财产数额"，即破产财产变价处理所得，优先清偿有优先受偿权的债权和优先支付破产费用和共益债务之后，剩余的破产财产的总额。⑦

对于本项，王卫国指出，应该与《企业破产法》第 111 条规定的破产财产变价方案相衔接，必要时可以说明如下信息：（1）破产企业财产总体状况；（2）担保债权状况；（3）取回权状况；（4）破产财产的具体构成；（5）破产财产的变现情况；（6）破产费用、共益债务及其他破产清算期间优先拨付的费用构成和总额；（7）破产财产在扣除优先费用之后的余额。⑧

（四）破产财产分配的顺序、比例及数额

这里的"破产财产分配的顺序"，即参加破产清算程序并参与最终分配的所有债权，《企业破产法》规定不同种类债权，所应享有的清偿顺序；这里的"破产财产分配的……比例"，指的是同一种类债权在不足以清偿全部债务时，能够分得的相应比例；这里的"破产财产分配的……数额"，指

---

① 参见韩传华：《企业破产法解析》，人民法院出版社 2007 年版，第 342 页。
② 参见王卫国：《破产法精义》（第 2 版），法律出版社 2020 年版，第 368 页。
③ 参见韩传华：《企业破产法解析》，人民法院出版社 2007 年版，第 341 页。
④ 参见韩传华：《企业破产法解析》，人民法院出版社 2007 年版，第 342 页。
⑤ 参见韩传华：《企业破产法解析》，人民法院出版社 2007 年版，第 342 页。
⑥ 参见王卫国：《破产法精义》（第 2 版），法律出版社 2020 年版，第 368 页。
⑦ 参见韩传华：《企业破产法解析》，人民法院出版社 2007 年版，第 342 页。
⑧ 参见王卫国：《破产法精义》（第 2 版），法律出版社 2020 年版，第 368—369 页。

的是所有参加分配债权的实际可清偿数额。①

王卫国认为，本项规定应该与《企业破产法》第113条债权顺序相对应。②

(五)实施破产财产分配的方法

这里的"破产财产分配的方法"，即破产清算程序中具体的分配方式、分配次数及实施最后分配的时间、提存分配额的重新分配和新发现财产的追加分配。③

第3款："债权人会议通过破产财产分配方案后，由管理人将该方案提请人民法院裁定认可。"

这里需要明确，债权人会议对于破产财产分配方案的表决，必须要以《企业破产法》第64条规定的法定债权人数量及法定债权额为前提。

另外，根据《企业破产法》第65条第2款的规定，如果债权人会议首次表决时未能通过破产财产分配方案，那么管理人可以请求债权人会议再次表决；如果再次表决仍未通过，管理人同样可以将该未经债权人会议通过的破产财产分配方案提请法院裁定认可。也就是说，即使债权人会议未通过破产财产分配方案，在满足特定条件后，管理人也可以将相关方案提请法院裁定认可。韩传华认为，如果债权人会议再次表决仍未通过，而需要法院裁定认可，那么法院可以直接裁定，也可以建议管理人做出修改后再予以裁定，而不能由法院直接对破产财产分配方案做出改动；在管理人做出修改后，法院如认为有必要，则可以召开债权人会议再次予以表决，如果再次表决仍未通过，法院就可以直接裁定。④

第一百一十六条 破产财产分配方案经人民法院裁定认可后，由管理人执行。

管理人按照破产财产分配方案实施多次分配的，应当公告本次分配的财产额和债权额。管理人实施最后分配的，应当在公告中指明，并载明本法第一百一十七条第二款规定的事项。

【立法沿革】

《企业破产法(试行)》(1986)

第三十八条 破产财产分配完毕，由清算组提请人民法院终结破产程序。破产程序终结后，未得到清偿的债权不再清偿。

《破产法》(1995年草案)

第一百五十九条 破产财产分配方案生效后，由破产清算人执行。

破产清算人依据财产分配方案可以进行一次分配或者多次分配。

破产清算人实施多次破产分配的，应当公告本次分配的财产额和债权额。破产清算人实施最后分配的，应当在公告中指明，并载明本法第一百六十二条第二款规定的事项。

《企业破产与重整法》(2000年6月草案)

第一百四十五条 破产财产分配方案生效后，由破产清算人执行。

破产清算人依据财产分配方案可以进行一次分配或者多次分配。

破产清算人实施多次破产分配的，应当公告本次分配的财产额和债权额。破产清算人实施最后分配的，应当在公告中指明，并载明本法第148条第2款规定的事项。

《企业破产与重整法》(2000年12月草案)

第一百四十条 破产财产分配方案生效后，由管理人执行。

管理人依据财产分配方案可以进行一次分配或者多次分配。

管理人实施多次破产分配的，应当公告本次分配的财产额和债权额。管理人实施最后分配的，应当在公告中指明，并载明本法第一百四十二条第二款规定的事项。

《企业破产与重整法》(2001年1月草案)

第八十八条 破产财产分配方案生效后，由管理人执行。

管理人依据财产分配方案可以进行一次分配或者多次分配。

管理人实施多次破产分配的，应当公告本次分配的财产额和债权额。管理人实施最后分配的，应当在公告中指明，并载明本法第八十九条第二款规定的事项。

《企业破产法》(2004年3月草案A版)

第一百三十八条 破产财产分配方案生效后，由管理人执行。

管理人依据财产分配方案可以进行一次分配或者多次分配。

管理人实施多次破产分配的，应当公告本次分配的财产额和债权额。管理人实施最后分配

---

① 参见韩传华：《企业破产法解析》，人民法院出版社2007年版，第342页。
② 参见王卫国：《破产法精义》(第2版)，法律出版社2020年版，第369页。
③ 参见韩传华：《企业破产法解析》，人民法院出版社2007年版，第342页。
④ 参见韩传华：《企业破产法解析》，人民法院出版社2007年版，第343页。

的,应当在公告中指明,并载明本法第一百三十九条第二款规定的事项。

《企业破产法》(2004年3月草案B版)

第一百三十七条 破产财产分配方案生效后,由管理人执行。

管理人依据财产分配方案可以进行一次分配或者多次分配。

管理人实施多次破产分配的,应当公告本次分配的财产额和债权额。管理人实施最后分配的,应当在公告中指明,并载明本法第一百三十八条第二款规定的事项。

《企业破产法》(2004年6月草案)

第一百四十条 破产财产分配方案生效后,由管理人执行。

管理人依据财产分配方案可以进行一次分配或者多次分配。

管理人实施多次破产财产分配的,应当公告本次分配的财产额和债权额。管理人实施最后分配的,应当在公告中指明并载明本法第一百四十一条第二款规定的事项。

《企业破产法》(2004年10月草案)

第一百三十条 破产财产分配方案生效后,由管理人执行。

管理人依据财产分配方案,可以进行一次分配或者多次分配。

管理人实施多次破产财产分配的,应当公告本次分配的财产额和债权额。管理人实施最后分配的,应当在公告中指明,并载明本法第一百三十一条第二款规定的事项。

【条文释义】

本条规定破产财产分配方案的执行事宜。

本条共有2款。分款评注如下:

第1款:"破产财产分配方案经人民法院裁定认可后,由管理人执行。"

本款明确了管理人执行破产财产分配方案的职责。对于该职责,在《企业破产法》第25条第1款有关管理人职责的列举中,并未明确规定。由此,我们可以理解其与《企业破产法》第25条第2款,亦即"本法对管理人的职责另有规定的,适用其规定"相呼应,本款规定可以视为《企业破产法》对管理人职责的"另有规定"。

第2款:"管理人按照破产财产分配方案实施多次分配的,应当公告本次分配的财产额和债权额。管理人实施最后分配的,应当在公告中指明,并载明本法第一百一十七条第二款规定的事项。"

本款确定的是多次分配相关事宜。具体又分2层含义:

第1层:"管理人按照破产财产分配方案实施多次分配的,应当公告本次分配的财产额和债权额。"

这一层赋予管理人多次分配破产财产时,每一次都必须承担的职责之一,即"公告本次分配的财产额和债权额"。

王卫国指出,破产分配公告的意义在于,公开破产分配开始的事实,告诉债权人及利害关系人,以便后者行使权益;这里的公告,也不妨碍以其他方式私下通知相关债权人及利害关系人。①

第2层:"管理人实施最后分配的,应当在公告中指明,并载明本法第一百一十七条第二款规定的事项。"

理解本层首先需要明确《企业破产法》第117条第2款规定的内容。《企业破产法》第117条第2款规定的是,"管理人依照前款规定提存的分配额,在最后分配公告日,生效条件未成就或者解除条件成就的,应当分配给其他债权人;在最后分配公告日,生效条件成就或者解除条件未成就的,应当交付给债权人"。

也就是说,本层规定的核心在于,管理人将已经提存的分配额,在最后一次分配时,如果生效条件或者解除条件成就的,则交付给相关债权人;如果生效条件或解除条件未成就,则分配给其他债权人。

【裁判要旨】

案例

吴忠宁燕塑料工业有限公司破产管理人与吴忠市利通区地方税务局行政强制纠纷案

法院:宁夏回族自治区吴忠市中级人民法院

案号:(2017)宁03行终34号

事实:上诉人吴忠宁燕塑料工业有限公司破产管理人(以下简称宁燕管理人)因与被上诉人吴忠市利通区地方税务局(以下简称利通地税局)税务行政强制一案,不服宁夏回族自治区吴忠市利通区人民法院(2017)宁0302行初13号行政判决,向吴忠市中级人民法院提起上诉。

2010年3月5日,原审法院裁定受理吴忠宁燕塑料工业有限公司破产一案,并指定宁夏天纪律师事务所为破产管理人。2011年4月15日,原审法院裁定宣告该公司破产。2014年8月21日,宁燕管理人委托宁夏盛世开元拍卖行公开拍卖破

---

① 参见王卫国:《破产法精义》(第2版),法律出版社2020年版,第371页。

产财产,宁夏正豪投资置业有限公司以2050万元,拍得破产财产26.2亩国有工业用地使用权及地上附着物,并于2015年9月28日办理了拍卖破产财产的移交手续。

利通地税局于2016年11月23日前分三次向宁燕管理人发出通知,限期缴纳税款。宁燕管理人在限期内没有缴纳。利通地税局又于2016年11月28日给宁燕管理人发出扣缴税收款通知书,并于当日作出吴利地税强扣(2016)01号税收强制执行决定书,从宁燕管理人在中国银行吴忠分行的存款账户扣划税款4542309.83元,缴入国库。宁燕管理人不服,认为利通地税局强制扣缴税款的行政行为法律依据错误,程序违法,请求依法撤销该行政行为。

原审法院判决驳回宁燕管理人的诉讼请求。上诉人宁燕管理人不服,上诉请求依法撤销一审判决,支持上诉人的诉讼请求。

裁判要旨:《税收征收管理法》《营业税暂行条例》等法律、法规仅是对被上诉人履行扣缴职责的行为、确定纳税义务主体以及确定纳税数额等事项所提供的法律、法规依据。上述法律、法规虽不与《企业破产法》相冲突,但并不能作为认定所扣缴的税款属于破产费用并具有符合《企业破产法》第113条规定的优先清偿的依据。

裁判理由:吴忠市中级人民法院认为:

首先,被上诉人利通地税局依据《税收征收管理法》及《税收征收管理法实施细则》的相应规定,对依法应当缴纳但逾期仍未缴纳的税款,具有强制执行的职权。被上诉人强制扣缴本案所涉税款主体合法。上诉人宁燕管理人接受吴忠市利通区人民法院的指定,成为该吴忠宁燕塑料工业有限公司的破产管理人。依据《企业破产法》第22条、第25条规定承担履行相应法定职责的权利和义务,其作为本案宁燕管理人提起针对被管理破产企业的行政诉讼,主体合法。

其次,根据本案已查明并经双方当事人确认的事实,被上诉人已于2016年11月28日将4542309.83元税款予以扣缴并向上诉人送达了《税收强制执行决定书》,该行政行为已实施完毕。上诉人针对该行为在法定起诉期限内提起行政诉讼符合《行政诉讼法》第12条第1款第2项规定,本案的行政行为具有可诉性。根据被上诉人提交的证据及查明的事实,被上诉人扣缴的4542309.83元属于因企业在破产程序中通过对土地及地上附着物拍卖变价处理而产生的税费,而不是破产企业在破产前所欠缴的税费,对此认定双方均不持异议。根据《企业破产法》及《税收征收管理法》的相关规定,破产人所欠税款除法律和行政法规另有规定的外,必须予以缴纳。

因此,本案的争议焦点主要集中在:第一,上诉人是否应当承担履行缴纳因破产企业的财产变价处置而产生的税费;第二,被上诉人扣缴的税费是否属于法律所规定的破产费用;第三,应缴纳的国家税费应在破产清偿程序的哪一环节予以扣缴。

针对第一个焦点问题,根据《企业破产法》第25条的规定,上诉人作为接受指定的破产企业管理人,依法必须承担履行缴纳破产人所欠税款的职责和义务。宁夏盛世开元拍卖行与宁夏正豪投资置业有限公司签订的有关拍卖成交后由竞买人承担相关税费的约定属民事权利义务约定,该约定超越法律法规所确定的权利义务,在纳税义务人尚未履行纳税义务前并不必然导致上诉人丧失作为破产企业管理人应当承担的职责义务。

针对第二个焦点问题,根据《企业破产法》第41条第2项规定,管理、变价和分配债务人财产的费用属于破产费用。《企业破产法》规定人民法院受理启动破产程序后,债务人便丧失对企业财产的管理和处分的权利,由人民法院指定的管理人接管债务人的财产,而对其财产进行管理、变价和分配,必然要支出相应的费用,这些费用为破产费用。本案被上诉人所扣缴的税费属于破产企业管理人在对企业财产依法进行拍卖、变价后因财产增值而产生的增值税,并不是因变价行为本身而产生的费用,依法不属于《企业破产法》所规定的破产费用。原审将上述费用认定为破产费用不当,应予纠正。

针对第三个焦点问题,根据《企业破产法》第113条的规定,破产财产在优先清偿破产费用和共益债务后,依照下列顺序清偿:(1)破产人所欠职工的工资和医疗、伤残补助、抚恤费用,所欠的应当划入职工个人账户的基本养老保险金、基本医疗保险费用,以及法律、行政法规规定应当支付给职工的补偿金;(2)破产人欠缴的除前项规定以外的社会保险费用和破产人所欠税款;(3)普通破产债权。该规定明确了破产人所欠税款在破产清偿程序中的顺序。被上诉人所依据的《税收征收管理法》《营业税暂行条例》等法律、法规仅是为被上诉人履行扣缴职责的行为、确定纳税义务主体以及确定纳税数额等事项提供的法律、法规依据。上述法律、法规虽不与《企业破产法》相冲突,但并不能作为认定所扣缴的税款属于破产费用并具有符合《企业破产法》第113条规定的优先清偿的依据。最高人民法院国税函(2005)869号《关于人民法院强制执行被上诉人财产有关税收问题的复函》不适用本案,原审法院适用该函认定本案事实不当,本院予以纠正。现吴忠宁燕塑料工业有限公司申请破产案件尚未进入《企业破产法》第115条、第116条所规定的分配清偿程序,被上诉人即实施扣缴行为明显违反《企业破产法》第113条的规定,该税收强制执行行为违法,原审认定该行政行为合法错误,应予纠正。此外,被上诉人在履行征收行为过程中,在未明确土地权属变更登记前是否应优先确保税收入缴的情况下,向吴忠市国土资源局出具《税务事项通知书》,存在重大瑕疵,该瑕疵不能成为被上诉人"转嫁"责任承担主体及超越《企业破产法》第113条的规定实施扣缴行为的事由。

综上所述,原审判决认定事实不清,适用法律错误,应予以撤销。被上诉人利通地税局的税收强制扣缴行为虽然主体和程序合法,但该行为存在重大瑕疵,并且明显违反法律规定。2017年12月25日,吴忠市中级人民法院判决:(1)撤销宁夏回族自治区吴忠市利通区人民法院(2017)宁0302行初13号行政判决;(2)撤销被上诉人利通地税作出的吴利地税强扣〔2016〕01号税收强制执行决定。

第一百一十七条 对于附生效条件或者解除条件的债权,管理人应当将其分配额提存。

管理人依照前款规定提存的分配额,在最后分配公告日,生效条件未成就或者解除条件成就的,应当分配给其他债权人;在最后分配公告日,生效条件成就或者解除条件未成就的,应当交付给债权人。

【立法沿革】

《破产法》(1995年草案)

第一百六十条 对于附解除条件的债权,债权人提供相当的担保后,可以受领分配。

前款所称债权人受领分配后,其债权所附条件在最后分配公告后三十日内并未成就,免除其已提供的担保责任;交付担保物的,应返还其担保物。其债权所附条件在最后分配公告后三十日内成就的,应当追还已受领的分配。

第一百六十一条 对于附停止条件的债权,债权人接受破产分配的,由破产清算人提存其分配额。

前款的规定,准用于债权人未提供相当担保的附解除条件债权。

破产清算人依前二款所为提存分配额,在最后分配公告后三十日内停止条件未成就的或者附解除条件成就的,应当分配给其他债权人;在最后分配公告后三十日内,附停止条件成就的或者附解除条件未成就的,已提存的分配额应当交付给债权人。

《企业破产与重整法》(2000年6月草案)

第一百四十六条 对于附解除条件的债权,债权人提供相当的担保后,可以受领分配。

前款所称债权人受领分配后,其债权所附条件在最后分配公告后三十日内并未成就,免除其已提供的担保责任;交付担保物的,应返还其担保物。其债权所附条件在最后分配公告后三十日内成就的,应当追还已受领的分配。

第一百四十七条 对于附停止条件的债权,债权人接受破产分配的,由破产清算人提存其分配额。

前款的规定,准用于债权人未提供相当担保的附解除条件债权。

破产清算人依前二款所为提存分配额,在最后分配公告后三十日内停止条件未成就的或者附解除条件成就的,应当分配给其他债权人;在最后分配公告后三十日内,附停止条件成就的或者附解除条件未成就的,已提存的分配额应当交付给债权人。

《企业破产与重整法》(2000年12月草案)

第一百四十一条 对于附条件的债权,由管理人提存或其他方式预留其分配额。

管理人依照前款所预留的分配额,在最后分配公告日停止条件未成就或者解除条件成就的,应当分配给其他债权人;在最后分配公告日,停止条件成就的或者解除条件未成就的,已预留的分配额应当交付给债权人。

《企业破产与重整法》(2001年1月草案)

第八十九条 对于附条件的债权,由管理人提存或其他方式预留其分配额。

管理人依照前款所预留的分配额,在最后分配公告日停止条件未成就或者解除条件成就的,应当分配给其他债权人;在最后分配公告日,停止条件成就的或者解除条件未成就的,已预留的分配额应当交付给债权人。

《企业破产法》(2004年3月草案A版)

第一百三十九条 对于附条件的债权,由管理人提存。

管理人依照前款提存分配额,在最后分配公告日停止条件未成就或者解除条件成就的,应当分配给其他债权人;在最后分配公告日,停止条件成就的或者解除条件未成就的,该分配额应当交付给债权人。

《企业破产法》(2004年3月草案B版)

第一百三十八条 对于附条件的债权,由管

理人提存。

管理人依照前款提存分配额，在最后分配公告日停止条件未成就或者解除条件成就的，应当分配给其他债权人；在最后分配公告日，停止条件成就的或者解除条件未成就的，该分配额应当交付给债权人。

《企业破产法》（2004 年 6 月草案）

第一百四十一条　对于附条件的债权，由管理人提存。

管理人依照前款提存的破产财产分配额，在最后分配公告日，停止条件未成就或者解除条件成就的，应当分配给其他债权人；在最后分配公告日，停止条件成就的或者解除条件未成就的，应当交付给债权人。

《企业破产法》（2004 年 10 月草案）

第一百三十一条　对于附条件的债权，由管理人提存。

管理人依照前款提存的破产财产分配额，在最后分配公告日，停止条件未成就或者解除条件成就的，应当分配给其他债权人；在最后分配公告日，停止条件成就的或者解除条件未成就的，应当交付给债权人。

【条文释义】

本条规定的是附生效条件或者附解除条件的债权在破产分配中的处理。

对于这里提及的"提存"，按照王卫国的看法，即管理人在执行破产分配时，依法将给付标的物交给提存机关或者法院指定的机构，留待进一步处理。[1]

无论是"附生效条件……的债权"，还是"附……解除条件的债权"，都可以大体视为民事法律行为概念和原则在破产程序中的应用。按照我国 2020 年《民法典》，民事法律行为可以附条件。《民法典》对附生效条件合同和附解除条件合同的规定，可以有助于我们理解究竟什么是"附生效条件……的债权"和"附……解除条件的债权"。

本条共有 2 款。分款评注如下：

第 1 款："对于附生效条件或者解除条件的债权，管理人应当将其分配额提存。"

本款明确，管理人有义务为附生效条件或者附解除条件的债权，预先提存其分配额。

准确理解本款，首先需要准确理解这里"附生效条件……的债权"和"附……解除条件的债权"。按照韩传华的界定，这里"附生效条件……

的债权"，即在管理人拟定破产财产分配方案时，债权人对破产人拥有但其生效条件尚未成就的债权；这里"附……解除条件的债权"，即管理人拟定破产财产分配方案时，债权人对破产人拥有且其解除条件尚未成就的债权。[2]

第 2 款："管理人依照前款规定提存的分配额，在最后分配公告日，生效条件未成就或者解除条件成就的，应当分配给其他债权人；在最后分配公告日，生效条件成就或者解除条件未成就的，应当交付给债权人。"

本款规定了管理人为"附生效条件……的债权"和"附……解除条件的债权"所提存的分配额具体处理原则。本款共设定两种情况，即附生效条件的债权生效条件成就或不成就、附解除条件的债权解除条件成就或不成就。

上述情况下管理人在最后分配公告日的处理方案，可以如下图所示：

成就状况 \ 类型	"附生效条件……的债权"	"附……解除条件的债权"
成就	交付给债权人	分配给其他债权人
不成就	分配给其他债权人	交付给债权人

本款分为 2 层含义：

第 1 层："管理人依照前款规定提存的分配额，在最后分配公告日，生效条件未成就或者条件成就的，应当分配给其他债权人。"

本层确认，在最后分配公告日届期时，如果附生效条件的债权其生效条件未成就，或者附解除条件的债权其解除条件成就，那么管理人应将其提存额分配给其他债权人。

第 2 层："在最后分配公告日，生效条件成就或者解除条件未成就的，应当交付给债权人。"

本层确认，在最后分配公告日届期时，如果附生效条件的债权其生效条件成就，或者附解除条件的债权其解除条件不成就，那么管理人应将其提存额，分配给债权人。

【关联法律法规及司法政策】

《民法典》（2020）

第一百五十八条　民事法律行为可以附条件，但是根据其性质不得附条件的除外。附生效

---

[1] 参见王卫国：《破产法精义》（第 2 版），法律出版社 2020 年版，第 372 页。
[2] 参见韩传华：《企业破产法解析》，人民法院出版社 2007 年版，第 345—346 页。

条件的民事法律行为,自条件成就时生效。附解除条件的民事法律行为,自条件成就时失效。

第一百五十九条 附条件的民事法律行为,当事人为自己的利益不正当地阻止条件成就的,视为条件已经成就;不正当地促成条件成就的,视为条件不成就。

第一百六十条 民事法律行为可以附期限,但是根据其性质不得附期限的除外。附生效期限的民事法律行为,自期限届至时生效。附终止期限的民事法律行为,自期限届满时失效。

【裁判要旨】
案例
交通银行股份有限公司杭州西湖区支行与浙江清水湾置业有限公司普通破产债权确认纠纷案

法院:浙江省杭州市中级人民法院

案号:(2016)浙01民终1693号

事实:上诉人交通银行股份有限公司杭州西湖区支行因与被上诉人浙江清水湾置业有限公司(以下简称清水湾公司)普通破产债权确认纠纷一案,不服杭州市西湖区人民法院(2015)杭西商初字第2062号民事判决,向杭州市中级人民法院提起上诉。

清水湾公司开发位于杭州市余杭区中泰街道的华门新西湖小镇项目。清水湾公司大约从2011年开始,预售新西湖小镇五期的商品房。清水湾公司与买房人(借款人)、交通银行陆续签订个人房产抵押贷款合同。该合同约定合同项下借款的担保方式为阶段性保证担保加抵押,由清水湾公司提供阶段性保证担保,即清水湾公司在合同签订之日起至借款人取得《房屋所有权证》止,办妥正式抵押登记手续并向将贷款人交付他项权证之日止,为借款人的债务承担连带保证责任。个人房产抵押贷款合同还约定,当借款人所作陈述与保证不真实、违反本合同约定,丧失民事行为能力等情况时,交通银行有权宣布提前到期,要求借款人立即偿还到期贷款。之后,交通银行陆续发放贷款。因清水湾公司资金链断裂,逾期交房,部分买房人通过余杭法院调解退房,部分买房人出现停止还贷的情况。

2014年8月20日,原审法院裁定受理清水湾公司的重整申请。

交通银行于2015年5月15日向管理人申报债权28955103.67元(所有91户借款人的贷款余额,截至2014年8月20日,其中包括18户退房户和3户已逾期的购房户)。管理人确认交通银行对清水湾公司拥有6132021.28元普通债权(退房户的贷款余额、已逾期的购房户的贷款余额),对剩余仍正常按期归还的70户购房人的按揭贷款余额22823082.39元不予确认。交通银行对此有异议,故向原审法院提起诉讼。在诉讼中,交通银行明确其原申报时正常按揭的70户客户,之后至起诉时又有3户逾期,管理人同意其补充申报。

原审法院一审判决驳回交通银行的诉讼请求。交通银行不服,向杭州市中级人民法院提起上诉。

裁判要旨:在保证人进入破产程序后,主合同尚在履行之中,主债务尚不确定,《个人房产抵押贷款合同》约定的保证人承担保证责任的条件亦尚未成就时,债权人请求将尚在正常还贷部分的贷款余额为保证人破产债权的诉讼请求缺乏法律依据。

裁判理由:杭州市中级人民法院认为:根据交通银行提交的《个人房产抵押贷款合同》,清水湾公司为各借款人提供的是阶段性保证担保。现清水湾公司进入破产重整程序,交通银行要求将借款人在正常还贷部分的贷款余额亦确认为清水湾公司的破产债权。但交通银行并未向相关借款人或保证人清水湾公司宣布相关贷款提前到期,交通银行与该部分借款人之间的主合同尚在履行之中,主债务尚不确定,《个人房产抵押贷款合同》约定的保证人清水湾公司承担保证责任的条件亦尚未成就。原审法院依照最高人民法院《关于审理企业破产案件若干问题的规定》第55条第10项的规定,未予支持交通银行要求确认借款人尚在正常还贷部分的贷款余额为清水湾公司破产债权的诉讼请求并无不当。交通银行的上诉理由不能成立,对其上诉请求本院予以支持。原审判决认定事实清楚,适用法律正确,审判程序合法。2016年5月30日,杭州市中级人民法院判决驳回上诉,维持原判。

第一百一十八条 债权人未受领的破产财产分配额,管理人应当提存。债权人自最后分配公告之日起满二个月仍不领取的,视为放弃受领分配的权利,管理人或者人民法院应当将提存的分配额分配给其他债权人。

【立法沿革】

《企业破产法(试行)》(1986)

第三十八条 破产财产分配完毕,由清算组提请人民法院终结破产程序。破产程序终结后,未得到清偿的债权不再清偿。

《破产法》(1995年草案)

第一百六十二条 债权人未受领的分配额,破产清算人应当提存。

债权人在最后分配公告后六十日内仍不领取的,视为放弃受领分配的权利,破产清算人应当将提存的分配额分配给其他债权人。

《企业破产与重整法》(2000年6月草案)

第一百四十八条　债权人未受领的分配额,破产清算人应当提存。

债权人在最后分配公告后六十日内仍不领取的,视为放弃受领分配的权利,破产清算人应当将提存的分配额分配给其他债权人。

《企业破产与重整法》(2000年12月草案)

第一百四十二条　债权人未受领的分配额,管理人应当提存。

债权人在最后分配公告后六十日内仍不领取的,视为放弃受领分配的权利,管理人应当将提存的分配额分配给其他债权人。

《企业破产与重整法》(2001年1月草案)

第九十条　债权人未受领的分配额,管理人应当提存。

债权人在最后分配公告后六十日内仍不领取的,视为放弃受领分配的权利,管理人应当将提存的分配额分配给其他债权人。

《企业破产法》(2004年3月草案A版)

第一百四十条　债权人未受领的分配额,管理人应当提存。

债权人在最后分配公告后六十日内仍不领取的,视为放弃受领分配的权利,管理人应当将提存的分配额分配给其他债权人。

《企业破产法》(2004年3月草案B版)

第一百三十九条　债权人未受领的分配额,管理人应当提存。

债权人在最后分配公告后六十日内仍不领取的,视为放弃受领分配的权利,管理人应当将提存的分配额分配给其他债权人。

《企业破产法》(2004年6月草案)

第一百四十二条　债权人未受领的分配额,管理人应当提存。

债权人在最后分配公告后二个月内仍不领取的,视为放弃受领分配的权利,管理人应当将提有的分配额分配给其他债权人。

《企业破产法》(2004年10月草案)

第一百三十二条　债权人未受领的破产分配额,管理人应当提存。

债权人自最后分配公告之日起满二个月仍不领取的,视为放弃受领分配的权利,管理人或者人民法院应当将提存的分配额分配给其他债权人。

【条文释义】

本条规定债权人未受领破产财产分配额的处理思路及最终方案。

准确理解本条,需要先理解这里的"未受领"。按照韩传华的解释,这里的"未受领"是因为债权人自身的因素,比如货币分配时明确声明放弃或者不提供账户也不安排专人受领、非货币分配时不为受领提供必要的协助和配合等等,导致管理人无法向债权人交付其有权受领的破产财产分配额。[1]

本条分为2层含义:

第1层:"债权人未受领的破产财产分配额,管理人应当提存。"

本层确认,管理人应当将债权人未受领的破产财产分配额暂时提存。

第2层:"债权人自最后分配公告之日起满二个月仍不领取的,视为放弃受领分配的权利,管理人或者人民法院应当将提存的分配额分配给其他债权人。"

本层确认,在管理人提存债权人未受领的破产财产分配额2个月后,如果相关债权人仍不领取,则可以视为相关债权人弃权,管理人或者法院则应当将已经提存的分配额,分配给其他债权人。

另外,按照韩传华的观点,债权申报中有两种情况亦应援引本条处理:第一,债权人在债权申报期限届满后,试图变更减少债权申报金额的,如相关变更请求发生在债权人会议通过和法院裁定之前,则管理人可以直接修改破产财产分配方案;如相关变更请求发生在债权人会议通过和法院裁定之后,则视为债权人"放弃受领分配",适用本条处理。第二,债权人在债权申报期限内撤销债权申报的,如果相关请求发生在债权申报期限内,则管理人应删除其债权登记;如果撤销发生在债权申报期限之后、债权人会议通过和法院裁定认可之前,则管理人需要对债权登记表直接修改;如果撤销行为发生在债权人会议通过和法院裁定认可之后,则视为债权人"放弃受领分配",适用本条处理。[2]

---

[1] 参见韩传华:《企业破产法解析》,人民法院出版社2007年版,第347页。
[2] 参见韩传华:《企业破产法解析》,人民法院出版社2007年版,第201页。

【关联法律法规及司法政策】

《民法典》(2020)

第五百七十条 有下列情形之一，难以履行债务的，债务人可以将标的物提存：

（一）债权人无正当理由拒绝受领；

（二）债权人下落不明；

（三）债权人死亡未确定继承人、遗产管理人，或者丧失民事行为能力未确定监护人；

（四）法律规定的其他情形。

标的物不适于提存或者提存费用过高的，债务人依法可以拍卖或者变卖标的物，提存所得的价款。

第五百七十一条 债务人将标的物或者将标的物依法拍卖、变卖所得价款交付提存部门时，提存成立。

提存成立的，视为债务人在其提存范围内已经交付标的物。

第一百一十九条 破产财产分配时，对于诉讼或者仲裁未决的债权，管理人应当将其分配额提存。自破产程序终结之日起满二年仍不能受领分配的，人民法院应当将提存的分配额分配给其他债权人。

【立法沿革】

《企业破产法（试行）》(1986)

第三十八条 破产财产分配完毕，由清算组提请人民法院终结破产程序。破产程序终结后，未得到清偿的债权不再清偿。

《破产法》(1995年草案)

第一百六十三条 在破产分配时，对于有异议的债权或者涉讼未决的债权，破产清算人应当提存其分配额。但是，在破产程序终结后经过二年仍不能受领分配的，人民法院应当将其提存分配额分配给其他债权人。

《企业破产与重整法》(2000年6月草案)

第一百四十九条 在破产分配时，对于有异议的债权或者涉讼未决的债权，破产清算人应当提存其分配额。但是，在破产程序终结后经过两年仍不能受领分配的，人民法院应当将其提存分配额分配给其他债权人。

《企业破产与重整法》(2000年12月草案)

第一百四十三条 在破产分配时，对于有异议的债权或者涉讼未决的债权，管理人应当提存其分配额。但是，在破产程序终结后经过二年仍不能受领分配的，人民法院应当将其提存分配额分配给其他债权人。

《企业破产与重整法》(2001年1月草案)

第九十一条 在破产分配时，对于诉讼或者仲裁未决的债权，管理人应当提存其分配额。但是，在破产程序终结后经过二年仍不能受领分配的，人民法院应当将其提存分配额分配给其他债权人。

《企业破产法》(2004年3月草案A版)

第一百四十一条 在破产分配时，对于诉讼或者仲裁未决的债权，管理人应当将其分配额提存。但是，在破产程序终结后经过二年仍不能受领分配的，人民法院应当将其提存分配额分配给其他债权人。

《企业破产法》(2004年3月草案B版)

第一百四十条 在破产分配时，对于诉讼或者仲裁未决的债权，管理人应当将其分配额提存。但是，在破产程序终结后经过二年仍不能受领分配的，人民法院应当将其提存分配额分配给其他债权人。

《企业破产法》(2004年6月草案)

第一百四十三条 在破产财产分配时，对于诉讼或者仲裁未决的债权，管理人应当将其分配额提存。但是，在破产程序终结之日起二年内仍不能受领分配的，人民法院应当将其提存分配额分配给其他债权人。

《企业破产法》(2004年10月草案)

第一百三十三条 在破产财产分配时，对于诉讼或者仲裁未决的债权，管理人应当将其分配额提存。但是，在破产程序终结之日起满二年，仍不能受领分配的，人民法院应当将提存分配额分配给其他债权人。

【条文释义】

本条规定未决债权的提存及处理原则。

本条分为2层含义：

第1层："破产财产分配时，对于诉讼或者仲裁未决的债权，管理人应当将其分配额提存。"

本层明确，管理人有义务在破产财产分配时，为诉讼或者仲裁未决的债权预先提存其分配额。

这里的问题在于，既然债权因为诉讼或者仲裁未决，则其债权额本身处于不确定状态。在这种情况下，管理人拟定分配方案时，理论上无法知道未确定债权的确切债权额，究竟如何处理，《企业破产法》并未规定。根据《企业破产法》第59条第2款的规定，债权额因诉讼或仲裁未决无法确定时，债权人可以请求法院临时确定债权额，以便允许债权额未定的债权人参加债权人会议。但这一临时确定的债权额，显然不适用于破产财的分配,管理人亦不能参照该债权额而提存其分配额。

对此,韩传华认为,在债权额因诉讼或仲裁而未决情况下,管理人在提存分配额时,应该以未决债权的全部金额作为计算提存分配额的依据,以防止已决债权超过管理人确定金额且破产财产已经分配完毕,进而导致已决债权无法通过破产程序清偿的情形;另外,管理人也应充分考虑未决债权的种类,确定其是否享有担保;如果不涉及担保,则确定其在清偿顺位中的合理顺序。①

第2层:"自破产程序终结之日起满二年仍不能受领分配的,人民法院应当将提存的分配额分配给其他债权人。"

本层确认,如果自破产程序终结之日且满2年,债权人仍不能受领分配,则视为债权人放弃受领,法院可以依职权将前述提存的分配额,分配给其他债权人。

第三节 破产程序的终结

第一百二十条 破产人无财产可供分配的,管理人应当请求人民法院裁定终结破产程序。

管理人在最后分配完结后,应当及时向人民法院提交破产财产分配报告,并提请人民法院裁定终结破产程序。

人民法院应当自收到管理人终结破产程序的请求之日起十五日内作出是否终结破产程序的裁定。裁定终结的,应当予以公告。

【立法沿革】

《企业破产法(试行)》(1986)

第三十八条 破产财产分配完毕,由清算组提请人民法院终结破产程序。破产程序终结后,未得到清偿的债权不再清偿。

《破产法》(1995年草案)

第一百六十四条 破产清算人按照破产分配方案实施破产分配不能的,可以请求人民法院裁定终结破产案件。

破产清算人在最后分配完结后,应当及时向人民法院提交破产财产分配报告,并提请人民法院裁定终结破产案件。

人民法院收到破产清算人要求终结破产案件的请求后,应当在三十日内作出是否终结破产案件的裁定。

《企业破产与重整法》(2000年6月草案)

第一百五十条 破产清算人按照破产分配方案实施破产分配不能的,可以请求人民法院裁定终结破产案件。

破产清算人在最后分配完结后,应当及时向人民法院提交破产财产分配报告,并提请人民法院裁定终结破产案件。

人民法院收到破产清算人要求终结破产案件的请求后,应当在三十日内作出是否终结破产案件的裁定。

《企业破产与重整法》(2000年12月草案)

第一百四十四条 管理人按照破产分配方案实施破产分配不能的,可以请求人民法院裁定终结破产案件。

管理人在最后分配完结后,应当及时向人民法院提交破产财产分配报告,并提请人民法院裁定终结破产案件。

人民法院收到管理人要求终结破产案件的请求后,应当在三十日内作出是否终结破产案件的裁定。

《企业破产与重整法》(2001年1月草案)

第九十二条 管理人按照破产分配方案实施破产分配不能的,可以请求人民法院裁定终结破产案件。

管理人在最后分配完结后,应当及时向人民法院提交破产财产分配报告,并提请人民法院裁定终结破产案件。

人民法院收到管理人要求终结破产案件的请求后,应当在三十日内作出是否终结破产案件的裁定。

《企业破产法》(2004年3月草案A版)

第一百四十二条 债务人无财产可供分配的,管理人可以请求人民法院裁定终结破产案件。

管理人在最后分配完结后,应当及时向人民法院提交破产财产分配报告,并提请人民法院裁定终结破产案件。

人民法院收到管理人要求终结破产案件的请求后,应当在十五日内作出是否终结破产案件的裁定。

《企业破产法》(2004年3月草案B版)

第一百四十一条 债务人无财产可供分配的,管理人可以请求人民法院裁定终结破产案件。

管理人在最后分配完结后,应当及时向人民

---

① 参见韩传华:《企业破产法解析》,人民法院出版社2007年版,第347—349页。

第一百二十条

法院提交破产财产分配报告,并提请人民法院裁定终结破产案件。

人民法院收到管理人要求终结破产案件的请求后,应当在十五日内作出是否终结破产案件的裁定。

《企业破产法》(2004 年 6 月草案)

第一百四十四条 债务人无财产可供分配的,管理人可以请求人民法院裁定终结破产案件。

管理人在最后分配完结后,应当及时向人民法院提交破产财产分配报告,并提请人民法院裁定终结破产案件。

人民法院收到管理人要求终结破产案件的请求后,应当在十五日内作出是否终结破产案件的裁定。

《企业破产法》(2004 年 10 月草案)

第一百三十四条 债务人无财产可供分配的,管理人可以请求人民法院裁定终结破产案件。

管理人在最后分配完结后,应当及时向人民法院提交破产财产分配报告,并提请人民法院裁定终结破产案件。

人民法院应当自收到管理人要求终结破产案件的请求之日起十五日内作出终结破产案件的裁定。裁定终结的,应当予以公告。

【条文释义】

本条规定的是破产宣告后破产程序终结的情形。

王卫国指出,破产程序的终结存在两种可能:有可能破产程序的预期目标已实现,也有可能破产程序预期目标未实现;无论哪种情况,都不影响破产程序不可逆转地结束。①

根据本条的文本,破产宣告后破产程序可以在两种情况下终结,即无财产可供分配和最后分配完结。

本条共分 3 款。分款评注如下:

第 1 款:"破产人无财产可供分配的,管理人应当请求人民法院裁定终结破产程序。"

本款确认,如果破产人无财产可供分配,再继续进行破产清算程序将毫无意义,因此管理人应当请求法院,裁定终结破产程序。

对于这里的"破产人无财产可供分配",按照韩传华的界定,是指破产人在优先支付担保债权、破产费用和共益费用之后,出现的"无财产可供分配"的情形;鉴于破产财产分配方案与破产财产的数量密切相关,这种情形通常会出现在管理人拟订破产财产分配方案之前。②

这种情形,可以分为两种可能的情形:一种是破产财产不足以支付破产费用和共益债务,因而不可能有破产财产可供分配;另一种是破产财产足以支付破产费用和共益债务,但无剩余财产可供破产债权人分配。③

韩传华认为,在这种情况下,管理人应该按照《企业破产法》第 109 条、第 113 条以及第 132 条的规定,将本应用于优先偿还担保债权的破产费用,优先用于偿还职工债权。④

第 2 款:"管理人在最后分配完结后,应当及时向人民法院提交破产财产分配报告,并提请人民法院裁定终结破产程序。"

按照本款规定,在最后分配完结后,管理人有义务向法院提交破产财产分配报告,同时提请法院裁定终结破产程序。

这里的"最后分配完结",即管理人已经按照《企业破产法》第 116 条规定,将已经变价的破产财产和不需要变价的破产财产,全部分配给债权人,完成最后分配,同时完成公告事宜。⑤ 在这种情况下,破产清算程序已经完成所有必要环节,管理人向法院提交破产财产分配报告,请求法院裁定终结破产程序,显得十分必要和及时。

对于这里的"破产财产分配报告",其内容需要涉及分配额的提存、提存后的交付条件和分配办法等;管理人在提交"破产财产分配报告"的同时,也应该将提存的款项或者剩余的财产移交给法院。⑥

第 3 款:"人民法院应当自收到管理人终结破产程序的请求之日起十五日内作出是否终结破产程序的裁定。裁定终结的,应当予以公告。"

本款确认,破产程序的终结流程:第一,管理人向法院提出请求;第二,法院在 15 日内作出是否终结的裁定;第三,如果裁定终结,就裁定终结破产程序事宜做出公告。

本款又分 2 层含义:

---

① 参见王卫国:《破产法精义》(第 2 版),法律出版社 2020 年版,第 377—378 页。
② 参见韩传华:《企业破产法解析》,人民法院出版社 2007 年版,第 353 页。
③ 参见王卫国:《破产法精义》(第 2 版),法律出版社 2020 年版,第 377 页。
④ 参见韩传华:《企业破产法解析》,人民法院出版社 2007 年版,第 353 页。
⑤ 参见《中华人民共和国企业破产法》起草组编:《〈中华人民共和国企业破产法〉释义》,人民出版社 2006 年版,第 338 页;韩传华:《企业破产法解析》,人民法院出版社 2007 年版,第 353 页。
⑥ 参见韩传华:《企业破产法解析》,人民法院出版社 2007 年版,第 353 页。

第1层:"人民法院应当自收到管理人终结破产程序的请求之日起十五日内作出是否终结破产程序的裁定。"

本层确认,终结破产需要管理人先向法院申请,法院需要在15日作出是否终结的裁定。这也就是说,管理人申请是启动终结破产程序裁定的扳机;如果管理人未申请,法院不能依照职权直接启动破产程序终结的裁定。如果管理人未申请终结破产程序,那么法院只能支持破产程序继续进行。这也对管理人监测破产财产分配状况、切实并尽心尽力履职,提出了特定的要求。

按照韩传华的观点,法院审查是否依据《企业破产法》本条规范裁定终结破产程序,需要审查如下三个要素,并在这些因素全部得出肯定性答复后,才能裁定终结破产程序:第一,破产财产分配方案涉及的分配是否已确实完结;第二,管理人提交的破产财产分配报告是否清楚;第三,提存的款项和财产是否已移交完毕。①

依据《企业破产法》第25条第1款的规定,并不能直接发现管理人提请终结破产程序请求的职责。因此,只能将之理解为《企业破产法》第25条第2款规定的"本法对管理人的职责另有规定的,适用其规定"。

第2层:"裁定终结的,应当予以公告。"

本层规定,如果法院应管理人的请求裁定终结破产程序,应该对外予以公告。

王卫国指出,破产程序一旦终结,将产生如下法律效果:(1)债务人的有关人员不再负有各种《企业破产法》第15条规定的义务;(2)未决诉讼提存额的存续期间开始;(3)管理人办理注销期限开始;(4)法院追加分配期限开始;(5)破产人的董事、监事、高级管理人员的义务限制开始。②

【关联法律法规及司法政策】

最高人民法院《全国法院破产审判工作会议纪要》(2018)

30.破产清算程序的终结。人民法院终结破产清算程序应当以查明债务人财产状况、明确债务人财产的分配方案、确保破产债权获得依法清偿为基础。破产申请受理后,经管理人调查,债务人财产不足以清偿破产费用且无人代为清偿或垫付的,人民法院应当依管理人申请宣告破产并裁定终结破产清算程序。

第一百二十一条 管理人应当自破产程序终结之日起十日内,持人民法院终结破产程序的裁定,向破产人的原登记机关办理注销登记。

【立法沿革】

《企业破产法(试行)》(1986)

第三十九条 破产程序终结后,由清算组向破产企业原登记机关办理注销登记。

《破产法》(1995年草案)

第一百六十五条 破产清算人应当持人民法院关于终结破产案件的裁定,于破产案件终结后十日内,向破产企业的原登记机关办理注销登记。

《企业破产与重整法》(2000年6月草案)

第一百五十一条 破产清算人应当持人民法院关于终结破产案件的裁定,于破产案件终结后十日内,向破产企业的原登记机关办理注销登记。

《企业破产与重整法》(2000年12月草案)

第一百四十五条 管理人应当持人民法院关于终结破产案件的裁定,于破产案件终结后十日内,向破产企业的原登记机关办理注销登记。

《企业破产与重整法》(2001年1月草案)

第九十三条 管理人应当持人民法院关于终结破产案件的裁定,于破产案件终结后十日内,向破产企业的原登记机关办理注销登记。

《企业破产法》(2004年3月草案A版)

第一百四十三条 管理人应当持人民法院关于终结破产案件的裁定,于破产案件终结后十日内,向破产企业的原登记机关办理注销登记。

《企业破产法》(2004年3月草案B版)

第一百四十二条 管理人应当持人民法院关于终结破产案件的裁定,于破产案件终结后十日内,向破产企业的原登记机关办理注销登记。

《企业破产法》(2004年6月草案)

第一百四十五条 管理人应当持人民法院关于终结破产案件的裁定,于破产案件终结后十日内,向破产企业的原登记机关办理注销登记。

《企业破产法》(2004年10月草案)

第一百三十五条 管理人应当持人民法院关于终结破产案件的裁定,于破产案件终结之日起十日内,向破产企业的原登记机关办理注销登记。

【条文释义】

本条规定的是管理人在破产程序终结之后的办理注销登记的职责。

---

① 参见韩传华:《企业破产法解析》,人民法院出版社2007年版,第353页。
② 参见王卫国:《破产法精义》(第2版),法律出版社2020年版,第379—380页。

按照本条的规定,在法院裁定终结破产程序并公告之后,持人民法院终结破产程序的裁定,向破产人的原登记机关办理注销登记。

韩传华认为,这里的办理注销登记只能是破产宣告后、破产程序终结的注销登记;如果在破产宣告前、破产程序终结时办理注销登记,则需要援引《企业破产法》第 43 条第 4 款规定,即"债务人财产不足以清偿破产费用的,管理人应当提请人民法院终结破产程序。人民法院应当自收到请求之日起十五日内裁定终结破产程序,并予以公告"。然后再援引本条规定办理企业注销登记。①

本条职责并未规定在《企业破产法》第 25 条第 1 款中;因此,亦只能将之理解成为《企业破产法》第 25 条第 2 款所加诸管理人的职责,亦即"本法对管理人的职责另有规定的,适用其规定"。

【关联法律法规及司法政策】

《民法典》(2020)

第七十三条 法人被宣告破产的,依法进行破产清算并完成法人注销登记时,法人终止。

【裁判要旨】

案例 1

连云港市第三建筑工程公司与连云港市三剑管桩厂、连云港市天豪基础工程有限公司房屋租赁合同纠纷案

法院:江苏省连云港市中级人民法院

案号:(2017)苏 07 民终 3177 号

事实:上诉人连云港市三剑管桩厂(以下简称三剑管桩厂)因与被上诉人连云港市第三建筑工程公司(以下简称第三公司)及原审被告连云港市天豪基础工程有限公司(以下简称天豪公司)房屋租赁合同纠纷一案,不服连云港市海州区人民法院(2015)海民初字第 5802 号民事判决,向连云港市中级人民法院提起上诉。

2013 年 10 月 16 日,连云港市中级人民法院裁定终结第三公司破产清算程序。第三公司未办理注销登记,2016 年 11 月 28 日的工商登记显示第三公司企业状态为吊销后未注销。

第三公司向一审法院起诉请求:(1)判令三剑管桩厂立即将租用的场地腾空交付第三公司;(2)判令三剑管桩厂承担自 2013 年 1 月 6 日起至 2015 年 2 月 5 日止的场地租金 156000 元;另承担自 2015 年 2 月 6 日起至将场地腾空交付第三公司止的场地租费(按 6000 元/月计算);(3)三剑管桩厂与天豪公司承担连带责任。一审诉讼中,第三公司增加诉讼请求:解除与三剑管桩厂、天豪公司的不定期租赁合同。

一审法院认为,根据《企业破产法》第 121、122 条,案件中第三公司未办理注销手续,工商登记显示状态为吊销未注销,其主体资格仍然存在,第三公司有权作为原告主张相关权利。一审法院判决后,三剑管桩厂不服判决,提起上诉。

裁判要旨:债务人企业在破产程序终结但尚未注销前,其主体资格依然存在,有权作为本案适格当事人主张相关权利。

裁判理由:连云港市中级人民法院认为,关于第三公司是否为本案适格当事人的问题,根据一审法院已查明的事实,第三公司虽已破产终结,但尚未注销,故其主体资格依然存在,有权作为本案适格当事人主张相关权利。综上,一审判决认定事实清楚,适用法律正确,应予维持。三剑管桩厂的上诉请求不能成立,应予驳回。2017 年 11 月 25 日,连云港市中级人民法院判决:驳回上诉,维持原判。

案例 2

剑阁县农业局与姚刚、广元市嘉禾拍卖有限公司拍卖合同纠纷案

法院:四川省广元市中级人民法院

案号:(2017)川 08 民终 332 号

事实:上诉人剑阁县农业局因与被上诉人姚刚、广元市嘉禾拍卖有限公司(以下简称嘉禾公司)拍卖合同纠纷一案,不服四川省广元市利州区人民法院(2016)川 0802 民初 1367 号民事判决,向广元市中级人民法院提起上诉。

2004 年 1 月 4 日,剑阁县人民法院受理剑阁县种子公司破产一案,破产清算组成立。2006 年 10 月 23 日,破产清算组与嘉禾公司订立《委托拍卖合同》,约定由嘉禾公司对剑阁县种子公司破产财产进行拍卖。同时,破产清算组向嘉禾公司提供剑阁县种子公司《资产评估报告摘要》,其中将花园和晒坝分别列为序号 5 资产和序号 6 资产。2007 年 3 月 30 日,嘉禾公司在《广元日报》刊登拍卖公告,该公告的拍卖标的中包括花园和晒坝。2007 年 4 月 6 日,姚刚与嘉禾公司订立《竞买协议》,其中约定的竞买拍卖标的为剑阁县种子公司破产财产,包括办公楼、职工食堂房屋所有权,标的建筑面积 1494 平方米,详见《资产评估报告书》。同时,姚刚与嘉禾公司订立《拍卖规则》。此《拍卖规则》内容与上述姚刚签署的《拍卖规则》内容一致,拍卖标的包括花园、晒坝。2007 年

---

① 参见韩传华:《企业破产法解析》,人民法院出版社 2007 年版,第 354 页。

4月6日,嘉禾公司对剑阁县种子公司破产资产进行拍卖,姚刚竞得部分拍卖标的,并与嘉禾公司签订《拍卖成交确认书》。

2013年12月11日,剑阁县人民法院裁定宣告终结剑阁县种子公司破产程序。2013年12月26日,剑阁县人民法院发出公告:破产财产已处理、分配完毕,破产程序终结后,未得到清偿的债权不再清偿,该公司相关善后工作交由其主管部门剑阁县农业局负责。

姚刚向一审法院起诉:请求确认姚刚与嘉禾公司签订的拍卖合同有效,并确认姚刚所购买的"破产财产1号标的"包括花园和晒坝,同时判令嘉禾公司、剑阁县农业局限期为姚刚办理所购买房屋及土地的过户。

一审法院判决:(1)姚刚竞买的由广元市嘉禾拍卖有限公司拍卖的原剑阁县种子公司"破产财产1号标的"包括花园和晒坝;(2)剑阁县农业局于判决生效后30日内协助姚刚办理原剑阁县种子公司"破产财产1号标的"中办公楼、职工食堂、花园和晒坝的过户登记;(3)驳回姚刚对广元市嘉禾拍卖有限公司的诉请。

上诉人剑阁县农业局不服判决,提起上诉。

裁判要旨:破产程序终结后,法院确认原债务人企业的主管部门负责处理债务人企业破产终结后相关善后工作,此善后工作包括根据《企业破产法》第121条、第122条规定的办理企业注销登记、相关证照移交过户等企业破产终结后遗留的问题。在这种情况下,在该部门持有原债务人企业的土地使用权证和房产证前提下,在诉请协助办理破产拍卖财产两证过户时,主管部门作为**被诉主体是适格的。**

裁判理由:广元市中级人民法院认为,关于上诉人是不是本案适格被诉主体的问题。根据剑阁县人民法院在宣告剑阁县种子公司破产终结时发布的公告,剑阁县农业局负责处理剑阁县种子公司破产终结后相关善后工作,此善后工作包括根据《企业破产法》第121条、第122条规定的办理企业注销登记、相关证照移交过户等企业破产终结后遗留的问题,剑阁县农业局作为原剑阁县种子公司的主管部门,又持有原剑阁县种子公司的土地使用权证和房产证,在被上诉人诉请协助办理破产拍卖财产两证过户时,剑阁县农业局作为被诉主体是适格的。

能否依据被上诉人姚刚签订的《拍卖成交确认书》,确认其购买的案涉财产中不包括花园和晒坝是本案双方当事人争执点。在被上诉人姚刚签字的拍卖成交确认书上没有花园和晒坝的记载,但纵观本案,被上诉人姚刚关于花园和晒坝应为其拍得的财产的主张成立。理由是:(1)根据剑阁县国土局为原剑阁县种子公司办理土地使用证时所附平面图,案涉花园和晒坝占用的土地登记在原剑阁县种子公司名下。上诉人提交的住户房屋产权证上登记的公摊面积不能证明案涉花园和晒坝系共用部分。(3)根据破产清算组于2006年10月23日与嘉禾公司签订的《委托拍卖合同》,嘉禾公司对原剑阁县种子公司进行整体拍卖的破产财产中包括案涉花园和晒坝。(3)在整体拍卖流拍后,根据剑阁县人民法院主持召开有破产清算组参加的协调会上,就委托拍卖的财产形成"化整为零"处置的意见。后破产清算组在嘉禾公司的《拍卖规则》上签字确认,原委托整体拍卖的财产分为两个标的,其中包括花园和晒坝在内的"破产财产1号标的"。(4)嘉禾公司于2007年3月30日在《广元日报》刊登的拍卖公告中,花园和晒坝是和原种子公司办公楼、食堂作为"破产财产1号标的"一起拍卖。(5)根据《拍卖法》第49条关于"拍卖师应当于拍卖前宣布拍卖规则和注意事项"的规定,破产清算组签字确认的《拍卖规则》系拍卖人根据委托人的委托制定。拍卖人一经宣布并与竞买人签订规则,亦应遵守该规则中相关内容。对竞买人而言,拍卖规则系其对拟购买的财产有竞买意思表示时,对拍卖人确定的财产拍卖方式、保证金及价款的交纳、拍卖财产的移交等规则愿意遵守所作的表示。虽被上诉人姚刚签字的《拍卖成交确认书》中没有案涉花园和晒坝,但不能否认嘉禾公司是将包括花园和晒坝在内的"破产财产1号标的"进行的拍卖,即被上诉人姚刚作为标的物拍得人购买的拍卖财产中包括案涉花园和晒坝。(6)案涉《会议纪要》中关于"新科职校竞得标的物不包括花园、球场、院坝、大门、门卫室等附属设施"的内容没有相应证据支持,也没有利害关系人签字同意的相关证据,故该《会议纪要》不能达到上诉人主张成立的目的。需要指出的是,被上诉人姚刚对案涉财产利用时,应本着方便生活、公平合理的精神,正确处理与住户之间的通行、采光等相邻关系,涉及需相关部门审批的,应严格按照相关规定执行。

综上所述,上诉人剑阁县农业局的上诉请求不成立,应予驳回;一审判决认定事实清楚,适用法律正确,应予维持。2017年5月9日,广元市中级人民法院判决:驳回上诉,维持原判。

第一百二十二条 管理人于办理注销登记完毕的次日终止执行职务。但是,存在诉讼或者仲裁未决情况的除外。

【立法沿革】

《破产法》(1995年草案)

第一百六十六条 破产清算人于办理注销登记完毕的次日起终止执行职务。

《企业破产与重整法》(2000年6月草案)

第一百五十二条 破产清算人于办理注销登记完毕的次日起终止执行职务。

《企业破产与重整法》(2000年12月草案)

第一百四十六条 管理人于办理注销登记完毕的次日起终止执行职务。

《企业破产与重整法》(2001年1月草案)

第九十四条 管理人于办理注销登记完毕的次日起终止执行职务。

《企业破产法》(2004年3月草案A版)

第一百四十四条 管理人于办理注销登记完毕的次日起终止执行职务。但有诉讼或者仲裁未决的除外。

《企业破产法》(2004年3月草案B版)

第一百四十三条 管理人于办理注销登记完毕的次日起终止执行职务。但有诉讼或者仲裁未决的除外。

《企业破产法》(2004年6月草案)

第一百四十六条 管理人于办理注销登记完毕的次日起终止执行职务。但有诉讼或者仲裁未决的除外。

《企业破产法》(2004年10月草案)

第一百三十六条 管理人于办理注销登记完毕的次日起终止执行职务。但存在诉讼或者仲裁未决情况的除外。

【条文释义】

本条规定的是管理人终止执行职务的时间及例外情形。依据本条的规定,破产人注销之后,主体资格消灭,正常情况下管理人应终止执行职务;但如果破产人涉及未决诉讼或仲裁,管理人依旧应该继续执行职务。

这条规定在理论层面留下了巨大的不确定性。任何诉讼和仲裁的结果,最终都可能意味着责任的承担。虽然管理人依据《企业破产法》第25条第1款第7项获得代理债务人或破产人的权利,但是未决诉讼和仲裁可能涉及的责任,在债务人主体资格灭失后,究竟应该由来谁承担?这的确是个不容回避的问题。尽管《企业破产法》第119条规定,管理人可以为未决诉讼或仲裁涉及的债权,预先提存分配额,但不允许管理人在注销完毕后终止执行职务,既不利于管理人其他工作的展开,也不利于管理人报酬的合理确定。较合理的制度设计,可能是依据《企业破产法》第20条、第47条等规定,由破产案件主管法院集中管辖未决诉讼,同时允许未决诉讼债权人申报债权,必要时由法院确定临时债权额;法院应尽快就未决诉讼作出判决,在当事人行使完程序内的救济权限后,再继续破产程序。

本条共分2层含义:

第1层:"管理人于办理注销登记完毕的次日终止执行职务。"

本层确认,在破产企业注销登记手续完毕的次日,管理人终止执行职务。

第2层:"但是,存在诉讼或者仲裁未决情况的除外。"

本层通过"但书"方式确认,如果还有涉及债务人企业的未决诉讼或者仲裁,则即便破产企业已完成注销登记,管理人依旧不能终止执行职务。

按照韩传华的解释,这里之所以有"但书"例外,是因为按照《企业破产法》第25条第1款第7项,管理人需要"代表债务人参加诉讼、仲裁或者其他法律程序";即便债务人在破产程序终结后已完成注销登记,但仍可能会涉及未决的诉讼或仲裁,故应例外规定,如果存在诉讼或者仲裁未决情况,则管理人在办理注销完毕后仍旧不终止执行职务。[①]

【裁判要旨】

案例

上诉人兰州电机有限责任公司破产管理人与被上诉人康县三兴实业有限责任公司买卖合同纠纷案

法院:甘肃省高级人民法院

案号:(2013)甘民二终字第223号

事实:兰州电机有限责任公司(以下简称兰电公司)破产管理人与康县三兴实业有限责任公司(以下简称三兴实业公司)买卖合同纠纷一案,兰州市中级人民法院于2012年1月10日作出(2011)兰法民二初字第46号民事判决,三兴实业公司不服,向甘肃省高级人民法院提起上诉。甘肃省高级人民法院于2012年8月17日作出(2012)甘民二终字第119号民事裁定,撤销原审判决,发回重审。重审中,兰电公司破产清算组以原告身份申请参加诉讼,兰州市中级人民法院于2013年6月4日作出(2012)兰法民二初字第96

---

① 参见韩传华:《企业破产法解析》,人民法院出版社2007年版,第354—355页。

号民事判决,三兴实业公司仍不服,向甘肃省高级人民法院提起上诉。

兰电公司与康县叶子坝水电站筹建处于1997年1月29日签订了《工矿产品购销合同》,约定兰电公司供给康县叶子坝水电站筹建处水轮机、发电机等合计价值328万元的机电产品。合同签订后,兰电公司按合同约定履行交货义务,而对方未按合同支付货款。2004年3月,康县叶子坝水电站筹建处给兰电公司出具欠条一张。2008年5月26日,康县三兴矿业有限责任公司叶子坝水电厂就欠款事宜,向兰电公司发出《关于康县叶子坝水电厂申请减免债务的函》。2008年12月12日,兰电公司宣告破产。2010年4月16日康县三兴矿业有限责任公司名称变更为"康县三兴实业有限责任公司"。

兰电公司破产管理人于2010年5月6日向省工商行政管理部门递交了公司注销申请,甘肃省工商行政管理局于2010年5月24日做出准予注销登记通知。

2013年4月9日,甘肃省人民政府国有资产监督管理委员会致函原审法院,认为根据(2008)兰民破字第00004号民事裁定书,裁定兰电公司破产还债程序终结。兰电公司破产管理人应注销并终止执行职务。根据省财政厅审核确认,兰电公司破产费用缺口较大,目前仍有3000余名职工的安置费和经济补偿金未支付。建议由兰电公司破产清算组继续做好债权清偿及职工安置工作。兰电公司破产清算组遂以原告身份申请参加诉讼。

原审法院认为:关于被告提出的原告主体适格问题,依照《企业破产法》的规定,兰电公司管理人虽然于办理注销登记完毕的次日已经终止执行职务,但兰电公司破产清算过程中成立的清算组并未撤销,甘肃省人民政府国有资产监督管理委员会是政府授权的对国有资产代表国家履行出资人职责的部门,其根据兰电公司的具体情况,建议由兰电公司清算组继续做好债权清偿及职工安置工作,符合法律和行政法规的规定。原审法院认为,兰电公司清算组作为本案原告符合《企业破产法》及诉讼法的相关规定,三兴公司认为原告主体不适格的抗辩理由不能成立。

综上,一审法院判决:(1)被告三兴实业公司支付原告兰电公司破产清算组债款1236778.55元;(2)驳回原告兰电公司破产清算组的其他诉讼请求。案件受理费10984元,由被告三兴实业公司承担7324元,原告兰电公司破产清算组承担3660元;诉讼保全费5000元由被告三兴实业公司承担。

宣判后,三兴实业公司不服,向本院提起上诉。

裁判要旨:最高人民法院《关于审理企业破产案件若干问题的规定》第97条第2款规定:"破产程序终结后仍有可以追收的破产财产、追加分配等善后事宜需要处理的,经人民法院同意,可以保留清算组或者保留部分清算组成员。"破产程序已终止、管理人已终止执行职务情况下,经法院同意,继续存在的清算组可以作为原告行使诉讼权利。

裁判理由:甘肃省高级人民法院认为,本案兰电公司与原康县叶子坝水电站筹建处之间签订的《工矿产品购销合同》系双方当事人真实意思表示,不违反国家法律法规的规定,为合法有效合同。兰电公司依约履行合同,三兴实业公司未按约定付清货款,应承担履行合同、付清货款的责任。兰电公司申请破产(政策性)一案,兰州市中级人民法院于2008年12月11日裁定受理,并指定兰电公司破产清算组为破产管理人,兰电公司破产还债程序终结后,根据《企业破产法》第122条的规定,兰电公司破产管理人在办理注销登记完毕的次日终止执行职务。但兰电公司破产清算组并未撤销。2013年4月9日甘肃省国有资产监督管理委员会向兰州市中级人民法院建议,由兰电公司破产清算组继续完成债权清收及职工安置等善后事宜,兰电公司破产清算组据此向兰州市中级人民法院申请由其作为原告行使诉讼权利。最高人民法院《关于审理企业破产案件若干问题的规定》第97条第2款规定:"破产程序终结后仍有可以追收的破产财产、追加分配等善后事宜需要处理的,经人民法院同意,可以保留清算组或者保留部分清算组成员。"兰州市中级人民法院作为审理兰电公司破产案件的法院,其准许兰电公司破产清算组以原告身份通过诉讼追收破产财产符合上述规定。三兴实业公司认为兰电公司破产清算组不具有诉讼主体资格的上诉理由不能成立。综上,原审判决认定事实清楚,适用法律正确,判决适当,应予维持。上诉人三兴实业公司的上诉请求不能成立,本院予以驳回。2013年11月20日,甘肃省高级人民法院判决如下:驳回上诉,维持原判。

第一百二十三条 自破产程序依照本法第四十三条第四款或者第一百二十条的规定终结之日起二年内,有下列情形之一的,债权人可以请求人民法院按照破产财产分配方案进行追加分配:

(一)发现有依照本法第三十一条、第三十二条、第三十三条、第三十六条规定应当追回的财产的;

(二)发现破产人有应当供分配的其他财

产的。

有前款规定情形,但财产数量不足以支付分配费用的,不再进行追加分配,由人民法院将其上交国库。

【立法沿革】

《企业破产法(试行)》(1986)

第三十五条 人民法院受理破产案件前六个月至破产宣告之日的期间内,破产企业的下列行为无效:

(一)隐匿、私分或者无偿转让财产;

(二)非正常压价出售财产;

(三)对原来没有财产担保的债务提供财产担保;

(四)对未到期的债务提前清偿;

(五)放弃自己的债权。

破产企业有前款所列行为的,清算组有权向人民法院申请追回财产。追回的财产,并入破产财产。

第三十七条 清算组提出破产财产分配方案,经债权人会议讨论通过,报请人民法院裁定后执行。

破产财产优先拨付破产费用后,按照下列顺序清偿:

(一)破产企业所欠职工工资和劳动保险费用;

(二)破产企业所欠税款;

(三)破产债权。

破产财产不足清偿同一顺序的清偿要求的,按照比例分配。

第四十条 破产企业有本法第三十五条所列行为之一,自破产程序终结之日起一年内被查出的,由人民法院追回财产,依照本法第三十七条的规定清偿。

《破产法》(1995年草案)

第一百六十七条 在破产案件依本法第五十条第四款或者第一百六十四条的规定终结后二年内,有下列情形之一的,债权人可以请求人民法院按破产财产分配方案进行追加分配:

(一)发现有依照本法第二十八条规定应当予以追回的财产的;

(二)发现破产人有应当供分配的其他财产的。

有前款规定情形,但财产数量过少而没有追加分配必要的,不再进行追加分配。

《企业破产与重整法》(2000年6月草案)

第一百五十三条 在破产案件依本法第48条第4款或者第150条的规定终结后两年内,有下列情形之一的,债权人可以请求人民法院按破产财产分配方案进行追加分配:

(一)发现有依照本法第26条规定应当予以追回的财产;

(二)发现破产人有应当供分配的其他财产的。

有前款规定情形,但财产数量过少而没有追加分配必要的,不再进行追加分配。

《企业破产与重整法》(2000年12月草案)

第一百四十七条 在破产案件依本法第四十八条第四款或者第一百四十四条的规定终结后二年内,有下列情形之一的,债权人可以请求人民法院按破产财产分配方案进行追加分配:

(一)发现有依照本法第二十六条规定应当予以追回的财产的;

(二)发现破产人有应当供分配的其他财产的。

有前款规定情形,但财产数量过少而没有追加分配必要的,不再进行追加分配,由人民法院将其上交国库。

《企业破产与重整法》(2001年1月草案)

第九十五条 在破产案件依本法第六十七条第四款或者第九十二条的规定终结后二年内,有下列情形之一的,债权人可以请求人民法院按破产财产分配方案进行追加分配:

(一)发现有依照本法第二十四条、第二十五条、第二十六条规定应当予以追回的财产的;

(二)发现破产人有应当供分配的其他财产的。

有前款规定情形,但财产数量过少而没有追加分配必要的,不再进行追加分配,由人民法院将其上交国库。

《企业破产法》(2004年3月草案A版)

第一百四十五条 在破产案件依本法第四十一条第四款或者第一百四十二条的规定终结后二年内,有下列情形之一的,债权人可以请求人民法院按破产财产分配方案进行追加分配:

(一)发现有依照本法第三十三条、第三十四条、第三十五条规定应当予以追回的财产的;

(二)发现破产人有应当供分配的其他财产的。

有前款规定情形,但财产数量过少并且不足支付分配费用的,不再进行追加分配,由人民法院将其上交国库。

《企业破产法》(2004年3月草案B版)

第一百四十四条 在破产案件依本法第四十

一条第四款或者第一百四十二条的规定终结后二年内,有下列情形之一的,债权人可以请求人民法院按破产财产分配方案进行追加分配:

(一)发现有依照本法第三十四、第三十五条、第三十六条规定应当予以追回的财产的;

(二)发现破产人有应当供分配的其他财产的。

有前款规定情形,但财产数量过少并且不足以支付分配费用的,不再进行追加分配,由人民法院将其上交国库。

《企业破产法》(2004年6月草案)

第一百四十七条 在破产案件依本法第四十一条第四款或者第一百四十四条的规定终结后二年内,有下列情形之一的,债权人可以请求人民法院按破产财产分配方案进行追加分配:

(一)发现有依照本法第三十三条、第三十四条、第三十五条、第三十八条规定应当予以追回的财产的;

(二)发现破产人有应当供分配的其他财产的。

有前款规定情形,但财产数量过少并且不足以支付分配费用的,不再进行追加分配,由人民法院将其上交国库。

《企业破产法》(2004年10月草案)

第一百三十七条 在破产案件依本法第四十一条第四款或者第一百三十四条的规定终结后二年内,有下列情形之一的,债权人可以请求人民法院按破产财产分配方案进行追加分配:

(一)发现有依照本法第三十三条、第三十四条、第三十五条、第三十八条规定应当予以追回的财产的;

(二)发现破产人有应当供分配的其他财产的。

有前款规定情形,但财产数量过少并且不足以支付分配费用的,不再进行追加分配,由人民法院将其上交国库。

【条文释义】

本条规定的是追加分配相关事宜。

本条共有2款。分款评注如下:

第1款:"自破产程序依照本法第四十三条第四款或者第一百二十条的规定终结之日起二年内,有下列情形之一的,债权人可以请求人民法院按照破产财产分配方案进行追加分配:(一)发现有依照本法第三十一条、第三十二条、第三十三条、第三十六条规定应当追回的财产的;(二)发现破产人有应当供分配的其他财产的。"

本款规定破产程序终结后2年内,债权人可以请求法院继续按照破产财产分配方案追加分配的情形:

第一,本款确认了适用追加分配情形的前提条件,即在债务人财产因不足以清偿破产费用和共益债务时,由法院依据《企业破产法》第43条第4款裁定终结破产程序,或者破产人因无财产可供分配或最后分配完结,由法院依据《企业破产法》第120条规定裁定终结破产程序。

第二,本款规定适用追加分配情形的时间期限,是法院裁定终止破产程序2年内。

第三,本款规定追加分配的启动不是自动的,也不是法院依照职权来展开的,而是债权人请求。而且这里用了"可以"一词,并未将之视为债权人的强制义务。

另外,本款未对债权人数量、债权类型、请求方式等关键信息,做任何细化规定。韩传华认为,这里债权人的请求,涉及如下几项细节:(1)债权人请求的内容,应该包括两点,即债权人既要请求法院追回相关财产,也要请求法院追加分配相关财产;(2)债权人在"请求"法院时,应该通过对交易相对人提起诉讼,而不是直接向法院提交追回财产请求书;(3)鉴于管理人并未终止执行该职务,管理人亦可行使该项请求权;(4)有资格提出请求的债权额,应该限于债权未受全额清偿的债权人。[①]

第四,本款列举应予以追加分配的两类情形。具体又分为2项:

(一)发现有依照本法第三十一条、第三十二条、第三十三条、第三十六条规定应当追回的财产的

按照本项列举,追加分配涉及的财产,主要有如下各类:第一,按照《企业破产法》第31条,涉及债务人无效且应予撤销行为所涉及的财产;第二,按照《企业破产法》第32条,涉及债务人个别清偿且应予撤销行为所涉及的财产;第三,按照《企业破产法》第33条,涉及债务人无效行为所涉及的财产;第四,按照《企业破产法》第36条,涉及债务人的董事、监事和高级管理人员利用职权从企业获取的非正常收入和侵占的且应予以追回的财产。

(二)发现破产人有应当供分配的其他财产的

本项是个兜底条款,即在《企业破产法》第31、32、33、36条之外涉及破产人有"应当供分配

---

① 参见韩传华:《企业破产法解析》,人民法院出版社2007年版,第356—357页。

第一百二十三条

的其他财产"时,依旧可以由债权人请求人民法院,依据先前的破产财产分配方案来追加分配。

按照韩传华的解读,这里"应当供分配的其他财产"可以分为两类:一类是属破产人所有但未列入破产财产分配的财产;另一类是不属于破产债权但事实上却被列入破产债权并得到清偿的财产。①

第五,本款确认,法院在追回财产并扣除追回的费用后,应该按照破产财产分配方案,展开追加分配工作。

但韩传华认为,如果破产程序的终结是因为债务人财产不足以支付破产费用和共益债务,或者是因为破产人无财产可供分配,这种情况下都不存在破产财产分配方案。此时,如管理人尚未终止执行职务,则法院应要求管理人拟定破产财产分配方案;如管理人已终止执行职务,则法院可以要求管理人恢复职务并拟订破产财产分配方案。待管理人提交破产财产分配方案后,法院方可裁定批准破产财产分配方案,进而展开追加分配工作;如果追回的财产需要变价出售,法院亦可要求管理人拟定变价方案,经法院批准后再由管理人执行;如果财产清偿完毕债务仍有剩余,则应由法院移交给国库。② 笔者对此持保留意见,在实践中,这种思路对管理人的工作来说,无疑增加了太多的不确定性。

第2款:"有前款规定情形,但财产数量不足以支付分配费用的,不再进行追加分配,由人民法院将其上交国库。"

本款对追加分配情形做了例外规定,即有需要追加分配的情形,但其数额过小,不足以支付分配费用,则不需要再追加分配,而是由法院直接将其上交国库。

【裁判要旨】
案例
白银有色金属公司破产清算组、光大兴陇信托有限责任公司执行审查类执行案
法院:最高人民法院
案号:(2016)最高法执复69号
事实:光大兴陇信托有限责任公司(原甘肃省信托投资有限责任公司,2014年更名)因不服甘肃省高级人民法院(2016)甘执异15号执行裁定,向最高人民法院申请复议。

2003年5月13日和2003年11月13日,甘肃省高级人民法院(以下简称甘肃高院)根据原甘肃省信托投资有限责任公司(以下简称信托公司)申请,分别依据该院已发生法律效力的(2002)甘民二初字第39号民事判决和本院(2002)民二终字第187号民事判决,对白银有色金属公司(以下简称白银公司)立案执行。执行内容分别为:白银公司偿还信托公司借款本金713万元及相应利息、本金3043万元及相应利息。后两案合并执行。2005年6月22日,甘肃省人民政府办公厅致函该院,要求对白银公司暂缓采取强制执行措施。

2007年5月21日,白银市中级人民法院(以下简称白银中院)裁定受理白银公司破产申请,宣告白银公司破产还债。2007年11月20日,白银中院裁定宣告白银公司破产还债程序终结。

2010年9月,甘肃高院根据信托公司申请,决定对案件继续执行。2015年4月,该院再次委托评估机构对该院查封的位于兰州市定西南路136号房产评估作价24579700元。2015年10月13日甘肃高院委托拍卖机构拍卖。

同年10月21日,白银公司清算组向甘肃高院提出执行异议,拍卖中止。白银公司清算组异议称:本案原被执行人白银公司已于2007年11月被白银中院宣告破产,光大信托公司的前身信托公司未在法定期限内申报破产债权,现本案被执行主体已经注销,且无任何主体承继其资产,光大信托公司对白银公司的债权已经消灭,无权再追索该笔债权,也无权就本案执行标的物进行个别受偿;本案执行标的物在白银公司破产后已被甘肃省国有资产管理委员会收回,作为国有出资投入白银有色集团股份有限公司,与原被执行人白银公司债务无关。遂请求甘肃高院解除查封,终结执行程序。

甘肃高院(2016)甘执异15号执行裁定中认定的相关事实:白银公司在本案执行中曾规避和对抗执行,为阻止拍卖曾向甘肃省政府紧急报告请求协调。白银公司进入破产程序情况,未告知甘肃高院执行机构。经查阅该破产案件卷宗,该公司破产清算组未将本案债权列入破产债权,也未向债权人信托公司发出债权申报通知,破产清算时,未将该院查封的包括位于兰州市定西南路136号房产、位于白银市白银区四龙度假村房屋、土地等大量资产列入破产财产范围,破产清偿率为零。该院查封的位于兰州市定西南路136号房产,至今仍登记在白银公司工程管理处名下,处在该院查封状态,现被破产重组后的白银股份公司

---

① 参见韩传华:《企业破产法解析》,人民法院出版社2007年版,第355页。
② 参见韩传华:《企业破产法解析》,人民法院出版社2007年版,第357页。

实际占有并于2013年9月2日出租给兰州裕华金苹果商务宾馆有限公司经营。

甘肃高院认为,履行人民法院生效裁判是宪法和法律规定的义务。原白银公司作为国有大型企业,非但不积极主动履行判决,反而想方设法规避、对抗法院执行,甚至裹挟政府出面干预司法,要求法院停止执行,导致案件执行长期受阻,否则本案当年即可执行完毕,原白银公司对此负有全部过错责任。原白银公司申请破产时,未将本案债权列入破产债权并报告破产法院,也未向本案债权人发出债权申报通知,破产清算时采取隐瞒欺骗手段,未将甘肃高院查封的大量资产列入破产财产范围,是典型的恶意逃避债务行为,严重损害本案债权人利益,异议人关于本案债权灭失的理由显失公平,不能成立。本案执行标的物位于兰州市定西南路136号房产自诉讼保全至今一直处在该院查封状态,仍登记在白银公司工程管理处名下,任何单位和个人未经该院认可均无权处置,异议人提出本案标的物已被收回和再入股,与原被执行人白银公司债务无关不能执行的理由不能成立。综上,甘肃高院于2016年8月11日作出(2016)甘执异15号执行裁定,驳回白银公司清算组的异议。

白银公司清算组向最高人民法院申请复议,请求撤销(2016)甘执异15号执行裁定。

裁判要旨:破产程序终结后,原则上应当不再可能根据个别债权人的申请启动个别执行程序。但如果确实存在异议裁定中实质上认定的本案执行中所查封的资产未被纳入破产财产,也未被政府收回的事实,则该财产相当于破产终结后发现破产人有应当供分配的其他财产,依照《企业破产法》第123条规定,自破产程序终结之日起2年内,债权人可以请求人民法院按照破产财产分配方案进行追加分配。

裁判理由:本案的争议焦点是:在被执行人破产程序终结后,甘肃高院是否可以对本案继续执行。

破产程序是一种概括的债务清偿执行程序。根据《企业破产法》以及相关司法解释的规定,人民法院受理企业破产案件后,对债务人财产的其他民事执行程序应当中止。对债务人全部财产的管理、变价和分配等事务,应当通过破产程序处理。所有债权人应当统一依照破产法规定的程序行使权利。以债务人为被告的其他债务纠纷案件,已经审理但未执行完毕的,应当中止执行,由债权人凭生效的法律文书向受理破产案件的人民法院申报债权。破产程序终结后,原则上应当不再可能根据个别债权人的申请启动个别执行程

序。破产程序启动前债务人对个别债权人未能受偿是否存在过错,并不能作为破产程序终结后启动执行程序的理由。但如果确实存在异议裁定中实质上认定的本案执行中所查封的资产未被纳入破产财产,也未被政府收回的事实,则该财产相当于破产终结后发现破产人有应当供分配的其他财产,依照《企业破产法》第123条规定,自破产程序终结之日起2年内,债权人可以请求人民法院按照破产财产分配方案进行追加分配。因本案债权人申请追加分配时2年期限已经届满,债权人应无通过《企业破产法》上的程序获得救济的可能。此时能否再启动执行程序处理,目前尚无明确的规则,但实务中不应否定根据相关债权人的申请启动执行程序的合理性,至于债权人之间是否及如何进行分配问题,可在财产处分阶段考虑。

但本案异议裁定对于执行中所查封的资产未被纳入破产财产,也未被政府收回这一关键事实的认定,存在疑问,对白银公司清算组提供的相关证据需要进一步考虑,如有必要应进行实际调查。此外,异议裁定中对于本案债权人是否参与破产程序、其债权是否列入破产债权相关的下列事实也未充分查明。甘肃高院应就上述相关事实问题进一步查明后,结合本院在法律适用方面的意见,重新作出裁定。

综上,2017年6月23日最高人民法院作出裁定:甘肃高院(2016)甘执异15号执行裁定认定事实不清,证据不足,应予撤销,发回甘肃省高级人民法院重新审查。

第一百二十四条 破产人的保证人和其他连带债务人,在破产程序终结后,对债权人依照破产清算程序未受清偿的债权,依法继续承担清偿责任。

【立法沿革】

《破产法》(1995年草案)

第一百六十八条 破产人的保证人和其他连带债务人,在破产案件终结后,对债权人未依破产清算程序受偿的债权,应当继续承担清偿责任。

第一百六十九条 破产人为本法第三条第一款规定的自然人的,在破产案件终结后,依照本法第一百七十条规定被免责前,应当以其取得的全部财产,扣除基本生活和履行法定义务所必要的支出,对破产债权未受清偿的部分,继续承担清偿义务。

前款规定的破产人,可以就破产案件终结后的债务清偿,拟订一份偿债计划,在破产案件终结前,提交债权人会议认可。经债权人会议认可的偿债计划,对双方当事人具有约束力。

第一百七十条　破产案件终结后,具备下列事由之一的,对于普通破产债权的未受清偿部分,除故意侵犯人身权的损害赔偿外,免除破产人的清偿责任:

(一)在破产案件终结时,全部破产债权的百分之四十以上已经获得清偿的,自破产案件终结之日起满三年;

(二)在破产案件终结时,全部破产债权中已获得清偿的部分达到百分之三十以上,但不足百分之四十的,自破产案件终结时起满四年;

(三)在破产案件终结时,全部破产债权中已获得清偿的部分达到百分之二十以上,但不足百分之三十的,自破产案件终结时起满五年;

(四)在破产案件终结时,全部破产债权中已获得清偿的部分达到百分之十以上,但不足百分之二十的,自破产案件终结时起满七年;

(五)在破产案件终结时,全部破产债权中已获得清偿的部分不足百分之十的,自破产案件终结时起满十年。

因破产犯罪而受刑事处分的,或者有本法第九章或者第二十七条规定的行为之一的,不予免责。

破产人获得免责后,自愿对已免责债务予以清偿的,债权人所得的清偿利益,受法律保护。

《企业破产与重整法》(2000年6月草案)

第一百五十四条　破产人的保证人和其他连带债务人,在破产案件终结后,对债权人未依破产清算程序受偿的债权,应当继续承担清偿责任。

第一百五十五条　破产人为本法第二条第一款规定的自然人的,在破产案件终结后,依照本法第一百五十六条的规定被免责前,应当以其取得的全部财产,扣除基本生活和履行法定义务所必要的支出,对破产债权未受清偿的部分,继续承担清偿义务。

前款规定的破产人,可以就破产案件终结后的债务清偿,拟定一份偿债计划,在破产案件终结前,提交债权人会议认可。经债权人会议认可的偿债计划,对双方当事人具有约束力。

第一百五十六条　破产案件终结后,具备下列事由之一的,对于普通破产债权的未受清偿部分,除故意侵犯人身权的损害赔偿外,免除破产人的清偿责任:

(一)在破产案件终结时,全部破产债权的百分之四十以上已获经获得清偿的,自破产案件终结之日起满三年;

(二)在破产案件终结时,全部破产债权中已获经获得清偿的部分达到百分之三十以上,但不足百分之四十的,自破产案件终结时起满四年;

(三)在破产案件终结时,全部破产债权中已获得清偿的部分达到百分之二十以上,但不足百分之三十的,自破产案件终结时起满五年;

(四)在破产案件终结时,全部破产债权中已获得清偿的部分达到百分之十以上,但不足百分之二十的,自破产案件终结时起满七年;

(五)在破产案件终结时,全部破产债权中已经获得清偿的部分不足百分之十的,自破产案件终结时起满十年。

因破产犯罪而受刑事处分的,或者有本法第九章或者第二十七条规定的行为之一的,不予免责。

破产人获得免责后,自愿对已免责债务予以清偿的,债权人所得的清偿利益,受法律保护。

《企业破产与重整法》(2000年12月草案)

第一百四十八条　破产人的保证人和其他连带债务人,在破产案件终结后,对债权人未依破产清算程序受偿的债权,应当继续承担清偿责任。

第一百四十九条　破产人为本法第二条第一款规定的自然人的,在破产案件终结后,依照本法第一百五十条规定被免责前,应当以其取得的全部财产,扣除基本生活和履行法定义务所必要的支出,对破产债权未受清偿的部分,继续承担清偿义务。

前款规定的破产人,可以就破产案件终结后的债务清偿,拟订一份偿债计划,在破产案件终结前,提交债权人会议认可。经债权人会议认可的偿债计划,对双方当事人具有约束力。

第一百五十条　破产案件终结后,具备下列事由之一的,对于普通破产债权的未受清偿部分,除故意侵犯人身权的损害赔偿外,免除破产人的清偿责任:

(一)在破产案件终结时,全部破产债权的百分之四十以上已经获得清偿的,自破产案件终结之日起满三年;

(二)在破产案件终结时,全部破产债权中已获得清偿的部分达到百分之三十以上,但不足百分之四十的,自破产案件终结时起满四年;

(三)在破产案件终结时,全部破产债权中已获得清偿的部分达到百分之二十以上,但不足百分之三十的,自破产案件终结时起满五年;

(四)在破产案件终结时,全部破产债权中已获得清偿的部分达到百分之十以上,但不足百分之二十的,自破产案件终结时起满七年;

(五)在破产案件终结时,全部破产债权中已获得清偿的部分不足百分之十的,自破产案件终结时起满十年。

因破产犯罪而受刑事处分的,或者有本法第九章或者第二十七条规定的行为之一的,不予免责。

破产人获得免责后,自愿对已免责债务予以清偿的,债权人所得的清偿利益,受法律保护。

《企业破产与重整法》(2001年1月草案)

第九十六条 破产人的保证人和其他连带债务人,在破产案件终结后,对债权人未依破产清算程序受偿的债权,应当继续承担清偿责任。

第九十七条 合伙企业或者个人独资企业在破产案件终结后,其出资人依照本法第九十八条规定被免责前,应当以其取得的全部财产,扣除基本生活费用,对破产债权未受清偿的部分,继续承担清偿义务。

前款规定的破产人,可以就破产案件终结后的债务清偿,拟订一份偿债计划,在破产案件终结前,提交债权人会议认可。经债权人会议认可的偿债计划,对双方当事人具有约束力。

第九十八条 破产案件终结后,具备下列事由之一的,对于普通破产债权的未受清偿部分,除故意侵犯人身权的损害赔偿外,免除破产人的清偿责任:

(一)在破产案件终结时,全部破产债权的百分之四十以上已经获得清偿的,自破产案件终结之日起满三年;

(二)在破产案件终结时,全部破产债权中已获得清偿的部分达到百分之三十以上,但不足百分之四十的,自破产案件终结时起满四年;

(三)在破产案件终结时,全部破产债权中已获得清偿的部分达到百分之二十以上,但不足百分之三十的,自破产案件终结时起满五年;

(四)在破产案件终结时,全部破产债权中已获得清偿的部分达到百分之十以上,但不足百分之二十的,自破产案件终结时起满七年;

(五)在破产案件终结时,全部破产债权中已获得清偿的部分不足百分之十的,自破产案件终结时起满十年。

因破产犯罪而受刑事处分的,或者有本法第十二章或者第二十六条规定的行为之一的,不予免责。

破产人获得免责后,自愿对已免责债务予以清偿的,债权人所得的清偿利益,受法律保护。

《企业破产法》(2004年3月草案A版)

第一百四十六条 破产人的保证人和其他连带债务人,在破产案件终结后,对债权人未依破产清算程序受偿的债权,应当继续承担清偿责任。

第一百四十七条 在破产案件终结后,合伙企业合伙人、个人独资企业出资人依照本法第一百四十八条的规定被免责前,应当以其取得的全部财产,对破产债权未受清偿的部分,继续承担清偿义务。

前款规定的破产人,可以就破产案件终结后的债务清偿,拟订一份偿债计划,在破产案件终结前,提交债权人会议认可。经债权人会议认可的偿债计划,对双方当事人具有约束力。

第一百四十八条 破产案件终结后,具备下列事由之一的,对于普通破产债权的未受清偿部分,除故意侵犯人身权的损害赔偿外,免除破产人的清偿责任:

(一)在破产案件终结时,全部破产债权的百分之四十以上已经获得清偿的,自破产案件终结之日起满三年;

(二)在破产案件终结时,全部破产债权中已获得清偿的部分达到百分之三十以上,但不足百分之四十的,自破产案件终结时起满四年;

(三)在破产案件终结时,全部破产债权中已获得清偿的部分达到百分之二十以上,但不足百分之三十的,自破产案件终结时起满五年;

(四)在破产案件终结时,全部破产债权中已获得清偿的部分达到百分之十以上,但不足百分之二十的,自破产案件终结时起满七年;

(五)在破产案件终结时,全部破产债权中已获得清偿的部分不足百分之十的,自破产案件终结时起满十年。

有本法第一百五十条、第一百五十一条、第一百五十二条、第一百五十三条、第一百五十四条、第一百五十六条、第一百五十八条规定的行为之一的,不予免责。

破产人获得免责后,自愿对已免责债务予以清偿的,债权人所得的清偿利益,受法律保护。

《企业破产法》(2004年3月草案B版)

第一百四十五条 破产人的保证人和其他连带债务人,在破产案件终结后,对债权人未依破产清算程序受偿的债权,应当继续承担清偿责任。

第一百四十六条 在破产案件终结后,合伙企业合伙人、个人独资企业出资人依照本法第一百四十七条的规定被免责前,应当以其取得的全部财产,对破产债权未受清偿的部分,继续承担清偿义务。

前款规定的破产人,可以就破产案件终结后的债务清偿,拟订一份偿债计划,在破产案件终结前,提交债权人会议认可。经债权人会议认可的偿债计划,对双方当事人具有约束力。

第一百四十七条 破产案件终结后,具备下列事由之一的,对于普通破产债权的未受清偿部分,除故意侵犯人身权的损害赔偿外,免除破产人的清偿责任:

(一)在破产案件终结时,全部破产债权的百分之四十以上已经获得清偿的,自破产案件终结之日起满三年;

(二)在破产案件终结时,全部破产债权中已获得清偿的部分达到百分之三十以上,但不足百分之四十的,自破产案件终结时起满四年;

(三)在破产案件终结时,全部破产债权中已获得清偿的部分达到百分之二十以上,但不足百分之三十的,自破产案件终结时起满五年;

(四)在破产案件终结时,全部破产债权中已获得清偿的部分达到百分之十以上,但不足百分之二十的,自破产案件终结时起满七年;

(五)在破产案件终结时,全部破产债权中已获得清偿的部分不足百分之十的,自破产案件终结时起满十年。

有本法第一百五十条、第一百五十一条、第一百五十二条、第一百五十三条、第一百五十四条、第一百五十六条、第一百五十八条规定的行为之一的,不予免责。

破产人获得免责后,自愿对已免责债务予以清偿的,债权人所得的清偿利益,受法律保护。

《企业破产法》(2004年6月草案)

第一百四十八条 破产人的保证人和其他连带债务人,在破产案件终结后,对债权人未依破产清算程序受偿的债权,应当继续承担清偿责任。

第一百四十九条 在破产案件终结后,合伙企业合伙人、个人独资企业出资人依照本法第一百五十条的规定被免责前,应当以其取得的全部财产,对破产债权未受清偿的部分,继续承担清偿义务。

前款规定的破产人在被免责前,不得有任何高消费或者投资行为。

本条第一款规定的破产人,可以就破产案件终结后的债务清偿,拟订偿债计划,在破产案件终结前,提交债权人会议认可。经债权人会议认可的偿债计划,对双方当事人具有约束力。

第一百五十条 破产案件终结后,具备下列情形之一的,对于普通破产债权的未受清偿部分,除故意侵犯人身权的损害赔偿外,免除破产人的清偿责任:

(一)在破产案件终结时,全部破产债权的百分之四十以上已经获得清偿的,自破产案件终结之日起满三年;

(二)在破产案件终结时,全部破产债权中已获得清偿的部分达到百分之三十以上,但不足百分之四十的,自破产案件终结之日起满四年;

(三)在破产案件终结时,全部破产债权中已获得清偿的部分达到百分之二十以上,但不足百分之三十的,自破产案件终结之日起满五年;

(四)在破产案件终结时,全部破产债权中已获得清偿的部分达到百分之十以上,但不足百分之二十的,自破产案件终结之日起满七年;

(五)在破产案件终结时,全部破产债权中已获得清偿的部分不足百分之十的,自破产案件终结之日起满十年。

有本法第一百四十九条第二款、第一百五十二条、第一百五十三条、第一百五十四条、第一百五十五条、第一百五十六条、第一百五十八条、第一百六十条规定的行为之一的,不予免责。

破产人获得免责后,自愿对已免责债务予以清偿的,债权人所得的清偿利益,受法律保护。

《企业破产法》(2004年10月草案)

第一百三十八条 破产人的保证人和其他连带债务人,在破产案件终结后,对债权人未依破产清算程序受偿的债权,应当继续承担清偿责任。

【条文释义】

本条规定了破产人的保证人和其他连带债务人的义务。即在破产程序终结后,破产人的保证人和其他连带债务人,对债权人依照破产清算程序未受清偿的债权,应该继续承担清偿责任。

从立法史的角度看,本条规定最大的变化是删除"免责"节。

本条规定的思路,旨在强化破产人的保证人的保证义务,及其他连带债务人的连带责任。其结构类似于《企业破产法》第92条、第101条。

【关联法律法规及司法政策】

《最高人民法院关于适用〈中华人民共和国民法典〉有关担保制度的解释》(2020)

第二十二条 人民法院受理债务人破产案件后,债权人请求担保人承担担保责任,担保人主张担保债务自人民法院受理破产申请之日起停止计息的,人民法院对担保人的主张应予支持。

第二十三条 人民法院受理债务人破产案件,债权人在破产程序中申报债权后又向人民法院提起诉讼,请求担保人承担担保责任的,人民法院依法予以支持。

担保人清偿债权人的全部债权后,可以代替债权人在破产程序中受偿;在债权人的债权未获全部清偿前,担保人不得代替债权人在破产程序中受偿,但是有权就债务人通过破产分配和实现担保债权等方式获得清偿总额中超出债权的部分,在其承担担保责任的范围内请求债权人返还。

债权人在债务人破产程序中未获全部清偿,请求担保人继续承担担保责任的,人民法院应予支持;担保人承担担保责任后,向和解协议或者重整计划执行完毕后的债务人追偿的,人民法院不予支持。

第二十四条　债权人知道或者应当知道债务人破产,既未申报债权也未通知担保人,致使担保人不能预先行使追偿权的,担保人就该债权在破产程序中可能受偿的范围内免除担保责任,但是担保人因自身过错未行使追偿权的除外。

第五十二条　当事人办理抵押预告登记后,预告登记权利人请求就抵押财产优先受偿,经审查存在尚未办理建筑物所有权首次登记、预告登记的财产与办理建筑物所有权首次登记时的财产不一致、抵押预告登记已经失效等情形,导致不具备办理抵押登记条件的,人民法院不予支持;经审查已经办理建筑物所有权首次登记,且不存在预告登记失效等情形的,人民法院应予支持,并应当认定抵押权自预告登记之日起设立。

当事人办理了抵押预告登记,抵押人破产,经审查抵押财产属于破产财产,预告登记权利人主张就抵押财产优先受偿的,人民法院应当在受理破产申请时抵押财产的价值范围内予以支持,但是在人民法院受理破产申请前一年内,债务人对没有财产担保的债务设立抵押预告登记的除外。

第五十四条　动产抵押合同订立后未办理抵押登记,动产抵押权的效力按照下列情形分别处理:

(一)抵押人转让抵押财产,受让人占有抵押财产后,抵押权人向受让人请求行使抵押权的,人民法院不予支持,但是抵押权人能够举证证明受让人知道或者应当知道已经订立抵押合同的除外;

(二)抵押人将抵押财产出租给他人并移转占有,抵押权人行使抵押权的,租赁关系不受影响,但是抵押权人能够举证证明承租人知道或者应当知道已经订立抵押合同的除外;

(三)抵押人的其他债权人向人民法院申请保全或者执行抵押财产,人民法院已经作出财产保全裁定或者采取执行措施,抵押权人主张对抵押财产优先受偿的,人民法院不予支持;

(四)抵押人破产,抵押权人主张对抵押财产优先受偿的,人民法院不予支持。

最高人民法院《全国法院破产审判工作会议纪要》(2018)

31. 保证人的清偿责任和求偿权的限制。破产程序终结前,已向债权人承担了保证责任的保证人,可以要求债务人向其转付已申报债权的债权人在破产程序中应得清偿部分。破产程序终结后,债权人就破产程序中未受清偿部分要求保证人承担保证责任的,应在破产程序终结后六个月内提出。保证人承担保证责任后,不得再向和解或重整后的债务人行使求偿权。

最高人民法院《关于适用〈中华人民共和国企业破产法〉若干问题的规定(三)》(2020)

第四条　保证人被裁定进入破产程序的,债权人有权申报其对保证人的保证债权。

主债务未到期的,保证债权在保证人破产申请受理时视为到期。一般保证的保证人主张行使先诉抗辩权的,人民法院不予支持,但债权人在一般保证人破产程序中的分配额应予提存,待一般保证人应承担的保证责任确定后再按照破产清偿比例予以分配。

保证人被确定应当承担保证责任的,保证人的管理人可以就保证人实际承担的清偿额向主债务人或其他债务人行使求偿权。

第五条　债务人、保证人均被裁定进入破产程序的,债权人有权向债务人、保证人分别申报债权。

债权人向债务人、保证人均申报全部债权的,从一方破产程序中获得清偿后,其对另一方的债权额不作调整,但债权人的受偿额不得超出其债权总额。保证人履行保证责任后不再享有求偿权。

第十一章　法律责任

第一百二十五条　企业董事、监事或者高级管理人员违反忠实义务、勤勉义务,致使所在企业破产的,依法承担民事责任。

有前款规定情形的人员,自破产程序终结之日起三年内不得担任任何企业的董事、监事、高级管理人员。

第一百二十五条

【立法沿革】

《企业破产法(试行)》(1986)

第四十二条 企业被宣告破产后,由政府监察部门和审计部门负责查明企业破产的责任。

破产企业的法定代表人对企业破产负有主要责任的,给予行政处分。

破产企业的上级主管部门对企业破产负有主要责任的,对该上级主管部门的领导人,给予行政处分。

破产企业的法定代表人和破产企业的上级主管部门的领导人,因玩忽职守造成企业破产,致使国家财产遭受重大损失的,依照《中华人民共和国刑法》第一百八十七条的规定追究刑事责任。

《企业破产与重整法》(2000年12月草案)

第一百五十八条 企业董事、经理等有关责任人员因为过失或者甚至故意,直接致使其所在企业破产的,承担赔偿责任,并处以五万元以上罚款;构成犯罪的,依法追究刑事责任。

受前款规定处罚的人员,自破产案件终结之日起十年内禁止从事企业经营管理事务。

《企业破产与重整法》(2001年1月草案)

第一百五十六条 企业董事、经理等有关责任人员因为过失或者故意,致使所在企业破产的,处五万元以上罚款;构成犯罪的,依法追究刑事责任。

受前款规定处罚的人员,自破产案件终结之日起十年内禁止从事企业经营管理事务。

《企业破产法》(2004年3月草案A版)

第一百四十九条 企业董事、经理等有关责任人员因为重大过失或者故意,致使所在企业破产的,对企业债务承担连带民事赔偿责任;构成犯罪的,依法追究刑事责任。

受前款规定处罚的人员,自破产案件终结之日起五年内禁止从事企业经营管理事务。

《企业破产法》(2004年3月草案B版)

第一百四十八条 企业董事、经理等有关责任人员因为重大过失或者故意,致使所在企业破产的,对企业债务承担连带民事赔偿责任;构成犯罪的,依法追究刑事责任。

受前款规定处罚的人员,自破产案件终结之日起五年内禁止从事企业经营管理事务。

《企业破产法》(2004年6月草案)

第一百五十一条 企业董事、经理或者其他负责人违反忠于职守、勤勉尽责义务,致使所在企业破产的,应当承担相应的民事责任;因为故意或者重大过失致使所在企业破产的,对企业债务承担连带民事赔偿责任;构成犯罪的,依法追究刑事责任。

有前款规定情形的人员,在民事责任履行完毕之前不得进行任何高消费或者投资活动;自破产案件终结之日起五年内不得在任何企业担任董事、经理或者其他经营管理职务。

《企业破产法》(2004年10月草案)

第一百三十九条 企业董事、经理或者其他负责人违反忠于职守、勤勉尽责义务,致使所在企业破产的,应当承担相应的民事责任;构成犯罪的,依法追究刑事责任。

有款规定情形的人员,自破产案件终结之日起五年内不得在任何企业担任董事、经理或者其他经营管理职务。

【条文释义】

本条规定的是企业董事、监事或者高级管理人员在因自身可追责原因导致企业破产时的民事责任追究,以及担任其他企业董事、监事、高级管理人员的资格限制。

需要特别留意的是,根据《企业破产法》第131条的规定,包括本条在内,《企业破产法》第125—130条的严重违反并构成犯罪时,都会被追究刑事责任。立法者基于简洁考量,把本章逐条刑事责任条款,统一规定在《企业破产法》第131条里。这是研读《企业破产法》第11章法律责任部分不能不注意的。

本条共分2款。分款评注如下:

第1款:"企业董事、监事或者高级管理人员违反忠实义务、勤勉义务,致使所在企业破产的,依法承担民事责任。"

本款确认了"企业董事、监事或者高级管理人员"如果因为"违反忠实义务、勤勉义务",而导致所在企业破产时,需要承担民事责任的原则。

准确理解本款,首先需要明确"企业董事、监事或者高级管理人员"是否"违反忠实义务、勤勉义务"。《企业破产法》本身并未赋予"企业董事、监事或者高级管理人员"忠实义务、勤勉义务,但是《公司法》有此要求。

我国2018年修订的《公司法》第147条规定,董事、监事、高级管理人员应当遵守法律、法规和公司章程,对公司承担忠实义务和勤勉义务;第148条更是列举了董事和高级管理人员不得为的8种行为;第149条特别明确,董事、监事、高级管理人员执行公司职务时违反法律、行政法规或者公司章程的规定,给公司造成损失的,应当承担赔偿责任。

在我国《企业破产法》立法时,《公司法》尚是

2005年修订的版本。但在公司高管的忠实和勤勉义务方面，2005年修订《公司法》、2013年修订《公司法》、2018年修订《公司法》并无实质性的差异，相关的法律构造几乎完全一样。这为我们比较《公司法》意义上的高管忠实、勤勉责任，与《企业破产法》意义上的高管忠实、勤勉责任，奠定了必要的基础。

通过仔细研读《公司法》和《企业破产法》相关条文，可以发现在董事、监事、高级管理人员对公司承担忠实义务、勤勉义务方面，有如下差异：《企业破产法》强调企业董事、监事或者高级管理人员违反忠实义务、勤勉义务，且"致使所在企业破产"时，才承担民事责任；而《公司法》则强调，董事、监事、高级管理人员执行公司职务时违反法律、行政法规或者公司章程的规定，只要给公司造成损失，就应当承担赔偿责任。

那么，由此引发出的一个问题便是，如果董事、监事或者高级管理人员违反忠实义务、勤勉义务，也有"致使所在企业破产"的事实和因果关系，那么如何判定董事、监事或者高级管理人员责任的大小？韩传华认为，只要董事、监事或者高级管理人员违反忠实义务、勤勉义务，对企业造成损失，无论该损失是导致企业破产的部分原因还是全部原因，都应当视为董事、监事或者高级管理人员违反忠实义务、勤勉义务并导致企业破产，就需要其承担相应民事责任。①

另外，这里需要回答的问题之一是"企业董事、监事或者高级管理人员"需要以什么样的方式，来承担因为其违反忠实义务、勤勉义务而致使所在企业破产的民事责任？按照《民法典》第179条第1款规定，民事责任的承担方式主要有11种：停止侵害；排除妨碍；消除危险；返还财产；恢复原状；修理、重作、更换；继续履行；赔偿损失；支付违约金；消除影响、恢复名誉；赔礼道歉。在这些责任方式中，应该说"赔偿损失"是最适合于"企业董事、监事或者高级管理人员"在因为"违反忠实义务、勤勉义务"而导致所在企业破产时，承担民事责任。

另外，准确理解本款，还需要考虑到《企业破产法》第77条第2款的特别规定。《企业破产法》第77条第2款规定，除非法院同意，否则债务人的董事、监事和高管在重整期间，不得向第三人转让其持有的债务人的股权。《企业破产法》并未明确规定董事、监事和高管违反此义务的责任；韩传华认为，鉴于该转让行为并不造成债务人的损失，所以董事、监事和高管并不需要承担对债务人损失的民事赔偿责任，但法院可以根据利害关系人的申请而撤销该转让行为。②

第2款："有前款规定情形的人员，自破产程序终结之日起三年内不得担任任何企业的董事、监事、高级管理人员。"

本款是对企业董事、监事、高级管理人员任职资格的限制。即企业董事、监事或者高级管理人员如果违反忠实义务、勤勉义务，致使所在企业破产的，那么需依法承担民事责任，并在破产程序终结之日起3年内，不得担任任何企业的董事、监事、高级管理人员。

蒋黔贵等认为，这里的资格限制，实质上是一种行政法律责任形式，属于从业禁止，与《商业银行法》《公司法》《证券投资基金法》等相关限制，本质上并无二致。③

上述规定，可以提炼成三个条件：第一，相关人员本身就担任企业董事、高级管理人员；第二，相关人员在担任企业董事、监事、高级管理人员期间，因疏于履行忠实义务、勤勉义务，致使所在企业破产；第三，相关人员在担任企业董事、监事、高级管理人员期间，因疏于履行忠实义务、勤勉义务，致使所在企业破产并承担民事责任。④如果满足这三个条件，那么在破产程序终结之日起3年内，便不得担任任何企业的董事、监事、高级管理人员。

需要注意的是，上述任职资格限制亦与2005年、2013年、2018年《公司法》的相关规定完全一致。2018年修订《公司法》第146条第1款第3项规定，"担任破产清算的公司、企业的董事或者厂长、经理，对该公司、企业的破产负有个人责任的，自该公司、企业破产清算完结之日起未逾三年"，不得担任公司的董事、监事、高级管理人员。

王卫国特别指出，本条规定比《公司法》更为严格：《公司法》仅规定不能担任"公司"的董事、监事和高级管理人员；而《企业破产法》则规定不能担任"任何企业"的董事、监事和高级管理人员。⑤

另外，有必要结合本条赋予企业董事、监事和

---

① 参见韩传华：《企业破产法解析》，人民法院出版社2007年版，第359页。
② 参见韩传华：《企业破产法解析》，人民法院出版社2007年版，第358—359页。
③ 参见蒋黔贵主编：《中华人民共和国企业破产法释义》，中国市场出版社2006年版，第270页。
④ 参见韩传华：《企业破产法解析》，人民法院出版社2007年版，第360页。
⑤ 参见王卫国：《破产法精义》（第2版），法律出版社2020年版，第393页。

第一百二十五条

高级管理人员的责任,结合《企业破产法》第131条,谈谈相关刑事责任追究问题。

韩传华认为,鉴于《企业破产法》只在第77条赋予企业董事、监事和高级管理人员未经法院允许,不得在重整期内向第三方转让持有的公司股票的义务,那么企业董事、监事和高级管理人员的刑事责任,更多取决于《刑法》,而非《企业破产法》,对于法院在审理破产案件过程中,发现企业董事、监事和高级管理人员有其他涉嫌犯罪的行为,最高人民法院2002年发布的《关于审理企业破产案件若干问题的规定》第100、102条已有处理原则,法院需要将相关犯罪线索和材料移送公安、检察机关处理。①

【关联法律法规及司法政策】

《民法典》(2020)

第一百七十九条　承担民事责任的方式主要有:

(一)停止侵害;

(二)排除妨碍;

(三)消除危险;

(四)返还财产;

(五)恢复原状;

(六)修理、重作、更换;

(七)继续履行;

(八)赔偿损失;

(九)支付违约金;

(十)消除影响、恢复名誉;

(十一)赔礼道歉。

法律规定惩罚性赔偿的,依照其规定。

本条规定的承担民事责任的方式,可以单独适用,也可以合并适用。

《公司法》(2018)

第一百四十六条　有下列情形之一的,不得担任公司的董事、监事、高级管理人员:

(一)无民事行为能力或者限制民事行为能力;

(二)因贪污、贿赂、侵占财产、挪用财产或者破坏社会主义市场经济秩序,被判处刑罚,执行期满未逾五年,或者因犯罪被剥夺政治权利,执行期满未逾五年;

(三)担任破产清算的公司、企业的董事或者厂长、经理,对该公司、企业的破产负有个人责任的,自该公司、企业破产清算完结之日起未逾三年;

(四)担任因违法被吊销营业执照、责令关闭的公司、企业的法定代表人,并负有个人责任的,自该公司、企业被吊销营业执照之日起未逾三年;

(五)个人所负数额较大的债务到期未清偿。

公司违反前款规定选举、委派董事、监事或者聘任高级管理人员的,该选举、委派或者聘任无效。

董事、监事、高级管理人员在任职期间出现本条第一款所列情形的,公司应当解除其职务。

第一百四十七条　董事、监事、高级管理人员应当遵守法律、行政法规和公司章程,对公司负有忠实义务和勤勉义务。

董事、监事、高级管理人员不得利用职权收受贿赂或者其他非法收入,不得侵占公司的财产。

第一百四十八条　董事、高级管理人员不得有下列行为:

(一)挪用公司资金;

(二)将公司资金以其个人名义或者以其他个人名义开立账户存储;

(三)违反公司章程的规定,未经股东会、股东大会或者董事会同意,将公司资金借贷给他人或者以公司财产为他人提供担保;

(四)违反公司章程的规定或者未经股东会、股东大会同意,与本公司订立合同或者进行交易;

(五)未经股东会或者股东大会同意,利用职务便利为自己或者他人谋取属于公司的商业机会,自营或者为他人经营与所任职公司同类的业务;

(六)接受他人与公司交易的佣金归为己有;

(七)擅自披露公司秘密;

(八)违反对公司忠实义务的其他行为。

董事、高级管理人员违反前款规定所得的收入应当归公司所有。

第一百四十九条　董事、监事、高级管理人员执行公司职务时违反法律、行政法规或者公司章程的规定,给公司造成损失的,应当承担赔偿责任。

《商业银行法》(2015)

第二十七条　有下列情形之一的,不得担任商业银行的董事、高级管理人员:

(一)因犯有贪污、贿赂、侵占财产、挪用财产罪或者破坏社会经济秩序罪,被判处刑罚,或者因犯罪被剥夺政治权利的;

(二)担任因经营不善破产清算的公司、企业的董事或者厂长、经理,并对该公司、企业的破产负有个人责任的;

---

① 参见韩传华:《企业破产法解析》,人民法院出版社2007年版,第361页。

(三)担任因违法被吊销营业执照的公司、企业的法定代表人,并负有个人责任的;
(四)个人所负数额较大的债务到期未清偿的。

【裁判要旨】
案例
瑞安市海澜贸易有限公司与高文翔、阮敏损害债权人利益赔偿纠纷案
法院:浙江省温州市中级人民法院
案号:(2016)浙03民终816号
事实:上诉人高文翔因与被上诉人瑞安市海澜贸易有限公司(以下简称海澜公司)、原审被告阮敏损害债权人利益赔偿纠纷一案,不服浙江省瑞安市人民法院(2015)温瑞商初字第319号民事判决,向温州市中级人民法院提起上诉。
一审法院认定:浙江江南制药机械有限公司(以下简称江南公司)、浙江凯迪药化机械有限公司(以下简称凯迪公司)、浙江华仕力机械有限公司(以下简称华仕力公司)、瑞安市华达机械有限公司(以下简称华达公司)等四位案外人,与海澜公司曾商议合伙经营国际转口贸易,并约定由四位案外人按比例出资,由海澜公司负责经营、实际操作。
为此,五家公司于2011年11月5日签订了《合伙经营协议书》。为筹措合伙经营投资款,华达公司于2011年10月31日向民生银行申请贷款1500万元,江南公司、凯迪公司、华仕力公司为上述贷款提供保证担保。四位案外人约定该笔贷款按份共有,每家占1/4的份额。2011年11月1日,民生银行根据借款合同中约定的委托支付方式将1500万元贷款汇入海澜公司银行账户。同日,海澜公司将1500万元汇入高文翔银行账户,而后该笔资金分批转入陈雷、林祥华等人账户。2012年7月11日,四位案外人与海澜公司共同签订了一份《决议书》,决定散伙,海澜公司承诺"对现操作的1125万元"于2012年7月月底前归还给中国民生银行股份有限公司温州分行。届期,海澜公司未归还民生银行贷款。2012年11月7日,四案外人向该院起诉海澜公司及高文翔,要求归还1125万元并赔偿利息损失,审理后,该院作出(2012)温瑞商初字第3807号民事判决,判令海澜公司于判决生效后10日内,偿付四位案外人投资款1125万元并支付利息损失。
该判决于2013年9月23日生效后,海澜公司未履行还款义务。2013年12月20日,浙江省瑞安市人民法院裁定受理四位案外人对海澜公司的破产清算申请。

浙江省瑞安市人民法院认为,本案中双方的争议焦点之一,在于高文翔是否存在侵权行为,也就是高文翔、阮敏是否存在违反法定义务的行为、海澜公司的利益是否受到损害、损害行为与损害结果即海澜公司的破产之间,是否存在因果关系。
浙江省瑞安市人民法院判决高文翔、阮敏共同赔偿海澜公司经济损失1125万元及其利息;驳回海澜公司的其他诉讼请求。高文翔不服上述一审判决,上诉至温州市中级人民法院。
裁判要旨:法定代表人、执行董事等高管因个人未尽勤勉义务,没有将债务人企业款项用于公司的生产经营等事项,反而将该款用于偿还股东及监事的个人债务,严重损害公司利益,应承担赔偿责任。
裁判理由:温州市中级人民法院于2016年8月17日作出裁定:上诉人高文翔作为海澜公司的法定代表人及执行董事,对海澜公司负有忠实勤勉义务。二审中各方当事人的争议焦点为:上诉人高文翔对海澜公司处置1125万元是否存在故意或重大过失,以及是否应承担相应的赔偿责任。
上诉人认为海澜公司并未收到和实际控制涉案的1125万元,但生效的(2012)温瑞商初字第3807号民事判决已经认定海澜公司实际控制该1125万元,并判决海澜公司清偿江南公司等四位案外人1125万元投资款并支付利息损失,上诉人没有提供充分的证据推翻生效判决所认定的事实,本院对其主张不予采信。
随后,温州市中级人民法院援引最高人民法院《关于适用〈中华人民共和国企业破产法〉若干问题的规定(二)》第18条,认为上诉人作为海澜公司的法定代表人,在海澜公司收到涉案的1125万元款项后,没有将该款项用于公司的生产经营等事项,反而将该款用于偿还海澜公司股东及监事阮敏的个人债务,严重损害公司利益,应承担赔偿责任。上诉人主张其作为法定代表人未实际控制其名下的银行卡,公司实际控制人是阮敏,但该主张并不免除其作为对公司负有忠实勤勉义务的法定代表人,应对相关行为存在故意或者重大过失承担赔偿责任。
综上,上诉人高文翔的上诉请求不能成立,应予驳回;一审判决认定事实清楚,适用法律正确,应予以维持。

【学理综述】
张世君在《法商研究》2015年第5期上,发表《我国破产法上行政责任的衰微与再造》一文。

该文提出,我国《企业破产法》对行政责任的追究有衰微之势,立法层次下降、适用场合有限、行政责任的承担方式单一。这种情况会引发一系列问题,比如可能阻碍个案公正;比如可能影响民事、行政和刑事责任的衔接;比如不利于构建现代企业制度。我国应在未来的法律修订中,规定可以追究破产企业高管、破产管理人及其他主体等的行政责任,但具体操作与适用的条款,可以安排于相关行政法规、规章之中。破产行政责任适用的情形,包括息于申请破产的行为、非罪的破产诈害行为。责任形式应慎用行政处分,但可以适当拓宽对责任人资格罚的范围。①

第一百二十六条 有义务列席债权人会议的债务人的有关人员,经人民法院传唤,无正当理由拒不列席债权人会议的,人民法院可以拘传,并依法处以罚款。债务人的有关人员违反本法规定,拒不陈述、回答,或者作虚假陈述、回答的,人民法院可以依法处以罚款。

【立法沿革】

《破产法》(1995年草案)

第一百八十四条 有义务列席债权人会议的债务人或者债务人代表,经人民法院传唤,无正当理由拒不列席债权人会议的,人民法院可以拘传,并处一千元以上五千元以下的罚款。

债务人和有说明义务的其他人员拒不陈述、回答,或者作虚伪陈述、回答的,人民法院可以处以一千元以上五千元以下的罚款。

《企业破产与重整法》(2000年6月草案)

第一百六十四条 有义务列席债权人会议的债务人或者债务人代表,经人民法院传唤,无正当理由拒不列席债权人会议的,人民法院可以拘传,并处一千元以上五千元以下的罚款。

债务人和有说明义务的其他人员拒不陈述、回答,或者作虚伪陈述、回答的,人民法院可以处以一千元以上五千元以下的罚款。

构成犯罪的,依法追究刑事责任。

《企业破产与重整法》(2000年12月草案)

第一百五十九条 有义务列席债权人会议的债务人或者债务人代表,经人民法院传唤,无正当理由拒不列席债权人会议的,人民法院可以拘传,并处一千元以上五千元以下的罚款。债务人和有说明义务的其他人员拒不陈述、回答,或者作虚伪陈述、回答的,人民法院可以处以一千元以上五千元以下的罚款。

构成犯罪的,依法追究刑事责任。

《企业破产与重整法》(2001年1月草案)

第一百五十七条 有义务列席债权人会议的债务人或者债务人代表,经人民法院传唤,无正当理由拒不列席债权人会议的,人民法院可以拘传,并处一千元以上五千元以下的罚款。债务人和有说明义务的其他人员拒不陈述、回答,或者作虚假陈述、回答的,人民法院可以处以一千元以上五千元以下的罚款。

有前款规定的行为,构成犯罪的,依法追究刑事责任。

《企业破产法》(2004年3月草案A版)

第一百五十条 有义务列席债权人会议的债务人或者债务人代表,经人民法院传唤,无正当理由拒不列席债权人会议的,人民法院可以拘传,并处五千元以上五万元以下的罚款。债务人和有说明义务的其他人员拒不陈述、回答,或者作虚假陈述、回答的,人民法院可以处以五千元以上五万元以下的罚款。

有前款规定的行为,构成犯罪的,依法追究刑事责任。

《企业破产法》(2004年3月草案B版)

第一百四十九条 有义务列席债权人会议的债务人或者债务人代表,经人民法院传唤,无正当理由拒不列席债权人会议的,人民法院可以拘传,并处五千元以上五万元以下的罚款。债务人和有说明义务的其他人员拒不陈述、回答,或者作虚假陈述、回答的,人民法院可以处以五千元以上五万元以下的罚款。

有前款规定的行为,构成犯罪的,依法追究刑事责任。

《企业破产法》(2004年6月草案)

第一百五十二条 有义务列席债权人会议的债务人或者债务人代表,经人民法院传唤,无正当理由拒不列席债权人会议的,人民法院可以拘传,并处五千元以上五万元以下的罚款。债务人和有说明义务的其他人员拒不陈述、回答,或者作虚假陈述、回答的,人民法院可以处以五千元以上五万元以下的罚款。

由前款规定的行为,构成犯罪的,依法追究刑事责任。

《企业破产法》(2004年10月草案)

第一百四十条 有义务列席债权人会议的债务人或者债务人的法定代表人,经人民法院传唤,

---

① 参见张世君:《我国破产法上行政责任的衰微与再造》,载《法商研究》2015年第5期,第111—119页。

无正当理由拒不列席债权人会议的,人民法院可以拘传,并处以五千元以上五万元以下的罚款。债务人的法定代表人和有说明义务的其他人员拒不陈述、回答,或者作虚假陈述、回答的,人民法院可以处以五千元以上五万元以下的罚款。

【条文释义】

本条规定的是有义务列席债权人会议的债务人的有关人员,列席债权人会议并如实陈述、回答的义务及责任。

债务人的有关人员列席债权人会议并回答有关问题,是《企业破产法》第15条加诸债务人的有关人员的义务之一。根据本条的文本,有关人员如果经过法院传唤,无正当理由拒不列席,法院可以拘传并依法处以罚款;拒不陈述、回答,或者作虚假陈述、回答的,法院可以依法处以罚款。

本条共分2层含义:

第1层:"有义务列席债权人会议的债务人的有关人员,经人民法院传唤,无正当理由拒不列席债权人会议的,人民法院可以拘传,并依法处以罚款。"

本层确认,如果经法院传唤,有义务列席债权人会议的债务人的有关人员拒不列席债权人会议,且缺乏正当理由,法院可以采取拘传及罚款等措施。

这里债务人有关人员的义务,来自《企业破产法》第15条。按照王卫国的观点,分为列席债权人会议的义务和在债权人会议上如实回答询问的义务。① 本层主要规范债务人的有关人员的列席义务。

这里的"拒不列席",指能够出席而故意不列席。②

对于这里的"拘传",以法院传唤一次并拒不列席债权人会议,且缺乏正当理由为前提条件;韩传华特别提及,这与《民事诉讼法》中法院传唤两次拒不到庭且缺乏正当理由而导致的拘传有区别。③ 2017年修订的《民事诉讼法》第109条规定,"人民法院对必须到庭的被告,经两次传票传唤,无正当理由拒不到庭的,可以拘传"。《企业破产法》未明确规定因传唤且无合理理由拒不参加债权人会议而需要拘传的次数,如同上文韩传华认为是1次,而《民事诉讼法》将其界定为2次。

这里还需要注意的是,罚款可以与拘传并处。韩传华特别指出,这里的并处是前提性条件,只有法院在已采取拘传措施的前提下,才可以并处罚款;而不能够不采取拘传措施,直接处以罚款。④

对于这里的"依法",主要是指《民事诉讼法》。⑤

对于这里罚款的数额,《企业破产法》并未具体规定。查阅上述不同时期的草案,罚款金额大致在1000—5000元和5000—50000元的幅度内。

第2层:"债务人的有关人员违反本法规定,拒不陈述、回答,或者作虚假陈述、回答的,人民法院可以依法处以罚款。"

本层确认,债务人的有关人员如果在债权人会议上,拒不陈述、回答相关提问,或者有意做虚假陈述、回答的,法院可处以罚款。

这里需要留意的是,债务人的有关人员陈述、回答的对象,可以来自债权人会议召开期间的债权人的询问,也可以来自法院和管理人在任何时候提出的询问。⑥

《企业破产法》对这里的罚款金额并未明确规定其限度。在前述不同时期的草案中,罚款金额大致在1000—5000元和5000—50000元的幅度内。应该说,按照今天的物价水平,这一罚款额度已毫无参考价值,完全失去其威慑力;这也可能是立法者最终删除罚款额度的主要原因。韩传华甚至建议,如果债务人的有关人员拒不回答或者作虚假陈述,法院可以按照其拒不回答或者虚假陈述问题的次数,叠加罚款,提高其威慑力。⑦ 这一建议笔者不敢苟同,简单的叠加既难以精确计量,也有失严肃,极容易在司法的严肃性与债务人的有关人员的随意性之间形成冲突。妥善的解决方案是在修订《企业破产法》时,参酌各国经验,考虑引入藐视司法相关的惩戒措施。

另外,上述2层,尚需要结合《企业破产法》第131条刑事责任条款来理解。有义务列席债权人会议的债务人的有关人员经法院传唤,无正当理由拒不列席债权人会议,或者虽然列席债权人会议,但拒不陈述、回答相关提问,甚至有意作虚假陈述、回答的,如果情节严重到犯罪的程度,那么

---

① 参见王卫国:《破产法精义》(第2版),法律出版社2020年版,第394页。
② 参见王卫国:《破产法精义》(第2版),法律出版社2020年版,第394页。
③ 参见韩传华:《企业破产法解析》,人民法院出版社2007年版,第364页。
④ 参见韩传华:《企业破产法解析》,人民法院出版社2007年版,第364页。
⑤ 参见蒋黔贵主编:《中华人民共和国企业破产法释义》,中国市场出版社2006年版,第271页。
⑥ 参见韩传华:《企业破产法解析》,人民法院出版社2007年版,第364页。
⑦ 参见韩传华:《企业破产法解析》,人民法院出版社2007年版,第365页。

有义务列席债权人会议的债务人的有关人员,需要承担刑事责任。

【关联法律法规及司法政策】

最高人民法院《关于推进破产案件依法高效审理的意见》(2020)

20.债务人的有关人员或者其他人员有故意作虚假陈述,或者伪造、销毁债务人的账簿等重要证据材料,或者对管理人进行侮辱、诽谤、诬陷、殴打、打击报复等违法行为的,人民法院除依法适用企业破产法规定的强制措施外,可以依照民事诉讼法第一百一十一条等规定予以处理。

第一百二十七条 债务人违反本法规定,拒不向人民法院提交或者提交不真实的财产状况说明、债务清册、债权清册、有关财务会计报告以及职工工资的支付情况和社会保险费用的缴纳情况的,人民法院可以对直接责任人员依法处以罚款。

债务人违反本法规定,拒不向管理人移交财产、印章和账簿、文书等资料的,或者伪造、销毁有关财产证据材料而使财产状况不明的,人民法院可以对直接责任人员依法处以罚款。

【立法沿革】

《破产法》(1995年草案)

第一百八十五条 违反本法规定,债务人拒不向人民法院提交或者提交不真实的财产状况说明书、债务清册、债权清册和有关财务报告的,人民法院可以对直接责任人员处以二千元以上一万元以下的罚款。

违反本法规定,债务人拒不向管理人或者破产清算人移交财产和与财产有关的账簿、文件、资料、印章的,人民法院可以对直接责任人员处以二千元以上一万元以下的罚款。

构成犯罪的,依法追究刑事责任。

《企业破产与重整法》(2000年6月草案)

第一百六十五条 违反本法规定,债务人拒不向人民法院提交或者提交不真实的财产状况说明书、债务清册、债权清册和有关财务报告的,人民法院可以对直接责任人员处以二千元以上一万元以下的罚款。

违反本法规定,债务人拒不向管理人或者破产清算人移交财产和与财产有关的账簿、文件、资料、印章的,人民法院可以对直接责任人员处以二千元以上一万元以下的罚款。

构成犯罪的,依法追究刑事责任。

《企业破产与重整法》(2000年12月草案)

第一百六十条 违反本法规定,债务人拒不向人民法院提交或者提交不真实的财产状况说明书、债务清册、债权清册和有关财务报告的,人民法院可以对直接责任人员处以二千元以上一万元以下的罚款。

违反本法规定,债务人拒不向管理人或者破产清算人移交财产和与财产有关的账簿、文件、资料、印章的,人民法院可以对直接责任人员处以二千元以上一万元以下的罚款。

构成犯罪的,依法追究刑事责任。

《企业破产与重整法》(2001年1月草案)

第一百五十八条 违反本法规定,债务人拒不向人民法院提交财产状况说明书、债务清册、债权清册和有关财务报告的,或者提交不真实的,人民法院可以对直接责任人员处以二千元以上一万元以下的罚款。

违反本法规定,债务人拒不向管理人或者破产清算人移交财产和与财产有关的账簿、文件、资料、印章的,人民法院可以对直接责任人员处以二千元以上一万元以下的罚款。

有前两款规定的行为,构成犯罪的,依法追究刑事责任。

《企业破产法》(2004年3月草案A版)

第一百五十一条 违反本法规定,债务人拒不向人民法院提交财产状况说明书、债务清册、债权清册和有关财务报告的,或者提交不真实的,人民法院可以对直接责任人员处以五千元以上五万元以下的罚款。

违反本法规定,债务人拒不向管理人或者破产清算人移交财产和与财产有关的账簿、文件、资料、印章的,或者伪造、销毁有关财产证据材料而使财产状况不明的,人民法院可以对直接责任人员处以一万元以上五万元以下的罚款。

有前两款规定的行为,构成犯罪的,依法追究刑事责任。

《企业破产法》(2004年3月草案B版)

第一百五十条 违反本法规定,债务人拒不向人民法院提交财产状况说明书、债务清册、债权清册和有关财务报告的,或者提交不真实的,人民法院可以对直接责任人员处以五千元以上五万元以下的罚款。

违反本法规定,债务人拒不向管理人或者破产清算人移交财产和与财产有关的账簿、文件、资料、印章的,或者伪造、销毁有关财产证据材料而使财产状况不明的,人民法院可以对直接责任人员处以一万元以上五万元以下的罚款。

有前两款规定的行为,构成犯罪的,依法追究刑事责任。

《企业破产法》(2004年6月草案)

第一百五十三条 违反本法规定,债务人拒不向人民法院提交财产状况说明书、债务清册、债权清册和有关财务报告的,或者提交不真实的,人民法院可以对直接责任人员处以五千元以上五万元以下的罚款。

违反本法规定,债务人拒不向管理人移交财产和与财产有关的账簿、文件、资料、印章的,或者伪造、销毁有关财产证据材料而使财产状况不明的,人民法院可以对直接责任人员处以一万元以上五万元以下的罚款。

有前两款规定的行为,构成犯罪的,依法追究刑事责任。

《企业破产法》(2004年10月草案)

第一百四十一条 违反本法规定,债务人拒不向人民法院提交财产状况说明书、债务清册、债权清册和有关财务报告的,或者提交不真实的,人民法院可以对直接责任人员处以五千元以上五万元以下的罚款。

违反本法规定,债务人拒不向管理人移交财产和财产有关的账簿、文件、资料、印章的,或者伪造、销毁有关财产证据材料而使财产状况不明的,人民法院可以对直接责任人员处以一万元以上、五万元以下的罚款。

有前两款规定的行为,构成犯罪的,依法追究刑事责任。

【条文释义】

本条规定是债务人向法院如实提交真实财产证据材料的责任。

本条共分2款。分款评注如下:

第1款:"债务人违反本法规定,拒不向人民法院提交或者提交不真实的财产状况说明、债务清册、债权清册、有关财务会计报告以及职工工资的支付情况和社会保险费用的缴纳情况的,人民法院可以对直接责任人员依法处以罚款。"

《企业破产法》在如下两种情况下,赋予债务人向法院提交财产状况说明、债务清册、债权清册、有关财务会计报告以及职工工资的支付情况和社会保险费用的缴纳情况等材料的义务:第一,按照《企业破产法》第8条第3款,如果债务人向法院提出破产申请,债务人需要主动提交"财产状况说明、债务清册、债权清册、有关财务会计报告、职工安置预案以及职工工资的支付和社会保险费用的缴纳情况"。第二,按照《企业破产法》第11条第2款,如果债权人向法院提出破产申请,法院受理,并将受理通知送达债务人,那么在债务人在裁定送达之日起15日内,需要向法院"提交财产状况说明、债务清册、债权清册、有关财务会计报告以及职工工资的支付和社会保险费用的缴纳情况"。

除上述两种情况外,按照韩传华的观点,如果依法负有清算责任的人按照《企业破产法》第7条第3款向法院申请破产,那么也应视同债务人提出破产申请,应向法院提交财产状况说明、债务清册、债权清册、有关财务会计报告以及职工工资的支付和社会保险费用的缴纳情况等相关的材料。①

本条所确定的责任,均是债务人在违反上述义务的前提下发生的。第1款、第2款均提及"债务人违反本法规定",所谓"本法规定",便是《企业破产法》中的上述规定。

王卫国指出,本款规定对于债务人违反提交义务的行为,既包括消极行为,如拒不向法院提交有关材料;也包括积极行为,即提交不真实的材料。②

本款规定,债务人如果违反《企业破产法》第7条、第8条或者第11条的规定,拒绝向法院提供真实的财产状况说明、债务清册、债权清册、有关财务会计报告以及职工工资的支付情况和社会保险费用的缴纳情况的,或者有意提供虚假的财产状况说明、债务清册、债权清册、有关财务会计报告以及职工工资的支付情况和社会保险费用的缴纳情况的,法院均可以对直接责任人员处以罚款。

应该说,本款规定主要追究的是债务人主观上的消极态度。债务人主观上的消极态度,体现在要么不愿意提供材料,要么提供虚假材料,这些行为均会提高司法权力的运行成本,增添司法机构甄别真假与否的工作量,无谓地造成破产程序的时间浪费。

那么根据本款的措辞,有问题需要提出来,这里的"人民法院可以对直接责任人员依法处以罚款",那么作为一种职务行为,"直接责任人员"是否必然会以个人财产缴纳罚款,还是将这些罚款转化成债务人欠国家的债务,进而在破产程序中以破产费用或者其他名目处理?这个问题《企业破产法》未进一步明确,需要仔细斟酌。

还有必要明确的是,如果债务人按照《企业破产法》第8条第3款向法院提出破产申请,或者依

---

① 参见韩传华:《企业破产法解析》,人民法院出版社2007年版,第365页。
② 参见王卫国:《破产法精义》(第2版),法律出版社2020年版,第396页。

法负有清算责任的人按照《企业破产法》第 7 条第 3 款向法院提出破产申请时,而不愿意向法院提供上述材料,那么法院可以直接裁定不予受理破产申请,而不能直接对债务人的直接责任人员处以罚款;只有债务人或者依法负有清算责任的人有意提供虚假材料,法院才可以对责任人员处以罚款;而如果债权人按照《企业破产法》第 11 条提出破产申请并被法院受理,那么债务人在提交相关材料过程中,除非事先请示法院批准,否则逾期未提交即视为拒绝提交,或者虽如期提交但提交的是虚假材料,法院均可以对责任人处以罚款。①

对于这里罚款的金额,《企业破产法》未明确规定。查阅前述不同时期的破产法草案,早期的草案中罚款幅度多在 2000—10000 元之间;而后期的草案中,罚款幅度多在 5000—50000 元之间。《企业破产法》在定稿中删去罚款数额,可以理解成为立法者试图回避通货膨胀难题,试图将之留待法院具体处理。

韩传华还建议,为加重债务人直接责任人员及时提交且提交真实材料的责任心,强化其义务,提高罚款规则的威慑力,应该建立一事一罚、叠加罚款的制度,即每少提供一项材料,或者提供材料有一项不真实,都可以就该项未提供行为或虚假提供行为进行罚款,最终形成多次罚款、多项罚款的制度。② 对此笔者不是完全苟同。

需要留意的是,理解本款同样需要援引《企业破产法》第 131 条刑事责任条款,如果债务人拒绝提供相关材料,或者有意提供虚假的相关材料,后果与性质严重到触犯刑法的程度的话,直接责任人员需要承担刑事责任。

第 2 款:"债务人违反本法规定,拒不向管理人移交财产、印章和账簿、文书等资料的,或者伪造、销毁有关财产证据材料而使财产状况不明的,人民法院可以对直接责任人员依法处以罚款。"

本款强调债务人向管理人移交真实财产、印章和账簿、文书等资料的义务。

根据《企业破产法》第 15 条第 1 款第 1 项,债务人的有关人员,需要承担的义务之一,即包括"妥善保管其占有和管理的财产、印章和账簿、文书等资料"。而《企业破产法》第 25 条规定的管理人的职权,则包括"接管债务人的财产、印章和账簿、文书等资料"的职责。这也就是说,债务人妥善保管其占有和管理的财产、印章和账簿、文书等资料的义务,与管理人接管这些东西的职责相对应。但这里也有必要留意,上述规定并未明确赋予债务人"移交"的义务;正如韩传华所指出,对于债务人何时何地以何种方式向管理人移交上述材料,《企业破产法》本身未规定。③ 或许只能援引《企业破产法》第 15 条第 1 款第 2 项,"根据人民法院、管理人的要求进行工作,并如实回答询问",赋予债务人向管理人移交相关材料的义务。

本款对于债务人的相关直接责任人员的处罚,主要针对两种情形:第一,拒不向管理人移交财产、印章和账簿、文书等资料;第二,伪造、销毁有关财产证据材料而使财产状况不明。

对于这里的"拒不",主要强调主观态度,而在客观上会体现在具体的行为中。按照韩传华的概括,比如债务人的有关人员未按照法院、管理人的要求移交,或者移交不完全,都视为债务人"拒不向管理人移交财产、印章和账簿、文书等资料"④。

这里的"伪造、销毁有关财产证据材料而使财产状况不明",韩传华采取了扩大解释的方式,其责任主体可以是债务人有关人员,也可以是债务人有关人员之外的其他人员。⑤

对于上述"罚款"的金额,《企业破产法》并未规定。查阅前述不同时期的破产法草案,早期的草案中罚款幅度多在 2000—10000 元之间;而后期的草案中,罚款幅度多在 10000—50000 元之间。法院对此有适当的自由裁量权。

韩传华认为,为了强化债务人直接责任人员的移交义务,提高债务人的有关人员及时移交的积极性,提高罚款规则的威慑力,如果债务人的有关人员拒不向管理人移交任何一项财产、印章和账簿、文书,或者伪造、销毁任何一项财产、印章和账簿、文书,法院就可以单独处以罚款,并累计计算。⑥

理解本款,同样需要援引《企业破产法》第 131 条刑事责任条款。如果债务人拒不向管理人移交财产、印章和账簿、文书等资料,或者伪造、销毁有关财产证据材料而使财产状况不明,后果与

---

① 参见韩传华:《企业破产法解析》,人民法院出版社 2007 年版,第 365—366 页。
② 参见韩传华:《企业破产法解析》,人民法院出版社 2007 年版,第 366 页。
③ 参见韩传华:《企业破产法解析》,人民法院出版社 2007 年版,第 367 页。
④ 韩传华:《企业破产法解析》,人民法院出版社 2007 年版,第 367 页。
⑤ 参见韩传华:《企业破产法解析》,人民法院出版社 2007 年版,第 367 页。
⑥ 参见韩传华:《企业破产法解析》,人民法院出版社 2007 年版,第 367 页。

性质严重到触犯刑法的程度的话,直接责任人员则需要承担刑事责任。

第一百二十八条 债务人有本法第三十一条、第三十二条、第三十三条规定的行为,损害债权人利益的,债务人的法定代表人和其他直接责任人员依法承担赔偿责任。

【立法沿革】

《企业破产法(试行)》(1986)

第三十五条 人民法院受理破产案件前六个月至破产宣告之日的期间内,破产企业的下列行为无效:

(一)隐匿、私分或者无偿转让财产;

(二)非正常压价出售财产;

(三)对原来没有财产担保的债务提供财产担保;

(四)对未到期的债务提前清偿;

(五)放弃自己的债权。

破产企业有前款所列行为的,清算组有权向人民法院申请追回财产。追回的财产,并入破产财产。

第四十条 破产企业有本法第三十五条所列行为之一,自破产程序终结之日起一年内被查出的,由人民法院追回财产,依照本法第三十七条的规定清偿。

第四十一条 破产企业有本法第三十五条所列行为之一,对破产企业的法定代表人和直接责任人员给予行政处分;破产企业的法定代表人和直接责任人员的行为构成犯罪的,依法追究刑事责任。

《破产法》(1995年草案)

第一百八十六条 债务人有本法第二十七条规定的无效行为和在人民法院受理破产案件前12个月内,有下列行为之一的,人民法院可以对直接责任人员处以一万元以上十万元以下的罚款;构成犯罪的,依法追究刑事责任:

(一)非正常压价出售财产的;

(二)提前清偿未到期债务的;

(三)放弃债权的;

(四)伪造或者销毁有关财产证据材料而使财产状况不明的。

第一百八十七条 债务人有下列行为之一的,人民法院可以对直接责任人员处以五千元以上、五万元以下的罚款;构成犯罪的,依法追究刑事责任:

(一)在人民法院受理破产案件前6个月内,已知不能清偿债务,对没有财产担保的债务提供财产担保的;

(二)在人民法院受理破产案件前6个月内,已知不能清偿债务仍然清偿个别债权的。

第一百八十八条 债务人已知或者应知其不能清偿到期债务,仍然不合理地花费钱财,或者挥霍财产的,人民法院可以对直接责任人员处以三千元以上三万元以下的罚款;构成犯罪的,依法追究刑事责任。

《企业破产与重整法》(2000年6月草案)

第十条 债务人有本法第三条规定的情形,债务人可以向人民法院提出重整、和解或者破产清算申请。

债务人不能清偿到期债务,债权人可以申请债务人破产。

有本法第二条第二款规定的情形,债务人财产不足以清偿债务的,依法负有清算责任的人应当向人民法院申请破产清算。

第一百五十九条 违反本法第十条第三款的规定,处以一万元以上五万元以下罚款。构成犯罪的,依法追究刑事责任。

第一百六十六条 债务人有本法第二十五条规定的无效行为和在人民法院受理破产案件前十二个月内,有下列行为之一的,人民法院可以对直接责任人员处以一万元以上十万元以下的罚款;构成犯罪的,依法追究刑事责任:

(一)非正常压价出售财产的;

(二)提前清偿未到期债务人的;

(三)放弃债权的;

(四)伪造或者销毁有关财产证据材料而使财产状况不明的。

第一百六十七条 债务人有下列行为之一的,人民法院可以对直接责任人员处以五千元以上五万元以下的罚款;构成犯罪的,依法追究刑事责任:

(一)在人民法院受理破产案件前六个月内,已知不能清偿债务,对没有财产担保的债务提供财产担保的;

(二)在人民法院受理破产案件前六个月内,已知不能清偿债务,仍然清偿个别债权的。

第一百六十八条 债务人已知或者应知其不能清偿到期债务,仍然不合理地花费钱财,或者挥霍财产的,人民法院可以对直接责任人处以三千元以上三万元以下的罚款;

构成犯罪的,依法追究刑事责任。

《企业破产与重整法》(2000年12月草案)

第一百六十一条 债务人有本法第二十五条规定的无效行为或者在人民法院受理破产案件前

十二个月内,有下列行为之一的,人民法院可以对直接责任人员处以一万元以上十万元以下的罚款;构成犯罪的,依法追究刑事责任:

(一)非正常压价出售财产的;

(二)提前清偿未到期债务的;

(三)放弃债权的;

(四)伪造或者销毁有关财产证据材料而使财产状况不明的。

第一百六十二条 债务人有下列行为之一的,人民法院可以对直接责任人员处以五千元以上五万元以下的罚款;构成犯罪的,依法追究刑事责任:

(一)在人民法院受理破产案件前六个月内,已知不能清偿债务,对没有财产担保的债务提供财产担保的;

(二)在人民法院受理破产案件前六个月内,已知不能清偿债务,仍然清偿个别债权的。

第一百六十三条 债务人已知或者应知其不能清偿到期债务,仍然不合理地花费钱财,或者挥霍财产的,人民法院可以对直接责任人处以三千元以上三万元以下的罚款;

构成犯罪的,依法追究刑事责任。

《企业破产与重整法》(2001年1月草案)

第一百五十九条 债务人有本法第二十六条规定的无效行为或者在人民法院受理破产案件前十二个月内,有下列行为之一的,人民法院可以对直接责任人员处以一万元以上十万元以下的罚款。构成犯罪的,依法追究刑事责任:

(一)非正常压价出售财产的;

(二)提前清偿未到期债务的;

(三)放弃债权的;

(四)伪造或者销毁有关财产证据材料而使财产状况不明的。

第一百六十条 债务人有下列行为之一的,人民法院可以对直接责任人员处以五千元以上五万元以下的罚款。构成犯罪的,依法追究刑事责任:

(一)在人民法院受理破产案件前六个月内,已知不能清偿债务,对没有财产担保的债务提供财产担保的;

(二)在人民法院受理破产案件前六个月内,已知不能清偿债务,仍然清偿个别债权的。

第一百六十一条 债务人已知或者应知其不能清偿到期债务,仍然不合理地开支费用,或者挥霍财产的,人民法院可以对直接责任人处以三千元以上三万元以下的罚款。构成犯罪的,依法追究刑事责任。

《企业破产法》(2004年3月草案A版)

第一百五十二条 债务人有本法第三十五条规定的行为的,人民法院可以对直接责任人员处以二万元以上十万元以下的罚款。构成犯罪的,依法追究刑事责任。

第一百五十三条 债务人有本法第三十三条、第三十四条规定的行为的,人民法院可以对直接责任人员处以一万元以上五万元以下的罚款。构成犯罪的,依法追究刑事责任。

第一百五十四条 债务人已知或者应知其不能清偿到期债务,仍然不合理地开支费用,或者挥霍财产的,人民法院可以对直接责任人处以一万元以上五万元以下的罚款。构成犯罪的,依法追究刑事责任。

《企业破产法》(2004年3月草案B版)

第一百五十一条 债务人有本法第三十六条规定的行为的,人民法院可以对直接责任人员处以二万元以上十万元以下的罚款。构成犯罪的,依法追究刑事责任。

第一百五十二条 债务人有本法第三十四条、第三十五条规定的行为的,人民法院可以对直接责任人员处以一万元以上五万元以下的罚款。构成犯罪的,依法追究刑事责任。

第一百五十三条 债务人已知或者应知其不能清偿到期债务,仍然不合理地开支费用,或者挥霍财产的,人民法院可以对直接责任人处以一万元以上五万元以下的罚款。构成犯罪的,依法追究刑事责任。

《企业破产法》(2004年6月草案)

第一百五十四条 债务人有本法第三十五条规定的行为的,人民法院可以对直接责任人员处以二万元以上十万元以下的罚款。构成犯罪的,依法追究刑事责任。

第一百五十五条 债务人有本法第三十三条、第三十四条规定的行为的,人民法院可以对直接责任人员处以一万元以上五万元以下的罚款。构成犯罪的,依法追究刑事责任。

第一百五十六条 债务人已知或者应知其不能清偿到期债务,仍然不合理地开支费用,或者挥霍财产的,人民法院可以对直接责任人员处以一万元以上五万元以下的罚款。构成犯罪的,依法追究刑事责任。

《企业破产法》(2004年10月草案)

第一百四十二条 债务人有本法第三十三条、第三十四条、第三十五条规定的行为,损害债权人利益的,债务人的法定代表人和其他直接责任人员应当承担赔偿责任;构成犯罪的,依法追究刑事责任。

【条文释义】

本条规定的是债务人的法定代表人和其他直接责任人员有《企业破产法》第31条、第32条和第33条规定的行为时应承担赔偿责任的原则。

准确理解本条，首先需要回到《企业破产法》第31条、第32条和第33条的语境下。《企业破产法》第31条列举管理人可以请求法院撤销债务人在法院受理破产申请前1年内所为的5类行为，具体包括：无偿转让财产；以明显不合理的价格进行交易；对没有财产担保的债务提供财产担保；对未到期的债务提前清偿；放弃债权。《企业破产法》第32条规定，如果债务人在法院受理破产申请前6个月内，具备《企业破产法》第2条所规定的破产原因，仍旧清偿个别债权人的债务，除非个别清偿使债务人财产受益，否则管理人有权请求法院予以撤销。《企业破产法》第33条规定涉及债务人财产的两类无效行为：为逃避债务而隐匿、转移财产；虚构债务或者承认不真实的债务。整体来说，上述三条的内容基本都属于规范债务人在特定时间段内财产处置合法与否的范畴，《企业破产法》也为相关行为做出可撤销或者无效的定性。

那么在本条中，《企业破产法》进一步明确：债务人如果有《企业破产法》第31条、第32条和第33条的行为，不仅这些行为本身可以被撤销或者直接归于无效，而且如果这些行为"损害债权人利益"，那么按照本条规定，债务人的法定代表人和其他直接责任人员需要承担赔偿责任。

这里需要特别留意本条规定的责任主体，即"债务人的法定代表人和其他直接责任人员"。"法定代表人"是一个企业法上的概念；而"其他责任人员"的内涵和外延，则需要特别明确。可惜《企业破产法》对此并未明确规定。我们依稀可以参酌的是《企业破产法》第15条第2款规定，"前款所称有关人员，是指企业的法定代表人；经人民法院决定，可以包括企业的财务管理人员和其他经营管理人员"。韩传华在其2007年出版的专著中，甚至建议参引公安部1994年的批复来界定的"其他责任人员"，即在债务人实施《企业破产法》第31条、第32条和第33条所规定系列行为中起决定作用的、负有组织、决策、指挥责任的领导人员，以及负有部分组织责任或者只是具体执行、积极参与的该单位部门负责人或一般工作人员，韩传华认为这种界定可以将法定代表人在内的董事、监事、高级管理人员和其他相关人员都囊括进去。①

王欣新、王雷祥等认为，通过破产法追究高管人员对于可撤销行为的民事责任，其理论背景是现代公司法中强化债权人利益保护思潮的直接产物，债权人利益保护理论属于其利益相关者理论的重要组成部分。②但是，王欣新等亦认为，"债务人的法定代表人和其他直接责任人员"这一提法规范性稍差，"与公司法等现代企业法上对公司管理人员的表述有些不相协调，对法定代表人的突出规定与公司企业的机构设置与治理机制也存在差异"；另外，"其他直接责任人员"这一表述，尽管其客观上有利于追究不属于高管但依旧通过《企业破产法》第31—33条所描述行为来损害债权人利益的企业工作人员责任，但其模糊性亦显而易见。王欣新等建议，应该将这里的责任人员范围，限定为违反其法定义务的董事、监事和实际控制公司并处分公司财产的高管人员，而"其他责任人员"尤其是排除被雇佣的具体办事人员，而只应追究行为的实际决策者或负责人。③

另外，还需要斟酌的是请求"债务人的法定代表人和其他直接责任人员"为涉及《企业破产法》第31条、第32条和第33条相关行为承担赔偿责任的主体。对此《企业破产法》并未明确规定。韩传华认为，尽管《企业破产法》第31条、第32条和第33条相关行为均会发生损害债权人利益的结果，但债权人并不必然是请求权利人，除非债权人依据《企业破产法》第123条请求债务人的法定代表人和其他责任人员依法承担赔偿责任，否则这一请求权应由管理人行使。④

最后需要申述的是，本条规定的责任方式，仅仅限定于民事赔偿责任。但进一步结合《企业破产法》第131条，债务人如果有《企业破产法》第31条、第32条和第33条的行为，且导致严重后果的，不仅这些行为本身可以被撤销或者直接归于无效，债务人的法定代表人和其他直接责任人员

---

① 参见韩传华：《企业破产法解析》，人民法院出版社2007年版，第362—363页。
② 参见王欣新、王雷祥：《论企业高管人员对破产可撤销行为的民事赔偿责任》，载《法治研究》2013年第6期，第57页。
③ 参见王欣新、王雷祥：《论企业高管人员对破产可撤销行为的民事赔偿责任》，载《法治研究》2013年第6期，第56—57页。
④ 参见韩传华：《企业破产法解析》，人民法院出版社2007年版，第363页。

也需要承担赔偿责任，甚至也需要进一步承担刑事责任。

【关联法律法规及司法政策】

最高人民法院《关于适用〈中华人民共和国企业破产法〉若干问题的规定（二）》(2020)

第十八条　管理人代表债务人依据企业破产法第一百二十八条的规定，以债务人的法定代表人和其他直接责任人员对所涉债务人财产的相关行为存在故意或者重大过失，造成债务人财产损失为由提起诉讼，主张上述责任人员承担相应赔偿责任的，人民法院应予支持。

最高人民法院《关于推进破产案件依法高效审理的意见》(2020)

21.债务人财产去向不明，或者债权人、出资人等利害关系人提供了债务人相关财产可能存在被非法侵占、挪用、隐匿等情形初步证据或者明确线索的，管理人应当及时对有关财产的去向情况进行调查。有证据证明债务人及其有关人员存在企业破产法第三十一条、第三十二条、第三十三条、第三十六条等规定的行为的，管理人应当依法追回相关财产。

【裁判要旨】

案例

温州奥昌合成革有限公司与郑玉平、张洪迪等损害债务人利益赔偿纠纷案

法院：浙江省温州市中级人民法院

案号：（2014）浙温商终字第839号

事实：上诉人温州奥昌合成革有限公司（以下简称奥昌公司）因与被上诉人郑玉平、张洪迪、原审被告张洪杰损害债务人利益赔偿纠纷一案，不服温州市龙湾区人民法院（2013）温龙开商初字第316号民事判决，向温州市中级人民法院提起上诉。

2012年9月26日，温州市龙湾区人民法院依法裁定奥昌公司重整。经审计发现，根据奥昌公司短期借款丁建国（张洪迪）明细账显示，奥昌公司于2012年6月20日至2012年9月2日，归还丁建国借款金额合计3318910元，有丁建国出具的领款凭证在账为据。

另查，张洪杰、郑玉平、张洪迪系奥昌公司的股东，张洪杰原担任公司董事长，郑玉平担任公司监事长兼财务部经理，张洪迪担任公司监事职务。根据奥昌公司资产负债表记载，截至2012年5月31日，奥昌公司负债率为126.81%，已资不抵债，不能偿还到期债务。

奥昌公司认为，在龙湾区人民法院受理其重整申请前6个月内，仍对债权人丁建国的债务个别进行清偿，违反《企业破产法》第32条之规定，应依法予以撤销，并可要求追回已归还的款项，但张洪杰在约定的期限内未向管理人提供丁建国的身份、户籍信息，致使管理人无法向丁建国追回款项，造成公司财产损失。张洪杰作为公司的法定代表人，决定同意偿还丁建国债务，负有领导审批责任；郑玉平作为公司监事长兼财务部经理，负有审查监督的责任，但在丁建国多张收回借款领款凭证未经张洪杰审批的情况下，仍向丁建国偿还债务，也负有财务监督的直接责任；张洪迪作为公司的股东兼监事，也未履行监督的职责，参与该债务的偿还，也负有监督的直接责任；以上三人对该债务的偿还均存在故意及重大过失。故起诉，请求判令：张洪杰、郑玉平、张洪迪共同偿还奥昌公司3318910元。

温州市龙湾区人民法院一审判决如下：（1）被告张洪杰赔偿原告温州奥昌合成革有限公司3318910元；（2）驳回奥昌公司的其他诉讼请求。奥昌公司不服上述判决，向温州市中级人民法院提出上诉，要求追究郑玉平、张洪迪的责任。

裁判要旨：债务人企业会计、监事等作为向特定债权人个别清偿的"**其他直接责任人员**"，在未能提供特定债权人的详细身份信息，导致债务人企业无法向特定债权人追讨个别清偿款，存在故意或重大过失，应依法承担赔偿责任。

裁判理由：温州市中级人民法院2014年8月5日作出裁定：根据《企业破产法》第128条、最高人民法院《关于适用〈中华人民共和国企业破产法〉若干问题的规定（二）》第18条的规定，本案中，张洪迪作为奥昌公司的监事及股东，介绍丁建国借款给奥昌公司，并以自己的名义持丁建国的凭证向奥昌公司管理人申报债权，足见其与丁建国关系特殊，但未能提供丁建国的详细身份信息，导致奥昌公司无法向丁建国追讨个别清偿的3318910元，应承担赔偿责任。

另外，郑玉平作为奥昌公司的监事长以及财务主管，其对公司的财务行为应尽到勤勉义务。根据公司资产负债表显示，奥昌公司于2012年5月31日已资不抵债，鉴于2012年6月20日的614500元、7月11日的30万元领款凭证系张洪杰审批，故郑玉平对该2张收款收据合计914500元不应承担赔偿责任。但其他6张领款凭证，均系无任何审批，且公司财务也未核实丁建国身份的情况下，对其个别清偿，郑玉平作为财务主管，又系张洪迪持丁建国向奥昌公司管理人申报债权的受委托人，应承担赔偿责任。

温州市中级人民法院认为郑玉平、张洪迪应

属奥昌公司向丁建国个别清偿的"其他直接责任人员",但郑玉平、张洪迪均未能提供丁建国的详细身份信息,导致奥昌公司无法向丁建国追讨个别清偿的3318910元,存在故意或重大过失,依法承担赔偿责任。鉴于上述,温州市中级人民法院裁定撤销温州市龙湾区人民法院(2013)温龙开商初字第316号民事判决,判决张洪迪、张洪杰赔偿上诉人奥昌公司3318910元;郑玉平对该判决款项在2404410元范围内承担共同赔偿责任。

第一百二十九条 债务人的有关人员违反本法规定,擅自离开住所地的,人民法院可以予以训诫、拘留,可以依法并处罚款。

【立法沿革】

《破产法》(1995年草案)

第一百九十一条 对违反本法第二十二条第一款第四项规定的,人民法院可予以训诫、拘留;并可处五千元以上五万元以下罚款。

《企业破产与重整法》(2000年6月草案)

第二十条 自人民法院受理破产案件之日起,债务人承担下列义务:

(一)妥善保管其占用和管理的所有财产、账册、文书、资料、印章和其他物品;

(二)根据人民法院、管理人、重整执行人或者破产清算人的要求进行工作,并如实回答询问;

(三)列席债权人会议并如实回答债权人或者监督人的询问;

(四)未经人民法院许可,不得擅自离开住所地。

前款规定,适用于企业法人的代表人、合伙企业的合伙人及负责人、个人独资企业的出资人及负责人和其他经济组织的负责人;必要时,经人民法院决定,可以适用于企业的财务管理人员和主要业务人员。

第一百七十一条 对违反本法第二十条第一款第(四)项规定的,人民法院可予以训诫、拘留;并可处以五千元以上五万元以下的罚款。

《企业破产与重整法》(2000年12月草案)

第一百六十六条 依照本法第九条第二款的规定,有义务提出破产申请的人因迟延或者未提出申请而致债权人损失的,除处以一万元以上五万元以下罚款外,并承担对债权人损失赔偿责任;构成犯罪的,依法追究刑事责任。

第一百六十七条 对违反本法第二十条第一款第(四)项规定的,人民法院可予以训诫、拘留;并可处以五千元以上五万元以下的罚款。

《企业破产与重整法》(2001年1月草案)

第一百六十四条 依照本法第十条第二款的规定,有义务提出破产申请的人因迟延或者未提出申请而致债权人损失的,除处以一万元以上五万元以下罚款外,并对债权人承担损失赔偿责任。构成犯罪的,依法追究刑事责任。

第一百六十五条 对违反本法第二十一条第一款第(四)项规定的,人民法院可予以训诫、拘留;并可处以五万元以上五万元以下的罚款。

《企业破产法》(2004年3月草案A版)

第十一条 债务人有本法第四条规定的情形的,债务人或者债权人可以向人民法院提出重整、和解或者清算申请(以下统称破产申请)。

有本法第三条第二款规定的情形,债务人财产不足以清偿债务的,依法负有清算责任的人应当向人民法院提出破产申请。

第一百五十七条 违反本法第十一条第二款的规定,处以一万元以上五万元以下罚款。构成犯罪的,依法追究刑事责任。

第二十一条 自人民法院受理破产案件之日起,债务人及其有关人员承担下列义务:

(一)妥善保管其占用和管理的所有财产、账册、文书、资料、印章和其他物品;

(二)根据人民法院、管理人、重整执行人的要求进行工作,并如实回答询问;

(三)列席债权人会议并如实回答债权人的询问;

(四)未经人民法院许可,不得擅自离开住所地。

前款所称有关人员,包括企业法人的法定代表人、合伙企业的合伙人及负责人、个人独资企业的出资人及负责人或其他营利性组织的负责人;必要时,经人民法院决定,可以包括企业的财务管理人员和主要业务人员。

第一百五十八条 对违反本法第二十一条第一款第四项规定的,人民法院可予以训诫、拘留;并可处以五万元以上五万元以下的罚款。

《企业破产法》(2004年3月草案B版)

第十条 债务人有本法第三条规定的情形的,债务人或者债权人可以向人民法院提出重整、和解或者清算申请(以下统称破产申请)。

有本法第二条第二款规定的情形,债务人财产不足以清偿债务的,依法负有清算责任的人应当向人民法院提出破产申请。

第一百五十六条 违反本法第十条第二款的规定,处以一万元以上五万元以下罚款。构成犯罪的,依法追究刑事责任。

第二十条　自人民法院受理破产案件之日起,债务人及其有关人员承担下列义务:
(一)妥善保管其占用和管理的所有财产、账册、文书、资料、印章和其他物品;
(二)根据人民法院、管理人、重整执行人的要求进行工作,并如实回答询问;
(三)列席债权人会议并如实回答债权人的询问;
(四)未经人民法院许可,不得擅自离开住所地。
前款所称有关人员,包括企业法人的法定代表人、合伙企业的合伙人及负责人、个人独资企业的出资人及负责人或者其他营利性组织的负责人;经人民法院决定,可以包括企业的财务管理人员和主要业务人员。
第一百五十七条　对违反本法第二十条第一款第四项规定的,人民法院可予以训诫、拘留;并可处以五千元以上五万元以下的罚款。

《企业破产法》(2004年6月草案)
第十八条　自人民法院受理破产案件之日起,债务人的有关人员承担下列义务:
(一)妥善保管其占用和管理的所有财产、账册、文书、资料、印章和其他物品;
(二)根据人民法院、管理人要求进行工作,并如实回答询问;
(三)列席债权人会议并如实回答债权人的询问;
(四)未经人民法院许可,不得离开住所地;
(五)不得担任其他企业的董事、经理等职务。
前款所称有关人员,包括企业法人的法定代表人、合伙企业的合伙人及负责人、个人独资企业的出资人及负责人或者其他营利性组织的负责人;经人民法院决定,可以包括企业的财务管理人员和主要业务人员。
第一百六十条　对违反本法第十八条第一款第四项规定的,人民法院可予以训诫、拘留;并可处以五千元以上五万元以下的罚款。

《企业破产法》(2004年10月草案)
第十七条　自人民法院受理破产申请的裁定送达债务人之日起,债务人的有关人员承担下列义务:
(一)妥善保管其占用和管理的所有财产、账册、文书、资料、印章和其他物品;
(二)根据人民法院、管理人要求进行工作,并如实回答询问;
(三)列席债权人会议并如实回答债权人的询问;
(四)未经人民法院许可,不得离开住所地;
(五)不得新任其他企业的董事、经理等职务。
前款所称有关人员,是指企业法人的法定代表人;经人民法院决定,可以包括企业的财务管理人员和主要业务人员。
第一百四十五条　对违反本法第十七条第一款第四项规定的,人民法院可予以训诫、拘留;并可处以五千元以上五万元以下的罚款。

【条文释义】

本条规定的是债务人的有关人员不得擅自离开住所地的限制。

与以往草案不同的是,本条基于简洁考虑,未再援引《企业破产法》第15条第1款第4项,"未经人民法院许可,不得离开住所地",而是直接载明,债务人的有关人员如果擅自离开住所地的,法院可以予以训诫、拘留并处罚款。本条文本中提及的"违反本法规定",指的即是《企业破产法》第15条第1款第4项。

本条需要留意的是有如下几点:第一,这里的"训诫",即批评教育;而这里的"拘留",即由法院将被拘留人送交公安机关,或采取其他强制措施,期限在15日之下。① 第二,"罚款"是"并处",而非"单处",即必须与训诫、拘留等措施同时适用。而罚金的金额,《企业破产法》并未规定;参照不同时期的草案,一直是在5000—50000元间。

另外,还需要特别强调的是,参照以往不同时期的破产法草案,《企业破产法》第131条刑事责任款条与本条并无关联。也就是说,债务人如果未经法院许可,擅自离开住所地,那么其面临的终极惩罚,也就是训诫、拘留并处罚金,无法上升到刑事犯罪的高度。这可能也是《企业破产法》第11章法律责任中,唯一一处不涉及刑事犯罪的责任款条。

第一百三十条　管理人未依照本法规定勤勉尽责,忠实执行职务的,人民法院可以依法处以罚款;给债权人、债务人或者第三人造成损失的,依法承担赔偿责任。

【立法沿革】

《破产法》(1995年草案)
第一百八十九条　管理人、重整执行人、破产

---

① 参见韩传华:《企业破产法解析》,人民法院出版社2007年版,第368页。

清算人、监督人、债权人或者他们的代理人在执行本法的过程中，利用职务便利或者地位，索取、收受贿赂或者获取其他不正当利益的，人民法院可以根据情节轻重对直接责任人员处以一万元以上十万元以下的罚款；构成犯罪的，依法追究刑事责任。

第一百九十条　在执行本法的过程中，向管理人、重整执行人、破产清算人、监督人、债权人或者他们的代理人行贿的，人民法院可以根据情节轻重对直接责任人员处以二千元以上三万元以下的罚款；构成犯罪的，依法追究刑事责任。

第一百九十二条　管理人、重整执行人。破产清算人、监督人因玩忽职守或者其他违法行为，造成债权人、债务人或者第三人经济损失的，应当承担赔偿责任；造成重大损失的，可以根据情节轻重，处以一万元以上十万元以下的罚款和拘留；构成犯罪的，依法追究刑事责任。

《企业破产与重整法》(2000年6月草案)

第一百六十九条　管理人、重整执行人、破产清算人、监督人、债权人或者他们的代理人在执行本法的过程中，利用职务便利或者地位，索取、收受贿赂或者获取其他不正当利益的，人民法院可以根据情节轻重处以一万元以上十万元以下的罚款；构成犯罪的，依法追究刑事责任。

第一百七十条　在执行本法过程中，向管理人、重整执行人、破产清算人、监督人、债权人或者他们的代理人行贿的，人民法院可以根据情节轻重对直接责任人员处以二千元以上三万元以下的罚款；构成犯罪的，依法追究刑事责任。

《企业破产与重整法》(2000年12月草案)

第一百六十四条　管理人、重整执行人、监督人、债权人或者他们的代理人在执行本法的过程中，利用职务便利或者地位，索取、收受贿赂或者获取其他不正当利益的，人民法院可以根据情节轻重处以一万元以上十万元以下的罚款；构成犯罪的，依法追究刑事责任。

第一百六十五条　在执行本法的过程中，向管理人、重整执行人、监督人、债权人或者他们的代理人行贿的，人民法院可以根据情节轻重对直接责任人员处以二千元以上三万元以下的罚款；构成犯罪的，依法追究刑事责任。

第一百六十八条　管理人、重整执行人、监督人因玩忽职守或者其他违法行为，造成债权人、债务人或者第三人经济损失的，应当承担赔偿责任；造成重大损失的，可以根据情节轻重，处以一万元以上十万元以下的罚款和拘留；构成犯罪的，依法追究刑事责任。

《企业破产与重整法》(2001年1月草案)

第一百六十二条　管理人、重整执行人、监督人、债权人在依据本法履行职务或行使权利过程中，利用职务便利或者地位，索取、收受贿赂或者获取其他不正当利益的，人民法院可以根据情节轻重处以一万元以上十万元以下的罚款。构成犯罪的，依法追究刑事责任。

第一百六十三条　在本法规定的程序中，向管理人、重整执行人、监督人或者他们的代理人行贿的，人民法院可以根据情节轻重对直接责任人员处以二千元以上三万元以下的罚款。构成犯罪的，依法追究刑事责任。

第一百六十六条　管理人、重整执行人、监督人因玩忽职守或者其他违法行为，造成债权人、债务人或者第三人经济损失的，应当承担赔偿责任；造成重大损失的，可以根据情节轻重，处以一万元以上十万元以下的罚款和拘留；构成犯罪的，依法追究刑事责任。

《企业破产法》(2004年3月草案A版)

第一百五十五条　管理人、重整执行人、监督人、债权人在依据本法履行职务或行使权利过程中，利用职务便利或者地位，索取、收受贿赂或者隐匿、转移财产获取不正当利益的，人民法院可以根据情节轻重处以二万元以上十万元以下的罚款。构成犯罪的，依法追究刑事责任。

第一百五十六条　在本法规定的程序中，向管理人、重整执行人、监督人、债权人或者他们的代理人行贿的，人民法院可以根据情节轻重对直接责任人员处以五千元以上五万元以下的罚款。构成犯罪的，依法追究刑事责任。

第一百五十九条　管理人、重整执行人、监督人因玩忽职守或者其他违法行为，造成债权人、债务人或者第三人经济损失的，应当承担赔偿责任；造成重大损失的，可以根据情节轻重，处以二万元以上十万元以下的罚款和拘留；构成犯罪的，依法追究刑事责任。

《企业破产法》(2004年3月草案B版)

第一百五十四条　管理人、重整执行人、债权人委员会成员、债权人在依据本法履行职务或行使权利过程中，利用职务便利或者地位，索取、收受贿赂或者隐匿、转移财产获取不正当利益的，人民法院可以根据情节轻重处以二万元以上十万元以下的罚款。构成犯罪的，依法追究刑事责任。

第一百五十五条　在本法规定的程序中，向管理人、重整执行人、债权人委员会成员、债权人或者他们的代理人行贿的，人民法院可以根据情节轻重对直接责任人员处以五千元以上五万元以下的罚款。构成犯罪的,依法追究刑事责任。

第一百五十八条 管理人、重整执行人、债权人委员会成员因玩忽职守或者其他违法行为,造成债权人、债务人或者第三人经济损失的,应当承担赔偿责任;造成重大损失的,可以根据情节轻重,处以二万元以上十万元以下的罚款和拘留;构成犯罪的,依法追究刑事责任。

《企业破产法》(2004 年 6 月草案)

第一百五十七条 管理人、债权人委员会成员在依照本法执行职务过程中,利用职务便利或者地位,索取、收受贿赂的,人民法院可以根据情节轻重处以二万元以上十万元以下的罚款。构成犯罪的,依法追究刑事责任。

第一百五十八条 在本法规定的程序中,向管理人、债权人委员会成员行贿的,人民法院可以根据情节轻重对直接责任人员处以五千元以上五万元以下的罚款。构成犯罪的,依法追究刑事责任。

第一百六十一条 管理人、债权人委员会成员因玩忽职守或者其他违法行为,造成债权人、债务人或者第三人经济损失的,应当承担赔偿责任;造成重大损失的,可以根据情节轻重,处以二万元以上十万元以下的罚款和拘留;构成犯罪的,依法追究刑事责任。

《企业破产法》(2004 年 10 月草案)

第一百四十三条 管理人在执行职务过程中,利用职务便利或者地位,索取、收受贿赂,构成犯罪的,依法追究刑事责任。

第一百四十四条 在本法规定的程序中,向管理人行贿,构成犯罪的,依法追究刑事责任。

第一百四十六条 管理人因玩忽职守或者其他违法行为,造成债权人、债务人或者第三人经济损失的,应当承担赔偿责任;构成犯罪的,依法追究刑事责任。

【条文释义】

本条规定的是管理人的民事责任。

确定民事责任承担的原则和体系,是《企业破产法》对于管理人赋予的外在监督之一。李曙光教授指出,纵观全球破产界,对于管理人的监督,按照主体可以分为 4 类:债权人会议及债权人委员会监督、政府监督、行业自律监督和司法监督。就此而言,李曙光认为我国管理人监督体系还有进一步改进的空间,尤其是应该及早成立专门的政府管理部门来管理和监督管理人,同时承担其他职责。①

本条共分 2 层含义:

第 1 层:"管理人未依照本法规定勤勉尽责,忠实执行职务的,人民法院可以依法处以罚款。"

本层确认,管理人未尽勤勉尽责义务,忠实执行职务的,法院可处以罚款。本层的部分依据,是《企业破产法》第 27 条,"管理人应当勤勉尽责,忠实执行职务"。本条从责任追究的反向角度,进一步明确了管理人如果未尽勤勉尽责义务,忠实执行职务,可能会承担的责任。

《企业破产法》并未明确规定罚款的幅度。不同时期的草案,在具体罚款的幅度上也摇摆不定,既有 2000—30000 元的区间,也有 5000—50000 元的区间,甚至还有 10000—100000 元的区间。

第 2 层:"给债权人、债务人或者第三人造成损失的,依法承担赔偿责任。"

本层确认,管理人如果因为未依照本法规定勤勉尽责,忠实执行职务,给债权人、债务人或者第三人造成损失,就需要承担赔偿责任。

按照韩传华的看法,相比于《公司法》对清算组的责任,本条规定加诸管理人的责任过于严格,较之破产法 2004 年 10 月份草案也显得不太适当;韩传华认为,管理人只要不是因为重大过失或者故意而发生严重后果,仅仅执行职务时的疏忽或者过错,不应视为管理人未勤勉尽责和忠实执行职务,因此给债权人、债务人或者第三人造成的损失,也不应当由管理人来承担责任。②

另外韩传华还提出,《企业破产法》第 42 条第 5 项将"管理人或者相关人员执行职务致人损害所产生的债务"列为共益债务,亦即相关行为致使债务人之外的其他人产生损害,事实上已确认管理人或相关人员执行职务行为的不适当性。③

那么,这一赔偿责任究竟该由谁来追究?如何提起?何时提起?《企业破产法》并未明确规定。韩传华认为,除应由债务人的权力机构代表债务人外,债权人或者第三人等均应在破产程序终结前,向法院提出。④ 但这一观点笔者难以认同,根据《企业破产法》的规定,在法院裁定受理破产申请、指定管理人之后,债务人也好,其权力机构也罢,本身都不再具备完全行为能力,由其向

---

① 参见李曙光:《管理人的监督与管理》,载《法制日报》2008 年 1 月 6 日,第 11 版。
② 参见韩传华:《企业破产法解析》,人民法院出版社 2007 年版,第 369 页。
③ 参见韩传华:《企业破产法解析》,人民法院出版社 2007 年版,第 369 页。
④ 参见韩传华:《企业破产法解析》,人民法院出版社 2007 年版,第 369—370 页。

法院提出赔偿请求之诉,显然与此逻辑自相矛盾。

准确理解管理人的责任体系,当然也需要顾及《企业破产法》第131条规定的刑事责任。

这里面涉及的问题之一,即管理人在执业尤其是债权确认中的索贿、受贿行为。《企业破产法》并未明确将管理人视为国家工作人员,那么索贿受贿行为能否比照国家工作人员的同类犯罪,则成疑问。韩传华认为,在由中介机构执业人员担任管理人时,管理人如果有涉嫌犯罪的行为,尽管其不具备国家工作人员身份,但其因为法院的指定已经具备一定的公权,故应比照国家工作人员的相关犯罪,来追究刑事责任;中介机构担任管理人时,管理人如涉嫌犯罪应比照单位犯罪处理,具体人员涉嫌犯罪应比照国家工作人员追究刑事责任;在清算组担任管理人时,清算组在任何时候都不构成犯罪主体,但清算组人员涉嫌犯罪时,应比照国家工作人员追究刑事责任。①

【裁判要旨】

案例1

井研县交通运输局、井研县发展和改革局等因与许乐成、蔡文海、中国人民财产保险股份有限公司井研支公司、四川中立中清算事务所有限公司机动车交通事故责任案

法院:四川省乐山市中级人民法院

案号:(2016)川11民终551号

事实:上诉人井研县交通运输局、井研县发展和改革局等,因与被上诉人许乐成、被上诉人蔡文海、被上诉人中国人民财产保险股份有限公司井研支公司(以下简称人保财险井研支公司)、被上诉人四川中立中清算事务所有限公司(以下简称中立中清算事务所)机动车交通事故责任纠纷一案,不服四川省井研县人民法院(2016)川1124民初161号民事判决,向四川省乐山市中级人民法院提起上诉。

本案中,2011年5月17日,井研运输公司公交分公司雇佣的驾驶员蔡文海在履行职务的过程中,驾驶井研运输公司公交分公司的川L24441号大型普通客车,造成原告许乐成受伤和车辆受损的交通事故,该案道路交通事故认定书认定被告蔡文海在此次事故中承担全部责任。

2010年11月17日,原审法院依法作出决定:(1)成立井研运输公司清算组,指定井研县运输公司清算组为管理人,接管并负责该案的破产清算工作;(2)清算组由中立中清算事务所总经理王斌、井研县交通运输局局长郭建明等7个部门

的10位工作人员、中立中清算事务所的3位工作人员组成,其中王斌、郭建明为组长。2010年12月23日,原审法院依法裁定宣告井研运输公司破产。2013年8月13日,原审法院依法作出裁定:(1)终结井研县汽车运输公司破产程序。(2)清算组应继续履行其法定职责。2014年7月28日,井研县工商局对井研运输公司和井研运输公司公交分公司工商登记进行了注销。

一审法院认为,本案超出交强险和商业三者险的原告损失属于井研运输公司的共益债务。原判决后,井研运输公司破产管理人已经知道原告许乐成的后续护理费问题尚未解决,在处理相关财产时,应当预留适当财产以待后续赔偿,但其没有预留,未尽到勤勉尽责的义务。其行为致使井研运输公司破产终结后原告的损失无法得到弥补,给原告许乐成造成了损失,井研运输公司清算组作为破产管理人依法应当承担赔偿责任。现井研运输公司破产程序已经终结,清算组已经解散,清算组应当承担的责任由其成员连带承担。本案中,井研运输公司清算组的成员均为个人,但他们均系履行职务的行为,因此,清算组应当承担的责任应由其成员所在单位即中立中清算事务所和7部门连带承担。原告许乐成的长期护理相关费用共计562592.73元,扣除人保财险井研支公司本次商业三者险赔偿的57111.58元后,原告许乐成余下的损失505481.15元应由中立中清算事务所和7部门连带赔偿。

裁判要旨:破产程序已经终结,清算组已经解散,清算组应当承担的责任,由其各成员共同承担。清算组的成员均为个人,但他们均系履行职务的行为,清算组应当承担的责任应由其成员所在单位共同承担。

裁判理由:四川省乐山市中级人民法院2016年10月21日作出判决:

第一,修正赔偿金额。最终确认:本案中,四川省乐山市中级人民法院修正一审许乐成各项损失共计人民币405003.75元。

第二,本案焦点之一是井研县交通运输局等7部门是否应当承担责任?是否必须由许乐成申报债权作为承担责任的前提?四川省乐山市中级人民法院认为,由于侵权人蔡文海是井研运输公司公交分公司的职工,其当天驾驶川L24441号大型普通客车是履行职务行为,其不应当承担的侵权责任,而应由井研运输公司公交分公司承担。交通事故发生之时,因井研运输公司已经处于破

---

① 参见韩传华:《企业破产法解析》,人民法院出版社2007年版,第371页。

产清算过程中,故因此次交通事故产生的侵权赔偿费用应为共益债务,由债务人财产随时清偿。在原审法院作出(2012)井研民初字第352号民事判决后,井研运输公司破产管理人已经知道原告许乐成的后续护理费问题尚未解决,在处理相关财产时,应当至少按照当时诉讼的主张预留适当财产以待后续赔偿,但其没有预留,未尽到勤勉尽责的义务。根据《企业破产法》第130条之规定:"管理人未依照本法规定勤勉尽责,忠实执行职务的,人民法院可以依法处以罚款;给债权人、债务人或者第三人造成损失的,依法承担赔偿责任。"井研运输公司破产管理人因为未给许乐成的共益债务预留合理费用,致使井研运输公司破产终结后许乐成的损失无法得到弥补,给许乐成造成了损失,井研运输公司清算组作为破产管理人,依法应当承担赔偿责任。现井研运输公司破产程序已经终结,清算组已经解散,清算组应当承担的责任由其各成员共同承担。本案中,井研运输公司清算组的成员均为个人,但他们均系履行职务的行为,因此,清算组应当承担的责任应由其成员所在单位即中立清清算事务所和7部门共同承担。综上,上诉人井研县交通运输局等七部门关于其不承担本案赔偿责任的上诉理由均不能成立,不予支持。

案例2
宁高诉乐山市华威清算事务所有限公司侵权责任纠纷案
法院:四川省乐山市中级人民法院
案号:(2018)川11民终520号
事实:上诉人宁高因与被上诉人乐山市华威清算事务所有限公司侵权责任纠纷一案,不服四川省乐山市市中区人民法院(2018)川1102民初1605号民事判决,向四川省乐山市中级人民法院提起上诉。

本案中,2005年6月13日,经仪表三厂申请,四川省乐山市市中区人民法院裁定受理了仪表三厂破产清算一案,发出债权申报通知和债权申报公告。2005年10月21日,该院召开第一次债权人会议,宣布债权人资格及债权申报情况以及委托会计师事务所作出的债务人债权、债务审计报告。债权人会议决议通过:抵押债权1家,长城管理公司债权金额916467.15元;非抵押债权2家,乐山市市中区社会保险事业管理局债权金额161090.54元,乐山市市中区国家税务局债权金额16633.76元。上述三家债权申报单位均对审查结果无异议。同日,该院作出(2005)乐中民初破(裁)字第1-1号民事裁定宣告仪表三厂破产,并以(2005)乐中民初破(决)字第1-2号决定成立仪表三厂破产清算组,接管并负责仪表三厂的破产清算工作,清算组由张敏、唐龙强、毛乐加、祝素云组成,由张敏担任组长。清算组组成人员名单显示,上述清算组成员均为乐山市市中区轻工总会工作人员。

2011年7月28日,经破产清算组提议召开债权人会议,会议一致通过破产清算组提交的《破产清算工作报告》《破产财产分配方案》。破产财产分配方案载明的主要内容为:(1)仪表三厂现有资产总额为2248383元,其中设定担保权的特定房产价值335904元。(2)债权申报情况:确认的长城管理公司申报的抵押债权金额为916467.15元,抵押财产现值335904元;确认的乐山市市中区人力资源和社会保障局申报的抵押债权金额为107048元;确认的乐山市市中区国家税务局申报的抵押债权金额为16633.76元;乐山市市中区地方税务局申报的债权18676.32元未获得债权人会议确认。(3)应优先拨付的破产费用和共益债务共计708518.30元,其中包括破产案件受理费27700元,审计、评估及土地房产变现费用186000元,留守人员工资79200元,华威公司执行职务垫付费用及报酬315618.3元,破产清算工作支出的交通、通讯、差旅费计10万元。(4)支付所欠职工的工资(最低生活保障费)、养老保险费、医疗保险费、经济补偿金、抚恤金和集资款合计5499931.06元。(5)破产财产的分配顺序、比例及数额:考虑到仪表三厂现有资产总额仅为2248383元,支付破产费用、共益债务以及安置职工总计需要6208449.36元,现有资产远不足以支付上述债务,就不足部分申请当地政府解决。因此分配方案确定以下分配顺序:第一,偿付应优先拨付的破产费用和共益债务共计708518.30元;第二,偿付第一顺序应偿付的职工债权、欠缴的基本养老保险费、基本医疗保险费以及应当支付职工的补偿金等费用(见《职工安置方案》);第三,长城管理公司的担保债权因现有资产已不足清偿职工债权,根据破产法相关规定,在已无可分配财产的情况下,该公司受偿率为零;其余作为第二顺序受偿的债权人,其清偿率为零。本次债权人会议,包括长城管理公司在内债权人的代表参加了会议,长城管理公司未对分配结果提出异议。另外,根据债权人会议记载,"破产清算组张敏、唐龙强、祝素云、毛乐加、王利东、毛济英列席会议"。2011年7月31日,破产清算组就破产财产分配方案向各债权人发出公告。该案破产程序尚未终结。

另查明:长城管理公司申报的对仪表三厂的破产债权916467.15元,系2005年7月从原权利人中国工商银行青衣支行受让取得。2012年12月4日,长城管理公司将该债权整体打包方式转让给乐山市兴业投资公司。2017年6月23日,乐山市兴业投资公司又将上述债权整体转让给宁高。

庭审中,宁高提交的仪表三厂《内资企业登记基本情况表》载明:"企业状态:注销。注销原因:决议解散",宁高未提供证据证明破产清算组或华威公司实施了申报企业注销的事实。

一审法院认为,宁高以华威公司系仪表三厂破产管理人未尽到勤勉、忠实义务为由诉请判令华威公司承担赔偿责任,本案案由应为管理人责任纠纷。围绕宁高的诉请和华威公司的抗辩意见,本案争议焦点是:(1)华威公司是不是本案的适格被告;(2)华威公司是不是破产案件的管理人;(3)华威公司是否实施了仪表三厂的注销登记行为;(4)宁高的赔偿请求有无事实和法律依据。

第一,华威公司是不是本案适格被告的问题。本案属于民事侵权诉讼,宁高在诉状中指明了明确的被告及基本信息,提出了具体的诉讼请求、事实理由,所列被告符合《民事诉讼法》第119条的规定,华威公司符合被诉主体资格,应系本案的适格被告。

第二,华威公司是不是破产案件的管理人。该院于2005年6月13日受理仪表三厂破产案件后依据当时有效的《企业破产法(试行)》第24条的规定,成立了清算组,负责破产企业财产的保管、清理、估价、处理和分配等工作,并作出决定书指定仪表三厂的上级主管部门乐山市市中区轻工总会的工作人员张敏、唐龙强、祝素云、毛乐加为清算组成员。在整个破产案件审中,该院并未另行指定破产管理人,也未对清算组的职责进行调整,根据2007年6月1日施行的最高人民法院《关于审理企业破产案件指定管理人的规定》第19条的规定,破产清算组应理解为破产案件的管理人。从本案破产工作的管理过程来看,破产企业财产、债权、债务的清算,破产清算工作报告、破产财产分配方案的出具,债权人会议的提议召开,破产分配方案的公告等属于管理人职责范围内的工作,均是以清算组的名义作出的,也应当认定清算组为破产案件管理人,并非华威公司。本案中根据华威公司的陈述,华威公司在破产案件受理后受聘于清算组开展具体工作,应理解为华威公司系履行与清算组之间形成的合同义务的行为,仅对合同另一方清算组承担责任,除非破产审理法院指定其为管理人,否则不对法院承担相应责任,因此,宁高主张华威公司系破产案件管理人依据不足,该院不予采纳。

第三,关于华威公司是否实施了仪表三厂的注销登记行为以及宁高所诉的赔偿请求有无事实和法律依据的问题。宁高主张华威公司注销仪表三厂的证据是一份《内资企业登记基本情况表》,其内容显示企业状态为注销,注销原因是决议解散。经该院查阅破产案件卷宗,该案破产程序尚未终结,清算组或被告并未向工商行政管理部门申请注销企业注销,宁高的主张无事实依据。

本案是基于破产企业管理人责任这一特定事由引发的特殊侵权赔偿纠纷,管理人未按照《企业破产法》第25条确定的责任履行勤勉、忠实义务,给债权人、债务人或者第三人造成损失的,依法承担赔偿责任,但首先,前提是华威公司应是破产企业管理人。根据当事人提交的证据和法院认定的事实表明,该院指定的由相关主管部门派员组成的清算组负责破产清算工作,清算组为法定意义上的管理人,华威公司仅系受聘于清算组从事相关工作的合同当事人,该院在破产案件中也未指定其为管理人,华威公司并非管理人,不具备承担管理人责任的前提条件。其次,即便作为一般侵权责任纠纷的被告,如对破产财产造成损害从而侵害债权人债权不能清偿的,亦应当由债权人提请管理人清算组主张权利,而非自己提出诉讼,但宁高在本案中主张的事实理由是基于华威公司对管理人责任的违反提出的,并不存在此类情形。另外,涉案破产企业财产的清理、评估、处理、分配经由两次债权人会议决议通过,债权人对破产财产分配方案并无异议,作为债权人的长城管理公司在破产案件中的表决对其后的债权继受人具有约束力,且从破产清算过程来看,宁高提交的证据不能证明华威公司负有管理人责任或一般侵权案件承担责任的事实要件。

综上,一审法院认为,宁高的诉讼请求及理由没有事实依据,应予驳回。

宁高向四川省乐山市中级人民法院提出上诉。

裁判要旨:破产清算组接管并负责破产财产的保管、清理、估价、处理和分配工作。**破产清算组聘请的专业机构,虽然不是清算组组成人员,但是清算组聘任从事相关清算事务的中介机构,清算组的上述聘任行为符合当时施行的《企业破产法(试行)》第24条规定,在履行合同义务后有权收取相应的报酬。**

裁判理由:四川省乐山市中级人民法院于2018年5月23日作出裁定:根据本案查明的事实,华威公司并非仪表三厂的管理人,宁高在二审中也明确主张华威公司承担侵权责任,而非管理人责任,而管理人责任纠纷属于特殊的侵权责任纠纷,故本案案由应确定为侵权责任纠纷。

根据当事人的诉辩意见,本案二审的争议焦点为:华威公司应否承担赔偿责任。

本案中,宁高主张华威公司接受清算组委托未经人民法院许可,属于非法机构,不应当领取报酬,其领取报酬的行为损害了债权人的合法利益,应当承担赔偿责任。本院认为,四川省乐山市市中区人民法院于2005年6月13日裁定受理仪表三厂破产清算案后,于2005年10月21日裁定宣告仪表三厂破产,并成立了仪表三厂破产清算组,接管并负责破产财产的保管、清理、估价、处理和分配工作。华威公司虽然不是清算组组成人员,但是清算组聘任从事相关清算事务的中介机构,清算组的上述聘任行为符合当时施行的《企业破产法(试行)》第24条规定。宁高认为华威公司属于非法机构的主张于法无据,本院不予支持。

作为清算组聘任的机构,华威公司在履行合同义务后有权收取相应的报酬。仪表三厂清算组提交的《破产财产分配方案》载明华威公司执行职务垫付费用及报酬共计315618.3元,当时的债权人长城管理公司对此并未提出异议,该《破产财产分配方案》已经仪表三厂债权人会议讨论通过并形成决议,对全体债权人具有法律约束力。宁高认为华威公司领取报酬的行为损害了其合法权益,应当承担赔偿责任的主张缺乏事实依据和法律依据,本院不予支持。

综上所述,宁高的上诉请求不能成立,应予驳回;一审判决认定事实清楚,适用法律正确,应予维持。

第一百三十一条 违反本法规定,构成犯罪的,依法追究刑事责任。

【立法沿革】

《企业破产法(试行)》(1986)

第四十一条 破产企业有本法第三十五条所列行为之一的,对破产企业的法定代表人和直接责任人员给予行政处分;破产企业的法定代表人和直接责任人员的行为构成犯罪的,依法追究刑事责任。

第四十二条 企业被宣告破产后,由政府监察部门和审计部门负责查明企业破产的责任。

破产企业的法定代表人对企业破产负有主要责任的,给予行政处分。

破产企业的上级主管部门对企业破产负有主要责任的,对该上级主管部门的领导人,给予行政处分。

破产企业的法定代表人和破产企业的上级主管部门的领导人,因玩忽职守造成企业破产,致使国家财产遭受重大损失的,依照《中华人民共和国刑法》第一百八十七条的规定追究刑事责任。

《破产法》(1995年草案)

第一百八十四条 有义务列席债权人会议的债务人或者债务人代表,经人民法院传唤,无正当理由拒不列席债权人会议的,人民法院可以拘传,并处一千元以上五千元以下的罚款。

债务人和有说明义务的其他人员拒不陈述、回答,或者作虚伪陈述、回答的,人民法院可以处以一千元以上五千元以下的罚款。

第一百八十五条 违反本法规定,债务人拒不向人民法院提交或者提交不真实的财产状况说明书、债务清册、债权清册和有关财务报告的,人民法院可以对直接责任人员处以二千元以上一万元以下的罚款。

违反本法规定,债务人拒不向管理人或者破产清算人移交财产和与财产有关的账簿、文件、资料、印章的,人民法院可以对直接责任人员处以二千元以上一万元以下的罚款。

构成犯罪的,依法追究刑事责任。

第一百八十六条 债务人有本法第二十七条规定的无效行为和在人民法院受理破产案件前12个月内,有下列行为之一的,人民法院可以对直接责任人员处以一万元以上十万元以下的罚款;构成犯罪的,依法追究刑事责任:

(一)非正常压价出售财产的;

(二)提前清偿未到期债务的;

(三)放弃债权的;

(四)伪造或者销毁有关财产证据材料而使财产状况不明的。

第一百八十七条 债务人有下列行为之一的,人民法院可以对直接责任人员处以五千元以上、五万元以下的罚款;构成犯罪的,依法追究刑事责任:

(一)在人民法院受理破产案件前六个月内,已知不能清偿债务,对没有财产担保的债务提供财产担保的;

(二)在人民法院受理破产案件前六个月内,已知不能清偿债务仍然清偿个别债权的。

第一百八十八条 债务人已知或者应知其不能清偿到期债务,仍然不合理地花费钱财,或者挥霍财产的,人民法院可以对直接责任人员处以三千元以上三万元以下的罚款;构成犯罪的,依法追究刑事责任。

第一百八十九条 管理人、重整执行人、破产清算人、监督人、债权人或者他们的代理人在执行本法的过程中,利用职务便利或者地位,索取、收受贿赂或者获取其他不正当利益的,人民法院可以根据情节轻重对直接责任人员一万元以上十万元以下的罚款;构成犯罪的,依法追究刑事责任。

第一百九十条 在执行本法的过程中,向管理人、重整执行人、破产清算人、监督人、债权人或者他们的代理人行贿的,人民法院可以根据情节轻重对直接责任人员处以二千元以上三万元以下的罚款;构成犯罪的,依法追究刑事责任。

第一百九十二条 管理人、重整执行人、破产清算人、监督人因玩忽职守或者其他违法行为,造成债权人、债务人或者第三人经济损失的,应当承担赔偿责任;造成重大损失的,可以根据情节轻重,处以一万元以上十万元以下的罚款和拘留;构成犯罪的,依法追究刑事责任。

《企业破产与重整法》(2000年6月草案)

第一百六十四条 有义务列席债权人会议的债务人或者债务人代表,经人民法院传唤,无正当理由拒不列席债权人会议的,人民法院可以拘传,并处一千元以上五千元以下的罚款。

债务人和有说明义务的其他人员拒不陈述、回答,或者作虚伪陈述、回答的,人民法院可以处以一千元以上五千元以下的罚款。

构成犯罪的,依法追究刑事责任。

第一百六十五条 违反本法规定,债务人拒不向人民法院提交或者提交不真实的财产状况说明书、债务清册、债权清册和有关财务报告的,人民法院可以对直接责任人员处以二千元以上一万元以下的罚款。

违反本法规定,债务人拒不向管理人或者破产清算人移交财产和与财产有关的账簿、文件、资料、印章的,人民法院可以对直接责任人员处以二千元以上一万元以下的罚款。

构成犯罪的,依法追究刑事责任。

第一百六十六条 债务人有本法第二十五条规定的无效行为和在人民法院受理破产案件前十二个月内,有下列行为之一的,人民法院可以对直接责任人员处以一万元以上十万元以下的罚款;构成犯罪的,依法追究刑事责任:

(一)非正常压价出售财产的;
(二)提前清偿未到期债务的;
(三)放弃债权的;
(四)伪造或者销毁有关财产证据材料而使财产状况不明的。

第一百六十七条 债务人有下列行为之一的,人民法院可以对直接责任人员处以五千元以上五万元以下的罚款;构成犯罪的,依法追究刑事责任:

(一)在人民法院受理破产案件前六个月内,已知不能清偿债务,对没有财产担保的债务提供财产担保的;

(二)在人民法院受理破产案件前六个月内,已知不能清偿债务,仍然清偿个别债权的。

第一百六十八条 债务人已知或者应知其不能清偿到期债务,仍然不合理地花费钱财,或者挥霍财产的,人民法院可以对直接责任人处以三千元以上三万元以下的罚款;

构成犯罪的,依法追究刑事责任。

第一百六十九条 管理人、重整执行人、破产清算人、监督人、债权人或者他们的代理人在执行本法的过程中,利用职务便利或者地位,索取、收受贿赂或者获取其他不正当利益的,人民法院可以根据情节轻重处以一万元以上十万元以下的罚款;构成犯罪的,依法追究刑事责任。

第一百七十条 在执行本法过程中,向管理人、重整执行人、破产清算人、监督人、债权人或者他们的代理人行贿的,人民法院可以根据情节轻重对直接责任人员处以二千元以上三万元以下的罚款;构成犯罪的,依法追究刑事责任。

第一百七十二条 管理人、重整执行人、破产清算人、监督人因玩忽职守或者其他违法行为,造成债权人、债务人或者第三人经济损失的,应当承担赔偿责任;造成重大损失的,可以根据情节轻重,处以一万元以上十万元以下的罚款和拘留;构成犯罪的,依法追究刑事责任。

《企业破产与重整法》(2000年12月草案)

第一百五十八条 企业董事、经理等有关责任人员因为过失或者甚至故意,直接致使其所在企业破产的,承担赔偿责任,并处以五万元以上罚款;构成犯罪的,依法追究刑事责任。

受前款规定处罚的人员,自破产案件终结之日起十年内禁止从事企业经营管理事务。

第一百五十九条 有义务列席债权人会议的债务人或者债务人代表,经人民法院传唤,无正当理由拒不列席债权人会议的,人民法院可以拘传,并处以一千元以上五千元以下的罚款。债务人和有说明义务的其他人员拒不陈述、回答,或者作虚伪陈述、回答的,人民法院可以处以一千元以上五千元以下的罚款。

构成犯罪的,依法追究刑事责任。

第一百六十条 违反本法规定,债务人拒不向人民法院提交或者提交不真实的财产状况说明书、债务清册、债权清册和有关财务报告的,人民法院可以对直接责任人员处以二千元以上一万元以下的罚款。

违反本法规定,债务人拒不向管理人或者破产清算人移交财产和与财产有关的账簿、文件、资料、印章的,人民法院可以对直接责任人员处以二千元以上一万元以下的罚款。

构成犯罪的,依法追究刑事责任。

第一百六十一条 债务人有本法第二十五条规定的无效行为或者在人民法院受理破产案件前十二个月内,有下列行为之一的,人民法院可以对直接责任人员处以一万元以上十万元以下的罚款;构成犯罪的,依法追究刑事责任:

(一)非正常压价出售财产的;
(二)提前清偿未到期债务的;
(三)放弃债权的;
(四)伪造或者销毁有关财产证据材料而使财产状况不明的。

第一百六十二条 债务人有下列行为之一的,人民法院可以对直接责任人员处以五千元以上五万元以下的罚款;构成犯罪的,依法追究刑事责任:

(一)在人民法院受理破产案件前六个月内,已知不能清偿债务,对没有财产担保的债务提供财产担保的;
(二)在人民法院受理破产案件前六个月内,已知不能清偿债务,仍然清偿个别债权的。

第一百六十三条 债务人已知或者应知其不能清偿到期债务,仍然不合理地花费钱财,或者挥霍财产的,人民法院可以对直接责任人处以三千元以上三万元以下的罚款;

构成犯罪的,依法追究刑事责任。

第一百六十四条 管理人、重整执行人、监督人、债权人或者他们的代理人在执行本法的过程中,利用职务便利或者地位,索取、收受贿赂或者获取其他不正当利益的,人民法院可以根据情节轻重处以一万元以上十万元以下的罚款;构成犯罪的,依法追究刑事责任。

第一百六十五条 在执行本法的过程中,向管理人、重整执行人、监督人、债权人或者他们的代理人行贿的,人民法院可以根据情节轻重对直接责任人员处以二千元以上三万元以下的罚款;构成犯罪的,依法追究刑事责任。

第一百六十六条 依照本法第九条第二款的规定,有义务提出破产申请的人因迟延或者未提出申请而致债权人损失的,除处以一万元以上五万元以下罚款外,并承担对债权人损失赔偿责任;构成犯罪的,依法追究刑事责任。

第一百六十八条 管理人、重整执行人、监督人因玩忽职守或者其他违法行为,造成债权人、债务人或者第三人经济损失的,应当承担赔偿责任;造成重大损失的,可以根据情节轻重,处以一万元以上十万元以下的罚款和拘留;构成犯罪的,依法追究刑事责任。

《企业破产与重整法》(2001年1月草案)

第一百五十六条 企业董事、经理等有关责任人员因为过失或者故意,致使所在企业破产的,处五万元以上罚款;构成犯罪的,依法追究刑事责任。

受前款规定处罚的人员,自破产案件终结之日起十年内禁止从事企业经营管理事务。

第一百五十七条 有义务列席债权人会议的债务人或者债务人代表,经人民法院传唤,无正当理由拒不列席债权人会议的,人民法院可以拘传,并处以一千元以上五千元以下的罚款。债务人和有说明义务的其他人员拒不陈述、回答,或者作虚假陈述、回答的,人民法院可处以一千元以上五千元以下的罚款。

有前款规定的行为,构成犯罪的,依法追究刑事责任。

第一百五十八条 违反本法规定,债务人拒不向人民法院提交财产状况说明书、债务清册、债权清册和有关财务报告的,或者提交不真实的,人民法院可以对直接责任人处以二千元以上一万元以下的罚款。

违反本法规定,债务人拒不向管理人或者破产清算人移交财产和与财产有关的账簿、文件、资料、印章的,人民法院可以对直接责任人员处以二千元以上一万元以下的罚款。

有前两款规定的行为,构成犯罪的,依法追究刑事责任。

第一百五十九条 债务人有本法第二十六条规定的无效行为或者在人民法院受理破产案件前十二个月内,有下列行为之一的,人民法院可以对直接责任人员处以一万元以上十万元以下的罚款。构成犯罪的,依法追究刑事责任:

(一)非正常压价出售财产的;
(二)提前清偿未到期债务的;
(三)放弃债权的;
(四)伪造或者销毁有关财产证据材料而使财产状况不明的。

第一百六十条 债务人有下列行为之一的,人民法院可以对直接责任人员处以五千元以上五万元以下的罚款。构成犯罪的,依法追究刑事责任:

(一)在人民法院受理破产案件前六个月内,已知不能清偿债务,对没有财产担保的债务提供财产担保的;

(二)在人民法院受理破产案件前六个月内,已知不能清偿债务,仍然清偿个别债权的。

第一百六十一条 债务人已知或者应知其不能清偿到期债务,仍然不合理地开支费用,或者挥霍财产的,人民法院可以对直接责任人处以三千元以上三万元以下的罚款。构成犯罪的,依法追究刑事责任。

第一百六十二条 管理人、重整执行人、监督人、债权人在依据本法履行职务或行使权利过程中,利用职务便利或者地位,索取、收受贿赂或者获取其他不正当利益的,人民法院可以根据情节轻重处以一万元以上十万元以下的罚款。构成犯罪的,依法追究刑事责任。

第一百六十三条 在本法规定的程序中,向管理人、重整执行人、监督人、债权人或者他们的代理人行贿的,人民法院可以根据情节轻重对直接责任人员处以二千元以上三万元以下的罚款。构成犯罪的,依法追究刑事责任。

第一百六十四条 依照本法第十条第二款的规定,有义务提出破产申请的人因迟延或者未提出申请而致债权人损失的,除处以一万元以上五万元以下罚款外,并对债权人承担损失赔偿责任。构成犯罪的,依法追究刑事责任。

第一百六十五条 对违反本法第二十一条第一款第(四)项规定的,人民法院可予以训诫、拘留;并可处以五千元以上五万元以下的罚款。

第一百六十六条 管理人、重整执行人、监督人因玩忽职守或者其他违法行为,造成债权人、债务人或者第三人经济损失的,应当承担赔偿责任;造成重大损失的,可以根据情节轻重,处以一万元以上十万元以下的罚款和拘留;构成犯罪的,依法追究刑事责任。

《企业破产法》(2004年3月草案A版)

第一百四十九条 企业董事、经理等有关责任人员因为重大过失或者故意,致使所在企业破产,对企业债务承担连带民事赔偿责任;构成犯罪的,依法追究刑事责任。

受前款规定处罚的人员,自破产案件终结之日起五年内禁止从事企业经营管理事务。

第一百五十条 有义务列席债权人会议的债务人或者债务人代表,经人民法院传唤,无正当理由拒不列席债权人会议的,人民法院可以拘传,并处以五千元以上五万元以下的罚款。债务人和有说明义务的其他人员拒不陈述、回答,或者作虚假陈述、回答的,人民法院可以处以五千元以上五万元以下的罚款。

有前款规定的行为,构成犯罪的,依法追究刑事责任。

第一百五十一条 违反本法规定,债务人拒不向人民法院提交财产状况说明书、债务清册、债权清册和有关财务报告的,或者提交不真实的,人民法院可以对直接责任人员处以五千元以上五万元以下的罚款。

违反本法规定,债务人拒不向管理人或者破产清算人移交财产和与财产有关的账簿、文件、资料、印章的,或者伪造、销毁有关财产证据材料而使财产状况不明的,人民法院可以对直接责任人员处以一万元以上五万元以下的罚款。

有前两款规定的行为,构成犯罪的,依法追究刑事责任。

第一百五十二条 债务人有本法第三十五条规定的行为的,人民法院可以对直接责任人员处以二万元以上十万元以下的罚款。构成犯罪的,依法追究刑事责任。

第一百五十三条 债务人有本法第三十三条、第三十四条规定的行为的,人民法院可以对直接责任人员处以一万元以上五万元以下的罚款。构成犯罪的,依法追究刑事责任。

第一百五十四条 债务人已知或者应知其不能清偿到期债务,仍然不合理地开支费用,或者挥霍财产的,人民法院可以对直接责任人处以一万元以上五万元以下的罚款。构成犯罪的,依法追究刑事责任。

第一百五十五条 管理人、重整执行人、监督人、债权人在依据本法履行职务或行使权利过程中,利用职务便利或者地位,索取、收受贿赂或者隐匿、转移财产获取不正当利益的,人民法院可以根据情节轻重处以二万元以上十万元以下的罚款。构成犯罪的,依法追究刑事责任。

第一百五十六条 在本法规定的程序中,向管理人、重整执行人、监督人、债权人或者他们的代理人行贿的,人民法院可以根据情节轻重对直接责任人员处以五千元以上五万元以下的罚款。构成犯罪的,依法追究刑事责任。

第一百五十七条 违反本法第十一条第二款的规定,处以一万元以上五万元以下罚款。构成犯罪的,依法追究刑事责任。

第一百五十九条 管理人、重整执行人、监督人因玩忽职守或者其他违法行为,造成债权人、债务人或者第三人经济损失的,应当承担赔偿责任;造成重大损失的,可以根据情节轻重,处以二万元以上十万元以下的罚款和拘留;构成犯罪的,依法追究刑事责任。

《企业破产法》(2004年3月草案B版)

第一百四十八条　企业董事、经理等有关责任人员因为重大过失或者故意,致使所在企业破产的,对企业债务承担连带民事赔偿责任;构成犯罪的,依法追究刑事责任。

受前款规定处罚的人员,自破产案件终结之日起五年内禁止从事企业经营管理事务。

第一百四十九条　有义务列席债权人会议的债务人或者债务人代表,经人民法院传唤,无正当理由拒不列席债权人会议的,人民法院可以拘传,并处以五千元以上五万元以下的罚款。债务人和有说明义务的其他人员拒不陈述、回答,或者作虚假陈述、回答的,人民法院可以处以五千元以上五万元以下的罚款。

有前款规定的行为,构成犯罪的,依法追究刑事责任。

第一百五十条　违反本法规定,债务人拒不向人民法院提交财产状况说明书、债务清册、债权清册和有关财务报告的,或者提交不真实的,人民法院可以对直接责任人员处以五千元以上五万元以下的罚款。

违反本法规定,债务人拒不向管理人或者破产清算人移交财产和与财产有关的账簿、文件、资料、印章的,或者伪造、销毁有关财产证据材料而使财产状况不明的,人民法院可以对直接责任人员处以一万元以上五万元以下的罚款。

有前两款规定的行为,构成犯罪的,依法追究刑事责任。

第一百五十一条　债务人有本法第三十六条规定的行为的,人民法院可以对直接责任人员处以二万元以上十万元以下的罚款。构成犯罪的,依法追究刑事责任。

第一百五十二条　债务人有本法第三十四条、第三十五条规定的行为的,人民法院可以对直接责任人员处以一万元以上五万元以下的罚款。构成犯罪的,依法追究刑事责任。

第一百五十三条　债务人已知或者应知其不能清偿到期债务,仍然不合理地开支费用,或者挥霍财产的,人民法院可以对直接责任人处以一万元以上五万元以下的罚款。构成犯罪的,依法追究刑事责任。

第一百五十四条　管理人、重整执行人、债权人委员会成员、债权人在依据本法履行职务或行使权利过程中,利用职务便利或者地位,索取、收受贿赂或者隐匿、转移财产获取不正当利益的,人民法院可以根据情节轻重处以二万元以上十万元以下的罚款。构成犯罪的,依法追究刑事责任。

第一百五十五条　在本法规定的程序中,向管理人、重整执行人、债权人委员会成员、债权人或者他们的代理人行贿的,人民法院可以根据情节轻重对直接责任人员处以五千元以上五万元以下的罚款。构成犯罪的,依法追究刑事责任。

第一百五十六条　违反本法第十条第二款的规定,处以一万元以上五万元以下罚款。构成犯罪的,依法追究刑事责任。

第一百五十八条　管理人、重整执行人、债权人委员会成员因玩忽职守或者其他违法行为,造成债权人、债务人或者第三人经济损失的,应当承担赔偿责任;造成重大损失的,可以根据情节轻重,处以二万元以上十万元以下的罚款和拘留;构成犯罪的,依法追究刑事责任。

《企业破产法》(2004年6月草案)

第一百五十一条　企业董事、经理或者其他负责人违反忠于职守、勤勉尽责义务,致使所在企业破产的,应当承担相应的民事责任;因为故意或重大过失致使所在企业破产的,对企业债务承担连带民事赔偿责任;构成犯罪的,依法追究刑事责任。

有前款规定情形的人员,在民事责任履行完毕之前不得进行任何高消费或者投资活动;自破产案件终结之日起五年内不得在任何企业担任董事、经理或者其他经营管理职务。

第一百五十二条　有义务列席债权人会议的债务人或者债务人代表,经人民法院传唤,无正当理由拒不列席债权人会议的,人民法院可以拘传,并处以五千元以上五万元以下的罚款。债务人和有说明义务的其他人员拒不陈述、回答,或者作虚假陈述、回答的,人民法院可以处以五千元以上五万元以下的罚款。

由前款规定的行为,构成犯罪的,依法追究刑事责任。

第一百五十三条　违反本法规定,债务人拒不向人民法院提交财产状况说明书、债务清册、债权清册和有关财务报告的,或者提交不真实的,人民法院可以对直接责任人员处以五千元以上五万元以下的罚款。

违反本法规定,债务人拒不向管理人移交财产和与财产有关的账簿、文件、资料、印章的,或者伪造、销毁有关财产证据材料而使财产状况不明的,人民法院可以对直接责任人员处以一万元以上五万元以下的罚款。

有前两款规定的行为,构成犯罪的,依法追究刑事责任。

第一百五十四条　债务人有本法第三十五条规定的行为的,人民法院可以对直接责任人员处以二万元以上十万元以下的罚款。构成犯罪的,依法追究刑事责任。

第一百五十五条　债务人有本法第三十三条、第三十四条规定的行为的，人民法院可以对直接责任人员处以一万元以上五万元以下的罚款。构成犯罪的，依法追究刑事责任。

第一百五十六条　债务人已知或者应知其不能清偿到期债务，仍然不合理地开支费用，或者挥霍财产的，人民法院可以对直接责任人员处以一万元以上五万元以下的罚款。构成犯罪的，依法追究刑事责任。

第一百五十七条　管理人、债权人委员会成员在依照本法执行职务过程中，利用职务便利或者地位，索取、收受贿赂的，人民法院可以根据情节轻重处以二万元以上十万元以下的罚款。构成犯罪的，依法追究刑事责任。

第一百五十八条　在本法规定的程序中，向管理人、债权人委员会成员行贿的，人民法院可以根据情节轻重对直接责任人员处以五千元以上五万元以下的罚款。构成犯罪的，依法追究刑事责任。

第一百五十九条　违反本法第十条第三款的规定，处以一万元以上五万元以下罚款。构成犯罪的，依法追究刑事责任。

第一百六十条　对违反本法第十八条第一款第四项规定的，人民法院可予以训诫、拘留，并可处以五千元以上五万元以下的罚款。

第一百六十一条　管理人、债权人委员会成员因玩忽职守或者其他违法行为，造成债权人、债务人或者第三人经济损失的，应当承担赔偿责任；造成重大损失的，可以根据情节轻重，处以二万元以上十万元以下的罚款和拘留；构成犯罪的，依法追究刑事责任。

《企业破产法》(2004年10月草案)

第一百三十九条　企业董事、经理或者其他负责人违反忠于职守、勤勉尽责义务，致使所在企业破产的，应当承担相应的民事责任；构成犯罪的，依法追究刑事责任。

有前款规定情形的人员，自破产案件终结之日起五年内不得在任何企业担任董事、经理或者其他经营管理职务。

第一百四十一条　违反本法规定，债务人拒不向人民法院提交财产状况说明书、债务清册、债权清册和有关财务报告的，或者提交不真实的，人民法院可以对直接责任人员处以五千元以上五万元以下的罚款。

违反本法规定，债务人拒不向管理人移交财产和财产有关的账簿、文件、资料、印章的，或者伪造、销毁有关财产证据材料而使财产状况不明的，人民法院可以对直接责任人员处以一万元以上、五万元以下的罚款。

有前两款规定的行为，构成犯罪的，依法追究刑事责任。

第一百四十二条　债务人有本法第三十三条、第三十四条、第三十五条规定的行为，损害债权人利益的，债务人的法定代表人和其他直接责任人员应当承担赔偿责任；构成犯罪的，依法追究刑事责任。

第一百四十三条　管理人在执行职务过程中，利用职务便利或者地位，索取、收受贿赂的，依法追究刑事责任。

第一百四十四条　在本法规定的程序中，向管理人行贿，构成犯罪的，依法追究刑事责任。

第一百四十六条　管理人因玩忽职守或者其他违法行为，造成债权人、债务人或者第三人经济损失的，应当承担赔偿责任；构成犯罪的，依法追究刑事责任。

【条文释义】

本条规定的是《企业破产法》相关的刑事责任条款。

从立法史的视角看，本条是对以往草案中刑罚条款的集大成者，形成于《企业破产法》三审通过之际。较之于以往草案中在每一条下特别加上"构成犯罪的，依法追究刑事责任"的冗赘，本条显得简洁明了。

本条款含三个要件：第一，违反《企业破产法》规定；本要件限定了该刑事责任条款的责任范围，将与《企业破产法》无关的行为彻底排除出去。第二，构成犯罪；本要件限定了相关行为的严重程度，即必须"构成犯罪"，满足刑事犯罪的构成要件，能够与《刑法》《刑事诉讼法》对应。第三，依法追究刑事责任；本要件属于刑事责任条款中的结果要件，这里的"法"应该指《刑法》，刑事责任也是《刑法》中所载明的刑事责任。

就措辞而言，在包括《企业破产与重整法(草案)》(2000)、《企业破产法(草案)》(2004)在内的草案中，在破产责任部分中涉及的每一条中，都将民事、行政和刑事责任并列；尤其涉及刑事责任时，均在各条下面分别载明："构成犯罪的，依法追究刑事责任。"相比之下，《企业破产法》则简洁甚多，删去了各条中屡次出现的"构成犯罪的，依法追究刑事责任"，而单设第131条作为总括性条款。这种简化，可能与当时同步起草的刑法修正案(六)有关。

对此我们或许可以做如下解读：

第一，《企业破产法》第131条未像以往各部草案一样，特别强调或者列举破产犯罪的主体，这显然扩大《企业破产法》刑事责任条款的"防守面积"。

从主体方面来说，根据《企业破产法》涉及法律责任的第125条、第127条、第130条，破产涉及的刑事犯罪，包括三类：

（1）根据《企业破产法》第125条，企业董事、监事或者高级管理人员，违反忠实义务、勤勉义务，致使所在企业破产，需要承担刑事责任。

（2）根据《企业破产法》第127条，债务人拒不向人民法院提交或者提交不真实的财产状况说明、债务清册、债权清册、有关财务会计报告以及职工工资的支付情况和社会保险费用的缴纳情况的，或拒不向管理人移交财产、印章和账簿、文书等资料的，或者伪造、销毁有关财产证据材料而使财产状况不明而构成犯罪，需要承担刑事责任。根据《企业破产法》第2、31、32、33、128条，债务人有如下行为：①在人民受理破产申请前1年内，无偿转让财产、以明显不合理的价格进行交易、对没有财产担保的债务提供财产担保、对未到期的债务提前清偿或放弃债权；②在人民法院受理破产申请前6个月内，在不能清偿到期债务，并且资产不足以清偿全部债务或者明显缺乏清偿能力的情况下，仍对个别债权人进行清偿；③为逃避债务而隐匿、转移财产、虚构债务或者承认不真实的债务。并构成犯罪的，需要承担刑事责任。

（3）根据《企业破产法》第130条，破产管理人未勤勉尽责、忠实执行职务，给债权人、债务人或者第三人造成损失，构成犯罪的，需要承担刑事责任。

第二，《企业破产法》第131条将相关民事责任、行政责任规定在其他条款之中，而将刑事责任单设，体现出本条对刑事责任的特别强调。

破产的刑事责任，对应着《刑法》中如下罪名：

1. 虚假破产罪①

我国《企业破产法》于2006年8月27日颁布。在此之前的2006年6月29日，第十届全国人民代表大会常务委员会第二十二次会议通过《刑法修正案（六）》，其中专门规定"虚假破产罪"："公司、企业通过隐匿财产、承担虚构的债务或者以其他方法转移、处分财产，实施虚假破产，严重损害债权人或者其他人利益的，对直接负责的主管人员和其他直接责任人员，处五年以下有期徒刑或者拘役，并处或者单处二万元以上二十万元以下罚金。"

《刑法修正案（六）》之所以增加虚假破产罪，是因为在《企业破产法》审议过程中，有专家提出破产法与刑法的对接问题：如果刑法中缺乏相关规定，而单纯在《企业破产法》创设相关罪名，不仅突破破产法的本质，还需要在破产法中明确规定犯罪构成要件及刑罚；而相应的替代措施，则是通过刑法修正案的方式，在刑法中增加破产相关罪名。立法机构最终采纳后一种思路。早在2005年12月24日，时任全国人大常委会法制工作委员会副主任安建在就《刑法修正案（六）》（草案）向第十届全国人民代表大会常务委员会第十九次会议做报告时，即介绍了设置"虚假破产罪"的缘起："针对在经济活动中出现的采用隐匿、转移财产等欺骗手段，搞假破产、真逃债，严重损害债权人利益，破坏市场经济秩序的行为，拟在刑法中增加破产欺诈犯罪的规定。这一规定在十届全国人大常委会第十二次会议对刑法修正案（五）草案初审时，已作了审议。"

按照《刑法》第162条之二对虚假破产罪的规定，该罪名构成要件包括三部分：第一，"公司、企业通过隐匿财产、承担虚构的债务，或者以其他方法转移、处分财产"，这是手段要件；第二，"实施虚假破产"，这是行为要件；第三，"严重损害债权人或者其他人利益"，这是结果要件。只有满足了上述三个条件，才可能使相应的主体，亦即直接负责的主管人员和其他直接责任人员，判处相应的刑罚，即5年以下有期徒刑或拘役，并处或者单处2万元以上20万元以下罚金。

就虚假破产罪的三个构成要件而言，手段要件、结果要件都不足以使虚假破产罪与其他罪名清晰区分清楚，"公司、企业通过隐匿财产、承担虚构的债务，或者以其他方法转移、处分财产"完全可以用于其他犯罪或非犯罪行为，而导致"严重损害债权人或者其他人利益"的原因亦难以简单穷尽。这也就是说，"实施虚假破产"是区分虚假破产罪与其他罪名最核心的要件。贺丹认为，本法规定中的"实施虚假破产"既是前述通过各种方式处分财产的结果，又是结果要件中债权人及他人利益受损的原因，"在文义上承前启后，是整个法条的中心"②。

刑法学界对"实施虚假破产"所做的解读，对立法原意做了限缩解释，比如将犯罪主体限定为

---

① 本罪名在很多文献中，亦被称为破产欺诈罪。
② 贺丹：《论虚假破产罪中的"实施虚假破产"》，载《政治与法律》2011年第10期，第60页。

单位,比如将虚假破产限定为破产清算程序,再比如将破产申请视为破产程序启动的行为要件,这些解读看似简单明确,但在与《企业破产法》对接过程中则混乱重重,在学理上亦极度不严密。①

那么,虚假破产究竟指什么?或者说,从破产法的角度,究竟该如何准确认识虚假破产罪的内涵与外延?第一,这里的"破产",必须包括所有破产程序,亦即包括破产清算、破产和解和破产重整,而非仅仅指破产清算。第二,这里的"虚假破产",刑法惩罚的对象是"虚假"而非"破产";合法、正常的破产有《企业破产法》规定的严格的程序保障与实体保障。第三,这里的"虚假破产"行为,既可能发生在破产程序之内,也可能发生在破产程序之外,甚至可能会发生在破产程序因为无产可破等情形而终结之后;否则极有可能造成这样一种现象,各类违反处置财产的行为,在其他场合不构成犯罪,但在"虚假破产罪"语境却构成犯罪的怪象。②有鉴于此,在司法解释和施用中有必要明确如下原则:"实施虚假破产"的危害性和可罚性,不是基于引发破产程序的"虚假"基础,而是非法财产处置行为;正因为如此,一方面,实施虚假破产的行为和非法财产处置行为应合二为一而不应该分开;另一方面,破产本身与非法处置财产的行为之间不是必须存在因果关系。③由此分析可以明确,虚假破产罪中罪与非罪的界限,关键还是看非法财产处置行为,究竟在多大程度上诱发了企业破产这一事件。

虚假破产罪是否覆盖破产中的欺诈行为?按照张艳丽的观点,虚假破产与破产欺诈在含义和范围上差异甚大:虚假破产是债务人在不具备破产原因的前提下,而通过各种伪造手段,造成虚假的破产事实;虚假破产中可能存在破产欺诈行为,理应受到刑事制裁。而破产欺诈,则发生在债务人确实具备破产原因,只是在破产程序中采取各种欺诈性手段,而致使债权人及社会公共利益受损。张艳丽认为,破产欺诈包括虚假破产,但虚假破产并不包括所有的破产欺诈,因此,按照《刑法修正案(六)》有关"虚假破产罪"的表述,具备破产原因但在破产程序中采取欺诈手段的行为,就不受"虚假破产罪"的覆盖,"这是立法上的一个失误"④。

另外,虚假破产罪是否适用刑事自诉?我国2012年《刑事诉讼法》第204条规定了自诉案件的三个种类:(1)告诉才处理的案件;(2)被害人有证据证明的轻微刑事案件;(3)被害人有证据证明对被告人侵犯自己人身、财产权利的行为应当依法追究刑事责任,而公安机关或者人民检察院不予追究被告人刑事责任的案件。根据该法第205条,人民法院在审查后,可以分两种情形处理:(1)犯罪事实清楚,有足够证据的案件,应当开庭审判;(2)缺乏罪证的自诉案件,如果自诉人提不出补充证据,应当说服自诉人撤回自诉,或者裁定驳回。通过上述两个案例可以清楚看到,司法机关中更倾向于将虚假破产罪排除在刑事自诉案件的范围之外。这也就是说,虚假破产罪究竟是否可以提起刑事自诉,不能一概而论。这更多取决于自诉人是否有证据证明被告人侵犯自己人身、财产权利的行为应当依法追究刑事责任,而公安机关或者人民检察院未予追究被告人刑事责任。这里隐含三个条件:第一,自诉人有证据证明被告侵犯了自己的人身、财产权利,这是证据要求;第二,自诉人应先向公安机关、人民检察院报案,这是程序要求;第三,公安机关或人民检察院未予追究被告人的刑事责任,这是实体要求。虚假破产罪适用刑事自诉,无论自诉人是谁,必须要同时满足这三项条件、穷尽救济手段,才可能会被受理。实务案例中,人民法院对涉及虚假破产罪的刑事自诉最终都未支持。由于裁判文书本身极其简略,看不到证据信息。反向推导,只能推测是自诉人的自诉行为未能完全满足上述三个条件,也可能是刑事诉讼法学界、司法界对于刑事自诉的范围有具体操作标准,而该标准完全将虚假破产罪排除。

2. 妨害清算罪

我国《刑法》第162条规定:"公司、企业进行清算时,隐匿财产,对资产负债表或者财产清单作虚伪记载或者在未清偿债务前分配公司、企业财产,严重损害债权人或者其他人利益的,对其直接负责的主管人员和其他直接责任人员,处五年以下有期徒刑或者拘役,并处或者单处二万元以上二十万元以下罚金。"这一条中所涉及的清算,不仅是《公司法》中的公司清算,也应包括破产清算。蒋黔贵提出,如果债务人及其有关工作人员违反法律规定,拒不履行法律义务,妨害破产清算,严重损害债权人或者其他人利益的,应当依照

---

① 参见贺丹:《论虚假破产罪中的"实施虚假破产"》,载《政治与法律》2011年第10期,第61—64页。
② 参见贺丹:《论虚假破产罪中的"实施虚假破产"》,载《政治与法律》2011年第10期,第64—66页。
③ 参见贺丹:《论虚假破产罪中的"实施虚假破产"》,载《政治与法律》2011年第10期,第66—67页。
④ 张艳丽:《破产欺诈法律规制研究》,北京大学出版社2008年版,第30页。

《刑法》第 162 条,追究妨害清算罪。①

对于妨害清算罪的追诉标准,2001 年 4 月 18 日最高人民检察院和公安部联合发布的《关于经济犯罪案件追诉标准的规定》,其中妨害清算案的追诉标准,规定如下:"公司、企业进行清算时,隐匿财产,对资产负债表或者财产清单作虚伪记载或者在未清偿债务前分配公司、企业财产,造成债权人或者其他人直接经济损失数额在十万元以上的,应予追诉。"但 2010 年 5 月 7 日最高人民检察院和公安部联合发布的《关于公安机关管辖的刑事案件立案追诉标准的规定(二)》,对此做了进一步规定,其中追诉标准亦大大提高。

3. 国有公司、企业、事业单位人员失职罪、滥用职权罪

我国《刑法》第 168 条规定:"国有公司、企业的工作人员,由于严重不负责任或者滥用职权,造成国有公司、企业破产或者严重损失,致使国家利益遭受重大损失的,处三年以下有期徒刑或者拘役;致使国家利益遭受特别重大损失的,处三年以上七年以下有期徒刑。国有事业单位的工作人员有前款行为,致使国家利益遭受重大损失的,依照前款的规定处罚。国有公司、企业、事业单位的工作人员,徇私舞弊,犯前两款罪的,依照第一款的规定从重处罚。"

4. 其他罪名

除了上述直接违反的罪名外,如果破产前后债务人、破产管理人等违反《企业破产法》规定的行为且符合《刑法》相关条款的规定,当事人亦需要承担刑事责任。

按照王卫国、张小炜、尹正友等的解读,根据《企业破产法》第 131 条的规定,债务人及其有关人员实施破产违法行为,或者管理人在执行职务时有违法行为,构成贪污罪、受贿罪、单位受贿罪、企业人员受贿罪、盗窃罪、职务侵占罪、挪用资金罪、挪用公款罪、诈骗罪、为亲友非法牟利罪、虚假出资罪、抽逃出资罪、签订(履行)合同失职被骗罪、私分国有资产罪、徇私舞弊低价折股罪、徇私舞弊造成破产罪、虚假破产罪、妨害清算罪等犯罪的,应当依照刑法中的相应罪名,追究刑事责任。② 甚至还有观点进一步认为,在管理人涉嫌违反刑法的前提下,如果国家机关工作人员担任破产管理人构成犯罪,则追诉滥用职权罪、玩忽职守罪、贪污罪、挪用公款罪、受贿罪、单位受贿罪;而如果是社会中介组织担任破产管理人构成犯罪,则追诉提供虚假证明文件罪、出具证明文件重大失实罪、职务侵占罪、挪用资金罪、公司企业人员受贿罪等。③ 这也就意味着,我们对于破产相关刑事犯罪,可以分成两类:一类是债务人或破产管理人的不当行为,违反了我国《刑法》的其他罪名,因而按照其他罪名进行惩罚;另一类是债务人或破产管理人的不当行为,直接违反"虚假破产罪",因而按照虚假破产罪定罪处罚。

当然,如果上述推测成立,就会引发另外一个问题:破产管理人究竟是否可以视为国家工作人员,进而适用只适用于国家工作人员的特定罪名?韩传华律师曾举这么一个例子:假如破产管理人收受某一债权人的 5 万元贿赂,并因此而确认其申报但证据有瑕疵的 500 万元,那么破产管理人究竟是应该按照《刑法》第 163 条非国家工作人员受贿罪来处罚,还是应该按照《刑法》第 385 条规定的国家工作人员受贿罪来处罚?对此问题,韩传华律师认为,尽管破产管理人在任命之前,并不具有国家工作人员的身份,但其一旦被法院指定为管理人,就具有了一定的公权力属性,故应将破产管理人比照国家工作人员,追究刑事责任:第一,管理人是中介机构执业人员的,管理人涉嫌犯罪,应直接比照国家工作人员予以追究刑事责任;第二,管理人是中介机构的,管理人涉嫌犯罪,应比照单位犯罪追究刑事责任;第三,管理人是清算组的,清算组不构成犯罪主体,清算组成员有涉嫌犯罪行为的,应比照国家工作人员予以追究刑事责任。④

【关联法律法规及司法政策】

《刑法》(2020)

第一百六十二条 公司、企业进行清算时,隐匿财产,对资产负债表或者财产清单作虚伪记载或者在未清偿债务前分配公司、企业财产,严重损害债权人或者其他人利益的,对其直接负责的主管人员和其他直接责任人员,处五年以下有期徒刑或者拘役,并处或者单处二万元以上二十万元以下罚金。

---

① 参见蒋黔贵主编:《中华人民共和国企业破产法释义》,中国市场出版社 2006 年版,第 227 页。
② 参见王卫国:《破产法精义》(第 2 版),法律出版社 2020 年版,第 411 页;张小炜、尹正友:《〈企业破产法〉的实施与问题》,当代世界出版社 2007 年版,第 234—237 页。
③ 参见本书编写组编:《〈中华人民共和国企业破产法〉释义及实用指南》,中国民主法制出版社 2006 年版,第 335—336 页。
④ 参见韩传华:《企业破产法解析》,人民法院出版社 2007 年版,第 370—371 页。

第一百六十二条之一　隐匿或者故意销毁依法应当保存的会计凭证、会计账簿、财务会计报告，情节严重的，处五年以下有期徒刑或者拘役，并处或者单处二万元以上二十万元以下罚金。

单位犯前款罪的，对单位判处罚金，并对其直接负责的主管人员和其他直接责任人员，依照前款的规定处罚。

第一百六十二条之二　公司、企业通过隐匿财产、承担虚构的债务或者以其他方法转移、处分财产，实施虚假破产，严重损害债权人或者其他人利益的，对其直接负责的主管人员和其他直接责任人员，处五年以下有期徒刑或者拘役，并处或者单处二万元以上二十万元以下罚金。

第一百六十八条　国有公司、企业的工作人员，由于严重不负责任或者滥用职权，造成国有公司、企业破产或者严重损失，致使国家利益遭受重大损失的，处三年以下有期徒刑或者拘役；致使国家利益遭受特别重大损失的，处三年以上七年以下有期徒刑。

国有事业单位的工作人员有前款行为，致使国家利益遭受重大损失的，依照前款的规定处罚。

国有公司、企业、事业单位的工作人员，徇私舞弊，犯前两款罪的，依照第一款的规定从重处罚。

最高人民法院《关于推进破产案件依法高效审理的意见》（2020）

22. 人民法院要准确把握违法行为入刑标准，严厉打击恶意逃废债行为。因企业经营不规范导致债务人财产被不当转移或者处置的，管理人应当通过行使撤销权、依法追回财产、主张损害赔偿等途径维护债权人合法权益，追究相关人员的民事责任。企业法定代表人、出资人、实际控制人等有恶意侵占、挪用、隐匿企业财产，或者隐匿、故意销毁依法应当保存的会计凭证、会计账簿、财务会计报告等违法行为，涉嫌犯罪的，人民法院应当根据管理人的提请或者依职权及时移送有关机关依法处理。

【裁判要旨】
案例
　　王振中自诉黑龙江无线电一厂及破产管理人虚假破产罪案
审理法院：哈尔滨市中级人民法院

案号：(2016)黑01刑申55号
事实：2015年9月17日，王振中向哈尔滨市阿城区人民法院提起自诉，主张被告人黑龙江无线电一厂、黑龙江无线电一厂破产管理人在企业破产过程中弄虚作假，抗拒执行人民法院生效判决，构成虚假破产罪，要求追究二被告人的刑事与民事赔偿责任。

2015年9月22日，哈尔滨市阿城区人民法院作出一审裁定，认定"二被告人是否构成虚假破产罪，不属于人民法院刑事自诉案件的受理范围，本院不予受理，自诉人的主张应向有关部门告诉解决"。自诉人上诉后，哈尔滨市中级人民法院于2015年11月12日作出终审裁定，认定"王振中的起诉不属于人民法院直接受理的刑事自诉案件范围。原审法院裁定对王振中的起诉，不予受理，符合法律规定，本院予以维持"。自诉人随即向哈尔滨市中级人民法院提出申诉。

裁判要旨：虚假破产罪不适用于刑事自诉案件。

裁判理由：哈尔滨市中级人民法院于2016年10月19日作出裁定，申诉人"对上述单位提出自诉，不符合刑事自诉案件立案条件"，"裁定……不予受理并无不当"，故作出如下裁定："原一、二审裁定对你的自诉不予受理，适用法律正确，你的申诉不符合再审条件。依照《中华人民共和国刑事诉讼法》第二百四十二条之规定，对你的申诉予以驳回。"

【学理综述】
　　张艳丽：《破产欺诈法律规制研究》，北京大学出版社2008年版。

本书系作者在其北京大学民法学博士学位论文基础上修改完成。在本书中，作者围绕破产欺诈这一古老的概念展开。全书共分5章，分别论及破产欺诈与破产欺诈行为、破产欺诈行为的类型、破产欺诈的法律规制（包括预防、破产欺诈的法律规制；限制、破产欺诈的法律规制）责任等。

贺丹在《政治与法律》2011年第10期上，发表《论虚假破产罪中的"实施虚假破产"》一文。该文从《企业破产法》与《刑法》交叉的角度，对我国刑法中规定的虚假破产罪的内涵和外延做了详细梳理。[①]

[①] 参见贺丹：《论虚假破产罪中的"实施虚假破产"》，载《政治与法律》2011年第10期，第60—68页。

第十二章　附　则

第一百三十二条　本法施行后,破产人在本法公布之日前所欠职工的工资和医疗、伤残补助、抚恤费用,所欠的应当划入职工个人账户的基本养老保险、基本医疗保险费用,以及法律、行政法规规定应当支付给职工的补偿金,依照本法第一百十三条的规定清偿后不足以清偿的部分,以本法第一百零九条规定的特定财产优先于对该特定财产享有担保权的权利人受偿。

【立法沿革】

《企业破产与重整法》(2000年6月草案)

第一百七十三条　破产企业及其破产企业所在地人民政府应当依照法律法规,妥善解决破产企业职工的安置。

《企业破产与重整法》(2000年12月草案)

第一百六十九条　破产企业及其破产企业所在地人民政府应当依照法律法规,妥善解决破产企业职工的安置。

《企业破产与重整法》(2001年1月草案)

第一百六十七条　破产企业及其破产企业所在地人民政府应当依照法律法规,妥善解决破产企业职工的安置。

【条文释义】

本条规定的是《企业破产法》生效前后有关破产清算中职工债权事宜的处理原则。

从立法史的视角看,本条是《企业破产法》三读通过前,为消除《企业破产法》通过的障碍,同时确保新旧破产法的衔接而临时增加的内容。

这一原则通俗地讲,就是"新人新办法,老人老办法"。即是说,对于《企业破产法》2007年6月1日施行后的职工债权,完全按照《企业破产法》第113条规定的债权清偿顺序清偿。而对于《企业破产法》2007年6月1日施行前所发生的职工债权,则先按照《企业破产法》第113条所定的原则清偿;按照《企业破产法》第113条清偿后的不足的部分,则按照《企业破产法》第109条有关担保债权的规定,绝对优先清偿职工债权的差额。

第一百三十三条　在本法施行前国务院规定的期限和范围内的国有企业实施破产的特殊事宜,按照国务院有关规定办理。

【立法沿革】

《破产法》(1995年草案)

第一百七十八条　本章的规定,仅适用于本法生效前设立的国有企业。

前款规定的企业依照规定的程序清理债务时,本章没有规定的,依照本法的其他规定。

第一百七十九条　债务人向人民法院申请受理破产案件时,应当提交国家授权投资管理或者主管该企业的机构同意其提出申请的书面文件;投资管理机构或者主管机构不同意该企业提出申请的,应当给予资助或者采取其他措施,帮助该企业清偿债务。

第一百八十条　人民法院依职权宣告国有企业破产时,应当事先听取国家授权投资管理或者主管该企业机构的意见。

第一百八十一条　债务人依法取得的土地使用权,应当以拍卖或招标方式为主依法转让,土地使用权出让金首先用于破产企业职工的安置,安置破产企业职工后有剩余的,剩余部分与其他破产财产分配统一列入破产财产分配方案。

第一百八十二条　依照本法第一百八十一条的规定,用土地使用权出让金安置破产企业职工的具体实施办法,由国务院另行规定。

第一百八十三条　国有企业的职工住房、学校、医院、托幼园等社会公益事业和福利设施,除没有必要续办并能整体出让的计入破产财产外,均不计入破产财产,由破产企业所在地的市或者市辖区、县的人民政府整体接收管理。但是,本法生效后新建的职工住房应当计入破产财产。

《企业破产与重整法》(2000年6月草案)

第一百七十四条　《中华人民共和国公司法》生效前设立的国有企业实施破产,授权国务院依照本法另行规定。

《企业破产与重整法》(2000年12月草案)

第一百七十条《中华人民共和国公司法》生效前设立的国有企业实施破产的特殊规定,授权国务院另行规定。

《企业破产与重整法》(2001年1月草案)

第一百六十八条　《中华人民共和国公司法》生效前设立的国有企业实施破产的特殊事宜,

授权国务院另行规定。

《企业破产法》(2004年3月草案A版)

第一百六十条　《中华人民共和国公司法》生效前设立的国有企业实施破产的特殊事宜，由国务院另行规定。

《企业破产法》(2004年3月草案B版)

第一百五十九条　国有企业破产的特殊事宜，按国务院有关规定办理。

《企业破产法》(2004年6月草案)

第一百六十二条　在国务院规定的期限和范围内，国有企业实施破产的，按照国务院有关规定办理。

《企业破产法》(2004年10月草案)

第一百四十八条　在本法施行前国务院规定的期限和范围内的国有企业实施破产的特殊事宜，按照国务院有关规定办理。

【条文释义】

本条规定的是"政策性破产"与《企业破产法》的前后衔接问题。

这里的"本法施行前国务院规定的期限和范围内的国有企业实施破产的特殊事宜"，即是我们通常所说的"政策性破产"。"政策性破产"是我国在1994年之后的国有企业改制过程中，试行并推广的破产政策。

1994年10月25日，国务院发布《关于在若干城市试行国有企业破产有关问题的通知》(文件编号：国发〔1994〕59号，俗称"59号文"，以下称为1994年"第59号通知")。该通知共有9个条文，基本目的是在18个试点城市中，建立企业优胜劣汰机制，指导和规范国有企业在试点城市的破产工作。① 李曙光教授曾参与起草1994年"第59号通知"。他曾回顾说，国有企业改革难题很多，但最难的问题不外乎两个：钱从哪里来？人往何处去？如何筹集足够的资金，来安置破产国有企业的职工确实是一个大问题。在起草该文件过程中，如何在国有企业破产过程中筹集足够的资金，安置这些资不抵债企业的职工，是他们起草时最关注的一个问题。② "政策性破产"的实质，也是围绕"钱从哪里来、人往何处去"的问题，而量体裁衣设计的特别机制。

1994年"第59号通知"第1条冠以"实施企业破产必须首先安置好破产企业职工"的标题，完整地引用1986年《企业破产法(试行)》第4条，明确1994年"第59号通知"的法律依据和各级政府的法定义务即是按照通知要求，"在实施企业破产中，采取各种有效措施，首先妥善安置破产企业职工，保持社会稳定"。

那么，"政策性破产"特殊在哪里呢？或者说，这项政策的实质是什么？"政策性破产"又该如何解决"钱从哪里来、人往何处去"的问题？……这些问题的答案，都在1994年"第59号通知"第2条中："企业破产时，企业依法取得的土地使用权，应当以拍卖或者招标方式为主依法转让，转让所得首先用于破产企业职工的安置；安置破产企业职工后有剩余的，剩余部分与其他破产财产统一列入破产财产分配方案。"③"政策性破产"的实质便是以土地换钱，然后专项安置下岗职工；下岗职工的权益被置于绝对优先的位置。这也是"政策性破产"与根据1986年《企业破产法(试行)》进行的正常破产的根本区别。

然而，在"政策性破产"中，职工债权被列入破产财产的优先偿付清单中，"企业在破产前为维持生产经营，向职工筹借的款项，视为破产企业所欠职工工资处理，借款利息按照供款实际使用时间和银行同期存款利率计算。职工在企业破产前作为资本金投资的款项，视为破产财产"④。另外，破产企业的职工住房、学校、托幼园(所)、医院等福利性设施，原则上不计入破产财产，由地方政府接收处理，其职工由接收单位安置。只有在没有必要续办这些设施并能将其整体出让的条件下，它们才可以被计入破产财产。⑤

在实际操作中，1994年"第59号通知"的实施，为地方政府解决陷入财务困境的国有企业难

---

① 18个首批试点城市分别为：上海、天津、齐齐哈尔、哈尔滨、长春、沈阳、唐山、太原、青岛、淄博、常州、蚌埠、武汉、株洲、柳州、成都、重庆、宝鸡。见国务院：《关于在若干城市试行国有企业破产有关问题的通知》，国发〔1994〕59号，1994年10月25日发布，前言。

② 参见李曙光：《59号文件出台前后》，《人民文摘》2008年第3期，第12页。

③ 国务院：《关于在若干城市试行国有企业破产有关问题的通知》，国发〔1994〕59号，1994年10月25日发布，第2条。

④ 国务院：《关于在若干城市试行国有企业破产有关问题的通知》，国发〔1994〕59号，1994年10月25日发布，第3条。

⑤ 参见国务院：《关于在若干城市试行国有企业破产有关问题的通知》，国发〔1994〕59号，1994年10月25日发布，第3条。

题,提供了很好的思路,受到试点城市的欢迎。而未被列入试点的城市,也积极争取政策。在1994年"第59号通知"发布之后,国家经济贸易委员会、中国人民银行于1996年7月25日联合发布了《关于试行国有企业兼并破产中若干问题的通知》,并将试点城市在原有18个的基础上,新增加32个,扩大到50个。① 另外,基于"政策性破产"带来的巨大政策便利,该政策很快在全国蔓延开来并被广泛应用到未经国务院批准的其他非试点城市。这正是为什么国务院会在1997年3月2日发布《关于在若干城市试行国有企业兼并破产和职工再就业有关问题的补充通知》(以下称为1997年"第10号通知")的背景。②

在1997年"第10号通知"中,国务院强调,现实中对"政策性破产"的大量滥用,并不意味着其合法,"政策性破产"只适用于国务院确定试点城市内的国有企业;非试点城市和地区的国有企业破产,只能按照1986年《企业破产法(试行)》操作,相对于担保债权而言,破产企业的职工并不具有绝对优先性,破产企业财产处置所得必须用于按比例清偿债务,安置破产企业职工的费用,只能从当地政府补贴、民政救济和社会保障等渠道解决;而非国有企业的破产,也必须严格遵照1991年《民事诉讼法》操作。③ 然而,国务院在强调非试点城市不得滥用"政策性破产"的同时,也在1997年"第10号通知"中,将试点城市的范围扩大到111个。

"政策性破产"在很大程度上,成为国有企业改革过程中的一把利器,极大地帮助国有企业摆脱包袱、轻装发展,为国有企业在21世纪初期的跨越式发展奠定良好的基础。当然,由于其本质上对破产法基本原则的损坏,各界对"政策性破产"的批评亦一直不绝如缕。比如王欣新认为,首先,"政策性破产"将职工放在过于优先的地位,这违背包括所有债权人一律平等原则在内现代破产法的基本原则;其次,该政策创造了独立的财务制度,未能将所有担保债权和非担保债权平等对待,因此也违背担保法和其他有关法律和法规的精神。最后,由于该政策仅适用于某些试点地区的国有企业,而不适用于其他地区,因此严重违反以市场为导向的基本原则,违背中国政府加入世贸组织时做出的承诺。这种优惠,将导致大多数其他国有企业和私营公司在面临破产时,不得不依靠自己和地方政府解决职工问题。④ 在另一篇文章中,王欣新指出,有关政策性破产的法规还存在许多问题,例如未经授权的立法和法律冲突问题;"政策性破产"本质上是以破产的名义,将本来应当由政府解决的问题和负担的费用,转嫁给债权人,将破产作为解决亏损国有企业、安置职工和减轻政府费用负担等问题的廉价工具;这也是为什么"假破产、真躲债"蔓延到全国的根本原因。⑤

根据本条规定,在《企业破产法》2007年6月1日施行前,按照国务院规定的期限和范围内有关国有企业实施破产的特殊事宜,则继续按照国务院有关规定办理。这一规定为《企业破产法》与"政策性破产"的前后衔接确立基本原则,即如果法院在2007年6月1日《企业破产法》实施后受理涉及国有企业的破产申请,若该企业已经被列入《全国国企业兼并破产和职工再就业工作计划》的适用范围,则《企业破产法》与该规定同时适用。⑥

【关联法律法规及司法政策】

国务院《关于在若干城市试行国有企业破产有关问题的通知》(1994)

国发〔1994〕59号

各省、自治区、直辖市人民政府,国务院各部委、各直属机构:

为配合在18个城市(上海、天津、齐齐哈尔、哈尔滨、长春、沈阳、唐山、太原、青岛、淄博、常州、蚌埠、武汉、株洲、柳州、成都、重庆、宝鸡)进行企业优化资本结构试点工作的开展,建立和完善企业优胜劣汰机制,指导和规范这些城市国有企业(以下简称企业)破产工作,根据《中华人民共和国企业破产法(试行)》(以下简称《破产法》)和其他有关法律、行政法规的规定,现就有关问题通

---

① 新增加的城市包括:北京、石家庄、呼和浩特、大连、南京、杭州、宁波、合肥、福州、厦门、南昌、济南、郑州、长沙、广州、深圳、南宁、海口、贵阳、昆明、西安、兰州、西宁、乌鲁木齐、银川、鞍山、抚顺、本溪、洛阳、吉林、包头、大同。
② 参见国务院:《关于在若干城市试行国有企业兼并破产和职工再就业有关问题的补充通知》,国发〔1997〕10号,1997年3月2日发布,前言。
③ 参见国务院:《关于在若干城市试行国有企业兼并破产和职工再就业有关问题的补充通知》,国发〔1997〕10号,1997年3月2日发布,前言。
④ 参见王欣新:《新破产立法与国企政策性破产的关系》,载《人民法院报》2004年7月9日。
⑤ 参见王欣新:《论破产立法中的经济法理念》,载《北京市政法管理干部学院学报》2004年第2期,第12页。
⑥ 参见韩传华:《企业破产法解析》,人民法院出版社2007年版,第374页。

知如下：

一、实施企业破产必须首先安置好破产企业职工

《破产法》第四条规定，"国家通过各种途径妥善安排破产企业职工重新就业，并保障他们重新就业前的基本生活需要，具体办法由国务院另行规定"。据此，各有关城市人民政府要按照本通知，在实施企业破产中，采取各种有效措施，首先妥善安置破产企业职工，保持社会稳定。

二、破产企业土地使用权的处置

企业破产时，企业依法取得的土地使用权，应当以拍卖或者招标方式为主依法转让，转让所得首先用于破产企业职工的安置；安置破产企业职工后有剩余的，剩余部分与其他破产财产统一列入破产财产分配方案。

三、破产财产的处置

破产财产处置前，应当由具有法定资格的资产评估机构进行评估，并以评估价值作底价，通过拍卖、招标等方式依法转让。

处置企业土地使用权所得不足以安置破产企业职工的，不足部分应当从处置其他破产财产所得中拨付。

企业在破产前为维持生产经营，向职工筹借的款项，视为破产企业所欠职工工资处理，借款利息按照借款实际使用时间和银行同期存款利率计算。职工在企业破产前作为资本金投资的款项，视为破产财产。

破产企业的职工住房、学校、托幼园（所）、医院等福利性设施，原则上不计入破产财产，由破产企业所在地的市或者市辖区、县的人民政府接收处理，其职工由接收单位安置。但是，没有必要续办并能整体出让的，可以计入破产财产。

四、担保的处理

破产企业作为抵押物的财产，债权人放弃优先受偿权利的，抵押财产计入破产财产；债权人不放弃优先受偿权利的，超过抵押债权的部分计入破产财产。

企业对其同一财产设定两个以上抵押权的，企业破产时，抵押权人按照抵押顺序受偿。

一个企业为另一个企业提供担保的，被担保企业破产后，担保企业应当按照担保合同承担担保责任。但是，偿债期限可以由担保企业与被担保企业的债权人协商确定。

行政机关为企业提供担保的，应当按照国家有关规定确认担保合同无效。

五、破产企业职工的安置

破产企业所在地的市或者市辖区、县的人民政府应当采取转业培训、介绍就业、生产自救、劳务输出等各种措施，妥善安排破产企业职工重新就业，并保障他们在重新就业前的基本生活需要。

政府鼓励破产企业职工自谋职业。对自谋职业的，政府可以根据当地的实际情况，发放一次性安置费，不再保留国有企业职工身份。一次性安置费原则上按照破产企业所在市的企业职工上年平均工资收入的3倍发放，具体发放标准由各有关市人民政府规定。

破产企业职工失业期间，依照《国有企业职工待业保险规定》享受失业保险待遇。失业保险期满无法重新就业的职工，符合社会救济条件的，由当地民政部门按照规定发给社会救济金。

破产企业离退休职工的离退休费和医疗费由当地社会养老、医疗保险机构负责管理。破产企业参加养老保险、医疗保险基金社会统筹的，其离退休职工的离退休费、医疗费由当地社会养老、医疗保险机构分别从养老保险、医疗保险基金社会统筹中支付。没有参加养老保险、医疗保险基金社会统筹或者养老保险、医疗保险基金社会统筹不足的，从企业土地使用权出让所得中支付；处置土地使用权所得不足以支付的，不足部分从处置其他破产财产所得中拨付。

破产企业中因工致残或者患严重职业病、全部或者大部分丧失劳动能力的职工，作为离退休职工安置。距离退休年龄不足5年的职工，经本人申请，可以提前离退休。

破产企业中的劳动合同制职工的安排，依照《国营企业实行劳动合同制暂行规定》等法律、行政法规的规定办理；临时工的安排，依照《全民所有制企业临时工管理暂行规定》办理。

破产企业职工的安置费用来源不足的，按照企业隶属关系，由破产企业所在地的市或者市辖区、县的人民政府负担。

六、银行因企业破产受到的贷款损失的处理

银行因企业破产受到的贷款本金、利息损失，应当严格按照国家有关规定，经国家有关银行总行批准后，分别在国家核定银行提取的呆账准备金和坏账准备金控制比例内冲销。

七、破产企业的整体接收

人民法院裁定清算组提出的破产财产分配方案后，执行分配方案前，其他企业整体接收破产企业财产、承担分配方案确定清偿的破产企业债务、安置破产企业职工的，可以按照国家有关规定，享受兼并企业的优惠待遇。

八、濒临破产企业的重组

对濒临破产的企业，企业所在地的市或者市辖区、县的人民政府可以采取改组企业管理层、改变企业资产经营形式、引导企业组织结构调整等

措施,予以重组。企业所在地的市或者市辖区、县的人民政府认为企业不宜破产的,应当给予资助或者采取其他措施,帮助企业清偿债务。

濒临破产的企业在申请破产前,经拥有三分之二以上债权额的债权人同意,并经企业所在地的市或者市辖区、县的人民政府批准,可以将企业效益好的部分同企业分立。分立后的企业,应当按照商定的比例承担原企业的债务。

九、实施企业破产的组织领导

实施企业破产,涉及面广,政策性强,难度很大。有关城市的人民政府要加强对这项工作的组织领导,由一名政府负责人牵头,经贸委(经委、计经委)、计委、财政、银行、劳动、审计、税务、国有资产管理、土地、工会等部门和单位参加的工作机构,统一负责组织、协调、解决实施企业破产中遇到的问题,确保这项工作的顺利开展。要根据当地社会的承受能力,制定切实可行的企业破产预案。要采取积极、稳妥的措施,及时处理实施企业破产中的重点、难点问题。要发挥有关社会中介组织在企业破产实施中的作用。实施企业破产中遇到紧急情况和重大问题,要及时上报。

国务院《关于在若干城市试行国有企业兼并破产和职工再就业有关问题的补充通知》(1997)

国发〔1997〕10号

各省、自治区、直辖市人民政府,国务院各部委、各直属机构:

根据《中华人民共和国企业破产法(试行)》(以下简称《破产法》)、《国务院关于在若干城市试行国有企业破产有关问题的通知》(国发〔1994〕59号)的精神和有关规定,企业兼并破产工作已逐步展开,工作是有成绩的。但是,也出现了一些城市和地区违反国发〔1994〕59号文件适用范围实施企业破产的问题。国务院强调:国发〔1994〕59号文件中有关破产方面的政策,只适用于国务院确定的企业"优化资本结构"试点城市(以下简称试点城市,名单见附件)范围内的国有工业企业。非试点城市和地区的国有企业破产,只能按照《破产法》的规定实施,即破产企业财产处置所得,必须用于按比例清偿债务,安置破产企业职工的费用只能从当地政府补贴、民政救济和社会保障等渠道解决。非国有企业的破产,要严格按照《中华人民共和国民事诉讼法》实施。为规范企业破产,鼓励企业兼并,对国有企业富余职工实施再就业工程,促进产业结构调整、企业优化资本结构和转换经营机制,现就试点城市国有企业(以下简称企业)兼并破产和职工再就业有关问题补充通知如下:

一、企业兼并破产和职工再就业工作的组织领导

国家经贸委负责全国企业兼并破产和职工再就业的组织协调工作。为加强对试点城市企业兼并破产和职工再就业工作的组织领导,成立全国企业兼并破产和职工再就业工作领导小组(以下简称全国领导小组),由国家经贸委(组长)、国家体改委、财政部、劳动部、中国人民银行、国家土地局、国家国有资产管理局等部门组成,并邀请全国人大常委会法工委、最高人民法院参加。其主要职责是:负责全国试点城市企业兼并破产和职工再就业工作的组织领导与协调;制订《企业兼并破产和职工再就业工作计划》的编制办法;下达省、自治区、直辖市(以下简称省、区、市)核销呆、坏帐准备金的预分配规模;审核省、区、市《企业兼并破产和职工再就业工作计划》;指导省、区、市企业兼并破产和职工再就业工作协调小组(以下简称省、区、市协调小组)的工作;制订《全国企业兼并破产和职工再就业工作计划》并监督执行。全国领导小组的日常工作由国家经贸委负责,有关部门要通力合作,协调一致,重大问题提交国务院国有企业改革工作联席会议讨论决定。省、区、市成立由经贸委(经委、计经委,下同)为组长,有关部门组成,并邀请省、区、市人大法工委、高级人民法院参加的省、区、市协调小组。其主要职责是:负责本地区试点城市企业兼并破产和职工再就业工作的组织协调;审核试点城市《企业兼并破产和职工再就业工作计划》,制订本省、区、市《企业兼并破产和职工再就业工作计划》。试点城市成立由市经贸委(组长)、体改委、财政局、中国人民银行和各债权银行分行、劳动局、土地局、国有资产管理局等部门组成,并邀请市人大法工委、人民法院参加的试点城市企业兼并破产和职工再就业工作协调小组(以下简称试点城市协调小组)。其主要职责是:负责企业兼并及进入破产程序前、终结后和职工再就业工作的组织协调;制订本市《企业兼并破产和职工再就业工作计划》;负责制订企业破产预案;组织实施企业兼并和职工再就业工作;监督、查处、纠正不规范的做法。

二、《企业兼并破产和职工再就业工作计划》的制订与审批

各试点城市协调小组要在深入调查研究、充分听取主要债权银行意见的基础上,提出兼并、破产和解困企业名单(中央、省属企业要由主管部门商国家经贸委及地方经贸委后提出),按照下达的核销呆、坏帐准备金的预分配规模,制订本市《企业兼并破产和职工再就业工作计划》。各债权银行总行派人或总行授权当地分行参加计划编制,

财政部门、银行要对企业兼并破产和职工再就业拟核销的银行呆、坏帐准备金进行审核。试点城市《企业兼并破产和职工再就业工作计划》每年编制一次。试点城市要在11月底以前将下一年度本市《企业兼并破产和职工再就业工作计划》报省、区协调小组；由省、区协调小组审核汇总后，在12月底以前报全国领导小组。全国领导小组在审省、区、市《企业兼并破产和职工再就业工作计划》的基础上，统筹研究制订当年《全国企业兼并破产和职工再就业工作计划》，报国务院国有企业改革工作联席会议审议，一般应于2月底以前下达。《全国企业兼并破产和职工再就业工作计划》下达后，由全国领导小组会同有关部门和省、区、市人民政府，对各试点城市计划的执行情况负责检查落实。

各试点城市《企业兼并破产和职工再就业工作计划》批准下达后，在执行中不得突破经过批准的计划规模，需要在计划规模内进行调整的，由省、区、市协调小组审核并汇总后，报全国领导小组审定。

各省、区、市和试点城市协调小组每季度要向全国领导小组报告一次企业兼并破产和职工再就业工作计划执行情况；中国人民银行总行每季度要向国务院国有企业改革工作联席会议报告一次呆、坏帐准备金核销情况。

三、企业破产预案的制订

各试点城市要依据《全国企业兼并破产和职工再就业工作计划》，由拟破产企业主管部门负责向试点城市协调小组提供制订企业破产预案所需材料。其主要内容包括：企业概况，会计报表及亏损情况说明，债权、债务状况，资产处置方案，职工安置渠道及费用标准，拟核销呆、坏帐准备金数额等。

试点城市协调小组制订企业破产预案后，方可进入破产程序，并报省、区、市协调小组备案。主要债权银行对企业破产预案有异议的，须提请省、区、市协调小组决定，同时将情况报全国领导小组备案。经省、区、市协调小组协调仍不能形成决议的，报全国领导小组决定。

四、资产评估机构资格及破产财产处置

企业破产财产处置前，应由破产清算组委托具有国务院国有资产管理行政主管部门认证的资产评估机构进行评估，并由国有资产管理行政主管部门确认评估结果。其中，涉及以划拨方式取得的土地使用权或涉及改变出让合同条件的土地使用权价格评估的，须由具有土地估价能力的资产评估机构进行评估，并由土地行政主管部门确认评估结果后，并入整体资产评估结果。资产评估及地价评估要努力降低评估费用，不得重复收取评估费用。凡确认有误的须承担相应的行政和经济责任。

企业破产财产应以评估确认的价格为依据，按国家有关规定确定底价，以拍卖方式为主，依照有关法律、法规转让。转让价格由市场确定。

五、妥善安置破产企业职工

各试点城市人民政府要积极推广上海市实施再就业工程的经验，结合劳动就业、社会保障制度的改革和当地的具体情况，从上到下建立再就业服务中心，积极开拓就业门路，关心破产企业职工生活，妥善安置破产企业职工，保持社会稳定。

安置破产企业职工的费用，从破产企业依法取得的土地使用权转让所得中拨付。破产企业以土地使用权为抵押物的，其转让所得也应首先用于安置职工，不足以支付的，不足部分从处置无抵押财产、抵押财产所得中依次支付。破产企业财产拍卖所得安置职工仍不足的，按照企业隶属关系，由同级人民政府负担。

职工安置费一律拨付到再就业服务中心，统筹使用。安置费标准，原则上按照破产企业所在试点城市的企业职工上年平均工资收入的3倍计算，试点城市人民政府根据当地实际情况从严掌握，不得随意突破。暂时尚未就业的职工，由再就业服务中心发给基本生活费，再就业后即停止拨付。自谋职业的可一次性付给安置费，标准不高于试点城市的企业职工上年平均工资收入的3倍。

破产企业离退休职工的离退休费和医疗费由当地社会养老、医疗保险机构负责管理。破产企业参加养老保险、医疗保险基金社会统筹的，其离退休费、医疗费由所在试点城市社会养老、医疗保险机构分别从养老保险、医疗保险基金社会统筹中支付。没有参加养老、医疗保险基金社会统筹或者养老保险、医疗保险基金社会统筹不足的，从企业土地使用权出让所得中支付；处置土地使用权所得不足以支付的，不足部分从处置无抵押财产、抵押财产所得中依次支付。

破产企业进入破产程序后，职工的生活费从破产清算费中支付，具体支付办法按照财政部《国有企业试行破产有关财务问题的暂行规定》（财工字[1996]226号）执行。破产企业财产处置所得，在支付安置职工的费用后，其剩余部分按照《破产法》的规定，按比例清偿债务。

六、简化呆、坏帐核销手续

因实施《全国企业兼并破产和职工再就业工作计划》而形成的银行贷款本金、利息损失需核销呆、坏帐准备金的，由各债权银行总行依照《中华人民共和国商业银行法》和有关规定,在国务院确定的用于企业兼并破产和职工再就业工作的银行呆、坏帐准备金总规模内审批并核销。具体办法按照《财政部关于修订〈关于国家专业银行建立贷款呆帐准备金的暂行规定〉的通知》(〔92〕财商字232号)执行。

要简化银行呆、坏帐准备金的核销手续。具体操作办法由中国人民银行总行会同各债权银行总行商国家经贸委、财政部等有关部门提出,经全国领导小组批准,在本通知发布后2个月内下发。

七、破产责任的追究

企业被宣告破产后,政府有关部门应按照《破产法》的有关规定,对企业破产原因和责任进行调查和审计,依据情节轻重严肃处理。对企业破产负有重要责任的法定代表人,不得再担任其他企业的负责人;构成犯罪的,要依法追究刑事责任。对企业破产负有重要责任、情节严重的企业主管部门负责人,也要追究责任。对利用企业破产逃废债务的,一经查实,要依法追究相应责任。对于企业被宣告破产后,企业的组织机构、人员不变,仍在原场地继续生产的,要坚决制止并予以纠正。

八、严格按照有关文件规定规范企业破产

国发〔1994〕59号文件及本通知有关破产方面的政策,适用于试点城市市区内的国有工业企业和试点城市管辖的县(市)内的市属以上(含市属)国有工业企业,不包括试点城市管辖的县(市)属企业。非试点城市和地区以及试点城市的非国有工业企业擅自使用试点城市有关破产法规政策的,要依法予以纠正,由政府有关部门采取善后措施。对因越权超范围使用有关文件政策而形成的银行呆、坏帐损失不予核销,该损失由银行在其上缴当地的营业税中抵扣,处理结果报全国领导小组。

只有破产企业真正做到停产关闭(取消法人资格)、土地使用权及企业财产被拍卖变现、职工得到妥善安置的,其银行贷款本金和利息损失,方可按照国发〔1994〕59号文件及本通知的有关规定,从银行提取的呆、坏帐准备金中核销。

九、加大鼓励企业兼并的政策力度

国家鼓励优势企业兼并困难企业,兼并企业要全部承担被兼并企业的债务并负责人员安置,不能搞"假破产、真逃债"的"整体接收"或"整体收购"方式。被兼并企业的富余职工也要实行下岗分流,下岗职工进入兼并企业再就业服务中心。兼并企业承担被兼并企业的全部债务,其中银行债务可按《中国人民银行、国家经贸委、财政部关于鼓励和支持18个试点城市优势国有企业兼并困难国有工业生产企业后有关银行贷款及利息处理问题的通知》(印发〔1995〕130号)的有关规定精神,享受免除利息、分年还本的优惠。优势企业(包括国有控股企业)兼并连续3年亏损的企业,经银行核准,可免除被兼并企业原欠贷款利息;被兼并企业原欠贷款本金分5年还清,如5年内还本仍有困难,可给予1至2年的宽限期。在宽限期和计划还款期内,对被兼并企业原贷款本金免息,不能按约定计划还款部分,恢复计息。对免除利息造成的损失,在银行提取的坏帐准备金中核销,坏帐准备金不足,可用呆帐准备金核销。

有关企业兼并政策的适用范围可以扩大到:试点城市内国有内贸、外贸、建筑和安装企业;兼并和被兼并企业有一方属于国务院确定的大中型重点企业或被兼并方属于试点城市的企业。对缺乏兼并条件而又需要进行兼并的企业,须由省、区、市协调小组报全国领导小组审批。

借用外国政府贷款或转贷款,偿还任务尚未落实的企业,不适用此项规定。

十、以产定人,下岗分流,适当减免贷款利息,缓解企业困难

对那些产品有市场、企业经营管理比较好,但债务负担较重,又缺乏兼并破产条件的亏损企业,也要列入《企业兼并破产和职工再就业工作计划》,采取在一定期限内不同程度减免银行贷款利息,实施再就业工程的办法,缓解企业困难。

要把以产定人,富余职工下岗分流作为缓解企业困难的基本做法,把实施再就业工程与缓解企业困难工作紧密结合起来,富余职工下岗后,可进入再就业服务中心,领取基本生活费,通过再就业培训,帮助下岗职工逐步重新就业。

对一些生产经营十分困难、确无支付职工工资能力的企业,按照《中共中央办公厅国务院办公厅关于进一步解决部分企业职工生活困难问题的通知》(中办发〔1996〕29号)规定,经当地政府主管机构核定,实行地方财政贴息、企业主管部门调剂一部分资金、银行提供一部分工资性贷款的"三家抬"办法解决职工的基本生活费。

除上述规定外,有关企业破产案件的审理程序、法律适用问题,按照《破产法》《中华人民共和国担保法》《中华人民共和国民事诉讼法》和《最高人民法院关于当前人民法院审理企业破产案件应当注意的几个问题的通知》(法发〔1997〕2号)执行。

有关企业兼并破产和职工再就业政策方面的实施细则,各有关部门提出后一律由国务院国有企业改革工作联席会议审定后下发。

附:国务院确定的企业"优化资本结构"试点

城市名单(共111个)

上海、天津、齐齐哈尔、哈尔滨、长春、沈阳、唐山、太原、青岛、淄博、常州、蚌埠、武汉、株洲、柳州、成都、重庆、宝鸡、北京、石家庄、呼和浩特、大连、南京、杭州、宁波、合肥、福州、厦门、南昌、济南、郑州、长沙、广州、深圳、南宁、海口、贵阳、昆明、西安、兰州、西宁、乌鲁木齐、银川、鞍山、抚顺、本溪、洛阳、吉林、包头、大同、芜湖、黄石、九江、佛山、绵阳、自贡、牡丹江、佳木斯、韶关、湛江、汕头、锦州、丹东、营口、乐山、内江、烟台、潍坊、徐州、无锡、南通、襄樊、十堰、宜昌、安阳、平顶山、开封、邯郸、保定、秦皇岛、铜陵、安庆、滁州、四平、通化、湖州、嘉兴、桂林、梧州、长治、阳泉、赤峰、乌海、湘潭、岳阳、个旧、曲靖、鸡西、伊春、三明、南平、景德镇、新余、咸阳、渭南、天水、白银、六盘水、石河子、拉萨、石嘴山

《关于进一步做好国有企业政策性关闭破产工作的意见》(2006)

国办发〔2006〕3号

国有企业实施政策性关闭破产是为解决历史遗留问题而采取的一项特殊政策。近几年来，国有企业政策性关闭破产工作取得了重要进展，一批长期亏损、资不抵债、扭亏无望的国有大中型企业和资源枯竭矿山平稳有序地退出市场，对于深化国有企业改革，调整国有经济布局和结构，维护企业和社会稳定，起到了重要作用。为做好今后几年国有企业政策性关闭破产工作，全国企业兼并破产和职工再就业工作领导小组(以下简称全国领导小组)研究制订了全国国有企业关闭破产工作总体规划(以下简称总体规划)，已经国务院第80次常务会议原则同意。现就贯彻落实总体规划，进一步做好国有企业政策性关闭破产工作提出以下意见：

一、总体规划实施的范围和重点

实施政策性关闭破产的期限为2005年至2008年。2008年后不再实施政策性关闭破产。已列入规划的拟关闭破产企业，按年度编制关闭破产计划。全国领导小组按规定程序组织有关部门和国有金融机构进行审核，上报国务院批准后组织实施。

总体规划的实施范围包括：一是新增的拟关闭破产企业，共1610户，涉及国有金融机构债权1502.6亿元，职工228万人；二是目前已送各国有金融机构审核的拟关闭破产企业，共506户，涉及国有金融机构债权769亿元，职工123万人。以上企业共计2116户，涉及国有金融机构债权2271.6亿元，职工351万人。

实施政策性关闭破产的重点是：继续支持东北地区等老工业基地振兴和中西部地区经济结构调整；支持军工企业改革脱困和资源枯竭煤矿关闭破产；继续做好有色金属困难企业关闭破产的收尾工作。

二、进一步改进关闭破产项目审核办法

负责项目审核工作的有关部门、国有金融机构应认真履行审核职责，在规定时间内完成审核任务。(一)在国资委下发报送年度项目通知后，各省(区、市)和有关中央企业(集团)应在1个月内完成关闭破产预案的制订和申报工作。(二)国资委应在1个月内完成项目的初审工作，将拟关闭破产企业项目表(含各国有金融机构的债权明细)送有关部门审核。(三)有关部门和国有金融机构应在3个月内完成项目审核工作，报全国领导小组办公室复核；国有金融机构如未在规定时间内对项目提出意见，视为审核同意。(四)全国领导小组办公室应在1个月内，对审核中发现的不符合政策性破产条件或逃废金融债务的项目提出处理意见，将审核通过的项目上报国务院。

三、加强企业债务的审核和管理

国有金融机构应在3个月内完成对拟关闭破产企业的债务核对工作，对审核中发现不符合政策性破产条件或逃废金融债务的项目提出意见。不符合政策性破产条件或逃废金融债务的企业不得实施政策性破产。国有金融机构不得以任何名义向拟关闭破产企业索要补偿金；不得因拟关闭破产企业的担保问题而影响审查进度，担保企业履行担保责任确有困难的，由国有金融机构与企业协商，酌情予以适当减免。国有金融机构在项目审核过程中，应及时向当地协调小组和企业通报审核进展情况。

拟关闭破产企业必须及时向有关部门和单位报送关闭破产预案并说明有关情况，确保关闭破产预案中的资产、债务、各类人员及各项费用标准等数据真实可靠，主动配合国有金融机构做好项目审核工作，支持国有金融机构在规定时间内完成项目审核任务。

对列入总体规划拟实施关闭破产的企业，有关金融机构不得在企业关闭破产方案实施前转让或出售已确认的债权(国有金融机构之间经国家批准的债权转让除外)，也不得加紧追讨债权及担保责任。但对企业恶意逃废金融债权的行为，有关金融机构应依法维护自身合法权益。国有金融机构以企业破产终结时法院裁定的清偿率进行清收。股份制金融机构(包括改制后的国有商业银行)债权由金融机构按照内部议事程序，依据企业

破产终结法院裁定依法核销。

国家有关部门对金融资产管理公司进行考核时,应对其执行国家政策性关闭破产政策核销贷款发生的损失因素予以考虑。在核销政策性关闭破产企业贷款时,如贷款的审批、发放和贷后管理无违规违纪问题,国有金融机构可不对有关责任人员处罚后再核销呆账。

四、严格破产操作程序和责任追究制度

各地企业兼并破产和职工再就业工作协调小组(以下简称协调小组)、有关部门和国有金融机构要充分认识落实总体规划的重要意义,按照国务院的要求,进一步加强领导,精心组织,认真执行国家有关政策,按照法定程序规范操作。各地协调小组要做好拟关闭破产企业、有关部门和国有金融机构之间的协调工作,及时解决工作中的矛盾和问题,确保在国务院规定的时间和范围内,完成政策性关闭破产工作任务。

为进一步做好列入总体规划的中央企业关闭破产工作,全国领导小组要会同各地协调小组,按照"先移交后破产"的原则,切实做好组织实施工作。国资委等有关部门要加强协调和指导,有关中央企业(集团)要切实负起责任,确保政策性关闭破产工作顺利进行。

各地协调小组要对拟关闭破产企业进行政策培训,组织企业编制好关闭破产预案,做好实施工作。各地协调小组和有关企业在实施关闭破产项目过程中,要严格按照国家的有关规定规范操作,不得虚报、瞒报企业财务数据;不得私分、转移、故意贱卖拟关闭破产企业和关闭破产企业的资产;不得恶意逃废国有金融机构和其他债权人的债务;任何人、任何机构都不得截留、挪用各级财政用于关闭破产企业的补助资金。地方各级人民政府要切实履行接收关闭破产企业办社会职能的承诺,积极创造条件并严格按照规定及时妥善接收破产企业办社会职能的资产和人员;已改制的股份制商业银行在国有企业实施破产过程中要严格按国家有关法律、法规,依市场规则办事。各地要建立责任追究制度,对违法违纪事件要严肃处理,特别是对弄虚作假的有关部门和企业领导人要从严追究责任。对出现重大违法违纪事件的,全国领导小组将通报批评,并暂停审批该地区的政策性关闭破产项目,暂停下达该地区的关闭破产企业中央财政补助资金。

五、切实维护职工合法权益和社会稳定

各地要继续把做好破产企业的稳定工作放在突出地位。企业关闭破产方案未经职代会审议的,职工分流安置方案未经职代会讨论通过的,关闭破产所需资金不落实的,不能实施政策性关闭破产。各地要进一步完善有关政策,切实维护关闭破产企业职工的合法权益。在实施关闭破产期间,企业的党组织、工会组织不能撤,工作不能停,要积极开展思想政治工作,协调好各方面的利益,化解各种矛盾。各地协调小组要对关闭破产企业的稳定工作负责,对突发的重大事件要按规定程序上报全国领导小组。

【裁判要旨】

案例1

海南巨恒房地产开发投资有限公司与国营南江机械厂申诉、申请民事裁定案

法院:最高人民法院

案号:(2016)最高法民再441号

事实:再审申请人海南巨恒房地产开发投资有限公司(以下简称巨恒公司)因与被申请人国营南江机械厂(以下简称南江厂)破产清算一案,不服海南省高级人民法院(2016)琼民终65号民事裁定,向最高人民法院申请再审。

2015年3月18日,巨恒公司向海南省海口市中级人民法院提出对南江厂进行破产清算。南江厂以巨恒公司的债权未经确认、南江厂属于国务院批准的政策性破产关闭企业为由提出异议,认为该法院不应受理巨恒公司的申请。

一审法院查明:2006年12月29日,全国企业兼并破产和职工再就业工作领导小组作出(2006)21号《关于下达九江船用机械厂等201户企业破产项目的通知》,称:"九江船用机械厂等201户企业破产项目已经国务院同意,现予以下达。请抓紧实施,规范操作,切实做好职工安置及稳定工作。"该通知附件《二〇〇六年全国企业关闭破产项目表》中包括南江厂,该厂为海南省属军工中型企业,调整方式为破产。2007年2月1日,海南省人民政府国有资产监督管理委员会(以下简称海南省国资委)作出琼国资(2007)22号《关于做好国营南江机械厂等3家企业破产有关工作的通知》,请海南金城国有资产经营管理有限责任公司(以下简称金城公司)负责并协调南江厂破产清算等有关工作,并请南江厂主动与法院联系,按其要求提供有关材料,积极做好企业破产前的准备工作和职工的政治思想工作。

一审法院裁定对巨恒公司提出的南江厂破产清算的申请不予受理。巨恒公司不服一审裁定,向海南省高级人民法院提起上诉。二审法院认为巨恒公司申请南江厂破产理由不成立,对其上诉予以驳回。巨恒公司不服二审裁定,向最高人民法院申请再审。

裁判要旨:国有企业政策性破产是我国在特

殊历史时期给予国有企业破产的特殊政策,其特殊性在于企业债务的核销、职工安置等方面,但在程序上依然应当根据《企业破产法》的相关规定操作。《企业破产法》第133条的规定,不应当被理解为人民法院不受理被列入全国企业政策性关闭破产总体规划的国有企业的破产清算案件,该条法律规定的用意在于人民法院处理政策性关闭破产国有企业的破产清算案件时,需要在资产处置、债务清偿、职工安置等方面按照国务院的有关规定办理。

裁判理由:最高人民法院2016年12月19日裁定:本案中,南江厂已于2006年12月29日被纳入全国企业兼并破产和职工再就业工作领导小组作出的《关于下达九江船用机械厂等201户企业破产项目的通知》所附《二〇〇六年全国企业关闭破产项目表》中,成为"被列入经国务院批准的全国企业政策性关闭破产总体规划并拟实施关闭破产的"国有企业。一、二审裁定对此认定正确。《企业破产法》第133条规定:"在本法施行前国务院规定的期限和范围内的国有企业实施破产的特殊事宜,按照国务院有关规定办理。"国有企业政策性破产是我国在特殊历史时期给予企业破产的特殊政策,其特殊性在于企业债务的核销、职工安置等方面,但在程序上依然应当根据《企业破产法》的相关规定操作。也就是说,《企业破产法》第133条关于"在本法施行前国务院规定的期限和范围内的国有企业实施破产的特殊事宜,按照国务院有关规定办理"的规定,不应当被理解为人民法院不受理被列入全国企业政策性关闭破产总体规划的国有企业的破产清算案件,该条法律规定的用意在于人民法院处理政策性关闭破产国有企业的破产清算案件时,需要在资产处置、债务清偿、职工安置等方面按照国务院的有关规定办理。因此,在人民法院是否受理债权人提出的破产申请问题上,不能以债务人已被纳入政策性破产计划为由,否定《企业破产法》的适用。

《企业破产法》第2条第1款规定:"企业法人不能清偿到期债务,并且资产不足以清偿全部债务或者明显缺乏清偿能力的,依照本法规定清理债务。"第7条第1款规定:"债务人不能清偿到期债务,债权人可以向人民法院提出对债务人进行重整或者破产清算的申请。"最高人民法院《关于适用〈中华人民共和国企业破产法〉若干问题的规定(一)》第1条第1款规定:"债务人不能清偿到期债务并且具有下列情形之一的,人民法院应当认定其具备破产原因:(一)资产不足以清偿全部债务;(二)明显缺乏清偿能力。"第2条规定:"下列情形同时存在的,人民法院应当认定债务人不能清偿到期债务:(一)债权债务关系依法成立;(二)债务履行期限已经届满;(三)债务人未完全清偿债务。"根据上述规定,南江厂符合"债务人不能清偿到期债务"的条件,巨恒公司作为债权人,有权向人民法院提出对巨恒公司破产清算的申请,人民法院应予受理。

2009年最高人民法院《关于审理涉及金融不良债权转让案件工作座谈会纪要》第2条中规定:"案件存在下列情形之一的,人民法院不予受理:……(三)债权人向已列入经国务院批准的全国企业政策性关闭破产总体规划并拟实施关闭破产的国有企业债务人主张清偿债务的……"根据该会议纪要的精神,巨恒公司如果作为债权人,以借款合同纠纷为由提起诉讼,要求判令南江厂还本付息,人民法院应当裁定不予受理。事实上,巨恒公司确曾提起该诉讼,已被海南省海口市中级人民法院裁定驳回起诉。而本案系债权人申请债务人破产清算的案件,该会议纪要并不涉及本案情形。

综上,一、二审法院根据《企业破产法》第133条和最高人民法院《关于审理涉及金融不良债权转让案件工作座谈会纪要》第2条第3项的规定,裁定不予受理本案,适用法律错误,应予纠正。对巨恒公司的再审请求,应予支持,裁定如下:(1)撤销海南省高级人民法院(2016)琼民终65号民事裁定和海南省海口市中级人民法院(2015)海中法破(预)字第11号民事裁定;(2)本案由海南省海口市中级人民法院立案受理。

案例2
中国长城资产管理公司西安办事处与陕西宝光集团有限公司借款担保纠纷案

法院:陕西省高级人民法院
案号:(2010)陕民二终字第0002号
事实:原审原告中国长城资产管理公司西安办事处(以下简称长城公司)与原审被告陕西宝光集团有限公司(以下简称宝光公司)借款担保纠纷一案,陕西省高级人民法院于2006年10月2日以(2006)陕民二初字第00039号立案受理。2009年9月8日以(2006)陕民二初字第00039号函,移送宝鸡市中级人民法院审理。宝鸡市中级人民法院于2009年9月14日作出(2009)宝市中法民三初字第022号民事判决。原审原告长城公司不服,向陕西省高级人民法院提出上诉。

原审法院经审理查明:1998年5月20日、10月27日及12月23日,陕西省宝鸡酒精厂(另一名称为陕西省宝鸡啤酒厂)与中国工商银行宝鸡分行(以下简称工行宝鸡分行)分别签订三份借款合同,分别借款2510万元、2000万元、2500万元。被告为上述三笔借款提供连带责任保证,并与工行宝鸡分行分别签订了与上述三份借款合同相应的保证合同。合同签订后,工行宝鸡分行依约发放了上述三笔贷款。借款分别到期后,主债务人陕西省宝鸡酒精厂仅归还部分款项,剩余借款本金6466万元至今未还,被告亦未履行保证责任。

另查,2005年9月26日,中国工商银行陕西分行将工行宝鸡分行所享有的上述债权,依法转让给原告。此后,原告对被告催收无果,遂提起诉讼。主债务人陕西省宝鸡酒精厂于2006年被全国企业兼并破产和职工再就业工作领导小组列入国家政策性破产计划,陕西省高级人民法院于2008年10月17日立案受理。

原审驳回原告长城公司的诉讼请求,受理费由原告承担。长城公司不服提出上诉。

裁判要旨:依据国有企业主管部门的意见提供的担保,追究该国有企业承担巨额担保责任,不符合国家政策性破产精神,还有可能让另一个国有企业陷入僵局,引发社会矛盾。因此,对国有企业破产遗留的担保债务,应依照法律规定和国家政策及最高人民法院指导性意见原则处理。

裁判理由:2010年12月14日,陕西省高级人民法院作出终审判决:

原审事实清楚,双方当事人没有异议,予以确认。该案在审理中,陕西省高级人民法院要求上诉人长城公司提供购买该资产包价格书面证据,长城公司一直未提供。

陕西省高级人民法院认为,本案担保合同纠纷是债务人宝鸡酒精厂实行国家政策性破产后遗留的担保债务,属特殊债务。国有企业实行政策性破产是国家为解决国有企业历史遗留债务,而采取的一项特殊政策,涉及国家对国有企业改革、调整国有经济布局和结构,维护企业和社会稳定的重大方针政策。国有企业政策性破产就是国家核销企业债务,托底安置职工。实质上,国家政策性破产领导小组批准同意该企业实行政策性破产,就是国家同意为该笔债务买单。如果再让担保的国有企业完全承担巨额债务,不符合国家政策性破产的精神。国务院办公厅于2006年1月16日以"国办发〔2006〕3号"下发《国务院办公厅转发全国企业兼并破产和职工再就业工作领导小组关于进一步做好国有企业政策性关闭破产工作意见的通知》,其第3条意见是:"加强企业债务的审核和管理。国有金融机构应在三个月内完成对拟关闭破产企业的债务核对工作,对审核中发现不符合政策性破产条件或逃废金融债务的项目提出意见。不符合政策性破产条件或逃废金融债务的企业不得实施政策性破产。国有金融机构不得以任何名义向拟关闭破产企业索要补偿金;不得因拟关闭破产企业的担保问题影响审查进度,担保企业履行担保责任确有困难的,由国有金融机构与企业协商,酌情予以适当减免。"本案中宝光集团的担保行为,并不是一般意义上的商业担保行为,而是依据国有企业主管部门的意见提供的担保,因此,如果追究该国有企业的巨额担保责任,不仅不符合国家政策性破产精神,还有可能让另一个国有企业陷入僵局,引发社会矛盾。目前宝光集团无主导产业,仅持有上市公司股票4200万股,主导产业已经剥离到上市公司,现只剩下物业、医院、学校等后勤单位,在无主营业务收入的情况下要养活1700余名在职职工和2000余名退休职工,包袱比较沉重。

最高人民法院于2009年4月3日以法发〔2009〕19号下发《关于审理涉及金融不良债权转让案件工作座谈会纪要》,该纪要强调审理金融不良债权转让案件,应遵循"坚持企业和社会稳定等"原则,其中规定:"金融不良资产的处置,涉及企业重大经济利益。全国法院要进一步强化政治意识、大局意识、责任意识和保障意识,从维护国家改革、发展和稳定的大局出发,依法公正妥善地审理好此类案件,切实防止可能引发的群体性、突发性和恶性事件切实做到化解矛盾、理顺关系、安定人心、维护秩序。"因此,对国有企业破产遗留的担保债务,应依照法律规定,国家政策及最高人民法院指导性意见原则处理。

本案审理过程中,为了公平处理,考虑长城公司购买该债务的实际支出费用,陕西省高级人民法院要求长城公司提供购买该资产包的证据,长城公司一直未能提供,对于其是否有合理支出本院不再考虑。原审认定事实清楚,并依据国家政策规定及《企业破产法》第133条的规定,驳回长城公司诉讼请求处理正确。唯引用陕政发〔2001〕34号《陕西省人民政府关于免除为我省国有破产企业提供担保的国有企业连带责任的通知》,属于适用法律错误应予纠正。综上,长城公司上诉请求不符合国家法律及政策规定,陕西省高级人民法院不予支持,决定驳回长城公司上诉,维持原判,二审案件受理费由长城公司承担。

案例3
甘肃银光化学工业集团有限公司与甘肃宏泰工程建设有限公司302项目部建设工程施工合同纠纷案

法院:甘肃省白银市中级人民法院
案号:(2016)甘04民终455号
事实:上诉人甘肃银光化学工业集团有限公

司(以下简称银光化学集团公司)因与被上诉人甘肃宏泰工程建设有限公司302项目部(以下简称宏泰302项目部)建设工程施工合同纠纷一案,不服白银市白银区人民法院(2015)白民三初字第541号民事判决,向甘肃省白银市中级人民法院提起上诉。

上诉人认为,一审判决将被上诉人与早已破产并注销的甘肃银光化工集团有限公司的破产债权强加给上诉人,严重侵害了上诉人的合法权益。

甘肃银光化学工业公司2002年整体改制为甘肃银光化工集团有限公司(以下简称银光化工公司),2004年银光化工公司对其军民资产及其债权债务进行了分割,军品资产于2004年7月9日组建成立了银光化学公司,民品资产及其债权债务继续留在银光化工公司。上诉人成立后,与银光化工公司是两个独立运行的企业法人,各自行使独立法人的权利义务。2005年9月1日银光化工公司被白银市中级人民法院裁定宣告破产还债。

被上诉人在一审中诉求上诉人清偿的债务,分别为民品开发研究所(以下简称民品所)、甘肃聚氨酯工程技术研究中心(以下简称聚氨酯研究中心)和建筑安装工程公司、乳化炸药厂、泡沫厂等单位的工程施工款,上述单位均在银光化工公司的破产范围内。其中聚氨酯研究中心和甘肃银光化学工业公司建筑安装工程公司是独立法人,分别于2004年12月31日和2005年10月25日注销,其债权债务均由银光化工公司承继。

为实现银光化工公司破产清算的目标,破产清算组与被上诉人通过谈判,于2005年12月5日签订一揽子解决双方债权债务的《协议书》,明确约定"双方确认,债权总额为188776.73元,经友好协商,债权人同意将其债权(承建武警支队营房对账结算后)转由八零五厂承担,剩余债权188776.73元保留在甘肃银光化工集团有限公司后纳入破产"。该《协议书》充分表明,截至2005年12月5日,银光化工公司与被上诉人已经确认的债权总额为188776.73元,被上诉人同意纳入破产,尚未结算确认的仅有武警支队营房工程款项转由上诉人承继。

上诉人提交的2013年6月13日向被上诉人付款的银行凭证,来推断上诉人仍在对原银光公司、银光化工公司的破产债务"继续履行给付义务",从而认定上诉人"应该向原告承担债务清偿责任"是错误的。

裁判要旨:政策性破产的主要特点,是破产企业的土地使用权转让所得优先用于破产企业职工的安置,对欠付银行的债务规定,银行因企业破产受到的贷款本金、利息损失,应当严格按照国家有关规定,经国家有关银行总行批准后,分别在国家核定银行提取的呆账准备金和坏账准备金控制比例内冲销。对一般普通债务,并没有政策性的规定。

裁判理由:甘肃省白银市中级人民法院在2016年12月19日作出判决:根据《企业破产法》第133条规定,在本法施行前国务院规定的期限和范围内的国有企业实施破产的特殊事宜,按照国务院有关规定办理。1994年10月25日国务院发布《关于在若干城市试行国有企业破产有关问题的通知》(国发〔1994〕59号),对于试点城市国有企业破产工作依照破产法等规定进行了通知,政策性破产主要涉及破产企业职工安置、破产企业土地使用权的处置、破产财产的处置、担保的处理等问题。2000年,针对有色金属和煤炭矿山等资源型企业的特殊情况,中共中央办公厅、国务院办公厅又联合下发《关于进一步做好资源枯竭矿山关闭破产工作的通知》(中办发〔2000〕11号),制定资源枯竭矿山关闭破产的有关政策,进一步加大了破产企业职工社会保障的力度。2002年,为完成军工企业改革脱困,国务院又出台《关于印发军工企业改革脱困方案的通知》(国发〔2002〕7号),将困难军工企业实施政策性破产作为重要措施,以解决多年来国防工业建设中遗留下来的沉重历史包袱。

政策性破产的主要特点是,破产企业的土地使用权转让所得优先用于破产企业职工的安置,对欠付银行的债务规定,银行因企业破产受到的贷款本金、利息损失,应当严格按照国家有关规定,经国家有关银行总行批准后,分别在国家核定银行提取的呆账准备金和坏账准备金控制比例内冲销。对一般普通债务,并没有政策性的规定。

本案中,2005年9月1日甘肃省白银市中级人民法院(2005)白中民破字第004-1号民事裁定书裁定:宣告甘肃银光化工集团有限公司破产还债。2005年12月22日,甘肃省白银市中级人民法院(2005)白中民破字第04号民事裁定书认定,本院于2005年9月1日依法裁定银光化工公司破产还债,现该破产企业的清算工作已经结束,债权人会议通过了清算报告,破产财产在优先支付破产费用后不足以支付职工安置费用,其他各债权人的债权得不到清偿。

银光化工公司在破产过程中,被上诉人作为债权人参加了债权人大会,其仅申报债权5000元,就本案中涉及的债权并未申报债权。2005年12月5日,上诉人与被上诉人达成协议,约定被上诉人在银光化学工业公司建筑安装公司(系原银光化工集团有限公司二级单位,已注销法人资格)的债权为188776.73元,因银光化工公司破产,将该笔债权纳入破产,且不再向八零五厂追偿。被上诉人同意,将其债权承建武警支队(营房)对账结算后,转由八零五厂承担。除此之外,双方之间并无其他债权、债务转移的约定。据此认定,除被上诉人承建武警支队(营房)工程上诉人与被上诉人达成协议约定由上诉人承担债务外,其他上诉人均未承诺承担。由于被上诉人主张的债权均系给原银光化工公司下属的二级单位进行施工产生的债权,被上诉人在银光化工公司破产过程中对该部分债权未申报,因银光化工公司已宣告破产,且破产程序已终结,故对其在破产程序终结前未申报及协议纳入破产的债权,不予支持。原审判决上诉人承担上述债务,适用法律错误,予以纠正。故撤销白银市白银区人民法院(2015)白民三初字第541号民事判决;驳回被上诉人宏泰302项目部的诉讼请求。

【学理综述】

王欣新、李江鸿在《政治与法律》2008年第9期上,发表《破产法制中司法权与行政权关系探析》一文。两位作者认为,在金融机构破产、上市公司重整和公用企业破产等领域,存在大量司法权与行政权交织的问题。对于破产司法与行政的关系,有排斥型关系、替代型关系及融合型关系,两位作者主要站在融合型关系的视角,结合我国的实际,分析了其中可能出现的问题。两位作者指出,在金融机构破产、上市公司重整和公用企业破产等领域,司法权与行政权存在行政权前置于司法、行政权配合司法权、行政权参与破产程序以及尚待明确的领域。在这种情况下,处理司法权与行政权的关系,应侧重于如下三原则:第一,司法权和行政权无冲突原则;第二,司法权监督审查及司法最终裁判原则;第三,司法权尊重行政权原则。[1]

张钦昱在《法商研究》2016年第3期上,发表《软预算约束视角下破产清算程序之反思及重构》一文。在该文中,作者从《企业破产法》颁布后破产案件数量锐减的事实出发,揭示出立法预期与司法实践显著背离,认为症结的根本在于企业陷入财务困境后,其处置过程存在成本外部化的问题,即存在破产清算程序的软预算约束现象。由此,作者从预算约束理论为视角,剖析我国破产清算程序存在的缺陷,进而提出在制度设计和观念层面上实现破产清算程序软预算约束的硬化。预算约束理论来自微观经济学,即经济主体的行为往往受其收入水平和市场上商品价格的限制;作者借助科尔奈等人的理论,指出因为国家总是在不断地、仓促地救助陷入困境的企业,使得国有企业即便亏损也能生存下去,最终造成社会主义国家普遍性的短缺。而与软预算约束对应的概念则是硬预算约束,即企业的资金运用不应超过其资金来源,其资金来源将是限制其经济行为的硬线,体现在市场中便是优胜劣汰的市场经济理论。在阐述清楚理论背景后,作者指出,软预算约束可以分为制度性软预算约束和政策性软预算约束,前者体现为法律制度对国有企业的优待;后者则体现为退出机制的付之阙如。作者认为,市场经济本质上是信用经济,信用文化是现代市场经济的灵魂,而破产法作为市场退出机制的一部分,与市场准入法、市场交易法一道构成市场经济的信用平台;但是,破产清算程序中的软预算约束,极大地挑战了信用经济和社会信用体系,违背破产法促进信用经济正常发展的宗旨,其破坏性主要体现在如下几个方面:第一,破坏信用经济的良性循环;第二,助长损害信用经济的不良行为;第三,减损信用资本和社会财富。由此,作者提出对破产清算程序软预算约束的硬化思路,比如树立正确的破产观念,比如以信用为核心硬化软预算约束,具体包括转化制度性软预算约束、消除政策性软预算约束,同时引入硬化软预算约束的实施与监督机制,比如成立破产管理局和破产法院。[2]

第一百三十四条 商业银行、证券公司、保险公司等金融机构有本法第二条规定情形的,国务院金融监督管理机构可以向人民法院提出对该金融机构进行重整或者破产清算的申请。国务院金融监督管理机构依法对出现重大经营风险的金融机构采取接管、托管等措施的,可以向人民法院申请中止以该金融机构为被告或者被执行人的民事诉讼程序或者执行程序。

金融机构实施破产的,国务院可以依据本法和其他有关法律的规定制定实施办法。

【立法沿革】

《企业破产与重整法》(2000年12月草案)

第一百七十一条 国有商业银行破产与重整的特殊规定,授权国务院另行制定。

---

[1] 参见王欣新、李江鸿:《破产法制中司法权与行政权关系探析》,载《政治与法律》2008年第9期,第2—7页。
[2] 参见张钦昱:《软预算约束视角下破产清算程序之反思及重构》,载《法商研究》2016年第3期,第92—101页。

《企业破产与重整法》(2001年1月草案)

第一百六十九条　国有商业银行破产与重整的特殊规定,授权国务院另行制定。

《企业破产法》(2004年3月草案A版)

第一百六十一条　商业银行及非银行金融机构的破产不适用本法规定的程序。

《企业破产法》(2004年3月草案B版)

第一百六十条　其他法律、行政法规对商业银行的破产另有规定的,适用其规定。

《企业破产法》(2004年6月草案)

第一百六十三条　商业银行、保险公司等金融机构实施破产的,由国务院依据本法和其他有关法律的规定制定实施办法。

《企业破产法》(2004年10月草案)

第一百四十九条　商业银行、保险公司等金融机构实施破产的,由国务院依据本法和其他有关法律的规定制定实施办法。

【条文释义】

本条规定的是金融机构破产的特殊程序和金融机构破产立法授权事宜。

从立法史的视角,本条措辞略有变化,但相关基础性原则并无变动。不同时期的草案中,均将金融机构破产事宜,赋权国务院另行制订相关办法。

本条共有2款。分款评注如下:

第1款:"商业银行、证券公司、保险公司等金融机构有本法第二条规定情形的,国务院金融监督管理机构可以向人民法院提出对该金融机构进行重整或者破产清算的申请。国务院金融监督管理机构依法对出现重大经营风险的金融机构采取接管、托管等措施的,可以向人民法院申请中止以该金融机构为被告或者被执行人的民事诉讼程序或者执行程序。"

本款又分2层含义:

第1层:"商业银行、证券公司、保险公司等金融机构有本法第二条规定情形的,国务院金融监督管理机构可以向人民法院提出对该金融机构进行重整或者破产清算的申请。"

本层确认,对于商业银行、证券公司、保险公司等金融机构,如果具备《企业破产法》第2条规定的破产原因,则由国务院金融监督管理机构向法院提出破产申请。

申请机构的特殊性,是金融机构破产事宜中的特殊事项之一。按照韩传华的观点,这一规定与《商业银行法》第71条事实上稍有抵触。这种抵触体现在两方面:一方面,只要商业银行具备破产原因,按照《商业银行法》第71条,商业银行破产债权人、债务人甚至出资人均可申请,只需要银监管理机构同意,法院即可受理并宣告其破产;而按照《企业破产法》第134条规定,商业银行即便具备破产原因,只有国务院金融监督管理机构能向法院提出,任何其他债权人、债务人及出资人等,均不能提出。另一方面,按照《商业银行法》第71条,法院的权限是直接宣告债务人破产,而不是裁定受理破产申请,置破产申请的前景于两可之间;而按照《企业破产法》第134条规定,法院可以依据国务院金融监督管理机构,先裁定是否受理涉及金融机构的破产,而不是直接宣告其破产。①

第2层:"国务院金融监督管理机构依法对出现重大经营风险的金融机构采取接管、托管等措施的,可以向人民法院申请中止以该金融机构为被告或者被执行人的民事诉讼程序或者执行程序。"

本层确认,国务院金融监督管理机构可以采取行政措施,接管或者托管出现重大经营风险的金融机构;在这种情况下,国务院金融监督管理机构可以向法院申请中止以该金融机构为被告或者被执行人的民事诉讼程序或者执行程序。

对于这一规定,韩传华持否定态度。韩传华认为,国务院金融监督管理机构对于金融机构的接管、托管,均属于行政管理程序,归《商业银行法》等金融行业相关法律调整,而不归《企业破产法》调整;因此,在《企业破产法》中规定国务院金融监管机构可以向法院申请以金融机构为被告或者被执行人的民事诉讼程序或者执行程序,可以视为代表担保物权利益的国务院金融监督管理机构在有条件同意职工债权优先于担保债权的同时,而为金融机构在破产程序之外的民事诉讼程序中争取到的特殊权益,也是我国立法史上罕见的"破冰"之举。②

第2款:"金融机构实施破产的,国务院可以依据本法和其他有关法律的规定制定实施办法。"

本款确认,国务院应该依据《企业破产法》及其他法律规定,制定金融机构破产实施办法。

这里的"其他有关法律的规定",具体应该对应《商业银行法》《保险法》《证券法》《证券投资

---

① 参见韩传华:《企业破产法解析》,人民法院出版社2007年版,第375页。
② 参见韩传华:《企业破产法解析》,人民法院出版社2007年版,第376页。

基金法》等。需要留意到的是,部分法律在《企业破产法》通过前即已存在,部分法律是《企业破产法》实施后新通过的法律。

在涉及金融机构破产事项的立法中,国务院尤其是下属金融监管机构,并非毫无动作。据王卫国教授在陈景善、张婷主编的《东亚金融机构风险处置法律评论》第1辑序言中交代,在2006年《企业破产法》颁布并实施后,国务院法制办曾酝酿过起草银行机构破产条例的动议,并委托银监会负责具体事宜。随后,银监会与中国政法大学联合展开具体工作,于2008年4月完成初稿,由银监会在征求各方意见后,于2009年年初完成正式讨论稿。但不幸的是,全球金融危机的爆发,直接导致这一起草工作止步不前。2011年银行业金融机构破产条例重启,但除2013年银监会曾对外表示正在征求意见外,这一工作似乎再无下文。对此问题,笔者曾在2018年4月撰文《金融机构破产条例何以迟迟还不颁布?》专门论及。①

导致银行业金融机构破产条例起草工作止步不前的障碍之一,便是《存款保险条例》的付之阙如。对银行业而言,存款人利益如果受损,非常容易在全社会范围引发恐慌和挤兑风潮,进而引发金融机构的系统性风险,非常容易引发金融稳定与安全。正因为如此,2015年2月17日,国务院颁布《存款保险条例》,补上金融安全体系中缺失的一环。

《存款保险条例》共有23条。其核心制度在于,为保护存款人的合法权益,及时防范和化解金融风险,维护金融稳定,在中国境内设立的商业银行、农村合作银行、农村信用社等银行业金融机构,必须投保存款保险,形成存款保险基金;一旦相关投保机构陷入财务困境,存款保险基金管理机构不但承担向存款人偿付最高限额为人民币50万元的义务,同时还需要建议银行业监督管理机构,对相关投保机构采取进一步措施。

按照外界的预期,《存款保险条例》的颁布,肯定会扫清颁布《金融机构破产条例》最主要的障碍,《金融机构破产条例》的通过将指日可待。但实际上,《存款保险条例》颁布后,《金融机构破产条例》起草陷入停滞。

按照行政机构的思路,行政接管及《存款保险条例》的实施,完全可以确保金融机构在陷入财务困境时,确保存款债权人的核心利益;而在金融机构破产中,如果存款债权人的核心利益得到保障,那是否再按照破产法的思路,推动金融机构进入司法性的破产程序,需要慎重考虑,毕竟破产程序耗费时间,徒增成本。由此,《存款保险条例》颁布后,再颁布《金融机构破产条例》,颇有叠床架屋之虞。

笔者对此持保留意见。理由大致如下:第一,行政接管程序纵然有着效率高、节奏快的优点,但毕竟缺乏必要的司法审查和限制,很容易形成行政权的专横,也容易引发"萝卜快了不洗泥"的隐忧。尤其在处理涉及利益冲突的金融机构财务困境时,按照行政、司法互相独立和制衡的法治构造,司法机构在理论层面,能够更中立、更公平地审查并处理纠纷。第二,金融机构陷入财务困境后,需要处理的并不仅仅是存款人的权益问题,还有其他债权人甚至债务人本身的利益。退一步说,即使《保险存款条例》百发百中,其也仅仅能够处理境内商业银行、农村合作银行和农村信用合作社等三类银行业金融机构的存款保险问题,远远解决不了全球化、新技术背景下金融机构陷入财务困境时问题的复杂性、多样性。第三,存款保险制度的建立,可以预防破产,也可以为破产债权人提供救济,但代替不了破产制度。这完全受制于存款保险基金及其管理机构自身的职能。存款保险制度并不必然或当然地直接改善银行业的财务健康状况,化解金融危机。②

金融机构破产立法事宜,牵一发而动全身,急不得,但更慢不得。新一届政府新政频出,在金融稳定与安全角度,不仅成立金融稳定发展委员会,同时及时回应混业经营的大势,改革分业监管的体制,及时将银监会、保监会合并。在这种背景下,金融机构破产事宜的建章立制工作,必须尽早提上议事日程,做比不做好,早做比晚做好。期待新一届中央政府能够有所担当,有所作为,尽早完成2006年《企业破产法》第134条的"庄严委托",也为金融机构退出市场,提供丰富、多元的制度供给。

【关联法律法规及司法政策】

《合伙企业法》(2006)

第四十八条 合伙人有下列情形之一的,当然退伙:

(一)作为合伙人的自然人死亡或者被依法宣告死亡;

(二)个人丧失偿债能力;

(三)作为合伙人的法人或者其他组织依法被吊销营业执照、责令关闭、撤销,或者被宣告

---

① 参见韩传华:《企业破产法解析》,人民法院出版社2007年版,第376页。
② 参见陈夏红:《金融机构破产条例何以迟迟还不颁布?》,载《法制日报》2018年4月4日,第12版。

破产；

（四）法律规定或者合伙协议约定合伙人必须具有相关资格而丧失该资格；

（五）合伙人在合伙企业中的全部财产份额被人民法院强制执行。

合伙人被依法认定为无民事行为能力人或者限制民事行为能力人的，经其他合伙人一致同意，可以依法转为有限合伙人，普通合伙企业依法转为有限合伙企业。其他合伙人未能一致同意的，该无民事行为能力或者限制民事行为能力的合伙人退伙。

退伙事由实际发生之日为退伙生效日。

第九十二条　合伙企业不能清偿到期债务的，债权人可以依法向人民法院提出破产清算申请，也可以要求普通合伙人清偿。

合伙企业依法被宣告破产的，普通合伙人对合伙企业债务仍应承担无限连带责任。

《证券法》(2019)

第一百四十三条　证券公司违法经营或者出现重大风险，严重危害证券市场秩序、损害投资者利益的，国务院证券监督管理机构可以对该证券公司采取责令停业整顿、指定其他机构托管、接管或者撤销等监管措施。

第一百四十四条　在证券公司被责令停业整顿、被依法指定托管、接管或者清算期间，或者出现重大风险时，经国务院证券监督管理机构批准，可以对该证券公司直接负责的董事、监事、高级管理人员和其他直接责任人员采取以下措施：

（一）通知出境入境管理机关依法阻止其出境；

（二）申请司法机关禁止其转移、转让或者以其他方式处分财产，或者在财产上设定其他权利。

《商业银行法》(2015)

第二十七条　有下列情形之一的，不得担任商业银行的董事、高级管理人员：

（一）因犯有贪污、贿赂、侵占财产、挪用财产罪或者破坏社会经济秩序罪，被判处刑罚，或者因犯罪被剥夺政治权利的；

（二）担任因经营不善破产清算的公司、企业的董事或者厂长、经理，并对该公司、企业的破产负有个人责任的；

（三）担任因违法被吊销营业执照的公司、企业的法定代表人，并负有个人责任的；

（四）个人所负数额较大的债务到期未清偿的。

第六十八条　有下列情形之一的，接管终止：

（一）接管决定规定的期限届满或者国务院银行业监督管理机构决定的接管延期届满；

（二）接管期限届满前，该商业银行已恢复正常经营能力；

（三）接管期限届满前，该商业银行被合并或者被依法宣告破产。

第七十一条　商业银行不能支付到期债务，经国务院银行业监督管理机构同意，由人民法院依法宣告其破产。商业银行被宣告破产的，由人民法院组织国务院银行业监督管理机构等有关部门和有关人员成立清算组，进行清算。

商业银行破产清算时，在支付清算费用、所欠职工工资和劳动保险费用后，应当优先支付个人储蓄存款的本金和利息。

第七十二条　商业银行因解散、被撤销和被宣告破产而终止。

《农民专业合作社法》(2017)

第五十五条　农民专业合作社破产适用企业破产法的有关规定。但是，破产财产在清偿破产费用和共益债务后，应当优先清偿破产前与农民成员已发生交易但尚未结清的款项。

《保险法》(2015)

第九十条　保险公司有《中华人民共和国企业破产法》第二条规定情形的，经国务院保险监督管理机构同意，保险公司或者其债权人可以依法向人民法院申请重整、和解或者破产清算；国务院保险监督管理机构也可以依法向人民法院申请对保险公司进行重整或者破产清算。

第九十一条　破产财产在优先清偿破产费用和共益债务后，按照下列顺序清偿：

（一）所欠职工工资和医疗、伤残补助、抚恤费用，所欠应当划入职工个人账户的基本养老保险、基本医疗保险费用，以及法律、行政法规规定应当支付给职工的补偿金；

（二）赔偿或者给付保险金；

（三）保险公司欠缴的除第（一）项规定以外的社会保险费用和所欠税款；

（四）普通破产债权。

破产财产不足以清偿同一顺序的清偿要求的，按照比例分配。

破产保险公司的董事、监事和高级管理人员的工资，按照该公司职工的平均工资计算。

第九十二条　经营有人寿保险业务的保险公司被依法撤销或者被依法宣告破产的，其持有的人寿保险合同及责任准备金，必须转让给其他经营有人寿保险业务的保险公司；不能同其他保险公司达成转让协议的，由国务院保险监督管理机构指定经营有人寿保险业务的保险公司接受转让。

转让或者由国务院保险监督管理机构指定接受转让前款规定的人寿保险合同及责任准备金的，应当维护被保险人、受益人的合法权益。

第一百条　保险公司应当缴纳保险保障基金。

保险保障基金应当集中管理，并在下列情形下统筹使用：

（一）在保险公司被撤销或者被宣告破产时，向投保人、被保险人或者受益人提供救济；

（二）在保险公司被撤销或者被宣告破产时，向依法接受其人寿保险合同的保险公司提供救济；

（三）国务院规定的其他情形。

保险保障基金筹集、管理和使用的具体办法，由国务院制定。

第一百四十八条　被整顿、被接管的保险公司有《中华人民共和国企业破产法》第二条规定情形的，国务院保险监督管理机构可以依法向人民法院申请对该保险公司进行重整或者破产清算。

《证券投资基金法》（2012）

第五条　基金财产的债务由基金财产本身承担，基金份额持有人以其出资为限对基金财产的债务承担责任。但基金合同依照本法另有约定的，从其约定。

基金财产独立于基金管理人、基金托管人的固有财产。基金管理人、基金托管人不得将基金财产归入其固有财产。

基金管理人、基金托管人因基金财产的管理、运用或者其他情形而取得的财产和收益，归入基金财产。

基金管理人、基金托管人因依法解散、被依法撤销或者被依法宣告破产等原因进行清算的，基金财产不属于其清算财产。

第十五条　有下列情形之一的，不得担任公开募集基金的基金管理人的董事、监事、高级管理人员和其他从业人员：

（一）因犯有贪污贿赂、渎职、侵犯财产罪或者破坏社会主义市场经济秩序罪，被判处刑罚的；

（二）对所任职的公司、企业因经营不善破产清算或者因违法被吊销营业执照负有个人责任的董事、监事、厂长、高级管理人员，自该公司、企业破产清算终结或者被吊销营业执照之日起未逾五年的；

（三）个人所负债务数额较大，到期未清偿的；

（四）因违法行为被开除的基金管理人、基金托管人、证券交易所、证券公司、证券登记结算机构、期货交易所、期货公司及其他机构的从业人员和国家机关工作人员；

（五）因违法行为被吊销执业证书或者被取消资格的律师、注册会计师和资产评估机构、验证机构的从业人员、投资咨询从业人员；

（六）法律、行政法规规定不得从事基金业务的其他人员。

第二十九条　有下列情形之一的，公开募集基金的基金管理人职责终止：

（一）被依法取消基金管理资格；

（二）被基金份额持有人大会解任；

（三）依法解散、被依法撤销或者被依法宣告破产；

（四）基金合同约定的其他情形。

第四十二条　有下列情形之一的，基金托管人职责终止：

（一）被依法取消基金托管资格；

（二）被基金份额持有人大会解任；

（三）依法解散、被依法撤销或者被依法宣告破产；

（四）基金合同约定的其他情形。

第一百零一条　基金销售结算资金、基金份额独立于基金销售机构、基金销售支付机构或者基金份额登记机构的自有财产。基金销售机构、基金销售支付机构或者基金份额登记机构破产或者清算时，基金销售结算资金、基金份额不属于其破产财产或者清算财产。非因投资人本身的债务或者法律规定的其他情形，不得查封、冻结、扣划或者强制执行基金销售结算资金、基金份额。

基金销售机构、基金销售支付机构、基金份额登记机构应当确保基金销售结算资金、基金份额的安全、独立，禁止任何单位或者个人以任何形式挪用基金销售结算资金、基金份额。

【裁判要旨】
案例1
赵峰再审审查与审判监督案
法院：最高人民法院
案号：（2017）最高法民申343号
事实：再审申请人赵峰因与滁州市信托投资公司（以下简称滁州信托公司）申请破产清算一案，不服安徽省高级人民法院（2016）皖民破4号民事裁定，向最高人民法院申请再审。

赵峰申请再审称：滁州信托公司已被列为撤销金融机构，营业执照在2007年已被滁州市工商局吊销。滁州信托公司清算组成立至今已14年，清算却一直没有进展,也未召开债权人会议制定清算方案、偿还债务等。清算组领导人、成员等现早已经调离岗位、退休或死亡,清算组已人去楼空,显然不能完成清算,也不能偿还到期债权。申请人于2015年12月22日向一审法院申请对滁州信托公司进行强制清算,但一审法院不予立案。2016年3月3日申请人再次向一审法院提出破产清算还债请求,一审法院2016年4月18日依据《金融机构撤销条例》、最高人民法院《关于审理企业破产案件若干问题的规定》第13条的规定,作出不予受理裁定,属于对事实和法律认识不清,没有进行合情合理、公正公平的审理,程序违法,导致错判。

裁判要旨:根据《企业破产法》第134条规定,**有权提出破产清算申请的主体也是国务院金融监督管理机构,自然人债权人并不具备申请滁州信托公司破产的主体资格。**

裁判理由:最高人民法院2017年6月27日作出裁定:根据查明的事实,中国人民银行南京分行已于2002年7月决定撤销滁州信托公司,并委托滁州市政府成立清算组进行清算。虽然受人员安置政策限制、市直事业单位改制尚未开始导致无可依照的政策标准等因素影响,清算工作推进停滞,但清算至今未完成,也无证据证明滁州信托公司存在资不抵债等法定破产原因。在此情形下,赵峰于2016年3月3日向滁州市中级人民法院申请对滁州信托公司破产清算,于法无据。另外,即便滁州信托公司具备破产原因,根据《企业破产法》第134条规定,有权提出破产清算申请的主体也是国务院金融监督管理机构,赵峰作为自然人债权人,并不具备申请滁州信托公司破产的主体资格。故原审法院根据滁州信托公司仍处于清算当中的实际情况,依照《金融机构撤销条例》第8条、最高人民法院《关于审理企业破产案件若干问题的规定》第13条的规定,裁定不予受理,认定事实和适用法律并无不当。综上,最高人民法院裁定驳回赵峰的再审申请。

案例2
华鼎融资担保有限公司申请破产清算案
法院:广东省高级人民法院
案号:(2016)粤民破74号
事实:上诉人佛山市南海蓝科饲料有限公司(以下简称蓝科公司)因与被上诉人华鼎融资担保有限公司(以下简称华鼎公司)申请破产清算一案,不服广东省广州市中级人民法院(2016)粤01民破5号民事裁定,向广东省高级人民法院提起上诉。

本案中,华鼎公司于2011年3月29日取得广东省人民政府金融工作办公室颁发的《融资性担保机构经营许可证》,经营范围为:为企业及个人提供贷款担保、票据承兑担保、贸易融资担保、项目融资担保、信用证担保等融资性担保;兼营诉讼保全担保、履约担保业务,与担保业务有关的融资咨询、财务顾问等中介服务,以自有资金进行投资。

蓝科公司一审申请称:根据已发生法律效力的(2012)佛城法民二初字第2744号民事判决书,华鼎公司应向蓝科公司返还280万元及孳息,并承担该案的案件受理费30781元。华鼎公司至今仍未偿还该民事判决书项下的债务。蓝科公司为维护作为债权人的合法权益,申请对华鼎公司进行破产清算。

原审法院一审裁定对蓝科公司的申请不予受理。蓝科公司不服上述一审裁定,向广东省高级人民法院提起上诉。

裁判要旨:**融资性担保机构在取得地方政府金融工作办公室颁发的许可证并从事相关金融业务,但并非《企业破产法》第134条规定的商业银行、证券公司、保险公司,对其进行破产清算不会对国民经济产生重大影响,且《企业破产法》第134条只是规定在商业银行、证券公司、保险公司具备破产原因时,国务院金融监督管理机构可以主动介入,并未明确规定所有金融机构必须经国务院金融监督管理机构批准之后才能进行破产清算。**

裁判理由:2016年11月22日,广东省高级人民法院作出裁定:《企业破产法》第2条第1款规定:"企业法人不能清偿到期债务,并且资产不足以清偿全部债务或者明显缺乏清偿能力的,依照本法规定清理债务。"第7条第2款规定:"债务人不能清偿到期债务,债权人可以向人民法院提出对债务人进行重整或者破产清算的申请。"最高人民法院《关于适用〈中华人民共和国企业破产法〉若干问题的规定(一)》第2条规定:"下列情形同时存在的,人民法院应当认定债务人不能清偿到期债务:(一)债权债务关系依法成立;(二)债务履行期限已经届满;(三)债务人未完全清偿债务。"华鼎公司对蓝科公司的到期债务,经人民法院生效民事判决确认,经强制执行不能清偿,且华鼎公司下落不明、经营异常,已明显缺乏清偿能力。蓝科公司申请对华鼎公司进行破产清算,符合上述法律规定。

另外,虽然华鼎公司取得广东省人民政府金融工作办公室颁发的《融资性担保机构经营许可证》并从事相关金融业务,但并非《企业破产法》

第 134 条规定的商业银行、证券公司、保险公司，对其进行破产清算不会对国民经济产生重大影响，且《企业破产法》第 134 条只是规定在商业银行、证券公司、保险公司具备破产原因时，国务院金融监督管理机构可以主动介入，并未明确规定所有金融机构必须经国务院金融监督管理机构批准之后才能进行破产清算。《融资性担保公司管理暂行办法》亦未规定对融资性担保公司进行破产清算，必须取得国务院金融监督管理机构的批准。故对华鼎公司进行破产清算，无须取得国务院金融监督管理机构的批准。

综上所述，蓝科公司申请对华鼎公司进行破产清算，符合法律规定，应予支持。一审不予受理破产清算申请不当，本院予以纠正。裁定撤销广东省广州市中级人民法院（2016）粤 01 民破 5 号民事裁定书；指令广东省广州市中级人民法院受理南科公司对华鼎公司的破产清算申请。

【学理综述】

李爱君：《商业银行跨境破产法律问题研究》，中国政法大学出版社 2012 年版。

本书既涉及跨境破产，也涉及金融机构破产，是一个高度交叉的主题。作者分别从商业银行跨境破产基础理论、各国商业银行跨境破产的理论与实践、我国商业银行跨境破产的理论与现状、商业银行跨境破产的原则、商业银行跨境破产管辖权理论分析、商业银行跨境破产的法律适用、商业银行跨境破产的债权人保护、商业银行跨境破产的承认与执行等角度，对这一高度专业、复杂的分支展开剖析。

苏洁澈：《银行破产监管责任研究》，中国政法大学出版社 2016 年版。

这本《银行破产监管责任研究》除导论外，主体部分共分为银行体系与监管框架、国家机构在银行破产中的角色、受害人救济制度、银行破产与国家责任：以欧盟法为背景、构建中国银行破产与监管责任制度等 5 章。从其脚注中就可以看出，除了第 6 章有关中国的制度设计与建构外，其他章节几乎完全是参引英语文献而完成。

孙立娟：《保险公司破产与危机预测问题研究》，经济科学出版社 2016 年版。

本书共 12 章，其中和保险公司破产相关的章节有保险公司破产概况、保险公司破产原因：美国的经验、保险公司破产原因：日本保险业的繁荣与危机、保险公司破产的经济影响、保险公司的破产成本分析、发达国家保险公司的破产管理等。

第一百三十五条　其他法律规定企业法人以外的组织的清算，属于破产清算的，参照适用本法规定的程序。

【立法沿革】

《破产法》（1995 年草案）

第一百七十一条　人民法院受理破产案件后，查明债务人的财产总额不足 50 万元、债权债务清楚、债权人人数较少的可以适用本章规定。

本章无规定的，适用本法其他规定。

第一百七十二条　人民法院审理适用本章规定的破产案件，可以由审判员一人审理。

第一百七十三条　适用本章规定的破产案件，债务人仅可请求和解一次。

第一百七十四条　人民法院审理适用本章规定的破产案件所做出的裁定，仅以通知送达。但是，人民法院受理破产案件的裁定、宣告债务人破产的裁定以及终结破产案件的裁定，除通知外，应予公告。

第一百七十五条　人民法院受理适用本章规定的破产案件后，应当确定债权申报期限，该期限不得少于 7 日，但不得超过 30 日。

第一次债权人会议在债权申报期限届满 5 日内召开。

第一百七十六条　人民法院审理适用本章规定的破产案件，不受本法第 56 条所定期间的限制。

第一百七十七条　人民法院审理适用本章规定的破产案件，应当自受理破产案件后十二个月内审结。

《企业破产与重整法》（2000 年 12 月草案）

第一百五十一条　人民法院受理破产案件后，查明债务人的财产总额不足三十万元、债权债务清楚、债权人人数较少的，可以适用本章规定。

本章无规定的，适用本法其他规定。

第一百五十二条　人民法院审理适用本章规定的破产案件，可以由审判员一人审理。

第一百五十三条　适用本章规定的破产案件，债务人仅可请求和解一次。

第一百五十四条　人民法院审理适用本章规定的破产案件所作出的裁定，仅以通知送达。但是，人民法院受理破产案件的裁定、宣告债务人破产的裁定以及终结破产案件的裁定，除通知外，应予公告。

第一百五十五条　人民法院受理适用本章规定的破产案件后，应当确定债权申报期限，该期限不得少于十五日，但不得超过四十五日。

第一次债权人会议在债权申报期限届满后十日内召开。

第一百五十六条　召开债权人会议，管理人

应当提前十日通知债权人。

第一百五十七条 人民法院审理适用本章的破产案件,应当自受理破产案件后十二个月内审结。

《企业破产与重整法》(2001年1月草案)

第一百五十条 人民法院受理破产案件后,查明债务人的财产数额较小、债权债务清楚、债权人人数较少的,可以适用本章规定。

本章无规定的,适用本法其他规定。

第一百五十一条 人民法院审理适用本章规定的破产案件,可以由审判员一人审理。

第一百五十二条 人民法院审理适用本章规定的破产案件所作出的裁定,仅以通知送达。但是,人民法院受理破产案件的裁定、宣告债务人破产的裁定以及终结破产案件的裁定,除通知外,应予公告。

第一百五十三条 人民法院受理适用本章规定的破产案件后,应当确定债权申报期限,该期限不得少于十五日,但不得超过四十五日。

第一次债权人会议在债权申报期限届满后十日内召开。

第一百五十四条 召开债权人会议,管理人应当提前十日通知债权人。

第一百五十五条 人民法院审理适用本章的破产案件,应当自受理破产案件后十二个月内审结。

《企业破产法》(2004年3月草案A版)

第十七条 人民法院受理破产申请后,应当组成合议庭审理。但是,对财产数额较小、债权债务关系清楚、债权人人数较少的破产案件,人民法院可以不组成合议庭审理。

《企业破产法》(2004年3月草案B版)

第十六条 人民法院受理破产申请后,应当组成合议庭审理。但是,对财产数额较小、债权债务关系清楚、债权人人数较少的破产案件,人民法院可以不组成合议庭审理。

《企业破产法》(2004年10月草案)

第一百四十七条 合伙企业、个人独资企业的破产对本法规定的适用,由有关法律规定。

【条文释义】

本条规定的是其他法律规定企业法人以外的组织的清算事宜的法律准用条款。

从立法史的视角看,本条涉及《企业破产法》适用的主体。应该说不同时期的草案,对这部法律的适用主体做了一而再、再而三的限缩。这种限缩,导致合伙、自然人等主体先后排除在《企业破产法》之外。

这里涉及的"其他法律规定企业法人以外的组织",主要涉及《个人独资企业法》规定的"个人独资企业"和《合伙企业法》规定的"合伙企业"。

韩传华认为,《个人独资企业法》并未明确规定个人独资企业的破产清算,但其第4章,专门规范"个人独资企业"的解散和清算,鉴于其与企业破产程序有一定的相似性,应当视其为破产清算。[1] 根据本条的规定,即是说在个人独资企业清算过程中,尤其是债权人申请清算的情况下,根据本条可以适用《企业破产法》的基本原则。

对于"合伙企业"与《企业破产法》的对接问题,需要注意如下几个细节:第一,依据《合伙企业法》第48条,合伙人被宣告破产,会产生当然退伙的法律效果。第二,根据《合伙企业法》规定,普通合伙的合伙人对企业债务承担无限连带责任,而有限合伙的合伙人则对企业债务承担有限责任。

目前,个人破产法的制定工作,还停留在个别人大代表或全国人大常委会委员呼吁阶段。近年来,最高人民法院成为个人破产制度的极力鼓吹者。2018年10月24日,最高人民法院院长周强向十三届全国人大常委会第六次会议专题汇报法院解决"执行难"问题。周强提及,"在配套制度方面,我国尚未建立个人破产制度,与执行案件有关的救助制度也不完善",大力呼吁"推动建立个人破产制度,完善现行破产法,畅通'执行不能'案件依法退出路径"。随着舆论的发酵,10月29日《人民法院报》总编辑倪寿明亦在该报发表署名文章《积极推动建立个人破产制度》,对周强有关个人破产事宜的提法,做出积极解读。

2019年7月16日,国家发改委、最高人民法院、央行等13个部门,联合发布《加快完善市场主体退出制度改革方案》。该方案着眼于市场退出机制改革整体,重点聚焦于破产法律制度的完善,为下一步破产法体系的升级和改造指明新方向。该方案中,在"分步推进建立自然人破产制度"一节中特别提及,要通过"研究建立个人破产制度,重点解决企业破产产生的自然人连带责任担保债务问题。明确自然人因担保等原因而承担的与生产经营活动相关的负债,可依法合理免责。逐步推进建立自然人符合条件的消费负债可依法合理免责,最终建立全面的个人破产制度。"这一论述

---

[1] 参见韩传华:《企业破产法解析》,人民法院出版社2007年版,第377页。

经过媒体特别强调后，一时间引发大量有关个人破产制度的公共讨论。

在地方层面，深圳经济特区利用其特区立法权，在地方个人破产制度的构建方面，取得很大进步。在 2016 年，由国浩律师事务所深圳办公室合伙人卢林律师领衔主编的《深圳经济特区个人破产条例草案建议稿附理由》，在法律出版社正式出版。而 2019 年 1 月 20 日，深圳市六届人大七次会议举行议案审查委员会会议，亦将《关于建立个人破产制度的立法议案》予以立案，深圳市人大常委会在 2020 年 6 月公布征求意见稿。2020 年 8 月 26 日，深圳市第六届人民代表大会常务委员会正式通过《深圳经济特区个人破产条例》，于 2021 年 3 月 1 日实施。

【关联法律法规及司法政策】

《民法典》(2020)

第五十四条　自然人从事工商业经营，经依法登记，为个体工商户。个体工商户可以起字号。

第五十五条　农村集体经济组织的成员，依法取得农村土地承包经营权，从事家庭承包经营的，为农村承包经营户。

第五十六条　个体工商户的债务，个人经营的，以个人财产承担；家庭经营的，以家庭财产承担；无法区分的，以家庭财产承担。

农村承包经营户的债务，以从事农村土地承包经营的农户财产承担；事实上由农户部分成员经营的，以该部分成员的财产承担。

第一百零二条　非法人组织是不具有法人资格，但是能够依法以自己的名义从事民事活动的组织。

非法人组织包括个人独资企业、合伙企业、不具有法人资格的专业服务机构等。

第一百零四条　非法人组织的财产不足以清偿债务的，其出资人或者设立人承担无限责任。法律另有规定的，依照其规定。

《个人独资企业法》(1999)

第二十六条　个人独资企业有下列情形之一时，应当解散：

（一）投资人决定解散；

（二）投资人死亡或者被宣告死亡，无继承人或者继承人决定放弃继承；

（三）被依法吊销营业执照；

（四）法律、行政法规规定的其他情形。

第二十七条　个人独资企业解散，由投资人自行清算或者由债权人申请人民法院指定清算人进行清算。

投资人自行清算的，应当在清算前十五日内书面通知债权人，无法通知的，应当予以公告。债权人应当在接到通知之日起三十日内，未接到通知的应当在公告之日起六十日内，向投资人申报其债权。

第二十八条　个人独资企业解散后，原投资人对个人独资企业存续期间的债务仍应承担偿还责任，但债权人在五年内未向债务人提出偿债请求的，该责任消灭。

第二十九条　个人独资企业解散的，财产应当按照下列顺序清偿：

（一）所欠职工工资和社会保险费用；

（二）所欠税款；

（三）其他债务。

第三十条　清算期间，个人独资企业不得开展与清算目的无关的经营活动。在按前条规定清偿债务前，投资人不得转移、隐匿财产。

第三十一条　个人独资企业财产不足以清偿债务的，投资人应当以其个人的其他财产予以清偿。

第三十二条　个人独资企业清算结束后，投资人或者人民法院指定的清算人应当编制清算报告，并于十五日内到登记机关办理注销登记。

《合伙企业法》(2006)

第四十八条　合伙人有下列情形之一的，当然退伙：

（一）作为合伙人的自然人死亡或者被依法宣告死亡；

（二）个人丧失偿债能力；

（三）作为合伙人的法人或者其他组织依法被吊销营业执照、责令关闭、撤销，或者被宣告破产；

（四）法律规定或者合伙协议约定合伙人必须具有相关资格而丧失该资格；

（五）合伙人在合伙企业中的全部财产份额被人民法院强制执行。

合伙人被依法认定为无民事行为能力人或者限制民事行为能力人的，经其他合伙人一致同意，可以依法转为有限合伙人，普通合伙企业依法转为有限合伙企业。其他合伙人未能一致同意的，该无民事行为能力人或者限制民事行为能力的合伙人退伙。

退伙事由实际发生之日为退伙生效日。

第九十二条　合伙企业不能清偿到期债务的，债权人可以依法向人民法院提出破产清算申请，也可以要求普通合伙人清偿。

合伙企业依法被宣告破产的，普通合伙人对合伙企业债务仍应承担无限连带责任。

第一百三十五条

最高人民法院《关于对因资不抵债无法继续办学被终止的民办学校如何组织清算问题的批复》(2010)

法释〔2010〕20号

依照《中华人民共和国民办教育促进法》第九条批准设立的民办学校因资不抵债无法继续办学被终止,当事人依照《中华人民共和国民办教育促进法》第五十八条第二款规定向人民法院申请清算的,人民法院应当依法受理。人民法院组织民办学校破产清算,参照适用《中华人民共和国企业破产法》规定的程序,并依照《中华人民共和国民办教育促进法》第五十九条规定的顺序清偿。

最高人民法院《关于个人独资企业清算是否可以参照适用企业破产法规定的破产清算程序的批复》(2012)

法释〔2012〕16号

根据《中华人民共和国企业破产法》第一百三十五条的规定,在个人独资企业不能清偿到期债务,并且资产不足以清偿全部债务或者明显缺乏清偿能力的情况下,可以参照适用企业破产法规定的破产清算程序进行清算。

根据《中华人民共和国个人独资企业法》第三十一条的规定,人民法院参照适用破产清算程序裁定终结个人独资企业的清算程序后,个人独资企业的债权人仍然可以就其未获清偿的部分向投资人主张权利。

【裁判要旨】
案例
佛山市南海区里水新旺铸造厂申请破产清算案
法院:广东省佛山市中级人民法院
案号:(2016)粤06民终2806号
事实:佛山市南海区里水新旺铸造厂是2010年7月19日在佛山市南海区工商行政管理局登记设立的个人独资企业。由于经营不善,资不抵债,不能清偿到期债务,并于2015年12月停止经营,申请法院对新旺铸造厂进行破产清算。一审法院认为,新旺铸造厂系个人独资企业,不属于企业法人,根据《企业破产法》第2条的规定,不能依照《企业破产法》的规定清理债务。同时,根据《个人独资企业法》第27条的规定,个人独资企业解散,应由投资人自行清算。据此,裁定对新旺铸造厂的申请不予受理。新旺铸造厂针对该裁定,向佛山市中级人民法院提出上诉。

裁判要旨:企业法人是唯一被《企业破产法》赋予破产主体资格的民事主体,不具有企业法人资格的经济组织,不具有破产主体资格;但其他法律规定企业法人以外的组织清算,属于破产清算的,可以参照《企业破产法》程序性的规定。个人独资企业不属于企业法人,《个人独资企业法》中也没有规定个人独资企业可以适用破产清算程序。个人独资企业在不能清偿到期债务,并且资产不足以清偿全部债务或者明显缺乏清偿能力的情况下进行清算,可以参照适用《企业破产法》规定的破产清算程序进行,但这种清算只是"参照破产清算"的债权债务清理,并不等同于《企业破产法》意义上的破产清算,也不产生企业法人宣告破产并终结程序后的法律效果,个人独资企业在裁定终结清算程序后,其投资人仍应当就债权人未获清偿部分承担责任。

裁判理由:佛山市中级人民法院于2016年5月23日作出裁定认为,根据《企业破产法》第2条、第135条的规定,企业法人是唯一被《企业破产法》赋予破产主体资格的民事主体,不具有企业法人资格的经济组织,不具有破产主体资格;但其他法律规定企业法人以外的组织清算,属于破产清算的,可以参照《企业破产法》程序性的规定。本案中,新旺铸造厂是个人独资企业,不属于企业法人,《个人独资企业法》中也没有规定个人独资企业可以适用破产清算程序,故新旺铸造厂不具备破产主体资格,原审法院据此不予受理新旺铸造厂提出的破产清算申请,符合法律规定,本院予以支持。

另外,新旺铸造厂认为最高人民法院《关于个人独资企业清算是否可以参照适用企业破产法规定的破产清算程序的批复》,赋予了个人独资企业进行破产的权利,故原审法院处理错误。广东省佛山市中级人民法院认为,结合个人独资企业设立、管理及出资人承担责任方式的特点,对最高人民法院《关于个人独资企业清算是否可以参照适用企业破产法规定的破产清算程序的批复》的正确理解应当是:个人独资企业在不能清偿到期债务,并且资产不足以清偿全部债务或者明显缺乏清偿能力的情况下进行清算,可以参照适用企业破产法规定的破产清算程序进行,但这种清算只是"参照破产清算"的债权债务清理,并不等同于《企业破产法》意义上的破产清算,也不产生企业法人宣告破产并终结程序后的法律效果,个人独资企业在裁定终结清算程序后,其投资人仍应当就债权人未获清偿部分承担责任。因此,新旺铸造厂对最高人民法院《关于个人独资企业清算是否可以参照适用企业破产法规定的破产清算程序的批复》理解有误,对其相关主张不予支持。

广东省佛山市中级人民法院还指出,为避免

第一百三十五条

债务人利用程序转移财产、逃避债务,《个人独资企业法》第 27 条第 1 款规定:个人独资企业解散,由投资人自行清算或者由债权人申请人民法院指定清算人进行清算,这也就意味着可以申请法院参照破产程序对个人独资企业进行清算的申请权利人仅为债权人,债务人并不是适格的申请主体。本案中,新旺铸造厂作为债务人申请破产清算,缺乏法律依据,不予支持。综上所述,原审法院认定事实清楚,适用法律正确,予以维持。

【学理综述】

刘静:《个人破产制度研究——以中国的制度构建为中心》,中国检察出版社 2010 年版。

本书系作者在中国人民大学法学博士学位论文基础上修订而成。在本书中,作者围绕个人破产制度究竟是什么、中国是否应该将个人破产制度纳入立法、中国如何制定个人破产法等三个问题,从立法论的角度,展开其研究和论述。除导论和结语外,正文部分共分 6 章,分别论及个人破产制度的历史考察、个人破产制度的变革与现状、构建我国个人破产制度的现实思考、构建我国个人破产制度的基本主张和基本理念、我国个人破产制度的程序结构、个人破产的特殊制度等。

胡玲:《债务人生存权益视角下的我国个人破产立法研究》,中国法制出版社 2014 年版。

在本书中,作者特别站在债务人生存权视角下,对我国个人破产立法问题做出展望。全书共分六章,分别聚焦于个人破产制度的界定和必要性、个人债务人生存权益在个人破产法中的意义、个人破产的适用范围、自由财产制度的适用问题、破产免责制度的适用问题、失权和复权制度的适用问题等。作者提出,个人破产制度的建构十分必要,应该在适当时候,将自然人、合伙、商个人、个体工商户等主体,纳入个人破产法的范围。

张晨颖:《合伙企业破产法律问题研究》,法律出版社 2016 年版。

该书中,作者对合伙企业的破产问题作了深入探究。全书共分五大主题:合伙企业的破产能力;合伙企业破产制度的原则;合伙企业破产制度的功能:对民事执行制度的矫正;合伙企业破产法律制度构建之一:债权保护型制度;合伙企业破产法律制度构建之二:债务救济型制度。对于合伙企业破产问题感兴趣的读者,这本书可以作为必备参考书。

齐砺杰:《债务危机、信用体系和中国的个人破产问题》,中国政法大学出版社 2017 年版。

本书系作者在教育部社科研究青年基金"以建立个人破产制度促进个人信用体系完善的中国式方案"的结项成果。除导论和代结语外,全书共分如下 4 章:全球债务危机日益严重;中国可不可能是个例外;历史回望与全球视野;中国个人破产的特殊性问题及建议等。

许德风在《中外法学》2011 年第 4 期上,发表《论个人破产免责制度》一文。在该文中,作者从世界范围内个人破产法的进化谈起,进而从相关民事执行制度出发,认为中国在事实上已经"初步地建立了个人破产制度":债权人无权对债务人实施私刑,而只能等待债务人有新财产后再执行。在这个基础上,需要讨论和回应中国真正建立个人破产制度问题。第一部分作者聚焦于个人破产制度的进化,尤其是其宽容性的增长,主要体现在如下三个方面:第一,身份属性日益消散,个人破产不再是商人特权;第二,个人破产法对债务人的主观状况更为宽容;第三,自然人无权通过约定放弃个人破产制度所提供的保护机制。作者也留意到,债务清偿的非道德化,债务人、债权人及社会利益的共同实现,个人破产与道德风险的降低等,均体现出个人破产制度进化的大趋势。在第二部分,作者重点分析了个人破产免责制度的可行性。第一,作者认为信用体系缺乏的事实不应该成为阻碍个人破产制度建立的障碍;第二,需要详细精良的制度设计,防止债务人滥用个人破产免责制度;第三,需要相应的辅助程序,作为个人破产免责制度的前置程序。在完成法教义学层面的分析后,作者在第三部分重点从法社会学的角度,本着以史为鉴的态度,从公共选择、经济背景、文化传统和历史经验等角度,尤其从美国个人破产法的发展史,详细展示了个人破产制度设计的复杂性。[①]

赵万一、高达在《法商研究》2014 年第 3 期上,发表《论我国个人破产制度的构建》一文。两位作者认为,为了弥补个人破产制度付之阙如留下的制度漏洞,我国已发展出一系列与个人债务清理相关的替代性制度;这些替代性制度的存在,一方面确实缓解了个人债务危机,但另一方面每个制度都有着各自的缺陷,因此也无法完全取代个人破产制度。两位作者由此认为,在我国建立个人破产制度,既有必要性,也有可行性。而就我国个人破产制度的具体构建来说,两位作者分别从实体和程序方面,就如下问题做出选择:第一,立法模式,应采用狭义的一般个人破产模式;第二,农民暂时不应该纳入我国个人破产制度规制

---

① 参见许德风:《论个人破产免责制度》,载《中外法学》2011 年第 4 期,第 742—757 页。

的主体范围;第三,应该设置必要的前置程序;第四,优先适用简易程序;第五,创设严格的失权和复权机制;第六,设置较高的个人破产申请门槛;第七,建立健全社会福利体系;第八,进一步提高社会保障的覆盖范围和保障水平;第九,建立完善司法系统与社保、社会福利系统的信息交流与共享机制。在上述分析基础上,两位作者认为,我国已完全具备建立个人破产制度的物质基础和环境条件,同时也存在对个人破产立法的迫切需求。[1]

陈徐奉在《中央民族大学学报(哲学社会科学版)》2019 年第 3 期上,发表《藏族牧区债务清理习惯及其当代价值》一文。作者利用自身民族、语言优势,对于藏族债务清理习惯的历史渊源和当代实践做了详细考察,指出其特色在于中间人参与、相对公平分配以及崇尚和解价值。上述研究,成为我国个人破产制度建构中重要的本土文化资源。[2]

蔡嘉炜在《中国政法大学学报》2019 年第 4 期上,发表《个人破产立法与民营企业发展:价值与限度》一文。在该文中,作者特别强调个人破产法对民营企业发展的正面价值,比如限制民营企业家商事失败风险、提升创新创业收益,再比如对民营企业家人身财产安全的保护等。但作者也清醒地指出,过分宽松的个人破产制度可能会反过来给民营企业家融资造成壁垒效应;为防止这一弊端的出现,从"严"开始引入个人破产立法具有现实必要性。[3]

李小林在《中国政法大学学报》2019 年第 4 期上,发表《全球化背景下的个人破产立法——适用范围与成本收益分析》一文。在该文中,作者将个人破产制度与跨境破产联系起来,认为全球化背景下的个人破产法,在债权的海外执行和财产的跨境追索方面,具有不可或缺的特殊功能。这种功能是普通执行程序所无法取代的。为实现这一功能,既可以扩充管辖权规则,也可以宣告破产的域外效力。作者提出,我国个人破产制度域外管辖权建构中,应兼顾实际需要、国际惯例与破产普及主义的晚近发展,适度扩展个人破产法的适用范围。[4]

马哲在《中国政法大学学报》2019 年第 4 期上,发表《论个人破产余债免除制度在我国的适应性及其构建》一文。在该文中,作者对个人破产余债免除制度从历史角度和比较法角度做了考察,同时也提出在我国个人破产制度建构过程中采纳余债免除制度的必要性和可行性的问题。作者提出,为防止该机制被滥用,应设计严格的适用规则,尤其是关于限制性条件的规定,以实现平衡债权人与债务人利益之功能。[5]

齐砺杰在《中国政法大学学报》2019 年第 4 期上,发表《个人破产的金融维度》一文。作者提出,在如下几个方面,个人破产法对现代经济和金融体,有着无可替代的重要作用:(1)个人破产程序对于银行呆、坏账核销制度的意义;(2)降低金融不良贷款的总体催收成本;(3)个人破产重整有利于保障住房贷款的整体安全;(4)个人破产制度是金融—经济体系的一道社会防火墙(能制约"影子银行"的体量;是允许银行破产的必然推论,对社会福利体系的部分功能替代(尤其是在应对不断上升的医疗债务、人口老龄化和长期经济下行风险时);(5)个人破产制度对风险投资及创新精神的影响。[6]

刘冰在《中国法学》2019 年第 4 期上,发表《论我国个人破产制度的构建》一文。该文首先介绍了我国创建个人破产制度的意义和条件,进而通过对个人破产基本理论和规则的论述提出我国构建个人破产制度的过程中,应该从法庭外、法庭内两个进路来规划。[7]

郭东阳在《河南大学学报(社会科学版)》2020 年第 2 期上,发表《个人破产中的程序选择模式问题研究》一文。作者提出,在清算程序与重整程序二元双轨立法例下,个人破产立法中可以选择自由选择模式,也可以选择程序受限模式,两种模式有较大的差异。作者认为,从两种程序模式的对比的角度,受限模式更有利于实现个人破产的预期立法目的,我国未来立法应采用选择受

---

[1] 参见赵万一、高达:《论我国个人破产制度的构建》,载《法商研究》2014 年第 3 期,第 81—89 页。
[2] 参见陈徐奉:《藏族牧区债务清理习惯及其当代价值》,载《中央民族大学学报(哲学社会科学版)》2019 年第 3 期,第 67—76 页。
[3] 参见蔡嘉炜:《个人破产立法与民营企业发展:价值与限度》,载《中国政法大学学报》2019 年第 4 期,第 137—154 页。
[4] 参见李小林:《全球化背景下的个人破产立法——适用范围与成本收益分析》,载《中国政法大学学报》2019 年第 4 期,第 155—170 页。
[5] 参见马哲:《论个人破产余债免除制度在我国的适应性及其构建》,载《中国政法大学学报》2019 年第 4 期,第 171—187 页。
[6] 参见齐砺杰:《个人破产的金融维度》,载《中国政法大学学报》2019 年第 4 期,第 189—205 页。
[7] 参见刘冰:《论我国个人破产制度的构建》,载《中国法学》2019 年第 4 期,第 223—243 页。

第一百三十五条

限模式,即在申请破产清算时确立一个判断债务人偿付能力的收入标准,如果债务人的月收入水平高于该法定收入判断标准,则应驳回破产清算申请。①

金春在《南大法学》2020年第2期上,发表《个人破产立法与企业经营者保证责任问题研究》一文。在我国民营企业等的融资实践中,企业经营者为企业融资提供连带责任保证的情况十分普遍,如何处理企业破产程序中企业经营管理层所承担的连带责任问题,始终是我国决策层关注的问题之一,也是有关国家部委大力推动个人破产制度的关键出发点。作者认为,个人破产清算/免责是帮助企业经营者保证人解除债务枷锁、再次创新创业的最基本制度,但是有别于英美国家经验的是,在我国,经营者保证人与有固定收入的消费者、个体工商户等相比,在债权人期待利益受法律保护的必要性层面上有重要区别,催生出两套独立的再生类程序的立法需求。由此,作者认为,经营者保证人与消费者、个体工商户等其他商自然人的破产相比,既有共性更有差异。为实现个人破产立法预期的社会利益,我国在相关制度设计时,需充分考量共性和差异。在个人破产清算/免责的制度设计上,应当引进1年以内的短期免责考察期,使"诚实"的债务人尽快解除职业限制等失信制裁或破产烙印,保障企业家创新创业。另外,我国设计两套再生类程序,即:企业经营者保证债务和解程序之下,经营者保证人的责任应限定在清算价值范围之内;有一定未来收入的消费者、个体工商户等其他商自然人,则应当适用个人重整程序,遵守预期可支配收入标准等机制,使债权人获得更多清偿。作者还建议,除了构建庭内个人破产程序外,我国应尝试建立法庭外的行业指引,探索当经营者积极推动企业及时申请破产使债权人获更多清偿时,在保证债务整理上赋予更多财产豁免等激励机制。②

肖建国、庄诗岳在《山东社会科学》2020年第3期上,发表《参与分配程序:功能调整与制度重构——以一般破产主义为基点》一文。该文中,两位作者从民事诉讼法中的参与分配机制出发,指出参与分配机制是个人破产制度缺失情况下的替代制度,利用个别执行程序,解决自然人或者非法人组织不具备破产能力情形下债权平等清偿的问题。如果个人破产制度立法顺利推进,那么参与分配制度何去何从值得考虑。按照两位作者的观点,即便个人破产制度能够立法,参与分配制度依然有保留的必要和价值,但需要适当重构。③

欧元捷在《山东社会科学》2020年第3期上,发表《论个人破产建构的中国逻辑——以破产与免债的界分为起点》一文。作者认为,个人破产关注的是债务人成为破产人的过程和结果,关注的是破产人经济、政治、伦理地位的降级,破产并非天然地与免债绑定,破产更不等同于免债。个人破产与债务免除虽在程序处理上关联紧密,但却是原理迥异的两套机制,不可混淆而论。在我国个人破产立法的起步阶段,尤其应当明确破产与免债的本旨差异、逻辑先后、主次之别,将现阶段的重心置于个人破产本体的研究,在此基础上才能进一步探讨为何种类型的破产人打开免债通道。④

贺丹在《经贸法律评论》2020年第5期上,发表《论个人破产中的行政介入》一文。作者结合我国个人破产法讨论中相关建议稿的制度设计和地方对于个人债务集中清理的试点,认为个人破产制度与行政介入息息相关。作者在进一步考察西方国家个人破产制度变迁过程后指出,行政介入个人破产制度是一种共同选项,我国个人破产的行政介入制度需求,在域外尤其是美国和英国的个人破产制度中亦存在蓝本。作者进而提出,个人破产中行政介入的原因包括:政府需要提供个人破产管理方面的公共产品;单纯的债权人自治会出现整体非理性;市场化的破产管理在面对个人破产时更易失灵;法院介入破产管理引发的问题亦要求将破产案件中的司法职能与行政职能分开。作者认为,在我国具体制度设计中,行政介入在方式可以通过破产行政管理机构的设立予以实现,并通过其职责安排与司法程序形成互补与对接。作者结合学者对于破产行政机构职责的期许,认为行政介入的职权范围应重点包括:对市场失灵的补足、破产程序的管理监督以及个人破产制度便利化等内容。⑤

刘静在《经贸法律评论》2020年第5期上,发

---

① 参见郭东阳:《个人破产中的程序选择模式问题研究》,载《河南大学学报(社会科学版)》2020年第2期,第45—51页。
② 金春:《个人破产立法与企业经营者保证责任问题研究》,载《南大法学》2020年第2期,第1—19页。
③ 参见肖建国、庄诗岳:《参与分配程序:功能调整与制度重构——以一般破产主义为基点》,载《山东社会科学》2020年第3期,第66—73页。
④ 参见欧元捷:《论个人破产建构的中国逻辑——以破产与免债的界分为起点》,载《山东社会科学》2020年第3期,第74—80页。
⑤ 贺丹:《论个人破产中的行政介入》,载《经贸法律评论》2020年第5期,第1—15页。

表《个人更生类型程序的中国化路径》一文。作者主张,我国应该借此次全国人大常委会修订《企业破产法》的机会,制定统一的破产法典,而不是将全国个人破产立法的问题一再搁置,造成适用法律的分裂和不平等,并放任其他在实体法层面的诸多问题。作者在考察各国个人更生程序后,建议我国统一破产法典应当设置标准重整、简易重整和个人更生三种更生性质的程序,并对不同类型的企业和个人共同开放适用,在主体规模交界的中间领域,允许主体自由选择。作者还特别提及,在改造我国现行企业重整程序的基础上,未来的标准重整程序适用于个人时,应该特别关注案件的复杂程度,债权类型较多,涉及的法律关系复杂,需要特别的程序保障的,一般应当是和大型企业或企业集团相关的商自然人。就其具体制度安排而言,作者建议,我国破产法程序构造仍然可以实行破产清算、重整更生与和解的程序三分法,其中企业和个人的破产清算适用类似的程序,即小微企业和个人适用同样简化的破产清算程序。但是个人破产要设置专门的免责、自由财产和违反破产法的债务人行为和资格限制,以及其他惩戒的制度;而企业应当设定破产企业相关个人责任的追查制度,并设置关于合伙破产、家庭或者夫妻共同破产、主要住宅、遗产以及信托财产、保证责任等重要问题的特殊规则。①

葛平亮在《经贸法律评论》2020 年第 5 期上,发表《论自然人破产简易程序的体系性引入》一文。在文中,作者先是论证了自然人破产简易程序的理论基础,比如效率原则、费用相当性理论等。在此基础上,作者详细分析了我国设定自然人破产简易程序的路径:我国自然人破产立法应采取统一立法模式,不宜单独立法。我国现有的破产清算、和解和重整程序可以作为普通程序适用于自然人破产,在此基础之上,应摒弃以消费者身份或固定收入为前提的特别破产程序,并建构适用于财产关系简单的自然人破产案件的简易破产程序。作者还建议,我国应通过区分消费债务和经营债务,以使财产关系简单标准进一步具体化,并辅以原则—例外模式,以便使得简易程序的适用更加契合个案。②

刘颖在《经贸法律评论》2020 年第 5 期上,发表《日本的个人破产免责制度及其借镜》一文。在该文中,作者详细介绍了日本个人破产免责制度的变迁历程:20 世纪 50 年代以来,日本逐步建立起独具特色的个人破产免责制度。其中,在形式上将破产清算程序与免责程序相分离,针对个人债务人提出的免责申请采取许可免责主义,细致设定不许可免责事由,分类列明非免责债权,以强制执行程序中禁止查封的财产为基准来科学划定自由财产的范围。作者认为,日本在个人破产免责方面的经验和历程,可以为我国构建个人破产制度构建,尤其是个人破产清算程序开始、个人破产清算程序进行、自由财产、免责程序、不许可免责事由、免责的效果等方面,提供有益启示。③

王斐民在《中国法律评论》2020 年第 6 期上,发表《个人破产法的宪法维度》一文。作者指出,从宪法的角度观察,个人破产法的制定及其路径选择,不仅涉及宪法的平等保护问题,也涉及宪法的个人生存权与财产权的冲突之协调问题。作者综述了《共同纲领》的历史,指出《共同纲领》规范的减租减息等农民债务减免政策,一定意义上让《共同纲领》作为宪法性规范,起到革命胜利过程中的破产法之功效,可以视为宪法与破产法的一次有效的交流与对话。而作为宪法所确立的平等原则,在个人破产立法中势必需要认真贯彻执行。在此基础上,作者指出地方所试点的个人破产规范,平等问题需要特别重视:第一、个人未获得企业法人、非法人组织一样的平等破产保护;第二、在中国境外申请个人破产的程序效力依法被中国法院承认的情形下,导致中国公民因为其利益中心地是否涉外,而出现不平等的破产保护;第三、在深圳申请或被申请破产的个人享有破产保护效力,而且破产程序效力及于深圳之外,造成了国内个人破产保护因为地域而出现不平等;第四、农户破产得到宪法平等保护的问题。在此基础上,作者进一步指出,在个人破产语境下,对个人债务人的强制执行与个人债务人的基本人权保障会发生冲突,划定豁免财产的范围与标准并建立相应的识别程序机制,是实现宪法规定的原则、价值之间的调和,实现权益平衡所必需的。④

丁燕在《中国法律评论》2020 年第 6 期上,发表《破产免责制度的合宪性考察》一文。作者从历史视角出发,围绕余债免除制度的变迁史指出,余债免除制度的合宪性危机基础在于免责制度可能导致对债权人财产权的侵害,但免责制度本身对于债务人带来的好处却不言而喻。从法律经济

---

① 刘静:《个人更生类型程序的中国化路径》,载《经贸法律评论》2020 年第 5 期,第 16—43 页。
② 葛平亮:《论自然人破产简易程序的体系性引入》,载《经贸法律评论》2020 年第 5 期,第 44—60 页。
③ 刘颖:《日本的个人破产免责制度及其借镜》,载《经贸法律评论》2020 年第 5 期,第 61—74 页。
④ 王斐民:《个人破产法的宪法维度》,载《中国法律评论》2020 年第 6 期,第 25—33 页。

角度分析,债权人更有可能承担免责制度带来的后果。而站在全社会角度,余债免除制度更有为全社会带来明显好处。基于此,作者认为,余债免除制度缓解了债权人和债务人之间的冲突,使得债务人的宪法生存权和人格尊严都得到保障,但其本身却面临合宪与否的质疑。作者强调,免责制度可以促使债务人"全新开始",实现经济康复,保障债务人在宪法上的生存权,有利于社会公共利益的维护。由此,在司法层面,应该秉持免责为原则、不免责为例外,法院在个案中运用司法裁量权予以诠释时,通过司法行为实现免责制度的合宪性功能与价值。①

陈本寒、罗琳在《湖北大学学报(哲学社会科学版)》2021 年第 1 期上,发表《个人破产制度中豁免财产范围规则的本土化构建》一文。两位作者指出,在个人破产自由财产制度构建中,应本着适度保护、灵活性原则,并通过额度、财产类型以及特定类型财产特殊限制等各种方式及其组合,来合理确定自由财产的范围。就自由财产的范围而言,应本着生存必需原则来设定;而对于发展必需的财产,则需要限定在直接劳动工具的范围内;对于具有重大精神价值或具有较强人身专属性的财产或财产性权利,则需要具体问题具体分析。另外,考虑到个人破产制度的特殊性,对于未来收入需要在自由财产制度设计中设定特别范围。②

颜卉在《甘肃社会科学》2021 年第 2 期上,发表《我国个人破产程序设置的模式选择》一文。作者指出,从个人破产制度的功能角度,可以分为清算型、重整型和和解型,而从是否依赖司法程序,可以分为个人债务的庭外清理和庭内破产。对于我国个人破产制度的设计,作者指出,可以基于个人破产程序功能及启动时间的差异性,做如下精细安排:第一,采取庭内加庭外二阶化架构,以清算、重整程序为标准程序,和解程序前移,并在特定类型案件中以法庭外债务清理程序为个人破产的前置条件;第二,在重整与清算程序之间,可以在自由选择和限制选择两种模式中甄选,从债权、债务人以及社会利益的整体角度进行考量,有条件地适用清算程序;第三,将破产主体、破产原因和收入测试结果作为启动清算和重整程序的条件,最终赋予选择破产清算程序债务人相对宽松的余债免除条件。③

袁跃华在《河北大学学报(哲学社会科学版)》2021 年第 2 期上,发表《近代英国个人破产观念的变迁》一文。在该文中,作者查阅了不少英文文献,进而通过文献爬梳,详细论述了英国近代个人破产从有罪化到无罪化的漫长转型过程。作者认为,近代破产无罪观的最终形成,具有如下重要意义:首先,破产无罪观的形成有助于个人破产财产的清算和分配;其次,破产无罪观的形成有利于激活市场主体活力、优化营商环境、降低破产对国民经济的损失;再次,破产无罪观的形成对英国信用社会的构建具有重要意义;最后,破产无罪观的形成促进了英国经济社会的转型。④

张善斌、钱宁在《商业研究》2021 年第 2 期上,发表《论个人破产制度构建的痛点——公众法意识的转型》一文。在该文中,作者们详细考察了域外个人破产制度演进背后法意识的变迁,指出宗教因素在个人破产制度的进化中发挥了重要作用。而就我国文化传统而言,存在不接受余债免除制度、对商人不信任、对债务人不友好等环境。跟西方个人破产奠基过程中宗教因素相比,我国文化传统更多奠基在小农经济基础之上,商人阶层不发达,"为富不仁""无商不奸""君子好贫"等观念大行其道。因此,作者们认为,囿于与西方文化背景的巨大差异,要最大限度消减我国公众在法感情上对个人破产制度的抵触,就必须注重现代化破产理念的本土化建构,同时加强引导公众意识的制度建设、试点优化、人才培养、道德引导、媒介宣传等多元化机制的联动效应,以实现构建个人破产制度的国家法度与民间力量多元秩序一体化。⑤

第一百三十六条 本法自 2007 年 6 月 1 日起施行,《中华人民共和国企业破产法(试行)》同时废止。

【立法沿革】

《企业破产法(试行)》(1986)

第四十三条 本法自全民所有制工业企业法实施满三个月之日起试行,试行的具体部署和步骤由国务院规定。

《破产法》(1995 年草案)

第一百九十三条 本法自公布之日起施行。

---

① 丁燕:《破产免责制度的合宪性考察》,载《中国法律评论》2020 年第 6 期,第 34—44 页。
② 陈本寒、罗琳:《个人破产制度中豁免财产范围规则的本土化构建》,载《湖北大学学报(哲学社会科学版)》2021 年第 1 期,第 95—104 页。
③ 颜卉:《我国个人破产程序设置的模式选择》,载《甘肃社会科学》2021 年第 2 期,第 141—151 页。
④ 袁跃华:《近代英国个人破产观念的变迁》,载《河北大学学报(哲学社会科学版)》2021 年第 2 期,第 150—160 页。
⑤ 张善斌、钱宁:《论个人破产制度构建的痛点——公众法意识的转型》,载《商业研究》2021 年第 2 期,第 119—128 页。

自本法施行之日起,《中华人民共和国企业破产法(试行)》即行废止。

《企业破产与重整法》(2000年6月草案)

第一百七十五条 本法自公布之日起施行。自本法施行之日起,《中华人民共和国企业破产法(试行)》即日废止。

《企业破产与重整法》(2000年12月草案)

第一百七十二条 本法自　年　月　日起施行。自本法施行之日起,《中华人民共和国企业破产法(试行)》即行废止。

《企业破产与重整法》(2001年1月草案)

第一百七十条 本法自　年　月　日起施行。

《企业破产法》(2004年3月草案A版)

第一百六十二条 本法自　年　月　日起施行。自本法施行之日起,《中华人民共和国企业破产法(试行)》即行废止。

《企业破产法》(2004年3月草案B版)

第一百六十一条 本法自　年　月　日起施行。自本法施行之日起,《中华人民共和国企业破产法(试行)》即行废止。

《企业破产法》(2004年6月草案)

第一百六十四条 本法自　年　月　日起施行。自本法施行之日起,《中华人民共和国企业破产法(试行)》即行废止。

《企业破产法》(2004年10月草案)

第一百六十四条 本法自　年　月　日起施行。自本法施行之日起,《中华人民共和国企业破产法(试行)》即行废止。

【条文释义】

本条规定的是《企业破产法》实施日期及《企业破产法(试行)》的废止。从立法史的视角看,本条在不同时期的草案中没有变化。

依据本条规定,《企业破产法》自2007年6月1日正式实施。对于《企业破产法》实施时,部分已裁定受理但未终结破产程序的案件,按照最高人民法院2007年发布的《关于〈中华人民共和国企业破产法〉施行时尚未审结的企业破产案件适用法律若干问题的规定》,在尽可能有利于债权人、债务人的前提下,原则上适用《企业破产法》的相关规定,为债权人、债务人提供更多的制度选择空间,实现利益最大化。

截至2021年6月1日,《企业破产法》实施14年。在这十多年来,《企业破产法》实施的政策环境、经济环境发生了天翻地覆的变化,也遭遇了不同的问题,经历了前冷后热的趋势。

方兴未艾的供给侧结构性改革,为中国《企业破产法》的实施带来新的机遇与挑战。随着破产案件数量的剧增,《企业破产法》的实施也需要因势利导地做出调整。2018年6月底,笔者曾在《中国,需要一场破产法的文艺复兴》中论及破产法未来的改革方向:"破产法的文艺复兴,需要打破部分主体不能破产的神话,要让市场经济中的所有主体都可以破产;需要破产执业者制度的开放,让更多的兼具专业素养与市场意识的主体,参与到破产程序中来,也让债权人及债权人会议成为破产程序决策的主体;需要明确破产法实施中的政府角色,让政府真正做好简政放权、放管结合、优化服务;需要破产程序超市化,让债权人们和债务人,根据自己利益、喜好做出最优选择;需要拆除严苛的地域主义的藩篱,尤其是在跨境破产领域。"

2018年9月10日,十三届全国人大常委会对外发布《立法规划》。其中,将《企业破产法》修改纳入"第二类项目:需要抓紧工作、条件成熟时提请审议的法律草案",交由全国人大财经委负责。而2019年3月最高人民法院发布《关于适用〈中华人民共和国企业破产法〉若干问题的规定(三)》时,全国人大财经委法案室主任钟真真亦莅会,并对外介绍破产法的修订进展。另外据全国人大财经委官网信息,在2019年11月26日、12月3日到5日,全国人大常委会委员、财经委主任委员徐绍史先后率队前往四川和辽宁,就《企业破产法》修改开展立法调研。受新冠肺炎疫情影响,2020年破产法修订有所停滞。2020年12月21日全国人大常委会法工委发言人记者会披露,《企业破产法》的修订已纳入全国人大常委会2021年的重点立法工作。2021年5月18日,为深入学习贯彻习近平法治思想、进一步改善营商环境、助力高质量发展,全国人大常委会启动企业破产法执法检查。全国人大常委会企业破产法执法检查组5月18日在京召开了第一次全体会议。据介绍,检查组将于5月下旬至6月中旬,赴河北、山西、浙江、山东、广东等省份开展实地检查;同时委托江苏、湖南、重庆、四川、陕西等省(市)人大常委会对本行政区域内企业破产法贯彻实施情况进行检查。7月上旬,执法检查组将召开第二次全体会议,修改完善执法检查报告稿;8月下旬,全国人大常委会会议将听取和审议执法检查报告;2022年2月,全国人大常委会会议将听取和审议研究处理情况报告。《企业破产法》修订的未来,值得想象和期待。

【关联法律法规及司法政策】

最高人民法院《关于〈中华人民共和国企业破产法〉施行时尚未审结的企业破产案件适用法律若干问题的规定》(2007)

为正确适用《中华人民共和国企业破产法》,对人民法院审理企业破产法施行前受理的、施行时尚未审结的企业破产案件具体适用法律问题,规定如下:

第一条 债权人、债务人或者出资人向人民法院提出重整或者和解申请,符合下列条件之一的,人民法院应予受理:

(一)债权人申请破产清算的案件,债务人或者出资人于债务人被宣告破产前提出重整申请,且符合企业破产法第七十条第二款的规定;

(二)债权人申请破产清算的案件,债权人于债务人被宣告破产前提出重整申请,且符合企业破产法关于债权人直接向人民法院申请重整的规定;

(三)债务人申请破产清算的案件,债务人于被宣告破产前提出重整申请,且符合企业破产法关于债务人直接向人民法院申请重整的规定;

(四)债务人依据企业破产法第九十五条的规定申请和解。

第二条 清算组在企业破产法施行前未通知或者答复未履行完毕合同的对方当事人解除或者继续履行合同的,从企业破产法施行之日起计算,在该法第十八条第一款规定的期限内未通知或者答复的,视为解除合同。

第三条 已经成立清算组的,企业破产法施行后,人民法院可以指定该清算组为管理人。

尚未成立清算组的,人民法院应当依照企业破产法和《最高人民法院关于审理企业破产案件指定管理人的规定》及时指定管理人。

第四条 债权人主张对债权债务抵销的,应当符合企业破产法第四十条规定的情形;但企业破产法施行前,已经依据有关法律规定抵销的除外。

第五条 对于尚未清偿的破产费用,应当按企业破产法第四十一条和第四十二条的规定区分破产费用和共益债务,并依据企业破产法第四十三条的规定清偿。

第六条 人民法院尚未宣告债务人破产的,应当适用企业破产法第四十六条的规定确认债权利息;已经宣告破产的,依据企业破产法施行前的法律规定确认债权利息。

第七条 债权人已经向人民法院申报债权的,由人民法院将相关申报材料移交给管理人;尚未申报的,债权人应当直接向管理人申报。

第八条 债权人未在人民法院确定的债权申报期内向人民法院申报债权的,可以依据企业破产法第五十六条的规定补充申报。

第九条 债权人对债权表记载债权有异议,向受理破产申请的人民法院提起诉讼的,人民法院应当依据企业破产法第二十一条和第五十八条的规定予以受理。但人民法院对异议债权已经作出裁决的除外。

债权人就争议债权起诉债务人,要求其承担偿还责任的,人民法院应当告知该债权人变更其诉讼请求为确认债权。

第十条 债务人的职工就清单记载有异议,向受理破产申请的人民法院提起诉讼的,人民法院应当依据企业破产法第二十一条和第四十八条的规定予以受理。但人民法院对异议债权已经作出裁决的除外。

第十一条 有财产担保的债权人未放弃优先受偿权利的,对于企业破产法第六十一条第一款第七项、第十项规定以外的事项享有表决权。但该债权人对于企业破产法施行前已经表决的事项主张行使表决权,或者以其未行使表决权为由请求撤销债权人会议决议的,人民法院不予支持。

第十二条 债权人认为债权人会议的决议违反法律规定,损害其利益,向人民法院请求撤销该决议,裁定尚未作出的,人民法院应当依据企业破产法第六十四条的规定作出裁定。

第十三条 债权人对于财产分配方案的裁定不服,已经申诉的,由上一级人民法院依据申诉程序继续审理;企业破产法施行后提起申诉的,人民法院应当告知其依据企业破产法第六十六条的规定申请复议。

债权人对于人民法院作出的债务人财产管理方案的裁定或者破产财产变价方案的裁定不服,向受理破产申请的人民法院申请复议的,人民法院应当依据企业破产法第六十六条的规定予以受理。

债权人或者债务人对破产宣告裁定有异议,已经申诉的,由上一级人民法院依据申诉程序继续审理;企业破产法施行后提起申诉的,人民法院不予受理。

第十四条 企业破产法施行后,破产人的职工依据企业破产法第一百三十二条的规定主张权利的,人民法院应予支持。

第十五条 破产人所欠董事、监事和高级管理人员的工资,应当依据企业破产法第一百一十三条第三款的规定予以调整。

第十六条 本规定施行前本院作出的有关司

法解释与本规定相抵触的,人民法院审理尚未审结的企业破产案件不再适用。

【裁判要旨】
案例
深圳市湘钢实业有限公司与深圳市科盛达实业有限公司普通破产债权确认纠纷案再审案

法院:最高人民法院

案号:(2016)最高法民申3384号

事实:再审申请人深圳市湘钢实业有限公司(以下简称湘钢公司)因与被申请人深圳市科盛达实业有限公司普通破产债权确认纠纷一案,不服广东省高级人民法院(2016)粤民破17号民事判决,向最高人民法院申请再审。申请理由之一是原判决适用法律错误。根据最高人民法院《关于审理企业破产案件若干问题的规定》第71条第5项、第6项规定,"特定物买卖中,尚未转移占有但相对人已完全支付对价的特定物"以及"尚未办理产权证或者产权过户手续但已向买方交付的财产",不属于破产财产。在本案湘钢公司已经完全支付对价并合理占有使用案涉房屋的前提下,该房屋已属于特定物,不应列入破产财产,原判决将案涉房屋列入破产财产属于适用法律错误。

裁判要旨:在《企业破产法(试行)》已经废止的情况下,针对该部法律所制定的《破产案件若干问题规定》原则上应不再适用。即使在《关于审理企业破产案件若干问题的规定》尚未明确废止的情况下,根据"新法优于旧法"的法律适用规则,亦应适用最高人民法院《关于适用〈中华人民共和国企业破产法〉若干问题的规定(二)》认定案涉房屋是否属于破产财产。

裁判理由:最高人民法院2016年12月19日作出裁定:最高人民法院2002年发布的《关于审理企业破产案件若干问题的规定》,系"为正确适用《中华人民共和国企业破产法(试行)》"所制定的司法解释。2006年8月27日颁布的《企业破产法》第136条规定,"本法自2007年6月1日起施行,《中华人民共和国企业破产法(试行)》同时废止"。在《企业破产法(试行)》已经废止的情况下,针对该部法律所制定的《破产案件若干问题规定》原则上应不再适用。尤其是2006年《企业破产法》施行后发布的最高人民法院《关于适用〈中华人民共和国企业破产法〉若干问题的规定(二)》第2条,对不应认定为破产财产的情形,作出了不同于《关于审理企业破产案件若干问题的规定》第71条的规定。即使在《关于审理企业破产案件若干问题的规定》尚未明确废止的情况下,根据"新法优于旧法"的法律适用规则,本案亦应适用最高人民法院《关于适用〈中华人民共和国企业破产法〉若干问题的规定(二)》认定案涉房屋是否属于破产财产,该司法解释第2条规定:"下列财产不应认定为债务人财产:(一)债务人基于仓储、保管、承揽、代销、借用、寄存、租赁等合同或者其他法律关系占有、使用的他人财产;(二)债务人在所有权保留买卖中尚未取得所有权的财产;(三)所有权专属于国家且不得转让的财产;(四)其他依照法律、行政法规不属于债务人的财产。"本案所涉房屋,并不符合该条规定之情形,故该房屋属于破产法所规定的科盛达公司的破产财产。原判决依据《关于审理企业破产案件若干问题的规定》,认定案涉房屋不符合该司法解释第71条所规定的情形,适用法律虽有瑕疵,但结果并无不当。湘钢公司依据《关于审理企业破产案件若干问题的规定》,以所涉房屋已经特定化为由,主张原判决认定的基本事实缺乏证据证明及适用法律错误,本院不予支持。

【学理综述】
李曙光、王佐发在《政法论坛》2007年第1期上,发表《中国破产法实施的法律经济分析》一文。在该文中,两位作者从法经济学的角度,在破产法的契约和产权理论基础上对破产法实施的成本收益及我国《企业破产法》实施的因素加以分析。文章第一部分聚焦于破产法的经济学原理。两位作者从新制度经济学的角度出发,推导出破产法的经济理论基础。作者强调,从经济学角度理解破产法,可以有如下维度:第一,破产法可以看作是为解决破产中多个债权人问题而设计的标准合同;第二,破产法作为标准合同,改变了原公司法的合同,这既体现在重整所提供的改变合同优先权配置的潜在机制,也体现在重整程序对优先权的否认;第三,破产事实上改变了公司原来的产权结构,同时使债务人的产权结构处于不确定状态。文章第二部分,聚焦于破产法实施的法律经济目标,最终落脚于联合国贸法委员会《破产法立法指南》对于破产法树立的9大目标。文章第三部分,聚焦于破产法实施的成本与受益分析。两位作者认为,就成本而言,破产程序涉及的成本主要包括直接成本和间接成本,前者包括破产执业者的服务费用,而后者则包括破产的时间成本以及由此丧失的机会成本。就收益而言,破产程序从微观上涉及的收益有两方面:第一,相对于分别清偿,破产清算和和解的集体成本较低;第二,对公司契约束的重新组合,降低了谈判成本和道德风险。而从宏观层面而言,破产程序的收益则体现在对市场经济整体运行的积极影响。文章的

第四部分,两位作者从人和市场的角度,分别分析了影响我国破产法实施成本的制度因素。在文章第五部分,两位作者讨论了市场化破产理念对我国《企业破产法》实施的启示,主要包括:第一,破产求偿权的交易;第二,重整中破产财产的价值评估等。在上述分析的基础上,两位作者最终得出结论,破产法律制度应该追求的理想,不仅仅在于泛泛地谈公平和正义,而在于最有效率地做大蛋糕,降低损失,从创造最优的激励出发,为当事人创造最优效率的破产市场。①

李曙光、王佐发在《中国政法大学学报》2011年第2期上,发表《中国〈破产法〉实施三年的实证分析——立法预期与司法实践的差距及其解决路径》一文。该文系我国法学界最早关注2006年《企业破产法》实施效果的文献。在该文中,两位作者以我国破产案件数量不升反降,而同时又有大量企业不经过破产程序而退出市场这一事实为切入点,探讨为什么《企业破产法》的制度供给并未得到充分的需求回应、《企业破产法》立法预期与司法实践存在哪些差距、如何在中国现实条件约束下不断改进《企业破产法》实施的制度环境等问题。就我国重整制度而言,两位作者指出,《企业破产法》对中国证券市场产生很大影响,重整制度在当时的应用,主要是针对ST公司"壳资源"的收购。而在非上市公司领域则存在立法预期与现实差距:重整制度的立法预期是拯救公司的营运价值,体现在具体重整计划中,需要重整计划有详细经营方案且具备可行性。但在实践中,大部分重整计划只涉及债权和股权调整,而对经营方案则多简略提及,甚至绝口不提;而上市公司基本上也未实现保护公司营运价值的目标。另外,重整制度中管理人制度的立法预期是应由市场化主导,但在实践中上市公司重整时管理人仍多由清算组来担任。作者进一步分析,我国行政力量的偏好及行政力量对政治经济生活的影响能力,在很大程度上应为此承担责任;另外,在市场经济发展初期,缺乏独立且强有力的社会力量摆平复杂的法律和社会关系,职业管理人团队的发展壮大尚待时日。对于和解制度,实践中案例付之阙如,但由于和解协议无法限制担保债权,故该制度基本不具备可操作性,作者建议必要时废除和解制度。而就破产清算制度的立法和司法实践来说,作者援引三鹿破产清算案、东星航空破产清算案,认为政府主导的清算组,往往掺杂复杂的政治经济利益,导致破产清算案争议层出不穷。在分析《企业破产法》上述三大程序立法预期与司法实践的基础上,作者也对管理人制度做了详细分析,认为立法中将作为监督协调角色的管理人、清算管理人、重整托管人、监督人等角色混为一谈,应该加以区分。作者认为制约我国《企业破产法》实施效果的因素,不外乎行政力量的干预、高素质破产执业共同体的缺乏及社会公众对破产制度的误解。对于《企业破产法》的未来,两位作者认为,应该从立法、司法、行政、市场四个角度予以全面完善。②

---

① 参见李曙光、王佐发:《中国破产法实施的法律经济分析》,载《政法论坛》2007年第1期,第3—16页。
② 参见李曙光、王佐发:《中国〈破产法〉实施三年的实证分析——立法预期与司法实践的差距及其解决路径》,载《中国政法大学学报》2011年第2期,第58—79页。

主要参考文献

一、著作

安建主编:《中华人民共和国企业破产法释义》,法律出版社 2006 年版。
本书编写组编:《〈中华人民共和国企业破产法〉释义及实用指南》,中国民主法制出版社 2006 年版。
丁文联:《破产程序中的政策目标与利益平衡》,法律出版社 2008 年版。
丁燕:《上市公司破产重整计划法律问题研究:理念、规则与实证》,法律出版社 2014 年版。
法律出版社法规中心主编:《中华人民共和国企业破产法注释全书:配套解析与应用实例》,法律出版社 2016 年版。
费奥娜·托米:《英国公司和个人破产法》,汤维建、刘静译,北京大学出版社 2010 年版。
郭毅敏主编:《破产重整·困境上市公司复兴新视野:以破产审判实务研究为中心》,人民法院出版社 2010 年版。
韩长印主编:《破产法学》(第 2 版),中国政法大学出版社 2016 年版。
韩长印主编:《破产法教程》,高等教育出版社 2020 年版。
韩传华:《企业破产法解析》,人民法院出版社 2007 年版。
贺丹:《破产重整控制权的法律配置》,中国检察出版社 2010 年版。
贺丹:《上市公司重整:实证分析与理论研究》,北京师范大学出版社 2012 年版。
贺丹:《企业集团破产:问题、规则与选择》,中国法制出版社 2019 年版。
胡利玲:《困境企业拯救的法律机制研究:制度改进的视角》,中国政法大学出版社 2009 年版。
胡玲:《债务人生存权益视角下的我国个人破产立法研究》,中国法制出版社 2014 年版。
胡燕:《上市公司破产重整财务与会计问题研究》,经济科学出版社 2015 年版。
何旺翔:《破产重整制度改革研究》,中国政法大学出版社 2020 年版。
黄圆圆:《跨界破产承认与救济制度研究》,北京对外经济贸易大学出版社 2020 年版。
蒋黔贵主编:《中华人民共和国企业破产法释义》,中国市场出版社 2006 年版。
江丁库主编:《破产预重整法律实务》,人民法院出版社 2019 年版。
李爱君:《商业银行跨境破产法律问题研究》,中国政法大学出版社 2012 年版。
李成文:《中国上市公司重整的内在逻辑与制度选择》,中国法制出版社 2012 年版。
李国光主编:《新企业破产法条文释义》,人民法院出版社 2006 年版。
李翔:《立法的几个法理问题——兼论立法实践中的破产管理人制度》,四川大学出版社 2014 年版。
李曙光、宋晓明主编:《〈中华人民共和国企业破产法〉制度设计与操作指引》(第 1—4 卷),人民法院出版社 2006 年版。
李曙光、郑志斌主编:《公司重整法律评论》(第 1 卷),法律出版社 2011 年版。
李曙光、郑志斌主编:《公司重整法律评论》(第 2 卷),法律出版社 2012 年版。
李曙光、郑志斌主编:《公司重整法律评论》(第 3 卷),法律出版社 2013 年版。
李曙光、郑志斌主编:《公司重整法律评论》(第 4 卷),法律出版社 2015 年版。
李曙光、郑志斌主编:《公司重整法律评论·上市公司重整专辑》(第 5 卷),法律出版社 2019 年版。
李曙光、郑志斌主编:《上市公司退市风险处置:规则、数据与案例》(第 1 辑),法律出版社 2016 年版。
李曙光、郑志斌主编:《危困企业并购艺术》(第 1 辑),法律出版社 2017 年版。
李曙光、郑志斌主编:《危困企业并购艺术》(第 2 辑),法律出版社 2017 年版。

李永军等:《破产法》(第2版),中国政法大学出版社2017年版。
李震东:《公司重整中债权人利益平衡制度研究》,中国政法大学出版社2015年版。
联合国贸易法委员会编著:《破产法立法指南》,联合国2006年版。
刘静:《个人破产制度研究——以中国的制度构建为中心》,中国检察出版社2010年版。
刘俊海:《现代公司法(第3版)》(上、下册),法律出版社2015年版。
刘宁、张庆等:《公司破产重整法律实务全程解析:以兴昌达博公司破产重整案为例》(第2版),北京大学出版社2014年版。
刘延龄、赵坤成主编:《上市公司重整案例解析》,法律出版社2017年版。
陆晓燕:《"市场化破产"的法治内蕴》,法律出版社2020年版。
栾甫贵等:《企业破产重整价值评估研究》,立信会计出版社2011年版。
齐砺杰:《破产重整制度的比较研究:英美视野与中国图景》,中国社会科学出版社2016年版。
齐砺杰:《债务危机、信用体系和中国的个人破产问题》,中国政法大学出版社2017年版。
齐明:《中国破产法原理与适用》,法律出版社2017年版。
宋玉霞:《破产重整中公司治理机制法律问题研究》,法律出版社2015年版。
苏洁澈:《银行破产监管责任研究》,中国政法大学出版社2016年版。
孙立娟:《保险公司破产与危机预测问题研究》,经济科学出版社2016年版。
汤维建主编:《企业破产法新旧专题比较与案例应用》,中国法制出版社2006年版。
佟金玲:《破产法原理释义与实践适用》,辽宁大学出版社2011年版。
王福强:《破产重整中的营业保护机制研究》,法律出版社2015年版。
王军:《中国公司法》(第2版),高等教育出版社2015年版。
王卫国:《破产法精义》,法律出版社2007年版。
王卫国:《破产法精义》(第2版),法律出版社2020年版。
王晓琼:《跨境破产中的法律冲突问题研究》,北京大学出版社2008年版。
王欣新:《破产法》(第4版),中国人民大学出版社2019年版。
王佐发:《公司重整制度的契约分析》,中国政法大学出版社2013年版。
王佐发:《上市公司重整中债权人与中小股东的法律保护》,中国政法大学出版社2014年版。
汪世虎主编:《破产管理人选任机制创新研究》,华中科技大学出版社2019年版。
吴高盛主编:《〈中华人民共和国企业破产法〉条文释义与适用》,人民法院出版社2006年版。
吴敏:《论法律视角下的银行破产》,法律出版社2010年版。
许胜锋编著:《企业破产法注释书》,中国民主法制出版社2020年版。
徐阳光:《英国个人破产与债务清理制度》,法律出版社2020年版。
解正山:《跨国破产立法及适用研究——美国及欧洲的视角》,法律出版社2011年版。
张晨颖:《合伙企业破产法律问题研究》,法律出版社2016年版。
张海征:《破产重整制度的建立和有效性分析:以英国、美国和中国比较分析视角》,世界知识出版社2010年版。
张善斌主编:《破产法研究综述》,武汉大学出版社2018年版。
张善斌主编:《营商环境背景下破产制度的完善》,武汉大学出版社2020年版。
张善斌主编:《破产法实务操作105问》,武汉大学出版社2020年版。
张小炜、尹正友:《〈企业破产法〉的实施与问题》,当代世界出版社2007年版。
张艳丽:《破产欺诈法律规制研究》,北京大学出版社2008年版。
郑志斌、张婷:《困境公司如何重整》,人民法院出版社2007年版。
郑志斌、张婷:《公司重整制度中的股东权益问题》,北京大学出版社2012年版。
郑志斌、张婷:《东北大型企业重整案例报告》,人民日报出版社2020年版。
《中华人民共和国企业破产法》起草组编:《〈中华人民共和国企业破产法〉释义》,人民出版社2006年版。
朱少平、葛毅编著:《中华人民共和国共和国破产法——立法进程资料汇编(2000年)》,中信出版社2004年版。

二、论文

B

卞爱生、陈红:《司法实践中债权人申请破产的难题及对策》,载《政治与法律》2010年第9期,第33—40页。

C

蔡嘉炜:《个人破产立法与民营企业发展:价值与限度》,载《中国政法大学学报》2019年第4期,第137—154页。

蔡毅:《论破产撤销权制度对于关联交易的特别调整及实务处理》,载《法律适用》2009年第3期,第18—22页。

曹文兵:《破产案件审理中司法权与行政权的边界》,载《湖北民族学院学报(哲学社会科学版)》2018年第1期,第101—106页。

曹文兵:《上市公司重整中出资人权益调整的检视与完善——基于51家上市公司破产重整案件的实证分析》,载《法律适用》2018年第17期,第105—113页。

柴丽:《谈〈企业破产法〉对职工权益的保护》,载《江西金融职工大学学报》2008年第3期,第137—146页。

柴丽:《破产程序中知识产权的权利状态及其保护》,载《河南商业高等专科学校学报》2011年第2期,第71—73页。

柴丽:《破产企业的知识产权保护对策分析》,载《公民与法(法学)》2011年第4期,第40—42页。

陈本寒、陈英:《破产重整中有担保债权行使问题之检讨》,载《甘肃政法学院学报》2011年第2期,第107—111页。

陈本寒、罗琳:《个人破产制度中豁免财产范围规则的本土化构建》,载《湖北大学学报(哲学社会科学版)》2021年第1期,第95—104页。

陈妮:《非破产下股东出资期限利益保护限度实证研究》,载《法学评论》2020年第6期,第183—193页。

陈明珠:《台湾地区〈消费者债务清理条例〉之评析——兼展望中国大陆之个人破产制度》,载《中国政法大学学报》2008年第6期,第111—118页。

陈夏红:《香港破产机制中的雇员权利及其保障》,载《中国劳动关系学院学报》2016年第4期,第22—29页。

陈夏红:《欧盟新跨境破产体系的守成与创新》,载《中国政法大学学报》2016年第4期,第51—71页。

陈夏红:《从核心到边缘:中国破产法进化中的职工问题(1986—2016)》,载《甘肃政法学院学报》2016年第4期,第92—117页。

陈夏红:《破产企业雇员权利保护:欧盟经验及启示》,载《学术交流》2016年第11期,第105—111页。

陈夏红:《我国清算与破产审判庭的设置与运转》,载《甘肃社会科学》2017年第1期,第164—171页。

陈夏红:《美国宪法"破产条款"入宪考》,载《中国政法大学学报》2019年第5期,第116—139页。

陈徐奉:《藏族牧区债务清理习惯及其当代价值》,载《中央民族大学学报(哲学社会科学版)》2019年第3期,第67—76页。

陈伟:《共益债务的认定——从"绝对程序标准"到"双重标准"》,载《南京航空航天大学学报(社会科学版)》2017年第1期,第22—26页。

陈秧秧:《清算会计与破产法冲突?——〈会计法〉下清算财务报表构建及破产管理人职责反思》,载《新会计》2018年第2期,第6—14页。

陈政、任方方、周小洁:《中美破产保全制度比较研究》,载《天中学刊》2012年第6期,第45—49页。

陈政:《放权与控权:破产管理人破产财产处分权的合理配置》,载《河北法学》2014年第5期,第

187—193 页。

陈政:《"和谐人居梦"背景下预告登记效力的拓展思考——以房地产企业破产中购房人的利益保护为视角》,载《河北法学》2016 年第 11 期,第 95—102 页。

陈政:《论我国物权变动规则在破产程序中的适用——兼及〈物权法司法解释(一)〉第六条的解读》,载《宁夏社会科学》2016 年第 4 期,第 74—80 页。

池伟宏:《房地产企业破产重整中的权利顺位再思考》,载《法律适用》2016 年第 3 期,第 30—34 页。

池伟宏:《论重整计划的制定》,载《交大法学》2017 年第 3 期,第 122—136 页。

崔明亮:《证券公司行政处置与破产程序的冲突与协调》,载《北京航空航天大学学报(社会科学版)》2017 年第 2 期,第 55—62 页。

崔明亮:《破产重整计划执行法律问题研究》,载《中国政法大学学报》2018 年第 2 期,第 161—172 页。

崔艳峰、房绍坤:《论主观意思在破产撤销权中的地位》,载《贵州社会科学》2015 年第 4 期,第 98—103 页。

D

党海娟:《我国破产法引入衡平居次规则必要性和可行性的反思——从最高院发布的一则典型案例说起》,载《河北法学》2016 年第 3 期,第 65—76 页。

邓瑾:《论欧盟破产法中"主要利益中心地"的确定及其对我国的启示》,载《法律适用》2010 年第 8 期,第 58—62 页。

邓瑾:《跨国企业集团破产的立法模式研究》,载《政治与法律》2013 年第 5 期,第 99—112 页。

邓瑾:《论跨国破产法律适用的发展趋势》,载《暨南学报(哲学社会科学版)》2013 年第 12 期,第 74—83 页。

邓社民:《自然人破产能力的法理基础和现实选择》,载《武汉大学学报(哲学社会科学版)》2007 年第 3 期,第 341—344 页。

丁海湖、李欣婷:《房地产企业破产重整若干司法实务问题探讨》,载《法律适用》2016 年第 3 期,第 2—8 页。

丁海湖、田飞:《"执转破"操作模式及相关实务问题研究》,载《法律适用》2017 年第 11 期,第 27—33 页。

丁燕:《论"出售式重整"的经济法品格》,载《法学杂志》2016 年第 6 期,第 103—109 页。

丁燕:《论合同法维度下重整投资人权益的保护》,载《法律适用》2018 年第 7 期,第 96—101 页。

丁燕:《论破产重整融资中债权的优先性》,载《法学论坛》2019 年第 3 期,第 111—118 页。

丁燕:《破产重整企业债权融资的异化及其解决》,载《华东政法大学学报》2019 年第 4 期,第 170—177 页。

丁燕:《世行"办理破产"指标分析与我国破产法的改革》,载《浙江工商大学学报》2020 年第 1 期,第 78—88 页。

丁燕:《破产免责制度的合宪性考察》,载《中国法律评论》2020 年第 6 期,第 34—44 页。

董涛:《破产程序中知识产权许可协议"法律待遇"问题研究——美国的经验及对中国的启示》,载《政治与法律》2008 年第 10 期,第 154—161 页。

杜焕芳:《论跨界案件共同管理及其实践》,载《当代法学》2009 年第 1 期,第 147—152 页。

杜新丽:《跨国破产与国际商事仲裁的冲突与弥合》,载《比较法研究》2012 年第 1 期,第 98—106 页。

段卫华、王伟东:《我国企业破产程序中的商事登记变更与注销问题》,载《天津法学》2018 年第 2 期,第 5—11 页。

F

房绍坤、王洪平:《试析破产管理人撤销权行使的实体条件——以我国〈破产法〉第 31 条为分析对象》,载《商业经济与管理》2008 年第 9 期,第 75—80 页。

费煊:《破产原因概念的廓清——对我国破产原因通行定义的批评》,载《学术界》2010 年第 4 期,第 91—96 页。

冯果、洪治纲:《论美国破产法之金融合约安全港规则》,载《当代法学》2009 年第 3 期,第 17—24 页。

付翠英:《简论破产民事责任》,载《浙江工商大学学报》2008 年第 1 期,第 19—24 页。

付翠英:《破产保全制度比较:以美国破产自动停止为中心》,载《比较法研究》2008 年第 3 期,第 25—41 页。

付翠英:《论破产债权的申报、调查与确认》,载《政治与法律》2015 年第 2 期,第 21—32 页。

G

甘培忠、赵文贵:《论破产法上债务人高管人员民事责任的追究》,载《政法论坛》2008 年第 2 期,第 114—121 页。

高丝敏:《我国破产重整中债务人自行管理制度的完善——以信义义务为视角》,载《中国政法大学学报》2017 年第 3 期,第 56—69 页。

高丝敏:《重整计划强裁规则的误读与重释》,载《中外法学》2018 年第 1 期,第 231—252 页。

高丝敏:《破产法的指标化进路及其检讨——以世界银行"办理破产"指标为例》,载《法学研究》2021 年第 2 期,第 193—208 页。

高丝敏:《论破产重整中信息披露制度的建构》,载《山西大学学报(哲学社会科学版)》2021 年第 3 期,第 102—112 页。

葛平亮:《论自然人破产简易程序的体系性引入》,载《经贸法律评论》2020 年第 5 期,第 44—60 页。

郭丁铭:《公司破产与董事对债权人的义务和责任》,载《上海财经大学学报》2014 年第 2 期,第 83—89 页。

郭东阳:《个人破产中的程序选择模式问题研究》,载《河南大学学报(社会科学版)》2020 年第 2 期,第 45—51 页。

郭靖祎:《海商法与破产法的冲突与弥合》,载《华东政法大学学报》2018 年第 1 期,第 170—177 页。

郭靖祎:《破产程序简化的理论探究》,载《求索》2018 年第 2 期,第 129—139 页。

郭洁、郭云峰:《论执行与破产的对接程序》,载《人民司法·应用》2015 年第 11 期,第 60—65 页。

郭洁:《论强化法院对涉众案件执行转接破产程序的职权干预——基于 2011 年至 2014 年沈阳市两级法院执行不能案件的分析》,载《法学》2016 年第 2 期,第 137—146 页。

郭玉军、付鹏远:《我国跨国破产承认与协助制度:理论、实践与规则完善》,载《武大国际法评论》2018 年第 4 期,第 1—16 页。

H

韩长印:《破产界限之于破产程序的法律意义》,载《华东政法大学学报》2006 年第 6 期,第 113—117 页。

韩长印、郑金玉:《民事诉讼程序之于破产案件适用》,载《法学研究》2007 年第 2 期,第 99—111 页。

韩长印、何睿:《合伙企业破产三题——以美国法为主要比较素材的分析》,载《河南省政法管理干部学院学报》2007 年第 4 期,第 63—69 页。

韩长印、韩永强:《债权受偿顺位省思——基于破产法的考量》,载《中国社会科学》2010 年第 4 期,第 101—115 页。

韩长印:《论破产程序中的财产处分规则——以"江湖生态"破产重整案为分析样本》,载《政治与法律》2011 年第 12 期,第 76—85 页。

韩长印:《破产撤销权行使问题研究》,载《法商研究》2013年第1期,第136—143页。

韩长印、何欢:《隐性破产规则的正当性分析——以公司法相关司法解释为分析对象》,载《法学》2013年第11期,第24—35页。

韩长印、何欢:《破产界限的立法功能问题——兼评〈企业破产法〉司法解释〈规定(一)〉的实际功效》,载《政治与法律》2013年第2期,第2—14页。

韩长印、郑丹妮:《我国律师责任险的现状与出路》,载《法学》2014年第12期,第138—149页。

韩长印:《简论破产重整计划表决的信息披露机制——以美国法为借鉴》,载《人民司法》2015年第1期,第33—36页。

韩长印、张玉海:《借贷合同加速到期条款的破产法审视》,载《法学》2015年第11期,第41—53页。

韩长印:《破产法视角下的商业银行债转股问题——兼与王欣新教授商榷》,载《法学》2017年11期,第52—65页。

韩长印:《从分组到分段:重整程序中的小额债权清偿机制研究》,载《法学》2019年第12期,第133—144页。

韩长印:《世界银行"办理破产"指标与我国的应对思路——以"破产框架力度指数"为视角》,载《法学杂志》2020年第7期,第1—13页。

何其生:《新实用主义与晚近破产冲突法的发展》,载《法学研究》2007年第6期,第140—151页。

何旺翔:《德国个人破产制度及其思考》,载《江南大学学报(人文社会科学版)》2008年第6期,第60—63页。

何旺翔:《〈德国破产法〉中的债务人自行管理——兼评我国〈破产法〉第73条》,载《江苏社会科学》2008年第1期,第121—124页。

贺丹:《有争议破产债权的确认——兼论我新〈企业破产法〉的完善》,载《甘肃政法学院学报》2008年第5期,第144—148页。

贺丹:《论虚假破产罪中的"实施虚假破产"》,载《政治与法律》2011年第10期,第60—68页。

贺丹:《美国地方政府破产拯救的法律与政治逻辑——以底特律破产为例》,载《上海对外经贸大学学报》2015年第6期,第46—53页。

贺丹:《互联网经济发展与破产法变革趋势》,载《法学杂志》2016年第2期,第79—85页。

贺丹:《破产实体合并司法裁判标准反思——一个比较的视角》,载《中国政法大学学报》2017年第3期,第70—87页。

贺丹:《企业拯救导向下债权破产止息规则的检讨》,载《法学》2017年第5期,第88—96页。

贺丹:《论个人破产中的行政介入》,载《经贸法律评论》2020年第5期,第1—15页。

胡冰、胡鸿高:《美国破产清算托管人职责制度及其启示》,载《法学》2010年第7期,第142—151页。

胡利玲:《破产重整制度之审思》,载《中国政法大学学报》2009年第4期,第128—134页。

胡利玲、柴都韵:《破产程序中金融衍生交易特殊保护的正当性及其具体规则》,载《河南财经政法大学学报》2020年第4期,第54—65页。

胡鹏:《保险公司破产中保单持有人权益保护机制研究》,载《税务与经济》2018年第2期,第26—33页。

胡晓静:《公司破产时董事对债权人责任制度的构建——以德国法为借鉴》,载《社会科学战线》2017年第11期,第230—239页。

黄贤华:《关于我国设立破产监管机构的思考——以IAIR成员破产监管机构为参照》,载《中南民族大学学报(人文社会科学版)》2017年第5期,第148—151页。

J

冀宗儒、钮杨:《破产管理人民事诉讼地位错位之分析》,载《河北法学》2016年第4期,第20—28页。

贾林青、杨习真:《保证责任在破产程序中的特点研究与处置对策》,载《法学杂志》2007年第6期,第39—42页。

蒋大兴:《论股东出资义务之"加速到期"——认可"非破产加速"之功能价值》,载《社会科学》2019年第2期,第98—113页。

金春:《中国重整程序与和解程序的功能及构造》,载《政法论坛》2008年第1期,第27—41页。

金春、Stacey Steele、Andrew Godwin:《破产重整程序中的管理人制度》,载《政法论坛》2010年第6期,第52—66页。

金春:《破产法视角下的仲裁:实体与程序》,载《当代法学》2018年第5期,第124—135页。

金春:《外国破产程序的承认与协助:解释与立法》,载《政法论坛》2019年第3期,第143—151页。

金春:《个人破产立法与企业经营者保证责任问题研究》,载《南大法学》2020年第2期,第1—19页。

金海:《判定融资租赁法律性质的经济实质分析法——以承租人破产时租赁物归属为例》,载《华东政法大学学报》2013年第2期,第43—49页。

金晓文:《破产程序中的金融合约"安全港"——安全边界的功能性定位》,载《现代法学》2017年第1期,第108—116页。

蒋大兴、王首杰:《破产程序中的"股转债"——合同法、公司法及破产法的"一揽子竞争"》,载《当代法学》2015年第6期,第98—110页。

K

凯特·贝利、杜启芳:《建立多元化的法官选任机制——联邦治安法官及破产法法官的遴选》,载《中国应用法学》2018年第4期,第110—124页。

L

李季宁:《管理人制度相关问题探析》,载《法律适用》2007年第10期,第12—15页。

李井奎:《企业破产法的经济结构》,载《广东商学院学报》2010年第1期,第84—91页。

李曙光、王佐发:《中国破产法实施的法律经济分析》,载《政法论坛》2007年第1期,第3—16页。

李曙光:《论新破产法第30条中的债务人财产制度》,载《武汉理工大学学报(社会科学版)》2007年第1期,第7—11页。

李曙光、王佐发:《中国〈破产法〉实施三年的实证分析——立法预期与司法实践的差距及其解决路径》,载《中国政法大学学报》2011年第2期,第58—79页。

李曙光:《论我国市场退出法律制度的市场化改革——写于〈企业破产法〉实施十周年之际》,载《中国政法大学学报》2017年第3期,第6—22页。

李曙光:《浅析我国市场退出法律制度的市场化改革》,载《中国市场监管研究》2017年第6期,第16—20页。

李曙光:《破产法的宪法性及市场经济价值》,载《北京大学学报(哲学社会科学版)》2019年第1期,第149—157页。

李曙光:《宪法中的"破产观"与破产法的"宪法性"》,载《中国法律评论》2020年第6期,第1—8页。

李帅:《我国破产司法能力的优化——以中日营商环境破产指标的对比为视角论》,载《中国应用法学》2018年第5期,第51—61页。

李小林:《全球化背景下的个人破产立法——适用范围与成本收益分析》,载《中国政法大学学报》2019年第4期,第155—170页。

李晓楠:《利益平衡视角下股东出资加速到期制度构建》,载《河南财经政法大学学报》2020年第3期,第43—51页。

李晓阳:《破产企业土地使用权处理问题研究》,载《西南政法大学学报》2017年第5期,第111—119页。

李永军:《破产法的程序结构与利益平衡机制》,载《政法论坛》2007年第1期,第17—30页。

李永军:《我国〈企业破产法〉上破产程序开始的效力及其反思》,载《法学杂志》2011年第2期,第42—47页。

李永军、李大何:《重整程序开始的条件及司法审查——对"合并重整"的质疑》,载《北京航空航天大学学报(社会科学版)》2013年第6期,第48—53页。

李永军:《论破产管理人合同解除权的限制》,载《中国政法大学学报》2012年第6期,第69—77页。

李峣:《破产管理人的诉讼地位》,载《北京政法职业学院学报》2017年第2期,第7—16页。

李珠、胡正良:《中国应否采纳〈跨境破产示范法〉之研究——韩进海运破产引发的思考》,载《中国海商法研究》2019年第2期,第68—80页。

李忠鲜:《担保债权受破产重整限制之法理与限度》,载《法学家》2018年第4期,第135—151页。

李忠鲜:《论担保权在破产中的别除机制》,载《河北法学》2019年第6期,第161—175页。

梁闯海、陈长灿:《论破产衍生诉讼的审判方式——以适度强化的职权主义审判方式为视角》,载《法学》2011年第2期,第100—108页。

廖凡:《美国破产法金融合约例外条款评析》,载《证券市场导报》2007年第5期,第11—17页。

刘冰:《论仲裁程序与破产程序之冲突与协调》,载《法学杂志》2018年第3期,第132—141页。

刘冰:《〈民法总则〉视角下破产法的革新》,载《法商研究》2018年第5期,第47—57页。

刘冰:《论我国个人破产制度的构建》,载《中国法学》2019年第4期,第223—243页。

刘佳、刘原:《出售式破产重整与不良资产处置创新》,载《上海金融》2018年第1期,第55—59页。

刘静:《个人更生类型程序的中国化路径》,载《经贸法律评论》2020年第5期,第16—43页。

刘经涛:《刍议跨国破产程序与国际商事仲裁程序的冲突》,载《中国海商法研究》2017年第2期,第94—99页。

刘敏敏:《中国跨界破产管辖权分配制度的重构》,载《大庆社会科学》2016年第2期,第39—45页。

刘旭东、陆晓燕:《效益法则框架下"执转破"之功能透视及其制度建构》,载《法律适用》2017年第11期,第34—42页。

刘瑶:《中国跨境破产国际合作的法律问题研究——以韩进破产案为例》,载《中国海商法研究》2018年第3期,第105—112页。

刘颖:《日本破产重整程序中的股东代表诉讼》,载《政治与法律》2012年第2期,第31—44页。

刘颖:《论破产法中的债权人最大利益原则——兼析〈企业破产法〉第87条第2款》,载《甘肃政法学院学报》2014年第2期,第119—126页。

刘颖:《日本的个人破产免责制度及其借镜》,载《经贸法律评论》2020年第5期,第61—74页。

陆晓燕:《公司资本制改革后破产审判的对应机制》,载《人民司法》2015年第9期,第57—62页。

陆晓燕:《运用法治手段化解产能过剩——论破产重整实践之市场化完善》,载《法律适用》2016年第11期,第68—76页。

陆晓燕:《保障生存利益与维护交易安全的平衡——房地产开发企业破产中购房人权利之顺位研究》,载《法律适用》2016年第3期,第16—24页。

陆晓燕:《市场化破产的路径研究——兼议国家建构型法治现代化进程中的法治社会建设》,载《现代经济探讨》2018年第9期,第127—132页。

罗欢平:《论破产抵销权的限制》,载《河北法学》2015年第1期,第90—97页。

罗鑫:《涉房破产企业在建工程续建的困境与解决方法的探索》,载《法律适用》2016年第3期,第25—29页。

M

马立新、陆海天:《商业银行破产风险处置的权力配置研究》,载《金融监管研究》2016年第10期,第79—94页。

马哲:《论个人破产余债免除制度在我国的适应性及其构建》,载《中国政法大学学报》2019年第4期,第171—187页。

O

欧元捷:《论个人破产建构的中国逻辑——以破产与免债的界分为起点》,载《山东社会科学》2020年第3期,第74—80页。

齐砺杰:《个人破产的金融维度》,载《中国政法大学学报》2019年第4期,第189—205页。

Q

齐明:《论破产重整中的公司治理——美国经验及其借鉴》,载《当代法学》2009年第2期,第133—138页。

齐明、仇晓光:《我国破产法中自愿破产原则的反思与重构——从中美重整制度的比较出发》,载《东北师大学报(哲学社会科学版)》2010年第4期,第27—29页。

齐明:《破产重整期间的企业控制权刍议——兼评〈破产法〉第73条》,载《当代法学》2010年第5期,第95—100页。

齐明:《重整期间公司控制权二元模式探究——兼论我国破产管理人制度的不足与完善》,载《求是学刊》2010年第5期,第95—99页。

齐明、焦杨:《破产法体系构建的功能主义指向及其市场依赖》,载《当代法学》2012年第5期,第96—101页。

齐明:《我国破产原因制度的反思与完善》,载《当代法学》2015年第6期,第111—120页。

齐明:《我国上市公司重整中出资人权益强制调整的误区与出路》,载《法学》2017年第7期,第164—173页。

齐明、郭瑶:《破产重整计划强制批准制度的反思与完善——基于上市公司破产重整案件的实证分析》,载《广西大学学报(哲学社会科学版)》2018年第2期,第49—57页。

齐明:《论破产法中债务人财产保值增值原则》,载《清华法学》2018年第3期,第159—169页。

齐树洁、陈洪杰:《破产程序与执行程序的冲突及其协调》,载《厦门大学学报(哲学社会科学版)》2007年第3期,第107—113页。

钱桂芳:《破产企业所涉知识产权纠纷的管辖冲突》,载《人民司法·应用》2011年第3期,第96—102页。

乔博娟:《论破产撤销权之行使——兼析〈最高人民法院关于适用〈企业破产法〉若干问题的规定(二)〉》,载《法律适用》2014年第5期,第43—49页。

乔博娟:《论破产重整中担保权暂停与恢复行使的适用规则》,载《法律适用》2020年第20期,第121—131页。

屈志一、杨文升:《论破产与国际商事仲裁的冲突及应对——以外国商事仲裁裁决的承认与执行为视角》,载《河北法学》2014年第7期,第177—184页。

R

任一民:《既存债务追加物保的破产撤销问题》,载《法学》2015年第10期,第102—113页。

任一民:《期房交易合同在破产法上的效力研究》,载《法律适用》2016年第5期,第93—100页。

S

石静霞:《联合国国际贸易法委员会〈破产法立法指南〉评介及其对我国破产立法的借鉴》,载《法学家》2005年第2期,第22—28页。

石静霞、黄圆圆:《跨界破产中的承认与救济制度——基于"韩进破产案"的观察与分析》,载《中国人民大学学报》2017年第2期,第34—45页。

石静霞、黄圆圆:《论内地与香港的跨界破产合作——基于案例的实证分析及建议》,载《现代法学》2018年第5期,第170—181页。

石静霞:《香港法院对内地破产程序的承认与协助——以华信破产案裁决为视角》,载《环球法律评论》2020年第3期,第162—176页。

石静霞:《中美跨境破产合作实例分析:纽约南区破产法院承认与协助"洛娃重整案"》,载《中国应用法学》2020年第5期,第94—113页。

宋姜美:《所有权保留在跨国破产中的效力——以2000年〈欧盟理事会破产程序规则〉为视角》,载《学术探索》2015年第7期,第63—69页。

孙向齐:《我国破产法引入衡平居次原则的思考》,载《政治与法律》2008年第9期,第8—15页。

孙静波、张进:《保全制度在破产案件中的运用》,载《人民司法》2014年第17期,第57—61页。

孙静波:《执行与破产程序相衔接立案实务研究》,载《人民司法·应用》2013年第7期,第4—9页。

孙学亮:《论破产财产的界定》,载《天津商业大学学报》2012年第4期,第55—60页。

孙兆晖:《美国土泵公司破产案——惟一债权人能否提起破产申请?》,载《中国审判》2008年第6期,第85—88页。

T

唐应茂:《为什么执行程序处理破产问题?》,载《北京大学学报(哲学社会科学版)》2008年第6期,第12—20页。

陶蛟龙、史和新:《联公司合并破产重整若干法律问题研究——以纵横集团"1+5"公司合并重整案件为视角》,载《政治与法律》2012年第2期,第23—30页。

田学伟、徐阳光:《论破产程序中的税收债权》,载《政治与法律》2008年第9期,第16—21页。

W

王楠:《我国银行破产法律制度问题研究》,载《法学家》2007年第4期,第77—85页。

王斐民、陈婧:《论商业银行破产的申请权人》,载《政治与法律》2008年第9期,第22—28页。

王斐民:《个人破产法的宪法维度》,载《中国法律评论》2020年第6期,第25—33页。

王富博:《关于〈最高人民法院关于执行案件移送破产审查若干问题的指导意见〉的解读》,载《法律适用》2017年第11期,第2—10页。

王华:《论破产程序中商标使用许可合同的处理——以管理人为主要视角》,载《中国石油大学学报(社会科学版)》2012年第6期,第64—68页。

王峻峰:《破产重整中金融债权债转股法律问题研究》,载《经济研究导刊》2018年第4期,第177—184页。

王丽美:《企业破产原因应然内涵新探——兼论〈企业破产法〉的完善问题》,载《法学杂志》2014年第2期,第126—134页。

王纬国:《当前形势下跨界海事破产的若干突出问题研究》,载《中国海商法研究》2016年第4期,第108—117页。

王龙刚:《欺诈性财产转让的破产法规制》,载《中国政法大学学报》2010年第3期,第54—61页。

王卫国:《中国新破产法的申请和受理制度》,载《中国法律》2007年第1期,第29—31、93—96页。

王欣新:《论新〈破产法〉立法宗旨的创新》,载《中国商法年刊》2007年第1期,第356—361页。

王欣新:《破产别除权理论与实务研究》,载《政法论坛》2007年第1期,第31—47页。

王欣新、王中旺:《论破产抵销权》,载《甘肃社会科学》2007年第3期,第161—164页。

王欣新:《破产撤销权研究》,载《中国法学》2007年第5期,第147—162页。

王欣新、李江鸿:《破产法制中司法权与行政权关系探析》,载《政治与法律》2008年第9期,第2—7页。

王欣新、王健彬:《我国承认外国破产程序域外效力制度的解析及完善》,载《法学杂志》2008年第6期,第10—13页。

王欣新、蔡文斌:《论关联企业破产之规制》,载《政治与法律》2008年第9期,第29—35页。

王欣新、李江鸿:《论破产重整中的债务人自行管理制度》,载《政治与法律》2009年第11期,第83—88页。

王欣新:《破产原因理论与实务研究》,载《天津法学》2010年第1期,第16—27页。

王欣新、王斐民:《合伙企业破产的特殊性问题研究》,载《法商研究》2010年第2期,第125—134页。

王欣新:《论破产管理人制度完善的若干问题》,载《法治研究》2010年第9期,第14—17页。

王欣新:《试论重整制度之立法完善》,载《昆明理工大学学报(社会科学版)》2010年第5期,第28—34页。

王欣新、余艳萍:《论破产程序中待履行合同的处理方式及法律效果》,载《法学杂志》2010年第6期,第50—55页。

王欣新、郭丁铭:《论我国破产管理人职责的完善》,载《政治与法律》2010年第9期,第2—9页。

王欣新:《论破产案件受理难问题的解决》,载《法律适用》2011年第3期,第29—32页。

王欣新、周薇:《论中国关联企业合并破产重整制度之确立》,载《北京航空航天大学学报(社会科学版)》2012年第2期,第51—59页。

王欣新、卢茜:《破产程序中金融衍生品交易结算问题的解决》,载《法律适用》2012年第10期,第40—46页。

王欣新、亢力:《试论证券投资者保护基金有限责任公司在证券公司破产中的作用》,载《法学杂志》2012年第4期,第23—31页。

王欣新、杨涛:《破产企业职工债权保障制度研究——改革社会成本的包容与分担》,载《法治研究》2013年第1期,第23—29页。

王欣新、王雷祥:《论企业高管人员对破产可撤销行为的民事赔偿责任》,载《法治研究》2013年第6期,第56—61页。

王欣新:《破产程序与诉讼时效问题研究》,载《政治与法律》2015年第2期,第2—8页。

王欣新、乔博娟:《论破产程序中未到期不动产租赁合同的处理方式》,载《法学杂志》2015年第3期,第60—71页。

王欣新:《银行贷款合同加速到期清偿在破产程序中的效力研究》,载《法治研究》2015年第6期,第112—121页。

王欣新:《立案登记制与破产案件受理机制改革》,载《法律适用》2015年第10期,第36—44页。

王欣新、张思明:《论房地产开发企业破产中的购房者利益保护》,载《江汉论坛》2015年第10期,第118—122页。

王欣新:《企业重整中的商业银行债转股》,载《中国人民大学学报》2017年第2期,第2—11页。

王欣新:《论破产程序中担保债权的行使与保障》,载《中国政法大学学报》2017年第3期,第23—42页。

王欣新:《论破产债权的确认程序》,载《法律适用》2018年第1期,第65—69页。

王欣新:《〈民法典〉与破产法的衔接与协调》,载《山西大学学报(哲学社会科学版)》2021年第1期,第105—114页。

王欣新:《营商环境破产评价指标的内容解读与立法完善》,载《法治研究》2021年第3期,第128—139页。

王艳丽:《论我国破产和解制度的完善》,载《南京审计学院学报》2008年第4期,第52—56页。

王妍、赵杰:《制度金融学范式下商业银行非破产市场退出的制度构建路径》,载《北方法学》2019年第4期,第129—138页。

王佐发:《中小微企业危机救助的制度逻辑与法律建构》,载《中国政法大学学报》2020年第6期,第114—128页。

汪莉:《企业破产收回划拨土地使用权问题》,载《法学论坛》2009年第4期,第139—144页。

汪世虎、陈英骅:《论英国破产法对我国债权人申请破产之启示——兼论我国〈破产法〉第7条第2款之完善》,载《河北法学》2014年第5期,第45—51页。

韦忠语:《破产财产经营论》,载《法商研究》2016年第2期,第96—104页。

韦忠语:《论破产重整中职工劳动权益的保护》,载《中国劳动》2017年第5期,第19—24页。

武卓:《我国重整计划强制批准制度的完善路径》,载《中国政法大学学报》2017年第3期,第88—102页。

吴京:《跨国银行破产的法律问题及应对》,载《宁夏大学学报(人文社会科学版)》2012年第3期,第122—129页。

吴月恒:《论我国跨国破产案件管辖权制度及其运行的改进——基于"韩进海运"等破产案件的分析》,载《温州大学学报(社会科学版)》2018年第4期,第41—48页。

巫文勇、曾倩伦:《跨国金融机构破产管辖与法律选择冲突》,载《武陵学刊》2014年第3期,第58—64页。

夏正芳、李荐、张俊勇:《管理人选任机制实证研究——以江苏法院管理人选任机制改革实践为蓝本》,载《法律适用》2017年第15期,第47—54页。

肖建国、庄诗岳:《参与分配程序:功能调整与制度重构——以一般破产主义为基点》,载《山东社会科学》2020年第3期,第66—73页。

谢菁菁、赵秀文:《试析应收账款受让人与破产管理人的权利冲突》,载《河北法学》2010年第8期,第137—144页。

邢丹:《破产原因的反思与解析——兼对〈企业破产法〉第2条的解读》,载《当代法学》2007年第3期,第117—123页。

熊伟:《作为特殊破产债权的欠税请求权》,载《法学评论》2007年第5期,第90—97页。

许德风:《论担保物权的经济意义及我国破产法的缺失》,载《清华法学》2007年第3期,第60—77页。

许德风:《破产法基本原则再认识》,载《法学》2009年第8期,第49—59页。

许德风:《论破产中尚未履行完毕的合同》,载《法学家》2009年第6期,第92—104页。

许德风:《论担保物权在破产程序中的实现》,载《环球法律评论》2011年第3期,第49—70页。

许德风:《论个人破产免责制度》,载《中外法学》2011年第4期,第742—757页。

许德风:《论破产中无偿行为的撤销》,载《法商研究》2012年第1期,第102—111页。

许德风:《论债权的破产取回》,载《法学》2012年第6期,第31—39页。

许德风:《论破产债权的顺序》,载《当代法学》2013年第2期,第76—82页。

许德风:《论偏颇清偿撤销的例外》,载《政治与法律》2013年第2期,第22—33页。

许德风:《破产视角下的抵销》,载《法学研究》2015年第2期,第137—157页。

许德风:《破产中的连带债务》,载《法学》2016年第12期,第94—103页。

许德风:《论公司债权人的体系保护》,载《中国人民大学学报》2017年第2期,第24—33页。

许淑红:《新〈破产法〉中破产申请的冲突分析》,载《广西社会科学》2008年第1期,第103—106页。

许淑红:《从破产公告制度看我国新〈破产法〉的程序衔接》,载《法治论丛(上海政法学院学报)》2007年第5期,第53—60页。

许胜锋:《重整中债务人自行管理制度价值及风险的实用性研究》,载《中国政法大学学报》2017年第3期,第43—55页。

许胜锋:《管理人制度适用的现实困局及立法建议》,载《法律适用》2017年第15期,第55—60页。

许胜锋:《我国破产程序中债权人委员会制度的不足与完善》,载《中国政法大学学报》2018年第5期,第110—122页。

许胜锋:《重整中债务人自行管理制度价值及风险的实用性研究》,载《中国政法大学学报》2017年第3期,第43—55页。

徐光东:《银行破产程序的经济分析》,载《国际金融研究》2007年第3期,第74—80页。

徐国栋、阿尔多·贝特鲁奇、纪蔚民译:《〈十二表法〉新译本》,载《河北法学》2005年第11期,第2—5页。

徐家力:《企业破产中的知识产权许可合同处理方法研究》,载《中州学刊》2017年第5期,第48—56页。

徐琳:《银行破产与中国近代银行市场退出机制——以1935年明华银行破产为中心》,载《社会科学》2018年第7期,第156—166页。

徐晓:《论破产别除权的行使》,载《当代法学》2008年第4期,第72—77页。

徐阳光、叶希希:《论建筑业企业破产重整的特性与模式选择——兼评"分离式处置"模式》,载《法律适用》2016年第3期,第9—15页。

徐阳光、袁一格:《买卖型担保的法律定性与破产法检视》,载《法律适用》2016年第10期,第49—55页。

徐阳光:《执行与破产之功能界分与制度衔接》,载《法律适用》2017年第11期,第18—26页。

徐阳光:《破产法视野中的银行贷款加速到期与扣款抵债问题》,载《东方论坛》2017年第1期,第93—100页。

徐阳光:《破产法视野中的担保物权问题》,载《中国人民大学学报》2017年第2期,第12—23页。
徐阳光:《论关联企业实质合并破产》,载《中外法学》2017年第3期,第818—839页。
徐阳光:《破产程序中的税法问题研究》,载《中国法学》2018年第2期,第208—227页。
徐阳光、武诗敏:《我国中小企业重整的司法困境与对策》,载《法律适用》2020年第15期,第81—95页。
徐光东:《银行破产程序的经济分析》,载《国际金融研究》2007年第3期,第74—80页。

Y

颜延、解应贵:《破产程序中的税收债权保护》,载《税务研究》2017年第6期,第79—82页。
颜卉:《我国个人破产程序设置的模式选择》,载《甘肃社会科学》2021年第2期,第141—151页。
阎天:《破产法上劳动者形象的变迁及其宪法根源》,载《中国法律评论》2020年第6期,第2—13页。
杨悦、徐扬:《破产申请撤回问题研究》,载《中国律师》2011年第12期,第16—18页。
杨姝玲:《论破产重整中对有财产担保债权的限制与保护》,载《河北法学》2015年第2期,第78—85页。
杨忠孝:《破产制度价值的新思考》,载《东方法学》2008年第3期,第86—95页。
杨忠孝:《信息披露与重整程序信任机制建设》,载《山西大学学报(哲学社会科学版)》2021年第3期,第92—101页。
杨晓楠:《美国宪法破产条款下法院管辖权的诠释:一种联邦主义的视角》,载《中国法律评论》2020年第6期,第14—24页。
殷慧芬:《美国破产法2005年修正案述评》,载《比较法研究》2007年第2期,第121—134页。
尤冰宁:《执业风险控制:我国破产管理人制度的完善》,载《人民司法》2009年第11期,第33—39页。
于文萍:《对于新〈破产法〉的几点商榷》,载《法学杂志》2007年第3期,第75—79页。
于定明:《论企业破产背景下未来原告的程序性权利保护》,载《云南大学学报(法学版)》2014年第4期,第49—53页。
郁琳:《破产程序中管理人职责履行的强化与监督完善——以管理人的法律地位和制度架构为视角》,载《法律适用》2017年第15期,第37—46页。
袁跃华:《近代英国个人破产观念的变迁》,载《河北大学学报(哲学社会科学版)》2021年第2期,第150—160页。

Z

张晨颖:《企业破产中的"资不抵债"要件辨析》,载《华东政法大学学报》2008年第6期,第40—47页。
张海燕:《析新〈企业破产法〉中的破产原因》,载《政法论丛》2007年第2期,第65—70页。
张海征:《论VIE架构对中国跨境破产制度提出的特殊问题》,载《首都师范大学学报(社会科学版)》2016年第3期,第58—66页。
张军:《论破产管理人的法律地位》,载《武汉大学学报(哲学社会科学版)》2012年第4期,第77—81页。
张玲:《跨境破产法统一化方式的多元化》,载《政法论坛》2007年第4期,第142—151页。
张玲:《美国跨界破产立法三十年及其对中国的启示》,载《武大国际法评论》2009年第1期,第37—54页。
张玲:《欧盟跨界破产管辖权制度的创新与发展——"主要利益中心"标准在欧盟适用的判例研究》,载《政法论坛》2009年第2期,第114—119页。
张玲:《我国与"一带一路"沿线国家跨境破产司法合作的现实困境与解决路径》,载《暨南学报(哲学社会科学版)》2020年第6期,第61—72页。
张玲:《亚太经济一体化背景下跨境破产的区域合作》,载《政法论坛》2021年第1期,第141—151页。

张磊:《论我国破产管理人制度之完善——以临时管理人制度为视角》,载《暨南学报(哲学社会科学版)》2012年第8期,第53—58页。

张钦昱:《论破产财产出售的程序规制——以克莱斯勒破产案为例》,载《法学杂志》2013年第2期,第132—140页。

张钦昱:《论融资租赁中的破产》,载《政法论坛》2013年第5期,第59—68页。

张钦昱:《破产和解之殇——兼论我国破产和解制度的完善》,载《华东政法大学学报》2014年第1期,第150—160页。

张钦昱:《论非经营性资产在企业破产时的处理》,载《东北师大学报(哲学社会科学版)》2014年第2期,第41—45页。

张钦昱:《企业破产中环境债权之保护》,载《政治与法律》2016年第2期,第143—153页。

张钦昱:《软预算约束视角下破产清算程序之反思及重构》,载《法商研究》2016年第3期,第92—101页。

张钦昱:《大规模侵权纠纷之破产重整解决路径》,载《法学杂志》2016年第8期,第89—97页。

张钦昱:《论公平原则在重整计划强制批准中的适用》,载《法商研究》2018年第6期,第111—122页。

张钦昱:《公司重整中出资人权益的保护——以出资人委员会为视角》,载《政治与法律》2018年第11期,第88—101页。

张钦昱:《重整计划制定权归属的多元论》,载《社会科学》2020年第2期,第123—132页。

张钦昱:《我国破产法的系统性反思与重构——以世界银行〈营商环境报告〉之"办理破产"指标为视角》,载《法商研究》2020年第6期,第103—114页。

张善斌、钱宁:《论个人破产制度构建的痛点——公众法意识的转型》,载《商业研究》2021年第2期,第119—128页。

张世君:《破产重整与清算、和解程序相互转换的法律思考——以新〈破产法〉为中心的考察》,载《中国商法年刊》2007年卷,第511—515页。

张世君:《我国破产法上行政责任的衰微与再造》,载《法商研究》2015年第5期,第111—119页。

张亚楠:《完善我国破产保护制度的若干思考》,载《政治与法律》2015年第2期,第9—20页。

张艳丽:《破产可撤销行为构成要件分析——针对我国新〈企业破产法〉第31条、32条规定》,载《法学杂志》2007年第3期,第71—74页。

张艳丽:《破产保全制度的合理设置》,载《政法论坛》2008年第1期,第42—49页。

张艳丽:《破产重整制度有效运行的问题与出路》,载《法学杂志》2016年第6期,第92—102页。

张玉海:《登记对抗主义下未登记抵押权在抵押人破产时的效力》,载《法律科学(西北政法大学学报)》2016年第5期,第118—126页。

张玉海:《破产法上待履行合同基础理论的省思与重构》,载《西部法学评论》2020年第6期,第108—121页。

张元华:《论执行移送破产程序的激励性引导与规制》,载《甘肃政法学院学报》2016年第6期,第137—147页。

张颖:《破产法撤销权制度和无效行为制度的二元立法模式》,载《政治与法律》2008年12月,第75—80页。

赵惠妙:《上市公司重整中政府角色的实证研究》,载《兰州学刊》2017年第12期,第136—160页。

赵树文、王嘉伟:《僵尸企业治理法治化保障研究——以破产法及其实施机制的完善为研究路径》,载《河北法学》2017年第2期,第78—92页。

赵万一、高达:《论我国个人破产制度的构建》,载《法商研究》2014年第3期,第81—89页。

赵万一:《我国市场要素型破产法的立法目标及制度构造》,载《浙江工商大学学报》2018年第6期,第29—42页。

周荆、唐旭超:《破产案件的审限管理路径》,载《中国律师》2011年第12期,第14—15页。

周智:《民营企业破产中金融债权保护的法律思考——以温州为例》,载《浙江金融》2016年第12期,第74—79页。

朱慈蕴:《从破产中股东欠缴出资之债能否抵销谈起》,载《法治论坛》2008年第2期,第75—

88 页。

祝伟荣:《破产撤销权制度的反思与重构——以利益衡平理念为视角》,载《法律适用》2012 年第 5 期,第 72—76 页。

邹海林:《我国企业再生程序的制度分析和适用》,载《政法论坛》2007 年第 1 期,第 48—62 页。

邹海林:《法院强制批准重整计划的不确定性》,载《法律适用》2012 年第 11 期,第 22—29 页。

邹海林:《供给侧结构性改革与破产重整制度的适用》,载《法律适用》2017 年第 3 期,第 57—66 页。

邹杨、李辉:《平行破产程序法律协调之比较研究及借鉴》,载《行政与法》2014 年第 11 期,第 92—97 页。